Achthamar
...nuntum
Aquincum
Sirmium
Viminacium
...ingidunum
Noviodunum
Durostorum
Tomoi
Ratiaria
Prista
Odessos
Markianupolis
Nikopolis
Iustiniana prima
Sardica
Beroë
Skodra
Skopia
Philippupolis
Adrianupolis
Traianupolis
Herakleia
Konstantinupolis
Chalkedon
Nikomedeia
Dyrrhachion
Stobi
Philippoi
Thessalonike
Kyzikos
Nikaia
Larissa
Nikopolis
Athen
Korinthos
Bosporos
Tmutorokan
Nikopsis
Pityos
Cherson
Doros
Phasis
Sinope
Trapezunt
Neokaisareia
Amasia
Sebaste
Gangra
Klaudiupolis
Ashtishat
Ankyra
Melitene
Nyssa
Mokissos
Kaisareia
Amida
Nazianz
Samosata
Edessa
Hierapolis
Pessinos
Synada
Tyana
Anazarbos
Sardeis
Smyrna
Antiocheia
Ephesos
Kolossai
Laodikeia
Ikonion
Mopsuestia
Tarsos
Miletos
Perge
Seleukeia
Antiocheia
Apameia
Myra
Rhodos
Salamis
Gortyne
Damaskos
Tyros
Bosra
Kaisareia
Skythopolis
Aelia-Hierosolyma
Maiuma
Gaza
Ptolemais
Darnis
Alexandreia
Pelusion
Petra
Leontopolis
Aila
Pharan
Oxyrhynchos
Antinoe

Konrad Onasch

Lexikon Liturgie und Kunst der Ostkirche

Konrad Onasch

Lexikon Liturgie und Kunst der Ostkirche

unter Berücksichtigung
der Alten Kirche

Buchverlag Union

Die Deutsche Bibliothek-CIP-Einheitsaufnahme
Onasch, Konrad:
Lexikon Liturgie und Kunst der Ostkirche: unter Berücksichtigung der alten Kirche / Konrad Onasch. – 1. Aufl., veränd. Ausg. – Berlin/München : Buchverl. Union, 1993
Ausg. im Verl. Koehler & Amelang u. d. T.: Onasch, Konrad: Liturgie und Kunst der Ostkirche in Stichworten

ISBN 3-372-00097-8

Veränderte Ausgabe der 1981 im Verlag Koehler & Amelang, Leipzig, Berlin unter dem Titel „Liturgie und Kunst der Ostkirche in Stichworten“ erschienenen Erstausgabe
Printed in Germany
Satz und Reproduktion: Druck und Litho Reichenberg GmbH, Bocholt
Druck: Wiesbadener Graphische Betriebe GmbH, Wiesbaden
Buchbinderische Verarbeitung: C. Fikentscher Großbuchbinderei GmbH, Darmstadt
Zeichnungen: Hans-Ulrich Herold
Gestaltung: H.-J. Walch (†)
Schutzumschlag: P. Fischer-Sternaux

VORWORT ZUR 1. AUFLAGE

Der Plan zu diesem Buch entstand in seinen ersten groben Umrissen, als ich im Wintersemester 1950/51 an der Martin-Luther-Universität Halle-Wittenberg mit meinen Vorlesungen begann. Seitdem habe ich, mit einigen zeitlichen Verzögerungen und Unterbrechungen, an seiner Realisierung gearbeitet. Ende der fünfziger Jahre kam es zu einem ersten Gespräch mit Hubert Faensen, dem Leiter des Verlages Koehler & Amelang, der bereits damals einer Veröffentlichung positiv gegenüberstand. Ihm habe ich zu danken, daß dieses Wörterbuch in die Reihe der „Stichwort"-Lexika des Verlages aufgenommen wurde.
Nach längeren Vorarbeiten und in monatelanger redaktioneller Bearbeitung des Manuskriptes, die ich zusammen mit seiner Lektorin, Frau Gerda Kunzendorf, vornahm, entstand dann die endgültige Druckschrift – nicht zuletzt auch auf Grund von Verbesserungsvorschlägen von Wolfhard Walter und Hans Georg Thümmel. Peter Weniger unterzog sich der mühevollen Arbeit, das mehrteilige Stichwortregister im Anhang aufzustellen, und las mit großer Sorgfalt mit mir die Korrekturen. In bewährter Zusammenarbeit fertigte Hans-Ulrich Herold die Zeichnungen und Karten an, Herr Hans-Joachim Walch übernahm die Gestaltung des Buches. Maria Marschner schrieb den größten Teil des druckfertigen Reinmanuskriptes. Ihnen allen gilt mein herzlicher Dank. Dankbar werde ich auch allen künftigen Lesern und Benutzern meines Buches sein, die mich wissen lassen, an welchen Stellen es verbessert werden könnte.

Halle (Saale), im Herbst 1980 *Konrad Onasch*

VORWORT ZUR 2. AUFLAGE

Dem schnellen Entschluß des Verlages, „Liturgie und Kunst der Ostkirche in Stichworten" eine 2.,veränderte Auflage in vorliegender Gestalt folgen zu lassen,hat sich der Verfasser in seinen Möglichkeiten gerne angeschlossen.Druckfehler und Irrtümer wurden getilgt und die Literaturverzeichnisse „durchforstet".Dabei wurde die ältere russischsprachige Fachliteratur soweit wie möglich belassen,weil sie trotz ihres gleichbleibenden Wertes für die Forschung in den gängigen Lexika und Handbüchern nur noch selten erwähnt wird.Aus technischen und Zeitgründen wurden die Ergänzungen in nichtalphabetischer Reihenfolge den früheren Angaben angefügt. M.Roty, Dictionnaire russe-française des termes en usage dans l'Église russe,Paris 1980 (vgl. Theologische Literaturzeitung 110,213-214) und H.-D. Döpmann,Die Orthodoxen Kirchen,Berlin 1991 konnten nicht verarbeitet, sollten hier aber genannt werden. Von einer weiteren Anhäufung von Abkürzungen wurde,von wenigen Ausnahmen abgesehen,Abstand genommen: Im Gegensatz zum altmodischen buchorientierten „homo sapiens" hat der zeitgenössische „homo electronicus" ohnehin schon das Material etwa aus den „Ostkirchlichen Studien" oder der „Russia Mediaevalis" in seinen schnellen Geräten gespeichert.Mit einem zugestanden nervösen Blick auf diesen kaum zu unterschätzenden Konkurrenten unserer traditions- und bildungsreichen Buchkultur möchte der Verfasser sein Buch in diese neue Welt der Kommunikation entlassen.

Halle (Saale), im Advent 1991 *Konrad Onasch*

EINFÜHRUNG

Dieses Wörterbuch ist weder ein Lexikon der Ostkirchenkunde noch ein Reallexikon wie das Reallexikon zur Byzantinischen Kunst. Es fügt sich vielmehr in seinem Charakter der Reihe von „Stichwort"-Lexika ein, die der Verlag seit einigen Jahren herausgibt. Damit ist sein Informationsprofil umrissen: Es will die wichtigsten Erstinformationen vermitteln, in Zusammenhänge und Probleme einführen und zur Weiterarbeit anregen. Zur Vertiefung des dargebotenen Stoffes seien folgende Lexika und Handbücher empfohlen: C. Andresen, Die Kirchen der alten Christenheit, Stuttgart – Berlin – Köln – Mainz 1971; ders., Einführung in die christl. Archäologie, Göttingen 1971; Dictionnaire d'Archéologie Chrétienne et de Liturgie, hrsg. von F. Cabrol u. Leclercq, Paris 1924 ff.; Lexikon für Theologie und Kirche, 2. Auflage hrsg. von J. Höfer u. K. Rahner, Freiburg/Br. 1957 ff.; Polnyj Pravoslavnyj Bogoslovskij Ėnciklopedičeskij Slovaŕ, Sankt Petersburg 1913 ff.; Reallexikon für Antike und Christentum, hrsg. von Th. Klauser, Stuttgart 1941 (1950 ff.); Die Religion in Geschichte und Gegenwart, 3. Auflage hrsg. von K. Galling, Tübingen 1956 ff. Schließlich sei auf die Christliche Ikonographie in Stichworten von H. Sachs, E. Badstübner und H. Neumann, 4. Auflage Leipzig 1991, hingewiesen.

Der Informationsbereich des Wörterbuches ist in seinem Titel angegeben. Sein Hauptaugenmerk liegt bei der byzantinisch-slavischen Liturgie und Kunst, wobei die in der Alten Kirche erkennbaren Entwicklungen zur Erklärung herangezogen werden. Denn ich bin der Auffassung, daß es zu einer Fehleinschätzung der „byzantinischen Form" überhaupt kommen kann, wenn man diese Zusammenhänge nicht berücksichtigt. Allein das schwierige Problem der verschiedenen byzantinischen Renaissancen ist ohne Kenntnis der (kulturgeschichtlich gesehen) im Späthellenismus angesiedelten frühen Kirche unverständlich. Das gleiche gilt für die Geschichte der Liturgie.

Ausgangspunkt des Wörterbuches ist die Einsicht in die umfassende Integrationskraft der byzantinischen Liturgie – das, was die russische Sprache als *cel'nost'* bezeichnet. Daraus ergeben sich eine Fülle von komplizierten Zwischenbeziehungen zur Kunst, zu Kirchenbau, Kirchendichtung und Kirchenmusik, ebenso zum Kirchenrecht und zur spezifischen, von mir Kultusästhetik genannten Ästhetik. Die Kunst selbst kann nicht als in sich allein ruhende Größe verstanden werden, sondern ist eingebunden in eine hierarchisch gegliederte kirchliche Sozietät und stellt eines ihrer wichtigsten Medien der Lehrinformation dar. Von daher gesehen, ergeben sich unter anderem dialektische Behiehungen zu Häresie und Gnosis, die nicht ohne Auswirkungen auf die Ikonographie geblieben sind. Es ist verständlich, daß eine Reihe von Zusammenhängen, die im Wörterbuch verarbeitet wurden, nur mit Hilfe der Religionsgeschichte und -soziologie einsichtig gemacht werden konnten. Eine weitere große Zahl von Zwischenbeziehungen der Liturgie zu Bereichen der byzantinischen und slavischen Kulturen wird der Benutzer selbst entdecken.

Aus der Absicht und dem Aufbau des Wörterbuches ergibt sich, daß es sich an eine große interessierte Leserschaft wendet, also sowohl Theologen als auch Kunsthistoriker, Kulturgeschichtler, Slavisten, Byzantinisten, Religionsgeschichtler und allgemeininteressierte Laien erreichen will. Dazu sollen auch die mehrsprachigen Stichwortregister im Anhang verhelfen, die der Erschließung entsprechender Spezialausdrücke vor allem im Griechischen und Russischen dienen sollen. Im Interesse der Benutzer und der besseren Lesbarkeit sind sowohl die Verweiszeichen als auch die Abkürzungen auf ein Mindestmaß beschränkt, mit Ausnahme der in den Literaturangaben zu jedem Artikel benutzten Abbreviationen, die in einem besonderen Abkürzungsverzeichnis entschlüsselt sind.

INHALT

Abkürzungsverzeichnisse 8
Abkürzungen biblischer Bücher 8
Allgemeine Abkürzungen 8
Abgekürzt zitierte Literatur 9
Stichwortverzeichnis 15

Anhang 389
Liturgische Texte 391
Quellennachweis zu den liturgischen Texten 406
Verzeichnisse fremdsprachiger Termini 408
Griechische Termini 408
Russische Termini 421
Lateinische Termini 428
Verzeichnis der Abbildungen auf den Textseiten 436
Verzeichnis der Abbildungen auf den Tafeln 439
Fotonachweis 441
Erläuterungen zu den Karten 442

ABKÜRZUNGSVERZEICHNISSE

ABKÜRZUNGEN BIBLISCHER BÜCHER

Altes Testament

1. Chron.	1. Buch der Chronik	Klagel.	Klagelieder
2. Chron.	2. Buch der Chronik	Mal.	Maleachi
Dan.	Daniel	Pred. Salom.	Prediger Salomo
Habak.	Habakuk	Ps.	Psalm
Hes.	Hesekiel	Spr. Salom.	Sprüche Salomos
Hohesl.	Hoheslied	1. Sam.	1. Buch Samuel
Jes.	Jesaja	2. Sam.	2. Buch Samuel

Neues Testament

Apg.	Apostelgeschichte	Matth.	Matthäus-Evangelium
Eph.	Epheserbrief	Offb.	Offenbarung des Johannes
Gal.	Galaterbrief	Phil.	Philipperbrief
Hebr.	Hebräerbrief	Röm.	Römerbrief
Jak.	Jakobusbrief	1. Thess.	erster Thessalonicherbrief
Joh.	Johannes-Evangelium	2. Thess.	zweiter Thessalonicherbrief
Kol.	Kolosserbrief	1. Tim.	erster Timotheusbrief
1. Kor.	erster Korintherbrief	2. Tim.	zweiter Timotheusbrief
2. Kor.	zweiter Korintherbrief	Tit.	Titusbrief
Luk.	Lukas-Evangelium		
Mark.	Markus-Evangelium	1. Clem.	erster Clemensbrief

ALLGEMEINE ABKÜRZUNGEN

Abb.	Abbildung im Text	hg., Hg.	herausgegeben, Herausgeber
Abh.	Abhandlung(en)	hl., Hl.	heilig, Heiliger
Abschn.	Abschnitt(e)	Intern.	Internationaler
Abt.	Abteilung	Jb.	Jahrbuch
allg.	allgemein(e, -er, -es)	Jh., Jt., Jz.	Jahrhundert, -tausend, -zehnt
Anm.	Anmerkung		
Aufl.	Auflage	kath.	katholisch
Beitr.	Beiträge	lat.	lateinisch
bes.	besonders	Lit.	Literatur
byz.	byzantinisch(e,...)	MA, ma	Mittelalter, mittelalterlich
Congr.	Congress	masch.	maschinenschriftlich(e)
Darst.	Darstellung(en)	Mitt.	Mitteilung(en)
ders., dies.	derselbe, dieselbe(n)	orth.	orthodox
Diss.	Dissertation	pass.	passim, vereinzelt
dt.	deutsch	phil.	philosophisch(e)
europ.	europäisch	Reg.	Register
ev.	evangelisch	Schr.	Schrift(en)
Fasc.	Faszikel	s., →	siehe
Fs.	Festschrift	Sb.	Sitzungsbericht
Gesch.	Geschichte	Tab.	Tabelle, Übersicht

grch.	griechisch	Taf.	Tafel
Habil.-Schrift	Habilitationsschrift	Wiss.	Wissenschaft(liche)
hebr.	hebräisch	Zs.	Zeitschrift

Ferner wurden attributiv gebrauchte Adjektive auf -isch und -lich in eindeutigen Fällen abgekürzt (z. B. bibl. Bericht = biblischer Bericht, christl. Kunst = christliche Kunst). Die Stichwörter sind innerhalb des betreffenden Artikels auf ihre Anfangsbuchstaben verkürzt.

ABGEKÜRZT ZITIERTE LITERATUR

AB	Analecta Bollandiana, Bruxelles
AIPH	Annuaire de l'Institute de Philologie et d'Histoire Orientales et Slaves, Bruxelles
ALW	Archiv für Liturgiewissenschaft, Regensburg
Anthologia Graeca	Anthologia Graeca Carminum Christianorum, hg. von W. Christ u. M. Paranikas, Leipzig 1871
ArtB	Art Bulletin, New York
ARW	Archiv für Religionswissenschaft, Leipzig u. a.
AuC	Antike u. Christentum, Münster (Westf.)
Baumstark	A. Baumstark, Comparative Liturgy, London 1958
Beck	H.-G. Beck, Kirche u. theologische Literatur im byzantinischen Reich, München 1959, 1977^2 (hingewiesen wird auf die 1. Auflage)
BenM	Benediktinische Monatsschrift, Beuron
Bildatlas	F. van der Meer, Chr. Mohrmann, Bildatlas der frühchristlichen Welt, Gütersloh 1959
Bludau	Aug. Bludau, Die Pilgerreise der Aetheria, Paderborn 1927
BoTr	Bogoslovskie Trudy, Moskau
BoV	Bogoslovskij Vestnik, Sergiev Posad u. Moskau
Braun, Altar	J. Braun, Der christliche Altar in seiner geschichtlichen Entwicklung, 2 Bde., München 1924
Braun, Altargerät	J. Braun, Das christliche Altargerät in seinem Sein u. seiner Entwicklung, München 1932
Braun, Attribute	J. Braun, Tracht u. Attribute der Heiligen in der deutschen Kunst, Stuttgart 1943
Braun, Gewandung	J. Braun, Die liturgische Gewandung in Occident u. Orient, Freiburg/Br. 1907
Braun, Paramente	J. Braun, Die liturgischen Paramente in Gegenwart u. Vergangenheit, Freiburg/Br. 1924^2
Braun, Reliquiare	J. Braun, Die Reliquiare des christlichen Kultus u. ihre Entwicklung, Freiburg/Br. 1940
Brightman	F. E. Brightman, Liturgies Eastern and Western. I. Eastern Liturgies, Oxford 1896
ByZ	Byzantinische Zeitschrift, Leipzig u. a.
BZS	Byzantinoslavica, Prag
CAr	Cahiers Archéologiques, Paris
Corsi Ravenna	Corsi di Cultura sull'Arte Ravennate e bizantina, Ravenna
CQR	Church Quarterly Review, London
Daniel	Herm. Adalb. Daniel, Codex Liturgicus Orientalis in Epitomen redactus, Bd. IV, Leipzig 1853

Abgekürzt zitierte Literatur

Dassmann	E. Dassmann, Sündenvergebung durch Taufe, Buße und Märtyrerfürbitte in den Zeugnissen frühchristlicher Frömmigkeit u. Kunst, Münster (Westf.) 1973
Delehaye, Légendes	H. Delehaye, Les Légendes Hagiographiques, Bruxelles 1955[4]
Delehaye, Origines	H. Delehaye, Les Origines du Culte des Martyrs, Bruxelles 1933
Delehaye, Saints Militaires	H. Delehaye, Les Légendes Grècques des Saints Militaires, Paris 1909
Delehaye, Stylites	H. Delehaye, Les Saints Stylites, Bruxelles – Paris 1923
Dix	Gr. Dix, The Shape of the Liturgy, London 1960[8]
Dölger, Ichthys	F. J. Dölger, Ichthys. Das Fischsymbol in frühchristlicher Zeit, 1-5, Münster (Westf.) 1928-1943
DOP	Dumbarton Oaks Papers, Cambridge (Mass.)
ECQ	Eastern Churches Quaterly, Ramsgate
ECR	Eastern Churches Review, Oxford (London)
Eisenhofer	L. Eisenhofer, Handbuch der katholischen Liturgik, 2 Bde., Freiburg/Br. 1941[2]
EO	Échos d'Orient, Paris
EphLit	Ephemerides Liturgicae, Città del Vaticano
Eucharistе	N.-M. Denis, R. Boulet, Eucharistie ou la Messe dans ses variétés, son histoire et ses origines, Paris 1953
Faensen/Iwanow/Beyer	H. Faensen, W. Iwanow, K. G. Beyer, Altrussische Baukunst, Berlin 1972
Feine	H. F. Feine, Kirchliche Rechtsgeschichte, 1. Bd., Weimar 1955
Felicetti-Liebenfels, Geschichte[1]	W. Felicetti-Liebenfels, Geschichte der byzantinischen Ikonenmalerei, Olten/Lausanne 1956
Felicetti-Liebenfels, Geschichte[2]	W. Felicetti-Liebenfels, Geschichte der russischen Ikonenmalerei, Graz 1972
Fendt	L. Fendt, Einführung in die Liturgiewissenschaft, Berlin 1958
Frühe Ikonen	Frühe Ikonen. Sinai, Griechenland, Jugoslawien, von K. Weitzmann, M. Chatzidakis, K. Miatev, Sv. Radojčić, Wien u. München 1965
GBA	Gazette des Beaux-Arts, Paris u. a.
Georgievskij	A. J. Georgievskij, Činoposledovanie Božestvennoj Liturgii, Moskau
Goar	J. Goar, Euchologion sive Rituale Graecorum, Venedig 1730
Godišnik	Godišnik na Duchovnata Akademija „Sv. Kliment“, Sofija
Grabar, Empereur	A. Grabar, L'Empereur dans l'Art Byzantin, Recherches sur l'Art Officiel de l'Empire d'Orient, Paris 1936
Grabar, Iconoclasme	A. Grabar, L'Iconoclasme Byzantin. Dossier Archéologique, Paris 1957
Grabar, Martyrium	A. Grabar, Martyrium. Recherces sur le Culte des Reliques et l'Art Chrétien Antique, 1. Architecture, 2. Iconographie, Paris 1946
Handbuch	Handbuch der Litrugiewissenschaft, hg. von A.-G. Martimort, 2 Bde., Leipzig 1965, 1967
Handbuch Ostk.kunde	Handbuch der Ostkirchenkunde, hg. von W.Nyssen, H. J. Schulz, P.Wiertz, Bd.I, II, Düsseldorf 1984, 1989
Hanssens	I. M. Hanssens, Institutiones Liturgicae de Ritibus

	Orientalibus, Bd. 2-3 u. Appendix, Roma 1930-1932
Heiler	Fr. Heiler, Die Ostkirchen, München – Basel 1971
Heilige Gesänge	E. Benz, H. Thurn, C. Floros, Das Buch der Heiligen Gesänge der Ostkirche (mit Schallplatte), Hamburg 1962
Hermeneia	Zeitschrift für Ostkirchliche Kunst. Hermeneia, Schriftleitung N. Thon, Recklinghausen
Heyer	Fr. Heyer (Hg.), Konfessionskunde, Berlin u. New York 1972
HJ	Historisches Jahrbuch der Görresgesellschaft, München u. a.
Irénikon	Irénikon, Chevetogne
Jb. des DAI	Jahrbuch des Deutschen Archäologischen Instituts
JEH	Journal of Ecclesiastical History, London
JLH	Jahrbuch für Liturgik und Hymnologie, Kassel
JLW	Jahrbuch für Liturgiewissenschaft, Münster
JÖB	Jahrbuch der Österreichischen Byzantinistik, Wien – Köln – Graz
JÖBG	Jahrbuch der Österreichischen Byzantinischen Gesellschaft, Wien
JThS	Journal of Theological Studies, Oxford u. a.
Jungmann	J. A. Jungmann, Missarum Sollemnia. Eine genetische Erklärung der römischen Messe, 2 Bde., Freiburg/Br. 1962[5]
Kairos	Kairos. Zeitschrift für Religionswissenschaft und Theologie, Salzburg
Kellner	H. Kellner, Heortologie oder die geschichtliche Entwicklung des Kirchenjahres und der Heiligenfeste, Freiburg/Br. 1911[3]
Kirchhoff-Schollmeyer[1,1]	Die Ostkirche betet. Hymnen aus den Tagzeiten der byzantinischen Kirche. Übertragen und hg. von K. Kirchhoff, 2. Auflage überarbeitet von Chr. Schollmeyer, Münster (Westf.) 1962
Kirchhoff-Schollmeyer[1,2]	Die Ostkirche betet. Hymnen aus den Tagzeiten der byzantinischen Kirche ..., Münster (Westf.) 1963
Kirchhoff-Schollmeyer[2]	Osterjubel der Ostkirche. Hymnen aus der fünfzigtägigen Osterfeier der byzantinischen Kirche. ..., Münster (Westf.) 1961
Kirchhoff-Schollmeyer[3]	Hymnen der Ostkirche. Dreifaltigkeits-, Marien- und Totenhymnen ..., Münster (Westf.) 1960
Kötting	B. Kötting, Peregrinatio Religiosa. Wallfahrten in der Antike und das Pilgerwesen in der alten Kirche, Münster (Westf.) 1950
La Prière[1]	La Prière de l'Église de Rite Byzantin. I: L'Office Divin. La Liturgie. Les Sacrements. Hg. von R. P. E. Mercenier, Fr. Paris, Chevetogne 1937
La Prière[2,1]	La Prière de l'Église de Rite Byzantin. II, 1: Grandes Fêtes Fixes. Hg. von R. P. E. Mercenier, Gr. Bainbridge, Chevetogne 1937
La Prière [2,2]	La Prière de l'Église de Rite Byzantin. II, 2: Les Fêtes. L'Acathiste, la Quinzaine de Pâques, l'Ascenion et la Pentecôte. Hg. von R. P. E. Mercenier, Chevetogne 1948
La Prière[3]	La Prière de l'Église de Rite Byzantin. III: Dimanche. Office selon les huit tons. OKTOECHOS. Eingeführt von N. Egender, Ch. Hannick. Chevetogne 1972

Abgekürzt zitierte Literatur

Lazarev	V. N. Lazarev, Istorija Vizantijskoj Živopisi, Bd. 1, 2, Moskau 1947, 1948
LChI	Lexikon der Christlichen Ikonographie. Hg. von E. Kirschbaum, Bd. 1-4: Allgemeine Ikonographie, Bd. 5-8: Ikonographie der Heiligen, Rom – Freiburg – Basel – Wien 1968-1976 (Sonderausgabe 1990)
LdK	Lexikon der Kunst. Architektur, Bildende Kunst, Angewandte Kunst, Industrieformgestaltung, Kunsttheorie, Bd. 1-5, Leipzig 1968-1978 (In Neuauflage erschienen Bd.I, 1987, Bd.II, 1989)
LexMa	Lexikon des Mittelalters,Bd.I ff.,München und Zürich 1980 ff.
Lietzmann	H. Lietzmann, Messe u. Herrenmahl. Eine Studie zur Geschichte der Liturgie, Bonn 1926 (Berlin 1955, Reprint)
LJb	Liturgisches Jahrbuch, Münster (Westf.)
Maltzew[1]	A. P. Maltzew, Die Göttlichen Liturgien, Berlin 1890
Maltzew[2]	A. P. Maltzew, Bitt-, Dank- und Weihegottesdienste, Berlin 1897
Maltzew[3]	A. P. Maltzew, Begräbnisritus und einige spezielle und altertümliche Gottesdienste, Berlin 1898
Maltzew[4]	A. P. Maltzew, Fasten- und Blumentriodion, Berlin 1899
Maltzew[5]	A. P. Maltzew, Menologion, 2 Bde., Berlin 1900-1901
Maltzew[6]	A. P. Maltzew, Oktoechos, 2 Bde., Berlin 1903-1904
Messager	Messager de l'Exarchat du Patriarchat Russe en Europe Occidentale, Paris
MGG	Die Musik in Geschichte und Gegenwart, Kassel 1949 ff.
Milasch	N. Milasch, Das Kirchenrecht der morgenländischen Kirche, Mostar 1905[2]
MMB	Monumenta Musicae Byzantinae, Kopenhagen u. a. – Subs. = Subsidia; Lect. = Lectionaria; Transcr. = Transcripta
Nilles	N. Nilles, Kalendarium Manuale utriusque Ecclesiae Orientalis et Occidentalis, 2 Bde., Oeniponte (Innsbruck) 1896, 1897
Onasch, Ikonen	K. Onasch, Ikonen, Berlin 1961
Onasch, Ikonenmalerei	K. Onasch, Die Ikonenmalerei. Grundzüge einer systematischen Darstellung, Leipzig 1968
Onasch, Konfessionskunde	K. Onasch, Konfessionskunde der orthodoxen Kirchen, Berlin 1962
Onasch, Weihnachtsfest	K. Onasch, Das Weihnachtsfest im orthodoxen Kirchenjahr. Liturgie und Ikonographie, Berlin 1958
OrChr*	Oriens Christianus, Roma u. a.
OrChr	Orientalia Christiana, Roma
OrChrAnal	Orientalia Christiana Analecta, Roma
OrChrPer	Orientalia Christiana Periodica, Roma
Orthodoxe Kirche	Die Orthodoxe Kirche in griechischer Sicht, hg. von P. Bratsiotis, 2 Bde., Stuttgart 1959, 1960
OstKSt	Ostkirchliche Studien, Würzburg
Palikarova-Verdeil	R. Palikarova-Verdeil, La Musique Byzantine chez les Bulgares et les Russes (du IXe au XIVe siècle), Copenhague – Boston 1953 (= MMB, Subs., III)
POC	Proche-Orient Chrétien, Jerusalem

Pokrovskij	N. V. Pokrovskij, Evangelie v Pamjatnikach Vizantijskich i Russkich, S. Peterburg 1892
Quasten	J. Quasten, Patrology. Bd. 1 ff., Westminster, Maryland 1950 ff.
Raes	A. Raes, Introductio in Liturgiam Orientalem, Roma 1947
RBK	Reallexikon zur Byzantinischen Kunst, unter Mitwirkung von M. Restle hg. von K. Wessel, Bd. 1 ff., Stuttgart 1966 ff.
REByz	Revue des Études Byzantines, Paris
Rice, Byzanz	D. T. Rice, Kunst aus Byzanz, München 1959
RivAC	Rivista di Archeologia Cristiana, Roma
ROC	Revue de l'Orient Chrétien, Paris 1896
Rothemund	B. Rothemund, Handbuch der Ikonenkunst, München 1966
RQ	Römische Quartalsschrift für christliche Altertumskunde und für Kirchengeschichte, Freiburg/Br.
RSR	Recherches de Science Religieuse, Paris
Schiller	G. Schiller, Ikonographie der christlichen Kunst, Bd. 1 ff., Gütersloh 1966 ff.
Schulz, Die byz. Liturgie	H.-J. Schulz, Die byzantinische Liturgie.Glaubenszeugnis und Symbolgestalt,2.,überarbeitete u. erweiterte Auflage.Mit neuen Untersuchungen zur ältesten liturgischen Überlieferung u. ihrer ökumenischen Bedeutsamkeit,Trier 1980
SK	Seminarium Kondakovianum, Bd. 1 ff., Prag 1927 ff.
StdO	Stimme der Orthodoxie, Berlin
ThGl	Theologie und Glaube, Paderborn
ThLZ	Theologische Literaturzeitung, Leipzig
ThQ	Theologische Quartalsschrift, Tübingen
TODL	Trudy Otdela Drevnerusskoj Literatury, Leningrad
Ouspensky – Lossky	L. Ouspensky u. Vl. Lossky, Der Sinn der Ikonen. Bern u. Olten 1952 (L. Ouspensky u. Vl. Lossky, The Meanings of Icons, translated by G.E.H.Palmer and E. Kadloubovsky, New York 1989)
ViChr	Vigiliae Christianae, Amsterdam
Volbach, Kunst	W. F. Volbach, Frühchristliche Kunst. Die Kunst der Spätantike in West- u. Ostrom, München 1958
Volbach – Lafontaine-Dosogne	W. F. Volbach u. J. Lafontaine-Dosogne (Hg.), Byzanz u. der Christliche Osten, Berlin 1968
VV	Vizantijskij Vremennik, Petersburg – Moskau
Weitzmann	K. Weitzmann, The Monastery of Saint Catherine at Mount Sinai. The Icons. Vol. I: From the sixth to the tenth century, Princeton, N. J., 1976
Wellen	G. A. Wellen, Theotokos. Eine ikonographische Abhandlung über das Gottesmutterbild in frühchristlicher Zeit, Utrecht – Antwerpen 1961
Wellesz	E. Wellesz, A History of Byzantine Music and Hymnography, Oxford 1961[2]
Werner	E. Werner, The Sacred Bridge. The Interdependence of Liturgy and Music in Synagogue and Church during the first Millenium, London – New York 1959
WieSlavJb	Wiener Slavistisches Jahrbuch, Wien
ZDPV	Zeitschrift des Deutschen Palästinavereins, Wiesbaden u. a.

Abgekürzt zitierte Literatur

ZKG	Zeitschrift für Kirchengeschichte, Stuttgart u. a.
ZKTh	Zeitschrift für Katholische Theologie, Wien u. a.
ZMP	Žurnal Moskovskoj Patriarchii, Moskau (Engl. Ausgabe: JMP)
ZNW	Zeitschrift für Neutestamentliche Wissenschaft, Berlin u. a.

A

Abendgottesdienst (grch. *hesperinon,* n.; russ. *večernja,* f.; lat. *vespera,* f.; dt. Vesper). Der A. bildete in altchristl. Zeit den ersten Teil eines nicht zuletzt aus oriental. Klimaverhältnissen zu verstehenden Komplexoffiziums, das aus A., Vigil (→ Nachtwache), Nachtgottesdienst, Mitternachtsgottesdienst u. Morgengottesdienst (→ auch Stundengottesdienst) bestand. Noch heute fällt am Samstag u. am Vorabend der großen Feste der A. mit der Vigil u. dem Morgengottesdienst zusammen. Dem A. ging die im paganen (heidnischen) u. jüd. Bereich verbreitete Lichterdanksagung (lat. *lucernarium;* grch. *lychnikon)* bei einbrechender Dunkelheit (lat. *vesper,* 'Abendstern') voraus. Wahrscheinlich verband man im Osten dieses Lychnikon mit dem Speisungsmahl, der Agape. Im 4. Jh. war in Jerusalem der Zeugnisort (→ Martyrion) der Grabeshöhle Mittelpunkt des Lichnicons (= *lychnikon),* wobei während des Einzugs des Bischofs Lichter od. Lampen (→ Licht) angezündet u. die Abendpsalmen *(psalmi lucernares)* rezitiert wurden (Ps. 13; 113; 130, in Antiochien nur Ps. 141). Die Kirchenordnung Hippolyts v. Rom (um 220), die Apostol. Konstitutionen (4./5. Jh., → Kirchenrecht) u. die gall. Pilgerin Egeria bezeugen annähernd denselben Aufbau des A.es: Abendpsalmen mit → Antiphonen, Bischofseinzug, Hymnengesang u. Gebete, Entlassung. Diesem Gemeindegottesdienst ging eine Form voraus, bei der nach jüd. Sitte das Lucernarium im Kreise der Familie begangen wurde, vielleicht schon mit dem altchristl. → Abendlied. Gregor v. Nyssa (gest. 394) weiß von der Lichterdanksagung für Sterbende. Sie erhielt einen neuen Sinn durch das Osterlicht in der Grabeshöhle, von dem schon Egeria berichtet (→ Ostern). Mit diesem war der Ansatz für die Erklärung (→ Mystagogie) des byz. A.es gegeben, wei sie in der Liturgie der vorgeweihten Gaben zum Ausdruck kommt, in der sich der Liturg vom Altar als Symbol des Grabes Christi mit einem Leuchter in der Hand weg- u. zur Gemeinde hinwendet. Die unten (Pkt. 7) genannte Lite hat ihr Vorbild im Auszug der Jerusalemer Gemeinde aus der Anastasiskirche (→ Kirchenbau, Pkt. 2b) zum Golgathafelsen.

Die wesentl. Teile des byz. A. es sind: (1) Eingangsgebete, (2) Eingangspsalm (grch. *prooimiakos psalmos:* Ps. 104) mit 7 Stillgebeten, (3) Große Kollekte (→ Synapte) mit anschließendem Psalterabschnitt (→ Kathisma, → auch Stichologie), (4) Lichteranzünden mit dem Psalmengebet (→ Kyrie ekekraxa) u. mit → Antiphona, (5) während des Abendlieds Einzug des Bischofs mit Klerus, (6) Lesungen, (7) liturg. Gebet (→ Ektenie); an großen Feiertagen tritt eine Lite (eine mit einer Litanei verbundene → Prozession) hinzu, (8) der Lobgesang des Symeon (→ Nunc dimittis), Dreieinigkeitshymnen (→ Trishagion), Vaterunser, (9) Entlassung. – Zu Veränderungen → Nachtwache.

Wegen seiner reichen Hymnenausstattung erhielt der byz. A. auch die Bezeichnung „Gesangsvesper" (grch. *lychnikon;* russ. *pesnennaja večernja, svetilo nočnoe).* Vom 8. bis 11. Jh. bildeten sich 2 Formen des A.es heraus: die Große Vesper am Vorabend eines Hochfestes mit Einzug des Bischofs u. die Kleine Vesper (russ. *vsednevnaja večernja)* ohne Einzug an gewöhnl. Tagen.

Lit.: A. Baumstark, Nocturna Laus, Münster 1956; Daniel, 289-295; Eisenhofer 2, 537 f.; Goar, 28-39; La Prière[1], 3-30; 2, 330 f.; Raes, 101-206; N. Uspenskij, Pravoslavnaja Večernja, BoTr 1, 1960, 5 bis 52; G. Winkler, Über die Kathedralvesper in den verschiedenen Riten des Ostens, ALW 16, 1974, 53-103; R. Zerfass, Die Schriftlesung im Kathedraloffizium Jerusalems, Münster (Westf.) 1968, Reg.: Abendoffizium; K. Gamber, Sacrificium Vespertinum. Lucernarium u. eucharist. Opfer am Abend u. ihre Abhängigkeit von den Riten der Juden, Regensburg 1983; K. Sponsel, Der orth. Vespergottesdienst. Sämtl. Chor- u. Lektorenteile nebst den Eigentexten des Sonntagsoktoich, eingerichtet für mehrstimmigen gemischten Chor, Recklinghausen 1988; S. Heitz u.

S. Hausammann, Mysterium der Anbetung, Köln 1986; R. Taft, „Evening Thanks". Toward to Theology of Vespers, Diakonia 13, 1978, 27-50; Schulz, Handbuch Ostk.kunde II, 57-65.

Abendlied. Das älteste christl. A., nach den beiden ersten Worten auch „Phos hilaron" (grch., 'heiteres Licht'; russ. *svet tichij;* 'mildes Licht'; lat. *lumen hilare)* genannt, besteht aus 3 Strophen. Unter dem Thema des abendl. Lichtes ist die erste Strophe binitarisch (ein Lobpreis auf Gottvater u. Sohn), die zweite trinitarisch (ein Lobpreis auf Gottvater, Sohn und hl. Geist) formuliert, während die dritte einen Lobpreis auf den lebenspendenden Gottessohn bringt. Das Phos hilaron wird im allgemeinen in das 3., von manchen auch in das 2. Jh. datiert. Zur Zeit Basilius' des Großen (gest. 379) war es als bereits alter Bestandteil der Lichterdanksagung (→ Abendgottesdienst) bekannt. Dort ist es wie in der Liturgie der vorgeweihten Gaben bis heute verblieben. Text: s. Anhang Nr. 1.

Lit.: F. J. Dölger, Der christl. Abendhymnus Phos hilaron u. die Lichtdanksagung der Kappadokier, AuC 5, 1936, 11-26; Quasten 1, 158; E. R. Smothers, Phos hilaron, RSR 19, 1929, 266-283; A. Tripolitis, Phos hilaron. Ancient Hymn and Modern Enigma, ViChr 24, 1970, 189-196; Wellesz, 149-156; P. Plank, Phos hilarón. Christushymnus und Lichtdanksagung der frühen Christenheit, St. Ottilien 1989. – S. auch Lit. zu Licht.

Abendmahl. 1. Zur Bedeutung des A.s, des letzten Mahles Christi mit seinen Jüngern und des Mittelpunktes der christl. Gemeindefeier, → Eucharistie, → Liturgie, → Sakrament.

2. Die Ikonographie des A.s hat die Berichte aus Matth. 26, 17-29; Mark. 14, 12-25; Luk. 22, 7-23; Joh. 13, 21-30 zur Voraussetzung. Sie unterscheidet sich von der liturg. Auffassung, wie sie in der Apostelkommunion zum Ausdruck kommt. Die themat. Beschränkung auf das letzte Mahl Christi schuf ein nur wenig variables, vom antiken Mahlbild abhängiges Grundschema: Christus ist mit seinen Jüngern um einen Tisch zum A. versammelt. Dabei ändern sich bestimmte Einzelheiten im Wandel der Tischsitten, der Gerätschaften u. Möbel, so etwa die Form des Tisches. In altkirchl. Zeit wird Christus auf dem antiken Sofa, der Kline (grch.), liegend dargestellt, an der linken Seite eines oft sigmaförmigen Tisches, um den herum sich die Jünger lagern. In spät- u. nachbyz. Zeit sitzt er in der Mitte des Tisches aufrecht wie die Jünger. Seit mittelbyz. Zeit werden Judas u. Johannes bes. hervorgehoben. Judas (ohne Nimbus) greift mit Christus in die Brotschale. Er wird oft bes. häßlich dargestellt u. von den anderen Jüngern abgesondert. Das Hinausgehen des Verräters aus dem A.s-Raum wird im Osten sehr selten wiedergegeben. Johannes liegt mit seinem Haupt an der Brust od. im Schoß Christi. In spät- u. nachbyz. Denkmälern wird gern die Lagerung des Johannes mit dem Griff des Judas in den Brotkorb parallel gesetzt. Gruppierungen von im Gespräch vertieften Jüngern sind nur an-

Abendmahl

gedeutet worden. Isolierte Gruppen erscheinen im klass. byz. A.s-bild nicht. Auf dem Balkan u. in Rußland haben auch Folkloreelemente eingewirkt, die, wie etwa in der Hinterglasmalerei (→ Hinterglasbilder), das A.s-Bild nicht selten mit intim-familiären Zügen ausstatteten. – Zusammen mit der Fußwaschung ist das A. in den Passionszyklus aufgenommen worden. – Taf. 2; Abb.

Lit.: E. Dobbert, Das A. Christi in der bildenden Kunst, Repertorium für Kunstwiss. 13, 15, 18, 1890-1895; Dölger, Ichthys 5, 543-610; J. Kühn, Die Darst. des A.s im Wandel der Zeiten, Schaffhausen 1948; Lazarev, Reg.: Tajnaja Večernja; Pokrovskij, 267-291; LChI 1, 10-18; LdK 1, 8-10; RBK 1, 1-11. – S. auch Lit. zu Apostelkommunion, Eucharistie.

Abgarbild, *Abgarlegende* → unter Acheiropoietos

Abraham (hebr., 'Vater der Menge', 'Vater der Völker'), der erste der Verheißungsträger Gottes im AT u. NT. Deshalb spielen seine Person u. die mit ihr verbundenen Ereignisse in der Schriftauslegung der Kirchenväter eine große Rolle, die auch auf die Kunst der Alten Kirche eingewirkt hat.
Sieht man von der ältesten Darstellung in der Synagoge von Dura Europos (um 230) ab, so sind folgende Szenen in der altkirchl. u. byz.-slav. Kunst weit verbreitet gewesen: (1) Die Gastfreundschaft A.s (grch. *philoxenia).* Das Motiv des Besuches von 3 Männern bei A. im Hain Mamre (1. Mose 18) ist von einer Reihe von Kirchenvätern u. später im byz.-slav. Raum trinitätstypologisch verstanden worden (→ Dreieinigkeit). – (2) Die Opferung Isaaks durch A. (1. Mose 22) wurde schon sehr früh als Vorbild (Typos) für das Opfer Christi aufgefaßt (vgl. Hebr. 11, 19).Diese Typologien werden oft durch die Darstellung des Tisches bzw. Opfersteines als christl. Altar verdeutlicht. – (3) A.s Schoß. A., oft mit Isaak u. Jakob, hält in seinem Schoß od. in einem Tuch die Seelen der Erlösten. Die Szene geht zurück auf die Geschichte vom reichen Mann u. vom armen Lazarus (Luk. 16, 19-31) u. gehört vom 11. Jh. ab in die Darstellung des Jüngsten → Gerichts. – (4) Zyklen aus dem Leben A.s sind seit dem 5. Jh. als Mosaiken in Kirchen Roms vorhanden gewesen, werden aber in byz. Zeit seltener. Dagegen finden sie sich in der Bibelillustration (Oktateuch) häufiger. – (5) Die figürl. Wiedergabe zeigt A. in der altkirchl. Sarkophag-Kunst zunächst jugendlich u. ohne Bart. Dieser Typ wird vom 5. Jh. an abgelöst durch den des Greises mit langem Bart. Vom 9. Jh. an erhält er den Nimbus. Im Anschluß an 1. Mose 14, 14 ff. wird er nicht selten auch als berittener Krieger gezeigt. In der Ikonenmalerei ist die isolierte Gestalt A.s seltener. – Taf. 64.

Lit.: Dassmann, 184-196; E. Fascher, Isaak u. Christus. Zur Frage einer Typologie in Wort u. Bild, Bild u. Verkündigung, (Fs. H. Jursch) Berlin 1962, 38-53; J. Hennig, Zur Stellung A.s in der Liturgie, ALW 9, 1966, 349-366; Kötting, 107 f.; Lazarev, Reg.: Avraam; D. Lerch, Isaaks Opferung christlich gedeutet, Tübingen 1950; I. Speyart van Woerden, The Iconography of the Sacrifice of A., ViChr 15, 1961, 214-255; LChI 1, 20-35; LdK 1, 15 bis 16; RBK 1, 11-22; LexMA I, 52-53.

Abrenuntiation → unter Taufe

Abt (grch./aram. *abbas,* 'Vater'; grch. *hegumenos, kathegumenos, prohestos,* 'Leiter', 'Vorsteher'; russ. *igumen, nastojatel'),* mit monarch. Gewalt ausgestatteter Leiter eines Klosters. Nach altkirchl. Ansicht besaß der Vorsteher die umfassende Vatervollmacht (lat. *patria potestas)* über eine monast. Familie (lat. *familia monasterii).* Mit der Entwicklung des koinobitischen (in der Gemeinschaft lebenden) Mönchtums eng verbunden, wurde die Institution des A.s in der Epoche Justinians (gest. 565) im Kirchenrecht verankert. Gleichzeitig wird auch die Bezeichnung → Archimandrit für den A. bekannt. Seitdem wird der A. auf Lebenszeit bei einem Mindestalter von 30 Jahren von seinem Vorgänger bestimmt, bedarf aber der Bestätigung u. Weihe durch den Bischof. Die Rechtszuständigkeit des letzteren gilt auch bei freier Wahl des A.s durch die Bruderschaft. Auch die Stifter von Klöstern hatten sich nicht selten in den Stifterurkunden (→ Typikon [3]) Einflußnahmen auf die A.-Wahl gesichert. Der Stellvertreter des A.s war der „Zweite" (grch. *deuteros).* – Weiteres → unter Kloster, → Mönchtum.

Lit.: Beck, 132 f.; P. de Meester, De Monachico Statu iuxta Disciplinam Byzantinam, Città del Vaticano 1942, 202-291; I. Řezáč, De Monachismo secundum Recentiorum Legislationem Russicam, Roma 1952, 67-89; P. Salmon L'Abbé dans la Tradition Monastique, Paris 1962; LChI 5, 9-12 (Äbte, hl.); LexMA 1, 60-62.

Acheiropoietos (grch. *acheiropoietos eikon,* f., 'ohne Hand gemachtes Bild'), legendäre Darstellung des Antlitzes Christi.

1. Das Adjektiv *acheiropoietos* begegnet nur im christl. Sprachgebrauch, Im NT bedeutet es soviel wie 'geistlich', 'himmlisch' od. 'unsinnlich' (vgl. Mark. 14, 58; 2. Kor. 5, 1; Kol. 2, 11). Der Wortsinn änderte sich, als die A. in der byz. Malerei allgemeine Verbreitung fand. Im Unterschied zu den vom Himmel gefallenen Bildern (grch./lat. *diipetes)* der Antike u. neuplaton. Bilderlegenden verstand man in Byzanz unter der A. das authentische, entweder durch einen Maler od. durch unmittelbaren Abdruck entstandene Bildnis Christi. Im Bilderstreit (→ Bild) spielten die Acheiropoietoi nur eine geringe Rolle, weil sie für das subtile Urbild-Abbild-Schema nur wenige Argumente lieferten. Bei der A. handelt es sich um ein Idealporträt Christi spätantiker Prägung (→ auch Christusbilder, → Christusporträt).

2. Vom 8. Jh. an sind Acheiropoietoi der Gottesmutter u. einiger Heiliger (→ Heiligenverehrung) bekannt. Von größerer Bedeutung wurde indessen die Christus-A., die man nach ihren Legenden in 2 Gruppen teilt: (a) Einer Frau erscheint im kappadoz. Kamulia in einem Brunnen das trockene Bild Christi, das an ihrem Gewand einen Abdruck hinterläßt. Diese Kamulianum genannte A. kam 574 nach Konstantinopel. Jüngere Legenden berichten von solchen Acheiropoietoi, die zu Kollektenzwecken vor allem in die von den Persern bedrohten Grenzgebiete Kleinasiens geschickt wurden. Deshalb wurde das Kamulianum im 6. u. 7. Jh. dem byz. Heer oft als Reichspalladium vorangetragen. – (b) Der zweite Typ wird mit der Person Christi selbst in Zusammenhang gebracht. Unter dem Eindruck der Belagerung Edessas durch die Perser 544 entstand die Legende von der Vision des Bischofs von dem vergessenen Standort der A. Christi in der Stadtmauer, wo sie auf einem Deckziegel einen Abdruck hinterließ, das Keramidium (grch. *keramidion,* 'Ziegel'). Dieser Abdruck geht auf ein Bildnis zurück, das ein Gesandter des kranken edessen. Fürsten Abgar Ukkama (9-46) von Christus gemalt haben soll. Bei dieser Gelegenheit soll Christus Abgar auch einen persönl. Brief mitgegeben haben, der, in Stein gemeißelt, an der Stadtmauer Edessas u. anderer Städte angebracht wurde. Nach einer anderen Fassung der Legende soll Christus einen Abdruck seines Antlitzes auf einem Tuch zurückgelassen haben (Abgarbild, hl. Antlitz, *vera icon* [lat.] u. a., dem westl. „Schweißtuch der Veronika" entsprechend). Im Laufe des 10. Jh. gelangten das hl. Tuch (pers./grch. *mandylion,* 'kleiner Mantel', 'Tuch'; russ. *ubrus),* das Keramidium u. der Brief Christi nach Konstantinopel, wo sie hohe Verehrung genossen. Auf einer Sinai-Ikone des 10. Jh. wird Abgar in der Person des byz. Kaisers Konstantin Porphyrogennetos (913-957) mit dem hl. Tuch auf den Knien gezeigt. Alle 3 Heiligtümer gingen bei der Einnahme der Hauptstadt durch die Kreuzfahrer 1204 verloren. Um den Besitz des Mandylions streiten sich Paris, Rom u. Genua.

3. Schon im 7. Jh. galt die A. Christi als seine zweite Inkarnation. Die künstler. Gestaltung des Antlitzes (große Augen, streng gescheiteltes Haupthaar u. 3 Stirnlocken, kein Halsansatz, Frontalität [Einfluß des antiken Alexanderbildes]) lassen die psycholog. Absicht erkennen, mit diesem der Gorgo gleichenden Haupt Schrecken unter den Feinden zu verbreiten. In Rußland fand die A. als fürstl. Palladium frühe Verbreitung. Die Vorstellung von der zweiten Inkarnation Christi in der A. machte es möglich, auch andere Darstellungen Christi zu erweitern u. gedanklich zu vertiefen. Auf der anderen Seite stieß die typisch byz. „polit. Christologie" der A. auf den wiederholten Widerstand nonkonformist. Bewegungen, so der Bogomilen (→ unter Häresie).

4. Im byz.-slav. Kirchenjahr wird der A. Christi am 16. Aug., des Kamulianums am 15. Mai u. am 9. Aug. gedacht. – Taf. 11.

Lit.: E. v. Dobschütz, Christusbilder, Leipzig 1899; R. Dölling, Byzantin. aus der Kunst des 16. Jh. Aus der byz. Arbeit der DDR 2, 1957, 163-175; A. Grabar, La Sainte Face de Laon, Paris 1931; ders., Iconoclasme, 20 f., 32 f.; Rothemund, 205; I. B. Segal, Edessa, The „Blessed City", Oxford – London 1970; Weitzmann, 94-98; K. Gamber, Byz. Nachbildungen des hl. Sidon, Der Fels 13, 1982, 256-259; LChI 1, 18-19; LdK 1(1987), 26; RBK 1, 22-28. – S. auch Lit. zu Bild.

Achttonzyklus → unter Oktoechos

Achtyrskaja → unter Gottesmutterbilder

Adam und Eva (hebr. *adam,* 'Mensch[heit]'; hebr. *eva,* 'die das Leben schenkt'). Die Stammeltern der Menschheit (1. Mose 1-3) haben über die bibl. Berichte hinaus die theolog. Spekulation seit alters beschäftigt. Die zahlreichen apokryphen Erzählungen (→ auch Apokryphen) von A. u. E. haben in der christl. Kunst ihren Niederschlag gefunden. Abgesehen von A.-u.-E.-Zyklen in der Miniatur- u. Monumentalmalerei, sind es vor allem 4 Themenkreise, die auch in der Ikonenmalerei anzutreffen sind. Ihnen liegen heilsgeschichtl. (soteriolog.) Vorstellungen zugrunde (Christus als zweiter Adam, Maria als zweite Eva), die zu immer neuen Bildkombinationen, bes. in der russ. Malerei des 16.-18.Jh., führten. Außerdem bieten die Hymnen der Ostkirche eine Fülle von Vorlagen für Darstellungen in der Kunst, vor allem die von Karfreitag, Ostern, des Advents u. der Geburt Christi sowie von Epiphanie.
Es lassen sich folgende Hauptthemen aufzählen: (1) Der Sündenfall der Stammeltern wurde schon im sog. Taufraum von Dura Europos (um 230) dargestellt (A. u. E. als Akte mit Lebensbaum u. Schlange, Christus als Guter → Hirte). – (2) Die Erlösung von A. u. E. findet ihre wichtigste Darstellung in der Auferstehung Christi (Höllenfahrt), wo der Auferstandene den Protoplasten (grch., 'der Erstgeformte') aus dem Grabe zieht, während er von Eva angebetet wird. – (3) Im Enddrama der Menschheit, im Jüngsten → Gericht, knien beide vor der Deesis (Christus mit der Gottesmutter u. Johannes dem Täufer) bzw. der Hetoimasia, dem Thron des Weltenrichters. – (4) Das Motiv des Schädels des Stammvaters im Golgathahügel (→ auch Kreuz, → Apokryphen, → Kreuzigung) ist bereits im 6. Jh. anzutreffen; es hängt wahrscheinlich mit der Adamskapelle beim Hl. Grabe in Jerusalem zusammen (→ auch Kirchenbau). – Taf. 1.
Text: s. Anhang Nr. 21, 5.

Lit.: C. Bezold, Die Schatzhöhle, Leipzig 1883; Dassmann, 232-258 (Sündenfall); A. Dillmann, Das christl. A.-Buch des Morgenlandes, Göttingen 1853; S. Esche, A. u. E. Sündenfall u. Erlösung, Düsseldorf 1957; J. Flemming, Die Ikonographie von A. u. E. vom 3. bis 13. Jh., Philosoph. Diss. Jena 1953; V. Jagič, Die altkirchenslav. Texte des A.-Buches, Denkschr. Wiener AdW 42, 1893; A. Mazure, A. u. E. Le Thème d'A. et E. dans l'Art, Paris 1967; H. Kaiser-Minn, Die Erschaffung des Menschen auf den spätantiken Monumenten des 3. und 4. Jh., Münster 1981; LChI 1, 41-70; LdK 1(1987), 34-35; RBK 1, 40-54; LexMA 1, 115-116.

Adler → unter Bischofsinsignien

Adorant → unter Orans

adoratio crucis → Kreuzanbetung

Advent (lat. *adventus,* m.), 1. die Ankunft (grch. *epidemia)* eines Gottesbildes an seinem Kultort.
2. Im christl. Sprachgebrauch bedeutet A. sowohl die Erscheinung (→ Epiphanie) Christi auf Erden (vgl. 2. Tim. 1, 10; Tit. 2, 11) wie als Richter zum Jüngsten → Gericht, d. h. zu seiner Parusia (grch., 'Wiederkunft'; vgl. Matth. 24, 3; 1. Kor. 1, 8; 2. Thess. 2, 8; 2. Petr. 1, 16). Als Vorbereitungszeit auf das Fest der Geburt Christi (→ auch Kirchenjahr) ist die Bezeichnung A. im Westen seit dem 8./9. Jh. geläufig, während sie im Osten unbekannt blieb. Dort wurden etwa seit dem 6. Jh. dem 25. Dez. mehrere Sonntage vorgeschaltet in Verbindung mit einer vierzigtätigen → Fastenzeit. Diese beginnt heute am 15. Nov. als sog. „Philippsfasten". Schon die Hymnen zum → Tempelgang der Gottesmutter am 21. Nov. enthalten zahlreiche Hinweise auf Christi Geburt. Am 20. Dez. findet eine Vorfeier (grch. *proheortion,* russ. *predprazdnstvo)* statt, die mit einem eigenen Vorfesthymnus (grch. *idiomelon proheortion,* → unter Stichera) u. Kanon ausgestattet ist. Innerhalb des Wochenzyklus (→ Oktoechos) werden 2 Sonntage vorgeschaltet: der Sonntag der Vorväter (grch. *kyriake ton propateron;* russ. *nedelja praotcov)* Abraham, Isaak u. Jakob sowie der Sonntag der Väter (grch. *kyriake ton pateron;* russ. *nedelja otcov)* seit Adam (→ Adam und Eva) u. den Propheten des AT, die Christi Geburt geweissagt haben. In Rußland fand an einem dieser Sonntage die „Ofenhandlung" statt (→ Drei Jünglinge im Feuerofen). – Die Vorstellung vom ersten und zweiten A. Christi bestimmt nicht nur die Heortologie, sondern auch die Ikonographie der großen Feste in der Ostkirche.

Lit.: B. Botte, E. Mélia u. a., Noël, Epiphanie, Retour du Christ, Paris 1967; W. Croce, Die A.s-Liturgie im Licht ihrer geschichtl. Entwicklung, ZKTh 76, 1954, 257-269; 440-472; Handbuch 2, 273-276; J. A. Jungmann, Gewordene Liturgie, Innsbruck 1941, 232-294; Kellner, 119-123; Maltzew[5] 1, 326, 560 f., 566 f.; Nilles 1, 329; 357 f.; 2, 535-543; Th. Spasskij, Les Pâques de Noël. Étude sur l'avant-fête de Noël dans le rite byzantin, Irénikon 30, 1957, 289-306.

Aer → Decken, liturgische

Agape (grch. *agape,* f., 'Liebe'), in der Alten Kirche von der Gemeinde begangenes Liebesmahl, bei dem ihre Armen gespeist wurden. In der Urgemeinde war das Abendmahl zugleich eine A. Mit Paulus beginnend, kam es zur Unterscheidung u. schließlich zur Trennung beider Veranstaltungen. Während sich das Abendmahl zur Eucharisti (→ auch Liturgie) entwickelte, wurden die A.n reine Sättigungsmahlzeiten. Sie wurden in der Kirche von der Gemeinde veranstaltet u. vom Bischof od. Priester unter Assistenz des Diakons geleitet. Zu ihnen wurden Witwen u. Arme geladen. Die A.n wurden von Gebeten, Segnungen u. geistl. Unterhaltungen (auch Hymnengesang zur Harfe ist bekannt) begleitet. Die Synode von 692 (Quinisextum, Trullanum) verbot, die A. in der Kirche zu feiern. In der Zeit der Alten Kirche bildeten die A.n ein wichtiges geistl. u. soziales Element im Gemeindeleben. Wie die oriental. Hauptmahlzeiten fanden sie am späten Abend (→ auch Abendgottesdienst) statt u. dauerten bis zum Morgengrauen. – Ob es Darstellungen der A. in der frühchristl. Kunst gegeben hat, ist bis heute umstritten, da es sich bei derartigen Darstellungen auch um solche des Abendmahls od. von Totenmählern (lat. *refrigeria,* → auch Katakomben) gehandelt haben kann.

Lit.: Beck, 243 f.; A. Hamman, Vie Liturgique et Vie Sociale, Paris 1968; Handbuch, Reg.: A.; Hanssens, Nr. 480-540; Lietzmann, 197-210; K. Völker, Mysterium u. A., Gotha 1927; LChI 3, 128-136 (Mahl, Gastmahl).

Agnus Dei → Lamm Gottes

Akathist (grch. *akathistos hymnos;* russ. *akafist,* m., 'nicht sitzend zu singen'), umfangreicher Gottesmutterhymnus der byz. Kirchendichtung u. Kirchenmusik. Es handelt sich um ein Kontakion aus 24 Strophen, deren erste Buchstaben das grch. Alphabet ergeben (alphabet. Akrostichis).

1. Der A. wird als eigene Akoluthia am Samstag der fünften Fastenwoche (→ Fastenzeiten) gehalten. In der Eingangsstrophe wird die Gottesmutter als siegreiche Feldherrin gefeiert. Die Strophen 1-12 (Verkündigung der Gottesmutter bis Darstellung Jesu im Tempel) heißen auch „histor. Teil", die Strophen 13-24 „myst. od. dogmat. Teil", weil in ihnen die Mariologie entwickelt wird. Der Gesamtaufbau des A. ist kunstvoll u. kompliziert: So werden den geradzahligen Strophen ein Halleluja, den ungeradzahligen Grußformeln (grch. *chairetismoi;* lat. *salutationes)* mit mariolog. Prädikaten (→ auch Akklamationen) zugefügt, welche die Gottesmutter als Miterlöserin feiern. Bewunderungswürdig ist die Verarbeitung dogmatischer, epischer, dramatischer u. lyr. Aussageweisen zu einem poet. Ganzen. Der A. trägt die Züge eines der unmittelbaren Frömmigkeit entstammenden Lobliedes (→ Panegyrikos), das unter dem Eindruck des Ansturms verschiedener Völker (Perser, Avaren, Slaven, Araber) auf die Hauptstadt entstanden ist. Als seine Verfasser galten bisher die Patriarchen Sergios (610-683) u. Germanos (715-730), heute im allgemeinen der große Melode Romanos (gest. um 560). Der Verfasser überblickte die altkirchl. Dogmengeschichte u. benutzte neben den Hymnen vor allem zur Verkündigung der Gottesmutter u. der Darstellung Jesu im Tempel auch Apokryphen des NT. Auf die westl. Mariendichtung hat der A. wahrscheinlich über das Kloster St. Gallen eingewirkt. Nach dem Vorbild des klass. A. sind später auch andere A.oi gedichtet worden, z. B. der A. „auf den süßesten Jesus" (russ. *akafist Jisusu sladšajšemu)* od. auf den hl. Nikolaus den Wundertäter (→ Heiligenverehrung).

2. Der A. erscheint in der bildenden Kunst erst seit dem 14. Jh. u. breitet sich vom Balkan nach Rußland aus. In der Ikonenmalerei werden die Strophen auf Randbildern dargestellt. Der „dogmat. Teil" regte dabei zu komplizierten Kompositionen der ostkirchl. Mariologie an. In der Nachfolge einer byz. „polit. Mariologie" boten die Darstellungen des A. Gelegenheit, hervor-

ragende nationale Ereignisse mit ihm zu verbinden.
Text: s. Anhang Nr. 2.

Lit.: S. S. Averincev, Poėtika Rannevizantijskoj Literatury, Moskau 1977, 231-236; ders. Tradicija Grečeskoj ‚Dialektiki' i Vozniknovenie Rifmy, Kontekst, Moskau 1977, 81-99; Beck, Reg.: A.; R. A. Fletcher, The Early Byzantine Hymns and their Place in the Liturgy of the Church of Constantinople, ByZ 51, 1958, 53-65; V. D. Lichačeva, The Illumination of the Akathistos Hymn, DOP 26, 1972, 253-262; G. G. Meerssemann, Der Hymnus A. im Abendland, Specilegium Friburgense 2, 1958; 3, 1960; J. Myslivec, Ikonografie Akathistu Panny Maria, SK 5, 1932, 97-130; Pokrovskij, Reg.: A.; T. Velmans, Une Illustration inédite de l'A. et l'Iconographie des Hymnes Litrugiques à Byzance, CAr 22, 1972, 131-165; E. Wellesz, The „A.". A Study in Byzantine Hymnography, DOP 9-10, 1956, 141-174; ders. The Akathistos Hymn, Kopenhagen 1957 (= MMB, Transcr. VIII); Akathistos. Hymnen der Ostkirche. Hg. u. mit Begleittexten von H. Goltz, Leipzig 1988; A. Filonov Gove, The Slavic A. Hymn. Poetic Elements of the Byz. Text and its Old Church Slavonic Translation, 1988; LChI 1, 86-89; LexMa 1, 250.

Akklamation (lat. *acclamatio,* f.; grch. *euphemia,* f.; russ. *vozglašenie,* n.), ein kürzerer od. längerer, rhythmisch vorgetragener u. ständig wiederholter Zuruf antiker Volksmassen an einen Gott, einen Herrscher od. dessen hohe Beamte sowie andere hervorragende Menschen. „Negative" A.en wurden bei der Absetzung dieser Personen als Fluchformeln verwendet. Die A. besaß insofern Rechtscharakter, als die irrational vorgestellte „Macht" der sonst „stimmlosen" Masse die Herrschaft bestätigte.
1. Im ganzen Orient (einschließlich Israel) bekannt, wurden A.en in den röm. u. byz. Kaiserkult übernommen. Die Kirche wandte sie schon früh auf den Kyrios (grch., 'Herr') Christus an (vgl. Phil. 2, 11; Offb. 1, 4-6; 5, 9.12; 7, 12; 19, 2.5). Später wurde die A. durch das Kirchenvolk bei der Wahl eines Bischofs (→ auch Cheirotonie) zum notwendigen Rechtsakt. Spontane A.en waren üblich bei der Predigt (→ Homilie) u. fanden schließlich in verschiedensten Formen (→ Amen, → Doxologie, → Halleluja, → Kyrie eleison, → Trishagion) in der Liturgie ihren Platz. Mariologische A.en sind im Gottesmutterhymnus (→ Akathist) u. zahlreichen Liedern an die Gottesmutter (→ Theotokion) anzutreffen, im Westen in den Laudes regiae. Im byz. Kaiserkult entwickelten sich komplizierte hymnenartige A.en. In der Hagia Sophia wurden sie vom Chor gesungen, bei bestimmten Zeremonien (z. B. dem Polychronion) von der Orgel begleitet. Bei öffentl. Aufzügen des Kaisers benutzten die Zirkusparteien (Demen) kleine Handorgeln. A.en galten als ständig zu wiederholende Bestätigung der „Apostelgleichheit" (Isapostolat) des Kaisers durch das Volk.
2. Der Gestus der A. ist oft in der bildenden Kunst dargestellt worden.
Text: s. Anhang Nr. 3.

Lit.: G. Delling, Der Gottesdienst im NT, Berlin 1952, Reg.: A.; Eisenhofer, 240-265; Fendt, Reg.: A.; Handbuch, Reg.: A.; Hanssens, Nr. 1184 bis 1190; E. H. Kantorowicz, Laudes Regiae. A Study in Liturgical A.s and Mediaeval Ruler Worships, Berkeley – Los Angeles 1946 (1958²); B. Opfermann, Die liturg. Herrscher-A.en im Sacrum Imperium des MA, Weimar 1953; E. Peterson, Heis Theos, Göttingen 1926; H. J. W. Tillyard, The A. of Emperors in Byzantine Ritual, Annual of British School at Athens 18, 1911/12, 239-260; O. Treitinger, Die oström. Kaiser- u. Reichsidee nach ihrer Gestaltung im höf. Zeremoniell, Bad Homburg v. d. Höhe 1969, Reg.: A.; A. Kniazeff, Les Acclamations dans la liturgie byz., Gestes et Paroles dans les divers Familles Liturgiques, Roma 1978, 135-152; J. Handschin, Das Zeremonienwerk Kaiser Konstantins u. die sangbare Dichtung, Basel 1941; LChI 1, 90-91; LexMA 1, 251 bis 252.

Akoluthia (grch. *akoluthia,* f., 'Abfolge', 'Übereinstimmung', 'Ordnung'; russ. *posledovanie,* n., *čin,* m.), eine durch Tradition u. Kirchenrecht festgelegte Ordnung aller gottesdienstl. Handlungen. Der nicht genau fixierbare Begriff entspricht etwa dem des Offiziums (lat. *officium,* 'Dienst', 'Amt') der kath. Kirche. Während bei dieser die Kontrolle der zentralen Behörde des Hl. Offiziums u. der Ritenkongregation untersteht, wacht über die Einhaltung der A. in der Ostkirche an erster Stelle der Bischof.
Die wichtigsten Spezialakoluthien sind: (1) die A. des → Akathist; – (2) die A. der Großen → Horen; – (3) die A. der Fußwaschung; – (4) die A. der hl. Leiden (grch. *akoluthia ton hagion pathon;* russ. *posledovanie svjatych strastej)* während der Nachtwache des Karfreitags mit den 12 Leidensevangelien (in Verbindung mit den 15 Antiphona), die auf die Andachten an den Leidensstationen in Jerusalem zurückgehen. Dieses Offizium hat folgenden Aufbau:

(a) Kleine Kollekte (→ Ektenie)
Gebet an die Gottesmutter
Ekphonese des Priesters
Joh. 13, 31-18, 1
1., 2., 3. Antiphon mit 2 Gottesmutterliedern (→ Theotokion)
(b) Wie oben a: Kleine Ektenie, Gebet, Poetisches Kathisma
Joh. 18, 1-28
4., 5., 6. Antiphon mit Theotokien
(c) Wie oben a
Poetisches Kathisma
Matth. 26, 57-75
7., 8., 9. Antiphon mit Theotokien
(d) Wie oben a
Poetisches Kathisma
Joh. 18, 28 – 19, 16
10., 11., 12. Antiphon mit Theotokien
(e) Wie oben a
Poetisches Kathisma
Matth. 27, 3-32
13., 14., 15. Antiphon mit Theotokien
(f) Wie oben a
Poetisches Kathisma
Mark. 15, 16-32
Seligpreisungen mit eingeschalteten Troparien
(g) Wie oben a
Prokeimenon aus Ps. 22, 19 u. 22, 2
Matth. 27, 33-54
Ps. 51
(h) Luk. 23, 32-49
Triodion des Johannes Monachos (Johannes von Damaskus)
Kleine Ektenie
Exaposteilarion (eigener, Triodion od. Kanon abschließender Kurzvers)
(i) Joh. 19, 25-37
Laudes
(j) Mark. 15, 43-47
Kleine Doxologie
(k) Joh. 19, 38-42
Spezialhymnen (Idiomelen, → unter Stichera)
(l) Matth. 27, 62-66
Trishagion
Vaterunser
Entlassung

– (5) die A. des abendl. Brotbrechens mit 5 Broten, je einem Gefäß mit Wein, Öl u. Weizen, als einfache Erquickung während der Nachtwache; – (6) die A. des Tisches (grch. *akoluthia tes trapezes;* russ. *posledovanie artosa* [= A. des Brotes]): Ein geweihtes Brot mit dem Bild des Kreuzes od. der Auferstehung Christi (auch Panhagia genannt) wird während der Oktav nach Ostern verteilt; – (7) die A. der hl. u. großen Woche, sie enthält in einem eigenen, dem kath. Passionale entsprechenden Buch (russ. *strastnik,* m.) die Gottesdienste der Karwoche; – (8) die A. der Typika (grch. *akoluthia ton typikon;* russ. *čin izobrazitel'nych),* ein allen anderen Konfessionen unbekannter Gottesdienst, dessen Geschichte noch ungeklärt ist. Mit den Ps. 103 u. 146 sowie den Seligpreisungen wird er an den Tagen ohne Liturgie gehalten.
Schließlich werden unter A. auch Auszüge von Heiligenviten u. Hymnen aus dem Menaion u. dem Synaxarion verstanden. Ganz allgemein bedeutet A. das Ordnungsprinzip der orth. Gottesdienste, das ihre Aufbauelemente bestimmt.

Lit.: Beck, 252; Goar, 27, Nr. 63; 107, Nr. 69; 158; Hanssens, Nr. 186-195; 1460-1462; La Prière[1], 189-206; 2, 286-288; Nilles, Reg.: A.; L. Petit, Bibliographie des Acoluthies Grècques, Brüssel 1926.

Akrostichis, *Akrostichon* (grch. *akrostichis,* f., *akrostichon,* n., 'Versspitze'; russ. *kraestročie,* n.), in der oriental. Geheimliteratur Versanfänge von Gedichten, die Worte, Namen od. das Alphabet (Alphabet-A.) ergeben (im AT z. B. Ps. 9; 10; 25; Klagelieder). Die Apostol. Konstitutionen (→ Kirchenrecht) u. einige Kirchenväter verstanden unter A. ein gleichbleibendes Antiphon des Psalmengesanges. Besondere Bedeutung erhielt die A. als Vorsatzstrophe in der byz. Kirchendichtung, zunächst beim Kontakion u. später beim Kanon, um hier schließlich in Gedanken- u. Wortspielereien auszuarten. Mit Hilfe der Namen-A. konnte eine Reihe von Meloden identifiziert werden. Die A. begegnet auch im westl. u. protestant. Kirchenlied (z. B. „Befiehl du deine Wege"). – Unabhängig vom Zusammenhang der A. mit einem Gedicht war sie als Chiffre bereits im alten Christentum bekannt, z. B. auf Grabdenkmälern. Eine der ältesten A. dieser Art ist Ichthys (→ Fisch).

Lit.: Anthologia Graeca, XVII; F. Dornseiff, Das Alphabet in Mystik u. Magie, Leipzig – Berlin 1925[2]; Ch. Hannuck, Die A. in der kirchenslav. liturg. Dichtung, WieSlavJb 18, 1973, 151-162; Krumbacher, Die A. in der grch. Kirchenpoesie,

Sb. d. Bayer. AdW 1903, 4, 551-691; W. Weyck, Die A. in der byz. Kanonesdichtung, ByZ 17, 1908, 1-69; LexMA 1, 255-257.

Akt (lat. *actus,* m.), Darstellung des nackten (bzw. wenig bekleideten) menschl. Körpers. A.-Darstellungen gibt es seit den Anfängen der bildenden Kunst. Einen ersten Höhepunkt erreichten sie in der archaischen u. klass. Kunst Griechenlands. In der frühchristl. Kunst hat der A., trotz der negativen Beurteilung der Nacktheit des Menschen im allgemeinen (vgl. Offb. 3, 18), eine nicht geringe Rolle gespielt. Theologische Motivationen bedingen die Darstellung der Nacktheit von Adam u. Eva, wo sie einerseits den paradies. Urzustand der Stammeltern (vgl. 1. Mose 2, 25), andererseits das Sich-Schämen nach dem Sündenfall (1. Mose, 3, 7) versinnbildlicht. Als Zeichen der Erniedrigung, der äußersten Verlassenheit u. des Ausgeliefertseins an die Dämonen ist die Nacktheit des gekreuzigten Christus (→ Kreuzigung Christi) zu verstehen. Ähnliche Vorstellungen liegen auch der Darstellung der Verdammten beim Jüngsten → Gericht zugrunde. Asketische Motive reflektiert die A.-Darstellung einiger Heiliger (→ Heiligenverehrung, → Heiligenbilder), wie z. B. Maria von Ägypten, Makarios, Onuphrios, Petros vom Athos.

Lit.: K. Clark, Das Nackte in der Kunst, Köln 1958; J. Festugière, Ursprünge christl. Frömmigkeit, Freiburg – Basel – Wien 1963, 58-90; B. Haendke, Der unbekleidete Mensch in der christl. Kunst, Straßburg 1910; P. Nagel, Die Motivierung der Askese in der Alten Kirche u. der Ursprung des Mönchtums, Berlin 1966, 91-94; J. Weitzmann – Fiedler, Die A.-Darstellungen in der Malerei vom Ausgang der Antike bis zum Ende des roman. Stils, Straßburg 1934; LChI 3, 308-309 (Nacktheit); LdK 1 (1987), 82-84.

Aleksandr Nevskij → unter Heiligenverehrung, → auch Heiligenbilder

Aleksij → unter Heiligenverehrung, → auch Heiligenbilder

Alexios der Gottesmensch → unter Heiligenverehrung, → auch Heiligenbilder

aliturgische Tage → unter Liturgie der vorgeweihten Gaben

Allegorie (grch. *alle agoreuein,* 'etwas durch ein anderes ausdrücken'), eine abstrakte, unanschaul. Vorstellung in Literatur u. Kunst durch eine konkret-anschauliche wiedergeben (z. B. Tugenden, Laster, Lebensalter, Jahreszeiten durch Personifikationen).
1. In der älteren Forschung noch nicht scharf vom Symbol unterschieden, erkennt man heute wichtige Unterschiede zwischen beiden Begriffen: (a) Die A. ist kein „Zeichen" im strengen Sinn, sondern ein Vorstellungskomplex. – (b) Sie beruht nicht auf einem gesellschaftl. Konsensus, sondern wird von einer (oft institutionalisierten) „Spezialistengruppe" (Theologen, Philosophen) geschaffen u. gedeutet. Damit besitzt die A. exklusiv-elitäre Züge, da sie nicht unbedingt auf Allgemeinverständlichkeit angelegt ist.
Die Geschichte der A. setzt im 6. Jh. v. Chr. als Deutungsmethode (Hermeneutik) der Schriften Homers in Entgegnung auf seine Diskriminierung durch die Vorsokratiker ein. Die „allegor. Romanze" („Amor u. Psyche" von Apuleius) u. die Allegorese der Mythen beeinflußten früh die antike Malerei. Die Götter-, Heroen- u. Herrscher-A. fand ihren Platz in rhetor. Gattungen wie Enkomion u. Panegyrikos (→ auch Topik). Von besonderer Wichtigkeit für die christl. Literatur u. Kunst wurde die alexandrin. Schule, die in jedem Text ein Erkenntnisobjekt eigener Art sah, dessen „universales Sachwissen" (E. R. Curtius) durch allegor. Deutung zu erschließen sei. Im NT findet sich grch. *allegoreuein* nur Gal. 4, 24; dagegen der Begriff *typos* (grch., 'Bild', 'Muster') an mehreren Stellen (Röm. 5, 14; 1. Kor. 10, 6, 11; 1. Petr. 3, 21). Im Gegensatz zur horizont- u. zeitlosen Allegorese eines Philo von Alexandrien arbeitet die Typologie mit der Kategorie der Zeit, indem sie Personen u. Ereignisse des AT in Christus ihre Erfüllung finden läßt. Diese Typologie auf Christus wurde von den Kirchenvätern weiterentwickelt, wobei es nicht selten zu Annäherungen zwischen dieser u. der A. kam. Bedeutsam für die byz. Epoche wurde die Mystagogie der Kommentare zur Liturgie u. zum Kirchenbau.
2. Aus der Spannung zwischen A. u. Typologie heraus ist es zu verstehen, daß die altkirchl. u. klassisch-byz. Kunst in der Verwendung der ersteren zurückhaltend ver-

fuhr. Es gab allegor. Figuren wie z. B. die Personifikation der Nacht als Frau, des Morgens als Knabe, der Erde u. Wüste als weibl. Akte od. im Bereich der Topik den „Kindgreis" bei den Christusbildern. Erst in der nachbyz. Zeit, vor allem in der russ. Ikonenmalerei, aber auch in der Monumentalmalerei des 16. u. 17. Jh., kam es zu komplizierten Kompositionen mit allegorischem u. allegorisch-didakt. Inhalt, die auf eine entsprechende Hermeneutik der byz.-slav. Kirchendichtung reflektierten. Auf sie trifft die oben (Pkt. 1) skizzierte Charakteristik zu. Die A. u. Allegorese dieser Spätzeit stieß bezeichnenderweise auf die scharfe Kritik nonkonformist. Kreise.

Lit.: R. Bultmann, Ursprung u. Sinn der Typologie als hermeneut. Methode, ThLZ 75, 1950, 205 bis 212; H. Dörries, Spätantike Symbolik u. Allegorese, Frühmittelalterl. Studien 3, Berlin 1969, 1 bis 12; R. Hinks, Myth and Allegory, London 1955[2]; J. Pépin, Mythe et Allégorie, Paris 1958; T. Rosemond, Allegorical Interpretation, Princeton 1966; LChI 1, 97-100; LexMA 1, 420-427; LdK 1(1987), 108-110. – S. auch Lit. zu Symbol.

Allerhalter → unter Christusbilder

Aller Leidenden Freude → unter Gottesmutterbilder

Allerlöser → unter Christusbilder

Allgegenwärtiger → unter Christusbilder

Altar (von lat. *altare,* n., *altaria,* n. plur.), eine in allen Hochreligionen bekannte erhöhte Opferstätte, die für nur diesen Zweck reserviert u. geschützt ist.

1. In bewußter Unterscheidung zur antiken Brandopferstätte (lat. *ara)* bevorzugte schon die Alte Kirche die Bezeichnungen *trapeza* (grch., 'Tisch') od. *thysiasterion* (in Anlehnung an den Brandopfer-A. im AT). Beide Bezeichnungen sind noch heute in der orth. Kirche üblich (russ. *prestol,* 'Thron', od. *trapeza* [*altar', oltar'* bezeichnet den A.-Raum]). Die Vorbereitung der hl. Gaben für die Eucharistie in der Vormesse (→ Prothesis) macht einen eigenen Rüst.-A. notwendig (russ. *predloženie; žertvennik),* der sich in einem Nebenraum (→ auch Kirchenbau) befindet; beide werden ebenfalls Prothesis genannt.

2. Die Bezeichnung *trapeza* macht deutlich, daß die frühe Christenheit zunächst den profanen Tisch für die Feier der Eucharistie benutzte, ihn aber bald durch bestimmte Würdebezeichnungen vom profanen Möbel abhob („Tisch des Herrn", z. B. 1. Kor. 10, 21). Sie wurden im Zusammenhang mit der Entwicklung der Liturgie noch gesteigert („hl. Tisch", „myst. u. geistiger Tisch", „schauererweckender u. göttl. Tisch"). Damit war die Sakralisierung des Tisches (wahrscheinlich von Syrien u. Antiochien ausgehend) als A. abgeschlossen. Der hölzerne A. wurde vom steinernen abgelöst. Er durfte in der Alten Kirche nur mit den hl. Gaben, dem Evangelium u. bis etwa zum 11. Jh. mit einem der liturg. → Bücher belegt werden. Die Ausstattung mit Kerzen, Lampen (→ unter Licht) u. Kreuz war ursprünglich verboten.

3. Der Stein-A. besteht aus der Basisplatte (lat. *crepido)* mit einer od. mehreren Stützen (lat. *stipes),* auf denen die A.-Platte (lat. *mensa)* lag. Neben dieser Tischform des A.s gab es den hochgemauerten bzw. aus einem Marmorblock bestehenden Block-A. Beim Kasten-A. trugen 4 hochgestellte Platten die Mensa. Diese Form war üblich über den Gräbern der Märtyrer (vgl. Offb. 6, 9; → auch Martyrion, → Memoria). Die vordere Längsplatte besaß ein „Fensterchen" (lat. *fenestella),* durch das mit dem Brandeum das Märtyrergrab berührt werden konnte (→ auch Confessio). Die Aufbewahrung der Reliquien in einer Lade (lat. *loculus)* auf der Oberfläche od. an der Vorderseite des Block-A.s ist seit dem 4. Jh. im Orient bekannt u. wurde in Rom im 6. Jh. allgemein üblich. In Byzanz wurde seit dem 12. Jh. die Aufbewahrung der Reliquien in einer Lade unter der Mensa vorgeschrieben. – Entsprechend dem antiken Tisch hatte die A.-Platte verschiedene Formen (rechteckig, rund, kreis- u. sigmaförmig). Um das Abgleiten der hl. Gaben u. der Altargeräte zu verhindern, besaß sie wie der profane Tisch einen erhöhten Rand, der aber mit dem Aufkommen der Altardecken seit dem 4. Jh. verschwand. Als Material für den A. wurden Holz, Stein, Marmor z. Edelmetalle verwendet. Heute ist Naturstein Vorschrift. Der sakralen Würde des A.s entspricht seine Überdachung durch ein Ciborium. A. u. Klerus wurden zunächst durch die Chor-

schranken, die Cancelli, im byz. Bereich später durch die Bilderwand von den Laien getrennt bzw. diesen unsichtbar gemacht (letzteres ist im röm. Ritus verboten, s. auch Pkt. 5).

4. Die Weihe des A.s ist seit dem 4. Jh. bekannt. Mit dem 6. Jh. gehören zu ihr die Deponierung von Reliquien u. die Feier der Liturgie (→ auch Kirchenweihe). Die Weihe machte den A. zum Asyl.

5. Als Stätte der Eucharistie, des unblutigen Opfers Christi, u. wegen des grundsätzl. Unterschiedes zum A. vieler nichtchristl. Religionen mußte der A. in der Alten Kirche so aufgestellt werden, daß er von der Gemeinde gesehen werden konnte. Manche Altäre standen dicht an der Ostwand, andere waren, oft mit der erhöhten Plattform, dem Bema, bis zur Mitte des Mittelschiffs der Basilika vorgerückt, während der hölzerne Tisch-A. transportabel war. Im byz. Bereich setzte sich als Standort die Grundlinie des durch die Apsis beschriebenen Halbkreises durch. Im Unterschied zur kath. Kirche darf in einer orth. nur ein A. aufgestellt werden. Als Ersatz für ihn kann das Antimensium (→ unter Altardecken) auf jede beliebige Unterlage gelegt werden.

6. Aus den zahlreichen Darstellungen des A.s in der frühchristl. u. byz. Kunst kann die Forschung erkennen, wie sich Formen u. Aufbau im Verlaufe seiner Geschichte gewandelt haben. Als die älteste Wiedergabe,

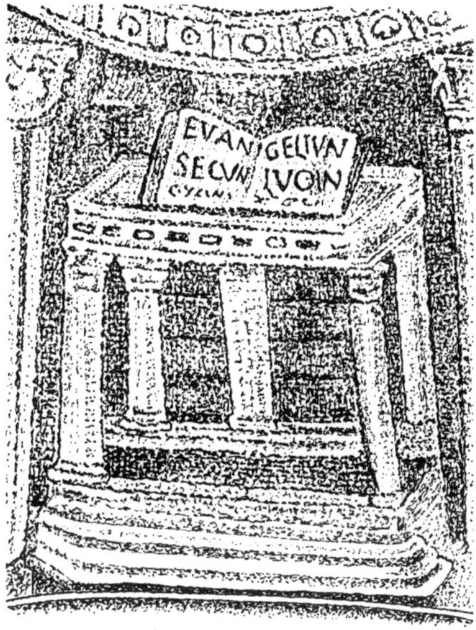

Altar

Der Rüstaltar und seine Geräte (→ Altargeräte) (unten)
1 Lanze – 2 Prosphore, Lamm, Siegel [1] – 3 Leuchter – 4 Ikone der Geburt Christi – 5 Stern – 6 Patene – 7 Schwamm – 8 Kelch – 9 Löffel – 10 Antimensium (→ unter Altardecken) – 11 Reinigungstücher – 12 Tablett – 13 Kännchen – 14 Handtuch – 15 Liturgische Decken.

in Gestalt eines Dreifußes, dürfte ein Bild in der Calixt-Katakombe in Rom gelten. Dabei wird es sich, wie auch in anderen Fällen, wohl um einen Gaben-(Oblations-) Tisch gehandelt haben. Die dem A. beigegebenen Würdebezeichnungen (s. Pkt. 2) schufen die Voraussetzung für einen breiten Deutungsbereich des Symbols u. der Allegorie, die ihren Höhepunkt in der mittel- bis spätbyz. Mystagogie erreichten. – Abb.

Lit.: Braun, A.; F. J. Dölger, Die Heiligkeit des A.s u. ihre Begründung im christl. Altertum, AuC 2, 1930, 161-183; Eisenhofer 1, 282-288; E. Golubinskij, Istorija Russkoj Cerkvi 1, 2.1, Moskau 1904, 166 ff.; Handbuch, Reg.: A.; Jungmann, Reg.: A.; H. Kliehm, Die bildl. Darst. des A.s im MA, Diss. München – Würzburg 1941; Kötting, 331 f.; LChI 1, 105-107; LdK(1987), 118-121; Lex MA 1, 461-465; RBK 1, 111-120.

Altardecken. Zur Feier der Eucharistie wurde schon früh der Altar mit einem Leinentuch bedeckt. Mit seiner zunehmenden Sakralisierung kommen seit dem 4. Jh. besondere A. auf. Die Vorschriften für sie wurden, wohl im Zusammenhang mit denen für die liturg. → Gewänder, vom 8./9. Jh. an bis in die spätbyz. Zeit ausgebildet.

In der orth. Kirche sind folgende A. bekannt: (1) zuunterst das Katasarkion (grch.; russ. *katasarka, priplotie, sračica).* Es besteht heute aus weißer Seide od. aus Leinen. Das älteste Zeugnis ist ein Mosaik in S. Vitale in Ravenna, 6. Jh. Die weitere Entwicklung ist unklar. Das Katasarkion wird erst im 13 Jh. wieder erwähnt. Es symbolisiert das Grablinnen Christi (grch., 'das am Leichnam Liegende'); – (2) die auf dem Katasarkion liegende, aus Seide bestehende Endyte (grch.; russ. *enditija),* die den Altar an seinen Ecken bis zur Erde bedeckt. In der Alten Kirche galt sie als die eigentl. Altardecke (grch. auch *endyma, haploma);* – (3) das Eileton (grch.; russ. *iliton),* ebenfalls aus Seide. Es ist ein Symbol für das Schweißtuch Christi im Grabe (lat. *sudarium)* u. entspricht dem Corporale (lat.) der kath. Kirche; – (4) das Antimensium (lat., von grch. *antimension,* 'an des Tisches Statt'; russ. *antimins).* Es besteht aus reinem Leinen, ist oft mit Seide gefüttert u. mit einer Darstellung der Grablegung Christi bestickt. In das Eileton eingewickelt, wird das Antimensium zu Beginn der Liturgie der Gläubigen mit diesem auseinandergefaltet. Auf das Antimensium dürfen nur Kelch u. Patene gestellt werden. In den Ecken mit eingenähten Reliqien versehen, muß das Tuch von dem für die Kirchenweihe zuständigen Bischof geweiht werden. Es ist für den Vollzug der Liturgie unabdingbar u. kann auf jede beliebige Unterlage gelegt werden, sofern diese nicht profanierend wirkt. Um 700 berichtet eine Quelle von einem geweihten Tuch, das in der geschilderten Weise als Altardecke diente. Bis ins 14. Jh. waren auch Antimensien aus Holz in Gebrauch. – (5) Erst in nachbyz. Zeit entwickelte sich die Stickerei der Grablegung aus dem → Epitaphios, einer liturg. Decke, die im Karfreitagsgottesdienst verwendet wurde. Unter den Stickereien sowohl des Epitaphios wie auch des Antimensiums befinden sich kostbare Arbeiten der Textilkunst, die zu den wertvollsten Denkmälern der Kunstgeschichte gehören. – Abb. S. 25.

Lit.: Braun, Altar, Reg.: A.; Eisenhofer 1, 353 bis 358; I. M. Izzo, The Antimension in the Liturgical and Canonical Tradition of the Byzantine and Latine Church, Rom 1975; K. Lübeck, Das Antimensium der Griechen, Der Katholik 96, Straßburg 1916, 396-415; P. Speck, Die Endyte. Literar. Quellen zur Bekleidung des Altars in der byz. Kirche, JÖBG 15, 1966, 323-375; Paramente und Bücher der christlichen Kirchen, München/London/ New York/Paris 1982³ (Glossarium Artis, 4); LexMA 1, 715-716 (Antiminsion); RBK 1, 120 bis 124.

Altargeräte. In der orth. Liturgie wird neben dem eigentl. Altar noch ein Rüstaltar, die Prothesis, gebraucht. Danach sind auch die A. zu unterscheiden.

1. Die Geräte des Altars sind: (a) die Kibotos (grch., 'Kasten'; russ. *darochranitel'nica,* 'Gabenbehälter'). Er besteht aus einer kleinen Büchse (→ Pyxis) in Gestalt eines Miniatursarges unter 5 kleinen Kirchenkuppeln; – (b) das Artophorion (grch.; russ. *daronosica,* 'Gabenträger'), ein Gerät für das Krankenabendmahl, in dem sich unter einer Miniaturkuppel Gabenbüchse, Kelch u. eine kleine Weinflasche befinden, zusammen mit einem Löffel; – (c) das Evangelium; – (d) eines der jeweils notwendigen liturg. → Bücher; – (e) ein Handkreuz (→ Kreuz) vor dem Artophorion; – (f) ein siebenarmiger Leuchter (→ auch Licht) hinter dem Altar.

2. Auf dem Rüstaltar befinden sich folgende Kultusgeräte: (a) der Kelch; – (b) die Patene; – (c) der „Stern“ (grch. *asteriskos;* russ. *zvezda, svezdica)* aus 2 gebogenen u. über Kreuz befestigten Metallstäben; – (d) die Lanze (grch. *lonche;* russ. *kopie),* ein kleines, spitzes Messer, mit dem der liturg. Akt der → Schlachtung (Opferung) des Lammes – die Heraustrennung des „Siegels“ aus der Prosphore, dem Abendmahlsbrot – vollzogen wird; – (e) der für die Kommunion gebrauchte Löffel (grch. *labis;* russ. *lžica);* – (f) ein Gefäß zum Mischen von Wein u. warmem Wasser (→ Zeon); – (g) ein Schwamm zum Reinigen der A. u. Aufsammeln der Brotreste; – (h) oft 2 Fächer; – (i) liturg. → Decken zum Bedecken von Kelch u. Patene. Die geweihten A. (Kelch u. Patene) stehen als hl. Sachen (grch. *pragmata hiera)* unter dem Schutz des Kirchenrechts. Sie dürfen nur von geweihten Personen berührt werden (→ auch Weihegrade). Für die Aufhebung der sakralen Immunität der A. bei Aussonderung bestehen genaue Vorschriften.

3. Ihrer Herstellung u. Ausstattung nach gehören die A. in den Bereich der Kleinkunst. Vor allem unter den geweihten A.n gibt es Erzeugnisse von hoher Qualität (→ auch Toreutik, → Email). – Abb. S. 25.

Lit.: Braun, A.; Eisenhofer 1, 396-407; R. Fattinger, Liturgisch-prakt. Requisitenkunde, Freiburg/Br. 1955; R. Lesage, Liturg. Gewänder u. Geräte, Aschaffenburg 1959; K. Lübeck, Die liturg. Geräte der Griechen, ThGl 5, 1913, 441-454; Milasch, 572 f. V. H. Elbern, Liturg. Gerät des FrühMA als Symbolträger, Sett di studio Centro ital. di studio sull' alto medioevo 23, Spoleto 1976, 349-380; LexMA 1, 466; 4,1298-1299 (G., liturg.); Kirchengeräte, München/London/New York/Paris 1992 (Glossarium Artis, 2).

Altarschranken → Cancelli

Alter der Tage → unter Christusbilder

Altkirchenslavisch → unter Sprachen

Ambitus (lat., m., ‘Umgang’; grch. *aule,* f., *peribolos,* m., *peribolaion,* n.), der Hof, der von einer Mauer umgeben, in frühchristl. Zeit um die Kirche herumführte. An den Ecken der Umfassungsmauern erhoben sich oft Türme. Der A. erfüllte dieselbe Funktion wie das Atrium. 431 wurde das Asylrecht (→ Asyl) vom Kirchengebäude auch auf den A. übertragen. → auch Basilika.

Lit.: RBK 1, 124-126. – S. auch Lit. zu Atrium u. Basilika.

Ambon (grch. *ambon,* m., *pyrgos,* m., ‘Turm’; lat. *ambo,* m., *pulpitum,* n.; russ. *amvon,* m., *ambon,* m.), eine erhöhte Tribüne. Der A. wurde gewöhnlich aus Stein od. Marmor erbaut, auch Holz scheint verwendet worden zu sein. Er stand zumeist im Mittelschiff der Kirche, konnte aber auch an den Seiten errichtet werden – vor allem, wenn 2 A.e vorhanden waren -, um den Blick auf den Altar freizuhalten. Von der Chorzone (→ Bema) führte eine Öffnung in den Chorschranken, den Cancelli, zur Treppe des A.s. Stand dieser vom Bema weiter entfernt, so war er auf einem erhöhten Laufgang (grch. *solea)* zu erreichen (z. B. in der Hagia Sophia in Konstantinopel). Auf dem A. wurden von 2 Pulten (→ Analogion) aus die Lesungen gehalten, die Predigt (→ Homilie) dagegen vom Bischofsstuhl aus. Waren 2 A.e vorhanden, erfolgte von dem einen die Lesung des Evangeliums, vom anderen die des Apostolos u. aus dem AT (→ auch Prophetologion). Auf geräumigen A.en standen der Leiter des Chores, oft auch die Vorsänger, um die Einsätze zu geben bzw. die Solopartien zu singen. Die Überdachung des A.s mit einem Ciborium vom 6. Jh. an bildete den Ausgangspunkt zur Entstehung der westl. Kanzel. Der A. geht auf das Lesegestühl der Synagoge, den Migdal, zurück. Wahrscheinlich ist der A. in Syrien entstanden. Die Apostol. Konstitutionen (→ unter Kirchenrecht) erwähnen einen erhöhten Ort (grch. *hypselon ti),* von dem aus die Lesungen stattfanden u. der Diakon die Katechumenen (→ unter Katechumenat, → Liturgie der Katechumenen) entließ. – Abb.S. 28; s. auch Abb. zu Bema.

Lit.: Brightman, Reg.: A.; J. G. Davies, The Origin and Development of Early Christian Church Architecture, New York 1953, 94 ff.; Eisenhofer 1, 382; D. Hickley, The A. in Early Liturgical Planning, Heythrop Journal 7, Oxford 1966, 4, 407 bis 427; Jungmann 1, 527 f.; St. G. Xydes, The Chancel Barrier, Solea and A. of Hagia Sophia, ArtB 29, 1947, 1-24; RBK 1, 126-133; LdK 1(1987), 141 bis 142; LexMA 1, 516-517; s.a. Cancelli.

Amen (hebr.), Formel zur Bestätigung u.

Bekräftigung der Aussage einer anderen Person. Im NT im allgemeinen nicht übersetzt, erhielt das A. durch Jesus als Bestätigung seiner eigenen Heilsaussagen eine neue u. als Ichformel dem Judentum unbekannte Bedeutung (vgl. Matth. 5, 18.26; Joh. 1, 51; 5, 19; 6, 47; 10, 7; Offb. 3, 14 u. öfter), die neue theolog. Akzente setzte. Wie in der Synagoge gehört im christl. Gottesdienst das A. zum konstitutiven Recht der Gemeinde, die sittl. u. rechtl. Gültigkeit der vorgetragenen Glaubensinhalte zu bestätigen (vgl. Röm. 15, 33; 1. Kor. 14, 16; 2. Kor. 1, 20; Gal. 6, 18; Offb. 22, 20). In diesem Sinne beschloß das A. schon sehr früh das Vaterunser u. später das Glaubensbekenntnis, aber auch die Einsetzungsworte der Liturgie, die in einigen oriental. Formularen sogar mehrmals durch das A. der Gemeinde unterbrochen werden. Schon Justin (gest. um 165) bezeichnet das A. der Gemeinde im Anschluß an die Danksagung des Vorstehers über den hl. Gaben (s. auch Eucharist. → Hochgebet) als Akklamation, wie sie auch im A. auf die Doxologien zum Ausdruck kommt. Das A. begleitet ebenso eine Reihe von liturg. Handlungen u. Gesten (→ Gestus), wie z. B. bei der Kommunion. Seit dem 4. Jh. übernimmt in zunehmendem Maße der Chor das A. der Gemeinde. Diese Änderung leitete eine Entwicklung ein (→ auch Kultusästhetik), in deren Verlauf das A. ähnlich wie das Halleluja vor allem in der byz. Kirchenmusik zu kunstvollen melismat. Tonfiguren gestaltet wurde. Der genannte affirmative Charakter des A.s blieb dabei aber erhalten.

Lit.: Baumstark, Comparative Liturgy, 45 f.; Dix, 128 ff.; Eisenhofer 1, 189-191; Werner, 265 f.; W. Wiefel, Erwägungen zur soziolog. Hermeneutik urchristl. Gottesdienstformen, Kairos 14, 1972, 36 bis 51.

Amomoi (grch., m. plur., 'die Untadeligen'; russ. *neporočnye,* m. plur.), Bezeichnung für Ps. 119 im Psalter, der in der zweiten Stichologie im Frühgottesdienst (→ Orthros) des Samstags zur Verlesung kommt, während er am Sonntag zu bestimmten Zeiten nach den

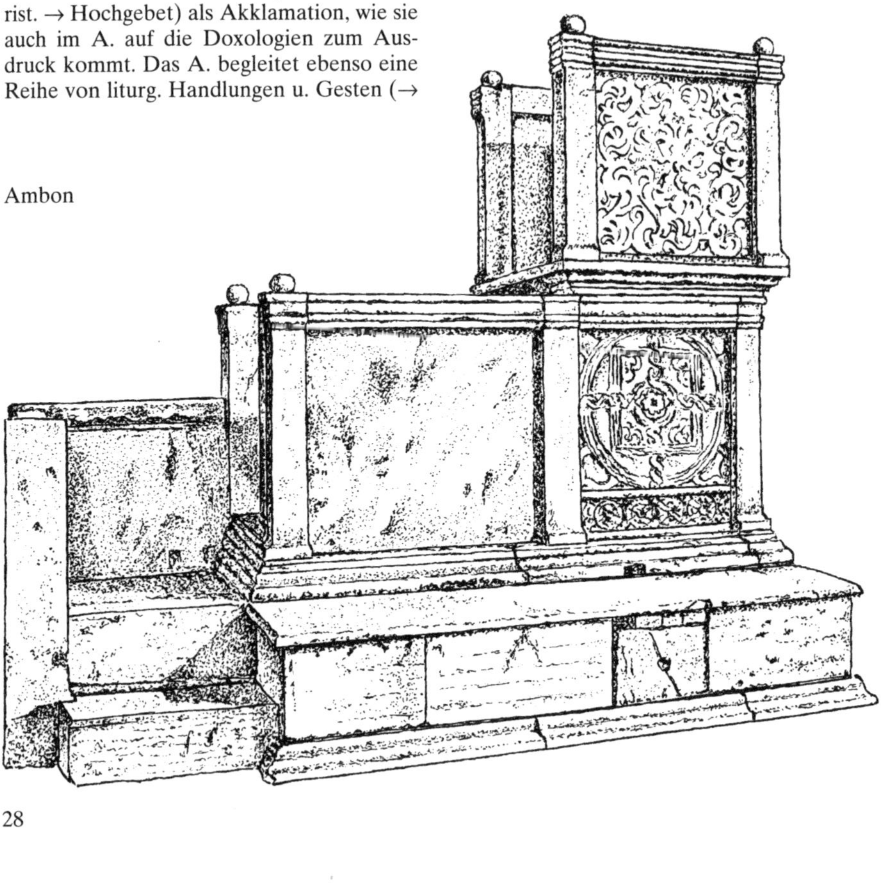

Ambon

Vorschriften des Typikons eine andere Psalmengruppe, den Polyeleos, ersetzt. Wegen ihrer Länge bilden die A. eine eigene Einteilungseinheit des Psalters, das 17. Kathisma.

Ampel → unter Licht

Ampullen (lat. *ampulla,* f.), kleine, flache od. bauchige Fläschchen aus verschiedenem Material (Ton, Metall), die in der Alten Kirche vor allem zum Aufbewahren von hl. Öl (→ auch Myron) dienten (deshalb auch Chrysmarien od. Eulogia genannt). In großen Mengen in kirchl. Werkstätten hergestellt, gehören die A. zu den Devotionalien.
Man unterscheidet folgende Gruppen: (1) die als Pilgerandenken von den hl. Stätten in Jerusalem u. Palästina mitgebrachten u. über die ganze christl. Ökumene verbreiteten palästinens. A. Wegen ihrer bildl. Ausschmückungen sind sie für die Geschichte des Kirchenbaus ebenso wichtig wie für die Geschichte des Kirchenjahres u. seine Ikonographie. Die bekanntesten A. befinden sich in Monza u. Bobbio; – (2) die sog. „Blut-A." aus den röm. Katakomben (lat. *ampullae sanguinolentiae, phiolae cruentiae bzw. rubricatae),* deren von Eisenoxyden herstammender Inhalt früher als Blut der Märtyrer angesehen wurde; – (3) die zweihenkligen A. aus der Stadt des hl. Menas bei Alexandrien, in denen Wasser aus der wundertätigen Menasquelle aufbewahrt wurde. Sie zeigen den Heiligen zwischen 2 Kamelen als Reiterheiligen (→ auch Heiligenverehrung), als Neger u. a. – Abb. S. 30.

Lit.: Eisenhofer 1, 400 f.; A. Grabar, Les Ampoules de Terre Sainte, Paris 1958; Kötting, 403-413 u. Reg.; P. Maser, Zur Entstehung des Kreuzigungsbildes, Diss. Halle 1970, 60-78; LdK 1(1987), 149 bis 150; RBK 1, 137-142.

Anagnostikon → unter Prophetologion

Analogion (grch., n.), ein für die gottesdienstl. Lesungen benutztes Pult. → auch unter Ambon, Proskynetarion.

Anamnese (grch. *anamnesis,* f.; russ. *vospominanie,* n., 'Erinnerung'), ein Stillgebet des Priesters während der Liturgie nach dem Einsetzungsbericht, in dem die Heilstaten Christi (Kreuzigung, Grab, Auferstehung am dritten Tage, Auffahrt zum Himmel, Sitzen zur Rechten des Thrones Gottes, zweite Wiederkunft) in Erinnerung gerufen werden. Es schließt mit: „Das Deine von dem Deinen bringen wir dar nach allem u. für alles." Voraussetzung ist die Aufforderung Jesu zur A. (Luk. 22, 19 u. 1. Kor. 11, 24). Die älteste Formel findet sich in der Kirchenordnung Hippolyts von Rom (um 220); sie hat Tod u. Auferstehung Christi zum Inhalt. Eine ausführl. A. enthalten die Apostol. Konstitutionen (→ Kirchenrecht), die ihrerseits auf die Basiliusliturgie eingewirkt haben. A. bedeutet sowohl die Vergegenwärtigung des erhöhten Herrn (als „sakramentale Kommemoration") als auch das Bekenntnis der Gemeinde zu diesem Herrn. Im Gegensatz zu den A.n (Kommemorationen) im antiken Kaiserkult u. denen geschichtsloser Mythen in den Mysterienreligionen besitzt die christl. A. Geschichtscharakter. Dabei wird sie unterstützt durch die bildhafte Vergegenwärtigung der Heilstaten Christi auf der Bilderwand (Festtagsrang) u. im Bildprogramm der Kirchen.
Text: s. Anhang Nr. 4.

Lit.: B. Botte, L'Anaphore Chaldéenne des Apôtres, OrChrPer 15, 1949, 259-276; ders., Problèmes de l'A., JEH 5, 1954, 16-24; Handbuch 1, 427 f.; Hanssens, Nr. 1316-1325; Jungmann 2, 271-281; Lietzmann, 50-68. P. Bonnard, Anamnesis. Recherches sur le Nouveau Testament, Genève/Lausanne/ Neuchâtel 1980; Schulz, Die byz. Liturgie, Reg. II B.

Anamorphose (grch. *anamorphosis,* f., 'Umgestaltung'), auch *didaktische Deformation, optische Proportion, Verstreckung* u. ä., Veränderung der natürl. Proportionen von Figuren u. Gegenständen, die nicht ebenerdig, sondern auf einem erhöhten Standort aufgestellt bzw. angebracht sind. Mit Hilfe der A. (vor allem durch die Inklination [lat.], das 'Vornüberbeugen' der Figuren, wodurch im Falle des Aufrechtstehens der opt. Eindruck der Zurücklehnung [lat. *resupinatio*] aufgehoben wird) kann der tiefer stehende Betrachter Einzelheiten erkennen, was bei natürl. Stellung der Plastiken nicht möglich wäre. Die A., von der grch. Bildhauerei bereits in klass. Zeit angewendet, wurde bes. für die Großikonen der Bilderwand byz. Kirchen übernommen.

Lit.: W. Lepik – Kopaczynska, Die opt. Proportionen in der antiken Kunst, Klio 37, 1959, 6-102; Ju. A. Olsuf'ev, O Linejnych Deformacijach v Ikone Troicy Andreja Rubleva, g. Sergiev Posad 1927; Onasch, Ikonenmalerei, 62 ff.; B. Uspensky, The Semiotics of the Russian Icon, Lisse 1976, Reg.: Deformations; LdK 1(1987), 153. – S. auch Lit. zu Perspektive.

Anaphora (grch. *anapherein,* 'emporheben',

Ampulle

'Darbringen von Opfern', vgl. Hebr. 7, 27; 13, 15; 1. Petr. 2, 5). Wie der Begriff des Canon missae in der kath. Kirche besitzt auch der der A. mehrere Bedeutungen. Er bezeichnet
1. das Kernstück der orth. Liturgie mit Eucharist. → Hochgebet, Einsetzungsbericht, Anamnese, Epiklese u. Wandlung;
2. das jeweilige Liturgieformular der Basiliusliturgie, der Chrysostomusliturgie u. der Liturgie der vorgeweihten Gaben;
3. das Verhältnis der unveränderl. Texte der Liturgie zu den veränderlichen, die bestimmten Tagen, Festen od. Abschnitten des Kirchenjahres „eigen" sind (deshalb auch [lat.] *propria* genannt). Zu ihnen gehören z. B. die 3 Antiphonen der Enarxis, der Cherubimhymnus, das Lied bei der Kommunion, das Prokeimenon (das Psalmgebet); bei den Armeniern auch das Trishagion, der Hymnus auf den dreieinigen Gott);
4. das Verhältnis der Lautgebete u. Stillgebete des Priesters zu den von der Gemeinde bzw. vom Chor gesungenen Stücken;
5. im syr. Ritus das große → Velum, das Tuch für die Opfergaben.

Lit.: Schulz, Die byz. Liturgie, Reg. II B; P. Trembelas, L'Audition de l'Anaphore Eucharistique par le Peuple, L'Église et les Églises, Chevetogne 1955, 207-220; K. Gamber, Beracha. Eucharistiegebet und Eucharistiefeier in der Urkirche, Regensburg 1986; LexMA 1, 571.

Anastasima → unter Auferstehungs- und Morgenevangelien, → Stichera

Anastasimatarion (grch., n.), eine um die Wende vom 19. zum 20. Jh. in moderner Notenschrift herausgegebene Sammlung von Hymnen, die im Zusammenhang mit den Auferstehungs- u. Morgenevangelien gesungen werden.

Lit.: Anthologia Graeca, LXXII.

Anastasis → unter Auferstehung Christi (4)

Anathema (grch., n., ursprünglich Doppelbedeutung: das 'Geweihte' od. 'Verfluchte', später nur noch in der letzteren Bedeutung; russ. *anafema,* f., *prokljatie,* n.). Das A. begegnet schon im NT als Fluchformel über den von Christus sich Trennenden (vgl. 1. Kor. 16, 22; Gal. 1, 8.9). In der Alten Kirche zunächst noch nicht von der Exkommunikation unterschieden, bedeutet das A. später im Kirchenrecht die endgültige Ausstoßung aus der Gemeinschaft der Eucharistie u. damit aus der Gemeinde (grch. *akoinonesia).* Dem A. verfiel der einer Häresie Verdächtige, sofern diese durch ein Gerichtsverfahren festgestellt wurde. Im feierl. Akt der Anathematisierung wurde der Angeklagte u. Überführte dem Satan überantwortet. Eine Liste aller im Laufe der Kirchengeschichte Anathematisierten, das Synodikon, wird am Sonntag der Orthodoxie verlesen. Über die Anwendung des A.s bestehen in der Ostkirche unterschiedl. Meinungen. Theodor Balsamon z. B., einer der bekanntesten Kanonisten (Kirchenrechtler) im 12. Jh., sprach der Kirche dieses Recht ab. – Zur Darstellung → Synode.

Lit.: Beck, 78 f.; W. Elert, Abendmahl u. Kirchengemeinschaft in der Alten Kirche hauptsächlich des Ostens, Berlin 1954; Milasch, 506; N. Nikol'skij, Anafematvorenie, St. Petersburg 1879; N. Suvorov, O Cerkovnych Nakazanijach, St. Petersburg 1876; LexMA 1, 574.

Anbetung der Weisen und der Hirten → unter Epiphanie, → Geburt Christi

Andreaskreuz → unter Kreuz (8)

Ankerkreuz → unter Kreuz (14)

Antependium (lat., n., 'das Vorgehängte', auch *pallium,* n., *vestimentum,* n., *velamen,* n., *frontale,* n., u. a.), ein größtenteils aus Stoff, aber auch aus Metall od. Holz bestehender Schmuck des Altars, der sich im Westen seit dem 8. Jh. aus den älteren Altardecken entwickelt hat. Der orth. Kirche blieb das A. unbekannt.

Lit.: LexMA 693-694.

Anthologion (grch., n.), eine Sammlung mit den wichtigsten Gottesdiensten aus den liturg. → Büchern. Für die mit Rom unierten Orthodoxen wurde als Ersatz für das Brevier, das die Ostkirche nicht kennt, 1589 in Rom ein A. gedruckt.

Lit.: Daniel, 321; Ph. Hoffmeister, Die Brevierverpflichtung der oriental. Geistlichen, OstKSt 1, 1952, 249-263; Nilles 1, LII.

Antidoron → unter Eulogia

Antimensium, *Antiminsion* → unter Altardecken

Antiphon[on] (grch., n., plur. *antiphona, antiphonia,* f.; russ. *antifon,* m.),
1. einer der 3 Antwort- od. Wechselgesänge zwischen den beiden Gruppen des Chores in der Enarxis der Liturgie. Dabei folgt auf einen Psalmvers (grch. stichos) ein kurzer u. unveränderl. nichtbibl. Vers (vgl. dagegen Responsorium). Als Beispiel diene das erste A. der Enarxis zum Fest der Epiphanie:
(1) Ps. 114, 1
(2) Durch die Würdigkeit der Gottesmutter erlöse uns, Erretter!
(1) Ps. 114, 2
(2) Durch die Würdigkeit...
Der nichtbibl. Kehrvers ist bei jedem der 3 A.a ein anderer. Das zweite A. schließt mit der Kleinen → Doxologie u. dem Hymnus Eingeborener Sohn, das dritte wiederum mit der Kleinen Doxologie. Ähnlich ist das A. der Vigil aufgebaut. Als Beispiel die A. zur Vigil der Geburt Christi:
(1) Ps. 1, 1
(2) Nimm dich meiner an, Herr!
(1) Hos. 1, 6
(2) Nimm dich meiner an, Herr...
An Sonntagen wird als erstes A. Ps. 103, als zweites Ps. 146, an Wochentagen jeweils Ps. 92, 2.3.16 u. Ps. 93, 1.5 gesungen. Unter den poet. A.a sind vor allem die 15 A.a des Karfreitags zu erwähnen (→ auch Improperien).
2. Antiphona bezeichnen auch die kleinsten Einheiten des Psalters, → Kathisma.
Text: s. Anhang Nr. 15.

Lit.: Brightman, Reg.: A.; Christ – Paranikas, LVIII-LIX; Daniel, 341 f., 393-395; Nilles 1, LXII u. 2, 243 f.; J. Drumbl, Zweisprachige A.en zur Kreuzverehrung, Italia medioevo e umanist. 19, 1976, 41-55; LexMA 1, 719-722.

Antiphonarion (grch., n.; russ. *antifonar,* m.), ein etwa dem Antiphonarium od. Antiphonale der kath. Kirche entsprechendes Buch des orth. Gottesdienstes, das die Antiphona enthält. Es ist gelegentlich mit Miniaturmalereien geschmückt.

Lit.: LexMA 1, 722-724.

Antlitz, heiliges → unter Acheiropoietos

Apokalypse (grch. *apokalypsis,* f.; russ. *apokalipsis,* m.),
1. allgemein Offenbarung, Enthüllung geheimer Wahrheiten, insbesondere der endzeitl. Ereignisse;
2. speziell der grch. Titel der Offenbarung des Johannes. 1. Die A. des Johannes entstand gegen Ende des 1. Jh., zur Zeit des Kaisers Domitian, unter dem es in Rom u. Kleinasien zu Christenverfolgungen kam. Die Verfasserschaft des Apostels Johannes ist von der Zeit der Alten Kirche an bis heute umstritten. Im Gegensatz zum Westen, der die Offenbarung im 3. Jh. in den Kanon des NT aufnahm, hat sie die Ostkirche erst gegen Ende des 7. Jh. (Synode von 691/692) anerkannt; sie wird aber bis heute nicht im Gottesdienst der orth. Kirche verlesen. Andere A.n wurden den Apokryphen zugerechnet. Während im Westen die Kommentare zahlreich sind, wurden aus der byz. Epoche nur zwei bekannt (Oikumenios, Andreas von Caesarea im 6./7. Jh.), die bis zum 13. Jh. nur selten überarbeitet wurden. – 2. Die Alte Kirche kannte nur die Darstellung einzelner Motive aus der A., wie das A und O, das Lamm Gottes (mit den anbetenden 24 Ältesten, den 7 Leuchtern u. 2 Engeln [Offb. 4, 2-7], das himml. Jerusalem, oft als Hintergrund der Traditio legis; die Majestas Domini, den Paradiesesberg u. -fluß u. a. Wo das Lamm auf der Hetoimasia, der Thronbereitung, erscheint, deutet sich bereits die Entwicklung der Darstellung des Jüngsten → Gerichts an. Bringt eine Handschrift des A.n-Kommentars des Andreas von Caesarea von 1422 noch einzelne Motive (Drache, Tier, Weib auf dem Tier u. a.), so entstehen nach der Türkeninvasion auf dem Athos (→ unter Klöster), auf dem Balkan u. in Rußland die ersten A.-Zyklen. Dabei haben Dürers Vorbild u. die Lutherbibel von 1522 die Hauptanregung gegeben. In Rußland kam es im Zusammenhang mit der Erwartung des Weltendes 1492 zu einer intensiveren Beschäftigung mit der A. Davon zeugen eine Ikone aus der Uspenie-Kathedrale im Moskauer Kreml (Ende des 15. Jh.) u. Fresken in der Verkündigungskathedrale (Anfang des 16. Jh.). Zur „Zeit der Wirren“ u. des innerruss. Schismas (russ. *raskol),* der Abspaltung der Altgläubigen

von der Patriarchatskirche im 17. Jh., äußerte sich eine neune apokalypt. Welle in verschiedenen Wandmalereien in Kirchen von Jaroslavl u. einigen Städten an der Wolga sowie auf Miniaturen. Neben älteren russ. Vorbildern ist dabei der Einfluß der Piscatorbibel (→ unter Bibelillustration) festzustellen. – Taf. 5.

Lit.: M. V. Alpatov, Pamjatnik Drevnerusskoj Živopisi Konca XV Veka: Ikona Apokalipsis Uspenskogo Moskovskogo Kremlja, Moskau 1964; ders., Die „A." des Moskauer Kremls u. das antike Erbe in der europ. Kunst, JÖBG 11/12, 1962 bis 1963, 211-227; Beck, Reg.: A.; H. Brockhaus, Die Kunst in den Athos-Klöstern, Leipzig 1924, Reg.: A.; A. F. Buslaev, Svod Izobraženij iz Licevych Apokalipsisov po Rukopisim s XVI Veka do XIX, Moskau 1884; A. Čilingirov, Vlijane Djurera i Sovremennoj emu Nemeckoj Grafiki na Ikonografiju Postvizantijskogo Iskusstva, Drevnerusskoe Iskusstvo. Zarubežnye Svjazi, Moskau 1975, 325-342; L. H. Heidenreich, Der A.-Zyklus im Athosgebiet u. seine Beziehungen zur dt. Bibelillustration, Zs. für Kunstgesch. 1939; W. Neuß, Die A. des hl. Johannes in der altspan. u. altchristl. Bibelillustration, 2 Bde., Münster 1931; F. van der Meer, Majestas Domini, Théophanies de l'A. dans l'Art Chrétien, Rom 1938; R. Barthélemy-Vogels u. Ch. Hyart, L'Iconographie Russe de l'Apocalypse, Paris 1985; LChI 1, 124 bis 150; LdK 1, 101; LdK 1(1987), 207-209; LexMA 1, 748-757.

Apokryphen (grch. *apokryphon,* n., 'das Verborgene'; russ. *apokrif,* m., *otrečennyja knigi),* Schriften außerhalb des AT u. NT, die einen „verborgenen", d. h. über die kanon. Bücher hinausgehenden Inhalt haben. Manche A. werden auch als Pseudepigraphen (Bücher, die unter einem erborgten Namen verbreitet waren) bezeichnet.

1. Der Begriff A. wurde in der Alten Kirche nicht immer eindeutig gebraucht; er schwankt in seiner Bedeutung zwischen verbotenen u. geduldeten Schriften. Die wichtigsten A. des AT sind: der Aristeasbrief, das Martyrium des Jesaja, das Buch der Jubiläen, die vier Makkabäerbücher, das dritte Buch Esra, das Buch Tobias, Judith u. die Apokalypsen des Spätjudentums (vor allem Henoch, die Sibyllinen, die Baruchapokalypse, die Himmelfahrt des Mose, das Leben Adams und Evas sowie die fünf syr. Psalmen). Von den A. des NT seien u. a. genannt: eine Reihe von Schriften, die unter verschiedenen Namen laufen (Ebionäer-, Nazaräer-, Hebräer-, Ägypterevangelium), ferner die Kindheitsevangelien (Protevangelium des Jakobus, das Thomasevangelium, Pseudomatthäus, die Geschichte von Joseph dem Zimmermann), das Petrus-, Bartholomäus- u. Nikodemusevangelium, die Johannesakten, die A. von der Schatzhöhle u. dem Kreuzesholz, Apostellegenden, frühchristl. Apokalypsen (Himmelfahrt des Jesaja, christl. Sibyllinen, Thomas- u. Paulus-A.) u. einige Dichtungen (die Oden Salomos, der Naasenerpsalm). Unter den Frage-u.-Antwort-A. ist die Befragung des Johannes (lat. *interrogatio Ioannis)* von Wichtigkeit. Besondere Gruppen bilden die A. der Gottesmutter u. A. unter den Heiligenviten. Die frühesten A. des NT gehören dem 2./3. Jh. an, sie sind z. T. noch vor der Kanonbildung entstanden. Die spätesten A. werden in das 8./9. Jh. datiert. Mit den A. wurde der Wunsch weiter Leserkreise befriedigt, mehr über die hl. Personen u. Ereignisse des NT zu erfahren, als die kanon. Schriften enthielten. Fabulierende Elemente, der spätantike Abenteuer- u. Reiseroman (vor allem in den Apostellegenden), die Gattung des Briefromans, die Frage-u.-Antwort-Technik u. andere Stilmittel verschafften den A. ein breites Lesepublikum. Neben einem gesteigerten Informationsbedürfnis entsprangen sie auch dem Wunsch, bestimmte Widersprüche zwischen der Lehre Christi u. dem kirchl. Dogma zu lösen (so zwischen dem Liebesangebot Christi u. der Lehre von der ewigen Verdammnis, z. B. in der „Höllenfahrt der Gottesmutter"). Andere versuchten, wenn auch um den Preis oft grober Phantastik, die Lehre von der Menschwerdung Christi u. der Immerjungfräulichkeit der Gottesmutter zu überspielen, indem sie Christus nur zum Schein einen ird. Leib annehmen u. leiden ließen (sog. Doketismus). Das hinderte spätere A. keineswegs, Christus in menschl. Gestalt, etwa als pflügenden Bauern od. als um Speise u. Unterkunft bettelnden Wandersmann, zu schildern. So vereinigten sich in den A. poetische, theologische, volkstümliche u. häretische Züge. Die Frühgeschichte der A. wurde in starkem Maße von der Gnosis geprägt, während vom 9./10. Jh. an im Osten die Bogomilen u. im Westen die Katharer, aber auch andere Häresie-Gemeinschaften diese Literatur für ihre religiös-soziale Propaganda benutzten bzw. eigene A. schufen. Aber

auch außerhalb der Ketzerkreise erfreuten sich die A. im MA allgemeiner Beliebtheit u. regten die religiöse Volksdichtung u. die Kunst an. Ein Teil der A. wurde von der Kirche nicht nur sehr früh aus dem Bibelkanon ausgeschieden, sondern auch direkt verboten. Die erste solcher Verbotslisten liegt im sog. Decretum Gelasianum (6. Jh.) vor; sie stammt z. T. aus dem 4. Jh. Auch im Osten wurden solche Listen aufgestellt u. die Verbrennung verbotener Bücher (grch. *aporreta)* praktiziert. In Rußland erscheinen mit dem Aufkommen der A. ebenfalls die ersten Verbotslisten (1073). Trotzdem wurden einige A. in die Paleja u. die Lesemenäen aufgenommen, u. a., weil es bis zum 15. Jh. keine Vollbibel gab.
2. Wie die Entstehung der A. ist auch ihr Einfluß auf die christl. Kunst früh anzusetzen. Eine Reihe von apokryphen Motiven wurde auch von der Kirchendichtung aufgenommen, um, im orth. Sinne „gereinigt", der Malerei als literar. Vorlagen zu dienen. So haben z. B. die Kindheitsevangelien u. -zyklen auf die Ikonographie der Geburt Christi, das Bartholomäus- u. Nikodemusevangelium auf die Höllenfahrt (→ unter Auferstehung Christi), die Legenden vom Tod der Maria auf das Bildthema vom Entschlafen der Gottesmutter eingewirkt. Zahlreiche Einzelheiten der apokryphen Apostellegenden wurden auf den Lebenszyklen der Apostelbilder wiedergegeben. Zu den ältesten Motiven gehört die erleuchtete Geburtshöhle aus dem um 200 geschriebenen Protevangelium des Jakobus, das in der byz. Kunst zum Gegenstand einer komplizierten Mystagogie wurde. Der Westen hielt dagegen seit den ältesten Darstellungen an der Geburt Christi im Stall fest. Allegorie u. symbol. Vorstellungen (→ Symbol) schufen den komplexen Motivschatz der 3 myst. Höhlen: der Höhle von Adam und Eva im Paradiesesberg, der Geburtshöhle u. der Hadeshöhle od. Vorhölle (lat. limbus). Sie werden allerdings erst in mittel- u. spätbyz. Zeit voll ausgebildet (u. a. auf serb. Psalterminiaturen). Erwähnt werden muß noch das Motiv des aus dem Grabe Adams herauswachsenden Kreuzesholzes, wobei in der Regel nur der Schädel Adams wiedergegeben wird (→ auch Kreuz, → Kreuzigung). In der Adam-Christus-Typologie (→ unter Allegorie) des NT vorgeprägt (vgl. Röm. 5, 14; 1. Kor. 15, 22.45; 1. Tim. 2, 13 ff.), wurde es von Origenes (gest. 253/254) u. Johannes Chrysostomus (gest. 407) weiterentwickelt. In mittelbyz. Zeit erreichte dieses Motiv über das Altkirchenslavische (→ unter Sprachen) auch die slav. Literaturen. Der apokryphe Gehalt wurde im Synaxarion des Karfreitags orthodox verstanden, um ketzer. Auffassungen etwa der Bogomilen (→ unter Häresie) vom Paradieses- u. Kreuzesholz zu begegnen. Diese Beziehungen zur Literatur sind in der Malerei gerade hinsichtlich der A. ständig „mitzulesen". Eine Apokryphe mit deutlich sozialkrit. Komponente, die Legende von Christus als von einem Abt abgewiesener Pilger, ist z. B. auf einem Fresko in der Kirche von Volotovo bei Novgorod dargestellt.

Lit.: W. Bauer, Das Leben Jesu im Zeitalter der A., Tübingen 1909; C. Bezold, Die Schatzhöhle, Leipzig 1883; U. Fabricius, Die Legende im Bilde des ersten Jt. der Kirche. Der Einfluß der A. u. Pseudepigraphen auf die altchristl. u. byz. Kunst, Kassel 1956; N. K. Gudzij, Gesch. der russ. Literatur, Halle 1959, 26 ff.; E. Hennecke – W. Schneemelcher, Neutestamentl. A. in dt. Übersetzung, 2 Bde., Berlin 1970^{2}, 1966; E. Kautzsch, Die A. u. Pseudepigraphen des AT, 2 Bde., Darmstadt 1962 (Nachdruck); J. Lafontaine-Dosogne, L'Iconographie de l'Enfance de la Vierge dans l'Empire Byzantin et en Occident, 2 Bde., Brüssel 1964 bis 1965; W. Michaelis, Die apokryphen Schriften zum NT, Bremen 1962^{3}; L. Müller, „Die Offenbarung der Gottesmutter über die Höllenqualen". Theolog. Gehalt u. dichter. Form, Die Welt der Slawen 6, 1961, 26-39; Onasch, Weihnachtsfest, 178-186; Pokrovskij, Reg.: A.; P. Riessler, Altjüd. Schrifttum außerhalb der Bibel, Augsburg 1928; N. Tichonravov, Pamjatniki Otrečennoj Russkoj Literatury, S. Petersburg 1863 (Neudruck London 1973); E. Turdeanu, Apocryphes Bogomiles et Apocryphes Pseudo-Bogomiles, Revue de l'Histoire des Religions 138, 1950, 699-726; E. A. Wallis Budge, The History of the Blessed Virgin Mary and the History of the Likeness of Christ, London 1899; A. Santos Otero, Die hs. Überlieferung der altslav. A., I, II, Berlin/ New York 1978/79; LdK 1(1987), 209-210; LexMA 1, 759-770. RBK 1, 209 bis 218. – S. auch Lit. zu Gnosis, Häresie.

Apostelbilder. 1. Im NT ist der Apostel (grch. *apostolos,* 'bevollmächtigter Abgesandter') ein von Jesus ausgesandter Jünger (vgl. Matth. 28, 18-20; Luk. 24, 47-49; Apg. 1, 8; 1. Kor. 15, 8-10). Aus einer Achtzahl (Matth. 10, 2-4 u. Parallelen) entstand nach dem Vorbild der 12 Stämme Israels in der Urgemeinde das Apostolat der Zwölf, das unter der Leitung des Petrus stand. Außer-

Apostelbild

dem wurde auch Paulus der Titel eines Apostels zuerkannt. Um 100 entwickelte sich in Syrien das Amt des Bischofs mit der ihm unterstellten kirchl. Hierarchie, wobei das erstere als Abbild des Apostolats der Zwölf verstanden wurde.

2. Die bildhafte Darstellung der Identität von Bischofsamt u. Apostolat der Zwölf wurde mit der Legalisierung der Kirche durch Konstantin (4. Jh.) notwendig. Ihre volle Entwicklung u. teilweise Fixierung setzte bezeichnenderweise mit der des Bischofsbildes (→ Bischofsinsignien) ein. Als Selbstdarstellung der kirchl. Sozietät gegenüber dem Staat und den Häresien erfüllten die A. eine wichtige Funktion.

Folgende Darstellungen sind zu nennen: (a) Die Apostel als Begleiter Christi. Diese Gruppe von A.n trägt im Sinne der soeben beschriebenen Funktion die Züge des Repräsentationsbildes. Im Westen entstanden, sind diese Darstellungen reich an Symbolen u. relativ szenenarm. Ihre Vorbilder waren Beispiele aus dem Kaiserkult u. dem kirchl. u. öffentl. Leben (Senats-, Richter- u. Philosophenkollegien, mit dem Bischof zusammensitzender Klerus [grch. *synthronoi*], → auch Subsellien) der Spätantike. Die ältesten Beispiele aus dem 4. Jh. finden sich in den Katakomben Roms; sie erobern bald alle Gattungen der altkirchl. Kunst. Man kann 2 Untergruppen unterscheiden: die unmittelbar-gegenwärtige u. die endzeitl. Repräsentation. Zur ersteren gehört vor allem der Typ der Traditio legis an Petrus (Alt-St.-Peter mit Paulus in Akklamation, nicht erhalten; S. Costanza, Mitte 4. Jh.) im Westen, an Paulus in Gegenwart anderer Aposten im Osten seit Ende des 4. Jh., wobei auf den Westen die noch junge Tradition der ältesten Apostelfeste eingewirkt hat. Neben den Aposteln um den lehrenden Christus sind noch Apostelprozessionen mit dem Aurum coronarium (od. Märtyrerkronen?) zu erwähnen; dabei kann die Figur Christi durch die Hetoimasia, die Thronbereitung, ersetzt werden (Baptisterium der Agrianer, Ravenna, um 520). Im byz. Bereich entwickeln sich vom 6. Jh. ab als Repräsentation des Apostolats im bischöfl. Abbild die Apostelkommunion und, aus seinen altkirchl. Vorläufern, das Jüngste → Gericht. Die endzeitl. Repräsentation fand ihren Ausdruck in Darstellungen mit der Majestas domini u. der Apostel als Lämmer, die aus dem himml. Jerusalem zu Christus als apokalypt. Lamm ziehen (z. B. S. Apollinare in Classe, Ravenna). – (b) Als Zeugen der Taten und der Herrlichkeit Christi erscheinen die Apostel schon früh in der Auferweckung des Lazarus und der Himmelfahrt Christi, es folgen die Verklärung Christi, das Abendmahl, der Einzug Christi in Jerusalem, Pfingsten, Fußwaschung, Passionszyklus u. Auferstehung Christi. Dabei fand, dem jeweiligen Thema entsprechend, eine Auswahl der Apostel statt. – (c) Ihrer unter Pkt. 1 geschilderten Bedeutung entsprechend, nahmen die A. im byz. Bildprogramm topographisch zentrale Positionen ein, d. h., sie wurden in der Kuppel dargestellt. Zunächst in der Darstellung von Himmelfahrt und Pfingsten präsent, rücken sie in mittelbyz. Zeit zwischen die Fenster des Tambours, des Unterbaus der Kuppel, sofern dort nicht Propheten angebracht waren. Sie können auch in der Vorhalle, dem Narthex, erscheinen (Hosios Lukas), in der Apsis wird die Apostelkommunion dargestellt. – Für die Geschichte der A. in der

Ikonenmalerei ist das Auftreten von Petrus und Paulus im Deesis-Rang der Bilderwand von Bedeutung. – (d) Auf Gottesmutterbildern mit dem Kind ist das Apostelkollegium oft Begleiter u. Zeuge. Im Entschlafen der Gottesmutter haben die A., beeinflußt durch Marienapokryphen, einen festen Platz. – (e) Die ideelle Grundlage für die Darstellung des Apostelkollegiums in der Ikonen- und Monumentalmalerei bildet die Synaxis der Apostel am 30. Juni (→ Apostelfeste). Für die zykl. Darstellungen einschließlich der Bibelillustrationen sind die entsprechenden Texte zu den Apostelfesten aus dem Synaxarion und den Apostelapokryphen (als Erweiterung der Apostelgeschichte) heranzuziehen. Kanonische wie apokryphe Texte haben im 14. Jh. in der serb. Wandmalerei interessante Wiedergaben der Apostelbiographien beeinflußt, die auf eine Problematisierung des Bischofsamts ebenso schließen lassen wie auf Freude am ep. Stoff. – (f) Das individuelle Apostelporträt hat sich schon früh auf die Apostelkoryphäen Petrus u. Paulus konzentriert; ihre Physiognomien werden im 4. Jh. fixiert. Auf den ältesten Denkmälern der Ikonenmalerei erscheinen ihre Büsten im Medaillon, dem Clipeus. Bald nach ihnen erhalten auch Johannes u. Andreas charakterist. Züge, während die anderen Apostel – mit Ausnahme von Philippus und Thomas – schematisch als bärtige, reife Männer dargestellt werden. Die im Westen geläufige Attribuierung mit den jeweiligen Marterwerkzeugen ist in der altkirchl. u. byz. Kunst unbekannt. Als einziger trägt Andreas schon im 6./7. Jh. den Kreuzstab; später wird er auch anderen Aposteln beigegeben. – Taf. 3; Abb.; s. auch Abb. zu Mosaik.

Lit.: J. Ficker, Die Darst. der Apostel in der altchristl. Kunst, Leipzig 1887; F. M. Godfrey, Christ and the Apostles, London 1957; G. de Jerphanion, Quels sont les Douze Apôtres dans l'Iconographie Chrétienne; dies., La Voix des Monuments I, Paris 1930, 189-200; J. E. Weis – Liebersdorf, Christus- u. Apostelbilder, Freiburg/Br. 1902; LChI 1, 150-173; LdK 1(1987), 213-215; LexMA 1, 781-790; RBK 1, 227-239.

Apostelfeste. 1. Die ältesten A. sind die der „Apostelfürsten" Petrus u. Paulus in Rom. Der Kalender des Philocalus (Mitte des 4. Jh.) vermerkt am 29. Juni 258 das Gedächtnis für Petrus am Vatikanhügel, für Paulus an der Straße nach Ostia u. für beide auf dem Friedhof (→ Coemeterium) *„in catacumbas"* (→ Katakomben) an der Via Appia. Wie bei allen Märtyrerfesten (→ Märtyrerverehrung) fand auf diesem Friedhof am 29. Juni (→ auch Dies natalis) ein jährl. Gedächtnismahl (lat. *refrigerium)* für beide Apostel in einem schlichten Versammungsraum (lat. *triclia)* statt. Umstritten ist, ob sich das Petrusgrab aus dem 1. Jh. an der Stelle befunden hat, über der sich im 4. Jh. die Memoria der konstantin. Petrusbasilika (→ auch Kirchenbau) erhob. Sehr wahrscheinlich liegt der Ursprung des Apostelfestes für Petrus u. Paulus in den erwähnten Gedächtnisfeiern auf dem Friedhof an der Via Appia im 3. Jh. Es ist bis heute allen Konfessionen gemeinsam. Im 5. Jh. wurde es mit einer Nachtwache u. einer eigenen Oktav ausgestattet, später auch mit einer der jährl. Fastenzeiten. Seit dem 5./6. Jh. kennt der Osten eine Synaxis der 12 Apostel am 30. Juni.

2. Im Orient (Kappadozien, Syrien, Armenien, Georgien) mit seinen alten jerusalem. Traditionen war bereits im 4. Jh. die Oktav nach dem Fest der Geburt Christi dem Gedächtnis des Erzmärtyrers Stephanus (26. od. 27. Dez.), des Herrnbruders Jakobus (26. Dez.) u. des Apostels Johannes (29. Dez.) sowie dem Gedächtnis der Erstmärtyrer Christi, der unschuldigen Kinder (Matth. 2, 16-18), reserviert. Auf den 28. Dez. legte man das Fest der beiden „Apostelfürsten". Die Entstehung von „Petri Kettenfeier" am 1. Aug. in der kath. Kirche ist nicht völlig geklärt. Sehr wahrscheinlich hängt sie mit der Kirchweih von S. Pietro in Vincoli, Rom, im 5. Jh. zusammen. In der orth. Kirche wird sie am 16. Jan. begangen.

3. Im fixen Zyklus des orth. Kirchenjahres, dem das kath. Fest des Paulus am 25. Jan. unbekannt ist, werden die übrigen A. an folgenden Tagen verzeichnet: Andreas am 30. Nov.; Bartholomäus am 25. Aug. (beide gemeinsam mit der kath. Kirche); Jakobus (der Zebedaide) am 30. April; Matthäus am 16. Nov.; Matthias am 9. Aug.; Judas Thaddäus am 19. Juni; Simon am 10. Mai; Thomas am 6. Okt.

Lit.: Baumstark, 183 f.; O. Cullmann, Petrus, Jünger – Apostel – Märtyrer, Berlin 1961^2, 138-178; Kellner, 208-231; LThK 1, 742-743.

Apostelkommunion. Neben der histor. Darstellung des Abendmahles kennt der christl. Osten die der A., die im Westen selten begegnet. Sie zeigt Christus beim Vollzug der Kommunion: Hinter dem Altar und oft unter einem Ciborium stehend, teilt er die hl. Gaben der Eucharistie, Brot u. Wein, an die von beiden Seiten herantretenden Apostel aus. Neben den Apostelbildern gehört die A. zum Typ des Repräsentationsbildes, das die apostol. Tradition u. Sukzession der kirchl. Hierarchie bildhaft demonstriert. Das Thema der A. erscheint voll ausgebildet im 6. Jh. auf Patenen u. in der Miniaturmalerei; wahrscheinlich auch in der Monumentalmalerei, wovon aber nichts erhalten ist. Es gibt 2 Typen der Darstellung. Beim ersten Typ wird Christus zweimal (d. h. bei der Brot- und bei der Weinspendung), beim anderen nur einmal bei der Austeilung der Eucharistie dargestellt, wobei der zweite Typ seinen Ursprung wahrscheinlich in der Miniaturmalerei hat. Der erste Typ spiegelt die altkirchl. Sitte wider, Brot u. Wein jeweils durch den Bischof (bzw. den Priester) u. den Diakon austeilen zu lassen. Ob der zweite Typ schon im 6. Jh. (Rabulaskodex) den Brauch der Intinctio (lat.), d. h. des Eintauchens des Brotes in den Wein, wiedergibt, ist fraglich, da diese Kommunionshandlung (mit nur einem Liturgen) für den Westen erst im 7. Jh. bezeugt ist. Im Osten wird die Intinctio erst von etwa 1000 an eingeführt. Die A. in der Kirche des Michaels-Klosters in Kiev (1111 bis 1112) zeigt zum erstenmal Christus mit einem Kelch, aus dem er ein eingetauchtes Brot nimmt. Das Grundschema der Ikonographie der A. ließ nur wenige Variationsmöglichkeiten zu. Vom 12. Jh. an ist die Hinzufügung von Engeln als himml. Diakonen festzustellen. Darstellungen Christi als Bischof od. Priester, von denen sich vom 14. Jh. an einige Beispiele nachweisen lassen, deuten auf eine tiefgreifende Auseinandersetzung der kirchl. Hierarchie mit bestimmten Häresien od. anderen nonkonformist. Kreisen hin. Der bevorzugte Ort der A. im mittelbyz. Bildprogramm der Kirchen ist die Apsis. In der Ikonenmalerei ist die A. seit dem 11. Jh. weit verbreitet. – Taf. 4; Abb., s. auch Umschlagbild.

Lit.: Lazarev, Reg.: Evcharistija; Pokrovskij, 227 bis 883; M. Vloberg, L'Eucharistie dans l'Art, 2 Bde., Paris 1946; K. Wessel, Abendmahl u. A., Recklinghausen 1964; LChI 1, 173-176; LdK 1(1987), 215-216; LexMA 1, 790-791; RBK 1, 239 bis 245. – S. auch Lit. zu Eucharistie.

Aposticha (grch. n. plur.; russ. *stichovna,* f.), kürzere Hymnenstücke, die auf Psalmverse (grch. *stichoi)* folgen. Sie bestehen minimal aus 3, maximal aus 5 Troparien u. werden im Abend- u. Morgengottesdienst gesungen. An Festtagen führen sie besondere Texte.

Lit.: Anthologia Graeca, LIX, 64, 84; LexMA 1, 791-792.

Apostolos (grch., m., auch *praxapostolos,* m.; russ. *apostol,* m.), Zusammenstellung der Briefe (Episteln) der Apostel u. der Apostelgeschichte des NT. Der A. gehört zu

Apostelkommunion

den Lesebüchern des byz. Ritus. Er entspricht dem Epistolarium (lat.) der kath. Kirche. Im allgemeinen werden die Perikopen so notiert, daß sie am Rande des Volltextes mit „Anfang" (grch. *arche;* russ. *načalo)* u. „Ende" (grch. *telos;* russ. *konec)* angezeigt werden. Oft werden die Namen der Heiligen u. Feste hinzugefügt. Neben dieser Form der Perikopennotierung ist der A.-Aprakos (→ unter Evangelium) seltener. In jüngeren Druckausgaben führt der A. noch die Prokeimena (→ Prokeimenon), das Halleluja u. das Kommunionslied (→ unter Kommunion) der einzelnen Wochentage. Im Laufe der Zeit wurden die Texte des A. von Menaion, Pentekostarion u. Triodion übernommen. – Zum illustrierten A. → Bibelillustration.

Lit.: Beck, 249; Daniel, 318; V. Jagić, Zum altkirchenslav. A., Sb. der Wiener AdW, phil.-hist. Klasse, 191, 1919; 193; 1920; 197, 1922; Wellesz, 138-139; LdK 2(1989), 346 (Epistolar); LexMA 1, 794. – S. auch Lit. zu Lesebücher.

Aprakos → unter Evangelium

Apsis (plur. Apsiden, 'Bogen', 'Verbindungsraum', russ. *apsida,* f.), späterer Fachausdruck für ursprünglich Konche (grch., 'Muschel'; lat. *concha,* f., *tribunal,* n., *exedra,* f.), ein Gebäudeteil vor allem der spätantiken Profanbasilika. Als eigene Raumeinheit von halbkreisförmigem Grundriß u. mit einem halbkugeligen Gewölbe *(konche)* überdeckt, ist die A. der dem Eingang gegenüberliegenden Schmalseite des Langhauses angefügt. Die A. war nicht an die Basilika gebunden, sondern erscheint auch bei anderen Architekturformen profaner u. sakraler Art. Der frühchristl. Kirchenbau übernahm die A. u. entwickelte ihre Formen zunächst im basilikalen Baukontext weiter. Es gab halbkreisförmige, rechteckige u. polygonale Apsiden, die, niedriger als das Haupthaus, im allgemeinen an der östl. Schmalseite angelegt waren. Bei drei- od. mehrschiffigen Basiliken führte das Mittelschiff auf die A. zu, ihr Eingang war oft mit einem Triumphbogen geschmückt. In der A. befand sich das um einige Stufen erhöhte Bema. An der Mitte der A.-Wand stand der Bischofsthron, flankiert von den Subsellien, den Sitzgelegenheiten des Klerus, davor der Altar. Bei einer Kirche mit dem Grabe eines Märtyrers (→ auch Coemeterialkirche) wurde innerhalb der A. die Memoria errichtet. Im Orient beheimatet ist die Anlage einer von Nebenapsiden flankierten Zentral-A. Der Grundriß der ersteren braucht nicht mit dem der letzteren übereinzustimmen. Die Zentral-A. konnte allein od. mit den Nebenapsiden die Außenarchitektur des Haupthauses bestimmen. Aus liturg. Gründen wurde sie auch beim Zentralbau verwendet. Apsidenähnliche Stützenstellungen (Exedren) im Inneren dienten seiner reicheren Gliederung.
Der dreiteilige Ostabschluß, dem im Inneren neben dem Altarraum der Zentral-A. die Prothesis (der Rüstraum) u. das Diakonikon (der Raum für die Altargeräte) entsprachen, wurde schließlich für die Kreuzkuppelkirche (→ unter Kirchenbau) maßgebend. – Wegen ihrer besonderen Würdestellung innerhalb der Teile des Kirchengebäudes erhielt die A. ein eigenes Bildprogramm.

Lit.: G. Bandmann, Mittelalterl. Architektur als Bedeutungsträger, Berlin 1951, Reg.: A.; Ch. Delvoye, Études d'Architecture Paléochrétienne et Byzantine, 2. L'Apside (Byzantion XXXII, 1962); LdK 1(1987), 219; LexMA 1, 812-817 (A., A.bild); RBK 1, 246-268. – S. auch Lit. zu Bildprogramm, Kirchenbau.

Arche Noahs (grch. *kibotos,* f., 'Arche'; russ. *kivot,* m., *kovčeg,* m.; lat. *arca,* f.). Das Motiv der A. N. (1. Mose 6-8) ist im Bildschmuck der spätantiken Synagoge anzutreffen (Dura Europos, um 250; Gerasa, Anfang 5. Jh.). Ein Kultus mit ausgedehntem Pilgerwesen blühte bis in die mittelbyz. Zeit hinein in Phrygien. Im NT wurde die A. N. bereits als Symbol der in Glauben u. Buße erfahrenen Rettung verstanden (vgl. Matth. 24, 38; 1. Petr. 3, 20; Hebr. 11, 7); Justin (gest. um 165) faßte die Sintflut als auf die Taufe hinweisendes Vorbild (Typos) auf; das Material der A.N. verband er gedanklich mit dem Holz des Kreuzes. Westl. Kirchenväter (Tertullian, gest. nach 220; Cyprian, gest. 258; Augustinus, gest. 430, u. a.) bevorzugten den Vergleich der A. N. mit der Kirche als Stätte des Heils. In der frühchristl. Kunst erscheint das Motiv zunächst in den Katakomben u. auf Sarkophagen, wo Noah oft in anbetender Haltung (→ Orans) stellvertretend für den Verstorbenen dargestellt wird. Die Arche selbst kann verschiedene Formen haben: dreistöckig, als Pyramidenstumpf mit rechteckiger Basis, als *„kosmophoros kibotos"*, wohl als perspektiv. Innenansicht (mittelbyz. Illustrationen des Kosmas Indikopleustes), als mehrteiliger Kasten od. in der kopt. Kunst als altägypt. Nilbarke. Bei Kosmas Indikopleustes findet sich die Wiedergabe Noahs als Gerechten mit 2 Tauben. Während das autonome Bild Noahs zum Bestand der orth. Ikonographie gehört, verliert die A. N. schon in frühbyz. Zeit an Bedeutung, vielleicht, um Entsprechungen zum Kultus der Synagoge zu vermeiden. Dagegen bleibt das Motiv in der Bibelillustration erhalten, z. B. in der Wiener Genesis u. den zahlreichen balkan. u. russ. Kopien des Kosmas. In der russ. Monumentalmalerei des 17. u. 18. Jh. wird die A. N. wieder häufiger dargestellt (Jaroslavl'); hierbei mag nicht selten der Zusammenhang mit dem Seefahrerpatronat des Nikolaus von Myra (um 350) bestimmend gewesen sein. – Taf. 9.

Lit.: J. Fink, Noe der Gerechte in der frühchristl. Kunst, Münster 1955; A. Grabar, Images Bibliques d'Apamée et Fresques de la Synagogue de Dura, CAr 5, 1951; H. Hohl, Die Darst. der Sintflut u. die Gestaltung des Elementaren (Diss. Tübingen 1967); J. P. Lewis, A Study of the Interpretation of Noah and the Flood in Jewish and Christian Literature, Leiden 1968; H. Rahner, Symbole der Kirche, Salzburg 1964, 504-547; LChI 1, 178-180; LdK 3, 577.

Archidiakon (grch. *archidiakonos,* m., *protodiakonos,* m.; russ. *archidiakon,* m., *protodiakon,* m.), ursprünglich der Vorgesetzte der Diakone in der Bischofsverwaltung, später der Leiter der Bischofsverwaltung. Obwohl ohne direkte Jurisdiktion über die Priester, war der A. innerhalb der Diözese einflußreicher als diese (→ auch Archipresbyter). Während im Westen im MA die Jurisdiktionsgewalt des A.s zur offenen Rivalität mit dem Bischof führte, wurde er im byz. Bereich bald auf seine liturg. Funktionen eingeschränkt, um schließlich aus der Ämterliste des Patriarchen ganz zu verschwinden. – In der christl. Kunst werden Stephanus u. Laurentius als A.e dargestellt.

Lit.: Beck, 114 f.; Feine, Reg.: A; LexMA 1, 896 bis 897. – S. auch Lit. zu Diakon.

Archimandrit (grch. *archimandrites,* m. [von *-mandra,* f., 'Hürde', 'Stall']; russ. *archimandrit),* in Byzanz seit dem 10./11. Jh. der Abt eines od. mehrerer Klöster, die sich durch ihre geistl. u. kulturelle Bedeutung auszeichnen. Der Titel A. erscheint zuerst Anfang des 6. Jh. in Ägypten, wo für die Koinobiten u. Eremiten im kopt. Mönchtum je ein A. als Oberabt eingesetzt wurde.

Lit.: Beck 137 f. u. Reg.: A.; de Meester, Reg.: Archimandrita; LexMA 1, 897-898.

Archipresbyter (grch. *archipresbyteros,* m., *protopresbyteros, protopapas;* russ. *propresviter),* in altkirchl. Zeit der Vorgesetzte der Priester in der Bischofsverwaltung, wenn auch mit geringerem Einfluß als der Archidiakon. Wie bei diesem wurden die Funktionen des A. in mittel- bis spätbyz. Zeit auf das rein liturg. Gebiet eingeschränkt, wo er den Bischof vertrat. Von diesem Erzpriester des bischöfl. Hofes zu unterscheiden ist der Protohiereus (grch.; russ. *protoierej,* ältere Form *protopop* [→ auch Pope]). Vom 6. Jh. an trat dieser in verschiedenster Weise als eine Art Vorsteher des städt. u. ländl. Klerus hervor. In Rußland gewann das Amt des Protopopen im 16. und 17. Jh. erhöhte Bedeutung, da ihm die Durchführung verschiedener Reformen der Synode von 1551 („Hundertkapitelsynode") u. die vertiefte Seelsorge übertragen worden war. Es ist bezeichnend, daß aus diesen Kreisen das innerruss. Schisma *(raskol)* des 17. Jh., die Abspaltung der Altgläubigen von der Patriarchatskirche, erwuchs.

Lit.: Beck, 100, 115; Feine, Reg.: A.; P. Hauptmann, Altruss. Glaube. Der Kampf des Protopopen Avvakum gegen die Kirchenreform des 17. Jh., Göttingen 1963, 112 ff; LexMA 1, 900-901.

Arkandisziplin (lat. *arcanum,* n., 'das Geheime'; der Begriff ist erst seit dem 17. Jh. geläufig), die Geheimhaltungspflicht, die die Alte Kirche Klerus u. Laien auferlegte. Sie bezog sich zunächst auf das Glaubensbekenntnis, das Vaterunser u. die Taufe, aber auch auf bestimmte hl. Bücher u. Orte. Vor allem in den Verfolgungszeiten der frühen Christenheit gewann die A. große Bedeutung. Seit Konstantin (gest. 337) wurde sie allmählich abgebaut. Der Einführung in die kirchl. Geheimnisse od. Mysterien (→ auch

Sakramente) diente der Katechumenat. Es entstand eine interne A., „nicht mehr vor den Heiden, sondern vor dem christl. Volk“ (Jungmann), in Gestalt der Sakralisierung von Gegenständen, od. der Sprachen u. a. Eine für die Ostkirche typ. Form der internen A. ist die Bilderwand vor dem Altarraum. Auch die Stillgebete wird man in diesem Zusammenhang nennen dürfen.

Lit.: O. Casel, Altchristl. Kult u. Antike, JLW 3, 1923, 1-17; ders., De Philosophorum Graecorum Silentio Mystico (phil. Diss. Gießen 1919); H. Clasen, Die A. in der alten Kirche (Diss. Heidelberg 1956); Jungmann, Reg.: A.

Arkosolium → unter Katakomben

Aspersionstaufe → unter Taufe

Assist, eine bestimmte Technik, Blattgold auf einen aus Gummi-, Leim- oder anderen Lösungen bestehenden Grund (ital. *assis, assiso)* so aufzutragen, daß es danach geglättet od. poliert werden kann (→ auch Chrysographie). Insbesondere wird in der Ikonenmalerei unter A. jene Technik verstanden, mit deren Hilfe auf der Bildfläche feine Goldfäden auf Gewändern u. a. (Bergen, Laub, Schmuckgegenständen) so aufgetragen werden, daß sie zusammen ein feines Gespinst ergeben. Dabei haben die Miniaturmalerei u. das Goldemail wesentl. Anregungen gegeben.

Lit.: A. Fuchs, Der A. in der Ikonenkunst u. das byz. Goldemail, Tortulae. Fs. J. Kollwitz, Freiburg/Br. 1966, 140-142.

Asyl, *Asylrecht* (grch. *asylon,* n., ‘Freistätte’; russ. *ubežišče,* n.; lat. *asylum,* n.). Das schon den Tempeln zugestandene A.-Recht gehörte seit Konstantin (gest. 337) zu den zahlreichen Immunitäten, die der röm. Staat der Alten Kirche verlieh. Im Rahmen des Kirchenrechts gründete es sich auf die Fürbitte des Bischofs, der sogar für die Versorgung der A.-Suchenden, in frühbyz. Zeit auch für ihre Schulden aufzukommen hatte. Als A.-Stätte galt wie in der Antike in erster Linie der Altar. Im Gegensatz zur Antike dehnten Konstantin u. seine Nachfolger das A.-Recht über das Kirchengebäude hinaus auch auf die Vorhöfe (→ Ambitus, → Atrium), den Friedhof (→ Coemeterium) u. andere kirchl. Gebäude u. Grundstücke aus. Das führte zu einer Gefährdung der allgemeinen Rechtssicherheit, so daß Justinian (gest. 565) eine Reihe von Straftaten vom A.-Recht ausschloß. In der Praxis wurde allerdings die Aufhebung des A.-Rechts von der Zustimmung des Bischofs abhängig gemacht. Noch im MA lehnte die Kirche jede Einschränkung des A.-Rechts entschieden ab.

Lit.: Beck, 74 f.; Feine, 66, 485; E. Hermann, Zum A.-Recht im byz. Reich, OrChrPer 1, 1935, 204 bis 238; P. Timbal Durlaux de Martin, Le Droit d,Asile, Paris 1939; LexMA 1, 1156-1158.

Atrium (lat., n., auch *porticus,* m., *quadriporticus,* m.; grch. *aule,* f., *aithrion,* n., *proaulia* u. a.), ein vom altröm. Hausbau übernommener u. im allgemeinen von 4 Säulenhallen (Portiken) umgebener Vorhof der altkirchl. Basilika. Sehr oft führte ein reich geschmücktes, die Aufmerksamkeit der Vorübergehenden anziehendes Vortor (grch. *propylaion)* in das A. In seiner Mitte befand sich ein Brunnen (→ Cantharus). Im A. versammelte sich die Gemeinde, um mit Bischof und Klerus den Einzug in die Kirche zu halten. Es war die Versammlungsstätte für das Katechumenat, auch bestimmte Bußklassen stellten sich hier auf. In altkirchl. Zeit wurde hier der Morgengottesdienst gehalten. Unter Konstantin I. (gest. 337) wurde das Asylrecht vom Kirchengebäude auf das A. ausgedehnt. → Ambitus.

Lit.: Kötting, Reg.; Chr. Strube, Die westl. Eingangsseite der Kirchen von Konstantinopel in justinian. Zeit, Wiesbaden 1973; LdK 1(1987), 330; LexMA 1, 1175-1176; RBK 1, 421-440.

Attribut (lat. *attributum,* n., ‘das Zugeteilte’), 1. in der bildenden Kunst aus dem Bereich des Gegenständlichen stammende Objekte, die einer Person zur Versinnbildlichung bestimmter Eigenschaften, Tätigkeiten u. anderer Merkmale u. damit zu ihrer Identifikation beigegeben werden. Ein A. gilt als solches nur in Verbindung mit der ihm zugeordneten Person. Dadurch unterscheidet es sich vom Symbol.

2. Man unterscheidet allgemeine u. individuelle A.e: (1) Zu den allgemeinen A.en gehören (a) die der Heiligkeit überhaupt, → Kreuz u. → Nimbus. Sie werden allen Per-

sonen beigegeben, auf die das Kennzeichen der Heiligkeit, unabhängig von anderen Besonderheiten, zutrifft. (b) Nach der Vorstellung von einer abgestuften Gliederung (→ auch Hierarchie) der ird. u. himml. Kirche gibt es eine Reihe von Klassen-A.en, die diese Gliederung widerspiegeln, z. B. Bischofsinsignien u. liturg. → Gewänder bei Heiligen aus dem Klerus (z. B. Nikolaus) od. die asket. Gewänder bei Heiligen des Mönchstums; des weiteren können Gegenstände bestimmte Formen der Askese od. Patronate andeuten, z. B. der Turm den Säulensteher; das große Schima (→ unter Mönchtum) die strengste Askese; Waffen, Pferde, Rüstungen den Soldatenheiligen, Arzt- u. Apothekergeräte den Arztheiligen (→ auch Heiligenverehrung). Engel tragen als Sendboten des Himmels Stäbe od. sind durch ihr Gewand als himml. Diakone gekennzeichnet; als himml. Heerscharen sind sie mit Waffen ausgerüstet. Manche A.e spiegeln auch vorchristl. Patronate wider, vor allem bei den Pferde-, Vieh- u. Ackerheiligen. – (2) Individuelle A.e sind in unverwechselbarer Weise nur bestimmten Personen beigegeben. Zu den ältesten dieser Gruppe gehören die Schlüssel des Apostels Petrus. Andere sind z. B. der Berg mit der Geburtshöhle Christi (→ auch Apokryphen) in der Hand des Propheten Habakuk (Hab. 3,3); die Arche Noahs; Aaron mit dem blühenden Stab; die Leidenswerkzeuge der hl. Paraskeva (→ Heiligenverehrung); die Evangelistensymbole; der Erzengel (→ unter Engel) Michael mit Zepter u. Sphaira (als Erzstratege auch mit dem Schwert). – (3) Seltener sind die Beispiele, bei denen eine Person mit ihrem A. eine Personifikation darstellt, z. B. steht Habakuk mit einem belaubten Berg für die Jungfräulichkeit der Gottesmutter. Solche Beispiele gehören in den Bereich der byz. Mystagogie. – (4) Das System der Heiligen-A.e ist letzten Endes abgeleitet aus den A.en der Märtyrer. Zu den allgemeinen Zeichen dieser Gruppe gehören das Kreuz, Marterwerkzeuge u. die rote Farbe der Blutzeugenschaft.

Lit.: Braun, Attribute; G. Ferguson, Signs and Symbols in Christian Art, New York 1961; K. Fries, Die A.e der christl. Heiligen, Leipzig 1915; R. Pfleiderer, Die A.e der Heiligen, Ulm 1920²; M. P. Verneuil, Dictionnaire des Symbols, Emblèmes et Attributes, Paris 1897; O. Wimmer, Die A.e der Heiligen, Innsbruck 1966²; LChI 1, 197 bis 201; LdK 1(1987), 333-336; LexMA 4, 2019 bis 2020 (Heilige B II); RBK 1, 440-448.

Auferstehung Christi. 1. Zum Fest der A. Ch. → Ostern.

2. Die Ikonographie der A. Ch. innerhalb der frühchristl. u. byz.-slav. Kunst hat sich in folgenden Themenkreisen entfaltet: (1) Symbolische Darstellungen. Im 4./5. Jh. erscheint das Kreuz als Symbol der A. Ch. auf Sarkophagen. Im Sinne der Theologie des Apostels Paulus (1. Kor. 1, 18; Phil. 2, 8 f.; Kol. 2, 14) wird es als Tropaion (grch., ‚Siegeszeichen,) mit dem Christusmonogramm im Siegeskranz wiedergegeben. Diese Darstellung reflektiert die theolog. Einheit von Karfreitag u. Ostern, wie sie im 2. Jh. im Apokryph des Petrusevangeliums u. in der Passahomilie des Melito von Sardes (gest. 190) vorgetragen u. von den Kirchenvätern später mannigfach variiert wird. Über den abstrakt-symbol. Darstellungstyp gehen die Ampullen aus dem hl. Lande hinaus, auf denen die Christusbüste mit Kreuznimbus (→ Nimbus) über dem Kreuz od. im Medaillon (dem Clipeus) im Schnittpunkt der Kreuzbalken zusammen mit den Frauen vor dem Grabe u. dem Engel wiedergegeben wird. Bei einigen Darstellungen kann es sich auch um die Himmelfahrt Christi handeln, die in frühchristl. Zeit noch eng mit Ostern verbunden war. – (2) Wesentlich älter ist der Bildtyp der Frauen am Grabe (grch. *myrophorai;* russ. *mironosicy,* ‘die Myron Tragenden’, vgl. Mark. 16, 1-8). Das älteste Zeugnis findet sich in der Hauskirche von Dura Europos (um 230). Um 400 ist die Ikonographie der Myrophoren bereits voll ausgebildet: Die Frauen nähern sich dem Grabmal, das als prunkvolles Mausoleum dargestellt ist (→ auch Martyrion), vor dessen geschlossener Tür der Engel sitzt, während sich 2 schlafende Soldaten an die Mauer lehnen. Über den Frauen ist die Himmelfahrt Christi dargestellt. Der Typ des Myrophorenbildes hat sich durch die aus Jerusalem stammenden Ampullen u. Reliquiare über die ganze christl. Ökumene ausgebreitet. Besondere Aufmerksamkeit fand das geschlossene Grab, in dem sich das Wunder der A. Ch. vollzogen hat. Auf der Miniatur aus dem Rabulaskodex im 6. Jh.

(→ auch Bibelillustration) sieht man aus der leicht geöffneten Tür des Rundbaus Lichtstrahlen fallen (als Zeichen für die Lichterfülltheit der myst. Höhlen, → unter Apokryphen; s. Lichtwunder zu → Ostern). Nach dem Verlust Jerusalems im 7. Jh. wird die Darstellung der Grabesrotunde (→ Rotunde, → Kirchenbau) ersetzt durch die des Felsengrabes, in dem od. vor dem oft der geöffnete Sarkophag mit den Leichentüchern zu sehen ist. In einigen Denkmälern der Ikonenmalerei (Andrej Rublev, Taf. 7) erreichte das Myrophorenbild starke Aussagekraft. – (3) Die Darstellung der A. Ch. aus dem Grabe als „Vorgang" ist selten. Der Grund hierfür ist im Fehlen von Zeugen in den Auferstehungsberichten des NT zu sehen sowie im Verständnis der orth. Kirche vom Mysterium des Osterereignisses. Auf Randminiaturen einiger byz. Psalterhandschriften erscheint die eigentl. A. Ch. als typolog. Deutung von Ps. 10, 12; 31, 5; 44, 23.24; 78, 65. Christus wird vor od. neben dem offenen Grab (in einem Fall als Mumie im Grab), manchmal beim Verlassen des Grabes (od. eines Sarkophages) gezeigt. In einigen Fällen weist die Gestalt des Königs David auf diesen Vorgang hin. – (4) Das eigentl. Auferstehungsbild der Ostkirche ist aber jener Typus, der auf zahlreichen Denkmälern als Anastasis (grch., russ. *voskresenie,* 'Auferstehung') bezeichnet wird. Es handelt sich um die Darstellung der Höllen- od. Hadesfahrt Christi (grch. *kathodos eis hadu;* russ. *sošestvie vo ad;* lat. *descensus ad inferos).* An der Entstehung dieses Bildes haben literar. Quellen, wie Apokryphen, der antike Mythos von der Hadesfahrt des Herakles, Vorstellungen von der Erlösung von Adam und Eva, der Vorväter u. Propheten des AT in der Vorhölle (lat. *limbus),* mitgewirkt. Das zuletzt erwähnte Thema wurde bereits von Melito von Sardes (gest. 190), aber auch von zahlreichen Kirchenvätern (mit besonderer Dramatik vor allem von Ephrem dem Syrer [gest. 373]) entfaltet. Seine Aufnahme in die Kirchendichtung sorgte für die weite Verbreitung des Motivs von der Höllenfahrt Christi. Der Sieg der orth. Kirche im Bilderstreit (→ unter Bild) gab ihr Gelegenheit, den imperialen Anspruch Christi gerade auf diesem speziellen Osterbild zum Ausdruck zu bringen, indem sie in seine Ikonographie Elemente des Kaiserkultes übernahm (z. B. Christus als himml. Kaiser setzt seinen Purpurschuh auf den Nacken des besiegten Hades). – Entstehungszeit u. -raum der Anastasis sind noch nicht völlig geklärt. Vieles spricht für Syrien, woher auch das erste Zeugnis stammt (eine Staurothek aus der Sammlung Fieschi Morgan, New York, 7. Jh.). Hier findet sich bereits der erste Typ des Anastasisbildes: Christus steigt zu den Stammeltern Adam und Eva hinunter, wobei er die Hand Adams ergreift (sog. Descensustyp), während er von Eva angebetet wird. Der bezwungene Hades greift nach Adams Fuß. Im 9. Jh. entwickelte sich der zweite Bildtyp: Christus steigt auf, das Kreuz als Siegeszeichen in der Linken haltend u. mit der Rechten Adam aus dem Grabe nach sich ziehend (sog. Ascensustyp). Die Figur des Hades wird nun seltener wiedergegeben. Das Grundschema kann variiert werden, vor allem durch Vermehrung der Personenzahl. In der russ. Ikonenmalerei wird das Thema im 14./15. Jh. in der künstler. Darstellung einem Höhepunkt zugeführt, während es im 16./17. Jh. nicht selten zu kombinierten Darstellungen, bildhaften theolog. Synopsen, der Höllenfahrt mit den Frauen am Grabe u. Einzelmotiven aus der Apokalypse des Johannes u. dem Jüngsten → Gericht kommt. – Erscheinungen des Auferstandenen → unter Pfingsten (3). – Taf. 6, 7.

Lit.: M. Bauer, Die Ikonographie der Höllenfahrt Christi von ihren Anfängen bis zum 16. Jh., Diss. Göttingen 1949; W. Bieder, Die Vorstellungen von der Höllenfahrt Christi, Zürich 1949; W. Braunfels, Die A., Düsseldorf 1951; A. Grabar, La Fresque des Femmes au Tombeau à Doura, CAr 8, 1956, 9-26; ders., Empereur, 245-249; V. Ivanov, The Icon of the Resurrection of Christ, JMP 4, 1976, 22-27; E. O. Kosteckaja, K Ikonografii Voskresenija Christova, SK 12, 1928, 61-70; Kötting, 309 ff.; J. Kroll, Gott u. Hölle. Der Mythos vom Descensuskampf, Leipzig – Berlin 1932 (Reprint Darmstadt 1963); R. Lange, Die A., Recklinghausen 1966; V. K. Laurina, Vnov raskrytaja Ikona „Sošestvie vo ad" iz Ferapontova Monastyrja i Moskovskaja Literatura konca XV v., TODL 22, 1966, 165-187; E. Lucchesi – Palli, Der syr.-palästinens. Darst.-Typus der Höllenfahrt Christi, RQ 57, 1962, 250-267; E. S. Ovčinnikova, Ikona „Sošestvie vo ad" iz sobranija Gos. Ist. Muz. v Moskve, Drevnerusskoe Iskusstvo. Chudožestvennaja Kul'tura Pskova, Moskau 1968, 139-156; Pokrovskij, 391-425; F. Rademacher, Zu den frühesten Darst. der A., ZKG 28, 1965, 195 ff.; Schiller 3; A. Kartsonis, Anastasis. The Making of an Image, Princeton, New Jersey 1986; W. Puchner, Zur liturg. Frühstufe der Höllenfahrtszene Christi. Byz. Katabasis-Ikonographie u. rezenter Osterbrauch, Zs. f. Balkanologie 15, 1979, 98-113; N. Thon, Die entfaltete russ. A. s-Ikonographie, Hermeneia 6, 1990; W. Maas, Gott u. Hölle. Studien zum Descensus Christi, Einsiedeln 1979; LChI 1, 201-218; 665-674 (Erscheinung des Auferstandenen); LdK 1(1987), 337-339; LexMA 1, 1200-1203; 5, 98-99 (Höllenfahrt Ch.i); RBK 1, 142-148 (Anastasis); 2, 371-387 (Erscheinung des Auferstandenen).

Auferstehungs- und Morgenevangelien (grch. *euangelia anastasima heothina,* n. plur.; russ. *evangelija utrennye voskresnye,* n. plur.), eine Besonderheit des orth. Gottesdienstes: 11 Lesungen aus den Auferstehungsevangelien werden vom Sonntag nach Pfingsten bis Psalmsonntag in wiederkehrenden Zyklen im sonntägl. Morgengottesdienst vorgetragen.

Es sind: (1) Matth. 28, 16–20; (2) Mark. 16, 1–8; (3) Mark. 19, 9–16; (4) Luk. 24, 1–9; (5) Luk. 24, 13–35; (6) Luk. 24, 36–47; (7) Joh. 20, 1–10; (8) Joh. 20, 11–18; (9) Joh. 20, 19 bis 29; (10) Joh. 21, 1–14; (11) Joh. 21, 15–19.

Sie werden begleitet von 11 Apostelhymnen (grch. *exaposteilaria;* russ. *eksapostilarii, svetilny voskresnye),* die die Aussendung der Apostel zur Völkertaufe zum Inhalt haben, u. 11 Auferstehungsliedern (grch. *heothina anastasima,* auch *idiomela heothina* [→ Stichera]; russ. *stichiry evangelskija* od. *utrennye samoglasnye);* bei ihnen handelt es sich um Kurzhymnen (→ Troparien) mit eingeschalteten Gottesmutterhymnen (→ Theotokion). Verfasser der 11 Exaposteilarien ist der Kaiser Konstantin Porphyrogennetos (gest. 959), der 11 Auferstehungslieder sein Vater Leon VI. (gest. 911). Während der Großen → Fastenzeit werden diese Lieder ersetzt durch die sog. Licht-Lieder (grch. *photagogika;* russ. *svetilny).* Wie die übrigen nach den Wochentagen geordneten Exaposteilarien gehören die A. u. M. dem bewegl. Zyklus des Kirchenjahres u. damit der Oktoechos an. Die Exaposteilarien des fixen Zyklus dagegen finden sich im Menaion. Die sonntägl. A. u. M. mit ihren Begleithymnen erinnern das ganze Kirchenjahr hindurch an die Oster- und Pfingstbotschaft, deren Inhalt sie in immer neuen gedankl. Bildern reich entfalten. – Text: s. Anhang Nr. 6.

Lit.: Anthologia Graeca, LX-LXI, 105-112; Maltzew[6] 2, 1142-1167; Nilles II, 291- 292; H. J. W. Tillyard, Byzantine Music and Hymnography, London 1923, 35 f.; ders., Eothina Anastasima. The Morning Hymns of the Emperor Leo, Annual British School of Athens 30, 1928-1930, 86-108; 31, 1931, 115-147; Wellesz, 237.

Auferweckung des Lazarus (grch. *egersis tu Lazaru;* russ. *voskrešenie Lazarja).* Die Ikonographie der A. d. L. richtete sich in der Alten Kirche nach Joh. 11; sie entwickelte sehr früh vor allem in der Sepulkralkunst (→ Sarkophag, → Katakomben) ein einfaches, aussagekräftiges Grundschema: Christus steht vor einem Grabbau, in dem der tote Lazarus in Leichenlinnen aufrecht steht. Nach dem Vorbild antiker Wundertäter (Thaumaturgen) hält Christus einen Stab ausgestreckt, mit dem er den Grabbau berührt. Manchmal sind ein od. 2 Apostel beigegeben, seltener die Schwestern des Lazarus. Die ganze Szene spiegelt röm. Bestattungssitten wider. Als gedankl. Verbindung zum Sündenfall von Adam und Eva erscheint nicht selten der Paradiesesbaum. Die A. d. L. wurde als Hinweis auf die allgemeine Auferstehung der Toten u. die sittl. Erneuerung durch die Taufe verstanden. Einzelne Elemente der Darstellung wandelten sich noch in frühkirchl. Zeit. So wich der Thaumaturgenstab in der Hand Christi dem Triumphkreuz (→ Kreuz), in byz. Zeit schließlich dem Befehlsgestus (→ Gestus) Christi (vgl. Joh. 11, 43). Im Bereich der Miniaturmalerei in byz. Psalterhandschriften entweicht die Seele des Lazarus in Gestalt eines Eidolon (grch., ‚körperloses Schattenbild,) dem Leibe des Hades, ein Schema, auf das Apokryphen (Nikodemusevangelium) Einfluß genommen haben. Schon im 5. u. 6. Jh. entwickelte sich der szenenreiche, erzählende Bildtypus, der fortan in der byz.-slav. Malerei das Grundschema werden sollte: Christus mit Segens- od. Befehlsgestus vor der Grabeshöhle (nach dem Vorbild der Grabeshöhle Christi), zwischen dieser u. Christus die zweifelnden Juden, während die Jünger hinter ihm stehen (mit wechselnden Positionen beider Gruppen), Maria u. Martha kniend vor dem geöffneten Grabe u. unmittelbar vor dem Grab ein Mann, der sich wegen des Leichengeruches ein Tuch od. einen Gewandzipfel vor das Gesicht hält. Dieses Schema steht in engstem Zu-

Auferweckung des Lazarus

sammenhang mit der reichen Hymnenausstattung des › Lazarussamstags. Die A. d. L. gehört zum Passionszyklus, wird aber auch nach dem Aufkommen des Dodekaortions, der Bildsammlung zu den 12 großen Festen des Kirchenjahres, mit dem Einzug Christi in Jerusalem u. der Verklärung Christi zusammengestellt. – Taf. 8; Abb.

Lit.: R. Darmstaedter, Die A. d. L. in der altchristl. u. byz. Kunst, Bern 1955; Dassmann, 283 bis 289; Hamann – Mac Lean, Das Grab in Autun, Marburger Jb. für Kunstwiss. 8/9, 1936, 182-328; A. Hermann, Ägyptolog. Marginalien zur spätantiken Ikonographie, Jb. für Antike und Christentum 5, 1962, 60-69; E. Mâle, La Résurrection de Lazare dans l'Art, Revue des Arts 1, 1951, 44-52; Ouspensky – Lossky, 177 f.; Pokrovskij, 249-257; Schiller 1, 189-194; E. Sauser, Das Bild von der Auferstehung des Lazarus in der frühchristl. u. östl. Kunst. Trierer Theol. Zs. 90, 1981, 276-288; LChI 3, 33-38; LdK 5, 654-655; LexMA 5, 1774 bis 1775; RBK 2, 388-414.

A und O, *Alpha und Omega* (grch.) Alpha u. Omega bezeichnen als erster und letzter Buchstabe des grch. Alphabets bereits im Hellenismus die Fülle der Zeit (24 Stunden, 12 Tierkreiszeichen u. a.) u. des Kosmos. Ähnliche Spekulationen veranlaßten den Verfasser der Offb. (→ Apokalypse [2], A u. O als symbol. Bezeichnung für Gott (Offb. 1, 8; 21, 6) u. den erhöhten Christus (Offb. 1, 17; 2, 8; 22, 13) zu verwenden. Die Kirchenväter begrenzten die Symbolaussage des A u. O weitgehend auf Christus. Das hatte entscheidende Bedeutung für die Ikonographie der christl. Kunst, in der A u. O stets Christus bezeichnen, wobei seine Wesenseinheit (Konsubstantialität) mit Gottvater vorausgesetzt wird. A u. O erscheinen in Verbindung mit dem Nimbus Christi, auf dem Jüngsten → Gericht, der Apokalypse, im Christusmonogramm, mit dem Kreuznimbus auf der Dreieinigkeit u. bei anderen symbol. Figuren. Als Forschungsgegenstand gehören A u. O zur Epigraphik.

Lit.: E. Dinkler, Signum Crucis, Tübingen 1967, 33 f., 166 ff., 173; LdK 1(1987), 347-348; LexMA 1, 455.

Aureole (lat. *aureolus,* 'goldfarbig'; russ. *avreol'),* auch Gloriole (lat. *gloria,* f., 'Ehre', 'Ruhm'), ein meist goldener Strahlenkranz od. Heiligenschein, der die ganze Gestalt umgibt u. deshalb auch Großer → Nimbus heißt. Die A. kann kreisförmig od. oval bis mandelförmig (Mandorla) sein. In der christl. Kunst erscheint die Mandorla zuerst auf Darstellungen der Himmelfahrt Christi in der Miniaturmalerei u. auf Ampullen, später bei allen Bildern, die auf irgendeine Weise die Majestas Domini, den erhöhten Christus, verkörpern, wie vor allem die Verklärung Christi u. das Jüngste → Gericht. In frühbyz. Zeit bevorzugte man die A. od. Mandorla für das Kind auf Gottesmutterbildern, vor dem Bilderstreit (→ unter Bild) für Szenen, die die Gottesmutter mit dem Kind zeigen (→ auch Clipeus). Schließlich wird die Mandorla manchmal auf Darstellungen des Entschlafens der Gottesmutter verwendet.

Lit.: O. Brendel, Origin and Meaning of the Mandorla, GBA (6. Ser.) 25, 1944, 5-24; F. van der Meer, Majestas Domini, Théophanies de l'Apocalypse dans l'Art Chrétien, Rom 1938; Wellen, 178 f.; LChI 3, 147-149 (Mandorla); LdK 2, 241 (Heili-

Leitungsstruktur einer autokephalen Kirche

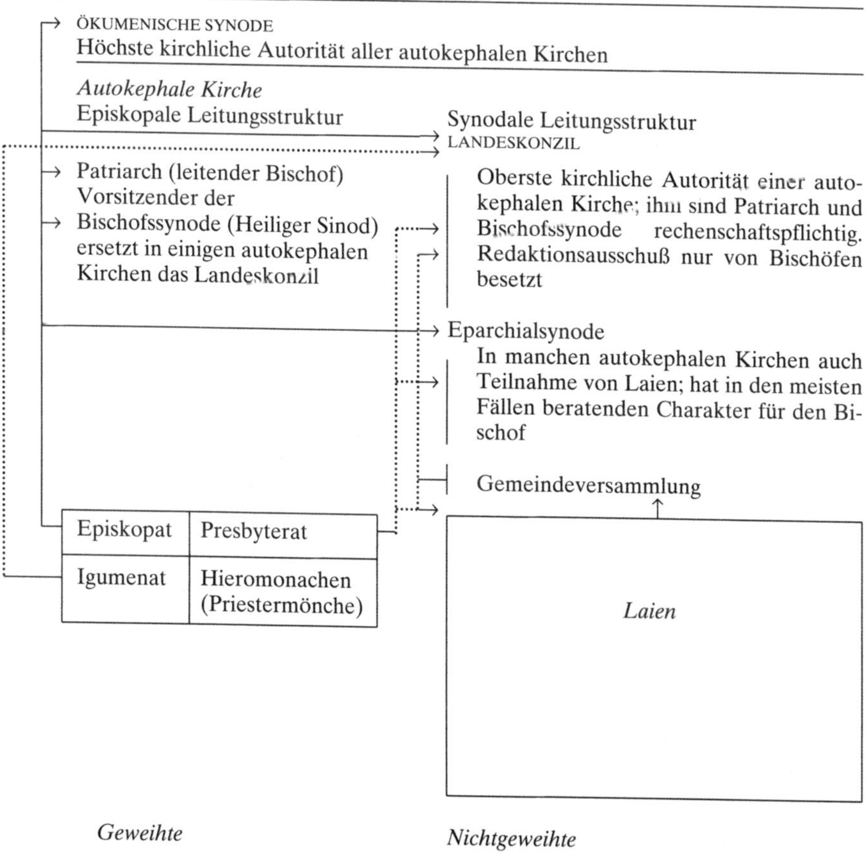

genschein); RBK 2, 867-882 (Gloriole). – S. auch Lit. zu Nimbus.

Aurum coronarium (lat. 'Kranzgold'), Geldgeschenke, die in Gestalt von goldenen Kränzen den röm. Kaisern von Abordnungen der Provinzen bei verschiedenen Gelegenheiten überbracht wurden. Die emblemat. Darstellung dieser Zeremonie (in Anbetung gebückte Gestalten nähern sich dem Kaiserbild, mit verhüllten Händen [→ auch Gestus] das A. c. tragend) wurde in der frühchristl. u. byz. Kunst auf Christus übertragen. Dafür kamen vor allem folgende Darstellungen in Frage: Anbetung der Magier (→ unter Geburt Christi), Apostelbilder, Anbetung der 24 Ältesten der Apokalypse, Himmelfahrt Christi (Engel bringen das A. c. Christus dar).

Lit.: K. Baus, Der Kranz in Antike u. Christentum, Berlin 1940; Th. Klauser, Aura coronaria, Mitt. de DAI, Röm. Abt., 59, 1944, 129-153; Kötting, 229 f.; K. Wessel, Kranzgold u. Lebenskronen, Archäolog. Anzeiger 1950/51, 103 f.; LChI 1, 227-228; RBK 1, 448-452; LdK 1(1987), 350; LexMA 4, 1537-1538 (Gold IV).

Äußerste Erniedrigung → unter Christusbilder

Autokephalie (aus grch. *autos,* 'selbst', 'allein', u. *kephale,* f., 'Haupt'), Bezeichnung eines Kirchengebietes, das von einem „eigenen Haupt" geleitet wird. Im Rahmen des orth. Kirchenrechts besteht eine autokephale Kirche dort, wo der Leiter der kirchl. Hierarchie (in der Regel ein Patriarch) nicht von einem übergeordneten Hierarchen ernannt, sondern durch eine Synode der Bischöfe (→ Bischof) gewählt u. inthronisiert wird. Der so gewählte Oberhirte muß von der ehemaligen Mutterkirche u. den anderen autokephalen Kirchen anerkannt werden. Er besitzt volle, nur durch die Rechte des Bischofs eingeschränkte Jurisdiktionsgewalt in seinem Gebiet, das eine eigene, autonome Leitungsstruktur besitzt. In den Diptychen wird er an erster Stelle genannt. Der Begriff der A. im weiteren Sinne (→ auch Ritus) schließt ethnische, sprachlich u. überhaupt kulturelle Eigenständigkeit eines Kirchengebietes ein, womit er auch für die Kunstgeschichte relevant wird. Die Wurzel des autokephalen Prinzips ist in der „Fünfherrschaft" (grch. *pentarchia)* der altkirchl. Patriarchate von Rom, Konstantinopel, Alexandrien, Antiochien u. Jerusalem zu sehen. Neben ihnen u. Zypern gibt es heute folgende autokephale Kirchen: Georgien (692-1801 u. seit 1918); Bulgarien (927-1018, 1235-1767, seit 1944); Serbien (1219-1755, seit 1879); Rußland A. (1448, Patriarchat 1589); Erzbistum des Sinaiklosters (1782); Griechenland (1850); Rumänien (1885); Polen (1924); Tschechoslowakei (1951); russ.-orth., grch.-kath. Kirche in Nordamerika (1970). – Tab.45; s. auch Ausschlagkarte I.

Lit.: N. Afanassieff, N. Koulomzine, J. Meyendorff, A. Schmemann, Der Primat des Petrus in der orth. Kirche, Zürich 1961; I. D. Ivan, Die Organisation u. Verwaltung der autokephalen u. autonomen Kirchen, Lausanne 1969; R. Janin, Les Églises Orientales et les Rites Orientaux, Paris 1955; H. Kotsonis, Verfassung u. Aufbau der orth. Kirchen, Orthodoxe Kirche, 169-174; D. Kyriakos, Das System der autokephalen, selbständigen orth. Kirchen, Revue Internationale de Théologie 10, 1902, 99-115, 273-286; O. Lotočkij, Autokefalija, 2 Bde., Warschau 1935, 1938; J. Meyendorff, L'Église Orthodoxe Hier et Aujord'hui, Paris 1960; Milasch, § 26-35, 84-99; Onasch, Konfessionskunde, 175-181; Episkop Pëtr (L'Jul'e), Problemy, svjazannye s avtokefalej, Messager 97 bis 100, 1978, 71-97; LexMA 1, 1269-1270.

Autorenbild → unter Evangelistenbilder

B

Bahnlese, bestimmte Form der Lesungen eines od. mehrerer bibl. Bücher, wobei im Unterschied zur Lectio continua oft ganze Abschnitte fortgelassen werden können. – → auch Perikope.

Baldachin (ital. *baldacchino,* m.), ursprünglich Bezeichnung für einen aus Bagdad (Baldac) importierten golddurchwirkten Stoff, später übertragen auf den von 4 od. 6 Tragstangen gehaltenen Traghimmel über sakralen Gegenständen (Reliquien, bestimmten Altargeräten), Orten (Altar) od. Personen (Bischof u. anderen Vertretern der Hierarchie). Dieser Form des B.s ist der Schirm verwandt, der dem Papst u. oriental. kirchl. Würdenträgern als insigniales Zeichen nachgetragen wird. Schließlich wird jedes feste, aus unterschiedl. Materialien hergestellte Zierdach B. genannt; allerdings ist für den feststehenden, massiven B. die Bezeichnung Ciborium vorzuziehen.

Lit.: A. Alföldi, Die Gesch. des Throntabernakels, Nouvelle Clio 1-2, 1949/50, 537-566; Braun, Altar, 185-233; H. Michaelis, Der Thron-B., Aus der byz. Arbeit der DDR, 2 Bd., Berlin 1957, 110-119; O. Treitinger, Die oström. Kaiser- u. Reichsidee nach ihrer Gestaltung im höf. Zeremoniell, Bad Homburg v. d. Höhe 1969, 56 f.; P. A. Underwood, The Fontaine of Life, DOP 5, 1950, 43-138; LChI 1, 239-241; LdK 1(1987), 384; LexMA 1, 1362. RBK 1, 1055-1065. – S. auch Lit. zu Kuppel.

Baptisterium (lat., n.; grch. *baptisterion,* n.). Ursprünglich das Badebecken der röm.Bäder, wurde die Bezeichnung von der Alten Kirche auf den Raum bzw. das Gebäude übertragen, in dem die Taufe stattfand (andere Bezeichnungen: lat. *baptisterii basilica, templum baptisterii;* grch. *baptismatos oikos, photisterion).* In frühchristl. Zeit wurde noch an jeder Wasserstelle (Quelle, Fluß, Wasserbecken) getauft. In der Hauskirche von Dura Europos (um 230) befand sich ein besonderer, mit Fresken ausgeschmückter Raum, in dem ein rechteckiges Wasserbecken, mit einem Ciborium überdacht, stand, aus dem das Taufwasser geschöpft wurde; als Taufbecken dürfte es kaum gedient haben. Mit Ende der Verfolgungszeit entwickelte sich das B. als variantenreicher Bautyp. Es gab Anlagen, die aus einem Vor- u. einem größeren Hauptraum bestanden. Folgende Bauformen des B.s sind bekannt: die Rotunde (ältestes Beispiel das B. der Laterankirche in Rom); das Oktogon (Achteck), das vor allem in Italien verbreitet war; das seltenere Hexagon (Sechseck) in Norditalien, Dalmatien u. Syrien; das trikonchale (kleeblattförmige, → Trikonchos) B. auf dem Balkan u. in Nordafrika; die Basilika in Palästina u. Griechenland; das kreuzförmige B., das sich der Form des Taufbeckens (lat. *piscina;* grch. *kolymbethra)* anschließt; das quadratisch angelegte B. u. andere Baukombinationen. Zur Erinnerung an die Taufe Christi im Jordan, also unter freiem Himmel, wurde über der Piscina oft ein Ciborium, ein baldachinartiger Aufbau aus festem Material, errichtet. In der Alten Kirche u. in frühbyz. Zeit besaß das B. noch einige Nebenräume, die dem Aufenthalt des Klerus, für den Exorzismus, als Raum für die Myronsalbung (lat. *consignatorium)* u. als Unterrichtsraum der Katechumenen dienten. Es konnte aber auch ein isoliert stehendes Gebäude sein. Nachdem die Erwachsenentaufe aufhörte, wurde das B. nicht mehr gebraucht. Das Taufbecken (russ. *kupel')* wurde nun in die Kirche selbst gestellt. Auf dem Balkan u. in Rußland baute man in der Zeit der Missionierung (9./10. Jh.) das B. im allgemeinen an die Vorhalle der Kirche, den Narthex, an.

Lit.: R. Bauerreis, Fons Sacer, München – Pasing 1949; F. J. Dölger, Zur Symbolik des christl. Taufhauses, AuC 4, 1934, 153-187; J. H. Emminghaus, Baptisterien in Syrien u. Palästina (Diss. Münster 1955); A. Khatchatrian, Les Baptistères Paleochrétiens, Paris 1962; Kötting, Reg.; RBK 1, 460-496; LdK 1(1987), 398-400; LexMA 1, 1425 bis 1426. – S. auch Lit. zu Taufe u. Kirchenbau.

Basilika (lat. *basilica,* f.; grch. *basilike, basilike stoa,* f.), 1. in vorchristl. Zeit ein rechteckiger, längsgerichteter (oblonger) Versammlungsraum, der im Inneren durch Säulenreihen (Kolonnaden) in mehrere Parallelräume gegliedert wird. (Andere Formen von Versammlungsräumen, die auch als B. bezeichnet werden, bleiben außerhalb unserer Betrachtung.) Basiliken konnten verschiedenen Zwecken dienen (Markt-, Gerichts-, Militär-, Palast- u. Kult-B.).

2. Wegen ihrer guten Eignung, größere Menschenmassen nicht nur zu fassen, sondern auch zu ordnen, wurde die B. vom Kirchenbau zur Zeit Konstantins (gest. 337) als Bautypus übernommen u. weiterentwickelt (lat. *basilica,* f., *basilica dominica,* f.; grch. *basilike,* f., *basilikos oikos,* m., *basileios,* m., seit dem 6./7. Jh. auch grch. *dromikos,* m., 'Laufraum', um die B. vom Zentralbau zu unterscheiden). Im Unterschied zum Zentralbau wird die B. durch ihre Längsrichtung (Longitudinalität) bestimmt, d. h. durch die Ausrichtung der Räume u. der Außenarchitektur an einer Horizontalachse. Die oblonge Halle der B. ist an ihrer einen Schmalseite mit einer Apsis, einer Raumeinheit von meist halbkreisförmigem Grundriß, versehen, die im Orient von Seitenkammern (→ Pastophorien) flankiert wird. Auf die Apsis folgt das Haupt- od. Langhaus (grch. *oikos;* → Naos), dem sich schließlich die Vorhalle (Narthex) anschließt. Das Langhaus ist ein- bis mehr-

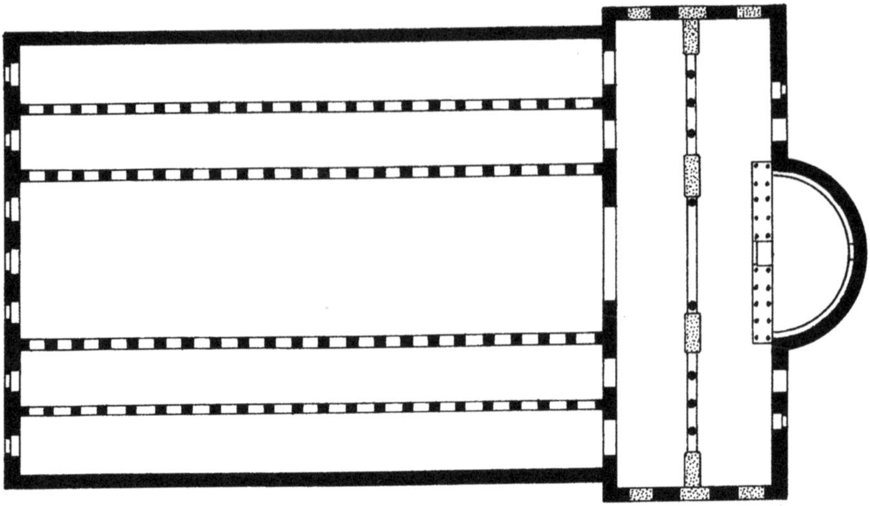

Basilika. Grundriß

schiffig angelegt. Zwischen Apsis und Langhaus kann sich ein Querschiff (→ Transept) schieben. An das Langhaus schloß sich ein Atrium, ein Vorhof, an, falls die B. nicht von einem Umgang, dem Ambitus, umschlossen war. Zwischen Langhaus und Atrium konnte sich ein Narthex befinden. Neben den schlichten einschiffigen gab es drei-, fünf-, sieben- u. sogar neunschiffige Basiliken. Die Mauern des Mittelschiffes bei mehrschiffigen Basiliken sind über die Seitenschiffe erhöht u. von Fenstern durchbrochen (Fenster- od. Lichtgaden). Ein Dachstuhl trägt über dem Mittelschiff (lat. *gremium basilicae)* das Satteldach, über den Seitenschiffen je ein an den Obergaden sich anlehnendes Pultdach. Während im Westen der Dachstuhl offen od. mit einer Kassettendecke versehen war, sind die oriental. Basiliken eingewölbt. Das Mittelschiff ist durch eine Säulen-, gelegentlich durch eine Pfeilerreihe von den Seitenschiffen getrennt u. zugleich durch die Zwischenräume (Interkolumnien) mit ihnen verbunden. Die Interkolumnien wurden mit kostbaren Vorhängen (→ Velum) verhängt, die auf- u. zugezogen werden konnten. Während das Mittelschiff als Prozessionsstraße für den Klerus diente, versammelte sich die Gemeinde, in größeren Städten nach Gemeindebezirken geordnet, in den Seitenschiffen. Über diesen konnten Emporen angelegt werden (→ auch Matroneum). Das zur Apsis strebende Mittelschiff wurde vor dieser häufig durch einen Triumphbogen abgeschlossen. Im Apsisraum (→ auch Bema) stand vor den Subsellien, den Sitzen für den Klerus, der Altar. Die gesamte Apsiszone einschließlich des Ambon wurde durch die Cancelli, Schrankenplatten aus Stein, Metall od. Holz, als „Klerikerkirche" vom übrigen Kirchenraum abgegrenzt. Die Apsis u. die Zone der Fenstergaden boten Gelegenheit für die Entstehung eines Bildprogramms, dessen Darstellungen in altkirchl. Zeit vorwiegend aus Mosaiken bestanden.

Eine sehr selten, bisher nur in 2 Fällen zweifelsfrei identifizierte Sonderform der B. ist die Hypaethral-B. (grch. 'B. unter freiem Himmel'), auch Basilica discoperta (lat.). Bei ihr ist das „Mittelschiff" nicht überdacht. Die „Seitenschiffe" besitzen auf Kolonnaden ruhende u. nach innen geneigte Pultdächer. Herkunft u. Eigenart dieses Bautypus sind noch sehr umstritten.

3. Mit dem 6. Jh., dem Zeitalter Justinians I. (gest. 565), mußte die B. der Kuppelkirche weichen (→ Kirchenbau). In der nach dem Bilderstreit (→ unter Bild) einsetzenden Besinnung auf die klass. Vergangenheit (→ auch Renaissancen in Byzanz) kam es im 9., vor allem aber im 10. Jh. zu einer Wiederbe-

lebung der B. auf dem Balkan, z. T. in Anlehnung an vorhandene alte Basiliken. Nach diesem Zwischenspiel verschwindet die B., von wenigen u. größtenteils entfernten Gebieten (z. B. der Krim) abgesehen, aus dem Kirchenbau. – Im Unterschied zum antiken Tempel ist das Wesen der altchristl. B. nicht in ihrer Exklusivität, sondern in ihrem von nichtchristl. Vorbild übernommenen Öffentlichkeitscharakter zu sehen. – Abb.

Lit.: J. G. Davies, The Origin and Development of Early christian Church Architecture, New York 1953, 12-50; A. v. Gerkan, Die profane u. die kirchl. B., RQS 49, 1953, 129-146; A. Grabar, Martyrium, I. Bd., Paris 1946; Kötting, Reg.; A. Stange, Das frühchristl. Kirchengebäude als Bild des Himmels, Köln 1950; A. Weckwerth, Die christl. B. Ein theol. Begriff u. eine theol. Gestalt, Westfäl. Zs. 112, 1962, 205-223; LChI 2, 514-529; LdK 1(1987), 417-420; LexMA 1, 1526-1528; RBK 1, 514-567. – S. auch Lit. zu Kirchenbau.
Zur B. discoperta: E. Dyggve, History of Salonitan Christianity, Oslo 1951; ders., Probleme des altchristl. Kultbaus, ZKG 59, 1940, 103-113; A. v. Gerkan wie oben; A. Grabar, Martyrium I, 120 bis 127; Th. Klauser, Vom Heroon zur Märtyrer-B., Bonn 1942; A. M. Schneider, B. discoperta, Th. Revue 44, 1948, 139-146; ders., B. discoperta, Antiquity 24, 1950, 131-139; RBK 1, 507-514.

Basiliusliturgie. Im Gegensatz zur später bezeugten Chrysostomusliturgie wird die B., genauer gesagt ihr Kernstück, die Anaphora, bereits in den ältesten Handschriften des Euchologions aus dem 8./9. Jh. als Ganzes bezeugt. Schon früher, im 6. u. 7. Jh., finden sich Hinweise auf den Gebrauch der B. Wie der Name sagt, führt die kirchl. Tradition diese Liturgie auf den Kirchenvater Basilius den Großen (gest. 379) zurück. Wenn sich auch die Liturgieforschung über die Entstehung der B. noch nicht einig ist, besitzt diese Tradition doch einen geschichtl. Kern. Es steht fest, daß der Kirchenvater ein vorhandenes Liturgieformular im Sinne des Athanasius (gest. 373) u. der 1. Ökumen. Synode von Nizäa (325) theologisch überarbeitet u. erweitert hat. Besonders wichtig sind dabei die gedankl. Bereicherungen des Eucharist.→Hochgebets im Hinblick auf die Lehre vom hl. Geist (Pneumatologie). In früh- u. mittelbyz. Zeit wurde die B. als Hauptliturgie benutzt. Wegen ihrer Länge mußte sie dann der Chrysostomusliturgie weichen. Sie wird heute an folgenden Tagen des Kirchenjahres gehalten: am 1. Januar (Tag des Basilius), am Karsamstag, in der Nachtwache des Festes der Geburt Christi u. der Epiphanie (mit Ausnahme von Samstag u. Sonntag), an beiden Festen, wenn sie auf einen Sonntag od. Montag fallen, sowie an den Sonntagen der Großen → Fastenzeit (mit Ausnahme des Psalmsonntags), am Gründonnerstag. – Text: s. Anhang Nr. 24, 2.

Lit.: B. Capelle, Les Liturgies „Basiliennes“ et Saint Basile, I. Doresse – E. Lanne, Un Témoin Archaique de la Liturgie Copte de Saint Basile, Bibl. du Muséon 47, Louvain 1969, Anhang; H. Engberding, Das Eucharist. Hochgebet der B., München 1931; ders., Die Angleichung der byz. Chrysostomusliturgie an die B., OstKSt 13, 1964, 105-122; J. A. Jungmann, Die Stellung Christi im liturg. Gebet, Münster 1962^2, 155-163; M. J. Lubatschiwskyj, Des Hl. Basilius' liturg. Kampf gegen den Arianismus, ZKTh 66, 1942, 20-38; Quasten 3, 226-228; A. Raes, L'Authenticité de la Liturgie de Saint Basile, REByz 16, 1958, 158-161; ders,, Un Nouveau Document de la Liturgie de S. Basile, OrChrPer 26, 1960, 401-411; Basilius, Heiliger der Einen Kirche. Regensburger Symposion 1979, München 1981; Schulz, Die byz. Liturgie; H.-J. Schulz, Handbuch Ostk.kunde II,18-20; Lex MA 1, 1532-1533. – Texte: Brightman, 309-344; 400-411. – S. auch Lit. zu Chrysostomusliturgie, Liturgie.

Begleitfeste, schon in den vorchristl. Kulten Bezeichnung für kleinere Feste, die einem großen Fest vorangingen od. ihm folgten. Die letzteren wurden von der Alten Kirche übernommen. So folgten auf die Geburt Christi einige Apostelfeste u. das Gedächtnis der unschuldigen Kinder. Andere oriental. Kirchen verlegten B. in die Zeit nach Ostern. So feiern die Nestorianer den „Freitag der Bekenner“ zur Erinnerung an die große pers. Christenverfolgung. Die syr. Monophysiten (Jakobiten) statteten die Oktav nach Ostern mit einer Reihe von Heiligengedenken aus (Apostel, Propheten, Vorväter, Märtyrer). In der orth. Kirche folgten auf das Fest der Apostelkoryphäen Petrus u. Paulus am 29. Juni (→ unter Apostelfeste) am 30. Juni eine Festfeier (→ Synaxis) für alle Apostel und auf das Fest der Geburt der Gottesmutter am 8. Sept. die Erinnerung an ihre Eltern Joachim u. Anna am 9. Sept. (→ Empfängnis der hl. Anna). Auch die Synaxis der Gottesmutter am 26. Dez. kann zu den B.n gezählt werden.

Begräbnis. Die Alte Kirche übte entspre-

chend den jüd. u. altröm. B.-Sitten die Erdbestattung, während die Verbrennung u. die in Ägypten geübte Mumienbestattung abgelehnt wurden.
Aus dieser Frühzeit haben sich in der Ostkirche bis heute folgende Einzelheiten des B.-Ritus erhalten: (1) Die Aufbahrung (grch. *prothesis)* im Hause, später, wohl unter dem Einfluß des Mönchtums, in der Kirche mit Ölsalbung od. Einbalsamierung, Einkleidung u. Bekränzung des Toten; – (2) nächtl. Totenwache (grch. *pannychis);* – (3) der als Triumph über den Tod aufgefaßte Leichenzug (lat. *pompa;* grch. *pompe)* mit Kerzen od. Leuchtern (→ auch Licht, → Weihrauch) u. unter Begleitung des Klerus (→ auch Prozession); – (4) die Bestattung mit dem letzten Kuß auf Stirn u. Mund des Toten (grch. *teleutaios aspamos),* die Feier der Eucharistie (in der Alten Kirche manchmal mit Kommunion des Toten), die Einhüllung der Leiche in ein Leichentuch (ein Sarg wurde nur für die Pompa benutzt) u. die Einsenkung in die Erde. Vor der Eucharistie wurde von einem Freund od. Verwandten, später vom Priester die Totenrede (lat. *laudatio funeralis)* gehalten, die sich im Stil an heidn. Vorbildern orientierte, aber die Hoffnung auf die Auferstehung in den Mittelpunkt stellte.
Eine Gedächtnisfeier mit einem Gedächtnismahl (lat. *refrigerium)* ist schon im 2. Jh. bekannt (→ auch Katakomben). Sie wird heute in Verbindung mit dem Ritus des Kolybaessens (→ Kolyba) am 5., 7. u. 9. u. am 30. od. 40. Tag nach dem Tode gehalten. Sehr alt sind ebenfalls die 40tägige, nur von einem Sonntag od. einem großen Feiertag unterbrochene Trauerzeit u. die Totenfeier am Jahrestag.
In der Ostkirche sind heute die einzelnen B.-Riten in einem eigenen Offizium (grch. *akoluthia nekrosimos; akoluthia exodiastike* [→ auch Akoluthia]; russ. *posledovanie pogrebenija)* zusammengefaßt u. in solche für Laien, für den Klerus u. für das Mönchtum unterschieden. In der Malerei kann man sie in der Darstellung der Heiligenviten finden. Unter den B.-Hymnen (grch. *kanones nekrosimoi* [→ auch Kanon] sind der Kanon auf die Verstorbenen von Theophanes Graptos (gest. 845) u. die Idiomelen (→ unter Stichera) des Johannes Damascenus (gest. um 750) zu nennen. Die bevorzugte Trauerfarbe ist Schwarz, nicht selten auch Weiß (→ unter Farben).
Text: s. Anhang Nr. 16, 11.

Lit.: Eisenhofer 2, 434-446; Goar, 423-480; Handbuch 2, 160-168; Kirchhoff – Schollmeyer[3]; Th. Klauser, Das altchristl. Totenmahl, ThGl 20, 1928, 599-608; La Maladie et la Mort du Chrétien dans la Liturgie, 21e Semaine d'Études Liturgiques, Saint Serge 1974, Roma 1975; P.J. Fedwick, Death and Dying in Byz. Liturgical Tradition, ECR 8, 1976, 152-161; Ch. Walter, Art and Ritual of the Byz. Church, London 1982, 137-144; Maltzew[3]; LdK 1(1987), 459; LexMA 1, 1804-1808.

Beichte → unter Buße

Bekenner → Märtyrer, Märtyrerverehrung

Bema (grch., n., von *[ana]bainein,* '[hinauf-] steigen'; lat. *tribunal,* n.), 1. erhöhte, auf Stufen zu erreichende Plattform, die mehreren Zwecken dienen konnte: als Rednertribüne (lat. *rostra);* im antiken Theater als Orchestra (grch., 'Platz für den Chor') mit dem Opferaltar (grch. *thymele)* od. auch die ganze Szene; als Podium mit Richterstuhl bzw. als dieser selbst. Dabei konnte das B. unter freiem Himmel auf einem Marmorpflaster (grch. *lithostroton)* stehen (vgl. Joh. 19, 13), in der Apsis einer Gerichtsbasilika (→ Basilika) od. in einem Amtsgebäude. In der forens. Bedeutung begegnet B. in Matth. 27, 19; Joh. 12, 21; Apg. 12, 21; 18, 12.16 f.; 25, 6.10.17. Als Richterstuhl Christi versteht Paulus das B. (Röm. 14, 10; 2. Kor. 5, 10).
2. Im Kirchenbau der Alten Kirche bezeichnete B. den nur dem Klerus zugängl. Altarraum (andere grch. Bezeichnungen: *hierateion,* n., *thysiasterion,* n., *presbyterion,* n.; lat. *presbyterium,* n.; russ. *altar',* m.). Noch nicht sakralisierter Vorläufer dieses Teils der Kirche war wohl ein niedriges Podest, auf dem der Vorsteher der Gemeinde gestanden hat (Hauskirche in Dura Europos, um 230). Dieses Podest ist wahrscheinlich auch Ausgangpunkt des Ambon gewesen, der bei den Nestorianern seit dem 7. Jh. auch B. heißt. Das B. entwickelte sich in den ersten 5 Jh. zur von den Laien getrennten „Klerikerkirche“. Es nahm den von der Apsis umschlossenen Raum ein, konnte aber auch in das Mittelschiff hineinreichen. Bei Kirchen mit Seitenräumen (→ Pastophorien) konnte das B. seit dem 6./7. Jh. auch in die Seitenschiffe

Bema

übergreifen. In jedem Falle wurde es durch Cancelli, Schrankenplatten aus Stein, Metall od. Holz, in der Breite des Gesamthauses vom Gemeinderaum abgetrennt. Hier ist die architekton. Voraussetzung für die Entstehung der Bilderwand zu sehen. Die immer stärkere Betonung des B.s als numinoser Raumeinheit innerhalb des Kirchengebäudes hängt mit der späteren feierl. Ausgestaltung der „Vormesse" zusammen (→ Prothesis [2], → auch Liturgie, → Mystagogie). Die Separierung von Klerus u. Laien erreichte im 12.-15. Jh. in nub. Kirchen ihren Höhepunkt: dort umfaßte das B. die ganze Kirche. Die „öffentl." Teile der Liturgie wurden draußen gehalten. – Abb.

Lit.: W. Y. Adams, Architectural Evolution of the Nubian Church, 500-1400 A. D., Journal of American Research Center in Egypt 4, 1965, 87-139; E. Dinkler, Das B. zu Korinth, ders., Signum crucis, Tübingen 1967, 118-133; J. Lassus, Sanctuaires Chrétiens de Syrie, Paris 1947, 55-66, 194-207; K. F. Taft, Some Notes on the Bema in East and West Syrian Tradition, OrChrPer 34, 1968, 326 bis 359; S Ćurčić, Domed B. in Byz. Churches. Architecture and Iconography, Third Annual Byz. Studies Conference, New York 1977, 49-51; LdK 1(1987), 475-476; LexMA 1, 1854-1855; RBK 1, 584-599.

Benedictus (lat.), nach dem ersten Wort des Lobgesangs des Zacharias aus Luk. 1, 68 bis 79 (lat. *benedictus dominus;* grch. *eulogetos kyrios,* 'Gelobt sei der Herr'). Das B. erscheint zusammen mit dem Magnificat, dem Nunc dimittis u. der Großen → Doxologie im Anschluß an die bibl. Oden vom 5. Jh. ab in allen grch. Handschriften u. gehörte schon vor der Synode von Nizäa (325) zu den Stücken des Morgengottesdienstes.

Benediktionen → unter Segen

Beschneidung Christi (grch. *kata sarka peritome tu Iesu Christus;* russ. *po ploti obrezanie Jisusa Christa,* 'B. nach dem Fleisch').
1. Die B. Ch. wurde als Fest (nach Luk. 2, 21) in Gallien nach dem 6. Jh., in Rom nach dem 7. Jh. am 1. Jan. gehalten. Im Westen unter byz.-oriental. Einfluß als Oktav nach Weihnachten begangen (→ Geburt Christi, → Entschlafen der Gottesmutter) u. so schon Augustinus (gest. 430) bekannt, wurde sein mariolog. Gehalt (Reinigung der Maria) in Rom im Zusammenhang mit der Darstellung Jesu im Tempel auf die Menschwerdung Christi neu orientiert. Wegen des alten, vorchristl. Karnevalstreibens hat man sich in Rom u. Konstantinopel vor einer Festlegung des Festtermins der B. Ch. lange Zeit gescheut. Das byz. Kirchenjahr kennt das Fest erst im 8. Jh. Nicht sehr viel später wurde es mit einer Großen Vesper (→ Abendgottesdienst) ausgestattet.
2. In der byz. Ikonographie ist die B. erst nach dem Bilderstreit (→ unter Bild) bekannt (erstes Beispiel: das Menologion des Kaisers Basileios). Aber die Darstellung des Themas blieb hier ebenso selten wie seine Behandlung in der Predigt (→ Homilie) od. der Traktatliteratur. Auch in der Kunst des alten Rußlands einschließlich seiner Malerbücher ist sie nicht anzutreffen. Der Grund hierfür ist in den Verboten der Proselytenbeschneidung durch die byz. Kaiser zu suchen. Erst im 17.-19. Jh. fand die B. wieder Aufnahme, auch in die Festzyklen, wahrscheinlich unter westl. Einfluß. Wie in der Kunst des Westens erfreute sich die Darstellung als Genrebild allgemeiner Beliebtheit, wobei die Wiedergabe des jüdisch-oriental. Milieus allerdings auch der Judenfeindlichkeit Ausdruck verschaffte (Kind u. Eltern voller Entsetzen vor dem als grausam hingestellten Beschneider). In dieser Spätzeit wird die B. mit der Darstellung Jesu im Tempel verbunden: Die Gottesmutter, die hinter Joseph steht, hält das Kind mit verhüllten Händen, (→ auch Gestus) einem priesterlich gekleideten Mann (Beschneider?) hin, während hinter diesem ein zweiter, ebenso gekleideter steht (Simeon?). Der erste Mann macht über Jesu Schoß das Kreuzeszeichen. – Taf. 66.

Lit.: Handbuch 2, 289-290; Onasch, Weihnachtsfest, 63-64; Pokrovskij, 99 f.; Schiller 1, 99-100; LdK 1(1987), 509-510; LexMA 2, 83-88; LChI 1, 271-273. – S. auch Lit. zu Darstellung Jesu im Tempel.

Beweinung Christi → unter Grablegung Christi und Beweinung

Bibelillustration. 1. Unter B. versteht man die Ausstattung von Bibelhandschriften, in der Neuzeit auch von Bibeldrucken, mit Bildern zum Zwecke der Lehrinformation u. der geistl. Unterhaltung. Technisch und kunstgeschichtlich gehört die B. zum Bereich der Miniaturmalerei. Sie findet sich in beiden Buchformen der Spätantike, der Buchrolle (→ Rotulus) u. dem eigentl. Buch od. Kodex (lat. *codex,* 'Klotz', 'Buch').
2. In der altkirchl. u. byz. Zeit waren illuminierte Vollbibeln unbekannt. AT u. NT unterlagen bestimmten, nach liturg. Bedürfnissen sich richtenden Einteilungen, die auch ihre Illustration beeinflußten. Vom AT wurde am häufigsten der Psalter, daneben der Oktateuch (grch. *oktateuchos biblos,* die ersten 8 Bücher des AT, d. h. die 5 Bücher Mose u. die Bücher Josua, Richter u. Ruth) illuminiert. Während das Buch Hiob als Meditationsbuch des Mönchtums oft mit Darstellungen versehen wurde, waren sie bei den prophet. Büchern (→ auch Prophetologion) relativ selten. Handschriften des NT mit u. ohne ausgewählte Schriften des

AT führten die Evangelistenbilder. War ihnen der Psalter angefügt, wurde nur dieser illuminiert. Von den Lesebüchern des NT war besonders der Aprakos (→ Evangelium) reich mit Randminiaturen nach dem System des Dodekaortion, der Zusammenstellung der 12 großen Feste des Kirchenjahres, bzw. des Festzyklus, der Zusammenstellung der Herrn- u. Gottesmutterfeste, geschmückt, während der Apostolos seltener illuminiert erscheint. Er bringt die Porträts der Briefverfasser.

3. Das älteste bekannte Denkmal der B. sind die Quedlinburger Itala-Fragmente *(itala* = altlat. Bibelübersetzung) mit Darstellungen der Saul- u. Samuelgeschichten, die an etwa gleichzeitige röm. Mosaiken des 4. Jh. erinnern.

Eine heute verlorene Handschrift des 5. Jh. wurde im 10. Jh. in der Josuarolle kopiert. Auf 10 m Länge werden ohne Rahmen u. Unterbrechungen wie ein Film nach dem Vorbild des Frieses der Trajansäule die Taten des Josua gezeigt. Mit dem 6. Jh. beginnen die Denkmäler zahlreicher zu werden. Das Fragment des Codex Sinopensis bringt auf 43 Seiten des Matth.-Evangeliums 5 an die ersten Zeugnisse der oriental. Ikonenmalerei erinnernde Bilder mit starker Ausdruckskraft. Wie der Sinopensis sind die Wiener Genesis u. der Rossanensis Purpurkodizes. Die dem 5./6. Jh. angehörende Wiener Genesis besaß die reichste B., von der allerdings nur noch 24 Blätter mit 48 Miniaturen erhalten sind. Sie verbinden erzählende mit bukolischen u. grotesken Elementen. Die Cotton-Genesis, ebenfalls aus dem 6. Jh., ist nur als Fragment erhalten. Der Codex Rossanensis enthält vorwiegend Darstellungen aus dem Passionszyklus. Aus dem 586 geschriebenen Rabulaskodex sind besonders zu erwähnen die Darstellungen der Kreuzigung, der Auferstehung (Typ der Frauen am Grabe) u. Himmelfahrt Christi, des Pfingstwunders sowie die kunstvoll ausgeführten Kanontafeln. In das 6. Jh. fallen auch die Anfänge der B. des Apostolos.

Nach dem Bilderstreit (→ unter Bild), in dem auch zahlreiche illuminierte Handschriften vernichtet wurden, erlebte die B. in der ersten der byz. Renaissancen eine neue Hochblüte. Dabei wurden die traditionellen beiden Hauptstile, der des Repräsentationsbildes u. der des narrativ-epischen Bildes, weiterentwickelt. Vom 11. Jh. an verbreitet sich das auf islam. Vorbilder zurückgehende „Teppichornament“. Besonders reiche Ausstattung erfahren die Evangelistare (grch. *aprakoi,* → Evangelium). In Bulgarien und Serbien entstanden mit Übernahme des Christentums zahlreiche Schreib- und Buchmalereischulen (Skriptorien), aus denen wertvolle B.en hervorgingen (z. B. in Bulgarien das Curzon-Tetraevangelium, das Dobrejša-Evangeliar u. der Tomič-Psalter; in Serbien die Evangelienhandschrift des Fürsten Miroslav, 12. Jh., die Handschriften der Werkstatt in Prizren u. die Gruppe der Pergamentkodizes u. Rotuli des 13. Jh. aus dem Athoskloster Chilandar). In der letzten der byz. → Renaissancen erlebte die B. auf dem Balkan eine abschließende Blüte, die sich nicht nur auf Griechenland, sondern ebenso auf Bulgarien u. Serbien erstreckte. Während der Türkenherrschaft arbeiteten bulgar. Illuminatoren im Fürstentum Moldau u. Walachei, ebenso wurden auch in bulgar. Klosterskriptorien B.en für rumän. Auftraggeber, zunehmend auf Papier, hergestellt.

In Rumänien selbst haben vor allem die moldauischen Klöster Neamţ u. Putna wertvolle Illuminationen von Pergamentkodizes ausgeführt. Das älteste Denkmal der rumän. B. ist ein Evangeliar des Mönchs Nicodim um 1405 im transsilvan. Kloster Prislop.

Die altruss. B. setzt mit dem in Kiev 1056 bis 1057 hergestellten Ostromir-Evangelistar (einem Sonntags-Aprakos) ein. Ebenfalls in Kiev entstand 1120-1128 das Jurjev-Evangeliar. Der berühmte Gertrud-Kodex od. Trierer Psalter wurde 1078-1087 von dt. u. russ. Illuminatoren geschaffen. Die glänzenden Arbeiten des 14. u. 15. Jh. sind mit den Namen der großen Meister der Ikonen- u. Monumentalmalerei Andrej Rublev u. Feofan Grek verbunden (Chitrovo- u. Morosov-Evangeliar). Die Evangelistenbilder dieser B.en zeigen künstler. Ausgewogenheit u. menschl. Reife u. stehen in engem Zusammenhang mit der zeitgenöss. russ. Askese (→ auch unter Mönchtum). In die Zeit des bedeutenden Malers Dionisij (gest. zwischen 1502 u. 1508) u. seiner Schüler fallen eine Reihe von Handschriften, deren Apostel u. Propheten durch eine gewisse Dynamisierung u. zugleich Individualisierung auffallen, verbunden mit einer bestimmten Eleganz der Zeichnung u. Weichheit der Farbgebung. Mit der Einführung des Buchdrucks durch Ivan Fedorov (gest. 1583) verdrängte der Kupferstich allmählich die teure Illumination mit ihren privaten Auftraggebern (als Wiegendruck ist zu nennen der Apostolos von 1663/1664). Die traditionellen B.en wurden um die Darstellung der Apokalypse erweitert. Der Einfluß westl. Vorbilder, vor allem der Piscatorbibel, nahm zu. Unter diesen Drucken ist die Bilderbibel mit Holzschnitten von Vasilij Koren von 1696 zu erwähnen. – → auch Miniatur, → Psalter.

Lit.: S. Dufrenne, L'Illustration des Psautiers Grecs du Moyen-Age, Paris 1966 (Bibl. d. CAr, 1); W. Eule, Zwei Jt. Bibelbuch, Berlin 1958; H. Gerstinger, Die grch. Buchmalerei, 2 Bde., Wien 1926; E. L. Nemirovskij, Načalo Knigopečatanija na Ukraine. Ivan Fedorov, Moskau 1974; C. Nordenfalk, Spätantike Kanontafeln, Göteborg 1938; O. Pächt, Byzantine Illumination, Oxford 1952; O. Popova, Les Miniatures Russes du XIe au XVe Siècle, Leningrad 1975; W. Schubart, Das Buch bei den Griechen u. Römern, Leipzig 1961³; A. N. Svirin, Drevnerusskaja Miniatura, Moskau 1950; J. J. Tikkanen, Die Psalterillustration im MA, Helsingfors 1895-1900; K. Weitzmann, Ancient Book Illumination, Cambridge (Mass.) 1959; ders., Greek Mythology in Byzantine Art, Princeton (N. J.) 1951; ders. Illustration in Roll and Codex. A Study of the Origin and Method of Text Illustration, Princeton (N. J.) 1947 (1970²); ders., Aus den Bibliotheken des Athos. Illustrierte Handschriften aus mittel- u. spätbyz. Zeit, Hamburg 1963; LdK 1(1987),528-529; LexMA 2,83-88; LChI 1, 282-289; E.T.De Wald, The Illustration in the Manuscripts of the Septuaginta, Vol. 3(Psalms and Odes),Princeton 1942; G. Galavaris, The Illustration of the Preface in Byz. Gospels,Wien 1979.

Bild. 1. Als mag. u. numinose Vergegenwärtigung spielte das B. im gesamten antiken oriental. Kultusbereich einschließlich des Kaiserkultes eine herausragende Rolle. Nur das Judentum lehnte die Verehrung des B.es auf Grund des B.er-Verbotes des AT (2. Mose 20, 4 f.) ab. Trotzdem kam es zu Modifikationen dieser Haltung (bildhafte Ausstattungen von jüd. Privathäusern u. Synagogen [Dura Europos 245]). Ebenso war die Haltung der grch. Philosophen keineswegs einheitlich. Während die einen das B. ablehnten u. lächerlich machten (z. B. Xenophanes, Heraklit, Zenon, Lukian), bildete es für andere den Ausgangspunkt ihrer philosoph. Systeme (Plato, Plotinos, Jamblichos u. a.). Bei manchen von ihnen war die Grenze zwischen philosoph. B.-Auffassung u. mag. Vorstellungen fließend.

2. Das frühe Christentum stand dem B. zunächst ablehnend gegenüber. Die Götzen-B.er der Nichtchristen u. die B.er-Verehrung mancher Kreise der Gnosis waren unter Hinweis auf das Verbot im AT u. unter Heranziehung der erwähnten philosoph. Kritik Gegenstand christl. Polemik. In der ersten Hälfte des 3. Jh. stoßen wir auf die ersten Zeugnisse der Verwendung des B.es in gottesdienstl. Räumen, aber noch ohne Verehrung. Wie die Synagoge war auch die christl. Hauskirche von Dura Europos (um 235) mit Fresken geschmückt. Es handelt sich dabei um „histor. B.er“ (grch. *historiai)* mit Darstellungen aus der Lebensgeschichte Christi (Meerwandel, Heilung des Gichtbrüchigen, Frauen am Grabe [→ unter Auferstehung Christi], samaritan. Frau) u. solchen aus dem Bereich des Symbols (Christus als Guter Hirte, Adam u. Eva mit dem Lebensbaum, David u. Goliath). Etwa gleichzeitig sind die Ausmalungen der christl. Katakomben anzusetzen. Hier macht sich der Einfluß nichtchristl. Motive bemerkbar, die allerdings sofort im christl. Sinne gedeutet werden. Entsprechendes gilt für die ebenfalls um diese Zeit einsetzende Kunst der Sarkophage. Zu den ursprünglich außerchristl. Motiven gehören u. a. der Orant (→ Orans), der Gute → Hirte u. Orpheus als Christus. Der Themenkreis erweiterte sich vor allem in der nachkonstantin. Zeit zunehmend. Von besonderer Bedeutung für die Ausbreitung des B.es war der private Bereich der Kleinkunst. Die Stellung der Theologen war ähnlich uneinheitlich wie die der Philosophen. Selbst bei den zustimmenden Urteilen fehlt aber jeder Hinweis auf eine Verehrung des B.es.

3. Im 5. – 6. Jh. setzte sich das B. in allen Kunstformen durch. Groß- od. Freiplastiken waren wegen der heidn. Götterbilder verboten. Folgende Faktoren waren an der Ausbreitung des Bildes beteiligt: „Historische“ Darstellungen der hl. Stätten Palästinas auf Pilgerandenken (→ Ampullen, → Eulogien); Andenken von Stätten berühmter Heiliger, vor allem der Styliten (→ auch Heiligenverehrung, → Märtyrerverehrung) od. deren Reliquien; das Lauraton (das Kaiserbild); das Bischofs-B. (→ unter Bischofs-

insignien). In zunehmendem Maße sah sich die Kirche dem B. als einem religiös.-ästhet. Gegenstand konfrontiert, der eine umfassende Klärung verlangte. Die ersten Voraussetzungen einer spezif. Kultusästhetik wurden in den Schriften des Dionysios Areopagita (5./6. Jh.) geschaffen, dessen Vorstellungen z. T. in den byz. → Mystagogien weiterlebten.

4. Zur Ausarbeitung einer B.er-Theologie kam es in Byzanz erst in der unter dem Namen „B.er-Streit" (Ikonoklasmus) bekannten Krise des 8./9. Jh., die alle Bereiche der Kultur erfaßte. Die äußere Veranlassung war der starke polit. u. militär. Druck des bilderfeindl. Islam auf das byz. Reich (Verbot aller B.er, nicht nur in christl. Kirchen, durch den Kalifen Jezid II., 721).

Der B.er-Streit verlief in folgenden Etappen: Erste Phase: Kaiser Leon III. (gest. 741) beginnt 726 gegen die B.er-Verehrung vorzugehen. Unter Konstantin V. (gest. 775) wird 754 eine Synode einberufen, auf der sich die Bilderfeinde durchsetzen. Der Widerstand des bilderfreundl. Mönchtums wird brutal niedergeschlagen. Anhänger der B.er sind neben den Mönchen bes. Frauen. – Zweite Phase: Wiedereinsetzung der B.er-Verehrung auf der 7. Ökumen. Synode von Nizäa 787 unter der Kaiserin Irene (gest. 802). Annulierung des Konzils von 754. Unter den Nachfolgern Irenes Wiederaufleben des Ikonoklasmus. – Dritte Phase: Verschärfte B.er-Feindlichkeit mit Verfolgungen unter Kaiser Theophilos (gest. 842). – Vierte Phase; Einberufung eines Konzils durch die Witwe Theophilos, 843. Endgültiges Anathema über die B.er-Feinde, Anerkennung der Beschlüsse von 787 u. Annulierung der Beschüsse von 754. Bei dem 844 zum ersten Mal gefeierten Sonntag der Orthodoxie feierl. Verdammung aller alten Häresien u. des Ikonoklasmus.

5. Die byz. B.er-Feindlichkeit besitzt eine durchaus legitime Tradition in der frühchristl. Ablehnung des B.es. Im Laufe der Jh. erfuhr diese Tradition, vor allem in Kleinasien, eine spiritualistisch-rigorist. Übertreibung, die durch die arabisch-islam. Bedrohung des Reiches seit dem 7. Jh. noch verschärft wurde. Für die theolog. Positionen der B.er-Feinde (Ikonoklasten) u. B.er-Freunde (Ikonodulen) ist die starke Konzentration auf die Zweinaturenlehre der Christologie bemerkenswert. Gegenüber den christologisch abstrakten Vorstellungen des Dionysios Areopagita (→ Mystagogie) bedeutete das Einbringen der Inkarnationsparadoxie, der Paradoxie der Menschwerdung Christi, in die B.er-Diskussion einen unbezweifelbaren Gewinn.

Die Auffassungen hierüber gingen indessen bei beiden Parteien sehr auseinander. Die ikonoklastische läßt sich kurz so charakterisieren: Die Darstellung Christi im B. begeht 2 Häresien auf einmal: die Vermischung der göttl. u. der menschl. Natur Christi (Monophysitismus) u. ihre Zertrennung (Nestorianismus), indem im letzteren Falle das Undarstellbare (grch. *aperigraphon)* der göttl. Natur in einem einfachen Menschen (grch. *psilos anthropos)* zur Erscheinung kommen soll. Das ewige Wort Gottes, der Logos, habe paradoxerweise seine menschl. Natur ohne individuelle Ausprägung (grch. *acharakteristos)* in einem Universalmenschen (grch. *katholu anthropos)* gefunden, der undarstellbar sei. Als einziges seinem gedankl. Urbild wesensgleiches (grch. *homousios),* ebenfalls gedankl. Abbild Christi wird die Eucharistie, die in der Liturgie vollzogene Wandlung von Brot und Wein in Leib und Blut Christi, anerkannt. Die Wiedergabe Christi, der Gottesmutter u. der Heiligen in einem Kunst-B. ist für die Ikonoklasten unvorstellbar.

An der Entwicklung der B.er-Theologie der Ikonodulen haben vor allem folgende Theologen entscheidenden Anteil gehabt: Johannes Damascenus (gest. um 749), der Abt des Studios-Klosters Theodoros (gest. 826) u. der Patriarch Nikephoros (gest. 815). Ihre Argumente lassen sich wie folgt zusammenfassen: Die Berechtigung der B.er-Verehrung gegenüber dem B.er-Verbot des AT beruht auf der Menschwerdung Christi. Die Inkarnationsparadoxie wird dahingehend entfaltet, daß zwar nicht Gott, wohl aber Christus darstellbar (grch. *perigraptos)* sei, wenn anders man seine Menschwerdung u. damit die Tradition der Kirche nicht leugnen will. Im Gegensatz zu ihren Gegnern verstanden die B.er-Verehrer das B. (grch. *eikon)* nicht als wesensgleich mit seinem Urbild, sondern stellten die Wesensähnlichkeit (grch. *homoioma)* zwischen beiden heraus, die sich gerade aus dem Charakter auch des religiösen B.es als Kunstwerk ergibt.

Vor allem Theodoros hat die Urbild-Abbild-Korrelation auf das Verhältnis des Prototyps zur phys. Materie übertragen, auf diese Weise den Weg für eine theolog. Ästhetik des B.es freigemacht (→ auch Kultusästhetik) u. den abstrakten Beziehungsmechanismus des Dionysios Areopagita überwunden. Damit ist das B. eine Nachahmung (grch. *mimesis),* ein nach Herstellung, Farbe u. Form materielles Substrat (grch. *hypokeimenon)* eines Prototyps, der seinerseits auf Verbildlichung angelegt ist. Das „*homoioma*" zwischen Urbild u. Abbild besteht in der äußeren Erscheinungsform (grch. *kata to eidos)* des letzteren, der Unterschied indessen in ihrem verschiedenen Wesen (grch. *kat usian).* Mit modernen Begriffen ausgedrückt, besteht die Beziehung zwischen Urbild u. Abbild nicht in der Identität, sondern in der Analogie beider zueinander. Durch solche Überlegungen, deren kunsttheoret. Aspekt bis heute interessant bleibt, wurde die Darstellung heiliger Personen als Kunst-B. für den durch die Liturgie bestimmten Kirchenraum anerkannt.

6. Die Arbeit der Theologen u. die Beschlüsse der Synoden von 787 u. 843 (letztere verlorengegangen) hatten eine durchgreifende, auch die Privatsphäre erfassende Reform der B.er-Verehrung zur Folge. Man unterschied die ehrfurchtsvolle Anbetung (grch. *timetike proskynesis),* die der im B. gemalten Subsistenz (grch. *engraphomene hypostasis)* nicht schaubarer heiliger Personen gilt, u. die nur Gott zukommende gottesdienstl. Verehrung im Glauben (grch. *kata pistin ... latreia).* Zugleich erfolgte eine strengere Kontrolle der Kirchenmalerei durch den Bischof, die sich in der Herausarbeitung einer spezifisch ostkirchl. Ikonographie u. des Bildprogramms der Kirchen äußerte. Als Abschluß dieser Entwicklung sind die spät- bis nachbyz. Malerbücher anzusehen. Die Spannung zwischen Reglementierung bzw. Schematisierung der Kirchenkunst u. der künstler. Freiheit gehört seitdem zu einem der wesentl. Charakteristika ostkirchl. Malerei. – → auch Ikone.

Lit.: L. W. Barnard, The Graeco-Roman and Oriental Background of the Iconoclastic Controversy, Leiden 1974; Beck, 296-306; ders., Die Fragwürdigkeit der Ikone, Sb. der Bayer. AdW, phil.-hist. Klasse, Jg. 1975, Heft 7, München 1975; H. v. Campenhausen, Die B.-Frage als theolog. Problem der alten Kirche, Das Gottesbild im Abendland, Witten u. Berlin 1959, 77-108; Dassmann, 45-75; St. Gero, Byzantine Iconoclasm during the Reign of Leo III with Particular Attention to Oriental Sources, Louvain 1973; Grabar, Iconoclasme; G. E. v. Grunebaum, Byzantine Iconoclasm and the Influence of Islamic Environment, History of Religions 2, 1962-1963; Iconoclasm: Papers given at the Ninth Spring Symposium of Byzantine Studies. University of Birmingham, March 1975. Ed. by A. Bryer and J. Herrin, University of Birmingham, Centre for Byzantine Studies, 1977; J. Irmscher (Hg.), Der byz. Bilderstreit, Leipzig 1980; E. Kitzinger, The Cult of Images in the Age before Iconoclasm, DOP 8, 1954, 83-150; Th. Klauser, Die Äußerungen der alten Kirche zur Kunst (Revision der Zeugnisse, Folgerungen für die archäolog. Forschung), Atti del VI Congr. Intern. di Archeologia Christiana Ravenna 23-30, Sett. 1962, Città del Vaticano 1965, 223-242; J. Kollwitz, Zur Frühgesch. der B.er-Verehrung, Das Gottesbild im Abendland, Witten u. Berlin 1959, 57-76; H. Menges, Die B.er-Lehre des hl. Johannes von Damaskus, Münster (Westf.) 1938; Onasch, Ikonenmalerei, 7-28; L. Ouspensky, Essai sur la Théologie de l'Icone dans l'Église Orthodoxe, Paris 1960; V. M. Polevoj, Iskusstvo Grecii, Moskau 1973, 115-137; D. Savramis, Der abergläub. Mißbrauch der B.er in Byzanz, OstKSt 9, 1960, 174-192; Ch. v. Schönborn, L'Icône du Christ. Fondements Théologiques élaborés entre le Ier et IIe Concile du Nicée (325-787), Fribourg 1976; K. Schwarzlose, Der B.er-Streit, Gotha 1890; H. G. Thümmel, Positionen im B.er-Streit, StudByz 2, 1973, 177-191, H. Belting, Das B. und sein Publikum im MA. Form und Funktion früher B.tafeln der Passion, Berlin 1981; Ders.,Bild und Kult. Eine Geschichte des B.es vor dem Zeitalter der Kunst, München/Leipzig 1990; D. Stein, Der Beginn des byz. B.erstreits u. seine Entwicklung bis in die 40er Jahre des 8. Jh., München 1980; P. Brown, A Dark Age Crisis: Aspects of the Iconoclastic Controversy, Society and the Holy in Late Antiquity, London 1982; H.Bredekamp, Kunst als Medium sozialer Konflikte. B.erkämpfe von der Antike bis zur Hussitenrevolution, Frankfurt a. M. 1975; P. Schreiner, Der byz. B.erstreit: Kritische Analyse der zeitgenöss. Meinungen u. das Urteil der Nachwelt bis Heute, Settimane di Studio del Centro Italiano di studi sull'alto mediaevo, XXXIV. Bizanzio, Roma e l'Italia nell'alto mediaevo, Spoleto 2-9 aprile 1986, Spoleto 1986, 319-427; M. Lurker (Hg.), Wörterbuch der Symbolik, Stuttgart 1983[2], 86-87; 91-93 (B.ertheologie); G. Lange, B. u. Wort. Die katechet. Funktionen des B.s in der griech. Theologie des 6.-9.Jh., Würzburg 1968. LdK 1(1987),545-550(B.erfrage); LexMA 2,145-149(B., B.erverehrung); RBK 1, 616-662.

Bilderstreit → unter Bild

Bildertheologie → unter Bild

Bilderwand (grch. *eikonostasis,* f., *eikonostasion,* n., *templon,* n.; russ. *ikonostas,* m.), 1. in der orth. Kirche ein Holzgerüst od. eine hochgemauerte Wand, woran auf mehreren Rängen (russ. *jarusy)* Ikonen (→ Ikonenmalerei) angebracht sind. Drei Türen od. mit einem meist kostbaren Vorhang (→ Velum) verhängte Durchgänge führen im Norden in den Rüstraum, die Prothesis, in der Mitte (auch Königstür) zum Altar u. im Süden in das Diakonikon. Die beiden ersten Durchgänge werden in der Liturgie, vor allem beim Kleinen u. Großen → Einzug, vom Klerus durchschritten.

2. die B. als architektonisch-kult. Baukörper ist aus den frühkirchl. Chorschranken, den Cancelli, hervorgegangen. Die zwischen ihren Platten hochgeführten Pfosten od. Säulen trugen einen Architrav od. Epistyl. Wie wir z. B. aus der Ekphrasis des Paulus Silentiarius über die Hagia Sophia in Konstantinopel wissen, waren diese Architrave oft mit Medaillons geschmückt, die Darstellungen Christi, der Gottesmutter, Engel, Propheten u. Apostel (→ auch Apostelbilder) trugen. Diese Anlage erhielt nach dem Bilderstreit (→ unter Bild) die Bezeichnung *templon* (grch.). Die Form des Templons stabilisierte sich in mittelbyz. Zeit in dem Maße, wie die Liturgie endgültige Gestalt gewann. Das Material des Templons bestand aus Marmor, Elfenbein, Email, Gold od. Silber. Die Verarmung des Reiches, vollends nach der Einnahme durch die Türken, ließ wieder das Holz als Baumaterial Verwendung finden. Der aus denselben Baustoffen bestehende Architrav trug Skulpturen der obenerwähnten heiligen Personen, die vom 11. – 13. Jh. durch Tafelbilder, d. h. Ikonen ersetzt wurden. Damit hatte sich das Templon zur Ikonostase entwickelt, die etwa gleichzeitig auch unterhalb des Architravs zwischen den Pfosten aufgehängte Ikonen zu führen begann. In der nachbyz. Zeit entstanden auf dem Balkan u. den grch. Inseln, vor allem auf Kreta, Holzikonostasen, die von ihren Werkstätten auch in andere Länder ausgeführt wurden.

Rekonstruktion eines Templons, des Vorläufers der Bilderwand

Das Material gab Veranlassung zu reichen Schnitzereien. Bis an das Gewölbe reichende hochragende Bilderwände aus Stein wurden in Rußland hergestellt, während die balkan. Denkmäler niedriger blieben. Damit erhielt die B. den Charakter einer das Bema, den Altarraum, vom Kirchenschiff trennenden Prunkfassade, deren künstler. Wert der byz.-slav. Kultusästhetik ebenso entspricht wie den Vorstellungen der Mystagogie des Kirchenraums. Mit beiden in engstem Zusammenhang steht die Funktion der B. als Medium der Lehrinformation, wie es dem Westen unbekannt geblieben ist.

3. Das theolog. Programm der B. entwickelte sich im Laufe der Jh. u. erreichte schließlich vor allem in Rußland eine beeindruckende Vollendung. Bereits das Templon führte in mittelbyz. Zeit auf dem Architrav die skulpierte Deesis – den thronenden Christus mit Gottesmutter u. Johannes dem Täufer -, nicht selten flankiert von anderen heiligen Personen od. von Darstellungen aus dem Dodekaortion. Mit dem Aufkommen von Balken, die Ikonen anstelle der Skulpturen trugen, u. der Konstruktion höherragender Ikonostasen ergab sich die Möglichkeit, die Bilder auf mehrere Ränge zu verteilen u. schließlich durch Auswahl der Themen die B. zu einer bildhaften „theolog. Summe" zu gestalten, die ihrerseits eine gedankl. Zusammenfassung des Bildprogramms des Kirchenraums darstellt. Die vollausgebildete russ. B. bietet für diese Entwicklung das beste Beispiel. Sie ist in eine Vertikale und eine Horizontale gegliedert. Auf der Vertikalen befindet sich im obersten Rang die Dreieinigkeit, flankiert von den Vorvätern Christi, darunter das Bild der Gottesmutter des Zeichens (→ unter Gottesmutterbilder) inmitten der Christus weissagenden Propheten. Der nächste Rang, der Festtagsrang, führt das Dodekaortion (bzw. dessen Ableitungen). Es folgt der Deesis-Rang. Auf der Mitteltür wird vorzugsweise die Verkündigung der Gottesmutter dargestellt, nicht selten zusammen mit den 4 Evangelisten (→ Evangelistenbilder) od. den beiden Liturgen der Ostkirche, Basilius und Chrysostomus. Schließlich hängt links von der Mitteltür eine Darstellung der Gottesmutter, rechts eines der Christusbilder od. das Bildnis der heiligen Person od. des Heilsereignisses, deren bzw.

Rekonstruktion einer Bilderwand

dessen Namen die Kirche trägt (sog. Ortsikone, russ. *mestnaja ikona*). So verläuft eine gedankl. Vertikale von der Dreieinigkeit (als der Darstellung des ewigen Heilsratschlusses der Trinität) über die Gottesmutter des Zeichens (als Symbolfigur der Menschwerdung Christi) und über den Festtagsrang mit seinen Bildern des Lebens, Sterbens und Auferstehens Christi bis zur endzeitl. (eschatolog.) Deesis.

Da die B. einen für den Vollzug der Liturgie wesentl. Baukörper darstellt, darf ihr theolog. Programm auch als bildhafte Darstellung des Stillgebets, der Anamnese, der Erinnerung an die Heilstaten Christi im

Stillgebet, aufgefaßt werden. Als Medium der Lehrinformation besaß die B. im MA eine kaum zu unterschätzende Bedeutung für den Bestand der kirchl. Sozietät. Blüte u. Erstarrung der B. sind eng mit den entsprechenden Erscheinungen in der späten Ikonenmalerei verbunden.

4. Trotz der Bedeutung der B. für Liturgie, Lehre und Frömmigkeit der Ostkirche kann eine bestimmte Problematik nicht übersehen werden. Die Anlage einer B. widerspricht insofern der altkirchlichen (bis heute von der kath. Kirche beachteten) Auffassung, als sie die Einsicht in die Liturgie u. gottesdienstl. Handlungen u. damit ihre Bestätigung durch die Gemeinde einschränkt bzw. unmöglich macht. In einigen orth. Kirchen gibt es deshalb heute Bestrebungen, die B. so niedrig zu halten bzw. zu konstruieren, daß dieser Mangel behoben wird. – Taf. 10; Abb.

Lit.: L. V. Betin, Ob Architekturnoj Kompozicii Drevnerusskich Vysokich Ikonostasov, Drevnerusskoe Iskusstvo. Chudožestvennaja Kul,tura Moskvy i Priležaščich k nej Knajžestv. XIV-XVI vv., Moskau 1970, 29-56; ders., Istoričeskie Osnovy Drevnerusskogo Vysokogo Ikonostasa, ebd., 57-72; E. Branişte, Liturgiereform in der orth. Kirche, OstKSt 27, 1978, 128-142; Felicetti – Liebenfels, Geschichte[1], 73-88; Felicetti – Liebenfels, Geschichte[2], 38-47; P. Florenskij, Ikonostas, BoTr 9, 1972, 80-148; K. Holl, Die Entstehung der B. in der grch. Kirche, Ges. Aufsätze 2, Tübingen 1928, 225-237; K. Kreidl – Papadopoulos, Bemerkungen zum justinian. Templon der Sophienkirche in Konstantinopel, JÖBG 17, 1968, 279-289; J. B.

Übersichtsschema einer russischen Bilderwand

Konstantinowicz, Ikonostasis, Studien u. Forschungen, 1. Bd., Lwow 1939; V. N. Lazarev, Tri Fragmenti Raspisnych Epistilev i Vizantijskij Templon, VV 7, 1967, 161-196; Onasch, Ikonenmalerei, 36-39; Ouspensky - Lossky, 59-69; N. D. Protasov, Ikonologia Nižnego Jarusa Ikonostasa XIV do XV Veka, BoV 25, 1916, 63 ff.; L. Uspenskij, Vopros Ikonostasa, Messager 44, 1963, 223-255; J. Walter, The Origin of Iconostasis, ECR 3, 1971, 251-267; Weitzmann, Reg.: iconostasis; St. Xydis, The Chancel Barrier, Solea and Ambo of Hagia Sophia, ArtB 29, 1947, 1-24; N. Labrecque-Pervouchin, L'Iconostase: Une Évolution Historique en Russie,Montréal 1982; H.Faensen,Bemerkungen zur Herausbildung des Altruss. Ikonostas, E. Haustein-Bartsch (Hg.), Russ. Ikonen, Neue Forschungen, Recklinghausen 1991, 25-38; A.Epstein, The Middle Byz. Sanctuary: Templon or Iconostasis, Journal of the British Archaeological Association 134,1981,1-28; N.Thon, Zur Entwicklungsgesch. der Ikonostase u. ihrer theol. Fundierung, Zs. f. Ostkirchl. Kunst. Hermeneia 2, 1986, 193-207; 3, 1987, 87-100;.LChI 6, 578 bis 582; LdK 2, 371-373; LexMA 2,152-153; RBK 3, 326-353.

Bildprogramm, 1. ein Programm, nach dem bestimmte Themen der Monumentalmalerei an bestimmten Orten (Topographie) im Innern u. Äußern des Kirchengebäudes dargestellt werden. Das Studium des B.s erfaßt zunächst statistisch seine Topographie u. seine Ikonographie. Diese führen bei dem engen, durch die byz. Mystagogie gedeuteten Zusammenhang mit der Liturgie schließlich zur Deutung der Bildinhalte, der Ikonologie. Obwohl gerade die Topographie einen liturg. Funktionalismus des orth. Kirchenraums widerspiegelt, besteht das Verhältnis zwischen dem B. u. den konstruktiven Voraussetzungen des byz. Kirchenbaus nicht in unmittelbaren Analogien, sondern in komplizierten Zwischenbeziehungen. – Neben der Autopsie bei vorhandenen Denkmälern ist für die Erforschung verlorengegangener B.e die Literatur der Ekphrasis u. der Malerbücher heranzuziehen.

2. Ob die Kirchenstiftungen des Kaisers Konstantin (gest. 337) in Jerusalem u. Palästina bereits ein ausgebildetes B. besaßen u. in welchem Verhältnis dieses zu Kleinkunst u. Bibelillustration stand, wird neuerdings wieder kritisch diskutiert. Der einzige erhaltene Zyklus aus altkirchl. Zeit ist das mariolog. B. des Triumphbogens von S. Maria Maggiore in Rom (nach der 3. Ökumen. Synode 431). Während für den Westen etwa durch die poet. Schilderungen eines Paulinus von Nola (gest. 431) Rückschlüsse auf die Ausschmückung der Kirchen mit Darstellungen möglich sind, fließen für den Orient u. Byzanz die Quellen erst mit dem 6. Jh. reichlicher. Die Hagia Sophia in Konstantinopel war anikonisch, d. h. mit Ausnahme eines großen Kreuzes in der Kuppel bildlos. Im allgemeinen befand sich in der Apsis, erklärbar aus ihrer besonderen liturg. Bedeutung, eine Darstellung Marias mit dem Kind (→ auch Gottesmutterbilder) als Hinweis auf die Inkarnation, die Menschwerdung Christi. Schon vorher zeigte das B. der apsidialen Wände reiche Variationsmöglichkeiten (Wiedergabe Christi mit den Aposteln, → Apostelbilder, od. Engeltrabanten neben Maria mit u. ohne Kind, des Kreuzes, der Majestas Domini, der Verklärung Christi u. a.), die erst nach dem Bilderstreit (s. unten) einer Neuordnung u. gewissen Reglementierungen unterworfen wurden. Bestimmte Spezialbauten wie die Baptisterien hatten ein ihrem Zweck entsprechendes B., das sich ebenso auf einen entsprechenden Motivschatz (z. B. Guter → Hirte, Taufe Christi) beschränkte. Ansätze zu einem ausgebildeten, wenn auch noch nicht theologisch voll programmierten Bildschmuck bei einigen Kirchen werden durch den Bilderstreit (→ unter Bild) unterbrochen.

3. Die Entwicklung eines theologisch durchdachten u. sich zunehmend nach der liturg. Topographie richtenden B.s setzt nach dem Bilderstreit ein. Für den Typus der Kreuzkuppelkirche (→ unter Kirchenbau) wurde dabei eine senkrechte u. eine waagerechte Orientierung konstitutiv. In der Kuppel ist die Darstellung der Himmelfahrt Christi vom 4. Jh. an über lange Zeit nachweisbar (Hagios Georgios in Thessalonich, dort auch Hagia Sophia, nachikonoklastisch, u. Panhagia Ton Chalkedon, 1028; Kirchen in Kleinasien vom 10./11. Jh., Neubau der Grabeskirche in Jerusalem, 11. Jh.; Venedig, um 1200; Apostelkirche in Peč, Mitte 13. Jh.; Kirchen in Nordrußland, mit Veränderungen in der Ikonographie). Sie wird allmählich verdrängt durch die Darstellung Christi als Pantokrator (→ unter Christusbilder), die die Vertikale beherrscht. Dabei wird die Kuppel selbst als analog.-bildhafte Darstellungszene der himml. Sphäre verstanden. So

erscheinen im allgemeinen (d. h. nach einem wenn auch nicht immer streng durchgeführten Idealmodell) unter dem Pantokrator die 4 Erzengel, nicht selten mit den Cherubim u. Tetramorphen (→ unter Engel), unter ihnen im Tambour die 12 Propheten u. schließlich auf den Pendentifs (→ unter Kuppel) die 4 Evangelisten (→ auch Evangelistenbilder), mit denen in symbol. Weise der Übergang zur ird. Sphäre der sichtbaren Kirche angedeutet wird. Das Stützensystem bleibt Heiligen u. Repräsentanten der kirchl. Hierarchie als Abbild der ird. Kirche reserviert.

Bildprogramm
1 Gottesmutter mit Kind
2 Michael
3 Gabriel
4 Verkündigung der Gottesmutter
5 Geburt Christi
6 Verklärung Christi
7 Taufe Christi
8 Geburt der Gottesmutter
9 Kreuzigung Christi
10 Einzug Christi in Jerusalem
11 Auferweckung des Lazarus
12 Drei Könige (Epiphanie)
13 Auferstehung Christi (Höllenfahrt)
14 Glaubensüberzeugung des Thomas (→ unter Pfingsten)
15 Darstellung Jesu im Tempel
16 Entschlafen der Gottesmutter
17 Abendmahl
18 Fußwaschung
19 Verrat des Judas
20 Tempelgang der Gottesmutter
21 Segnung der Gottesmutter durch den Hohenpriester
22 Gebet von Joachim und Anna

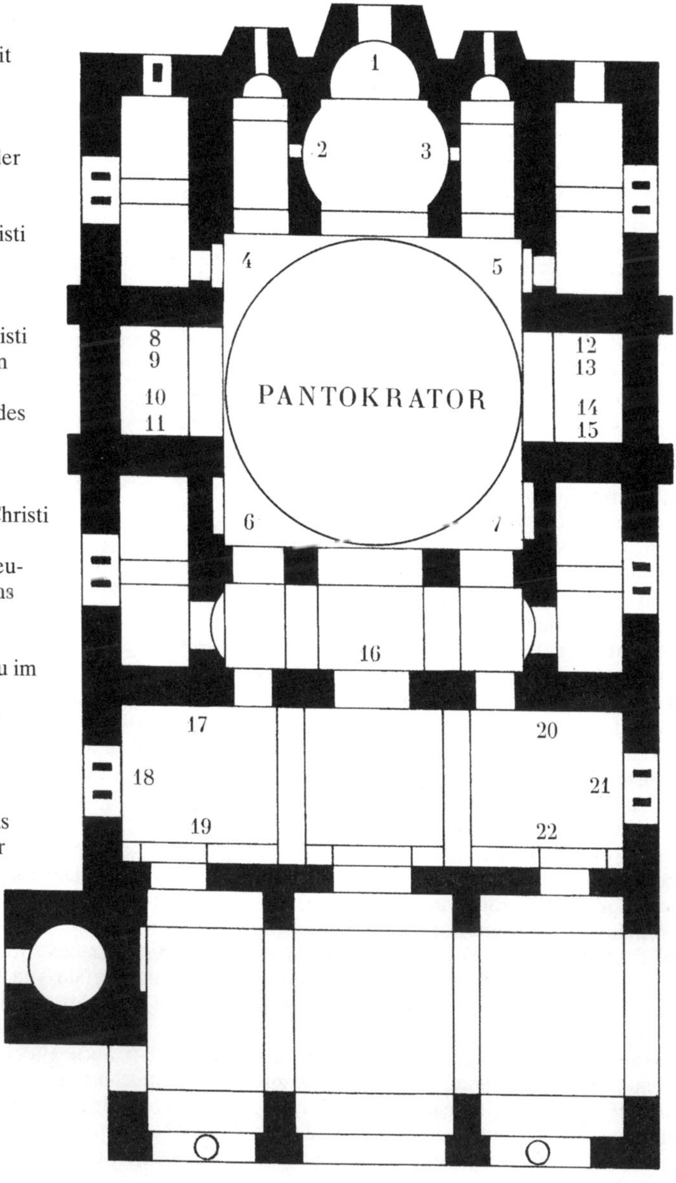

Ausgangspunkt der horizontalen Orientierung ist der Altarraum, das Bema, mit seinen durch die mittelbyz. Mystagogie zu besonderer Würde erhobenen Nebenräumen, den Pastophorien. Die Gottesmutter mit dem Kind (→ Gottesmutterbilder) über der Apostelkommunion in der Apsis versinnbildlicht wieder die Inkarnation Christi. Vor allem in der Rüstkammer, der Prothesis, kam es in mittel- bis spätbyz. Zeit zur vollen Deckung mit der liturg. Topographie (z. B. Darstellung des Cherubimhymnus, der Darbringung der Gaben, der Kirchenväter u. Liturgen mit Johannes Chrysostomus u. Basilius, des Melismos [→ unter Christusbilder] u. a.). Gleichzeitig erfolgte die Ausbildung der Bilderwand, die in gewisser Weise eine gedankl. Zusammenfassung des B.s darstellt u. deshalb oft von denselben Malern ausgemalt wurde. Das Kirchenschiff, der Naos, richtet sich in seinem Schmuck nach dem jeweiligen Patronat der Kirche u. führt außerdem im allgemeinen den liturg. Festzyklus. Der Vorraum, der Narthex, schließlich ist dem Jüngsten → Gericht, dem Passionszyklus od. dem Entschlafen der Gottesmutter vorbehalten. Neben dem ästhetischen ist der psycholog. Effekt nicht zu übersehen: Eine voll ausgemalte orth. Kirche erweckt beim Betrachter den Eindruck, überall von den dargestellten Personen beobachtet zu werden.

4. In Rumänien kam es zu einer besonderen Ausprägung des B.s, das sich auch auf die Außenwände erstreckte (erste Außenfresken in der Walachei seit 1487 [Păprăuti], in der Moldau seit 1530 [Humor]. Dabei kam es zur Entsprechung des inneren u. äußeren Ausschmückungssystems. Im Sinne der byz. Kultusästhetik wurde damit die Illusion einer äußersten „Verdünnung“, Entstofflichung der Wandmaterie erreicht.

5. Rußland übernahm zunächst in der Kiever Epoche (bis zum Mongoleneinfall) das mittelbyz. B. mit gewissen Modifikationen. Mit Erstarken des Großfürstentums Moskau entwickelte sich ein neues Programm, dessen Thematik variabel blieb u. sich oft, ähnlich wie das spätbyz. B., nach den besonderen kirchl. Aufträgen richtete, z. B. als Reaktion auf bestimmte Häresien. Eine zusammenfassende Untersuchung der Systematik u. Geschichte des altruss. B.s muß noch geschrieben werden. – Hingewiesen werden soll auch auf den Skulpturenschmuck (→ auch Plastik) an den Außenwänden der Kirchen im Gebiet von Vladimir-Suzdal', vor allem der Georgs-Kathedrale in Juŕev Pol'skoj (1230-1234), deren kompliziertes B. erst jüngst enträtselt u. rekonstruiert werden konnte. – Abb. S. 61.

Lit.: O. Demus, Byzantine Mosaic Decoration, London 1953[2]; ders., Probleme byz. Kuppeldarst., CAr 25, 1976, 101-108; E. Giordani, Das mittelbyz. Ausschmückungssystem als Ausdruck eines hierat. B.s, JÖBG 1, 1951, 103-134; H. Hallensleben, Die Malerschule des Königs Milutin, Gießen 1963; R. Hamann – Mac Lean/H. Hallensleben, Die Monumentalmalerei in Serbien u. Makedonien, Gießen 1963; R. Hamann – Mac Lean, Grundlegung zu einer Gesch. der mittelalterl. Monumentalmalerei in Serbien u. Makedonien, Gießen 1976; C. Ihm, Die Programme der christl. Apsismalerei vom 4. Jh. bis zur Mitte des 8. Jh., Wiesbaden 1960; V. N. Lazarev, Sistema Živopisnoj Dekoracii Vizantijskogo Chrama IX-XI Vekov, Vizantijskaja Živopiś, Moskau 1971, 90-109; S. Der Nersessian, Le Décor des Églises du IXe Siècle, Actes VIe Congr. Intern. Études Byz., 2. Bd., Paris 1951, 315-320; M. Restle, Die byz. Wandmalerei in Kleinasien, 3 Bde., Recklinghausen 1967; K. Gamber, Sancta Sanctorum. Studien zur liturg. Ausstattung der Kirche, vor allem des Altarraumes, Regensburg 1981; W. Nyssen, Das B. des byz. Kirchenraumes, Handbuch Ostk.kunde II, 246-256; D. Piquet-Panayotova, Recherches sur la peinture en Bulgarie du bas moyen âge, Paris 1987; LdK 1(1987), 562; LexMA 2, 183-186; RBK 1, 662-690.

Bischof (grch. *episkopos,* m., 'Aufseher'; russ. *episkop,* m.), 1. im NT noch keine feste Institution, sondern eine den Ältesten (grch. *presbyteroi,* → auch Priester) der Gemeinde zustehende u. mit den Diakonen ausgeübte Leitungsfunktion (vgl. Phil. 1,1; 1. Tim. 3.1.8). Sie wird mit Haushalterschaft (Tit. 1, 7), Lehren, Ermahnen u. Strafen (Tit. 1, 9) umschrieben. Vorbild ist Christus (1. Petr. 2,25). Der Idealtyp eines B.s wird an Paulus demonstriert (Apg. 20). 1. Tim. 3,2 u. Tit. 1,6 enthalten schon „B.s-Spiegel“. Um 100 (1. Clemensbrief) werden Bischöfe wegen der Gefahr von Streitigkeiten durch Apostel eingesetzt u. bilden mit Diakon u. Priester den von den Laien unterschiedenen Klerus (→ auch Hierarchie). Bei Ignatius von Antiochien (gest. nach 110) findet sich bereits die Identifikationsreihe von Christus, B. u. Kirche („Wo der B. ist, da ist die allgemeine [,kath.,] Kirche“). Ihm hat das

Presbyterium wie Christus zu folgen. Ohne den B. (od. einen von ihm delegierten Kleriker) darf keine Eucharistie vollzogen werden.
Inmitten der Verfolgungen u. gegenüber der Gnosis wird der Episkopat zum stabilisierenden Faktor innerhalb der Gemeinde. Nach den von Tertullian (gest. nach 220) geschaffenen Voraussetzungen wurde das Amt des B.s in der frühen Kirche entscheidend von Cyprian von Karthago (gest. 258) geprägt: „Man muß wissen, daß der B. in der Kirche u. die Kirche im B. ist." Der B. ist der eigentl. Priester (grch. *hiereus;* lat. *sacerdos)* u. vollzieht die Eucharistie als „unblutiges Opfer", als Nachahmung des Kreuzestodes Christi. Das Kirchenrecht bestätigte den monarch. Episkopat, d. h. die auf der kollegialen Einheit aller Bischöfe beruhende Alleinherrschaft des B.s in der jeweiligen Gemeinde. Damit identifizierte sich die kirchl. Sozietät mit dem B. u. umgekehrt, wie es bereits Ignatius von Antiochien formuliert hatte.
2. Mit der Legalisierung der Kirche durch Konstantin I. (gest. 337) erhielten die Bischöfe Rang u. Titel hoher Reichsbeamten (Nobilitierung), ein – wenn auch mißlungener – Versuch, die straff gegliederte u. durch den Episkopat geleitete kirchl. Sozietät der Gesellschaft zu integrieren. Amtstracht u. Ehrenzeichen haben sich z. T. bis heute erhalten (→ auch Bischofsinsignien). Es entstand die in der frühen Kirche im Ansatz bereits vorhandene, jetzt aber weiter ausgebaute Bischofsverwaltung. Aus den frühkirchl. Voraussetzungen entwickelten sich die 3 Amtsvollmachten des B.s: die Weihegewalt (grch. *exusia hieratike;* russ. *vlast, svjaščenija;* lat. *potestas ordinis;* → auch Cheirotonie), die Lehrgewalt (grch. *exusia didaktike;* russ. *vlast, učenija;* lat. *potestas magisterii)* und die Rechtsgewalt od. Jurisdiktion (grch. *exusia dioiketike;* russ. *vlast, upravlenija;* lat. *potestas jurisdictionis).* Ausdruck der im B. repräsentierten Rechtssouveränität der Kirche waren u. a. das Asylrecht, das Recht röm. Bürger, statt der zivilen Gerichtsbarkeit die des B.s (die – wissenschaftlich umstrittene – *episcopalis audientia)* anzurufen, u. die Zuständigkeit der letzteren für den gesamten Klerus u., jedenfalls im MA, für alle in der Kirche Beschäftigten (die „Kirchenleute").
In der Ostkirche ist der B. der eigentl. geistl. Herrscher (grch. *despotes;* russ. *vladyka)* seines Kirchengebietes, dessen Selbständigkeit durch kein anderes Mitglied der Hierarchie (mit Ausnahme begründeter Anklagen wegen Amtsvergehen) in Frage gestellt werden kann. Diese geistl. Souveränität leitet sich aus dem einen, unteilbaren u. nur vom B. verwalteten höchsten Hirtenamt der Kirche ab, weshalb der B. auch den Titel eines „Ersten od. Erzpriesters" (grch. *archiereus,* russ. *archierej)* führt. Auch die hierarch. Ränge des Erzbischofs, Metropoliten u. Patriarchen haben dieses Hirtenamt zur einzigen, unableitbaren Voraussetzung, sie sind lediglich als „Oberbischöfe" mit erweiterten lokalen u. jurisdiktionell-administrativen Vollmachten ausgestattet. Die Tatsache, daß die Weihegewalt u. damit auch die volle Jurisdiktionsgewalt vor allem dem Patriarchen zusteht, berührt nicht die Eigenständigkeit des bischöfl. Hirtenamtes (→ auch Patriarch). Die Bischöfe einer autokephalen Kirche (→ unter Autokephalie) nehmen als turnusmäßige Mitglieder der B.s-Synode an der Leitung ihrer Landeskirche teil. In allen Fragen des Kirchenrechts, der Liturgie u. der Disziplin sind Entscheidungen ohne sie nicht möglich. Das episkopale Leitungsprinzip gehört ebenso wie das synodale (→ Synode) zu den kanonisch abgesicherten Fundamenten der Ostkirche.
Die Ehelosigkeit (→ Zölibat) des B.s ist in der Kirche früh durchgesetzt worden. Es bildete sich das Gewohnheitsrecht heraus, daß die Frau eines zum Bischof geweihten verheirateten Klerikers ins Kloster ging. Für die unmündigen Kinder mußte die Kirche sorgen. Um Komplikationen familiärer Art zu vermeiden, rekrutiert sich der B.s-Nachwuchs im allgemeinen aus dem Mönchtum. In Byzanz u. in Rußland hat es (wie im Westen) seit dem 12. Jh. bis in die jüngste Vergangenheit Bestrebungen gegeben, auch dem verheirateten Welt-Klerus Zugang zum Episkopat u. damit zur Leitung der Kirche zu eröffnen. Diese Bemühungen hatten aber keinen Erfolg (→ auch unter Laien).

Lit.: Beck, 67-78; A. Boussé u. A. Mandouze, L'Évêque dans l'Église du Christ, Paris – Tournai 1963; V. Bušek, Episcopalis audientia. Eine Friedens- u. Schiedsgerichtsbarkeit. Zs. der Savigny-Stiftung für Rechtsgesch., Kan. Abt., 59; 1939, 453 bis 492; H. v. Campenhausen, Kirchl. Amt u.

geistl. Vollmacht in den ersten drei Jh., Tübingen 1963[2]; Y. Congar, Das B.s-Amt u. die Weltkirche, Stuttgart 1964; Feine, § 4, 14; H. Kotsionis, Verfassung u. Aufbau der orth. Kirche, Orthodoxe Kirche 1, 169-174; K. Lübeck, Reichseinteilung u. kirchl. Hierarchie des Orients bis zum Ausgang des 4. Jh., München 1901; Milaš, § 102-111; A. Steinwenter, Die Stellung der B.e in der byz. Verwaltung Ägyptens, Studi in onore die P. Francisci, I., Mailand 1954, 77-99; D. T. Strothmann, L'Évêque dans la Tradition Orientale, Irénikon 34, 1961, 147-164; Ch. Walter, L'Évêque célébrant dans l'Iconographie byz. L'Assemblée liturgique et les differents rôles dans l'Assemblée, Roma 1977, 321-331; ders., Art and Ritual of the Byz. Church, London 1982, Reg.; E. Lohse, Die Entstehung des B.samtes i. d. frühen Christenheit, ZNW 71, 1980, 58-74; J. Fellermayr, Tradition u. Sukzession im Lichte des röm. antiken Erbdenkens, München 1979; F. Prinz (Hg.), Herrschaft und Kirche. Beiträge zur Entstehung u. Wirkungsweise episkopaler u. monastischer Organisationsformen, Stuttgart 1988; LChI 1, 301-303; 5, 403 bis 404; LexMA 2, 228-237.

Bischofsinsignien (lat. *insigne,* n., 'Abzeichen', 'Ehrenzeichen'), dem Bischof als Zeichen geistl. Herrschaft dienende Gegenstände mannigfacher Art: bestimmte kirchl. u. liturg. → Gewänder, bestimmte Kopfbedeckungen – die liturg., kronenförmige Mitra u. das nichtliturg. Kamelauchion mit dem Schleier, dem Epanokamelauchion -, das Enkolpion – heute meist ein ovales Medaillon mit Gottesmutterbild -,Bischofsstab, Bischofsthron u. der sog. „Adler" (grch. *aetos;* russ. *orlec),* 2 ovale kleine Fußteppiche mit der Darstellung eines Adlers, der über eine von Mauern umgebene Stadt fliegt, als Symbol für die 3 Amtsvollmachten des Bischofs. Zu den insignialen Rechten des B.s gehören ferner bestimmte Ehrenbezeugungen: das Vorantragen von Licht, der ihm zu spendende Weihrauch, der Kniefall vor ihm (→ Proskynese), die hymnenartige Akklamation (→ Polychronion), die liturg. Handhabung des zwei- u. dreiarmigen Leuchters (→ Dikerion, → Trikerion), das Tragen des Ringes, der Anspruch auf den Titel „Herrscher" (grch. *despotes;* russ. *vladyka)* u. schließlich in frühbyz. Zeit die Anbringung seines → Bildes in der Kathedrale.

Fast alle diese Insignien u. Rechte sind dem Kaiserkult bzw. dem Protokoll hoher Reichsbeamten entnommen od. von ihnen abgeleitet u. hängen mit der Nobilitierung des Episkopats unter Konstantin I. (gest. 337) u. seinen Nachfolgern zusammen. Dabei wird man ein kaum verborgenes Konkurrenzverhältnis zwischen den Repräsentanten einer streng profilierten kirchl. Sozietät u. denen des spätantiken Staates u. seiner Gesellschaft nicht übersehen dürfen. Auf der anderen Seite war die Kirche in einer an Amtsinsignien keineswegs armen Umwelt genötigt, auch nach außen aus der früheren Zeichenanonymität ihrer Amtsträger herauszutreten. Zugleich brauchte die Massenkirche ebenso nach innen, d. h. für ihre Glieder, einprägsame Orientierungsabzeichen ihrer Hierarchie.

Lit.: A. Alföldi, Insignien u. Tracht der röm. Kaiser, Mitt. d. DAI, Röm. Abt., 50, 1-171; J. Braun, Die pontifikalen Gewänder, Freiburg/Br. 1898; Th. Klauser, Der Ursprung der bischöfl. Insignien u. Ehrenrechte, Krefeld 1953[2]; J. Straub, Die Ordination von Bischöfen u. Beamten in der christl. Spätantike, Mullus-Fs. Th. Klauser, Münster 1964, 336-345; N. Thierry, Le Costume Épiscopal du IXe au XIIIe Siècle d'après les Peintures Datées, REByz 24, 1966, 308-315; Ch. Walter, Art and Ritual in the Byz. Church, London 1982, 7-34; LChI 5, 404-415; LexMA 5, 449-450. – S. auch Lit. zu Bischofsstab; Gewänder, liturgische; Kamelauchion.

Bischofsstab (grch. *rhabdos,* m., *paterissa,* f. [von *pater,* m., 'Vater'], *bakteria,* f., 'Hirtenstab'; russ. *žezl,* m., *posoch,* m.; lat. *baculus pastoralis),* ein zu den Bischofsinsignien gehörender, das Hirtenamt symbolisierender Stab. Etwas kürzer als in der kath. Kirche, besitzt der B. der orth. Kirche statt der einen ausholenden 2 kleinere, sich zum Kreuz auf dem Stab neigende Krümmen. Er kann auch, wie in der russ. orth. Kirche, einen auf den Stab gesetzten u. an den Enden leicht geneigten Quergriff haben. Der grch. B. ist etwas höher als der der russ. Kirche. Daneben gibt es schlichtere, wenn auch in der Regel aus edlem Material (Elfenbein, Ebenholz) hergestellte Stäbe für den nichtliturg. Gebrauch. Als insignialer Gegenstand entsprachen die oft goldenen Stäbe den Dikanikia (grch.) hoher Hofbeamter, während ihr Symbolgehalt als Zeichen geistl. Herrschaft, die das Hirtenamt einschließt, eng mit dem AT (Micha 7, 14) u. NT (Offb. 2, 27; 19, 15) sowie mit ältesten oriental. religiösen Vorstellungen verbunden ist. In Byzanz wurde der B. sehr wahrscheinlich zuerst vom Kaiser dem Patriarchen bei dessen Inthronisation überreicht, bevor er zur Ordination (→ Cheirotonie) des Bischofs gehörte.

Lit.: R. Bauerreiss, Abtsstab u. B., Studien u. Mitt. zur Gesch. des Benediktinerordens 68, 1957, 215-226; F. Focke, Szepter u. Krummstab, Fs. f. A. Fuchs, Paderborn 1950, 337-387; P. Salmon, Aux Origines De la Crosse des Evêques, Mélanges Andrieu 30, 1956, 373-383; P. E. Schramm, Herrschaftszeichen u. Staatssymbolik, 1. Bd., Stuttgart 1954; LdK 1(1987), 572-573. – S. auch Lit. zu Bischofsinsignien.

Bischofsthron (grch. *kathedra,* f., 'Sessel', 'Lehrstuhl', 'Richterstuhl', *thronos,* m.; russ. *prestol,* m.).

1. Der Sessel des altröm. Pater familias wird in der frühchristl. „Hauskirche" dem Vorsteher der Gemeinde, ebenso aber auch dem Charismatiker als Ehrenplatz gedient haben. Auch die Subsellien der röm. Profanbasilika mögen mit dem erhöhten Sitz des Vorsitzenden auf die Entstehung des B.s eingewirkt haben. In dem Maße, wie aus dem Vorsteher ein Bischof wurde, wandelte sich der Sessel zur Kathedra, während sein Postament allmählich zum Bema wurde. Der B. befand sich hinter dem Altar. Der zu den bischöfl. Insignien gehörende Thronos bestand aus Holz, Stein od. Marmor. Eine der bekanntesten Kathedren ist die des Maximinian von Ravenna (Mitte 6. Jh.). Von der Kathedra aus erfüllt der Bischof seine Amtspflichten. Vor allem hält er (größtenteils sitzend im Gestus des Lehrenden) von dort seine Predigt (→ Homilie) od. (auf den Stufen stehend) seine Belehrungen der Katechumenen. In Darstellungen der Apokalypse, der Hetoimasia (der Thronbereitung) und des Jüngsten → Gerichts steht der B. in gedankl. Verbindung zum Richterstuhl Christi als seinem ideellen Urbild. Dasselbe gilt vom Stuhl Christi inmitten des Apostelkollegiums auf bestimmten Apostelbildern. – Abb.

2. In einem weiteren Sinne bezeichnet Ka-

Bischofsthron

thedra die offizielle Residenz des Bischofs (→ auch Bischofsverwaltung). Das Kirchenrecht unterscheidet dabei zwischen der ständigen Kathedra, die in den Notitiae episcopatum (lat.), den Listen der Bischofssitze, geführt wird, u. dem Kathisma (grch.), dem vorübergehenden Amtssitz.

Lit.: H. Bietenhard. Die himml. Welt im Urchristentum u. Spätjudentum, Tübingen 1951, 53-74; Eisenhofer 1, 376 f.; H. U. Instinsky, Bischofsstuhl u. Kaiserthron, München 1955; P. E. Schramm, Herrschaftszeichen u. Staatssymbolik, 1. Bd., Stuttgart 1954, 316-325; 3. Bd., 1956, 694-707; LdK 1(1987), 573-574 (B.sstuhl); LexMA 5, 1074-1075 (Kathedra). – S. auch Lit. zu Bischofsinsignien.

Bischofsverwaltung. Die Notwendigkeit einer B. ergibt sich aus der Ausübung der 3 Amtsvollmachten des Bischofs, der Weihe-, der Lehr- u. der Rechtsgewalt. In altkirchl. u. frühbyz. Zeit stand an der Spitze fast aller Verwaltungskollegien der Archidiakonos (grch.; russ. *episkopl' d'jak*), während dem Kollegium der Presbyter (→ Priester) der Archipresbyter vorstand. Die Presbyter stellten allerdings den Leiter der Vermögensverwaltung, den Oikonomos (grch.), der auch die Mittel für die karitative Tätigkeit u. den Lebensunterhalt des Bischofs beaufsichtigte. Die Bedeutung des Oikonomos, vor allem in den Auseinandersetzungen zwischen Staat u. Kirche in Byzanz u. Rußland um das Kirchenland, kommt auch darin zum Ausdruck, daß er lange Zeit als Bistumsverweser galt.
Aus der Fülle der anderen Ämter der B. seien genannt: der Hüter der sakralen Gegenstände einschließlich der Reliquien des bischöfl. Schatzes (grch. *skeuophylax;* russ. *skevofilaks);* der die Urkunden (grch. *chartai*) u. Geheimarchivalien verwaltende Notar (grch. *chartophylax;* russ. *chartofilaks*); die für den interepiskopalen Schriftverkehr zuständigen „Nuntien" (grch. *apokrisiarioi;* russ. *apokrisiarii*); die mit Weihegraden verbundenen sozial-karitativen Sozialämter, wie der Armen- u. Waisenspeiser (grch. *ptochotrophos, orphanotrophos;* russ. *siropitatel'*), der Fremden- u. Pilgerwirt (grch. *xenodochos;* russ. *gostepriimec*) u. a. Bei der Taufe von Frauen u. zu ihrer Aufsicht im Gottesdienst assistierten die Diakonissen. Den niederen Weihen gehörten an: der Lektor, Leiter u. Mitglieder des Chores, der Türhüter, der Küster, der Büttel des Episkopalgefängnisses u. a. Dem engsten Kreis der B. gehörte der Beichtvater des Bischofs an, der Synkellos (grch.; russ. *sinkel),* dessen Einfluß nicht selten mit dem des Archidiakons u. des Oikonomos konkurrierte.
Alle Dienste fanden ihre Zusammenfassung u. Repräsentation in dem zentralen Dienst des Bischofs, der Liturgie. Sitz des Bischofs war das Episkopion (grch.; russ. *archierejskij dom, duchovnyj prikaz, domovaja archierejskaja kontora*), in dem sich, oft verteilt auf mehrere Gebäude um die Kathedrale, neben der geistl. Verwaltung (russ. *duchovnye pravlenija*) u. karitativen Anstalten die Wohn- u. Repräsentationsräume für Bischof u. Klerus befanden. Dazu gehörten auch die Gebäude für die Hofhaltung u. die Bediensteten (Küchenpersonal, Stallmeister u. -knechte, Bier- bzw. Kvasbrauer, Kirchenmaler [einem eigenen Kontor unterstand die Kontrolle der Kirchenmalerei in der Diözese] u. a.). Innerhalb der Stadt u. ihrer Verwaltung bildete das Episkopion ein exterritoriales Gebiet.

Lit.: Beck, 98-120; L. Clugnet, Les Offices et les Dignités Ecclésiastiques dans l'Église Grecque, ROC 3, 1898, 142-150; E. Hermann, Das bischöfl. Abgabewesen im Patriarchat von Konstantinopel, OrChrPer 5, 1939, 434-513; ders., Zum kirchl. Benefizialwesen im byz. Reich, Atti V. Congr. Intern. di Studi Byz. I, 1939, 675 f.; P. A. Lederer, Die Diakonie der Bischöfe u. Presbyter u. ihre urchristl. Vorläufer, Stuttgart 1905; I. Smolitsch, Gesch. der Russ. Kirche 1700-1917; Leiden 1964, 357-389; J. Zhishman, Die Synoden u. Episkopalämter in der morgenländ. Kirche, Wien 1867; RBK 2, 335-371 (Episkopion). – S. auch Lit. zu Kirchenrecht.

Bischofswahl, Bischofsweihe → unter Cheirotonie

Blacherniotissa → unter Gottesmutterbilder

Blumentriodion → unter Triodion

Boris → unter Heiligenverehrung, → auch Heiligenbilder

Brandeum (lat., n., auch *palliolum,* n., *sanctuarium,* n.), seidenes od. leinenes Tuch zum Einhüllen der Leiber verstorbener Heiliger od. Märtyrer. Das B. galt in der Alten Kirche als mittelbare Reliquie. Die Sitte, die

Leiber verstorbener Heiliger nicht den menschl. Blicken freizugeben, hat ihre Wurzel im röm. Recht, das die Unberührbarkeit (lat. *intangibilitas*) des Leichnams unter seinen Schutz stellte, im Gegensatz zur „grch. Sitte" (lat. *consuetudo graecorum*) der Zurschaustellung von Reliquien bei deren Überführung (lat. *translatio*). In der Kirche diente das B. zum Berühren von Reliquien unter dem Altar durch ein Fensterchen (lat. *fenestella,* → unter Confessio). Es konnte statt jener bei der Kirchenweihe Verwendung finden.

Lit.: H. Delehaye, Les Origines du Culte des Martyrs, Brüssel 1933, 52 ff.; Kötting, 340; LdK 1(1987), 635; LexMA 2, 563-564.

Brotbrechen (grch. *artoklasis,* f., auch *melismos,* m.; russ. *razdroblenie chleba;* lat. *fractio panis*), 1. ein besonderer manueller Akt in der Liturgie vor der Kommunion. Im Ritus des B.s wird das Lamm, d. h. das Siegel auf dem Abendmahlsbrot (→ Prosphore), so gebrochen, daß die 4 Buchstabengruppen IC XC NI KA ('Jesus Christus siegt') unverletzt folgendermaßen auf der liturg. Schüssel, der Patene, geordnet werden:

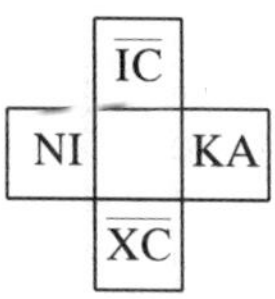

Dabei spricht der Priester: „Gebrochen u. zerteilt wird das Lamm Gottes, das gebrochen u. nicht zertrennt, fortwährend gegessen, aber niemals erschöpft wird, sondern die Essenden heiligt" (→ auch Lamm Gottes). Mit dem B. ist der Ritus des Zeon, des kreuzförmigen Eingießens von warmem Wasser in den Kelch verbunden. Dabei wird vorher mit dem IC über dem Kelch ein Kreuz geschlagen u. diese Partikel hineingetan. Zusammen mit dem Zeon gilt das B. als Symbol der Kreuzigung Christi, wobei von dem eigentl. Brechen (grch. *klasis*), das Zerteilen (grch. *melismos*) unterschieden wird. Das Hineintun der Partikel (lat. *immissio*) in den Wein deutet auf die Auferstehung Christi. Während das B. als mit der Eucharistie identisch bis in das NT zu verfolgen ist, wird das Kreuzschlagen (lat. *consignatio crucis*) mit der Partikel u. seine Immissio erst mit dem 7. Jh. anzusetzen sein. Die völlige Ausgestaltung des B.s steht im Zusammenhang mit der Entwicklung der Vormesse, der Prothesis.

2. In der Malerei wird das B. in einem besonderen Bildtypus, dem „Zerteilten" (grch. melismos, → unter Christusbilder, → Bildprogramm), dargestellt.

3. Zum B. als einem abendl. Spezial-Offizium → Akoluthia.

Lit.: Handbuch, 440-444; Hanssens, Nr. 1388 bis 1405; Jungmann, 2, 369-375; Raes, 94-103; Schulz, Die byz. Liturgie, Reg. II B; LexMA 2, 721. – S. auch Lit. zu Akoluthia.

Bücher, liturgische, im Unterschied zu den Lesebüchern, solche Bücher, die Bischof, Priester, Diakon u. der Leiter des Chores für die Liturgie, den Stundengottesdienst, das Stundengebet u. die Spendung der Sakramente brauchen. Während sich in der kath. Kirche die l.n B. wesentlich nach den gottesdienstl. Handlungen richten, orientieren sie sich in der Ostkirche mehr nach den Funktionen des Klerus im Gottesdienst. In der kath. Kirche unterstehen die Rubriken der l.n B. einer zentralen Behörde, der Ritenkongregation; in der Ostkirche gehören sie zu den Obliegenheiten der obersten Autoritäten der autokephalen Kirche (→ Autokephalie). Deshalb sind in den Ostkirchen die l.n B. in den verschiedenen Volkssprachen (→ Sprachen) geschrieben bzw. gedruckt.

Die l.n B. sollte man zweckmäßigerweise wie folgt ordnen (→ auch Kirchenjahr [3]): (1) Im Tageskreis verwenden Priester u. Diakon das Euchologion für den Vollzug der Liturgie (etwa dem kath. Missale entsprechend) u. das Horologion für Stundengebete u. -gottesdienste. – (2) Für den Wochenkreis sind die Oktoechos mit den gottesdienstl. Hymnen, das Hirmologion mit den Leitstrophen u. (bis zum 15. Jh. in Gebrauch) auch das Sticherarion notwendig. Ferner gehören dazu das Triodion u. das Pentekostarion mit den Liedern für die Fasten-, Oster- u. Pfingstzeit innerhalb des bewegl. Zyklus. – (3) Das umfangreiche Material an Lesungen, Hymnen u. a. des Monatsdienstes innerhalb des unbewegl. Zyklus findet man im Menaion. Auch das unter Pkt. 2 erwähnte Sticherarion enthält Verstexte für den unbewegl. Jahreskreis. – (4) Die Texte für die Spendung der Sakramente, Weihen u. Segnungen sind ebenfalls im Euchologion u. seinen Sonderformen zusammengestellt. Zu nennen sind ferner das Antiphonarion mit den Wechselgesängen des Chores, Doxastarion u. Kondakarion für den Chorleiter sowie das Synaxarion mit Notizen zu den Heiligenviten bzw. kurzen theolog. Auslegungen.

Lit.: L. Allatius, De libris ecclesiasticis graecorum, Paris 1645; Daniel, 314 f.; J. A. Fabricius, Bibliotheka graeca V, Hamburg 1723; C. Korolevskij, La Codification de l'Office Byzantin. Les Essais dans le Passé, OrChrPer 19, 1953, 25-58; Maximilian v. Sachsen, Praelectiones de liturgiis orientalibus, Freiburg/Br. 1908, 73-75; Onasch, Weihnachtsfest, 32-47; E. Pantelakis, Les Livres Ecclésiastiques de l'Orthodoxie, Sonderdruck des Irénikon, Amay sur Mense, o. J.; Paramente u. Bücher der christl. Kirchen, München/London/New York/Paris 1988 (Glossarium Artis, 4); Handbuch Ostk.kunde II, 87-90; LdK 3, 34-36.

Buchillustration → Bibelillustration, → Miniaturmalerei

Buße (grch. *metanoia,* f.; russ. *pokajanie,* n.). 1. die B. gehört zu den 7 Sakramenten; sie regelt die in der Alten Kirche im allgemeinen öffentl. Wiederaufnahme des reuigen Sünders in die Gemeinde, geht allerdings über eine nur juristisch verstandene Wiederversöhnung mit Gott (lat. *reconciliatio*) hinaus. Die wichtigste Handlung der B. ist die Beichte (grch. *exhomologesis;* russ. *ispoved'),* die persönlich vor einem Priester zu geschehen hat. Sie wird auch als „sakramentale Beichte" (grch. *mysteriake exhomologesis*; lat. *confessio sacramentalis*) bezeichnet. Dabei ist die Ostkirche ebensowenig wie die kath. Kirche an das Frageschema der 7 Todsünden gebunden. Bei aufrichtiger Bußgesinnung wird die Lossprechung von den Sünden (grch. *lyterion;* lat. *absolutio;* russ. *razrešenie)* erteilt. Sie ist bedingungslos u. uneingeschränkt. Die Absolutionsformel ist im Osten deprekativen Charakters, d. h., sie wird herabgefleht. Aber auch indikative (unmittelbar zusprechende) Formeln sind in der Ostkirche bekannt. Die russ. orth. Kirche verbindet die deprekative mit der indikativen Form. In einigen Fällen, wie bei Absage an eine Häresie, ist die Lossprechung mit der Myronsalbung verbunden. Die Bußstrafen (→ Epitimien) haben nach orth. Auffassung pädagogischen, keinen satisfaktorischen (rechtfertigenden) Charakter. Auf der anderen Seite kennt das byz. Kirchenrecht einen Bußnomokanon, in dem die entsprechenden Rechtsmaterien aus anderen kanon. Büchern zusammengetragen sind.

2. Die Geschichte des Bußsakraments der Ostkirche ist in wesentl. Zügen anders verlaufen als in der kath. Kirche. In der Ostkirche hat sich die Spannung zwischen dem an den Bischof gebundenen B.-Institut u. dem von einem Charismatiker verwalteten „freien" B.-Wesen am längsten erhalten. Dem Bischof als dem eigentl. Oikonomos (grch., 'Verwalter') des B.-Instituts unterstand auch die Aufsicht über die Bußklassen. Das wahrscheinlich während der Christenverfolgung unter Decius (250/251) entstandene Amt des B.-Priesters (grch. *presbyteros epi tes metanoias*) gab es in der byz. Kirche noch bis zum 4. Jh. Nach dem Aufhören der Verfolgungen ging auch das altkirchl. Charismatikertum zurück. Seine Funktion übernahm das Mönchtum. In ständiger Auseinandersetzung mit dem Klerus erwuchs als „charismat. Autorität" der Altmönch (grch. *geron;* russ. *starec*), der als geistl. Vater (grch. *pneumatikos pater;* russ. *duchovnyj otec, duchovnik*) mit dem Charisma der Seelenkenntnis (grch. *diakrisis*) Beichte hören u. die Seelenführung übernehmen durfte. Von bedeutenden Mystikern unterstützt, galt solchen Mönchen das asket. Tun (grch. *praxis;* russ. *delanie*) nicht selten als die eigentl. B. In der russ.-orth. Kirche hat dieses Vorbild auch auf den Weltklerus eingewirkt. Mit dem Aufkommen des Amtes eines Protopopen (→ unter Archipresbyter) sammelten sich um diesen die sog. Bußfamilien (russ. *pokajal'nie semi*), in denen eine der wichtigsten Wurzeln des innerruss. Schismas (russ. *raskol*), der Abspaltung der Altgläubigen von der Patriarchatskirche im 17. Jh., zu sehen ist. Heute gilt die Buße mit der vor einem Priester abgelegten Beichte als Voraussetzung für den Empfang der Eucharistie. Strenge Bußgesinnung wird durch kniefälliges Gebet (→ auch Gonyklisia) od. durch Sichniederwerfen (→ Proskynese) zum Ausdruck gebracht.

3. Die kirchl. Kunst des Ostens spiegelt das Institut der B. mannigfach wider. Seine inneren Probleme fanden ihre Darstellung im Jüngsten → Gericht u. in der Apokalypse. Der Sündenfall Adams u. Evas bot Möglichkeiten bildhafter Reflexion über die B. Der Bußcharakter gottesdienstl. Versammlungen kommt im Deesis-Rang der Bilderwand zum Ausdruck. Auch andere Themen der Ikonographie behandeln die B., wie die Darstellung der „Himmelsleiter“ (Bußstufen) od. in der Bibelillustration die Wiedergabe des Gleichnisses Luk. 15, 11-32.

Lit.: A. I. Almazov, Tajnaja, Ispoved' Pravoslavnoj Vostočnoj Cerkvi, Odessa 1894; Beck, 147; Dassmann; W. Elert, Abendmahl u. Kirchengemeinschaft in der alten Kirche hauptsächlich des Ostens, Berlin 1954, 71-88; Heiler, 174-179; E. Hermann, De Fontibus Iuris Ecclesiastici Russorum, Città del Vaticano 1936; 35 f.; K. Holl, Enthusiasmus u. B.-Gewalt beim grch. Mönchtum, Leipzig 1898; C. Korolevskij, L'Administration du Sacrament de Pénitence dans le Rite Byzantin, Studion 2, Rom 1925, 36 ff.; Kötting, 329 f.; Milasch, § 143-154 a, 172; H. Pohlmann, Die Metanoia als Zentralbegriff der christl. Frömmigkeit, Leipzig 1938; A. Raes, Les Formulaires Grecques du Rite de la Pénitence, Mélanges Andrieu, Strasbourg 1956, 365-372; S. Smirnov, Duchovnyj Otec v Drevnej Vostočnoj Cerkvi, 1. Bd., Sergiev Posad 1905; I. Suvorov, K Voprosu o Tajnoj Ispovedi i o Duchovnikach v Vostočnoj Cerkvi, Moskau 1906; D. A. Tanghe, L'Eucharistie pour la Rémission des Péchés, Irénikon 34, 1961, 165-181; G. Schröder, Die Lehre vom Sakrament der B. in der Russ.-Orth. Kirche, Diss. Greifswald 1978; Liturgie et rémission des péchés, Rom 1975; Handbuch Ostk.kunde II, 155 f., 175(Lit.); LChI 1, 343-348; LexMA 2, 1124-1144. – S. auch Lit. zu Bußklassen.

Bußklassen, *Bußfristen.* In der Alten Kirche hatte die Buße öffentl. Charakter; diese Tatsache war die Voraussetzung für das Verhalten der Büßer. Auch als Büßende blieben sie durch die Taufe Glieder der Gemeinde; sie strebten danach, wieder in ihre vollen Rechte eingesetzt zu werden.

Im Orient, vor allem in Kleinasien, gab es folgende Bußklassen: (1) Die „Weinenden“ (grch. *prosklaiontes*) durften sich nur im Vorhof, dem Atrium, aufhalten, wo sie die Gottesdienstbesucher weinend um Fürbitte anflehten. Sie waren von der gesamten Liturgie ausgeschlossen. – (2) Die „Hörenden“ (grch. *akroomenoi*) durften nur von der Vorhalle, dem Narthex, aus die Liturgie der Katechumenen bis zu den Fürbitten anhören. – (3) Am Eingang zum Kirchenschiff, dem Naos, befanden sich die „auf den Knien Liegenden“ (grch. *hypopiptontes*). Sie wurden nach den Geisteskranken (grch. *energumenes*) mit einem Segensspruch des Bischofs entlassen. – (4) Die mit den Gläubigen „Zusammenstehenden“ (grch. *synhistamenoi*) durften zwar an der Liturgie teilnehmen, waren aber von der Darbringung der Naturalgaben ebenso ausgeschlossen wie von der Kommunion.

Diesen 4 B. entsprachen die Bußfristen. Bei Kapitalverbrechen, z. B. bei Mord, wurde der Büßer 20 Jahre von der Liturgie ausgeschlossen. Davon hatte er 4 Jahre in der ersten, 5 Jahre in der zweiten, 7 Jahre in der dritten u. 4 Jahre in der vierten Klasse zu verbringen, ehe er durch die erste Vollteilnahme an der Eucharistie wieder alle Rechte eines Gemeindegliedes wahrnehmen könnte. Spätestens seit dem 12. Jh. hören wir in der byz. Kirche nichts mehr von diesen B. Die obenerwähnten Bußstrafen wurden schon vorher durch das System der Epitimien ersetzt.

Lit.: J. Grotz, Die Entwicklung des Bußstufenwesens in der vornicän. Kirche, Freiburg/Br. 1955; S. Hübner, Kirchenbuße u. Exkommunikation bei Cyprian, ZThK 84, 1962, 49-84, 171-215; E. Schwarz, Bußstufen u. Katechumenatsklassen, Schriften der wiss. Gesellschaft in Straßburg, Heft 7, 1911; LexMA 2, Buße B, C. – S. auch Lit. zu Buße.

Bußstrafen → unter Epitimien

Butterwoche (grch. *hebdomas tes tyrines;* russ. *masljannica, maslenica*), Woche nach dem Sonntag der Fleischentsagung in der Vorfastenzeit (→ Fastenzeiten), während der der Genuß von Laktizinien (Milchspeisen, Käse u. a.) u. Eiern noch gestattet ist. Sitten u. Gebräuche der B. sind oft von nichtchristl. Folklore beeinflußt, die an den gleichzeitigen Karneval erinnern. Die B. soll von Kaiser Heraclius (gest. 641) während der Perserkriege eingeführt worden sein. Im Gegensatz zum Karnevalstreiben sind die Hymnen der B. durch Bußgesinnung u. Vorbereitung auf die Große → Fastenzeit gekennzeichnet. Der Dienstag gab dem Patriarchen Gelegenheit, das Volk zum Fasten zu ermahnen. Mittwoch u. Freitag waren aliturgisch, während der Samstag in der Erinnerung an die Asketen der Kirche nochmals den Bußernst hervorhob.

Lit.: Maltzew[4], LXIV; V. F. Miller, Russkaja, Maslennica i Zapadnoevropejskij Karnaval, Moskau 1884; Nilles 2, 36-37, 53 Ostkirchenkunde, 609 f.; V. K. Sokolova, Vesenne-Letnie Kalendarnye Obrjady, Moskau 1979; 11-93; G. Schreiber, Die Wochentage im Erlebnis der Ostkirche u. des christl. Abendlandes, Köln u. Opladen 1959, 85; LexMA 2, 1162-1163 (Butterbriefe). – S. auch Lit. zu Fastenzeiten.

C

Cancelli (lat., m. plur.; russ. *altarnaja pregrada,* f.), Schrankenplatten aus Stein, Metall od. Holz, die für verschiedene profane u. religiöse Zwecke verwendet wurden (Einfriedung von Brunnen, Beeten; Abgrenzung der Redner- od. Richtertribüne; Abgrenzung des Kaisers u. seines Gefolges vom Volk; Abzäunung von hl. Stätten u. a.). Im Kirchenbau dienten die C. od. Chorschranken vor allem der Abgrenzung der im Bema versammelten Hierarchie vom Kirchenvolk, daneben z. B. der Trennung der Frauenabteilung von der Männerabteilung. Während die Gesamtlage der C. zwischen die Säulen gestellt u. an bestimmten Stellen (vor dem Rüstaltar [→ Prothesis], dem Altar u. dem Diakonikon) zum Öffnen u. Schließen eingerichtet war, befestigte man die Platten zwischen hüfthohen schmalen Pfeilern, so daß die Gläubigen zur Andacht niederknien u. die Hände auf die Brüstung legen konnten. Die Platten trugen ein Flachrelief od. waren à jour (durchbrochen) gearbeitet. Die Schmuckmotive stammten aus der Tier- u. Pflanzenwelt od. zeigten geometrische u. andere Muster. Szenische Darstellungen sind selten, während sich das Kreuz, das Christusmonogramm u. die Hetoimasia (die Thronbereitung) öfter finden. Die Weiterentwicklung der C. führte schließlich zur Bilderwand.

Lit.: S.G. Xydis, The Chancel Barrier, Solea and Ambo of Hagia Sophia, ArtB 29, 1947, 1-24; LdK 1(1987), 761-762; RBK 1, 900-931; LexMA 2, 1890-1891 (Chorschranken).

Cantharus (lat., m., von grch. *kantharos,* 'Becher', 'Pokal'; grch. auch *phiale,* f., 'Schale'), ein Brunnen im Atrium, dem Vorhof der Kirche, der nach Möglichkeit fließendes Wasser führen sollte. An ihm vollzogen die Gläubigen vor Betreten der Kirche rituelle Waschungen, wie es in der Antike vor Betreten von Wohnräumen od. hl. Stätten üblich war. Der C. war oft mit einem Ciborium, einem baldachinartigen Aufbau, überdacht. Der C. von Alt-S.-Peter in Rom (→ auch Kirchenbau) hatte einen mächtigen Pinienzapfen aus Bronze, an dem das Wasser herabfloß. Die Form des C. konnte schalenförmig od. polygonal sein.

Lit.: J. Zellinger, Bad u. Bäder in der altchristl. Kirche, München 1950; J.G. Davies, The Origin and Development of Early Christian Church Architecture, New York 1953, Reg.

Cantica → unter Oden

Chalkoprateia → unter Gottesmutterbilder

Charisma (grch. *charisma,* n.), in der Spätantike eine von einer Gottheit od. einem Herrscher verliehene Gabe ideeller od. materieller Art. Das NT versteht unter den Ch.ta die Gnadengaben der in den Dienst der Gemeinde gestellten Gemeindeglieder (1. Petr. 4, 10; 1. Kor. 12). Ihre Voraussetzung ist die Menschwerdung Christi (Röm. 5, 15.16; 6, 23; 12, 6), ihre Einheit besteht im hl. Geist (1. Kor. 12,4). Das Kennzeichen eines Charismatikers ist im NT weniger die irrationale Komponente als vielmehr die Unmittelbarkeit seiner geistl. Autorität, d. h. die unmittelbare Wirkung des hl. Geistes. Es gab eine bestimmte Hierarchie der Gnadengaben (Apostel, Propheten, Lehrer, Wundertäter, nach 1. Kor. 12, 28). Das älteste Dokument des Kirchenrechts, die Didache (um 100), gestattete den Propheten, bei der Armenspeisung (→ Agape) u. der Eucharistie wie der Bischof mitzuwirken. Charismatiker standen außerhalb jeder Kritik seitens der anderen Gemeindeglieder. In den Verfolgungszeiten u. vor allem im Kampf gegen die Gnosis verlor der Charismatiker Stellung u. Einfluß u. mußte den Repräsentanten der Gemeindestabilität, den Mitgliedern des Klerus, weichen. Im Osten erhielt der dem Mönchtum angehörende Charismatiker bestimmte Vollmachten in der Seelsorge u. in der Verwaltung des Bußsakraments. Charismatiker können eine ständige echte Beunruhigung für erstarrte Sozialstrukturen der Kirchen bedeuten.

Lit.: H. v. Campenhausen, Kirchl. Amt u. geistl. Vollmacht in den ersten drei Jh., Tübingen 1963^2; E. A. Stephanou, The Charismata in the Early Church Fathers, Greek Orthodox Theological Review 21, Brookline (Mass.) 1976, 125-146; J. Wach, Religionssoziologie, Tübingen 1951, 170, 377 f., 382 f.; H. Weinel, Die Wirkungen des Geistes u. der Geister im nachapostol. Zeitalter, Freiburg/Br. 1890; T. Rendtorff (Hg.), Ch. u. Institution, Gütersloh 1985; LexMA 2, 1719-1723. – S. auch Lit. zu Buße, Mönchtum.

Charismatiker → unter Charisma

Cheironomie (aus grch. *cheir,* f., 'Hand', u. *nomos,* m., 'Gesetz'; russ. *chironomija,* f.), die Regeln, nach denen der Leiter eines Chores diesen mit Hilfe bestimmter Hand- u. Fingerzeichen zu führen hat. Die Ch. ist ein Spezialgebiet der allgemeinen Gestik. Die Ch. der altkirchl. u. byz. Kirchenmusik baut auf älteren, durch den Hellenismus bereicherten grch. u. oriental. Traditionen auf. Im Verlaufe eines komplizierten Prozesses wurden solche Handzeichen zu graph. Zeichen fixiert u. in die ekphonet. → Notation u. das umfangreiche Repertoire der Neumen aufgenommen. Die spätbyz. Musik verstand vom 14./15. Jh. ab unter Ch. ein unter westl. Einfluß entstandenes Notationssystem von etwa 38 Zeichen, mit denen auch unterschiedl. Zeitdauer u. zahlreiche Nuancen des musikal. Ausdrucks angegeben werden konnten. – → auch Kirchenmusik, → Neumen.

Lit.: Goar, 352; Palikarova – Verdeil, 83, 87, 190, 208-209; Wellesz, 287 f.; Werner, 107-109; MGG 5, 1443-1460; H. Hucke, Die Ch. u. die Entstehung der Neumenschrift, Die Musikforschung 32, 1979, 1-16; E. Tončeva, Neuentdeckte Abschriften des cheironom. Lehrgesanges des Johannes Kukuzeles, Actes XIVe Congr. Intern. Études Byz. Bucarest 1971,3, Bucarest 1976, 579-588; A. Hermann, Mit der Hand singen, Jahrb. Antike u. Christentum 1, 1958; Joh. v. Gardner, Gesang der russ.-orth. Kirche bis zur Mitte des 17. Jh., Wiesbaden 1983, Reg.; LexMA 2, 1789.

Cheirothesie (grch. *cheirothesia,* f., 'Handauflegung', auch *sphragis,* f., 'Siegel', *probole,* f.; russ. *rukovozloženie,* n.; lat. *promotio,* f.). Der Gestus der Handauflegung ist als magischer u. zugleich rechtsverbindl. Akt allen Hochreligionen bekannt. Die Wurzel dieser Vorstellung auch im frühen Christentum ist in der Bedeutung der Hand als Vermittler (Transformator) einer numinosen Kraft zu sehen. Damit ist die Handauflegung zugleich ein Gestus u. ein Symbol. Das orth. Kirchenrecht versteht unter Ch. im engeren Sinne die Weihe der niederen Weihegrade. Die Ch. ist aber auch konstitutiver Akt der eigentl. Priesterweihe, der Cheirotonie, geblieben. Auch bei einer Reihe anderer Weihen u. bei der Spendung der Sakramente ist die Ch. als Rechtsakt wirksam. In frühbyz. Zeit war sie mit der Tonsur verbunden.

Lit.: Beck, Reg.: Ch.; J. Behm, Die Handauflegung im Urchristentum, Leipzig 1911; G. Delling, Der Gottesdienst im NT, Berlin 1952, Reg.: Handauflegung; A. A. Dmitrievskij, Stavlennik, Kiev 1904; P. E. Elderenbosch, De oplegging der Handens, 's Gravenhage 1953; Feine, Reg.: Ch.; Fendt, Reg.: Handauflegung; Goar, 194-207; E. Lohse, Die Ordination im Spätjudentum u. im NT, Göttingen 1951; J. Neumann, Salbung u. Handauflegung als Heilszeichen u. Rechtsakt, Wahrheit u. Verkündigung. M. Schmaus zum 70. Geburtstag, 2. Bd., Paderborn 1967, 1419-1444; A. Neselovskij. Činy chirotesij i chirotonii, Kamenec Podolsk 1906; M. A. Siotis, Die klass. u. die christl. Cheirotonie in ihrem Verhältnis, Athen 1951; LexMA 4, 1893-1894 (Handauflegung). – S. auch Lit. zu Cheirotonie.

Cheirotonie (grch. *cheirotonia,* f., 'Handausstreckung'; russ. *rukopoloženie,* n., *chirotonisanie,* n., *chirotonija,* f.), in der Ostkirche die Ordination der 3 höheren Weihegrade; Bischof, Priester, Diakon. Die Ch. wird zu den 7 Sakramenten gezählt. Im profanen Bereich bezeichnete sie das Erheben der Hand (→ auch Gestik) bei der Wahl eines Beamten in der Volksversammlung u. die damit verbundene Amtseinsetzung. In dieser Bedeutung ist das Verb *cheirotonein* auch im NT bekannt (2. Kor. 8, 19; Apg. 14, 23). In dem ältesten Denkmal des Kirchenrechts, der Didache (um 100), wird Ch. für die Einsetzung des Bischofs u. des Diakons durch die Gemeinde gebraucht.

In der weiteren Geschichte der Ch. entwickelte sich die Bischofsweihe zu einem immer komplexeren Gebilde. Zu ihren konstitutiven Elementen gehörten die Handauflegung (od. nur -berührung, lat. *manibus caput tangere*) durch die Mitbischöfe (die heute dem Metropoliten assistieren), die als Ch. bezeichnete Wahl, die Akklamation durch das Kirchenvolk sowie die Überreichung der Bischofsinsignien. Die Myronsalbung erscheint zunächst im Westen, im MA dann auch im Osten. Die 4. Ökumen. Synode von Chalcedon 451 unterschied zwischen der Ch. u. der Cheirothesie, der Weihung der niederen Grade durch Handauflegung. Bereits in der Kirchenordnung Hippolyts von Rom (3. Jh., → Kirchenrecht) ist ausgesprochen, daß der Bischof, obwohl selbst der Ch. bedürftig, als deren Spender die Hierarchie der Kirche ständig erneuert u. durch die Eucharistie, die er unmittelbar nach der Ch. hält, als Stellvertreter Christi die Gemeinschaft (grch. *koinonia*) stiftet. Daraus ergeben sich die bischöfl. Amtsvollmachten (→ unter Bischof).

Wie die Taufe ist die Ch. irreversibel (nicht wiederholbar). Der Cheirotonierte kann niemals – unabhängig davon, welchem der höheren Weihegrade er angehört – auf eigenen Entschluß aus dem Amte scheiden. Sein Rechtsstatus kann nur durch Absetzung, Streichung aus den Listen der Cheirotonierten u. Zurückversetzung in den Laienstand (Laisierung, → auch Epitimien), bei Schwerverbrechen (einschließlich der Zugehörigkeit zu einer Häresie) auch durch das Anathema annuliert werden. Die aus der Bischofsordination abgeleitete Ch. von Priester u. Diakon erfolgt wie diese am Altar, nur zu einem anderen Zeitpunkt innerhalb der Liturgie. Der Bischof selbst hat vor der Ch. die Stufen des Presbyteriats u. Diakonats zu durchlaufen. Trotz der 3 Stufen der höheren Weihegrade wird die Ch. als eine Einheit verstanden. Der von der Alten Kirche geforderte Zölibat konnte im Osten nur beim Bischof strikt durchgesetzt werden. Im Diakonat u. Presbyteriat behält die vor der Ch. erfolgte kirchl. Eheschließung bis heute kirchenrechtl. Gültigkeit. Die Ordination eines Patriarchen ist keine „höhere" Ch., sondern ist nur mit einer ausgedehnteren Jurisdiktion verbunden.

Die Darstellung der Ch. in der ostkirchl. Kunst ist selten. Zu den wenigen bekannten Beispielen gehört die Ikonographie des Lebens des hl. Nikolaus (→ unter Heiligenverehrung).

Lit.: Anonymus, Les Ordinations dans le Rite Byzantin selon les Livres Liturgiques Paléoslaves, Irénikon 6, 1929, 76-97; ders., La Consécration Episcopale dans le Rite Byzantin ..., Irénikon 7, 1930, 276-308; Beck, Reg.: Ch.; B. Botte, Études sur le Sacrament de l'Ordre, Paris 1957; I.-H. Dalmais, Die Liturgie der Ostkirche, Aschaffenburg 1960, 93-102; F. X. Funk, Die Bischofswahl im christl. Altertum u. im Anfang des MA, Kirchengeschichtl. Abh. u. Untersuchungen, 1. Bd., Paderborn 1897, 23-39; Goar, 208-261; Handbuch 2, 11-18; J. M. Hanssens, La Forme dans les Ordinations Sacerdotales du Rite Grec, Gregorianum 5, Rom 1924, 208-277; 6, 1925, 41-70; ders., Les Oraisons Sacramentelles des Ordinations Orientales, OrChrPer 18, 1952, 297-318; Heiler, 179-184; La Prière[1], 367-396; Milasch, § 74-78; Onasch, Konfessionskunde, 187-192; Archimandrit Pierre (L'Huillier), La Pluralité des Consécrations dans les Chirotonies Episcopales, Messager 42-43, 1963, 97-111; J. Zhishman, Die Synoden u. die Episkopalämter in der morgenländ. Kirche, Wien 1807. – S. auch Lit. zu Cheirothesie.

Cherubimhymnus (grch. *cherubikos hymnos,* m., *cherubikon,* n.; russ. *cheruvimskaja pesń,* f.), feierlicher, während des Großen → Einzugs gesungener Hymnus. Die Melodie richtet sich nach den 8 Kirchentönen (→ Oktoechos). Der Ch. wird vom Chor in 2 Teilen gesungen u. mit einem dreimaligen Halleluja abgeschlossen. Währenddessen spricht der Priester ein längeres Gebet. Danach rezitiert er dreimal den ersten Teil, der Diakon dreimal den zweiten Teil des Hymnus. Der Ch. ist nach dem Text des ersten Teils benannt („die wir die Cherubim auf myst. Weise abbilden ..."). Er bereitet die Gläubigen auf den Einzug des leidenden, sterbenden u. verklärt triumphierenden Christus vor, der abbildhaft im Einzug der noch nicht konsekrierten (verwandelten) Gaben geschieht. Der Ch., ein klass. Beispiel der frühen byz. Mystagogie, wurde 574 in die Liturgie eingeführt. Vorher wurde sehr wahrscheinlich der „König der Ehren" (grch. *basileus tes doxes*), d. h. Ps. 24 gesungen. Bei der Nachtwache (Vigil) am Karsamstag, am Gründonnerstag u. in der Liturgie der vorgeweihten Gaben wird der Normaltext durch andere Texte ersetzt, von denen der der Karsamstagsvigil aus der Basiliusliturgie sehr lang u. in seinem Kern wohl der älteste ist. Er stellt eine umfangreiche christologisch-heilsgeschichtl. Entfaltung von Ps. 24, 7 dar. – Zur ikonograph. Darstellung des Ch. → unter Bildprogramm.

Texte: s. Anhang Nr. 5.

Lit.: A. Baumstark, Der Ch. u. seine Parallelen. Eine Gattung frühchristl. Meßgesänge des Morgenlandes, Münster 1911; D. Conomos, Byzantine Trishagia and Cherubika. A Study of the late Byzantine Liturgical Chant, Thessalonich 1974; Hanssens, Nr. 1097, 1113-1115; Onasch, Konfessionskunde, 115 f., 189 f.; P. Simič, Ein österl. cherub. Hymnus, BZS 30, 1969, 11-18; Wellesz, 166; Schulz, Die byz. Liturgie, Reg. II B; R.F. Taft, The Great Entrance. A History of the Transfer of Gifts and other Preanaphoral Rites of the Liturgy of St. John Chrysostom, Roma 1975 (OrChrAnal, 200); Basileios (Archim.), Chant d'Entré, Genf 1980; N.K. Morau, the musical „Gestaltung" of the Great Entrance Ceremony, JÖB 28, 1979, 167 bis 193; K.Ch. Felmy, „Die wir die Cherubim geheimnisvoll darstellen". Zu einer Ikone aus der Stroganov-Residenz Sol'vyčegodsk, Hermeneia 6, 1990, 191-199; ders., Die Gregorios-Auslegung der Göttl. Liturgie in der russ. Kirchenmalerei, Hermeneia 4, 1988, 87-91. – S. auch Lit. zu Basiliusliturgie, Chrysostomusliturgie.

Chomonie (russ. *chomonija,* f., *chomovoe penie,* n.), eine besondere Erscheinung in der russ. Kirchenmusik des 17. Jh., bei der es um die Lösung eines phonet. Problems ging. Nach dem Gesetz der Strukturentsprechung von Silbenfluß u. Melodie in dem klass. byz.-slav. einstimmigen Kirchengesang wurden die Halbvokale des Alt[kirchen]slavischen (→ unter Sprachen) wie jeder andere Vokal mit einem Notationszeichen (→ Neumen) versehen. Im Laufe des 12. Jh. gingen die Halbvokale verloren, an ihre Stelle traten in betonter Position die „Vollvokale" *o, u, e.* Da die Vokale in unbetonter Position weiterhin mit einem Notationszeichen versehen blieben, sang man auch hier die „Vollvokale". Auf diese Weise entstanden auf *-cho, -mo* und anderes endigende „Wortungeheuer", die den Begriff der Ch. prägten. Im 17. Jh. löste eine Kommission bedeutender Musiktheoretiker u. -praktiker das Problem, doch hielten die Altgläubigen an der Ch. fest. Schließlich verbot die Synode von 1666/1667 die Ch. u. führte den *„novyj istinnorečnyj raspev"*, den neuen Gesangsstil mit richtiger Aussprache, ein, der bis heute gültig ist.

Lit.: E. Koschmieder, Die ältesten Novgoroder Hirmologienfragmente, 1. Bd., München 1955; V. M. Metallov, Očerk Istorii Pravoslavnogo Cerkovnogo Penija, Moskau 1914, 53 f.; B. A. Uspenskij, Archaičeskaja Sistema Cerkovnoslavjanskogo Proiznošenija, Moskau 1968; Joh. v. Gardner, Gesang der russ.-orth. Kirche bis zur Mitte des 17. Jh., Wiesbaden 1983, Reg. – S. auch Lit. zu Kirchenmusik.

Chor (grch. *choros,* m.; russ. *lik,* m., *pevčie,* m. plur., seltener *kliros,* m. [eigentl. 'Standort des Ch.s']). In der Alten Kirche wurde der Kirchengesang von der Gemeinde ausgeführt, bei Wechselgesängen von ihr u. dem Klerus. Die Einstimmigkeit galt schon bei Ignatius von Antiochien (gest. nach 110) als Ausdruck der Einheit der Gemeinde. Mit der Herausbildung der Hierarchie u. später einer byz. Kultusästhetik wurde der Ch. notwendig; sein Gesang wurde von Pseudodionysius vom Areopag (→ Mystagogie) als das materiell-sinnl. Echo (grch. *apechema,* → auch unter Oktoechos) der unsinnl. Engelchöre gedeutet. Der Ch. wurde, bei zunehmender Passivität der Gemeinde während der Liturgie, ausschließlich von Mitgliedern des Klerus besetzt. Auf seine immer differenzierter werdende Struktur nahmen die für den Kaiserkult u. für den Gesang an den Bischofskirchen notwendigen Scholae cantorum (lat.) großen Einfluß. Der Ch. wurde – u. ist es heute noch – in 2 Unterchöre geteilt. Jeder von ihnen wurde von einem Domesticus (lat.; russ. *demestik)* geleitet, die beide dem Protopsaltes (grch.) unterstanden, einem Solisten, der die Einsätze einschließlich der Psalmodie intonierte. Er stand im allgemeinen zwischen den Chören, in großen Kirchen auch auf dem Ambon. Diese Ch.-Leiter trugen in Byzanz weiße Tuniken u. schiffchenförmige Kopfbedeckungen.

Welch wichtige Aufgaben dem Ch. zufallen, wird u. a. daraus ersichtlich, daß bis heute die Orgel im orth. Gottesdienst verboten ist. Zu den berühmtesten Chören der Ostkirche gehörten der Ch. des Ökumen. Patriarchen in Konstantinopel, der in byz. Zeit u. danach auch die Tradition der kaiserl. Hofmusik pflegte, u. der Ch. des Metropoliten bzw. (nach 1589) des Patriarchen von Moskau (die *patriaršei pevčie d'jaki*). Aus ihm ging nach Aufhebung des Patriarchats 1721 der Moskauer Synodal-Ch. hervor, während aus der Zarenschola (den *gosudarevi pevčie d'jaki*) später die *„Peterburgskaja pridvornaja pevčeskaja kapella"* entstand, deren bekanntester Dirigent im 19. Jh. Bortnjanskij gewesen ist. Daneben gab es noch Chöre bedeutender Klöster od. Bischofssitze; in Rußland war der Novgoroder Kathedralchor für die Geschichte der altruss. Kirchenmusik von besonderer Wichtigkeit.

– In der Neuzeit machte die seit dem 16. Jh. aufkommende Mehrstimmigkeit des Gesanges die Aufnahme von Frauen u. Laien (mit Ausnahme der Klosterchöre) notwendig.

Lit.: J. v. Gardner, Stilist. Richtungen im russ. liturg. Ch.-Gesang, OstKSt 11, 1962, 161-182; ders., Drei Typen des russ. Kirchengesanges, OstKSt 6, 1957, 251-267; ders., Gemischte Chöre in der Liturgie der russ. orth. Kirche, OstKSt 22, 1973, 44 bis 54; J. Handschin, Das Zeremonienwerk Kaisers Konstantin u. die sangbare Dichtung, Bern 1942; Jungmann 1, 164 f.; Wellesz, 102-104; MGG 2, 1230-1239; LexMA 2, 1892-1894 (Chorus). – S. auch Lit. zu Kirchenmusik, Orgel.

Chorschranken → Cancelli

Chrisma → unter Myron

Christusbilder. Unter Ch.n werden hier nicht die szenenreichen Darstellungen des Festzyklus (→ auch Dodekaortion) od. das Christusporträt, sondern das autonome, sich durch streng formalisierte Gestik u. Mimik auszeichnende Christusbild u. einige seiner Mischtypen verstanden.
(1) Der Pantokrator (grch., 'Allherrscher'; russ. *pantokrator, vsederžitel'*; vgl. Taf. 15): Auf den Gottestitel der Septuaginta (des grch. AT) zurückgehend, von der Offb. (z. B. 1, 8; 4, 8; 15, 3; 21, 22) u. den Kirchenvätern christologisch verstanden, wird dieser Typus zum erstenmal in der Himmelfahrt u. der Kreuzigung Christi des Rabulaskodex (→ unter Bibelillustration) von 586 faßbar; er entspricht auch der polit. Christologie des Justinian. Zeitalters. Seinem ideellen Gehalt nach setzt er sich als Allerhalter, Allgegenwärtiger u. vor allem als Allerlöser vom hellenist. Kosmokrator (grch. *kosmokrator,* 'Weltenherrscher') u. der gleichnamigen Titulatur des Kaiserkultes bewußt ab. Das Grundschema bildete sich endgültig nach dem Bilderstreit (→ unter Bild) heraus: männl. Antlitz, Segensgestus der rechten Hand, in der Linken offenes od. geschlossenes Bibelbuch; das Haupthaar in der Mitte gescheitelt u. in den Nacken fallend, runder od. längl. Backen- u. Kinnbart, selten in Halbfigur, Büste bevorzugt. Untertypen des Pantokrators sind (a) der Wohltäter (grch. *euergetes;* russ. *dobrodetel'),* (b) der Erlöser (grch. *soter;* russ. *spas, spasitel',* vgl. Taf. 13 u. Abb.), (c) der Lebensspender (grch. *zoodotes;* russ. *žiznopodatel',* Abb.), (d) der Menschenliebende (grch. *philanthropos;* russ. *čelovekoljubec),* (e) der Seelenretter (grch. *psychosoter;* russ. *dušespasitel',* Abb.). Die russ. Erlöserbilder tragen oft Beinamen wie „Zorniges Auge" (russ. *spas jaroe oko;* vgl. Taf. 14 u. Abb.), „Nasser Bart" (russ. *mokraja boroda;* vgl. Taf. 12 u. Abb.), „Goldene Haare" (russ. *zlatye vlasy*) u. a. Auf dem geöffneten Bibelbuch finden sich als Texte Matth. 11, 28; 25, 34; Joh. 8, 12; 10, 9. Der Pantokrator erscheint auch in der Ikonographie des Lebenszyklus Christi u. vor allem auf der Deesis u. dem Jüngsten → Gericht. Die Menschwerdung versinnbildlichend, wurde er zum Zentrum des Bildprogramms. – (2) Nicht zuletzt als Antwort auf antiklerikale u. antieucharist. Bewegungen (Bogomilen, → unter Häresie) breitete sich im 14./15. Jh. vom Balkan bis nach Rußland der Typus „Christus als Hoherpriester" (grch. *megas archiereus;* russ. *velikij archierej*) aus (→ auch Bischof). Die Darstellung Christi mit den Bischofsinsignien findet sich in der russ. Ikonen- u. Monumentalmalerei des 17. u. 18. Jh. häufiger. Nach dem Dreifigurenbild der Deesis richtet sich der „König der Könige" (russ. *car' carem*), Christus als Bischof zwischen der als Braut wiedergegebenen Gottesmutter u. Johannes dem Täufer (vgl. Ps. 45, 10). Seltener ist der reduzierte Typ des zelebrierenden Christus mit dem Kelch aus der Apostelkommunion. – (3) Aus dem frühbyz. Emmanuelbild (Pkt. 4) entstanden ist der Typ des „Alten der Tage" (grch. *palaios ton hemeron;* russ. *vetchij den'mi,* Abb.), dessen Darstellung sich nach Daniel 7, 9 richtet. Wegen seines trinitätstheolog. Gehalts (Joh. 6, 15.30) wurde dieser Typ von anderen Bildthemen, vor allem von anthropomorphen (menschengestaltigen) Darstellungen der Dreieinigkeit u. von der Verkündigung der Gottesmutter, übernommen, wo er die → Hand Gottes ersetzt. – (4) Liegt beim Pantokrator die Betonung auf der Wesensgleichheit zwischen Gottvater u. Gottsohn, so beim Typ des „Emmanuel" (Taf. 16) auf der Besonderheit des präexistenten u. zugleich Mensch werdenden Logos. Seine ikonograph. Charakteristika sind nach Jes. 7, 14; 9, 5-6; Matth. 1, 23 folgende: ein Knabe mit hoher, gebuckelter Stirn, kurzem, im Nacken gerolltem Haupthaar, Segensgestus

u. Kodex, unkindl. Ernst im Ausdruck. In einem Medaillon (Clipeus) erscheint der Emmanuel auf Gottesmutterbildern vom Typ der Platytera, als Ganzfigur (manchmal mit Zügen des Pantokrators) sehr selten im Leibe Mariens auf der Verkündigung der Gottesmutter. Auf die Entstehung des „Emmanuel" u. des „Alten der Tage" (s. oben) hat die Topik des „Kindgreises" (grch. *paidariogeron*) eingewirkt, die auch in den Apokryphen u. in der Gnosis zu finden ist. – (5) Nach Jes. 9, 6 (Septuagintatext), Maleachi 3, 1, nach der Auslegung von Hab. 2, 1 durch Gregor von Nazianz (gest. 390) u. nach der 4. Ode des Großen → Kanons richtet sich die Komposition des „Engels des Großen Rates" (grch. *megales bules angelos;* russ. *angel velikogo soveta;* vgl. Abb. S. 76). Sie breitet sich vom 9. Jh. an über den Balkan aus, im 12. Jh. gehört sie bei Serben u. Bulgaren zum festen Bestand: Ein jugendlicher, mit mächtigen Flügeln ausgestatteter Christus-Engel, die Rechte zum Gruß od. Befehl ausgestreckt, in der Linken Kreuz u. Buchrolle mit dem erwähnten Hymnentext, zeigt Wundmale an Händen u. Füßen. Bei diesem Motiv ist eine antihäretische (antibogomilische) Tendenz (→ Häresie, → Engel) erkennbar. Unter anderen Darstellungen Christi als Engel ist die → „Weisheit Gottes" (Taf. 80) mit einem komplizierten Bedeutungsgehalt zu nennen. – (6) In den Bereich des Symbols od. der Allegorie gehören eine Reihe von Ch.n aus dem 16./17. Jh., die nicht mehr zum eigentlich autonomen Typus zu zählen sind. Zu nennen wären hier: (a) das „Nichtschlafende Auge" (russ. *nedremannoe oko*; grch. *anapeson,* 'der Liegende'): Ein jugendl. Emmanuel ruht mit offenen Augen auf einem Lager. Das Motiv spielt auf das Löwengleichnis des frühchristl. Physiologos an (der schlafende Löwe behält die Augen offen, so wie der Mensch Christus im Kreuzestod ruht, während seine Gottheit wacht). Die Komposition erscheint bereits im 12. Jh. in der Miniaturmalerei des Berges Athos (→ unter Kloster). Vom 14. Jh. ab wird das Personal u. der Motivschatz erweitert: Christus od. auch Engel halten Lanze, Ysop u. Schwamm aus der Kreuzigungsszene, neben David u. Salomo kann auch die Gottesmutter u. ein den Emmanuel fächelnder Erzengel auftreten. Manchmal spielt die Szene in einem Paradiesesgarten. (b) In einigen Zügen dem westl. „Schmerzensmann" vergleichbar, aber doch eine typisch byz. Komposition ist die „Äußerste Erniedrigung" (grch. *akra tapeinosis*), auch als „König der Ehren" (grch. *basileus tes doxes;* russ. *caŕ slavy*) bezeichnet: Christus mit unbekleidetem Oberkörper in einem Sarkophag, mit gekreuzten Armen, Wundmalen an den Händen, geneigtem od. aufgerichtetem Haupt. Dieser Typ ist auf dem Balkan im 13. Jh. entstanden. Später wurde er im Personalbestand erweitert. Auf die Gottesmutter u. Johannes den Theologen, wie der Evangelist im Osten genannt wird, als Begleitperson reduziert, heißt dieses Christusbild in der russ. Kirchenmalerei „Mutter, weine nicht" (*ne rydaj mene mati*). Wahrscheinlich haben ein Stillgebet zum Cherubimhymnus, ein Gottesmutterhymnus (→ Theotokion) u. Phil. 2, 4-11, die Komposition literarisch beeinflußt, während gedanklich die Darstellung der Kreuzanbetung eingewirkt haben mag. – (7) Eine Gruppe von Ch.n für sich bilden Darstellungen, die auf eucharist. Legenden reflektieren (→ auch Eucharistie, → Liturgie). Dazu gehören: (a) der nach dem liturg. Akt des Brotbrechens benannte Bildtypus des Melismos (grch., 'der Zerteilte'; vgl. die Abb.) od. auch Amnos (grch.,'Opferlamm'): Das Christuskind (manchmal mit Bart wiedergegeben) wird auf der liturg. Schüssel, der Patene, liegend dargestellt, von Engeln als himml. Diakonen mit Fächern in den Händen umgeben; (b) die Darstellung, die die Schlachtung (Opferung) des Lammes in der Vormesse (der Prothesis) versinnbildlicht: Ein Bischof vollzieht die Schlachtung am Kind, od. (c) dieses steht aufrecht auf dem Altar unter einem Ciborium. Literarisches Vorbild sind Legenden, nach denen ein Sarazene der Schlachtung eines Kindes zuschaut u. gläubig wird, od. (im Westen verbreitet) ein ungläubiger Priester durch dasselbe Erlebnis zum Glauben kommt; auch die Vision Peters von Alexandrien aus dem 10. Jh., der ein Kind in derselben Situation mit einem zerrissenen Kleid schaut. In der russ. Malerei wurden diese Bildthemen vom 16. Jh. ab gern mit anderen, etwa mit der Darstellung des Hymnus → Eingeborener Sohn od. des Cherubimhymnus zu einem eucharist. Lehr- u. Schaubild vereinigt. In nicht wenigen die-

Christusbilder:
Der Zerteilte (→ Schlachtung [Opferung] des Lammes) (unten)

Engel des Großen Rates (oben)

(rechts)
1 Erlöser – 2 Erlöser mit dem nassen Bart – 3 Christus der Seelenretter – 4 „Alter der Tage“ – 5 Erlöser mit dem zornigen Auge – 6 Erlöser – 7 Christus der Lebensspender

1 2
3 4 5
6 7

ser Fälle haben wir es mit Reaktionen der Kirche auf bestimmte antieucharist. Bewegungen der jeweiligen Epochen zu tun. – Taf. 12-16; Abb.

Lit.: C. Capizzi, PANTOKRATOR, Rom 1964; E. v. Dobschütz, Ch., Leipzig 1899; R. Erni, Das Christusbild der Ostkirche, Luzern u. Stuttgart 1963; U. Fabricius, Jesus Christus, Recklinghausen 1957; F. Gerke, Christus in der spätantiken Plastik, Mainz 1948[3]; A. Grillmeier, Der Logos am Kreuz, München 1956; J. Kollwitz, Das Christusbild des dritten Jh., Münster (Westf.) 1953; N. P. Kondakov, Ikonografija Gospoda Našego Iisusa Christa, S. Peterburg 1905; Lazarev, Reg.: Christos; ders., Russkaja Srednevekovaja Živopiś, Moskau 1970, Reg.: Christos, Ne ridaj mene mati; J. Meyendorff, L'Iconographie de la Sagesse Divine dans la Tradition Byzantine, Ders., Byzantine Hesychasm, London 1974, Nr. XVI; W. Meersmann, Der Schmerzensmann, Düsseldorf 1962; S. Der Nersessian, Notes sur quelques images se rattachants au Thème du Christ Ange, CAr 13, 1962, 209-216; Ouspensky - Lossky, 69-77; H. Preuß, Das Bild Christi im Wandel der Zeiten, Leipzig 1934[4]; ders., Das ostkirchl. Christusbild, München 1965; Rothemund, 205-214; J. Sauer, Die ältesten Ch., Berlin 1920; H. G. Thümmel, Kaiserbild u. Christusikone, BZS 39, 1978, 196 bis 206; W. J. A. Visser, Die Entwicklung des Christusbildes in Literatur u. Kunst in der frühchristl. u. frühbyz. Kunst, Diss. Bonn 1934; Weitzmann, Reg.: Christ; K. Wessel, Das Bild des Pantokrators, POLYCHRONION, Fs. F. Dölger, Heidelberg 1966, 521-538; J.M. Mathews, The Byz. Use of Pantokrator, OrChrPer 44, 1978, 442-462; Ch. Walter, Art and Ritual of the Byz. Church, London 1982, Reg.: Christ; LChI 1, 355-399; LdK 1(1987), 839-841; LexMA 5, 360-364 (Jesus Christus); RBK 1, 966-1047.

Christusmonogramm, auch *Chrismon* (grch., n.) od. *Christogramm,* Zusammenfügung (Ligatur) der ersten Buchstaben des grch. Namens Christi (CHRISTÓS), Chi u. Rho, zu einem emblemat. Zeichen od. Monogramm (grch.). Das Ch. gewann durch

die Propagierung Konstantins I. nach dem Sieg an der Miv. Brücke 312 als Siegeszeichen (grch. *tropaion*) in der Alten Kirche große Bedeutung u. erscheint auf Gegenständen aller Art (Figur 1), in Verbindung mit dem Kreuz (2, 3) und schließlich (4) in Verbindung mit Alpha und Omega (→ A und O) sowie in anderen Ligaturkombinationen.
Im Bildprogramm der Alten Kirche u. der frühbyz. Epoche hat es seinen Platz in der Kuppel, wird aber in mittelbyz. Zeit vom Pantokrator (→ unter Christusbilder) verdrängt. Vom Ch. zu unterscheiden sind die christl. → Kürzungen des Namens Christi.

Lit.: E. Dinkler, Signum Crucis, Tübingen 1967, Reg.: Chi-Rho-Monogramm; V. Gardthausen, Das alte Monogramm, Leipzig 1924 (Stuttgart 1966); M. Sulzberger, Le Symbole de la Crois et les Monogrammes de Jésus, Lüttich 1926; LChI 1, 456-458; LexMA 2, 1943-1945; LdK 1(1987), 844; RBK 1, 1047-1050.

Christusporträt. Ein authent. Ch. ist nicht überliefert. Deshalb hat sich die Legende dieses Gegenstandes angenommen u. eine Reihe von „Ch.s" hervorgebracht. Zu ihnen gehört die Acheiropoietos, das Ch. des Lukas in der Vatikan. Bibliothek, der Volto Santo in Lucca (auch als hl. Kümmernis bekannt), das Veronikabild im Petersdom zu Rom u. das Turiner Leichentuch. Von ihnen heben sich die Idealbilder Christi in der Kunst der Katakomben u. auf frühchristl. Sarkophagen ab. Sie sind repräsentativen Charakters u. zeigen deshalb die Gestalt des Heilsbringers Christus als Idealporträt nach dem Vorbild antiker Richter- u. Philosophenbilder. – Taf. 11.

Lit.: G. Stuhlfauth, Die „ältesten Porträts" Christi u. der Apostel, Berlin 1918; O. Thulin, Das Christusbild der Katakombenzeit, Berlin 1954. – S. auch Lit. zu Christusbilder.

Christussymbole. Die Alte Kirche kannte eine Reihe von Symbolen, die sie mit der Person Christi verband. Zu ihnen gehörte z. B. das Licht. Weitere Ch. waren der Fisch (doppelsinnig der Frosch), der Gute → Hirte, das Lamm Gottes u. das Kreuz. Auch das Christusmonogramm darf als Christussymbol verstanden werden. Während abstrakte Bildformeln wie die Thronbereitung (→ Hetoimasia) erhalten blieben, verbot das Quinisextum von 692 (→ unter Synoden) für den byz. Bereich die symbol. Wiedergabe Christi als Lamm u. gebot die Darstellung „nach seinem menschl. Bilde". Damit verschwanden die Ch. (mit Ausnahme des Kreuzes) zunehmend aus der mittel- bis spätbyz. Kunst, um mehr od. weniger figurativen Kompositionen Platz zu machen, die durch die östl. Mystagogie angeregt waren.

Lit.: M. Lurker (Hg.), Wörterbuch der Symbolik, Stuttgart 1983, 122-125; LexMA 2, 1947-1948; RBK 1, 1051-1055.

Chronologie → unter Zeitrechnung

Chrysographie (grch. *chrysographia,* f.; russ. *pozolota,* f.), Goldmalerei, bestimmte Technik des Auflegens von Gold auf Hintergrund u. Gegenstände (z. B. auf den Nimbus). Einen Spezialfall der Ch. stellt der Assist dar. Die Ch. fand Verwendung in der Ikonen-, Miniatur- u. Monumentalmalerei. Genaue Anweisungen über die Technik u. die Anwendung der Ch. sind in den Malerbüchern zu finden. → auch Perspektive.

Lit.: Onasch, Ikonenmalerei, 57 f., 93; D. A. Rovinskij, Obozrenie Ikonopisanija v Rossi do konca XVII veka, Moskau 1903, 72-77, 111; Ju.G. Bobrov, Istorija Restavracii Drevnerusskoj Živopisi, Leningrad 1987; A. Heuser, Ikonenmalerei heute, Recklinghausen 1988; K.F.J. Berger, Traditionelle u. neue Vergoldungstechniken für Ikonen, T. III, Hermeneia 4. Jg., 1988, 148-152; LdK 1(1987), 845-846.

Chrysostomusliturgie. Eine persönl. Urheberschaft des Patriarchen von Konstantinopel Johannes Chrysostomus (gest. 407) an diesem Formular der orth. Liturgie läßt sich nicht nachweisen. Das älteste Euchologion vom Ende des 8. Jh. führt nur einige Gebete unter seinem Namen. Sehr wahrscheinlich ist der Kern der Ch. in Antiochien entstanden, das sehr alte liturg. Traditionen besaß u. wo Johannes Chrysostomus als berühmter Prediger tätig gewesen ist (→ auch Homilie). In Konstantinopel wurde es umgearbeitet, ohne daß auch hier der Anteil des Chrysostomus bekannt wäre. Im 5. u. 6. Jh. wurde die Ch. um den Hymnus auf den dreieinigen Gott (→ Trishagion), den Cherubimhymnus, den Hymnus → Eingeborener Sohn u. das Glaubensbekenntnis (nach einigen Forschern auch um den liturg. Akt des Zeon) bereichert. Die zweite Entwicklungsphase ist nach dem Bilderstreit (→ unter Bild) mit der Ausbildung der Vormesse (→ Prothesis) sowie verschiedenen Änderungen im Ablauf der Liturgie anzusetzen. Wegen ihrer verhältnismäßig kurzen Form wurde die Ch. gegenüber der Basiliusliturgie vielfach bevorzugt; schließlich wurde sie an allen Tagen des Kirchenjahres, mit Ausnahme der dem älteren Formular reservierten Tage, gefeiert.
Texte: s. Anhang Nr. 4; 9; 11; 13; 24, 1; 29.

Lit.: CHRYSOSTOMIKA, Rom 1908; H. Engberding, Die Angleichung der byz. Ch. an die Basiliusliturgie, OstKSt 13, 1964, 105-122; Fendt, 246 bis 253; Georgievskij; Hanssens, Nr. 1491-1492, 1517; C. Kucharek, The Byzantine-Slav Liturgy of St. John Chrysostom. Its Origin and Evolution, Allendale (N. J.) 1971; N. Krasnosel'cev, Materialy dlja Istorii Činoposledovanija Liturgii Sv. Ioanna Zlatoustnogo, Kazań 1889; A. Raes, L'Authenticité de la Liturgie de S. Jean Chrysostome, OrChrPer 24, 1958, 5-16; G. Wagner, Der Ursprung der Ch., Münster (Westf.) 1973; Schulz, Die byz. Liturgie; ders., Handbuch Ostk.kunde Bd. II, Düsseldorf 1971; F. v. Lilienfeld, Die Göttliche Liturgie des hl. Johannes Chrysostomus mit den besonderen Gebeten der Basiliusliturgie im Anhang, H.A., B.C., Erlangen 1979. – Texte: Brightman, 309-344, 353-399; Die Göttl. Liturgie unseres hl. Vaters Johannes Chrysostomos, Leipzig 1976; LexMA 2, 2053-2054. – S. auch Lit. zu Liturgie.

Ciborium (lat., n., von grch. *kiborion,* n., 'Fruchtgehäuse', 'Becher'), ein im Gegensatz zum Baldachin aus festem Material (Holz, Stein od. Metall) bestehender Aufbau, der auf Säulen od. Pfeilern eine bisweilen von einem Pyramidendach verkleidete Kuppel trägt. In der Antike u. im Christentum wird der Altar mit einem C. überdeckt. Bereits in altoriental. Zeit ist das C. über dem Herrscherthron bekannt u. wurde vom byz. Kaiserkult übernommen. Es galt als Sinnbild des von der Sonne beherrschten Himmels. In der Kunst der Alten Kirche wurde Christus als „Sonne der Gerechtigkeit" das C. zugesprochen, z. B. in der Darstellung der Apostelkommunion od. auf der Thronbereitung (→ Hetoimasia). In kirchl. Räumen fand es über dem Taufbecken des Baptisteriums Aufstellung, im Kirchenbau über hl. Orten, z. B. bei der Memoria eines Heiligen od. über dem hl. Grabe in Jerusalem.

Lit.: s. Baldachin, Kuppel.

Clavi (lat., m. plur.), vom Halse bis zum Saum des antiken Gewandes (lat. *tunica*) reichende, parallel laufende Streifen von unterschiedl. Breite u. Farbe als Abzeichen des kaiserl. Hofstaates. In der christl. Kunst wurden sie früh als Herrschaftsattribut auf Christus übertragen u. zieren auf zahlreichen Darstellungen sein Gewand.

Clipeus (lat., m., 'gewölbter Schild'), eine Art von Medaillon mit dem Bildnis eines Verstorbenen (lat. *imago clipeata*). Solche Ahnenbilder stellten die Römer in eigens dazu bestimmten Zimmern, den Alae (lat.) auf. Sie dienten auch der Apotheose (Vergöttlichung) von Kaisern u. Helden. Von der christl. Kunst übernommen wurde der C. vor allem bei der Darstellung des kindl. Christus (Emmanuel, → Christusbilder) auf Gottesmutterbildern, so bei der Nikopoiïa u. der Platytera (→ Gottesmutterbilder [II, 2]). Ebenso erscheint er auf frühen Apostelbildern. Der Übergang zur Aureole ist oft fließend; er deutet den imperialen Symbolgehalt des C. an.

Lit.: J. Bolten, Die imago clipeata, Paderborn 1937; Grabar, Iconoclasme, Reg.: Christ, Imago clipeata; J. M. Toynbee, Roman Medaillons, New York 1944; Wellen, 183-186; LdK 2(1989), 8; Lex MA 2, 2162-2163; RBK 3, 353-369.

Coemeterialkirche, Kirche, die auf einem Friedhof (→ Coemeterium) steht. Im Unterschied zur Memoria (die Grenzen sind allerdings oft fließend) besitzt die C. einen Altar, unter dem sich die Confessio mit den Reliquien befindet. Das bedeutet, daß in der C. regelmäßig Liturgie gehalten wird, sie hat auch einen eigenen Klerus. Ähnlich wie in den Katakomben pflegten die Christen in solchen Kirchen ihre Gräber anzulegen, um in der Nähe der Heiligengräber zu ruhen. Im allgemeinen war die C. in der Alten Kirche eine basilikaähnl. Hallenkirche. Vor allem in großen Wallfahrtsorten befanden sich in der Nähe der C. oft Gasthäuser (grch. *xenodochia)* u. andere dem Pilgerverkehr dienende Gebäude; auch Werkstätten für die Herstellung von Ampullen, Eulogien u. anderen Devotionalien wurden hier errichtet. In byz. Zeit stand eine große Zahl von C.n unter der Obhut des Mönchtums.

Lit.: B. Kötting, Der frühchristl. Reliqienkult u. die Bestattung im Kirchengebäude, Köln 1965; LdK 2(1989), 16. – S. auch Lit. zu Coemeterium.

Coemeterium (lat., n., von grch. *koimeterion,* n., 'Ruhestätte'; russ. *kladbišče,* n.), Begräbnisplatz, der im allgemeinen oberirdisch (lat. *sub divo,* 'unter freiem Himmel') angelegt war, aber auch die Katakomben bezeichnen konnte.

1. Die Rechtsgrundlage sowohl für die oberirdische wie für die unterird. Anlage bestand im Ankauf eines Platzes (lat. *area*); er konnte von jedem röm. Bürger erworben werden u. stand dann unter dem Schutz des röm. Bestattungsrechts, ebenso wie die Bestattungskollegien, die für alle Angelegenheiten des Begräbnisses und des C.s zuständig waren. Einem dieser öffentlich anerkannten Kollegien (lat. *collegium funerale*) mußte man bei Erwerb des Begräbnisplatzes beitreten. Der Schutz wurde auch in Verfolgungszeiten nicht aufgehoben. Diese Rechtsvoraussetzungen für die christl. Gemeinde Roms genutzt u. ausgebaut zu haben ist das Verdienst des Papstes Kallistos (Calixtus I., gest. 222). Die Selbstverwaltung des C.s ermöglichte es den Armen u. Sklaven der Gemeinde, dem städt. Massengrab (lat. *commune sepulcrum*) zu entgehen u. auf den christl. Friedhöfen beigesetzt zu werden. Sie machte auch die Mitgliedschaft in einem nichtchristl. Funeralkollegium unnötig. Anhängern einer Häresie war es nach den Statuten nicht möglich, einen Begräbnisplatz zu erwerben.

2. Zum Personal eines C.s gehörte der (anfangs wohl als Privatunternehmer arbeitende) Totengräber (lat. *fossor*), der die Grabplätze, auch in den Katakomben, verkaufte. Bei Übernahme der Funeralkollegien durch die Diakone u. schließlich durch die Priester organisierten sich die Fossoren zu eigenen, der Kirche unterstellten u. von der Gemeinde bezahlten Kollegien. Mit eigenen Werkstätten (lat. *officinae*) entwickelten sie sich zur Zeit Justinians (gest. 565) zu wirtschaftlich betriebenen Bestattungsvereinen, denen kleinere Kollegien unterstanden. Außer dem Totengräber gehörte zu einem C. noch der Grabwächter (lat. *custos sepulcri;* grch. *topophylax*). Besondere Bedeutung besaß das Amt des Wächters einer Gedächtnisstätte, der Memoria (lat. *custos martyrum, cubicularius, aeditus*), das schon früh einem Diakon übertragen wurde.

3. Das C. bestand aus dem Grabbau inmitten eines als Paradies verstandenen, oft um-

fangreichen Gartens, dem Wachhaus (lat. *custodia*) u. einigen für die Pflege des Gartens notwendigen Nebengebäuden. Für die Erinnerungsmahlzeiten (lat. *refrigeria*) hat es wohl eine vom Grab etwas entfernter gelegene Versammlungsstätte (lat. *triclia*) gegeben. Neben Grabbauten (Mausoleen) gab es auch einfache, ebenfalls Coemeterien genannte Erdgräber, die mit Ziegeln bedeckt waren (lat. *sepulcri campana*), u. Sarkophage. Während im alten Rom die Anlage eines C.s nur außerhalb der Stadtmauern (lat. *extra muros*) gestattet war, gab es sie seit Anfang des 7. Jh. auch in der Stadt selbst (*intra muros*), vor allem, um sie vor Grabfrevel (lat. *piacula*), zu bewahren.

4. Nach orth. Kirchenrecht gehört der Friedhof mit seiner Weihe zu den hl. Orten (grch. *hieroi topoi*), die unter dem Schutze des Kirchenrechts stehen. In altkirchl. u. byz. Zeit gehörte das C. zu den Stätten des Asyls.

Lit.: Dassmann, 9-25; J. G. Davies, La Vie Quotidienne des premiers Chrétiens, Neuchâtel – Paris 1956, 117-142; Eisenhofer 1, 335-342; H. Gülzow, Christentum u. Sklaverei in den ersten Jh., Bonn 1969, Reg.: C.; E. Kirschbaum, Die Gräber der Apostelfürsten, St. Peter u. St. Paul in Rom, Leipzig 1974[2]; Kötting, Reg.; Milasch, § 174; H. v. Schoenebeck, Altchristl. Grabdenkmäler u. antike Grabbräuche, ARW 34, 1937, 60-80; F. d. Visscher, Le Droit des Tombaux Romains, Mailand 1963; LdK 2(1989), 597-599; LexMA 4, 923-929 (Friedhof). – S. auch Lit. zu Katakomben.

Colobium, 1. ärmelloses Untergewand (lat. *tunica*) der Frau; 2. → Kolobion.

Complet, *Completorium* → Nachtgottesdienst

Confessio (lat., f., 'Bekenntnis', synonym mit lat. *martyrium*), Anlage zur Herstellung einer räuml. u. ideellen Verbindung zwischen Altar und Märtyrergrab (lat. *locus inter altare et sepulcrum,* → Coemeterialkirche). Die C. lag unter dem Altar u. hatte denselben Umfang wie dieser. Vor dem Grab befand sich eine Mauer mit einem Fensterchen (lat. *fenestella*). Durch dieses Fenster konnte der Besucher das Grab anschauen u. es mittels eines Tuches (→ Brandeum) berühren. Vor dem Märtyrergrab wurde in der C. ein zweiter Altar angelegt.

Confessio

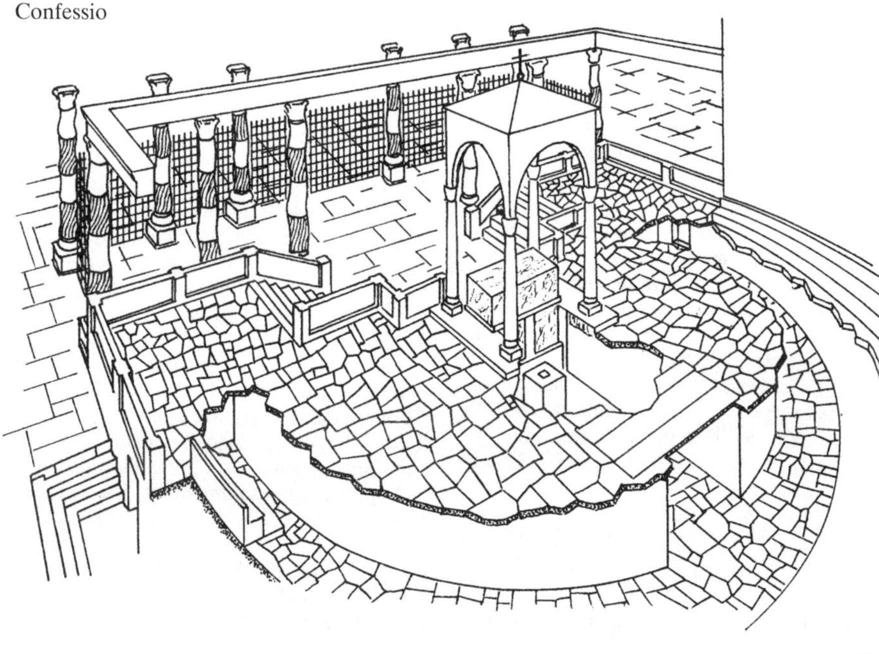

Auf diese Weise konnte der Pilgerstrom geregelt u. das Grab unter ständiger Aufsicht gehalten werden. Die ideelle Verbindung zum Altar über dem Grabe bestand in der tägl. Liturgie. Die C. stellt die Vorform der westl. Krypten dar. Als es im Laufe der Zeit keine echten Coemeterialkirchen mehr gab, wurden im Westen u. Osten die Reliquien im Altar deponiert. Im Osten werden sie außerdem in das Antimensium (→ unter Altardecken) eingenäht. – Abb.

Lit.: F. Wiegand, Mensa u. C., 2 Bde., München 1906, Leipzig 1912; E. Kirschbaum, Die Gräber der Apostelfürsten St. Peter u. St. Paul in Rom, Leipzig 1974², Reg.: C.; LdK 2(1989), 23; LexMA 2, 128-129. – S. auch Lit. zu Kirchenbau.

D

Damian → unter Heiligenverehrung, → auch Heiligenbilder

Darbringung (grch. *anaphora,* f., *prosphora,* f.; lat. *oblatio,* f.; russ. *prinošenie,* n.), **1.** im weiteren Sinn die D. von Gebeten, Hymnen, Lesungen, Weihrauch u. a. durch Gemeinde u. Klerus als Dank für das Golgathaopfer Christi. In diesem Sinne wird die ganze Liturgie als D. verstanden (→ auch unter Anaphora). Ebenso gehört dazu die karitative Tätigkeit der Gemeinde.
2. In einem engeren Sinne bedeutet D., entsprechend dem Begriff der Oblation in der röm. Messe, den Großen → Einzug mit den hl. Gaben unter Absingen des Cherubimhymnus. Ursprünglich handelte es sich bei diesem Ritus um die D. der von der Gemeinde gestifteten Naturalgaben für die Eucharistie durch die Diakone an den Bischof, der sie auf den Altar legte (→ auch Prothesis). Mit der Ablösung der Naturalgaben durch die Geldkollekte entfiel der Oblationsgang der Gemeinde, während aus der Prozession der Diakone im Sinne der byz. Mystagogie der erwähnte Große Einzug wurde.

Lit.: K. Gamber, Missa Romensis, Regensburg 1970, 176-183; Jungmann 2, 3-125; Handbuch 1, 273 f. – S. auch Lit. zu Anaphora, Liturgie.

Darstellung Jesu im Tempel (grch. *hypapante,* f.; russ. *sretenie,* n., ‘Begegnung’ [mit Symeon]). – 1. Grundlagen für dieses Fest sind die Berichte in Luk. 2, 22-39 u. in den Apokryphen (Pseudomatth. 15). Bereits Ende des 4. Jh. schildert die Pilgerin Egeria die Hypapante als Jerusalemer Lokalfest, das, wahrscheinlich am 14. Febr., den Abschluß des 40tägigen Fastens nach dem Fest der Epiphanie (lat. *sane quadragesimae de epiphanie*) bildete. die D. J. i. T. wurde „mit großer Freude wie das Osterfest“ (lat. *cum summa laetitia ac si per pascha*) begangen. Nach anderen Quellen scheint das Fest in unmittelbarer Nähe von Epiphanie (am 5. Jan.?) gefeiert worden zu sein. Während einer Pest wurde auf Anordnung des Kaisers Justinian am 2. Febr. 542 eine Prozession gehalten. Als bei den Karnevalsumzügen der Brumalien, der röm. Feiern zur Wintersonnenwende, der Kaiser Mauricius öffentlich verhöhnt wurde, fand ebenfalls am 2. Febr. unter Teilnahme des barfüßigen Kaisers eine Prozession statt. Im Westen war der situationsmilitante „Sitz im Leben“ durch den Gegensatz zu den nichtchristl. Lupercalia (lat.) am 14. Febr. u. zum Amburbium (lat.) mit ihren Fruchtbarkeitsriten u. Karnevalsumzügen gegeben. Gegen sie schritt der Papst Gelasius 494 durch Prozessionen ein, bei denen die Christen Lichter u. dunkle Gewänder zu tragen hatten. Diese Litania (lat.; → unter Litanei) bewegte sich nach S. Maria Maggiore. Daraus wird, neben dem alten Bußcharakter des Festes, sein mariolog. Verständnis in der kath. Kirche deutlich (lat. *purificatio,* ‘Reinigung Mariä’; dt. Mariä Lichtmeß). Erst 1960 wurde der ursprüngl. Sinngehalt als Herrnfest wiederhergestellt. Der Herkunftsort der Lichterprozession, ob Rom od. Jerusalem, ist umstritten. Jedenfalls wurde das Fest seit dem 6. Jh. in beiden Kirchen am 2. Febr. begangen.
Für die Ostkirche gehört die D. J. i. T. zu den wichtigen, den Heilsplan Gottes in Christus darstellenden Festen. Es ist deshalb mit einer Ganznachtfeier (grch. *pannychis*) ausgezeichnet, die Abendgottesdienst u. Nachtwache zusammenfaßt. Die AT-Lesungen (2. Mose 13, 1-16; 3. Mose 12; Jes. 6, 1-12; Jes. 19, 1.3.4.5-6.12.16.19-21) stellen der Gemeinde die Vor-Bilder (grch. *typoi*) des Alten Bundes für den Neuen Bund vor. Unter Beachtung des Zusammenfalls (Ko-

inzidenz) von Großer → Fastenzeit u. dem Fest der D. J. i. T., der durch das Typikon geregelt wird (→ auch Verkündigung der Gottesmutter), kommt im Morgengottesdienst nach der Lesung von Luk. 2, 25-32 ein Vollkanon des Kosmas von Majum (8. Jh.) zum Vortrag, in dem das Mysterium der Inkarnation u. das Verhältnis des Christus als Kind u. Erlöser (ein beliebtes Motiv in der Ikonenmalerei) in immer neuen Wendungen behandelt wird. Nach der 9. Ode werden die Lichter angezündet. Zur Liturgie werden Hebr. 7, 7-17 u. Luk. 2, 22 bis 40 gelesen. Auf das Fest folgt eine Oktav, die bei Zusammenfall (Koinzidenz) mit der Vorfastenzeit (→ auch unter Fastenzeiten) auf 4 Tage od. auch auf einen Tag verkürzt werden kann. Im Osten bestimmt der Gegensatz zum Karnevalstreiben außerhalb der Kirche (→ auch Butterwoche) diesen Abschnitt des Kirchenjahres.

2. Die älteste Darstellung des Festes auf einem Mosaik am Triumphbogen von S. Maria Maggiore in Rom (um 440, vgl. Pkt. 1) führt in die Zeit der abklingenden Auseinandersetzungen mit den Lupercalia nach dem Verbot der nichtchristl. Kulte im Jahre 392. Dieses Mosaik, ein Repräsentationsbild im Vollsinne des Wortes, zeigt die Repräsentation Christi vor seinem Volk u. vor den nichtchristl. Völkern. Das christianisierte Rom empfängt Christus als „Erhalter der hl. Stadt" (lat. *conservator urbis*), mit dem das „Neue Zeitalter" (lat. *saeculum novum*) anbricht. Maria mit dem Kind wird durch eine Gruppe (Joseph, ein Engel u. Hanna) von Symeon getrennt, der mit verhüllten Händen (→ auch Gestus) heranschreitet.

Die Ikonographie des Ostens setzt erst mit dem 8. Jh. ein u. betont die Hypapante, die Begegnung Christi mit Symeon u. Hanna, indem sie sich auf die Hymnentexte des 2. Febr. stützt. In der letzten der byz. → Renaissancen wird das Szenarium bewegter. Manche Darstellungen zeigen Einflüsse der Beschneidung Christi (Abwendung des Kindes?). Nicht selten erhalten sie Züge des Genrebildes. Manchmal wird Symeon isoliert als Brustbild mit dem Kinde auf dem Arm wiedergegeben. Dabei ist oft die, aus den Festhymnen stammende Bezeichnung Symeons als „der, der Gott empfängt" (grch. *theodochos;* russ. *bogopriimec*) anzutreffen. – Taf. 17, 68.

Lit.: Bludau, 89-93; Handbuch 2, 290-291; V. Ivanov, Ikona „Sretenija Gospodnja", ŽMP 1976, 2, 16-18; Kellner, 132-134; Nilles 1, 91-93; Onasch, Weihnachtsfest, 67-69; Pokrovskij, 101-112; Schiller 1, 100-104; D. C. Shorr, The Iconographical Development of the Representation in the Temple, ArtB 28, 1946, 17-32; V. Talin, Sretenie Gospodne, Istorija prazdnika i ego smysl, ŽMP 1967, 2, 68-71; Ouspensky – Lossky, 171 f.; Wellen, 101 bis 109; LChI 1, 473-477; LdK 2(1989), 81-82 (Darbringung im Tempel); LexMA 5, 1151-1153 (Kindheitsgeschichte Jesu I, II); RBK 1, 1134 bis 1145.

Decken, liturgische. Im orth. Gottesdienst werden folgende D. verwendet: (1) die „erste Decke" (grch. *proton kalymma, diskokalymma;* russ. *malyj vozduch*) zum Bedecken der Abendmahlsschüssel, der Patene; (2) die „zweite Decke" (grch. *deuteron kalymma;* russ. wie oben, für beide auch russ. *pokrovcy*) für den Kelch u. schließlich (3) für Schüssel und Kelch die „dritte Decke" (grch. *triton kalymma,* auch *aer,* 'Luft', *nephele,* 'Wolke', *anotaton peplon,* 'obere Decke', *mega eilimmenon;* russ. *bol'šoj vozduch*).

Bei der Patene liegt die Decke auf dem Asteriskos, dem „Stern" (→ unter Altargeräte). Die D. liegen auf dem Rüstaltar, der Prothesis, dessen Entstehung mit der gleichnamigen Vormesse verbunden ist. Im 8. Jh. war das Diskokalymma bereits bekannt, ebenso der Aer. Im Zusammenhang mit der byz. Mystagogie wurde das erstere als Schweißtuch Christi, der letztere als Stein am Grabe gedeutet. Oftmals reich u. kostbar gestickt, gehören die l.n D. in den Bereich der sakralen Textilien. Eine Decke mit besonderer gottesdienstl. Funktion (am Karfreitag) ist der → Epitaphios. – → auch unter Velum. – Vgl. die Abb. S. 25.

Lit.: F. Dölger, Die zwei byz. „Fahnen" im Halberstädter Domschatz, Ders., Byzanz u. die Europ. Staatenwelt, Ettal 1953, 116-127; R. Engdahl, Beitr. zur Kenntnis der byz. Liturgie, Berlin 1908; Goar, 105, Nr. 51; Hanssens, Nr. 818-828; LexMA 3, 619 (Decke 2D).

Deesis (grch., f.; russ. *deisus,* m., 'Fürbitte', 'Gebet'), formelhaft-emblemat. Dreifigurenbild (grch. *trimorphon, triprosopos, parastasis*).

1. Mit D. bezeichnet man die Darstellung des thronenden Christus mit einem offenen od. geschlossenen Bibelbuch, zu seiner

Rechten die Gottesmutter, zu seiner Linken Johannes der Täufer, beide im Gestus der Fürbitte (lat. *intercessio*). Dieses Dreifigurenbild wird auch „Kleine D." genannt. Nur sie erhielt im Bildprogramm der Kirchen, in der Apsis, vorübergehend einen Platz.
2. Die „Große D." ist um die Erzengel Michael u. Gabriel, die Apostel Petrus u. Paulus sowie um die Liturgen Basilius u. Chrysostomus erweitert, die sich – ebenfalls im Fürbitt-Gestus – an Maria u. Johannes anschließen. Die Große D. besitzt auf der Bilderwand (nicht im Bildprogramm) zentrale Position u. erscheint auch in der höf. Kleinkunst als autonome Darstellung.
Die Wurzel der D. ist in dem schon für das 6. Jh. nachweisbaren Interzessionsgedanken zu suchen, der mit der Gottesmutter u. dem Vorläufer Johannes verbunden wird. Er bestimmte die Wandlung der trimorphen (dreifigurigen) Komposition vom reinen Repräsentationsbild vor dem Bilderstreit (→ unter Bild) zum Fürbittenbild der mittel- bis spätbyz. Zeit. Vom 11. Jh. ab erscheint die Kleine D. auch in der Darstellung des Jüngsten → Gerichts, ohne damit selbst unmittelbar eschatolog. Charakter anzunehmen. Die frühe Einbeziehung der D. in den Mittelpunkt der Bilderwand bedeutet vielmehr die theologisch wichtige Vergegenwärtigung der fürbittenden hl. Personen, wie sie auch in der Großen → Fürbitte der Liturgie zum Ausdruck kommt.
3. Eine Sonderform der D. stellt die → Engeldeesis dar. – Taf. 26.

Lit.: Th. v. Bogyay, D. u. Eschatologie, POLYCHORDIA. Fs. F. Dölger, Amsterdam 1967, 59 bis 72; Felicetti – Liebenfels, Geschichte[1], Reg.: D.; Grabar, Empereur, 103 f.; A. Kirpičnikov, Deisus na Vostoke i Zapade i ego Literaturnye Paralleli, Žurnal Ministerstva Narodnogo Prosveščenija, Nov. 1893, 1-26; V. N. Lazarev, Dva novych pamjatnika russkoj stankovoj živopisi XII-XIII vekov; ders., Russkaja Srednevekovaja Živopiś, Moskau 1970, 128-139; J. Myslivec, Proizchoždenie „Deisusa", Vizantija, Južnye Slavjane i Drevnjaja Ruś, Zapadnaja Evropa, Sbornik Statej v čest' V. N. Lazareva, Moskau 1973, 59-63; A. A. Saltykov, Deisusnye Ikony iz Sela Obodovo, Drevnerusskoe Iskusstvo, Moskau 1977, 188-198; Weitzmann, Reg.: D.; LChI 1, 494-499; 6, 38; Ch. Walter, Art and Ritual of the Byz. Church, London 1982, Reg.; LdK 2(1989), 100-101; LexMA 3, 631-632; RBK 1, 1178-1186.

Demetrios → unter Heiligenverehrung, → auch Heiligenbilder

Devotionalie (von lat. *devotio,* f., 'Gelöbnis', 'Ergebenheit', 'Fluch'), ein vornehmlich der Kleinkunst zugehörender Gegenstand religiöser Verehrung in der Privatsphäre. Schon in der Antike gab es Götterstatuetten, die beim Besuch von Heiligtümern erworben werden konnten. In der Alten Kirche entstanden an den Coemeterialkirchen und den hl. Stätten in Jerusalem und Palästina regelrechte Betriebe zur Herstellung von Reliquiaren, Ampullen, Amuletten, Statuetten u. anderen D.n. Der Handel mit diesen Dingen breitete die Verehrung der auf ihnen dargestellten hl. Personen od. Gegenstände über die ganze Welt aus. Die Kirche mußte die D., die sozusagen im „Niemandsland" zwischen Individuum und kirchl. Sozietät angesiedelt war, unter ihre Kontrolle bringen, indem sie ihren Besitz erlaubte bzw. unter ihren Segen stellte. Bei Profanation verliert die D. ihre Segenskraft. Als Massenware unterliegt sie den Gesetzen von Angebot und Nachfrage. Dabei wird zwangsläufig der künstler. Standard zur Stereotype verflacht, deren Schematismus nicht selten noch unter dem Niveau handwerkl. Könnens liegt. Auch die altruss. Ikone unterlag diesen Veränderungen, als sie – von bedeutenden Werkstätten abgesehen – im 18. u. 19. Jh. in Manufakturbetrieben hergestellt wurde, die sich zu privatkapitalist. Unternehmungen entwickelten. Es gehört zur Dialektik des Intimcharakters der D., daß ihre ästhet. Qualität unabhängig bleibt vom religiösen Verhältnis des Besitzers zu ihr. Auf der anderen Seite wird in diesem Intimcharakter auch der Grund dafür zu sehen sein, daß ein solcher Verehrungsgegenstand im Bereich der Volkskunst durchaus künstler. Werte besitzen kann.

Lit.: Kötting, Reg.; Onasch, Ikonenmalerei, 127 f.; S. Ringbom, Devotional Images and Imaginative Devotions, GBA 11, 1969, 159-170; LdK 2(1989), 152; LexMA 3, 930-931 (D.nhandel).

Diakon (grch. *diakonos,* 'Gehilfe', 'Diener', 'Bote'; russ. *diakon, d'jakon*). 1. Der Ursprung des Diakonats liegt in den Aussagen Jesu über die Diakonia, den Dienst der Gemeindeglieder untereinander (Matth. 20, 28; Mark. 10, 45; Luk. 22, 27; Joh. 13). Das paulin. Gemeindemodell kannte die Ämter des

Bischofs u. des D.s (Phil. 1, 1; 1. Tim. 3, 8.12). Die Zu- u. Unterordnung des D.s unter den Bischof schon im NT bestimmte die Stellung des D.s im Osten bis zur Gegenwart. Während nach dem ersten Clemensbrief (um 100) der Bischof mit Priester u. D. die Gemeinde leitet, stehen bei Ignatius von Antiochien (gest. nach 110) Priester u. D. unter der bischöfl. Oberleitung (→ auch Klerus). Der Dienst des D.s geschah in der Alten Kirche auf der verwaltungsmäßigen u. liturg. Ebene. Die D.e dienten bei den Liebesmählern, den Agapen, u. bereiteten die von der Gemeinde gebrachten Gaben für die Feier der Eucharistie vor. Im 4. Jh. vollzogen sie die feierl. Darbringung. In mittelbyz. Zeit (in Rußland noch im 12. Jh.) oblag ihnen die Vormesse (→ Prothesis). Innerhalb der Liturgie ist heute in Verbindung mit dem Kleinen → Einzug die Lesung des Evangeliums Sache des D.s (der Apostolos wird von einem Lektor gelesen), außerdem die liturg. Gebete (→ Ektenie, → Synapte) u. verschiedene Akklamationen u. Exklamationen. Zur Spendung der Sakramente dagegen ist der D., von Ausnahmen abgesehen, nicht bevollmächtigt.
Während das Diakonat in der kath. Kirche nur ein Durchgangsstadium zum Presbyterat darstellt, bildet es in der Ostkirche innerhalb der Hierarchie einen eigenen Stand mit seinen Pflichten u. Rechten (→ auch Cheirotonie). Als Gehilfe des Bischofs sowohl in der Alten Kirche wie auch in byz. Zeit gehörte der D. der episkopalen Verwaltung an (→ unter Bischofsverwaltung). Vor allem in Rom erlangten die D.e als Verwalter der bischöfl. Immobilien (Gebäude, Friedhof [→ Coemeterium] usw.) bes. in Verfolgungszeiten eine derartige Vorrangstellung, daß sie nicht selten Nachfolger des Bischofs wurden. Außerdem standen die D.e 7 Bezirken vor, die von den Pfarrbezirken unabhängig waren u. der Einteilung Roms in 7 Doppelregionen (lat. *regiones urbis*) entsprachen; sie hatten ihr bibl. Vorbild im Siebenerinstitut in Jerusalem (Apg. 6, 3; 21, 8). Erst vom 3. Jh. an gelang es den Priestern, die Vormachtstellung der D.e außerhalb der Episkopalverwaltung zu brechen. – Das Bildungsniveau des D.s war im MA wie allgemein das des Priesters sehr niedrig, obwohl die D'jaki in Rußland oft eine bessere Bildung als jene besaßen. Nicht selten waren D.e Führer nonkonformist. Bewegungen. Erst die Synode von 1551 („Hundertkapitelsynode") begegnete dem Bildungsnotstand der Weltgeistlichen in Rußland durch Einrichtung von Schulen für D.e. Seit dem 17. Jh. erfolgt ihre Ausbildung durch Geistl. Seminare.
2. In der kirchl. Kunst erscheinen D.e erst im 6. Jh. auf den Mosaiken von S. Vitale in Ravenna u. der Georgskriche in Saloniki im Zusammenhang mit dem Großen → Einzug. In mittel- bis spätbyz. Zeit werden oft bei Darstellungen des Cherubimhymnus, des Prothesis-Aktes u. (z. T. schon früher) der Apostelkommunion zelebrierende Engel in den liturg. → Gewändern des D.s wiedergegeben, dessen Funktion sie urbildhaft während der himml. Liturgie erfüllen. Die D.e Stephanus, Laurentius, Agapitus u. Felicissimus sind als Märtyrer, nicht aber wegen ihrer Zugehörigkeit zum Diakonat dargestellt worden. Die Wiedergabe des Laurentius (Martyrium 258) im Mausoleum der Galla Placidia in Ravenna (um 440, ursprünglich wohl eine Laurentius-Memoria) gehört zu den ältesten.

Lit.: W. Brandt, Dienst u. Dienen im NT, Gütersloh 1931; J. H. Dalmais, Le Diacre, Guide de la Prière du Peuple d'après la Tradition Liturgique, Maison – Dieu 64, Paris 1960, 30-40; Feine, Reg.: D.e; K. Gundjaev, K Voprosu Proizchoždenija diakonata, BoTr 13, 1975, 201-207; Kötting 374 f.; P. A. Leder, Die D.e der Bischöfe u. Presbyter u. ihre urchristl. Vorläufer, Kirchenrechtl. Abh. 23, 24, 1905; S. Salaville – G. Nowack, Le Rôle du Diacre dans la Liturgie Orientale, Paris – Athènes 1962; J. Madey, Der D. als Einheitsfaktor der euchar. Gemeinde im ostsyr. Ritus. Die Einheit der Kirche, Fs. P. Meinhold, Wiesbaden 1977, 30 bis 45; Ch. Walter, Art and Ritual of the Byz. Church, London 1982, Reg.: deacons; Schulz, Die byz. Liturgie, Reg. II B; LChI 1, 505-506; 6, 49-53; LexMA 3, 940-943 (D., Diakonat).

Diakonikon (grch., n., auch *skeuophylakion,* n., 'Gerätekammer', *gazophylakion,* n.; russ. *diakonnik,* m., *riznica,* f.; grch./lat. *thesaurarium,* n. 'Schatzkammer'), südlich der Zentralapsis (→ Apsis) gelegener, aus den älteren Pastophorien entstandener Raum zum Aufbewahren der liturg. → Bücher u. → Gewänder u. kirchl. Gerätschaften mit Ausnahme der Altargeräte. Bei großen Kathedralkirchen wurden im D. auch die Kirchenschätze aufbewahrt u. die Bibliothek untergebracht. Im D. befand sich oft ein

Empfangsraum (lat. *salutarium, receptorium*) für den Empfang des Klerus durch den Bischof, ebenso ein Ankleideraum (*lat. mutatorium, vestiarium*).

Diakonissa → unter Gottesmutterbilder

Diakonisse (grch. *diakonissa,* f.). Die D. gehörte zu den vorwiegend aus dem Unverheirateten- od. Witwenstand (bei Verheiratung war Entlassung die Regel) genommenen Dienstträgerinnen der Gemeinde in altkirchl. u. frühbyz. Zeit. Die D.n halfen bei der Taufe von Frauen, führten die Aufsicht über diese beim Gottesdienst u. übernahmen Krankenpflege u. Besucherdienste. Im 6. Jh. gab es an der Hagia Sophia in Konstantinopel noch 20 D.n. Obwohl die D.n in der Alten Kirche im Besitz der Weihe u. in den Klerus aufgenommen waren, wurden sie mit keinem leitenden Amt beauftragt. Mit dem Aufkommen der Nonnenklöster verschwand das Amt der D. aus der Kirche. Dagegen wurden ihr sowohl bei den Katharern im Westen als auch bei den Bogomilen im Osten (→ unter Häresie) im Falle ihres Übertritts zu ihnen wichtige Leitungsämter übertragen.

Lit.: Beck, 106; N. Bonwetsch, Das Amt der D. in der Alten Kirche, Mitau 1891; Feine, Reg.: D.n; R. Gryson, Le Ministère des Femmes dans l'Église Ancienne, Gembloux 1972; A. Kalsbach, Die altkirchl. Einrichtung der D.n, Freiburg/Br. 1926; S. V. Troickij, Diakonissy v Pravoslavnoj Cerkvi, S. Peterburg 1912 (Diss., masch.); G. Martimort, Les Diaconesses, Rome 1982; E. Behr-Sigel, Le ministère de la femme dans l'Église, 1987.

Dialog (grch. *dialogos,* m., 'Unterredung', 'Gespräch'), Wechsel- od. Zwiegespräch zwischen 2 od. mehreren Personen (Gegensatz: Monolog), im Kultus zwischen den Kultusteilnehmern. Der D. war im Alten Orient ebenso bekannt wie in der Synagoge u. im Christentum, das geradezu als „Religion des D.s" bezeichnet werden kann.

Als rhetor. Kunstform wurde der D. in der Predigt (→ Homilie) verwendet u. fand von daher Eingang zunächst in das Kontakion u. danach in den Kanon. Die Liturgie besitzt eine durchgehende D.-Struktur, die in besonderer Weise im D. zwischen Priester u. Gemeinde (später dem Chor) vor dem Eucharist. → Hochgebet zum Ausdruck kommt. Er hat folgenden Aufbau: Begrüßung (lat. *salutatio*) durch den Liturgen: „Die Gnade unseres Herrn Jesus Christus u. die Liebe Gottes des Vaters u. die Gemeinschaft des hl. Geistes sei mit euch allen" (2. Kor. 13, 13); Antwort der Gemeinde: „Und mit deinem Geiste"; erste Ermahnung (lat. *monitio*): „Empor die Herzen", Antwort: „Wir haben sie (emporgehoben) zum Herrn"; zweite Ermahnung: „Lasset uns danken dem Herrn", Antwort: „Würdig u. recht ist es, anzubeten den Vater u. den Sohn u. den hl. Geist, die in ihrem Wesen eine u. ungetrennte Dreiheit". Dieser D. wird zum erstenmal in der Kirchenordnung Hippolyts von Rom (→ unter Kirchenrecht) u. von Cyprian von Karthago (gest. 258) erwähnt. Während die Formel „recht u. würdig" (grch. *axion kai dikaion*) sich in Kaiser- u. Beamten-Akklamation u. Akklamationen bei der Cheirotonie, der Ordination des Bischofs, findet, verweisen die anderen Formeln auf bibl. Wurzeln (vgl. Klagel. 3, 41; Joh. 11, 41; Kol. 3, 1). Die trinitar. Erweiterung im zweiten Teil ist jüngeren Ursprungs. Sie dient der Überbrückung der durch das Stillgebet entstehenden Pause vor dem Sanctus. Das Modell des liturg. D.s lag in den Einladungs- u. Segenssprüchen jüd. Passa- und Mahlfeiern vor, wie es noch (durch judenchristl. Vermittlung?) in syr.-antiochen. Liturgieformularen zu erkennen ist. Der weitere Ausbau erfolgte im byz. Liturgiegebiet.

Lit.: Baumstark, 82-84, 88-91; H. Engberding, Der Gruß des Priesters zu Beginn der eucharistia in den östl. Liturgien, JLW 9, 1929, 138-143; Hanssens, Nr. 1223-1234; J. Jeremias, Die Abendmahlsworte Jesu, Berlin 1963, 103-105, 109-110; Jungmann 2, 138-144; Lietzmann, 122 f.; J. Whatmough, Poetic, Scientific and other Forms of Discourse, Berkeley 1956; Schulz, Die byz. Liturgie, Reg. II B; R.F. Taft, The D. before the Anaphora in the byz. Eucharistic Liturgy, OrChrPer 52, 1986, 299-324; 54, 1988, 47-77; LexMA 3, 946-947 (D. als Literaturgattung).

Dies natalis (lat., m., 'Geburtstag', od. *dies anniversarius,* 'Jahrestag'; grch. *hemera genethlios,* m., auch *genethlion,* n.), der jährl. Erinnerungstag an den Todestag eines Märtyrers, später auch eines Bischofs od. Heiligen in der Alten Kirche. Im Gegensatz zum außerchristl. D.n. verstand die Kirche den Tod als Geburt zum ewigen Leben. Deshalb trug dieser Tag Triumphcharakter u. wurde als „Geburtstag" bezeichnet. Im Mittelpunkt seiner Feier stand die Eucharistie am Grab des Märtyrers, in der Memoria od. in der Coemeterialkirche sowie die Verlesung seiner Heiligenvita. Später wurde diese in die liturg. → Bücher, das Synaxarion bzw. das Menaion, aufgenommen u. am D.n. zur Erinnerung verlesen (kommemoriert). – → auch Heiligenverehrung, → Märtyrerakten, → Martyrologium.

Lit.: H. Delehaye, Origines, 24-49; E. Freistedt, Altchristl. Totengedächtnistage u. ihre Beziehungen zum Jenseitsglauben u. Totenkultus der Antike, München 1928.

Dikerion (grch., n.; russ. *dikirij,* m.; lat. *cereus bisulcus,* m.), zweiarmiger Leuchter; wie das Trikerion, der dreiarmige Leuchter, zu den Bischofsinsignien gehörend (→ auch Licht). Die Kerzen werden über Kreuz gestellt u. versinnbildlichen die Einheit der beiden Naturen – der göttl. u. der menschl. Natur – Christi. Das D. ist aus Silber gearbeitet u. von einfacher Form. D. u. Trikerion werden vom Bischof während der Liturgie wechselweise sowohl über Kreuz als auch auseinander und hoch erhoben gehalten.

Lit.: Kirchengeräte, München/London/New York/ Paris 1992³ (Glossarium Artis, 2).

Diodion (grch., n.; russ. *dvupesnec, dvoepesnec,* m.), Zweioden-Kanon, reduzierte Form des Dreiodenbuches (→ Triodion) auf 2 Oden statt 3 für den Dienstag der Karwoche.

Diptychon (grch., n., 'das zweimal Gefaltete'; russ. *diptich,* m.), 1. zusammenlegbare Schreibtafel, die aus 2 an den Innenkanten miteinander verbundenen u. auf ihren Innenflächen mit Wachs ausgestrichenen kleinen Tafeln bestand, das „Diarium der Antike". Neben dem D. gab es 3-, 4- u. mehrflächige Schreibtafeln (grch. *triptychon, tetraptychon, polyptychon*). Sie wurden Ausgangspunkt für die Entwicklung des Kodex. Als Material für die Diptychen wurde Elfenbein, Edelmetall, Holz od. Knochen verwendet. Es war üblich, bei Übernahme eines hohen Amtes, bei Jahreswechsel u. anderen Anlässen (z. B. bei der Eheschließung) solche Elfenbeindiptychen zu verschenken. Bekannt sind die Konsulardiptychen. Viele erhaltene Stücke aus altkirchl. u. frühbyz. Zeit tragen Motive aus der christl. Ikonographie. Die Triptychen u. Polyptychen wurden Vorbild für eine Art von Klappaltärchen in der Ikonenmalerei, die transportable Bilderwände darstellen. Das D. mit seinen Abarten gehört in den Bereich der Kleinkunst.
2. Bereits im 5. Jh. ist die Sitte bekannt, die Namen der Spender der Gaben für die Eucharistie auf Schreibtafeln zu notieren u. im Gottesdienst zu nennen, ebenso wie den Namen des zuständigen Bischofs. Daraus entwickelten sich die liturg. Diptychengebete als Große Fürbitten (→ Liturgie). In ihnen wird in ehrender Weise der Toten (grch. *diptycha ton kekoimenon,* russ. *diptichi umeršich*) u. der Lebenden (grch. *diptycha ton zonton,* russ. *diptichi živych*) gedacht. Von besonderer Bedeutung im Sinne des Kirchenrechts ist dabei die Namensnennung (Kommemoration) von Mitgliedern der Hierarchie einer autokephalen Kirche (→ unter Autokephalie), deren Erwähnung eine der Voraussetzungen für die kanon. Gültigkeit der Liturgie u. der Spendung der Sakramente bildet. Eine dem D. entsprechende Fürbitte findet während der Vormesse, der Prothesis, statt (→ Schlachtung [Opferung] des Lammes). Wie in der kath. Kirche gilt die Kommemoration (das Gedenken) an die Toten in der Hierarchie der Ostkirche als Ausdruck der apostol. Nachfolge (Sukzession), der ungebrochenen, im Amt des Bischofs garantierten Tradition. Die Streichung aus den Diptychen, etwa im Falle eines Schismas (Kirchentrennung), bedeutet die Aufkündigung der Kirchengemeinschaft (der Koinonia, → auch unter Eucharistie).
3. Wie die erwähnten Konsulardiptychen konnten auch die liturg. Diptychen mit Darstellungen geschmückt sein, vor allem, wenn sie die Namen der leitenden Hierarchen führten od. wenn es sich um Taufdiptychen handelte.

Lit.: R. Delbrueck, Die Consulardiptychen, Berlin u. Leipzig 1929; Hanssens, Nr. 1340-1341, 1354 bis 1355; E. Kantorowicz, Ivories and Litanies, Journal of Warburg and Courtauld Institutes 5, London 1942; Ch. Teuber-Weckersdorf, Das D. als kunsthistor. Problem, Innsbruck 1956 (Diss.

masch.); W. F. Volbach, Elfenbeinarbeiten der Spätantike u. des frühen MA, Mainz 1952[2]; LdK 2(1989), 171-172; LexMA 3, 1101-1103; RBK 1, 1196-1203.

Diskos → Patene

Dodekaortion (grch., n., von *dodeka heorton;* russ. *dvenadcat' prazdnikov*), Bezeichnung für die Zusammenstellung von Bildern zu den 12 großen, innerhalb des Kirchenjahres hervorgehobenen Herrn- und Gottesmutterfesten: Verkündigung der Gottesmutter, Geburt Christi, Beschneidung Christi, Darstellung Jesu im Tempel, Taufe Christi, Verklärung Christi, Auferweckung des Lazarus, Einzug Christi in Jerusalem, Kreuzigung Christi, Anastasis (→ unter Auferstehung Christi), Himmelfahrt Christi u. Pfingsten. Unter Auslassung der Beschneidung wird sehr oft das Entschlafen der Gottesmutter eingefügt. Seit dem 12. Jh. bekannt, bleibt dieses Zwölferschema im einzelnen variabel; es richtete sich nach der Zusammenstellung der Herrn- u. Gottesmutterfeste, nach dem Patronat (Christus od. Maria) der Kirche, nach den Wünschen des Auftraggebers u. a. Das der Zahl der Apostel entsprechende D. hatte seine Vorläufer in einem Siebenerschema (nach den 7 Schöpfungstagen) u. einem Zehnerschema (nach den 10 Geboten), wobei das letztere nicht nur christologisch, sondern auch mariologisch ausgewählt wurde. Das Schema des D. findet sich im Bildprogramm der Kirchen u. hat auf die Entstehung der Bilderwand wesentlich eingewirkt. – Taf. 22

Lit.: Felicetti – Liebenfels[1], Reg.: D.; Lazarev, Reg.: dvenadcat' prazdnikov; K. Weitzmann, Greek Mythology in Byzantine Art, Princeton 1951, Reg.: dodecathlos; Weitzmann, Reg.: twelve great feats; LChI 2, 26-31 (Festbildzyklus); Lex MA 3, 1157-1158; RBK 1, 1207-1214.

Doxastarion (grch., n.), ein in 2 Bänden herausgegebenes Buch für den Leiter des Chores, das die große Menge der Stichera mit dem gottesdienstl. Lobgesang der Kleinen → Doxologie führt. Es wurde 1849 gedruckt.

Doxastikon (grch., n. sing.; russ. *slavnik,* m. sing.), Strophe (→ auch Troparion), die nach dem ersten Glied der Kleinen Doxologie („Ehre sei dem Vater") eingeschaltet wird und die Lehre von der Dreieinigkeit unter dem jeweiligen Festgedanken entfaltet.
Text: s. Anhang Nr. 19.

Doxologie (grch. *doxologia,* f., 'Lobpreis'; russ. *slavoslovie,* n.), gottesdienstl. Lobgesang. Die Heimat der D. ist die Synagoge, die eine im Gottesdienst u. im Privatleben gebrauchte Kurzform (hebr. *beraka;* grch. *eulogia*) u. einen vielgliedrigen, mit Responsorien ausgestatteten Hymnus (hebr. *quadisch*) kennt, der nur im Gottesdienst gesungen wird u. eine Tempelhierarchie voraussetzt. Wohl durch Vermittlung von Antiochien u. Syrien wurden Beraka u. Qadisch die Strukturmodelle der beiden Formen der D. in der Alten Kirche:
1. Als Kampfruf der Orthodoxen gegen die Arianer (→ unter Häresie) entstand die Kleine D. („Ehre sei dem Vater u. dem Sohne u. dem hl. Geist" [Arianer: „... durch den Sohn im hl. Geist"]. Die Betonung des ewigen Seins der 3 göttl. Personen im Schlußteil wendet sich ebenfalls gegen die arian. Lehre von der zeitl. Geschöpflichkeit Christi. Die Kleine D. findet sich an zahlreichen Stellen des Stundengottesdienstes u. der Liturgie, wobei ein Doxastikon u. ein wiederholtes Antiphon eingeschaltet werden können. Die D. wird mit Amen abgeschlossen.
2. Die große D. liegt in einer arian. (Apostol. Konstitutionen VII, 47 [→ auch unter Kirchenrecht]) u. in einer orth. Fassung vor (Codex Alexandrinus, 5. Jh., wo sie nach den bibl. Oden erscheint u. als „Hymnus der Morgenfrühe" [grch. *hymnos heothinos*] bezeichnet wird). Die Große D. (in der kath. Kirche Gloria major od. Hymnus angelicus [Gesang der Engel] im Unterschied zur Gloria minor, der Kleinen D.) hat folgenden Aufbau: (a) Eingang: Luk. 2, 14 (vgl. Luk. 19, 38), (b) Akklamationen an Gott u. Christus (mit Titelnennung wie „Eingeborener", „Lamm Gottes", „Sohn des Vaters", „Sündennehmer", „allein heilig, allein Herr"), (c) ein kunstvoll gegliedertes Hypophonon (→ auch Hypopsalma) mit dem Schluß: „In deinem Licht sehen wir das Licht (→ auch Licht) / Erstrecke dein Erbarmen auf die, so dich erkennen." In den Apostol. Konstitutionen schließt sich

noch das Dreimalheilig (→ Trishagion) an. In der Ostkirche wird die Große D. im Nachtgottesdienst u. im Morgengottesdienst gesungen. Während in der kath. Kirche der Hymnus angelicus einen der Höhepunkte der sonntägl. Meßfeier (mit Ausnahme der Vorfastenzeit u. der Fastenzeit sowie des Advents) bildet, ist die Große D. im Osten nicht in die Liturgie aufgenommen worden. Die Melodie der D. richtet sich nach den 8 Kirchentönen der Oktoechos u. ist mit ihren melismat. Ausschmückungen in der Kondakariennotation aufgezeichnet.
Text: s. Anhang Nr. 7.

Lit.: G. Delling, Der Gottesdienst im NT, Berlin 1952, Reg.: D.; Schulz, Die byz. Liturgie, Reg.II B; Jungmann 1, 419, 423 f., 446-461; ders., Die Stellung Christi im liturg. Gebet, München 1925; Werner, Reg.: D., Gloria in exelsis, Gloria patri; Lex MA 3,1336-1339.

Dreieinigkeit (grch. *trias,* f.; russ. *troïca,* f., lat. *trinitas,* f.). Die Lehre von der Einheit der 3 göttl. Personen (Vater, Sohn u. hl. Geist) gehört zu den Fundamentaldogmen der Christenheit u. ist allen Konfessionen gemeinsam. Im Kampf gegen Arius (→ unter Häresie) im 4. Jh. ist sie gültig formuliert worden. Seitdem hat diese Lehre immer wieder zu tiefgreifenden Auseinandersetzungen u. Gruppenbildungen geführt, die auch auf die Ikonographie der D. eingewirkt haben.

1. Die orth. Kirche kennt kein eigenes Trinitätsfest. Sie verband vielmehr die Vorstellung von dem durch die Dreieinigkeit beschlossenen u. vollendeten Heilsplan (Heilsökonomie) mit dem Festgedanken von Pfingsten. In Byzanz erstanden mit Metrophanes von Smyrna (2. Hälfte 9. Jh.) u. mit Kaiser Leon (gest. 912) zwei bedeutende Dichter von D.s-Hymnen. Sie gaben dem Pfingstfest noch deutlichere trinitar. Akzente. Daran anknüpfend u. unter Aufnahme volkstüml. Vorstellungen setzte sich in Rußland im 14. Jh. (s. auch unten zu Andrej Rublev) die Auffasung vom Pfingstsonntag als D.s-Tag (russ. *troicyn deń,* seltener *troičnyj deń*) durch.

2. Sieht man von Symbolen der D., wie dem Dreieck od. der Hand Gottes, ab, unterscheidet man im Osten 2 ikonograph. Gestalttypen der Darstellungen: die alttestamentliche od. angelomorphe (engelgestaltige) u. die neutestamentliche od. anthropomorphe (menschengestaltige) D. – (a) der angelomorphe Typ ist aus der Darstellung der „Gastfreundschaft" (grch. *philoxenia*) Abrahams nach 1. Mose 18 entstanden. Dieses alttestamentl. Ereignis verstanden schon einige Kirchenväter als Erscheinung des präexistenten Christus mit 2 Engeln, wie – nach einer Frühform dreier gleich aussehender Jünglinge in der Katakombe an der Via Latina (4. Jh.) – die Mosaiken von S. Maria Maggiore in Rom (vor 340) u. S. Vitale in Ravenna (6. Jh.) zeigen. Der Typ der „Gastfreundschaft" blieb in der Ikonen- u. Monumentalmalerei in zahlreichen Varianten erhalten. Nach dem Bilderstreit (→ auch unter Bild) entwickelte sich nach u. nach eine vergeistigte Auffassung der Philoxenia, an der die unter Pkt. 1 genannten Hymnendichter starken Anteil hatten. Während der letzten byz. → Renaissancen kam diese Vergeistigung in einem ausgeprägten ästhet. Stil zum Ausdruck, unter Beibehaltung des ikonograph. Personals (Abraham mit Sarah) u. Inventars (Speisegeräte). Durch bestimmte Dispositionen der Engel (z. B. mit gleicher Kopfhöhe nebeneinander am Tisch [isokephaler Typus] od. Erhöhung des mittleren Engels) wurden die innertrinitar. Beziehungen der 3 göttl. Personen angedeutet. Die Entwicklung des ikonograph. Schemas fand im Zusammenhang mit der Auffassung des Pfingstsonntages als D.s-Tag (s. Pkt. 1) ihren Abschluß u. Höhepunkt in der Troica Rublevs (1411 od. 1422/23). Durch Reduktion der Bildelemente auf das Wesentliche der Lehrinformation (die Einheit [russ. *edinstvo*] in der D.; Fortfall der Gastgeber; Altar statt Tisch; Opferlamm – → auch Schlachtung [Opferung] des Lammes – im Kelch statt der Speisegeräte) gelang dem Maler eine in der Einheit von Glaubensinhalt u. Ästhetik einzig dastehende Darstellung der D. Obwohl sich in diesem bedeutenden Denkmal der altruss. Ikonenmalerei der Kampf der Kirche gegen antihierarchische, antichristologische (nicht antitrinitarische) u. antiliturgische Strömungen der Zeit widerspiegelt, fehlt ihm jede apologet. Tendenz. – (b) Der anthropomorphe Typ zeigt auf einem Thron Gottvater als „Alten der Tage" mit dem Emmanuel (zu beiden → unter Christusbilder) auf dem Schoß. Der letztere hält ein Medaillon (→ Clipeus), auf

dem das Symbol des hl. Geistes, die Taube, dargestellt ist. Diese Komposition, die die 3 göttl. Personen stärker als die angelomorphe D. differenziert, heißt auch „Ineinander-Typ" der „Vaterschaft" (russ. *otečestvo;* lat. *paternitas*), während der westl. Typ (auf Miniaturen zu Ps. 110, 1) die Personen nebeneinander gruppiert (Synthronos-Typ). Der Typ des *„otečestvo"* ist sehr wahrscheinlich auf dem Balkan im 10./11. Jh. im Kampf der Kirche gegen die Bogomilen, die das D.s-Dogma in Frage stellten, entstanden u. kam von dort nach Rußland. Der Synthronos im Westen richtete sich schon im 9. Jh. gegen spätarian. Auffassungen von der Person Christi u. danach gegen die den Bogomilen verwandte Häresie der Katharer. – Seit alters werden auch die Drei Jünglingen im Feuerofen als Hinweis auf die D. gedeutet. – Taf. 18, 19, 20.
Text: s. Anhang Nr. 17.

Lit.: W. Braunfels, Die hl. Dreifaltigkeit, Düsseldorf 1954; P. Browe, Zur Gesch. des Dreifaltigkeitsfestes, ALW 1, 1950, 65-81; I. Corell, Gottvater. Untersuchungen über seine bildl. Darst. bis zum Tridentinum, Diss. Heidelberg 1958; J. Daniélou, Trinité et Angélologie dans la Théologie Judeochrétienne, RSR 45, 1957, 5-41; N. Demina, Troica Andreja Rubleva, Moskau 1963; J. Engemann, Zu den Dreifaltigkeitsdarst. der frühchristl. Kunst: Gab es im 4. Jh. anthropomorphe Trinitätsbilder?, Jb. für AuC 19, 1976, 157-173; H. Gerstinger, Über die Herkunft u. Entwicklung der anthropomorphen byz.-slav. Trinitätsdarst. des sog. Synthronos- u. Paternitastypus, Fs. für W.Sas – Zalociecky, Graz 1956, 79-85; Kirchhoff³; V. N. Lazarev, Andrej Rublev i ego Škola, Moskau 1966, 23 42; ders., Ob odnoj Novgorodskoj Ikone i Eresi Antitrinitariev, ders., Russkaja Srednevekovaja Živopiś, Moskau 1970, 279-291; J. A. Lebedewa, Andrei Rubljow, Dresden 1962, 77 ff.; R. Mainka, Andrej Rublev's Dreifaltigkeitsikone, Ettal 1964; N. V. Malinickij, K Istorii Kompozicii Vetchozavetnoj Troicy, SK 2, 1928, 33-46; Onasch, Ikonen, 356 f., 388 f.; ders. Ikonenmalerei, 187-190; ders., Ketzergeschichtl. Zusammenhänge bei der Entstehung des anthropomorphen D.s-Bildes, BZS 31, 1970, 229-243; ders., Kunst u. Gesellschaft im Modell der D.s-Ikone Andrej Rublevs, Beitr. zur byz. u. osteurop. Kunst des MA, Berlin 1977, 19-32; A. Papadopoulos, Essai d'Interprétation du Thème Iconographique de la Paternité dans l'Art Byzantin, CAr 18, 1968, 121 bis 136; L. S. Retkovskaja, O Pojavlenii i Razvitii Kompozicii „Otečestvo" v Russkom Iskusstve XIV-XVI vekov, Drevnerusskoe Iskusstvo XV do načala XVI vekov, Moskau 1963, 235-262; G. I. Vzdornov, Novookrytaja Ikona „Troicy" iz Troice-Sergievoj Lavry i „Troica" Andreja Rubleva, Drevnerusskoe Iskusstvo. Chudožestvennaja Kul'tura Moskvy i Priležaščich k nej Knjažestv XIV-XVI vv., Moskau 1970, 115-154; L. Müller, Die Dreifaltigkeitsikone des Andrej Rubljow, München 1990;K.Onasch, Identity Models of Old Russian Sacred Art, Medieval Russian Culture,hg.H.Birnbaum,M.S. Flier, Berkeley-Los Angeles-London 1984,175-205; B.Bobrinskoy,Le Mystère de la Trinité Cours de théologie Orth.,Paris 1986; LChI 1, 525-537; LdK 2(1989), 212-213;Lex MA 3, 1374-1377(Dreifaltigkeit).

Drei Jünglinge im Feuerofen (grch. *treis paides en kamino;* russ. *tri otroka v peči ognennoj*). 1. Die bibl. Ode Dan. 3 galt in der Alten Kirche als Hinweis auf die Dreieinigkeit (so noch später in den Liedern der Oktoechos) u. als Symbol der leibl. Auferstehung von den Toten. Aus der Synagoge wurde diese Ode frühzeitig in die Lesungen der Nachtwache von Ostern u. in Georgien u. Armenien von der → Geburt Christi u. → Epiphanie übernommen.
2. Als Bildthema begegnen die D. J. i. F. schon in der Malerei der Katakomben, in der Kunst der Sarkophage u. in der Kleinkunst (oft in Verbindung mit anderen Motiven wie Adam u. Eva, dem Opfer Isaaks durch Abraham u. a.). In der Monumentalmalerei während der byz. Epoche weit verbreitet, erhielt die Darstellung auf dem Balkan zur Türkenzeit als Trostbild besondere Bedeutung. In der Ikonenmalerie sind die D. J. i. F. früh anzutreffen. Das Bildschema zeigt im allgemeinen die D. J. i. F. in der Haltung von Oranten, während ein Engel sie mit einem Stabe vor der Glut bewahrt u. seine Flügel über sie ausbreitet. Die Jünglinge werden meistens in pers. Tracht gezeigt. In spät- u. nachbyz. Zeit werden häufig, vor allem auf dem Balkan, Nebukadnezar auf dem Thron u. die verbrannten Diener neben dem Ofen dargestellt. Der polit. Nebensinn des Themas wurde durch die Alte Kirche als Anspielung auf die röm. Kaiser aktualisiert.
3. Text u. Malerei regten im MA zu Mysterienspielen von den D. J.n. i. F. an. In der Uspenie-Kathedrale in Moskau u. in der Sophienkathedrale in Novgorod fand im Advent die „Ofenhandlung" (russ. *pečnoe delo*) statt, wobei in Novgorod der Ambon als „chaldäischer Ofen" (russ. *chaldejskaja peš'*) diente. – Taf. 21, 67.

Lit.: Dassmann, 258-270; A. Dimitrievskij, Čin

Peč'nogo Dejstva, VV 1, 1894, vyp. 3-4; T. Ehrenstein, Das AT im Bild, Wien 1923, 817-820; Goar, 570 f.; C. Kühl, Die Drei Männer im Feuer, Gießen 1930; Maltzew[3] II, 324-352; N. V. Ponyrko, Russkie Svjatki XVII Veka, TODL 32, 1977, 84-99; E. Stommel, Beitr. zur konstantin. Sarkophagplastik, Bonn 1954, 42-58; M. M. Velimirovič, Liturgical Drama in Byzantium and Russia, DOP 16, 1962, 351-385; LChI 2, 464-466 (Jünglinge, babylonische); LdK 2(1989),214; RBK 3, 668-676.

Drei Könige, Heilige → Epiphanie, → Geburt Christi

Dreimalheilig → Trishagion

Durchzug durch das Rote Meer (grch. *exhodos ton israeliton;* russ. *ischod evreev,* 'Auszug der Israeliten' [aus Ägypten]. Der zur Ode erhobene u. zu den AT-Lesungen der Osternacht gehörende Text aus 2. Mose 15, 1-19 wurde bereits von der Alten Kirche als Siegeshymnus (grch. *epinikios hymnos*) verstanden u. als Gegenstand einer bezugsreichen Auslegung auch bildhaft wiedergegeben. Unter den Typologien (→ unter Allegorie) der Taufe diente das Thema von der Zeit Tertullians (gest. um 220) an der Kirchenväterauslegung; es erscheint im späten 3. Jh. in der Malerei der Katakomben u. auf Sarkophagen (in der Mitte des 3. Jh. bereits in der Synagoge von Dura Europos). Hinzuweisen ist auf die Gegenüberstellung mit der Auferweckung des Lazarus in der Katakombe an der Via Latina. Enge ikonograph. Beziehungen bestehen zwischen der Darstellung der Vernichtung des Maxentius durch Kaiser Konstantin (gest. 337) am Konstantinsbogen in Rom u. der des D.s d. d. R. M. Im Verlauf der Ausbildung einer polit. Christologie (der Kaiser als ird. Abbild des Allherrschers Christus) im Zeitalter Justinians (6. Jh.) kam es zur Umbildung der an 1. Kor. 10 orientierten geistigen zu einer imperialen Auffassung der Darstellung, die ihre Wurzel in dem seit Euseb (gest. 339) traditionellen Verständnis vom Kaiser als dem „neuen Mose" hat. Die schon vorhandene Ikonographie des D.s d. d. R. M. wird zu einem kolossalen Schlachtengemälde ausgeweitet, wozu die Verbindung von Antikenstudium u. Schriftauslegung in den verschiedenen byz. → Renaissancen wesentlich beitrug. Der Siegestanz der Mirjam (2. Mose 15, 20 f.) ist sehr selten dargestellt worden, wohl, weil diese Stelle nicht in die Ode aufgenommen war. Wo der D. d. d. R. M. in spät- u. nachbyz. Zeit (vor allem auf dem Balkan) erscheint, sind folklorist. u. situationsmilitante Züge (Pharao als Türkenherrscher) unverkennbar.

Lit.: J. Daniélou, Traversée de la Mer Rouge et le Baptême aux premiers siècles, RSR 33, 1946, 402 bis 430; F. Dölger, Der D. d. d. R. M. als Sinnbild der christl. Taufe, AuC 2, 63-69, 76-79; J. Lassus, Quelques Représentations des „Passages de la Mer Rouge" dans l'Art Chrétien d'Orient et d'Occident, Mélanges d'Archéologie et d'Histoire 46, 1929, 159-181; LChI 1, 554-558; LdK 2(1989),239-240; RBK 2, 1-9. – S. auch Lit. zu Oden, Taufe, Taufe Christi.

E

Ecclesia u. Synagoge → unter Kreuzigung Christi

Eheschließung, kirchliche. 1. Die k. E. ist als eines der 7 Sakramente zugleich Gegenstand des Kirchenrechts. In der byz. Geschichte spielte die Ehegesetzgebung in den Konflikten zwischen Patriarch u. Kaiser eine wichtige Rolle. Die Kanonisten (Kirchenrechtler) setzten bei dem nach röm. Recht nicht bindenden Verlöbnis (lat. *sponsalia;* grch. *mnesteia*) an, das sie verkirchlichten; vom 8. Jh. an wurde es zu einer eigenen gottesdienstl. Handlung ausgestaltet. Die k. E. mit einem anderweitig verlobten Partner wurde auf der Synode von 692 dem Ehebruch gleichgestellt. Daraufhin wurden Sponsaliastreitigkeiten auch den kirchl. Gerichten überstellt. Dagegen nahm das Kaiserrecht von der seit dem 4. Jh. zunehmenden Ausstattung der k.n E. mit sakramentaler Würde keine Notiz, weil es diese nur auf Grund des altröm. Consensus (lat., 'Übereinkunft') zwischen den Partnern als rechtsgültig anerkannte. Erst Ende des 9. Jh. wurde die sakramentale k. E. auch vom Kaiserrecht für rechtsnotwendig erklärt. Dem entsprach ihre Absicherung gegen Ehehindernisse (grch. *kolymata;* lat. *impedimenta matrimonii*). Als solche galten nicht nur phys. Indikationen (Wahnsinn, Impotenz, Minderjährigkeit u. a.) u. rechtl. Gründe (Bigamie, Ehebruch), sondern auch

geistl. Vorstellungen; z. B. wurde das Patenamt als geistl. Verwandtschaft mit dem Täufling u. damit als ehehindernd angesehen. Die Ehe galt als unauflöslich. In der Praxis bestanden u. bestehen allerdings hierüber kontroverse Auffassungen. In der Frage der Zweit- u. Drittehe, der Ehe mit Ungläubigen od. Anhängern einer Häresie gab es eine Reihe von Ausnahmeregelungen (grch. *oikonomiai,* → Kirchenrecht). Ein absolutes Ehehindernis blieb die Priesterweihe (→ Cheirotonie, → auch Zölibat).
2. Die k. E. besteht heute aus 2 Teilen, die im allgemeinen aufeinanderfolgen: aus dem Verlöbnis (grch. *arrabon;* russ. *obručenie*) u. der „Krönung" (grch. *stephanoma;* russ. *venčanie*). Das Verlöbnis schließt sich an die Liturgie an; die Wein-Kommunion im zweiten Teil, der „Krönung", ist ein Element der Liturgie der vorgeweihten Gaben. Im Mittelpunkt des Verlöbnisses steht die Segnung der Ringe, im Mittelpunkt der „Krönung" die Segnung der Kronen. Hymnen u. Gebete sind voller typolog. Hinweise auf Abraham, Isaak, Jakob u. Daniel bzw. auf Sarah, Rebekka, Rahel u. Thamar sowie auf Eph. 5, 20-23 u. Joh. 2, 1-11. Im Schlußgebet wird auf Kaiser Konstantin u. seine Mutter Helena verwiesen.
3. Da die E. für Gesellschaft u. Kirche von großer Bedeutung ist, hat sie auch in der Kunst ihre Darstellung gefunden. Auf Sarkophagen (z. B. in Tipasa, Mauretanien u. Arles) ist der Ritus des Vereinigens der rechten Hände (lat. *dextrum iunctio*) dargestellt, daneben Szenen aus dem Eheleben. Auf Schalen der frühbyz. Epoche finden sich neben der Junctio Szenen aus dem AT u. NT (z. B. Silberplatte, 610-629, im Antikenmuseum Nikosia: E. des David, mit Priester, der die Junctio segnet). Neben die Junctio tritt oft die Krönung der Eheleute durch eine nimbierte od. auch nichtnimbierte Person. Reiches ikonograph. Material bringen Eheringe (→ auch unter Niello) aus dem 6./7. Jh. bei. Die auf ihnen dargestellte Szene mit Christus, der die Junctio od. die Krönung vollzieht, dürfte aus der E. am Kaiserhof übernommen sein. Das Motiv des die Junctio segnenden Christus findet sich auch auf anderen Gegenständen der Kleinkunst (z. B. auf einer Gürtelschnalle in der Byz. Collection, Dumbarton Oaks, Washington). Mehr unter die wenn auch kostbaren „Galanteriewaren" der Spätantike zählen einige Diptychen mit nichtchristl. Motiven (Museum in Brescia), die zu den Geschenken anläßlich der E. gehören (→ auch Gemme). Die ikonograph. Gestaltung all dieser Gegenstände, von denen hier nur Beispiele erwähnt werden, kann Aufschlüsse über das Selbstverständnis der altkirchl. u. byz. E. geben. Symbolisches Verständnis der E. bringen Darstellungen der Hochzeit zu Kana (Joh. 2, 1-11) zum Ausdruck.

Lit.: J. Basaroff, Die Ehe nach der Lehre u. dem Ritus der orth. russ. Kirche, Stuttgart 1873; Beck, 86 ff.; H. Dombois, Grundzüge des Eherechts der oriental. Kirchen, Zs. für ev. Kirchenrecht 13, 1967, 1-2, 98-115; Goar, 310-326; J. Gromoglasov, Opredelenie Braka v Kormčej i Značenie ich pri Issledovanii Voprosa o Forme Christianskogo Brakosočetanija 1, Sergiev Posad 1908; N. Kühn, Die Ehetrennung im Kirchenrecht der Orth. Kirchen des byz. Ritus, OstKSt 26, 1977, 3-27; B. Löbmann, Zweite Ehe u. Ehescheidung bei den Griechen u. Lateinern bis zum Ende des 5. Jh., Leipzig 1980; Milasch, § 177-205; P. A. Raes, Le Mariage dans les Églises d'Orient, Chevetogne 1959; S. V. Trojckij, Problema Braka v Christianskom Soznannii, Pravoslavie i Kul'tura, Berlin 1923, 81-112; ders.; De la Sainteté du Mariage, Présence Orthodoxe, Paris 1968, Nr. 3, 48-57; J. Zhishman, Das Eherecht der oriental. Kirche, Wien 1864; Handbuch Ostk.kunde II, 170 bis 173, 175 (I.-H.Dalmais); Ch.Walter, Art and Ritual of the Byz.Church,London 1982,121-125; LChI 2, 299-305 (Hochzeit zu Kana); LexMA 3, 1616-1648 (Ehe).

Eingeborener Sohn (grch. *monogenes hyios;* russ. *edinorodnyj syn*), eine nach ihren beiden ersten Worten genannte Kurzhymne (→ Troparion), deren Autorschaft (allerdings erst nach Zeugnissen des 9. u. 11. Jh.) dem Kaiser Justinian I. (gest. 565) zugeschrieben wird. Er soll sie 535/536 in der Liturgie zu singen befohlen haben. Nach anderen soll der monophysit. Patriarch von Antiochien Severos (gest. 538) der Verfasser sein.
1. Im Mittelpunkt des Hymnus steht der Gedanke, daß der E. S. u. das ewige Wort Gottes, der Logos, mit dem Gekreuzigten, der den Tod durch seinen eigenen Tod „untergetreten" hat, u. mit der zweiten Person der Dreieinigkeit identisch ist. Diese Vorstellung ist mit der vom „Gottesleiden" (Theopaschitismus, grch., → auch Trishagion) verwandt. Durch sie wurde die Unsterblichkeit Christi auch im Tode (→ Kreuzi-

gung Christi) u. damit die Herrschaft über den Tod zum Ausdruck gebracht. Vom 8. Jh. an wurde der E. S. nach dem zweiten Antiphon der Enarxis – dem Offizium, das die Liturgie der Katechumenen eröffnet – gesungen.
2. Im 16. Jh. entstanden in der russ. Malerei komplizierte Kompositionen unter Verwertung der in diesem Hymnus behandelten theolog. Vorstellungen, die eine Art von Zusammenschau (Synopse) der Heilsgeschichte bieten. Wegen ihrer Neuheit erregten sie zahlreiche Diskussionen, bis sie im 17. u. 18. Jh. zu den bekannten Bildschemata gezählt wurden. – Taf. 23.
Text: s. Anhang Nr. 8.

Lit.: Anthologia Graeca, XXXII; F. I. Buslaev, Sočinenija 2, S. Peterburg 1910, 285 ff.; V. Grumel, L'Auteur et les Dates de Composition du Tropaire Ho monogenes Hyios, EO 22, 1923, 398 bis 418; Hanssens, Nr. 806; N. I. Mneva, Gesch. der russ. Kunst, 3. Bd. Dresden 1959, 408 ff.; J. Myslivec, Liturgické Hymna jako Náměty Rusských Ikon, BSZ 3, 1931, 462-499 (470-472); Wellesz, 165, 178 f.; G.Bühring, S.Uhlig, Antiochenisches u. Justinianisches im Hymnus „E.", OstKst 37,1988,297-307;J.Breck,Le Tropaire „Monogenes"-Symbole de foi orth.,La Pensée Orth. 3, Lausanne 1983,57-81; LChI 1, 451-452.

Einsetzungsbericht. Unter E. versteht man den bereits liturgisch gestalteten Text aus 1. Kor. 11, 23 b-26 (vgl. Matth. 26, 26-29; Mark. 14, 22-25; Luk. 22, 15-20), der dann zum Kernstück (→ auch Anaphora) der Liturgie der Gläubigen gehörte. Der E. folgt nach einem kurzen gedankl. Übergang unmittelbar auf das Eucharistische → Hochgebet; ihm schließen sich die Anamnese, die Erinnerung an die Heilstaten Christi, u. die Epiklese, das Gebet um Herabsendung des hl. Geistes, an. Die Worte Jesu („*ipsissima vox*") werden vom Chor mit Amen bestätigt, nachdem sie vom Priester als Lautgebet gesprochen wurden. Die Berichtsworte werden als Stillgebet rezitiert. Der Gedanke, daß Christus als Hoherpriester (→ auch unter Christusbilder) Brot u. Wein „in seine hl. u. unbefleckten u. untadeligen Hände nahm", wird nach dem Prinzip liturg. Nachahmung (grch. *mimesis*) durch die entsprechende Gestik des Liturgen vergegenwärtigend zum Ausdruck gebracht. Die im Rüstraum, der Prothesis, vorbereiteten Gaben werden im Akt der Wandlung (nach der Epiklese) zu Leib u. Blut Christi.
Der E. der Basiliusliturgie u. der Chrysostomusliturgie stimmen, von der Einfügung bei Luk. 22, 17 (Gewächs des Weinstocks) u. 1. Kor. 11, 24 c, 26 (zu „Tod" noch „Auferstehung") in der ersteren abgesehen, überein. Die stärkere Reflexion auf die Gestik des Liturgen in der Basiliusliturgie hat ihre Wurzel bereits in den E.en des NT. Die Unterschiede in den Texten von Matth., Mark. u. Luk. „sind nicht literar. Korrekturen der Evangelisten, sondern eine Spiegelung der liturg. Entwicklung" (J. Jeremias), die in der feierl. Kultsprache des paulin. E.s ihren Abschluß erhielt (Kyriostitel Christi, feierl. Eingangsformel „In der Nacht, da er verraten ward", die an eine Rubrik erinnernde Formel „Er nahm, dankte, brach u. sprach", der Anamnese-Auftrag Christi „Solches tut zu meinem Gedächtnis" an die Gemeinde u. a.). Während in der Didache (um 100, → unter Kirchenrecht) der E. fehlt, wird er von Justin (gest. um 165) ausdrücklich bezeugt. Dem Text des E.s in der Kirchenordnung Hippolyts von Rom folgt der in den Apostol. Konstitutionen (→ Kirchenrecht). Die *„ipsissima vox"* Christi wird in einigen oriental. Formularen kultisch „verschwiegen", wohl aus Scheu, das „schauervolle Geheimnis" der Eucharistie (grch. *phrikton mysterion*) zu verletzen. Die damit verbundenen Vorstellungen sind bis in die antiochen. Liturgie zu verfolgen; sie haben ihre Wurzel im „Verschweigen" des E.s im (wahrscheinlich in Antiochien entstandenen) Johannesevangelium. Wenn die byz. Liturgie die Worte Christi wie den E. überhaupt auch nicht „verschwiegen" hat, so hat sie ihn doch hinter der Bilderwand „verborgen". – Text: s. Anhang Nr. 9.

Lit.: B. Botte, Problèmes de L'Anamnèse, JEH 5, 1954, 16-24; F. Hamm, Die liturg. E.e im Sinne vergleichender Liturgieforschung untersucht, Münster (Westf.) 1928; Hanssens, Reg.: Institutio eucharistica; J. Jeremias, Die Abendmahlsworte Jesu, Berlin 1963; Jungmann 2, 243-251, Reg.: E.; Lietzmann, 24-49; W. E. Pitt, The Anamnese and Institution Narrative in the Liturgy of Apostolic Constitutions Book VIII, JEH 9, 1958, 1-7; Schulz, Die byz. Liturgie, Reg.II B (Einsetzungsworte u. Gedächtnisbefehl); ders., Liturg. Vollzug u. sakrament. Wirklichkeit des euchar. Opfers, OrChrPer 45,1979, 245-266; 46, 1980, 5-19. – S. auch Lit. zu Basiliusliturgie, Chrysostomusliturgie, Liturgie.

Einzug (grch. *eishodos,* f.; lat. *ingressus,* m.; russ. *vchod,* m.). 1. Die älteste Form des E.s als liturg. Prozession ist der E. des Bischofs mit Klerus zu Beginn des Abendgottesdienstes, währenddessen ihm der Hymnus „Auf viele Jahre" (→ Polychronion) dargebracht wird.
2. Aus dieser Form entstand im Laufe der Entwicklung der byz. Liturgie der Kleine E. (grch. *mikra eishodos;* russ. *malyj vchod*), der im 8. Jh. bereits bekannt ist: Der Diakon, dem Kerzen vorangetragen werden (→ unter Licht; beim Bischof → Leuchter, → Dikerion; → Trikerion), nimmt das Tetraevangelium, das die 4 Evangelien enthält, vom Altar u. trägt es, gefolgt vom Priester, rechts um den Altar herum durch die nördl. Tür vor die Bilderwand, weist es mit dem Ruf „Weisheit! aufrecht!" der Gemeinde vor u. bringt es durch die Mitteltür zum Altar zurück. Diese Prozession heißt deshalb auch Evangelien-E. (grch. *eishodos tu euangeliu;* russ. *vchod evangelija*). Der Kleine E. ist der Höhepunkt der Liturgie der Katechumenen (→ Liturgie der Gläubigen); mit den Lesungen versinnbildlicht er das Kommen Jesu als Lehrer.
3. Der Große E. (grch. *megale eishodos;* russ. *velikij vchod*) leitet nach Entlassung der Katechumenen die Liturgie ein. Unter Intonation u. Rezitation des Cherubimhymnus u. unter Mitführen von Leuchtern u. Fächern werden die in der Vormesse (→ Prothesis) vorbereiteten, aber noch nicht konsekrierten (verwandelten) Gaben von der nördl. Tür aus durch die Kirche zum Altar getragen. Der Priester trägt den Kelch in den Händen, der Diakon die Patene, die Abendmahlsschüssel, auf dem Haupt. Nachdem beides auf dem Altar niedergesetzt wurde, wird die Mitteltür der Bilderwand geschlossen. Der Große E. ist für die Mitte des 6. Jh. bezeugt u. geht auf die → Darbringung (der Naturalgaben) zurück. Er versinnbildlicht das Kommen Christi zum Golgathaopfer, das in unblutiger Weise in der Liturgie vergegenwärtigt wird. Sowohl der Kleine als auch der Große E. haben aber auch einen rechtl. Aspekt: Mit dem Vorweisen der hl. Dinge (→ auch Elevation) soll sich die Gemeinde von deren Echtheit u. damit von der Legitimität der Liturgie überzeugen.
4. Der „letzte E." (grch. *eschate eishodos*) des Klerus in den Altarraum wird nach der Kommunion der Gemeinde vollzogen.

Lit.: Fendt, Reg.: Oblation; Hanssens, Nr. 666 bis 668, 869-882, 926-931, 1096-1102; Jungmann 1, 56 f., 341-499; 2, 3-121; R. F. Taft, The Great Entrance. A History of the Transfer of Gifts and other Preanaphoral Rites of the Liturgy of St. John Chrysostom, Rom 1975; Schulz, Die byz. Liturgie, Reg.II B; Ch.Walter, Art and Ritual of the Byz. Church, London 1982, Reg.:liturgy, Great Entrance; LChI 6, 455-457.

Einzug Christi in Jerusalem (grch. *baiphoros,* m., 'Palmtragen'; russ. *vchod v Jerusalim*). 1. Die liturg. Voraussetzungen für die Ikonographie des E.s Ch. i. J. finden sich in den Feierlichkeiten des → Palmsonntags im Jerusalem der Alten Kirche, die sich nach Matth. 21, 1-11 richteten, vor allem im späteren Palmeselritt u. in den ebenfalls erst vom 6./7. Jh. an reicher fließenden Hymnen zu diesem Fest. Die letzteren heben, in Verbindung mit dem Lazarussamstag, den verborgenen triumphalen Charakter des E.s Ch. i. J. hervor.
2. Der E. Ch. i. J. erscheint im Westen bereits in der Sarkophagkunst, vom 6. Jh. an in den Bibelillustrationen u. der Monumentalmalerei (Mosaik von Alt-St.-Peter, 8. Jh.; Fresken der kleinasiat. Höhlenkirchen, 10. Jh.). Der Triumphcharakter und die Verbindung zum Passionszyklus ist früh festzustellen; auch im Dodekaortion (dem Zwölferfestkreis) wird das Thema nach der Auferweckung des Lazarus bzw. nach der Verklärung Christi dargestellt. Während der Westen das Schema des rittlings auf dem Esel sitzenden Christus und die aufrechte Kopfhaltung des Tieres entwickelt und festhält, zeigt der Osten Christus im Seitensitz (bis zur Frontalität) und das Reittier mit gebücktem Kopf. Der Osten ergänzt die christolog. u. mariolog. Deutung einzelner Motive im Sinne der Mystagogie (z. B. wird die Mysteriumshöhle unter der Ölbergkirche [→ Martyrion], als unregelmäßige Öffnung des Berges im Hintergrund angedeutet, christologisch u. mariologisch gedeutet) od. erweitert den Personenbestand um Symbolfiguren (seit dem 5./6. Jh. die Tochter Zion), wozu die Festhymnen die Vorbilder liefern. Personalbestand und Inventar aus den Anfängen der frühchristl. Zeit (Knabe mit Mantel, wenige Jünger und Begrüßende, oft

Einzug Christi in Jerusalem

Zachäus auf dem Baum, Stadtmauer von Jerusalem) werden in der byz. Epoche schrittweise zu einer komplizierten, mit Genreszenen durchsetzten Komposition erweitert, nicht zuletzt im Zusammenhang mit den erwähnten mystagog. Deutungen. Die Zahl der Apostel und Begrüßenden wird stark vergrößert, unter den letzteren erscheint vom 9. Jh. an eine Frau mit einem Kind an der Hand. An der Ausbreitung von Tüchern vor dem Esel wird festgehalten, der auf dem Baum kletternde „hebräische Knabe" belebt die Szenerie, ebenso wie die Ausgestaltung der Stadt Jerusalem in spät- und nachbyz. Zeit od. die malerische bis bizarre Darstellung des Ölberges. Daneben werden auch neue Szenen eingeführt, z. B. vom 11. Jh. an das Heranführen der Eselin mit ihrem Füllen, ihr Ankauf beim Besitzer, offenes und geschlossenes Stadttor, das Hinabreiten vom Ölberg u. a. In der letzten der byz. → Renaissancen werden die klass. Schemata sowohl fixiert als auch stärker aufgegliedert u. szenenreicher durchkomponiert. Landschaftsdarstellungen u. Städtebilder machen den E. Ch. i. J. zu einem dramat. Ereignis, dessen psycholog. Wirkung mit den spezif. Stilmitteln dieser Epoche zum Ausdruck gebracht wird. – Taf. 24; Abb.

Lit.: E. Dinkler, Der E., Opladen 1970; M. A. Il'in, Izobraženie Ierusalimskogo Chrama na Ikone „Vchod v Ierusalim" Blagoveščenskogo Sobora, VV 17, 1960, 105-113; Onasch, Weihnachtsfest, 172-194 (zur Mystagogie des Höhlenmotivs); Ouspensky – Lossky, 178-180; Pokrovskij, 258-266; V.H.Elbern,Eine wiedergewonnene nordruss. Ikone mit dem „E.Chr.", FS Onasch, Halle 1981,51-58; LChI 1, 593-597; LdK 2(1989), 285 bis 286; LexMA 3,1748; RBK 2, 22-30.

Eirenika (grch., n. plur.; russ. *mirnye,* n. plur.), sekundäre Bezeichnung für das Große Kollektengebet (→ Synapte), nach den Anfangsworten *„en eirene"* (grch., 'in Frieden'; russ. *s mirom*).

Eklogadie (grch. *eklogade,* f.; 'Auswahl'), 1. ausgewählter Abschnitt aus den bibl. Lesungen, gleichbedeutend mit Perikope.
2. Im speziellen Sinne stellt eine E. einen der Bahnlese od. der Lectio continua entnommenen u. für einen bestimmten Tag vorgeschriebenen Leseabschnitt dar. → auch Lesungen.

Lit.: G. Kunze, Die gottesdienstl. Schriftlesung, Göttingen 1947, Reg.: Eklogadion.

Ekphonese (grch. *ekphonesis,* f., 'Aufschreien', 'lautes Sprechen'; russ. *vozglas,* m., *vozglašenie,* n.), feierliche, halb gesprochene u. halb gesungene Vortragsweise der Lesungen (grch. auch *kerygma,* n.; lat. *proclamatio,* f., *lectio,* f., *lectio solemnis*). Schon der Alte Orient kannte u. entwickelte für diesen „Sprechgesang" eine Reihe von Akzentsystemen, die für die Ausbildung der altkirchlich-frühbyz. E. von Bedeutung sind. Je mehr aber der „Sprechgesang" zur „Sprachmusik" wurde, entwickelte sich ein eigenes Notationssystem, die ekphonet. → Notation.

Lit.: Wellesz, 33, 137; Werner, Reg.: Ecphonesis, Ecphonetic accents; Joh.v.Gardner,Gesang der russ.-orth. Kirche bis zur Mitte des 17.Jh., Wiesbaden 1983, Reg.

Ekphrasis (grch., f.; lat. *descriptio,* f.), eine mit den Mitteln der antiken Lobrede durchgeführte Beschreibung von Ereignissen, Sitten u. Gebräuchen, vor allem aber von hl. Orten, Denkmälern u. Kunstwerken → Panegyrikos). Die E. war in der antiken Literatur, einschließlich der jüdischen, sehr verbreitet. Eine Reihe von Ekphraseis über Denkmäler, Kunstwerke u. hl. Orte geben der Forschung wertvolle Auskünfte über verlorengegangene od. in ihrem ursprüngl. Zustand nicht mehr erhaltene Baudenkmäler, so die für die christl. Archäologie wichtigen E.-Partien in den Schriften Eusebs von Cäsarea (gest. 339) u. anderer, die E. des Paulus Silentiarius über die Einweihung der Hagia Sophia in Konstantinopel 562 sowie über den Ambon dieser Kirche, die E. des Konstantin Rhodius über die Apostelkirche in Konstantinopel aus der Mitte des 10. Jh. u. die Beschreibung derselben Kirche durch Nikolaus Mesarites (gest. um 1220). Für die Geschichte des mittelbyz. Kirchenbaus wichtig ist eine Kirchenweihe-Predigt des Patriarchen Photios (gest. um 891) auf eine Gottesmutterkirche des Palastes in Konstantinopel. Auf die byz. E. haben Vorstellungen der Mystagogie eingewirkt, deren Idealmodelle die Beschreibungen der historisch-konkreten Sakralgebäude nicht selten überlagern u. verwischen (→ auch Mystagogie).

Wichtige Informationen über byz., spätbyz. u. oriental. Sakralbauten u. hl. Stätten auf dem Balkan, in Jerusalem u. Palästina finden sich in den altruss. Pilgerberichten vom 11.-14. Jh. (die Choždenija Daniils, Dobrynja Jadreijkovič's, Stefans von Novgorod u. a.). Ekphrastisches Material über Baudenkmäler, Kunstgegenstände, Personen innerhalb u. außerhalb Rußlands u. a. ist verstreut in der hagiograph. u. homilet. Literatur sowie in den Chroniken vorhanden. Im 17. Jh. schrieb Paul von Aleppo eine Reisebeschreibung, die zahlreiche Erklärungen wichtiger Denkmäler enthielt.

Lit.: P. Friedländer, Spätantiker Gemäldezyklus in Gaza. Des Pokopios von Gaza E. eikonos, hg. u. erklärt, Città del Vaticano 1939; ders., Johannes von Gaza u. Paulus Silentiarius, Leipzig – Berlin 1912; J. Irmscher, Die poet. E. als Zeugnis justinian. Kulturpolitik, Wissenschaftl. Zs. der F.-Schiller-Universität Jena, ges.-sprachwiss. Reihe 14, 1965, 79-87; C. Mango, The Homilies of Photius, Cambridge (Mass.) 1958; H. Maguire, Art and Eloquence in Byzantium, Princeton, New Jersey 1981; LexMA 3, 1770-1772; RBK 2, 33-75.

Ektenie (grch. *ektene,* f., *ekteneia,* f.; russ. *ektenija,* f., 'das Angespanntsein im Gebet'), wie das Große Kollektengebet, die Synapte, eine bestimmte Gattung des liturg. Gebets, in manchem der kath. Litanei entsprechend. Man unterscheidet: 1. die Kleine E. (grch. *mikra ektene;* russ. *malaja ektenija*). Sie beginnt mit der Aufforderung (grch. *prosphonesis*) des Diakons „Wieder u. wieder lasset uns in Frieden zum Herrn beten" (grch. *eti kai eti en eirene tu kyriu deethomen;* russ. *paki i paki mirom gospodu pomolimsja*);
2. die inbrünstige E. (grch. *tes ektenes hikesia;* russ. *sugubaja ektenija*). Sie beginnt mit den Worten: „Alle lasset uns sagen mit ganzer Seele" (grch. *eipomen pantes ex holes tes psyches;* russ. *rcem vsi ot vseja duši*).
3. Die Bitt-E. (russ. *prositel'naja ektenija*) od. das Gebet der Darbringung (grch. *euche tes proskomides*) beginnt mit den Worten „Aller Heiligen gedenkend, wieder u. wieder lasset uns in Frieden zum Herrn beten" (grch. *panton ton hagion mnemoneusantes eti kai eti en eirene tu kyriu deethomen;* russ. *vsja svjatyja pomjanuvše, paki i paki mirom gospody pomolimsja*). Mit ihr u. dem Vaterunser wird die Kommunion eröffnet.
Diese drei E.n unterbrechen die einzelnen vom Diakon vorgetragenen Gebetsanliegen

(lat. *suffragia*) durch das mehrmalige Kyrie eleison. Sie werden begleitet durch Stillgebete des Priesters hinter der Bilderwand. E.n finden sich auch in den Feiern der Sakramente, im Stundengebet und im Stundengottesdienst. – → auch Gebet, → Liturgie. Text: s. Anhang Nr. 10.

Lit.: Hanssens, Nr. 1047-1082; M. N. Skabalanovič, Ektenii, Trudy Duchovnoj Kievskoj Akademii 1911, Juni: 181-202; Sept.: 1-39; Schulz, Die byz.Liturgie, Reg.II B.

Elashippos → unter Heiligenverehrung, → Heiligenbilder

Eleusa → unter Gottesmutterbilder

Elevation (lat. *elevatio,* f.; grch. *hypsosis,* f.; russ. *voznošenie,* n.), das Emporheben hl. Gegenstände, die der Kultusgemeinschaft gezeigt werden müssen, um durch Feststellung ihrer Identität die Gültigkeit der kult. Handlung zu bezeugen.
In der Liturgie der Ostkirche ist die E. eine eigene Handlung vor der Kommunion. Nach der Ermahnung (lat. admonitio) „Lasset uns aufmerken" durch den Diakon wird der Vorhang vor den Türen der Bilderwand zugezogen, u. der Priester ruft, nachdem er das hl. Brot emporgehoben hat, die Akklamation: „Das Heilige den Heiligen", der Chor antwortet: „Einer ist heilig, einer der Herr, Jesus Christus, zur Herrlichkeit Gottes des Vaters." Danach folgt der Akt des Brotbrechens. Die priesterl. Akklamation wurde in der Alten Kirche als Warnung verstanden, nur Heilige, d. h. Getaufte, kommunizieren zu lassen. Die E. wurde wahrscheinlich in der byz. Kirche vom 6./7. Jh. an üblich, während sie von der kath. Kirche erst im 12. Jh. zum Zwecke der Hostienanbetung u. als Abwehr der antieucharist. Katharer eingeführt wurde. Durch das Fehlen der Bilderwand hat sich in der kath. Kirche die oben beschriebene Funktion der E. noch erhalten, obwohl sich in beiden Kirchen ihre Sinngebung zu einer Darbringung der hl. Gaben vor Gott verändert hat.

Lit.: Hanssens, Nr. 1374-1386; Jungmann, Reg.: E.; L. Leipold, Religionsgeschichtliches zur E. der Abendmahls-Elemente, Aus der byz. Arbeit der DDR, 1. Bd., Berlin 1957, 213-217; LexMA 3, 1811.

Elfenbein. Das E. aus Elefanten-, Walroß-, Nilpferd- u. Mammutzahn (Fossil-E.) gehört seit der Jungsteinzeit zum ältesten Material der Mal- u. Schnitzkunst. Die E.-Kunst entwickelte sich in allen Kulturgebieten der Antike (China, Japan, Indien, Äthiopien, Libyen, Ägypten, Syrien, Griechenland) zu außerordentl. Leistungen, von denen hier nur die von Phidias (um 500 v. Chr.) gepflegte Goldelefantenkunst (Chrysoelefantine) genannt sein soll.
Die Kirche wurde einer der wichtigsten Auftraggeber dieser Kunst, die seit alters religiös-elitäre Züge trägt. So konnte die byz. Kultusästhetik ihre spezif. Möglichkeiten auch an diesem Werkstoff erproben. Aus Elfenbein gefertigt sein können Ikonen, das Diptychon, die Pyxis (ein Behältnis zum Aufbewahren des Abendmahlsbrotes), das Reliquiar u. andere Gegenstände der Kleinkunst, z. B. auch der Bischofsstab. Zentren der E.-Kunst waren Mailand, Rom u. Trier im Westen; Alexandrien, Antiochien u. Konstantinopel im Osten. Die alten Techniken (Erweichen des E.s, Biegen u. Pressen, Schnitzen, Sägen od. Behauen, Polieren u. Polychromieren) wurden zur höchsten Perfektion gebracht u. machten das E. zu einem der teuersten Exportartikel von Byzanz.
Von den wichtigsten Denkmälern der E.-Kunst seien hier genannt: aus altkirchlich-röm. Zeit die Lipsanothek (→ Reliquiar) von Brescia, um 370, mit christolog. u. Passionsszenen; um 440 entstandene E.-Tafeln u. a. mit der Darstellung der Frauen am Grabe od. der Himmelfahrt Christi; die Christus- u. Gottesmutter-Diptychen des 6. Jh. u. vorher, im 5. Jh., die sogenannten Londoner Passionstäfelchen; die dem byz. Kaiserhaus in Konstantinopel verbundenen E.-Arbeiten des 9./10. Jh. Neben den christl. Arbeiten gab es in der Spätantike nach wie vor E.e mit Motiven aus der klass. Mythologie (wichtigstes Zentrum Antiochien mit seinen starken vorchristl. Kunsttraditionen), die in den verschiedenen → Renaissancen in Byzanz, vor allem im 9./10. Jh., wieder aufgenommen wurden.

Lit.: J. Flemming, Byz. Schatzkunst, Berlin 1979; A. Goldschmidt – K. Weitzmann, Die byz. E.-Skulpturen des 10.-13. Jh., 2 Bde., Berlin 1930, 1934; P. Metz, E. in der Spätantike (3.-6. Jh.), München 1962; W. Volbach, E.-Arbeiten der

Spätantike u. des frühen Mittelalters, Mainz 1952; LdK 2 (1989), 301-306 (E.etc.); LexMA 3, 1812 bis 1820.

Email (frz., m., vgl. dt. Schmelz; grch. *chymeusis,* f.), Verfahren, um einen durch Metalloxyde gefärbten Glasfluß herzustellen u. ihn auf einen Träger aus Metall, Ton od. auch Glas aufzutragen.
Nach der Art des Auftragens unterscheidet man: (1) das Furchen-E., (2) den Grubenschmelz (frz. *émail champlevé*), (3) den Zellenschmelz (frz. *émail cloisonné*) u. (4) das Draht-E. Sofern bei der künstler. Bearbeitung das rein Dekorative zugunsten bildhafter Darstellungen verlassen wird, spricht man von der E.- od. Schmelzmalerei. Sie war bereits in Ägypten u. im ägäischen Kulturkreis bekannt u. erreichte in Byzanz u. zunächst unter seinem Einfluß in Georgien den Höhepunkt ihrer Entwicklung. In Rußland wurde im 16./17. Jh. das Draht-E. bevorzugt; daneben lebte auch der Grubenschmelz weiter, wobei oft die Technik des Niello – das Ausgießen einer in den Bildträger gravierten Zeichnung mit einer Schmelzmasse – angewendet wurde. Byzanz exportierte vor allem den Zellenschmelz. Sein Anwendungsbereich erfaßte sowohl Luxusgegenstände des tägl. Gebrauchs als auch Sakralgeräte (Altargeräte, Diptychon, Enkolpion, Kreuz, Pyxis, Reliquiar u. a.).
Das E. war ein ideales Objekt der byz. Kulturästhetik. Aus der Fülle von Beispielen der E.-Kunst sollen nur erwähnt werden: die Staurothek von Limburg (10. Jh.); die Pala d'Oro aus dem Domschatz von Venedig (10.-14. Jh.); die St.-Stephans-Krone in Budapest (11. Jh.); ein Reliquiar im Domschatz zu Halberstadt (11. Jh.); ein goldenes Diadem in Leningrad (12. Jh.); das Triptychon aus Chachuli, Georgien (11. bis 12. Jh., mit Teilen aus dem 8.-10. sowie aus dem 13.-14. Jh.).

Lit.: J. Flemming, Byz. Schatzkunst, Berlin 1979; W. A. von Jenny, Kelt. Metallarbeiten, Berlin 1935; M. Rosenberg, Gesch. der Goldschmiedekunst, 3-4: Zellenschmelz, Frankfurt a. M. 1921 bis 1922; K. Wessel, Die byz. E.-Kunst, Recklinghausen 1967; Russkaja ėmal' XII- načala XX veka iz sobranija Gosudarstvennogo Ermitaža, Moskau 1987; T. Sanikidzé, G. Abramishvili, Orfèvrerie Géorgienne du VIIe au XIXe siècle, Genève 1979; LdK 2 (1989), 313-316(E.etc.); LexMA 3, 1868-1873; RBK 2, 93-129.

Emblem (grch. *emblema,* n. sing., 'das Eingesetzte', 'Musterbild'), sinnbildl. Darstellung von religiösen, weltanschaul. u. polit. Vorstellungen im Bereich der Zwischenbeziehungen von Literatur u. Kunst, deren Deutung heute zu den Aufgaben der Ikonologie gehört. Die Abgrenzung zu Allegorie, Attribut u. Symbol ist oft fließend. Das E. unterscheidet sich von ihnen vor allem durch einen bestimmten, literarisch begründeten u. nicht selten spieler. Vergleichsmechanismus.
Das E. besteht (1) aus dem Motto (grch. *lemma;* lat. *inscriptio*), das in knappster Form (2) das Bild (grch. *eikon;* lat. *pictura*) umschreibt, u. (3) aus dem Epigramm (lat. *subscriptio*), das den Vergleich mit einem Dritten (lat. *tertium comparationis*) erlaubt. Der Sinn der Veranstaltung besteht darin, das Rätsel (grch. *ainigma*) einer außergewöhnl. Erscheinung durch Bild u. Deutung aufzulösen. So können z. B. Lemmata die verschiedensten Eigenschaften des Adlers umschreiben, mit denen bildhaft bestimmte Charakterzüge des Evangelisten Johannes gedeutet werden; ein solches E. braucht sich nicht mit dem entsprechenden Evangelistensymbol zu decken.
Diese literarisch-bildhafte Deutungskunst entwickelte sich im Westen seit der Renaissance für die Sinnerschließung antiker Kunstwerke u. für moralisch-didakt. Zwekke. Sie wirkte auch auf Literatur u. Kunst auf dem Balkan u. in Rußland (z. B. auf Ikonen didakt. Inhaltes) ein. Vor allem wegen ihrer engen Bindung an Bibel- od. Hymnentexte (→ auch Kontakion, → Kanon, → Kirchendichtung, → Kirchenmusik) blieb der religiösen Kunst des Ostens diese Art des Bedeutungsspiels der westl. Emblematik innerlich fremd. Unter Beachtung dieser Voraussetzung u. der obengenannten Abgrenzungsschwierigkeiten kann aber gesagt werden, daß bereits die altkirchliche u., ihr folgend, die byz. Kirchenkunst emblemat. Züge im weiteren Sinne trug, insofern sie grundsätzlich auf Sinnbildlichkeit angelegt war (→ auch Bild). Es handelt sich dabei um Bildtypen, die sich durch Kurzfassung der Aussage, Konzentration (oft auch durch Symmetrie) der Kompositionselemente u. nicht selten durch eine Inschrift auszeichnen. Dazu gehört u. a. die spätantike Herrschafts-Emblematik, die von der

Kirche vom Kaiserkult auf die Person Christi (→ Aurum coronarium, → Christusmonogramm, → Deesis u. die → Hetoimasia) u. die Gottesmutter (z. B. der Stern als Herrschafts-E. der Himmelskönigin, → Entschlafen der Gottesmutter) übertragen wurde. Bei ihnen ist die Aufschließung ihres änigmatischen (Rätsel-)Charakters durch Erarbeitung des Tertium comparationis nicht nur für die Christologie wichtig, sondern auch für die Einsicht in die situationsmilitante Entstehung solcher Bilder (Anspruch der Kirche auf die kaiserl. Emblematik). Der emblemat. Zug solcher „Kurzkompositionen" wird besonders deutlich, wenn sie umfassenderen Darstellungen eingefügt sind, wie z. B. dem Jüngsten → Gericht, od. in der komplizierten Thematik der russ. Ikonenmalerei des 16.-17. Jh. erscheinen. Die letzteren bildeten die Grundlage für die Entwicklung der oben erwähnten didakt. Emblematik der späten russ. Ikonenmalerei.

Lit.: A. Henkel – A. Schöne, E.ata. Handbuch zur Sinnbildkunst des 16. u. 17. Jh., Stuttgart 1967; D. S. Lichačev, Čelovek v Literature Drevnej Rusi, Moskau 1970[2], Reg.: Emblema (dt. Dresden 1975); ders., Razvitie Russkoj Literatury X-XVII vekov, Leningrad 1973, Reg.: E.atika; M.Lurker (Hg.), Wörterbuch der Symbolik, Stuttgart 1983[3], 157-159 (E.E.buch); LChI 1, 618-622; LdK 2(1989), 317-319 (E.atik); 4, 513 (Sinnbildkunst). – S. auch Lit. zu Allegorie, Attribut, Ikonologie, Symbol.

Emmanuel → unter Christusbilder

Empfängnis der heiligen Anna (grch. *syllepsis tes hagias kai theoprometoros Annes,* 'Empfängnis der hl. u. Gottesstammutter Anna'; russ. *začatie pravednoj Anny,* 'Empfängnis der gerechten Anna'; lat. *conceptio S. Annae, matris Deigenitricis,* 'Empfängnis der Mutter der Gottesgebärerin').

1. Während die kath. Kirche die E. d. h. A. (entsprechend der Geburt der Gottesmutter am 8. Sept.) am 8. Dez. feiert, begeht die Ostkirche an diesem Tage nur das Vorfest (grch. *proheortion*) u. am 9. Dez. das eigentl. Fest der E. d. h. A. Vor dem 10./11. Jh. scheint das Fest im Osten nicht verbreitet gewesen zu sein. Erst 1166 wurde es durch kaiserl. Erlaß eingeführt u. mit einer Vorfeier ausgestattet. Der Kanon des Andreas von Kreta (gest. 740) beschreibt das Wunder der Fruchtbarkeit an Anna. Die Lesungen werden dem Gedächtnistag von Joachim u. Anna am 9. Sept. entnommen. Der östl. Festinhalt wurde von der kath. Kirche, mit einer kurzfristigen Ausnahme Mitte des 11. Jh., nicht übernommen. Hier setzte sich, wenn auch zunächst gegen erhebl. Widerstand, die Lehre von der unbefleckten Empfängnis Mariens (lat. *conceptio immaculata*) im Leibe der Anna durch. Von dieser ist weder in dem um 150 geschriebenen Protevangelium des Jakobus (→ unter Apokryphen) noch vor, während u. nach der marian. Synode von 431 die Rede, ohne daß damit die Vorstellung von der Makellosigkeit der Gottesmutter in Frage gestellt worden wäre. Dabei ist allerdings zu beachten, daß der Westen im Gegensatz zum Osten das Protevangelium lange Zeit nicht anerkannt hat. Der Bericht über die E. d. h. A. in diesem Apokryph ist dem über Hanna in 1. Sam. 1 u. 2 nachgebildet.

2. Das Festbild des 9. Dez. im Osten konzentriert sich in Anlehnung an die apokryphen Berichte vor allem auf die Begegnung Joachims mit Anna, die als ehel. Vereinigung angedeutet wird. Dieses Motiv ist seit Ende des 10. Jh. bekannt. Bald danach erscheint als zweites Motiv die Verkündigung an Anna. Schon früher, im 6. Jh., sind Darstellungen entstanden, die Anna mit der kindl. u. zugleich erwachsen scheinenden Maria (→ unter Topik) – nach dem Vorbild der Hodegetria unter den Gottesmutterbildern – zeigen. Die E. d. h. A. erscheint fast ausschließlich in Zyklen des Marienlebens, indem sie diese eröffnet. In mittelbyz. Zeit war das Thema in Verbindung mit einer verbreiteten Joachim-Anna-Verehrung auch in Rußland bekannt u. beliebt.

Lit.: L. d'Ancona, The Iconography of the Immaculate Conception, New York 1957; Handbuch 2, 300 ff.; M. Jugie, La Fète Byzantine de la Conception d'Anne, Academia Mariana Intern. Alma Socia Christi 5, Rom 1952, 29-35; Kellner, 181-199; J. Lafontaine-Dosogne, Iconographie de l'Enfance de la Vierge dans l'Empire Byzantin et en Occident, 1, 2, Bruxelles 1964-1965; Nilles 1, 348 bis 351; Wellen, Reg.: Anna; LChI 2, 338-344 (Immaculata Conceptio); 5, 168-184 (Anna); LdK 1(1987), 174-176 (Anna,Hl.); LexMA 1, 653-654 (Anna,hl.); LdK 5, 313-314 (Unbefleckte Empfängnis).

Empore, ein über den Seitenschiffen u. dem

Vorraum, dem Narthex, befindlicher, durch Treppen zu erreichender Raumteil im Kircheninnern. Er diente in der Alten Kirche u. im MA als spezieller Aufenthaltsraum, z. B. für die Frauen (grch. *gynekaion;* lat. *matroneum*), für den Kaiser od. für Fürsten u. deren Gefolge, ohne die Bodenfläche des Kirchengebäudes zu reduzieren. Die E.n-Anlage ist im Orient entstanden u. von dort nach dem Westen gekommen. E.n finden sich sowohl in der Basilika wie im Zentralbau. Der mittelalterl. Sozialstruktur entsprechend, diente die E. dem Repräsentationsbedürfnis der herrschenden Schichten. Auf der E. der Hagia Sophia in Konstantinopel z. B. empfing der Kaiser ausländ. Gesandte, um mit ihnen der Liturgie beizuwohnen. Es fanden dort Gastmähler statt; die kaiserl. Familie ließ sich an diesem Ort aber auch die Kommunion reichen. Dem entspricht das Bildprogramm der E. (Gastfreundschaft Abrahams, Hochzeit zu Kana, Brotvermehrung u. a.). In Novgorod befanden sich auf bzw. hinter den E.n mit Fresken ausgestattete Kapellen der Kaufleute, in denen sie auch ihre Handelsgeschäfte tätigten.

Lit.: G. Bandmann, Mittelalterl. Architektur als Bedeutungsträger, Berlin 1951, 207 ff.; J. C. Davies, The Origin and Development of Early Christian Church Architecture, New York 1953, Reg.: Galleries; K. Onasch, Groß-Nowgorod, Leipzig 1969 (Wien u. München 1969), 142; P. O. Rave, Der E.n-Bau in roman. u. frühgot. Zeit, Bonn – Leipzig 1924; LdK 2 (1989), 322-323; LexMA 3, 1895-1897; RBK 2, 129-144. – S. auch Lit. zu Kirchenbau.

Enarxis (grch., f.; russ. *načalo,* n., 'Eröffnung'), ein eigenes, auf die Vormesse, die Prothesis, folgendes u. die Liturgie der Katechumenen eröffnendes Offizium. Es besteht aus 3 Antiphonen (Wechselgesängen), die an Sonn- u. Feiertagen durch die Seligpreisungen ersetzt werden. Ihnen ist ein Großes Kollektengebet, eine Synapte, vor- u. eine Kleine → Ektenie zwischengeschaltet. Sie werden begleitet von Stillgebeten des Priesters. – Die Geschichte der E. ist noch nicht völlig geklärt. Sie hat sich aus Elementen des Abend-, Nacht- u. Morgengottesdienstes entwickelt. Dabei wurde die Kurzhymne (Troparion) vom Eingeborenen Sohn, die ursprünglich wohl beim Kleinen → Einzug gesungen wurde, in die E. eingefügt. Neben Einwirkungen des Mönchtums ist der von der gall. Pilgerin Egeria schon für das Ende des 4. Jh. bezeugte Einzug des Bischofs, der von Psalmversen u. Gebeten, auf die das Volk respondierte, begleitet wurde, für die Geschichte der E. von Bedeutung. Nach dem für die byz. Liturgie gültigen Gesetz der Vermeidung unmittelbarer Konfrontationen (→ auch unter Kultusästhetik) wurde die E., als sie den Gottesdienst nicht mehr eröffnete, zu einer Vorbereitung auf den Kleinen Einzug. Das ist wahrscheinlich im 7./8. Jh. geschehen.

Lit.: Hanssens, Nr. 798-810; Jungmann 1, 344; G. Kunze, Lehre, Gottesdienst, Kirchenbau, Göttingen 1949, 123 f; N. K. Moran, The E. of the Mass of St. Basil, OstKSt. 29, 1980, 157-164. – S. a. Liturgie.

Energumenen (grch. *energumenoi,* m. plur., 'Besessene', auch *cheimazomenoi,* 'Gemüts-' u. 'Geisteskranke'). Das Liturgieformular der Apostol. Konstitutionen (→ unter Kirchenrecht) schreibt die Entlassung der E. (nach den Katechumenen, aber vor den Bußklassen) am Schluß der Liturgie der Katechumenen (→ Liturgie der Gläubigen) vor. Ob es sich dabei um eine sonst nicht praktizierte syr. Sitte handelt, ist nicht geklärt. Während die Katechumenen ursprünglich aktiv an der über sie gesprochenen Fürbitte teilnahmen, waren die E. dazu natürlich nicht imstande. Mit zunehmendem Einfluß der byz. Kultusästhetik auf die Entwicklung der Liturgie sind die E. in den späteren Formularen nicht mehr berücksichtigt worden. In der frühchristl. Kunst wird der Energumen als Besessener (mit u. ohne Dämon) dargestellt. Heilungsszenen finden sich in der ausgebildeten Ikonographie des Jüngsten → Gerichts. – → auch Exorzismus.

Lit.: F. J. Dölger, Der Ausschluß der Besessenen (Epileptiker) von Oblation u. Kommunion nach der Synode von Elvira, AuC 4, 1934, 110-137; Hanssens, Nr. 684, 1092; H. Heintel, Grundzüge einer Ikonographie des Epileptikers, Verhandlungen 20. Intern. Kongreß der Medizin Berlin 1966, Hildesheim 1968; Schiller 1, 182 ff.; LChI 1, 273 bis 277.

Engel (grch. *angelos,* m.; russ. *angel;* lat. *angelus;* 'Gesandter'). 1. E. sind in allen Religionen bekannt, die einen gemäßigten bis radikalen Dualismus vertreten, u. erfüllen hier die Funktion der Verbindung zwischen einer himml. u. der ird. Welt. Als „Sondergestalt der Macht" sind ihnen eine Reihe von Aufgaben übertragen (Schutz-, Völker-, Buß-E., Deute-E. [lat. *angelus interpres*], Straf-E., E. des Herrn, E.-Heerscharen u. a.), die in der spätjüd. u. frühchristl. Apokalyptik bekannt waren, ohne daß es schon in dieser Zeit zu einer E.-Verehrung durch die Kirche gekommen wäre. Einem immer unkontrollierbarer werdenden, durch die Gnosis beeinflußten E.-Kultus (vor allem in Kleinasien) gegenüber entstand im 5./6. Jh. das System himml. u. ird. (unsichtbarer u. sichtbarer) Hierarchien des Pseudodionysius vom Areopag (→ Mystagogie), das die Entwicklung einer christl. E.-Lehre (Angelologie) begünstigte. Nach dem Pseudoareopagiten bestehen die E.-Hierarchien aus drei Triaden: Erste Hierarchie od. Triade:

(1) Seraphim (grch. *serafim;* russ. *serafimy*)
(2) Cherubim (grch. *cherubim;* russ. *cheruvimi*)
(3) Throne (grch. *thronoi;* russ. *trony, prestoly*)

Zweite Hierarchie od. Triade:

(1) Herrschaften (grch. *kyriotetes;* russ. *gospodstvija*)
(2) Kräfte (grch. *dynameis;* russ. *sily*)
(3) Gewalten (grch. *exusiai;* russ. *vlasti*)

Dritte Hierarchie od. Triade:

(1) Obrigkeiten (grch. *archai;* russ. *načala)*
(2) Erz-E. (grch. *archangeloi;* russ. *archangeli)*
(3) E. (grch. *angeloi;* russ. *angeli).*

Dabei werden die Hierarchien in deszendierender (absteigender) Reihe vorgestellt, derart, daß die erste unmittelbar vor Gottes Thron steht, die zweite u. dritte in zunehmender Entfernung von ihm. Die letzte Hierarchie od. Triade stellt die Verbindung zur Welt des Menschen her. Als Helfer bei der Praktizierung der Askese genossen die E. im Mönchtum hohes Ansehen. Die dualist. E.-Lehre der Bogomilen im Osten u. der Katharer im Westen (→ unter Häresie) rief im 9./10. Jh. eine gesteigerte E.-Verehrung in der Kirche hervor.

2. Die Vorstellung, daß die ird. Liturgie nur ein analoges Abbild u. „Echo" (grch. *apechema)* der himmlischen, unter Assistenz der Engel vollzogenen sei, hat die Theologie der Alten Kirche vom Spätjudentum übernommen; sie ist im Sinne des Pseudodionysius in byz. Zeit weiterentwickelt worden u. spiegelt sich im Sanctus u. in spezifisch byz. Weise, im Cherubimhymnus wider. Aber auch die Einstimmigkeit der byz.-slav. Kirchenmusik u. der Ausschluß von Musikinstrumenten (einschließlich der Orgel) zeigen den Einfluß der Kultusästhetik des Pseudodionysius. In besonderer Weise reflektiert der einstimmige Gesang des Mönchtums auf die Vorstellung vom „engelgleichen Leben" der Asketen. Der Kanon galt als E.s-Gesang, weil seine 9 Oden an die 3 x 3 Ordnungen des Pseudoareopagiten erinnerten. Am Ende des Eucharist. → Hochgebets, vor dem Sanctus, nennt die Chrysostomusliturgie die E.-Hierarchien in mehr summar. Weise, während die Basiliusliturgie sich mit leichten Abwandlungen an das oben mitgeteilte Schema des Pseudodionysius hält. Die Einheit der sichtbaren Kirche mit der Kirche der „Körperlosen" (grch. *asomatoi;* russ. *besplotnye)* wird durch die Erwähnung der E.-Ordnungen im Ritus der Schlachtung (Opferung) des Lammes zum Ausdruck gebracht. In den Festliturgien erscheint der E. bzw. Erz-E. als Künder der Herrlichkeit Gottes u. zugleich als Angelus interpres bei der Geburt Christi, der Verkündigung der Gottesmutter, der Auferstehung Christi u. der Himmelfahrt Christi. Als Assistenten fungieren die E. zu Epiphanie u. zugleich bei der Taufe Christi. In allen diesen Positionen werden sie nicht selten im Gestus der Akklamation dargestellt. Als Beauftragte Gottes bringen die E. die Apostel (→ auch Apostelbilder) zum Entschlafen der Gottesmutter u. führen diese leiblich gen Himmel. Am 8. Nov. wird der Erz-E. Michael in einer eigenen Festfeier (→ Synaxis) verehrt, während die Festfeier für Gabriel am 26. März stattfindet. Raphael wird am 8. Sept. u. am 8. Nov. miterwähnt (zum 8. Sept. → auch Geburt der Gottesmutter, zum 26. März → Verkündigung der Gottesmutter am 25. März). An einer der ältesten vor- u. nebenchristl. Kultstätten Kleinasiens für die E.-Mächte in Kolossae (später Chonae, vgl. Kol. 2, 18), entstand vor dem 7. Jh. eine Kirche zu Ehren des Erz-E.s Michael. Den Widerstand, der sich gegen die Errichtung dieser Kirche erhob, hat Michael nach einer Legende durch ein Wunder gebrochen. Während im 11. Jh. ein Bittkanon an den

Schutz-E. (grch. *angelos ho phylax*; russ. *angel chranitel'*) eingeführt wurde, erreichten im Kampf gegen die E.-Auffassung der Bogomilen (s. unten) die Erz-E. Patronate im 11. u. 12. Jh. zahlenmäßig ihren Höhepunkt. In diesem Zusammenhang ist der Mythos vom E.-Sturz u. vom Sieg Michaels über Satan-Luzifer zu nennen, der auch in den Hymnen der erwähnten Gedenktage anklingt. Das Thema findet sich bereits Offb. 12, 7 ff., das Bildmotiv ist seit dem 6. Jh. bekannt u. wurde in den Dienst der christl. Reichsideologie (das Reich des byz. Kaisers als analoges Abbild des himml. Reiches) gestellt. Bereits zur Zeit des Kaisers Konstantin (gest. 337) wurde Michael als „Erzstratege" verehrt. Vom 9. Jh. an dürften sich diese Vorstellungen vor allem gegen die Bogomilen (→ unter Häresie) gerichtet haben, die sich mit den gefallenen E.n des Mythos identifizierten u. Christus als höchsten E., als „Körperlosen", der deshalb nicht Mensch geworden sei, verehrten. Gegen die Gleichsetzung Christi mit Michael (dieser der ältere, nach anderen der jüngere Bruder Satans) als „E. des Großen Rates" durch die Häretiker wandte sich die Großkirche mit der Entwicklung eines Bildtypus, der Christus ebenfalls als „E. des Großen Rates", aber mit Wundmalen an Händen u. Füßen zeigt (→ unter Christusbilder), eine für die Bogomilen unerträgl. Vorstellung. So hatte die Kirche ihre Lehre von den E.n sowohl gegen übertriebene Verdinglichung als auch gegen übertriebene Vergeistigung zu verteidigen. Heute ist der Sonntagabend in der orth. Kirche liturgisch den E.n reserviert.

3. Die Kunst der Alten Kirche stellte die E. zunächst als flügel- u. bartlose junge Männer dar. Geflügelte E. wurden später in Anlehnung an die antiken Niken u. Genien üblich. In der byz. Kunst hat sich die strenge Schönheit des E.s als Typus durchgesetzt u. erhalten. Wegen ihrer Bedeutung für die Liturgie u. für das Bildprogramm ist die Darstellung der Cherubim (nach Hes. 1, 4 bis 25 u. Offb. 4, 6-11) bzw. des Tetramorph u. der Seraphim (nach Jes. 5, → auch Sanctus) in der Kuppelzone wichtig. In ihrer Ikonographie erscheinen vorwiegend Mischtypen beider mit anthropomorphen u. zoomorphen Zügen. Charakteristisch ist für beide das rhombenförmige od. ein der antiken Gorgo ähnl. Antlitz, das die starke Distanz dieser unmittelbar vor Gottes Thron vorgestellten E.-Mächte zum Beschauer hervorhebt. Die Gewandung der E., vor allem der Erz-E. Michael u. Gabriel, richtet sich nach den jeweiligen Funktionen: als „Erzstratege" in Waffenrüstung, als Botschafter Christi mit Stab, in der Vorstellung als hoher himml. „Beamter" (dem kaiserlichen entsprechend) mit der Weltkugel, der Sphaira, in der Linken u. den Zierstreifen (→ Clavi) auf dem Gewand, als liturg. Assistent im Gewand des Diakons u. a. Michael wird oft neben dem Eingang der Kirche als himml. Türhüter wiedergegeben. In der Ikonenmalerei wurde das Wunder Michaels in Chonae sehr beliebt. Abgesehen von den bereits (Abs. 2) erwähnten Festbildern, erscheinen E. einzeln u. in ihren Ordnungen auf Darstellungen des Jüngsten → Gerichts, auf denen sich auch der E.-Sturz (1. Mose 6, 1-4; 2. Petrus 2, 4; Judas 6) befindet. Die Komposition der Synaxis der Erz-E. nach den Hymnen des 8. Nov. zeigt Michael u. Gabriel mit Stäben in den Händen u. ein Medaillon, den → Clipeus, mit dem Emmanuel (→ unter Christusbilder) vor sich haltend. Sie entstand im 9. Jh. wohl als Ausdruck des Sieges über die Bilderfeinde (→ unter Bild). Als Abwehr schon erwähnter bogomil. Vorstellungen vom Christus-E. sind entsprechende orth. Darstellungen unter den Christusbildern zu verstehen, während der Christus-E. in der Komposition der → Weisheit Gottes komplizierte Zusammenhänge reflektiert. Zum Erscheinen der E. im Trinitätsbild → unter Dreieinigkeit. – Taf. 27, 28.

Lit.: ALW 6, 1959-1960; J. Barbel, Christos Angelos, Bonn 1941; A. C. M. Beck, Genien u. Niken als E. in der altchristl. Kunst, Diss. Gießen 1936; H. Bietenhard, Die himml. Welt im Urchristentum u. Spätjudentum, Tübingen 1951; J. Daniélou, Les Anges et leur Mission d'après les Pères de l'Église, Chevetogne 1953²; Th. Eckardt, E. u. Propheten, Recklinghausen 1959; H. Hammerstein, Die Musik der E., Bern – München 1962; L. Heiser, Die E. im Glauben der Orthodoxie, Leipzig 1976; Kellner, 243-247; Kötting, 104 ff.; W. Krönig, E., Berlin 1963; L. Küppers, Michael, Recklinghausen 1970; G. van der Leeuw, Phänomenologie der Religion, Tübingen 1956², § 16, 42.7, 102.1; M. Loos, Dualist Heresy in the Middle Ages, Praha 1974, Reg.: angels; W. Lueken, Michael, Göttingen 1898; E. Peterson, Das Buch von den E.n, München 1955²; D. J. Pallas, Eine Differenzierung unter den himml. Ordnungen, ByZ 64, 1971, 55-60; A. Schönberger, Über die Darst. der

E. als Liturgen, Tübingen 1941 (Diss. masch.); M. Tatič – Djurič, Das Bild der E., Recklinghausen 1962; G. Vzdornov, SYNAXIS TON ARCHANGELON, VV 32, 1971, 157-183; Werner, Reg.: Angelic choirs, imitation of Angelology; O. Wulff, Cherubim, Throne u. Seraphim, Altenburg 1894; Berger, Das Hl. Antlitz III: E., Hermeneia 5, 1989, 208-211; LChI 1, 626-642, 674-681; LdK 3(1989), 325-328; LexMA 3, 1905-1914 (E., -lehre, -sturz); RBK 3, 13-118 (Himmelsmächte). – S. auch Lit. zu Hierarchie, Weisheit Gottes.

Engeldeesis, eine Variante des Dreifigurenbildes der Deesis, bei der Christus als Emmanuel (→ unter Christusbilder) von ebenfalls kindl. Engeln flankiert wird. Die Figuren sind im allgemeinen als Brustbilder (russ. *deisus oplečnyj,* 'Schulterdeesis') wiedergegeben. Seltener ist der Typ, bei dem alle 3 Figuren im Habitus junger Männer, Christus bärtig, gezeigt werden. Es ist fraglich, ob es sich bei der E. um eine echte Deesis mit dem Charakter des Fürbittenbildes od. um eine Darstellung des von Engeln angebeteten ewigen Schöpfungswortes, des präexistenten Logos, handelt. – Taf. 26.

Engel des Großen Rates → unter Christusbilder

Enkaustik (grch. *enkausis,* f., *enkauma,* n., 'das Eingebrannte', *enkaustike techne,* seit dem 4. Jh. kerographia, f., *kerochytos graphe,* von *keros,* m., 'Wachs'), Bezeichnung für eine Maltechnik, bei der als Bindemittel für die Farben erhitztes Wachs benutzt wird. Das Wachs war bereits in der Antike wegen seiner idealen Eigenschaften (Erhaltung der natürl. Farbtöne; durch Schmelztemperatur von 63 °C Erreichung eines hohen Härtegrades; Erhaltung der Geschmeidigkeit bei niedrigen Temperaturen durch Zugabe von Öl; Unempfindlichkeit gegen Feuchtigkeit) gebräuchlich. In ältester Zeit verwendete man den Brenngriffel (grch. *kestron;* lat. *cestrum),* um in das Elfenbein als bevorzugten Bildträger die Umrißzeichnung einzuritzen, in deren Rillen das erhitzte Wachs gegossen wurde. Später wurde das *cauterium* (lat.; grch. *rhabdion)* gebraucht, ein Metallstab mit einem spatelförmigen u. einem löffelförmigen Ende. Mit diesem Gerät wurden die erhitzten Wachsfarben auf einen hölzernen Bildträger aufgetragen u. mit dem heißen Spatelende modelliert. Seit dem 4. Jh. benutzte man auch Pinsel, vor allem für das Auftragen der Reflexlichter.

Die E. war die bevorzugte Technik bei der Herstellung von Porträts, von denen die schon bei Lebzeiten hergestellten Mumienporträts u. die als Kerochyta bezeichneten Kaiserbilder (→ auch unter Bild) bekannt sind. Auch die in Apokryphen u. bei den Kirchenvätern erwähnten Christusbilder u. Apostelbilder sind wohl oft solche Kerochyta gewesen. Die frühesten Denkmäler der Ikonenmalerei aus dem 6./7. Jh. gehören der E. an; vor u. nach dem Bilderstreit (→ Bild) mußte sie der Temperamalerei weichen. Künstlerisch zeichnen sich die Arbeiten in E. durch ihre natürl. Frische u. einen bestechenden Illusionismus von Form u. Farbe u. in der Licht-Schatten-Wiedergabe, schließlich durch eine bestimmte Realistik der Mimik (→ Gestik) aus. In der Monumentalmalerei scheint die E. seltener angewendet worden zu sein.

Lit.: W. Lepik – Kopaczýnska, Die antike Malerei, Berlin 1963, 17-27; K. Parlasca, Mumienporträts u. verwandte Denkmäler, Wiesbaden 1966; Weitzmann, Reg.: E.; H. Zaloscer, Porträts aus dem Wüstensand, Wien – München 1961; dies., Vom Mumienbildnis zur Ikone, Wiesbaden 1969; G. Grimm, Die röm. Mumienmasken aus Ägypten, Wiesbaden 1974; LdK 2(1989), 337-338; RBK 2, 144-152.

Enkolpion (grch., n., 'das auf der Brust oder im Gewandbausch [grch. *kolpos*] Getragene'), in der Antike jeder auf der Brust getragene Gegenstand, der seinen Träger vor dämon. Einflüssen bewahren od. diese direkt abwehren sollte (prophylakt. u. apotropäische Funktion). Solche „Amulette" waren weit verbreitet u. gerade als Schutzmittel auch Objekte der Kleinkunst. Vom 4. Jh. an wurden sie auch von Christen benutzt, die sie mit Partikeln von Reliqien, Bibelsprüchen od. Stücken eines Reliqientuches (→ Brandeum) versahen u. mit Symbolen ihres Glaubens schmückten. Sie wurden deshalb ein für die Entstehung der Bilderverehrung (→ unter Bild) sehr wichtiger Faktor. Bis zum Bilderstreit (→ Bild) hießen solche Gegenstände einschließlich des Kreuzes Phylakai (grch.), Phylakteria (grch. 'Bewahrungsmittel'), Soterikia (grch., 'Rettungsmittel') od. Eulogia (→ Eulogion [1]). Bis in mittelbyz. Zeit wurde das E. un-

Enkolpion

terschiedslos vom Klerus u. von den Laien getragen. Etwa seit dem 11./12. Jh. begann es sich als Bischofsinsignie durchzusetzen. Voraussetzung war einmal die allgemein abgeschlossene Sakralisierung der liturg. Gewänder in dieser Zeit u. die Sitte der Verleihung des E.s als kaiserl. Insignie an weltl. u. kirchl. Würdenträger (u. a. auch als Zeichen der persönl. Sicherheit des Empfängers, als Immunitätsausweis). – Das antike E. konnte aus jedem Material hergestellt werden, vom Holz über Edelmetall, Elfenbein bis zum Blei u. Steatit. Von Laien getragen, wurde es nach der Beschaffenheit seines Materials u. seiner Ausstattung zugleich zum Zeichen des Sozialstatus seines Trägers. Der Formenreichtum war groß (viereckige, rechteckige, acht- u. vieleckige, runde Medaillons, Amulette, Kapseln, Kästchen u. a.). Vorherrschend wurde aber das Brustkreuz (Pektoralkreuz) mit u. ohne Reliquien. Die Ausschmückung dieser Enkolpien entsprach ihrer Funktion (Email-, Gold- u. Silberarbeiten, Niello u. a.). Der Bildschmuck ist wie bei den Ampullen wichtig für die Geschichte der christl. Ikonographie. Das E. des Bischofs ist heute größtenteils ein ovales Medaillon mit einem in Email ausgeführten Gottesmutterbild (mit u. ohne Kind). Da die Gottesmutter u. a. den Beinamen Panhagia (grch. 'Allheilige') führt, heißen solche Enkolpien auch Panhagien. Die Einfassung eines solchen goldenen E.s ist mit Edelsteinen geschmückt u. oben mit einer Krone versehen. Es wird an einer goldenen Kette getragen. Das E. kann als Auszeichnung auch an ein Mitglied des Klerus verliehen werden. – Abb.

Lit.: F. J. Dölger, Das Anhängekreuzchen der hl. Makrina, AuC 3, 1932, 81-116; Goar, 258, 378; E. Trenkle, Liturg. Geräte u. Gewänder der Ostkirche, München 1962; K. Wessel, Die byz. Emailkunst, Recklinghausen 1967; LdK 3 (1989), 338; LexMA 3, 2013; RBK 2, 152-164.

Enkomion (grch., n., 'Lobrede'; russ. *pochvala,* f.). Während die Ekphrasis Gegenstände, vor allem öffentl. Gebäude, in den Mittelpunkt ihrer lobpreisenden Darstellung (→ Panegyrikos) stellte, so das E. zunächst den Sieger der Wettkämpfe in Griechenland, später auch bedeutende Persönlichkeiten, Kaiser, Helden, Philosophen u. a. Im Hellenismus suchte man hinter allen Ereignissen u. menschl. Leistungen den „göttl. Menschen" (grch. *theios aner*) zu finden. Zunächst zurückhaltend, dann aber die Vorstellungsschemata (→ Topik) sinnentsprechend anwendend, wurde das E. von den Kirchenvätern für den Lobpreis der Märtyrer u. damit später auch als wesentl. Element der Heiligenvita übernommen (→ auch Lesemenäen, → Menologion, → Märtyrerakten). Die Technik des idealen literar. Porträts beeinflußte die Ikonen-, Miniatur- u. Monumentalmalerei in ihrer Ikonographie. Einen besonderen Reichtum enkomiast. Figuren u. Bilder entwickelte die byz. Kirchendichtung.

Lit.: S. S. Averincev, Poėtika Rannevizantijskoi Literatury, Moskau 1977; Delehaye, Légendes; ders., Les Passions des Martyrs et les Genres Littéraires, Bruxelles 1921; D. S. Lichačev, Razvitie Russkoj Literatury X-XVII vekov, Leningrad 1973; Reg.: Žanrovaja sistema, žanr pochval; W. Meinke, Untersuchungen zu den enkomiast. Gedichten Theokrits. Ein Beitr. zum Verständnis hellenist. Dichtung u. des antiken Herrschers, Diss. Kiel 1966; Onasch, Ikonenmalerei, 152-164; T. V. Popova, Antičnaja Biografija i Vizantijskaja Agiografija. Antičnost' i Vizantija, Moskau 1975, 218 ff; LexMA 3, 2013-2014.

Entlassung (grch. *apolysis,* f.; russ. *otpust,* m.; lat. *demissio,* f., *missa,* f.), kurze gottesdienstl. Handlung, mit der die Gemeinde od. Gruppen von ihr nach bestimmten Abschnitten der Liturgie u. der Stundengottesdienste vom Klerus verabschiedet werden. Es gibt eine Reihe von Entlassungen, unter denen diejenige nach der Liturgie der Katechumenen (→ unter Liturgie der Gläubigen) u. die nach dem letzten → Einzug besonders zu erwähnen sind. Zur Grundstruktur einer E. gehören neben speziellen Segensformeln die Kleine → Doxologie, die bibl. Ode „Nunc dimittis", das Dreimalheilig (→ Trishagion), ein Vaterunser u. ein E.-Gebet (grch. *euche apolytike*). Die großen Festtage haben ihre eigenen E.en. Bei einigen E.en werden die für die Gemeinde zuständigen Mitglieder der Hierarchie (vgl. auch Diptychen) namentlich genannt (kommemoriert).

Lit.: Daniel, 291, 372, 391; K. Gamber, Missa Romensis, Regensburg 1970, 172-176; Handbuch, Reg.: E.; Hanssens, Nr. 1418-1422, 1432-1434; Jungmann, Reg.: E.

Entschlafen der Gottesmutter (grch. *koimesis tes theotoku,* russ. *uspenie bogorodicy,* 'Entschlafen der Gottesgebärerin'; lat. *dormitio beatae Mariae virginis,* 'Entschlafen der seligen Jungfrau Maria').

1. Das Fest des E.s d. G. am 15. Aug. hat seinen Ursprung wahrscheinlich im ältesten Gottesmutterfest, das am dritten Meilenstein von Jerusalem nach Bethlehem zur Erinnerung an die Rast (grch. *kathisma*) Mariens als Stationsgottesdienst zwischen dem 25. Dez. u. dem 6. Jan. (→ Geburt Christi, → Epiphanie) schon im 4. Jh. gefeiert wurde. Die Festfeier (Synaxis) der Gottesmutter am 26. Dez. ist eine letzte Erinnerung daran. Auch im christl. Ägypten kannte man ein altes Marienfest im Januar. Im 6. Jh. verlegte man es hier wie auch in Jerusalem auf den 9. bzw. 13. August. Um 600 wurde schließlich durch Kaiser Maurikios (gest. 602) der 15. Aug. als endgültiger Termin festgelegt, nachdem Fest u. Termin sich etwas früher bereits in der syr. Kirchenprovinz durchgesetzt hatten. Die altoriental. Muttergottheit (Ištar, Astarte, Isis), deren Verehrung durch den Marienkult verdrängt wurde, feierte am 10. Aug. als Virgo mit der Spica (Jungfrau mit der Ähre) ihren heliak. Untergang, am 8. Sept. (dem Fest der Geburt der Gottesmutter) ihren heliak. Aufgang (→ auch Gestirne). Wahrscheinlich bestehen religionsgeschichtl. u. situationsmilitante Beziehungen zwischen der oriental. Verehrung des Jungfrauensternes u. dem sternenförmigen Emblem der Mariengewänder auf den Gottesmutterbildern; dieses Emblem tritt bezeichnenderweise zum erstenmal im 6./7. Jh. im Orient auf. In derselben Zeit wird die Gottesmutter im Hymnus (→ Akathist) als „Stern des Lebens" und mit ähnl. Formeln angeredet. Dem folgen bald unzählige Beispiele aus der Gattung der Theotokien. Wichtiger, vor allem für die Ikonographie des E.s d. G. (s. Pkt. 2), wurde ein umfangreicher Komplex von Legenden über den „Transitus" (lat.), den Heimgang Mariens, über deren zeitl. Entstehung sich die Forschung noch nicht einig ist. Sie waren jedenfalls im Orient u. im Westen bekannt. Die im 5./6. Jh. geschriebene lat. Version bringt bereits alle Motive, wie sie von der Ikonographie übernommen wurden. Zu ihnen gehört auch die Vorstellung von der leibl. Himmelfahrt Mariens (lat. *assumptio corporis,* s. u.), gegen die sich andere, vornehmlich oriental. Varianten mehr oder weniger polemisch wenden.

Bis heute steht die Ostkirche dieser Auffassung mit Zurückhaltung gegenüber. Trotz der Verbreitung der „Transitus"-Legende im Westen verhielt sich Rom gegenüber der Einführung dieses oriental. Festes reserviert. Erst der aus Syrien stammende Papst Sergius I. (gest. 701) stattete es mit Prozessionen u. mit Hymnen aus, die sich an byz. Vorbilder anlehnen (Maria mit der Sonne umkleidet, gekrönt mit Sternen u. a.). Im Osten u. Westen ist das Fest mit einer der Fastenzeiten sowie mit einer Nachtwache ausgezeichnet. Der Morgengottesdienst bringt, in engstem Anschluß an den erwähnten „Transitus Mariae", einen Doppelkanon des Kosmas von Majum u. Johannes Damascenus. An nicht wenigen Stellen klingt die Miterlöserschaft der Gottesmutter (Maria als Corredemptorix) deutlich an. Wegen seiner Beliebtheit wurde das Fest mit verschiedenen Spezialoffizien ausgeschmückt, so z. B. in der russ.-orth. Kirche mit einem kunstvollen poet. Lobpreis (→ Panegyrikos, russ. *veličanie*) u. einer Panhagia, dem Ritus der

Erhebung des der Maria geweihten Brotes. In dieser Akoluthia wird das E. d. G. als mariolog. Parallele zur Himmelfahrt Christi gesehen. Bald nach der Übernahme des byz. Christentums entstanden in Rußland Patrozinien auf den Namen des E.s d. G. (Höhlenkloster von Kiev); später, im Großfürstentum Moskau, spielten sie eine bedeutende Rolle (z. B. Uspenie-Kathedrale in Moskau, Vladimir an der Kljažma u. a.).
2. Die Entwicklung der Ikonographie des E.s d. G. setzt ebenfalls im 6./7. Jh. ein. Sie zeigt zunächst ein Bildschema in genauer Entsprechung zu dem der Himmelfahrt Christi, wird aber nach dem Bilderstreit (→ unter Bild) zunehmend als selbständige Komposition entfaltet. Im Gegensatz zum Westen, wo bestimmte Themen zu Einzeldarstellungen führten (z. B. die Assumptio corporis [lat., 'Aufnahme des Körpers durch die Engel in den Himmel'], verbunden mit der Krönung Mariens durch die Dreieinigkeit, die im Osten unbekannt blieb bzw. nur unter kath. Einfluß erscheint), zeigt sich im byz.-slav. Bereich von vornherein die Tendenz, eine Reihe von Szenen auf einem Bild zu vereinigen (→ auch komplexe Übertragung); die Assumptio animae (lat., 'Aufnahme der Seele') durch Christus mit der Assumptio corporis, das bewegte Szenarium der Herbeiführung der Apostel durch die Engel (→ auch Apostelbilder) mit der Trauerfeier an der Bahre u. der Szene mit dem ungläubigen Juden (dem von einem Engel die rechte Hand abgehackt wird), Gürtelübertragung an den ungläubigen Thomas, die Postierung der das E. d. G. berichtenden Kirchenväter (Andreas von Kreta [gest. um 749] mit den klagenden Frauen. Das stellte die Meister der Ikonen- u. Monumentalmalerei vor schwierige kompositionelle Fragen. Daneben entwickelten sich auch Reduktionstypen (oft unter Fortlassung des „Transitus") mit ausgeprägtem Verkündigungsgehalt (z. B. Feofan Grek). – Im Bildprogramm erscheint das E. d. G. im Vorraum, dem Narthex. – Taf. 25.

Lit.: B. Botte, Le Lectionnaire Arménien et la Fête de la Théotocos à Jérusalem au Ve siècle, Sacris Erudiri 2, Steenbrugge 1949, 111-122; B. Capelle, La Fête de la Vierge à Jérusalem au Ve siècle, Le Muséon 56, Louvain 1943, 1-33; H. Feldbusch, Die Himmelfahrt Mariä, Düsseldorf 1951; J. Hecht, Die frühesten Darst. der Himmelfahrt Mariens, Das Münster 4, München 1951, 1 bis 12; E. M. Jones, The Iconography of the Falling Asleep of the Mother of God in Byzantine Tradition, ECQ 9, 1951, 101-112; M. Jugie, La Mort et l'Assomption de la Sainte Vierge, Città del Vaticano 1944; Chr. Konstantinides, Le Sens Théologique du Signe „Croix – Étoile" sur le Front de la Vierge des Images Byzantines, Akten XI. Intern. Byzantinisten-Kongreß München 1958, München 1960, 254-266; A. Raes, Aux Origines de la Fête de l'Assomption en Orient, OrChrPer 12, 1946, 262-274; M. Skaballanovič (Hg.), Christianskie Prazdniki. Uspenie presvjatyja Bogorodicy, Kiev 1916; E. Staedel, Ikonographie der Himmelfahrt Mariens, Leipzig – Straßburg – Zürich 1935; Ouspensky – Lossky, 215-216; L. Wratislaw – Mitrovič u. N. Okunev, La Dormition de la Sainte Vierge dans la Peinture Médiévale Orthodoxe, BZS 3, 1931, 276-283; M. Schulte, Das Entschlafen der allhl. Gottesgebärerin, Hermeneia 7, 1991, 105 bis 112; K. Gamber, Zur Gesch. des Koimesis-Festes, OstKSt 33, 1984, 155 bis 163; P. Maser, Parusie Christi od. Triumph der Gottesmutter. Anmerkungen zu einem Relief der Tür von St. Sabina in Rom, RQ 77, 1982, 30-51; Ch. Schaffer, Koimesis. Der Heimgang Mariens. Das Entschlafungsbild in seiner Abhängigkeit von Legende u. Theologie. Mit einem Anhang über die Gesch. des Festes von K. Gamber, Regensburg 1985; LChI 2, 276-283 (Himmelfahrt Marias); 4, 333-338 (Tod Mariens); LdK 2, 286-287 (Himmelfahrt Mariä); LexMA 5, 1249-1250 (Koimesis); RBK 2, 1256-1262 (Himmelfahrt Mariae); RBK 4, 136-182 (Koimesis).

Epanokamelauchion grch., n., auch *epikalymmauchon,* n., *epirrhiptarion,* n.; russ. *klobuk,* m.), ein zu den kirchl. → Gewändern gehörender, dem Kamelauchion (der Kopfbedeckung der orth. byz. Geistlichen) aufliegender u. den Rücken bedeckender Schleier. Er ist beim Bischof u. Erzbischof von schwarzer Farbe u. trägt beim letzteren ein Brilliantenkreuz. Das E. des Metropoliten u. Patriarchen ist in der russ.-orth. (u., von ihr beeinflußt, in der rumän. u. bulg.) Kirche weiß. Das E. des letzteren ist nur schulterlang u. mit einem Cherubim (→ auch unter Engel) an der Stirnseite u. an beiden Enden geschmückt. Dasselbe gilt für das E. des Katholikos der georg. Kirche.

Lit.: F. Dölger, Byzanz u. die europ. Staatenwelt, Ettal 1953, Reg.: Epirrhiptarion; Goar, 133; Paramente u. Liturg. Bücher, München/New York/London/Paris 1982 (Glossarium Artis, 4); – S. auch Lit. zu Kamelauchion.

Epigraphik (grch. *epigraphe,* f., 'Aufschrift', 'Inschrift'), Inschriftenkunde, Sammlung u.

Systematik antiker, spätantiker u. byz. Inschriften u. Legenden verschiedenster Art (Grab-, Siegel- u. Münzinschriften [→ auch Numismatik, → Sphragistik], Ziegelinschriften, Urkunden u. Briefe auf Birkenrinde im alten Novgorod u. a.). Größtenteils für außerkünstler. Zwecke verfaßt, vermitteln solche Inschriften einen Einblick in das Alltagsleben der jeweiligen Epochen.

Lit.: A. V. Arcichovskij – V. L. Janin, Novgorodskie Gramoty na Bereste, Moskau 1977; V. L. Janin, Ja Poslal Tebe Berestu ..., Moskau 1975²; G. Klaffenbach, Grch. E., Göttingen 1966²; C. M. Kaufmann, Handbuch der altchristl. E., Freiburg/Br. 1917; V. V. Latyšev, Sbornik Grečeskich Nadpisej Christianskich Vremen iz Južnoj Rossii, S. Peterburg 1896 (Reprint Leipzig 1974); LdK 2(1989), 345; LexMA 5, 442-446 (Inschriften).

Epiklese (grch. *epiklesis,* f., 'Anrufung', 'Appellation'; russ. *prizyvanie,* n.); ein kultischer (vgl. 2. Kön. 6, 6; Jer. 7, 30; Röm. 10, 13; 1. Kor. 1, 2) u. juristischer (vgl. 2. Kor. 1, 23; Apg. 25, 11 ff.) Begriff, in der Liturgie ein Stillgebet des Priesters bezeichnend, in dem um die Herabsendung des hl. Geistes „auf die vorgelegten Gaben" gebetet wird. Die E. folgt auf den Einsetzungsbericht des Abendmahls u. die Anamnese, das Erinnerungsgebet. Wichtig ist dabei der Gedanke, daß Gott das Verborgene in den hl. Gaben durch Herabsendung des hl. Geistes öffentlich bestätigt (grch. *anadeixai;* russ. *pokazat')* u. zugleich Gemeinschaft (grch. *koinonia)* stiftet. Folgerichtig geschieht in der byz. Liturgie nach der E. die Wandlung von Brot u. Wein in Leib u. Blut Christi.

Die Geschichte der E. ist noch nicht völlig geklärt. Bei ihrer Entstehung vom Beginn des 2. Jh. an haben folgende Vorstellungen mitgewirkt: Die Eucharistie als unblutige Nachahmung (grch. *mimesis;* lat. *imitatio*) des Golgatha-Opfers Christi durch den Bischof muß von Gott bestätigt werden. Im ersten Entwurf finden sich diese Gedanken bereits bei Ignatius von Antiochien (gest. nach 110), während Justin (gest. um 165), Irenäus von Lyon (gest. um 202) u. Origenes (gest. 253/254) die Wandlung der Materien dem ewigen Schöpfungswort, dem Logos, zuschreiben. Eine ausdrückl. Logos-E. findet sich erst im Formular Serapions von Thmuis (gest. 362). Mit hoher Wahrscheinlichkeit hat die Tauf-E. (→ Wasserweihe), die schon bei Tertullian Anfang des 3. Jh. anzutreffen ist, auf die Entstehung der eucharist. E. eingewirkt. In der Kirchenordnung Hippolyts von Rom findet sich eine an Formulierungen der Didache (zu beiden → unter Kirchenrecht) erinnernde Geist-E., die aber nicht auf eine Wandlung der Materie, sondern auf die Einheit der das Opfer darbringenden Kirche hinzielt. Zu der Geist-E. der byz. Liturgie konnte es erst kommen, als die theolog. Arbeit an den neutestamentl. Aussagen über den hl. Geist unter trinitätstheolog. Aspekten begann u. auf der 2. Ökumen. Synode in Konstantinopel 381 zu einem vorläufigen Abschluß gebracht wurde. Die Formel vom hl. Geist als dem „Herrn, dem Lebendigmacher" legitimierte die von Kyrill von Jerusalem (gest. 386) u. Ephrem dem Syrer (gest. 373) praktizierte Geist-E. Ephrem machte nochmals deutlich, daß nur der Bischof „den Geist von oben ruft" (lat. *sacerdos vocat ex alto spiritum*), d. h., daß die Legitimität der E. in der Legitimität (d. i. in der apostol. Nachfolge [lat. *successio apostolica*]) des Bischofs begründet ist. – Während die kath. Kirche dem Moment der Wandlung auf den Einsetzungsbericht begrenzt, verband die Ostkirche die Wandlung mit der E. In Byzanz kam es über dieser Frage im 14. Jh. zu einer Kontroverse mit Rom, im 17. Jh. in Rußland zu einer schweren Auseinandersetzung um die „Brotanbetende Ketzerei" (russ. *chlebopoklonnaja ereś*).

Text: s. Anhang Nr. 11.

Lit.: Beck, 320 f.; J. Betz, Die Eucharistie in der Zeit der grch. Väter 1, 1, Freiburg/Br. 1955; Dix, Reg.: Invocation; M. G. H. Gelsinger, The E. in the Liturgy of S. Basil, ECQ 10, 1954, 243-248; Hanssens, Nr. 1326, 1332-1335; A. Hoppe, Die E. der grch. u. oriental. Liturgien u. der röm. Konsekrationskanon, Schaffhausen 1864; K. B. Ritter, Bemerkungen zur eucharist. E., Kirche u. Kosmos, Kassel 1953, 163-173; B. Schultze, Zum Problem der E. anläßlich der Veröffentlichung eines russ. Theologen, OrChrPer 15, 1949, 360-404; ders., Die dreifache Herabkunft des Hl. Geistes in den östl. Hochgebeten, OstKSt 29, 1977, 105-143; I. Smolitsch, Russ. Mönchtum, Würzburg 1953, 345-356; K. Gamber, Die E. im abendländ. Eucharistiegebet, Regensburg 1988; W. Schneemelcher, Die E. bei den griech. Vätern. Die Anrufung des Hl. Geistes im Abendmahl, Frankfurt a.M. 1977, 68-94; E. Timiades, Die frühen Anfänge der E. Die Anrufung des Hl. Geistes im Abendmahl, Frankfurt a.M. 1977, 95-118; Schulz, Die byz. Liturgie, Reg. II B; LexMA 3, 2063-2064. – S. auch

Lit. zu Basiliusliturgie, Chrysostomusliturgie, Liturgie, Wasserweihe.

Epiphanie (grch. *epiphaneia*, f. sing. od. n. plur.), plötzliche, nur kurze Zeit andauernde, durch Schau (Vision) od. (bzw. u.) Gehör (Audition) vermittelte Erscheinung (Manifestation) einer Gottheit, zentraler Begriff des religiösen Bewußtseins in der Antike u. Spätantike.

1. Die E.-Elemente Vision u. Audition finden sich auch im Bericht über die Taufe Christi (Matth. 3, 13-17 u. Parallelen), dem wesentl. Festinhalt von E. am 6. Jan. (vgl. 2. Tim. 1, 10; Tit. 2, 13; 3, 4). Die Bezeichnung E. war seit etwa 380 für den 6. Jan. reserviert, während *theophaneia* (grch., 'Gotterscheinung') auch für den 25. Dez., das Fest der Geburt Christi, gebraucht wurde. Die zuletztgenannte Bezeichnung setzte sich im Orient schließlich für den 6. Jan. durch (grch. *hagia theophaneia;* russ. *svjatoe bogojavlenie,* 'hl. Gotterscheinung'). – Heute versteht man unter Theophanie alle Manifestationen der Gotterscheinung Christi von seiner Verkündigung an. Daneben erscheinen auch Begriffe aus altkirchl. Zeit, wie *„heorte ton photon, ta phota"* (grch., 'Fest des Lichtes').

2. Schon die Bezeichnungen für das Fest der E. am 6. Jan. deuten an, daß wir es bei ihm mit einem komplexen „Ideenfest" (nach Baumstark) zu tun haben. Der Ursprung liegt sehr wahrscheinlich in Alexandrien. In der ersten Hälfte des 2. Jh. begingen dort Anhänger der Gnosis in einer nächtl. Feier am 6. od. 10. Jan. das Fest der Jordantaufe Jesu (→ auch Taufe Christi) in Verbindung mit der Menschwerdung (Inkarnation) Christi, die allerdings doketisch (als Schein-Inkarnation) verstanden wurde. Während diese Feier „unter Lesungen" in aller Stille verlief, begingen die Nichtchristen mit allen Zeichen karnevalist. Ausgelassenheit die Geburt des Aion (grch., 'Weltzeitalter', lat. *aetas*) aus der Kore (grch., 'Jungfrau') in der Nacht vom 5. auf den 6. Jan. Außerdem feierte man zu dieser Zeit im Monat Tybi (nach röm. Kalender zwischen dem 25. Dez. u. dem 25. Jan.) auch eine der jährl. Nilschwemmen; dabei wurde bei Lichtern u. Lampen (→ auch Licht) das sich rot färbende Nilwasser geschöpft. Die Christen Alexandriens u. Ägyptens haben wahrscheinlich schon früh einen eigenen Weiheritus des Nilwassers entwickelt, aus dem die an die Jordantaufe Christi erinnernde Wasserweihe am 6. Jan. entstehen konnte. In ebenfalls situationsmilitanter Analogie zum sich rot färbenden Nilwasser u. zum Weinwunder des Osiris-Dionysos stand die Übernahme des Weinwunders von Kana (Joh. 2, 1-12). Eine in Ägypten auf E. folgende 40tägige Fastenzeit wurde von Athanasius (gest. 373) abgeschafft.

Nach diesen Zeugnissen dürfte E. das älteste Fest des unbewegl. Zyklus des Kirchenjahres sein u. in seinen ersten Anfängen bis tief in das 3. Jh. hinabreichen. Es wurde in den verschiedenen Liturgieprovinzen unterschiedlich gefeiert. In Jerusalem war der Festinhalt die Geburt Christi. Deshalb fand dort keine Wasserweihe, dafür aber eine Nachtwache in der Geburtshöhle von Bethlehem statt mit anschließender Liturgie, einer Prozession nach Jerusalem unter mehrfachem Absingen des Benedictus u. schließlich Hymnengesang in der Anastasiskirche (→ auch Kirchenbau [3]). Nach dem Vorbild von Ostern wurde auch E. mit einer Oktav ausgestattet. Die bereits erwähnten Festmotive wurden mancherorts durch andere vermehrt od. ersetzt. Zu ihnen gehören die Magier (wie die hl. drei Könige im Osten genannt werden), die eine deutl. Distanzierung vom Kaiserkult verraten u. deshalb wahrscheinlich im Westen in den Festgehalt eingeführt worden sind. Überblickt man die verwickelte u. keineswegs völlig enträtselte Geschichte dieses Festes, so zeigt sich, daß die Kirche Mühe hatte, diesen „Neuling" mit seinem Festpluralismus nicht nur formal, sondern auch theologisch u. heortologisch (d. h. hinsichtlich seines Inhalts u. seiner Geschichte, → Heortologie) dem alten Osterfest unterzuordnen u. anzugleichen. Das Hauptverdienst an dieser Arbeit u. Leistung hatten die „kappadoz. Väter" Basilius der Große (gest. u. 379), Gregor von Nyssa (gest. bald nach 394) u. Gregor von Nazianz (gest. um 390), indem sie die Festinhalte des 6. Jan. u. des 25. Dez. als Teilaspekte der zu Ostern vollendeten Heilsgeschichte darstellten.

3. Das Fest der Theophanie ist heute durch die Großen → Horen am 5. Jan., einen Abendgottesdienst mit anschließender Wasserweihe (Jes. 35, 1-10; Jes. 55, 1-13; Jes. 12,

Epiphanie

3-6. NT: 1. Kor. 10, 1-4; Mark. 1, 9-11) u. Nachtwache (2. Mose 15, 22-16, 1; Josua 3, 7-8.15-17; 2. Kön. 2, 6-14; 2. Kön. 5, 9-14; Jes. 1, 16-20; 1. Mose 32, 2-11; 2. Mose 2, 5 bis 10; Richter 6, 36-40; Richter 18, 30-39; 2. Kön. 2, 19-22; Jes. 49, 8-15. NT: 1. Kor. 9, 19-27; Luk. 3, 1-18) ausgezeichnet. Die Lesungen zur Liturgie sind: Tit. 2, 11-14; 3, 4-7; Matth. 3, 13-17. Der Doppelkanon des Kosmas (8. Jh.) u. Johannes von Damaskus (gest. um 750) behandelt das in der Wiedergeburt von Adam u. Eva bestehende Mysterium der Jordantaufe Christi. Als „Fest der Lichter" wird das zentrale Thema → Licht in immer neuen Bildern reich entfaltet. Die alttestamentl. Lesungen zeigen Übernahme u. (im erwähnten Sinne durchgeführte) theolog. Verarbeitung aus den Lesungen, die zu Ostern im alten Jerusalem gehalten wurden. Die Festzeit wird abgeschlossen mit der Darstellung Jesu im Tempel am 2. Febr., deren ursprüngl. Datum, der 14. Febr., eine 40 Tage dauernde Zeitspanne ergab, durch die das eingangs erwähnte, in Ägypten beheimatete alte Fasten abgelöst wurde.
4. Der eigentl. Gegenstand der Darstellung von E. in der Kunst des Ostens ist die → Taufe Christi. Darüber hinaus kann gesagt werden, daß sich der sehr komplexe theolog. Ideengehalt dieses Festes auf ebenso indirekte wie mannigfaltige Weise in allen Themen der altkirchl. u. byz. Ikonographie, in besonderer Weise in den Gottesmutterbildern, Ausdruck verschafft hat. – Taf. 30; Abb.; s. auch Abb. zu Ampulle.
Text: s. Anhang Nr. 16, 6; 16, 7; 24, 4.

Lit.: Bludau, 68 ff.; B. Botte, Les Origines de la Noël et de l'E., Louvain 1932; B. Botte, E. Mélia u. a., Noël, E. et retour du Christ, Paris 1967; H. Engberding, Zur grch. E.-Liturgie, Le Muséon 74, Louvain 1961, 135-142; ders., Der Nil in der liturg. Frömmigkeit des christl. Ostens, OrChr* 37, 1953, 56-88; K. Holl, Der Ursprung des E.n-Festes, ders., Gesammelte Aufsätze 2, Tübingen 1932, 123-154; H. Kehrer, Die hl. drei Könige in Literatur u. Kunst, 2 Bde., Leipzig 1908/09; E. Kirschbaum, Der Prophet Balaam u. die Anbetung der Weisen, RQ 49, 1954, 129-171; Ch. Mohrmann, Epiphaneia, Nijmwegen 1953; Pokrovskij, 113 bis 136; Schiller 1, 105-124; B. Vezin, L'Adoration et le Cycle des Mages dans l'Art Chrétien Primitiv, Paris 1950; Wellen, Reg.: E., Magier; Handbuch Ostk.kunde II, 74 f. (H.-J. Schulz); Ch.Walter, Art and Ritual of the Byz.Church, London 1982, Reg.: Parousia; LChI 1, 539-549 (Drei Könige); LexMA 2067-2068; LdK 1(1987), 155-156 (Anbetung der hl. Drei Könige); RBK 1, 148-154 (Anbetung der Magier u. Hirten). – Zur Ikonographie von E.s. Taufe. – S. auch Lit. zu Geburt Christi, Wasserweihe.

Epistellesung → Apostolos, → Lesungen

Epistolar → unter Lesebücher

Epitaphios (grch. *epitaphios threnos,* m. [*threnos,* 'Totenklage'], auch *epitaphion,* n., 'das auf dem Grabe Liegende'; russ. *plaščanica,* f., von *plakat',* 'klagen');
1. eine kunsthistorisch zu den sakralen Textilien zählende liturg. → Decke mit der Darstellung der Grablegung u. Beweinung Christi. Sie ist mit dem Text einer Kurzhymne (→ Troparion) vom Karfreitag umgeben: „Der ehrwürdige Joseph, der deinen allreinen Leib vom Holz herabnahm, hüllte ihn in ein reines Linnentuch u. in wohlriechende Kräuter, besorgte ihn u. setzte ihn in einem neuen Grabe bei.“ In den Ecken des E. befinden sich oft die Evangelistensymbole.
2. Unter E. versteht man außerdem folgende feierl. Zeremonie: Das Tuch wird während des Abendgottesdienstes des Karfreitags vom Altar durch die nördl. Tür der Bilderwand zu einem „Grab“ (grch. *taphos;* russ. *grob*) genannten Postament getragen u. dort zur Anbetung niedergelegt. Der E. ist seit dem 14. Jh. bezeugt, dürfte aber etwas älter sein. Vom Ende des 12. Jh. wird eine Legende überliefert, nach der die Gottesmutter den Leichnam Christi auf einen Stein legte, während ihre Tränen wie Wachstropfen auf dem Stein haften blieben. Dieser Stein soll von Ephesus nach Konstantinopel gekommen sein. Am Anfang des 13. Jh. berichten Kreuzfahrer von einem hl. Linnen (grch. *sindon*), das in leichten Umrissen den Leichnam Christi zeigte; dieses Tuch wurde regelmäßig am Freitag jeder Woche öffentlich verehrt. – Taf. 29.

Lit.: S. Danilevskij, Sv. Plaščanica i obrjady, soveršaemye nad neju Russkoj Cerkovju v poslednie dva dnja Strastnoj, Sedmicy, Pravoslavnyj Sobesednik, Kazań 1896, 2, 250-274; 3, 356-380; J. Myslivec, Kristus v. Hrobě: Dve studie z dějin byz. umeni, Prag 1948; D. J. Pallas, Die Passion u. Bestattung Christi, München 1965; V. A. Troickij, Istorija Plaščanicy, BoV 21, 1912, 362 ff., 505 ff.; K. Weitzmann, The Origins of the Threnos. De Artibus Opuscula in Honor of E. Panofsky, hg. von M. Meiss, 2 Bde., New York 1961, 476-490; H.Belting,Das Bild u. sein Publikum im MA.Form u. Funktion früher Bildtafeln der Passion, Berlin 1981,Reg.: E.E.-Ritus; S.Corbin, La déposition liturgique du Christ au Vendredi Saint. Sa place dans l'histoire des rites et du théatreréligieux, Paris-Lissabon 1960; LChI 1, 654-655.

Epitimien (grch. *epitimiai,* f. plur., 'Strafen', auch *epitimion,* n. sing.; russ. *epitimii,* f. plur.). Man unterscheidet im orth. Kirchenrecht 2 Arten von Bußstrafen (→ auch Bußklassen):
1. Die E. sind sittl. Korrekturmaßnahmen ohne satisfaktorischen (rechtfertigenden) Charakter. Der Ständegliederung der kirchl. Sozietät in Klerus u. Laien entspricht eine abgestufte Gliederung der E. Hinzu kommen die Strafen im Mönchtum. Zu den leichteren E. gehören die Metanien, die Kniefälle (→ unter Proskynese). Ferner ist zu nennen der zeitweilige Ausschluß von der Eucharistie, der aber keinen Ausschuß aus der Kirchengemeinschaft (grch. *akoinonesia*) bedeutet. Auch Almosengeben u. Pilgerreisen gehörten im MA zu den E.
2. Von diesen E. sind zu unterscheiden die eigentl. Kirchenstrafen (grch. *timoriai*). Sie werden von einem Gericht des Bischofs ausgesprochen (→ auch Bischofsverwaltung). Ihre schwerste Form ist das → Anathema, der endgültige Ausschluß aus der kirchl. Gemeinschaft (→ auch Exkommunikation). Über Mitglieder des Klerus werden bei schweren Verstößen gegen die in der Ordination (→ Cheirotonie) übernommenen Verpflichtungen die zeitweilige Suspension vom Amt (grch. *pauestho*) od. die Absetzung (grch. *kathairesis*) verhängt, d. h. im letzteren Falle der endgültige Verlust aller geistl. Rechte u. Streichung des Namens aus der Liste der Cheirotonierten (im Mönchtum aus der Liste der Bruderschaft, grch. *apobole*) und Zurückversetzung in den Laienstand. Die E. sind im Verlauf des Ausbaus der Buße als Sanktionen einer disziplinär straff organisierten Sozietät bereits von der Alten Kirche in ihren Anfängen entwickelt worden; in frühbyz. Zeit wurden sie zur Grundlage eines komplizierten Strafsystems.

Lit.: Beck, Reg.: Epitimia; A. Bukowski, Die Genugtuung für die Sünden nach der Auffassung der russ. Orthodoxie, Paderborn 1911; A. Catoire, Nature, Auteur et Formule des Peines Ecclésiastiques d'après les Grecs et les Latins, EO 12, 1909, 265-271; L. K. Goetz, Kirchenrechtl. u. kulturgeschichtl. Denkmäler Altrußlands, Stuttgart 1905; Milasch, § 172; I. Morino, Commentarius Historicus de Disciplina Paenitentiae, Paris 1651; S. Smirnov, Materialy dlja Istorii Drevne-Russkoj Pokajannoj Discipliny, Moskau 1912; P. M. Seriski, Poenae in Iure Byzantino Ecclesiastico ab Initiis ad Saeculum XI (1054), Roma 1941. – S. Lit. zu Anathema, Buße, Bußklassen, Exkommunikation.

Erlöser → unter Christusbilder

Erlöser, Goldene Haare → unter Christusbilder

Erlöser, Nasser Bart → unter Christusbilder

Erlöser, Zorniges Auge → unter Christusbilder

Erscheinungen des auferstandenen Christus → unter Auferstehung Christi

Erzbischof (grch. *archiepiskopos,* m.; russ. *archiepiskop,* m.), in der Alten Kirche leitender Bischof eines autokephalen Kirchengebiets. Es gab die „Fünfherrschaft" (grch. *pentarchia*) der Erzbischöfe von Rom, Alexandrien, Antiochien, Jerusalem u. Konstantinopel. Seit dem 5. Jh. setzte sich der Titel Patriarch durch. In Rom u. Alexandrien nannte sich der E. auch Papst (grch. *pappas;* lat. *papa,* 'Vater'). Dem E. unterstanden in der Alten Kirche die Bischöfe seines Kirchengebietes. In Konkurrenz zur Metropolitanordnung u. im Anschluß an altkirchl. Auffassungen entwickelten sich in Byzanz 2 Klassen von „autokephalen Erzbischöfen". Die einen waren gegenüber ihrem Metropoliten aus kirchengeschichtl. od. kirchenpolit. Gründen unabhängig od. standen (direkt dem Patriarchen unterstellt) außerhalb eines Metropolitanverbandes. Die zweite Klasse waren die auch vom Patriarchen unabhängigen „großen autokephalen Erzbischöfe". Ihre Sitze befanden sich vor allem in von Konstantinopel weit entfernten Missionsgebieten od. Kirchenprovinzen, wie z. B. zunächst in Kiev. Sobald es die (nicht zuletzt auch politischen) Umstände erlaubten, wurden solche Erzbistümer in Metropolien umgewandelt, die dem Patriarchat unterstanden (→ auch Metropolit). Mit diesen bewegl. Jurisdiktionen konnte die zentrale Kirchenleitung in Konstantinopel ihren weit entfernten Oberhirten die notwendige Entscheidungsfreiheit in oft schwierigen Situationen geben, ohne sie durch ständige Rückfragen, Berichte u. Dienstreisen nach Konstantinopel zu behindern.
In der russ.-orth. Kirche ist heute E. ein Ehrentitel, der auf Vorschlag des Patriarchen an verdiente Bischöfe verliehen wird. Der E. ist zum Tragen des Epanokamelauchions, des zur Kopfbedeckung gehörenden Schleiers, berechtigt. Auch in den autokephalen Kirchen, in denen die Erzbischöfe über bestimmte Verwaltungsbereiche verfügen, ist ihr hierarch. Rang vom höchsten Hirtenamt der Kirche, dem des Bischofs, abgeleitet; in dessen geistl. u. materielle Souveränität können sie nicht eingreifen.
S. auch Karte I.

Lit.: Beck, 67 f.; E. Chrysos, Zur Entstehung der Institution der autokephalen Erzbistümer, ByZ 62, 1969, 263-286; Feine, Reg.: Archiepiscopus; K. Lübeck, Reichseinteilung u. kirchl. Hierarchie des Orients bis zum Ausgang des 4. Jh., München 1901; Milasch, § 91; L. Müller, Zum Problem des hierarch. Status u. jurisdiktionellen Abhängigkeit der russ. Kirche vor 1039, Köln – Braunsfeld 1959; LexMA 3, 2192-2194. – S. auch Lit. zu Bischof, Metropolit.

Eucharistie (grch. *eucharistia,* f.; 'Dankbarkeit', 'Danksagung'; russ. *evcharistija,* f.), Bezeichnung für eines der 7 Sakramente, das Abendmahl (vgl. Matth. 26, 27; Mark. 14, 23; Luk. 22, 19; 1. Kor. 11, 24), in der frühchristl. u. nachapostol. Zeit von der Agape, dem Liebesmahl, unterschieden. Von Christus „im Rahmen des Passahmahls" (Jeremias) eingesetzt u. als sein Vermächtnis mit stark ausgeprägtem Erinnerungscharakter (→ Anamnese) ausgestattet (vgl. Luk. 22, 19; 1. Kor. 11, 24 c, 25), wurde die E. zunächst wie das Passamahl abends, seit dem 2. Jh. zunehmend morgens gefeiert. Gleichzeitig entwickelten sich die ersten Modelle einer E.-Feier, die später als Liturgie bezeichnet wird u. die sich vom Passamahl unterscheidet. Die E. wurde dadurch zum Mittelpunkt der Gemeinschaft (grch. *koinonia*), die durch sie im Sinne Christi gestiftet u. erhalten wird. In den Auseinandersetzungen mit der Gnosis u. den Häresien wurde die E. zum Garant der Rechtgläubigkeit der Gemeinde, über die zu wachen Aufgabe des Bischofs war, der auch als der alleinige Spender der E. galt u. gilt. Der Priester ist lediglich vom Bischof zur Spendung der E. od. zum Vollzug der Liturgie delegiert. Der sittlich-regulative Charakter schuf eine enge Verbindung zwischen E. u. Buße, die seit der Mitte des 2. Jh. die Klerikalisierung u. Verrechtlichung (→ Kirchenrecht) des Abendmahls einleite-

te. Beide sind an bestimmten Elementen der byz. Liturgie zu erkennen (z. B. dem Diptychon [2] u. den Fürbitten). Zur E. zugelassen sind nur die Gemeindeglieder, die vorher das Sakrament der Buße empfangen haben. Für die liturg. Entwicklung der E. in der byz. Epoche wurde ihre Deutung durch die Mystagogie wichtig, wie sie seit mittelbyz. Zeit in zahlreichen E.-Legenden u. ihrer Darstellung im Bildprogramm, aber auch in einigen Typen der Christusbilder (7) zum Ausdruck kommt. Zur Darstellung der E. selbst in der byz.-slav. Kunst → Abendmahl, → Agape, → Apostelkommunion.
In mittelbyz. Liturgieformularen wird unter E. oft das Eucharist. → Hochgebet verstanden.

Lit.: B. Botte, H. Cazelles u. a., E. d'Orient et d'Occident, Paris 1970; O. Cullmann, Urchristentum u. Gottesdienst, Basel – Zürich 1956[3]; W. Elert, Abendmahl u. Kirchengemeinschaft in der Alten Kirche hauptsächlich des Ostens, Berlin 1954; Heiler, 161-174; J. Jeremias, Die Abendmahlsworte Jesu, Berlin 1963; Lietzmann; R. Schneider, Vom Wesen der ostkirchl. E., Die Ostkirche u. die russ. Christenheit, Tübingen 1949, 141-172; A. J. Townsley, Eucharistic Doctrine and the Liturgy in the Byzantine Painting, OrChr* 58, 1974, 138-153; Mönch Vasilios (Grolimund), Die Darstellung der eucharist.Realpräsenz Christi in der byz.-slav.Hagiographie u. Ikonographie, FS Onasch,Halle 1981, 299-321; M.Vloberg, L'eucharistie dans l'Art, 2 Bde., Grenoble-Paris 1946; LdK 2(1989), 385-388; LChI 1, 687-695; LexMA 4,68-69. – S. auch Lit. zu Liturgie.

Eucharistisches Hochgebet → Hochgebet, Eucharistisches

Euchologion (grch., n., 'Gebetbuch'), eines der für den Vollzug der Liturgie u. die Spendung der Sakramente notwendigen liturg. Bücher. Nach der Art der Texte u. Rubriken unterscheidet man heute:
1. das Große E. (grch. *euchologion to mega*). Es enthält die Formulare der Basilius- u. der Chrysostomusliturgie, der Liturgie der vorgeweihten Gaben, die Sakramente, verschiedene Weihen u. Segnungen, Begräbnisoffizien u. a. Es entspricht dem kath. Missale, Rituale u. Pontifikale.
2. das Kleine E. (grch. *euchologion to mikron*), auch Leiturgikon ('Liturgiebuch') od. Hieratikon ('Buch des Priesters') genannt, mit den wichtigsten Formularen der Sakramentenspendung einschließlich Liturgie sowie einem Anhang der Hymnen u. Lesungen.
3. das E. für den Bischof, das Archieratikon.
4. das Spezial-E. für Weihe- u. Segenshandlungen mit der Bezeichnung Hagiasmatarion.
5. Die russ.-orth. Kirche kennt den Služebnik (von russ. *služba,* 'Dienst') mit den Teilen der Liturgie, die Priester u. Diakon zu verwalten haben, aus dem Abend- u. Morgengottesdienst sowie einer Reihe von Anweisungen für bestimmte Offizien u. die Entlassungen an den großen Feiertagen.
6. Der Trebnik (von russ. *treba,* 'Amtshandlung') enthält die Ordnungen für die Sakramentenspendung u. eine Reihe von Weihehandlungen mit ihren Gebeten. – Die erste Handschrift eines grch. E.s stammt aus dem 8./9. Jh. (Cod. Barberinus graec. III, 55, jetzt 336), die älteste kirchenslavische (→ unter Sprachen) Handschrift aus dem 11. Jh. (E. sinaiticum).

Lit.: A. Dmitrievskij, Opisanie Liturgičeskich Rukopisej Chranjaščichsja v Bibliotekach Pravoslavnogo Vostoka, 2. Bd., Kiev 1901; Goar; J. Habert, Hieratikon, Paris 1643; E. der orth.-kath. Kirche, hg. von M. Rajewskij, 3 Bde., Wien 1961 (Reprint); E. Sinaiticum hg. von R. Nahtigal, 2 Bde., Lubljana 1941, 1942; E., hg. von P. N. Trembelas, Athen 1955; Paramente u. Liturg. Bücher, München/New York/London/Paris 1982(Glossarium Artis, 4); Euchologe Rituel de l'Église orth., hg. A. Nelidov, A.Nivière, Le Bouquet de l'Orb,1979; Enchiridion Euchologicum fontium liturgicorum 1,Rome 1979; LdK 2 (1989), 388.

Eulogetaria (grch., n. plur.), Strophen (→ Troparien), denen Ps. 119, 12 („Gelobet seist du, Herr"; grch. *„eulogetos ei, Kyrie"*) vor- und zwischengeschaltet wird. Man unterscheidet E. nekrosima (russ. *tropari usopšie*) zu Ehren der Verstorbenen u. E. anastasima (russ. *tropari voskresnye*) zu Ehren des auferstandenen Christus. Die E. anastasima werden im Morgengottesdienst am Schluß der ersten u. letzten Stichologie gesungen; am Sonntag werden sie zu einem kleinen Offizium ausgestaltet (Hymnus der Myrophoren [→ auch Auferstehung Christi], Kleine → Doxologie, ein dreimaliges Halleluja, mehrmaliger Eulogetos-Ruf). Die Melodien richten sich nach den 8 Kirchentönen (→ unter Oktoechos).

Lit.: Anthologia Graeca, 95; Daniel, 304; Goar, 435; La Prière[1], 135-136.

Eulogien (von *eulogia,* grch., f., 'Lob', 'Preis'; hebr. *beraka*), 1. Bezeichnung für gesegnete, aber nicht geweihte Gegenstände (→ Segen, → Weihe), wie z. B. Ampullen, das Enkolpion (→ auch Devotionalien), die Reliquiare, das Kreuz u. a.
2. E. sind auch die in der Vormesse (der Prothesis) beim Ritus der Schlachtung (Opferung) des Lammes übriggebliebenen, nichtkonsekrierten, d. h. nicht verwandelten Partikel des Abendmahlsbrotes (→ Prosphore), die am Schluß der Liturgie zur Mitnahme verteilt werden. Seit dem 12. Jh. heißen die E. auch Antidoron (grch., 'Gegengabe'; russ. *antidor*). Beide Bezeichnungen gehen auf die frühchristl. Sitte zurück, auch mit einem Siegel (→ Siegel [1]) gestempeltes Brot segnen zu lassen, das nicht für die Eucharistie verwendet wurde. Die entsprechenden Partikel bei den Agapen, den Liebesmahlen, wurden Apophoreton (grch., 'Opferteil') genannt. Auch die E. brachten die Zugehörigkeit zur Gemeinschaft (grch. *koinonia*) zum Ausdruck, so daß die Ablehnung den Bruch mit ihr anzeigte.

Lit.: E. Peterson, MERIS, Hostien-Partikel u. Opferanteil, EphLit 61, 1947, 3-12; A. Raes, L'Antidoron, POC 3, 1953, 6-13; Kötting, Reg.; L. Voelkl, Apophoretum. E. u. Fermentum als Ausdrucksformen der frühchristl. Kommunion, Miscellanea G. Belvederi, Città del Vaticano 1954, 319-414; LexMA 4, 96; RBK 2, 427-433.

Evangeliar, Evangelistar → unter Lesebücher

Evangelienlesung → unter Lesungen

Evangelistarion (grch. *euangelistarion,* n.), in der Ostkirche die Ordnung der Lesungen aus dem Matthäus- u. dem Lukasevangelium an den Sonntagen nach Pfingsten während des festlosen Oktoechos-Zyklus. Die Matthäusreihe beginnt mit dem Sonntag nach Pfingsten u. endet mit dem Freitag nach dem Fest der Kreuzerhöhung am 14. Nov. Die Lukasreihe beginnt mit dem Sonntag nach diesem Fest u. endet mit dem Sonntag des Zöllners (→ auch Übersicht zum Stichwort Kirchenjahr). Diese Ordnung ist abhängig vom Ostertermin, weshalb dem E.-Buch das Kanonion tu hagiu pascha (die Ostertafeln) beigefügt ist, während das E. selbst im allgemeinen einen Anhang des Evangeliums bildet.

Lit.: Brightman, LXXXI, LXXXVI u. Reg.: E.; Nilles 2, 458; LdK 2 (1989), 394-395.

Evangelistenbilder, Darstellungen der 4 Evangelisten Matthäus, Markus, Lukas u. Johannes, die die Alte Kirche u. das MA für die Autoren der 4 kanon. Evangelien hielten. Die E. hatten die Aufgabe, diese Meinung zu stärken u. zu verteidigen. Ähnlich wie die Apostelbilder gehören sie zu den ältesten Heiligenbildern u. versinnbildlichen die Lehr- u. Auslegungsautorität der Kirche, wie sie sich im Amt des Bischofs repräsentiert. Der Evangelist konnte nach antikem Vorbild durch die Assistenzfigur einer Muse od. eines Engels, die Evangelistensymbole, die Hand Gottes, die Taube als Symbolfigur des hl. Geistes od. die Darstellung der Weisheit Gottes wiedergegeben werden. Auch das idealtyp. Porträt berühmter Männer hat zur Entstehung der E. beigetragen: als Genrebilder boten sie die Möglichkeit, das ikonograph. Inventar (Schreibgerätschaften, Schreibmobiliar) zu variieren u. so ein lebendiges Abbild von der Tätigkeit eines Evangelisten zu geben. Dieser konnte meditierend, lesend od. schreibend dargestellt werden; durch leichtes Neigen des Hauptes wurde nicht selten die durch das Gehör (Audition) vermittelte Inspiration angedeutet. Nach dem Apokryph der Johannesakten des Prochoros (5. Jh.) wird der Evangelist Johannes dargestellt, wie er unter Blitz u. Donner seinem Jünger Prochor das Evangelium diktiert. Der Evangelist lauscht dabei mit leicht erhobenem Haupt der aus dem Donner kommenden Inspiration. Diese Szene ist seit dem 10. Jh. in der Miniaturmalerei, später auch in der Ikonenmalerei bekannt. Auf vielen Bildern erscheint der Apostel Paulus als diktierender Autor hinter dem Evangelisten Lukas. Seit mittelbyz. Zeit erhalten die Evangelisten, ähnlich wie die Apostel auf den Apostelbildern, individuelle Züge (Matthäus als weißhaariger Greis mit langem Spitzbart; Markus als reifer Mann mit rundem, dunklem Vollbart; Lukas ähnlich, nur mit lockigem Haupthaar; Johannes als hagerer Greis mit zur Hälfte kahlem Haupt od. einer einzelnen weißen Stirnlocke). In

Evangelistenbilder

spätbyz. Zeit wird Lukas als Mönchsmaler mit Tonsur dargestellt. Wahrscheinlich sind die Urtypen dieser Idealporträts weit älter. Der eigentl. Kunstbereich der E. ist die Bibelillustration. Aber auch in das Bildprogramm der Kirchen fanden sie in frühbyz. Zeit Eingang. In den byz. Kreuzkuppelkirchen (→ Kirchenbau) sind den E. vor allem die Pendentifs (Hängezwickel) der Kuppel reserviert worden. In der Ikonenmalerei ist der bevorzugte Ort für die E. die Mitteltür der Bilderwand. Im 17. Jh. wurde in der russ. Malerei der ikonograph. u. personale Bestand unter westl. Einfluß erweitert; dabei wurden die Evangelistensymbole mitverarbeitet. Aber auch Gegenstände der Kleinkunst (Bucheinbände, Ikonenrahmen, Kreuze, Staurotheken u. a.) wurden als Träger von E.n benutzt. – Abb.

Lit.: A. M. Friend, The Portraits of the Evangelistes in Greek and Latin Manuscripts, Art Studies 5, 1927, 113-147; 7, 1929, 1-29; E. Mâle, Les Saints Compagnons du Christ, Paris 1958; W. Weisbach, Die Darst. der Inspiration auf mittelalterl. E.n, RivAC 16, 1939, 101-127; LChI 1, 696-713; LdK 2 (1989), 395-397 (Evangelisten); LexMA 4, 135-138 (Evangelisten); RBK 2, 452-507. – S. auch Lit. zu Bibelillustration.

Evangelistensymbole. Grundlage der E. sind die Wesen in Hes. 1, 5-10 u. Offb. 4, 6 bis 8. Während Hes. von 4 Tetramorphen (viergestaltigen Wesen) spricht, hat die Offenbarung diese in Löwe, Stier, Mensch u. Adler differenziert, deren Körper u. Flügel mit Augen übersät sind. Als erster hat Irenäus von Lyon (gest. um 202) diese Wesen den Evangelisten zugeordnet (Mensch zu Matthäus, Adler zu Markus, Stier zu Lukas u. Löwe zu Johannes). Die im Westen bekannte Zuordnung stammt von Hieronymus (gest. 419/420); er verband die E. mit den Anfängen der Evangelien (Matthäus – Mensch [Abstammung u. Geburt Christi]; Markus – Löwe [Stimme Johannes des Täufers in der Wüste]; Lukas – Stier [Opfer des Zacharias]; Johannes – Adler [Herkunft u. Herabkunft des Wortes vom ewigen Vater]). Im byz. Kunstbereich sind die E. auch bei den Evangelistenbildern selten. In der Monumentalmalerei erscheinen sie in Verbindung mit der Majestas Domini und der Thronbereitung (→ Hetoimasia), seltener auf den Christusbildern als Begleiterscheinungen des „Alten der Tage" (oft als Tetramorphe). Nachdem die Offenbarung (→ Apokalypse) Ende des 7. Jh. auch in Byzanz anerkannt wurde, fanden die E. Eingang in die Ikonenmalerei. Noch in spätbyz. Zeit schmücken sie oft das Epitaphios, das in der Liturgie verwendete Leichentuch Christi.

Lit.: P. de Bourguet, Les Symboles des quatre Évangélistes, La Revue Réformée 10, Saint-Germain-en-Laye 1957, 3-25; R. Crozet, Les quatre Évangélistes et leurs Symboles, Cahiers Techniques de l'Art 4, 3, 1962, 5-26; F. van der Meer, Maiestas Domini, Città del Vaticano 1938, 255 bis 279; LChI 1, 709-712; LdK 2 (1989), 397-398; Lex MA 4, 138-140; RBK 2, 508-516.

Evangelium, Evangelienbuch (lat.; grch. *euangelion,* n., ‘Frohbotschaft', ‘gute Nachricht'; russ. *evangelie,* n.), im MA eines der wichtigsten Lesebücher der Ostkirche. Es wird, oft kostbar eingebunden, in der Liturgie beim Kleinen → Einzug in feierl. Weise der Gemeinde gezeigt u. auf den Altar gelegt.

Man unterscheidet folgende Typen: (1) das Vier- od. Tetra-E. (russ. *četveroevangelie*), das die 4 kanon. Evangelien Matthäus, Markus, Lukas, Johannes enthält. Die Perikopen werden entweder am Rande mit „Anfang" (grch. *arche;* russ. *načalo*) u. „Ende" (grch. *telos;* russ. *konec*) angezeigt (Marginalnotizen) od. im Text selbst durch Zwischenschaltung von Datumsangaben u. Festtiteln, womit nicht selten eine Miniatur (→ auch Bibelillustration) verbunden wurde; – (2) das Aprakos-E. (grch. *aprakteo,* ‘ich bin untätig', ‘ich feiere'), das eigentl. Lektionar, von dem es 2 Typen gibt: Der erste führt nur die Sonntagsperikopen, der andere alle Lektionen des Kirchenjahres; – (3) eine besondere Form der Textzusammenstellung für verschiedene Akoluthien im Evangelistarion u. für die Auferstehungs- u. Morgenevangelien.

Während des MA war in der Ostkirche als Lektionar neben dem Apostolos nur das E. bekannt. Erst im 15. Jh. entstand in Novgorod eine Vollbibel (die sog. Gennadij-Bibel), die die Grundlage für alle späteren russ. Bibelausgaben wurde. – Der Text des E.s als Lektionar zeigt nicht nur in seinen Anfangs- u. Schlußformulierungen (lat. *incipit* u. *explicit*), sondern auch im Text selbst Abweichungen von den kanon. Texten; sie sind Gegenstand einer speziellen Lektionartextkritik. Das gilt auch für die ersten altkirchenslav. Handschriften der beiden E.-Typen aus dem 11. Jh., die wichtige Einsichten in den Gebrauch u. das Verhältnis vom sog. „Reichstext" der byz. Kirche zu den oriental. Bibeltexten vermitteln.

Eine Sondergruppe stellen die Evangelien der spätmanichäischen Gemeinschaft in Bosnien Ausgang des MA dar (→ Häresie). Der Text des Aprakos ist von hohem Alter. Während er ursprünglich in der Großkirche für die Liturgie gebraucht wurde, scheint er bei den „bosnischen Christen" nur für die Haus- u. Privatlektüre bestimmt gewesen zu sein. Bei manchen Handschriften finden sich Marginal-Glossen mit dualistisch-spiritualist. Interpretationen der Wunder Christi, wie sie bereits für die frühen Bogomilen bekannt sind. – Zur Ausstattung des E.s → Bibelillustration, → Miniaturmalerei; → auch Lesebücher.

Lit.: J. Baudot, Les Évangéliaires, Paris 1908; Daniel, 318, 398, 633; H. Greeven, Die Textgestalt der Evangelienlektionare, ThLZ 76, 1951, 513 bis 522; C. R. Gregory, Textkritik des NT, Leipzig 1909; K. Horálek, Evangeliáře a čtveroevangelia, Praha 1954; ders., La Traduction vieux-slave de l'Évangile, Sa Version originale et son Développement ultérieur, BZS 20, 1959, 267-284; M. Loos, Dualist Heresy in the Middle Ages, Praha 1974, 303-307 (bosn. Evangelien); Onasch, Weihnachtsfest, 97-114. – S. auch Lit. zu Lesebücher.

Exaposteilaria → unter Auferstehungs- u. Morgenevangelien

Exklamationen (lat. *exclamatio,* f., 'Ausruf'), eine Reihe von Ausrufen während der Liturgie, die vor allem vom Diakon intoniert werden. Im Unterschied zu den liturg. Akklamationen, den „Zurufen", haben sie admonitiven (ermahnenden) u. exhortativen (ermunternden) Charakter. Zu ihnen gehören die Rufe „→ Weisheit! aufrecht!", „Lasset uns aufmerken", „die Türen, die Türen", „Lasset uns würdig stehen, lasset uns stehen mit Furcht" u. a. (→ Arkandisziplin, → Glaubensbekenntnis, → Liturgie).

Lit.: Hanssens, Nr. 965-971, 1020-1042, 1124, 1184 bis 1190.

Exkommunikation (lat. *excommunicatio,* f.; grch. *aphorismos,* m.; russ. *otlučenie,* n.), zeitlich begrenzter od. auf Lebensdauer geltender Ausschluß aus der Kirchengemeinschaft (grch. *koinonia;* lat. *communio*); er wird durch das Kirchenrecht geregelt u. in einem Ritus vollzogen. Im Unterschied zu den Epitimien, den leichteren Bußstrafen, bedeutet die E. den Verlust aller Rechte, die sich aus der Zugehörigkeit zur Gemeinschaft ergeben; eine Reihe von Pflichten (vor allem die Gehorsamspflicht gegenüber dem Klerus) bleiben erhalten (passive Mitgliedschaft). Die E. wird als teilweise Akoinonesia (grch.) beschrieben, weil sie den Exkommunizierten ganz oder teilweise von der Liturgie (→ Eucharistie) ausschließt od. ihm verbietet, die Kirche zu betreten (→ Bußklassen); mit der E. wird auch ein Verbot (lat. *interdictum*); grch. *eirgein*, 'ausschließen', 'verbieten') hinsichtlich der Ausübung eines kirchl. Berufes (Lehramt, Leiter od. Mitglied des Chores, Kirchenmaler, Lektor, Türhüter u. a.) ausgesprochen. Die Durchführung u. mögl. Aufhebung der E. lag im MA beim Gericht des Bischofs (→ auch Bischofsverwaltung). Ein Interdikt konnte, wie in der kath. Kirche, sowohl personal als auch lokal ausgesprochen werden (hinsichtlich des Klerus → unter Epitimien). Im Verlaufe der Entwicklung unterschied man auch im byz. Bereich zwischen der Großen E. (lat. *excommunicatio major*), d. h. dem → Anathema, dem endgültigen, völligen Ausschluß (grch. *akoinonesia*) – dem Verlust der aktiven u. passiven Mitgliedschaft – u. der Kleinen E. (lat. *excommunicatio minor*), die u. a. zwar die eucharist. Gemeinschaft, nicht aber die Kirchengemeinschaft überhaupt aufhob. – Abgesehen von automatisch eintretenden E.s-Strafen (in byz. Zeit z. B. bei Kriegsdienst) werden die Gegenstände des E.s-Prozesses eingeteilt in dogmatische (vor allem bei Häresie), moralische (Simonie, Sakrileg [z. B. Fälschung od. Diebstahl von Reliquien], Verletzung der Seelsorgepflichten u. a.) u. disziplinäre (Ungehorsam, Widerstand gegen den Klerus, Verletzung der Verwaltungspflichten). Der Prozeßverlauf kannte die Anklage, die Vorladung, die Befragung, die Untersuchung, die Verwarnung u. das Urteil. Obwohl im Osten das Institut der Inquisition unbekannt war, trug das E.s-Verfahren doch inquisitor. Züge (u. a. Anwendung der Folter). Sowohl in Byzanz als auch in Rußland hat es im MA Ketzerverbrennungen gegeben. – Die Vertreter des byz. Kirchenrechts standen solchen Maßnahmen in der Mehrzahl kritisch gegenüber. Zur Darstellung der E. → Synode.

Lit.: Beck, 78; Feine, Reg.; Milasch, § 151; F. van de Paverd, Ausschluß u. Wiederversöhnung in der byz. Kirche, OstKSt 28, 1979, 281-302; LexMA 4,170. – S. auch Lit. zu Anathema, Buße, Bußklassen, Epitimien.

Exorzismus (grch. *exorkismos,* m., von *exorkizein,* '[be]schwören', 'verteidigen', 'abwehren'; russ. *zaklinanie,* n.), in vielen Religionen ein Abwehr- u. Bemächtigungs-Ritus über dämon. Kräfte bzw. ihre Vertreibung aus Personen u. Gegenständen.
1. Der E. als Praxis der Alten Kirche basiert auf der Anerkennung Christi als Herrn der dämon. Mächte. Er wurde bereits in der Urgemeinde angewendet u. nachgeahmt (vgl. Apg. 19, 13 f.). Früh bediente man sich des E. bei den Energumenen, den Besessenen, die von der Kirche in eigenen Gebäuden mit Exorzisten untergebracht waren. Während noch bei Tertullian (gest. nach 220) jeder Gläubige exorzieren konnte, war später der Exorzist (grch. *exorkistes*) ein Mitglied des Klerus der unteren Weihegrade. In der Kirchenordnung Hippolyts (→ unter Kirchenrecht) wird der E. zum erstenmal als eigene Handlung unter Verwendung des Myrons bei der Taufe beschrieben. Heute werden während der Taufe 4 Exorzismen vollzogen, denen unmittelbar die Absage an den Teufel, die Abrenuntiation (lat. *abrenuntiatio*) folgt. Jeder Tauf-E. wird von einem Gebet des Priesters begleitet. Diese Gebete schließen jeweils mit einer trinitar. E.-Formel. Beim vierten E. haucht der Priester den Täufling an, macht das Zeichen des Kreuzes an Mund, Stirn u. Brust u. spricht: „Vertreibe aus ihm jeden bösen u. unreinen Geist, der sich verborgen u. eingenistet hat in seinem Herzen." – Handelndes Subjekt des E. ist Christus, dem der Täufling als „Sohn des Lichtes u. Erbe deines Reiches" anbefohlen wird.
2. Der an Personen u. Sachen vollzogene E. wird nicht selten in der Miniatur- und Monumentalmalerei wiedergegeben, z. B. auf den Randbildern (russ. *klejma*) der Vitenikonen des hl. Nikolaus. Bereits im 3. Jh. wurden die E.-Berichte aus Matth. 8, 28 bis 34 u. Parallelen dargestellt.

Lit.: E. Bartsch; Die Sachbeschwörungen der röm. Liturgie, Münster (Westf.) 1967; L. Delatte, Un Office Byzantin d'Exorcisme, Bruxelles 1957; F. J. Dölger, Der E. im altchristl. Taufritual, Paderborn 1909; Handbuch 2, 47 ff; Fendt, Reg.; LChI 1, 273-277 (Besessene); LexMA 4, 172-174. – S. auch Lit. zu Taufe.

F

Fächer (grch. *rhipidion,* n.; lat. *flabellum,* n., *muscatorium,* n., *muscarium,* n., von *musca,* f., 'Fliege', 'Insekt'; russ. *ripida,* f.), in der Antike ein Instrument zum Schutz gegen Sonneneinwirkung u. Insekten, im Orient auch als Herrscherinsignie gebraucht.
1. Die Apostol. Konstitutionen (→ unter Kirchenrecht) erwähnen F. aus dünnen Häuten, Pfauenfedern od. Leinen, mit denen die Diakone zu Beginn der Liturgie der Gläubigen die hl. Gaben befächeln, damit kein Insekt in den Kelch fällt. Auch bei der Myronweihe werden F. benutzt. Wahrscheinlich war Syrien die Heimat des liturg. F.s. In der byz. Liturgie erfüllt er die genannten Schutzfunktionen gegen Insekten, gilt aber auch als Symbol des todüberwindenden Christus. Er wird deshalb beim Großen → Einzug gebraucht u. ist in gedankl. Verbindung zum Cherubimhymnus mit einer Darstellung dieser Engelwesen (od. des Tetramorphen) geschmückt bzw. nach ihnen geformt. Er war im MA aus Gold od. Silber hergestellt u. wurde in der Technik der Treibarbeit, der → Toreutik, bearbeitet.
2. In der Ikonographie erscheint der F. auf Darstellungen der Apostelkommunion, des Cherubimhymnus u. auf dem Kultustuch des Karfreitags, dem Epitaphios.

Lit.: Braun, Altargeräte, 642-647; E. Trenkle, Liturg. Geräte u. Gewänder der Ostkirche, München 1962; Kirchengeräte, München/London/New York/Paris 1992³ (Glossarium Artis, 2); LdK 2 (1989), 414; LexMA 4,216-217; RBK 2, 550-555.

Farben. Im gottesdienstl. Bereich besitzt die Farbe den Charakter eines Symbols, in nicht wenigen Fällen zugleich auch den eines Signals, z. B. zum Anzeigen des jeweiligen Abschnitts des Kirchenjahres.
1. Obwohl das AT, die Offenbarung (→ Apokalypse 2) u. die Apokryphen einen bestimmten F.-Kanon kannten (Weiß, Purpur, Blau, Gold), hatte die Alte Kirche kein Interesse daran, liturg. → Decken u. liturg. u. kirchl. → Gewänder in diesen Farben auszustatten. Lediglich Weiß besaß früh den Symbolwert der Auferstehung u. Verklärung. Seit der Epoche Kaiser Konstantins (gest. 337), vor allem aber Justinians

(gest. 565) gewinnen die kaiserl. Repräsentations-F. Blau u. Purpur zunehmend Einfluß auf die Entstehung eines kirchl. F.-Kanons, wobei eine gewisse Konkurrenz zwischen beiden nicht auszuschließen ist (Anspruch der Kirche auf Ableitung aller imperialen Repräsentationen, auch der F., aus dem Herrschaftsanspruch Christi).

Im Osten entwickelte sich erst während u. nach dem Bilderstreit (→ unter Bild) sowie in den mittel- bis spätbyz. Liturgiekommentaren (→ unter Mystagogie) eine gewisse Festlegung der Symbolwerte der F., ohne daß diese, wie im Westen, zur verpflichtenden Norm erhoben worden wäre. Es lassen sich folgende Haupt-F. in ihren Symbolwerten feststellen: Weiß symbolisierte weiterhin Auferstehung u. Verklärung; Rot bzw. Purpur (u. ihre verschiedensten Mischungen) sowohl das Blut Christi wie seine Herrschaft über den Tod u. damit seinen allgemeinen „imperialen“ Anspruch auf geistl. Weltherrschaft; dieselbe Sinndeutung betraf auch Blau – beide Farben sind zugleich die Farben der Märtyrer; Schwarz bis Dunkelbraun (Dunkelrot) deutet die Askese des Mönchtums, zugleich auch die Trauer an; Gelb konnte ebenso, als negative Ableitung des Sonnenlichtes, die Trauer u. verwandte Stimmungen zum Ausdruck bringen; ähnlich ambivalenten Charakter trug das Gold, das als positive Ableitung des Sonnenlichtes zugleich absolut „imperialen“ Symbolwert besaß (Gold war deshalb keine eigentl. Farbe, sondern verhielt – im Gegensatz zu Blau – Farbe u. Raum gegenüber „feindlich“, abweisend, insofern es die Unendlichkeit in Gestalt der abstrakten Fläche versinnbildlichte). – In den einzelnen autokephalen Kirchen entwickelten sich eigene Traditionen eines liturg. F.-Kanons, der aber variabel blieb. Für den byz. Ritus gibt es einige bevorzugte F.: Rot an Festtagen, Dunkelblau u. Violett zur Großen → Fastenzeit, Schwarz am Karfreitag u. beim Begräbnis (hier ist auch Weiß möglich), Weiß von Ostern bis zur Himmelfahrt Christi.

2. Der unter Pkt. 1 geschilderte Symbolwert der F. bestimmte auch ihre Deutung durch die Ikonen-, Miniatur- u. Monumentalmalerei. Zugleich fand er Eingang in die spezifische byz. Kultusästhetik. Für den ma. Künstler ergab sich daraus eine deutl. Spannung zwischen einer liturgisch bestimmten Reglementierung in der Anwendung des F.-Kanons u. der von ihm vertretenen F.-Ästhetik, die ihm zugleich einen gewissen schöpfer. Freiraum beließ. Diese Spannung „durchgehalten“ zu haben ist das Kennzeichen der großen Meister der religiösen Malerei in Byzanz, auf dem Balkan u. in Rußland. Besonders bemerkenswert ist dabei die Auseinandersetzung zwischen der Polychromie mit ihrer scharfen, die Symbolwerte betonenden Absetzung der einzelnen F. voneinander u. dem Kolorismus, der diese Grenzen zugunsten einer natürl. Farbgebung auflöst. Hierher gehört auch das Verhältnis der F. zum Licht, insofern die mehr od. weniger abstrakte Polychromie den ebenso ästhetischen wie natürl. Licht-Schatten-Illusionismus ablehnte, während der Kolorismus ihn seinem ganzen Wesen nach bejahte. Die Probleme, die sich daraus ergeben, haben die Meister sowohl in den verschiedensten Phasen der Renaissancen in Byzanz als auch in Rußland vor allem im Bereich der Ikonenmalerei beschäftigt. Dabei bleibt festzuhalten, daß in dieser tiefgreifenden Auseinandersetzung der Symbolwert der F. selbst niemals in Frage gestellt worden ist, vielmehr im Rahmen ma. Vorstellungen beibehalten u. lediglich einem jeweils neuen Menschen- u. Weltverständnis zugeführt werden sollte.

Lit.: Braun, Paramente; V. V. Byčkov, Ėstetičeskoe Značenie Sveta v Vostočno-Christianskom Iskusstve, Voprosy Istorii i Teorii Ėstetiki, Moskau 1975, 129-145; Eisenhofer 1, 410-413; R. Gradwohl, Die F. im AT, Berlin 1963; R. E. van Haersolte, Magie u. Symbolik der F., Berlin 1952; E. Heimendahl, Licht u. Farbe, Berlin 1961; Onasch, Ikonenmalerei, 46-56; G. Radke, Die Bedeutung der weißen u. schwarzen Farbe im Kult u. Brauch der Griechen, Diss. Berlin 1936; W. Schöne, Über das Licht in der Malerei, Berlin 1954; W. Schöneis, Antike Färbung u. liturg. F., LJb 8, 1958, 104-143; J. J. Tikkanen, Studien über F.-Gebung in der mittelalterl. Malerei, Helsinki 1933; E. Wunderlich, Die Bedeutung der roten Farbe im Kultus der Griechen u. Römer, Gießen 1925; O. J. Lindsay, Some Remarks on the Colours System of Medieval Byz. Painting, JÖB 32/5, 1982, 85-91; LChI 2, 7-14; LdK 2 (1989), 425 bis 429; LexMA 4, 285-291(F., Färber, F.nsymbolik); RBK 2, 524-533. – S. auch Lit. zu Licht.

Fasten (grch. *nesteia,* f.; lat. *ieiunium,* n.; russ. *post,* m.), ein aus religiös-disziplinären (aber auch aus hygienischen) Gründen vorgeschriebener, zeitlich begrenzter völliger od. teilweiser Verzicht auf Nahrungseinnahme. Man unterscheidet den qualitativen (hinsichtlich der Art der Speisen) vom quantitativen (hinsichtlich der Menge der Speisen) Nahrungsentzug. Das F. läßt sich auf Speisetabus u. auf die Vorbereitung bestimmter, zyklisch wiederkehrender Feiern u. Übergangsriten zurückführen. Neben den Formen der persönl. Askese besitzt das F. in Hochreligionen institutionellen Charakter. Ein F.-Gebot kann nur durch einen F.-Dispens (→ unter Kirchenrecht) aufgehoben bzw. eingeschränkt werden. In der kath. u. in der Ostkirche ist das F. auch ein Mittel der Buße. Bei bestimmten Beschäftigungen mit kirchl. Gegenständen, z. B. bei der Ikonenmalerei, wurde es als innere Vorbereitung geübt. Übertriebenes F. wurde von der Kirche mit Ausnahme des Mönchtums mit Mißtrauen beobachtet. Der Durchführung u. Aufrechterhaltung einer F.-Disziplin dienen → Fastentage u. → Fastenzeiten.

Lit.: R. Arbesmann, Das F. bei Griechen u. Römern, Gießen 1929; Beck, Reg.: F.; P. Gerlitz, Das F. im religionsgeschichtl. Vergleich, Erlangen 1954; J. Herbut, De Ieiunio et Abstinentia in Ecclesia Byzantina ab Initiis usque ad Saec. XI, Rom 1967; Th. Pichler, Das F. bei Basileios u. im antiken Heidentum, Innsbruck 1955; LexMA 4,304-310 (F.zeiten, -dispensen). – S. auch Lit. zu Fastentage, Fastenzeiten.

Fastentage. Das Urchristentum übernahm das Fasten zunächst von der Synagoge. Schon um 100 forderte die Didache (→ unter Kirchenrecht) anstelle des jüd. Montags u. Donnerstags den Mittwoch u. Freitag als wöchentl. F. Dabei blieb es in der orth. Kirche bis heute, während im Westen um 400 der Samstag zum Mittwoch trat. Die zweite Wurzel der christl. F. ist die Karwoche als ältestes Modell des bewegl. Zyklus des späteren Kirchenjahres; das Samstagsfasten außerhalb dieser Woche wurde in der Ostkirche auch weiterhin abgelehnt. In der ältesten vorbyz. Zeit galt allerdings der Samstag als Vorbereitung u. deshalb als Fastentag für den Sonntag, dieser wurde als wöchentl. Ostern verstanden (→ auch Oktoechos). Spezielle F. sind der 29. Aug. (Enthauptung des Täufers Johannes), der 14. Sept. (Kreuzerhöhung) u. der 5. Jan. (Nachtwache auf Epiphanie). Am Mittwoch u. Freitag nach den beiden ersten Vorfastensonntagen (→ Fastenzeiten), während der Osterzeit (→ Pentekostarion 2), bei Herrn-, Marien-, Engel- u. Apostelfesten wird nicht gefastet.

Lit.: Fendt, Reg.: Fasten, F.; Handbuch 2, 226 bis 229; G. Schreiber, Die Wochentage im Erlebnis der Ostkirche u. des christl. Abendlandes, Köln u. Opladen 1959; J. Schümmer, Die altchristl. Fastenpraxis, Münster (Westf.) 1933. – S. auch Lit. zu Fasten, Fastenzeiten.

Fastenzeiten. Das Modell der F. in der Ost- u. Westkirche bildete die Große 40tägige Fastenzeit (grch. *megale tessarakoste*; russ. *velikij post, četyredesjatnica*; lat. *quadragesima*) vor Ostern, deren Vorbild die Karwoche war. Man kannte in der alten Kirche auch andere F., so ein Fasten vom Gründonnerstag bis zum Ende der Nacht auf Ostern (→ auch Karsamstag).
In der Entwicklung der Großen Fastenzeit mußte das Vorbild Christi, sein 40tägiges Fasten in der Wüste (Matth. 4, 1-11), mit dem durchgehenden Fastendispens am Samstag u. Sonntag in Einklang gebracht werden. Matth. 4 blieb ebenso vorbildlich für die längere Vorbereitungszeit der Katechumenen. Die Tessarakoste od. Quadragesima gilt in allen Konfessionen als Vorbereitungszeit auf Ostern. Als Ansatz der Vorfastenzeit wird der Sonntag der Käsespeisen (s. u.) angesehen, aus dem sich, vielleicht schon im 7. Jh., die anderen Vorfastensonntage entwickelten. Sie beginnen mit dem Sonntag des Zöllners (Zachäus) u. Pharisäers (grch. *kyriake tu telonu kai pharisaiu;* russ. *nedelja mytarja i fariseja*). Von da an bis zum Karsamstag wird der Kanon auf das Triodion, d. h. vom 9 auf 3 Oden reduziert. Wegen des Fastendispenses an den wöchentl. Fastentagen der folgenden Woche heißt diese in der russ.-orth. Kirche auch Fastendispenswoche (russ. *nedelja splošnaja*). Der Fastendispens gilt auch für die Woche nach dem nächsten Sonntag, dem Sonntag des verlorenen Sohnes (grch. *kyriake tu asotu;* russ. *nedelja bludnogo syna*), der dem Sonntag Septuagesimae entspricht. Erst mit dem Sonntag der Fleischentsagung (od. der zweiten Ankunft des Herrn, grch. *kyriake tes apokreo etoi tes deuteras parusias tu kyriu;* russ. *nedelja mjasopustnaja ili o vtorom prišestvii gospoda,* entspricht Sexagesimae) beginnt die

Fleischabstinenz (qualitativer Speiseentzug). An diesem Sonntag kannte man im MA in der russ. Kirche das Offizium der Begehung des schreckl. Gerichts (*čin dejstva strašnogo suda*), angeregt durch die Hymnen dieses Sonntages u. die aus ihnen schöpfende Darstellung des Jüngsten → Gerichts. Es ist üblich, mit diesem Tage auch das Essen der → Kolyba zu beginnen. Es folgt die Butterwoche. Nach dem anschließenden Käsefastensonntag (grch. *kyriake tes tyrophagu*; russ. *nedelja syropustnaja*), d. h. in der Abstinenz von Laktizinien (Milch- u. Eierspeisen), beginnt das eigentl. Fasten (der qualitative u. quantitative Speiseentzug). Im Mittelpunkt der Hymnen stehen die Klagen Adams (→ auch Adam u. Eva) über das verlorene Paradies. Für die Große Fastenzeit sind kennzeichnend: Metanien (Fußfälle, → unter Proskynese) am Mittwoch u. Freitag, der Große → Kanon während des Nachtgottesdienstes, Chrysostomusliturgie am Samstag, Basiliusliturgie am Sonntag, am Mittwoch u. Freitag die Liturgie der vorgeweihten Gaben, Bahnlesen aus dem AT (Jes., 1. Mose, Spr. Sal.). Folgende Sonn- bzw. Feiertage sind besonders hervorzuheben: der erste Sonntag od. der Sonntag der Orthodoxie, der dritte Sonntag od. der Sonntag der Kreuzverehrung; der Samstag der 5. Fastenwoche gilt dem Akathist, der Samstag der 6. Woche ist der Lazarussamstag, auf ihn folgt der Palmsonntag. Die Karwoche wird nicht mehr zu den „Vierzig Tagen" gezählt.

Ob Epiphanie schon im 4. Jh. für Büßer (→ auch Bußklassen) eine 40tägige, für die Gemeinde eine 8tägige Fastenzeit kannte, ist umstritten. Bekannt ist nur, daß in Ägypten eine 40tägige Fastenzeit von Athanasius (gest. 373) abgeschafft wurde. Ein kurzes Vorbereitungsfasten hat es im 6. Jh. wahrscheinlich gehabt. Für die Geburt Christi wird eine mit dem 15. Nov. beginnende 40tägige Fastenzeit (→ auch Advent), für den 15. Aug., das Entschlafen der Gottesmutter, ebenfalls eine solche seit dem 8./9. Jh. bezeugt. Dieses Marienfasten wurde aber auf 14 Tage reduziert u. beginnt am 1. Aug. Das Apostelfasten (grch. *nesteia ton apostolon;* russ. *petrovskij post*) für Peter u. Paul am 29. Juni (→ auch Apostelfeste) ist erst um 1100 bezeugt. Vielleicht war es ursprünglich ein nachpfingstl. Fasten, das später mit dem 29. Juni verbunden wurde. → auch Übersicht zu Kirchenjahr.

Texte: s. Anhang Nr. 21, 3; s. auch Karwoche.

Lit.: Aranca, „Christos Anesti". Osterbräuche im heutigen Griechenland, Zürich 1968; Baumstark, Reg.: Lent; Beck, 254-262; F. G. Cremer, Die Fastenansage Jesu, Bonn 1965; T. M. Finn, The Liturgy of Baptism in the Baptismal Instructions of St. John Chrysostom, Washington 1967, 43-58; H. Frank, Die Paschavigil als Ende der Quadragesima u. ihr Festinhalt bei Augustinus, ALW 9, 1965, 1-27; Handbuch, Reg.: F.; Heiler, Reg.: F.; K. Holl, Die Entstehung der vier F. in der grch. Kirche, ders., Gesammelte Aufsätze, 2. Bd., Tübingen 1928, 155-203; Kellner, 70-82; Th. Kluge - A. Baumstark, Quadragesima u. Karwoche Jerusalems, OrChr* 5, 1915, 211-233; A. Linsenmayr, Entwicklung der Fastendisziplin bis zum Konzil von Nicäa, 1877; G. A. Megas, Greek Calender Customs, Athen 1963[2], 59-72, 79 ff., 84 ff.; Nilles 2; E. C. E. Owen, Fasting in the Eastern Church, CQR 1938, 95-110; V. K. Sokolova, Vesenne-Letnie Kalendarnye Obrjady, Moskau 1979. - S. auch Lit. zu Fasten, Fastentage.

Fenestella → unter Altar, → Confessio

Festzyklus, 1. eine auf einem od. mehreren Streifen (Rängen, Zonen) geordnete Bildabfolge der 12 großen, innerhalb des Kirchenjahres hervorgehobenen Herrn- u. Gottesmutterfeste in der Ikonen-, Miniatur- u. Monumentalmalerei u. in der Kleinkunst (zu den den Festen entsprechenden Bildinhalten u. ihrer Entstehung → unter Dodekaortion; zur Monumentalmalerei → auch Bildprogramm).

2. Neben diesem Hauptzyklus mit 12 Bildern gibt es solche, die sich nach dem unbewegl. u. bewegl. Kreis des Kirchenjahres richten, die sog. Monatsikonen (→ auch Menaion, → Menologion, → Triodion). Bei ihnen bringt jeder Tag des Monats einen od. mehrere Heilige u. gegebenenfalls das jeweilige Festbild. Solche Kirchenjahreszyklen findet man mit ihren Vorzeichnungen in den Malerbüchern. Es gibt auch Typen mit reinen Heiligenporträts (russ. *svjatcy,* → auch Heiligenbilder). Die Feiertagsbilder (russ. *prazdniki*), oft in Gestalt der Kleinikonen, der Tabletki, werden eingeteilt in Evangelienzyklen (russ. *evangel'skie prazdniki*), die nicht selten mit szenenreichen Apostelbildern verbunden sind, u. in Gottesmutterzyklen (russ. *bogorodičnye prazdniki*), auch „Kindersegen" (russ. *dobro-*

čadie) genannt. Der Typ des Triodions bringt Darstellungen der Themen der Vorfastensonntage (→ unter Fastenzeiten). – Die anderen Feste des bewegl. Kreises kommen im Zwölferschema od. auf den Prazdniki zur Darstellung. Besonders in der Ikonenmalerei werden die Ereignisse eines Festes entweder in Zonen od. in Form der komplexen → Übertragung wiedergegeben. Auf die Entstehung des F. haben sehr wahrscheinlich die Bibelillustratrionen zu den Lesungen eingewirkt. Die Aufnahme solcher Bilder in den Festtagsrang der Bilderwand hat ihre Verbreitung u. künstler. Bearbeitung gefördert. – Taf. 31.

Lit.: V. I. Antonova – N. E. Mneva, Katalog Drevnerusskoj Živopisi, 2 Bde., Moskau 1963, Reg.: Dobročadie, mineja, prazdniki, svjatcy, triod postnaja; Felicetti – Liebenfels, Geschichte[1], Reg.: Festtage usw.; Lazarev, Reg.: Prazdničnyj cikl; Ouspensky – Lossky, 147-215; Pokrovskij; Rothemund, 292-295; M. Winkler, Festtage, Recklinghausen 1957; C. Aslanoff, Les Fêtes et la Vie de Jésus I: L'Incarnation, Paris 1985; LChI 2, 26-31; LdK 2 (1989), 489-492; LexMA 4, 399-407(Feste). – S. auch Lit. zu Dodekaortion, Kirchenjahr.

Firmung → Myronsalbung

Fisch (grch. *ichthys,* m.; lat. *piscis,* m.; russ. *ryba,* f.), ältestes, seit Mitte des 2. Jh. bezeugtes Christussymbol. Literarische Vorlagen bildeten die Erzählungen von Petri Fischzug (Luk. 5, 1-11, vgl. Matth. 13, 47), die Speisungsgeschichten (Matth. 14, 13-21; 15, 32-39 u. Parallelen) u. vor allem der Bericht vom F.-Zug u. der Speisung der Jünger durch den Auferstandenen in Joh. 21. Die Auslegung der Kirchenväter entwickelte den Gedankengang: Gläubige als Fische – Christus als Fischer – Christus als F. Unter der Notwendigkeit der Arkandisziplin u. in Abwehr syr. F.-Kulte entstand wohl die Akrostichis ICHTHYS (= J[ESUS] CH[RISTOS] TH[EU] [H]Y[IOS], S[OTER] = Jesus Christus Gottes Sohn Heiland). Mit dieser Kurzformel wurden sowohl die Eucharistie als auch die Taufe in verhüllender Weise bezeichnet (Aberkios- u. Pectoriusinschrift, Mitte des 2. bzw. des 4. Jh.; Tertullian, gest. nach 220, u. a.). In der Kunst der Alten Kirche erscheint diese Akrostichis-Darstellung mit u. ohne F.e. Die Wiedergabe von F.-Fang u. Fischer ist vorzugsweise in den Katakomben u. auf Sarkophagen, aber auch in der Kleinkunst anzutreffen. Diese Motive wurden der vorchristl. Malerei entnommen, aber im Sinne von ICHTHYS gedeutet. Während im Westen der F. als Christussymbol erst allmählich seine Bedeutung verlor, verschwand er im Osten bereits seit dem 7. Jh. Gelegentliches Gegensymbol des F.s ist der Frosch.

Lit.: F. J. Dölger, ICHTHYS. Das F.-Symbol in frühchristl. Zeit, 5 Bde., Münster (Westf.) 1910 bis 1943 (1. Bd. 1928[2]); LChI 2, 35-39.

Floros → unter Heiligenverehrung, → auch Heiligenbilder

Frauen am Grabe → unter Auferstehung Christi

Fresko (ital. *al fresco,* 'aufs Frische'; Gegensatz: *al secco,* 'aufs Trockene'), Bezeichnung für eine spezielle Verputz- u. Maltechnik. Das byz. u. altruss. F. ist erst in jüngster Zeit einer umfassenden Analyse nach modernen Verfahren unterzogen worden, sie muß vor allem für den byz. Bereich noch erweitert werden. Die Anweisungen u. Rezepte der Malerbücher stammen, von wenigen Ausnahmen abgesehen, aus nachbyz. Zeit. In Byzanz bestand seit dem 9. Jh. das F. aus einer Verputzschicht, bei der Kalk mit Pflanzenfasern (Stroh, Gras, Werg u. a.) od. tier. Stoffen (Borsten, Haare u. ä) durchsetzt wurde. Die Farbpigmente wurden mit Kalk angerieben u. mit Wasser vermalt (→ auch Temperamalerei). Dadurch wurden sie, nachdem sie auf den noch feuchten u. frischen Putz aufgetragen waren, mit diesem unauflöslich verbunden. Neben dem Kalkverputz gab es noch den Gipsgrund, bei dem die Farben wie in der Ikonenmalerei mit Leimen, Kaseinen od. Eigelb gebunden wurden. Das altruss. F. bestand aus 2, manchmal auch aus 3 Schichten; die untere setzte sich aus zerriebenen Ziegeln (russ. *cemjanka*) zusammen, während auf die obere, feuchte Schicht die Farben aufgetragen wurden. Die Verwendung von sikkativhaltigen, das Trocknen beschleunigenden Wassern darf nicht mit der Al-secco-Technik verwechselt werden. Vom 14. Jh. ab setzte sich im Moskauer Gebiet der einschichtige Kalkverputz durch. In Byzanz u. in Rußland besaß jede Werkstatt ihre streng gehüteten, bis in jüngste Zeit unbekannt gebliebenen Rezepte. Sie richteten sich meistens nach dem lokalen Werkstoffvorkommen. Das F. setzte sich nur langsam gegen die klass. Al-secco-Technik durch, bildete aber dann die techn. Voraussetzung der großartigen spätbyz. u. russ. Monumentalmalerei.

Lit.: V. G. Brjusova, Freski Jaroslavlja XVII – načala XVIII veka, Moskau 1969 (mit engl. u. dt. Zusammenfassung); N. Černyšev, Iskusstvo Freski v Drevnej Rusi, Moskau 1954; I. E. Danilova, Freski Ferapontova Monastyrja, Moskau 1969 (russ., engl.); V. N. Lazarev, Drevnerusskie Chudožniki i metody ich raboty, Drevnerusskoe Iskusstvo, Moskau 1963, 7-21; ders.; Freski Sofii Kievskoj; ders.; Vizantijskoe i drevnerusskoe Iskusstvo, Moskau 1978, 65-115; G. N. Logvin, Sofija Kievskaja, Kiev 1971; P. Philippot, Die Wandmalerei. Entwicklung, Technik, Eigenart, Wien – München 1972; M. Restle, Die Byz. Wandmalerei in Kleinasien, 1. Bd., Recklinghausen 1967, 193 bis 230; N. N. Voronin, Smolenskaja Živopiś 12-13 vekov, Moskau 1977; D. Winfield, Middle and Later Byzantine Wall Painting, DOP 22, 1968, 61 bis 139; LdK 2 (1989), 591-593.

Friedenskuß (grch. *aspasmos,* m.; russ. *celovanie,* n.), ein kurzer Abschnitt in der Liturgie, in dem die Gemeinde durch den Diakon zur gegenseitigen Liebe aufgefordert wird (vgl. 1. Kor. 16, 21), bevor sie das Glaubensbekenntnis spricht. Der F. ist Ausdruck der Gemeinschaft (grch. *koinonia*) in der Eucharistie, die sich auf dem Liebesangebot Christi gründet. Schon Justin (gest. um 165) kannte das Philema (grch.; vgl. Röm. 16, 16) vor der Darbringung, das nach der Kirchenordnung Hippolyts (→ unter Kirchenrecht) nur von den Getauften ausgetauscht wird. Wohl unter dem Einfluß von Matth. 5, 23 wurde der F. im 4. Jh. unmittelbar vor der Liturgie der Gläubigen plaziert, im Verlauf der Liturgiegeschichte u. nach Einführung des Glaubensbekenntnisses erhielt er seinen Platz vor diesem. Vom F. zu unterscheiden ist der Kuß sakraler Gegenstände.

Lit.: Baumstark, 135 ff.; Hanssens, Nr. 1155-1169; Jungmann 2, 399-413; Schulz, Die byz. Liturgie, Reg. II B. – S. auch Lit. zu Kuß.

Friedhof, Friedhofskirche → unter Coemeterium, → Coemeterialkirche

Frontalität (lat. *frons,* f., ‘Stirn’, ‘Vorderseite’). Die F. ist ein spezif. Kennzeichen des Repräsentationsbildes, sie diente im Orient der Darstellung von Götter- u. Herrschergestalten. In der byz. Kunst wird sie vom hierat. → Stil bevorzugt, ohne auf ihn begrenzt zu sein. Nach dem ästhet. Gesetz von der Notwendigkeit der Asymmetrie ist allerdings eine perfekte F. auf den Denkmälern aller Kunstgattungen kaum anzutreffen. Der psycholog. Effekt der F. besteht darin, daß die dargestellte Person den Beschauer sowohl anzieht bzw. bei figurenreichen u. szen. Kompositionen in den Bildraum einbezieht als auch sich zugleich von ihm distanziert.

Lit.: L. Budde, Die Entstehung des antiken Repräsentationsbildes, Berlin 1954; A. Grabar, Deux Monuments Chrétiens d’Égypte, Bibliothèque des CAr 2, Paris 1968, 1-10; E. Suys, Reflexions sur la Loi de Frontalité, AIPH 3, 1935; H. Zaloscer, Vom Mumienporträt zur Ikone, Wiesbaden 1969, 58-69; E.Will, Le relief cultuel gréco-romain. Bibliothèque des Écoles Françaises d’Athènes et de Rome, 183, Paris 1955,219-271 (dazu Rez. J. M.C. Toynbee, Journal of Roman Studies, 47, 1957, 262-264); B. Uspensky, The Semiotics of the Russ. Icon, Lisse 1976, Reg.: View, frontal; RBK 2, 586 bis 593; LdK 2 (1989), 602-603. – S. auch Lit. zu Stil, hieratischer.

Frosch (grch. *batrachos,* m.; lat. *rana,* f.; russ. *ljagucha,* f.). Der F. wird in Offb. 16, 13 als unreines Tier bezeichnet. In Ägypten genoß er in Verbindung mit der Nilverehrung (Nilüberschwemmung) das Ansehen eines Symbols ewiger Fruchtbarkeit, der Wiedergeburt u. des ewigen Lebens. Darstellungen des F.s in der kopt. Kunst mit einem Kreuz vor dem Maul od. auf dem Körper sind deshalb wahrscheinlich Ausdruck eines synkretist. Christentums. Der F. galt sonst als Zeichen der Häresie. In der Ketzerliste des Corpus Juris Civilis (I, 5, 5) des Kaisers Justinian (gest. 565) werden die F.-Anbeter (grch. *batrachitai*) genannt; sie waren im Westen bis zum 17. Jh. bekannt. → auch Fisch.

Lit.: W. Fraenger, Hieronymus Bosch, Dresden 1975; G. Ristow, Das F.- u. Krötenmotiv auf kopt. Tonlampen, Forschungen u. Berichte der Staatl. Museen zu Berlin 3, Berlin 1963; F. X. Steinmetzer, Das F.-Symbol in Offb. 16, Bibl. Zs. 10, Paderborn 1912, 252-260; M. Lurker (Hg.), Wörterbuch der Symbolik, Stuttgart 1983², 206; LChI 2, 676-677; RBK 2, 593-595.

Fürbitte, *Interzession* (lat. *intercessio,* f., 'Veto des Volkstribuns', 'Rechtsvermittlung', 'Kautionsstellung'), Gebete, in denen Anliegen für Dritte (Kirche, Gemeinde [→ auch Bußklassen], Obrigkeit, Berufsgruppen) in Verbindung mit einer bestimmten Gestik vorgetragen werden. (Zum Interzessionsrecht des Bischofs → auch Asyl). Das formulierte Beten der Kirche trägt zwar immer den Charakter der F., diese erscheint aber bei einer bestimmten Gruppe von liturg. Gebeten, der Großen F., in besonderer Weise ausgeprägt. Im byz. u. syr. Ritus steht die Interzession, die immer der Priester spricht, nach der Wandlung, in Ägypten im Eucharist. → Hochgebet, in der pers. Kirche nach dem Einsetzungsbericht. In Verbindung mit der Vorstellung von der Gegenwart Christi in der Eucharistie glaubte man die Interzession ihm unmittelbar, d. h. im Zusammenhang mit den Kernstücken (→ Anaphora) der Liturgie, vorzutragen. Der mit der F. eng verbundene Aspekt des Kirchenrechts wird in den Diptychen deutlich. Die Große F. wird eingeleitet durch einen an die Gottesmutter gerichteten Hymnus (→ Megalynaria). An der Spitze der Personen, die genannt werden, stehen nach der Gottesmutter die himml. bzw. hl. Bürgen (lat. *intercessores*) der Fürbitte: Johannes der Täufer, die Apostel. Es folgen die Diptychen der Verstorbenen u. der Lebenden. Ähnlich aufgebaut ist die F. in der Vormesse, der Prothesis.

Die gottesdienstl. F. kannte schon die Urgemeinde (Röm. 15, 30-32; 2. Kor. 1, 11; Kol. 4, 2; Eph. 6, 18-19; 1. Thess. 2, 5; 1. Tim. 2, 1-4). Die Große F. war der Kirchenordnung Hippolyts (→ unter Kirchenrecht) noch unbekannt. Dagegen dürfte die F. für die Märtyrer bereits in Übung gewesen sein. Das „öffentl. u. allgemeine Gebet" (grch. *koine euche*; lat. *publica et communis oratio, oratio plebis*) Justins (gest. um 165), Cyprians (gest. 258) u. Augustins (gest. 430) trug zwar interzessor. Charakter, wird aber wohl dem Typ der Ektenien zuzurechnen sein. Erst im 4. Jh. wurde die Große F. in Jerusalem, im antiochen. Liturgiegebiet u. in Ägypten bekannt; später wurde sie allgemein üblich. In der Ikonographie wurde das Thema der F. in besonderer Weise in der Deesis dargestellt.

Lit.: Dix, 170 ff.; Handbuch 1, 296 f., 415 f.; Reg.: F.; Hanssens, Nr. 1336-1352; Jungmann 1, 614 bis 628; 2, 191-199; G. Winkler, Die Interzessionen der Chrysostomusanaphora in ihrer geschichtl. Entwicklung, OrChrPer 36, 1970, 301-336; 37, 1971, 333-383; Schulz, Die byz.Liturgie, Reg.II B (Interzession);Ch.Walter, Art and Ritual of the Byz.Church, London 1982, Reg.: Intercession; LexMA 4, 1027.

Fußwaschung (grch. *nipter,* m., 'Waschbecken'; russ. *umovenie nog*). 1. Die F., in der Antike ein Dienst der Skaven, erhielt im Christentum vor allem durch Joh. 13, 2 bis 17 – die F. Jesu an seinen Jüngern beim letzten Abendmahl – einen neuen Sinn. Die Zeremonie (→ Akoluthia) der F. am Gründonnerstag mit dem Charakter eines Mysterienspiels hat ihren Ursprung sehr wahrscheinlich im Kloster, wo sie vom Abt vollzogen wurde. Aus dem klösterl. Bereich übernahmen sie zunächst Bischof u. Patriarch u. von ihnen in spätbyz. Zeit der Kaiser. Auch im Westen wurde die F. zuerst in Klöstern geübt, Ende des 7. Jh. in die Kathedralen eingeführt u. schließlich vom 12. Jh. an als päpstl. Zeremoniell bekannt. Unter Innozenz III. (gest. 1216) wurde sie jeden Sonnabend vollzogen. Das Mandatum fratrum (lat., 'Dienst an den Brüdern') nach Joh. 13, 14, anfangs nur an Mitgliedern des Klerus vollzogen, wurde im Osten u. Westen ergänzt durch das Mandatum pauperum (lat., 'Dienst an den Armen'), wozu noch Speisung u. Geldspende gehörten. Das byz. Mysterienspiel hat die Vorstellung zur Voraussetzung, daß der Bischof unmittelbares Abbild Christi ist; beim Vollzug der F. durch den Kaiser sind entsprechende Ideen einer imperialen Theologie maßgebend.

2. Die Ikonographie der F. richtet sich nach Joh. 13 u. den Hymnen des Gründonnerstages, die diesen Text auslegen. Die einfachen Bildschemata der Frühzeit erfuhren nach dem Bilderstreit (→ unter Bild) eine Bereicherung. Die wesentlichste Neuerung ist der Zeigegestus des Petrus, der auch sein Haupt gewaschen haben wollte (vgl. Joh. 13, 9). In derselben Zeit geht das Thema der F. von der Bibelillustration in die Ikonen- u. Monumentalmalerei über. Im Bildprogramm erhielt sie zunächst ihren Platz im Vorraum, dem Narthex. Im Zuge einer verstärkten eucharist. Frömmigkeit in spätbyz. Zeit erschien sie vorzugsweise in der Nähe der

Apostelkommunion in der Apsiszone. Aber auch hier gehört die F. nicht zu den wichtigen Bildthemen.

Lit.: H. Giess, Die Darst. der F. Christi in den Kunstwerken des 4.-12. Jh., Rom 1962; Goar, 591 bis 596; E. H. Kantorowicz, The Baptism of the Apostles, DOP 9-10, 1956, 203-251; Maltzew[3], 2. Teil, 62-89; L. Petrides, Le Lavement des Pieds de Jeudi-Saint dans l'Église Grecque, EO 3, 1899/1900; Pokrovskij, 296-298; Th. Schäfer, Die F. im monast. Brauchtum u. in der lat. Liturgie, Beuron 1956; Schiller 2, 51-58; H. A. P. Schmidt, Hebdomada Sancta 1, Rom 1956, 80 ff.; 2, 1958, 763-776; O. Treitinger, Die oström. Kaiser- u. Reichsidee, Homburg v. d. Höhe 1969[4], 126 f.; LChI 2, 69-72; RBK 2, 595-608.

G

Gabriel → unter Engel

Galaktotrophusa → unter Gottesmutterbilder

Galerie (ital.), schmaler, gedeckter Gang zur Verbindung mehrerer Räume, in der altkirchl. Baukunst vor allem in den Katakomben.

Lit.: LdK 2 (1989), 627-628; LexMA 4, 1984.

Gammadia (lat., n. plur., sing. *gammadium,* vom grch. Buchstaben *gamma*), buchstabenähnliches, in verschiedenen Kombinationen (z. B. aus den lat. Buchstaben L, N, P u. a.) zusammengestelltes Schmuckornament des antiken Mantels (→ Mandyas) u. anderer Gewänder, vorwiegend auf den über den linken Arm fallenden Enden. Ein symbol. Sinn ist aus ihnen bisher nicht erschlossen worden. Im Westen auf profanen Kleidungsstücken unbekannt, erscheinen die G. zum erstenmal bei den Gewändern hervorragender Vertreter des AT auf den Fresken der Synagoge von Dura Europos (245 n. Chr.). Diese Vorbilder haben sehr wahrscheinlich auf die entsprechenden Ornamente auf den Gewändern Christi, der Propheten, der Apostel u. anderer Heiliger eingewirkt, wie sie seit dem 4. Jh. im Westen anzutreffen sind. Abgesehen von einigen wenigen Beispielen der Miniaturmalerei (z. B. Rabulaskodex, → Bibelillustration), finden sich G. in der Kunst des christl. Ostens sehr selten u. verschwinden aus ihr nach dem 9./10. Jh.

Lit.: Weitzmann, Reg.: Gammadiae; RBK 2, 615 bis 620.

Gebärde → unter Gestus

Gebet (grch. *euche,* f.; russ. *molitva,* f., *moleben,* m.; lat. *oratio,* f., *prex,* f.), neben der Arbeit eine der ältesten Betätigungen u. Verhaltensweisen des Menschen; durch sie suchte er Kontakte mit Mächten außerhalb seiner Person u. der Welt.

1. So groß der Unterschied zwischen dem G. auf der mag. Religionsstufe der Menschheit u. dem G. des Christentums auch sein mag: bestimmte Strukturen sind ihnen gemeinsam (etwa das Ich-Du-Verhältnis; die Anrede; das religiöse „Protokoll"; Objekte des G.s u. „Verhandlungsmodi" u. a.). Die unmittelbare Schule des christl. G.s war das gottesdienstl. G. der Synagoge u. das Beten der jüd. Hausgemeinde. Von dort übernahm das Christentum die G.s-Zeiten (→ Stundengebet), den Psalter als G.s-Buch, z. T. die G.s-Gattungen (s. unten), die Erfahrungen der G.s-Ekstase, die Spannung zwischen dem individuellen u. kollektiv-liturg. G. u. eine jedenfalls zur Zeit Christi noch vorhandene Freiheit der Gebetsmuster. Bei aller formalen Ähnlichkeit unterscheidet sich bereits im NT das G. der Christen von dem der Juden: Der Beter betet niemals in seinem eigenen Namen, sondern in dem Christi u. des hl. Geistes, bei Justin (gest. um 165) schon mit einer trinitar. Formel verbunden. Die Entmachtung des Beters als „religiöses Genie" bedeutete einen Bruch mit der religionsgeschichtl. Tradition wie eine ständige Infragestellung des G.s der Kirche selbst durch ihren Herrn. – Diese Problematik des christl. G.s bestimmte seine Entwicklungsgeschichte bereits im nachapostol. Zeitalter. Gegenüber dem freien, wenn auch an bestimmten Modellen orientierten Beten des Charismatikers wurde die Alte Kirche in ihrem Kampf gegen Gnosis u. Häresie verstärkt zu mehr od. weniger fixierten G.s-Formulierungen gezwungen, die sie schließlich der Verantwortung des Bischofs u. seines Klerus übertrug. Dieser im

einzelnen komplizierte Prozeß wurde begleitet u. unterstützt durch die Entstehung fixierter Liturgieformulare (→ Liturgie). Ein anderer wichtiger Entwicklungsfaktor waren die G.s-Sammlungen der Märtyrer.

2. Der Grundzug des liturg. G.s ist die Fürbitte. Neben den spezif. Formen der Großen → Fürbitte, der Ektenie u. der Synapte, lassen sich (bei fließenden Grenzen) noch 4 weitere Gruppen unterscheiden: (a) die Anbetung, (b) der Lobpreis, wie z. B. die Doxologie, (c) das Dank-G. (grch. *eucharistia*), wie denn überhaupt die Eucharistie auch als das große G.s-Opfer der Gemeinde verstanden worden ist, und (d) das G. der Buße (→ auch Gonyklisia, → Proskynese). Innerhalb der Eucharistie hebt sich schließlich noch eine besondere Art des liturg. G.s heraus: das G. des Priesters um Vergegenwärtigung des Golgathaopfers Christi, das anamnet. G. im weitesten Sinne, wie es im Eucharist. → Hochgebet, in der Epiklese u. Anamnese u. im Wandlungs-G. deutlich zum Ausdruck kommt. – Wesentlich für das Verhalten des Beters ist seine Körpersprache (→ Gestik).

3. Nehmen wir die Hymnen der Ostkirche als weitere Gattung hinzu, so ergeben sich bestimmte Prinzipien einer Poetik des G.s, die nicht wenige von ihnen zu sprachl. (→ auch Kirchendichtung) u. musikal. (→ auch Kirchenmusik) Kunstwerken werden ließen. Zur poet. Grundstruktur des liturg. G.s gehört sein Dialogcharakter, der es vom (zumindest formalen) Monologismus des Individual-G.s abhebt. Dem entspricht ein durchdachter Aufbau der G.s-Anliegen (Intentionen) nach einer der christl. Lehre folgenden Hierarchie der Wertigkeiten, verbunden mit einer disziplinierten Steigerung u. Spannung, einem Ausgewogensein von religiösem Gefühl u. religiösem Intellekt. Sie haben mitgewirkt, die eingangs erwähnten religionsgeschichtlich überlieferten Grundformen u. -motive des G.s zu einem einsichtigen u. den Beter zur Teilnahme fordernden Wortgefüge zu machen.

4. Die Entwicklung des liturg. G.s ist allerdings auch nicht ohne Probleme geblieben. Die Ersetzung des Subjektes der Liturgie, der Gemeinde, durch den Chor, die Klerikalisierung u. Verrechtlichung der Eucharistie u. damit ihrer G.e, ihre im Rahmen der spezifisch byz. Kultusästhetik zunehmende Ästhetisierung u. eine Reihe anderer Faktoren haben gegensätzl. Reaktionen nicht ausgeschlossen. Im Mittelpunkt dieser Reaktionen steht das Mönchtum, das sein Verhältnis zum Gottesdienst u. seinen G.en an den alten u. schlichten Formen des Stundengebetes orientierte, ein Grundmodell, zu dem es selbst trotz aller G.s-Reglementierungen (→ Stundengebet, -gottesdienst) immer wieder zurückstrebte. Es lassen sich folgende Sondererscheinungen des monast. G.s herausstellen: (a) das ekstatische, oft im Dialog zwischen Gott u. Beter verlaufende u. in die Schau göttl. Herrlichkeiten mündende G. der byz. Mystiker, vor allem Symeons des Theologen (gest. 1022), das sich an den Mysterien (= Sakramenten) orientierte u. lehrkonform blieb; – (b) das sog. Jesus-G. (ein immerwährendes, mit einer bestimmten Atemtechnik verbundenes geistiges od. Herzensgebet), das auf eine alte Tradition zurückgeht u. bis in das 20. Jh. hinein auch von Laien geübt wird. Es erlebte im Hesychasmus (→ unter Mönchtum) in spätbyz. Zeit in den Athosklöstern eine Hochblüte. Zum Teil wilde Auswüchse der Ekstase mußten von der Kirche bekämpft werden. Die Schau der Energien Gottes wurde von Gregorios Palamas (gest. 1359) in das (letzte byz.) theolog. System eingebaut, das auch ein System der G.e der Ostkirche darstellt. Auf der anderen Seite entstand unter den ekstat. Hesychasten eine nonkonformist. Bewegung, die Dogma, Hierarchie u. Sakramente als für den visionären Beter nicht mehr notwendig erklärte. Verwandte Anschauungen finden wir bei den balkan. Häresien der Bogomilen. Im 18. Jh. kam es zu den großen Sammlungen asketisch-meditativer Schriften der oriental. Väter aus der Zeit der Alten Kirche bis zum 14./15. Jh. sowohl auf dem Athos (durch Nikodemos Hagiorites [gest. 1809] in Gestalt der „Philokalia“ (grch., ‘Liebe zur geistl. Schönheit’) als auch zu deren Übersetzung in Rumänien u. Südrußland bes. durch Paisij Veličkovskij (gest. 1794), die entsprechend „Dobrotoljubie“ hieß. (Von ihr zu unterscheiden ist die „Philokalia“ aus Origines, → unter Mönchtum.) Die Auswirkungen dieser für das G.s-Leben der Ostkirche bedeutsamen Sammlungen sind bis heute festzustellen. Das russ. Starzentrum (→ Charisma), aber auch die Laienfrömmigkeit ist oh-

ne diese Zusammenhänge nicht zu verstehen. – (c) Die Praktizierung des Jesus-G.s hatte Vorläufer im 4./5. Jh. in den „Schlaflosen“ (grch. *akoimetoi*), die, einander ablösend, sich zu pausenlosem G. u. Gottesdienst versammelten. Die Anhänger der Häresie der Messalianer (auch Euchiten, 'Beter', genannt) vom 4. Jh. glaubten durch fortwährendes Beten des Vaterunsers die Dämonen auszutreiben u. gelangten schließlich zu ähnl. Konsequenzen wie die erwähnten ekstat. Hesychasten des Athos. Gegenüber solchen subjektiv-monologist. G.s-Formen u. ihren Gefahren erwies sich das liturg. G. letzten Endes als die beste Schule des G.s sowohl für den gottesdienstl. Bereich als auch für den der persönl. Frömmigkeit.

5. Der unsinnlich-geistige Vorgang des G.s drückt sich, wie eingangs bemerkt, sinnenhaft durch eine entsprechende Körperhaltung (→ Gestik) aus, die ihrerseits die menschl. Gestalt erst als Beter darstellbar macht. Sofern das gleichzeitig möglich ist, halten die Beter auf einer geöffneten Rolle die von ihnen gesprochenen G.s-Texte (meist) in der linken Hand, während die Rechte einen Teil des G.s-Gestus vollzieht. Dieser charakterist. gestaltikonograph. Typus erscheint vorwiegend (wenn auch nicht ausschließlich) bei der Wiedergabe von G.en, die von Bischöfen od. hl. Liturgen (Johannes Chrysostomus, Basilius der Große; → auch Chrysostomusliturgie, → Basiliusliturgie) an bestimmten Stellen der Liturgie gesprochen werden. Die G.s-Texte der Gottesmutter sind größtenteils Fürbitten. Bei Texten, die auf dem Hintergrund einer Ikone aufgezeichnet sind (was allerdings nicht häufig vorkommt), handelt es sich um G.e, die der Maler od. der Auftraggeber an die dargestellte hl. Person richtet.

Lit.: A. M. Ammann, Die Gottesschau im palamit. Hesychasmus, Würzburg 1938; E.-M. Bachmann u. G. Schröder (Hg.), Quellen des Geistes, Erfahrungen großer russ. Beter, Leipzig 1979²; Beck, Reg.: G.; A. Borst, Die Katharer, Stuttgart 1953, Reg.: G.; G. Delling, Der Gottesdienst im NT, Berlin 1952, Reg.: G.; E. v. d. Goltz, Das G. in der ältesten Christenheit, Leipzig 1901; J. Gouillard – G. Frei, Kleine Philokalie zum G. des Herzens, Zürich 1957; A. Hamman, La Prière, 2 Bde., Tournai 1959, 1963; F. Heiler, Das G., München 1923⁵ (Reprint München – Basel 1969); E. v. Ivanka, Liturgie u. betrachtendes G., JÖBG 11/12, 1962-1963, 79-84; J. A. Jungmann, Christl. Beten in Wandel u. Bestand, München 1969; E. Kadloubovsky – G. E. H. Palmer, Writings from the Philokalia on Prayer of the Heart, London 1961; R. Kerkhoff, Das unablässige G., München 1954; G. van der Leeuw, Phänomenologie der Religion, Tübingen 1956², Reg.: G.; J. Meyendorff, Introduction à l'Étude de Grégoire Palamas, Paris 1959; Un Moine de l'Église d'Orient, La Prière de Jesus, Chevetogne 1959; D. Obolensky, The Bogomils, Cambridge 1948; Reg.: Prayer; Werner, Reg.: Prayers; G. Widengren, Religionsphänomenologie, Berlin 1969, Reg.: G.; Ch.Walter, Art and Ritual of the Byz.Church, London 1982, Reg.: Prayer; N. A. Nissiotis, The Relationship between Corporal Worship and Individual Prayer in the Orth. Tradition, Ecumenical Institute for Advanced Theol. Studies, Yearbook 1978/79, 129 bis 146; P. F. Bradshow, Daily Prayer in the Early Church, London 1981; LChI 2, 85-86 (G.s-Haltung); LexMA 4, 1155-1159.

Geburt Christi (grch. *genesis tu Christu, genethlion tu Christu*; russ. *roždestvo Christovo; lat. natalis Christi*). 1. Bereits im NT werden heilsgeschichtl. Zusammenhänge zwischen der Geschichte des Isaak als Vor-Bild (grch. *typos*) u. der G.Ch. als Ereignis hergestellt (1. Mose 21, 1-3; 22, 1-19; vgl. Matth. 1, 2/Luk. 3, 34; Apg 7, 8/Joh. 8, 31 bis 39; Röm. 9, 7-10; Gal. 3, 16; 4, 21-31). Um od. bald nach 100 (z. B. bei Ignatius von Antiochien, gest. nach 110) manifestierten sich diese Zusammenhänge allmählich zu zykl. Vorstellungen (noch nicht zu einem Festdatum), indem Empfängnis, Geburt u. Tod Christi (nach legendären Auslegungen von 1. Mose 22 über Isaak) auf den 14. (15.) Nisan (vgl. Karfreitag) gelegt u. mit Lichtwundern (→ Licht) verbunden wurden (vgl. auch 1. Mose 22 unter den Lesungen in der Nachtwache auf Ostern).

Die Ablösung dieser Vorstellungen im 3. Jh. ist mit der Übernahme des Sonnenjahres durch die Christen zu begründen, der bereits im 2. Jh. die Einrichtung des Sonntags vorangegangen war. Damit war die Voraussetzung geschaffen, den alten, auf dem jüd. Mondjahr basierenden bewegl. Zyklus des Jahres (→ auch Oktoechos) durch einen zweiten Zyklus mit fixen Daten zu ergänzen. Mitte des 3. Jh. legte die Kirche den ersten Schöpfungstag in die Nähe der Frühlings-Tagundnachtgleiche (lat. *aequinoctium*, → auch Zeitrechnung), auf den 25. März (→ Verkündigung der Gottesmutter), u. die Erschaffung des Lichts auf den 28. März; dieser Tag wurde nach Mal. 3, 20 und

Joh. 8, 12-18 zugleich als Tag der G. Ch. verstanden. Diese Auffassung konnte sich jedoch nicht durchsetzen. Unter Kaiser Aurelian (gest. 275) wurde der 25. Dez. (nach der Wintersonnenwende [lat. *solstitium*] am 21. Dez.) als Reichsfeiertag der NATALIS SOLIS INVICTI (lat., 'Geburtstag der unbesiegbaren Sonne') eingeführt. Die Alte Kirche begegnet dieser Sonnenverehrung (Heliolatrie) der röm Kaiser durch Zuordnung des Sonnenjahres zu bestimmten Ereignissen der Heilsgeschichte, ohne diese vorerst als Feste anzusehen:

Herbstaequinoctium (23. Sept.)	– Empfängnis Johannes des Vorläufers (des Täufers) (23. September)
Sommersolstitium (21. Juni)	– Geburt Johannes des Täufers (24. Juni)
Frühlingsaequinoctium (21. März)	– Empfängnis Christi (25. März)
Wintersolstitium (21. Dez.)	– Geburt Christi (25. Dez.)

Dem NATALIS SOLIS INVICTI wurde nach Mal. 3, 20 Christus als Sol Justitiae (Sonne der Gerechtigkeit) entgegengestellt.

2. Die Geschichte des Festes der G. Ch. ist aus diesen situationsmilitanten Zusammenhängen zu verstehen. Der röm. Chronograph von 354 (→ unter Zeitrechnung) setzte den 25. Dez. an die Spitze der 336 aufgestellten Deposition martyrum (der Liste der Orte, an denen sich Reliquien von Märtyrern befinden, mit Angaben des Dies natalis). Die Einführung des Festes wird um 330 anzusetzen sein, nachdem Kaiser Konstantin I. (gest. 337) mit der Kirche Frieden geschlossen hatte u. diese das Gegenfest zum NATALIS SOLIS INVICTI offiziell feiern konnte. Es wurde sehr wahrscheinlich zunächst auf dem Vatikanhügel begangen, wo sich ein zerstörtes Heiligtum des mit dem SOL INVICTUS identischen u. vor allem im röm. Heer stark verehrten Mithras befand, bevor der Kaiser dort mit dem Bau der Petrusbasilika (→ auch Kirchenbau) begann. Im Orient konnte sich das neue Fest nur langsam durchsetzen, obwohl schon Kaiser Konstantin mit dem Bau der Geburtskirche in Bethlehem über der Geburtshöhle (mit dem Krippenaltar; s. auch Pkt. 3) eine repräsentative Kultusstätte geschaffen hatte (→ auch Kirchenbau). Jerusalem verweigerte ihm längere Zeit die Anerkennung, u. die armen. Kirche feiert bis heute seinen weit älteren „Rivalen" Epiphanie. Byzanz übernahm den 25. Dez. im Jahre 380.

Von den 3 Messen anläßlich der G. Ch. wurde die Tagesmesse schon in Alt-St.-Peter gefeiert. Im 5. Jh. beging die röm. Kirche die Nachtwache in S. Maria Maggiore „ad praesepem" (lat., 'an der Krippe', weil sich hier eine Reliquie der Krippe von Bethlehem befand), wohin vom 12. Jh. an auch die Tagesmesse verlegt wurde. Die mariolog. Akzente des Festes wurden auf der 3. Ökumen. Synode von 431 gesetzt (→ auch Gottesmutter). Damit begann eine allmähl. theolog. Auffüllung des Festgehaltes (noch für Augustinus [gest. 430] war der 25. Dez. ein reiner Gedächtnistag). Im byz. Bereich erhielt das Fest eine wesentl. Bereicherung durch das Kontakion des Meloden Romanos (gest. 573) auf die Geburt Christi, das Poiema (grch., 'Dichtung') des Patriarchen Sophronios (gest. 638) u. das Doxastikon der Dichterin Kasia (gest. 810). Die mit dem Abendgottesdienst verbundene Nachtwache erinnert mit ihren AT-Lesungen (ebenso wie die der G. Ch. vorangehende 40tägige Fastenzeit u. die ihr nachfolgende, mit der Beschneidung Christi abschließende Oktav) an die von Ostern: Die Vor-Bilder (grch. *typoi*) des AT (1. Mose 1, 1–13; 4. Mose 24, 2–3.5–9.17–18; Micha 4, 6–7; 5, 1–3; Jes. 11, 1–10; Baruch 3, 36 – 4,4; Dan. 2, 31–36.44–45; Jes. 9, 5–6; Jes. 7, 10–16; 8, 1–4.8–10 führen auf die Erfüllung der ebenfalls in der Vigil gelesenen Perikopen des NT (Hebr. 1, 1–12; Luk. 2, 1–20). Im Morgengottesdienst folgt auf die Verlesung von Matth. 1, 18–25 ein kunstvoll ineinandergreifender Doppelkanon des Kosmas von Majum (8. Jh.) u. des Johannes Monachos (wahrscheinlich Johannes von Damaskus, gest. um 750), der in ebenso kunstvollen Wendungen das Geheimnis der Inkarnation beschreibt. Die Liturgie mit Gal. 4, 4–7 u. Matth. 2, 1–12 vereinigt die Gemeinde mit dem Mensch gewordenen Gottessohn. Am 24. Dez. werden die Königl. → Horen gefeiert. Am 26. Dez. wird ein Festgottesdienst (→ Synaxis) für die Gottesmutter gehalten. Die alte Ideenverbindung zwischen der G. Ch. u. der Märtyterverehrung hat sich in

Geburt Christi

den Gedenktagen nach dem 25. Dez. erhalten (27. Dez. – Protomärtyrer u. Erzdiakon Stephanus; 28. Dez. – die 303 in Nikomedien verbrannten Christen; 29. Dez. – die von Herodes ermordeten u. als Erstmärtyrer verehrten unschuldigen Kinder). Die dramat. Elemente der Festhymnen haben auf die Entstehung eines Mysterienspiels der G. Ch. Einfluß genommen.

3. Die literar. Vorlagen der Ikonographie der G. Ch. sind neben den kanon. Evangelien (Matth. 1, 1–25; Luk. 2, 1–20) die Kindheitsevangelien der Apokryphen, zu denen später die Hymnen treten. Die älteste Darstellung befindet sich auf dem Deckel eines Sarkophags (um 320): das enggewickelte Kind in einem niedrigen Futtertrog, hinter ihm Ochs u. Esel (nach Jes. 1, 3 u. der Ode aus Hab. 3, 2, nach dem grch. Text der Septuaginta: „... inmitten zweier Tiere", statt hebräisch [Luthertext]: „mitten in den Jahren"), an der Seite ein Hirte. Das Szenarium kann um mehrere Hirten vermehrt u. der Stall durch ein Schutzdach (lat. *tugurium*) angedeutet werden. Kennzeichnend ist das Fehlen von Maria u. Joseph. Damit hatte die Alte Kirche den Verkündigungsgehalt des 25. Dez. auf die prägnanteste Formel gebracht. Selbst dort, wo die Gottesmutter hinzukommt, wird sie noch nicht Mittelpunkt der Komposition. Seit etwa 340 wird die Anbetung der Magier (wie die hl. drei Könige im Osten genannt werden) aus dem Epiphanie-Schema übernommen (→ Aurum coronarium). Mit dem 5. Jh. rückt Maria immer mehr in den Mittelpunkt der Darstellungen. Dabei entwickeln sich 2 Grundtypen: Beim Epiphanie-Typ thront die Gottesmutter mit dem Kind auf dem Schoß, Weise (Magier) u. Hirten zur Anbetung empfangend (→ auch Synaxis der Gottesmutter). Beim zweiten Typ liegt Maria auf dem Wochenbett, der Kline (grch.). Die Darstellung mit ihrer Betonung der wahren Menschlichkeit Christi u. zugleich der Gottesmutterschaft Mariens wurde nach dem Bilderstreit (→ unter Bild) für die Gesamtkomposition des Ostens charakteristisch. Während der Osten das Höhlenmotiv zu einer vielschichtigen Mystagogie der Immerjungfräulichkeit Mariens ausbaute, blieb der Westen, nicht zuletzt wegen der Ablehnung der nichtkanon. Kindheitsevangelien mit ihrem Motiv der Lichthöhle, beim Stallmotiv. Vor allem die Ikonenmalerei bildete ikonograph. Personal u. Szenarium weiter aus. Oft kam es zu eigenen Festzyklen, bei denen das gesamte literarische Material der G. Ch. verarbeitet wurde. In mittel- und spätbyz. Zeit sowie in Rußland wurde die Darstellung zu einer komplizierten theolog. Zusammenschau (Synopse), indem gedankl. Verbindungen etwa zwischen der Geburts- u. der Hadeshöhle (→ unter Auferstehung Christi) od. zum Sündenfall von Adam u. Eva hergestellt wurden. Im Gegensatz zu den westl. Geburtsbildern änderte die Aufnahme von Genreszenen (Wochenstubenszene), Hirtenidylle (Bukolik), Landschaftsbildern u. a. in das byz.-slav. Schema nichts an ihrem ursprünglichen u. streng dogmat. Verkündigungsgehalt. – Taf. 33; Abb.

Texte: s. Anhang Nr. 14,3; 16,2; 16,3; 19,2; 21,1; 24,3; 28,1.

Lit.: G. Aust, Die G., Düsseldorf 1953; Baumstark, 152-157, 160 ff., Reg.: Christmas; R. Berger, Ostern u. Weihnachten, ALW 8, 1964, 1-20; Bludau, 69 ff.; B. Botte, Les Origines de la Noël et de l'Epiphanie, Louvain 1932; B. Botte, E. Mélia u. a., Noël, Epiphanie, Retour du Christ, Paris 1967; O. Cullmann, Der Ursprung des Weihnachtsfestes, Zürich 1960²; N. M. Denis-Boulet, Le Calendrier Chrétien, Paris 1959, 51-55; F. J. Dölger, Natalis Solis Invicti u. das christl. Weihnachtsfest, AuC 6, 1950, 23-30; H. Dörries, Eine altkirchl. Weihnachtspredigt, Ders., Wort u. Stunde, Göttingen 1966, 303-333; H. Engberding, Der 25. Dezember als Tag der Feier der Geburt des Herrn, ALW 2, 1952, 25-43; W. Hartke, Über Jahrespunkte u. Feste, insbes. das Weihnachtsfest, Berlin 1956; H. Hunger, Eine spätbyz. Bildbeschreibung der G., JÖBG 7, 1958, 125-140; V. Ivanov, Ikona „Roždestvo Christovo", ŽMP 1976, 1, 20 bis 22; Kellner, 96-140; J. Lemarié, La Manifestation du Seigneur: La Liturgie de Noël et de l'Epiphanie, Paris 1957; R. Meer, L'Enfant Jésus et la Crèche dans l'Iconographie Chrétienne, Bulletin de la Société Archéologique de Bruxelles 1946, 33-49; Nilles 1, 363-366; P. J. Nordhagen, The Origin of the Washing of Child in the Nativity Scene, ByZ 54, 1961, 333-337; Onasch, Weihnachtsfest; Pokrovskij, 48-98; N. V. Ponyrko, Russkie Svjatki, TODL 32, 1977, 84-99; G. Ristow, Die G., Recklinghausen 1963; Schiller 1, 69-77; A. Strobel, Jahrespunkt-Spekulation u. frühchristl. Festjahr, Th LZ 87, 1962, 183-194 (s. auch Lit. zu Ostern); O. Treitinger, Die oström. Kaiser- u. Reichsidee ..., Bad Homburg v. d. Höhe 1969³, 75 f., 118, 179 f.; N. D. Uspenskij, Istorija i Značenie Prazdnika Roždestvo Christova v Drevnej Cerkvi, ŽMP 1956, 12, 38-47 (Bibliotheca Classica Orientalis 7, Berlin 1962, 367-372); Wellen, Reg.: Geburt des Herrn; E. Wellesz, The Nativity Drama of the Byzantine Church, Journal of Roman Studies 37, 1947, 145-151; Ch. Schaffer, Gott der Herr - Er ist uns erschienen. Das Weihnachtsbild der frühen Kirche u. seine Ausgestaltung in Ost u. West.Einführung u. Bildteil von K.Gamber, Regensburg 1982; R.Stichel, Die G.Ch. in der russ. Ikonenmalerei, Stuttgart 1990; C. Aslanoff, Les Fêtes et la Vie de Jésus-Christ I: L'incarnation, Paris 1985; I. Totzki (Hg.) Geburt in der Höhle - Das Weihnachtsfest in der Überlieferung der Ostkirche, Freiburg 1989; G. Ristow, Zur Ikonographie der G.Ch., Spätantike u. frühes Christentum, Katalog, Frankfurt a. M. 1983, 347-359; LChI 2, 86-103; LdK 2 (1989), 674-675; LexMA 4, 1164-1167 (GCh.-Darstellungen); RBK 2, 637-662. – S. auch Lit. zu Epiphanie, Kirchenjahr, Ostern, Zeitrechnung.

Geburt der Gottesmutter (grch. *genesion [genethlion] tes theotoku*; russ. *roždestvo bogorodicy*). 1. Das Fest der G. d. G. ist wahrscheinlich wie das der Verkündigung der Gottesmutter im 6./7. Jh. entstanden. Ursprünglich wird es sich um die Kirchweih der Kirche am Schafteich (lat. *piscina probatica*) von Bethesda in Jerusalem gehandelt haben (vgl. Joh. 5,2). Orientalische Quellen kennen neben dieser Dedicatio probaticae ecclesiae Deiparae auch die Nachricht vom Hause Joachims u. Annas (→ Empfängnis der hl. Anna) in der Nähe des Bethesdateiches. Die Kirche wurde 614 von den Persern u. 638 von den Arabern zerstört. Vielleicht setzte die byz. Kirche danach – wohl im situationsmilitanten Zusammenhang mit der altoriental. Muttergottheit (→ Entschlafen der Gottesmutter) - den 8. Sept. als Fest der G. d. G. an, aber noch im 9. Jh. hatte dieses Fest keinen offiziellen Charakter. In Gallien wurde es erst nach 630, in Rom Ende des 7. Jh. gefeiert. Im Osten nahm schon im 6. Jh. der Melode Romanos die marian. Themen der Kindheitsevangelien unter den Apokryphen wieder auf u. komponierte ein Kontakion auf die G. d. G. Ein kunstvoll komponierter Doppelkanon (→ Kanon) des Johannes Monachos (sehr wahrscheinlich Johannes von Damaskus, gest. um 750) u. Johannes von Kreta (gest. 740) beherrschen nach Verlesung von Luk. 1, 39-49.56 noch heute den Morgengottesdienst mit ihrer poet. Form der orth. Mariologie. Zur Liturgie werden Phil. 2, 5-11 u. Luk. 10, 38-42; 11, 27-28 verlesen. Diese Lesungen werden in der Nachtwache durch die des AT „präludiert" u. ergeben eine eindrucksvolle Mariologie in Gestalt ihrer Vor-Bilder (grch. *typoi*). Da NT- u. AT-Lesungen sich im Fest des Entschlafens der Gottesmutter u., mit 2 Zusätzen u. mit Ausnahme der NT-Texte, in dem der Verkündigung der Gottesmutter finden, seien die letzteren hier kurz umschrieben:

1. Mose 28, 10-17:	Jakobs Traum von der Himmelsleiter
Hes. 43, 27-44, 4:	Das verschlossene, nur von Jahwe durchschrittene Tempeltor, Typos der Immerjungfräulichkeit Marias
Sprüche 9, 1-11:	Die Weisheit Jahwes macht die Spötter zunichte.

2. Die Ikonographie der G. d. G. entspricht der der Geburt Christi (älteste Denkmäler ein Diptychon aus dem 6. Jh. in St. Petersburg u. ein Fresko in der Kapelle S. Maria Antiqua in Rom aus dem 8. Jh.). Die Darstellung folgt damit dem Vorbild antiker Wochenstubenbilder: Anna im Wochenbett, die Gottesmutter von 2 Hebammen im Waschbecken gebadet, Frauen, die der Wöchnerin Gaben der Stärkung bringen, u.

Joachim im Hintergrund. Wie bei allen Genreszenen fand sich auch hier Gelegenheit zur Verarbeitung folklorist. Elemente. – Taf. 32. Text: s. Anhang Nr. 16, 9; 28,2.

Lit.: G. Babić, Sur l'Iconographie de la Composition de Nativité de la Vierge dans la Peinture Byzantine, Zbornik Nadova Vizantolskogo Instituta 7, 1961, 169-175; A. I. Georgievskij, Služba Prazdnika Roždestva Presvjatoj Bogorodicy, Moskau 1953; J. Lafontaine-Dosogne, Iconographie de l'Enfance de la Vierge dans l'Empire Byzantin et en Occident, 1. Bd., Bruxelles 1964, 89-121 u. passim; Nilles 1, 272; M. Skaballanovič (Hg.), Christianskie Prazdniki. Roždestvo Presvjatyja Bogorodicy, Kiev 1915; Ouspensky – Lossky, 147-148; LChI 2, 120-125; LdK 2 (1989), 675 (Geburt Mariä).

Geburt Johannes des Täufers (grch. *genethlion tu prodromu kai baptistu Ioannu*; russ. *roždestvo predteči i krestitel'ja Ioanna,* 'Geburt des Vorläufers u. Täufers Johannes'). 1. Die oriental. Kirchen begingen seit dem 4. Jh. in Verbindung mit dem Fest der Epiphanie am 7. Jan. das Gedächtnis (grch. *mneme*) des Vorläufers. Nach Einführung des Festes der Geburt Christi am 25. Dez. wurde im Westen u. Osten als Festdatum der 24. Juni (im Orient vorübergehend der 25. Juni) bestimmt. Im Westen wurde das Fest im 6. Jh. mit einer Vigil (→ Nachtwache) ausgestattet. Die Verbindung mit der Sommersonnenwende gab zu volkstüml. Elementen des Festverlaufes, aber auch zu Festaussagen, die diese ablehnten, Veranlassung.
2. Die Darstellung der G. J. d. T. entspricht den übl. Wochenstubenbildern. Ein Zyklus der Kindheitsgeschichten des Vorläufers u. Täufers nach den Apokryphen ist sowohl selbständig wie auch in Verbindung mit dem Zyklus der Geburt Christi anzutreffen.

Lit.: Baumstark, Reg.: John the Baptist; E. Flicoteaux, La Noël d'Été et le Culte de S. Jean Baptiste, Brügge 1932; Kellner, 165-169; Nilles 1, 187 bis 190; Felicetti – Liebenfels, Geschichte[1,2], Reg.: Hl. Johannes der Täufer; Lazarev 1, 229, 317, 366, 388; Onasch, Ikonen, 407 f.; E. D. Sdrakas, Johannes der Vorläufer in der Kunst des christl. Ostens, München 1943; LChI 7, 179; RBK 3, 631-647.

Gemme (lat. *gemma,* f., 'Edelstein'), Edelstein, Halbedelstein od. seltener Glaspaste, die mit Hilfe der Steinschneidekunst (Glyptik, Gemmoglyptik) auf verschiedene Weise bearbeitet werden. Die Form der G. ist nicht einheitlich (kreisrund bis lang-oval). Nach der Art des Steinschnittes unterscheidet man: (1) die vertieft geschnittene G. (lat. *gemma diaglyphica;* Intaglio), (2) die erhaben geschnittene G. (lat. *gemma anaglyphica;* Kamee).
Orientalischen, wahrschenlich babylon. Ursprungs, erlebte die Glyptik in hellenist. u. byz. Zeit sowie später in Rußland mehrere Blüteepochen. Das Intaglio erscheint im byz. Bereich u. schon früher seltener als die Kamee. Es ist überdies auch nicht von der künstler. Qualität wie die letztere. Erhalten ist eine große Zahl sehr kleiner Intaglien aus frühchristl. Zeit mit Symbolen wie die Taube, der Fisch, Schafe, der Gute → Hirte u. a., deren Herkunft (Rom od. Konstantinopel) noch umstritten ist. Sie haben auf die Annahme bild- u. zeichenhafter Darstellungen durch die Kirche Einfluß gehabt (→ Bild). Von den erhaltenen Intaglien seien hier erwähnt: ein Sardonyx-Intaglio mit einer Deesis-Darstellung in Paris aus mittelbyz. Zeit u. ein Achat-Intaglio mit Konstantin u. Helena in der Oružejnaja Palata (russ., 'Rüstkammer') in Moskau aus dem 10. Jh. Die kunstgeschichtlich noch nicht systematisch durchforschte Kamee (erster Überblick von Wentzel im RBK) ist „fast ausschließlich christl. Inhalts (in der Mehrzahl: Einzelfiguren)". Die Figurendarstellungen der Kameen sind für die Gestaltikonographie der anderen Kunstgattungen u. umgekehrt von einiger Wichtigkeit. Auftraggeber für die Kameen war sehr wahrscheinlich das byz. Kaiserhaus, in Rußland waren es die Großfürsten u. Zaren. Sieht man von Denkmälern der spätantiken Glyptik mit Darstellungen des Kaisers Konstantin (gest. 337) u. seiner Nachfolger ab (darunter die einmalig große [15 cm] „Kamee" aus Onyx in Edinburgh, die einen Kaiserkopf darstellt), so zeigen die byz. Steine vor allem Christus- u. Gottesmutterbilder, daneben Darstellungen der beliebten Krieger- u. Reiterheiligen (→ unter Heiligenverehrung) u. der Erzengel. Es finden sich aber auch wertvolle Kameen mit Wiedergaben aus der Ikonographie der Festtage (z. B. 3 Sardonyx-Kameen mit der Verkündigung der Gottesmutter in Paris u. St. Petersburg). Aus der Zeit zwischen dem 4. u. 7. Jh. sind zahlreiche Stücke aus Sardonyx „mit Glück- u. Segenswünschen, Liebes-,

Verlobungs- u. Heiratsdevisen" (→ Eheschließung, kirchl.) erhalten geblieben. Die Glyptik des Kaisers Leon VI. (gest. 912) wie des 10. Jh. gehört zu den Meisterleistungen der byz. Steinschneidekunst (am berühmtesten die 6,5 cm große, aus Jaspis geschnittene Kreuzigung in London, letztes Jh. vor dem Bilderstreit).
Der Bilderstreit hat, wie die bald nach ihm einsetzende Blüte zeigt, die byz. Glyptik nicht wesentlich negativ beeinflußt. Nach 1204, der Eroberung Konstantinopels durch die Kreuzfahrer, kam es zu einer wenn auch nur episodenhaften gegenseitigen Beeinflussung von westl. u. byz. Steinschneidekunst, während sich in der spätbyz. Phase auch bei ihr die Züge der letzten der Renaissancen in Byzanz bemerkbar machen (wohl am deutlichsten bei den Kriegerheiligen). In Rußland hat es schon im 11. Jh. eine eigene, wenn auch nach byz. Vorbild arbeitende Glyptik gegeben, wobei wohl nicht nur Konstantinopel, sondern auch die Krim als Vermittler in Frage kommt. Eine mit dem gesteigerten Repräsentationsbedürfnis der ersten Romanovzaren u. der Patriarchen, vor allem Nikons (gest. 1681), zusammenhängende Hochblüte erlebte diese Kunst im 17. Jh. Die Oružejnaja Palata des Moskauer Kremls mit ihren Steinschnittmeistern war der Mittelpunkt einer erlesenen Glyptik, deren Werke noch heute dort bewundert werden können. Erwähnt werden soll wenigstens eine Panhagia von 1670 des Meisters Michail Jakovlev mit einem Smaragd, in den die Himmelfahrt der Gottesmutter geschnitten ist. – Die zugleich anziehenden u. Distanz fordernden Licht- u. Farbeffekte machten die Erzeugnisse der Glyptik zu einem idealen Gegenstand der byz. Kultusästhetik.

Lit.: A. B. Bank, Vizantijskoe Iskusstvo v Sobranijach Sovetskogo Sojuza, Leningrad – Moskau 1965, 295, 306-307; G. Bruns, Schatzkammer der Antike, Berlin 1946; dies., Staatskameen des 4. Jh. nach Christi Geburt, Berlin 1948; E. Coche de la Ferté, Les Bijoux Antiques, Paris 1956; A. Furtwängler, Die antiken G.n, 3 Bde. Leipzig – Berlin 1900; Th. Klauser, Die Äußerungen der Alten Kirche zur Kunst, Atti del VI Congr. Intern. di Archeologia Christiana 23-30 Settembre 1962, Roma 1965, 223-238; G. Lippold, G.n u. Kameen, Stuttgart 1933; L. V. Pisarskaja, Pamjatniki Vizantijskogo Iskusstva V-XV vekov v Gosudarestvennoj Oružejnoj Palate, Leningrad – Moskau 1964; I. A. Mišakova, Gemma iz Panagii Patriarcha Iova, Drevnerusskoe Iskusstvo. Zarubežnye Svjazi, Moskau 1975, 45-54; LdK 2, 35-36 (Kamee); RBK 3, 498-505 (Intaglio); 903-927 (Kameen).

Gemmenkreuz → unter Kreuz

Genrebild, *Genreszenen* (frz. *genre,* m., 'Gattung', 'Art', 'Stil'), Gattung in Literatur u. Kunst, die sich mit der Darstellung „begrenzterer Weltausschnitte" beschäftigt, vor allem aus dem Alltagsleben des Menschen unter Berücksichtigung seiner sozialen u. berufl. Stellung. Eine weitere Eingrenzung auf bestimmte Lebens- u. Berufssituationen ergibt das Idyll (grch. *eidyllion,* 'zierl. Gedicht', 'Kleinbild').
Im Gegensatz zur westl. Literatur u. Kunst ist das G. in den entsprechenden altkirchl. u. byz. Bereichen noch wenig erforscht. Die bekanntesten G.-Motive sind hier das Wochenstubenmilieu in den verschiedensten Geburtsdarstellungen (→ auch Geburt Christi, → Geburt der Gottesmutter, → Geburt Johannes des Täufers), Familienszenen, die Schreibstube bei Evangelistenbildern, Hirtenidylle, einige Themen aus dem Bereich der Askese u. des Mönchtums, z. B. die positive Idylle des „Lustortes" (lat. *locus amoenus*) u. die negative des „Schrekkensortes" (lat. *locus horridus*), → auch Topik. Auch einige Motive des Jüngsten → Gerichts stellen Idyllen dar. Vor allem die volkstüml. balkan. u. russ. Ikonenmalerei u. Hinterglasmalerei vom 17.-19. Jh. pflegte das G. u. die fromme Idylle. Beide erfüllen innerhalb der streng dogmat. Strukturen des byz.-slav. Kultusbildes (→ auch Bild, → Kultusästhetik, → Repräsentationsbild) wichtige Funktionen: Sie stellen nicht nur psycholog. Entlastungselemente dar, sondern zeigen, vor allem bei Haus-, Hof- u. Viehpatronen (→ auch Heiligenverehrung), deutl. Tendenzen zur Familiarisierung eines an sich auf Distanz bedachten Heiligentypus. In diesen Zusammenhang gehört auch die (in der Forschung bisher kaum behandelte) Frage nach der Möglichkeit des Humors auf Ikonen. Genre u. Idylle erweisen sich innerhalb fixierter ikonograph. Schemata (→ Ikonographie) als dynam. Faktoren, die an der Weiterentwicklung u. damit an der Geschichte der ostkirchl. Sakralmalerei entscheidenden Anteil hatten. Sie sind damit dem pragmat. Aspekt unterzuordnen,

der für diese scheinbar konventionell erstarrte Kunst wichtig ist (→ Ikone).

Lit.: D. S. Lichačev, Čelovek v Literature Drevnej Rusi, Moskau 1970², Reg.: Žanr (dt. Dresden 1975); R. Müllerheim, Die Wochenstube in der Kunst, Stuttgart 1904; K. Weitzmann, Greek Mythology in Byzantine Art, Princeton 1951, Reg.: Idyllia; ders., Ancient Book Illumination, Cambridge (Mass.) 1959, Reg.: Idylls; G. K. Vagner, Problema Žanrov v Drevnerusskom Iskusstve, Moskau 1974; LdK 2 (1989), 694 (Genre;Genrekunst).

Georg → unter Heiligenverehrung, → auch Heiligenbilder

Gericht, Jüngstes (grch. *deutera parusia tu Christu,* 'zweite Erscheinung Christi'; russ. *strašnyj sud,* 'schreckl. Gericht'), Wiederkunft Christi als Weltenrichter am Ende der Tage.

1. Die Ikonographie des J. G.s in der altkirchl. Epoche (Sarkophage um 300, Mosaiken im 4./5. Jh.) arbeitete mit der Darstellung von Gleichnissen des NT (Scheidung der Schafe von den Böcken: Matth. 25, 31 bis 46; kluge u. törichte Jungfrauen: Matth. 25, 1-13). Bei der Scheidung der Schafe von den Böcken erscheint Christus mit dem Scheidegestus, der sich später im byz. Gerichtsbild wiederfindet. Ebenso ist das Richterkollegium der Apostel (→ auch Apostelbilder) bereits ein wichtiger Bestandteil des ikonograph. Personals. Anstelle solcher Darstellungen wurden nicht selten auch Symbole für das J. G. gebraucht, so das Kreuz am Himmel als Hinweis auf die zweite Ankunft Christi, oft flankiert von A u. O, od. der leere Richterstuhl Christi (→ Hetoimasia), schließlich auch Szenenbilder mit anderer, aber durch die Auslegung der Kirchenväter auf das J. G. gedeuteter Thematik, vor allem die Himmelfahrt Christi (in Verbindung mit der Petrusapokalypse).

2. Demgegenüber besitzt das byz. Gerichtsbild eine komplizierte Komposition. Literarische Vorlagen für ihr Schema sind vor allem die Gerichtshomilien Ephrem des Syrers (gest. 373), Hymnen des dritten Vorfastensonntages (→ unter Fastenzeiten) u. bestimmte Kontakien des Romanos (gest. um 560). Der Aufbau des byz. Gerichtsbildes entwickelte sich bald nach dem Bilderstreit (→ unter Bild), d. h. vom 9. Jh. ab, u. zeigt bereits früh den Einbau von Bildformeln u. Szenendarstellungen in ein vertikales u. horizontales (an die Bilderwand erinnerndes) Koordinatensystem, durch das die Aufschlüsselung des Inhaltes wesentlich erleichtert wird (zum folgenden vgl. auch die Schemaübersicht):

I. Auf der Vertikalen erscheinen Figurationen mit ausgeprägtem Emblemcharakter: (1) der Alte der Tage (→ unter Christusbilder), oft im Zentrum der Gestirne mit den Tierkreiszeichen; – (2) das um Adam u. Eva erweiterte kleine Fürbittenbild, die Deesis; – (3) die Hetoimasia sowie der von einem der beiden letzteren ausgehende Feuerstrom bzw. Drachenwurm (vgl. Jes. 66, 24; Mark. 9, 44; Offb. 12,9). Das Motiv der Seelenwaage in der Hand des Erzengels Michael, das sich unter der Deesis od. auch unter der Hetoimasia findet, geht über die grch. Mythologie (*psychostasia, kerostasia* = Abwägen von kleinen Wachsfiguren) auf altägypt. Vorstellungen vom Wägen des Herzens eines Verstorbenen gegen die Wahrheit zurück. Es ist aber auch der Bibel nicht unbekannt (vgl. Hiob 31, 6; Dan. 5, 27). An den grch. Gott Hermes in seiner Eigenschaft als Seelenführer (grch. *psychopompos*) erinnert die Gestalt Michaels, die nun in einem streng endzeitl. (eschatolog.) Kontext zu verstehen ist. Dies wird deutlich, wenn die Seelenwaage nicht nur in seiner Hand, sondern auch in der Hand Christi dargestellt wird od. auch in der Hand Gottes, die sie aus der Deesis od. der Hetoimasia herunterhält. Wahrscheinlich wird man sich mit ihr zugleich die Stimme Gottes od. seines himml. Herolds vorzustellen haben (vgl. Offb. 12, 10 [10, 4.8; 11, 12.15; 14, 2.3 u. öfter].

II. In der Horizontalen unterscheidet sich die obere himml. Zone von der unteren Zone mit ihren endzeitlich-ird. Ereignissen. Dem himml. Jerusalem links entspricht das Zusammenrollen des Firmaments mit den Gestirnen u. der Sturz der von Michael besiegten Empörerengel (vgl. Offb. 12, 7 f.), mit denen sich im MA die Bogomilen (→ unter Häresie) identifizierten. Gegen ihre Leugnung des Kreuzestodes Christi sind vom 11. Jh. an Darstellungen gerichtet, die Christus mit dem Legitimationsgestus zeigen, d. h. mit Hinweis auf seine Wundmale (vgl. Offb. 1, 7; → auch Apokalypse). Aus der Fülle der anderen Szenen mit einer Reihe von Auf- und Umzügen Erlöster und Verdammter (→ auch Prozession) seien hier noch erwähnt: (1) Die Darstellung des Hurers an der Säule auf der Grenze zwischen dem Paradies u. den Orten der Verdammnis versinnbildlicht das theolog. Problem der Strafaussetzung (grch. *oikonomia*, → Kirchenrecht) des Sünders, wie es literarisch besonders von den Apokryphen (vor allem von dem „Gang der Gottesmutter durch die Höllenqualen") behandelt wird. – (2) Die Idylle (→ unter Genrebild) der Gottesmutter im Paradiesgarten mit dem guten Schächer aus der Kreuzigung Christi reflektiert auf bestimmte Stellen aus dem Gottesmutterhymnus (→ Akathist). – (3) Der „Schoß Abrahams" mit den Erlösten (Luk. 16, 19-31) ist seit dem 11. Jh. in der byz. Ikonographie bekannt. – (4) Die Darstellung der geflügelten Mönche nimmt auf die Bezeichnung des Mönchtums als „engelgleiches Leben" (grch. *bios angelikos*) sowie auf Visionen eines gewissen Johannes Kolobos (Ende des 9. Jh.) Bezug. In der großartigen dramat. Bildsymphonie ist die Kontrapunktik zwischen den paradies. „Lustorten" u. den Orten der Verdammnis jenseits des Feuerstroms (od. Drachenwurmes) hervorzuheben, mit dem Feuersee, in dessen Mitte der dunkle Schatten Satans mit dem Verräter Judas im Schoß (als Gegenbild zum „Schoß Abrahams") zu sehen ist.

3. Im Bildprogramm der Kirchen gehört das J. G. in den Vorraum, den Narthex. In spät- u. nachbyz. Zeit erscheint es vor allem bei rumän. Kirchen in der Vorhalle (bei moldauischen Kirchen auf Außenfresken). Dabei verschaffen sich sozialethische (unter den Verdammten sind Schmuggler, Steuerhinterzieher, Wucherer), religions- u. konfessionsmilitante (Mohammedaner, Türken, Katholiken, Protestanten unter den Verdammten) sowie sittl. Vorstellungen z. T. in sehr realist. Weise (z. B. in der Darstellung sexueller Anomalitäten) Ausdruck. Schon vorher wurden die wichtigsten Vertreter der Häresien in die Reihen der Verdammten aufgenommen. Das byz. Gerichtsbild entstand in den apokalypt. Zeiten der Völkerstürme des 10.-12. Jh. u. der inneren Bedrohung durch die Häresien dieser Epoche. Die damit zusammenhängenden Fragen konnten mit den traditionellen Schemata nicht mehr beantwortet werden. Dazu waren vielmehr neue Figurationen u. Szenarien nötig, wie in der gleichzeitigen Literatur auch. Die Verarbeitung der Motive auf dem byz. Gerichtsbild kann als „Kompilation im Assoziativverfahren" (Brenk) bezeichnet werden. Das Kompositionsgerüst wurde dem Streifenschema mit eingelagerten Medaillons entlehnt, wie es auf den antiken Triumphbögen (Konstantinsbogen in Rom), aber auch auf Sarkophagen, in der Ikonen- u. Miniaturmalerei vorlag. Sozial kaum auf eine Schicht als Adressat fixierbar (unter den Verdammten erscheinen auch Vertreter der staatl. u. kirchl. Hierarchie), darf die allgemeine gesellschafl. Bedeutung des J. G.s als Mittel der sozialen Kontrolle der Kirche, d. h. als Mittel des Kirchenrechts, nicht übersehen werden. Eine gewisse, durch das Thema bedingte Enge der theolog. Reflexion (die, wie wir sahen, u. a. durch das Bildmotiv des „Hurers an der Säule" aufgelockert wird) wurde in nachbyz. Zeit, vor allem in der Ikonenmalerei Rußlands vom 16. Jh. ab, durch Verarbeitung mit anderen Darstellungen z. B. der Höllenfahrt Christi (→ unter Auferstehung Christi) überwunden. Im 17. Jh. kam es in der russ. Kunst zu gegenseitigen Beeinflussungen der Bildschemata des J. G.s u. der Apokalypse. – Taf. 44; Abb. S. 134.

Lit.: B. Brenk, Tradition u. Neuerung in der christl. Kunst des 1. Jt., Studien zur Gesch. des Weltgerichtsbildes, Wien 1966; F. I. Buslaev, Izobraženie Strašnogo Suda po Russkim Podlinnikam, Ders., Sočinenija, 2. Bd., S. Peterburg 1910, 135-155; A. Borst, Die Katharer, Stuttgart 1953, 171 ff.; Y. Christe, La Vision du Matthieu (Matth. XXIV bis XXV). Origines et Développement d'une Image de la Seconde Parusie, Paris 1973 (= Bibl. CAr X); E. Dinkler, Signum Crucis, Tübingen 1967, 125-129; ders., Das Apsismosaik von S. Apollinare in Classe, Köln u. Opladen 1964, Reg.: Parusie; J. Engemann, Auf die Parusie Christi hinweisende Darst. der frühchristl. Kunst, Jb. für AuC 19, 1976, 139-156; Lazarev, Reg.: Strašnyj sud; ders., Russkaja Srednevekovaja Živopiś, Moskau 1970, Reg.: Strašnyj sud; D. Milošević, Das J. G., Recklinghausen 1963; Onasch, Ikonenmalerei, 178-184; Pokrovskij, 220 ff.; ders., Strašnyj Sud v Pamjatnikach Vizantijskogo i Russkogo Iskusstva, Odessa 1887; M.Lurker (Hg.), Wörterbuch der Symbolik, Stuttgart 1983[2], Reg.: Weltgericht; V. G. Pucko, Blagorazumnyj razbojnik v apokrafičeskoj literature i drevnerusskom izobrazitel'nom iskusstve, TODL 22, 1966, 407-418; LChI 4, 513 bis 523 (Weltgericht); LdK 2(1989), 711 (Gerichtsszenen); LexMA 4, 1327-1329.

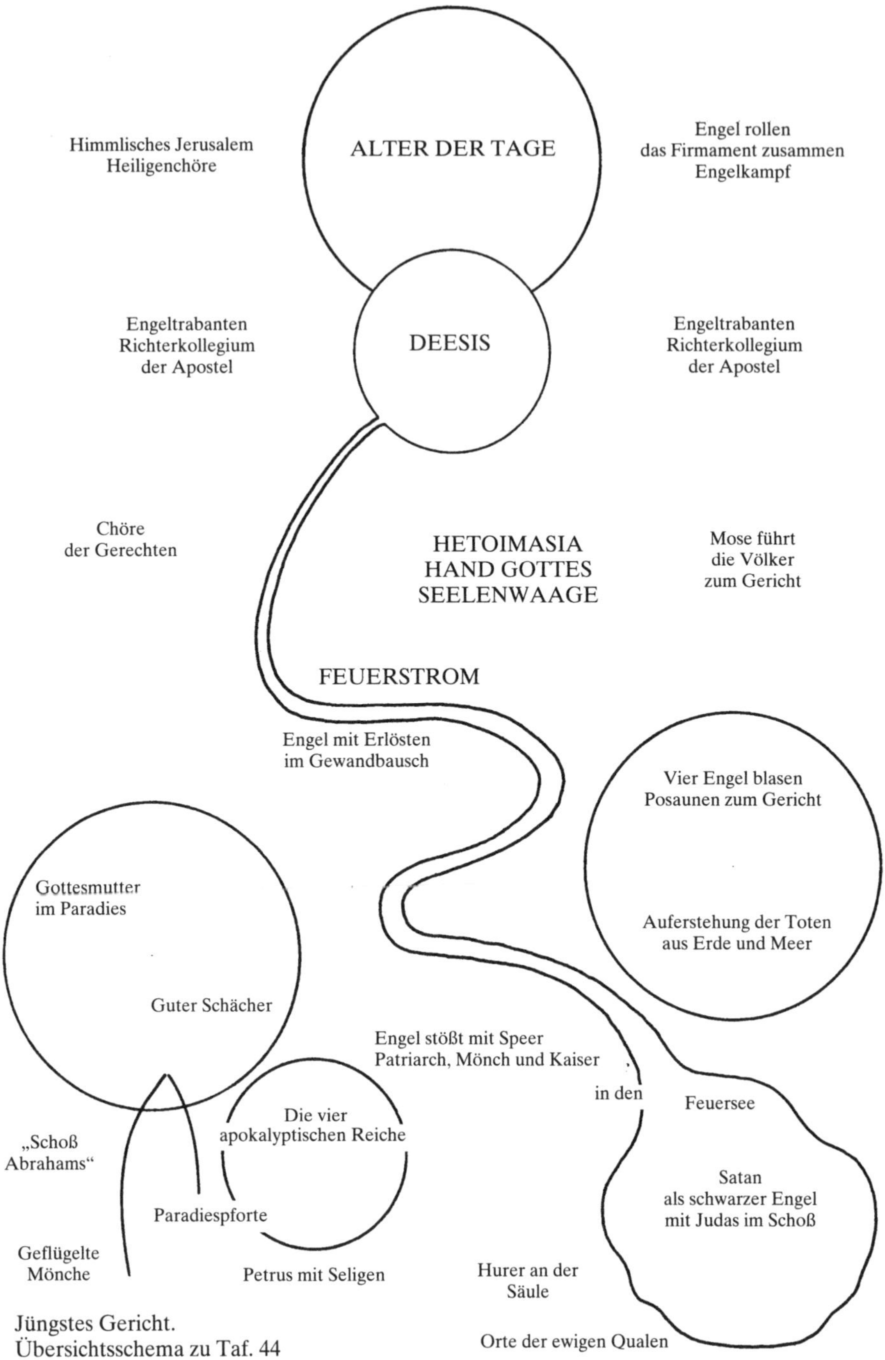

Jüngstes Gericht.
Übersichtsschema zu Taf. 44

Gestik, Gestus (lat. *gestus,* m.), Körperhaltung des antiken Redners od. Schauspielers, Gebärdenspiel im engeren Sinne. Unter G. versteht man vorzugsweise jenen Bereich der Körpersprache, der die oberen Extremitäten umfaßt. Einen Sonderfall stellt die Mimik dar. Die Wissenschaft von der G. unterscheidet 3 Gruppen: den bewußten, zweckgerichteten u. auf Konvention – in unserem Falle auf religiöser Konvention – beruhenden Gestus; die unbewußte, situationsbedingte, aber durch Gewohnheit u. Sitte geprägte Gebärde; die Mimik. Die Körpersprache kann nicht isoliert betrachtet werden, sondern bildet eine Einheit mit den psychischen u. bewußtseinsmäßigen Funktionssystemen des Menschen. Auf dieser Einheit basieren auch die Beziehungen zwischen der liturg. G. u. den erkenntnismäßigen (kognitiven) wie erlebnismäßigen (emotiven) Aspekten des orth. Gottesdienstes. Dieser übernahm alle 3 Gruppen aus dem traditionellen Schatz der antiken u. spätantiken (einschließlich der orientalischen, vor allem der synagogalen) Profan- u. Sakral-G. u. bewahrte sie bis heute, ganz im Sinne des liturg. Konservativismus. Damit stellt die G. nicht nur einen wichtigen Bestandteil der ostkirchl. Liturgie dar, sondern bildet auch einen eigenen Forschungsgegenstand der Gestaltikonographie (→ Ikonographie).

I. Der Gestus. (1) Gebetshaltung (→ auch Gebet): (a) stehend mit erhobenen Armen (der Orans); (b) stehend mit vor der Brust gekreuzten Armen od. mit nach vorne gewendeten u. nebeneinander vor der Brust gehaltenen Händen; (c) kniend mit vorgestreckten, etwas zueinandergeneigten Händen (→ auch Gonyklisia). In ähnl. Haltung wird (d) auch die Fürbitte vollzogen, es ist aber auch, wie in der Deesis, die aufrechte Körperhaltung üblich. Vor allem bei Gottesmutterbildern gibt es eine Reihe von Varianten dieses Gestus (gefaltete Hände sind in der byz. Kunst nicht üblich, sie entstammen vielmehr dem altfränk. Lehnsrecht). (e) Da zur inneren Gebetshaltung grundsätzlich die Bußgesinnung gehört, gibt es Körperhaltungen, die zugleich diese Gesinnung zum Ausdruck bringen, wie vor allem die unter Pkt. c erwähnten. Zu ihnen gehört noch das Sich-(körperlang)-zur-Erde-Niederwerfen, die Große Metanie (→ Proskynese), die oft als Bußstrafe (→ Epitimien) vorgeschrieben sind. Schließlich gehört zur inneren u. äußeren Gebetshaltung auch (f) die An-Betung, die sich ebenfalls in allen angeführten Beispielen mehr od. weniger deutlich Ausdruck verschafft. Anbetung u. Respekt vor einer hl. (aber auch als Gast anzusehenden, d. h. von Gott geschickten) Person, vor hl. Gegenständen (wie z. B. Ikonen od. Reliquien) od. einem Mitglied der kirchl. Hierarchie werden seitens des Distanzierten durch eine Reihe „protokollarisch" abgestufter Verbeugungen zum Ausdruck gebracht, die im MA bis zu den unter Pkt. c u. e genannten Haltungen gesteigert werden konnten. – (2) Integrierender Bestandteil der Mehrzahl aller Gesten ist das Bekreuzigen von Haupt u. Brust (→ unter Kreuz). – (3) Ein liturg. Gestus ist der Segen, der inhaltlich in der Nähe der Fürbitte steht. Die Traditionen dieser konventionell-formalisierten Haltung weisen sowohl nach dem Westen wie in den Orient. Konstitutiv für diesen Gestus ist die Verbindung mit einem Segenswort. Die wichtigsten Segenshaltungen sind: (a) Auflegung der Hand (lat. *impositio manus;* vgl. 1. Mose 48, 13-16; Mark. 10, 16) u. das Erheben der Hände (vgl. Luk. 24, 50-52). Davon zu unterscheiden sind die Handgesten bei der Ordination (→ Cheirothesie, → Cheirotonie, → Weihe). (b) Aus der antiken Redner-G. (s. auch Pkt. 4, 5) stammt das Ausstrecken von Daumen, Zeige- u. Mittelfinger der rechten Hand mit Krümmung der beiden letzten Finger (sog. lat. Gestus). Ihr steht (c) der „grch. Gestus" gegenüber, der in Byzanz u. in Rußland eine komplizierte Geschichte durchlief, die von seiner Bedeutung als Symbol des Kreuzes (mit Einzelheiten) her verständlich wird. (d) Eine Reihe anderer Segensgesten sind mit antiken Anrede-, Lehr- u. anderen Gesten verwandt u. von ihnen im einzelnen schwer zu unterscheiden, so in den Darstellungen der Begegnung Christi mit den Jüngern auf dem Wege nach Emmaus (→ unter Pfingsten, Abs. 3). – (4) Die Redner- u. Lehr-G. ist in der altkirchl. Predigt (→ Homilie) angewendet worden u. noch heute (z. T. als unbewußte, aber formalisierte Gebärde) mit ausgereckter Hand, nicht selten bei ausgestrecktem Zeigefinger, üblich. – (5) Vor allem bei vorgestrecktem Arm erhält der hinweisende (deiktische) Lehrgestus den Charakter des Befehlsgestus (z. B. in der Darstellung der Auferweckung des Lazarus). Ein Herrschafts- u. Besitzer-G. ist die Art, wie der auferstandene Christus Adam aus der Hölle zieht od. Thomas am rechten Arm packt (→ unter Pfingsten, Abs. 3). – (6) Aus dem byz. Kaiserkult stammt der Gestus der verhüllten Hände (z. B. in der Ikonographie des Aurum coronarium u. der Taufe Christi) von seiten des Distanzierten, dem der Würdeträger mit dem unter Abs. 3 b angeführten Gestus antwortet. Religionsgeschichtlich geht diese G. auf altiran. Vorstellungen zurück, nach denen eine subalterne Person einem Würdeträger, vor allem dem Kaiser, sich nur mit verhüllten Händen nähern u. ebenso nur mit diesen von ihm etwas empfangen darf. – (7) In denselben Traditionsbereich gehört auch die G. der Akklamation: Der Akklamierende richtet seinen Blick auf den Akklamierten, wobei er den rechten Unterarm anwinkelt u. die nach vorn geöffnete Handfläche mit zusammengelegten Fingern erhebt. Dieser Gestus findet seine Anwendung auf Christus als auf den die Akklamation Beanspruchenden vor allem dort, wo das daraus abgeleitete Distanzverhältnis zu den Aposteln (→ Apostelbilder) od. zu den Engeln betont werden soll. – (8) Der antike konventionelle Gestus der alltägl. Begrüßung wurde zur liturgisch stilisierten Haltung, wobei die erhobene offene Hand, in Griechenland bis heute mit der Begrüßungsformel *„chaire“,* ‘freue dich’, begleitet, nicht selten auch zum Anrede- (manchmal auch Segens-) Gestus modifiziert werden kann. Am häufigsten ist diese Handhaltung bei der Verkündigung der Gottesmutter u. bei der Begegnung des auferstandenen Christus mit den Frauen (→ unter Pfingsten, Abs. 3) zu finden. Aus der Zahl weiterer Gesten sei noch der Scheidegestus erwähnt, wie er in der Darstellung des Jüngsten → Gerichtes erscheint. Er stammt aus der Praxis der antiken Rechtsprechung.

II. Die Gebärde. (1) Trauer u. Klage (grch. *penthos, threnos*) in ihrem stärksten Ausdruck mit emporgehaltenen Händen od. (bei mehreren Personen) einer Gebärde, die starke Verinnerlichung anzeigt: das geneigte Haupt wird in die rechte, oft mit einem Gewandzipfel bedeckte Hand gelegt, die von der linken gestützt wird (am häufigsten bei Grablegung u. Beweinung Christi u. Kreuzigung Christi). Mit derselben Körperhaltung kann auch bekümmerte Nachdenklichkeit (grch. *phrontis*) ausgedrückt werden; – (2) die Gebärde des Grußes mit erhobener u. geöffneter Hand, z. B. beim Erzengel auf der Darstellung der Verkündigung der Gottesmutter; – (3) die Haltung des Erschreckens, Erstaunens u. der Abwehr, z. B. bei den Jüngern auf der Verklärung Christi od. der Maria bei der eben erwähnten Verkündigung; – (4) die Gebärde der Meditation mit zusammengelegten u. an den Mund geführten Fingerspitzen, vor allem von Daumen, Zeige- u. Mittelfinger (noch heute eine unbewußte Haltung bei gedankl. Konzentration).

III. Die Mimik (grch. *mimikos,* ‘die Kunst der Nachahmung [*mimesis*] betreffend’). Unter diesem (sehr vieldeutigen) Begriff wird der mit Gestus u. Gebärde jeweils verbundene Gesichtsausdruck verstanden, der, obwohl ein Sonderbereich, mit jenen erst die Einheit der Körpersprache bildet. Sowohl für die Liturgie wie für die Kunst der Ostkirche ist die Mimik kaum erforscht u. stellt deshalb ein lohnendes Forschungsgebiet dar. Da die Alte Kirche „Nachahmung“ ausschließlich auf die Beziehung des Gläubigen zu Christus, vor allem im Hinblick auf den Märtyrer, verstand u. das antike Theater wegen seiner Verhöhnung solcher Nachahmung als *„pompa diaboli“* (lat., ‘Festveranstaltung des Teufels’) ablehnte u. da sie außerdem im Grunde ihre Reserviertheit dem Bild gegenüber beibehielt, mußte sie eine Darstellung der Mimik nur mit Zurückhaltung zulassen. Zu den sehr wenigen Beispielen der Übernahme spätantiker Mimik gehört die Tragikermaske Johannes des Täufers. Wie bei G. u. Gebärde handelt es sich bei der Mimik fast ausnahmslos um die Wiedergabe des liturgisch bestimmten u. entsprechend formalisierten „erstarrten“ Gesichtsausdrucks (→ auch Repräsentationsbild). Auf der anderen Seite darf nicht übersehen werden, daß, da Attribute fehlen, das Bildnis des ostkirchl. Heiligen auf ein Ikonenporträt mit einer entsprechenden individuellen Mimik angelegt sein muß. Fast alle ikonograph. Themen schließen jeweils einen spezif. Gesichtsausdruck ein; als Beispiele sollen hier nur die Kreuzigung

Christi, die Verklärung Christi, die Verkündigung der Gottesmutter od. die Auferweckung des Lazarus genannt werden. Das intime Verhältnis zwischen Maria u. dem Christuskind bei den Gottesmutterbildern verlangt ebenfalls die Herausarbeitung einer entsprechenden Mimik, während das autonome Christusbild u. Gottesmutterbild wieder strengere Formalisierung zeigen, nicht zuletzt im Vergleich mit westl. Parallelen. Die künstler. Gestaltung der Mimik hängt von der angewendeten Maltechnik ab. So zeigt die Enkaustik ausdrucksstarke, individuelle, wenn auch in der frühbyz. Kunst wiederum stark formalisierte Antlitze, während der Temperamalerei diese Möglichkeiten verschlossen blieben. Trotzdem hat sich auch bei ihr im Verlaufe der verschiedenen byz. → Renaissancen phasenweise eine durchaus künstler. Gestaltung des menschl. Gesichtsausdrucks im sakralen Bereich durchsetzen können. – Ein Spezialgebiet der G. stellen die Handzeichen für den Chor dar, → Cheironomie.

Lit.: W. Artelt, Die Quellen der mittelalterl. Dialogdarst., Diss. Berlin 1934; F. J. J. Buytendijk, Allgemeine Theorie der menschl. Haltung u. Bewegung, Berlin – Göttingen – Heidelberg 1956; A. Dieterich, Der Ritus der verhüllten Hände, Ders., Kleine Schriften, Leipzig – Berlin 1911, 440 bis 448; Eisenhofer 1, 251-282; Felicetti – Liebenfels, Geschichte[1/2], Reg.: G.; A. Giraudet, Mimique, Physiognomie et Gestes, Paris 1895; Handbuch, Reg.: G.; H. W. Haussig, Der Einfluß der hellenist. Physiognomik auf die frühchristl. Bildgestaltung, Atti del VI Congr. Intern. di Archeologia Cristiana, Ravenna, 23-30 Settembre 1962, Città del Vaticano 1965, 199-205; F. Heiler, Das Gebet, München – Basel 1969 (Reprint), 98-109, Reg.: G.; H. u. J. Jursch, Hände als Symbol u. Gestalt, Berlin 1967[13]; G. van der Leeuw, Phänomenologie der Religion, Tübingen 1956, 48; W. Loeschke, Der Griff ans Handgelenk, Fs. P. Metz, Berlin 1965, 46-73; H. Lubinska de Lenval, Die Liturgie der Gebärde, Klosterneuburg 1959; Th. Michels, Segens-G. u. Hoheits-G., Fs. A. Thomas, Trier 1967, 277-283; G. Neumann, G. u. Gebärde in der grch. Kunst, Berlin 1965; Onasch, Ikonenmalerei, 74-77; K. Weitzmann, The Classical in Byzantine Art as a Mode of Individual Expression, Byzantine Art an European Art. Lectures, Hg. M. Chatzidakis, Athen 1966, 151-177; R. Winkler, Physiognomia: Probleme der Charakterinterpretation röm. Porträts, Aufstieg u. Niedergang der röm. Welt, hg. von H. Temporini, 1. Bd., Berlin – New York 1972, 633-659; K. Hallinger, Kultgebärde u. Eucharistie, ALW 19, 1978; Gestes et Paroles dans les diverses Familles Liturgiques, Rome 1978; O. Keller, Der Gestus als neues ästhet.Zeichen, Zeichen u. Realität II, Tübingen 1984, 505 bis 514; M.Lurker (Hg.), Wörterbuch der Symbolik, Stuttgart 1983[2], 212-213 (Gebärden); A. Leroi-Gourhan, Hand u. Wort, Frankfurt a. M. 1980; LChI 2, 85-86 (Gebetshaltung); 214-216 (Handgebärde); 4, 145-146 (Segen); LexMA 4, 1154 (Gebärden u. Gesten); RBK 2, 766-783.

Gestirne. Die antike u. spätantike Beobachtung der G. war der Alten Kirche von unmittelbarem Nutzen für die Festlegung des Ostertermins u. damit des bewegl. Zyklus des Kirchenjahres sowie für die Zeitrechnung überhaupt. Dagegen stand die Kirche in Opposition zu den mannigfachen Formen des Aberglaubens (Astrologie) u. des Kultus der G., der in der Gnosis zur Vorstellung von den menschenfeindl. G.s-Mächten (7 Planeten u. die Achtheit, → auch unter Oktoechos) führte. Auf der anderen Seite bildete die alte Anschauung von der Widerspiegelung des himml. Makrokosmos im ird. Mikrokosmos den Ausgangspunkt theolog. Überlegungen oriental. Kirchenväter (vor allem Ephrem des Syrers, gest. 373), die in Christus den Beherrscher u. Erhalter (grch. *kosmokrator*) des ganzen u. ungeteilten Kosmos sahen. Damit war die Voraussetzung geschaffen für die Entdämonisierung der G. u. ihre Indienstnahme durch Christus. Der ursprünglich situationsmilitante Charakter etwa des Festes der Geburt Christi als Antwort der Kirche auf die Sonnenverehrung (Heliolatrie) des röm. Kaiserkultes erhielt zunehmend christolog. Ausprägungen. So gab Mark. 15, 23 Veranlassung, Sonne u. Mond (bzw. deren Personifikationen) in die Darstellung der Kreuzigung Christi ebenso aufzunehmen wie als Symbol des universalen Heilsanspruchs Christi in die des Jüngsten → Gerichts zusammen mit dem Tierkreis od. in das Bildschema der Majestas Domini sowie der Himmelfahrt Christi. In der Ikonographie der Taufe Christi sind Darstellungen der G. seltener. Wie in der Frühzeit die Alte Kirche gegen die Gnosis, kämpfte die byz. Kirche nicht nur gegen die Astrologie in ihren eigenen Reihen, sondern auch gegen den Gestirnsmythos der Häresie der Bogomilen, wonach der Fall Satans zusammen mit den Engeln auch Sonne, Mond u. Sterne in die Tiefe riß. Am Charkater der G. als christolog. Herrschaftszeichen hatte auch die Gottesmutter Anteil. Bei der Entstehung des Festes des Entschlafens der Gottesmutter

Kirchliche und liturgische Gewänder der Ostkirche

(von links nach rechts):
Priester: 1 Sticharion – 2 Epitrachelion – 3 Gürtel – 4 Manschetten – 5 Phelonion – 6 Epigonation (→ unter Hypogonation)
Diakon: 1 Sticharion – 2 Manschetten – 3 Orarion

Bischof in liturgischer Gewandung: 1 Sakkos – 2 Omophorion – 3 Brustkreuz – 4 Enkolpien (eine davon Panhagia [1]) – 5 kronenförmige Mitra (→ unter Bischofsinsignien) – 6 Dikerion – 7 Trikerion – 8 Hypogonation.
Bischof in kirchlicher Gewandung: 1 Mandyas – 2 Bischofsstab – 3 Brustkreuz – 4 Panhagia [1] – 5 Kamelauchion

am 15. Aug. wirkten altoriental. Vorstellungen vom Tierkreis (grch./lat. *zodiakus*) der Jungfrau (lat. *virgo,* Aug.-Sept.) mit, wie auch der Jungfrauenstern auf dem Mariengewand der Gottesmutterbilder erscheint. Das Tierkreiszeichen des Widders wurde auf Christus als Lamm Gottes bezogen.
Im Gegensatz zum Westen spielten die G. in der byz. Kunst keine so wichtige Rolle, wohl deshalb, weil die Kirche im Osten einen ständigen Kampf gegen die Astrologie zu führen hatte, die den Heilsplan Gottes u. damit die Willensfreiheit des Menschen aufhob. Dabei bildete die Zurückweisung einer Rechtfertigung des Gestirnsglaubens durch den Stern von Bethlehem eines der entscheidendsten Argumente. Das Auftreten der G. in der byz. Malerei gewinnt damit einen besonderen Aspekt. – Taf. 45.

Lit.: Beck, 333 f.; H. Beck, Vorsehung u. Vorherbestimmung in der theolog. Literatur der Byzantiner, Rom 1937, 65-87; F. Boll, C. Bezold, W. Gundel, Sternglaube u. Sterndeutung, Leipzig – Berlin 1931[4]; J. Baltrušaitis, L'Image du Monde Céleste du IXe au XIIe Siécle, GBA 20, 1938; 137-148; F. Cumont, Astrologues Romains et Byzantins, Mélanges d'Archéologie et d'Histoire 37, Paris 1918-1919, 33-54; Ch. Picard, Le Culte de Sol et de Lune, Revue Archéologique, Paris 1965, 201 bis 210; U. Riedinger, Die Hl. Schrift im Kampf der grch. Kirche gegen die Astrologie, Innsbruck 1956; K. Rudolph, Die Gnosis, Leipzig 1980[2], Reg.: Planeten, Tierkreiszeichen; K. Weitzmann, Greek Mythology in Byzantine Art, Princeton 1951, 66 f.; M. Lurker (Hg.), Wörterbuch der Symbolik, Stuttgart 1983[3], 284-286 (Himmel); 656 (Sterne); LChI 2, 142-149; 4, 574-579 (Zodiakus); LexMA 5,22-24(Himmel).

Gewänder, kirchliche, Kleidungsstücke, die von den Mitgliedern der kirchl. Hierarchie außerhalb der Liturgie getragen (→ aber Gewänder, liturgische) werden. Zu nennen sind: (1) der Leibrock (grch. *chiton, anterion, zostikon*; russ. *podrjasnik*), der unter dem Hals zugebunden u. an der linken Seite geschlossen wird. Ähnlich wie die Tunica cincta (lat.) der Antike wird auch der Chiton gegürtet. Der Podrjasnik der russ.-orth. Kirche ist beim verheirateten Klerus von heller Farbe, daher die Bezeichnung *„beloe duchovenstvo“* ('weiße Geistlichkeit') im Unterschied zum schwarzen Leibrock des

Mönchtums, dem *„černoe durchovenstvo"* ('schwarze Geistlichkeit'); – (2) der auch von Mönchen getragene Überrock od. Mantel (grch. *rason;* russ. *rjasa*). Die in strengster Askese lebenden Mönche tragen das große Schima (grch. *mega schema;* russ. *bol'šaja schima*), auch Analabos (grch.; russ. *analav*) genannt, ein etwa knielanges, dem röm. Scapulare (Skapulier) ähnelndes Gewand mit einer Kapuze (grch. *kukullion*), die beide mit Kreuzen u. den Leidenswerkzeugen Christi bestickt sind; – (3) der Mantel des Bischofs, der Mandyas, der in schlichterer Form auch von Mönchen getragen wird.
Die G. werden ergänzt durch entsprechende Kopfbedeckungen, Priester u. Mönche tragen den Skuphos, in der grch. Kirche der Diakon das Kamelauchion, über das die höheren Weihegrade einen Schleier, das Epanokamelauchion, legen. Die Ähnlichkeit zwischen den episkopalen u. monast. G.n u. Kopfbedeckungen hat ihren Grund darin, daß der Episkopat sich vorwiegend aus dem Mönchtum rekrutiert. – Die k.n G. gehören zu den Elementen der Gestaltikonographie (→ Ikonographie). – Abb.

Lit.: Archimandrit Evlogij, Velikij Angel'skij Obraz v Pravoslavnom Monašestve, ŽMP 1979, 8, 23 bis 27; P. de Meester, De Monachico Statu iuxta Disciplinam Byzantinam, Rom 1942, Reg. (Index Analyticus): Vestitio; La Priére[1], XXV ff.; LChI 5, 260-265 (Asketen, hl.). – S. auch Lit. zu Gewänder, liturgische.

Gewänder, liturgische, Kleidungsstücke, die von den Mitgliedern der kirchl. Hierarchie vorzugsweise während der Liturgie getragen werden. Die l.n G. haben sich wie die kirchl. → Gewänder, die der Klerus außerhalb der Liturgie trägt, aus der spätantiken Festtags- u. Repräsentationskleidung vor allem des Kaiserhofes entwickelt; im Laufe der Jh. nahm auch die jeweilige Mode Einfluß. Hinsichtlich ihrer Herstellung u. künstler. Ausstattung gehören die l.n G. zu den sakralen Textilien. Zu den l.n G.n des byz. Ritus gehören: (1) das allen Weihegraden gemeinsame → Sticharion (grch.; russ. *stichar*), das wie in der Antike mit einem Gürtel (grch. *zone;* russ. *pojas;* lat. *cingulum*) zusammengehalten wird; (2) die für die Ostkirche charakterist. liturg. Manschetten (grch. *epimanikia;* russ. *poruči, narukavnica*); (3) das Epitrachelion (grch.; russ. *epitrachil'*) des Priesters, 2 aus Seide bestehende lange, parallel verbundene Bänder mit Kopfdurchschlupf, die mit Kreuzen bestickt sind, u. das Orarion des Diakons; – (4) das der röm. Kasel entsprechende Phelonion des Priesters u. die ihm zustehende Form des Hypogonations.
Die l.n G. des Bischofs, das Omophorion u. der Sakkos sowie die ihm zustehende Form des Hypogonations, gehören zu den Bischofsinsignien. Im Laufe einer langen liturgiegeschichtl. Entwicklung erhielten die l.n G. den Charakter von Symbolen u. Allegorien, deren Sinn nur noch mit Hilfe der Mystagogie erschlossen werden konnte. Deren schlichteste Form stellt die von Bibelzitaten begleitete Einkleidung vor der Vormesse, der Prothesis, dar. Als hl. Gegenstände stehen die l.n G. unter dem Schutz des Kirchenrechts. – Im Gegensatz zum röm. Ritus kennt der byz. keinen für sie allgemein verbindl. Farbenkanon. – Die l.n G. gehören zu den Gegenständen, mit denen sich die Gestaltikonographie (→ Ikonographie) beschäftigt. – Abb.

Lit.: Braun, Gewandung; L. Christiani, Essai sur les Origines du Costume Ecclésiastique, OrChrPer 13, 1947, 69-80 (= Miscellanea, G. de Jerphanion 1); A. A. Dmitrievskij, Bogoslužebnye Odeždy Svjaščenno-Cerkovno-Služitelej, Rukovodstvo dlja Cel'skich Pastyrej, Kazań 1903, 22, 122-131; 23, 145-156; 24, 165-174; Eisenhofer 1, 408-471; R. Engdahl, Beitr. zur Kenntnis der byz. Liturgie, Berlin 1908, 92-100, 119-129; Goar, grch. Reg.; Handbuch 1, 100-120 u. Reg.; E. Haulotte, Symbolique du Vêtement selon la Bible, Paris 1966; Jungmann 1, 360-377; R. Lesage, G. u. Geräte, Aschaffenburg 1959; T. Papas, Studien zur Gesch. der Meßgewänder im byz. Ritus, München 1965; Raes, 228-247; E. Trenkle, Liturg. Geräte u. G. der Ostkirche, München 1962; Paramente u. Bücher der Christl. Kirchen, München/New York/London/Paris 1982 (Glossarium Artis,4); Ch. Walter, Art and Ritual of the Byz.Church, London 1982, 7-26;31-34; Archim. Chrysostomos, Orth. Liturgical Dress, A historical treatment, Brookline, Mass., 1981; N. Thierry, Le costume épiscopal, ReByz 24, 1966, 308 ff.; A.Papa, Bibliographia hieratikon kai leiturgikon, Athen 1981; A. E. J. Gonzales, Orth. Theol. Rev. 17, 1972, 155 ff.; 21, 1976, 71-84; J. Eissengarthen, Die formale u. künstler.Entwicklung des liturg.Gewandes seit den Anfängen, Das Münster, 32, 1979, 117-125; W. Nyssen, Gewand u. Gerät in der östl. Liturgie, Köln 1985; LChI 5, 403 bis 414 (Bischof); 6, 49-53 (Diakon); LexMA 5, 1201 bis 1203 (Kleidung II). – S. auch Lit. zu Gewänder, kirchl.

Gewandniederlegung der Gottesmutter (grch. *katathesis tes esthetos tu theotoku;* russ. *položenie rizy [rizpoloženie] bogorodicy*). 1. Nach einer legendären Tradition brachten 2 Patrizier, Galbios u. Kandidos, 473 das Gewand der Gottesmutter als Reliquie aus Jerusalem nach Konstantinopel. Es wurde auf Weisung von Kaiser Leon I. (gest. 474) in der Kirche zu den Blachernen deponiert. Ob Leon auch das Fest am 2. Juli eingeführt hat, ist zweifelhaft. Die Blachernenkirche lag im Nordosten der Hauptstadt an einem strategisch wichtigen Punkt. Quellen melden, daß das Schultertuch (grch. *maphorion*) am 2. Juli 620 nach dem Abzug der Avaren feierlich aus der Hagia Sophia in die Blachernenkirche zurückgebracht wurde, wo sich auch eines der berühmtesten Gottesmutterbilder u. eine wundertätige Marienquelle befanden. Nach anderen erscheint das Fest u. sein Gegenstand frühestens im 9. Jh., zur Zeit des Patriarchen Photios. Dieser verweist in einer seiner Homilien darauf, daß die Gottesmutter mit ihrem Maphorion die Hauptstadt vor den Ruś bewahrt habe, die daraufhin im Juni 860 die Belagerung abbrachen. Der Bericht des Patriarchen gehört sehr wahrscheinlich in die religiös-polit. Atmosphäre von Byzanz, in der auch der große Gottesmutterhymnus, der Akathist, enstand.

2. Das Darstellungsschema der G. d. G. zeigt auf der einen Seite den Patriarchen Sergios, unter dem das Schultertuch 620 in die Blachernenkirche zurückgeführt wurde, mit dem Kathedralklerus, auf der anderen Kaiser Leon I. mit den beiden Patriziern. In Rußland bildeten Fest u. Darstellung des Pokrov, des Schutzmantels der Gottesmutter, eine starke Konkurrenz zur G. d. G. – → auch Gürtelniederlegung der Gottesmutter. – Taf. 46.

Lit.: N. Baynes, The Finding of the Virgin's Robe, AIPH 9, 1949, 87-95; ders., The Supernatural Defenders of Constantinople, AB 67, 1949, 165-177; Ch. Belting-Ihm, „Sub matris tutela". Untersuchungen zur Vorgesch. der Schutzmantelmadonna, Heidelberg 1976, Reg.: Blachernenkirche, Mantelreliquie; V. Grumel, Les Regestes des Actes du Patriarcat de Constantinople, 1. Fasc., Chalcedon 1932, Nr. 280; ders., Le „Miracle habituel" de Notre-Dame des Blachernes à Constantinople, EO 30, 1931, 129-146; M. Jugie, La Mort et l'Assomption de la Sainte Vierge, Città del Vaticano 1944, 688-707; N. P. Kondakov, Ikonografija Bogomateri, 1. Bd., S. Peterburg 1914, 347 f.; Nilles 1, 200-202; Onasch, Ikonen, 373 f.; J. Papadopoulos, Les Palais et Églises des Blachernes, Athènes 1928.

Glas. G. gehört zu den ältesten Werkstoffen der menschl. Kultur. Seine Herstellung, zunächst als undurchsichtige Paste, war bereits in Ägypten bekannt (Alexandrien exportierte G. bis in spätantike Zeit). G.-Hütten gab es auch in Syrien u. Mesopotamien. Während im Westen mit dem 5. Jh. die G.-Herstellung zurückging, nahm Byzanz die oriental. Werkstatttraditionen wieder auf u. entwickelte sie weiter. Schon die Alte Kirche verwendete das G. für sakrale Zwecke (z. B. Ampullen, Kelche, Patenen, Lampen, Salbgefäße, Medaillons, Goldgläser). Um 1100 erschienen in Konstantinopel (Pantokrator- u. Chorakirche) die ersten G.-Fenster, von denen aber nur Fragmente erhalten sind. Eine besondere Verwendung fand das G. bei Hinterglasikonen.

Von den Beispielen kunstvoller G.-Gefäße seien hier nur genannt: eine Patene auf der Krim aus dem 6. Jh., wahrscheinlich aus Syrien; zahlreiche G.-Gefäße u. -Schalen in der Schatzkammer von S. Marco in Venedig aus dem 10. Jh.; ein G.-Gefäß im Domschatz zu Halberstadt.

Lit.: A. V. Bank, Vizantijskoe Iskusstvo v Sobranijacj Sovetskogo Sojuza, Leningrad – Moskau 1965, 281 f.; V. H. Elbern, Ein christl. Kultgefäß aus G. in der Dumbarton Oaks Collection. Jb. der Berliner Museen, Berlin 1962, 18-41; J. Flemming, Byz. Schatzkunst, Berlin 1979; Journal of Glass Studies 1 ff., Corning (N. Y.) 1959 ff.; J. Philippe, La Verrerie des Pays Byzantins, Corsi 1966, 391 bis 412; ders., Initiation à l'Histoire du verre, Liège 1964; H. Wentzel, Das Medaillon mit dem Hl. Theodor u. die venzian. G.-Pasten im byz. Stil, Fs. für Erich Mexer, Hamburg 1957, 50-67; Ju. L. Ščapova, Chudožestvennoe Steklo Drevnej Rusi, Drevnerusskoe Iskusstvo. Chudožestvennaja kul'tura domongol'skoj Rusi, Moskau 1972, 349 bis 357; LdK 2 (1989), 755-758; 760-764 (G.malerei); LexMA 4, 1477-1481 (G.,-herstellung); 1484-1489 (G.malerei); RBK 2, 800-839.

Glaubensbekenntnis (grch. *homologia,* f., *symbolon,* n.; russ. *simvol very;* lat. *symbolum,* n.), Formel durch die eine religiöse Lehre festgelegt wird u. mit der sich eine Glaubensgemeinschaft identifiziert. Abweichungen von dieser Formel werden als Häresie bezeichnet.

1. Unter allen Hochreligionen hat das Chri-

stentum die Ausbildung von G.sen qualitativ u. quantitativ zum Höhepunkt geführt. In der Alten Kirche lag die Formulierung von G.sen in der Verantwortung des Bischofs. Sie wurden wohl zuerst bei der Spendung der Taufe gebraucht. Solche G.se finden sich bereits in den Schriften Justins (gest. um 165), Irenäus' (gest. um 202), Tertullians (gest. nach 220) u. Cyprians (gest. 258). In den Märtyrerakten der Verfolgungszeit sind ebenfalls Homologiai aufgezeichnet. Erst im 6. Jh. hat das G. in die Liturgie Eingang gefunden, wahrscheinlich zuerst in Syrien. Der um 500 lebende Verfasser der pseudoareopagit. Schriften (→ Mystagogie), der sich auf syr. Liturgiegebrauch beruft, kennt eine Katholike homologia (grch., 'allgemeines G.'), deren Text aber nicht mitgeteilt wird. Der Patriarch Timotheos von Konstantinopel (gest. 518) ordnete an, das G. der 1. Ökumen. Synode von 325, das Nicaenum, während der Synaxis, d. h. während der Liturgie der Katechumenen (→ unter Liturgie der Gläubigen), täglich zu singen; vorher geschah dies nur am Karfreitag bei der Unterweisung der Katechumenen vor dem Empfang der Taufe zu Ostern. Die 2. Ökumen. Synode von 381 hat keinen Symboltext hinterlassen. Das mit ihr verbundene sog. Nicaeno-Constantinopolitanum findet sich erst in den Akten der 4. Ökumen. Synode von Chalcedon von 451 u. stellt die Arbeit des aus Palästina stammenden Epiphanius von Salamis (gest. 403) dar. Es setzt das Nicaenum von 325 voraus u. zeigt nahe Verwandtschaft zu dem G. des Kyrill von Jerusalem (gest. 387). Das Nicaeno-Constantinopolitanum bringt an neuen theolog. Aussagen vor allem, daß der hl. Geist, der „lebenschaffende Herr", vom Vater ausgeht u. gelobt wird. Vieles spricht dafür, daß die Lehre vom hl. Geist (Pneumatologie), wie sie hier vorgetragen wird, bereits in den theolog. Bemühungen zum Konzil von 381 eine wichtige Rolle spielte (→ auch Basiliusliturgie).

Das Nicaeno-Constantinopolitanum wurde von Kaiser Justin II. (gest. 578) offiziell in die Liturgie eingeführt. Vielleicht wurde es zunächst am Beginn der Liturgie der Gläubigen gesprochen u. unter Arkandisziplin gestellt (woran noch heute die Exklamation „die Türen, die Türen" erinnert), ehe es seine Stellung hinter dem Friedenskuß erhielt. Das G., in der Alten Kirche von einem Laien gesprochen, wird heute im allgemeinen von der ganzen Gemeinde gesprochen oder gesungen. In der russ.-orth. Kirche wird es „vom ganzen Volk" (*vsenarodno*) gesungen; in der grch. spricht es ein einzelner. Während das Nicaeno-Constantinopolitanum auch von den Kirchen des Westens anerkannt wurde, haben die Ostkirchen das Apostol. G. des Westens (lat. *symbolum apostolorum,* 390 zum erstenmal gebraucht) nicht übernommen. Dieses Symbolum geht auf das G. in der Kirchenordnung Hippolyts von Rom (→ unter Kirchenrecht) zurück, das wahrscheinlich auf Glaubensregeln (lat. *regulae fidei*) des 2. Jh. fußt. Diese waren bei der Spendung der Taufe üblich u. haben ihren trinitar. Aufbau aus den Formeln des NT (z. B. Röm. 1, 3; 1. Kor. 15, 3 ff.; 2. Kor. 14, 14) entfaltet. Das Apostolicum unterscheidet sich vom östl. G. durch die Schlichtheit der Aussagen u. die Übersichtlichkeit der trinitar. Struktur. Durch seine Orientierung an den Fakten der Heilsgeschichte hat es wahrscheinlich ein Wuchern der seinsspekulativen Ansätze, die im Nicaeno-Constantinopolitanum erkennbar sind, verhindert.

2. In der Kunst erscheinen Darstellungen des G.ses relativ spät (in Rußland im 16. Jh.); sie entwickeln sich vor allem in der Ikonenmalerei zu komplizierten didakt. Kompositionen. Dabei werden oft die einzelnen Sinnabschnitte des G.ses – wie bei der Wiedergabe des Vaterunsers – in mehreren Bildstreifen vorgetragen; der Text ist an den Rand geschrieben. Auch in der Monumentalmalerei wurde die Darstellung des Nicaeno-Constantinopolitanums beliebt (z. B. in der Erzengel-Kathedrale im Moskauer Kreml).

Text: s. Anhang Nr. 12.

Lit.: F. I. Buslaev, Sočinenija, 2. Bd., S. Peterburg 1910, 288-296; G. Diener, Das Credo der Urkirche, dargest. in Bildern der altchristl. Zeit, Berlin 1957; Dix, 485 ff.; Hanssens, Nr. 1124-1142; Jungmann 1, 591-606; F. Kattenbusch, Das Apostol. Symbol, 2 Bde., Leipzig 1894-1900; R. Ligtenberg, Het Symbolum Apostolicum in de Iconographie der Middeleeuwen, Het Gildeboek 12, 1929; J. Myslivec, Liturgické Hymny jako Náměty Rusských Ikon, BZS 3, 1931, 473-487; A. M. Ritter, Das Konzil von Konstantinopel u. sein Symbol, Göttingen 1965; W. Trillhas, Das Apostol. G., Witten 1953; Archiepiskop Vasilij (Krivošein),

Simvoličeskie Teksty v Pravoslavnoj Cerkvi, BoTr 4, 1968, 5-36; ders., Les Textes Symboliques dans l'Église Orthodoxe, Messager 48, 1964, 197-217; 49, 1965, 10-23; 50, 1965, 71-82; LChI 1, 461-464 (Credo).

Gleb → unter Heiligenverehrung, → auch Heiligenbilder

Glocke (grch. *kodon,* m. u. f.; russ. *kolokol,* m.; lat. *campana,* f., *nola,* f., *clocca,* f., *signum,* n.) ein Klanggerät, bei dem durch die Wahl des Materials (Bronze) u. durch das Herstellungsverfahren (Guß, früher geschmiedet od. genietet) eine große Schallweite erreicht wird. Es ist deshalb als Signal- u. Musikinstrument (Schlagton u. in Teiltöne zerfallender Summton) im Freien außerordentlich gut geeignet. In China wurde die G. schon im 1. Jt. v. Chr. für kult. u. nichtkult. Zwecke gebraucht. Asien gilt als die Heimat der ältesten G.n-Gußtechniken. Die christl. Klöster des Orients übernahmen im 5./6. Jh. die G. als Signalinstrument für ihre Stundengebete u. -gottesdienste. Bald danach wurde sie auch im Westen üblich. Benedikt von Nursia (gest. um 547) u. Gregor von Tours (gest. 594) kannten sie bereits. In der Gotik (13./14. Jh.) setzte die Blüte der G.n-Gießerei ein. Neben dem kirchl. Gebrauch stand das Klanggerät im Dienste der Gesellschaft (der Gilden) u. der Städte. In Byzanz setzte sich die G. nicht durch, wahrscheinlich, weil sie wie die Orgel im Profanbereich (Zirkusparteien) verbreitet u. weil jede Instrumentalbegleitung des Chores verboten war. Nur als Ausnahme kann die Nachricht gelten, daß im Jahre 865 12 G.n aus Venedig für die Hagia Sophia in Konstantinopel importiert wurden. In den Klöstern blieb auch nach der allmähl. Einführung von G.n seit dem 11./12. Jh. das → Semantron, ein gußeiserner Stab, das eigentl. Signalgerät. Zu einer Entwicklung des G.n-Gusses kam es in nachbyz. Zeit wegen des G.n-Verbotes durch den Islam nicht mehr. In Rußland, das von diesem Verbot nicht betroffen wurde, kennt man G.n seit dem 11. Jh. Zusammen mit der großartigen Entfaltung des G.n-Gusses entwickelte sich ein ästhetisch-musikal. System des kult. G.n Geläutes, das in anderen Konfessionen unbekannt blieb. Gleichzeitig baute man mächtige u. hochragende G.n-Türme (russ. *kolokol'nja,* z. B. „Ivan der Große" im Moskauer Kreml [Taf. 47], großer u. kleiner G.n-Turm im Dreieinigkeits-Sergius-Kloster), in denen eine große Anzahl von G.n zu einem Geläute vereinigt werden konnten (z. B. im „Ivan dem Großen"). Davon zu unterscheiden ist die G.n-Wand (russ. *zvonnica;* vgl. Taf. 48). Die Größe der G.n reichte von kleinen G.n u. Glöckchen (russ. *zvonok, zvonec*) über Mittelgrößen bis zu den Groß-G.n (russ. *kolokol*), die alle (auch die kleinsten) mit dem Klöppel angeschlagen werden müssen. Mit Hilfe eines solchen Geläutes war es möglich, durch Anschlagen der einzelnen G.n wie mehrerer G.n zusammen (Teilgeläut) großartige Harmonie-Effekte zu erzeugen u. die Gläubigen über die Art des Festtages innerhalb des Kirchenjahres, den jeweiligen Abschnitt der Liturgie, die Art der Amtshandlung (Begräbnis, Eheschließung, Spendung eines Sakramentes) u. a. genau zu unterrichten. Wie in Westeuropa wurde auch in Rußland die G. in Ausnahmefällen als Alarm-G. verwendet, wobei es hinsichtlich der Harmonie des Geläutes u. der Veranlassung feste Regeln gab. Auch für andere säkulare Zwecke, z. B. die Einberufung von Einwohnerversammlungen (russ. *veče*), bediente man sich der G.n. – Als „hl. Sachen" (grch. *pragmata hiera*) stehen die G.n unter dem Schutz des Kirchenrechts.

Lit.: J. v. Gardner, G.n als liturgisch-musikal. Instrument in der russ. Kirche, OstKSt 7, 1958, 173 bis 183; E. W. van Heuven, Acoustical Measurements on Church-Bells and Carillons, Den Haag 1949; H. Jursch, Die G. in der bildenden Kunst, Wiss. Zs. der Friedrich-Schiller-Universität Jena 6, 1956/57, 575-597; M. F. Muŕjanov, Zvonjat Kolokoly Večnyja v Velikom Novgorode, Slavjanskie Strany i Russkaja Literatura, Leningrad 1973, 238-245; N. Olovjanišnikov, Istorija Kolokolov i Kolokololitejnoe Iskusstvo, Moskau 1912²; S. Rybakov, Cerkovnyj Zvon v Rossii, S. Peterburg 1896; F. Schilling, Das russ. G.n-Geläut, Musik u. Kirche 31, Kassel 1961, 107-115; E. V. Williams, The Bells of Russia. History and Technology, Princeton, N. J., 1985; Kolokola: Istorija i Sovremennost', Moskau 1985; LexMA 4, 1497-1501; 1502-1503 (G.nspiel); MGG 5, 267-291.

Gloria in excelsis → unter Doxologie

Gloria patri → unter Doxologie

Gloriole → unter Aureole

Glykophilusa → unter Gottesmutterbilder

Gnosis (grch., f., 'Erkenntnis', 'geheimes Wissen'), spätantik-oriental. religiöse Weltanschauung, von Juden- u. Christentum beeinflußt u. ihrerseits von großem Einfluß auf diese. Die G. stellt keine einheitl. Erscheinung dar, sondern ist (auch in gesellschaftl. Hinsicht) in z. T. sehr unterschiedl. Gruppen aufgeteilt. Diesen ist aber ein gedankl. Grundsystem gemeinsam, das sich so skizzieren läßt: (1) Mensch u. Kosmos, der dunklen Materie verhaftet, sind von der Überwelt des Lichts durch Ewigkeiten (grch. *aiones*) u. feindl. Gestirne (7 Planeten u. die Achtheit, → auch Oktoechos) getrennt u. dem unentrinnbaren Verderben überlassen (iranisch beeinflußter weltanschaul. Dualismus u. Pessimismus). – (2) Ein Entrinnen aus dem Verhängnis u. der Angst (grch. *ananke*) gibt es für den Menschen nur durch die esoterisch (als Geheimwissen) verstandene G. – (3) Durch Vergegenwärtigung des Mythos von dem mit einem Scheinleib ausgestatteten u. deshalb leidenslosen Erlöser (sog. Doketismus) im Kultus erhält der Gnostiker Erkenntnis vom Ab- u. Aufstieg dieses Erlösers. – (4) Durch die in der G. erhaltene esoter. Erlösungsparole vermag der Gnostiker nach seinem Tode die Planetengeister, die die Überwelt abschirmen, ebenso zu täuschen bzw. zu überwinden, wie es dem Erlöser durch seinen Scheinleib möglich war. – (5) Die Gottheit wird in den meisten Systemen als absolut unerkennbar (perfekter Agnostizismus) im Abgrund (grch. *abyssos*) der Aionen vorgestellt, deren Vielzahl die einzelnen, in absoluter Jenseitigkeit verharrenden Welten des Lichtes abschirmend umgibt. – (6) Innerhalb dieser unbedingt unbeweglichen (akinetischen) Überwelt ist Bewegung nur in Form höchster Abstraktionen vorstellbar. Auf diese Weise geschieht der „Aufstand" des Aions der oberen Sophia (→ auch Weisheit Gottes) gegen den im Abgrund ruhenden Übergott. Auf diese Erkenntnis-"Bewegung" reagiert erst die (ebenfalls noch in der Überwelt existierende) niedere Sophia, indem sie die schattenhafte, lichtlose Substanz als Keim des Kosmos aus sich emaniert.

Ohne die politisch-soziale Katastrophensituation der Spätantike kaum verständlich, übte die G. eine faszinierende Wirkung auf alle Schichten u. Religionen aus. Wichtigster Wesenszug ist die dualistisch begründete negative Verdeutung (Hermeneutisierung) der Welt u. alles Gegenständlichen. Für die Alte Kirche bedeutete die Auseinandersetzung mit der G. eine geistige Existenzfrage. Auf theolog. Ebene setzte sie dem kosm. Dualismus der G. die Lehre von der Einheit der Welt, des sinnl. u. unsinnl. Kosmos entgegen, der doketischen „Christologie" die Menschwerdung, das echte körperl. Leiden sowie die Auferstehung Christi, durch die die Schöpfungswirklichkeit der Welt anerkannt wird. Dieses antignost. Gedankensystem wurde gleichzeitig abgesichert durch disziplinäre Maßnahmen, wie durch die konsequente Entwicklung des Bischofsamtes, die Abschirmung der Eucharistie bzw. der Liturgie u. der Sakramente durch Arkandisziplin, durch die Festigung u. den Schutz der kirchl. Sozietät mit Hilfe des Kirchenrechts, aber auch durch die Einführung von „Ideenfesten", vor allem von Epiphanie u. a. Die G. hat eine Reihe von Vorstellungen gepflegt, mit denen sich die Kirche auseinandersetzen mußte. Dazu gehört die mit der Verdeutung (Hermeneutisierung) der gegenständl. Welt korrespondierende peinlich genaue („anankastische") Kultisierung u. Ritualisierung des Lebens, die in der Technik der erlebnismäßigen Vergegenwärtigung eines geschichtslosen Mythos (→ dagegen Anamnese) ihren Höhepunkt erfährt. Mit ihren Musiktheorien u. mit ihren tiefsinnigen Dichtungen hat die G. die Großkirche zu eigenen Schöpfungen auf diesen Gebieten herausgefordert. Der konsequente Dualismus der G. mit seiner Ablehnung der Menschwerdung Christi erfuhr im Manichäismus u. seinen Nachfolgern in den Ketzereien des MA (→ unter Häresie) eine Neubelebung, die in mehreren Wellen vor sich ging u. der die Ostkirche mit den Mitteln der Lehrinformation, vor allem mit den Christus- und Gottesmutterbildern, begegnete.

Lit.: U. Bianche (Hg.), The Origins of Gnosticism, Leiden 1976; W. Foerster, E. Haenchen, M. Krause, Die G. I: Zeugnisse der Kirchenväter, Zürich 1969; Gnosis, Fs. für Hans Jonas, Göttingen – Zürich 1978; H. Jonas, G. u. spätantiker Geist, 2 Bde., Göttingen 1954; E. Peterson, Frühkirche, Judentum u. G., Rom, Freiburg, Wien 1959; K.

Rudolph, Die G., Leipzig 1980[2]; H.-M. Schenke, Der Gott „Mensch" in der G., Berlin 1962; H. J. Schoeps, Urgemeinde, Judenchristentum, G., Tübingen 1956; Wellesz, 64 ff., 68 f., 76 ff., 97; Werner, 222 ff; E. Rose, Die manichäische Christologie, Wiesbaden 1979; LexMA 4, 1525-1526. – S. auch Lit. zu Häresie.

Goldener Kanon → Kanon, Goldener

Gonyklisia (grch., f.; russ. *kolenopreklonenie,* n.; lat. *genuflexio,* f.), in der Ostkirche ein langes, aus 3 Abschnitten bestehendes, auf den Knien zu haltendes Gebet (→ auch Gestik, → Proskynese) während des Abendgottesdienstes am Pfingstsonntag. Die 3 Gebetsgruppen werden nach dem Schema 1, 1 a; 2, 2 a; 3, 3 a, 3 b gesteigert, wobei ihr Inhalt sich nach den beiden Festthemen, Ausgießung des hl. Geistes u. Dreieinigkeit, richtet. Die G. schließt die österl. Freudenzeit ab u. leitet zugleich eine nachpfingstl. Fastenzeit ein. Mit ihrem ausgeprägten Bußcharakter geht die G. auf den Kirchenvater Basilius (gest. 379) zurück. Man wird in ihr auch einige Restelemente der Stationsgottesdienste an den hl. Stätten Jerusalems am Pfingsttag u. ihrer Prozessionen sehen dürfen.

Lit.: Baumstark, 142; Beck, 258-259; Goar, 597; La Prière[2,2], 382-395; Nilles 2, 383 f., 405 f.; A. Rücker, Die feierl. Kniebeugungszeremonie an Pfingsten in den oriental. Riten, Hl. Überlieferung. Fs. Ildefons Herwegen, Münster (Westf.) 1938, 193-211.

Gottesgebärerin → unter Gottesmutter

Gottesmutter (grch. *meter theu, theometer;* russ. *bogomater̆;* lat. *mater dei*), vorzugsweise in der Ostkirche gebrauchter Hoheitstitel Marias, der Mutter Jesu. Diese Bezeichnung ist umfassender als der auf der 3. Ökumen. Synode (431) formulierte Titel einer Gottesgebärerin (grch. *theotokos;* russ. *bogorodica;* lat. *deigenetrix, deipara*), der in den kontroverschristolog. Auseinandersetzungen mit dem von Nestorius verwendeten Titel „Christusgebärerin" (grch. *christotokos*) erarbeitet wurde. Bereits in den Apokryphen des 2./3. Jh. erscheint Maria als „Immerjungfrau", während die Vorstellung von Maria als Gottesgebärerin wahrscheinlich in Alexandrien beheimatet ist. Wohl schon Origenes (gest. 253/254) bekannt, wurde sie in ihrer Bedeutung für die Soteriologie, die Erlösungslehre, u. für die Christologie von den großen Kappadoziern Basilius (gest. 379), Gregor von Nyssa (gest. 394) u. Gregor von Nazianz (gest. 390) erkannt u. in die theolog. Arbeit eingeführt. Einer Verselbständigung der Mariologie, der Lehre von der G., gegenüber der Soteriologie stand die Ostkirche stets mit Zurückhaltung gegenüber. – → auch Gottesmutterbilder, → Gottesmutterfeste.

Lit.: A. Cameron, The Theotokos in sixth-century Constantinople, JThS 29, 1978, 79-108; C. Cecchelli, Mater Christi, Bd. 1-4, Roma 1946-1954; Heiler, 124-128, 486 f. u. Reg.: G., Theotokos; Heyer, 190 bis 194; Lexikon der Marienkunde, Bd. 1 ff., Regensburg 1957 ff.; Mariology, 1. Bd., hg. von I. B. Carol, Milwaukee 1955; I. Ortiz de Urbina, Die Marienkunde in der Patristik, OrChrPer 6, 1940, 40-82; K. Rahner, Le Principe Fondamental de la Théologie Mariale, RSR 42, 1954, 481-522; Th. Strothmann, Quelques Aperçus Historiques sur le Culte Marial en Russie, Irénikon 32, 1959, 178 bis 202; L. Heiser, Maria in der Christus-Verkündigung des orth.Kirchenjahres, Trier 1981; D. Dmitrijević,Die Entwicklung der liturg.Verehrung der Mutter Gottes nach dem Ephesinum bis zum 12.Jh.,Acta Congr.Mariolog-Mariani intern., Roma 1972, 81-120; J. Ledit, Marie dans la Liturgie byz., Paris 1976; Maria in der Lehre der Kirche, Paderborn 1979.

Gottesmutterbilder. Gegenstand einer Übersicht der G. sind nicht die Darstellungen der Gottesmutterfeste, sondern ist das autonome, sich durch streng formalisierte Gestik u. Mimik auszeichnende Gottesmutterbild. Die G. haben ihren Ursprung sehr wahrscheinlich im Orient u. kamen mit ihrem Urtyp, der Gottesmutter mit dem Kinde auf dem Schoß, zusammen mit dem Fest der Epiphanie nach dem Westen. Damit war zugleich das zentrale Thema aller späteren G., die Menschwerdung (Inkarnation) Christi, vorgegeben. Nach dem Orient weisen auch Kopf- u. Schultertuch (grch. *maphorion*) der Gottesmutter u. der Stern darauf (→ auch Entschlafen der Gottesmutter). Die bekanntesten Typen der G. entstanden in Byzanz nach dem Bilderstreit (→ Bild); sie stellen auch die Urtypen der westl. marian. Gnadenbilder dar. Nach dem 9. Jh., vor allem in spätbyz. Zeit, ist eine auffällige Zunahme solcher Prototypen festzustellen, die sehr wahrscheinlich im Zusammenhang mit dem Kampf der Kirche gegen balkan. Häresien stehen, die das Mariendogma der

Großkirche ablehnten. Der Typenschatz der G. läßt sich in dem folgenden, keineswegs erschöpfenden Übersichtsschema zusammenfassen. Dabei sei darauf hingewiesen, daß sich die marian. Würdetitel (wie Hodigitria, Diakonissa, Eleusa, Glykophilusa) im vorhandenen Denkmälermaterial nicht immer mit den gestaltikonograph. Typenbezeichnungen decken, die die Kunstwissenschaft von ihnen abgeleitet hat, sondern sich nicht selten überschneiden.

I. Gottesmutter ohne Kind (od. mit Emmanuel im Clipeus, s. auch II, 2): (1) Gottesmutter Orans (Taf. 35). Sie ist neben der Gottesmutter auf den ältesten Darstellungen von Epiphanie wohl der älteste autonome Typ, wenn sie auch oft mit einer betenden Frau verwechselt wird. Der Gewandung entsprechend, wird die Gottesmutter Orans manchmal auch als Diakonissa (→ Diakonisse) bezeichnet. Aus der Reihe von Sondertypen der Gottesmutter Orans sei hier nur die Gottesmutter Lebenspendende Quelle erwähnt (grch. *zoodochos pege*) mit Perforationen an den erhobenen Händen u. auf dem Schmuckwerk der Gewänder, um das hl. Wasser (grch. *hagiasmata*) heraussprudeln zu lassen. Eine solche Ikone aus Stein (→ auch Ikonenmalerei) befand sich in der Blachernenkirche der Hauptstadt Byzanz (s. Abs. II 2 b, → Gewandniederlegung der Gottesmutter). Vor ihr unterwarf sich der byz. Kaiser rituellen Waschungen. Dieser Typ geht auf eine antike weibl. Quellgottheit zurück; – (2) die nach dem gleichnamigen Stadtviertel in Konstantinopel genannte Chalkoprateia (grch., auch *hagiosoritissa, paraklesis,* → auch Gürtelniederlegung der Gottesmutter); sie hält die Hände im Gestus der Fürbitte. Älteste Denkmäler stammen aus dem 6. Jh., sie sind häufiger seit dem 11. Jh. Neben der Blacherniotissa (s. Abs. II 2 b) ist die Chalkoprateia berühmtestes Schutz- u. Gnadenbild der Byzantiner gewesen.

II. Gottesmutter mit Kind als bildhafter Ausdruck der Inkarnation Christi: (1) Der Typus des Repräsentationsbildes: (a) Hodigitria (russ. *odigitrija,* 'Wegführerin'; Taf. 38), Gottesmutter u. Kind befinden sich stets frontal zum Betrachter, das Kind mit Segensgestus (→ Gestus). Die Hodigitria ist in Ost u. West zum Gnadenbild geworden (→ Abs. II 3 a). Ausgangsort war das gleichnamige Kloster in Konstantinopel. Die Bezeichnung 'Wegführerin' ist einem Gottesmutterhymnus (→ Theotokion) entnommen. Die Hodigitria hat eine Reihe von G.n angeregt, wie z. B. die Smolenskaja in Rußland (seit dem 11./12. Jh.) u. die Psychosostria auf dem Balkan (seit dem 13./14. Jh.). (b) Ein Vorläufer der Hodigitria, nur mit dem Kind in der Mandorla (→ unter Aureole), stammt aus der Zeit vor dem Bilderstreit (→ unter Bild). (c) Thronende Gottesmutter mit dem Kind auf den Knien (Taf. 43). Vorläufer finden sich in den Katakomben, vom 6. Jh. an erfolgt eine starke Verbreitung im Osten u. Westen, in der weiteren Entwicklung entsteht ein ausgeprägter „Ineinander-Typ" der Figuren (→ auch Dreieinigkeit). (d) Gottesmutter Kaiserin (grch. *basilissa despoina;* lat. *regina, domina*). (e) Im Orient blieb der schlichtere Typ der Hypselotera (grch., 'höher [als die Himmel]') weit verbreitet. Ihre Vorläuferin ist wohl die schon im 6. Jh. bekannte Gottesmutter mit dem Kind auf dem Schoß (nicht auf den Knien). – (2) Strenge Betonung der Inkarnation kennzeichnet den emblematisch-hierat. Typ: (a) Die Nikopiïa (grch., 'Siegschaffende'), zunächst ab 6. Jh. auf Münzen bekannt, fand nach dem Bilderstreit Eingang in alle Kunstgattungen. Statt des Kindes hält die Gottesmutter ein Medaillon (→ Clipeus) mit dem Bild des Emmanuel vor der Brust. Vorbild war die röm. Siegesgöttin Nike mit der Imago clipeata des Kaisers. Eine im Kaiserpalast aufgestellte Ikone der Nikopoiïa wurde bei Feldzügen mitgeführt. (b) Eine nach dem Bilderstreit entstandene Abart der Nikopoiïa ist die nach dem gleichnamigen Stadtteil genannte Blacherniotissa (s. auch Pkt. I 1), der der Clipeus mit dem Kind frei vor der Brust schwebt. Sie ist in zahlreichen Varianten vor allem in Rußland wiederholt worden. (c) Die Platytera (grch., 'umfangreicher [als die Himmel ist dein Schoß]'), mit u. ohne Clipeus, hat ihre Bezeichnung nach einem Theotokion. In Rußland hieß sie auch Gottesmutter Znamenie ('Gottesmutter des Zeichens', nach Jes. 7, 14), diese wurde auch „Gottesmutter unerschütterl. Mauer" (russ. *nerušimaja stena*) genannt (Taf. 35). Als Herrschaftsemblem war dieser Typus im MA weit verbreitet. – (3) Neben den hieratischen tritt als weiterer Grundtyp der

Gottesmutterbilder

1 2 3
4
5 6

1 Episkepsis
2 Stehende Gottesmutter mit Kind
3 Pelagonitissa
4 Platytera
5 Gottesmutter des Erbarmens
6 Donskaja

7 Gottesmutter von Kykkos
8 Gottesmutter des Metropoliten Peter
9 Chalkoprateia
10 Gottesmutter Orans
11 Gottesmutter der Passion
12 Hodigitria

7 8 9
10
11 12

G. der humanisierte Repräsentationstyp. Er ist gekennzeichnet durch engere menschl. Beziehungen zwischen der Gottesmutter u. dem Kind. Auch dieser Grundtyp findet sich in seinen Anfängen bereits in altkirchl. u. frühbyz. Zeit u. reflektiert auf bestimmte pragmat. Aspekte sowohl der Inkarnationstheologie wie der Lehre von der Gottesmutter, der Mariologie. (a) Als Antityp zur Hodigitria (s. Abs. II 1 a) ist zuerst die Eleusa (grch., 'die Barmherzigkeit Schenkende'; russ. *umilenie,* 'Rührung', 'Innigkeit') zu nennen, die mit ihren zahlreichen Varianten einer der Urtypen östl. u. westl. Gnadenbilder geworden ist. Das auf dem Arm der Gottesmutter sitzende Kind schmiegt seine Wange an die der Mutter, die auf alten Denkmälern den Betrachter, auf jüngeren das Kind anschaut. Die Bezeichnung Eleusa ist als marian. Hoheitstitel zu verstehen; er kam im 11. Jh. auf. Ursprungsland des Bildtyps ist wahrscheinlich Ägypten. Seit dem 10. Jh. war die Eleusa innerhalb u. außerhalb von Byzanz verbreitet; der Ausgangspunkt ihres in dieser Zeit intensiveren Kultus wird am byz. Kaiserhof zu suchen sein. Von dort gelangte auch die bekannteste Ikone dieses Typs nach Kiev, später nach Vladimir („Vladimirskaja", vgl. Taf. 41; → auch Ikonenmalerei). Die theolog. u. künstler. Grundauffassung des Eleusatyps hatte Auswirkungen auf ästhet. u. stilist. Gebiet, die sich vor allem in komplizierten Darstellungen von Bewegungen, Gestik u. Mimik äußern. Sie entsprechen komplizierter gewordenen psycholog. Beziehungen zwischen Gottesmutter u. Kind. Die Maler richteten sich dabei vorwiegend nach literar. Motiven aus den Gottesmutterhymnen (→ Theotokion). Zu nennen sind: (b) die Episkepsis (grch., 'die Betrachtende'; Taf. 40) mit entblößten Waden des Kindes (z. B. die russ. Donskaja, Taf. 37); (c) die Gottesmutter thronend, während sich das Kind auf dem Schoß zu ihr erhebt (z. B. die russ. Tolgskaja, 13. Jh.). (d) Einen sehr komplizierten Bewegungsschematismus zeigt der im 14. Jh. aufkommende, auf dem Balkan beheimatete Typ der Pelagonitissa (von einem in Pelagonia verehrten, aber verlorengegangenen Gnadenbild). Dieser Typ (Taf. 42) reflektiert wahrscheinlich auf die Ablehnung des kirchl. Mariendogmas durch die Bogomilen (→ auch Häresie). Abarten sind die Kykkotissa (Taf. 36) u. die Kyriotissa. (e) In nachbyz. Zeit erscheint als besonders ausdrucks- u. variantenreicher Entwicklungstyp der Eleusa die Glykophilusa (grch., 'die Liebkosende'; russ. *vzygrannaja*), deren Beiname, wie die meisten anderen, ebenfalls einen marian. Hoheitstitel ausdrückt. (f) Die Galaktotrophusa (grch., 'die Stillende') hat wahrscheinlich die ägypt. Isis zum Vorbild, die den Horusknaben stillt. Im byz.-slav. Raum blieb diese Darstellung relativ selten. – (4) Von den Übergangstypen zwischen der Hodigitria u. der Eleusa mit ihrer Auflösung des starren Repräsentationsstils seien erwähnt: (a) die Peribleptos (grch., 'die Bewunderte') aus dem 14. Jh. in Ochrid; (b) die russ. Kazanskaja (Legende von 1579); (c) die russ. Pimenovskaja u. die Petrovskaja mit nur angedeuteten Zärtlichkeitsbeziehungen zwischen Gottesmutter u. Kind (Taf. 39); sie sind Kennzeichen einer bei Balkanslaven u. in Rußland verbreiteten Gruppe; (d) die russ. Tichvinskaja; (e) die Ierusalimskaja mit Kind auf dem rechten Arm.

III. (1) Eine Großgruppe umfaßt G. in Figuren- u. Szenendarstellungen, die den marian. Würdetitel bildhaft weiterentfalten. Es sind dieses u. a.: (a) die Deesis (Christus, flankiert von der Gottesmutter und Johannes dem Täufer), (b) die Gottesmutter der Passion (grch. *theotokos tu pathus*; russ. *bogomateŕ strastnaja*): Das Kind auf dem Arm der Gottesmutter blickt erschrocken zu den Leidenswerkzeugen hin, die Engel herbeitragen. Die Darstellung stammt zwar aus nachbyz. Zeit, hat aber Vorläufer im 14. u. 15. Jh., die ihrerseits auf einen Urtyp vom Ende des 12. Jh. zurückgehen, bei dem das Kind auf dem Arm der Gottesmutter liegt. Westlichen Einfluß zeigt dagegen die Gottesmutter mit dem Kruzifixus, die sich vor allem auf Hinterglasikonen findet. Thematisch stehen diese Bilder dem „Nichtschlafenden Auge", der „Äußersten Erniedrigung" u. anderen Passionstypen der Christusbilder nahe. – (2) Szenenreich sind eine Reihe von nachbyz. u. russ. G.n, die Darstellungen bestimmter Theotokien aus der Liturgie bilden: (a) „Über dich freut sich" u. (b) „Wahrhaft würdig ist es", deren Texte am Beginn der Großen → Fürbitte der Basilius- bzw. der Chrysostomusliturgie stehen. (c) Hierher gehört auch die Ikonographie des Großen Gottesmutterhymnus, des Akathist. – (3) G. typologischen (d. h. auf alttestamentl. Vorbilder hinweisenden) Inhalts sind z. B. (a) die Gottesmutter Unverbrannter Dornbusch (grch. *batos;* russ. *neopalimaja kupina;* Taf. 34), nach 2. Mose 3 der Typus der Immerjungfräulichkeit Mariens, (b) „Propheten haben dich verkündigt" mit Propheten, die Textrollen tragen, auf dem Bildrand. – (4) Ausgesprochene Nothelferbilder der Gottesmutter sind: (a) „Aller Leidenden Freude" (russ. *vsech skorbjaščich radost'*) in Rußland, nicht vor dem 17. Jh.; (b) „Lindere meinen Kummer" (*utoli moja pečali*), Ende des 19. Jh., ein später Sondertypus der Eleusa (Abs. II 2 b). – Taf. 34 bis 43; Abb.

Lit.: H. Aurenhammer, Marienikone u. Marienandachtsbild, JÖBG 4, 1955, 135-149; C. Cecchelli, Mater Christi, 4 Bde., Rom 1946-1954; B. Dab – Kalinowska, Die Krakauer Mosaikikone, JÖB 22, 1973, 285-299; P. Eich, Maria Lactans, Diss. Frankfurt/M. 1953; T. Golgowski, On the Iconography of the Holy Virgin on Faras Murals, Études et Travaux 2, Warschau 1968, 296-312; A. Grabar, Note sur l'Iconographie Ancienne de la Vierge, Cahiers Techniques de l'Art 3, Paris 1954, 5-9; ders., Iconoclasme, Reg.: Mère de Dieu; ders., Empereur, Reg.; ders., The Virgin in a Mandorla, Late Classical and Medieval Studies in Honor of Albert Friend, Princeton 1955; N. P. Kondakov, Ikonografija Bogomateri, 2 Bde., S. Peterburg 1914, 1915; R. Lange, Das Marienbild der frühen Jh., Recklinghausen 1969; V. N. Lazarev, Ėtjudy po Ikonografii Bogomateri, Ders., Vizantijskaja Živopiś, Moskau 1971, 275-329; P. V. van Moorsel, Die stillende Gottesmutter u. die Monophysiten, E. Dinkler (Hg.), Kunst u. Gesch. Nubiens in christl. Zeit, Recklinghausen 1970, 281-290; P. Milkovič – Pepek, Umilitelnite Motivi vo Vizantiskata Umetnost na Balkanot i Problemot na Bogorodica Pelagonitisa, Zbornik-Recueil des Travaux 2, Skopje 1958, 1-30 (franz. Zusammenfassung); Rothemund, 220-291; E. Sauser, Theolog. u. kunstgeschichtl. Überlegungen zum Bilde der Gottesmutter von der frühchristl. bis zur roman. Zeit, ZKTh 93, 1971, 385-417; H. Skrobucha, Maria. Russ. Gnadenbilder, Recklinghausen 1967; M. Tatič – Djurič, La Vierge Immaculée Panachrantos. Son Iconographie et son Culte, De Cultu Mariano Saeculis VI-XI. Acta Congr. Mariologici-Mariani Intern. in Croatia Anno 1971 Celebrati, 2. Bd., Rom 1972, 247-271; Ouspensky – Lossky, 77-104; A. Vloberg, Les Types Iconographiques de la Mère de Dieu dans l'Art Byzantin, Études sur la Sainte Vierge, 2. Bd., Paris 1952, 403-444; Weitzmann, Reg.: Virgin; Wellen; I. Bentschev, Handb. der Muttergottesikonen Rußlands, Bonn 1986; K. Gamber u. Ch. Schaffer, Maria-Ecclesia. Die Gottesmutter im theol.Verständnis u. in den Bildern der frühen Kirche, Regensburg 1987; K. F. J. Berger, Das Hl. Antlitz II. Muttergottesikonen, Hermeneia 5, 1989, 141-146; A. Ebbinghaus, Die altruss. Marienikonen-Legenden, Berlin 1990; LChI 3, 154-181; LdK 3, 157-158.

Gottesmutter der Passion → unter Gottesmutterbilder

Gottesmutterfeste. Das älteste, im 4. Jh. bekannte G. wurde zwischen dem Fest der Geburt Christi u. dem von Epiphanie am 3. Meilenstein zwischen Jerusalem u. Bethlehem als Stationsgottesdienst zur Erinnerung an die Rast der Gottesmutter auf dem Wege nach Bethlehem gehalten. Die dortige Grabeshöhle Rachels wurde in altkirchl. Zeit mit den ersten Märtyrern Christi, den von Herodes gemordeten unschuldigen Kindern von Bethlehem (vgl. 1. Mose 35, 19; Matth. 2, 18), u. der Geburtshöhle Christi in gedankl. Verbindung gebracht. Wie aus dem Fest am dritten Meilenstein später das des → Entschlafens der Gottesmutter wurde, ist bis heute nicht völlig geklärt. Die weiteren G. entwickelten sich nach der 3. Ökumen. Synode von 431. Es sind dieses die Akoluthia des → Akathist, die → Geburt der Gottesmutter, die → Gewandniederlegung der Gottesmutter, die → Gürtelniederlegung der Gottesmutter, die → Synaxis der Gottesmutter, der → Tempelgang der Gottesmutter u. die → Verkündigung der Gottesmutter. In der russ.-orth. Kirche wird noch das Fest des Schutzmantels der Gottesmutter (→ Pokrov) gefeiert.

Gottesmutter Lebenspendende Quelle → unter Gottesmutterbilder

Gottesmutterlieder → unter Theotokien

Gottesmutter mit dem Kruzifix → unter Gottesmutterbilder

Gottesmutter Schutz und Schirm → unter Pokrov

Gottesmutter Unverbrannter Dornbusch → unter Gottesmutterbilder

Grablegung Christi u. Beweinung (grch. *threnos,* m., 'Totenklage'; russ. *položenie vo grob,* 'G. Ch.'). Die G. Ch. u. B. stehen (jedenfalls in mittel- u. spätbyz. Zeit) in Beziehung zur Kreuzabnahme; sie sind ikonogra-

Grablegung Christi

phisch nicht immer genau voneinander zu unterscheiden. Die literar. Quellen für die Darstellung sind neben Matth. 27, 57-61 vor allem Joh. 19, 38-42, die NT-Apokryphen, die Hymnen des Karfreitags u. Karsamstags sowie die Freitagshymnen aus der Oktoechos. Beide Themen erscheinen relativ spät in der christl. Kunst, in Byzanz erst im 9. (G. Ch.) bzw. im 11./12. Jh. (B.); im 14. u. 15. Jh. sind sie voll ausgebildet. Diese Tatsache ist wohl damit zu erklären, daß nach dem Bilderstreit (→ unter Bild) die wieder stärker betonte Menschlichkeit Christi sich auch in der Kunst Ausdruck verschaffte (→ auch Kreuzigung Christi). Ebenso haben bestimmte Vorstellungen der byz. Mystagogie Einfluß ausgeübt. Am deutlichsten werden diese Zusammenhänge bei der Übernahme der Motive der G. Ch. u. B. durch den Epitaphios, eine liturg. Decke, die im Karfreitagsgottesdienst am „Grabe“ niedergelegt wird. Während die G. Ch. im allgemeinen die Niederlegung des Leichnams Christi durch Nikodemus u. Joseph von Arimathia mit den Frauen dahinter (letztere schon mit Trauergebärde, → Gestus), also kurz nach der Kreuzabnahme zeigt (auf den ältesten Zeugnissen tragen Joseph u. Nikodemus waagerecht den gewickelten Leichnam Christi, bald folgt ihnen Maria aufrecht od. stützt den Leichnam, das Ziel des Zuges ist eine Höhle), sind auf der B. die Personen anders gruppiert: die Gottesmutter am Haupte Christi, Johannes u. Nikodemus (diese 3 kniend), dahinter die hl. Frauen, unter ihnen Maria Magdalena mit emporgeworfenen Armen, u. Joseph von Arimathia. Diese dramat. Szene hat in spät- u. nachbyz. Zeit auf dem Balkan u. in Rußland weite Verbreitung gefunden, wobei die erwähnten dramat. Elemente im Grundschema selbst bereits Variationsmöglichkeiten anboten. In der Ikonenmalerei des 17. Jh. in Rußland nehmen Vorstellungen auf die Komposition Einfluß, die das bibl. Geschehen zum Symbol des menschl. Grabes machen. – Abb.

Lit.: D. I. Pallas, Die Passion u. Bestattung Christi in Byzanz. Der Ritus – das Bild, München 1965; Pokrovskij, 386-390; Schiller 2, 181-185; K. Weitzmann, The Origin of the Threnos, De Artibus Opuscula XL. Essays in Honor of E. Panofsky, hg. von M. Meiss, 1. Bd., New York 1961, 476-490; Ch. Walter, Art and Ritual of the Byz.Church, London 1982, Reg.:Funeral; H.Belting, Das Bild u. sein Publikum im MA. Form u. Funktion früher Bildtafeln der Passion,Berlin 1981; LChI 2, 192 bis 196; LdK 2 (1989), 821-822; LexMA 1, 1805 (Begräbnis III).

Gradualpsalmen, auch *Stufenpsalmen* (grch. *anabathmoi [psalmoi],* von *anabathmos,* f., ‘Stufe’; russ. *stepennye [psalmy],* von *stepeń,* f., ‘Stufe’, ‘Rang’), Bezeichnung für die Psalmenabteilung, die das 18. Kathisma (Ps. 120-134) umfaßt. Die Herkunft der Bezeichnung ist umstritten (auf den Stufen des jüd. Tempels bzw. in der Alten Kirche auf den Stufen des Ambon gesungen? Wallfahrtslieder der Synagoge? Lieder der aus Babylon nach Jerusalem ziehenden Heimkehrer? Oder – sehr wahrscheinlich – Entfaltung von 4 Schlüsselworten des auf den Tempelstufen gesprochenen Segens aus 4. Mose 6, 24-26?). Ursprünglich wurde das 18. Kathisma im Abend- u. Nachtgottesdienst rezitiert, wie es heute noch als letzter Nachhall dieser Tradition in der Liturgie der vorgeweihten Gaben geschieht. Im Laufe der Zeit entstanden im orientalisch-byz. Bereich Paraphrasen, die sich eng an die Psalmentexte anschlossen. Sie verselbständigten sich und zogen als Troparien (Anabathmoi genannt), die sich nach dem jeweiligen Kirchenton richten, in den Morgengottesdienst ein. Ihrer Struktur nach gehören sie in die große Gruppe der Stichera. Wegen der besonderen Verehrung des Hl. Geistes in diesen Hymnen wollen manche Forscher ihre Entstehung mit der 2. Ökumen. Synode von 381 in Verbindung bringen. – Das Graduale der röm. Messe ist weniger mit den G. der Ostkirche als vielmehr mit dem Prokeimenon, dem Psalmvers vor den Lesungen der Liturgie, zu vergleichen.

Lit.: Anthologia Graeca, LVII-VIII; 53-54; A. Baumstark, Nocturna Laus, Münster (Westf.) 1956, 137; Eisenhofer 2, 104-108; Handbuch 1, 373 f.; Jungmann 1, 539-565 u. Reg.: Graduale; L. J. Liebreich, The Songs of Ascents and the Priestly Blessing, Journal of Biblical Literature 74, Philadelphia 1955, 33-36; H. J. W. Tillyard, The Hymns of the Octoechus, Part I, Copenhague 1940, XIV bis XV; 147-183 (= MMB, Transcr. III); LexMA 4, 1633 (Graduale).

Griechisches Kreuz → unter Kreuz

Große Fastenzeit → unter Fastenzeiten

Große Horen → Horen, Große

Großer Kanon → Kanon, Großer

Große Vesper → Abendgottesdienst

Gründonnerstag (grch. *hagia kai megale pempte,* 'hl. u. großer fünfter Tag'; lat. *feria V. in Coena Domini,* 'fünfter Tag des Herrnmahls'; auch *dies viridis, dies viridium,* 'Grüner Tag' [daher wahrscheinlich die dt. Bezeichnung G.] in Anspielung an den von Christus am G. besuchten Ölgarten u. andere Deutungen, s. auch unten; russ. *svjatyj i velikij četvertok,* 'hl. u. großer vierter Tag' [der mit Montag beginnenden Woche]). Wie die Karwoche insgesamt, fand auch der G. erst im 4. Jh. in Jerusalem seine feierl. Ausgestaltung. Am Nachmittag (achte Stunde) u. Spätnachmittag (zehnte Stunde) wurde Liturgie gehalten (in dem von Konstantin I. über dem Golgathafelsen errichteten Martyrion u. wahrscheinlich auch in der zur Anastasiskirche gehörenden Kreuzkapelle (→ auch Kirchenbau). Im Anschluß daran fand die jährliche, als „Kommunion aller" (lat. *communio omnium*) bezeichnete große Feier statt. In der ersten Stunde der Nacht begann die vom Ölberg ausgehende Prozession, die schon zum Karfreitag gehörte. Im 4. Jh. nahm man am G. auch die Büßer wieder in die Gemeinde auf (→ Buße, → Bußklassen), damit sie Ostern an der Liturgie teilnehmen konnten. In manchen lat. Quellen werden diese „Versöhnten" (lat. *reconciliati*) auch *„virides"* (lat. 'Grüne', wohl im Sinne der Erneuerung) genannt, woher die Bezeichnung G. (lat. *dies viridium*) ebenfalls stammen mag. Auf diese Tradition geht die noch heute in vielen orth. Kirchen übl. Sitte der Buße u. der Krankenölung am G. zurück. – Im Mittelpunkt des Morgengottesdienstes steht ein Neunoden-Kanon des Kosmas von Majum (8. Jh.), der das Triodion, den Dreioden-Kanon der Großen → Fastenzeit, ablöst; Die Strophen (→ Troparien) einschließlich der Leitstrophe (→ Hirmos) werden mehrmals wiederholt. Der Inhalt dieses Kanons beschreibt in immer neuen Bildern u. mit Vergleichen aus dem AT Heilsgeschichte u. Heilswirksamkeit des Golgathaopfers Christi, der Eucharistie und der Fußwaschung. Im Abendgottesdienst wird die Basiliusliturgie gehalten. An Lesungen sind zu nennen aus dem AT: 2. Mose 19, 10-19; Hiob 38, 1-21; 42, 1-5; Jes. 50; 4-11; aus dem NT: 1. Kor. 11, 23-32. – Am G. finden außer der → Fußwaschung noch 2 Spezialoffizien (→ auch Akoluthia) statt: ein wichtiger Abschnitt der Myronweihe u., auf alte röm. u. konstantinopolitan. Traditionen zurückgehend, bei manchen autokephalen Kirchen die Waschung des Altars durch den Patriarchen unter großer Assistenz seines Kathedral-Klerus.
Texte: s. Anhang Nr. 5, 2; 16, 10.

Lit.: Handbuch 2, 232 f., 239; Kellner, 51-55; Nilles

2, 218-235; H. Schmidt, Geist u. Gesch. des G.s, LJb 3, 1953, 234-252; LexMA 4, 1752-1753. – S. auch Lit. zu Karwoche.

Gürtelniederlegung der Gottesmutter (grch. *katathesis tes zones tes theotoku;* russ. *pol oženie pojasa bogorodicy;* lat. *depositio zonae deiparae*). Während die Gewandniederlegung der Gottesmutter mit der Blachernenkirche in Konstantinopel verbunden ist, wurde der Gürtel Marias als Reliquie in der Kirche des Chalkoprateia-Viertels verehrt. Ein unter Kaiser Justin II. (gest. 578) errichtetes Martyrion in Verbindung mit dieser Kirche macht eine Translation des Marienguürtels zu dieser Zeit sehr wahrscheinlich, ebenso die Festlegung des 31. Aug. als Festdatum. Das Fest breitete sich überall, auch im slav. Raum, sehr schnell aus. In der Kunst erscheint das Thema erst seit dem 12./13. Jh.

Lit.: Chr. Belting – Ihm, „Sub matris tutela". Untersuchungen zur Vorgesch. der Schutzmantelmadonna, Heidelberg 1970, Reg.: Chalkopratienkirche, Gürtelreliquie; M. Jugie, L'Église de Chalcoprateia et le Culte de la Ceinture de la Sainte Vierge à Constantinople, EO 16, 1913, 308-312; ders., La Mort et l'Assomption de la Sainte Vierge, Città del Vaticano 1944, 688-707; N. P. Kondakov, Ikonografija Bogomateri, 2. Bd. Petrograd 1915, 294 ff.; D. Lathoud, Le Sanctuaire de la Vierge aux Chalkoprateia, EO 27, 1924, 36-61; Nilles 1, 263; Wellen, 143-144; O. F. A. Meinardus, Zum 25. Jahrestag der Auffindung des Gottesmutter-Gürtels in Homes, Syrien, OrChr 63, 1979, 61-74. – S. auch Lit. zu Pokrov.

H

Hagiaster (grch., m.), Sakralgefäß zum Schöpfen geweihten Wassers u. zum Begießen von Menschen, Tieren od. Gegenständen.

Hagiographie (aus grch. *hagios,* 'heilig[er]', u. *graphe,* f., 'Beschreibung'), Bezeichnung für die Heiligengeschichtsschreibung (→ Heiligenvita) u. ihre wissenschaftl. Erforschung.

1. H. im Sinne von Heiligengeschichtsschreibung ist in Gestalt der Märtyrerakten älter als die Kirchengeschichtsschreibung. Eine Sammlung solcher Akten bildete den Kern der von Euseb von Cäsarea (gest. 339) verfaßten ersten Kirchengeschichte. Mit Aufhören der Christenverfolgungen nahmen die Heiligenviten ebenso wie die Heiligenbilder an Zahl zu u. bildeten die Hauptmasse der H. Im 8./9. Jh. wurden die Blutzeugen der Auseinandersetzungen mit dem Islam u. den Bilderfeinden (→ unter Bild) zum Gegenstand der mittelbyz. H. Der Einfluß der Apokryphen u. der Volksdichtung ließ zahlreiche Legenden mit oft bizarrem Inhalt entstehen; sie wurden durch die hagiograph. Arbeit des Symeon Metaphrastes (gest. um 1000) ausgesondert. Die überarbeiteten bzw. neugeschaffenen Viten zeigen starke Züge der Reglementierung, aber auch eines an klass. Vorbildern orientierten Stils, der diese Literatur mit der zeitgenöss. Ikonenmalerei vergleichbar macht. Wesentliche Impulse empfing die spätbyz. H. durch den Hesychasmus des → Mönchtums. Sehr eng sind die Beziehungen zwischen H., Ikonographie u. Kirchendichtung.

2. Gegenstand der H. als Forschungsrichtung sind Literaturdenkmäler des byz., balkanslav. u. russ. MA, d. h. Märtyrerakten u. Heiligenviten. Die H. arbeitet deshalb mit den Methoden der Literaturgeschichtsforschung u. -kritik. Sie stellt sich vor allem die Aufgabe, unter apokryphen u. legendären Überlagerungen entweder die jeweilige geschichtl. Persönlichkeit freizulegen od. aber den ungeschichtlich-legendären Charakter dieser Gestalt festzustellen. Dabei ergänzen sich deskriptive u. krit. H. gegenseitig. In der kath. Kirche ist die H. seit dem 16. Jh. zu einem präzisen wissenschaftl. Instrument gemacht worden, vor allem durch die zur SJ (Societas Jesu) gehörenden Bollandisten (seit 1837 Sitz in Brüssel). Ihr Publikationsorgan sind die „Analecta Bollandiana", ihr Hauptwerk, die „Acta Sanctorum". In der Ostkirche fehlt eine zentrale hagiograph. Forschungsstätte. Es gibt allerdings eine große Anzahl wertvoller Untersuchungen, Sammlungen u. Textausgaben zur byz.-slav. H.

Lit.: R. Aigrain, L'Hagiographie, ses Sources, ses Méthodes, son Histoire, Paris 1953; Altruss. Heiligenleben, hg. von K. Onasch, übers. von D. Freydank, Berlin 1977 (Wien 1977); P. Barsukov, Istočniki Russkoj Agiografii, S. Peterburg 1882; Beck, 267-273 u. Reg.; H. G. Blersch, Die Säule im Weltgeviert. Der Aufstieg Symeons, des ersten Säulenheiligen, Trier 1978; J. Boertnes, Det Gammelrussiske Helgenvita. Dikterisk Egenart og Historisk Betydning, Oslo 1975; H. Delehaye, Cinq Leçons sur la Méthode Hagiographique, Brüssel 1968 (s. auch Abkürzungsverzeichnis); A. Ehrhard, Überlieferung u. Bestand der hagiograph. u. homilet. Literatur der grch. Kirche, Bd. 1 ff., Leipzig 1937 ff.; H. Günther, Psychologie der Legende, Freiburg/Br. 1949; A. Kadlubovskij, Očerki po Istorii Drevnerusskoj Literatury Žitij Svjatych, Warschau 1902; V. Ključevskij, Drevnerusskaja Žitija Svjatych kak Istoričeskij Istočnik, Moskau 1971; D. S. Lichačev, Der Mensch in der altruss. Literatur, Dresden 1975; ders., Razvitie Russkoj Literatury X-XVII vekov, Leningrad 1973, Reg.: Agiograf, Žitijnaja literatura; I. Martinov, Annus Ecclesiasticus Graeco-Slavicus, Brüssel 19632; L. Müller, Die altruss. hagiograph. Erzählungen u. liturg. Dichtungen über die Heiligen Boris u. Gleb, München 1967; Onasch, Ikonenmalerei, Kap. V; P. Peeters, Le Tréfonds Oriental de l'Hagiographie Byzantine, Brüssel 1950; S. V. Poljakova, Vizantijskie Legendy, Leningrad 1972; T. V. Popova, Antičnaja Biografija i Vizantijskaja Agiografija, Antičnost' i Vizantija, Moskau 1975, 218 bis 266; Russ. Heiligenlegenden. Hg. u. eingeleitet von E. Benz, Zürich 1953; Sergij, Polnyj Mesjaceslov Vostoka, 2 Bde., Moskau 1875-1876; M. Simonetti, Studi Agiografici, Roma 1955; J.Børtnes, Visions of Glory. Studies in the Early Russian Hagiography, Oslo/New Jersey 1988; D. Freydank u. G. Sturm (Hg.), Das Väterbuch des Kiewer Höhlenklosters, Leipzig 1988; LChI 5-8; LexMA 4, 1858-1862. - S. auch Lit. zu Heiligenverehrung, Heiligenvita.

hagiopolitische Notation → unter Notationen, byzantinische

Halleluja (hebr., 'Preiset Jah[we]'; grch. *alleluia;* russ. *alliluja;* lat *alleluja*), eine aus dem synagogalen Gottesdienst übernommene u. wie das Amen unübersetzt gebliebene Akklamation. Im frühchristl. Gottesdienst bereits vor 100 bekannt (Offb. 19, 1, 3.6 ff), wurde das H. in der Alten Kirche als Antwort, später im außerliturgischen (bei Begrüßungen, Familienfeiern, Kindergesängen u. ä.) u. im liturg. Bereich beim Stundengottesdienst in engster Verbindung mit dem Psalmodieren verwendet. Seit dem 7./8. Jh. fand es auch Eingang in die Liturgie (vor der Lesung des Evangeliums, nach dem Cherubimhymnus u. bei der Kommunion). Das H. findet sich außerdem im großen Gottesmutterhymnus, dem Akathist. Sein akklamator. Charakter blieb in der Ostkirche auch in der Großen → Fastenzeit (in der kath. Kirche unterbleibt dann das H., lat. als *alleluja clausum* bezeichnet) u. im Begräbnisoffizium erhalten. In der Großen Fastenzeit u. an Fastentagen wird im Morgengottesdienst das dreimalige H. von Dreieinigkeitshymnen (→ Triadikon) abgeschlossen. Der H.-Gesang hat im byz.-slav. Bereich mit seinen melismat. Ausschmückungen eine besondere, vom röm. Alleluja-Jubilus sich unterscheidende Entwicklung u. Ausbildung gefunden. Die Melodien, die sich nach den 8 Kirchentönen (→ unter Oktoechos) richten, werden in neuerer Zeit im Apostolos geführt.

Lit.: C. Gindele, Der „Alleluiaticus", ein elementares Kennzeichen der vorbenediktin. Psalmodie, Stimmen u. Mitt. des Benediktinerordens 78, München 1967, 308-320; Hanssens, Nr. 986-994; Handbuch, 374-375 u. Reg.: Alleluia; Wellesz, 4, 329, 339-348; ders., Notes on the Alleluia, Kongreßbericht der Intern. Gesellschaft für Musikwiss., Utrecht 1952, 423-427; Werner, 198-206, 533-538 u. Reg.: Alleluia; MGG 1, 331 ff.; LexMA 4, 1879.

Handauflegung → Cheirothesie

Handausstreckung → Cheirotonie

Hand Gottes (lat. *manus dei od. dextera dei*), Motiv der spätjüd. u. christl. Ikonographie, dessen Vorgeschichte u. Verbreitung sich bis in noch ältere Zeit verfolgen läßt. Es stellt eine Hand dar, die im Segensgestus (→ Gestus) od. ausgestreckt aus dem Himmelssegment (oft durch eine Wolke angedeutet) nach unten gerichtet ist. Das Motiv der H. G. ist aus der Vorstellung des AT von der Leiblichkeit Gottes entstanden, zu der die schaffende, rettende, segnende u. strafende Hand gehört (vgl. z. B. 2. Mose 14, 26 f.; 1. Sam. 5, 6; Hiob 5, 18; Ps. 18, 36; Ps. 89, 14), u. wurde vom NT übernommen (vgl. Luk. 1, 66; Joh. 10, 29; Apg. 11, 21; 13, 11). Es erscheint zum erstenmal in der Synagoge von Dura Europos (1. Hälfte 3. Jh., bei der Totenauferweckung u. in anderen Zusammenhängen). Im Bereich der altkirchl. u. byz. Kunst steht die H. G. manchmal auch für die Stimme Gottes, so vor allem in der Verklärung Christi, im Jüngsten → Gericht u. auf den Darstellungen der Taufe Christi. Auf die jüd. Vorstellung von der lebenschaffenden Rechten Gottes geht die H. G. auf den altkirchlich-frühbyz. Bildern der Himmelfahrt Christi u. von Pfingsten zurück. Auf Evangelistenbildern wird die H. G. als „Inspirationshand" verstanden. Einen festen Platz hat das Motiv in den Wiedergaben der Opferung Isaaks durch Abraham. Neben Verklärung Christi u. Isaakopfer gehören die Bildschemata der Gesetzesübergabe an Mose zu den ältesten Zeugnissen für das Auftreten dieses Motivs. Im Orient vorherrschend ist die segnende u. krönende Hand Christi, die ihrerseits ihre Legitimation durch Darstellungen der H. G. erhält, die in Verbindung mit dem Christusmonogramm einen goldenen Kranz hält. Es ist im einzelnen schwierig festzustellen, wo die H. G. als Symbol der Dreieinigkeit verstanden sein will. Auf jeden Fall wird man es bei den Taufdarstellungen (neben der Symbolisierung der Stimme Gottes) annehmen müssen, ebenso wohl auch auf Wiedergaben der Verkündigung der Gottesmutter. Im 17. Jh. wird die H. G. in der russ. Ikonenmalerei beliebt, wo sie aus einer der oberen Ecken über eine unter ihr befindl. Person ausgestreckt ist. Die krönende Hand Christi erscheint auf zahlreichen Darstellungen byz. Kaiserbilder; sie bringt hier die oberste Souveränität Christi im Sinne der byz. polit. Christologie zum Ausdruck (→ auch Kaiserkult).

Lit.: E. Dinkler, Das Apsismosaik von S. Apollinare in Classe, Köln u. Opladen 1964, Reg.: H. G.; H. u. J. Jursch, Hände als Symbol u. Gestalt, Berlin 1967[13]; Grabar, Empereur, 112 f.; ders., Recherches sur les Sources Juives de l'Art Paléochrétien, CAr 14, 1964, 53-57; Pokrovskij, 165, 167, 170, 173; H. Schade, Das Paradies u. die Imago Dei, Berlin 1966; A. R. Verbrugge, Le Symbole de la Main dans le Préhistoire, (Autorverlag) 1969; K. Groß, Menschenhand u. Gotteshand in Antike und Christentum, Stuttgart 1985 LChI 2, 211-214; LexMA 4, 1902; RBK 2, 950-962.

Handkreuz → unter Kreuz

Handzeichenkunde → Cheironomie

Häresie (grch. *hairesis,* f., 'Denkart', 'Spaltung'; russ. *ereś,* f.; lat. *haeresis,* f., *secta,* f.), Bezeichnung für eine von der Glaubensnorm od. dem Glaubensbekenntnis abweichende, die Identität mit der Glaubensgemeinschaft aufhebende u. deshalb von der letzteren als Irrlehre erklärte Lehrmeinung.
1. In dieser Bedeutung ist der Begriff bereits dem NT bekannt (1. Kor. 11, 19; Gal. 5, 20; wertneutral: Apg. 5, 17; 15, 5; 24, 14). In 2. Petr. 2, 1 (Mitte des 2. Jh.) u. bei Ignatius von Antiochien (gest. nach 110) wird H. als Irrlehre u. Abspaltung verstanden, die der Bischof zu erkennen u. deren Anhänger er aus der in der Eucharistie konstituierten Gemeinschaft (grch. *koinonia*) auszuschließen hat. Im Verlaufe der Geschichte des Kirchenrechts wurde H. als konsequente Ablehnung eines od. mehrerer Zentraldogmen der Kirche mit dem Anathema, der Ausstoßung aus der Gemeinde, bestraft. Von der H. zu unterscheiden ist das Schisma (grch., n., 'Spaltung'; russ. *raskol,* m., 'Spaltung'; lat. *schisma, dissensio,* f., 'Meinungsverschiedenheit', 'Widerspruch'), das bei prinzipieller Anerkennung der Dogmen als Gehorsamsverweigerung gegenüber der leitenden Hierarchie verstanden wird. Schon im NT wird das Schisma als interne Angelegenheit aufgefaßt (Joh. 7, 43; 1. Kor. 1, 10; 11, 18; 12, 25), u. in der Alten Kirche wurde es mit der Exkommunikation, dem Ausschluß aus der Gemeinde, bestraft.
2. Unter gesellschaftl. Aspekt erscheint eine H. als Gegenmodell zur großkirchl. Sozietät. Sie übernimmt nicht nur, trotz ihrer radikalen Kritik an der Großkirche, in den meisten Fällen deren Ständeordnung, sondern verschärft den Gegensatz der Gruppen (z. B. zwischen „Erwählten" u. „Nichterwählten", entsprechend dem Gegensatz von Klerus u. Laien) untereinander – nicht zuletzt aus Gründen der eigenen Ausnahmesituation – auf Dauer. Die häret. Gemeinschaft ist gezwungen, eine Hierarchie aufzustellen, Ersatzriten u. – sakramente zu entwickeln sowie sich um ein eigenes Kirchenrecht zu bemühen. Damit stellt der Idealtyp der H. im MA eine Gegen- od. Untergrundkirche zur Großkirche dar. Es liegt deshalb in der gesellschaftl. Dynamik, daß die großen H.n mit spekulativen Ideensystemen nach anfängl. Bindung an „negativ Privilegierte" (unfreie Bauern, Weltpriester, Mönche, Nonnen) später auch für gehobene Schichten attraktiv wurden. In nicht wenigen Fällen wiederholt sich dann derselbe Prozeß innerhalb der Ketzerkirche, der diese zur Abspaltung von der Großkirche geführt hatte.
3. Sehen wir von den großen H.n der Alten Kirche, wie der des Sabellianismus im 3. u. des Arianismus im 4. Jh. ab (der Nestorianismus u. Monophysitismus werden in jüngster Zeit von den orth. Kirchen nicht mehr

als H.n aufgefaßt), so sind die wichtigsten Ketzereien im byz.-slav. Raum die Bilderstürmer (→ unter Bild), die bis heute am Sonntag der Orthodoxie mit allen anderen H. anathematisiert werden, die kleinasiat. Paulikianer u. die z. T. aus ihnen hervorgegangenen neumanichäischen Bogomilen auf dem Balkan – mit einer konsequenten, in ihrer Wurzel auf die Gnosis zurückgehenden dualist. Weltanschauung, die auf die Entstehung der westl. Katharer (von ihnen abgeleitet die Bezeichnung Ketzer) eingewirkt haben. Kern ihrer Lehre ist die Verwerfung der wirkl. Menschwerdung Christi, seiner Kreuzigung u. Himmelfahrt (beides habe er nur in einem Scheinleib vollzogen) u., daraus folgend, die Ablehnung Mariens als Gottesmutter. Voraussetzung ist ihre dualist. Vorstellung von der absoluten Beherrschung der Materie durch den Teufel, als dessen leibhaftigen Vertretung sie Johannes den Vorläufer ansahen. In Rußland sind es die sog. „Judaisierenden" (*židovstvujuščie*) im 15. Jh. u. ihre Vorläufer, die Novgoroder „Geschorenen" (*strigol'niki*). – Die wichtigsten Schismen sind: das 1054 aus disziplinären u. theolog. Gegensätzen zwischen Rom u. Konstantinopel entstandene Schisma, das heute gegenstandslos geworden ist, u. das innerruss., durch die russ.-orth. Landessynode von 1971 von seiten des Moskauer Patriarchates für nicht mehr existierend erklärte Schisma (*raskol*) der Altgläubigen von 1666 (→ auch unter Kreuz). Von den Schismen sind die Sekten zu unterscheiden; sie sind durch eine kleinere Zahl von Anhängern u. durch Überspitzung bestimmter abweichender Lehrmeinungen gekennzeichnet. Die wichtigsten anathematisierten russ. Sekten sind die Chlysten ('Gottesleute'), die Skopzen ('Verschneider', 'Selbstkastraten'), die Molokanen ('Milchtrinker'), die Duchoborzen ('Geistkämpfer') u. die Stundisten (so genannt nach den Bibelstunden süddt. Kolonisten in Rußland).

4. Bei der Bedeutung der Kunst als Informations- u. Kommunikationsmittel ist es zu verstehen, daß die Kirche die negative Darstellung von Häretikern u. Schismatikern gefördert hat. Sie fand in der altkirchl. u. byz. Malerei ihren Ausdruck in der Wiedergabe der Synoden, auf denen die Verdammung der Häretiker gezeigt wurde. Nach dem Bilderstreit wurden auch die Bilderfeinde Gegenstand der Darstellung vor allem auf Psalterillustrationen (→ unter Bibelillustration). In mittel- u. spätbyz. Zeit wurde das Thema von der Monumentalmalerei übernommen; es fand schließlich Eingang in die Vorschriften der Malerbücher. Gleichzeitig erscheinen Häretiker als Verdammte im Jüngsten → Gericht. Als Abschreckung dienten auch Wiedergaben der Hinrichtung von Ketzern, die allerdings im Osten relativ selten ist (wahrscheinlich, weil dort die Inquisition nicht institutionalisiert war; → Exkommunikation). – Eine andere Frage ist die nach einer mögl. Kunst u. damit auch Bilderwelt häret. Gruppierungen u. ihrem Verhältnis zur Kunst der Großkirche. Im Gegensatz zu manchen Gnostikern verbot ein konsequenter Dualismus den Paulikianern u. Bogomilen jede bildl. Darstellung u. deshalb künstler. Betätigung. Anders verhielt es sich mit der spätmanichäischen Kirche in Bosnien am Ausgang des MA. Zwar blieb der Kern mit den „Erwählten" u. der Leitungs-Hierarchie auch weiterhin bilderfeindlich. Unter westl. Kultureinfluß u. dem Patronat der einheim. Feudalherren bildete sich jedoch in Bosnien die Herstellung illuminierter Handschriften heraus, wie das Hrvoje- u. das Hval-Missale, das erste in glagolitischer, das zweite in kyrill. Schrift geschrieben (→ unter Sprachen). Im Hval-Missale sind auch die spätmanichäischen Vorstellungen seines Illuminators bzw. Auftraggebers erkennbar. So wird Johannes der Vorläufer (der Täufer) nicht mit dem Heiligentitel versehen, der Darstellung der Kreuzigung u. Himmelfahrt werden die Inschriften versagt. Ein schwieriges Problem stellen die sog. „Bogomilen-Steine" dar, deren Zeichen- u. formalisierter Bilderschatz sowohl altchristl. Herkunft wie Einfluß vor- u. nichtchristl. Folklore verrät. Versteht man die Funktion des (im weitesten Sinne verstandenen) Bildes im Rahmen der ostkirchl. Sozietät als Lehrinformation (→ auch unter Ikone), so ist (zumindest theoretisch) einsichtig, daß es auf jede Art von „Provokation" reagieren muß, um die Stabilität der kirchl. Gemeinschaft zu sichern. Diesem komplizierten System von Wechselwirkungen („Rückkoppelungen") zwischen Großkirche u. häret. Gemeinschaft ist die Forschung bisher kaum nach-

gegangen, auch deshalb, weil es an einer Aufstellung von Denkmälern zu diesem Fragenkreis fehlt. Auf ein Beispiel sei hingewiesen: Der Typus der Gottesmutter mit dem eigenartig verschränkt zu ihr sich hinwendenden Kind, die „Pelagonitissa", darf heute als Antwort der Großkirche auf die Ablehnung ihrer Mariologie durch den Neumanichäismus auf dem Balkan verstanden werden (→ unter Gottesmutterbilder).

Lit.: W. Bauer, Rechtgläubigkeit u. Ketzerei im ältesten Christentum, Tübingen 1934; A. Borst, Die Katharer, Stuttgart 1953; A. Davids, Irrtum u. H., Kairos 15, 1973, 166-187; H.-D. Döpmann, Der Einfluß der Kirche auf die moskovit. Staatsidee, Berlin 1967; H. Grundmann, Ketzergesch. des MA, Berlin 1970; E. Hösch, Orthodoxie u. H. im alten Rußland, Wiesbaden 1975; N. A. Kazakova - Ja. S. Luŕe, Antifeodal'nye Dviženija na Rusi, Moskau - Leningrad 1955; A. I. Klibanov, Reformacionnye Dviženija v Rossii, Moskau 1960; ders., Narodnaja Social'naja Utopia v Rossii, Moskau 1977; M. Loos, Dualist Heresy in the Middle Age, Praha 1974; Ja. S. Luŕe, Ideologičeskaja Boŕba v Russkoj Publicistike konca XV - načala XVI veka, Moskau - Leningrad 1960; Milasch, 149-154; D. Obolensky, The Bogomils, Cambridge 1946; H.-C. Puech - A. Vaillant, Le Traité contre les Bogomiles de Cosmas le Prêtre, Paris 1945; Th. M. Seebohm, Ratio u. Charisma. Ansätze u. Ausbildung eines philosoph. u. wissenschaftl. Weltverständnisses im Moskauer Rußland, Bonn 1977; J. Walter, Heretics in Byzantine Art, ECR 3, 1970, 40-49; G. Wild, Bogomilen u. Katharer in ihrer Symbolik I, 1, Wiesbaden 1970; V. Arnold-Döben, Die Bildersprache des Manichäismus, Köln 1978; W. Speyer, Büchervernichtung u. Zensur des Geistes bei Heiden, Juden u. Christen, Stuttgart 1981; Ch. Walter, Art and Ritual of the Byz. Church, London 1982, Reg.: heresy, heretics; LChI 2, 216-221; LexMA 4, 1933 bis 1937. - S. auch Lit. zu Bild, Gnosis.

Heiligenbilder. H. sind in der Alten Kirche unter dem Einfluß der Heiligenverehrung entstanden. Zu den ältesten dürften die Apostel- u. Evangelistenbilder gehören; sie zeigen in ihren ersten Zeugnissen der Ikonenmalerei in Technik u. Stil das Vorbild des spätantiken Porträts. Nachdem während des Bilderstreits (→ unter Bild) die Herstellung u. das Anbringen von H.n streng verboten waren, erlebten sie vom 9. Jh. an eine Renaissance, die eng mit einer entsprechenden Entwicklung der byz. Heiligengeschichtsschreibung (→ Hagiographie) verbunden war. Hier wie dort entstanden während der letzten Phase der byz. Kunst u. Literatur unter dem Einfluß des Hesychasmus (→ unter Mönchtum) neue Ausdrucksformen u. breiteten sich über den ganzen Balkan aus, um in Rußland besondere Ausprägungen zu erhalten. Dort wirkte im 17. Jh. sehr stark das weltl. Porträt (russ. *parsunnoe piśmo*) auf den Stil der H. ein, die sich dadurch vom Ideal- zum Realporträt wandelten, allerdings auch das Ende der klass. Ikonenmalerei einleiteten.
Während in der altkirchl. u. frühbyz. Epoche der Typ des autonomen Heiligenbildes, seit dem 5. Jh. mit dem Nimbus, vorherrschend war, entwickelte sich in mittelbyz. Zeit die Vitenikone. Bei ihr wurde eine Auswahl von Szenen aus den Heiligenviten getroffen u. entweder in Form von Randbildern (russ. *klejma*) od. als komplexe → Übertragung wiedergegeben. Damit wurde nicht nur der Informationswert der H. er-

Heiligenbilder

höht, sondern beide Übertragungsformen vermitteln auch wichtige Einsichten in Analogien von Kunst u. Literatur, insofern eine Vitenikone stets in engster Verbindung zum Vitentext steht. Auch das isolierte Heiligenporträt wird nach schriftlich fixierten Vorlagen der Malerbücher gemalt. Der Identifizierung der Heiligen dienten ihre (wenn auch seltenen) Attribute u. die größtenteils neben dem Kopf angebrachten christl. → Kürzungen ihrer Namen. Angaben zur speziellen Ikonographie der Heiligen finden sich in den Malerbüchern. Neben der Darstellung in der Malerei gab es in der altruss. Kunst auch eine solche in der Plastik, die zwar seit dem Bilderstreit unerwünscht war, aber in Rußland als Kunsthandwerk eine sehr alte, bis in vorchristl. Zeit reichende Tradition besaß. Nicht nur die Freiplastik, auch das Holzrelief wurde vor allem für die Wiedergabe nordruss. berühmter Asketen verwendet. – Zur individuellen u. Gruppentypologie der H. → Heiligenverehrung. – Taf. 49, 50; Abb.

Lit.: A. K. Čekalov, Narodnaja Derevjannaja Skul'ptura Russkogo Severa, Moskau 1974; H. Lützeler, Die Gestalt des Heiligen, Freiburg/Br. 1954[2]; D. Milošević, Die Heiligen Serbiens, Recklinghausen 1968; J. Myslivec, K Ikonografii russkich Svjatych, BZS 4, 1932; E. S. Ovčinnikova, Portret v Russkom Iskusstve XVIII veka, Moskau 1955; N. Pomerancev, Russkaja Derevjannaja Skul'ptura, Moskau 1967; W. P. Rjabouchinsky, Les Éléments Portraitiques dans les Icônes Russes, Actes VIe Congr. Intern, d'Études Byz. Paris 1948, 2. Bd., Paris 1951, 359-364; Rothemund, 315 bis 333; H. Skrobucha, Kosmas u. Damian, Recklinghausen 1965; D. Tschižewskij, Der Hl. Nikolaus, Recklinghausen 1957; Ouspensky- Lossky, 107-146; M. Winkler, Heilige u. H., Recklinghausen 1959; K.F.J. Berger, Das Hl. Antlitz IV: Heiligenikonen, Hermeneia 6, 140-147; V. Pucko, Real- od. Idealbild? Porträt od. Typus? Das Bild der Heiligen in der russ. Ikonenmalerei, Hermeneia 4, 1988, 186 - 195; K.Ch. Felmy, Russ. Heilige in Ikonen. 1000 Jahre Orth. Kirche in der Ruś 988 bis 1988, Recklinghausen 1988 (E. Haustein, Die russ. Heiligen u. ihre Viten); LChI 5-8 (wichtig 5,1* bis 10*); LexMA 4, 2019 - 2020 (Heilige, B II); RBK 2, 1034-1093 (Heilige). – S. auch Lit. zu Heiligenverehrung, Ikone, Ikonenmalerei.

Heiligenfeste → unter Heiligenverehrung

Heiligenschein → Aureole, → Nimbus

Heiligenverehrung. 1. Die H. ist aus der weit älteren Verehrung der Märtyrer u. ihrer Reliquien hervorgegangen. Sie hat von daher eine entscheidende Abgrenzung zur nichtchristl. Heroenverehrung erfahren. Im 6. Jh. beginnt sich dann der Würdetitel „sanctus“ (lat., ‘heilig’; grch. *hagios*) auszubreiten. Bereits im röm. Chronographen von 354 (→ Kalendarium) wird die Sitte der jährl. Gedenkfeier (→ Dies natalis), die ein fester Bestandteil der H. wird, vorausgesetzt. Daraus entwickelte sich die Kommemoration, das erinnernde Gedenken, des Heiligen im Morgengottesdienst (mit Ausnahme der Großen → Fastenzeit), bei dem eine bestimmte Form seiner Lebensbeschreibung (→ Synaxarion, → auch Heiligenvita) verlesen wird. Ein weiterer Bestandteil der H. sind die Heiligenbilder, die während der Kommemoration auf ein Pult, das Proskynetarion, gelegt werden. Der „Allerheiligentag“ der Ostkirche ist der Sonntag nach Pfingsten (grch. *kyriake ton hagion panton*; russ. *nedelja vsech svjatych*). Die H. steht unter dem Schutz des Kirchenrechts, das sie zugleich durch die Institution der Heiligsprechung unter seine Kontrolle stellt.

2. Man unterscheidet eine innere, nach der asket. Lebensweise (→ auch Mönchtum), u. eine äußere, nach den Schutzfunktionen (Patronaten) sich richtende Typologie der Heiligen. Sie kann hier nur in Auswahl gegeben werden. Die Übersicht ist zugleich eine kurzgefaßte Typologie der Heiligenbilder (die erste Datumsangabe meint das orth., die Angabe nach dem Schrägstrich das kath. Heiligenfest):

I. Typen des asket. Lebens: (1) Alexios der Gottesmensch (grch. *Alexios anthropos theu;* russ. *Aleksij čelovek božij*), Vita im 6. Jh. in Syrien entstanden, Ausbreitung bis nach Irland u. Rußland (17. März/17. Juli); – (2) die Säulensteher od. (grch.) Styliten, wie Symeon der Ältere, 5. Jh. (1. Sept./5. Jan.) u. Symeon der Jüngere, 6. Jh. (24. Mai/ 3. Sept.); – (3) der Typus des Narren in Christus (grch. *salos;* russ. *jurodivyj*), z. B. Symeon von Emesa, 6. Jh. (21. Juli/1. Juli), Prokopij von Ustjug (Nordrußland), gest. 1303 (8. Juli/-), Vasilij blažennyj von Moskau, gest. 1552 (2. Aug./-); – (4) die Schlaflosen (grch. *akoimetoi,* → auch unter Gebet); – (5) die Heimatlosen od. Wanderer (russ. *stranniki*); – (6) die Schweiger (russ. *molčal'niki*), in Rußland Pavel Obnorskij, gest. 1429 (10. Jan./-); – (7) die Vertreter der asket. Nacktheit (→ auch Akt), wie Maria von Ägypten (1. April/2. April), Onuphrios (11. Juni/12. Juni), Petrus vom Athos (→ unter Kloster; 12. Juni/-).

II. Patronatsheilige: (1) Arztheilige (grch. *anargyroi;* russ. *bezsrebreniki,* 'die kein Honorar nehmen'), z. B. Kosmas u. Damian (17. Okt., 1. Nov., 1. Juli/27. Sept.) mit Berufsattributen (Stilett, Medikamentenbehälter, Pyxis). In Novgorod galten sie als Patrone der Schmiede. Andere Arztheilige sind Kyros u. Johannes (31. Jan./28. Juni), Panteleemon (27. Juni/-), der zugleich als Herbergsvater (grch. *xenodochos,* → auch Kloster) verehrt wird; – (2) Haus- u. Hofpatrone: Vlasij in Rußland (entspricht dem kath. Blasius; 11. Febr./3. Febr.); die Großmärtyrerin Paraskeva (25. Juli/26. Juli), Spiridon (12. Dez./14. Dez.) u. a.; – (3) Pferdepatrone: Floros u. Lauros (russ. Flor u. Lavr; 18. Aug./-) u. ihre Pferdehirten Speuhippos, Elashippos, Melashippos (13., 16., 17. Jan./-, -,-), deren Kultus von Kappadozien über den Kaukasus u. den Balkan u. Rußland bis nach Westeuropa reichte (in der Darstellung dieser Gruppen kommt es nicht selten zu Genrebildern u. Idyllen); – (4) Stadt- u. Handelspatrone: neben der bereits erwähnten Paraskeva in Rußland vor allem Nikolaus, manchmal mit den Attributen Schwert u. Stadttor. Er gilt in der Ostkirche als „Überheiliger" (grch. *hyperhagios*) u. „Zweiter Erlöser" (grch. *allos soter*).

III. Die für die orth. Reiche des MA wichtigen Soldaten- u. Reiterheiligen: (1) die 40 Soldatenmärtyrer von Sebaste in Armenien, Ausbreitung der Verehrung im ganzen Osten (9. März/10. März); – (2) der durch „hagiograph. Avancement" vom Rekruten (grch. *teron*) zum General (grch. *stratelates*) beförderte Theodoros Stratilates (7., 8. Febr./8. Juni); – (3) die eigentl. Reiterheiligen, deren Vorbilder thrakisch-dak. Reitergottheiten waren; Georg, als kappadoz. Offizier unter Diokletion um 303 gemartert (23. April/23. April), als „Siegträger" (grch. *tropaiophoros;* russ. *pobedonosec*) mit vielfältigen Patronaten u. als Kulturbringer schlechthin vor allem in Nordrußland verehrt (zusammen mit den Abs. II, 2 genannten Heiligen), einige Ikonen gehörten zu den sehr seltenen Heiligen-Acheiropoietoi; Demetrios (russ. Dmitrij; 26. Okt./8. Okt.), hoher röm. Beamter, 306 mit einer Lanze getötet, Schutzpatron von Thessalonich (altslav. Soluń) gegen Avaren u. Slaven, dann von den letzteren als nationaler Patron verehrt, so bereits früh im Kiever Rußland. Der Heilige wird oft auf einem Feldherrnschemel mit entblößtem Schwert in der Hand dargestellt. – (4) Anderer Art sind die beiden Brüder u. byz. Mönche Kirill und Method (→ unter Sprachen), die als Slavenlehrer allgemeine Verehrung bei allen Slaven genießen.

IV. Die Nationalheiligen sind den Soldaten- u. Reiterheiligen thematisch u. ikonographisch eng verwandt. Während erstere die Verteidiger der orth. Reiche im MA nach außen waren, spiegelt der Typus der Nationalheiligen die Vorstellung von der Einheit u. konfessionellen, d. h. orth. Integrität der Staaten wider. Im Anschluß an die Hierarchie der Kirche unterscheidet man hier in der russ. H. folgende Untertypen: (1) hl. Hierarchen (grch. *hierarches;* russ. *svjatiteli*), z. B. den Metropoliten Aleksij (gest. 1378; 12. Febr./-); – (2) die hl Fürsten, bei denen folgende Untergruppen unterschieden werden: (a) die Leidensdulder, russ. *strastoterpcy*), z. B. die ersten Nationalheiligen Boris u. Gleb, ermordet 1015 (24. Juli/-); (b) in erster Linie die von den Mongolen ermordeten Glaubensdulder (russ. *veroterpcy*), z. B. Fürst Michail, ermordet 1245 (20. Sept./-); (c) die Glaubensverteidiger (russ. *blagovernye*), zu denen vor allem Aleksandr Nevskij, gest. 1263 (14. Nov., 23. Nov., 30. Aug./-) gehört. Unabsehbar ist die Schar der hl. Mönche (grch. *hosioi;* russ. *prepodobnye*), wie z. B. Sergij von Radonež (gest. 1392), Abt des nach ihm benannten Dreieinigkeits-Klosters (25. Sept., 5. Juli/-). Wie hier in Rußland besaßen auch die anderen orth. Völker im MA ihre nationalen Patrone.

Lit.: V. P. Adrianova. Žitie Alekseja Čeloveka Božija, Petrograd 1917; A. Amiaud, La Légende Syriaque de Saint Alexis l'Homme de Dieu, Paris 1889; G. Anrich, Hagios Nikolaos, 2 Bde., Leipzig 1913, 1917; Aspekte frühchristl. H., hg. von F. v. Lilienfeld, E. Bryner, K. Ch. Felmy u. W. Weismann, Erlangen 1977; E. Benz, Hl. Narrheit, Kyrios 3, Berlin 1938, 1-55; H. G. Blersch, Die Säule im Weltgeviert. Der Aufstieg Symeons, des ersten Säulenheiligen, Trier 1978; Delehaye, Sanctus; ders., Stilites; ders., Saints Militaires; G. P. Fedotov, Svjatye Drevnej Rusi, Paris 1931 (Pennsylvania 1959 Reprint); A.-J. Festugière, La Sainteté,

Paris 1942; V. V. Filatov, Rjazanskaja Ikona „Paraskeva-Pjatnica", Sovetskaja Archeologija 1971, 1, 173-190; P. Hauptmann, Die „Narren um Christi willen", Kirche im Osten 2, Göttingen 1959, 27 bis 49; I. Kovalevskij, Jurodstvo o Christe i Christa radi Jurodivye Vostočnoj i Russkoj Cerkvi, Moskau 1902²; Kötting, Reg.; ders., Entwicklung der H. u. Gesch. der Heiligsprechung, P. Manns (Hg.), Die Heiligen in ihrer Zeit 1, Mainz 1966, 27-39; N. V. Malickij, Drevnerusskie Kul'ty Sel'skochozajnstvennych Svjatych po Pamjatnikam Iskusstva, Gos. Akademija Istorii Material'noj Kul'tury 11, 10. Leningrad 1932; J. Neubner, Die hl. Handwerker in der Darst. der Acta Sanctorum, Münster (Westf.) 1929; W. Nigg, Große Heilige, Zürich 1952²; K. Onasch, Paraskeva-Studien, OstKSt 6, 1957, 121-141; K. M. Ringrose, Saints, Holy Men and Byzantine Society, New Brunswick 1976; J. Skrobucha, Kosmas u. Damian, Recklinghausen 1965; Ė. S. Smirnova, Ikona Nikoly 1294 goda Mastera Aleksy Petrova, Drevnerusskoe Iskusstvo. Zarubežnye Svjazi, Moskau 1975, 81-105; D. Tschižewskij, Der hl. Nikolaus, Recklinghausen 1957; A. Wittmann, Kosmas u. Damian. Kultausbreitung u. Volksdevotion, Berlin 1967; M. Lurker, Wörterbuch der Symbolik, Stuttgart 1983², 263-264 (Heilige); P. Brown, Die H. Ihre Entstehung u. Funktion, übers., bearbeitet u. hg. von J. Bernard, Leipzig 1991; L. Heiser, Nikolaus von Myra. Heiliger der ungeteilten Christenheit, Trier 1978; B.A. Uspenskij, Filologičeskie razyskanija v oblasti slavjanskich drevnostej (Relikty jazyčestva v vostočnoslavjanskom kul'te Nikolaja Mirlikijskogo), Moskau 1982; T. Spidlik, La Spiritualité de l'Orient Chrétien, Roma 1978 (OrChrAnal, 206); ders., Les Grands Mystiques Russes, Paris 1979; LChI 5-8. – S. auch Lit. zu Hagiographie, Heiligenbild, Heiligenvita, Heiligsprechung, Märtyrerverehrung.

Heiligenvita (grch. *bios* [m.] *hagion;* russ. *žitie* [n.] *svjatych;* lat. *vita* [f.] *sanctorum*), Lebensbeschreibung eines Heiligen mit Hilfe bestimmter literar. Kunstmittel, die zu erforschen u. darzustellen Aufgabe der Hagiographie, der Heiligengeschichtsschreibung, ist. Die wichtigsten Kunstmittel sind das Enkomion u. die Topik, die dem Oberbegriff des Panegyrikos zugeordnet werden können. Mit ihrer Hilfe wird ein Idealporträt des jeweiligen Heiligen entworfen, das dann auch seine bildl. Darstellung bestimmt (→ Heiligenbilder, → Ikone). Mit Rücksicht auf das spätantike Lesepublikum sind die Formen der Kunstmittel dem nichtchristl. Bereich der Verehrung „göttl. Menschen" (Heroen, Philosophen u. a.) entnommen, unterscheiden sich aber zugleich von ihnen durch den Ausschließlichkeitsanspruch der Person Christi als des zentralen Prototyps christl. Heiliger (→ auch Märtyrerverehrung). Die verschiedensten Gattungen der H. richten sich nach dem jeweiligen Typus der Heiligenverehrung. Das vielschichtige Motiv der Selbstentfremdung prägte z. B. die Gattung der Vita eines Narren in Christo, bei der ein fast pikaresker Zug den Schematismus des Enkomions durchbricht. Das Beispiel einer literarisch gepflegten u. mit christlich-theolog. Symbolen sowie zahlreichen histor. Fakten aufgefüllten Vita bieten die Lebensbeschreibungen der Slavenlehrer Kirill u. Method. Eine große Zahl von Viten gehören zu den bedeutendsten Literaturdenkmälern des MA u. haben zur Geschlossenheit eines eigenen Kulturmilieus entscheidend beigetragen. Die Ablösung des Idealporträts durch das Realporträt in Form der Biographie od. Selbstbiographie gestaltete sich in Rußland im 17. Jh. zu einem komplizierten Prozeß, wie er sich vor allem in der selbstverfaßten Vita des Avvakum, des Führers der Altgläubigen (zu diesen → unter Kreuz), widerspiegelt u. sich in ähnl. Weise im Wandel des Heiligenbildes wiederholt. – Die unübersehbare Fülle an Heiligenviten ging im Laufe des MA für die verschiedensten liturg. u. privaten Zwecke (→ auch Lesungen) in die Sammlungen der Menologien u. Synaxarien ein. – → auch Hagiographie.

Lit.: R. Helm, Der antike Roman, Göttingen 1956; K. Holl, Die schriftsteller. Form des grch. Heiligenlebens, Ders., Gesammelte Aufsätze zur Kirchengesch., 2. Bd., Tübingen 1928, 249-269; H. Lietzmann, Byz. Legenden, Jena 1911; A. Priessnig, Die biograph. Formen der grch. Heiligenlegenden in ihrer geschichtl. Entwicklung, Münnerstadt 1924. – S. auch Lit. zu Hagiographie.

Heiligsprechung (grch. *anakeryxis,* f., 'öffentl. Bekanntgabe'; russ. *kanonizacija,* f.; mittellat. *canonizatio,* f., 'Eintragung in das Verzeichnis [den Canon] der Heiligen'), Anerkennung eines Heiligen durch die Kirche im Rahmen des Kirchenrechts. In der Alten Kirche war es üblich, daß Privatpersonen od. christl. Gemeinschaften vom Bischof die Erlaubnis zum Aufbewahren von Reliquien eines Heiligen u. zur Abhaltung der jährl. Erinnerungsfeier (→ Dies natalis) einholten. Jahrhunderte hindurch lag das Recht der „Erhebung hl. Leiber zur Ehre der Altäre" im Westen in der Hand des Episkopats. Ein Dekretale übertrug es 1171 dem Papst, dem es bis heute allein zusteht. Die der „Erhebung zur Ehre der Altäre“ vorangehende H. ist ein Prozeß im jurist. Sinne des Wortes; in der kath. Kirche wird er vor der Ritenkongregation geführt. Nach Einholung der Voten u. Gegenvoten u. der Entscheidung wird die H. in einer öffentl. Feier in St. Peter durch den Papst vollzogen. Zu den Voraussetzungen eines positiven Prozeßausgangs gehören: (1) eine seit längerem bestehende Verehrung durch das Kirchenvolk, (2) die Bestätigung von Wundern am Grabe des zu Kanonisierenden (z. B. das Ausfließen wohlduftenden Öles [→ Myron], (3) ein formaler Antrag durch einen Postulator (lat.), (4) die Vorlage einer Heiligenvita. Die Aufnahme in das Verzeichnis der Heiligen berechtigt dazu, ein offizielles Heiligenbild herzustellen, auf den Namen des Heiligen eine Kirchenweihe zu vollziehen u. einem Täufling seinen Namen zu geben. Das Kanonisationsverfahren in der Ostkirche entspricht formal im ganzen dem der kath. Kirche. Es fehlt allerdings wegen des Prinzips der Autokephalie eine der Ritenkongregation entsprechende Zentralbehörde, obwohl sich im MA Ansätze hierzu bei einigen Patriarchen finden. Das erste bekannte H.s-Dekret stammt vom Patriarchen Photios aus dem 9. Jh. Oberste Instanz für eine H. in einer orth. Kirche ist die Landessynode (auf Grund eines Vorschlags der ständig tagenden Bischofssynode). Im Unterschied zur kath. Kirche sind Verehrungen lokaler Heiliger auch ohne Konsensus der obersten Kirchenbehörden gestattet, sofern nicht ein Einspruch des zuständigen Bischofs vorliegt.

Lit.: Beck, 274-275; J. Brosch, Der H.s-Prozeß per Viam Cultus, Rom 1938; E. E. Golubinskij, Istorija Kanonizacii Svjatych v Russkoj Cerkvi, Moskau 1913; B. Kötting, Entwicklung der Heiligenverehrung u. Gesch. der H., P. Manns (Hg.), Die Heiligen in ihrer Zeit 1, Mainz 1966, 27-39; Milasch, § 173; L. Müller, Neuere Forschungen über das Leben u. die kult. Verehrung der Hl. Boris u. Gleb, Opera Slavica 4, Göttingen 1963, 295-317; A.S.Chorošev,Političeskaja Istorija Russkoj Kanozacii (XI-XVI vv.), Moskau 1986; J.Meyendorff, The Three Lithuanian Martyrs.Byzantium and Lithuania in the Fourteenth Century, Fs.Onasch, Halle 1981, 179-197. – S. auch Lit. zu Hagiographie, Heiligenverehrung.

Heortologie (aus grch. *heorte,* f., ‘Fest’, ‘Feier’, u. *logos,* m., ‘Wort’, ‘Lehre’), Wissenschaft von der Entstehungsgeschichte u. dem Inhalt der christl. Feste u. des Kirchenjahres.

Lit.: Beck, 253-262; Kellner; Nilles; F. Raphael, Esquisse d’une sociologie de la fête, Contrepoint 24, 1977, 113 ff.; J. Duvignaud, Fête et civilisation Paris 1973.

Heortologion → unter Kalendarium

Hetoimasia (grch. *hetoimasia tu thronu,* ‘Thronbereitung’; russ. *ėtimasija,* f., *prestol ugotovannyj*), ein fast ausschließlich (mit Ausnahme der Barockkunst des Westens) der byz.-slav. Ikonographie angehörendes Motiv, das einen leeren, von einem Ciborium überdachten u. nur mit einem Evangelienbuch od. einer Buchrolle (→ Rotulus) belegten Thron od. Sessel zeigt, oft flankiert von den Leidenswerkzeugen Christi (Kreuz, Lanze u. Ysop). Auf dem Evangelienbuch erscheint nicht selten die Taube als Hinweis auf die dritte Person der Dreieinigkeit, den hl. Geist, zuweilen auch das Lamm Gottes. Die Vorstellung vom Thronsessel geht auf diejenige vom endzeitl. Richterstuhl Christi zurück (→ auch Bischofsthron). Erst in spätbyz. Zeit wird er manchmal durch den Altar ersetzt.

Die Zeremonie der Bereitstellung eines leeren Thrones zur ideellen Repräsentation einer Gottheit od. eines Herrschers war im Alten Orient u. im Hellenismus (leerer Thron Alexanders des Großen) bekannt u. wurde auch von den Römern übernommen. Ps. 9, 8-9; 89, 15; 103, 19; Offb. 4, 2-7 u. die endzeitl. Homilien Ephrem des Syrers aus dem 4. Jh. schufen die gedankl. Voraussetzungen für die Alte Kirche, die H. auf Christus als den in diesem Bild gegenwärtig vorgestellten Weltenrichter zu beziehen. In der frühchristl. Kunst ersetzt die H. nicht nur die Darstellung des Jüngsten → Gerichts; sie legt auch die Betonung mehr auf die Erscheinung des erhöhten Christus nach vollzogenem Gericht als Weltenherrscher (Pantokrator, → unter Christusbild). Der leere Thron mit einem wohl das Schweißtuch Christi versinnbildlichenden Velum erscheint im 4. Jh. in der Kleinkunst u. auf Sarkophagen; im 5./6. Jh. wird das Thema von der Monumentalmalerei aufgenommen, wobei die eschatolog. Sinndeutung zugunsten der vom erhöhten Christus allmählich aufgegeben wird. In der Doppelbedeutung – Christus als Weltenrichter u. Weltenherrscher – wurde die H. in die voll ausgebildete Komposition des Jüngsten → Gerichts aufgenommen (→ auch Adam und Eva). In Verbindung mit dem Bischofsthron u. einem entsprechenden Zeremoniell erscheint die H. auf Darstellungen der ökumen. Synoden, wobei die Vorstellung vom Bischof als dem ird. Abbild des erhöhten Christus, der in ihm gegenwärtig ist, maßgebend war. Die weitere Entwicklung des Motivs der H. scheint im Zusammenhang mit dem byz. Kaiserkult zu stehen, der neben dem Thron des Herrschers einen leeren Thron Christus reserviert sein ließ. Auf der anderen Seite wurden nach dem Bilderstreit (→ Bild) die kaiserl. Herrschaftszeichen zugunsten theologisch-kirchlicher zurückgedrängt. So wurde auf dem Thron Christi seit dem 10./11. Jh. auch eine Kreuzreliquie (→ unter Kreuz, → Reliquie) verehrt, u. die Gegenstände des Zeremoniells wurden um die Leidenswerkzeuge vermehrt, die dann auch in die Darstellung selbst aufgenommen werden. Im 12. Jh. ist zum erstenmal die Bezeichnung H. bezeugt. Die Hinzufügung der Leidenswerkzeuge zur H. hängt u. a. mit einer gegen die Häresie der Bogomilen gerichteten Neubelebung der eucharist. Frömmigkeit (→ Eucharistie) u. der Verehrung des Kreuzes zusammen. In der Ikonenmalerei relativ selten, gewinnt das Motiv auch den Charakter eines Emblems, das als Vergegenwärtigung des erhöhten Christus nicht nur in der Kirche, sondern auch im byz. Kaiser als seinem Vikar verstanden werden darf. Während die H. auf dem Balkan mit dem 14. Jh. durch den „Alten der Tage“ (→ unter Christusbilder) od. das Mandylion (→ unter Acheiropoietos) ersetzt wird, blieb sie in der russ. Ikonenmalerei erhalten, wo der Thron manchmal mit dem Altar ausgetauscht wird. Selten als Einzeldarstellung, erscheint sie hier mit deutlich emblemat. Charakter als Bestandteil größerer Kompositionen. – Taf. 51.

Lit.: A. Alföldi, Die Gesch. des Throntabernakels, La Nouvelle Clio, Bruxelles 1950, 537-566; ders., Insignien u. Trachten der röm. Kaiser, Röm. Mitt. des DAI 50, München 1935, 134 ff., G. Babič, Les Discussions Christologiques et le Décor des Églises Byzantines au XIIe Siècle, Frühmittelalterl. Studien 2, Berlin 1968, 368-386; Th. v. Bogyay, Zur Gesch. der H., Akten des XI. Intern. Byzantinisten-Kongresses München 1958, München 1960, 58-61; B. Brenk, Tradition u. Neuerung in der christl. Kunst des ersten Jt., Wien 1966, 71-73, 98 bis 100 u. Reg.; P. Durand, Étude sur l'Etimasia Symbole du Jugement Dernier dans l'Iconographie Grècque Chrétienne, Chartres 1867; Grabar, Empereur, 189 f., 214 f.; O. Treitinger, Die oström. Kaiser- u. Reichsidee nach ihrer Gestaltung im höf. Zeremoniell, Bad Homburg v. d. Höhe 1969, Reg.: Thron; M.Lurker(Hg.), Wörterbuch der Symbolik, Stuttgart 1983², 279-280; Ch. Walter, Art and Ritual of the Byz. Church, London 1982, Reg.; LChI 4, 305-313; LdK 1, 642-643; RBK 2, 1189-1201.

Hexapsalm (grch. *hexapsalmos,* m., ‘Sechserpsalm’; russ. *šestopsalmie,* n.), Gruppe von Psalmen (Ps. 3; 38; 63; 88; 103; 143), die während des Morgengottesdienstes rezitiert werden. Es handelt sich dabei um eine Art von Kleinoffizium: Nach Psalm 63 u. 143 folgt eine Kleine → Doxologie u. ein Halleluja. Außerdem wird der ganze H. von 12 Stillgebeten des Priesters begleitet. Der H. ist in 2 Triaden (Dreiergruppen) eingeteilt. Ps. 63 war im 4. Jh. im Orient bereits als der eigentl. Morgenpsalm üblich. Wahrscheinlich hat sich der Sechserpsalm aus Ps. 3 u. der zweiten Triade entwickelt. Die Übernahme von Ps. 63 ließ den Aufbau auch einer ersten Triade wünschenswert erscheinen. – → auch Psalter.

Lit., Baumstark, 33 f.; ders., Nocturna Laus, Münster (Westf.) 1957, 91 f., 139 f.

Hierarchie (grch. *hiera arche,* ‘hl. Herrschaft’, ‘hl. Prinzip’; russ. *ierarchija, svjaščennoje načalie;* lat. *sacrum principium*), gesellschaftl. Leitungsstruktur, die sich durch „nach oben“ abnehmende Zahl ihrer Mitglieder bei gleichzeitig zunehmender Zahl der Verantwortungen, durch eine gewisse Distanz von der Gesamtgesellschaft, ein eigenes Protokoll (od. Zeremoniell) u. einen bestimmten elitären Charakter auszeichnet. H.n gibt es bereits in natürl. Religionen, bei denen hierarch. Funktionen oft erblich sind (sog. Kalifat). Bei Hochreligionen (Stifterreligionen) mit Führungsanspruch auf die Gesamtgesellschaft sind diese Leitungsfunktionen in den meisten Fällen nicht erblich („Funktionselite“) u. deshalb durch bestimmte Maßnahmen (z. B. den Zölibat) abgesichert. In der Kirche

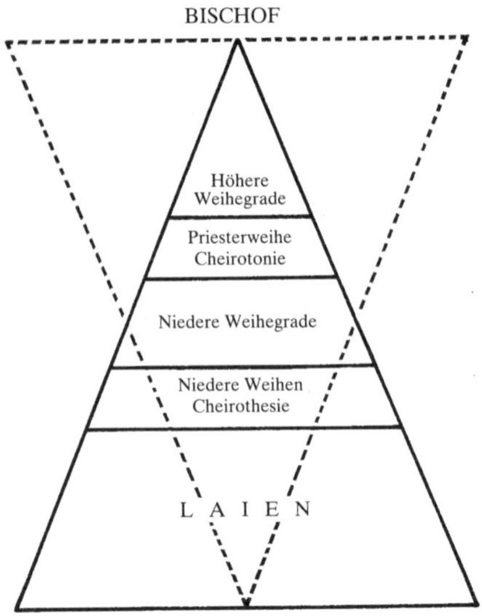

Hierarchie und Weihegrade der Ostkirche

setzte die Entwicklung einer H. etwa mit der zweiten Generation n. Chr. Ende des 1./Anfang des 2. Jh. ein (1. Clemensbrief, Ignatianen) und ließ mit der gleichzeitigen Amtsprofilierung des Bischofs eine entsprechende Struktur der kirchl. Sozietät entstehen: ihre Aufteilung in Klerus u. Laien. Bereits im frühchristl. Kirchenbau findet sich die Selbstdarstellung der H. im Raum hinter den Chorschranken (→ Bema, → Cancelli). Unter Kaiser Konstantin (gest. 337) der staatl. H. weithin gleichgestellt (→ auch Bischofsinsignien), wenn ihr auch nicht integriert, erhielt die kirchl. H. durch die Schriften des Pseudodionysius vom Areopag (5./6. Jh., → unter Mystagogie) ihre religiösweltanschaul. Begründung, indem sie als analoges Abbild der Engel-H.n aufgefaßt u. dadurch von Einflüssen außerhalb ihrer selbst abgeschirmt wurde. Bereits mit dem Bischofsamt entwickelte sich innerhalb der kirchl. H. ein Vertikalsystem ideeller u. ökonom. Abhängigkeiten („innere Feudalisation"), deren Wurzel in der episkopal orientierten Verrechtlichung u. Verdinglichung vor allem der Eucharistie zu sehen ist. Der Aufbau der Sozietät u. ihrer Leitungsstruktur wurde schließlich durch das Kirchenrecht abgesichert, das die kirchl. H. zum Jus divinum, zum göttl. Recht, u. damit als unanfechtbar erklärte.

Man unterscheidet 2 Formen der H., an deren Spitze der Bischof steht: (1) Die Weihe-H. (grch. *hierarchia hieratike;* lat. *hierarchia ordinis*) ist vertikal aufgebaut u. umfaßt in absteigender Ordnung folgende Stufen: Patriarch – Metropolit – Erzbischof – Bischof – Priester – Diakon. Der Typus der Funktionselite kommt dadurch zum Ausdruck, daß der im Zölibat lebende Bischof durch Cheirotonie die Weihe-H. ständig aus den nichtzölibatär lebenden Laien regeneriert. Auch von daher gesehen, sind die nächst höheren hierarch. Ränge des Erzbischofs, Metropoliten u. Patriarchen als vom Bischofsamt abgeleitet anzusehen. Von den Ordinierten (Cheirotonierten) werden die niederen Weihegrade (→ Cheirothesie) unterschieden, aber noch zur Weihe-H. gezählt, weshalb sie im MA auch der episkopalen Gerichtsbarkeit unterstanden. Im Sozialkörper des Mönchtums entsprechen den hierarch. Stufen: Abt od. Archimandrit – Hieromonach (Mönchspriester) – Hierodiakon (Mönchsdiakon). Die vertikale Weihe-H. bildet die ideelle Voraussetzung der horizontalen Leitungsstruktur. – (2) Ursprung der Ämter-H. (grch. *hierarchia dioiketike;* lat. *hierarchia jurisdictionis*) ist die Bischofsverwaltung, nach der sich die kirchl. Ämter im großen u. ganzen bis heute gliedern. Im Gegensatz zur Weihe-H. besitzt die Hierarchia jurisdictionis keinen unmittelbar sakramentalen Charakter. Die Übertragung od. Delegierung zu einem hierarch. Amt auf dieser Ebene erfolgt durch den Bischof in Form der kanon. Beauftragung (grch. *kanonike apostole;* lat. *missio canonica*). In diesem Sinne wird der Priester zur Verwaltung der Liturgie u. der Sakramente delegiert, während andere, nicht zum Vertikalbereich der Weihe-H. gehörende Aufgaben auch den Laien übertragen werden können. Diese Aufgaben sind, im Gegensatz zu denen der Mitglieder der Hierarchia hieratike (→ auch Cheirotonie), jederzeit widerrufbar.

Kenntnisse vom Aufbau u. den Funktionsmechanismen der kirchl. H. sind deshalb wichtig, weil diese auf der einen Seite Einheit u. Zusammenhalt der kirchl. Sozietät, vor allem gegenüber den Ketzereien (→ Häresie), gewährleistet u. auf der anderen ideell u. materiell die Kultur des MA nachhaltig beeinflußt hat. Ihre Einwirkungen lassen sich bis in den Stil u. die Ausdrucks-

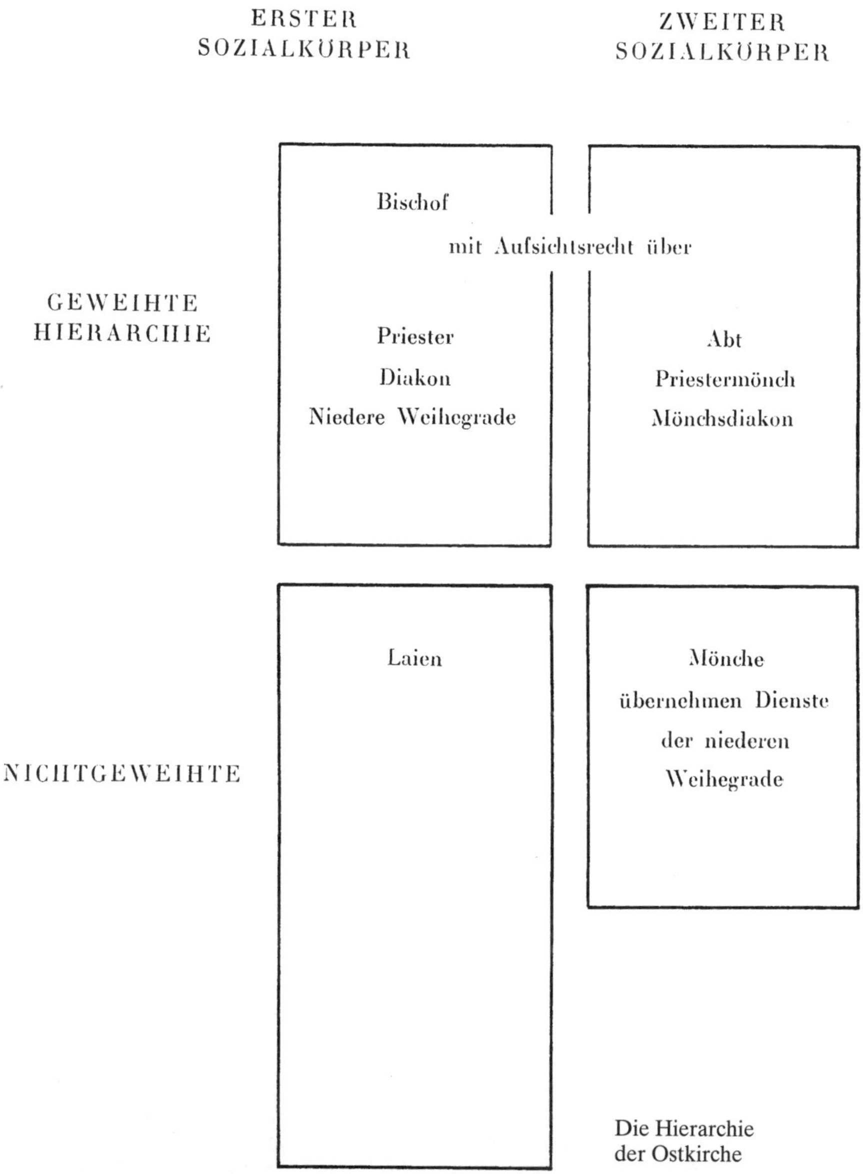

Die Hierarchie der Ostkirche

möglichkeiten von Kunst u. Literatur dieser Epoche verfolgen. Krise u. Ausgang der Kultur des MA fallen deshalb mit der Krise des Einflusses der kirchl. H. auf die Gesellschaft zusammen. – Zusammen mit der Landessynode bildet die H. die Leitungsspitze einer autokephalen Kirche. – Tab.

Lit.: N. Afanasieff, N. Koulomzine, J. Meyendorff, A. Schmemann, Der Primat des Papstes in der orth. Kirche, Zürich 1961; Beck, Reg.; Feine; P. V. Gidul'janov, Suščnost' i Juridičeskaja Priroda Cerkovnoge Vlasta, Petrograd 196; H. Goltz, HIERA MESITEIA. Zur Theorie der hierarch. Sozietät im Corpus areopagiticum, Diss. Halle 1972 (Erlangen 1974); G. van der Leeuw, Phänomenologie der Religion, Tübingen 1956, Reg.: H.;

Handbuch 2, 7-44 (11-18 Osten) u. Reg.: H.; G. Mensching, Soziologie der Großen Religionen, Bonn 1966, Reg.; Milasch, § 52-78, § 130-168; K. Mörsdorf, Weihegewalt u. Hirtengewalt, Miscelánea Comillas 16, Comillas - Santander 1951, 95 bis 110; K. Onasch, Zur Frage der H. in der Bogomilenkirche, Menschenbild in Gnosis u. Manichäismus, hg. von P. Nagel, Halle (Saale) 1979, 211-222; R. Roques, L'Univers Dionysien. Structure Hierarchique du Monde selon le Pseudo-Denys, Paris 1954; J. Wach, Religionssoziologie, Tübingen 1951, Reg.; N. A. Zaozerskij, O Cerkovnoj Vlasti, Sergiev Posad 1894; ders., Ierarchičeskij Princip v Cerkovnoj Organizacii, BoV 20, 1911, 63-103; Ch. Walter, Art and Ritual of the Byz. Church, London 1982, Reg.; LexMA 5, 1161 bis 1167 (Kirche). – S. auch Lit. zu Bischof, Klerus, Laien.

Himmelfahrt Christi (grch. *analepsis tu Christu;* russ. *voznesenie Christovo;* lat. *ascensio Christi*). 1. Der gegenüber Ostern zunächst sekundäre Charakter der H. Ch. kommt schon in den Berichten des NT zum Ausdruck (Luk. 24, 50-51; Apg. 1, 1-11) u. hat ihre Festgeschichte geprägt. In frühchristl. Zeit wurde die Perikope Apg. 1,1 bis 11 am Ostersonntag gelesen, die H. Ch. also an diesem Tage mitgefeiert (od. ihrer zumindest mitgedacht). Im 3. Jh. gibt es dann zwar die 50tägige nachösterl. Freudenzeit (→ Pfingsten), aber eine Zäsur durch das Fest der H. Ch. ist noch unbekannt. Man feierte vielmehr im Anschluß an Joh. 20 die tägl. Auferstehung Christi u. ebenso seine tägl. Geistmitteilung. Bei der Herausbildung des Pfingstfestes zog dieses zunächst die Feier der H. Ch. an sich. Ende des 4. Jh. beging man in Jerusalem am Nachmittag des Pfingstsonntages auf dem Ölberg die H. Ch., woran sich eine erst um Mitternacht endende Prozession durch die Kirchen Jerusalems anschloß. Wahrscheinlich wirkten dabei noch judenchristl. Traditionen (Mose-Christus-Typologie) nach. Etwa gleichzeitig teilen allerdings die Apostol. Konstitutionen (→ unter Kirchenrecht) mit, daß das Fest am 40. Tage nach Ostern angesetzt wurde. Im 5./6. Jh. war dieser Termin überall bekannt. Die byz. Kirche stattete das Fest mit Abendgottesdienst u. Nachtwache aus. Die Lesungen machen den endzeitl. Ausblick deutlich (Jes. 2, 2-3; Jes. 62, 10 bis 63, 3.7-9; Sach. 14, 4.8-11). Der Morgengottesdienst wird beherrscht durch einen kunstvoll verschränkten Doppelkanon des Johannes Monachos (d. i. wahrscheinlich Johannes v. Damaskus, gest. um 750) u. des Joseph v. Thessalonich (gest. 832); ein sehr schönes Kurz-Kontakion stammt von Romanos (gest. 573). Die Lesungen zur Liturgie sind Apg. 1,1-12; Luk. 24, 36-53. Der Triumphcharakter der H. Ch. ist die Klammer, die alle Elemente der Feier umfaßt. Der Kanon trägt ausgesprochenen Triumphcharakter. Besonders die Gottesmutterlieder (→ Theotokien) stellen die gedankl. Verbindung zur Menschwerdung Christi, der Inkarnation, her. „Der auf dem Thron der Herrlichkeit getragene Gott" ist das zentrale Thema des Festes.

2. Die Ikonographie der H. Ch. läßt 2 Grundtypen erkennen: (a) Der allgemein als westlich bezeichnete, aber die oben skizzierte Jerusalemer Tradition verratende Typ zeigt den aus der Grabesrotunde getretenen u. einen Berg ersteigenden Christus, dem sich die → Hand Gottes entgegenstreckt. In der unteren Bildzone sieht man die Frauen am Grabe (→ auch Auferstehung Christi). (b) Der zweite Typ schließt sich eng an die Apotheose der Kaiser an (das Porträt des Kaisers wird als Imago clipeata [→ Clipeus] von Adlern od. Genien gen Himmel getragen): Christus wird in einer Aureole – in Gegenwart Marias u. der Apostel – von Engeln emporgetragen. Oft erscheinen als Symbole der Herrschaft Christi die Gestirne am Himmelssegment od. der Tetramorph unter der mandorlenförmigen Aureole. Dieser Typ ist auch als Majestas Domini im Sinne des Kommens Christi zum Gericht (zweite Parusie) verstanden worden, das auch beim westl. Typ durch das Herabschreiten Christi versinnbildlicht wurde. Die Gottesmutter in der H.-Ch.-Darstellung findet sich bereits auf der Tür von S. Sabina in Rom (430). Der zweite Typ hat sich im Osten in der Ikonen- u. Monumentalmalerei durchgesetzt. Im Bildprogramm der Kirchen vor dem Bilderstreit (→ unter Bild) hatte die H. Ch. ihren Platz in der Kuppel u. wurde erst später vom Pantokrator (→ unter Christusbilder) verdrängt. – Taf. 52; Abb.

Text: s. Anhang Nr. 16,8.

Lit.: Archimandrit Aleksandr. Ikona Voznesenija Gospodnja, ŽMP 1976, 5, 8-9; Baumstark, 159 f.; Bludau, 154-162; B. Brenk, Tradition u. Erneuerung in der christl. Kunst des ersten Jt., Wien 1966, 57-64; R. Cabié, La Pentecôte, Tournai

Frauen am Grabe und Himmelfahrt Christi

1965, 127-142, 163-178; E. Dinkler, Das Apsismosaik von S. Apollinare in Classe, Köln u. Opladen 1964; Fendt, Reg.; Grabar, Empereur, Reg.: Ascension; ders., Iconoclasme, Reg.: Ascension; H. Gutberlet, Die H. Ch. in der bildenden Kunst von den Anfängen bis ins Hohe MA, Straßburg 1925; Handbuch 2, 251, 258; Ch. Ihm, Die Programme der christl. Apsismalerei vom 4. Jh. bis zur Mitte des 8. Jh., Wiesbaden 1960; Kellner, 82 f.; G. Kretschmar, H. u. Pfingsten, ZKG 66, 1954-1955, 209-253; Nilles 2, 366-376; V. I. Pandurskij, Vozkresenie i Voznesenie Christovo i Petdesetnica v Ikonografijata, Godišnik 11, 1955-1956, 449-460; Pokravskij, 428-447; K. Smolak, Zur H. Ch. bei Synesios von Kyrene, JÖB 20, 1971, 7-30; M.Lurker(Hg.), Wörterbuch der Symbolik, Stuttgart 1983², 287-288; LChI 2, 268-276; LdK 2, 286; Lex MA 5, 24-26; RBK 2, 1224-1265. – S. auch Lit. zu Ostern, Pfingsten.

Himmelfahrt der Gottesmutter → unter Entschlafen der Gottesmutter

Hinterglasbilder, *Hinterglasikonen,* Ikonen, deren Bildträger eine Glastafel ist, die auf der Rückseite bemalt wird (→ Ikonenmalerei). Da die Darstellung für den Betrachter hinter dem Glas liegt, erfolgen die einzelnen Arbeitsgänge in umgekehrter Reihenfolge als in der Tafelmalerei. Als Deckfarben dienen Öl- od. Temperafarben (→ Temperamalerei), Lasurfarben bereichern die Abschattierungen. Die Farben können auch von dem schwarzen Lack, der die Glastafel bedeckt, ausgespart (eglomisiert) od. durch Zinn-, Silber- u. andere Folien ersetzt werden (Spiegelmalerei). Schließlich kann die ganze Glasfläche mit einer Folie bedeckt werden, in die die Zeichnung eingeritzt wird (Glasradierung). H. sind Erzeugnisse einer ausgesprochenen Volkskunst, die schon im 14./15 Jh. in Deutschland gepflegt wurde u. von dort in die Nachbarländer gelangte. In der Slowakei, in Transsilvanien u. anderen Gebieten Rumäniens erlebte sie im 19. Jh. eine Blütezeit. Die Ikonographie der H. zeigt neben Einflüssen der Ikonen-, Stein- u. Holzdrucke mit ihren starken Folkloreelementen u. liebevoll gepflegten Genrebildern auch solche der kath. Kunst. Sie sind dadurch zu erklären, daß weite Teile der Bevölkerung der genannten Gebiete früher den mit Rom unierten orth. Kirchen angehörten.

Lit.: J. u. D. Dancu, Die bäuerl. Hinterglasmalerei in Rumänien, Berlin 1980; C. Irimie – M. Focşa, Icônes sur Verre de Roumanie, Bucarest 1968 (dt. Berlin 1970); N. Jorga, Les Arts mineurs en Roumanie, 1. Bd., Bucarest 1934, 26-31; H. W. Kaiser, Die dt. Hinterglasmalerei, München 1937; I. D. Stefănescu, La Peinture Religieuse en Valachie et en Transsylvanie, 2 Bde. Paris 1930-1932; J. Vydra, Hinterglasmalerei, Prag 1957; C. H. Wendt, Rumän. Ikonenmalerei, Eisenach 1953; LdK 2, 288-289.

Hirmologion (grch., *biblion hirmologion,* auch *heirmologion,* n.; russ. *irmologij, irmoloj,* m.). Das H. gehört zu den liturg. → Büchern; es enthält die Leitstrophen od. Hirmoi (→ Hirmos), die vom Chor gesungen werden, während die übrigen Strophen (die Troparien) der Oden eines Kanons vom Lektor rezitiert werden. Die Hirmoi sind nach den 8 Kirchentönen (→ unter Oktoechos) geordnet. Dabei gibt es eine Ordnung, die sich nach den Oden u. eine, die sich nach den Kanones richtet. Es wird von manchen Forschern angenommen, daß die letztere in Konstantinopel u. auf dem Athos (→ unter Kloster), die erstere in Palästina u. auf dem Sinai beheimatet ist u. von dort (entweder direkt od. durch Vermittlung Bulgariens) zuerst in Novgorod eingeführt wurde, um sich dann in ganz Rußland durchzusetzen. Das H. ist in der paläobyz. Notation (→ unter Notationen, byzantinische) geschrieben. Seine ältesten Handschriften gehen in das 9./10. Jh. zurück.

Lit.: A. Ayoutanti, M. Stöhr, C. Hoeg, The Hymns of the H. I, Kopenhagen 1952 (= MMB, Transcr. VI); A. Ayoutanti, H. J. W. Tillyard, The Hymns of the H. II, Kopenhagen 1956 (= MMB, Transcr. VIII); S. Eustratiades, Heirmologion, Chennevières sur Marne 1955; E. Koschmieder, Die Ältesten Novgoroder Hirmologien-Fragmente, München 1952, 1955, 1958; H. Métrévéli – B. Outtier, Contribution à l'Histoire, d l'H., Anciens Hirmologia Géorgiens, Muséon 88, Louvain 1975, 331-359; Palikarova – Verdeil, Reg.: H.; M. M. Velimirovič, Byzantine Elements in Early Slavic Chant: The H., Kopenhangen 1960 (= MMB, Subs. IV); Wellesz, 23, 141 f., 271 f., 275f., 333; Ch.Hannick,Aux Origines de la Version Slave de l'H. Ch.Hannick (Hg.), Fundamental Problems of Early Slavic Music and Poetry, Copenhagen 1978, 5-120; Joh. v. Gardner, Gesang der russ.-orth. Kirche bis zur Mitte des 17.Jh., Wiesbaden 1983, Reg.; E. Follieri, The „Living H." in the Hymnography of John Mauropus Stud. East. Chant, 4, 1979, 54-75; M. Velimirovič, The Byz. Heirmon and H., Gedenkschr. L. Schrade, Bern-München 1973, 192-244.

Hirmos (grch., m., auch *heirmos,* m., 'Band'; russ. *irmos,* m.), Leit- od. Modellstrophe,

nach der sich hinsichtlich der Betonung, der Silbenzahl u. der Melodie alle folgenden Strophen (Troparien) des Kontakions bzw. der Oden im Kanon richten. Der H. wird am Odenschluß wiederholt (grch. *katabasia*), wozu sich die beiden Teile des Chores vereinigen. Folgt der H. einem vorhandenen Modell (grch. *prosomoion*), so benutzt die Katabasia den ursprüngl. Text. Die Verwendung des H. erfolgt nach dem Prinzip der Kontrafaktur (eine Melodie für mehrere Texte), mit dessen Hilfe eine fast unübersehbare Fülle von Melodien u. Texten erfaßt u. geordnet wird (vgl. auch Stichera). Unter der Bezeichnung Automelon (grch.; → auch Stichera), läßt sich der H. über Ephrem den Syrer im 4. Jh. bis zu den Dichtern der Gnosis zurückverfolgen. Hinweise auf Modellstrophen finden sich auch im Psalter (Ps. 22; 45; 56). Einprägsame u. durch Ansage angekündigte Modellstrophen waren in der Alten Kirche bei den Parteien der verschiedensten Lehrmeinungen beliebt. – Die Hirmoi sind im Hirmologion gesammelt u. geordnet. – → auch Kirchendichtung, → Kirchenmusik.
Text: s. Anhang Nr. 16, 2.

Lit.: Anthologiea Graeca, LX; Baumstark, 36, 94, 109; ders., Festbrevier u. Kirchenjahr der syr. Jakobiten, Paderborn 1910, 69 ff., 124 ff.; O. Heiming, Syr. Enjânê u. grch. Kanones, Paderborn 1932; J. Jeannin, Le Chant Syrien, Journal Asiatique, Paris 1912, 295-363, 389-448; ders. u. J. Puyade, L'Octoëchos Syrien, OrChr* 3, 1913, 95 f.; M. Stöhr, Reflections on Transcribing the Hirmoi in Byzantine Music, E. Wellesz, M. Velimirovič, Studies in Eastern Chant, London 1966, 89-94; Wellesz, Reg.; Werner, Reg.

Hirte, Guter (lat. *pastor bonus*), Motiv in der Malerei u. Plastik, das einen Hirten darstellt, der ein Schaf auf seinen Schultern trägt (Schafträger) u. oft noch 2 Schafe zur Seite hat. Der Hirte ohne Schaf auf den Schultern ist seltener.
1. Schon im Alten Orient wurde der Hirte zum Symbol der Herrschaft von Göttern u. Königen ideologisiert. Im Hellenismus in der Verbindung mit der Orans-Vorstellung als Personifizierung der Philanthropia (grch., 'Menschenliebe'; lat. *humanitas*) verstanden, geht der G. H. mit der Philanthropia in das Schrifttum der Kirchenväter ein (Origenes, gest. um 254) und spielt schließlich im byz. Kaiserkult eine wichtige Rolle. Im AT wird Gott als Hirte (ohne Beiwort) bezeichnet (z. B. Ps. 23,1; Jer. 23,1-4; Hes. 34; Sach. 11, 4-17), während Joh. 10 Christus als G. H. (grch. *poimen kalos*) beschreibt. Offb. 2, 27; 7, 17; 12, 5; 19, 15 schildert Christus als endzeitl. Richter-Hirten. Das Hirtenamt in der Gemeinde übernahm frühzeitig der Bischof, wie auch zu den Bischofsinsignien der Hirtenstab gehört.
2. Die altkirchl. Kunst übernahm mit der auf Christus bezogenen Sinndeutung dieser spätantiken Symbolfigur den Hirten in den Schmuck der Katakomben u. Sarkophage. Die älteste Bezeugung des Motivs findet sich auf einem Fresko der Hauskirche von Dura Europos (um 230; wohl als Hinweis auf die Taufe) zusammen mit Adam und Eva. Auf einem Mosaik im Mausoleum der Galla Placidia in Ravenna erscheint Christus als kaiserl. G. H. inmitten einer Schafherde sitzend, in der Linken das goldene Triumphkreuz, mit der Rechten ein Schaf streichelnd, ein Beispiel der imperialen Philanthropia, die vor dem Hintergrund der byz. polit. Christologie gesehen werden muß. Als Hirten-Richter im Jüngsten → Gericht wird Christus in S. Apollinare Nuovo in Ravenna dargestellt. Während der G. H. im Westen als Christussymbol vom 4. Jh. an verschwindet, hält er sich in der byz. Kunst bis in mittelbyz. Zeit hinein. – Taf. 53.

Lit.: Dassmann, 322-340; H. Hunger, Das Reich der Neuen Mitte, Graz–Wien–Köln 1965, Reg.: Philanthropia; Th. Klauser, Studien zur Entwicklungsgesch. der christl. Kunst, Jb. für AuC 1, 1958-10, 1967; A. Legner, Der G. H., Düsseldorf 1959; E. Sauser, Frühchristl. Kunst. Sinnbild u. Glaubensaussage, Innsbruck–Wien–München 1966, 290-371; LChI 2, 289-299; LdK 1, 447 (Christus); LexMA 4, 1802-1803; RBK 1, 1051-1054 (Christussymbole).

Hochgebet, Eucharistisches, im Anschluß an den → Dialog vom Liturgen gesprochenes Stillgebet. Es wird vom Sanctus unterbrochen u. geht in seinem zweiten Teil (dem Postsanctus) in den Einsetzungsbericht über, der noch zu ihm gerechnet wird. (Der kath. Begriff des H.s umfaßt außerdem die Fürbitten [→ unter Diptychon] u. die Schlußdoxologie.) Während sich heute der Begriff E. H. (russ. *evcharističeskaja molitva*) durchgesetzt hat, fehlt eine entsprechende Rubrik in den Liturgieformularen. Die mittelbyz. Formulare führen die Bezeichnung Anaphora od. auch Eucharistia (grch., f., → auch Eucharistie). Im Westen findet sich dafür seit dem 6./Jh. die Bezeichnung Praefatio (lat., f., 'Vorrede'), womit in der Alten Kirche oft der Dialog zwischen Priester u. Gemeinde gemeint war. Während die kath. Kirche seit langem mehrere Praefationen kennt, besitzen die orth. Kirchen nur zwei: Das E. H. der Basiliusliturgie ist länger als das der Chrysostomusliturgie. Beide aber entfalten im ersten Teil (Antesanctus) den anbetenden Lobpreis auf die Schöpferherrlichkeit Gottes (Theologie, Kosmologie), die den Menschen miteinschließt (Anthropologie), ein Lobpreis, der in log. Weise in den der Engelmächte im Sanctus übergeht. Der zweite Teil, das Postsanctus, beschäftigt sich mit dem in Christus (Christologie) geschehenen (aber schon in der Schöpfung beschlossenen) Heilsplan Gottes (Soteriologie), der im Golgathaopfer Christi seinen Abschluß findet, weshalb sich an den zweiten Teil des E. H.s der Einsetzungsbericht anschließt.

Das E. H. ist das Gebetsopfer der Gemeinde als Dank (grch. *eucharistia*) für das Heilsopfer Christi. Seine Geschichte ist in Einzelheiten noch ungeklärt. Während die Beraka im Gottesdienst der Synagoge einen Lobpreis u. eine Verherrlichung Gottes darstellte, ist der christolog. Hauptaspekt des E. H.s unverkennbar. Ob die Gebete der Didache (→ unter Kirchenrecht) od. 1. Clem. 34, 5.6 (mit Sanctus) bereits Vorformen des E. H.s darstellen, bleibt umstritten. Justin (gest. um 165) spricht von einer Eucharistia, die vom „Vorsteher" über den von den Brüdern dargebrachten Gaben gesprochen wurde. In der Kirchenordnung Hippolyts (→ unter Kirchenrecht) findet sich das erste formulierte E. H., aber ohne das Sanctus. Es zeigt Anklänge an die Didache u. ist streng christozentrisch-soteriologisch ausgerichtet. In Syrien, d. h. im antiochen. Liturgiegebiet, hat das Hochgebet in Verbindung mit dem Sanctus eine weitere Entfaltung erfahren (Jakobusliturgie, Kyrill von Jerusalem), die eine reiche Gedankenfülle in den Apostol. Konstitutionen (→ unter Kirchenrecht) ausweist. Der Aufbau dieses E. H.s diente als Modell für alle weiteren Textformulierungen, wie sie uns aus den Schriften der antiochen. Kirchenväter bekannt sind, um schließlich in der Basiliusliturgie die endgültige, für das byz. Gebiet verbindl. Form zu erhalten. Das E. H. der Chrysostomusliturgie, wie es uns im Euchologion des 8./9. Jh. vorliegt, bleibt im Rahmenwerk des Basilius, scheint aber, auch nach Ausweis der antiochen. Väter des 4. u. 5. Jh., in einzelnen Elementen nicht nur auf die Apostol. Konstitutionen, sondern auch auf andere liturg. Traditionen Syriens zurückzugehen.

In der Ikonographie hat das E. H. keine Darstellung gefunden; nicht zuletzt wohl auch deshalb, weil es zu den Stillgebeten gehört.

Text: s. Anhang Nr. 13.

Lit.: K.-H. Bieritz, Oblatio Ecclesiae, ThLZ 94, 1969, 241-252; L. Bouyer, Eucharistie, Théologie et Spiritualité de la Prière Eucharistique, Tournai 1966; O. Casel, Das christl. Opfermysterium. Zur Morphologie u. Theologie des E. H., Graz 1968; W. H. Frere, The Anaphora or Great Eucharistic Prayer, London 1938; Handbuch 1, 285-300, 315 ff.; Hanssens, Nr. 1235-1249, 1266-1273; Jungmann 2, 145-161; I. A. Karabinov, Evcharističeskaja Molitva, S. Peterburg 1908 (Das E. H. Würzburg 1954); Lietzmann 122-174; M. H. Shepherd, Jr., The Formation and Influence of the Antiochene Liturgy, DOP 15, 1961, 25-44; N. D. Uspenskij, Molitvy Evcharistii Sv. Vasilija Velikogo i Sv. Ioanna Zlatousta, BoTr 2, 63-76 (u. Studia Patristica 5, Berlin 1962, 152-171); ders., Anafora. Opyt Istoriko-Liturgičeskogo Analiza, BoTr 13, 1975, 40-147; K.Gamber, Beracha. Eucharistiegebet u. Eucharistiefeier in der Urkirche, Regensburg 1986; ders., Das Eucharistiegebet als Epiklese u. ein Zitat bei Irenäus, OstKSt 29, 1980, 301 bis 305; A.Bouley,From Freedom to Formula. The evolution of the Eucharistic Prayer from oral improvisation to written text, Washington 1981. A.Verheul, La Prière Eucharistique dans l'Euchologe de Sérapion, Questions Liturgiques 62, 1981, 1, 43-51; A.Gerhards, Die grch. Gregoriosanaphora. Ein Beitrag zur Gesch. des E. H., Münster (Westf.) 1984; Th. J. Talley, Von der Berakha zur Eucharistia. Das e. H. der alten Kirche in neuerer Forschung, LJb 26, 1976, 93-115; K. Stevenson, „Anaphoral offering". Some observations on Eastern Eucharistic prayers, EphLit 94, 1986, 209 bis 228; R. Taft, The Eucharistic Prayer of the Ancient Church, Studia Liturgica 11, 1976, 138-158; Schulz, Die byz. Liturgie, Reg. II B: Anaphora.

Hodigitria → unter Gottesmutterbilder

Hoher Priester → unter Christusbilder

Höllenfahrt Christi → unter Auferstehung Christi

Homiliar → unter Panegyrikon

Homilie (grch. *homilia,* f., 'Umgang', 'Unterredung [mit jemandem]' u. ä.; russ. *slovo,* n., *reč,* f.; lat. *homilia,* f.), kunstvoll aufgebaute Ansprache an die Gemeinde. Die Unterschiede zur Verkündigungsrede (grch. *kerygma,* n.; russ. *propoved',* f.; lat. *predicatio,* f., davon dt. Predigt) sind fließend. Von Bedeutung sind die engen Beziehungen zwischen der H. u. bestimmten Kunstformen der byz. Kirchendichtung, besonders des Kontakions. Die H. ist charakterisiert durch Anwendung von Redekunst (Rhetorik) u. Gestik, von seiten der Zuhörer in der Alten Kirche durch Beifalls- u. Mißfallenskundgebungen (→ auch Akklamatione) sowie durch Dialoge zwischen Prediger und Gemeinde. Justin (gest. um 165) kennt Ermahnung (grch. *nuthesia*) u. Aufforderung zu sittl. Handeln (grch. *proklesis*) durch den „Vorsteher" nach den Lesungen aus AT u. NT. Bis heute hat die H. bzw. die Predigt ihren Ort in der Liturgie der Katechumenen, d. h. im Wortgottesdienst (→ unter Liturgie der Gläubigen), manchmal auch nach der Kommunion. Zunächst war sie Aufgabe des Bischofs, wurde aber später an den Priester delegiert.
Zu den großen Homileten der Ostkirche gehören u. a. vor allem Johannes Chrysostomus (grch., 'Goldmund', gest. 407) aus der altkirchl. Zeit, aus der byz. Epoche sind es Severos von Anitiochien (gest. 518), Andreas von Kreta (gest. 570), Michael Synkellos (gest. 846), der Patriarch Photios (9. Jh.), Niketas Choniates (gest. 1215/1216), Nikephoros Chumnos (gest. 1327), Isidoros Glabas (Ende 14. Jh.). Es entspricht also nicht den Tatsachen, daß es in Byzanz keine bedeutenden Prediger gegeben habe. Bald nach der Einführung des byz. Ritus im Kiever Rußland entstanden dort bedeutende Predigerschulen. Berühmt ist das um 1040 gehaltene Slovo des Metropoliten Ilarion auf den Großfürsten Vladimir „Über Gesetz u. Gnade". An großen russ. Predigern sind zu nennen: aus dem 11. Jh. der Novgoroder Bischof Luka Židjata, aus dem 12. Jh. Kirill von Turov u. Kliment Smoljatič, aus der ersten Zeit der Mongoleninvasion Serapion von Vladimir. Bedeutend war im 17./18. Jh. die Kiever Predigerschule (z. B. Innokentij Gizel', Lazaŕ Baranovič, Ioannikij Galjatovśkij, Simeon Polockij), die unter dem Einfluß protestant. u. kath. Predigten stand, aber auch eigene, auf Chrysostomus zurückgehende Traditionen verarbeitete. Im 18. Jh. sind Dmitrij von Rostov u. Tichon von Zadonsk zu nennen, im 19. Jh. Ioann von Kronstadt. Aus der neuesten Zeit ist als bedeutender Prediger der Metropolit Nikolaj (gest. 1961) zu erwähnen. – Die wichtigsten H.n werden im Panegyrikon gesammelt.

Lit.: Beck, s. den Abschn. Homiletik; ders., Rede als Kunstwerk u. Bekenntnis, München 1977; A. Ehrhard, Überlieferung u. Bestand der hagiograph. u. homilet. Literatur der grch. Kirche, Leipzig 1937 ff.; K. Ch. Felmy, Predigt im orth. Rußland, Göttingen 1972; N. K. Gudzij, Gesch. der russ. Literatur 11.-17. Jh., Halle (Saale) 1959; Reg.: Predigt; Jungmann 1, 583-590; Handbuch, Reg.: H., Predigt; R. A. Klostermann, Probleme der Ostkirche, Göteborg 1953, 106-161; R. Mayer, Die großen Prediger Altrußlands, Münchener Theolog. Zs. 3, München 1951, 235-250; A. J. Razumichin, Istorija Russkoj Propovedy, Moskau 1905; K. Rose, Predigt der russ.-orth. Kirche, Berlin 1952; Ch.Walter, Art and Ritual of the Byz.Church, London 1982, Reg.: homilies, illust.; Bischof Augustinos, On the Divine Liturgy: Orth.Homilies I,II, Belmont MA, 1986; 1987; Wellesz, 366 f; LexMA 5, 111-112; RBK 3, 252-264.

Horen → Stundengebet

Horen, Große oder Königliche (grch. *horai megalaie etoi basilikai;* lat. *horae regiae;* russ. *carskie časy*), eine Akoluthia der Ostkirche, die zu Karfreitag, zur Geburt Christi u. zu Epiphanie gehalten wird. Ihr Aufbau richtet sich nach den Stundengebeten. Diese H. haben ihren Ursprung in der dreistündigen Karfreitagsversammlung in Jerusalem, die die Pilgerin Egeria Ende des 4. Jh. schildert. Im Mittelpunkt der byz. H. stehen die Stichera (Idiomela) zu den Psalmversen, die sich am Karfreitag zu 15 Antiphonen steigern, den Improperien, den Klagen Christi über die Juden, verwandt. Die westsyr. (Jakobitische) Kirche sieht in Kyrill von Jerusalem (gest. 386) den Autor der Karfreitagsstichera, während die ganze Akoluthia Kyrill von Alexandrien (gest. 444) zugeschrieben wird. Jede der H. führt außerdem einen Block von Lesungen aus dem AT, dem Apostolos u. dem Evangelium. – Die Bezeichnung „Königliche Horen" geht auf die Anwesenheit des byz. Kaisers bei den H. zurück.

Lit.: Baumstark, 95; Nilles 2, 241-251; Onasch, Weihnachtsfest, 70-73; R. Zerfass, Die Schriftlesung im Kathedraloffizium Jerusalems, Münster (Westf.) 1968, Reg.: Megalai horai.

Horologion (grch. *biblion horologion,* 'Stundenbuch'; russ. *časoslov,* m.), eines der wichtigsten liturg. → Bücher; es enthält die feststehenden Teile des Stundengebets u. des Stundengottesdienstes. Man unterscheidet das Große u. das Kleine H.

1. Das Große H. (grch. *horologion to mega;* russ. *velikij časoslov*) führt über die feststehenden Teile hinaus auch bewegl. Stücke, wie die Tagesformeln der Entlassung, das Festkontakion (→ Kontakion), die Antiphonen der Liturgie, Gottesmutterhymnen (→ Theotokien), Gesangsstücke der Auferstehungs- u. Morgenevangelien, den Akathist u. andere Gebete u. Hymnen. Es entspricht damit etwa dem Ordinarium des Breviers der kath. Kirche.

2. Einen Auszug des Großen H.s bietet das Kleine H. oder Horologopulon (grch., n.). Die Horologien der einzelnen autokephalen Kirchen unterscheiden sich oft in ihren variablen Teilen. Sehr wahrscheinlich sind die ersten Stundenbücher im syro-palästinens. Raum zusammengestellt worden. – Das H. kann auch mit Bildschmuck ausgestattet sein, bei den Druckausgaben vorzugsweise mit Holzschnitten.

Lit.: Beck, 249 f.; M. Black, A Christian Palaestinian Syrian H., Cambridge 1954; N. Borgia, H. „Diurno“ delle Chiesa di Rito Bizantino, Roma 1929; Raes, 178-182; ders., Le Notices Historiques de l'Horologe Grec, AB 68, 475-480; Wellesz, 140 bis 141; A.Chirovsky,A Christian Palestinian Syriac H.,Cambridge 1954; S.Heitz (Hg.) u. S. Hausammann (Bearb.), Das Gebet der Orthodoxen Kirche (Orologion u. Oktoich), Köln 1981.

Hostie → unter Prosphore

Hostienstempel → unter Siegel [1]

Hymnographie, *Hymnologie,* ohne genaue Abgrenzung gebrauchte Bezeichnungen für die systemat. u. histor. Erforschung der byz.-slav. Kirchendichtung u. Kirchenmusik. Nach den Pionierarbeiten von Pitra, Christ, Paranikas u. a. hat die H. in den letzten Jahrzehnten vor allem durch die Entzifferung der byz. → Notationen durch Hoeg, Thibaut, Tillyard, Ayoutanti, Stöhr, Wellesz u. a. Fortschritte gemacht. Die Übersetzung der alten Notationssysteme in das moderne Notensystem ist allerdings nicht ohne starken Widerspruch geblieben. Die Ergebnisse der internationalen byzantinist. Musikforschung werden in den Monumenta Musicae Byzantinae (MMB) veröffentlicht. Entsprechend ist auch die Herausgabe von Monumenta Musicae Slavicae (MMS) in Angriff genommen worden.

Lit.: Anthologia Graeca; Heilige Gesänge; J. v. Gardner, Stile u. Formen liturg. Musik in der orth. Kirche, Ostkirchenkunde, 457-472; Th. Georgiades, Bemerkungen zur Erforschung der byz. Kirchenmusik, ByZ 39, 1939, 67-88; E. Koschmieder, Ein Blick auf die Gesch. der altslav. Musik, BZS 31, 1970, 12-41; B. Pitra, L'Hymnographie de l'Église Grecque, Rom 1867; D. Psarianos, Die byz. Musik in der grch.-orth. Kirche, Orthodoxe Kirche 2, 155-174; H. J. W. Tillyard, Gegenwärtiger Stand der byz. Musikforschung, Die Musikforschung 7, Kassel 1954, 142-149; M. Velimirovič, Stand der Forschung der kirchenslav. Musik. Zs. für Slav. Philologie 31, 1963, 145-169; Wellesz; Th. Xydes, Byz. Hymnographia, Athen 1978; J. Julian, A Dictionary of Hymnology I, II, New York 1980; LexMA 5, 245-248 (Hymnen, H.). – S. auch Lit. zu Kirchendichtung, Kirchenmusik.

Hypakoe (grch., f., 'Antwort'; russ. *ipakoj,* m.), Kurzhymnus (→ Troparion) aus dem Morgengottesdienst; er wird am Sonntag nach der dritten Stichologie der Psalmenlesung, an Festtagen nach der dritten Ode des Kanons gesungen. Eine der schönsten Hymnen dieser Art, der „Gesang der Myrophoren“ (der Salböl tragenden Frauen) steht im Goldenen → Kanon (zur Darstellung → unter Auferstehung Christi); sie könnte darauf hindeuten, daß die H. vielleicht ursprünglich in Jerusalem ein österl. Prozessionslied war.

Text: s. Anhang Nr. 14.

Lit.: Anthologia Graeca, LXIX-XX; Daniel, Reg.: H.; Wellesz, 239 f.

Hypodiakon (grch. *hypodiakonos;* russ. *ipodiakon;* lat. *subdiaconus*), Unterdiakon, Vorstufe zum Diakon. Der H. wird zum erstenmal in der Kirchenordnung Hippolyts (→ unter Kirchenrecht) im 3. Jh. erwähnt u. unter die niederen Weihegrade gezählt. Sowohl in der Ostkirche als auch in der kath. Kirche ist sein Dienst auf die Assistenz bei der Liturgie, u. a. als Lektor, beschränkt. → auch unter Zölibat.

Lit.: A. Catoire, Le Sous-Diaconat dans l'Église Grecque EO 13, 1910, 22-24; Feine, Reg.: Subdiakonat; H. Reuter, Das Subdiakonat, dessen histor. Entwicklung, liturg. u. kanonist. Bedeutung, Augsburg 1890. – S. auch Lit. zu Diakon.

Hypogonation (grch., n., auch *epigonation,* n., 'das unter bzw. an der Hüfte Befindliche'), eines der liturg. → Gewänder, zu den Bischofsinsignien gehörend. Das H. ist ein über Eck stehendes quadratisches od. rhombenförmiges, über einen Karton gespanntes Seidenstück. Es ist kostbar gestickt u. geziert mit einem Kreuz, einem Schwert od. einer Darstellung Christi auf dem Richterstuhl als Hinweis auf die Amtsrechte des Bischofs. Das H. wird an einer Seidenschnur od. -kordel am Gürtel befestigt. Seine heutige Form hat es wahrscheinlich im 12./13. Jh. erhalten, während seine Vorform, eine Art ritueller Serviette (grch. *encheirion;* lat. *mappa, mappula;* davon Manipel) im 8. Jh. als bekannt vorausgesetzt wird. Vielleicht war das H. auch die Tasche für das Encheirion. Die russ.-orth. Kirche kennt den rechteckigen u. an der einen Schmalseite aufgehängten Nabedrennik (von *bedro,* 'Hüfte'), der an Priester in besonderen Würdestellungen vergeben wird, u. die wie das grch. H. aussehende Palica ('Streitkolben') des Bischofs.

Lit. s. Bischofsinsignien; Gewänder, liturgische.

Hypopsalma (grch., n.), ursprüngliche, von der Synagoge übernommene Form der Responsorien im frühchristl. u. im byz. Gottesdienst, bei der ein Psalmvers (grch. *stichos*) stereotyp wiederholt wird. In der weiteren Entwicklung wurde das bibl. H. durch einen freien Text ersetzt. Das klassische, in Ps. 136 vorliegende Modell des H. hat auf den Aufbau der Großen → Doxologie (V. 36 bis 38 = Hypophonon) und des Kontakions (Ephymnion) eingewirkt.

Lit.: A. Baumstark, Nocturna Laus, Münster (Westf.) 1956, 39, 60, 62, 102 f.; Werner, 137, 259, Anm. 77.

Hypselotera → unter Gottesmutterbilder

I

Idiomelon → unter Stichera

Idylle → unter Genrebild

Ierusalimskaja → unter Gottesmutterbilder

Ikone (altgrch. *eikon,* f., 'Bild', 'Abbild', 'Ebenbild'; mittelgrch. *eikona,* f.; russ. *ikona,* f., *obraz,* m.), allgemein übl. Bezeichnung für das ostkirchl Heiligenbild.

1. Die I. an der Bilderwand bildet heute zusammen mit dem Bildschmuck (→ Bildprogramm) der Kirche eine durch die Liturgie bestimmte funktionale Einheit. Es entsteht dabei der Eindruck, als ob ein Fortfall der I.n diese Einheit in Frage stellen würde. Doch schon die Anlage hoher Bilderwände, die dem altkirchl. Prinzip der Einsehbarkeit der Liturgie durch die Gemeinde widerspricht (→ auch Bilderwand), deutet an, daß wie mit diesen auch mit den I.n eine verborgene, aber nichtsdestoweniger tiefe Problematik verbunden ist.

2. Problematik u. Dialektik der I. bestehen in einer für sie charakteristischen, schwer abzugrenzenden Stellung zwischen ihrer Funktion als Kultusbild u. ihrer Bedeutung als Kunstbild. Als Kultusbild hat die I. zwar ihren Ort an der Bilderwand, ist aber für den Vollzug der Liturgie weder streng vorgeschrieben noch zwingend notwendig. Zugleich steht sie nach der Ikonenweihe unter dem Schutz des Kirchenrechts. Das Verhältnis zwischen Kultus- u. Kunstbild (im weitesten Sinne, nicht nur in bezug auf die I.) wurde zwar im 8./9. Jh. mit Hilfe einer dem Westen unbekannten Bildertheologie (→ unter Bild) geregelt, als Erbe des frühen Christentums und des Mönchtums verblieb aber eine deutl. Zurückhaltung der Kirche gegenüber dem Kunstbild in der I., wie sie sich etwa in einer spezif. Kultusästhetik ebenso wie in der Reglementierung der Maler (→ auch Malerbücher) u. damit der Einschränkung der künstler. Spontaneitäten äußert. Diese Spannung zwischen beiden für die I. wie für die ostkirchl. Sakralmalerei (→ Miniatur-, → Monumentalmalerei) überhaupt konstitutiven Voraussetzungen macht die I. zum Gegenstand sowohl der kunstwissenschaftlichen als auch der reli-

gionswissenschaftl. u. konfessionskundl. Forschung. Aus allem hier Ausgeführten ergibt sich eine im Vergleich zum westl. Heiligenbild viel strengere inhaltl. Profilierung der I. als Mittel der kirchl. Lehrinformation, die wiederum unter der Aufsicht des Bischofs steht. Zieht man schließlich in Betracht, daß die der Lehrinformation unmittelbar dienende Ikonographie u. Typologie (s. unten) in engstem Zusammenhang mit den Hymnentexten (→ Kirchendichtung, → Kirchenmusik), die ihren Themen u. Motiven entsprechen, gesehen werden müssen, dann wird die besondere Bedeutung der Bilder- u. Symbolsprache dieser Kunst einsichtig.
Während die Ikonologie vor allem die religiösen u. deshalb in gewisser Weise zeitlosen Beziehungen dieser Bildsprache mit ihrer jeweiligen Bedeutung erschließt, könnte eine (auch in der Kunstwissenschaft noch in den Anfängen stehende) Semiotik (Theorie u. Praxis informationeller Zeichensysteme) gesellschaftl. Zwischenbeziehungen des Bildschatzes kirchl. Lehrinformation entdecken u. analysieren, die insbesondere in ihrem pragmat. Aspekt bisher weithin übersehen wurden. Wie jede Information setzt auch die kirchl. Lehrinformation einen autorisierten Sender u. Schöpfer des Bildschatzes, eben die Kirche, u. einen Empfänger, die Gemeinde od. die kirchl. Sozietät, voraus. Daraus ergeben sich eine Reihe von Fragen gerade für die I. als ein, wie wir sahen, überaus streng profiliertes Vermittlungs-"Institut" der Lehre in den Händen der kirchl. Hierarchie an eine ebenfalls hierarchisch geordnete Sozietät. So besteht eine der wichtigen gesellschaftl. Funktionen der I. darin, daß die Sozietät als ganze, d. h. sowohl die Laien als auch der Klerus, sich mit ihren Lehrinhalten (z. B. mit der Darstellung der Dreieinigkeit) identifizieren kann. Um diesen Identifikationseffekt zu erreichen u. vor allem zu erhalten, müssen eine Reihe von sozietären Maßnahmen getroffen werden. Zu ihnen gehört, daß die Bildsprache der I. überall u. von jedem Gläubigen entziffert („dechiffriert") werden kann (die „Ubiquität" der I.n-Inhalte); daß der Informationsfluß „störfrei" gehalten wird, vor allem von Häresien od. Erschütterungen der Sozietät u. der sie umgebenden Großgesellschaft; daß eine gewisse Standardisierung der Bildersprache (Bildschemata, Ikonographie) ebenso notwendig ist wie ihre Absicherung durch sakrale Chiffren (→ Kürzungen, christliche), u. a. m. Es entspricht der eingangs erwähnten Dialektik der I., daß sie auf der anderen Seite in Stör- u. Krisenfällen innerhalb der kirchl. Sozietät u. (jedenfalls im MA) der Großgesellschaft „reaktionsfähig" bleiben mußte, um durch neuerl. „Störfreimachung" des Lehrinformationsflusses die innere Stabilität wieder herzustellen. Dieses wiederum ist Veranlassung für wenn auch begrenzte Variationen im ikonograph. Standard. Eine andere wichtige gesellschaftl. Funktion, die der mit der Lehrinformation verbundenen sittlich-sozialen Kontrolle, erfüllt die I. vor allem im persönl. Bereich durch die I.n Ecke. Auf diese Weise könnte eine vernünftig angewendete Semiotik nicht nur die gesellschaftl. Problematik der I. analysieren; sie würde auch ihre Bedeutung für den Bestand der kirchl. Sozietät u. ihrer Kultur im Rahmen der mittelalterl. Großgesellschaft erklären, ebenso wie die Erschöpfung der I.n-Kunst, als ausgangs des MA vor allem die Gesellschaft als Ganzes allmählich aufhörte, sich mit ihren Lehrinhalten zu identifizieren. Eine gewisse Abstraktion von den religiösen Inhalten der I., die für derartige Untersuchungen in Kauf genommen werden müßte, dürfte aufgewogen werden durch Einsichten in die Wirkungsweisen u. -formen einer Spiritualität, die bei der I. zweifelsfrei besteht, insofern diese niemals an sich selbst Genüge finden kann, sondern immer nach Kommunikation, nach einer Gemeinschaft strebt, der auch noch der einsame Beter vor einer I. verbunden bleibt. In diesem Zusammenhang erscheint es keineswegs abwegig, auf die sakramentale, d. h. Gemeinschaft (grch. *koinonia,* → Eucharistie) stiftende Dynamik der I. u. ihrer Verehrung hinzuweisen.
3. Die ikonograph. Bildschemata, die, wie wir sahen, unmittelbar der Lehrinformation dienen, lassen sich typologisch in folgende Gruppen einteilen: (a) das autonome od. reine Figurenbild (→ Apostelbilder, → Christusbilder, → Gottesmutterbilder, → Heiligenbilder), (b) das komplizierte Szenenbild (→ Dodekaortion, → Festzyklus u. die Artikel zu den einzelnen Festbildern), (c) das eigentl. theolog. Lehrbild mit mehr od. weniger abstraktem Formenschatz (→ z. B. Hetoimasia, → Deesis, → Dreieinig-

keit). In der Spätzeit der Ikonenmalerei entstanden Mischtypen – z. B. die Vereinigung des reinen Lehrbildes mit dem komplizierten Szenenbild zu einem anschaul. theolog. Traktat –, wie sie besonders beliebt waren bei bestimmten Hymnen (→ Eingeborener Sohn) od. zentralen Themen wie der Auferstehung Christi od. bei der Darstellung des Vaterunsers od. des Glaubensbekenntnisses. Im Sinne des pragmat. Aspektes der Lehrinformation antworteten („rückkoppelten") solche komplizierten Darstellungen auf ganz bestimmte Ansprüche der kirchl. Sozietät u. der Großgesellschaft, die sich aus einer Reihe von Gründen mit den klass. einfachen Bildschemata nicht mehr zufriedengaben.

4. Hinsichtlich der Übertragung von Bibel-, Viten- (→ Heiligenvita) u. anderen Texten mit Erzählcharakter in die bildhafte Darstellung ergeben sich 3 Grundtypen (→ auch Übertragung, komplexe): (a) Der Text (d. h. hier wie in den anderen Fällen eine Auswahl) wird auf einem Bilde wiedergegeben u. muß entsprechend „gelesen" werden; (b) der Text wird in mehreren Streifen dargestellt, eine vor allem den Zeitablauf berücksichtigende Methode mit „kinematographischem" Effekt; (c) der Text wird in „diskrete" Leseeinheiten aufgeteilt, in Episoden, die auf den Randbildern (russ. *klejma*) der I. um das zentrale Idealporträt des Heiligen angeordnet sind, wobei, anders als bei dem vorhergehenden Typ, der Leser/Betrachter zum Verweilen bei den Einzelbildern eingeladen wird. Um ein Optimum an Informationen weiterzugeben, wurde eine bestimmte Form der Perspektive angewendet, bei der keine wichtige (bedeutungsvolle) Einzelheit durch eine unwichtige (bedeutungslose) verdeckt wurde, vielmehr der gesamte Bildtext einsichtig u. „lesbar" gemacht werden konnte.

5. Innerhalb eines festgelegten u. unter kirchl. Kontrolle stehenden ikonograph. Kanons waren die schöpfer. Möglichkeiten des I.n-Malers begrenzt. Die großen Leistungen dieser Kunst sind auf einem schmalen Pfad zwischen Reglement u. individuellem, unverwechselbarem Schöpfertum entstanden (→ auch Kultusästhetik). Hinzu kommt, daß an den I.n-Maler als den Vermittler von Lehrinformationen seitens der Hierarchie der Kirche u. der Sozietät hohe Erwartungen hinsichtlich seiner Lebensführung gestellt wurden, deren Nichterfüllung durch strenge Sanktionen (wie Bußstrafen [→ Epitimien], äußerstenfalls auch durch Exkommunikation) geahndet wurde. Dem Maler blieb zur Entfaltung seiner künstler. Vorstellungen nur der ästhet. Kanon innerhalb des ikonographischen als Betätigungsfeld übrig, d. h. etwa das Verhältnis von Linie u. Farbe, wobei die letztere allerdings ebenfalls durch bestimmte Symbolwerte festgelegt war (→ auch Farben), die Gestaltung von Gestik u. Mimik, die Wiedergabe seel. Spannungen, wie sie vor allem in der letzten der byzantin. → Renaissancen sich als reizvolle Aufgabe stellte, die Koordinierung von Hintergrund (Architekturkulisse) u. Vordergrund, die Beziehungen der Personen zueinander (z. B. bei den Gottesmutterbildern), die wenn auch erst späte u. vorsichtige Einbeziehung der Natur in die Komposition u.a.m. – Die I. erweist sich demnach als eine Erscheinung, deren Einheit u. Geschlossenheit verlorengehen würde, wollte man ihre Problematik u. Dialektik als Kultus- u. Kunstbild auflösen. – Zur Technik u. Geschichte der I. → Ikonenmalerei.

Lit.: E. Evdokimov, L'Art de l'Icône. Théologie de la Beauté, Paris 1970; H. P. Gerhard, Welt der Ikonen, Recklinghausen 1977[6]; Ju. Olsuf'ev, Zametki o Cerkovnom Penii i Ikonopisi kak Vidach Cerkovnogo Iskusstva v Svjazi s Učeniem Cerkvi, Tula 1918; Onasch, Ikonenmalerei; ders., Einige soziolog. Aspekte der I.n-Malerei, ThLZ 93, 1968, 321-332; H. Skrobucha, Von Geist u. Gestalt der I.n, Recklinghausen 1970[2]; N. Thon, I. u. Liturgie, Trier 1979; B. A. Ouspensky, The Semiotics of Russian Icon, Lisse 1976; L. Ouspensky, Théologie de l'Icône dans l'Église Orthodoxe, Paris 1980; H. Fischer, Die I. Ursprung-Sinn-Gestalt, Freiburg/Basel/Wien 1989; K. Wessel, I.nprobleme, JÖB 32, 1982, 305-314; G. Galavaris, The Icon in the Life of the Church, Doctrine-Liturgy-Devotion, Leiden 1981; S.Dufrenne, L'Icône dans la pensée et la pitié orth. d'après le témoignage du monde byz., Paris 1981; E. Sendler, L'Icône, image de l'invisible. Eléments de Théologie, Esthétique et Technique, Paris 1981; Ch. Schönborn, Die Christusi. Eine theolog. Hinführung, Schaffhausen 1984; B. Bornheim, I.n, München 1985; E. Haustein-Bartsch, Russ. I.n. Neue Forschungen, Recklinghausen 1991; M. Lurker (Hg.), Wörterbuch der Symbolik, Stuttgart 1983[2], 313 bis 314; K. Weitzmann u. a., Die I.n, Freiburg/Basel/Wien 1981; U. Abel, The Collections of Icons in the Stockholm National Museum, Les Pays du Nord et Byzance, Uppsala 1981; Den ryska ikonen 1000 år, Stockholm 1989; I.n u. ostkirchl.

Kultgerät aus rhein. Privatbesitz, Köln 1990; W.Nyssen, Jerusalem-Ursprung der Bilder des Heils. Über die Eindringlichkeit des Glaubens im frühen Bild des orth. u. morgenländ.Christentums, Köln 1984; V. Ivanov, Das Gr. Buch der russ. I.n, Freiburg/Basel/Wien 1988; W. Kasack (Hg.), Die geistl. Grundlagen der I., München 1989; K. Onasch, Recht u. Grenzen einer I.nsemiotik, ThLZ 111, 1986, 241-258; ders., Die „intellektuelle Mystik" der I., Hermeneia 3, 1987, 126 bis 130; ders., Die I.Kunstbild und Kultbild, H. Nickel (Hg.), I. u. frühes Tafelbild, Halle 1988, 79 bis 82; ders., Die Weltanschauung der altruss. I., Zs. f. Slawistik 33, 1988, 797-805; ders., Die Welt der I. in der Welt von heute, EIKON.Gesellschaft der Freunde der I.nkunst I, Recklinghausen 1990; ders., I. Kirche, Gesellschaft (erscheint demnächst); Ryska Ikoner cirka 1780-1915, Espoo 1989 (Katri och Harri Willamos Samling); 1000 Jahre Russ. Kunst/100-Letie Russkoj Chudožestvennoj Kul'tury, Schloß Gottorf/Moskau 1988; V.Byčkov, Die geistig. Grundlagen der altruss. Kunst I: Die Theologie der I. in der byz. Welt, Hermeneia 7, 1991, 6-12; II: Die ästhet. Grundzüge der Kunst Altrußlands, Hermeneia 7, 1991, 66-70; L. Ouspensky/W. Lossky, Der Sinn der I.n, Bern u. Olten 1952 (Dies., The Meaning of Icons, Crestwood, New York, 1989); K. Paskaleva, Icônes de Bulgarie, Sofia 1987; Sergij (Golubčov), Voploščenie bogoslovskich idej v tvorčestve Prepodobnogo Andreja Rubleva, BoTr 22, 1981, 3 bis 67; W. Nyssen, Zur Theologie der I., Handbuch Ostk.kunde II, 236-245. LexMA 5, 371-376 (I., -nmalerei, -beschläge). – S. auch Lit. zu Bild, Genre, Hierarchie, Ikonenmalerei, Ikonographie, Ikonologie, Kultusästhetik, Perspektive, Proportion.

Ikonenbeschlag, Schutzhülle für Ikonen. Das Aufkommen des I.s in mittelbyz. Zeit hängt mit der ideellen Gleichsetzung von Ikone (→ unter Ikonenmalerei) u. Reliquie zusammen, die beide wegen ihrer Kontaktverehrung (→ auch Kuß) eines solchen Schutzes bedurften. Der I. entspricht also dem Reliquiar. Sein Material besteht aus gestanzten od. ziselierten Gold- od. Silberblechen. In Rußland entwickelte sich das entsprechende Handwerk (*basmannoe delo*) zu hoher Blüte (die Basmanščiki wohnten in Moskau als reiche Gilde in der noch heute vorhandenen Basmannaja ulica). Man unterscheidet in Rußland die Basma, einen I., der das Bild mit Ausnahme der Figuren bedeckt, von dem Oklad (auch *riza*), der nur noch das Inkarnat, die Hautpartien der Personen, freiläßt. Beim Podubornoe pis'mo unterbleibt sogar die Umrißzeichnung, u. oft wird nur noch das Inkarnat gemalt. Waren auf dem I. des 15./16. Jh. die Ränder mit Heiligenfiguren u. kostbaren Edelsteinen, die Flächen mit Ornamenten geschmückt, so zeigt das Posubornoe pis'mo der Spätzeit auch Objekte, die früher auf der Ikone selbst gemalt worden waren (Tiere, Pflanzen, Gebäude, Landschaften). Als selbständiges u. von der Ikone unabhängiges Erzeugnis des Kunsthandwerks erhielt ein I. verschiedene Prägestempel (Jahr, Qualitätsmarke, Stadt- u. Werkstattzeichen).

Lit.: Felicetti – Liebenfels, Geschichte[1], Reg.: Abdeckungen; A. Grabar, Les Revêtements en Or et en Argent des Icônes Byzantines du Moyen Age, Venedig 1975; I. Grabar, V. N. Lasarew, W. S. Kemenow, Gesch. der Russ. Kunst, Bd. 1 ff., Dresden 1957 ff., s. die Abschn. Angewandte Kunst; Onasch, Ikonenmalerei, 101 f.; S. Radojčić, Zur Gesch. des silbergetriebenen Reliefs in der byz. Kunst, RQ, 3. Supplementheft, Rom – Freiburg/Br. – Wien 1966.

Ikonenecke (russ. *krasnyj ugol,* 'schöne Ecke'), Zimmerecke, in der auf einem Tisch od. Wandbord Ikonen aufgestellt sind, vor denen der einzelne od. die Familie die Andacht (z. B. vor Familienfesten od. vor langen Reisen, aber auch täglich) zu verrichten pflegt. Bereits die frühen Ikonen vom Berge Sinai aus dem 6. Jh. waren wegen ihres kleinen Formats sehr wahrscheinlich Teile transportabler Triptychen (→ Diptychon) u. dienten der Privatandacht zu Hause od. auf Reisen. Die I. ersetzt damit die Bilderwand u. übt die Funktion der Lehrinformation u. der sozialen Kontrolle im Privat- u. Intimbereich aus. Religionsgeschichtlich geht die I. wohl auf kleinere, durch Tabus (Verbote) geschützte Räume (bei den Römern war es die Ala) zurück, in denen Idole der Hausgötter od. Porträts der Ahnen (in Form des Clipeus), bei den Slaven Idole der weibl. u. männl. Ahnen (*rožanice, rod*) aufgestellt waren.

Lit.: Z. R. Dittrich, Zur religiösen Ur- u. Frühgesch. der Slaven, Jb. für Gesch. Osteuropas 9, 1961, 491-492; G. Ränk, Die hl. Hinterecke im Hauskult der Völker Nordeuropas u. Nordasiens, Helsinki 1949; Rothemund, 49-52; Weitzmann, 9 bis 11 u. Reg.: Iconostasis.

Ikonenmalerei, Herstellung von Tafelbildern, von → Ikonen.

1. Bildträger der Ikonen ist in der Regel das Holz. Sonderformen sind die auf grundiertem Leinen gemalten Kleinikonen (→ Tabletki), die Mosaik-Ikonen, die aus Elfenbein, Steatit, Metall, Stein od. Marmor (→

auch Relief) sowie aus Keramik hergestellten Ikonen u. schließlich die Hinterglasikonen. Die Maltechnik bei den frühesten Denkmälern der I. (6./7. Jh.) war die Enkaustik; sie mußte vor u. endgültig nach dem Bilderstreit (→ unter Bild) der Temperamalerei weichen. Das Holz für den Bildträger richtete sich nach dem örtl. Waldbestand od. wurde als teurer Importartikel aus dem Orient (Libanonzeder) eingeführt. Die Holztafel bzw. die zusammengefügten Bretter erhielten eine Vertiefung (russ. *kovčeg*, 'Arche', 'Reliquiar'), deren Ränder (russ. *pole*) ebenfalls mit Bildern (russ. *klejma*) versehen werden konnten. Auf den mit einer Leimschicht bedeckten Boden des Kovčeg kam eine Stofflage (russ. *povoloka*). Auf diese wurde der Malgrund (→ Levkas) aufgetragen. Nach Anlegen der Umrißzeichnung begannen die einzelnen Arbeitsgänge des Malens: Zuerst wurde die Goldmalerei (→ Chrysographie) ausgeführt, danach erfolgte das Auftragen der komplizierten Malschicht, deren schwierigster Teil das Inkarnat, die Hautpartien, waren. Den Abschluß bildete eine schützende Ölschicht (russ. *olifa*).

2. Die Entwicklungsgeschichte der I. beginnt mit den aus dem 6./7. Jh. stammenden Ikonen der Enkaustik (die aber auf noch frühere Denkmäler schließen lassen) auf der einen u. mit der zunehmend positiven Einstellung der Kirche zum Bild auf der anderen Seite. Wie bei den ersten orientalischen, vor allem syr. Bibelillustrationen ist ein bestimmter, mit einem ausgebildeten Licht-Schatten-Illusionismus verbundener „Impressionismus" nicht zuletzt auch der Mimik (→ unter Gestik) für viele dieser Ikonen kennzeichnend. Daneben steht ein starrer Linearismus u. die Ablehnung des Illusionismus bei Denkmälern aus Kreisen des Mönchtums. Annahme, Verarbeitung u. Auseinandersetzung mit der hellenist. u. der klass. Kunst der Antike sind ebenso charakteristisch für den Beginn der I. wie für ihre gesamte Entwicklung. Diese erfährt nach einer ersten Blüte im Justinian. Zeitalter (6. Jh.) im Bilderstreit des 8./9. Jh. eine tiefe Krise, aus der die Kirche nicht nur als Siegerin, sondern auch mit klaren theolog. u. ästhet. Vorstellungen hervorging. Sie bildeten die Grundlage für die → Renaissancen in Byzanz, die für die Geschichte der byz. Kunst typisch sind u. in denen die obenerwähnte Rezeption u. Auseinandersetzung mit den antiken u. spätantiken Traditionen u. zeitgenöss. Problemen erfolgte. Die neue u. gefestigte Ausgangsposition der Kirche bereicherte die Ikonographie der I. nicht nur um neue Motive (z. B. das Jüngste → Gericht u. die Grablegung Christi), sie gab auch älteren Motiven neue theolog. Sinninhalte (z. B. der Höllenfahrt Christi, → unter Auferstehung Christi, der Hetoimasia u. der Kreuzigung Christi); man begann, die Themen im Dodekaortion systematisch-liturgisch zu ordnen. Zugleich entstanden in einer der schwierigsten Epochen der byz. Geschichte, im 11./12. Jh., Meisterwerke der I., von denen hier nur die Eleusa (→ Gottesmutterbilder) aus dem 12. Jh., die später russ. Vladimirskaja genannt wurde, erwähnt werden kann.

Ende des 12. Jh. machen sich deutlich expressive Darstellungselemente bemerkbar, die der hellenist. Kunst keineswegs fremd gewesen waren, aber jetzt im 13./14 Jh. unter anderen Voraussetzungen zu einer neuen Ausdruckssprache in der byz. I. führen sollten. Durch Vergeistigung des spätantiken Schönheitsideals u. unter dem Einfluß des Hesychasmus (→ unter Mönchtum) werden tradierte Bildschemata dynamisiert (bizarre Architekturkulisse, wehende Sonnensegel u. Gewandzipfel, ihnen entsprechende expressive Psychologien u. starke Farbkontraste, jähe Bewegungen u. a.), um, ähnlich wie die Hagiographie dieser Epoche, die innere Erregung der hl. Personen wiederzugeben. Ausgangs der mittelbyz. Epoche erfolgte auch die Weiterentwicklung des älteren Templons zur Bilderwand, die der Ästhetik u. dem Stil der I. fruchtbare Impulse vermittelte. Gleichzeitig u. schon vom 10./11. Jh. an erscheinen im Kampf der Großkirche gegen die Häresie der Bogomilen neue Typen der Christus- u. Gottesmutterbilder. Die Eroberung Konstantinopels 1453 durch die Türken bedeutete auch das Ende der byz. Kunst, ohne daß sie Gelegenheit zum Ausreifen der neuen Ansätze gehabt hätte. Jedoch lebten die reichen Traditionen der byz. I. auf dem Balkan u. in Rußland mit bedeutsamen Veränderungen weiter.

3. Die gegenseitigen Vernichtungskriege der Byzantiner u. Balkanslaven u. schließ-

lich die Unterwerfung beider durch die Türken machen den Mangel an älteren Denkmälern der I. verständlich. Zu den ältesten Zeugen der bulg. I. gehört eine Keramik-Ikone des hl. Theodoros aus dem 9. Jh., deren Herkunft umstritten ist. Aus der Zeit des ersten bulg. Reiches u. des anschließenden Vernichtungskampfes der Byzantiner ist kaum noch etwas vorhanden. Erst aus dem 11.-13. Jh. ist eine größere Anzahl von Ikonen erhalten geblieben. Wie für alle Balkanvölker außerhalb von Byzanz sind auch für die bulg. Malerei die mit den thrakisch-dak. Reitergottheiten eng verbundenen christl. Reiterheiligen (→ auch Heiligenverehrung) charakteristisch. Die Ausdruckskunst der letzten der byz. Renaissancen erlebte in Bulgarien einen reichen, starken Widerhall. Auch nach der türk. Eroberung des Landes lebte die I. weiter, wenngleich viele Meister in andere Balkanländer u. nach Rußland emigrierten. Während auf der einen Seite überlieferter Formenschatz der klass. I. weitergepflegt wurde u. in der Türkenzeit die Gottesmutterbilder um einige Typen bereichert werden, gewinnen andererseits dörfl. Malschulen an Bedeutung. Unter ihnen ist vor allem die in Trjavna im 18./19. Jh. zu nennen. Auch in den Städten entstanden unter bekannten „Zographen" (grch. *zographos,* 'Maler') Werkstätten, deren Erzeugnisse z. T. exportiert wurden. Ihre Traditionen gehören mit zu den Voraussetzungen der nationalen u. kulturellen Renaissance Bulgariens im 19. Jh.

4. Wie überall wird man auch in Serbien aus den erhaltenen Denkmälern der Monumentalmalerei Rückschlüsse auf eine verlorengegangene I. ziehen dürfen. Ihre Blütezeit erlebte sie unter den großen Herrscherdynastien u. Bojarengeschlechtern im 13./14. Jh. Die Einflüsse der serb. Kunst dieser Epoche sind bis nach Rußland hin zu verfolgen. Die Ausbildung der byz. Ausdruckskunst in Verbindung mit neuen, z. T. gegen die Bogomilen gerichteten Typen der Christus- u. Gottesmutterbilder u. die Verarbeitung westl. Einwirkungen machen die I. dieses Balkanlandes besonders interessant. Hier fand die Weiterentwicklung der Bilderwand statt, deren hölzerne Ausführungen auch exportiert wurden.

5. Die Besonderheiten der nationalen Geschichte in der Türkenzeit (Fürstentümer der Walachei u. der Moldau) sowie deutliche, wenn auch auf anderen als in Serbien begangenen Wegen ins Land gekommene westl. Einflüsse, die besonderen Schicksale Transsilvaniens u. andere Voraussetzungen haben die I. Rumäniens geprägt. Ikonen hat es schon in den ältesten Klöstern der Moldau gegeben (14./15. Jh.), von ihnen sind aber nur wenige erhalten. Mit dem 16. Jh. setzt die Blütezeit der rumän. I. ein. Sie nimmt sofort neben den erwähnten Einflüssen unverwechselbare Eigenzüge an, die sie auch von den Arbeiten der Nachbarländer, vor allem Bulgariens, unterscheidet. Bauernschaft u. Bürgertum waren neben den Fürsten die Förderer dieser Kunst, die in den Hinterglasikonen vor allem Transsilvaniens u. der Grenzgebiete eine besondere Ausprägung erhielt. Wie bei den anderen Balkanvölkern ist die I. Rumäniens durch einen besonderen Zug intimer „Familiarität" gekennzeichnet, die sich in den verschiedenen Gesellschaftsschichten verschieden widerspiegelt. Das gilt auch für die Ikonen des Festtagsranges auf den vorwiegend kleineren Bilderwänden.

6. In Rußland hat die traditionsreiche byz. I. die reichste Weiterentwicklung erfahren. Die wenigen erhaltenen Denkmäler der Kiever (vormongol.) Epoche lassen auf einen bald nach der Annahme des Christentums einsetzenden Import byz. Ikonen schließen, der aber früh durch eigenständige Arbeiten ersetzt wurde. Noch vor der Mongoleninvasion zeigen sich deutl. Unterschiede stilist. Art zwischen der I. Novgorods u. der der Regierungszentrale in Kiev. Auch andere zentralruss. Städte, wie Jaroslavl', Rostov, Vladimir u. Suzdal', zeigen früh selbständige Züge in der Auffassung der Ikone als Kultur- u. Kunstbild. Im Zusammenhang mit der Erstarkung des Großfürstentums Moskau im 14. u. 15. Jh. u. der Überwindung der Tatarenherrschaft erreichten die Ikonen in dieser Zeit eine Hochblüte, wobei die komplizierten Zwischenbeziehungen zwischen der feudalisierten Kirche u. ihrer Sozietät auf der einen u. der Gesellschaft, die im Großfürstentum Führung u. Selbstdarstellung fand, auf der anderen Seite voll zum Tragen kommen. Es ist bezeichnend, daß die Meisterwerke eines Feofan Grek (etwa 1330-1410) u. Andrej Rublev (etwa 1370-1430) Ikonen der hoch-

ragenden Bilderwand sind, deren Bedeutung als Informationsmedium von Kirche u. Staat erkannt u. ausgenutzt wird. Es gelang den beiden Meistern u. ihren Schülern, die neuen techn. u. ästhet. Probleme, vor die sich die Maler durch die großen Ikonostas-Ikonen gestellt sahen, in hervorragender Weise zu lösen. Der Ausgleich zwischen der stark expressiven Kunst eines Feofan u. der betonten Verinnerlichung Rublevs erhielt in der „Troïca“ (→ Dreieinigkeit) des letzteren seinen gültigen Ausdruck. Eine genaue, alle Aspekte beachtende Analyse dieser berühmten Ikone zeigt, wie auch die altruss. I. dieser Epoche auf zeitgenöss. nonkonformist. Bewegungen (→ unter Häresie) empfindlich reagierte. Die Entwicklung des Großfürstentums zum Zartum spiegelt sich in der I. wider. Es kommt in der Folgezeit zu fruchtbaren gegenseitigen Beeinflussungen der zahlreichen städt. Schulen, einschließlich des hohen Nordens u. der Kunst der Hauptstadt, die der letzteren einen nicht unerhebl. Variantenreichtum schenkten. Im Mittelpunkt dieser Entwicklung steht die einzigartige Künstlerpersönlichkeit Dionisijs (etwa 1440-1508). Stilistisch zunächst an Rublev anknüpfend, findet dieser Meister eine neue Sprache, die die spannungsreichen gesellschafts- u. kulturgeschichtl. Probleme dieses Jh. in adäquater Weise reflektiert. Im 16. Jh. beginnen sich komplizierte Bildschemata herauszubilden, die die strenge Welt des Symbols verlassen u. sich zu theolog. Kompendien ausgestalten. Zum Teil an die Kunst Dionisijs anschließend u. Formelemente der Miniaturmalerei übernehmend, zeigen vor allem die Ikonen der sog. „Stroganov“-Schule mit ihrer intimen Atmosphäre den Einfluß des Adels u. eines auf soziales Avancement ausgerichteten Bürgertums. Zugleich mehren sich die Stimmen, die sich gegen die dem Volk schwer zugängl. gedankl. Überformung u. die immer kostbarere Ausstattung wenden.

Wie auf allen Gebieten des altruss. Lebens bringt das 17. Jh. auch für die I. eine tiefe Krise, die ihre Geschichte abschließt. Während die im Schisma (russ. *raskol,* → unter Kreuz) mit der Patriarchatskirche verharrenden Altgläubigen den Traditionen der alten I. u. ihrer Ästhetik verhaftet bleiben, suchen Maler wie Simon Ušakov (gest. 1686) u. seine Schüler nach neuen Wegen. An der Oružejnaja Palata bildete die I. nur einen unter anderen Ausbildungszweigen, der dem Ikonenamt (russ. *ikonnyj prikaz*) unterstand. Auf diese Weise fanden auch westl. Einflüsse in Thematik u. Technik der russ. I. Eingang. Peter I. unterstellte schließlich das Ikonenkontor beim Patriarchat nach dessen Ablösung durch den Hl. Regierenden Sinod dem letzteren u. trennte die I. von der weltl. Malerei. Alte Traditionen u. neue Auffassungen dieser alten Kunst wurden in den Malerdörfern Zentralrußlands weitergepflegt, die neben echten Meisterwerken vor allem den immensen Bedarf an Ikonen als Devotionalien zu befriedigen hatten; schließlich wurden Ikonen in manufakturähnl. bis privatkapitalist. Werkstätten hergestellt. Die Identitäts-Symbole der russ. Gesellschaft deckten sich immer weniger mit denen der kirchl. Sozietät, eine Erscheinung, die sich seit dem 17. Jh. auf allen Gebieten der Kultur bemerkbar macht. Neue fruchtbare Anstöße für die I. waren deshalb nicht mehr zu erwarten.

7. Eine Sondergruppe nehmen die Denkmäler der ukrain., galiz. u. karpatoukrain. I. ein, in denen sich das im Laufe der Geschichte komplizierte u. wechselvolle Konfessionsschicksal der Bevölkerung widerspiegelt. Zur theologisch-systemat. Seite der I. → unter Bild, vgl. auch die sachl. Details: → Bilderwand, → Genrebild, christl. → Kürzungen, → Perspektive, → Proportion, → Repräsentationsbild.

Lit.: A. Boschkow, Die Bulgar. Malerei, Recklinghausen 1970; I. J. Danilowa, Dionissi, Dresden 1970; N. A. Demina, Andrej Rublev i Chudožniki ego Kruga, Moskau 1972; Drevnerusskoe Iskusstvo, Moskau 1963 ff.; A. Frický, Ikony z Východného Slovenska, Košice 1971; A. Grabar, Byzanz, Baden-Baden 1964; ders., Die mittelalterl. Kunst Osteuropas, Baden-Baden 1968; ders., W. N. Lasarew, W. S. Kemenow (Hg.), Gesch. der russ. Kunst, Bd. 1 ff., Dresden 1957 ff.; R. Hamann – Mac Lean – H. Hallensleben, Die Monumentalmalerie in Serbien u. Makedonien vom 11. bis zum frühen 14. Jh., Gießen 1963; S. Jeckel, Russ. Metall-Ikonen, Bramsche 1981[2]; I. Klosińska, Ikony, Kraków 1973; R. Lange, Die Byz. Reliefikone, Recklinghausen 1964; V. N. Lazarev, Istorija Vizantijskoj Živopisi, 2 Bde., Moskau 1986[2]; ders., Russkaja Ikonopiś ot Istokov do Načala XVI veka, Moskau 1983; ders., Andrej Rublev i ego škola, Moskau 1966; ders., Theophanes der Grieche, Dresden 1968; ders., Novgorodskaja Ikonopiś, Moskau 1969; ders., Dvustoronnie Tabletki iz Sobora Sv. Sofii v Novgorode – The Double Faced Tablets from the St. Sophia Cathedral in Novgorod, Moskau, 1983[2]; Vizantija, Južnye Slavjane i Drevnjaja Ruś. Zapadnaja Evropa. Iskusstvo i Kul'tura. Sbornik Statej v cest' V. N. Lazareva, Moskau 1973; ders., Vizantijskoe i Drevnerusskoe Iskusstvo, Moskau 1978; ders., Ikonen der Moskauer Schule, Berlin 1977; J. A. Lebedewa, Andrei Rubljow u. seine Zeitgenossen, Dresden 1962; G. Millet – A. Frolow, La Peinture du Moyen-Âge en Yougoslavie, Serbie, Macédoine et Monténégro, 3 Bde., Paris 1954-1962; C. Nicolescu, Rumän. Ikonen, Berlin 1973; Onasch, Ikonen; ders., Das Problem des Lichtes in der I. Andrej Rublevs, Berlin 1962; ders., Altruss. Ikonen, Berlin 1977; ders., Kunst u. Gesellschaft im Modell der Dreieinigkeitsikone Andrej Rublevs, Beitr. zur byz. u. osteurop. Kunst des MA, hg. von H. L. Nickel, Berlin 1977, 19-32; V. A. Plugin, Mirovozzrenie Andreja Rubleva, Moskau 1974; N. O. Podobedova. Moskovskaja Skola živopisi pri Ivane IV, Moskau 1972; N. M. Sinovev, Iskusstvo Palecha, Leningrad 1968; H. Skrobucha, Ikonen aus der Tschechoslowakei, Prag 1971; ders., Meisterwerke der I., Recklinghausen 1975[2]; É. S. Smirnova, živopiś Obonež'ja, Moskau 1967; dies., živopiś Velikogo Novgoroda, Moskau 1976; K. Sommer, Ikonen. Ein Handbuch für Sammler u. Liebhaber, München 1979; G. u. M. Soteriou, Eikones tes Mones Sina, 2 Bde., Athen 1956, 1958; D. Talbot Rice, Byzantine Icons, London 1959; ders., Byzantine Painting: The Last Phase, London 1968; ders., Byzanz; ders., Byz. Kunst, München 1964; A. Tschilingirov, Christl. Kunst in Bulgarien, Berlin 1978; Volbach – Lafontaine – Dosogne; Weitzmann; ders., Die Ikone, München 1978; ders. u. M. Chatzidakis, K. Miatev, S. Radojčić, Frühe Ikonen. Griechenland, Bulgarien, Jugoslawien, München 1965; C. H. Wendt, Rumän. Ikonen, Eisenach 1953; Ju. Bobrov, Istorija Restavracii Drevnerusskoj Živopisi, Moskau 1978; G. J. Vzdornov, Feofan Grek. Tvorčeskoe Nasledie, Moskau 1983; ders., Troica Andreja Rubleva, Antologija, Moskau 1981; ders., Istorija Otkrytija i Izučenija Russkoj Srednevekovoj Živopisi, Moskau 1986; M.Alpatov, Feofan Grek, Moskau 1984; V. G. Brjusova, Russkaja Živopiś 17 veka, Moskau 1984; R. de Caluwé, I.,Rosenheim 1984; É. S. Smirnova, Moskovskaja Ikona XIV-XVII veka, Leningrad 1988; Nowgoroder Ikonen des 12. bis 17.Jh., Leningrad 1983; V. Kotov u. L. Taktashova, Palekh. The State Museum of Palekh Art, Moskau 1990; LdK 2, 367-368. – S. auch Lit. zu Ikone, Kirchenbau.

Ikonenweihe. Die besondere Einstellung der byz. Kirche zum Bild ließ die Ikone vor allem an der Bilderwand zum wenn auch kanonisch nicht zwingend vorgeschriebenen Bestandteil der Liturgie werden. Im Laufe der Liturgiegeschichte wurde sie schließlich zu den hl. Sachen (grch. *hiera pragmata*) gezählt u. unter den Schutz des Kirchenrechts gestellt. Damit beanspruchte die Ikone eine eigene Weihe; sie scheint allerdings erst in spät- bis nachbyz. Zeit eingeführt worden zu sein. Ihr vorangegangen ist möglicherweise die Benennung der Ikone mit dem Namen der von ihr dargestellten hl. Person. Heute stellt die I. ein eigenes, vom Bischof zu vollziehendes Offizium (→ auch Akoluthia) dar. Über der auf den Altar gelegten Ikone spricht der Bischof ein Gebet, besprengt sie mit Weihwasser u. inzensiert sie mit Weihrauch. Erst danach ist eine Ikone zum liturg. Gebrauch freigegeben. Die I. schließt auch Prüfung u. Anerkennung ihrer Ikonographie durch den Bischof ein.

Lit.: P. Krüger, Der Ritus der I. nach dem westsyr. Pontifikale u. seine theolog. Bedeutung im Vergleich mit der byz. Ikone, OstKSt 14, 1965, 292 bis 304; Rothemund, 360-362; Maltzew[2], 1023 bis 1083; N. Thon, Ikone u. Liturgie, Trier 1979, 214 bis 233; Ritus der I., München 1983.

Ikonographie (von grch. *eikon,* f., 'Bild', 'Abbild', u. *graphe,* f., 'Schrift', 'Beschreibung'), seit der Antike (Aristoteles, Strabo) Beschreibung von Kunstwerken jeder Art.

1. Unter I. versteht man heute die Erfassung u. Statistik von Inhalten einzelner Bilder, d. h. ihres gegenständl. u. personalen Bestandes, sowie der Bildprogramme des Kirchengebäudes. Nach der statist. Erhebung der Objekte u. Personen erfolgt ihre Zuordnung zu bestimmten Motiven od. Themen. Ihre Verbindung zu einem einheitl. Ganzen ergibt die Komposition u. deren Generalthema. Die Identifizierung des statist. Materials mit den ihm zugeordneten Motiven setzt gerade in der ostkirchl. Kunst Kenntnis ihrer Beziehungen zu literar. Quellen (→ auch Enkomion, → Heiligenvita, → Kirchendichtung) voraus. Das gleiche gilt für bestimmte ikonograph. Zeichensysteme (→ auch Allegorie, → Emblem, → Symbol). Ihre Auflösung bringt die I. an ihre Grenze u. leitet bereits zur Ikonologie über. Da die I. in der orth. Kunst in viel strengerer Weise als in der kirchl. Kunst des Westens der Lehrinformation dient (→ auch Ikone, Abs. 1), unterliegt sie der Kontrolle der Kirche, d. h. des Bischofs (→ auch Ikonenweihe). Dieser spezifische, konfessionsgebundene Aspekt der byz.-slav. I. läßt ihre komplizierten, noch längst nicht erschöpfend erforschten Beziehungen zur orth. Sozietät u. zur mittelalterl. Großgesell-

schaft deutlich werden. Insofern die orth. I. über einen durch Übereinkunft (Konvention, russ. *uslovnost'*) der Sozietät festgelegten Zeichenvorrat verfügt, gehört sie in den Bereich der Semantik, der neue Forschungshorizonte eröffnet. Grundlegend für sie ist, daß es „für die mittelalterl. Weltanschauung keine willkürl. Zuordnung des Bezeichneten zum Bezeichnenden" (B. Uspenskij) gab, sondern daß sie durch ein über sie hinausweisendes System von Symbolwerten reguliert wurde. Auch aus diesem Grunde ist die Ergänzung der I. durch ikonolog. Überlegungen gerade bei dieser Kunst notwendig. Der in einem umfassenden Sinne zu verstehende Zeichencharakter der I. setzt die Einheit des ikonographischen mit dem ikonolog. Bereich voraus. Das gleiche gilt für die Zusammengehörigkeit von Lehr- u. ästhet. Informationen innerhalb des ikonograph. Kanons. Die dabei auftretenden Spannungselemente zeigen sich schließlich auch bei den durch Konvention festgelegten Strukturen des letzteren, insbesondere durch den Einbau des Genrebildes. Es zeigt sich, daß semant. u. informationstheoret. Überlegungen, sofern sie nicht zu einer abstrakten „Mathematisierung" (G. K. Vagner) der mittelalterl. Kunst führen, beim Studium der orth. I. durchaus ihre Berechtigung haben können.

2. Von der allgemeinen I. unterscheidet man als Sondergebiet die Gestalt-I. Sie beschäftigt sich mit der Gestik u. Mimik der Heiligen, mit ihrer Gewandung (kirchl. u. liturg. → Gewänder) u. anderen Spezifika sowohl ihrer Individualität als auch ihrer jeweiligen Kollektivität (der Gruppenzugehörigkeit z. B. zum Mönchtum, zur Hierarchie u. ä.; → auch Heiligenverehrung).

Lit.: J. Bialostocki, Stil u. I., Dresden 1966; F. I. Buslaev, Sočinenija, 2. Bd., Petersburg 1910; C. D. Kalokyris, The Essence of Orthodox Iconography, The Greek Orthodox Theological Review 12, Brookline (Mass.) 1966/1967, 168-204; 13, 1968, 65-120; Ph. Kontoglu, Ekphrasis tes Orthodoxu Eikonografias, 2 Bde., Athen 1960; E. Panofsky, Meaning in the Visual Arts, New York 1955; ders., Zum Problem der Beschreibung u. Inhaltsbedeutung von Werken der bildenden Kunst, Logos 21, 1932, 103-119; U. Schubert, Strukturelemente der frühchristl. Bildkunst, Kairos 19, 1977, 187-202; G. K. Vagner, Problema, Žanrov v Drevnerusskom Iskusstve, Moskau 1974; Weitzmann; ders., The Survival of Mythological Representations in Early and Byzantine Art, DOP 14, 1960, 42-68; ders., Greek Mythology in Byzantine Art, Princeton 1951; Ch.Walter,Studies in Byz. Iconography, London 1977; St. Sinding-Larsen, Iconography and Ritual. A Study of Analytical Perspectives, Oslo/Bergen/Stavanger/Troms 1984; G. Vagner, Kanon i Stil v Drevnerusskom Iskusstve, Moskau 1987; M. Lurker (Hg.), Wörterbuch der Symbolik, Stuttgart 1983², 315; A. Grabar, Christian Iconography. A Study of its Origins, Washington 1968; E. Kaemmerlin (Hg.), Bildende Kunst als Zeichensystem 1: I.u. Ikonologie, Köln 1979; J. M. Lotman, Kunst als Sprache, Leipzig 1981; LdK 2, 368-370. – S. auch Lit. zu Bild, Ikone, Ikonologie.

Ikonologie (von grch. *eikon,* f., 'Bild', 'Abbild', u. *logos,* m., 'Wort', 'Lehre'), im Gegensatz zur deskriptiven Methode der Ikonographie bemüht sich die I. um die Deutung des Bildinhaltes. Dabei handelt es sich nicht nur um die Entschlüsselung von Zeichenchiffren, wie Allegorie, Emblem u. Symbol, u. bestimmten Bedeutungsinhalten der Kunst u. Architektur, sondern in erster Linie um eine Deutungsmethode (Hermeneutik), die das Kunstwerk (auch das sprachliche) als Ganzes im menschl. Bewußtsein sieht. Für das Verständnis der Darstellung christl. Feste ist die I. ebenso wichtig wie für streng „kodierte" Bildformeln der Lehrinformation (z. B. Deesis, Hetoimasia, Dreieinigkeit). Der byz. Kirchenbau u. sein Bildprogramm sowie die Bilderwand bieten sich von selbst der I. als Forschungsgegenstände an. Die byz. Liturgiekommentare (→ unter Mystagogie) liefern hierfür ein umfangreiches, wenn auch kritisch zu wertendes Material. Auf der anderen Seite ist nicht zu verkennen, daß die I. das Kunstwerk in seiner Einheit in Frage stellen könnte, wenn sie sich von der ikonograph. Methode zu „selbstbewußt" abgrenzt. Demgegenüber eröffnen informationstheoret. Überlegungen neue, diese Problematik zumindest eingrenzende Aspekte der I. (→ unter Ikonographie).

Lit.: J. Bialostocki, Iconography and Iconology, New York – Toronto – London 1963; G. Bandmann, Mittelalterl. Architektur als Bedeutungsträger, Berlin 1951; H. Goltz, Zur Ikonosophie des Kreises: Theodoros Pediasimos u. der Symbolismus der Rublevschen Troica, H. Nickel (Hg.), Byz. Kunstexport, Halle (Saale) 1978, 289-300; W. S. Heckscher, The Genesis of Iconology, Stil u. Überlieferung in der Kunst des Abendlandes 3, Berlin 1967, 239-262; E. Panofsky, Studies in Iconology, New York 1939; M. Lurker (Hg.), Wörterbuch der Symbolik, Stuttgart 1983², 315-316; 617

bis 618 (Semantik, Semiotik); U. Eco, Einführung in die Semiotik, München 1972; B. Uspensky, The Semiotics of the Russian Icon, Lisse 1976; H. Belting, Das Bild u. sein Publikum im MA, Berlin 1981; H. U. Gumbrecht u. K. L. Pfeiffer (Hg.), Materialität der Kommunikation, Frankfurt a.M. 1988; H. Bauer, Kunsthistorik. Eine kritische Einführung in das Studium der Kunstgesch., München 1979², Reg.: Ikonographie, Ikonologie, Semantik; LChI 2, 514-529 (Kirche, Kirchenbau); LdK 2, 370-371. – S. auch Lit. zu Ikonographie.

Ikonostase → Bilderwand

Imago clipeata → Clipeus

Improperien (lat. *improperium,* n., 'Vorwurf'), in der kath. Kirche während der Kreuzanbetung (→ auch Sonntag der Kreuzverehrung) am Karfreitag gesungene Hymnen, in denen sich der gekreuzigte Christus mit Klagen u. Vorwürfen an die Juden wendet. Im Westen seit dem 7. Jh. bekannt (mozarab. Liturgie, Bobbio-Missale, seit dem 9. Jh. im Frankenreich) ist der Ursprung der I. im grch. Karfreitagsgottesdienst zu sehen (15 Antiphone, eine Reihe von Kurzstrophen [Troparien] im Morgengottesdienst u. in den Großen od. Königl. → Horen mit einem sich steigernden Abschluß im Abendgottesdienst). Einige Forscher sehen in Syro-Palästina bzw. in Jerusalem selbst (unter judenchristl. Kreisen?, vgl. auch Micha 1-3) die Heimat der I., andere im Rom des frühen 4. Jh., auf jeden Fall aber vor der 1. Ökumen. Synode von 325. Thema der I. u. Ansätze zu ihrer Dramatisierung finden sich bereits in der Passa-Homilie des Melito von Sardes (gest. um 180). Die dramat. Elemente wurden im MA in Ost u. West weiter entwickelt (neben der Stimme Christi die eines Sprechers, beide Gruppen beginnen mit einem melismatisch ausgeschmückten „Aufschrei", in der kath. Kirche dreimalige Wiederholung in jeweils höheren Tonlagen u. a.).

Lit.: A. Baumstark, Der Orient u. die Gesänge der Adoratio Crucis, JLW 2, 1922, 1-17; Eisenhofer 1, 529 f.; H. Schmidt, Hebdomada Sancta, 2. Bd., Rom 1957, 794 f.; W. Schütz, „Was habe ich dir getan, mein Volk", JLH 13, 1968, 1-58; Wellesz, 359 f.; Werner, 224 f., 453.

Indiktion, Bezeichnung für den Beginn des orth. Kirchenjahres am 1. Sept. (lat. *indictio graeca,* 'grch. I.'), im Gegensatz zur mittelalterl. I. der kath. Kirche am 25. März od. am 1. Jan. (*indictio romana seu pontificia*, 'röm. od. Pontifikal-I.'). Die I.en gehen auf die Auferlegung von Steuerabgaben unter Diokletian zurück. Ein Indictus bestand aus einem Zyklus von 15 Jahren zu je 3 Lustra (lat.; ein *lustrum* = eine fünfjährige Finanzperiode). Die I.s-Zahl gab die Position des betreffenden Jahres innerhalb des Zyklus an. Die im 7. Jh. eingeführte Zeitrechnung der Weltära begann mit dem 1. Sept. Die Kirche gedachte an diesem Tage des ersten Auftretens Jesu in Nazareth (Luk. 4, 16) u. des Sieges Konstantins über Maxentius am 28. Okt. 312.

Lit.: V. Grumel, Indiction Byzantine et Neon Étos, REByz 12, 1954, 128-143; H. Lietzmann (K. Aland, Hg.), Zeitrechnung der röm. Kaiserzeit, des MA u. der Neuzeit, Berlin 1956³, 7 ff.; Nilles 1, 264 f.; Werner, 65, 73; LexMA 5, 405-406. – S. auch Lit. zu Zeitrechnung.

Inkarnat, auch Karnat, Karnation (von lat. *caro,* f., 'Fleisch'), in der Ikonenmalerei der Farbton der (vom Ikonenbeschlag freibleibenden) Hautpartien u. die Technik ihres Auftragens innerhalb der Malschicht (→ unter Temperamalerei). Von den mannigfachen Farbtönen des I.s in der westl. Malerei unterscheidet sich die byz.-slav. durch ihre besondere Grünfärbung, die allerdings in den einzelnen Stilepochen u. Malschulen variiert. Die Grundlage des I.s bildet der mit grünen Tönungen versehene u. aus braunen Erdfarben bestehende Sankir (grch. [türk.?] *tsinkıarı,* 'Kupfergrün', 'Grünspan'). Mit ihm wurde die ganze Fläche der Hautpartie mit Ausnahme der Aufhellungen bedeckt.Auf den Sankir wurde der Glykasmos (grch.) od. die Podrumjanka (russ.) aufgetragen, eine aus verschiedenen Ockerfarben bestehende Farbmaske. Das Reflexlicht wurde mit Bleiweißstrichen (russ. *otmetki*) wiedergegeben u. die Schattenseiten dunkel „verockert". Die Ausführung des I.s gehört zu den Aufgaben des Ikonenmalers (russ. *ličnik,* von *lico,* 'Person', 'Antlitz'), der im allgemeinen mit dem Meister einer Werkstatt identisch ist.

Lit.: Onasch, Ikonenmalerei, 97-99; LdK 1, 722 (Fleischfarbe).

Intaglio → unter Gemme

J

Jakobusliturgie. Die J. wird von der kirchl. Tradition auf den Herrnbruder u. ersten Bischof von Jerusalem zurückgeführt. In Wirklichkeit handelt es sich um die Liturgie von Antiochien, wie sie von den byzanztreuen (d. h. die 4. Ökumen. Synode von 451 anerkennenden) Christen des Orients (den Melkiten, von syr. *malka,* 'Kaiser', 'König') einschließlich Jerusalems bis zum 13. Jh. u. des Westens (Sizilien, Süditalien, Zypern, Insel Zakynthos u. Thessalonich) gefeiert wurde, bis sie Formulare Konstantinopels ablösten. Mit der grch. J. deckt sich weithin die der westsyr. Monophysiten (Jakobiten), die das Konzil von 451 nicht anerkannten. Der Text der grch. J. läßt sich vom 9. bis zum 7./8. Jh. zurückverfolgen. Die J.n der Orthodoxen u. Jakobiten gehen auf die Liturgie Jerusalems zurück, wie sie uns aus den Schriften Kyrills von Jerusalem (gest. 387) bzw. seines Nachfolgers Johannes (gest. 417) bekannt ist. Die Formulare der J. aus dem 13. Jh. bringen die ursprünglich nicht vorhandenen Hymnen des Eingeborenen Sohnes u. den Cherubimhymnus. Die J. ist ein klass. Beispiel für den Kampf des Patriarchen von Konstantinopel um die Vorherrschaft im Orient u. in Italien im Spiegel der Liturgiegeschichte. Zu den Gegenmaßnahmen des röm. Stuhles gehörte möglicherweise die Propagierung der Petrusliturgie, vor allem während der Kreuzzüge.

Lit.: Baumstark, 54 ff.; Brightman, XLVIII-LIV, 31-68; Dix, 175-207; Hanssens, Nr. 1498-1503; J. Jedlička, Das Prager Fragment der altgeorg. J., Archiv Orientálni 29, Praha 1961, 183-196; G. Kretschmar, Die frühe Gesch. der Jerusalemer Liturgie, JLH 2, 1956, 22-46; Lietzmann, passim; B.-Ch. Mercier, La Liturgie de Saint Jacques, Patrologia Orientalis 26, 2, Paris 1946; H.-J.Schulz, Handbuch Ostk.kunde II,22 ff.

Johannes → unter Heiligenverehrung, → auch Heiligenbilder

Jüngstes Gericht → Gericht, Jüngstes

K

Kaiserkult. 1. Der byz. K. knüpfte an Vorstellungstraditionen an, die man am zutreffendsten wohl mit „Gottesgnadentum" umschreibt. Die sog. „Vergottung" (grch. *apotheosis*) wurde im Orient selten physisch verstanden; sie bedeutete im Hellenismus Anerkennung bzw. Verleihung bestimmter kultisch u. protokollarisch fixierter Würdestellungen (Überhöhung der Person im Sinn des „göttl. Menschen" [grch. *theios aner*]). Der röm. K. verlangte zwar Anerkennung durch die verschiedensten religiösen Gemeinschaften, aber nicht seine Aufnahme in deren Kultus. In Byzanz wurde das Verhältnis von Staat u. Kirche durch die auf keine bibl. Tradition gestützte Idee vom Kaiserreich als „Nachahmung des Reiches Gottes" (grch. *mimesis tes basileias tu theu*) zu regeln versucht. Diese Vorstellung wurde schließlich von Kaiser Justinian (gest. 565) durch die rechtl. Fixierung des „Symphonie"-Modells vollendet. Es beinhaltet, daß sich Kaiserstaat (grch. *basileia;* lat. *imperium*) u. Kirche (grch. *hierosyne;* lat. *sacerdotium*) zum Wohle von Staat u. Gesellschaft in Harmonie (grch. *symphonie;* lat. *harmonia*) zueinander befinden müßten. Als „staatsrechtl." Wirklichkeit steht hinter diesem Modell die prinzipielle Konkurrenz zweier Sozietäten, die, wie z. B. im Bilderstreit (→ unter Bild), in offene Konflikte ausbrechen konnte. Das Symphonie-Modell (wie es, von wenigen Ausnahmen abgesehen, im byz. MA wirksam u. auch auf die slav. Reiche von Einfluß war) stellt eine Art von Übereinkunft (lat. *modus vivendi*) gegenüber dem ausgesprochen situationsmilitanten Verhältnis von kirchl. Sozietät u. spätröm. Staat zur Zeit der Alten Kirche dar, wie es in der Entstehung der ältesten Feste (→ Epiphani, → Geburt Christi), im Aufkommen der ersten Christusbilder u. in nicht wenigen Motiven der frühchristl. Ikonographie (→ z. B. Aurum coronarium) deutlich wird. Von daher ergibt sich die Problematik des byz. K.s aus seiner eigenen Struktur heraus, die mit dem Schlagwort „Cäsaropapismus" nicht umschrieben werden kann. Im folgenden werden die wichtigsten Ideen u. Zeremonien des byz. K.s aufgeführt.

2. Die den K. tragende spätantike Zentral-

idee war die der „Menschenliebe" (grch. *philanthropia,* vgl. auch Guter → Hirte); sie konnte mit der Botschaft des NT (Tit. 3, 4) verbunden werden, zu deren Nachahmung der Kaiser in den Akklamationen aufgefordert wurde. Der eigentl. Souverän des Reiches war Christus, der Kaiser nur sein Vikar, der Christus ständig einen leeren Thron (→ unter Hetoimasia) reserviert halten ließ. Daraus folgten die Frömmigkeit (grch. *eusebeia*) u. die dienstfertige Demut Gott gegenüber (grch. *therapon theu*), wie sie in zahlreichen Zeremonien durch den Kaiser „nachahmend" praktiziert wurden (z. B. in der Fußwaschung, in der Nachahmung des Einzuges Christi in Jerusalem [→ unter Palmsonntag] od. im Zeremoniell der Ablegung der byz. Kaiserkrone, des Kamelauchions, vor dem Kreuz). Die Ableitung kaiserl. Gewalt aus der Macht Gottes kam in einer Reihe von Würdetiteln zum Ausdruck, wie z. B. „der von Gott Erwählte" (grch. *theoprobletos*), „der von Gott Gelenkte" (*theokybernetos*), „der Apostelgleiche" (*isapostolos*), „der Neue Mose" u. a. Der Würdetitel „heilig" konnte sich im K., von wenigen Ausnahmen abgesehen, nicht halten. Dem Distanzverhältnis des Kaisers Gott u. Christus gegenüber entsprach das des Kaisers zu den Menschen (wiederum im Sinne der „Nachahmung" des Reiches Gottes). Am deutlichsten wird das Zeremoniell der „Schweigezone" (grch. *silention;* lat. *silentium*) um den Kaiser, die durch entsprechende Hofbeamte, die Silentiarii, abgesichert wurde, wie der Kaiser selbst nur durch einen „Wortführer" (grch. *logothetes*) bei Audienzen sprach. Auch eine Reihe von Herrschergesten, z. B. der Gestus der verhüllten Hände (→ unter Gestik), gehören hierher. Zu den zahlreichen Ehrenrechten (Privilegien) des Kaisers gehörten u. a. das Vorantragen von Licht, der Weihrauch, die Reservierung der Purpurfarbe bis hin zu den Purpurschuhen (lat. *campagi*), das Goldsiegel (das Chrysobull), die feierl. Prozession (lat. *processio imperialis culminis*), bestimmte Formen der anbetenden Unterwerfung (→ Proskynese), der zeremonielle Kuß, der Herrscherthron, das Recht auf die Aufstellung seines Bildes, des Lauratons, das Tragen der Herrscherkrone (→ unter Kamelauchion), der mündl. u. schriftl. Lobpreis (→ Panegyrikos), bei bestimmten Zeremonien die große Orgel. Einige dieser Privilegien u. Reservate wurden bereits von Konstantin an den Bischof, später an den Patriarchen delegiert (→ auch Bischofsinsignien). Ebenso stark war der Einfluß des K.s auf die Liturgie u. die Kunst der Alten u. der byz. Kirche, wobei das prinzipielle Distanzverhältnis zwischen Kirche u. byz. Kaiserstaat in zahlreichen situationsmilitanten Motiven zum Ausdruck kam.

3. Dieses Distanzverhältnis wird deutlich in der Art, wie die Kirche von mittelbyz. Zeit an die Person des Kaisers mit ihrem Gottesdienst verband. Er mußte die Weihe zur „apostol. Majestät" aus der Hand des Patriarchen empfangen u. dabei ein selbstverfaßtes Glaubensbekenntnis vortragen. Die sakrale Würde seines Amtes gestattete ihm keineswegs, ohne weiteres aktiv an der Liturgie teilzunehmen (er war kein „Priesterkönig"). Vielmehr wurde die erst im Laufe der Jh. ausgebaute aktive Teilnahme des Kaisers am Gottesdienst durch Ausnahmeregelungen (*oikonomiai,* → unter Kirchenrecht) festgelegt, die für den kaiserl. Laien notwendig waren, z. B. durch Erhebung in den Rang eines Diakons od. eines anderen Beamten der untersten Stufen der Bischofsverwaltung. Ebenso wurde der Verkehr des Kaisers mit dem Patriarchen innerhalb u. außerhalb des Gottesdienstes protokollarisch genau geregelt. Der Vorraum (→ Naos) der Hagia Sophia diente als Ort der Begegnung zwischen ihnen. Nach dem für die Kirche siegreichen Bilderstreit (→ Bild) entstand als Symbol des Symphonie-Modells aus älteren Vorstellungen die der → Weisheit Gottes.

Lit.: Beck, 36 f.; ders., Das Byz. Jt., München 1978, Kap. III: Polit. Orthodoxie; A. Michel, Die Kaisermacht in der Ostkirche, Darmstadt 1959; L. Cerfaux u. J. Tondriau, Un Concurrent du Christianisme: Le Culte des Souverains dans la Civilisation Gréco-Romaine, Paris 1957; Fr. Dvornik, Early Christian and Byzantine Political Philosophy. Origins and Background, 2 Bde., Washington 1966; Grabar, Empereur; H. Hunger, Reich der Neuen Mitte, Graz, Wien, Köln 1965, 61-107; A. P. Kashdan, Byzanz u. seine Kultur, Berlin 1973², Reg.: Kaiser; E. Sauser, Frühchristl. Kunst, Innsbruck, Wien, München 1966, 402-461; P. E. Schramm (Hg.), Herrschaftszeichen u. Staatssymbolik, 3 Bde., Stuttgart 1954- 1956; ders, Kaiser, Könige u. Päpste, 4 Bde. Stuttgart 1968-1971; N. Skabalanovič, Vizantijskoe Gosudarstvo i cerkov v XI v., S. Peterburg 1884; F. Taeger, Charisma.

Studien zur Gesch. des antiken Herrscherkultes, 2 Bde., Stuttgart 1957; O. Treitinger, Die oström. Kaiser- u. Reichsidee nach ihrer Gestaltung im höf. Zeremoniell, Bad Homburg v. d. Höhe 1969 (Reprint); M. Lurker (Hg.), Wörterbuch der Symbolik, Stuttgart 1983², 362-363 (König/Kaiser); F. Kämpfer, Das russ. Herrscherbild von den Anfängen bis zu Peter dem Großen, Studien zur Entwicklung Politischer Ikonographie im Byz. Kulturkreis, Recklinghausen 1978; LCHI 2, 474 bis 478; LdK 3, 380-382 (Monarchen); LexMA 5, 851 bis 856 (Kaiser, Kaisertum); RBK 3, 722-853 (Kaiserbild).

Kalendarium (lat. *calendae,* f. plur., 'Monatsanfang'), im röm. Ritus das offizielle Verzeichnis der Feste u. Heiligengedenktage im bewegl. und unbewegl. Zyklus des Kirchenjahres. Das älteste K. ist der von Furius Dionysius Philocalus verfaßte „Chronograph" von 354 (mit dem Datum der Geburt Christi am 25. Dez.). Aus dem Jahre 363 stammt ein antiochen. K., das uns in einer syr. Fassung von 411 erhalten ist. Im byz. Ritus sind die entsprechenden grch. Bezeichnungen Heortologion, Chronoskopia, Hagiologion, Ephemerides ungebräuchlich bzw. sehr selten. An die Stelle des K.s treten die liturg. Bücher Menaion, Triodion u. Synaxarion.

Lit.: J. S. Assemani, Kalendaria Ecclesiae Universae, 6 Bde., Rom 1750-1755; G. Garitte, Le Calendrier Palestino-Géorgien, Bruxelles 1958; Handbuch 2, 314 ff.; Nilles; LChI 2, 482-490; LdK 2, 411-412; LexMA 5, 866-867.

Kalender → unter Zeitrechnung

Kamee → unter Gemme

Kamelauchion (grch., n., auch *kalymmauchion,* n.; russ. *kamilavka,* f.), zylinderförmige Kopfbedeckung, deren oberer Durchmesser größer als der untere ist. Das K. gehört ausschließlich dem byz. Ritus an. Im allgemeinen ist es bei Angehörigen des Mönchtums u. des hohen Klerus mit schwarzem, bei der Weltgeistlichkeit mit violettem Samt bezogen. Bezeichnung, Form u. Gebrauch des K.s u. des Skuphos wechseln in den einzelnen orth. Kirchen. Die heutige hohe Form stammt aus dem 17. Jh., der vorstehende schmale Rand an der Oberseite des K. bei Griechen, Bulgaren u. Rumänen aus dem 19. Jh. Der Patriarch der russ. orth. Kirche u. der Katholikos der georgisch-orth. Kirche tragen ein niedriges, haubenförmiges K. Vom Bischof an aufwärts wird das K. mit einem Schleier, dem Epanokamelauchion, bedeckt, das auch von jedem Mönch im Kleinen Schima getragen wird. In allen Fällen handelt es sich um einen nichtliturg. Kopfbedeckung, im Gegensatz zur Mitra (→ Bischofsinsignien).
Die Herkunft des K.s ist noch nicht völlig geklärt. An seiner Entstehung haben sowohl das liturg. Kopftuch einiger oriental. Kirchen wie das haubenförmige Pilleum der freien röm. Bürger u. bestimmter röm. Beamtenklassen mitgewirkt. Auch die Kopfbedeckung des Papstes im MA wird einmal Camelaucum genannt. Ungeklärt sind ebenso die Beziehungen zwischen diesem klerikalen Bekleidungsstück u. der gleichfalls als K. bezeichneten geschlossenen (Stoff-) Haubenkrone der byz. Kaiser, die mit hoher Wahrscheinlichkeit auf iran. (sassanid.) Vorbilder zurückgeht. Vom kaiserl. K. zu unterscheiden sind eine Reihe von Kronenformen, von denen hier die eigentl. Herrscherkrone, das Stemma u. der dem Kaisar (dem Unterherrscher, im Gegensatz zum Basileus) zustehende Stephanos genannt seien. Sehr wahrscheinlich gehörten K. u. Krone zu den delegierungsfähigen insignialen (od. halbinsignialen) Gegenständen des Kaiserkultes, die u. a. auch an Mitglieder der kirchl. Hierarchie verliehen werden konnten (→ auch Bischofsinsignien). Dabei scheinen weit ältere Formen liturg. u. nichtliturg. Kopfbedeckungen aus dem Orient ideell aufgewertet u. äußerlich verändert worden zu sein. Das K. als halbinsignialer Gegenstand wird greifbar in der sog. „Konstantin. Schenkung" (lat. *donatio Constantini*), einer Zweckfälschung des 8. Jh., in der der röm. Bischof von Kaiser Konstantin dem Großen unter anderem das Recht erhält, eine dem K. entsprechende weiße Haube zu tragen. In einer der „Donatio" nachgebildeten Novgoroder Legende aus dem 15. Jh. gelangte dieses Kleidungsstück, das hier Klobuk (→ auch Epanokamelauchion) genannt wird, nach Novgorod, um dem Erzbischof als Sachargument für seine polit. u. kirchenpolit. Ansprüche zu dienen. Unter dem Patriarchen von Moskau Nikon (gest. 1681) wurde (wenn auch nur vorübergehend) aus der ursprünglich vom röm. Kaiser delegierten klerikalen Insignie des

weißen K.s ein Konkurrenzsymbol gegenüber der Zarengewalt.

Lit.: A. Alföldi, Insignien u. Tracht der röm. Kaiser, Mitt. d. DAI, röm. Abt. 50, München 1935, 1 bis 171; J. Deér, Der Ursprung der Kaiserkrone, Schweizer Beitr. zur allg. Gesch. 8, Aarau 1950, 51 bis 87; N. K. Gudzij, Gesch. der altruss. Lit., Halle (Saale) 1959, 353 ff. (zur Novgoroder Weißen Mitra); Th. Klauser, Der Ursprung der bischöfl. Insignien u. Ehrenrechte, Krefeld 1953[2], 22 u. Anm. 44; E. Piltz, K. et Mitra. Insignies Byzantins Impériaux et ecclésiastiques, Uppsala 1977; M. Restle, Die Entstehung des K., Actes XIIe Congr. Intern. Études Byz. Ochride 10-16. Sept. 1961, 2. Bd., Belgrad 1964; 555-558; ders., Die Miniaturen des Codex Vindob. Hist. Gr. 53, Beitr. zur Kunst des Christl. Ostens. 1. Studiensammlung, Recklinghausen 1965, 102 f., Anm. 5-12; P. E. Schramm, Herrschaftszeichen u. Staatssymbolik, 3 Bde., Stuttgart 1954-1956, Reg.: K.; O. Treitinger, die oström. Kaiser- u. Reichsidee nach ihrer Gestaltung im höf. Zeremoniell, Bad Homburg v. d. Höhe 1969, Reg.: K. Stemma, Stephanon; Paramente u. liturg. Bücher, München/New York/London/Paris 1982 (Kalimauchion); LChI 4, 313 bis 315 (Tiara); RBK 3, 387-397. – S. auch Lit. zu Bischofsinsignien.

Kamulianum → unter Acheiropoietos

Kanon (grch., m., 'Richtschnur', 'Vorschrift'; russ. *kanon,* m., *kanun,* m.), 1. nach dem Kontakion die zweite u. letzte Hochform der byz. Kirchendichtung. Die Grundeinheit des K.s, der im Morgengottesdienst gesungen wird, ist die aus 3 Troparien bestehende Ode. Das erste Troparion jeder Ode bildet die Leitstrophe, den → Hirmos. Der voll entwickelte K. besteht aus 9 Oden, in der Großen → Fastenzeit werden sie auf 3 reduziert (Triodion). Die zweite Ode fällt im K. fort, wird aber mitgezählt (→ auch Oden). Nach der sechsten Ode wird ein Kontakion u. danach ein Festlobpreis (→ Synaxarion) eingeschaltet, nach der dritten ein Kurzhymnus (→ Hypakoe) bzw. ein poet. Kathisma. Der K. stellt mit seinen 9 Oden (s. unten) poet. Paraphrasen auf die 9 bibl. Cantica (→ Oden) dar, die er zunächst mit nichtbibl. Kurzhymnen (Troparien) durchsetzte, um sie schließlich im Morgengottesdienst ganz zu ersetzen. Damit ist er ein klass. Beispiel der byz. Kultusästhetik. Die enge themat. Bindung der nichtbiblischen an die bibl. Oden findet sich noch mit großer Deutlichkeit bei den Arbeiten der ersten Meloden (s. u.), während sie später oft verwischt wurde. In seiner poet. u. musikal. Struktur dagegen stellt der K. eine Neuschöpfung dar. K. ist letzten Ende ein Hilfsbegriff, da die einzelne Ode ursprünglich einen eigenen Textverband mit eigener Melodie darstellte. Demnach besitzt der K. folgenden Aufbau:

Ode I
Erstes Troparion (Hirmos)
Zweites Troparion
Drittes Troparion
[Ode II]
Ode III
...
Ode IX

Bei Oden zu Ehren eines Heiligen (→ unter Heiligenverehrung) wird den Troparien noch ein Gottesmutterhymnus (→ Theotokion) hinzugefügt. An der Spitze des K.s steht eine Akrostichis. An Festtagen werden die Strophen (Troparien) mehrmals, der Hirmos im allgemeinen zweimal wiederholt. Nach jeder Ode treten die beiden Teile des Chores von der Solea herunter u. vereinigen sich, um nochmals den Hirmos zu singen. Von dem Heruntertreten führt diese Handlung die grch. Bezeichnung „katabasia" (russ. *katavasija*). Schließlich wird nach jeder Ode eine Strophe stereotyp wiederholt, die den Festinhalt zum Ausdruck bringt. Diesem Troparion schließt sich eine Kleine → Ektenie an. Zum komplizierten Aufbau des Fest-K.s → Kanon, Goldener.
Der K. löste im 7. Jh., der Epoche großer innerer u. äußerer Reformen der byz. Kirche, das Kontakion ab. Während anfangs der K. nur zu den Fastenzeiten, zu Ostern u. zu Pfingsten gesungen wurde, beherrschte er bald den Gottesdienst des ganzen Kirchenjahres, dessen Festinhalte er in seine Themen genauso aufnahm wie die Heiligenverehrung. Ebenso entstanden auch eine Reihe von Spezial-K.es, wie z. B. zur Feier des Begräbnisses. Er übernahm die dramat.-rhetor. Elemente (wie z. B. den Dialog) seines Vorgängers, reicherte sie aber durch abstrakte u. bildhafte Symbole u. Wendungen an, die ihrerseits Möglichkeiten der Mystagogie schufen. Dadurch, daß im Gegensatz zum Kontakion jede der 9 Oden des K.s ihren eigenen Hirmos besitzt, erreicht der K. in seiner metr. u. melod. Struktur eine größere Abwechslung. Andererseits artete dies zu einem immer ornamentaleren Stil, zu Wortspielereien u. zu den dem Pan-

egyrikos entliehenen Vergleichsübertreibungen aus. Sehr kunstvolle poetisch-musikal. Gebilde stellen die Doppel-K.es dar, die vor allem an den großen Festtagen vorgetragen werden. Wie das Kontakion hat auch der K., vor allem der der großen Feste, auf die Ikonographie der byz.-slav. Kunst eingewirkt.

Die erste Blütezeit erlebte der K. in den Schöpfungen des Johannes Damascenus (gest. um 750) u. des Andreas von Kreta (gest. 740). Von dem ersteren stammt der Goldene → Kanon, vom zweiten der Große → Kanon, die zu den großen Leistungen dieser Liedgattung gehören. Zu den bedeutenden Meloden dieser Zeit ist noch Kosmas von Majum (nach der Legende ein Adoptivbruder des Damaszeners), zu zählen, dessen Dichtungen z. T. allerdings wohl seinem gleichnamigen, aus Sizilien stammenden Lehrer zuzuschreiben sind. In der Epoche des Bilderstreites (→ unter Bild) wurde wieder das Kontakion bevorzugt, die Verfasser von K.es wurden z. T. verfolgt. Von ihnen sind zu nennen Theodoros vom Studioskloster (gest. 826) u. die mit schlechten Troparien auf der Stirn gebrandmarkten Brüder Theophanes u. Theodoros Graptoi (gest. 842, 846). Aus der nachikonoklast. Zeit sollen wenigstens genannt werden: die Nonne Kassia (Kassiane, Eikasia, geb. um 810) u. Johannes Mauropos (gest. Ende des 11. Jh.). Im Laufe der Zeit schwoll die Zahl der K.-Dichtungen so stark an, daß Neudichtungen untersagt werden mußten. Das Ende des K.s hängt eng mit der Spätentwicklung der Kirchenmusik in Griechenland u. in Rußland zusammen.

2. Zum eucharist. K. → Anaphora; – 3. K. als kirchl. Gesetz → Kirchenrecht. – 4. → auch K.-Tafeln.

Texte: s. Anhang Nr. 16; 17.

Lit.: Anthologia Graeca, XXXV f., LXII f., 147 bis 257; S. S. Averincev, Poėtika Rannevizantijskoj Literatury, Moskau 1977, 103 f.; Beck, 265 f., 485, 500 f., 572, 703, 711 u. Reg.: K.; Bogoslužebnye Kanony na Grečeskom, Slavjanskom i Russkom Jazykach, 1 ff., S. Peterburg 1855; Palikarova – Verdeil, Reg.: Canon; M. M. Velimirovič, Byzantine Elements in Early Slavic Chant, Kopenhagen 1966, 38-52 (= MMB, Subs. IV); Wellesz., 198 bis 239 u. Reg.: K.; Werner, Reg.: K.; Joh. v. Gardner, Gesang der russ.-orth.Kirche bis zur Mitte des 17.Jh.,Wiesbaden 1983, Reg.; Monachinja Ignatija,Prepodobnyj Kosma Maiumskij i ego Kanony, BoTr 22, Moskau 1981, 116-138; MGG 7, 514-515; LexMA 5, 246-248 (Hymnen,II). – S. auch Lit. zu Kirchendichtung, Kirchenmusik, Oden.

Kanon, Goldener, in der Forschung übl. Bezeichnung für das Osterlied der Ostkirche, das zur Gattung des → Kanons gehört. Es wurde von Johannes von Damaskus (gest. um 750) verfaßt u. ist eine der frühesten Schöpfungen des Kanons. An ihm kann man die themat. Entsprechung der 9 biblischen zu den 9 poet. Oden studieren (z. B. erste Ode: 1. Mose 15 als Siegeslied des Auferstandenen).

Der G. K. hat folgenden Aufbau:

Ode I
Erstes Troparion (Hirmos)
Refrain (grch. *ephymnion;* russ. *pripev*): „Christus ist auferstanden von den Toten, er hat den Tod durch den Tod untergetreten, u. denen in den Gräbern gab er das Leben."
Zweites Troparion
Refrain
Drittes Troparion
Katabasia (= Hirmos)
Refrain (3mal)
Troparion: „Jesus, sich aus dem Grabe erhebend, wie er vorhergesagt, hat uns das ewige Leben u. seine große Gnade gegeben." (Wird jedesmal dem Refrain hinzugefügt.)

Ode III
Erstes Troparion (Hirmos)
Refrain
Zweites Troparion
Refrain
Drittes Troparion
Katabasia
Refrain (3mal)
Troparion
Kleine Ektenie
Hypakoe (Gesang der Myron tragenden Frauen)
...

Ode VI
Erstes Troparion (Hirmos)
Refrain
Zweites Troparion
Refrain
Drittes Troparion
Katabasia
Refrain (3mal)

Troparion
Kleine Ektenie
Kontakion des Romanos mit Oikos I
Synaxarion
...
Ode IX
Erstes Megalynarion
Erstes Troparion (Hirmos)
Zweites Megalynarion
Hirmos
(Es folgen 10 Megalynarien im Wechsel mit Troparien.)
...
Zehntes Megalynarion
Katabasia (= Hirmos)
Kleine Ektenie
Exaposteilarion (→ unter Auferstehungs- u. Morgenevangelien)

Bei aller Kühnheit der Vorstellungen, die z. T. aus den Apokryphen geschöpft sind, hält sich der in jamb. Trimetern gedichtete Hymnus eng an das NT. Manche Motive entnahm Johannes Damascenus, ein großer Verteidiger der Bilder u. einer der bedeutendsten Meloden, der Kirchendichtung Melitos' von Sardes (gest. um 180) u. Ephrems des Syrers (gest. 373). Innerhalb der Geschichte der byz. Kirchenmusik gehören die frühesten Zeugnisse dieses Hymnus in die Zeit der ältesten byz. → Notationen des 9./10. Jh.
Text: s. Anhang Nr. 18.

Lit.: Anthologia Graeca, XLIV-VII, 218-221; Beck, 485; Heilige Gesänge, 102-111; E. Jammers, Der Kanon des Johannes Damascenus für den Ostersonntag, Polychronion. Fs. Fr. Dölger zum 70. Geburtstag, Heidelberg 1966, 266-286; Kirchhoff – Schollmeyer[2], 19-23; Wellesz, 206-222, 264 f., 326 f.

Kanon, Großer (grch. *megas kanon*; russ. *velikij kanon*), ein Kirchenlied der Ostkirche, der Gattung des Kanons angehörend. Es wurde vom Metropoliten von Kreta Andreas (gest. 740) verfaßt und besteht aus 250 Troparien. Der G. K. ist ein Bußlied; nach jeder Strophe sind 3 Kniefälle (Metanien, → unter Proskynese) vorgeschrieben. Der G. K. wird während der Großen → Fastenzeit im Nachtgottesdienst gesungen u. vor allem vom Mönchtum streng eingehalten. Die große Zahl von Strophen u. die Fülle aneinandergereihter Bildvorstellungen beeinträchtigen die Unmittelbarkeit der Aussage. Aus diesem Grunde ist der G. K. in mehrere Abschnitte für die einzelnen Wochentage aufgeteilt. Sie werden jeweils mit einem Dreieinigkeits- u. einem Gottesmutterhymnus (→ Triadikon, → Theotokion) abgeschlossen.
Text: s. Anhang Nr. 22.

Lit.: Anthologia Graeca, XLII, 147-161; Beck, 500-502; I. Iljine, Le Mystère de la Pénitence et le Grand Canon de Saint André de Crète, Messager 6, 1951, 8-16; Kirchhoff – Schollmeyer 1,1, 176 bis 250; A. Maltzew, Andachtsbuch, Berlin 1895, 176 bis 277; Wellesz, 204 f., 232 f; O.Clément,Notes sur le Grand Canon de S.André de Crète, Contacts 32, 1980, 206-234; 294-330.

Kanonisation → Heiligsprechung

Kanonisches Recht, *Kanonistik* → unter Kirchenrecht

Kanontafeln, eine von Euseb von Cäsarea (gest. 339) erdachte sinnreiche Zusammenstellung themengleicher Abschnitte des NT (Konkordanz) mit künstler. Ausschmückung. Die Technik der Konkordanz besteht in folgendem: Die einzelnen, mit Ordnungszahlen versehenen Abschnitte werden in Sektionen, diese wiederum in 10 Kanones eingeteilt; der Kanon enthält das Eigengut von Matth., Mark., Luk. u. Joh. Die künstler. Ausschmückung der K. hat folgendes Grundschema: Die 4 den 4 Evangelien entsprechenden Zahlenreihen der Sektionen werden in die Zwischenräume von Säulen eingetragen; diese Säulen sind durch halbkreisförmige Bögen verbunden, die ihrerseits nochmals von einem Halbbogen zusammengefaßt werden. Den Bibelillustrationen des NT vorangestellt, bilden diese Ausschmückungen gewissermaßen das Eingangstor zum Verständnis u. zum prakt. Gebrauch des NT. Darüber hinaus betonen die K., wahrscheinlich schon bei Euseb, die Einheit des NT gegenüber Bestrebungen, diese Einheit aufzulösen. Ausführung u. Stil der K. richten sich nach ihren Herkunftsgebieten u. den verschiedenen Entwicklungsphasen der byz.-slav. Kunstgeschichte. Die ältesten K. finden wir im Rabulaskodex von 586.

Lit.: C. Nordenfalk, Die spätantiken K., 2 Bde., Göteborg 1938; Lazarev, Reg.: Kanony; L. I. Ringbom, Paradisus Terrestris, Helsingfors 1958;

LdK 2, 530 (K.-Schmuck); LexMA 5, 908-909; RBK 3, 927-968.

Karfreitag (von ahd. *kara,* 'Trauer', 'Klage'; grch. *hagia kai megale paraskeue,* 'hl. u. großer Rüsttag'; russ. *strastnaja pjatnica,* 'Leidensfreitag'; lat. früher: *feria VI in parasceve,* 'sechster Tag der Woche zur Rüste', heute: *feria VI in Passione et Morte Domini,* 'sechster Tag der Woche zum Leiden u. zum Tode des Herrn').

1. Das NT hat 2 Daten der Kreuzigung Christi überliefert; (a) Nach den Synoptikern (Matth. 26, 17-29 u. Parallelen) ist Christus am 15. Nisan (dem jüd. Frühlingsmonat, März-April), dem späteren „K.", gekreuzigt worden, nachdem er mit seinen Jüngern in der Nacht vom 14. auf den 15. Nisan (dem späteren „Gründonnerstag" Abend) das Passa- bzw. das erste Abendmahl (→ Eucharistie, → Liturgie) gefeiert hatte. – (b) Nach Joh. 18, 28 f. u. 19, 14 wurde Christus am „Rüsttag vor Passa", d. h. am 14. Nisan, von Pilatus verurteilt u. anschließend hingerichtet. Die Abendmahlsfeier fand danach in der Nacht vom 13. zum 14. Nisan statt, während in der Nachtwache vom 14. zum 15. Nisan die Vorfeier von „Ostern" (dort weiteres) gehalten wurde. Es gab im 1./3. Jh. in Palästina, Syrien u. Kleinasien sehr viele Gemeinden, die sich nach der johanneischen Tradition richteten u. deshalb „Quartadezimaner" (von lat. *die quarta decima,* 'am 14. Tage') genannt wurden. Ihre theolog. Auffassung von den Beziehungen zwischen Kreuzigung u. Auferstehung Christi gehören zweifellos noch in die Zeit der „Urgemeinde" u. dürfen heute allgemeine Aufmerksamkeit beanspruchen. Wahrscheinlich verstanden sie wie Johannes u. Paulus das K.s-Geschehen gerade in der Konkurrenz zur Synagoge als verborgenen Triumph des immer schon gegenwärtigen u. erhöhten Christus (vgl. Joh. 3, 14 [zu Joh. 19, 34 → Kreuzigung Christi]; 1. Kor. 1, 18 f.; Eph. 2, 16 f.; Phil. 2, 5-10). Die frühe Christenheit der ersten Jh. kannte wohl für den K. keine gottesdienstl. Handlungen.

Ebensowenig war der Kirche bis zu ihrer Legalisierung durch Kaiser Konstantin eine Kreuzreliquie (→ Kreuz) bekannt, an die sich dann ein Kultus in Verbindung mit dem K. hätte anschließen können.

2. Das änderte sich im 4. Jh. nach der Kreuzesvision Konstantins an der Milv. Brücke (312) u. der legendären (?), Ende des 4. Jh. überall bekannten Kreuzauffindung in Jerusalem durch die Kaisermutter Helena, die den bisher fehlenden Kreuzkultus begründete. Die Bauten Konstantins am hl. Grabe (→ Kirchenbau, → Martyrion) schufen schließlich eine Kultstätte, die von der gesamten Ökumene der Spätantike besucht wurde. Die gall. Pilgerin Egeria hat einen Bericht von den K.s-Feierlichkeiten im Jerusalem des 4. Jh. verfaßt. Diese begannen in der Nacht vom Gründonnerstag auf den Karfreitag mit einer Prozession in der ersten Nachtstunde von der Ölbergkirche aus. Bei den einzelnen Stationsgottesdiensten wurden Hymnen gesungen, u. es wurde aus den Evangelien vorgelesen. Bei Morgengrauen in Jerusalem angelangt, ging das Volk nach Hause, um zu ruhen. Danach wurde der aufwendige Ritus der Verehrung des in einer silbernen Staurothek aufbewahrten „Holzes des hl. Kreuzes" (grch. *xylon tu hagiu stauru;* lat. *lignum sanctae crucis*) abgehalten (→ auch Kreuzanbetung). Hieran schloß sich von der sechsten bis zur neunten Stunde eine Lese-, Gebets- u. Gesangsversammlung an, die mit Joh. 19 abgeschlossen wurde (vgl. die 2. Übersicht). Dieser Verlauf ist wahrscheinlich vom Jerusalemer Bischof Kyrillos (gest. 386) ausgearbeitet worden. Liturgie wurde nicht gehalten. Aus dem Kern dieser Veranstaltungen, der Anbetung des Kreuzes (lat. *adoratio crucis*), haben sich im Osten u. im Westen verschiedene Festformen für den K. entwickelt.

3. Rom u. der Westen. Rom, das als der liturg. „Vorort" Jerusalems auch eine Krippenreliquie besaß (→ Geburt Christi), überführte eine Kreuzpartikel von Jerusalem u. deponierte sie in der (wohl schon von Konstantin aus einem Saal umgebauten) Kirche Hierusalem in Sessoriano (heute S. Croce Gerusalemme), so daß auch hier die Adoratio crucis gehalten werden konnte. An diese schlossen sich Lesungen u. Psalmodien an. Nach einem Brief des Papstes Innozenz I. (gest. 417) ist der K. nach dem Vorbild der Apostel still, in Trauer u. Fasten zu verbringen. Vom 12. Jh. ab wurde in Rom am K. eine Meßfeier gehalten, die an die byz. Liturgie der vorgeweihten Gaben erinnert. (Erst

Gottesdienstliche Feiern zu Karfreitag und Ostern

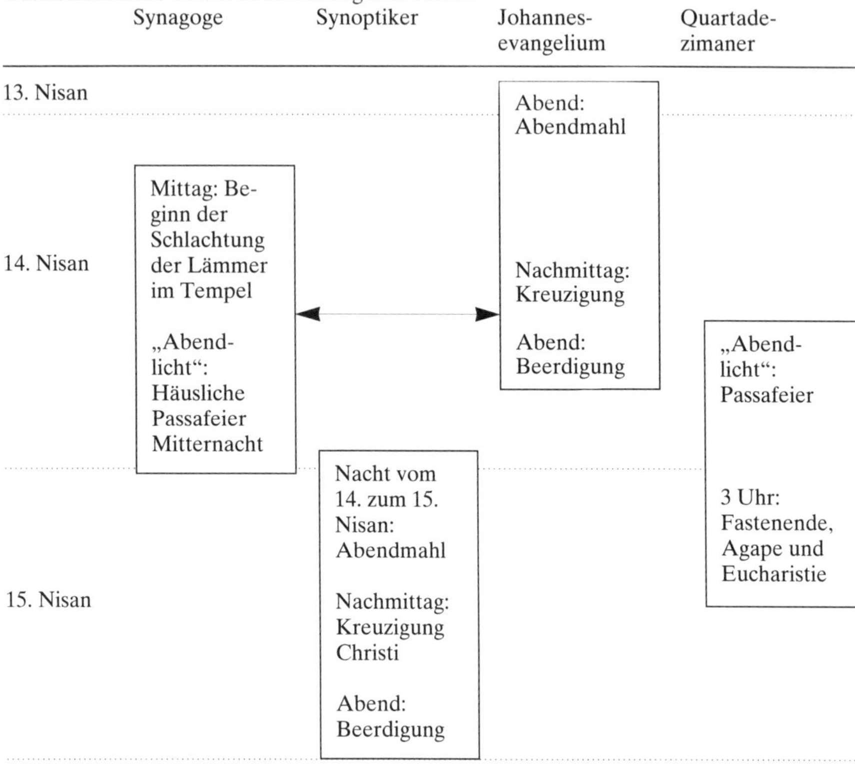

in jüngster Zeit gibt es Bemühungen, den K. als aliturg. Tag zu restituieren.) Unter dem Einfluß der gall. Liturgieprovinz, die seit alters enge Kontakte zum Orient pflegte, wurde im 7. Jh. in Rom die ursprünglich schlichte Adoratio crucis zu einem dramat. Geschehen gestaltet. Zu den aus Byzanz übernommenen Stücken gehören der Dreieinigkeitshymnus (→ Trishagion) als Introitus zur Adoratio crucis u. das Kernmodell der Improperien, der Klagehymnen des gekreuzigten Christus.

4. Byzanz u. der Osten. Das hl. Kreuz in Jerusalem kam vorübergehend im 7. Jh. an die Perser und ging endgültig im Arabersturm verloren. Obwohl es auch in Konstantinopel Kreuzpartikel gegeben hat (noch für die Mitte des 6. Jh. ist eine Adoratio crucis für den Kaiserhof u. den Klerus am Donnerstag, Freitag u. Samstag der Karwoche bezeugt), verschwindet dieser Ritus endgültig nach dem Verlust Jerusalems an die Araber (638). Es ist möglich, daß die Kirche die Adoratio aus den K.s-Feierlichkeiten auch deshalb verdrängte, weil die Kaiser im Bildersturm (→ unter Bild) die Kreuzverehrung betont förderten. Dafür wurde später der Sonntag der Kreuzverehrung eingesetzt. Erst in spätbyz. Zeit entstand das eindrucksvolle Zeremoniell des Leichentuches Christi (→ Epitaphios). Aus den obenerwähnten Altjerusalemer Stationsgottesdiensten entwickelte sich die Akoluthia der hl. Leiden mit ihren 12 Evangelienlesungen. Das ursprüngl. Psalmgebet wurde ersetzt durch 15 poet. Antiphone mit dramat. Wendungen, die an die röm. Improperien erinnern. Nachklänge an die Nachtprozession im 4.-7. Jh. in Jerusalem zeigt noch das K.s-Triodion des Syrers Kosmas aus dem 8. Jh. Das Synaxarion verarbeitet Gedankengut der Apokryphen über Adam u. Eva u. den

Tradition und Aufbau des Karfreitags

Jerusalem	Rom	Konstantinopel
Nächtliche Stationsgottesdienste auf dem Ölberg u. in Gethsemane, Hymnen, Evangelium-Lesungen		Akoluthia der heiligen Leiden
Kreuzverehrung bis Mitte des 7. Jahrhunderts	Adoratio crucis	Kreuzverehrung bis Mitte des 7. Jahrhunderts
3stündiger Versammlungsgottesdienst, Propheten-, Evangelien- und Apostellesungen, Abschluß: Joh. 19	Lesegottesdienst: Hos. 6, Hab. 3, 2. Mose 12 (Jes. 53, Gallien) Joh. 19	Große Horen … Abschluß in der Non: Joh. 19
		Vesper-Vigil Epitaphios

christl. Mythos vom Kreuzesholz. Aus dem dreistündigen Lese-, Gesangs- u. Gebetsgottesdienst in Jerusalem sind die Großen → Horen hervorgegangen. Die Lesungen zum Abendgottesdienst des K.s sind: 2. Mose 33, 11-23; Hiob 42 mit Epilog; Jes. 52, 13-54, 1; 1. Kor. 1, 18-2,2; Matth. 27, 1-38). In äußerster Gedankenkonzentration u. in oft kühnen Wendungen u. Dialogen wird das K.s-Geschehen in den Hymnen christologisch, inkarnationstheologisch, mariologisch u. ekklesiologisch entfaltet. Dabei findet keine Einengung auf K. selbst statt, sondern die Einheit von K. u. Ostern wird immer wieder hervorgehoben. Man hat deshalb auch von einem „Doppelpascha" gesprochen, dem „Kreuzespascha" (grch. *pascha staurosimon*) u. dem „Auferstehungspascha" (grch. *pascha anastasimon*). Die alte, auf Jerusalem zurückgehende Tradition läßt K., Karsamstag u. Ostern eine Einheit bilden, das Triduum sacrum (lat., 'hl. Dreitag', → auch Karwoche).

5. Zur Ikonographie des K.s → unter Grablegung Christi u. Beweinung, → Kreuzanbetung, → Kreuzerhöhung, → Kreuzigung Christi. – Text: s. Anhang Nr. 15; 20, 1; 27.

Lit.: Aranca, „Christos Anesti". Osterbräuche im heutigen Griechenland, Zürich 1968, 190-212; Baumstark, 100 f., 141-147, 170 f. u. Reg.: Good Friday; Beck, Reg.: K.; Bludau, 138-146; J. Dalmais, Le Triduum Sacrum dans la Liturgie Byzantine, Maison-Dieu 41, Paris 1955, 118-127; G. Delling, Der Kreuzestod Jesu in der christl. Verkündigung, Berlin 1971; Fendt, Reg.: K.; Handbuch 2, 236 f.; W. Huber, Passa u. Ostern, Berlin 1969; Kellner, 55 ff.; Kirchhoff – Schollmeyer[2,1], 399 bis 429; Kötting, Reg.; B. Lohse, Das Passafest der Quartadezimaner, Gütersloh 1954; Maltzew[4], 434 bis 542; G. A. Megas, Greek Calendar Customs, Athen 1963[2], 88 ff.; Nilles 2, 236-256; La Prière 2,2, 167-216; G. Römer, Die Liturgie des K.s, ZKTh 77, 1955, 39-93; A. Rücker, Die Adoratio Crucis am K., Miscellanea Mühlberg, 1. Bd., Rom 1948, 357-406; G. Schreiber, Die Wochentage im

Erlebnis der Ostkirche u. des christlichen Abendlandes, Köln u. Opladen 1959, 168-206; A. Strobel, Ursprung u. Gesch. des frühchristl. Osterkalenders, Berlin 1977, 17-69 (Quartadezimaner); R. Zerfass, Die Schriftlesung im Kathedraloffizium Jerusalems, Münster (Westf.) 1968, Reg.: K.; Handbuch Ostk.kunde II, 80-82 (H.J.Schulz); LexMA 5, 954. – S. auch Lit. zu Karsamstag, Karwoche, Ostern.

Karsamstag (von ahd. *kara,* 'Trauer', 'Klage'; grch. *hagia kai megale sabbaton,* 'hl. u. großer Sabbat'; russ. *svjataja i velikaja subbota,* ebenso; lat. *sabbatum sanctum,* 'hl. Sabbat'). Der K. trug in der Urgemeinde den Charakter der Stille u. Zurückgezogenheit (vgl. Luk. 23, 55-56). Im 4./5. Jh. diente er in Jerusalem der inneren u. äußeren Vorbereitung auf die ausgedehnten u. anstrengenden Nachtfeiern zu Ostern. Im Morgengottesdienst kam als Lokaltradition Matth. 27, 62-66 zur Verlesung. Erst viel später wurde in Byzanz unter Absingen des Lobgesanges, der Großen → Doxologie, u. des Hymnus auf den dreieinigen Gott (→ Trishagion) sowie unter Trauergeläut der Glocken das Leichentuch Christi, der Epitaphios, feierlich von einem Postament, dem „Grab Christi" (auf dem er zu Karfreitag niedergelegt worden war), durch das Kirchenschiff und wieder zurückgetragen (→ auch Ostern). Gesungen wird, unter Ablösung des Triodions der Fastenzeit, wieder ein Neunodenkanon. Er besteht aus 2 Teilen, Ode 1-5 von einem gewissen Markos (9. Jh.?), Ode 6-9 von Kosmas von Majum (8. Jh.), letztere bilden einen Vierodenkanon (Tetraodion). Die Leitstrophen (→ Hirmos) stammen von der Nonne Kassia (9. Jh.). Eine typisch byz. Eigenart ist die poetische, im Anschluß an Ps. 119 (→ auch Amomos) rezitierte Reihe von Strophen (→ Troparien), die in 3 Abschnitte (grch. *staseis*) eingeteilt sind. Als Lobpreis auf Christus zählen sie zu den Enkomien. Abgeschlossen wird diese Reihe durch die Troparien zur Auferstehung Christi (→ Eulogetaria [*anastasima*]), die hier zum erstenmal erklingen u. auf die salbentragenden Frauen (grch. *myrophorai;* → auch Auferstehung Christi) hinweisen. So kann der K. als leiser, aber deutl. Hinweis auf Ostern verstanden werden. Mit Karfreitag u. Ostern gehört er seit alters zum „hl. Dreitag" (lat. *triduum sacrum,* → auch Karwoche) u. schließt die Große → Fastenzeit, den Triodion genannten Abschnitt des Kirchenjahres (→ auch Oktoechos), ab. – Zur Ikonographie des K.s → Grablegung Christi u. Beweinung.
Text: s. Anhang Nr. 5, 3.

Lit.: Bludau, 146-150; Fendt, Reg.: K.; Kellner, 64 f.; Nilles 2, 256-277; H. Vorgrimmler, Vorfragen zur Theologie des K.s, B. Fischer – J. Wagner, Paschatis Sollemnia. Festgabe für J. A. Jungmann zum 70. Geburtstag, Basel-Freiburg-Wien 1959, 13-22; Handbuch Ostk.kunde II,82-83 (H. J. Schulz).

Karwoche (von ahd. *kara,* 'Trauer', 'Klage'; grch. *hagia kai megale hebdomas,* 'hl. u. große Woche'; russ. *svjataja i velikaja sedmica,* ebenso; lat. *hebdomada sancta,* 'hl. Woche', *septimana maior,* 'große Woche').
1. In der frühen Christenheit stellte jede Woche ein Abbild der K. dar (→ auch Oktoechos). Bereits im Kirchenrecht des 3. Jh. wurden die wöchentl. Fastentage Mittwoch u. Freitag mit dem Verrat des Judas u. dem Kreuzestod Christi am Karfreitag in Verbindung gebracht. Vor allem die prakt. Frage der Aufnahme der Katechumenen in die Gemeinde, die zum Ostertermin erfolgte, stellte den Klerus von Jerusalem vor die Aufgabe, die letzte Woche der Großen → Fastenzeit entsprechend auszugestalten. Die offizielle Öffnung der Stadt für die Christen durch Kaiser Konstantin (gest. 337) förderte den aufblühenden Kultus der hl. Stätten, die dem Gedächtnis des Leidens, Sterbens u. Auferstehens Christi geweiht waren (→ auch Kirchenbau, → Martyrion). Sehr wahrscheinlich hat Kyrillos, Bischof von Jerusalem im 4. Jh. (gest. 386), die liturg. Ausgestaltung der K. in Verbindung mit den Stationsgottesdiensten an den hl. Stätten entscheidend vorangetrieben. Ende des 4. Jh. gab die Pilgerin Egeria eine ausführl. Schilderung der K. in Jerusalem. Gedanklich wurde u. wird sie schon mit dem Lazarussamstag präludiert; ihr eigentl. Beginn sind die großen Feierlichkeiten des Palmsonntages. An den 3 ersten Tagen, Montag, Dienstag u. Mittwoch, wurden Prozessionen innerhalb der Kirchen am hl. Grabe, der Anastasis u. dem Martyrium (→ auch zum folgenden Kirchenbau, → Martyrion) u. zu den Ölbergkirchen abgehalten. Die Stationsgottesdienste hatten den übl. Aufbau mit Hymnen, Antiphonen, Gebeten, Lesun-

gen u. deren Auslegung. Am Dienstag las der Bischof in der Ölberghöhle unter der Eleona Matth. 24, 4-25, 26. Am Mittwoch gedachte die Gemeinde in der Höhle unter der Anastasis- Kirche des Verrates des Judas, indem ein Priester, begleitet von lauten Kundgebungen des Abscheus durch die Gemeinde, die entsprechende Perikope aus Matth. 26 verlas. Wie nicht wenige andere Lokaltraditionen ist auch diese Sitte später von den byz. Hymnen der K. reflektiert worden. Zu diesen Gebräuchen des alten Jerusalems während der K. gehörte auch die Verlesung der Leidensgeschichte Christi aus den 4 Evangelien, die uns aus anderen u. etwas späteren Quellen bekannt ist. Sehr wahrscheinlich fand sie an den betreffenden Leidensstationen statt u. führte schließlich in Byzanz zur Ausbildung eines eigenen, ausgedehnten Offiziums, der Akoluthia der hl. Leiden Christi. Danach folgten die umfangreichen Feierlichkeiten am Gründonnerstag, Karfreitag u. Karsamstag (s. dort).

2. Die K. der Ostkirche ist eine konsequente Weiterentwicklung der K. des alten Jerusalems. Montag, Dienstag u. Mittwoch sind durch Nachtgottesdienste ausgezeichnet, die jeweils zum Vortag gehören; in ihnen werden die Triodien des Andreas von Kreta (gest. 710) vorgetragen, während die Morgengottesdienste die Triodien des Mönchs Kosmas (8. Jh.) führen, die am Dienstag auf einen Zweiodenkanon (→ Diodion) reduziert werden (am Gründonnerstag u. Karsamstag wird wieder der Neunodenkanon gesungen). In diesen Hymnen wird am Montag die Josephsgeschichte (1. Mose 37) in den Mittelpunkt gestellt, eine auf alte syr. Traditionen zurückzuführende „Art von Heiligenfest des ägypt. Joseph" (Baumstark). Die Hymnen des Dienstags meditieren über den Gang Christi mit seinen Jüngern zum Garten Gethsemane - eine deutl. Erinnerung an den Gottesdienst in der Ölberghöhle im alten Jerusalem (s. oben) - u. die des Mittwochs schließlich über den Verrat des Judas u. die Salbung Jesu durch Maria (Joh. 12, 3-8) in Bethanien. Im Morgengottesdienst dieser 3 Tage werden Matth. 21, 18-43; 22, 15-23, 39; Joh. 12, 17-50 verlesen, im Abendgottesdienst zur Liturgie der vorgeweihten Gaben, die an diesen Tagen vorgeschrieben ist, die endzeitl. Reden Jesu (Matth. 24, 3-35; 24, 36 - 26, 2; 26, 6-16). Ihnen geht eine Bahnlese aus 2. Mose voraus. Nach dem Halleluja des Morgengottesdienstes nimmt ein Kurzvers (Troparion) das Thema der klugen u. törichten Jungfrauen, die den Bräutigam erwarten, aus Matth. 25, 1-13 auf, weshalb er auch als Akoluthia des Bräutigams (grch. *akoluthia tu nymphiu*) bezeichnet wird. Von der Nacht des Dienstages auf den Mittwoch an wird das Fasten zur Xerophagie (grch. *xerophagia,* Essen nur trockener Speisen, im Kloster Brot u. Wasser) verschärft.

3. In der Alten Kirche bildete die K. bereits eine liturgisch eigenständige Größe, die sich deutlich von der übrigen Großen Fastenzeit abhebt. Karfreitag, Karsamstag und Ostern wurden ihrerseits zum sog. „hl. Dreitag" (lat. *triduum sacrum*) zusammengefaßt; Ostern zwar schon außerhalb der Karwoche stehend, dafür aber Höhepunkt u. Abschluß des im Opfertod Christi begründeten Heilsgeschehens. Nachdem die österl. Nachtwache mehr dem Karsamstag zugezählt wurde, erklärte die kath. Kirche Gründonnerstag, Karfreitag u. Karsamstag zum Triduum sacrum. Heute hat sie sich wieder den alten Traditionen angeschlossen. - Zur Ikonographie der K. → unter Passionszyklus.

Lit.: Baumstark, 149-155; U. Björkman, Stilla Vecka i Gudstjänst och Fromhetsliv, Lund 1957 (mit ausführl. dt. Zusammenfassung); Bludau, 119-150; N. M. Denis-Boulet, Le Calendrier Chrétien, Paris 1959, 79-72; A. Dmitrievskij, Bogosluženie Strastnoj i Paschal'noj Sedmicy v sv. Ierusalime po Ustavy IX-X vv., Kazań 1894; Kötting, 418 f.; J. Maslow, Die Feier der Kartage im Gottesdienst der orth. Kirche, StdO 1976, 5, 46 bis 51; Nilles 2, 209-272; A. Nocent, Das Hl. Jahr. 3: K., Stuttgart 1966; H. Schmidt, Hebdomada Sancta, 2 Bde., Rom 1956-1957; A. Schmemann, Holy Week. A Liturgical Explanation for the Days of Holy Week, Crestwood, N. Y., 1971; D. Aerakis, La Semaine Sainte (in Grch.), Athen 1983; Handbuch Ostk.kunde II, 77-87 (H. J. Schulz); LexMA 5, 1027. - S. auch Lit. zu Karfreitag, Karsamstag.

Kasanskaja → unter Gottesmutterbilder

Katakomben, Bezeichnung für unterird. Grabanlagen der Antike u. Spätantike in Rom, Neapel, Süditalien, Sizilien, Nordafrika, Ägypten, Kleinasien, Jerusalem u. auf der Krim.

1. Der Ausdruck entstammt der Gelehrtensprache des MA; er meinte ursprünglich einen in der Talsenke (grch. *kata kymbas;* lat.

ad catacumbas) bei der Kirche S. Sebastiano fuori le mura in Rom (→ Kirchenbau) gelegenen unterird. Friedhof (grch./lat. *hypogaeum*). In der Antike selbst hieß die unterird. Anlage wie der oberird. Begräbnisplatz Coemeterium. Nach röm. Recht durften Friedhöfe nur außerhalb der Städte angelegt werden, in Rom vor allem an den großen Ausfallstraßen, wo auch die christl. K. lagen (z. B. Via Appia: Lucina-, Sebastianus-, Kalixt-, Domitilla-, Praetextatus-Katakombe; Via Latina: die 1956 entdeckte Katakombe; Via Ostiensis: Commidilla-, Thecla-Katakombe; Via Salaria: Priscilla-Katakombe; Via Nomentana: Agnes-Katakombe). Rechtsgültigen Ankauf vorausgesetzt, stand ein Begräbnisplatz unter dem Schutz des röm. Rechts. Außer dem Ankauf des Platzes (lat. *area*) mußte die Zugehörigkeit zu einem öffentlich anerkannten Bestattungskollegium (lat. *collegium funerale,* → auch Coemeterium) nachgewiesen werden. Als „religiöser Ort“ (lat. *locus religiosus*) genoß auch das Sklavengrab Rechtsschutz.

2. Die Anlage von K. war von der geolog. Beschaffenheit des Ortes abhängig. Am besten eignete sich Vulkangestein (Tuffstein), weil die herausgehauenen Hohlräume nicht gestützt werden mußten. Für diese Arbeit besaß der Totengräber (lat. *fossor*) eine Reihe von Spezialwerkzeugen (die Ascia, eine einfache Hacke; die Ascia fossaria, eine Grabhacke mit langem Griff u. gebogenem Eisen; die Dolabra fossaria, die aus einem langen Holzgriff mit zurückgebogener Spitze auf der einen u. einer gehärteten Metallplatte auf der anderen Seite bestand, die Securis, eine nichtgebogene Hacke, u. a.). Der Flächenumfang der unterird. Anlage mußte der oberird. Area entsprechen. Eine optimale Ausnutzung des Raumes wurde durch das sog. „Rostsystem“ erreicht, bei dem Längs- u. Quergänge einem dicht gegitterten Rost glichen. Beim „Fischgrätensystem“ besaßen die Galerien zahlreiche Abzweigungen. Man grub später auch die Stollen in mehreren Areae untereinander u. verband sie mit Treppen (die Domitilla- besaß z. B. vier, die Kalixt-Katakombe fünf Stockwerke). Zu Abraumzwecken benutzte Stollen (lat. *arenaria*) wurden ungern u. selten für Grabanlagen in Anspruch genommen. In den Wänden der Gänge wurden die kastenförmigen Gräber (lat. *loculi*) längsseits angelegt In einem Loculus wurden je nach seiner Tiefe zwei od. mehr Leichen beigesetzt (*loculus bisomus, loculus trisomus* usw.). Nach der Beisetzung wurde die Öffnung mit einer Tabula versehen, die aus Ziegeln od. Marmor bestand u. die Grabinschrift (lat./grch. *epitaphium*) trug. Die Bogengräber (*arcosolia*) wölbten einen Bogen über der waagerechten Verschlußplatte eines Senkgrabes. Die Ausschmückung eines Arcosoliums gehört in den Bereich der Sepulkralkunst (lat. *sepulcrum,* ‘Grab’), ebenso die oft wie ein Sarkophag geschmückte Vorderseite des Loculus (sog. Loculussarkophage). – Von den Galerien führten nicht selten verschließbare Türen zu kleineren runden od. polygonalen Nebenräumen (lat. *cubicula*), von denen mehrere Kammern hintereinanderliegen konnten (*cubiculum duplex, triplex* usw.). Luft- u. Lichtschächte (lat. *lucernaria, luminaria*) verbanden diese mit der Oberwelt. Mit Säulen, Nischen, Konsolen u. a. ausgestattet, konnten diese Cubicula mit einem Tonne-, Kreuz- od. Kuppelgewölbe überwölbt sein. Solche Grabkammern gehörten vor allem reichen röm. Familien od. Korporationen, weshalb gerade hier die erwähnten Arcosolia, aber auch mit einem Ciborium überdachte Gräber u. Sarkophage zu finden sind. Gemeindearme erhielten auf Kosten des zuständigen Stadtbezirks in den Galerien ihre letzte Ruhestätte, wenn sie nicht in einem Massengrab (lat. *commune sepulcrum*) beigesetzt wurden.

Fossor (Totengräber)
aus den Katakomben

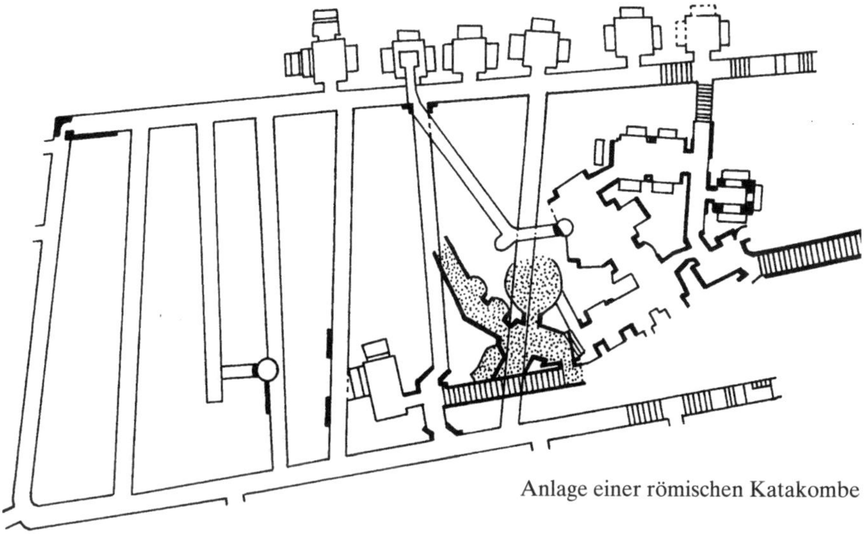

Anlage einer römischen Katakombe

3. Die ersten christl. K. in Rom sind in den Gängen zu sehen, die im Anschluß an die geräumigen Mausoleen reicher Familien angelegt wurden. Es war üblich, daß christl. Sklaven u. Freigelassene auch im Bereich der Grüfte ihrer nichtchristl. Herren beigesetzt wurden. Zu diesen ältesten Anlagen röm. Christen gehören bes. die auf 150-200 datierten Mausoleen unter der Peterskirche, das „Hypogaeum der Flavier" an der Domitilla- (Mitte des 2. Jh.) u. das der Acilier an der Priscilla-Katakombe (2. Hälfte des 2. Jh.). Besondere Verdienste um das christl. Bestattungswesen erwarb sich Papst Kalixt (Calistus I., gest. 222; → unterCoemeterium), unter ihm (od. unter seinen Nachfolgern) wurde auch in dem „Coemeterium Calisti" die berühmte Krypta der röm. Päpste eingerichtet. Die Cubicula dieser K., unter ihnen die sog. Sakramentskapellen des Kalixt, dienten keinen gottesdienstl. Zwecken. Aufgefundene Herde machen deutlich, daß hier die Totenmähler (lat. *refrigeria*) stattfanden (→ auch Begräbnis). – Mit dem 3. Jh. wurde es in der christl. Gemeinde Roms Sitte, ihre Toten in der Nähe der Märtyrergrüfte (lat. *ad sanctos, retro sanctos*) beizusetzen. Im 4. Jh. erreichte das unterird. Bestattungswesen einschließlich der Ausschmückungen der K. (s. Abs. 5) u. der kunstvollen Grabinschriften (vor allem des „K.-Dichters" Papst Damasus) seinen Höhepunkt, im 5. Jh., nicht zuletzt infolge der Völkerwanderungen, kam es zum Erliegen. Die Reliquien wurden aus den K. in die Stadtkirchen Roms überführt.

4. Bekannte K. außerhalb Roms von oft größeren Ausmaßen, die durch die geolog. Verhältnisse begünstigt wurden, sind u. a.: S. Gennaro bei Neapel, S. Giovanni bei Syrakus; bei Alexandrien: die Wescher-, Abu-el-Achem-, Mustafa- u. Gabari-Katakombe; die Menas-Katakombe in Menopolis; bei Jerusalem: die Ölberg-Katakombe; ferner: die Katakombe an der Davidszisterne in Bethlehem, die Katakombe Megaret Abu Scheil bei Palmyra u. diejenigen auf der Krim bei Cherson u. Kerč.

5. Die Wandmalereien der röm. K. gehören zu den frühesten Zeugnissen der christl. Kunst. Ihre ältesten Denkmäler setzt man heute mit der ersten Hälfte des 3. Jh. an (einige Forscher mit der ersten Hälfte des 2. Jh.). Im Stil u. in ihrer Ikonographie unterschieden sie sich kaum von den nichtchristl. Denkmälern, um so mehr allerdings in der Sinngebung ihrer Symbole (der Gute → Hirte od. Orpheus mit der Leier als Prophet gedeutet, der Orans, der Fisch u. a.). Sehr früh finden sich Szenenbilder als Bestandteile ganzer Bildzyklen, auch wenn von einem Bildprogramm der K. im strengen Sinne kaum zu reden sein dürfte.

In den ältesten K. (Priscilla-, Lucina-, Domitilla- u. Kalixt-Katakombe) sind folgende Motive verwendet worden:

(1) Arche Noah: Priscilla Domitilla;
(2) Opferung Isaaks (→ Abraham): Priscilla, Kalixt;
(3) Daniel in der Löwengrube: Priscilla, Domitilla;
(4) Drei Jünglinge im Feuerofen: Priscilla;
(5) Quellwunder des Mose: Priscilla, Kalixt;
(6) Susannageschichte: Priscilla;
(7) Die Weisen aus dem Morgenland (→ Epiphanie, → Geburt Christi): Priscilla;
(8) Heilung des Gichtbrüchigen: Priscilla, Kalixt;
(9) Auferweckung des Lazarus: Priscilla, Kalixt;
(10) Jonageschichten: Lucina, Kalixt;
(11) Taufe Christi: Kalixt;

Die Auswahl dieser Themen steht in engem Zusammenhang mit der Deutung, die die Christen den obenerwähnten Totenmählern gaben. Als Refrigerium interim wiesen sie auf den Zwischenzustand der Ruhe nach dem Tode, als Refrigerium celeste auf den himml. Zustand ewiger Erholung von den Nöten des Lebens hin, den die Verstorbenen schon erreicht u. auf den hin sich die Lebenden auf dem Wege befanden. Die Themen wollen also auf Christus als Retter u. Erlöser vom ewigen Tode hindeuten, ohne ihn selbst immer bildhaft wiederzugeben (es sei darauf hingewiesen, daß Nr. 4 u. 10 zum ältesten Bestand der bibl. Oden gehören). So bedeutet z. B. Noah in der Arche (Nr. 1) Christus als *„architectus ecclesiae“* (lat., ‘Erbauer der Kirche’); Susanne (Nr. 6) die bedrängte, aber von Christus errettete Kirche; die Opferung Isaaks (Nr. 2) einen Hinweis auf das Opfer Christi u. Moses Quellwunder (Nr. 5) auf den Spender des Lebenswassers, während die Jonageschichten (Nr. 10) den Gedanken der Refrigeria voll ausschöpften. In diesem Zusammenhang wird man einige in den K. aufgefundene Mahlszenen nicht als Darstellungen der Agape od. der Eucharistie zu verstehen haben, sondern als Hinweise auf diese Totenmähler, die auch in oberird. Coemeterien abgehalten wurden, so z. B. in der Triclia apostolorum bei S. Sebastiano an der Via Appia, der ursprüngl. Peter-Paul-Kirche (Basilica Apostolorum) „in der Talsenke“ (*ad catacumbas*). – Abb.

Lit.: Dassmann, 9-25; J. G. Davies, La Vie Quotidienne des Premiers Chrétiens, Neuchâtel – Paris 1956, 117-142; L. Hertling – E. Kirschbaum, Die röm. K. u. ihre Märtyrer, Wien 1955[2]; ders., Die Gräber der Apostelfürsten, Leipzig 1974[3]; A. L. Jakobson, Krym v Srednye Veka, Moskau 1973; Kötting, Reg.; G. B. de Rossi, Roma Sotteranea Christiana, Frankfurt 1966 (Reprint); J. Stevenson, Im Schattenreich der K. Entstehung, Bedeutung u. Wiederentdeckung der frühchristl. Grabstätten, Bergisch Gladbach 1980; P. Styger, Die röm. K., Berlin 1933; ders., Röm. Märtyrergrüfte, 2 Bde., Berlin 1935; P. Testini, Le Catacombe e gli Antichi Cimiteri Cristiani in Roma, Bologna 1966; I. Tolstoj – N. Kondakov, Russkija Drevnosti v Pamjatnikach Iskusstva, 4: Christianskija Drevnosti Kryma, Kavkaza i Kieva, S. Peterburg 1891; G. Wilpert, Die Malereien der K. Roms, 2 Bde., Freiburg/Br. 1903; M. Lurker (Hg.), Wörterbuch der Symbolik, Stuttgart 1983[3], 343-345; LdK 2, 569 bis 570; LexMA 5, 1053-1054; RBK 1, 105-107 (K. in Alexandrien).

Katechumenat (von grch. *katechein,* bei Paulus, z. B. Röm. 2, 18; Gal. 6, 6, ‘im Glauben unterweisen’, davon *katechumenoi,* ‘die im Glauben unterwiesen werden’; russ. *oglašennye*). Der K. war in der Alten Kirche eine Einrichtung zur Glaubensunterweisung für Personen, die die Taufe begehrten, um in die Gemeinde aufgenommen zu werden. Hebr. 6, 1 läßt vermuten, daß der K. um die Wende vom 1. zum 2. Jh. allmählich aufgebaut wurde. Die Didache (→ unter Kirchenrecht) setzt ihn um das Jahr 100 jedenfalls voraus, ebenso 1. Clem. 17, 1. Für Justin (gest. um 165) galt er als Vorbedingung für die Aufnahme in die Gemeinde. Bis in das 3. Jh. (Tertullian) wird es sich wahrscheinlich um eine Art Privatunterricht gehandelt haben. Die Katechumenen gehörten als noch nicht Getaufte zwar nicht zur Gemeinde, waren aber auch keine Nichtchristen mehr. Mit dem Aufbau der kirchl. Hierarchie, vor allem der monarch. Gewalt des Bischofs u. damit einer kirchl. Sozietät, die sich auch rechtlich formierte, mußte die Stellung des Katechumenen in der Gemeinde präzisiert werden. Eine Ordnung des K.s findet sich in der Kirchenordnung des Hippolyt (→ unter Kirchenrecht) u. anderer kirchenrechtl. Quellen des 3. Jh.; sie wurde später weiter ausgebaut. Bestimmte Berufe (Schauspieler, Artisten, Prostituierte,

Schankwirte u. a.) waren grundsätzlich vom K. ausgeschlossen. Der K. dauerte im allgemeinen 3 Jahre. Gegenüber den Katechumenen wurde die Arkandisziplin angewendet, d. h. , sie durften nur am Teil A der Liturgie, der Liturgie der Katechumenen, teilnehmen, nicht am Teil B, der Liturgie der Gläubigen. Man bezeichnete sie auch als „Uneingeweihte" (grch. *amyetoi*). Im 4. Jh. entwickelten sich die K.s-Klassen, die den Bußklassen angeglichen waren. Damit waren den Katechumenen, die nur begrenzte Rechte hatten, schon eine Reihe von Pflichten auferlegt (regelmäßiger Besuch von Gottesdienst u. Unterricht, Gehorsam gegenüber dem Klerus u. a.). Unter den Katechumenen gab es 2 Gruppen: Die einen zögerten die Taufe bis kurz vor ihrem Sterben hinaus, während die anderen sich mit Abschluß des K.s taufen ließen. Sie schrieben sich zu Beginn der Großen → Fastenzeit in Listen ein (lat. *scribi, nomendatio*), um an der Unterweisung (Katechese) teilzunehmen. Die bekanntesten Katechesen, zugleich von hohem literar. Rang, sind im Osten die des Kyrillos von Jerusalem (gest. 386) u. im Westen die des Augustinus (gest. 430; *De catechizandis rudibus,* 399). Es ist zu vermuten, daß zunehmend auch christl. Symbole u. bestimmte Themen der altkirchl. Ikonographie herangezogen wurden. Innerhalb des K.s stiegen die Katechumenen von den „Hörern" (grch. *akroomenoi*) zu „Strebenden" (lat. *competentes*) od. „Erwählten" (lat. *electi*) u. schließlich zu „Erleuchteten (grch. *photizomenoi*) auf, letztere mit wenn auch eingeschränkter Rechtsfähigkeit innerhalb der kirchl. Sozietät. Bei der Anmeldung zum K. erfolgte in Rom die erste der 3 (später 7) Gewissenserforschungen (lat. *scrutinia*). In der Nacht vor Ostern (oft auch zu Epiphanie) fand im allgemeinen, unter feierl. Anteilnahme der Gemeinde, die Taufe statt. Mit der ersten Teilnahme an der Eucharistie wurde der Getaufte in alle Rechte u. Pflichten eines Gemeindegliedes eingesetzt. Mit der Ausbreitung der Kindertaufe entfiel im Osten u. im Westen die Notwendigkeit, die K.s-Klassen aufrecht zu erhalten, bis im Westen im 13. Jh. schließlich der K. ganz abgeschafft wurde. Auch in der Ostkirche erfolgte, wohl etwas früher, die Zusammenlegung des K.s mit der Taufe.

Lit.: F. L. Cross, St. Cyrill of Jerusalem's Lectures on the Christian Sacraments, London 1951; Eisenhofer 2, 244-256; Fendt, Reg.; Th. M. Finn, The Liturgy of Baptismal Instructions of St. John Chrysostom, Washington 1967, Reg.: Catechesis usw.; K. Gamber, Niceta von Remesiana. Instructio ad competentes. Frühchristl. Katechesen aus Dacien, Regensburg 1964; Handbuch, Reg.; P. Hauptmann, Die Katechismen der russ.-orth. Kirche, Göttingen 1971; J. Hofinger, A. M. Henry (Hg.), Renouvellement de la Catéchèse, Paris 1961; J. Mayer, Gesch. des K.s u. der Katechese in den ersten sechs Jh., Kempten 1868; A. G. Martimort, L'Iconographie des Catacombes et la Catéchèse, RivAC 25, 1949, 3-12; LexMA 5, 1062 (Katechumenen). – S. auch Lit. zu Buße, Taufe.

Kathisma (grch., n., 'Sitz'; russ. *kafizma,* f., *sedalen,* m., von *sedat'*, 'sich setzen'), Einteilungsprinzip der Ostkirche für den Psalter.
1. Der Psalter ist in 20 K.ta eingeteilt. Ein K. umfaßt durchschnittlich 9 Psalmen, die ihrerseits in 3 Staseis (grch. auch *doxai* od. *antiphona;* russ. *stasija, antifon, slavy*) zu je drei Psalmen unterteilt sind. Mit Hilfe dieser K.-Einteilung wird der Psalter in der Woche einmal u. in der Großen → Fastenzeit zweimal verlesen. Im allgemeinen werden beim Abendgottesdienst ein K., beim Morgengottesdienst 2-3 K.ta verlesen; während der Großen → Fastenzeit wird noch je ein K. bei jedem der Stundengebete hinzugefügt. Ende des 8. Jh. war die K.-Einteilung in der byz. u. westsyr. (jakobitischen), seit dem 9. Jh. auch in der ostsyr. (nestorianischen) Kirche bekannt. Ihre Heimat ist wahrscheinlich Jerusalem, wo die Neunergruppe des K.s auf die Einteilung der 9 bibl. Oden eingewirkt hat.
2. Es entspricht den Prinzipien der byz. Kultusästhetik, daß eine solche Zäsur, wie sie das K. darstellt, auch hymnisch genutzt wurde. Die Umrahmung des K.s im Abendgottesdienst mit einem dreimaligen Halleluja, vor allem aber die Stichologie im Morgengottesdienst zeigt die auch sonst im byz.-slav. Gottesdienst anzutreffende Tendenz, bibl. Texte durch poetisch-gesangliche zu ersetzen. Deshalb wurden poet. K.ta auch nach der 3. u. 6. Ode des Kanons zwischengeschaltet. Am Karfreitag unterbrechen die K.ta den Vortrag der 15 Antiphonen, am Karsamstag die 3 Staseis des Enkomions, des Lobpreises auf Christus. – Das Psalter-K. entspricht vor allem dem prakt. Bedürfnis des Mönchtums, nach jeder dieser Zäsuren eine der sehr seltenen Gelegen-

heiten zum Sitzen u. Hören zu finden, eine Gewohnheit, die beim poet. K. ebenfalls geübt wird. Die K.ta des Akathist, des großen Gottesmutterhymnus, müssen allerdings stehend angehört werden.
Text: s. Anhang Nr. 20.

Lit.: Anthologia Graeca. LXII, 54-65; A. Baumstark, Nocturna Laus, Münster (Westf.) 1957, 89 f., 147, 158; Daniel 290, 303, 304, 319; Goar, 27; Wellesz, 139, 239 f.; Werner, 149, 229.

Katholikos (grch., 'allgemeiner Bischof'), ein zuerst vom Patriarchen von Antiochien im Jahre 410 dem Bischof der pers. (d. h. nestorianischen) Kirche von Seleukia-Ktesiphon verliehener Titel mit der Jurisdiktion etwa eines kath. Generalvikars. Der ständige Kampf zwischen Byzantinern u. Persern (Sassaniden) zwang schließlich die Nestorianer (neben kirchenpolit. Gründen), ihre Kirche unter einem eigenen, in seiner Jurisdiktion dem Patriarchen gleichgestellten K. selbständig zu machen. In Armenien galt seit 302 Gregor der Erleuchter als erster K. seiner Kirche; dort war der Katholikat eine Zeitlang auch erblich. In Georgien mit seinem Staatskirchentum seit dem 4. Jh. wurde der Katholikat vom Herrscher Ende des 5. Jh. eingeführt. Jurisdiktion u. Insignien (→ Bischofsinsignien, kirchl. u. liturg. → Gewänder) eines K. entsprechen im wesentlichen denen eines Patriarchen.

Lit.: LexMA 5, 1076-1077.

Kelch (grch. *poterion,* n., *kypellon,* n., *krater,* m., *skyphos,* m.; russ. *potir,* m., *čaša,* f.; lat. *calix,* m., *fons,* m., *crater,* m., *poculum,* n., *scyphus,* m.). – 1. Der Kelch ist neben der Patene, der Schüssel für das Abendmahlsbrot, das wichtigste Altargerät zur Feier der Eucharistie. Er besteht aus dem Fuß (lat. *pes*), dem Schaft (lat. *stilus, fistula*), dem Knauf (lat. *nodus, pomum*), u. dem Becher (lat. *cuppa, vas*). K.-Formen sind: (a) der henkellose, variantenreiche K. der Abendmahlsberichte des NT. Er ist der eigentl. eucharist. K. (lat. *calix sanctus*). Da er in der byz. Kirche zum Vollzug des Ritus der → Mischung von Wasser und Wein verwendet wird, heißt er dort auch Misch-K. (grch. *poterion hydatos kai kramatos, kekramenon poterion*); – (b) der auch in antiken u. spätantiken Religionen bekannte Henkel-K. (grch. *krater*). Er wird seit dem 7./8. Jh. in der Literatur erwähnt, dürfte aber schon weit früher im liturg. Gebrauch gewesen sein. Bei ihm ist die Cuppa im allgemeinen flach bis schalenförmig, u. die Henkel schwingen vom Nodus bis zum K.- Rand. Dieser K. wurde im Osten u. Westen als Spende-K., d. h. zur Austeilung des Weines an die Gemeinde, benutzt (lat. *calix communicalis od. ministerialis*); – (c) der in der Antike als Trinkbecher od. Pokal verwendete Skyphos. Er diente in Rom bis zum 5./6. Jh. als eucharistischer, spezieller als Konsekrations-K. (→ unter Weihe) für den liturg. Akt der Wandlung des Weines in das Blut Christi, vom 8. Jh. ab als Spende- u. als Sammel-K. Der zuletztgenannte Verwendungszweck war im christl. Osten seit langem bekannt. Bei der Darbringung der Naturalgaben gab man in ihn den gespendeten Wein; die für die Eucharistie benötigte Menge wurde dann während der Vormesse, der Prothesis, in das Poterion gegossen. Im Westen wurde der Scyphus auch *„calix offerendarius“, „calix ad offerendum faciendum“,* ('der für die Darbringung dienende K.') genannt. Im Osten ist dieser Begriff ungebräuchlich. – (d) Für den byz. Ritus ist die Zusammenstellung von K. u. Patene, das Diskopoterion (grch.) kennzeichnend, das auch künstlerisch eine Einheit bildet.

2. Die Sakralisierung des K.s nahm ihren Ausgang sehr wahrscheinlich im antiochenisch-syr. Liturgiegebiet. Die Quellen des 4. Jh. bezeichnen den Kelch wie die ganze Eucharistie als „schauervoll“. Aus derselben Zeit wird auch die Weihe (Konsekration) des K.s bezeugt. Durch sie wurde der K. zur „hl. Sache“ (grch. *pragma hieron*) u. unter den Schutz des Kirchenrechts gestellt (→ auch Altargeräte).

3. Der K. in seinen verschiedenen Formen ist nicht nur in der Kunst dargestellt worden (→ vor allem Abendmahl, → Apostelkommunion, → Dreieinigkeit), sondern er ist – als Symbol der Eucharistie – selbst Gegenstand der Kleinkunst geworden. So treten als Schmuck des K.es schon früh Darstellungen des Kreuzes unter dem Baldachin der Grabesrotunde in Jerusalem (→ unter Kirchenbau) auf, später kommen Zitate aus den Liturgien der Ostkirche hinzu u. Bildelemente, die in den Bereich der byz. Mystagogie gehören. Der sakrale Charakter

dieses Geräts bestimmte auch die Wahl des Materials u. der Verarbeitungstechniken (→ Email, → Toreutik). Die ältesten K.e waren aus verschiedenstem Material, auch aus Holz od. Glas. Vom 5. Jh. ab wurde zunehmend Edelmetall, vorab Gold u. Silber (bzw. vergoldetes Silber), verwendet. Später kamen Ausschmückungen mit Perlen u. Edelsteinen an den einzelnen Teilen hinzu. So wurde aus dem K., seiner Bedeutung entsprechend, ein Kunstwerk. – Taf. 57.

Lit.: Braun, Altargerät; Eisenhofer 1, 396 ff.; V. H. Elbern, Der eucharist. K. im frühen MA, Düsseldorf 1961; ders., Der eucharist. K. ... (Ikonographie u. Symbolik), Zs. des Dt. Vereins f. Kunstwiss. 17, Berlin 1963, 128-172; Fendt, Reg.; Handbuch, Reg.: K.; Jungmann, Reg.: K.; K. Wessel, Die Byz. Emailkunst, Recklinghausen 1967; M. Lurker, Wörterbuch der Symbolik, Stuttgart 1983², 348-349; LChI 2, 496-497; LdK 2, 579-580; LexMA 5, 1095-1096. – S. auch Lit. zu Altargeräte.

Kenotaph (grch. *kenotaphion,* n., 'Leergrab'), bereits in frühgeschichtl. Zeit bekanntes Ehren- u. Repräsentationsmonument, von der christl. Kirche für die Heiligen- u. Märtyrerverehrung übernommen. Insbesondere bezeichnet K. das leere Grab des auferstandenen Christus.

Keramidion → unter Acheiropoietos

Keramik (grch. *kerameia,* f., 'Töpferkunst'), Sammelbegriff für aus gebranntem Ton hergestellte Erzeugnisse: Terrakotta, farbige Tonscherbe; Fayence od. Majolika, farbige Tonscherbe mit Zinnglasur; Sgraffito-K. mit vor der Glasur eingeritzter Zeichnung; Porzellan, in Byzanz als teurer Importartikel aus China bekannt. Aus einfachem gebranntem Ton wurden in altkirchl. Zeit Devotionalien hergestellt, wie z. B. Öllampen, Ampullen, Statuetten mit Heiligenbildern u. a. Im außerkirchl. Bereich fand die wahrscheinlich aus Persien eingeführte K. weite Verbreitung. Als Material für Kultusgegenstände wurde sie dagegen nur wenig verwendet, da sie als Werkstoff minderer sakraler Würde galt. Gelegentlich findet sie sich als Bildträger in der Ikonenmalerei. Die berühmte K.-Ikone des hl. Theodoros aus Bulgarien (9./10. Jh.) ist aus mehreren quadrat. Kacheln hergestellt worden. Solche Kacheln, aber auch Majolika, waren in spät- u. nachbyz. Zeit als Außendekor der Kirchen u. als Fußboden- u. Wandschmuck weit verbreitet. In Rußland erlebte diese Ausschmückung im 17. u. 18. Jh. eine hohe Blüte (→ unter Kirchenbau). Eine systemat. Erforschung der K. im byz.-slav. Bereich steht noch aus.

Lit.: A. V. Bank, Pamjatniki Vizantijskogo Iskusstva v Sobranijach Sovetskogo Sojuza, Leningrad – Moskau 1966, Nr. 216-218; E. Coche de la Ferté. L'Antiquité Chrétienne au Musée du Louvre, Paris 1958; I. E. Grabar, V. N. Lasarew, W. S. Kemenow, Gesch. der Russ. Kunst, 4. Bd., Dresden 1965, Reg.: Kacheln; A. L. Jakobson Srednevekovaja Polivnaja Keramika kak Istoričeskoe Javlenie, VV 39, 1978, 148-159; K. Mijatev, Preslavskata Keramika, Sofija 1936; C. Nicolescu, Mostenirea Artei Bizantine in România, Bucuresti 1971, 34 bis 43; D. Talbot Rice, Byzantine Polychrome Pottery, CAr 7, 1954; V. P. Vygolov, Russkaja Architekturnaja Keramika Konca XV – Načala XVI Veka, Drevnerusskoe Iskusstvo. Zarubežnye Svjazi, Moskau 1975, 282-317; LdK 2, 586-590.

Ketzerei → Häresie

Kinderkommunion. Die Teilnahme der Kinder an der Eucharistie war in der Alten Kirche Ende des 4. u. 5. Jh. allgemein verbreitet. Ob sie bereits bei Cyprian von Karthago (gest. 258) vorausgesetzt werden darf, ist umstritten. Säuglinge ließ der Priester an seinem in den Wein getauchten Zeigefinger saugen, größere Kinder erhielten auch die in Wein getauchte Prosphore. Im Westen verschwindet die K. vom 12. Jh. an. Das Laterankonzil von 1215 macht das Erreichen des „Unterscheidungsalters" (lat. *annus discretionis*) zur Bedingung für den Empfang der Kommunion (im MA etwa das 7., heute etwa das 10. Lebensjahr). Dagegen blieb die K. im byz. Ritus erhalten u. wird vor allem nach der Taufe praktiziert.

Lit.: L. Andrieux, La Première Communion, Paris 1911; J. Baumgärtler, Die Erstkommunion der Kinder, München 1929; Fendt, Reg.: K.; Jungmann, Reg.: Kinder u. Eucharistie; Handbuch, Reg.: Kommunion der Kinder.

Kirchenbau. 1. Die Geschichte des K.s beginnt nicht erst mit Kaiser Konstantin (gest. 337). Abgesehen von den Resten einer Hauskirche in Dura Europos (um 230), werden wir Anfang des 4. Jahrhunderts nur durch die altkirchl. Literatur über eine Reihe von Kirchen unterrichtet (in Nordafrika,

Neocaesarea, Antiochien, Nikomedia u. a.), von denen sich nichts mehr erhalten hat. Wie bei den Coemeterien u. Katakomben war der rechtsgültige Erwerb eines Grundstücks auch die Voraussetzung für den Bau einer Kirche. Während der Christenverfolgungen wurde dieses Recht manchmal vorübergehend außer Kraft gesetzt; später erhielten die Gemeinden vielfach die beschlagnahmten Gebäude wieder zurück. Bei individuellen Eigentümern konnte eine Kirche auch in den Besitz von Ketzern (→ unter Häresie) kommen. Aus diesem Grunde strebte die Bischofsverwaltung schon in frühkirchl. Zeit eine korporative Verwaltung der Kirchengrundstücke an. Mit der Kirchenweihe wurde das Kirchengebäude als „hl. Ort" (grch. *hieros topos*) unter den Schutz des Kirchenrechts gestellt.

2. Die Alte Kirche schuf keine eigenen Modelle für ihren K., sondern übernahm sie von ihrer Umwelt, entwickelte sie allerdings selbständig weiter. Die Aufgabe, Klerus u. Laien zu gottesdienstl. Veranstaltungen in übersichtl. u. geordneter Weise zu versammeln, wurde mit Hilfe zweier vorhandener Grundmodelle gelöst: durch → Basilika u. → Zentralbau.

(a) Die wichtigsten stadtröm. Kirchen, die dem Grundtyp der Basilika angehören, sind: S. Giovanni in Laterano (Bau nach 312 als Erlöserkirche begonnen, fünfschiffig; ob sich ein Querschiff [Transept] zwischen Apsis u. Haupthaus befand, ist umstritten), die Hauptkirche des Patriarchen von Rom, „Mutter u. Haupt aller Kirchen des Erdkreises u. der Stadt Rom" (lat. *omnium ecclesiarum Orbis et Urbis mater et caput*); S. Petro in Vaticano, 320 nach dem Vorbild von S. Giovanni begonnen, beendet unter Konstantin II. (gest. 340), fünfschiffig, mit der Memoria des Apostelfürsten; S. Paolo fuori le mura, ursprünglich dreischiffig mit dem Grab des anderen Apostelfürsten, 386 bis 395 zu einem fünfschiffigen Bau mit Transept umgebaut; Basilica Apostolorum (Apostelbasilika), vor 356 gestiftet, über einem alten Gedächtnismahlplatz (lat. *triclia apostolorum*) zu Ehren der beiden Apostel in einer Talsenke (grch. *kata kymbas*, → Katakomben) an der Via Appia errichtet, später zu S. Sebastiono fuori le mura umgebaut u. verkleinert, eine dreischiffige Coemeterialkirche mit umlaufenden Seitenschiffen; S. Maria Maggiore, erster Bau unter Papst Liberius (gest. 366), zweiter Bau unter Papst Sixtus (gest. 440), mit ihm lösen die dreischiffigen Papstkirchen die fünfschiffigen Kaiserbauten ab. Von den basilikalen K.ten außerhalb Roms seien hier erwähnt: in Ravenna: S. Apollinare in Classe, geweiht 549, u. S. Apollinare Nuovo, 519; in Saloniki: S. Demetrius, um 412; in Konstantinopel: die Kirche des Studios-Klosters, 436. Von den nordafrikan. vielschiffigen Basiliken soll wenigstens die neunschiffige Damus el Karita (Karthago) genannt werden. Für den nordsyr. K. sind aus heim. Kalkstein errichtete Kirchen charakteristisch mit einer gewissen, wenn auch reich gegliederten Massivität (je 2 Ausgänge an beiden Längsseiten, 2 die Apsis flankierende Seitenräume [Pastophorien] als Ostabschluß, ein mächtiges, von Türmen flankiertes „Westwerk", dessen Front durch 3 Portale, Loggien über der Vorhalle, dem Narthex, durch Fenster, Karniese [s-förmige Zierbögen] u. a. symmetrisch aufgegliedert war [vgl. Kalb Lozeh, Fafertin]). Für die aus Basalt bestehenden Kirchen des Haurangebietes (z. B. Kanawât, Umm-idj-Djemal) sind transversale (quergerichtete) Bögen kennzeichnend, die entweder auf die Apsis zuliefen, indem sie den Raum in einzelne Sektionen teilten, od., um 90 Grad gedreht, quer zu ihr lagen. Auf die Querbalken, die von den Bögen getragen wurden, waren Steinplatten als Bedeckung gelegt. Durch Vermittlung der alten Beziehungen zwischen Syrien u. Gallien wurden die wichtigsten Architekturelemente des syr. K.s auch nach Europa gebracht (Pastophorien – Sakristeien, Westwerk, Kirchenanlagen um einen Platz, Kirche in einer Festung). Zum K. in Jerusalem s. Abs. b.

(b) Wie die Basilika war auch der Zentralbau in der Antike ein neutraler Mehrzweckbau (Bäder, Kioske, Nymphaion [Quelle einer Nymphe], Grabbauten). Dabei scheint im sakralen Bereich die religiöse Vorstellung von einer Art Schutz- u. „Hegeraum" über einem Verehrungsobjekt (hl. Quelle, Heroengrab [Heroon] u. a.) für den K. von besonderer Bedeutung gewesen zu sein. Neben dem Taufhaus als Zentralbau (z. B. S. Giovanni in fonte, Rom, Mitte 4. Jh.; Georgsrotunde, Sofia) erwies sich der Rundbau des Heroons mit seinen beiden Grund-

Hagia Sophia, Aufriß

typen (alleinstehendes od. mit einem Tempel verbundenes Heroon) als progressiver Ansatz des K.s. Manifestierte sich der erste Typ z. B. in Rom in den Rotunden von S. Costanza (1. Hälfte 4. Jh.), S. Stefano rotondo (468-483), in Thessalonich im Mausoleum der Georgsrotunde (um 400) sowie in zahlreichen Märtyrer-Gräbern (Memorien, → auch Martyrion) im Orient, so der zweite in vorbildhafter Weise in den Kirchenbauten Kaiser Konstantins am hl. Grabe in Jerusalem. Sie stellen den ideellen, für christl. Vorstellungen charakterist. Typus des „Zeugnisbaus" (Martyrion) dar, der, vom hl. Grabe ausgehend, in Palästina u. Syrien in zahlreichen Varianten sich ausbreitete. Die Bauten am hl. Grabe umfaßten die Basilika, den an ihrer Apsis emporsteigenden (vielleicht mit einem Baldachin überdachten?) Golgathafelsen u. die etwas später über der Grabeshöhle erbaute u. mit der Basilika durch einen Hof verbundene Rotunde. Das gesamte Ensemble hieß ursprünglich Martyrion od. auch Anastasis (grch., 'Auferstehung') zur Erinnerung an Leiden, Sterben u. Auferstehen Christi. Erst Ende des 4. Jh. unterschied man die Basilika als Martyrion von der Grabesrotunde als Anastasis. Als Erinnerungs- od. Memorialbauten spielten diese Bauten eine wichtige Rolle bei der Entstehung der Kulthandlungen des Karfreitages. Das Oktogon (Achteck) über der Geburtshöhle in Bethlehem (im 5. Jh. zu einem komplizierten Dreikonchenabschluß umgebaut) bildete mit der Basilika eine Einheit (zwischen 325 u. 333). Während die Himmelfahrtskirche auf dem Ölberg, 380 erbaut, ein Zentralbau war, errichtete Konstantin über der Höhle unter dem Ölberggipfel (in der Jesus die Jünger belehrt haben soll) eine Basilika. Eine andere Kombinationslösung von Basilika u. Zentralbau stellt die gewaltige Kirche des hl. Symeon in Kalat Simân dar (Ende 5. Jh.), bei der 4 basilikale Gebäude ein Achteck (mit der Symeonssäule als ideeller Reliquie) umschließen u. damit ein sowohl den Pilgermassen dienendes – weil ordnendes – wie optisch-akustisch eindrucksvolles Raumensemble bildeten. Reine Zentralbauten sind die Sergios-u.-Bakchos-Kirche in Bosra (beendet 511/512) u. die Georgskirche in Esra (um 515). Der syr. K. erlebte mit seinem ebenso variantenreichen wie reizvollen u. anregenden „Durchdringungstypus" in Armenien u. Georgien eine eigenständige, fruchtbare Weiterentwicklung. Auch im byz. Herrschaftsbereich erfuhr der reine Zentralbau eine Blüte, z. B. in der Sergios-u.-Bakchos-Kirche in Konstantinopel (527) u. in S. Vitale in Ravenna (547). Gleichzeitig stellten sich die Baumeister der Aufgabe, Basilika u. Zentralbau nicht nur in Gestalt von Gebäudeensembles, sondern auch als konstruktiv-architekton. Einheit zu errichten, wie es im Grundansatz bereits die Symeonskathedrale versucht hatte. Dabei spielten komplizierte

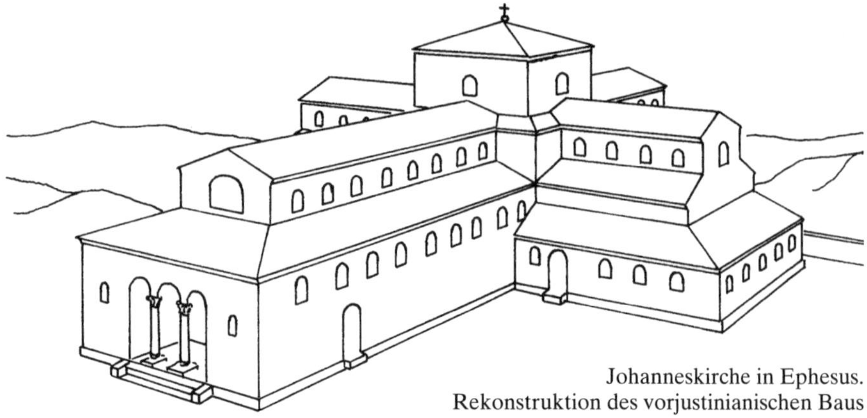

Johanneskirche in Ephesus.
Rekonstruktion des vorjustinianischen Baus

Probleme der Kuppel-Einwölbung über dem Zentralbau (d. h. über der durch Kreuzung des Längs- u. Querschiffes entstehenden Vierung) eine wichtige Rolle. Wenn auch diese Aufgabe, wie wir sogleich sehen werden, in Konstantinopel selbst gelöst wurde, so zeigen doch zahlreiche Kirchen des Orients (so z. B. in Kasr-ibn Wardan, 564), wie sehr sie die Konstrukteure beschäftigt u. ihre Erfahrungen bereichert hat (→ auch Kuppel).

3. Die komplizierte, sich allmählich zu einer Kultusästhetik ausweitende Liturgie u. die Suche nach einem K.-Typ, mit dem sich kirchl. Sozietät u. Kaiserstaat (→ auch Kaiserkult) identifizieren konnten, bestimmten die Sakralarchitektur des Justinian. Zeitalters im 6. Jh. Nach u. neben einer Reihe von „Experimentierbauten" (z. B. der Irenenkirche in Konstantinopel) entstand in der Sophienkathedrale (grch. Hagia Sophia, 532-537; zu beiden Kirchen → auch unter Weisheit Gottes) in Konstantinopel die erstrebte Synthese von Basilika u. Zentralbau, in der sich zugleich die Symphonie von kirchl. u. kaiserl. Repräsentation widerspiegelt. In einem zwar basilikalen, aber nahezu quadrat. Grundriß erhebt sich ein Stützensystem von 4 mächtigen Pfeilern, auf denen die (mit Hilfe von 40 Fenstern des Scheintambours) wie freischwebend erscheinende Kuppel mit einem Durchmesser von 33 m ruht. Der damit verbundene Raumillusionismus, der seinerseits zahlreiche optische wie akust. Effekte auslöste, war der Basilika in dieser Weise unbekannt; er sollte fortan für den byz. K. charakteristisch werden. Wegen der Schwierigkeiten ihrer Durchführung blieb die architekton. u. konstruktive Lösung der Hagia Sophia einmalig. Die Auffassung des Kuppelraumes mit seiner zentralen Lichtzufuhr als Kernraum, um den korridorartige Nebenräume geordnet sind, ließ (sehr wahrscheinlich unter dem Einfluß des kaukas. K.s) andere, fruchtbare Formentypen entstehen. Neben der senkrechten Achse des Kuppelraumes blieb als einziger horizontaler Orientierungspunkt die Bemazone im Osten mit Prothesis u. Diakonikon bestehen. Seinem Wesen nach besitzt ein solcher Bau dynam. Kräfte der Raum-Multiplizierung, indem über die 4 Seiten des Stützensystems hinaus neue Raumeinheiten wachsen, die ihrerseits für die Lichtzufuhr (u. für akust. Effekte) mit Kuppeln versehen waren (z. B. Daphni, Hosios Lukas). Weil die 4 mit Tonnen überwölbten Räume ein Kreuz mit fast gleichen Armen bildeten, heißt diese Form auch „Kreuzkuppelkirche". Neben diesem ursprüngl. Typ der Kreuzkuppelkirche (z. B. Kirche Johannes' des Theologen in Ephesos, Apostelkirche in Konstantinopel, S. Marko in Venedig, Sophienkirche in Sofia) entstand schließlich ein zweiter, indem zwischen die Kreuzarme je ein Raum gesetzt u. mit einer Kuppel versehen wurde. Diese Form der Kreuzkuppelkirche wurde im byz.-slav. Raum von fast normativer Gültigkeit. (Die basilikalen Kirchen nach dem Bilderstreit [→ Bild] im 9. u. 10. Jh. sind im Zusammenhang mit einer allgemeinen Be-

sinnung auf das klass. Erbe von Byzanz zu sehen [→ auch Renaissancen in Byzanz]. In nicht wenigen Städten standen noch Basiliken aus älterer Zeit, während z. B. in Bulgarien solche Kirchen Neugründungen darstellten. Aufs Ganze gesehen, handelte es sich dabei aber nur um eine Episode in der Geschichte des byz. K.s). Eine wichtige Rolle im mittelbyz. K. spielt die „Neue Kirche" (grch. Nea *[Ekklesia]* in Konstantinopel von 881, die nur durch ein literar. Zeugnis (→ Ekphrasis) bekannt ist. Die Entwicklung des mittelbyz. Bildprogramms u. des Templons als Vorläufer der Bilderwand machten den Innenraum dieser Kirchen zur „hl. Höhle" (in Erinnerung an die verlorengegangenen Martyrien in Jerusalem u. Palästina, s. auch Abs. 2) u. damit zum Ort der Vergegenwärtigung des christl. Heilsdramas. Zugleich erfuhr dieser Innenraum durch die Mystagogie der mittel- bis spätbyz. Liturgie eine (wenn auch von den Baugesetzen unabhängige) Deutung, die dem Gedanken der Vergegenwärtigung entsprach, deren Problematik – eine perfekte Hermeneutisierung des K.s – aber nicht übersehen werden sollte. Sie zu erhellen ist Aufgabe der Ikonologie.

4. Stand schon der K. der byz. Provinzen (zu denen die in der christl. Archäologie entschieden zu wenig beachtete Krim gehört) keineswegs unter dem Diktat Konstantinopels, sondern zeigte durchaus selbständige Züge, so gilt das in besonderer Weise für den Sakralbau der Balkanvölker. Allerdings mußte bei Bulgaren u. Serben, wohl unter kirchenpolit. Druck von Konstantinopel, die dort heim. Rundkirche (z. B. die „Goldene Kirche" in Preslav, 2 Rundbauten in Ochrid, die Peterskirche in Novi Pazar) aufgegeben werden. Einen starken Einfluß auf den balkan. K. der spät- u. nachbyz. Zeit hat der Typ der Dreikonchen-Kirchen des Athos ausgeübt.

(a) Weitgehende Selbständigkeit gegenüber Byzanz u. dem Westen erlaubte es Serbien, einen für sein Gebiet charakterist. K. zu entwickeln. Es kam hier zu einer großartigen Synthese von meist einschiffiger u. pfeilerloser Basilika (z. B. Staraja Pavlica) mit dem überkuppelten Kernraum, dem der dreiapsidiale Ostabschluß vorgelagert wurde. Dabei entwickelte sich aus den ersten Anfängen (z. B. Georgskirche in Ras; Studenica) eine klare Aufeinanderfolge von Räumen: Haupthaus (→ Naos), Vorhallen (→ Narthex, → Pronaos) u. größtenteils offene Außenhalle (Artikas). Ablösung der stützenlosen Kuppel-Konstruktion durch ein freistehendes Vierstützensystem, Ver-

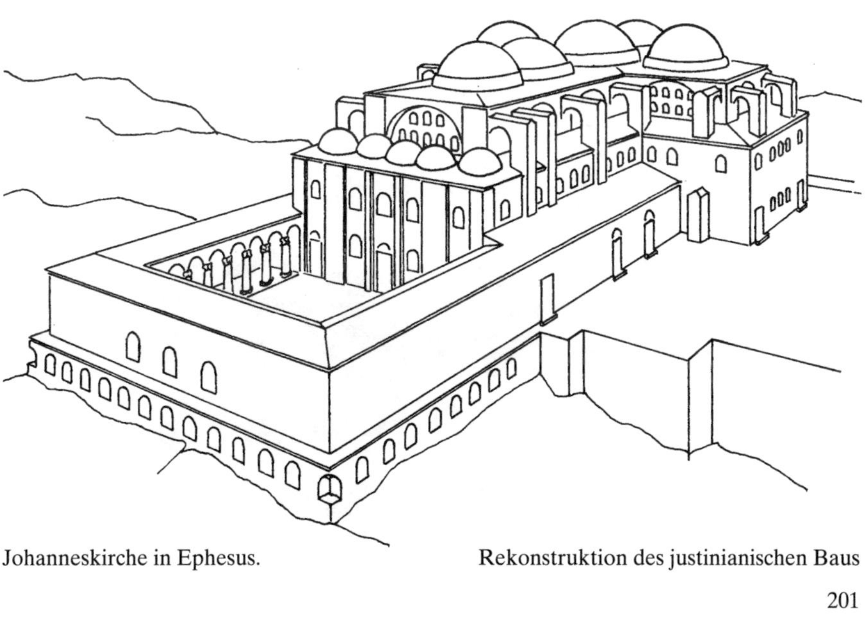

Johanneskirche in Ephesus. Rekonstruktion des justinianischen Baus

mehrung der Joche des „Langschiffes", Höherziehung des zentralen Tambours durch ein Postament ergaben reizvolle Varianten des Innenraumes wie der Außenansicht. Der überkuppelte Kernraum wurde durch rechteckige bis konchiale Eingangsräume erweitert. u. das roman. Westportal mit einem Tympanon geschmückt. Auch der Pronaos wurde mit einer Kuppel gekrönt, während die erwähnten Eingangsräume ebenfalls roman. Portale erhielten. Die Leistung des serb. K.s besteht also in der Verschmelzung öst. u. westl. Bautraditionen zu einem selbständigen, organ. Ganzen. Aber auch die traditionelle byz. Kreuzkuppelkirche erhielt durch ebenso gezielte wie vorsichtige Verarbeitung got. Architekturelemente einen neuen Zug, der sich vor allem in einer vertikal orientierten Bausilhouette (z. B. Gračaniza, Dečani) äußerte. Zu erwähnen ist noch die Ausschmückung der Außenwände der Kirchen durch Inkrustationen u. Keramiken, wahrscheinlich die Vorläufer der Außenfresken der moldauischen Kirchen.

(b) Während im ersten bulgar. Reich nach der Annahme des byz. Christentums neben der Rotunde die Basilika bevorzugt wurde, tritt an ihre Stelle nach der Unterwerfung Bulgariens unter die byz. Herrschaft (1018) die Kreuzkuppelkirche, deren Grundschema, im Gewölbe- u. Stützensystem variierend, auch in den Epochen bulgar. Selbständigkeit beibehalten wurde. Der Außendekor der Kirchen wurde durch Nischen, Blendarkarden u. Keramiken reich gegliedert (z. B. in Kalenič).

(c) Der K. in Rumänien nahm, von wenigen ersten Zeugen der byz. Kreuzkuppelkirche im 13. u. 14. Jh. abgesehen, seinen Anfang mit der Bildung der Fürstentümer der Walachei (Oltenien) u. der Moldau. Er übernahm den in Serbien bzw. auf dem Athos (→ unter Klöster) beheimateten trikonchalen Bautyp u. gestaltete ihn zu oft reizvollen Archtitekturformen aus, die sich

Mariä-Schutz-Kathedrale „am Graben" (Vasilij Blažennyj) in Moskau, Grundriß

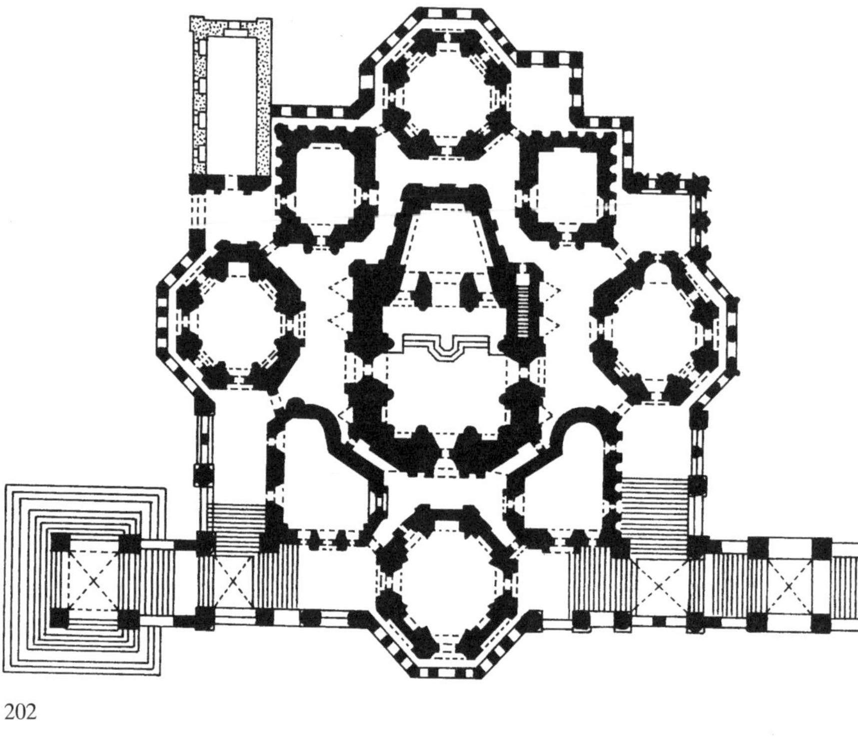

Innenansicht und Fassade der Kirche von Kalb-Lozeh (Rekonstruktion)

in das Landschaftsbild einordnen. Die Kirchen der Moldau modifizieren den Trikonchos in einer für diese K.-Provinz charakterist. Weise u. verbinden die byz. Kreuzkuppelkirche mit got. Bauformen (got. Blendbögen, Biforienfenster, hohes Satteldach, das von der Kuppelkonstruktion unterbrochen wird, wobei diese auf komplizierten, in den Achsen gedrehten Postamenten ruht). Kennzeichnend für die Kirchen der Moldau sind die Außenfresken mit einem eigenen Bildprogramm. Hinzuweisen ist noch auf den Holz-K. vor allem im nördl. Transsilvanien u. der Maramureş.

5. Der altruss. K. übernahm zwar das byz. Modell der Kreuzkuppelkirche, begann aber seine Geschichte mit bezeichnenden Veränderungen. Die 996 errichtete, 1240 von den Mongolen zerstörte Zehnt- (russ. *desjatinnaja*) Kirche war fünfschiffig mit wahrscheinlich 25 (?) Kuppeln. Schon vorher (989) wurde in Novgorod die erste Sophienkathedrale aus Eichenbalken errichtet, von der wir nur wissen, daß sie 13 „Erhöhungen" auf ihrem Dach besaß. Die 1039 geweihte Metropolitankirche der hl. Sophie in Kiev war eine fünfschiffige Kreuzkuppelkirche, deren 13 Kernräume mit 13 Kuppeln gekrönt waren. Die gewaltigen Mauermassen strebten pyramidenförmig gen Himmel. Im Inneren befanden sich Emporen, während das Gebäude von einem umlaufenden Bogengang umgeben war. Die 1045 bis 1050 errichtete, aus Steinen erbaute Sophienkathedrale in Novgorod besaß nur 5 Kuppeln u. zeichnete sich durch bewußte Reduzierung aufwendiger Repräsentanz aus. Ihre oben erwähnte Vorläuferin brannte 1041 ab. Gleichzeitig wurde in Rußland auch der bodenständige Holzbau für den K. fruchtbar gemacht (z. B. Boris-u.-Gleb-Kirche in Vyšegorod, 1020-1026). Der K. der einzelnen Provinzen zeigt eine große Vielfalt architektonisch-konstruktiver Möglichkeiten, den byz. Typ zu modifizieren. Genannt seien nur die Georgskathedrale in Novgorod von 1119 mit ihrem Illusionismus des schwebenden Mauerwerks, das K.-Ensemble der Uspenie-u.-Dmitrij-Kathedralen in Vladimir an der Kljazma vom Ende des 12. Jh. u. die schlank emporwachsende Pokrov-Kirche an der Nerl' (→ auch Pokrov) von 1165, das Kleinod des altruss. K.s. Die Paraskeva-Pjatnica-Kirche in Černigov, ebenfalls vom Ende des 12. Jh., zeigte bereits alle konstruktiven Möglichkeiten, die den russ. K. bis zum 15. Jh. entscheidend bestimmen sollten: Stufenweise ansteigende Gurtbögen über den Gewölben trugen den hochstrebenden Tambour, dessen Vertikalcharakter außen durch mehrere Reihen von Blend- od. Zierbögen noch betont wurde. Die alte Helmform der Kuppel wurde durch die Zwiebel- od. Birnenkuppel abgelöst, das

typische, bis nach Indien zu verfolgende Erzeugnis einer „Zimmermannskultur". Der ästhet. Eindruck dieser Kuppelkonstruktionen wurde noch verstärkt durch die ihnen angeglichene Kielbogenform der Blendbögen (russ. *kokošniki*). Im 15. Jh. wird die Vielfalt u. Progressivität der Bauformen gesteigert. Neben die „Bürgerkirchen" Novgorods treten die herrl. Kirchen des Sergiusklosters (1422-1424), darunter vor allem die Dreieinigkeitskathedrale, die Erlöserkirche des Andronikov-Klosters in Moskau (1427) u. die großartigen Repräsentationsbauten des emporstrebenden Großfürstentums von Moskau im Kreml (Uspeniekathedrale 1475-1479; Erzengelkathedrale 1505-1509). Gleichzeitig entsteht die hochragende Bilderwand. Die Vasilij-Blažennyj-Kathedrale auf dem Roten Platz in Moskau (1555-1560) zeigt östl. K.-Traditionen in einer Konsequenz, die Byzanz unbekannt geblieben ist: Um einen Kernraum sind 8 auch architektonisch selbständige einkuppelige Kleinkirchen als Simultanräume kreisförmig angeordnet. Die Zentralkirche trägt ein Zeltdach, das einheim. Überlieferungen entstammt. Von dieser u. einigen anderen Ausnahmen abgesehen, blieb es aber nur bei Neuinterpretationen des byz.-slav. Grundmodells der Kreuzkuppelkirche. Das klass. Modell der Kreuzkuppelkirche wurde erst unter Peter I. (gest. 1725) unter dem Einfluß des protestant. K.s durch den Typ der Basilika abgelöst; dabei wurden allerdings bestimmte Elemente des alten Sakralbaus verarbeitet (Peter-Paul-Kathedrale in St. Petersburg, 1712-1733). Zwar kam es in der Folgezeit zur Wiederbelebung des Zentralbaus u. der Kreuzkuppelkirche, aber sie konnte die Ursprünglichkeit des religiösen Erlebens, wie es der K. Altrußlands vermittelte, nicht mehr ersetzen. Eines der interessantesten Ensembles dieser Art ist die nach dem Vorbild in Jerusalem in der 2. Hälfte des 17. Jh. errichtete Anlage zum hl. Grabe in Neu-Jerusalem an der Istra bei Moskau. Bemerkenswert ist das aus Kacheln bestehende farbige Schmuckwerk, das wir in dieser Zeit auch an anderen Kirchen (z. B. in Jaroslavl') finden. Die Bilderwand im Innern der Grabesrotunde bestand ebenfalls aus blaugetönten Kacheln (→ auch Keramik). Die Anlage an der Istra ist eines der besten Beispiele für den „russ. Barock". Der traditionelle Holzbau erreichte vor allem in Nordrußland im 18. Jahrhundert seine Blüte. – Taf. 58-60; s. auch Karte II u. Abb.

Lit.: M. Alpatov – N. Brunov, Gesch. der altruss. Baukunst, Baden bei Wien, Wien, Brünn, Leipzig 1932; M. Alpatov, Histoire de l'Art Russe des Origines à la Fin du XVIIIe Siècle, Paris 1975; M. Chatzidakis (Hg.), Byzantine Art an European Art, Athen 1966; J. G. Davies, The Origin and Development of Early Christian Architecture, New York 1953; F. W. Deichmann, Frühchristl. Kirchen in Rom, Basel 1948; Th. Delvoye, L'Art Byzantine, Paris 1967; Ch. Diehl, Manuel d'Art Byzantin, 2 Bde., Paris 1965 (Reprint); K. Gamber, Liturgie u. K., Regensburg 1976; A. Grabar, Die mittelalterl. Kunst Osteuropas, Baden-Baden 1968; ders, Die Kunst des frühen Christentums, München 1967; ders., Die Kunst im Zeitalter Justinians, München 1967; ders., Byzanz, Baden-Baden 1964; ders., Martyrium, 2. Bd.; I. Grabar, V. N. Lasarew, W. S. Kemenow, Gesch. der Russ. Kunst, Bd. 1 ff., Dresden 1957 ff.; G. H. Hamilton, The Art and Architecture of Russia, Harmondsworth 1975[2]; R. Hamann – Mac Lean, Grundlegung zu einer Gesch. der mittelalterl. Monumentalmalerei in Serbein u. Makedonien, Gießen 1976; R. F. Hoddinott, Early Byzantine Churches in Macedonia and South Serbia, London 1963; W. Hotz, Byzanz. Konstantinopel. Istanbul. Handbuch der Kunstdenkmäler, München – Berlin 1971; H. Jantzen, Die Hagia Sophia des Kaisers Justinian, Köln 1967; G. Ionescu, Istoria arhitecturii in România, 2 Bde., Bucureşti 1963; M. K. Karger, Drevnij Kiev, 2 Bde., Moskau – Leningrad 1958, 1961; R. Krautheimer, Early Christian and Byzantine Architecture, New York 1965; G. Kunze, Lehre, Gottesdienst u. K. in ihren gegenseitigen Beziehungen, 1. u. 2. Teil, Berlin 1959, 1960; J. Lassus, Les Sanctuaires Chrétiens en Syrie, Paris 1947; C. Mango, Byz. Architektur, Stuttgart 1975; ders., The Art of Byzantine Empire, New Jersey 1972; Sv. Radojčić, Gesch. der Serb. Kunst, Berlin 1969; Rice, Byzanz; A. M. Schneider, Die Hagia Sophia zu Konstantinopel, Berlin 1938; Ph. Schweinfurth, Die Byz. Form, Mainz 1954[2]; A. Tschilingirov, Christl. Kunst in Bulgarien, Berlin 1978; V. Vătăşianu, Istoria Artei Feudale in Tărîle Române, Bucureşti 1959; L. Voekl, Die Kirchenstiftungen des Kaisers Konstantin im Lichte des röm. Sakralrechtes, Köln u. Opladen 1964; Volbach, Kunst; Volbach – Lafontaine – Dosogne; N. N. Voronin, Zodčestvo Severo-Vostočnoj Rusi XII-XV vekov, 2 Bde., Moskau 1961, 1962; S. Zabello, V. I. Ivanov, P. Maksimov, Russkoe Derevjannoe Zodčestvo, Moskau 1942; R. W. Zaloziezki, Die Sophienkirche in Konstantinopel, Rom u. Freiburg/Br. 1936; N.Brunov, Chram Vasilija Blažennogo v Moskve (Pokrovskij Sobor), Moskau 1981; N.Kradin, Russkoe Derevjannoe Zodžestvo, Moskau 1988; P. A. Rappoport, Russkaja Architektura X-XIII vv. Katalog Pamjatnikov, Leningrad 1982; A. I. Komeč, Drevnerusskoe Zodžestvo konca X-načala XII v., Moskau 1987; V. Vygolov, Architektura Moskovskoj Rusi Serediny 15 v.,Moskau 1987; H. Faensen, Kirchen u. Klöster im alten Rußland. Stilgesch. der altruss. Baukunst von der Kiewer Rus bis zum Verfall der Tatarenherrschaft, Leipzig 1982; ders., Siehe die Stadt, die leuchtet. Symbol u. Funktion altruss. Baukunst, Leipzig 1989; Th. F. Mathews, The Early Churches of Constantinople. Architecture and Liturgy, London 1971; G. Stanzl, Längsbau u. Zentralbau als Grundthemen der frühchristl. Architektur, Wien 1979; K. Weitzmann (Hg.), Age of Spirituality. A Symposium, Princeton 1980; J. Beckwith, Early Christian and Byz. Art, New York 1979; W. Nyssen, Drei Säulen tragen die Kuppel. Jerusalem-Rom-Byzanz. Ges. Studien, Köln 1989; R. J. Mainstone, Hagia Sophia. Architecture, Structure and Liturgy of Justinian's Great Church, London 1988; F. Winkelmann u. G. Gomolka-Fuchs, Frühbyz. Kultur, Leipzig 1987; E. Coche de la Ferté, Byz. Kunst, Freiburg/Basel/Wien 1982; E. Kitzinger, Byz. Kunst im Werden, Köln 1984; A. Effenberger, Frühchristl. Kunst u. Kultur. Von den Anfängen bis zum 7. Jh., Leipzig 1986; N. R. Antonov, Chram Božij i cerkovnyja služby.Učebnik Bogisluzenija, Jordanville 1983; Z. Škalova, "Die Wohnstätte der Gottesfürchtigen" auf dem Roten Platz in Moskau - Das Rätsel der Kathedrale Vasilij des Seligen, Hermeneia 4, 1988, 136-147; LChI 2, 514-529; LdK 2, 613-614; LexMA 5, 1168 bis 1173; 1505-1506 (Kreuzkuppelkirche). – S. auch die topograph. Artikel im RBK u. Lit. zu Basilika, Kuppel, Martyrion, Memoria.

Kirchendichtung. Die K. gehört neben der Ikonenmalerei zu den wichtigsten Medien der Lehrinformation der Ostkirche. Sie war wie die Kultdichtung der Antike u. Spätantike Hymnendichtung, d. h. eng mit ihrer musikal. Darbietung verbunden (→ Kirchenmusik).

1. Die Urgemeinde faßte ihre Dichtung als „neue Schöpfung" (2. Kor. 5, 17), als „neues Lied" (grch. *oide kaine:* Offb. 5, 9; 14, 3) u. als geistl. Gesänge auf (grch. *oidai pneumatikai:* Eph. 5, 19), als Ausdruck einer neuen, christl. Existenz. Zu diesen Hymnen gehören Phil. 2, 5-11 u. titus 2, 11-14 sowie die sehr alten Stücke aus Luk. 1, 68-79 (→ Benedictus), Luk. 1, 46-55 (→ Magnificat) u. Luk. 2, 29-32 (→ Nunc dimittis). Bedeutende, wenn auch lehrmäßig problemat. Hymnen brachte die Gnosis hervor (z. B. den Naassenerhymnus, die apokryphen Lieder des Salomo, den Hymnus der Seele in den Thomasakten). Der gnost. Dichter Bardesanes (geb. 154 in Edessa), der über 100 Hymnen geschaffen hat, „provozierte" eine eigenständige K. in Syrien. Als nicht nur antisynagogale, sondern auch antignost. freie Prosadichtung ist die Passa-Homilie des Melito von Sardes (gest. um 180) zu verstehen. Nichtbiblischen K.en stand die Alte Kirche ähnlich ablehnend gegenüber wie dem Bild, sie mußte aber ihren Widerstand allmählich aufgeben. Ephrem der Syrer (gest. 373) entwickelte eine Form hymn. Prosa, deren Strophen eine Modellstrophe vorangesetzt wird (→ auch Hirmos). Schon früher zeigen die Große → Doxologie, der Christushymnus des Klemens von Alexandrien (gest. vor 215) u. das sehr alte Abendlied alle Voraussetzungen einer selbständigen K. Charakteristisch für die weitere Entwicklung ist die Auflösung bibl. Liedstrukturen etwa durch Zwischenschaltungen poet. Prosa zwischen die Verse des Psalters (→ Antiphon). Ein solcher vom bibl. Text unabhängiger Kurzhymnus heißt Troparion. Die weitere Aufgabe der K. bestand darin, diese Kurzhymnen zu Grundeinheiten zusammenzufassen, die ein lyr. Poem mit einer bestimmten Anzahl von Versen bildeten, wofür Ephrem einige von den mögl. Lösungen angeboten hatte. Unter diesen Voraussetzungen entstand in frühbyz. Zeit das Kontakion, die erste Hochform byz. K., während der monostroph. Kurzhymnus im Eingeborenen Sohn u. im Cherubimhymnus noch einmal eine letzte Blüte erlebte.

2. In der Epoche des Bilderstreites (→ unter Bild) entstand die zweite u. letzte Hochform der byz. K., der Kanon, in dem die Loslösung vom bibl. Text bei gleichzeitiger Bindung an sein Thema ihre endgültige Form erhielt. Die Gattung des Troparions, zahlenmäßig unübersehbar geworden, erhielt eine Reihe von thematisch u. strukturmäßig geordneten Untergruppen, wie sie im reichen Material der Stichera zum Ausdruck kommen. Das immer stärkere Anwachsen der Tropariendichtung führte schließlich dazu, daß die Dichtung weiterer Strophen verboten wurde.

3. Die byz. K. hat vor ihrer Erschöpfung die K. des Westens, vor allem die Marienhymnen, beinflußt. Diese Einflußnahme gilt nicht nur für eine so umfangreiche u. großartige Dichtung wie den großen Gottesmutterhymnus, den Akathist, sondern auch für andere mariolog. Themen. So hat das „Stabat mater dolorosa" sein Vorbild in bestimmten Staurotheotokien (Kreuzeshymnen) des Ostens od. das „Ave Maria" im grch. *„chaire, kecharitomene"* ('Heil dir,

Begnadete', Luk. 1, 28), wiederum aus dem Akathist.
4. Hinsichtlich der Metrik erwuchsen der K. bei der Übersetzung in andere Sprachen, vor allem in das Altslavische, später in das Russische, neue Probleme (→ auch Chomonie). Bereits in Altrußland kam es zur Entstehung einer eigenen K., von der hier nur die gottesdienstl. Hymnen auf die 1015 ermordeten Märtyrer u. fürstl. Brüder Boris u. Gleb genannt sein sollen. Wie in der Ikonenmalerei u. in der Kirchenmusik erfolgte in Rußland im 17./18. Jh. auch eine krisenhafte Neubesinnung in der K. Aus den Werken dieser Epoche sei nur der „Gereimte Psalter" (russ. *rifmotvornaja psaltyŕ*) von Simeon Polockij (1660) erwähnt. Die intensivsten Anstöße kamen aus der Ukraine, wo sich die orth. K. in ständiger Auseinandersetzung mit der kath. u. protestantischen befand. Es entstanden nun auch Dramatisierungen bibl. Stoffe. So schrieb wiederum Simeon Polockij die weihnachtl. „Hirtengespräche" (russ. *Besedy pastušeskie*), die „Komödie vom verlorenen Sohn" (russ. *Komedija pritči o bludnem syne*) u. „Von Nebukadnezar, dem goldenen Kalb u. den Drei Jünglingen im Feuerofen" *(O Navuchodonosore, o tele zlate i o trijech otrocech v peči ne sožžennych)*. An den klass. Vorbildern orientiert zeigen sich in jüngster Zeit auch die K.en des Metropoliten Nikodim. – Die byz.-slav. K. ist wie die Kirchenmusik Forschungsgegenstand der byzantinist. bzw. der slavist. Hymnographie od. Hymnologie. – → auch Melode.

Lit.: S. S. Averincev, Poėtika Rannevizantijskoj Literatury, Moskau 1977; ders., U Istokov Poetičeskoj Obraznosti Vizantijskogo Iskusstva, Drevnerusskoe Iskusstvo, Moskau 1977, 421-454; E. Follieri, Initia Hymnorum Ecclesiae Graecae, Bd. 1 ff., Rom 1960 ff.; J. Hamm, Zur Verskunst Konstantin-Kyrills, Cyrillo-Methodiana, Köln, Graz 1964, 382-392; R. Jakobson, The Slave Response to Byzantine Poetry, XIIe Congr. Intern. Études Byz., Ochrid 1961, Rapports VIII; K. Mitsakis, Hymnography of the Greek Church in the Early Christian Centuries, JÖB 20, 1971, 31-49; L. Müller, Die altruss. hagiograph. Erzählungen u. liturg. Dichtungen über die Hl. Boris u. Gleb, München 1967; G. M. Prochorov, K Istorii Liturgičeskoj Poėzii; Gimny i molitvy Patriarcha Filofeja Kokkina, TÖDL 27, 1972, 120-149; F. G. Spasskij, Russkoe Liturgičeskoe Tvorčestvo, Paris 1951; B. A. Karpušin (Hg.), Chudožestvennyj Jazyk Srednevekovja, Moskau 1982; H. Birnbaum u. M. S. Flier, Medieval Russian Culture, Berkeley/Los Angeles/London 1984; H. Becker u. R. Kaczynski, Liturgie u. Dichtung, 1983; Wellesz. – S. auch Lit. zu Hymnologie, Hymnographie, Kirchenmusik.

Kirchenjahr. 1. Kern u. Strukturmodell des K.s ist die frühchristl. Woche, deren erster Tag (Apg. 20, 6 ff.; 1. Kor. 16, 2) der „Herrntag" (grch. *kyriake hemera;* lat. dies *dominica;* Offb. 1 u. einige Apokryphen) od. seit dem 2. Jh. der „Sonntag" (grch. *heliu hemera,* Justin, Apologie 67) als eine zykl. Wiederholung von Ostern verstanden wurde (deshalb im Russ. *voskresenie,* 'Auferstehung', altruss. *nedelja,* 'Sonntag', 'Woche'). Schon bei Joh. 20, 26 sowie bei Justin, Barnabas u. später bei einer Reihe von Kirchenvätern ist der Sonntag zugleich der eschatologisch verstandene achte Tag, der mit den anderen Wochentagen zusammen eine „Achtheit" (grch. *ogdoas;* lat. *oktav*) bildete.
In den frühchristl. Fastentagen zeichnete sich schon um 100 der Ansatz zu einer Entwicklung ab, die dann im 4. Jh. zur Ausbildung der Karwoche führte. Das Prinzip der „Achtheit" blieb im byz. K. erhalten im Zyklus der → Oktoechos (s. unten). Der Sonntag wurde erst unter Kaiser Konstantin (gest. 337) für arbeitsfrei erklärt (mit Ausnahme der Feldarbeit, die erst im 9. Jh. verboten wurde). Die Bezeichnung „Herrntag" setzte sich unter Kaiser Theodosius (gest. 395) durch. Die Entwicklung der Großen → Fastenzeit u. der Karwoche ließen den Kern eines nach dem Mondjahr (→ Zeitrechnung), d. h. nach Ostern sich richtenden bewegl. K.es-Zyklus entstehen, der im 4. Jh. durch Pfingsten u. Himmelfahrt bereichert wurde. Im byz. Ritus besteht dieser mobile Zyklus aus dem Triodion u. dem Pentekostarion, die im Wochenzyklus der Oktoechos fortgesetzt werden, um wieder in das Triodion überzugehen (s. Übersicht). Außer den bereits erwähnten sind die wichtigsten Feste dieses K.es-Kreises der Sonntag der Orthodoxie, der Sonntag der Kreuzverehrung, der Lazarussamstag vor Psalmsonntag, der Allerheiligensonntag (der Sonntag nach Pfingsten).
2. Der erste Ansatz eines unbewegl. Zyklus des K.s entstand mit dem Dies natalis der Märtyrerverehrung. Auch die Gnosis besaß einen Festzyklus, der zwar weitgehend un-

Der unbewegliche (immobile) Festzyklus in der Ostkirche
und der katholischen Kirche

Ostkirche	Katholische Kirche
MENAION	
Januar	
(1. Jan.) Beschneidung Christi	ebenso (Circumcisio Christi)
(6. Jan.) Epiphanie (Theophanie)	ebenso, mit stärkerer Betonung der heiligen drei Könige (Epiphania, festum magorum)
Februar	
(2. Febr.) Darstellung Jesu im Tempel	Mariä Reinigung, Mariä Lichtmeß (Purificatio Mariae)
März	
(25. März) Verkündigung der Gottesmutter	ebenso (Annuntiatio Mariae)
Juni	
(24. Juni) Geburt Johannes des Vorläufers	ebenso (Nativitas Ioannis)
(29. Juni) Petrus und Paulus	ebenso (Natalis ss. apostolorum Petri et Pauli)
August	
(6. Aug.) Verklärung Christi	ebenso (Transfiguratio Christi)
(15. Aug.) Entschlafen der Gottesmutter	ebenso (Dormitio Mariae)
September	
(1. Sept.) Indiktion. Beginn der orth. Kirchenjahres	
(8. Sept.) Geburt der Gottesmutter	ebenso (Nativitas Mariae)
(14. Sept.) Kreuzerhöhung	ebenso (Exaltatio crucis)
(23. Sept.) Empfängnis Johannes des Vorläufers	ebenso (Conceptio Ioannis)
Oktober	
(1. Okt.) Pokrov (russ.-orth.)	
November	
(8. Nov.) Synaxis der Erzengel Michael und Gabriel und aller körperlosen Mächte	Die kath. Kirche kennt kein Fest für alle Engelmächte. Von den Festen der Erzengel sollen der 18. März (Gabriel), der 24. Oktober (Raphael), der 8. Mai und 20. September (Michael) und der 2. Oktober (Schutzengel) genannt sein.
(21. Nov.) Tempelgang der Gottesmutter	ebenso (Praesentatio Mariae)
Dezember	
(9. Dez.) Empfängnis der heiligen Anna	(8. Dez.) Empfängnis Mariä (Immaculata conceptio Mariae)
(20. Dez.) Vorfeier zur Geburt Christi	
(24. Dez.) Paramone zur Geburt Christi	Vigilmesse („Heiliger Abend")
(25. Dez.) Geburt Christi	ebenso (Natalis Christi)
(26. Dez.) Synaxis der Gottesmutter	

bekannt geblieben ist, dessen Einfluß wir aber noch beim großkirchl. Fest der Epiphanie feststellen können. Im Gegensatz zum Mond-(Lunar-)Zyklus, auf dem der bewegl. K.s-Kreis aufbaut, waren die ersten fixen Feste der Kirche, Epiphanie u. Geburt Christi, am Sonnen-(Solar-)Zyklus orientiert. Im Laufe der Jahrhunderte folgten ih-

Das orthodoxe Kirchenjahr Menaion	 Triodion	 Oktoechos
März (25. März) Verkündigung der Gottesmutter	 Vorfastensonntage Große Fastenzeit (→ Fastenzeiten)	 Sonntag des Zachäus (des Zöllners) und letzter Lukas-Sonntag. Er ist zugleich der erste Vorfastensonntag.
	Pentekostarion OSTERN Pfingsten erster Sonntag → nach Pfingsten	 erster Matthäus-Sonntag (→ auch unter Evangelistarion)
August (5. Aug.) Verklärung Christi (15. Aug.) Entschlafen der Gottesmutter September (1. Sept.) Indiktion (8. Sept.) Geburt der Gottesmutter (14. Sept.) Kreuzerhöhung		 Es werden außerdem die Sonntage vor und nach den im Menaion geführten Festtagen mitgezählt. So endet mit dem Freitag nach dem Sonntag der Kreuzerhöhung die Matthäus-Reihe, und es beginnt mit dem Sonntag nach diesem Fest die Reihe der Lukas-Sonntage. Erster Lukas-Sonntag (→ auch unter Evangelistarion)
Dezember (9. Dez.) Empfängnis der heiligen Anna (25. Dez.) Geburt Christi (26. Dez.) Synaxis der Gottesmutter		 Sonntag der Vorväter (→ unter Advent) Sonntag der heiligen Väter (→ unter Advent)
Januar (6. Jan.) EPIPHANIE		 ↑
Februar (2. Febr.) Darstellung Jesu im Tempel		 Letzter Lukas-Sonntag ↓

nen eine Reihe anderer Feste: Apostelfeste, Darstellung Jesu im Tempel, Empfängnis der hl. Anna, Entschlafen der Gottesmutter, Geburt der Gottesmutter, Geburt Johannes des Täufers, Gewandniederlegung der Gottesmutter, Gürtelniederlegung der Gottesmutter, Kreuzerhöhung, Synaxis der Gottesmutter, Tempelgang der Gottesmutter, Verklärung Christi, Verkündigung der Gottesmutter. Der Beginn des ganzen K.es wurde auf den 1. Sept., die Indiktion, gelegt. Ein wichtiges Fest innerhalb des inmobilen Kreises ist die Kirchweih. Dieses Fest kann je nach lokaler Tradition von erhebl. Alter sein. Die mögl. Okkurenzen (das Zusammenfallen) des mobilen mit dem immobilen K.es-Zyklus (z. B. der Verkündigung der Gottesmutter am 25. März mit dem Karfreitag) werden durch genaue Anweisungen des gottesdienstl. Typikons geregelt. – Während sich im byz. Osten das K. mit seinen beiden Zyklen vom 6./7. Jh. an allmählich entwickelte, fand Rom vom 7. Jh. an eine andere Ordnung. Die Herrnfeste beider Kreise

Der bewegliche (mobile) Festzyklus in der Ost- und der Westkirche

Ostkirche	Westkirche
TRIODION	
Sonntag des Zöllners und Pharisäers	Letzter Sonntag nach Epiphanias
Sonntag des verlorenen Sohnes	Sonntag Septuagesimae
Sonntag der Fleischentsagung	Sonntag Sexagesimae
Sonntag der Entsagung der Milchspeisen	Sonntag Quinquagesimae
Erster Fastensonntag, Sonntag der Orthodoxie	Sonntag Invocavit (Ps. 91, 15)*
Zweiter Fastensonntag	Sonntag Reminiscere (Ps. 25, 6)*
Dritter Fastensonntag, Sonntag der Kreuzverehrung	Sonntag Oculi (Ps. 25, 15)*
Vierter Fastensonntag	Sonntag Laetare (Jes. 66, 10)*
Samstag des Akathist	
Fünfter Fastensonntag	Sonntag Judica (Ps. 43, 1)*
Lazarussamstag	
Palmsonntag	Palmsonntag
Karwoche	Karwoche
PENTEKOSTARION	
Ostersonntag	Ostersonntag
Thomassonntag	Sonntag Quasimodogeniti (1. Petr. 2, 2)*
Sonntag der myrontragenden Frauen	Sonntag Misericordias Domini (Ps. 33, 5)*
Sonntag des Gelähnten	Sonntag Jubilate (Ps. 66, 1)*
Mittpfingsten (Mittwoch)	
Sonntag der Samariterin	Sonntag Cantate (Ps. 98)
Sonntag des Blindgeborenen	Sonntag Rogate (vgl. Joh. 16, 23)*
Himmelfahrt Christi	Himmelfahrt Christi
Sonntag der 318 gotttragenden Väter von Nizäa	Sonntag Exaudi (Ps. 27, 7)*
Pfingstsonntag	Pfingstsonntag
Sonntag aller Heiligen	Trinitatissonntag
OKTOECHOS	|
Matthäus-Sonntage	|
|	|
Lukas-Sonntage	Sonntage nach Trinitatis

Die mit * bezeichneten Lesungen sind die Introitus-Stücke des jeweiligen Sonntags.
Bei dieser vergleichenden Übersicht sind die Differenzen zwischen dem Gregorianischen und dem Julianischen Kalender zu beachten (→ auch unter Zeitrechnung).

wurden im Temporale od. Proprium de tempore, die Heiligengedenktage im Sanctorale od. Proprium de sanctis zusammengefaßt, während der Osten alle immobilen Feste, einschließlich der Heiligengedenktage, im Menaion führt. Die Übersicht des orth. K.s zeigt eine Einteilung nach dem Menaion (immobiler Zyklus) u. nach Triodion, Pentekostarion u. Oktoechos (mobiler Zyklus) mit einer Auswahl der wichtigsten Feste.

3. Die Gliederung des K.s im byz. Ritus läßt sich nach seinen Diensten etwa so darstellen:

Dienste	liturgische Bücher	
(1) Tagesdienst		
Stundengebet	Horologion	
Stundengottesdienst		
Liturgie	Euchologion	
(2) Wochendienst	Oktoechos	
	Hirmologion	
(3) Monatsdienst	Triodion	(bewegl. Zyklus)
	Pentekostarion	
	Menaion	(unbewegl. Zyklus)

4. Das K. dient der Gemeinde als Orientierungshilfe für die Heilsgeschichte, die in seinem Verlauf dargestellt wird. Diese Orientierung wird unterstützt durch das Läutesystem der Glocken, die liturg. Farben u. (in der Malerei) durch den Festtagsrang der Bilderwand u. das Bildprogramm der Kirchen. – Als „hl. Zeit" steht das K. unter dem Schutz des Kirchenrechts. – Tab.

Lit.: A. M. McArthur, The Evolution of the Christian Year, London 1953; Baumstark; Beck, 253 bis 262; N. M. Denis - Boulet, La Calendrier Chrétien, Paris 1959; A. A. Dmitrievskij, Cerkovnye Toržestva v Dni Velikich Prazdnikov na Pravoslavnom Vostoke ..., I, S. Peterburg 1909; II, Leningrad 1924; Fendt, Reg.: Festtage; J. van Gouoever, Fêtes et Calendriers Bibliques, Paris 1967; Heiler, 227-252; Handbuch 2; N. Heinrichs, Kult u. Brauchtum im K., Düsseldorf 1967; J. A. Jungmann, Der liturg. Wochenzyklus, Liturg. Erbe u. pastorale Gegenwart, Innsbruck 1960, 332 bis 365; G. Kretschmar, Festkalender u. Memorialstätten in altkirchl. Zeit, ZDPV 87, 2, 1971, 167 bis 205; Milasch, § 176; Nilles 1, 2; Onasch, Weihnachtsfest, 32-47, 272-273; M. Orlov, Krug Cerkovnych Prazdnikov, ŽMP 1970, 9, 75-79; J. Pascher, Das liturg. Jahr, München 1962; W. Rohrdorf, Der Sonntag. Gesch. des Ruhe- u. Gottesdiensttages im ältesten Christentum, Zürich 1962; ders., Sabbat u. Sonntag in der Alten Kirche, Zürich 1972; V. Sreznevskij, Očerk Razvitija Christianskogo Kalendaŕja, S. Peterburg 1876; G. Schreiber, Die Wochentage im Erlebnis der Ostkirche u. des christl. Abendlandes, Köln u. Opladen 1959; W. Schütz, Das K. Sein Werden u. seine Probleme, Gütersloh 1963; J. Tyciak, Das Herrenmysterium im K., Freiburg/Br. 1961; H. J. Auf der Maur, Feiern im Rhythmus der Zeit I: Herrenfeste in Woche u. Jahr, Handbuch der Liturgiewissenschaft, T. 5, Regensburg 1983; C. Aslanoff, Les Fêtes et la Vie de Jésus-Christ, I: L'Incarnation, Paris 1985; H. J. Schulz, Liturgie, Tagzeiten u. K. im byz. Ritus, Handbuch Ostk.kunde II, 30-100; M. Arranz, Les „fêtes théologiques"du calendrier byz., La Liturgie, expression de la foi, Rome 1979, 29-55; C. Andronikoff, Le Sens des Fêtes. I: Le Cycle Fixe, Lausanne 1970; II: Le Cycle Pascal, Lausanne 1985; LexMA 4, 399-407 (Feste); 5, 1176-1177. – S. auch Lit. zu Festzyklus, Kalender, Ostern.

Kirchenmusik. 1. Die byz.-slav. K. ist wie die Kirchendichtung Forschungsgegenstand der byzantinist. bzw. slavist. Hymnographie od. Hymnologie. Zu ihrem Verständnis sind 3 Grundvoraussetzungen wichtig: (a) Die klass. byz. K. ist reiner, nach den Regeln der Cheironomie geleiteter Chorgesang ohne jede Instrumentalbegleitung, auch ohne die der Orgel. (b) Kirchendichtung u. K. bilden eine Einheit, „welche die syntakt. Struktur des Schrifttextes mit seiner musikal. Formulierung verbindet" (Werner). Daraus ergibt sich (c) die Einstimmigkeit des byz. Kirchengesanges.

2. Die Einstellung der frühen Christenheit zur Musik entspricht weithin der zum Bild. Ob die Urgemeinde Musikbegleitung ihrer Gottesdienste kannte, bleibt ungewiß. Die Kirche konnte sich aber im Laufe der Zeit einer krit. Auseinandersetzung sowohl mit der Praxis des synagogalen u. nichtchristl. Sakralgesanges als auch mit den spätantiken Musiktheorien nicht entziehen. Bei der Vermittlung der oriental. Traditionen spielte die Gnosis eine wichtige Rolle. Den bedeutsamsten Anteil bei der Entwicklung einer frühchristl. K. hatte das syro-palästinens. Gebiet, dem jedenfalls eine Reihe berühmter Theoretiker u. Meloden angehört (Nikomachos von Gerasa [um 100 n. Chr.], Aristides Quintilianus [3. Jh.], Romanos aus Emesa [gest. um 560], Johannes Damascenus [gest. um 749]). Zu ihnen gehört schließlich der Verfasser der pseudoareopagit. Schriften (6. Jh., → Mystagogie), der durch Übernahme u. Verchristlichung des neuplaton. Gedankengutes (Kommentar des Porphyrios [gest. 304/305] über die 3 Bücher „Harmonika" des Claudius Ptolemäus) die weltanschaul. u. ästhet. Voraussetzungen der K. der byz. Epoche schuf. Danach ist der Gesang des ird. Chores ein „Echo" (grch. *apechema,* zugleich Bezeichnung für die Intonationsformel in den Mu-

sikhandschriften, → Oktoechos [3]) des unsinnl., himml. Gesanges der Engel, so wie das ird. Bild Abbild eines unsinnl. Urbildes ist. Damit war auch die Ausschließlichkeit des Vokalgesanges gerechtfertigt. Die theoret. Voraussetzungen des Pseudoareopagiten wurden in mittelbyz. Zeit in die Kultusästhetik eingebaut, die alle künstler. u. musikal. Bereiche umfaßt. Die Musik, obwohl von streng rationaler Struktur, in ihren Wirkungen jedoch nur wenig rational „kalkulierbar", konnte mit Hilfe dieser Systematisierung, ähnlich wie die Ikonenmalerei durch die Bildertheologie (→ Bild), der Kontrolle der Kirche unterstellt werden u. wie jene innerhalb ihrer Sozietät wichtige Funktionen ausüben. Sie wurden unterstützt durch die klass. Ethoslehre (grch. *ethos,* 'Gewohnheit', 'sittl. Verhalten') als Grundlage des Achttonsystems (→ Oktoechos) u. durch die Aufstellung von Modellstrophen (→ Hirmos), die dirigist. Tendenzen verrät u. die der Aufstellung von ikonograph. Schemata in der Malerei in manchem entspricht. Bezeichnend für die Intensität dieser Zwischenbeziehungen ist, daß Lehrauseinandersetzungen fast immer auch musiktheoret. u. künstlerisch-ästhet. Kontroversen auslösten, z. B. im Hesychasmus (→ unter Mönchtum).

3. In der byz.-slav. K. unterscheidet man 3 Stilarten: (a) den feierl. rezitativen „Sprechgesang", die Ekphonese, wie sie in der ekphonet. → Notation aufgezeichnet wurde; – (b) davon abgehoben eine Reihe von Liedergruppen, von denen wir hier die Hirmoi, Stichera, Theotokien u. andere Lieder der Oktoechos nennen. Ihre Melodien wurden im Notationssystem der Neumen aufgezeichnet. Die Leitstrophe, der Hirmos, bestand musikalisch aus Eingangs-, Mittel- u. Schlußformel (lat. *initia, mediae, finales*), wobei die letztere vorgeschrieben war u. kaum Variationsmöglichkeiten bot. Die Melodie hatte sich außerdem nach dem jeweiligen der 8 Kirchentöne (→ Oktoechos) zu richten. – (c) Der dritte Stil ist der melismatische (von grch. *melizo,* 'Einzelheiten ausbilden'). Er ist gekennzeichnet durch ornamentale Formeln, für die es ebenfalls Modelle gab. Die Aufzeichnung dieser Melodien erfolgte durch die Kondakariennotation. Dieser Stil des Gesangsvortrages wurde vom Kontakion bevorzugt, zu dem der große Gottesmutterhymnus, der Akathist, mit seinen Melismata bereits im 9./10. Jh. gehört. Ende des 13. bis Anfang des 14. Jh. wurde er in seiner Eigenart zur Vollendung gebracht; im 15. Jh. nahm er koloraturartige Formen an. Der melismatische (od. kalophone [grch., 'schöntönend']) Gesang hat eine alte, bis in die oriental. Antike zurückreichende Tradition u. ist im Ansatz schon in den alten Melodien des Halleluja u. der Großen → Doxologie anzutreffen.

4. Wie die byz. Kirchendichtung blieb auch die byz. K. nicht ohne Einwirkungen auf den Westen; ihre Spuren lassen sich bis nach England verfolgen. Wichtige Vermittler, auch für den umgekehrten Weg, spielten dabei die Klöster St. Gallen u. Grottaferrata. Von ungleich größerer Bedeutung war aber die Übernahme des byz. Kirchengesanges durch die slav. Völker. Während wir über die Tätigkeit der Slavenlehrer Kirill u. Method (→ unter Sprachen) auf diesem Gebiet nur sehr wenig unterrichtet sind, erfahren wir dagegen, daß die Sakralmusik im alten Bulgarien u. Serbien eine erste Blüte erreichte. Auch bei den Westslaven ist noch im 12./13. Jh. ein deutl. Nachhall dieser frühen slav. K. festzustellen (z. B. die alttschech. Hymne, „Hospodine, pomiluj ny", das grch. Kyrie eleison od. das altpoln. Theotokion „Bogurodzica Dziewica"). Eine eigenständige Geschichte, die der Forschung noch eine Fülle von Fragen aufgibt, hatte die K. in Rußland. Sehr früh waren in Rußland die 3 obenerwähnten Stilarten bekannt. Das Notationssystem des Znamenie (grch. *sema, neuma,* 'Zeichen'), das etwa den byz. Neumen entspricht, entwickelte sich von den ältesten Krjuki (russ., 'Häkchen') zu einem im 16./17. Jh. nur noch von wenigen Kennern überschaubaren Zeichenschatz. Auch das melismat. Singen od., wie es im 11. Jh. bereits hieß, das Kontakiensingen (russ. *kondakar'noe penie*) mit der Kondakariennotation war bald nach Annahme des byz. Christentums (um 1000) bekannt. An der weiteren Entwicklung der russ. K. hatten die der jeweiligen Bischofsverwaltung angeschlossenen K.-Schulen mit ihren Chören großen Anteil (Kiev, Novgorod, Smolensk, später Moskau u. a.). Mit Ausgang des MA konzentrierte sich die Arbeit der Musiktheoretiker u. -praktiker auf die Fixierung absolu-

ter Tonwerte (das alte Neumensystem war nur auf Intervallen aufgebaut) u. die Mehrstimmigkeit. Ende des 16., Anfang des 17. Jh. setzte man in Novgorod den Krjuki rote Zeichen bei, durch die (zunächst annähernd) absolute Tonwerte angegeben wurden. Wie in der altruss. Ikonenmalerei zeigten sich auch in der Sakralmusik des 17. Jh. krisenhafte Erscheinungen, z. B. das Simultansingen (→ Mnogoglasie). Auf der anderen Seite erforderte das Verhältnis von russ. Phonetik u. K., wie es bei der Chomonie deutlich wurde, zunehmend wissenschaftl. Methoden ihrer Erforschung. Sie gefördert zu haben ist vor allem das Verdienst des Ukrainers Mezenec gewesen. In der Ukraine wurde zu Beginn des 17. Jh. das alte Neumensystem durch die Liniennotation verdrängt. Hatte man schon im 16. Jh. den „Dreizeilengesang" (russ. *troestročnoe penie*) geübt, so konnte sich mit der Einführung der Liniennotation auch der mehrstimmige Gesang, das *„partesnoe penie"* (Partitursingen) ausbreiten u. die klass. Einstimmigkeit des byz. Vokalgesanges ablösen. Die (im Hirmos allerdings schon seit langem praktizierte) Kontrafaktur fand ebenso in die K. Eingang wie andere, das traditionelle Achttonsystem ablösende Vortragsformen (z. B. mehrstimmige „Kanten" u. „Psalmen"). „Geistliche Konzerte" (russ. *duchovnye koncerty*) mit Orgelbegleitung fanden ein großes Publikum. Der Boden war bereitet für eine systemat. Umgestaltung der klass. byz.-slav. in eine moderne K., an der vor allem (wenn auch nicht allein) Bortnjanskij (gest. 1835) mit der Petersburger Hofkapelle (→ auch Chor) entscheidenden Anteil hatte. Seine Bedeutung für die russ. K. wird im Westen oft fehleingeschätzt. Auch die Hymnen der orth. Liturgie wurden bald „konzertfähig", während gleichzeitig die historisch-krit. Erforschung der alten byz. u. russ. K. einsetzte u. auch mit den ersten Ergebnissen aufwarten konnte.

Lit.: Anfänge der slav. Musik, Bratislava 1966; Anthologia Graeca; D. Conomos, Byzantine Trishagia and Cherubika. A Study of the Late Byzantine Liturgical Chant, Thessalonich 1974; Filaret (Gumilevskij), Istoričeskij Obzor Pesnopevcev i Pesnopenij Grečeskoj Cerkvi, S. Peterburg 1902[3]; N. Findejzen, Očerki po Istorii Musyki v Rossii, 2 Bde., Moskau – Leningrad 1928; J. Gelineau, Chant et Musique dans le Culte Chrétien. Principes, Lois ét Applications, Paris 1962; Th. Gérold, Les Pères de l'Église et la Musique, Paris 1931; Heilige Gesänge; C. Höeg, The Oldest Slavonic Tradition of Byzantine Music, Proceeding of British Academy, London 1953, 37-66; ders., Les Rapports de la Musique Chrétienne et de la Musique de l'Antiquité Classique, Byzantion 25-27, fsc. 2, Bruxelles 1958, 383-412; A. Z. Idelsohn, Jewish Music in its Historical Development, New York 1944; E. Jammers, Musik in Byzanz, im päpstl. Rom u. im Frankenreich. Der Choral als Musik der Textaussprache, Heidelberg 1962; V. O. Ključevskij, Drevnerusskoe Pevčeskoe Iskusstvo, Moskau 1971; Ju. Olsuf'ev, Zametki o Cerkovnom Penii i Ikonopisii kak Vidach Cerkovnogo Iskusstva v Svjazi s Učeniem Cerkvi, Tula 1918; Palikarova – Verdeil; J. Quasten, Musik u. Gesang in den Kulten der heidn. Antike u. christl. Frühzeit, Münster (Westf.) 1930; Raes, 251-273; L. Richter, Antike Überlieferungen in der byz. Musiktheorie, Dt. Jb. der Musikwiss. für 1961, Leipzig 1962, 75-115; ders., Geometer u. Musiker, Aus der Byzantinist. Arbeit der DDR, 2. Bd., Berlin 1957, 264-281; N. Uspenskij, Drevnerusskoe Pevčeskoe Iskusstvo, Moskau 1971[2] (s. auch die Artikel Uspenskijs aus dem Bereich der K. in: Musikal'naja Ėnciklopedija, Bd. 1 ff., Moskau 1973 ff., z. T. in gekürzter Form in: Bol'šaja Sovetskaja Ėnciklopedija[3]. Vgl. die Bibliographie in BoTr 13, 1975, 20-25); M. M. Velimirovič, Byzantine Elements in Early Slavic Chant, Kopenhagen 1960 (= MMB, Subs. IV); Wellesz; ders., Eastern Elements in Western Chant, Oxford u. Boston 1947 (= MMB, Subs. II); ders., Byz. Musik, Köln 1959; ders. u. M. M. Velimirovič (Hg.), Studies in Eastern Chant, London, New York, Toronto 1966; Werner; I. Totzke, Die Musik der altoriental. Kirchen. Die Musik der Orth. Kirche, Handbuch Ostk.kunde II,192-235; L. Braschowanowa, Die ma bulgar. Musik u. Joan Kukuzel, Wien/Köln/Graz 1984; Joh. v. Gardner, Gesang der russ.-orth. Kirche bis zur Mitte des 17. Jh., Wiesbaden 1983; ders. Bogoslužebnie penie, I, II, Jordanville, N.Y., 1978, 1982; VI. Morosan, Aesthetic Changes in Russian Liturgical Singing during the Seventeenth Century, St. Vladimir Theol. Quaterly 23, 1979, 149 bis 179; O. Strunk, Essays on Music in the Byz. World, New York 1977; N. A. Gerasimova-Persidskaja, Partesnoe Mnogogolosie i formirovanie stilevych napravlenij v muzyke XVII-pervoj poloviny XVIII v. TODL 32, 1977, 121-132; LexMA 2, 1208-1221 (Byz., altslav., georg. u. armen. Musik). – S. auch Lit. zu Hymnographie, Hymnologie.

Kirchenrecht. 1. Im NT findet sich im Begriff der Koinonia (grch.; lat. *communio,* 'Gemeinschaft') bereits der Ansatz zu dem später breit entfalteten K.s-Denken. Gemeinschaft wird gestiftet durch Taufe u. Eucharistie, die zugleich als Koinonia mit Christus verstanden werden. Dieser Gemeinschaftsbegriff schließt die Koinonia mit anderen, nichtchristl. Gemeinschaften ebenso grundsätzlich aus (vgl. 1. Kor. 10, 16-18) wie die mit Sündern (vgl. 1. Tim. 5, 22; 2. Joh. 11). Die Entfernung des nichtreuigen Sünders aus der Gemeinde (1. Kor. 5, 5; 1. Tim. 1, 20) u. die Distanzierung vom weltl. Recht (1. Kor. 6) zeigen die Urgemeinde bereits auf der Suche nach einem eigenen Rechtsverständnis. Die Verdinglichung der Eucharistie u. ihre alleinige Verwaltung durch den Bischof, d. h. ihre Verrechtlichung bereits um 100 (1. Clemensbrief, um 100; Ignatius v. Antiochien, gest. nach 110; Polykarp v. Smyrna, gest. 156; Pastoralbriefe; Justin, gest. um 165), sowie im Westen die zunehmende u. bei Cyprian v. Karthago (gest. 258) schließlich erreichte Rechtsbedeutung der Buße ließen auch im Osten das K. u. die Eucharistie zu einer lückenlosen Einheit werden, die sich folgerichtig immer mehr in der Liturgie widerspiegelte (→ auch Diptychon [2]; → Fürbitte). Nach den ersten Ansätzen in der Didache (um 100) wird diese Einheit in allen späteren Kirchenordnungen (z. B. Hippolyts v. Rom; syr. Didaskalia, beide 3. Jh.; Apostol. Konstitutionen, Ende 4. Jh. [nicht in das byz. K. aufgenommen] u. Apostol. Kanones, Ende 4. Jh.) u. a. dadurch betont, daß sie am Anfang die Bischofsweihe (→ Cheirotonie) als Fundament der Koinonia schildern, die sich im Bischof darstellt. Diese engen u. für das byz. K. konstitutiven Zwischenbeziehungen zur Liturgie ziehen sich durch die gesamte kanonist. Arbeit u. erreichen im spätbyz. Hesychasmus (→ unter Mönchtum) einen letzten Höhepunkt. Die Anreicherung des K.s durch Entscheidungen der Synoden u. anderes Rechtsmaterial sowie das für Byzanz charakteristische, auf positive u. negative Distanz angelegte Verhältnis von Kirche u. Staat (wie es sich u. a. in der Unterscheidung zwischen Kaisergesetzen, den Nomoi, u. den Kirchengesetzen, den Kanones, anzeigt) machten bereits in frühbyz. Zeit größere Sammlungen notwendig (z. B. Corpus Canonum, 4. Jh.; Collectio 87 Capitulorum u. Collectio 24 Capitulorum, beide 6. Jh.). Unter Kaiser Justinian I. (gest. 565) erreichte die kanonist. Arbeit einen ersten Höhepunkt. Er regelt nicht nur das Verhältnis von Kirche u. Staat in seinem „Symphonie-Modell" (→ Kaiserkult), sondern auch das geistl. u. sittl. Leben des Klerus, des Mönchtums u. der Laien. Das Mönchtum als Sondergemeinschaft innerhalb der kirchl. Sozietät entwickelte vor allem in den Typika (→ Typikon 3) einen spezif. Bereich des allgemeinen byz.-ostkirchl. K.s. Der bedeutendste Kanonist der Justinian. Epoche war Johannes Scholastikos. Als sich im 9. bis 11. Jh. K.s-Lehrer neben dem Eherecht (vgl. kirchl. → Eheschließung) wiederum mit der Liturgie, dem Fasten u. dem Kirchenjahr beschäftigten, wurde zugleich umfangreiches Material zum byz. Bußrecht gesammelt, das in spät- u. nachbyz. Zeit schließlich in einem Buß-Nomokanon vereinigt wurde. Das 12. Jh. erlebte mit Johannes Zonaras u. Theodoros Balsamon vor allem eine Blüte der Kommentierung eines inzwischen uferlosen, z. T. in verschiedenen Nomokanones zusammengefaßten kanonist. Materials. Gleichzeitig mußte das K. die kirchl. Sozietät gegen eine Reihe von Häresien schützen. In spätbyz. Zeit verfaßte Matthäus Blastares ein „Syntagma", ein alphabet. Wörterbuch zum byz. K. Auch bedeutende Vertreter des Hesychasmus, wie Patriarch Philotheos Kokkinos (gest. 1379) od. Symeon v. Thessalonich (gest. 1429), waren kanonistisch tätig.

2. Bereits die beiden Slavenlehrer Konstantin-Kirill u. Method (→ unter Sprachen) haben um 880 den Nomokanon des Johannes Scholastikos (s. oben) ins Altslavische übersetzt. Sie schieden die byz. Kaisergesetze aus, fügten dafür aber das mähr. Zivilgesetzbuch (russ. *zakon sudnyj ljudem*) hinzu. Sie schufen damit die Grundlage der altruss. K.s-Sammlung des „Steuermannsbuches" (russ. *kormčaja kniga;* grch. *pedalion*). Über die schon sehr früh in der Rus' einsetzende Arbeit am byz. K. unterrichtet eine recht umfangreiche kanonist. Frage-Antwort-(grch. *erotapokriseis-*) Literatur, in der das Verhalten von Klerus und Laien vor allem in Ritus u. Liturgie in einer besonderen Umweltsituation (Klima!) eine wichtige Rolle spielte. Modifikationen des byz. K.s wurden ohne Veränderung seiner Substanz mit Hilfe von Ausnahmeregelungen (s. Abs. 3) erreicht. Das im klass. byz. K. verankerte „Symphonie-Modell" für das Verhältnis von Kirche und Staat besaß zunächst in der alten Rus' keine Tradition (dieses Verhältnis wurde hier durch Verträge [russ. *ustavy*] zwischen den Großfürsten bzw. Fürsten u.

den Metropoliten bzw. Bischöfen geregelt), sondern wurde erst im 17. Jh. relevant. Die Wiederangleichung des altruss. an das byz. K., die mit der Errichtung des Patriarchats von Moskau (1589) verbunden war, führte bezeichnenderweise auf den Gebieten der Liturgie u. der Ritus – ebenfalls im 17. Jh. – zu einer tiefen Krise u. zum innerruss. Schisma (russ. *raskol*) der sog. „Altritualisten" („Altgläubigen").

3. Das K. sichert u. reguliert die komplizierten ideellen Zwischenbeziehungen einer ständisch gegliederten (→ Klerus, → Laien) u. hierarchisch aufgebauten (→ Hierarchie) Sozietät, ihre Lehre, ihr Glaubens- u. Frömmigkeitsleben (einschließlich der Heiligenverehrung) u. ihre Sittlichkeit. Vor allem die Grundlagen dieser 4 Lebensäußerungen kirchl. Gemeinschaft, die Sakramente, stehen unter dem Schutz des K.s. Verstöße werden durch ein abgestuftes System von Sanktionen bestraft (→ Epitimien, → Exkommunikation, → Anathema). Das gleiche gilt für den materiellen Bereich der kirchl. Sozietät, wie die Friedhöfe (→ Coemeterium), den Kirchenbau, den Landbesitz, bestimmte Altargeräte, Ikonen und deren Profanation. Wie im weltl. Recht werden auch im K. Sanktionen relativ selten, d. h. nur in Konfliktfällen angewendet. Dagegen arbeitet das byz. u., ihm nachfolgend, das K. der autokephalen Kirchen gern mit dem aus dem göttl. Heilsplan der Gnade (vgl. Eph. 3, 2; Kol. 1, 25) abgeleiteten Prinzip der „Ausnahmebestimmung" (grch. *oikonomia;* lat. *dispensatio;* russ. *osvoboždenie*): „Sie umfaßt sowohl die im Einzelfall gewährten Dispense von der Einhaltung einer Rechtssatzung als auch das ausgleichende Verfahren zwischen Widersprüchen des Gesetzes u. Widersprüchen zwischen Gesetz u. Erfordernis der momentanen Sachlage, etwa zwischen K. u. kaiserl. Politik, sowie Widersprüchen zwischen menschl. Schwäche u. christl. Ideal" (H.-G. Beck). Die Dispensation spielt noch aus einem anderen Grunde im Osten eine wichtige Rolle. Den einzelnen orth. Landeskirchen ist zwar wie die Kirchenlehre auch das K. gemeinsam, aber das Prinzip ihrer Autokephalität u. der Ausfall einer für Lehre u. K. konstitutiven Ökumen. Synode haben bisher eine systematisierende Kodifizierung, wie sie die kath. Kirche im Codex Juris Canonici besitzt, des inzwischen uferlosen kanonist. Materials verhindert. Abweichungen von den klass. 7 Ökumen. Synoden im K. der einzelnen Landeskirchen (s. Abs. 2) können deshalb nur mit Hilfe der Dispensation od. Ökonomie Rechtsgültigkeit erlangen, wie denn Theorie u. Praxis des byz. K.s in der Spannung zwischen *oikonomia* u. *akribeia* (grch.; russ. *tščatel'nost',* vgl. Apg. 22, 3), der Sorgfalt u. Strenge, stehen.

Bei aller Problematik eines jeden, so auch des byz.-orth. K.s kann seine wichtigste Leistung nicht übersehen werden. Es hat die orth. Kirchen des Ostens vor der tödl. Gefahr eines oriental. Synkretismus bewahrt u. ihr nicht zuletzt durch die Liturgie gefördertes geistl. u. kulturelles Profil (→ auch Ritus) erhalten. Im Rahmen der mittelalterl. Gesellschaftsordnung, ihrer Religiosität u. Weltanschauung hat es damit auch einen wesentl. Beitrag zur Erhaltung u. zur Stabilität der Kulturen orth. Völker auf dem Balkan u. in Osteuropa geliefert.

Lit.: Beck, 140-147 u. die Kap. „Kanon. Recht" in den einzelnen Abschn.; V. Beneševič, Sbornik Pamjatnikov po Istorii Cerkovnogo Prava, preimuščestvenno Russkoj Cerkvi do Ėpocha Petra Velikogo, Petrograd 1915; C. de Clerq, Fontes Juridici Ecclesiarum Orientalium, Rom 1967; Feine; K. Goetz, Kirchenrechtl. u. kulturgeschichtl. Denkmäler Altrußlands, Stuttgart 1905; D. Heggelbach, Gesch. des frühchristl. K.s bis zum Konzil von Nizäa, Freiburg (Schweiz) 1974; Ae. Herman, De Fontibus Juris Ecclesiastici Russorum, Città del Vaticano 1936; H. Keller, Liturgie u. K., Scholastik 17, Freiburg/Br. 1942, 342-384; H. Kotsonis, Verfassung u. Aufbau der orth. Kirche, Orthodoxe Kirche 1, 169-174; M. Krasnožen, Istorija Obrazovanija Kanoničeskogo Kodeksa Grečeskoj Cerkvi, Jur'ev 1909; Milasch; A. S. Pavlov, Kurs Cerkovnogo Prava, Sergiev Posad 1902[2]; E. Chr. Suttner, „Ökonomie" u. „Akribie" als Normen sittl. Handelns, OstKSt 24, 1975, 15-26; Ja. N. Ščapov, K Istorii Sootnošenija Svetskoj i Cerkovnoj Jurisdikcii na Rusi v XII do XIV vv., Moskau 1972; S. Troianos, Paradoseis Ekklesiastiku Dikaiu, Bd. 1, Athen 1982; Bd. 2, Athen 1981; Bd. 3, Athen 1982; H.-G. Beck, Nomos, Kanon u. Staatsräson in Byzanz, Wien 1981; D. H. Kaiser, The Growth of the Law in Medieval Russia, Lawrenceville, N. J., 1981; Kongresse der Gesellschaft für das Recht der Ostkirchen. Berichte u. Abh., Kanon 1, 1973; Kanon 2 ,1974; Kanon 3, 1977; Kanon 4, 1980; Kanon 5, 1981; Lex MA 5, 904-907. – S. auch Lit. zu Eheschließung, Hierarchie, Klerus, Kloster, Sakramente.

Kirchenslavisch → unter Sprachen

Kirchenstrafen → Anathema, → Buße, → Epitimien, → Exkommunikation

Kirchentöne → unter Oktoechos

Kirchenweihe, *Kirchweih.* 1. Die Kirchenweihe (grch. *kathierosis nau;* russ. *osvjaščenie chrama*) war bereits in der Alten Kirche ein bedeutsamer Rechtsakt, durch den die Kirche zum hl. Ort (grch. *hieros topos*) wurde, der unter dem Schutz des Kirchenrechts steht. Sie darf bis heute nur vom Bischof od. einem von ihm delegierten Kleriker vollzogen werden. Vorbedingungen für die Grundsteinlegung (grch. *pexis tu themeliu;* russ. *zakladka cerkvi*), die ebenfalls dem Bischof vorbehalten ist, sind der Nachweis, daß ein Kirchenbau notwendig ist, und der Ankauf eines Grundstücks. Der Bau muß zumindest aus dem Altarraum, dem Bena, u. dem Kirchenschiff bestehen. Im Altar müssen Reliquien des Heiligen deponiert werden, auf dessen Namen die Kirche geweiht werden soll u. der damit ihr Patronat übernimmt. Die eigentl. Kirchenweihe besteht aus folgenden Akten; feierl. Deponierung der Altardecken u. der Altargeräte; Abhaltung einer Nachtwache, Abhaltung eines Morgengottesdienstes mit Besprengung (→ Weihwasser), Salbung des Altars mit Öl (→ Myron) u. Beräucherung (→ Weihrauch) des Altars sowie der erwähnten Decken u. Geräte; Aufstellung des Altars; Prozession des Klerus mit Decken u. Geräten; Auflegung des Antimensiums (→ Altardecken) u. des Evangeliums auf den Altar; erste Feier der Liturgie, die in früher Zeit die eigentl. Kirchenweihe darstellte.
2. Von der K. zu unterscheiden ist die Kirchweih (grch. *enkainia,* f.; russ. *chramovoj prazdnik*) als Feiertag zur Erinnerung an die Einweihung innerhalb des immobilen Zyklus des Kirchenjahres. Um die Kirchweih als eine Einheit zu erhalten, wurde bereits die Kirchenweihe nicht auf den Namenstag des Patrons der Kirche gelegt. Die Enkainiai der berühmtesten Kirchen des Ostens wurden in das Kirchenjahr aufgenommen u. frühzeitig mit einer Oktav ausgestattet. Zu den bekanntesten Kirchenweihedaten gehören (→ auch Kirchenbau): in Jerusalem die Anastasis am 13. Sept.; in Konstantinopel die Hagia Sophia am 23. Dez., die „Neue Kirche" („Nea") am 1. Mai, Sergios und Bakchos am 29. Nov., die Blachernenkirche od. die Kirche in den Blachernen am 31. Juli, Chalkoprateia am 18. Dez. (→ auch Gewandniederlegung der Gottesmutter).

Lit.: Beck, 262; M. Black, The Festival of Encaenia Ecclesiae in the Ancient Church, JEH 5, 1954, 78-85; Bludau, 185 ff.; Eisenhofer 2, 448-468; Fendt, Reg.: K., Kirchweihfest; Handbuch 1, 195 bis 200 u. Reg.; Milasch, § 174; S. Salaville, Cérémonial de la Consécration d'une Église selon le Rite Bizantin, Città del Vaticano 1937; M. Lurker (Hg.), Wörterbuch der Symbolik, Stuttgart 1983², 353-354; P. N. Trempelas, Taxis kai Akoluthia ton Egkainion, Theologia 23, Athenai 1952, 64-78, 204-219, 376-391, 517-532; 24, 1953, 33-40; LexMA 5, 1186-1188.

kirchliche Gewänder → Gewänder, kirchliche

Klage nicht über mich, Mutter → unter Christusbilder

Kleinkunst, Sammelbegriff für Gegenstände kleineren Formats, z. B. Altargeräte, Ampullen, Diptychen, Enkolpien, bestimmte Erzeugnisse der Ikonenmalerei, Kreuze, Medaillons, Plastiken, Staurotheken, Reliquiare (→ auch Devotionalie). In gewisser Hinsicht können auch die Textilien zur K. gerechnet werden. Bearbeitet werden in der K. die verschiedensten Materialien mit der entsprechenden Technik (→ Gemme, → Elfenbein, → Email, → Glas, → Keramik, → Steatit, → Toreutik). Innerhalb der altkirchl. u. byz. Kunstgeschichte spielt die K. eine wichtige Rolle. Sie gehört zu den Voraussetzungen der Verehrung des Bildes u. diente während des Bilderstreites (→ Bild) den Bilderfreunden als Ersatz für die Monumentalkunst.

Lit.: A. V. Bank, Monuments des Arts Mineurs de Byzance, Corsi di Cultura sull'Arte Ravennate e Bizantina, Faenza 1962, 125 ff.; dies., Vizantijskoe Iskusstvo v Sobranijach Sovetskogo Sojuza, Leningrad – Moskau 1965 (engl. Leningrad 1977); J. Ebersolt, Les Arts Somptuaires de Byzance, Paris 1924; H. Jorga, Les Arts Mineurs en Roumanie, 2 Bde., Bukarest 1934, 1936; I. Grabar, V. N. Lasarew, W. S. Kemenow, Gesch. der Russ. Kunst, Bd. 1 ff., Dresden 1957 ff. (s. die Abschn. Angewandte Kunst); Kötting 195 ff.; B. A. Rybakov, Remeslo Drevnej Rusi, Moskau 1948; W. F. Volbach, Das christl. Kunstgewerbe der Spätantike u. des frühen MA im Mittelmeergebiet, H. Th. Bossert (Hg.), Gesch. des Kunstgewerbes aller Zeiten u.

Völker, 5. Bd., Berlin 1932; Volbach – Lafontaine-Dosogne; M. Postnikova-Loseva, Russkaja Zolotaja i serebrjanaja skań, Moskau 1981; LdK 2, 633.

Klerus (grch. *kleros,* m., 'Ackeranteil', 'Erbteil', später 'Priester'; russ. *klir,* m., *pričet,* m.), in vor- u. außerchristl. Religionen sowie in der orth. u. kath. Kirche ein Stand, der durch seine hierarchisch gegliederten geistl. Leitungsvollmachten von den Laien unterschieden ist (→ Hierarchie).

Das NT kennt das „Los des Dienstes" (*kleros tes diakonias,* Apg. 1, 17); hier ist die Gemeinde als „Erbteil" (kleros) verstanden (Eph. 1, 11; Kol. 1, 12), über den niemand herrschen soll (Matth. 20, 25-28; 1. Petr. 5, 3). In der Didache (→ Kirchenrecht) um 100 schon deutlich ausgeprägt, unterscheidet 1. Clem. 40, 5 scharf zwischen den Pflichten des K. u. der „Laienmenschen". Auch in den Pastoralbriefen (1., 2. Tim., Tit., um 150) ist der K. in sich gegliedert (Apostel, Apostelschüler, Bischof, Priester, Diakon) u. durch Handauflegung (1. Tim. 4, 14; 5, 22; 2. Tim. 1, 6), apostol. Amtsnachfolge (Sukzession; 2. Tim. 2, 2; Tit. 1, 5) Bindung an die Lehre (1. Tim. 3, 2.8; 2. Tim. 2, 2; Tit. 1, 9) u. Besoldung (1. Tim. 5, 17 f.; 2. Tim. 2, 6) innerhalb der Gemeinde als Gruppe ausgesondert. Weniger im 1. Clemensbrief als bei Ignatius von Antiochien (gest. nach 110) beginnt die Zu- u. Unterordnung des K. unter das Bischofsamt, d. h. seine Hierarchisierung; bei Cyprian von Karthago (gest. 258) wird sie bleibend geprägt. Gegenüber den Laien erhält der K. zunehmend sozial-elitäre Züge. Die schlichte Handauflegung wird allmählich zur Cheirotonie gesteigert. In den schweren Auseinandersetzungen mit dem Kaisertum, den Häresien u. der Gnosis erwies sich der K. als der eigentl. Stabilitätsfaktor der kirchl. Sozietät. Seine soziale Separation innerhalb dieser Sozietät bildete nach dem Frieden der Kirche mit dem röm. Staat den Ansatzpunkt für die Ausstattung des K. mit Immunitäten (Befreiung vom Soldatendienst, Nichtinhaftierbarkeit u. a.) u. Privilegien (Befreiung von Grundsteuern, Zivilgerichtsstand des Bischofs, Interzessionsrecht [→ Fürbitte], Asylrecht, Bischofsinsignien u. a.). Im 6. Jh. wurden die Bedingungen für den Eintritt in den K. festgelegt: Mindestalter (Diakone 25, Priester 30, Bischöfe 30 Jahre), körperliche (kein Eunuch) u. geistige Gesundheit, kein von der Kirche diskriminierter Beruf (Schauspieler, Schankwirt, Bordellbesitzer) bzw. Berufsverbot (vor allem im frühen Christentum: Arzt, Rechtsanwalt, Bankier, Senator u. a.), männl. Geschlecht (zum Ausschluß der Frauen → auch Diakonisse). Die Einführung des Zölibats (u. der klerikalen Tonsur) geschah mit unterschiedl. Erfolg. Das Justinian. Recht macht ihn den Bischöfen zur Pflicht, während Diakon u. Priester bis heute eine vor der Cheirotonie geschlossene Ehe beibehalten können. Dagegen gilt, ebenfalls bis heute, die Vorschrift, daß die Ehefrau des zum Bischof Gewählten in ein vom Bischofssitz entferntes Kloster eintritt. In der Praxis ging man dazu über, den Episkopat aus dem Mönchtum zu rekrutieren. Innerklerikale Gegensätze brachen im Westen u. Osten im 12. Jh. auf u. sind seitdem nicht zur Ruhe gekommen. In der russ. orth. Kirche ist die Forderung des Welt-K. (Priester u. Diakon), an der Gesamtleitung der Kirche beteiligt zu werden, nochmals im 18. Jh. u. in jüngster Zeit erhoben worden, wenn auch ohne Erfolg.

Neben den unleugbaren Kulturleistungen des K. im MA (Humanisierung einer barbar. Rechtspflege, Förderung der Kunst u. Wissenschaft u. a.) ist die tiefe Problematik einer klerikalen Kultur gegenüber einer schließlich siegreichen Laienkultur nicht zu übersehen.

Lit.: Beck, 79 ff. u. Reg., ders., Kirche u. K. im staatl. Leben von Byzanz, Ders., Ideen u. Realitäten in Byzanz, London 1972, Nr. XIV; H. Heimerl, Kirche, K., Laien, Wien 1961; H. Kotsonis, Die gegenseitigen Beziehungen innerhalb der Geistlichkeit, D. Savramis (Hg.), Aus der Neugrch. Theologie, Würzburg 1961, 109-128; J. Matthes, Religion u. Gesellschaft Hamburg 1967, Reg.: Klerikerkultur; N. D. Kuznecov, K Voprosu o Učastii Duchovenstva i Naroda v Vysšem Cerkovnom Upravlenii, BoV 15, 1906, 254 ff.; G. Mensching, Soziologie der Großen Religionen, Bonn 1966, Reg.; ders., Soziologie der Religion, Bonn 1968[2], Reg.; Milasch § 66-76; D. I. Rostislavov, O Belom i Černom Duchovenstve, 2 Bde., Berlin 1966; D. Savramis, Die soziale Stellung des Priesters in Griechenland, Leiden 1968; I. Smolitsch, Gesch. der Russ. Kirche 1700-1917, Leiden 1964, Reg.: Geistlichkeit, Pfarrgeistlichkeit; P. Stockmeier, Aspekte zur Ausbildung des Klerus in der Spätantike, Münchener Theolog. Zs. 27, München 1976, 217-232; J. Wach, Religionssoziologie, Tübingen 1951, Reg.; J. Zhishman, Die Synoden u. die Episkopal-Ämter in der morgenländ. Kirche, Wien 1867; J. J. Allen, The Ministry of the Church. The image of pastoral care, Crestwood, N. Y., 1986; E. S. Papagianne, Die ökonom. Situation des verheirateten K. in Byzanz, Athen 1986; Das Priestertum in der Einen Kirche, Aschaffenburg 1987; G. Ruhbach, K. ausbildung in der Alten Kirche, Wort und Dienst 15, 1979, 107-114; E. Bryner, Der geistl. Stand in Rußland. Sozialgeschichtl. Untersuchungen zu Episkopat u. Gemeindegeistlichkeit der russ. orth. Kirche im 18. Jh., Göttingen 1982; LexMA 5, 1207-1211. – S. auch Lit. zu Bischof, Diakon, Hierarchie, Kirchenrecht, Priester.

Kloster (von lat. *claustrum,* n., 'das Verschlossene'; grch. *koinobion,* n. [lat. *coenobium,* n.], 'Gemeinschaftsleben', *monasterion,* n. [lat. *monasterium,* n.], *mone,* f., 'Einsiedlerzelle', '-leben', *asketerion,* n., 'Asketenwohnung'; russ. *monastyŕ,* m.), Anlage von Kirchen-, Wohn- u. Wirtschaftsgebäuden vorwiegend für das unter der Leitung eines Abtes stehende koinobit. Mönchtum (Gegensatz Laura).

1. Das K. ist nicht auf das Christentum beschränkt, sondern erscheint überall dort, wo die gemeinschaftsfördernde Form ethisch-maximalist. Separation von der religiösen Sozietät entsprechende Lokalitäten fordert (Ägypten, Buddhismus, Judentum, Islam).

2. Das K. wird für das Kirchenrecht erst seit der 4. Ökumen. Synode von 451 relevant. Seine Errichtung unterliegt seitdem der Genehmigung des zuständigen Bischofs, dessen Jurisdiktion es auch untersteht. Umwandlung bzw. Rückführung in eine weltl. Anstalt ist verboten. Bald wurde die Vorlage eines Typikons Bedingung für eine K.-Gründung. Die Entwicklung von Großklöstern förderte deren Feudalisierung u. gewisse Auswüchse des K.-Rechts (z. B. das Charistikariat: K. als eine Art Lehen einem weltl. Ephoros, Verwalter, übergeben). Eine Reihe von Immunitäten u. Privilegien machten das K. im MA zu einem der schärfsten wirtschaftl. Konkurrenten der weltl. Feudalherren; auf der anderen Seite bildeten sie die notwendige wirtschaftl. Grundlage der kulturellen u. karitativen Tätigkeit des Mönchtums. Es gab vom byz. Kaiser gestiftete u. der Jurisdiktion des Patriarchen entzogene Klöster (grch. *monasteria autodespota, autexusia*); die Stauropegialklöster (grch. *monasteria stauropegiaka, stauropegia,* mit Aufrichtung eines Kreuzes als Gründungsakt) der Patriarchen u. Metropoliten wiederum waren der Jurisdiktion des zuständigen Bischofs entzogen. Das alte byz. K.-Recht kannte noch die Doppelklöster (grch. *dipla monasteria*), in denen Mönche u. Nonnen lebten, hat aber deren Berechtigung auch oft bestritten. Es gab im byz. Bereich schließlich noch den K.-Typ der Philoponoi od. Spudaioi, in denen sich Weltmenschen auf Zeit versammelten.

3. Der Klosterbau, das K. als Architekturensemble richtet sich nach den Notwendigkeiten des monast. Lebens. In das Befestigungssystem der Städte im MA einbezogen, stellten die Klöster zugleich wichtige Befestigungsbauten dar. Sieht man vom Typ des ober- u. unterird. Höhlenklosters (Kappadozien, Kiev u. Südrußland) ab, so besteht die oberird. K.-Anlage aus folgenden Bauten: (a) Im Mittelpunkt steht die Kirche (grch. *katholikon;* russ. *sobor*). Im Gegensatz zu Rußland fehlt u. a. wegen des Verbots der Glocken durch die Türken auf dem Balkan sehr oft der Glockenturm; statt der Glocken wird das Semantron benutzt. Neben der Hauptkirche befinden sich größere u. kleinere Nebenkrichen (grch. *parekklesiai;* russ. *prideli*) in den Stockwerken der umliegenden Gebäude. Außerhalb der K.-Mauern liegt auf dem Friedhof (→ Coemeterium), eine kleinere Kirche, in deren Untergeschoß die Gebeine der Verstorbenen deponiert werden u. in deren Obergeschoß sich das K.-Hospital befindet (zur Aufnahme der Sterbenden; außerdem ein Hospital innerhalb der K.-Mauern). Das altruss. K. besaß über dem Haupteingang noch eine Torkirche (*navratnaja cerkov́*). – (b) Der K.-Kirche gegenüber steht das ebenfalls als Kirche (mit Bilderwand) gebaute Refektorium (grch./russ. *trapeza;* russ. auch *stolovaja cerkov́*). – (c) Die quadratisch bis rechteckig um die Kirche angeordneten Gebäude führen im Erdgeschoß Wirtschafts- u. Arbeitsräume (u. a. auch Schreibräume [Scriptorien], Malerwerkstätten, im Frauen-K. die Prosphoren-Bäckerei), während sich im ersten Stockwerk hinter einer Galerie die Zellen befinden. In diesen Gebäuden od. einzelstehend sind, vor allem in Großklöstern, noch Räumlichkeiten für karikative u. andere Zwecke untergebracht: die Herberge (grch. *xenodocheion*), das Altersheim (*gerontokomeion*), das Hospital

(*nosokomeion*), die Waisenpflege (*orphanotropheion*), die Armenpflege (*ptochotropheion*), die Bibliothek, die Schule, das Gefängnis (*phylake*) u. a. Im Unterschied zur westl. K.-Anlage kennt die östl. keine eigentl. Klausur, d. h. einen mit Zellen- u. Kreuzgang völlig abgeschlossenen Komplex, an den die Kirche angebaut ist. – In

Katharinenkloster auf dem Sinai

Kloster Simonos Petra auf dem Athos

der Kunst der Ostkirche finden sich sehr häufig Darstellungen von Klöstern.
4. Die wichtigsten Klöster der byz.-slav. Orthodoxie sind: Konstantinopel: Studios-K., 454; Pantokrator- u. Hodegetria-K., 12. Jh.; Athos (grch. *hagion oros;* russ. *svjataja gora,* 'hl. Berg'): Große Lavra, 963; Chilandar, serb., 1198; Rossikon, russ., 1169; Zographu, bulg., um 1270; Iwiron, georgisch; lat. K. der Amalfatiner, aufgelöst nach 1054. Bulgarien: Rila-K., Ende 9. Jh. Einsiedelei des hl. Johannes, später Koinobion, 1833 nach einem Brand völlig neu aufgebaut; Nereci bei Skopje, 1164; Bačkovo, 11./12. Jh. Rumänien: Walachei [Oltenien] Tismana; Cozia, Ende 14. Jh.; Horezu, nach 1690; Moldau: Neamţ, Ende 14. Jh.; Voronet, Ende 15. Jh.; Moldovita, 1532. Serbien: Studenica, 1209; Dečani, 1. Hälfte 14. Jh.; Manasija od. Resava, 1407-1418. Rußland: Höhlen-K. (russ. *pečerskaja lavra*) nach 1051, oberird. Koinobion nach 1062; Dreieinigkeits-Sergius-K. (Troice-Sergieva Lavra) bei Moskau, von Sergij Radonežskij 1341/1342 gegründet; Kirill-Beloozerskij-K., 1397; Ferapont-Beloozerskij-K., 1390; Josif-Volokolamskij-K., 1497; Valaam-K., Anfang 14. Jh.; Soloveckij-K., 1429 bzw. 1435; Aleksandr-Nevskij-K., 1712 in St. Petersburg von Peter I. gegründet. – → auch Mönchtum. – Taf. 61; Abb.

Lit.: Beck, Reg.: K.; H. Brockhaus, Die Kunst in den Athos-Klöstern, Leipzig 1924; A. Champdor, Le Mont Sinai et le Monastère Sainte-Catharine, Paris 1963; L. I. Denisov, Pravoslavnye Monastyri Rossiskoj Imperii, S. Peterburg 1910; D. J. Doens, Monastères Orthodoxes en Grèce, Irénikon, 34, 1961, 346-392; A. P. Každan, Vizantijskij Monastyr XI-XII vv. kak social'naja gruppa, VV 31, 1971, 48-70; Kötting, Reg.; E. Lazarescu, Nicodème de Tismana et son rôle dans la Culture Roumaine Ancienne, Romanoslavica 11, 1965, 237 bis 284; Le Millénaire du Mont Athos, 2 Bde., Chevetogne 1963, Chevetogne u. Venedig 1964; J. Leroy, Monks and Monasteries of the Near East, London 1963; P. M. Mylonas, Athos, Formes dans un Lieu Sacre, Athènes 1974; P. P. de Meester, De Monachico Statu iuxta Disciplinam Byzantinam, Rom 1942; M. Păcurariu, Istoria Bisericii Orthodoxe Române, Sibiu 1972; S. J. Runkevič, Aleksandr – Nevskaja Lavra, S. Peterburg 1913; H. Skrobucha, Sinai, Olten & Lausanne 1959; Ph. Sherrard, Athos. Berg des Schweigens, Olten u. Lausanne 1959; N. N. Voronin u. V. V. Kostočkina, Troice – Sergieva Lavra. Chudožestvennye Pamjatniki, Moskau 1967; I. Zhishman, Das Stifterrecht in der morgenländ. Kirche, Wien 1888; Archimandrit Avgustin (Nikitin), Das Studios-K. u. die alte Ruś, OstKSt 37, 1988, 107-147; J. Galey, Sinai u. das Katharinenk., Stuttgart 1979; LChI 2, 539-541; LdK 2, 645-647; LexMA 5, 1218-1223; RBK 4, 102-134 (K.architektur).

Kniebeugung, besondere Form der liturg. Körpersprache (→ Gestus). Zu den verschiedenen Durchführungen der K. → Gonyklisia, → Proskynese.

Kolobion (grch., n.; lat. *colobium,* n.), eine ärmellose od. kurzärmelige Tunica (im röm. Bereich auch Dalmatica, bei den Frauen bis zu den Knöcheln, bei den Männern bis zum Knie reichend). Das K. war die nichtamtl. Tracht der Senatoren u. Konsuln. In der Alten Kirche durften Märtyrer nicht ohne ein purpurfarbenes K. beerdigt werden. Diese Sitte hat in der Ikonographie auf die Darstellung der Kreuzigung Christi mit einem durch goldene Zierstreifen (→ Clavi) geschmückten K. eingewirkt. Dieses K. galt als Symbol der Herrschaft Christi u. wurde als solches bereits in den Hymnen Ephrem des Syrers (gest. 373) verstanden.

Lit.: Braun, Gewandung, 301; J. R. Martin, The Dead Christ on the Cross in Byzantine Art, Late Classical and Mediaeval Studies in Honor of A. M. Friend Jr., Princeton 1955, 189-196; P. Maser, Zur Entstehung des Kreuzigungsbildes, Diss. Halle 1970, 36 f., 45; Weitzmann, 57 f., 61-63, 80; LChI 2, 541-542; LdK 1, 490 (Dalmatika).

Kolyba (grch., n. plur.; russ *kolivo,* n., od. *kut'ja,* f.), ein Brei aus gedünstetem Weizen od. – in Rußland – aus Mais od. Reis, mit Zucker od. Honig gesüßt u. unter Zugabe von Mandeln, Nüssen, Rosinen u. a. mit Zimt, Petersilie, Granatäpfeln u. ä. gewürzt sowie mit Früchten garniert. Schon die Zutaten weisen auf vorchristl. Vorstellungen hin (der Granatapfel als Frucht der Unterwelt, in die auch die Wurzeln der Petersilie reichen). Die K. gehen auf die antiken „Panspermia" zurück, die man lange vor dem Christentum am 3., 9. u. 40. Tage nach dem Tode eines Angehörigen zur Erinnerung an den Verstorbenen zu essen pflegte. Trotz heftiger Polemiken gegen die K. schon durch Johannes Chrysostomus (gest. 407) haben sie sich bis heute in den orth. Kirchen gehalten, abgesehen vom Totengedenken auch als Fastenspeise (→ unter Fastenzeiten).

Lit.: Aranca, „Christos Anesti". Osterbräuche im heutigen Griechenland, Zürich 1968, 51-58; Beck, 257, 786; Daniel, 215, 609; Goar, 524-527; L. K. Goetz, Kirchenrechtl. u. kulturgeschichtl. Denkmäler Altrußlands, Stuttgart 1905, Reg.: Kolyva – Kut'ja; Maltzew², 567-589; P. de Meester, Rituale-Benedizionale Bizantino, Roma 1930, 224-231; V. Ja. Propp, Russkie Agrarnye Prazdniki, Leningrad 1963, 13-24; Služebnik, Praha 1950, 307-311.

Kommunion (von lat. *communio,* f.; *grch. koinonia,* f., 'Gemeinschaft', auch *metalepsis,* f., *methexis,* f., 'Teilhabe', 'Teilnahme'; russ. *pričaščenie,* n.), 1. eine gegen Ende der Liturgie vollzogene Handlung, bei der die konsekrierten (gewandelten) Gaben der Eucharistie, Brot u. Wein, ausgeteilt u. empfangen werden. Der liturg. u. kirchenrechtl. Charakter der K. bildet eine unzertrennl. Einheit (→ auch Buße, → Bußklassen, → Diptychen, → Epitimien, → Exkommunikatio, → Kirchenrecht).

2. Die Geschichte der K. in ihrer heutigen Form beginnt um 100, als die Spendung nur noch dem Bischof u. dem Klerus zustand. Im 3. Jh. ist die Austeilung des Brotes (→ Prosphore) durch den Bischof, des Mischweines durch den Diakon üblich. Ende des 4. Jh. spiegelt sich in der Rangordnung der Empfänger (zuerst die Hierarchie des Klerus, danach die Laien) die Ständeordnung der kirchl. Sozietät wider. Um dieselbe Zeit erfahren wir auch von der K.s-Gestik der Empfänger (linke Hand „zum Thron der rechten" machen, Empfang des Brotes in der Höhlung der Rechten; Empfang des Weines nicht mit ausgestreckten Händen, sondern nach vorwärts geneigt [grch. *kypton*]. Die bereits vorgeschrittene Sakralisierung der K. läßt die Warnung vor dem Verschütten der hl. Gaben verständlich werden. Der die K. eröffnende Ruf „das Heilige den Heiligen" (→ auch Exklamationen) wird ebenso um diese Zeit als bekannt vorausgesetzt wie die Antwort der Gemeinde „einer ist heilig, einer der Herr, Jesus Christus, zur Herrlichkeit Gottes des Vaters", das vorangehende Vaterunser u. das Brotbrechen mit der Elevation, dem Emporheben des hl. Brotes. Der Ursprung der Ausgestaltung der K.s-Feier wird in Jerusalem zu suchen sein, wo sich im 4. Jh. die besondere Verehrung des hl. Kreuzes mit eucharist. Vorstellungen verband. Das K.s-Lied (grch. *koinonikon;* russ. *kinonik, pričasten*), das nach dem „Einer ist heilig..." der Elevation angestimmt wird, besteht aus Psalmversen u. wird mit einem dreimaligen Halleluja beschlossen. Wie die Prokeimena gibt es auch Koinonika für die Tage der Woche u. die verschiedensten Feste u. Vorkommnisse (z. B. bei Todesfällen), wobei für die letzteren genaue Anweisungen im liturg. Typikon zu finden sind. Entsprechend der byz. Kultusästhetik werden die bibl. Koinonika von nichtbiblischen begleitet. Musikalisch richten sie sich nach den 8 Tönen der Oktoechos. Schon in Jerusalem im 4. Jh. wurde als Frühform des K.s-Liedes Ps. 34, 9 von einem Solisten intoniert u. von der Gemeinde mit einem Psalmvers respondiert, wahrscheinlich mit einem stereotypen Psalmvers (→ Hypopsalma). Auch die Apostol. Konstitutionen vom Ende des 4. Jh. (→ unter Kirchenrecht) kannten Ps. 34 als K.s-Lied. Heute können bei einer größeren Zahl von Kommunikanten auch mehrere Koinonika gesungen werden. Der Ritus des „Warmen Wassers" (→ Zeon) fand erst zu einer späteren Zeit Eingang in die K.

3. Somit ergibt sich der Aufbau der heutigen K.:

Bitt-Ektenie (→ unter Ektenie)
Vaterunser
Neigung des Hauptes (lat. *inclinatio*)
Elevation
K.s-Lied
Brotbrechen
Zeon
Kniebeugung vor den hl. Gaben
K. des Klerus
K. der Laien
dreimaliges Halleluja

Die K. „unter beiderlei Gestalt", d. h. von Brot u. Wein, wird wegen des Opfercharakters auch von der kath. Kirche anerkannt. Die Spendung von Brot u. Wein wird in der Ostkirche mit einem liturg. Löffel (→ Altargeräte) vollzogen. Zum Abschluß der K. wird heute auch nicht selten die Predigt gehalten. Nach der K. pflegen Teilnehmer die Reste des Abendmahlsbrotes (→ Eulogie) mit nach Hause zu nehmen.

4. Eine K.-Feier spezieller Art ist die → Liturgie der vorgeweihten Gaben.

5. Zur Ikonographie der K. → Abendmahl (→ Agape, → Apostelkommunion).

Text: s. Anhang Nr. 23.

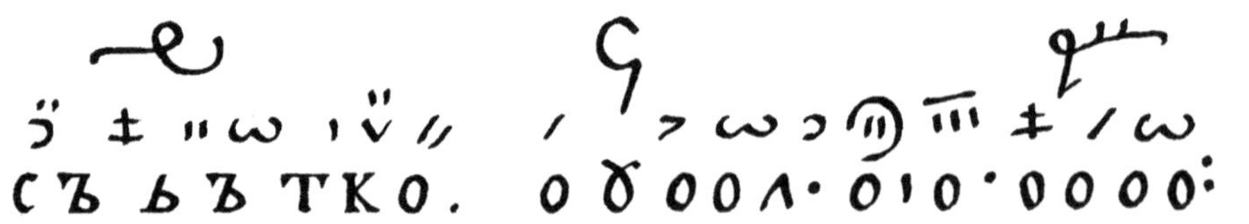

Kondakariennotation

Lit.: Baumstark, 136 f.; Beck, Reg.: K.; O. Casel, Das Christl. Kultmysterium, Regensburg 1948³; Dix, Reg.: Communion usw.; W. Elert, Abendmahl u. Kirchengemeinschaft in der Alten Kirche, Berlin 1954; Fendt, Reg.: K.s-Ritus usw.; E. v. der Goltz, Tischgebete u. Abendmahlsgebete in der altchristl. u. grch. Kirche, Leipzig 1905; Handbuch 1, 437-456 u. Reg.; Hanssens, Nr. 1408; J. Quasten, Mysterium tremendum. Eucharist. Frömmigkeitsauffassungen des vierten Jh. Vom Christl. Mysterium. Gesammelte Aufsätze zum Gedächtnis von Odo Casel, Düsseldorf, 66-75; D. Conomos, Psalmody and Communion Cycle; Communion Hymns, St.Vladimir Theol.Quarterly 25, 1981, 35 bis 62; 95-122; Schulz, Die byz. Liturgie, Reg. II B; LexMA 5, 1096-1097 (Kelchk.).

Komplet → Nachtgottesdienst

Kondakariennotation, ein spezielles System der graph. Aufzeichnung (→ Neumen) bestimmter verzierter, melismat. Melodien in der byz.-slav. Kirchenmusik. Zu ihnen gehören das Halleluja, die Doxologie, das Kommunionslied, das Kontakion (daher ihre Bezeichnung), zahlreiche Gruppen der Stichera u. a. Die K. unterscheidet sich stilmäßig von den übrigen byz. → Notationen, vor allem soweit diese die feierl. Melodien des Hirmos aufzeichnen. Die K. hat sich aber gleichzeitig mit ihnen entwickelt. Da wegen der Vernichtung zahlloser Musikhandschriften im Bilderstreit (→ unter Bild) nur sehr wenige Beispiele der K. erhalten geblieben sind, ist die Forschung auf die altruss. Handschriften angewiesen, die bald nach der Christianisierung im 11. Jh. auftreten. Die Fragen ihrer Herkunft u. Entzifferung sind noch Gegenstand intensiver wissenschaftl. Bemühungen. – Abb.

Lit.: C. Floros, Die Entzifferung der K., Musik des Ostens 3, 1965, 7-71; E. Koschmieder, Ein Blick in die Gesch. der altslav. Musik, BZS 31, 1970, 28 f.; K. Levy, Die slav. K., Anfänge der Slav. Musik, Bratislava 1966, 77-92; ders, The Byzantine Communion-Cycle and its Slavic Counterpart, Actes XIIe Congr. Intern. d'Études Byz. Ochrid 10-16 Sept. 1961, 2. Bd., Beograd 1964, 571-574; Palikarova – Verdeil, 113-125, 140-146; N. D. Uspenskij, Drevnerusskoe Pevčeskoe Iskusstvo, Moskau 1965, 36-50 (s. auch 2. Auflage 1971). – S. auch Lit. zu Kirchenmusik, Kontakion.

Kondakarion (grch., n.; russ. *kondakaŕ,* m.), in der Ostkirche eines der liturg. → Bücher mit den Kontakien für den Leiter des Chores, das deshalb auch die Kondakariennotation führt.

Lit.: A. Dostál u. H. Rothe, Der altruss. Kondakar. Blagoveščenie Kondakaŕ, Gießen 1976 ff. (Bausteine zur Gesch. der Literatur bei den Slaven, hg. von H.-B. Harder u. H. Rothe, 8,2 ff.); H. Rothe, Südslav. Kontakien in ihrem Verhältnis zum ostslav. Kondakar, Slavist, Studien zum X. Intern. Slavistenkongress in Sofia 1988, Köln/Wien 1988, 489-504.

Konfirmation → unter Taufe

König der Ehren → unter Christusbilder

König der Könige → unter Christusbilder

Königliche Horen → Horen, Große od. Königliche

Konsekration → unter Weihe

Kontakion (grch., n., auch *kondakion,* n., von *kontax,* 'Stab', 'Spieß'; russ. *kondak,* m.), erste Hochform der frühbyz. Kirchendichtung.

1. Die grch. Bezeichnung bezieht sich wahrscheinlich auf den Stab, um den der Text des K.s gerollt wurde. Ein K. kann 18, aber auch bis zu 30 u. mehr Strophen (→ Troparien) führen. Seine Struktur bildet das erste umfassende Ordnungssystem für das reiche Strophenmaterial der Ostkirche. An der Spitze des Textes steht der Titel mit der Angabe des Tages im Kirchenjahr, dem Namen des Heiligen od. des Festtages, einer Akrostichis als Vorsatzstrophe sowie der Anweisung, nach welchem der 8 Kirchentöne (→ Oktoechos) zu singen ist. Auf den Titel

folgt das Prooimion od. Kukulion (beide grch.), dem eine Art Gegenstrophe (Ephymnion, grch., → auch Hypopsalma) angeschlossen wird. Dieses Ephymnion folgt jedem Troparion des K.s u. wird vom Chor gesungen, während die Strophen von einem Solisten vorgetragen werden. Ein solches Troparion heißt auch Oikos (grch., 'Haus'; syr. *beitha;* hebr. *bajith;* ital. *stanza,* 'Zimmer'). Oikos I bildet zugleich die Leitstrophe (→ Hirmos) für das ganze K. Somit ergibt sich folgender Aufbau:
(1) Titel
(2) Prooimion (Kukulion)
(3) Ephymnion
(4) Oikos I = Hirmos
(3) Ephymnion
(5) Oikos II
(3) Ephymnion
(6) Oikos III
usw.
Der Aufbau zeigt die kompositor. Schwäche des K.s in der monotonen Wiederholung des Ephymnions u. der Ausrichtung aller Strophen nach einem einzigen Hirmos. Andererseits wurde das Ephymnion ursprünglich von der Gemeinde gesungen, so daß der Rhythmenwechsel u. der Aufbau an religiöse Volkslieder wie die „geistl. Lieder" (russ. *duchovnye stichi*) der altruss. religiösen Folklore erinnern. Diese in Palästina u. Syrien beheimatete Form der Gemeindebeteiligung wurde im Rahmen der spezifisch byz. Kultusästhetik u. mit dem Aufkommen des Kanons im 7. Jh. zurückgedrängt.
2. Als poet. Kunstform geht das K. auf oriental. Traditionen zurück, die sich in der exegetisch-homilet. Schriftauslegung der Synagoge, dem Midrasch, vereinigt hatten. Das K. ist eine poet. Homilie u. wurde zur Zeit seiner Blüte in der Liturgie der Katechumenen (→ Liturgie der Gläubigen) nach der Evangelienlesung vorgetragen. Seine Themen nahm es aus den Festinhalten des Kirchenjahres u. der Heiligenverehrung. Eine negative Folge war die Vernachlässigung der Predigt. Wie diese arbeitet auch das K. mit dramat. Effekten, kühnen Antinomien, geschliffenen Dialogen u. anderen Mitteln der Rhetorik. Die Geschichte des K.s beginnt mit dem aus Syrien stammenden Meloden Romanos (gest. 573), zu dessen bekanntesten Arbeiten ein K. auf die Geburt Christi u. wahrscheinlich auch der umfangreiche Gottesmutterhymnus (→ Akathist) gehören. Weitere berühmte K.-Verfasser sind die Patriarchen Sergios (gest. 638), Germanos (gest. 730) u. Theodoros vom Studioskloster (gest. 826; → auch Melode). In der Zeit des Bilderstreites (→ Bild) wurde das K. zuungunsten des Kanons stärker gepflegt, um danach immer mehr reduziert zu werden u. schließlich nur noch mit seinem Prooimion u. Oikos I nach der 6. Ode des Kanons zu erscheinen.
3. Die byz.-slav. Ikonographie – z. B. der Geburt Christi u. der Darstellung des Akathist – verdankt dem K. eine Reihe von Motiven.
Text: s. Anhang Nr. 2; 21.

Lit.: Anthologia Graeca, LXVI, 90 f.; S. S. Averincev, Poėtika Rannevizantijskoj Literatury, Moskau 1977, 102 f., 210-220 u. Reg.: Roman Sladkopevec; ders., Tradicija Grečeskoj „Dialektiki" i Vozniknovenie Rifmy, Kontekst, Moskau 1976, 81-99; J. Grosdidier de Matons, Romanos le Mélode: Hymnes, Bd. 1 ff., Paris 1964 ff.; Heilige Gesänge; F. Keller, Das Weihnachts-K. u. seine Proshomoia in altruss. Übersetzung, phil. Diss. Basel 1972; K. Mitsakis, The Hymnography of the Greek Church in the Early Christian Centuries, JÖB 20, 1971, 31-49; Palikarova - Verdeil, Reg.: K.; C. A. Trypanis, Fourteen Early Byzantine Cantica, Wien 1968; N. D. Uspenskij, Kondaki Svjatogo Romana Sladkopevca, BoTr 4, 1968, 191 bis 201; Wellesz, 179-197 u. Reg.: K.; Werner, Reg.: K.; MGG 7, 1516-1518; R. J. Reichmuth, Typology in the Genuin K. of Romanos the Melodist, Minneapolis 1975; LexMA 5, 1413-1414 (K., Kontakarion).

Konzelebrieren, Mitwirken mehrerer Personen bei der Liturgie od. der Spendung von Sakramenten. Im Sinne des orth. u. röm. Kirchenrechts werden Vorstellung u. Begriff des K.s nur auf den Klerus angewendet, während die Mitwirkung der Laien lediglich in ihrer Gegenwart besteht. Schon die Kirchenordnung Hippolyts von Rom (→ Kirchenrecht) kannte die Sitte, daß der Bischof mit dem Kollegium der Priester die Hände auf die Opfergaben legte u. die Anaphora mit Ausnahme des Einsetzungsberichts mit ihnen sprach. Nach röm. (scholast.) Lehrauffassung handelt es sich in diesen Fällen um das „zeremonielle K.", während bei einem „sakramentalen K." von allen Mitwirkenden auch der Einsetzungsbericht u. die Wandlung mitgesprochen werden müßten. Diese Form liegt in der Krankenölung der orth. Kirche vor. Insofern sich die Bischöfe seit alters als „Mitliturgen“ bezeichnen, wird ihr „K.“ – wenn es auch örtlich getrennt ist – als Darstellung der Einheit der Kirche verstanden. Es ist noch nicht geklärt, ob die „sakramentale Konzelebration“ der Neugeweihten (während der Weihemesse) durch kath. Einfluß im 17. Jh. über Petr Mohila in Kiev (gest. 1647) in der Ostkirche üblich wurde od. ob sie hier nicht seit langem geübt wurde.

Lit.: J. M. Hanssens, De Concelebratione Missae in Ritibus Orientalibus, Divinitas 10, Roma 1966, 482-559; Handbuch 1, 343-346 u. Reg.: K.; Ph. Hofmeister, Die Konzelebration, ALW 9, 1966, 383-411; Jungmann 1, 258 ff.; A. A. King, Concelebration in the Christian Church, London 1966; P. de Meester, De Concelebratione in Ecclesia Orientali, praesertim secundum Ritum Bizantinum, Roma 1923; A. Raes, La Concélébration dans les Rites Orientaux, Maison-Dieu, Paris 1953, 24-47; K. Gamber, Concelebration in the Ancient Church,Christian Orient 2, 1981, 57-62; LexMA 5, 1426-1427.

Konzil → Synode

Kosmas → unter Heiligenverehrung, → auch Heiligenbilder

Kosmokrator → unter Christusbilder, → Gestirne

Krankenölung (grch. *hagion euchelaion,* ‘hl. Ölung’; russ. *eleosvjaščenie,* n., auch *soborovanie,* n., ‘gemeinschaftl. Tun’), 1. eines (im allgemeinen das letzte) der 7 Sakramente in der orth. u. der kath. Kirche.
2. Von den kosmetischen u. medizinischen, oft mit Aberglauben verbundenen Ölsalbungen der Antike hebt sich das neutestamentl. Zeugnis in Jak. 5, 14-16, durch den betonten Zusammenhang der K. mit der Sündenvergebung ab. Sie wird nicht von Charismatikern, sondern von Ältesten (grch. *presbyteroi,* → auch Priester) der Gemeinde vollzogen. Damit ist ihr apostolisch-institutioneller, nicht aber ihr Sakramentscharakter bezeugt. Eindeutige Zeugnisse für die K. fehlen für die ersten Jh.e des Christentums. Ende des 4. Jh. wird das Chrisma od. Myron als „geistl. Schutzmittel des Leibes u. als Rettung der Seele“ bezeichnet. Die Verbindung von Buße u. „Salbung der Schwachen“ (lat. *unctio infirmorum*) bei dem Ostsyrer Aphraat (Mitte 4. Jh.) scheint auf die K. hinzuweisen. Papst Innozenz I. (gest. 417) betont, daß Jak. 5, 14 bis 16 nicht als Vorrecht der Priester zu verstehen sei, sondern auch auf Laien bezogen werden müsse. Das „Öl des Chrismas“ darf keinen Sündern u. Büßern gespendet werden, da es „von der Art eines Sakraments“ (lat. *genus sacramenti*) sei. Im Westen blieb die K. im MA zunächst in einer unklaren u. unselbständigen Position zwischen Eucharistie u. Buße. Im allgemeinen wurde dem Sterbenden zuerst die Buße gewährt, dann die Eucharistie als „Wegzehrung“ (lat. *viaticum*) gereicht u. schließlich (nach der sündentilgenden Wirkung beider) die K. als „letzte Ölung“ (lat. *unctio extrema*) gespendet. Bei dieser Auffassung ist es im Grunde bis heute geblieben, sieht man von Überlegungen in der Scholastik ab, die Unctio infirmorum als selbständiges Sakrament zu verstehen. Im Osten waren u. sind die Praktiken der K. sehr unterschiedlich. In manchen Kirchen sind Wiederholungen ausgeschlossen, in anderen üblich. Einige lassen Kinder zu, andere nicht. In der kopt. Kirche z. B. gibt es einen Ergänzungsritus für Tollwuterkrankte. In den orth. Kirchen wird die K. grundsätzlich jedem Getauften in schweren Leibes- u. Seelennöten gespendet, Gesunden im allgemeinen nur in der Karwoche (in der russ.-orth. Kirche am Gründonnerstag).
3. Die K. besteht aus folgenden Teilen: (a) Vorbereitung: Ein Tisch wird (nach Joh. 12, 24) mit Weizenkörnern bestreut, in seine Mitte ein Gefäß gestellt, in dem reines Olivenöl mit Wein gemischt (Luk. 10, 34) wird, 7 Kerzen werden aufgestellt, 7 mit Watte umwickelte Stäbchen, Kreuz und Evangelium werden hingelegt. (b) Ermahnung (grch. *paraklesis;* russ. *moleben*), eine Art gekürzter Morgengottesdienst. (c) Segnung des Öls (grch. *hagiasis tu hagiu elaiu;* russ. *svjaščenie svjatogo eleja*) mit einem Troparion u. „Ölgebet“ (Anrufung des hl. Nikolaus, der hl. Ärzte u. Wundertäter [→ Heiligenverehrung]). (d) Es folgen 7 nacheinander von 7 Priestern vollzogene hl. Ölungen (→ auch Konzelebrieren), eingeleitet durch eine Art Lesegottesdienst nach dem Vorbild der Liturgie der Katechumenen (→ Liturgie der Gläubigen). Das Salbungsgebet hat konsekrator. Charakter (→ Weihe). Beim Schlußsegen wird das bei Jak. 5, 14-16

geöffnete Evangelienbuch dem Empfänger der K. aufs Haupt gelegt. Danach soll er, sofern ihm das möglich ist, 3 Kniebeugen (Metanien, → unter Proskynese) vollziehen. Im Falle des nahenden Todes wird ein stark gekürztes Formular benutzt, das aber das „Ölgebet" u. das Salbungsgebet führen muß.

Lit.: Eisenhofer 2, 344 ff.; Handbuch 2, 114-128; Heiler, 186-188; K. Lübeck, Die hl. Ölung in der orth. grch. Kirche, ThGl 8, 1916, 318-341; E. Ch. Suttner, Die K.salbung (das „Öl des Beters") in den Altoriental. Kirchen, EphLit 89, 1970, 371 bis 396; A. Backhaus, Heilung u. Heil - die K. der orth. Kirche, Una Sancta 42, 1987, 201-212; I. H. Dalmais, Handbuch Ostk.kunde II, 158-160; LChI 4, 12-13 (Salbung); LexMA 5, 1471-1473 (K.salbung).

Kranzgold → Aurum coronarium

Kreuz (grch. *stauros,* m.; lat. *crux,* f.; russ. *krest,* m.), 1. Symbol des christl. Glaubens und der kirchl. Sozietät lange vor der Darstellung der Kreuzigung Christi. Als deren bildhafte Kurzformel (→ auch Kruzifix) besitzt es einen außerordentlich hohen Grad der Identifikationsmöglichkeiten für den einzelnen Gläubigen u. für die christl. Gemeinschaft (Bekenntnischarakter des K.es, vgl. Matth. 16, 24; Röm. 6, 3-5.8; Phil. 2, 5 bis 11), wie sie sich sehr deutlich in der Gestik des Sich-Bekreuzigens Ausdruck verschaffen.

2. Die Frühgeschichte des K.es ist noch nicht völlig geklärt. Seine Entstehung hängt zusammen mit dem letzten Buchstaben des hebr. Alphabets, dem Tav (stehend als + od. liegend als ×), das als Handzeichen (1. Mose 4, 15; 2. Mose 12, 22; 13, 9; Hes. 9; Pred. Salom. 15, 6), kult. Tätowierung, zur Signierung u. Siegelung verwendet wurde. Zeichenmagie u. Apotropäismus (Abwehr von Dämonen, Krankheiten u. a.) spielten dabei eine Rolle. Nach Offb. 7, 3 f.; 9, 4; 14.1: 22, 4 war um 100 das K.es-Zeichen als „Versiegelung" (grch. *sphragis*) üblich; ob schon bei Paulus (Eph. 1, 13; 4, 30; Röm. 4, 11; 15, 28 u. a.), bleibt umstritten. Seit dem 3. Jh. ist das „Versiegeln" der Stirn vor allem bei der Taufe bekannt, um den Rechtsanspruch Christi auf den Getauften zum Ausdruck zu bringen. Umschrieben wurde das K. vor allem mit „Holz" (grch. *xylon,* vgl. Apg. 13, 29; Gal. 3, 13; 1. Petr. 2, 24; Offb. 2, 17). In einem komplizierten Bewußtseinsprozeß, an dessen Anfang die „K.es-Theologie" des Paulus steht, wurde die negative Wertung dieses Zeichens als „Galgen der röm. Antike" u. der Katastrophe Christi gedanklich zu einem Siegeszeichen umgeformt. In dem Apokryph des Petrusevangeliums (Mitte 2. Jh.) findet sich dieser Umwertungsprozeß bereits durch das K. dargestellt, das dem Auferstandenen aus dem Grabe folgt. Eine öffentl. Zurschaustellung des K.es ist wahrscheinlich auch durch die in der Alten Kirche geübte Arkandisziplin verhindert worden.

3. Der Frieden zwischen Staat u. Kirche unter Kaiser Konstantin (gest. 337) bestätigte das Verständnis des K.es als Siegeszeichen u. gab Veranlassung, die Theologie des K.es zu vertiefen. Von dieser Entwicklung blieben die Häresien ausgeschlossen, die das K. ablehnten. Nach der K.es-Vision Konstantins im Jahre 312 an der Milv. Brücke wurde dieses Symbol vom Kaiser in gewisser Weise „annektiert" u. zum öffentl. Identitätssymbol erklärt. Gleichzeitig erfolgte ein starkes Aufblühen der Verehrung der K.-Reliquie in Jerusalem (→ auch Karfreitag, → Kreuzanbetung, → Kreuzerhöhung), die sich über die ganze Ökumene ausbreitete. Die gemeinsame Propagierung des K.es durch Staat u. Kirche als imperiales Emblem darf über das Konkurrenzverhältnis der beiden Partner dieses stillschweigenden Bildkonkordats, das im Bilderstreit (→ unter Bild) zum offenen Konflikt ausartete, nicht hinwegtäuschen (Inanspruchnahme des K.es als imperiales Zeichen sowohl durch die bilderfeindl. Kaiser als auch in den K.-Hymnen durch die Bilderfreunde).

4. Wie das hebr. Tav im Judentum, wurde seit dem 4. Jh. das K. immer mehr zum habituellen Gestus der Christen u. verfiel z. T. der Trivialisierung. Daneben wurde es in der Liturgie u. bei der Spendung der Sakramente allgemein üblich. Dem Mönchtum war das K. ein Siegeszeichen gegen die Dämonen. In der byz. Kirche setzte sich gegen die ältere „Versiegelung" der Stirn mit einem Finger das Zweifinger-K. als Hinweis auf die 2 Naturen Christi durch u. wurde um 1000 auch von der russ. Kirche übernommen. Daneben scheint es auch das Fünffinger-K. (Spitzenberührung aller 5 Finger) gegeben zu haben. Im 12./13. Jh. wurden diese

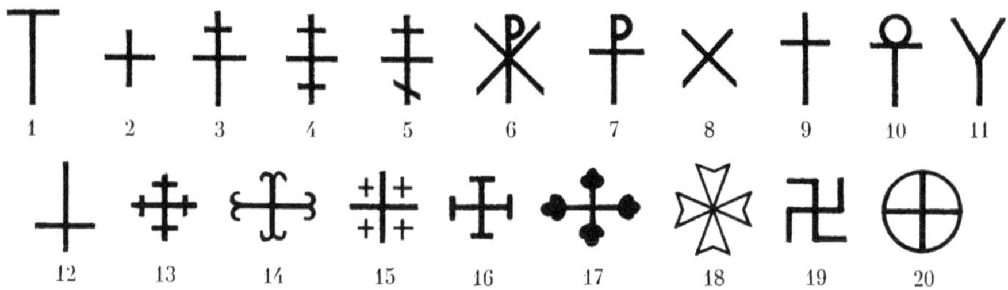

Kreuzformen *(oben):*

1 Tau- oder Antoniuskreuz (crux commissa) – 2 griechisches Kreuz (crux immissa) – 3 Doppelkreuz (crux gemina) – 4 byzantinisches Kreuz – 5 russisch-orthodoxes Kreuz – 6 Christogramm – 7 Staurogramm – 8 liegendes oder Andreaskreuz – 9 lateinisches Kreuz (crux immissa) – 10 Henkelkreuz (crux ansata) – 11 Gabel- oder Schächerkreuz – 12 Petruskreuz – 13 Wiederkreuz – 14 Ankerkreuz – 15 Jerusalemkreuz – 16 Krückenkreuz – 17 Kleeblattkreuz – 18 Malteser- oder Johanniterkreuz – 19 Swastika oder Gammadion (crux gammata) – 20 Radkreuz

Formen ersetzt durch das Dreifinger-K. als Zeichen der Dreieinigkeit. Die Hundertkapitel-Synode (russ. *stoglav*) von 1551 schrieb das Zweifinger-K. vor. Nach der Einführung des Patriarchats von Moskau 1789 stand die russ. orth. Kirche vor der Aufgabe, sich den rituellen Bräuchen der grch. Kirche wieder anzuschließen. Darüber kam es im 17. Jh. zum innerruss. Schisma (russ. *raskol*), weil ein großer Teil der Gläubigen an dem inzwischen dort praktizierten Fünffinger-K. festhielt (Berühren der Spitzen des Daumens, des Ring- u.des kleinen Fingers bei Zusammenlegen u. Ausstrecken von Mittel- u. Zeigefinger, mit denen Stirn, Brust u. Schulter berührt werden). Das K.-Zeichen der Patriarchatskirche besteht im Berühren der Spitzen von Daumen-, Zeige- u. Mittelfinger bei leichter Krümmung der übrigen. Beim Segen wird das „Litteral"-

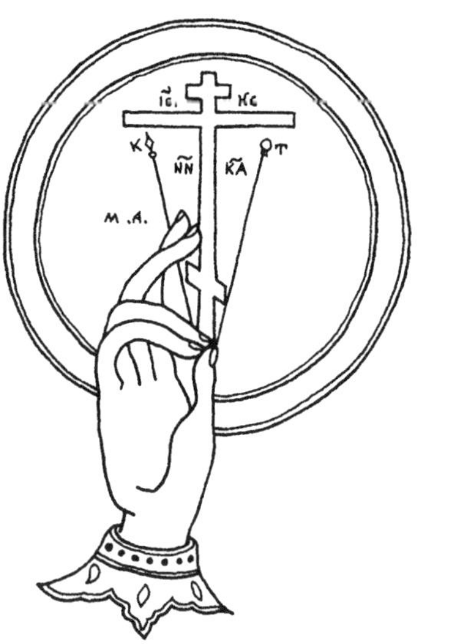

Fünffinger- und Dreifingerkreuz, letzteres polemische Handzeichnung

(„Buchstaben"-) K. gebraucht: Der Mittelfinger wird neben dem geraden Zeigefinger gekrümmt (ᴄɪ = grch. *Iesus;* russ. *Iisus*), der Daumen mit dem Ringfinger gekreuzt (x = grch. *Christos*) u. der kleine Finger etwas gekrümmt (ᴄ = letzter Buchstabe von grch. *Christos*). In den polem. Auseinandersetzungen zwischen Altgläubigen u. Großkirche wurden diese Bekreuzigungsformen oft bildlich dargestellt.

5. Die Ikonographie der K.-Formen im Zusammenhang mit anderen Themen der byz.-slav. Kirchenkunst läßt sich folgendermaßen einteilen:

I. K.-Formen als Hinweis auf das K. Christi: (1) das dem grch. Tau entsprechende K. (lat. *crux commissa;* (2) das gleichschenklige „grch. K." (lat. *crux immissa quadrata,* s. auch Abs. III, 8); beide als histor. Formen des K.es von Golgatha vermutet. Die Crux immissa quadrata spielt in der frühkirchl. Kunst als kostbar geschmücktes Gemmen-K. (*crux gemmata*) eine große Rolle als Symbol des leidenden, auferstehenden u. wiederkehrenden Christus im Bildprogramm der Kuppel u. der Apsis sowie bei bestimmten Themen (Hetoimasia, Jüngstes → Gericht, Lebensbaum im Paradies). Im Schnittpunkt der K.es-Arme erscheint oft ein Medaillon mit dem Bild Christi od. des Kaisers. – Im Zusammenhang mit der Darstellungsgeschichte der Kreuzigung Christi haben sich folgende K.-Formen entwickelt: (3) das Doppel-K. (lat. *crux gemina*) mit Andeutung des Titulus über dem Querholz, es breitete sich wohl vom Orient seit dem 6. Jh. aus; (4) das byz. K., das neben dem Titulus noch das Fußbrett (lat. *suppedaneum*) unter dem Querholz zeigt; (5) das russ. K. mit schrägem Suppedaneum (wahrscheinlich eine falsch verstandene Perspektive; seit dem 17. Jh. auch als Waage des Gerichts gedeutet). – Während das Doppel-K. der Ikonologie u. Mystagogie des Kirchenbaus (wohl kaum seinen realen Architekturentwürfen) diente, reicht der Anwendungsbereich des byz. u. des russ. K.es von den K.en der Kirchenkuppeln bis zu den Hand-K.en als Altargeräten; diese Formen wiederholen sich auch in der Kleinkunst ständig.

II. Buchstabenformen: (6) das Christusmonogramm u., als deren Sonderform, (7) das Staurogramm.

III. Andere Formen: (8) Andreas-K. (lat. *crux decussata*), wie die Crux immissa (s. Abs. I, 2) dem hebr. Tav entsprechend; (9) das lat. K. (lat. *crux immissa oblonga*); (10) das Henkelkreuz (lat. *crux ansata*), auch Anch-K. (ägypt., 'Leben') in der kopt. Kunst; (11) das Gabel-K. (lat. *furca*), auch „Schächer"-K. genannt; (12) das Petrus-K., die Umkehrung des lat. K.es, weil Petrus mit dem Kopf nach unten gekreuzigt worden sein soll.

IV. Heraldische K.-Formen: (13) das Wieder-K.; (14) das Anker-K.; (15) das Jerusalemer K. (ein Hinweis auf die 5 Wundmale Christi); (16) das Krücken-K. („Gnostiker"-K.); (17) das Kleeblatt-K.; (18) das Malteser- od. Johanniter-K.

V. Außerchristlichen Ursprungs (u. deshalb in der christl. Kunst selten auftretend) sind: (19) die Crux gammata, auch Hakenkreuz (ind. *swastika*) u. (20) das Rad-K. mit kosmolog. Bedeutung.

Obwohl im byz.-slav. Raum das byz. (Abs. I, 4) u. das russ. K. (Abs. I, 5) bestimmend sind, bleibt gerade bei ihnen der Triumphcharakter ergänzend ständig in Betracht zu ziehen. Damit hängt die Verwendung des K.es überhaupt auf Gegenständen u. Gewändern zusammen, die einen besonderen sakralen od. insignialen Charakter tragen, wie Kuppel, Baldachin, Altargeräte, kirchl. u. liturg. → Gewänder, Bischofsinsignien u. a. – Abb.

Lit.: Altruss. Heiligenleben, Berlin 1977, 375 f.; R. Bauerreiss, Zur Ikonographie des grch. K.es, Byz. Forschungen 3, Amsterdam 1968, 56-72; J. Chrysostomus, Die „Pomorskie Otvety", als Denkmal der Anschauungen der russ. Altgläubigen, Rom 1957, 174-192; E. Dinkler, Signum Crucis, Tübingen 1967; J. Flemming, Der Lebensbaum in der altchristl., byz. u. byzantinisch beeinflußten Kunst, Habil.-Schrift, Jena 1963; A. Frolow, La Relique de la Vraie Croix. Recherches sur le Développement d'un Culte, Paris 1965; R. Guénon, Le Symbolisme de la Croix, Paris 1970; J. Hallit, La Croix dans le Rite Byzantin, Parole d'Orient 3, Kaslik 1972, 261-311; P. Hauptmann, Altruss. Glaube, Göttingen 1973, 86-103; ders., Das russ. Altgläubigentum u. die Ikonenmalerei, Beitr. zur Kunst des Christl. Ostens. Erste Studiensammlung, Recklinghausen 1965, 5-36; Kötting, Reg.; P. Kroll, Auf den Spuren Jesu, Leipzig 1975^5, Reg.: K.; E. Peterson, Das K. u. das Gebet nach Osten, Ders., Frühkirche, Judentum, Gnosis, Freiburg/Br. 1959, 15-35; H. Rahner, Grch. Mythen in christl. Deutung, Zürich 1957, 73-123; J. Sieper, Das Mysterium des K.es in der Typologie der Alten Kirche, Kyrios 9, 1969, 1-30, 65-82; M.

Blech, Studien zum K. bei den Griechen, Berlin 1982; P. Planck, Das K.esholz als Lebensbaum, Hermeneia 3, 1987, 56-76; K. Steinke, Eine Dokumentation der Altgläubigen zum Zweifingerk., Kirche im Osten 32, 1989; W. Heller, Die Moskauer „Eiferer für die Frömmigkeit" zwischen Staat u. Kirche, Wiesbaden 1988, Reg.: Dreifingerk., Fingerk., Zweifingerk.; RBK 5, 1-285; M. Lurker, Wörterbuch der Symbolik, Stuttgart 1983², 376-377(K.); 378-379 (K.zeichen); Ch.Walter, Art and Ritual of the Byz. Church, London 1982, Reg.: Cross; LChI 1, 258-268 (Baum); 2, 562-590; LdK 2, 724-727; LexMA 5, 1489-1497 (K., Kruzifix); 1507-1508 (K.zeichen). – S. auch Lit. zu Karfreitag, Kreuzigung Christi.

Kreuzabnahme (grch. *apokathelosis,* f.; russ. *snjatie so kresta*). Die literar. Grundlagen der Darstellung der K. sind Matth. 27, 57 bis 60; Mark. 15, 42-47; Luk. 23, 50-56; Joh. 19, 38-40 sowie Apokryphen (Petrusevangelium), Hymnen (Stichera zu Ps. 92, 1 f. 8b am Karfreitag u. Karsamstag) u. theolog. Traktate aus dem 10./11. Jh. Zeitlich geht die Darstellung der K. derjenigen der Grablegung Christi u. Beweinung voraus; sie hat sich ikonographisch wahrscheinlich aus der Kreuzigung Christi entwickelt, wie die älteste Darstellung (cod. grc. 510, Nationalbibl. Paris, 880-886) zeigt: Joseph von Arimathia umfängt von vorn den auf der Fußstütze (lat. *suppedaneum*) aufrecht stehenden u. mit dem Kolobion bekleideten Leichnam Christi, dessen linke Hand, vom Kreuz gelöst, auf Josephs Schulter fällt, während Nikodemus den Nagel aus der noch am Balken haftenden Rechten zieht. Die Gottesmutter steht mit Johannes zwischen dieser u. der folgenden Szene des Forttragens des Leichnams. Die Szene wurde bald lebendiger gestaltet, indem Maria die Rechte des nun mit seinen Händen vom Querbalken gelösten toten Christus küßt u. ihr Haupt an seines schmiegt, während Johannes die genagelten Füße küßt. Die Dynamisierung des dramat. Motivs setzte schon im 11./12. Jh. ein u. ist durch das Antikenstudium, speziell durch Homer (Menelaos hält den erschlafften Körper des Patroklos), beeinflußt. Die Zahl der anwesenden Personen wird vermehrt u. vor allem in der letzten der byz. → Renaissancen die Wiedergabe ihrer unterschiedl. Seelenregungen gesteigert. Der Einfluß der westl. Pietà auf die Darstellung der K. macht sich in konfessionellen Grenzgebieten (unierte Kirche) auf Hinterglasikonen bemerkbar: Maria hält den toten, mit einer Dornenkrone gekrönten Christus im Schoß, hinter ihr steht Johannes in Trauer.

– S. Abb. zu Grablegung Christi u. Beweinung.

Lit.: Felicetti – Liebenfels, Geschichte[1/2], Reg.: Christusleben, K.; Kötting, Reg.; Lazarev, Reg.: Snjatie so Kresta; Pokrovskij, 386 f.; E. Rampendahl, Die Ikonographie der K. vom 9.-16. Jh., Diss. Berlin 1916; Schiller 2, 177-181; LChI 2, 590 bis 595; LdK 2, 727. – S. auch Lit. zu Grablegung Christi und Beweinung.

Kreuzanbetung (grch. *stauroproskynesis,* f., *niketeria,* f.; russ. *proslavlenie kresta, pochvala Krestu, slava kresta;* lat. *adoratio crucis*), 1. ein Spezialoffizium, in Jerusalem u. Rom seit dem 4. Jh. am Karfreitag, in der Ostkirche am Sonntag der Kreuzverehrung zelebriert;

2. eine im Orient beheimatete u. für die ostkirchl. Ikonographie charakterist. Darstellung der Anbetung des Kreuzes durch 2 Engel. Älteste Denkmäler sind eine Silberpatene aus dem 6. Jh. in der Staatl. Ermitage in St. Petersburg (ein Gemmenkreuz, flankiert von 2 Engeln mit Stäben, zu seiten des oberen Längsbalkens Sonne u. Mond [→ Gestirne], ruht auf einer Sphaira, unter der 4 Paradiesflüsse zu sehen sind) u. ein Glaskelch aus Syrien (Ende 6., frühes 7. Jh.) in der Byz. Collection Dumbarton Oaks, Washington (auf der einen Seite ein Kreuz in einer Aedicula [lat., 'kl. Gebäude'] mit zur Seite gerafften Vorhängen, links u. rechts 2 Engel mit Gaben in den Händen; auf der anderen Seite ein großes, von einem bärtigen Mann mit ausgestreckten Händen angebetetes Kreuz). Mit Varianten erscheint die K. in der Kleinkunst u. im Bildschmuck der Apsis. An der Weiterentwicklung des Bildschemas waren die Hymnen des Sonntags der Kreuzverehrung, des Festes der Kreuzerhöhung u. der Freitage in der Oktoechos wesentlich beteiligt. Diesen Quellen wurde auch das Motiv des Adamschädels im Steinhügel (grch. *lithostrotos*), in den das Kreuz gerammt ist, entnommen (→ Adam u. Eva, → Kreuzigung Christi).

Lit.: A. B. Bank, Vizantijskoe Iskusstvo v Sobranijach Sovetskogo Sojuza, Leningrad – Moskau 1966, zu Nr. 84 (vgl. engl. Ausgabe 1977); V. H.

Elbern, Ein christl. Kultgefäß aus Glas, Jb. der Berliner Museen 4, 1962, 17-41; C. Ihm, Die Programme der christl. Apsismalerei..., Wiesbaden 1960, 76-93; N. P. Kondakov, Archeologičeskoe Putešestvie po Sirii i Palestine, S. Peterburg 1904, 285-301; Kötting, Reg.; W. Oakshott, Die Mosaiken von Rom, Leipzig 1967, Reg.: S. Giovanni in Laterano, S. Stefano Rotondo; Onasch, Ikonen, 348 f.; Schiller 2, 17-19. – S. auch Lit. zu Kreuz.

Kreuzauffindung → unter Kreuzerhöhung

Kreuzerhöhung (grch. *hypsosis tu stauru;* russ. *vozdviženie kresta;* lat. *exaltatio crucis*), Fest der Ostkirche zum 14. Sept.

1. Die gall. Pilgerin Egeria schildert Ende des 4. Jh. die feierl. Kirchweih der Konstantin. Kirchen am hl. Grabe in Jerusalem (→ auch Kirchenbau) am 14. Sept. in Verbindung mit der Auffindung des Kreuzes durch Helena, die Mutter Konstantins. Die Einweihung der Konstantinsbauten am 14. Sept. 335 war mit der feierl. Aufrichtung (grch. *hypsosis*) eines großen Kreuzes durch den Bischof von Jerusalem verknüpft gewesen. Sehr wahrscheinlich war der jährlich am 14. Sept. wiederholte Ritus dieser „Hypsosis" (nicht vor 395) der Anlaß zur Entstehung der Legende von der Auffindung des Kreuzes (lat. *inventio crucis*) durch Helena, für deren Komposition bereits ein reicher Stoff vor allem aus den Apokryphen vorlag (→ auch Karfreitag). Ende des 4. Jh. bildeten Inventio crucis u. Exaltatio eine Festeinheit mit dem Datum des 14. Sept. (die Auffindungslegende läßt die Inventio am 14. Sept. 320 geschehen). Die weitere Entwicklung vor allem unter dem Einfluß Konstantinopels ist durch das Zurückdrängen des Jerusalemer Lokalfestes zugunsten eines Festes mit ökumen. Charakter gekennzeichnet. Im 7. Jh. erreichte diese Entwicklung ihren Höhepunkt u. Abschluß als Kaiser Heraklius das von den Persern bei der Einnahme Jerusalems geraubte hl. Kreuz wieder zurückgewann u. am 3. Mai 628 unter großen Feierlichkeiten nach Jerusalem führte.

Die seit alters mit Jerusalem u. Palästina eng verbundene gall. Kirche feierte die Kreuzauffindung seit dem 8. Jh. am 3. Mai, während der übrige Westen seit 650 u. Rom endgültig seit etwa 690 den 14. Sept. als Fest der Kreuzaufrichtung (lat. *exaltatio,* grch. *hypsosis*) beging. Nach dem Verlust der hl. Stätten an die Araber schon 638 wurde Konstantinopel mit dem Kaiserhof Mittelpunkt der Kreuzverehrung (→ Karfreitag) u. zusammen mit einem kosm. Verständnis der Hypsosis sehr wahrscheinlich auch Anreger für eine liturg. Ausstattung des Festes der K. Zunächst deuten die AT-Lesungen der Nachtwache mit ihren Vor-Bildern (grch. *typoi*) bereits den universalen u. kosm. Sinn der K. an: 2. Mose 15, 22-16, 1; Spr. 3, 11-18; Jes. 60, 11-16. Bereits in dem mit der Vigil verbundenen Abendgottesdienst (Vesper) trägt der Priester das Kreuz feierlich vom Rüstraum, der Prothesis, zum Altar, wo es anstelle des Evangeliums aufgestellt wird. Bei ihm brennt während des ganzen nächtl. Gottesdienstes eine Kerze (→ auch Licht). Nach den genannten AT-Lesungen findet eine sog. Lite (→ Litanei) statt, eine feierl. Prozession zum Narthex im Westteil der Kirche. Die dabei gesungenen Hymnen des Andreas von Jerusalem (wohl Andreas v. Kreta, gest. 740), Theophanes' (gest. 845), des Kaisers Leo VI. (gest. 912) u. des Anatolios (unbekannt, vielleicht 7./8. Jh.) verarbeiten auf poet. Art die AT-Texte. In immer neuen Vorstellungsbildern entfaltet nach Verlesung von Joh. 12, 28-36 der Kanon des Kosmas von Majum (8. Jh.) den Festinhalt. Es folgt, begleitet zunächst von der Großen → Doxologie u. dem Dreimalheilig (→ Trishagion) u. danach vom ständig wiederholten Kyrie eleison, der feierl. Ritus der K., dessen Höhepunkt darin besteht, daß der Liturg das Kreuz nach allen 4 Himmelsrichtungen langsam neigt u. wieder aufrichtet. Darauf folgt ein Hymnus (grch. *poema*) des bereits erwähnten Kaisers Leo zu Ehren des „lebenspendenden Holzes, an dem Christus, der König der Ehren, freiwillig seine Hände ausspannte, uns unsere erste Seligkeit zurückgebend". Damit wird die Anbetung des Kreuzes abgeschlossen. Mit den NT-Lesungen der Liturgie 1. Kor. 1, 1 bis 24 u. Joh. 19, 6-11.13-20.25-28.30-35 u. der Kommunion wird die Verbindung der Gemeinde mit Christus, der die Feier der K. konkretisiert, hergestellt.

2. Will man nicht die Darstellung der Kreuzanbetung als ältestes Zeugnis der Ikonographie der K. ansehen, dann wird man die letztere erst in mittelbyz. Zeit anzusetzen haben. Dabei haben sich die beiden Festmotive der „Auffindung" u. der „Aufrichtung" zunächst nebeneinander, später zu-

einander entwickelt. Die „Auffindung" zeigt Helena u. Konstantin, das Kreuz flankierend, oft mit anderen Heiligen, während die „Aufrichtung" einen Bischof wiedergibt, der das Kreuz hochrichtet. Die gemeinsame Komposition der K. hat beide Motive auf einem Bild verschmolzen. Vor allem in nachbyz. Zeit wurden eine Reihe anderer Szenen hinzugefügt, wie der Befehl Helenas zur Kreuzsuche, die Auffindung der 3 Kreuze in einer Höhle, aus den Apokryphen die Legende vom Paradiesesbaum (Paradiesesholz, → Adam u. Eva) u. a. Im Gegensatz zum Westen, der dieser Motivfülle gerne nachgegangen ist, hat sich der Osten in der Hauptsache auf die Darstellung der „Auffindung" u. „Aufrichtung" u. ihre Vereinigung zu einem Bild konzentriert.
Text: s. Anhang Nr. 19, 1.

Lit.: Baumstark, 145, 183; Beck, 258, 261; Bludau, 185 ff.; S. Der Nersessian, La Fête de l'Exaltation de la Croix, AIPH 10, 1950, 193-288; A. Frolow, La Vraie Croix et les Expéditions d'Héraclius en Perse, REByz 11, 1953, 88-101; V. Grumel, La Reposition de la Vraie Croix à Jérusalem par Héraclius, Polychronia. Fs. für F. J. Dölger, 1966, 139-149; Kellner, 247-252; Kötting, Reg.; Nilles 1, 274-277; Prazdnik Vozdviženija Kresta Gospodnja, ŽMP 1962, 9, 49-53; Schiller 2, 22-24; N. D. Uspenskij, Čin Vozdviženija Kresta. Istorikoliturgičeskij obzor, ŽMP 1954, 9; Ouspensky – Lossky, 151-153; Ch. Walter, Art and Ritual of the Byz. Church, London 1982, Reg.: Cross, Exaltation of, Veneration of); LChI 2, 642-648; RBK 5, 276-278 (Legenden u. Feste des hl. Kreuzes). – S. auch Lit. zu Kreuz, Kreuzigung Christi.

Kreuzigung Christi (grch. *staturosis tu Christu;* russ. *raspjatie Christa;* lat. *crucifixio Christi*). 1. Die vielschichtige Problematik des Kreuzes als Galgen od. Fluchholz der Spätantike u. die negative Einstellung der Alten Kirche zum Bild überhaupt ließen eine Darstellung der K. Ch. in den ersten 3. Jh. unmöglich erscheinen. Darstellungen auf einigen Gemmen im 3. Jh. gehören der Gnosis an od. bleiben umstritten, wie das sog. „Spottkruzifix" vom Palatin (238 bis 244 datiert). Die Kreuzvision Konstantins an der Milv. Brücke 312 einerseits, die Legende von der Kreuzfindung durch die Kaiserinmutter Helena (→ Kreuzerhöhung) u. der nicht zuletzt dadurch bewirkte liturg. Ausbau des Karfreitags andererseits machten aber die Wiedergabe der K. Ch. zunehmend notwendig.

2. Die literar. Quellen der Ikonographie der K. Ch., für die es in der antiken u. spätantiken Kunst kein Vorbild gab, sind: Matth. 27, 33-36; Mark. 15, 22-41; Luk. 23, 33-49; Joh. 19, 18-37; Apokryphe (Nikodemus-, Petrusevangelium); Kirchenväter (z. B. Passa-Homilie des Melito von Sardes [gest. um 180], Ephrem der Syrer [gest. 373], Johannes Chrysostomus [gest. 407]), der Physiologos mit dem Löwengleichnis (4. Jh.; → Christusbilder), die Kontakien des Romanos (gest. 573) wie die Hymnen des Karfreitags überhaupt, Anastasios Sinaites (gest. nach 700), das byz. Passionsdrama „Christos paschon" (lat. *Christus patiens*) aus dem 11./12. Jh. Zu den ältesten Zeugnissen der Darstellung der K. Ch. gehören die Londoner Elfenbein-Täfelchen (etwa 420-430): Christus, bis auf das schmale Lendentuch (grch. *perizoma;* lat. *subligaculum*) als Akt, mit 4 Nägeln genagelt u. mit Nimbus, rechts vom Kreuz die Gottesmutter u. Johannes, beide in der Gebärde der Trauer (→ Gestus); Christus ist bartlos u. mit geöffenten Augen wiedergegeben. Über dem Querholz (lat. *patibulum*) standen ursprünglich Sonne u. Mond (→ Gestirne). Es fehlen die beiden Schächer, während (zum erstenmal) der röm. Soldat Longinus gezeigt wird, wie er mit der Lanze in die Seite Christi sticht. Das Relief der Holztür von S. Sabina in Rom (um 432) stellt einen bärtigen Christus mit offenen Augen dar, die 3 Kreuze sind durch eine Art von Orantenhaltung (→ Orans) der Gekreuzigten angedeutet.
Diese einfache, der modalist. Theologie Roms entsprechende Komposition wird im Osten im 6. Jh. sehr schnell durch eine andere abgelöst, deren Entstehung bis heute umstritten ist. Dieser Typus erscheint zuerst auf einer Miniatur des Rabulaskodex (illuminiert 586, → Bibelillustration): bärtiger Christus mit offenen Augen, bekleidet mit einem Kolobion, im Hintergrund als weitere imperiale Herrschaftszeichen des Auferstandenen Sonne u. Mond über einer Berglandschaft; Longinus stößt den Speer in Christi Seite, Stethaton hält den Schwammstab, am Fuße des als lat. Kreuz (*crux immissa oblonga*) wiedergegebenen Kreuzes spielen 3 Soldaten um Jesu Mantel die Morra od. Micatio (lat., eine Art Fingerspiel). Christus ist mit 4 Nägeln genagelt, die Schächer sind außerdem mit Stricken ge-

bunden. Maria u. Johannes unter dem rechten, zu Christus blickenden Schächer, auf der anderen Seite 3 Frauen. Bis in die Einzelheiten dieser bewegten Szene hinein spiegelt sich die Christologie des Justinian. Zeitalters wider mit seiner Renaissance des Kirchenbaus im hl. Lande u. der Bereicherung der Liturgie durch christolog. Hymnen, wie den Cherubimhymnus u. den Eingeborenen Sohn, od. mit dem Streit um den theopaschit. Zusatz zum Dreimalheilig (→ Trishagion) – ein Zusatz, der auf den in Christus am Kreuz leidenden Gott Bezug nimmt. Zugleich macht sich eine gewisse (auf die Feierlichkeiten des Karfreitags, der in dieser Epoche weiter ausgebaut wird, reflektierende) Emotionalisierung des Bildgehaltes bemerkbar, deren Spannungsverhältnis zu bestimmten realist. Zügen der Darstellung das byz.-slav. Kreuzigungsbild fortan kennzeichnen sollte.

3. Die mittelbyz. Zeit übernimmt zunächst den Personen- u. Inventarbestand des Rabulastyps am hl. Grabe in Jerusalem (unter Weglassen der Anastasis-Rotunde [→ Kirchenbau, → Martyrion], die im 7. Jh. an die Araber verlorengegangen war), bereichert ihn aber unter dem zunehmenden Einfluß der byz. Mystagogie um einige wesentl. Motive. Unter dem Einfluß von Joh. 19, 34 u. dem Ritus der Mischung von Wasser u. Wein (→ Zeon) wird der Doppelstrahl von Wasser u. Blut, der aus Christi Seite sprudelt, wiedergegeben; Christus erscheint im Herrschergewand (→ Kolobion), zunächst mit offenen, dann mit geschlossenen Augen. Dieser Ansatz des 8./9. Jh. führte zum Bildschema des byz.-slav. Kreuzigungsbildes mit dem toten, d. h. mit geschlossenen Augen dargestellten Christus, der statt des Kolobions nun wieder das Lendentuch trägt.

Gegen die vergeistigenden Auffassungen der Bilderfeinde (→ unter Bild) betonten die Bilderfreunde stärker die Menschheit Christi u. damit seinen wirkl. Tod. Zugleich nahm die Kirche gegen bestimmte Häresien Stellung, die das Kreuz u. Christi Erlösungstod leugneten, vor allem gegen die Bogomilen. Damit wiederum im Zusammenhang steht die in mittelbyz. Zeit ständig sich steigernde Verehrung des Opfers von Golgatha in der Eucharistie, die innerhalb der Liturgie zum Ausbau der Vormesse, der Prothesis u. zu einer Mystagogie führte, die auch

Kreuzigung

andere Sakramente (vor allem die Taufe) einschloß. In den Grenzen des christolog. Grundmodells (toter Christus als kosm. Herrscher) waren der Ikonographie Variationsmöglichkeiten gegeben, die gleichzeitig ihre Ikonologie beeinflußten. So wird jetzt ein Motiv aufgenommen, das literarisch bereits im 4./5., kunstgeschichtlich im 6. Jh. bekannt war: der Golgathahügel mit dem durch den Blut- u. Wasserstrahl aus Christi Seite getauften Adamsschädel (→ auch Adam u. Eva, → Karfreitag, → Kreuzanbetung). Vom 11. Jh. ab erscheinen die Symbolfiguren der Kirche (grch. *ekklesia*) u. der Synagoge; letztere wird von einem Engel weggeführt, während die Ekklesia in einer Schale den Blutstrahl auffangen darf. Das Thema ist schon bei den Kirchenvätern anzutreffen. Umstritten ist, ob es vom Westen nach Osten gewandert ist. Wahrscheinlicher ist der Ursprung im byz. Osten, wo man in

Kreuzigung und Auferstehung Jesu

dieser Zeit nicht nur gegen die ungesäuerten Abendmahlsbrote (→ Prosphore), der kath. Kirche, sondern auch gegen das Passamahl der Synagoge polemisierte (vgl. auch die antijüd. Polemik in den Hymnen des Karfreitags u. Karsamstags). Die Verarbeitung der antiken Ästhetik u. westl. Einflüsse zusammen mit der eucharist. Emotionalisierung des Golgathaopfers wirkten sich auch auf die Darstellung der Gestalt Christi aus. Sie erhält eine s-förmige Kurvierung, deren Verstärkung das Einknicken der Arme zur Folge hatte. Das Haupt, nun nicht selten mit Kreuznimbus, wird auf die Seite gelegt; das Antlitz spiegelt zunächst noch verklärte Todesruhe, zunehmend aber die überstandenen Todesqualen wider. Auch Longinus erhält seit dem 11. Jh. eine andere Position. Er tritt nun als der Hauptmann aus Matth. 27, 54 unter seine Soldaten, um als Zeuge der Gottessohnschaft Christi auf diesen hinzuweisen – ein im Rahmen der Situation der Kirche charakterist. apologet. Zug. Der Lanzenstich wird jetzt oft fortgelassen. In nachbyz. Zeit werden die Darstellungen des Lanzenstiches mit dem dazugehörenden Doppelstrahl von Wasser u. Blut wieder zahlreicher. Die erregte Szenerie wird oft in einzelne, in sich charakterisierte Gruppen aufgeteilt. Solche hochdramat. Darstellungen, vor allem in der russ. Malerei des 17./18. Jh., zeigen Einflüsse des gleichzeitigen Jesuitendramas; sie formen zugleich den Opfertod Christi allmählich zu einer menschl. Katastrophe um. Man stellte die K. Ch. oft auch mit anderen Themen zu einer theolog. Zusammenschau (Synopse) zusammen, z. B. mit dem Eingeborenen Sohn, dem Cherubimhymnus u. mit bestimmten Christusbildern. Daneben gab es, vor allem in der Ikonenmalerei, das stille Meditationsbild der Dreiergruppe Christus am Kreuz, flankiert von der Gottesmutter u. Johannes, manchmal um Longinus u. Stethatos vermehrt.

4. Da die Freiplastik in der orth. Kirche seit dem Bilderstreit (→ Bild) verboten ist, kam es dort nicht zu solchen Skulpturenkompositionen, wie sie im Westen unter der Bezeichnung „Kalvarienberge“ bekannt sind. Nur in Nordrußland mit seinen sehr alten Traditionen der Holzschnitzkunst entstanden im 17. u. 18. Jh. solche Gruppendarstellungen, auch in Reliefform. Sie entsprechen dem ikonograph. Kanon der Kreuzigungsdarstellungen. Folkloristische Züge sind dabei ebenso unverkennbar wie auf den Kreuzigungsbildern der Hinterglasikonen. Eigenartig sind einige Sondermotive, wie das eines heranfliegenden Engels, der Christus ein Messer in die Seite stößt; hierfür bietet sich die Mystagogie der Schlachtung (Opferung) des Lammes während der Prothesis als Erklärung an. – Taf. 62, 63; Abb.

Lit.: Felicetti – Liebenfels, Geschichte[1], Reg.: Christus-Leben (K.); Grabar, Iconoclasme, Reg.: Crucifiement; ders., Ampoules de Terre Sainte, Paris 1958; V. Gurewich, Observations on The Iconography of the Wound in Christ's Side, Journal of the Warburg and Courtauld Institutes 10, London 1957, 358-362; R. Hausherr, Der tote Christus am Kreuz, Diss. Bonn 1963; M. Hengel, Mors Turpissima Crucis. Die Kreuzigung in der antiken Welt u. die „Torheit“ des „Wortes vom Kreuz“, Rechtfertigung, Fs. für E. Käsemann zum 70. Geburtstag, hg. von J. Friedrich, W. Pöhlmann u. P. Stuhlmacher, Tübingen u. Göttingen 1976, 125-184; Kötting, Reg.; G. Kroll, Auf den Spuren Jesu, Leipzig 1975[5], Reg.: K.; J. R. Martin, The Dead Christ on the Cross in Byzantine Art, Late Classical and Mediaeval Studies in Honor of A. M. Friend Jr., Princeton 1955, 189-196; P. Maser, Zur Entstehung des K.s-Bildes, Diss. Halle 1970; ders., Das K.s-Bild des Rabulas-Kodex, BZS 35, 1974, 34-46; H. Neumann, Untersuchungen zur Ikonographie der K., Habil.-Schrift Halle 1968; Pokrovskij, 314-385; A. Raddatz, Die Entstehung des Motivs Ecclesia u. Synagoge, Diss. Berlin 1959; H. Rahner, Patrist. u. ikonograph. Probleme der Darst. des Gekreuzigten, Scholastik 32, Freiburg/Br. 1957, 410-416; Schiller 2, 98-176; Ouspensky – Lossky, 183-186; Weitzmann, Reg.: Crucifixion; K. Wessel, Frühbyz. Darst. der K., Rivista di Archeologia Christiana 36, Rom 1960, 45 bis 71; ders., Die K., Recklinghausen 1966; ders., Der Sieg über den Tod, Berlin 1956; H. Möbius, Passion u. Auferstehung, Berlin 1978; W. Nyssen, K. u. Verklärung, Köln 1985; LChI 2, 606-642 (1, 572-574 [Ecclesia u. Synagoge]); LdK 2, 729 bis 730; LexMA 5, 1502-1505; RBK 5, 284 f.; RBK 2, 30-33 (Ekklesia). – S. auch Lit. zu Karfreitag, Kreuz.

Kreuzkuppelkirche → unter Kirchenbau, → Kuppel

Kreuznimbus → unter Nimbus

Kruzifix, *Kruzifixus* (lat. *crucifixus,* ‘der ans Kreuz Geheftete’), plast. Darstellung des am Kreuz ausgespannten Körpers (lat. *corpus*) Christi mit u. ohne Assistenzfiguren der Maria u. des Johannes. Der Bildtyp lehnt sich an den der Kreuzigung Christi an. Die ältesten Zeugnisse stammen aus dem 7. Jh. aus dem Bereich der Kleinkunst (Enkolpien, Pektoral- [Brust-] Kreuze, Reliquiare, Staurotheken) u. stehen in enger Verbindung zu einer gesteigerten Verehrung des Gekreuzigten im gleichen Zeitraum (etwa durch Küssen der genagelten Hände u. Füße). In vielen Fällen finden sich an den Enden des Querbalkens die Figuren der Gottesmutter u. des Johannes, über dem Balken die kosmisch-imperialen Herrschaftszeichen der Gestirne sowie andere Beschriftungen, unter dem Kreuz der Adamsschädel bzw. das Adamsgrab (→ Adam u. Eva, → Kreuzerhöhung, → Kreuzigung Christi).

Während in der Kunst des Westens bereits im MA unter K. nur der Gekreuzigte ohne Assistenzfiguren verstanden wurde, stellt die östl. Entsprechung seit dem 6. Jh. einen Reduktionstyp der Kreuzigung Christi dar. Er konnte, wie die durch ihn beeinflußten Triumphkreuze in Pisa u. Florenz aus dem 12./13. Jh. zeigen, durch Szenen u. Personen auf Tafeln unter dem Querholz erweitert werden. Das Handkreuz auf dem Altar der Ostkirche gehört diesem Reduktionstyp genauso an wie das dem Bischof beim Einzug in die Kirche vorangetragene Prozessions-K.

Lit.: L. Bréhier, Les Origines du Crucifix dans l'Art Religieux, Paris 1904; G. Schönermark, Der K. in der bildenden Kunst, Straßburg 1908; P. Thoby, Le Crucifix des Origines au Concile de Trente, Nantes 1959; K. Wessel, Die Entstehung des K., ByZ 53, 1960, 45-71; LChI 2, 677-695.

kukuzelische Notation → unter Notationen byzantinische

Kultus (lat. *cultus,* m., von *colere,* 'bearbeiten', 'pflegen', 'verehren'), komplexer Oberbegriff für eine Vielzahl spezieller religiöser Verhaltensweisen u. Aktivitäten von Individuen u. ihrer gesellschaftl. Wechselbeziehungen. Näherhin kann formuliert werden: K. ist die gemeinschaftliche, im allgemeinen an einen bestimmten Ort (die K.-Stätte) gebundene Pflege religiöser Vorstellungen, die sich an ideellen od. materiellen (oft an beiden) Leitbildern orientieren (Naturgeister, Gottheiten, K.-Bilder).

1. Lange über das „vorgeschichtl." Stadium seiner Entwicklung hinaus bedeutete der K. für den Menschen die Möglichkeit der Lebens- u. Naturinformation u. Kooperation mit ihren „Mächten" durch eine Fülle von Riten (z. B. Wetterbeobachtung u. -magie, Geburts-, Hochzeits- u. Sterberiten). Durch Absonderung von K.-"Spezialisten" aus der Gesellschaft entstand der Klerus, dessen „soziale Exterritorialität" nicht nur die Monopolisierung des K. zur Folge hatte, sondern auch gesellschaftl. Probleme aufwarf (Entstehung einer K.-Hierarchie u. K.-Bürokratie, soziale Unverträglichkeit mit nicht unmittelbar religiösen Machtgruppen [„Kirche u. Staat"], aber auch „Konföderationen" auf Zeit mit ihnen, Widerstand eigener religiöser Gruppen usw.). Je nach der Dialektik einer konkreten geschichtlich-gesellschaftl. Situation kann K. integrierend wie desintegrierend wirksam sein.

2. Aufbau u. Funktion des K. sind sublimiert auch in den Hochreligionen vorauszusetzen. Dabei ergeben sich hinsichtlich des Christentums bestimmte Aspekte, deren wichtigste hier angeführt sein sollen: (1) Mit dem Kirchenjahr übernahm die Alte Kirche zwar die Wiederholungsmechanismen des nichtchristl. K., ließ aber zugleich über den situationsmilitanten Charakter ihrer Feste (→ Geburt Christi, → Epiphanie, → Entschlafen der Gottesmutter, → Ostern) keinen Zweifel. – (2) Die Heiligenverehrung der frühen Christenheit stand trotz Übernahme eines gewissen Rahmenwerks doch in schroffem Gegensatz zum antiken Heroen-K. – (3) Eine der signifikantesten Erscheinungen des K., das Bild, nahm die Alte Kirche nur unter größten Bedenken auf; die Plastik beanstandete sie in ihrer Kunst (→ Bild). – (4) Die Alte Kirche lehnte die kult. Verehrung des Herrschers kompromißlos ab. Ihr prinzipielles Distanzverhältnis zum Staat kommt im christl. Kaiserkult byz. Prägung zum Ausdruck, auch wenn die Feudalisierung der Kirche „Konföderationen" mit ihm notwendig machte. – (5) Die komplizierten Zwischenbeziehungen von K. u. Gesellschaft werden im Ausbau der Eucharistie zur Liturgie besonders deutlich, insofern dieser Ausbau die Klerikalisierung u. Verrechtlichung der ersteren nach sich zog, die ihrerseits die ständ. Gliederung (→ Hierarchie, → Klerus, → Laien) einer Sozietät, die sich nicht ohne weiteres mit der Großgesellschaft deckt, voraussetzen. Während auf der einen Seite die Liturgie mit jedem K. eine Reihe von Kennzeichen teilt (nicht zuletzt das eines wichtigen sozialen Integrations- u. Stabilitätsfaktors), zeigt die Liturgie- u. Kirchengeschichte, daß u. wie Rückbesinnungen auf die Eucharistie nicht nur die K.-Mechanismen durchbrachen, sondern auch die auf ihnen beruhenden Strukturen der kirchl. Sozietät erschütterten. In einem komplizierten Bewußtseinsprozeß fand in der Eucharistie eine Entmythologisierung u. zugleich Rationalisierung mythisch-mag. Vorstellungen statt (was auch für die Sakramente gilt), indem der Geschichtslosigkeit der letzteren die geschichtl. Einmaligkeit des Opfers Christi (Hebr. 7, 27; 9, 12; 10, 10) entgegen-

gestellt wurde u. sich auch in der Liturgie zu behaupten verstand (→ Anamnese, → Einsetzungsbericht, → Epiklese). Andererseits konnte der rationale Aspekt die Geschichtlichkeit verabsolutieren u. den Sakramentcharakter auflösen. – (6) Die Alte Kirche übernahm eine Reihe von Rechtsvorstellungen vor allem aus dem röm. K-.Bereich (Rechtsschutz der K.-Stätten, → Katakomben, → Kirchenbau). Sie schuf aber auch durch den konsequenten Aufbau eines eigenen Kirchenrechts die Voraussetzungen dafür, sich von den anderen Kulten u. ihren religiösen Gemeinschaften abzusetzen (→ Kirchenrecht). Ohne dieses Instrument wäre die Kirche im Ozean des spätantiken Synkretismus untergegangen. Niemals vor den mag. Bewußtseinsrudimenten des Menschen sicher, vermag sie bis heute nur auf dem schmalen Grat der „Diakrisis" (grch., 'Unterscheidung', vgl. 1. Kor. 12, 10; Hebr. 5, 14) zwischen K. u. Gottesdienst zu gehen. Trotz seiner Problematik wird es sich nicht vermeiden lassen, den Begriff des K. für spezif. Verhaltensweisen u. Handlungen sowie für bestimmte Erscheinungen u. Gesetze der kirchl. Kunst (Kultusästhetik) anzuwenden.

Lit.: O. Casel, Das christl. Kultmysterium, Regensburg 1948³; Th. F. O'Dea, The Sociology of Religion, New Jersey 1966; M. Eliade, Le Mythe de l'Éternel Retour, Paris 1949; N. M. Gal'kovskij, Bor'ba Christianstva s ostatkami jazyčestva v Drevnej Rusi I, Charkov 1916; II, Moskau 1913 ; G. Kehrer, Religionssoziologie, Berlin 1968; G. van der Leeuw, Phänomenologie der Religion, Tübingen 1956; J. Lotman – B. Uspenskij, Die Rolle dualist. Modelle in der Dynamik russ. Kultur, Poetica 9, Amsterdam 1977, 1-40; N. V. Malickij, Drevnerusskie Kul'ty Sel'skochozajstvennych Svjatych po Pamjatnikam Iskusstva, Isvestija Akademii Istorii Material'noj Kultury XI, 1932, Vp. 10; M. Mauss, Die Gabe. Form u. Funktion des Austauschs in archaischen Gesellschaften, Frankfurt/M. 1968; G. Mensching, Soziologie der Religion, Bonn 1968²; S. Mowinckel, Religion u. K., Göttingen 1953; V. Ja. Propp, Russkie Agrarnye Prazdniki, Leningrad 1963; V. K. Sokolova, Vesenne – Letnie Kalendarnye Obrjady, Moskau 1979; B. A. Uspenskij, Kul't Nikoly na Rusi v Istoriko-Kul'turnom Osveščenii, Semiotika Kul'tury. Trudy po Znakovym Sistemam X, Tartu 1978, 86-140; J. Wach, Religionssoziologie, Tübingen 1951; G. Widengren, Religionsphänomenologie, Berlin 1969; J. M. Yinger, Religion, Society and Individual, New York 1960²; M. Lurker, Wörterbuch der Symbolik, Stuttgart 1983², 381-384 (K., K.bild, K.musik, K.symbol); N. Luhmann, Funktion der Religion, Frankfurt a. M. 1982; P. Brown, Le Culte des Saints et sa Fonction dans la Chrétienté Latine, Paris 1984; K. Gamber, Kult u. Mysterium. Das Liturgieverständnis der frühen, ungeteilten Christenheit, Regensburg 1983; – S. auch Lit. zu Kultusdrama, Ritus.

Kultusästhetik. Unter K. sind Theorie u. Praxis eines komplexen Systems von Wahrnehmungen, Empfindungen u. Erkenntnissen (grch. *aisthesis*) zu verstehen, die sich am Erlebnis der Künste im Kultus orientieren bzw. ein solches Erlebnis (unter Umständen, wie in Byzanz, mit Hilfe techn. Geräte u. Mechanismen) erzeugen.

Bei der starken Integrationskraft der byz. Liturgie in allen Bereichen der Kunst (→ Bild, → Ikonenmalerei, → Kirchenbau, → Kirchendichtung, → Kirchenmusik, → Kultusdrama) ist eine auf sie hin orientierte u. sie zugleich „dramaturgisch" lenkende K. eine Selbstverständlichkeit. Auf der Grundlage antiker u. spätantiker Vorstellungen findet sie sich bereits, wenn auch verstreut, bei den Kirchenvätern. Unter den Schriften der letzteren sind bes. die im 6. Jh. entstandenen, unter neuplaton. Einfluß stehenden Schriften des Pseudodionysios vom Areopag (→ Mystagogie) von Bedeutung geworden, dessen ästhet. System allerdings von den Bildertheologen des 8. u. 9. Jh. (→ Bild) in Richtung auf die Menschwerdung Christi präzisiert worden ist. Für dieses Corpus Areopagiticum ist die enge Wechselwirkung zwischen der K. u. der Kirche als einer hierarchisch geordneten u. deswegen als schön empfundenen Sozietät, wie sie sich in den Sakramenten, die eine unsinnl. „Schönheit schaffen", darstellt, charakteristisch. Die byz. K. geht von der Wirklichkeit einer gedanklich-unsinnl. Welt (grch. *kosmos noetos*) aus, die sich in hierarch. Stufen, d. h. in einem System von Analogien (nicht Identitäten) in der sinnl. Welt (grch. *kosmos aisthetos*) widerspiegelt. In der Nachfolge der klass. grch. Ästhetik ist die patristisch-byz. weniger emotiv (die Gefühle stimulierend) als kognitiv (die Erkenntnis fördernd) bestimmt. Ihre zweifellos myst. Absichten haben deshalb, wie die Mystagogien als eine spezif. Äußerung der K. zeigen, ausgesprochen intellektuellen Rang. (Er blieb auch erhalten, als in der letzten der Renaissancen in Byzanz emotional-ekstat. Vorstellungen auf die liturg. Kunst starken Einfluß zu nehmen drohten.) Die Welt des Schönen, wie sie sich in der liturg. Kunst manifestiert, ist eine Welt des Maßes, der Perspektive, der Proportion, überhaupt der „Wohlordnung" (grch. *eutaxia*) u. nicht eines irrationalen Chaos. Auf der anderen Seite hatte der ästhet. Dualismus mit seiner prinzipiellen Orientierung auf die wenn auch keineswegs irrationale, so doch unsinnlich-transreale Welt die Tendenz, alles Sinnlich-Materielle einseitig „symbolistisch" (→ auch Symbol) wegzudeuten, das Gegenständliche ins Nichtgegenständliche, Uneigentliche aufzulösen. Diese Gefahr, die aus dem Fehlen einer Theologie der Menschwerdung (Inkarnation) im Corpus Areopagiticum zu erklären ist, wurde zwar von den Bildertheologen durch Einbringen der Menschwerdung Christi weithin gebannt. Es blieb aber die für religiöse Vorstellungen konstitutive Wertschätzung des unsinnl. Kosmos als der eigentl. Wirklichkeit u. Voraussetzung für die sinnlich-materielle Welt. Die spezif. byz. K. entwickelte deshalb im Unterschied zur westl. Sakralkunst eine illusionist. Ästhetisierung aller menschl. Empfindungsbereiche wie aller materiellen Manifestationen u. deren liturg. Praxis; ihre Universalität u. Geschlossenheit ist trotz aller Problematik noch heute eindrucksvoll. Hier kann nur auf einige wesentl. Äußerungen u. Gesetzmäßigkeiten der byz. K. hingewiesen werden:

1. Kennzeichnend u. in dieser intensiven Weise im Westen unbekannt ist die Illusionierung der opt. u. akust. Sensibilität. Die erstere basiert auf der Manipulation der Licht- (u. damit auch der Farben-)Effekte nicht nur im Kirchenbau (in Gestalt von stufenweise abnehmenden Lichtemanationen in entsprechender Entfernung von den mit einer Kuppel gekrönten Zentralräumen), sondern auch auf bestimmten Bildträgern u. Gegenständen, wie beim Fresko, Mosaik, Elfenbein, Email, Gemmen, Niello u. a. In diesem Zusammenhang gehört auch die Auflösung der Wandmaterie durch Außenmalereien (→ auch Bildprogramm) od. durch architekton. Gestaltung der Außenwand, wie sie vor allem im altruss. Sakralbau praktiziert wurde. Der akust. Illusionismus fand seine theoret. Begründung im areopagit. Begriff des „Echos" (grch. *apechema*), der dem des Abbildes (eines Urbildes) entspricht (→ auch Chor, → Kirchenmusik). Durch die Konstruktion der Kuppel u. die Anlage von Resonatoren in den Wänden konnten die entsprechenden akust. Effekte erzeugt werden, wodurch ebenfalls eine Entmaterialisierung des realen Kirchenraumes erreicht wurde.

2. Das Analogieverhältnis von immaterieller u. materieller Welt kommt in folgenden Erscheinungen zum Ausdruck: (a) in der Vermeidung unmittelbarer Konfrontationen von Distanz u. Nähe (z. B. Verhängen der Bemazone mit Velen, später Abgrenzung durch die Bilderwand; „Exterritorialität" dieser Zone für Klerus u. Laien, bedingt durch die hierarch. „Wohlordnung" beider Stände [intelligible „Schönheit" der Sozietät]; zugleich „zwischenständische" Kontakte durch Türen, Prozessionen, Kuß, Proskynese u. a.; Distanzierung im Repräsentationsbild, Nähe u. „Verinnerlichung" in der umgekehrten Perspektive; der für strenge dogmat. Strukturen charakterist. Einbau von Genrebildern u. Idyllen als Entlastung u. Gegengewicht; Übergangszonen mit Rücksicht auf die stufenweise Erkenntnis des transrealen Kosmos im Aufbau der Liturgie, der Abfolge der Raumteile im Kirchenbau u. in seinem Bildprogramm, die wiederum auf die hierarch. Gliederung der Sozietät reflektiert). – (b) Die universale Illusionierung der menschl. Sensibilität u. des materiellen Sakralbaus wird dargestellt im Cherubimhymnus, der im Großen → Einzug die dem himml. Gottesdienst analoge Gleichzeitigkeit demonstriert. Der Dialektik „unähnlicher Ähnlichkeiten" im Aufbau der liturgisch-symbol. Sinnenwelt entspricht die der „zeitlichen Ewigkeit" (grch. *enchronos aion*) u. „ewiger Zeitlichkeit" (grch. *aionos chronos*), insofern in Vergegenwärtigung u. Anamnese Zeitlichkeit in derselben Weise für Ewigkeit „durchsichtig" wird wie die Materie für das Licht (s. Abs. 1).

3. Dem Gesetz der Illusionierung alles Gegenständlichen unterliegen auch der Bibeltext als solcher u. seine Lesungen, weil beide bereits eine Materialisierung rein gedanklicher (intelligibler) Qualitäten darstellen. Daraus folgt: (a) analog zur idealen Entstofflichung der menschl. Rede, dem Schweigen (grch. *sige*) der Einbau von Stillgebeten in die Liturgie u. von anderen „Schweigezonen" (z. B. im Cherubimhym-

nus); dabei macht die Entstehungsgeschichte der ersteren die Problematik der byz. K. besonders deutlich (heute wird das Schweigen vermieden durch Dehnung des Kyrie eleison u. des Amen, durch Erweiterung des Dialogs, Wiederholung von Abschnitten des Cherubimhymnus u. des Kommunionsliedes). – (b) Insofern die Entstofflichung der Rede im Chorgesang analog zum unhörbaren u. unsichtbaren Gesang der „Körperlosen" (grch. *asomatoi*), d. h. der Engel, eine annähernde Vollendung erreicht, spielt der Vokalgesang in der byz. Kirchenmusik eine dominierende Rolle. – (c) Während der Rezitationsstil des Vortrages bibl. Texte (→ Ekphonese) immer noch der sinnenhaften Stofflichkeit verhaftet bleibt, macht ihre Ablösung durch poet. Texte (→ Antiphon, → Kanon, → Kathisma, → Kontakion, → Megalynaria, → Oden, → Stichera) die Annäherung an die unter b genannten Prototypen deutlich.

4. Die Umsetzung der Botschaft von Christus (ihres kerygmat. Charakters) in ein Kultusdrama hatte schließlich zur Folge, daß die Gemeinde vom Träger u. Subjekt der Liturgie zu deren Zuschauer wurde, während der Klerus (im Unterschied zum Laien im Naos) in der Bemazone das alleinige Privileg zur „Aufführung" dieses Dramas besaß. Indem sich aber die Gesamtsozietät im Bischof als dem „Hierurgen" (grch., 'Urheber u. Veranlasser aller liturgisch-sakramentalen Handlungen') darstellt, wird die byz. K. zu einem wichtigen Medium der Schönheit u. „Wohlordnung" der Kirche.

Lit.: S. S. Averincev, O Srednevekovoj Ėstetike, Doklad v Institute Istorii i Teorii Iskusstv 25 Fevr. 1969; H.-U. v. Balthasar, Herrlichkeit. Eine theolog. Ästhetik, 3 Bde., Einsiedeln 1961-1965; P. Florenskij, Chramovoe Dejstvo kak Sintez Iskusstv, Makovec. Žurnal Iskusstv, Moskau 1922, Nr. 1, 28-32; H. Goltz, HIERA MESITEIA. Zur Theorie der hierarch. Sozietät im Corpus areopagiticum, Diss. Halle 1972 (gedruckt Erlangen 1974); A. Grabar, La Représentation de l'Intelligible dans l'Art Byzantin du Moyen-Âge, Actes VIe Congr. Intern. Études Byz. Paris 1948, 2. Bd., Paris 1951, 127-143; W. Lossky, Schau Gottes, Zürich 1964; G. Mathew, Byzantine Aesthetics, London 1963; A. Michelis, Esthétique de l' Art Byzantin, Paris 1959; Onasch, Ikonenmalerei, 29 bis 77; ders., Der Funktionalismus der orth. Liturgie, JLH 6, 1961, 1-48; ders., Das Problem des Lichtes in der Ikonenmalerei Andrej Rublevs, Berlin 1962; R. Roques, L'Univers Dionysien, Paris 1954; V. Byčkov, Die ästhet. Grundzüge der Kunst Altrußlands, Hermeneia 7, 1991, 66-70; LexMA 1, 1128-1129 (Ä.,ästhet.). – S. auch Lit. zu Bild, Ikone, Licht, Perspektive, Proportion.

Kultusbücher → Bücher, liturgische

Kultusdrama (grch. *drama,* n., 'Handlung'). Das frühe Christentum stand dem K. zunächst ablehnend gegenüber – inmitten einer religiösen Umwelt, in der dieses eine wichtige Rolle spielte. Bekämpft wurde der Tanz als Mittel der Ekstase (in Apokryphen [den Johannesakten] allerdings tanzt Jesus, u. von russ. Häresien des 15. Jh. wird vom liturg. Tanz berichtet). Aber sowohl die altkirchl. Homilie wie die früh-byz. Kirchendichtung enthielten eine Reihe dramat. Elemente, die wir an den Hymnentexten der großen Feste studieren können. Das gilt vor allem für die Geburt Christi, das Jüngste → Gericht, den Einzug Christi in Jerusalem, die Fußwaschung, den Karfreitag u. Ostern. So stellt z. B. die Prozession um die Kirche in der Morgenfrühe des Ostersonntags eine Art K. dar. Auch in der orth. Liturgie sind dramat. Züge unverkennbar. Sie haben über die byz. Kultusästhetik auch das Verständnis des Kirchenbaus im Osten beeinflußt, das in der Bemazone eine ideale „sakrale Schaubühne" (A. M. Schneider) erblickte. Unter der Kontrolle des Bischofs kannte man im Osten eine Art von Mysterienspielen in der Aufführung der Drei Jünglinge im Feuerofen. Ob es in Byzanz ein Weihnachtsspiel gegeben hat, ist umstritten. Dramatische Elemente finden sich auch im Kaiserkult.

Lit.: S. Baud-Bovy, Sur un „Sacrifice d'Abraham" de Romanos et sur l'Existence d'un Théatre Religieux à Byzance, Byzantion 13, Bruxelles 1938, 321-334; V. Cottas, Le Théatre à Byzance, Paris 1931; D. S. Lichačev, Razvitie Russkoj Literatury X-XVII vekov, Leningrad 1973, Reg.: Dramaturgija, Teatr; La Piana, The Byzantine Theater, Speculum 11, Cambridge (Mass.) 1936, 171-211; R. J. Schork, Dramatic Dimensions in Byzantine Hymns, Studia Patristica 8, Berlin 1966, 271-279; Th. Tarnawski, Der poet. Charakter des grch.-orth. Gottesdienstes, Czernowitz 1905; M. M. Velimirovič, Liturgical Drama in Byzantium and Russia, DOP 16, 1962, 351-385; K.Young, The drama of the medieval Church, Bd. 1-2, Oxford 1933; LexMA 3, 1353-1367 (Drama). – S. auch Lit. zu Geburt Christi, Drei Jünglinge im Feuerofen, Kultus.

Kultusgewänder → Gewänder, liturgische

Kuppel (lat. *cupa,* f., 'Becher', 'Höhle'; ital. *cupola;* russ. *kupol,* m.), eine spezielle Gewölbekonstruktion, die aus einer Halbkugel über einem runden od. polygonalen (meist oktogonalen) Grundkreis besteht.

1. Im allgemeinen ist die K. mit dem Baukörper durch einen dem K.-Grundriß entsprechenden Unterbau, den Tambour (russ. *baraban,* wenn mit Fenstern versehen: *svetovoj baraban*) verbunden. Im byz. Kirchenbau war die K. ursprünglich geschlossen; später besaß sie im Scheitel eine Öffnung (grch. *opaion*), das 'Auge', über dem sich ein Türmchen, die „Laterne", erhebt. Auf der K. befindet sich das byz. bzw. russ. Kreuz, das in Rußland im MA zur Erinnerung an die Überwindung der Tataren u. Mohammedaner auf einem Halbmond zu stehen kam.

2. Man unterscheidet folgende K.-Konstruktionen: (a) als Vorstufe eine Anlage aus vorkragenden u. nach oben immer enger werdenden Steinen bei Königsgräbern alter Kulturen, (b) eine (wohl in Weiterentwicklung der in Abs. a genannten Konstruktion) vom Holzbau bevorzugte Anlage, bei der die Balken so lange übereck gelegt werden, bis sie ein Achteck bilden, von dem aus die Kreisbasis der K. leicht zu erreichen war, (c) Eckkonstruktionen in Form von gemauerten u. verputzten Trompen (frz., 'Jagdhörner', trichterförmige Gewölbekappen), die zusammen den Grundkreis ergaben. Diese Konstruktion blieb, weil architektonisch schwerlastend u. unproduktiv, im byz. Bereich relativ selten. Die Aufgabe bestand vielmehr darin, die K. zu einem selbständigen Architekturelement zu gestalten. Dafür gab es 2 konstruktive Möglichkeiten (Abb.): (1) Die K. wird mit Hilfe sphär. Dreiecke mit den 4 Eckpunkten des (wie auch immer gebauten) Stützensystems verbunden. Die sphär. Dreiecke bilden mit der K. eine Einheit. Sie reichen dabei tief hinunter u. lassen den Kirchenraum dunkel erscheinen. Eine solche Konstruktion heißt auch Hänge-K. Während bei ihr das Stützenquadrat (bzw. die Vierung) innerhalb des Grundkreises liegt, findet sich (2) bei der Pendentif-K. der Basiskreis innerhalb des Quadrates, so daß von den Ecken des letzteren zum Basiskreis eine Hilfskonstruktion, die Pendentifs od.

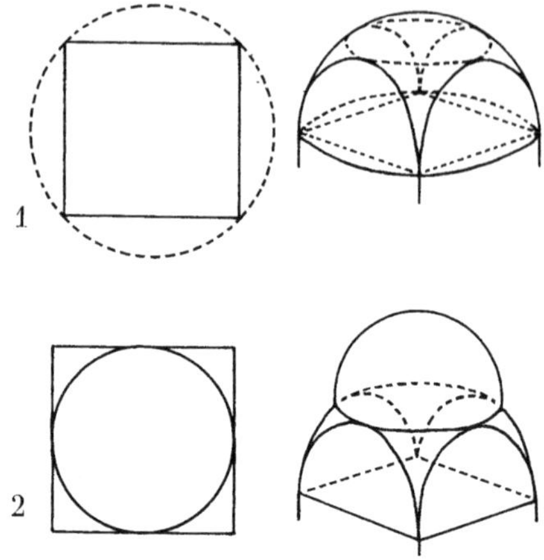

Kuppelkonstruktionen

Hängezwickel, hochgeführt werden muß. Diese Anlage läßt die K. höher u. gleichsam über dem Baukörper schwebend erscheinen. Der Vertikaleffekt kann durch einen Tambour u. durch ein diesem noch unterlegtes Postament wesentlich erhöht werden. Erst dieser K.-Typ in seiner Funktion als zentraler Lichtraum entsprach voll u. ganz der byz. Kultusästhetik. Seine Herkunft (Syrien, Ägypten, Rom; in Persien war sie unbekannt) ist bis heute umstritten.

3. In Verbindung mit dem Baldachin galt die K. schon in vorchristl. Zeit als Symbol des sonnendurchstrahlten Himmels über einem hl. Ort od. Gegenstand. Auch in den byz. Mystagogien wird sie – wenn auch mit Abwandlungen – so gedeutet. Bezeichnend ist aber, daß sich im byz. Kirchenbau unter der K. selten ein hl. Ort od. Gegenstand befand.

4. In der K. wurden zunächst in früh- bis mittelbyz. Zeit die Himmelfahrt Christi (→ aber Bildprogramm), danach der Pantokrator (→ unter Christusbilder), unter ihm die 4 Erzengel, nicht selten mit Cherubim u. Tetramorph, dargestellt (→ auch Bildprogramm). – Abb.

Lit.: N. Brunow, Entwicklungsetappen der Architektur, Dresden 1972, 111-126; J. Fink, Die K. über dem Viereck, München 1958; L. Hautecoeur, Mystique et Architecture. Symbolisme du Cercle et de la Coupole, Paris 1954; Kötting, 149 f.; E. Langlotz, Zur Entstehung der Pendentif-K., Fs. für Carl Weickert, Berlin 1955, 35-40; E. B. Smith,

The Dôme. A study in the history of ideas, Princeton 1951; W. Nyssen, Drei Säulen tragen die K. Jerusalem-Rom-Byzanz, Köln 1989; LdK 2, 821 bis 823; LexMA 5, 1577-1578. – S. auch Lit. zu Kirchenbau, Zentralbau.

Kürzungen, christliche, ein System von Wortkürzungen („Wortskeletten"), bei dem die mittleren Buchstaben getilgt, der erste (bei längeren Worten auch ein mittlerer) u. der letzte Buchstabe aber stehengelassen u. durch einen über sie gesetzten Kontraktionsstrich (lat. *virgula*) verbunden werden. Es handelt sich nicht um ein Prinzip zum Zweck der Raumersparnis od. des Schnellschreibens (grch. *tachygraphia*), sondern um die Form einer sakralen Chiffre, die nur bei sakralen Titeln, hl. Personen od. Gegenständen verwendet wird. Lehre u. Schriftsystem der hl. Namen (lat. *nomina sacra*) reichen tief in das oriental. Altertum hinab (Chiffren für den Gottesnamen im Judentum, ägypt. Zauberpapyri, astrolog. u. alchimist. Geheimschriften [Krytographien]). Die grch. Kürzungen übernahmen zunächst das hebr., die slavischen das grch. Zeichensystem. In der christl. Ikonographie dienen die K. der Identifikation von hl. Personen (→ auch Heiligenbilder), oft auch von Gegenständen. Zu den ch.n K. gehören z. B.:

$\overline{\text{IC}}$ (grch. *Iesus*) mit $\overline{\text{XC}}$ (grch. *Christos*)

$\overline{\text{MP}}$ $\overline{\Theta\text{Y}}$ (grch. *meter theu,* 'Gottesmutter')

$\overline{\text{SHP}}$ (grch. *soter,* 'Erlöser').

Lit.: L. V. Čerepnin, Russkaja Paleografija, Moskau 1956; G. Čremošnik, Kratice „Nomina sacra" u. cksl. spomenicima, Slavia 4, Praha 1925-1926, 238-264, 485-498; E. F. Karskij, Slavjanokirillovskaja Paleografija, Leningrad 1928; Onasch, Ikonenmalerei, 191-195; E. de Strycker, Notes sur l'Abrévation des Nomina Sacra dans les Manuscrits Hagiographiques, Studia Codicologica, Berlin 1977, 461-467; J. Traube, Nomina Sacra. Versuch einer Gesch. der K., München 1907; Lex MA 1, 41-43 (Abkürzungen).

Kuß. Der K., phys. Ausdruck des Bedürfnisses nach Berührung u. Kontakt, gehört nicht nur in den Bereich sexuellen Intimverhaltens des Menschen, sondern in sublimierter Form auch in den Kultus, wo er Kontaktsuche mit lebenden od. dingl. Medien der „Macht" anzeigt. Auch die Gläubigen der orth. u. kath. Kirche küssen die Hände des Klerus u. geweihte Gegenstände (z. B. das Brandeum, das Kreuz, Erzeugnisse der Ikonenmalerei, Velen [→ Velum], kirchl. u. liturg. → Gewänder). Dabei ist die schon von der 8. Ökumen. Synode geforderte Unterscheidung zwischen mehr zeremoniellen Verehrungsformen u. Vorstellungen religiös-volkstümlicher bis mag. Art nicht immer deutlich. Daß der K. Gemeinschaft stiftet u. repräsentiert, ist fast allen Religionen u. deren Kulturbereichen bekannt. Die antike Sitte, den Briefschluß mit K. u. Gruß zu versehen, wurde vom Christentum übernommen, wie die Briefschlüsse des NT zeigen. Hier zugleich auch als Identitätssymbol verstanden (Röm. 16, 16), hat sich in der Ostkirche nicht nur der Friedenskuß, sondern ebenso der Bruder-K. (vgl. 1. Kor. 16, 20; 2. Kor. 13, 12; 1. Thess. 5, 26; 1. Petr. 5, 14; Justin, Apologie I, 65) bis heute nicht nur in der gottesdienstlichen, sondern auch in der familiären Sphäre erhalten. Als Oster-K. ist er weit über die Grenzen der Ostkirche bekannt. In der Alten Kirche wurden nach der Taufe die neuen Gemeindeglieder mit dem Bruder-K. begrüßt u. damit ihre Aufnahme in die Gemeinde rechtsgültig gemacht. Nach altröm. Vorstellungen gehörte der K. zur Begrüßung des Cives romanus, des freien röm. Bürgers. Im byz. Kaiserkult wurde der zeremonielle K. stark eingeschränkt. Zu den wenigen Personen seines Empfängerkreises gehörte der Patriarch.

Lit.: Th. M. Finn, The Liturgy of Baptism in the Baptismal Instructions of St. John Chrysostom, Washington 1967, Reg.: Kiss; K. M. Hoffmann, Philema hagion, Gütersloh 1938; G. von der Leeuw, Phänomenologie der Religion, Tübingen 1956, Reg.: K.; B. Meißner, Der K. im alten Orient, Berlin 1934; J. Quasten, Der K. der Neugetauften in der altchristl. Taufliturgie, W. Dürig (Hg.), Liturgie. Gestalt u. Vollzug, München 1963, 267-271; O. Treitinger, Die oström. Kaiser- u. Reichsidee nach ihrer Gestaltung im höf. Zeremoniell, Bad Homburg v. d. Höhe 1969, Reg.: K.; K. Thraede, Ursprünge u. Formen des „Hl. Kusses" im frühen Christentum, Jb. für AuC 11/12, 1968, 124-180; LChI 2, 714; LexMA 5, 1590-1592. – S. auch Lit. zu Friedenkuß.

Küster (grch. *paramonarios, prosmonarios,* m.; russ. *pričetnik,* älter *paramonary, paramonaŕ*; lat. *mansionarius,* von *mansio,* f., 'Wohnung neben der Kirche', davon dt. Mesner, *custos,* m., 'Wächter', davon dt. Küster), der mit der Pflege und Besorgung der

Altargeräte, liturg. → Gewänder u. Bücher sowie der Reinhaltung u. Bewachung des Kirchengebäudes Beauftragte. Sein Amt ist aus dem des altkirchl. Türhüters hervorgegangen. Wie dieser gehörte er den niederen Weihegraden an u. durfte in frühbyz. Zeit nicht gegen Bezahlung bestallt werden; wie alle kirchl. Ämter gehörte auch das seine ursprünglich zur Bischofsverwaltung. An den Kathedralkirchen gab es im MA mehrere K., an der Hagia Sophia in Konstantinopel sogar einige Hundert.

Lit.: Beck, Reg.

Kykkotissa → unter Gottesmutterbilder

Kyrie ekekraxa (grch., 'Herr, ich rufe'), die nach dem Anfang der Ps. 141, 142, 130 u. 117 genannte Gruppe von Psalmen (→ auch Psalter), die unter der Bezeichnung Lucernarium (lat.) od. Lichterpsalmen in ihrem Kern zum ältesten Bestandteil des → Abendgottesdienstes gehört.

Kyrie eleison (grch. 'Herr, erbarme dich'; russ. *gospodi, pomiluj;* lat *domine, miserere*), kurzer, in der orth. Liturgie nach den Gebetsanliegen (→ Ektinie, → Synapte) üblicher Gebetsruf der Gemeinde bzw. des Chores. Während der Großen → Fastenzeit wird dieser Ruf im Abend-, Nacht- u. Mitternachtsgottesdienst 40 mal wiederholt u. beschließt auch die Stundengebete.
Das K. e. war als Akklamation in der vor- u. nebenchristl. Spätantike im Kultus bestimmter Gottheiten (vor allem des Mithras) von Herrschern u. hohen Vertretern des Klerus üblich. Die Anwendung des Kyrios-Titels auf Christus hatte die Übernahme des Rufes K. e. durch das Christentum zur Folge; auf diesen Vorgang hat die grch. Übersetzung des Gottesnamens in der Septuaginta eingewirkt (Ps. 6, 3; 40, 5.11; Matth. 20, 30 f.). Um 400 berichtet Egeria, daß das K. e. von den Kindern bei den Bitten des Diakons „endlos" wiederholt werde. Vom Ende des 5. Jh. an beginnt sich das K. e. in seiner grch. Form in Rom u. im westl. Mönchtum durchzusetzen. Unter Papst Gregor I. (gest. 604) wurde es im Unterschied zum Osten durch ein „Christe, eleison" erweitert, auf das später als trinitar. Formel nochmals ein K. e. folgte. Im Westen u. Osten wurde das K.e aber auch bei nichtliturg. Anlässen gesungen, etwa bei Ausbruch von Seuchen, Erdbeben, Feuersbrünsten. Im Osten sang im 6./7. Jh. noch die Gemeinde mit dem Klerus das K. e., in Rom nur der letztere, dem das Volk mit seinen K.-Rufen antwortete. Nachdem es bei den Germanen Eingang gefunden hatte, lernten es im 10. Jh. auch die Slaven kennen: *„Hospodine, pomiluj nas, Jezu Kriste, pomiluj nas"* (Boso von Merseburg, Adalbert von Prag, → auch Kirchenmusik). – Ähnlich wie das Halleluja hat das K. e. mit seiner freischwingenden Lautstruktur den Anreiz zu reicher musikal. Ausgestaltung gegeben.

Lit.: C. Callewaert, Les Étappes de l'Histoire du Kyrie, Revue d'Histoire Ecclésiastique 38, Louvain 1942, 20-45; F. J. Dölger, Sol Salutis, Münster (Westf.) 1925[2], 60-103; Fendt, Reg.: Kyrie, Kyrielied; Handbuch, Reg.; Jungmann 1, 429-446 u. Reg.; A. Stender – Petersen, Kyrillo-methodian. Traditionen in Polen, Cyrillo-Methodiana. Zur Frühgesch. des Christentums bei den Slaven, Köln – Graz 1964, 450 ff.; Werner, Reg.; MGG 7, 1931 bis 1946; LexMA 5, 1598.

Kyrill → unter Heiligenverehrung, → auch Heiligenbilder

Kyriotissa → unter Gottesmutterbilder

Kyros → unter Heiligenverehrung, → auch unter Sprachen

L

Laie (von grch. *laos,* m., 'Nicht[ein]geweihter', 'Volk'; russ. *mirjanin,* m., 'der Weltliche'), im Sinne des Kirchenrechts der im Unterschied zum Klerus nichtgeweihte (→ Weihe) Angehörige des „zweiten Standes" der kirchl. Sozietät.
Die oben angegebene profan-grch. Bedeutung erfuhr im NT einen tiefgreifenden Wandel. Wie Israel sind die Christen Gottes Volk (Luk. 1, 17; Apg. 7, 34; Hebr. 11, 25) u. unterscheiden sich damit von den Heiden (Apg. 26, 17.23; Röm. 15, 10), sind mit ihnen aber zugleich Gottes Eigentum (1. Petr. 2,9) u. zubereitetes Volk (Luk. 1, 17), das zur Erlösung berufen ist. Dieses „Volk" ist aber keine gestaltlose Masse, sondern ist als

„Leib Christi" nach „Diensten" (grch. *diakonia*) gegliedert. Diese Struktur soll sich von der Herrschaftsstruktur der Welt u. der Synagoge unterscheiden (Matth. 23, 8-11; Mark. 9, 35; 10, 44; Luk. 22, 26.27; 12, 37; 1. Kor. 12, 5; 1. Petr. 5, 3). Mit der institutionellen Verfestigung apostol. Ämter, vor allem dem des Bischofs, bildete sich ein eigener L.n-Stand heraus, der schon um 100 von den dem Klerus reservierten Diensten der Liturgie unterschieden wird. Durch die Herausbildung einer klerikalen Hierarchie wurde die Ständeordnung noch verschärft. Konstitutiv blieb aber bis heute, daß die L.n mit dem Klerus zusammen Gemeinde u. Kirche bilden (→ auch Konzelebrieren).
In der Alten Kirche machten die Präsenz des Volks u. seine Akklamationen die Bischofswahl (→ Cheirotonie) erst rechtsgültig. Aber das Volk verlor sowohl im liturg. Bereich in frühbyz. Zeit den Charakter eines Subjektes der Liturgie u. wurde allmählich durch den Chor ersetzt, wie es ebenso jeden Einfluß auf die Bischofswahl u. die Besetzung der Pfarreien verlor. Die Klerikalisierung ursprünglich laikaler Ämter (z. B. des Lektors) setzte sich durch. Auf der anderen Seite darf der Einfluß des L.n-Elementes gerade in der byz. Kirche nicht übersehen werden, wie er in der Person des Kaisers zum Ausdruck kommt (→ auch Kaiserkult). Kaiser u. Senat beriefen die Synoden ein u. hatten mit bestimmten L.n-Gruppen (Theologen, die in altkirchl. u. frühbyz. Zeit nicht immer Kleriker gewesen sind, Philosophen, Juristen) erhebl. Einfluß auf deren Verlauf. Nach dem Fall von Konstantinopel nahm dieser Einfluß noch zu. Auch der Anteil der L.n an der Bischofsverwaltung darf nicht unterschätzt werden (entsprechend bei der Patriarchatsverwaltung). In Rußland nahmen die Zaren erst seit dem 17. Jh. unmittelbaren Einfluß auf kirchl. Angelegenheiten. Nach Auflösung des Patriarchats durch Peter I. 1721 u. Einrichtung des „Heiligsten Regierenden Sinod" (→ auch Synode) war die Einwirkung des L.n-Elementes auf die Kirche vor allem durch das Amt des Oberprokurors des Sinods gesichert u. bis in die Diözesen abgestuft. So entstand in Rußland in scharfer Konkurrenz zur klerikalen eine laikale kirchl. Bürokratie, die sich auch auf die Kunst (z. B. in den verschiedene Ämtern für Ikonenmalerei) auswirkte. Auch wenn der L. einen Rechtsanspruch auf den Dienst des Klerus an ihm hat u. seinerseits notfalls die Kommunion reichen u. die Taufe spenden darf, ist bisher die fixierte Ständeordnung nicht durch eine sich gegenseitig ergänzende (komplementäre) Partnerschaft ersetzt worden. Die Ständeordnung hatte bereits im MA die Herausbildung einer eigenen L.n-Kultur zur Folge, die ihrerseits den Ansatzpunkt für die Auflösung einer beherrschenden kirchl. Kultur am Ausgang dieser Epoche bildete.

Lit.: N. Afanaśev, Služenie Mirjan v Cerkvi, Paris 1955; Beck, 69 f., 75, 86 f.; J. Congar, Der L., Stuttgart 1956; Feine, Reg.: L.; Handbuch, Reg.; Heiler, Reg.; H. Heimerl, Kirche, Klerus u. L., Wien 1961; Fr. Jokwig, Der Weg der L.n auf das Landeskonzil der Russ. Orth. Kirche Moskau 1917/18, Würzburg 1971; H. Kotsonis, Die Stellung des L.n innerhalb des kirchl. Organismus, Orthodoxe Kirche 2, 92-116; Ch. Maczewski, Die Zoi-Bewegung in Griechenland, Göttingen 1970; J. Matthes, Religion u. Gesellschaft, Hamburg 1969; Reg.: L.n Kultur; G. Mensching, Soziologie der Großen Religionen, Bonn 1966, Reg.; Milasch, Reg.: L.; B. Schultze, Die byz.-slav. Theologie über den Dienst des L.n in der Kirche, OstKSt 5, 1956, 243-284; P. Trembelas, Le Laical dans l'Église, Athènes 1976; S. Troickij, Die Stellung des L.n im System des Kirchenrechts, StdO 1975, 3, 45-53; 4. 46-67; N. D. Uspenskij, Učastie Vernych v Istorii Russkogo Bogosluženija do Petra Velikogo, Messager 93-96, 1976, 139-158; J. Zhishman, Die Synoden u. Episkopal-Ämter in der morgenländ. Kirche, Wien 1867; Ch. Walter, Art and Ritual of the Byz. Church, London 1982, Reg.: laity; P. Neuner, Der L. u. das Gottesvolk, Frankfurt a. M. 1988; LexMA 5, 1616-1617. – S. auch Lit. zu Hierarchie, Klerus.

Lamm (grch. *amnos,* m., *arnion,* n.: russ. *agnec,* m.), Bezeichnung für das Siegel (→ Siegel 1), das (nach Joh. 1, 29) während der Vormesse, der Prothesis, aus dem Abendmahlsbrot (→ Prosphore) herausgeschnitten wird. Näheres → Schlachtung (Opferung) des Lammes.

Lamm Gottes (grch. *amnos tu theu;* russ. *agnec božij;* lat. *agnus Dei*), Bezeichnung für Christus nach Joh. 1, 29.
1. In der christl. Ikonographie wird mit L. G. die Darstellung eines Lammes bezeichnet, das sein rechtes Vorderbein um ein Kreuz legt od. vor diesem steht, während es den Kopf schräg nach hinten wendet. Es kann durch einen Nimbus od. das Christus-

monogramm ausgezeichnet sein. Auf den Bildtypus haben weniger das Lamm des Guten → Hirten als vielmehr die bildhaften Vergleiche aus dem NT (Joh. 1, 39; Offb. 5, 6; 6, 1.16; 7, 9; 14, 1 u. öfter) – das Lamm als Symbol für Christus, der sich für die Menschheit opfert – eingewirkt. Seine kosm. Bedeutung kommt darin zum Ausdruck, daß ihm unter den Tierkreiszeichen (→ Gestirne) der Widder zugeordnet wurde. Das Motiv ist noch im 6. u. 7. Jh. in der Monumental-, Sarkophag- u. Kleinkunst anzutreffen; nach dem Verbot der Synode von 692, Christus als L. G. darzustellen, verschwindet es aus dem Bereich der byz. Kunst. In mittelbyz. Zeit entstand als Ersatz die Darstellung des „Zerteilten" unter den Christusbildern. Das L. G. auf einigen Denkmälern des 12. Jh. wurde wahrscheinlich durch Unionsbemühungen der grch. Kirche veranlaßt. Im Westen erfuhr das Thema des Agnus Dei dagegen eine reiche Ausgestaltung.

2. Ende des 7. Jh. wurde der Hymnus „Agnus Dei" von dem aus Syrien stammenden Papst Sergius als Confractorium (lat.), d. h. als von Klerus u. Laien während des Brotbrechens zu singender Bittruf in Rom eingeführt. Ihm wurde im 10. Jh. noch das „Gib uns Frieden" hinzugefügt. Dieser Kurzhymnus entstammt syr. Liturgievorstellungen, wie sie in der Jakobusliturgie u. in der Gregorios-Anaphora bezeugt werden. In der Großen → Doxologie, die als Morgenode gesungen wurde, war er schon im 5. Jh. bekannt.

Lit.: A.-M. Armand, L'Agneau Mystique, Paris 1961; G. Babić, Les Discussion Christologiques et le Décor des Églises Byzantines au XIIe Siècle, Frühmittelalterl. Studien 2, Berlin 1968, 368 bis 386; Baumstark, 29, 86 f.; E. Dinkler, Das Apsismosaik von S. Apollinare in Classe , Köln u. Opladen 1964; Reg.: Christus, Lämmer; Fendt, Reg.: Agnus Dei; F. Gerke, Der Ursprung der L.-G.-Allegorie in der Altchristl. Plastik, ZNW 33, 1934, 160-196; Jungmann 2, 413-422 u. Reg.: Agnus Dei; Pokrovskij, Reg.: Agnec; Schiller 2, 129-133; Werner, 564, 569; M. Lurker (Hg.), Wörterbuch der Symbolik, Stuttgart 1983², 392-393 (Lamm); LChI 3, 7-14; LdK 1 (1987), 54-55 (Agnus Dei); LdK 2, 848; LexMA 1, 214-216 (Agnus Dei); 5, 1629-1638 (Lämmerallegorie); RBK 1, 90-94 (Agnus Dei).

Lanze (grch. *lonche,* f.; russ. *kop'e,* n.), in Anlehnung an das Leidenswerkzeug Christi (vgl. vor allem Joh. 19, 34) ein kleines, lanzenförmiges Messer, das zu den Altargeräten gehört u. für den liturg. Akt der Schlachtung (Opferung) des Lammes gebraucht wird. Es wird im 9. Jh. in der byz. Kirche bereits als bekannt vorausgesetzt, fehlt aber in allen anderen oriental. Riten. Als Antityp zum Leidenswerkzeug Christi gehörte die liturg. L. bei Theodor vom Studioskloster (gest. 826) zu seinen Argumenten gegen die Bilderfeinde (→ Bild, → Prothesis). Auf der anderen Seite hängt die L. eng mit der Verehrung der Leidenswerkzeuge Christi im Orient zusammen. Im 7. Jh. gelangte die Spitze, Ende des 10. Jh. auch der Schaft der hl. L. als kostbare Reliquie nach Konstantinopel. In Antiochien wurde von den Kreuzfahrern eine hl. L. verehrt. – Als Gegenstand einer vielfältigen Mystagogie ist die hl. L. in eine Reihe von ikonograph. Themen aufgenommen worden, wie die Thronbereitung (→ Hetoimasia), die Kreuzigung Christi u. die Majestas Domini.

Lit.: Baumstark, 143; A. Bühler, Die Hl. L., Das Münster 16, München 1963, 85-116; Hanssens, Nr. 82-95; St. Runciman, The Holy Lance found at Antioch, AB 68, 1950, 197-209; Schulz, Die byz. Liturgie, Reg. II B; M. Lurker (Hg.), Wörterbuch der Symbolik, Stuttgart 1983², 393-394; LChI 3, 14-15; LexMA 4,2020-2021(Heilige L.). – S. auch Lit. zu Schlachtung (Opferung) des Lammes.

Laudes (lat. plur., sing. *laus,* f., 'Lob', 'Ruhm'; grch. *ainoi,* m. plur.; russ. *chvalite,* 'rühmt!', 1. Bezeichnung für die von Kurzhymnen (Troparien) begleitete Psalmengruppe (Ps. 148, 149, 150) im Morgengottesdienst. Die Zusammenfassung dieser Dreiergruppe des Psalters ist sehr alt; sie läßt sich bis in den synagogalen Gottesdienst zurückverfolgen. An Sonntagen u. Festen werden spezielle Hymnen (→ Stichera) von unterschiedl. Länge eingeschaltet.

2. Bezeichnung der röm.-kath. Kirche für den Morgengottesdienst selbst.

Lit.: A. Baumstark, Festbrevier u. Kirchenjahr der syr. Jakobiten, Paderborn 1910, 71, 129; ders., Nocturna Laus, Münster (Westf.) 1957, 195 f.; Wellesz, Reg.: L.; Werner, Reg.: Lauds and Nocturns; R. Zerfass, Die Schriftlesung im Kathedraloffizium Jerusalems, Münster (Westf.) 1968, Reg.: Ps. 148, 149, 150.

Laudes regiae (lat. plur., 'Königslob'), ein

bei Krönungen u. an hohen Festtagen (vor allem Ostern u. der Geburt Christi) in der Kirche gesungenes Herrscherlob. Es besitzt den Charakter einer Litanei u. wird von Akklamationen an Christus mit dem feierlich wiederholten Ruf *„Christus vincit, Christus regnat, Christus imperat“* (lat., ‘Christus siegt, Christus regiert, Christus herrscht’) an Maria, Heilige u. an den Herrscher selbst sowie von Prozessionen unterbrochen. Die Texte sind zwischen Solist u. Chor aufgeteilt. Die L. r. sind zwar seit der Mitte des 8. Jh. nur im Westen (Frankenreich, Gallien) bekannt, aber schon die Begleitung durch die aus Byzanz eingeführte Orgel, der Vorstellungsgehalt des Herrscherlobes u. schließlich bestimmte Wendungen u. musikal. Formulierungen machen den byz. Kaiser-Panegyrikos, vor allem das Polychronion, als Ausgangsmodell wahrscheinlich. Ein Beispiel aus der altruss. Literatur zeigt im übrigen, daß dort die westl. L. r., wie sie damals in Frankreich gehalten wurden, durchaus bekannt gewesen sind, ohne allerdings Nachahmung gefunden zu haben.

Lit.: R. Elze, Die Herrscherlaudes im MA, Zs. der Savigny-Stiftung für Rechtsgesch. Kan. Abt., 71, Weimar 1954, 201-223; J. M. Hanssens, De Laudibus Carolinis, Periodica de Re Morali, Canonica, Liturgica 30, Rom 1940, 280-302; 31, 1942, 31 bis 53; E. H. Kantorowicz, Laudes Regiae. A Study in Liturgical Acclamations and Mediaeval Ruler Worship, Berkeley – Los Angeles 1958²; L. Müller, Die Werke des Metropoliten Ilarion, München 1971, 80-86; B. Opfermann, Die liturg. Herrscherakklamationen im Sacrum Imperium des MA, Weimar 1953; M. Pfaff, Die Laudes-Akklamationen des MA, Bericht des Intern. Musikwiss. Kongr. Wien 1956, Graz, Wien, Köln 1958, 457 bis 461; LexMA 5, 1753-1754.

Laura (grch., f., ‘Gasse’, ‘Hohlweg’; russ. *lavra,* f., *skit,* m.), ursprünglich Ansiedlung von Eremitenhütten (grch. *kellia*) in einem Tal, später auch Bezeichnung für ein ober- od. unterird. Kloster nichtkoinobit. Art, d. h. ohne gemeinsame Lebensformen. Die Insassen wurden Eremiten od. Laurioten genannt (→ Mönchtum). Die ältesten Lauren gab es in Palästina (Pharan des hl. Chariton, um 330; L. des hl. Euthymios, gest. 473; L. des hl. Gerasimos, um 460, u. die berühmte L. des hl. Sabas, 486). Im 6. Jh. begann die Angleichung an die Gemeinschaftsklöster od. Koinobien. Die eremitär lebenden Asketen wurden zu viert unter der Leitung eines Bruders, den sie selbst wählten, in einem Kellion untergebracht, während der Obere einer solchen Skete (grch.; russ. *skit, pustyń,* ‘Einödkloster’) dem Abt des zuständigen Koinobions verantwortlich war. Die meisten der Koinobien sind ursprünglich Lauren gewesen. Diese Bezeichnung wurde später auf bedeutende Großklöster übertragen.

Lit.: Beck, 124, 126 f.; J. Décarraux, Du Monachisme Primitive au Monachisme Athonite, Le Millénaire du Mont Athos, 1. Bd., Chevetogne 1963, 19-54; F. v. Lilienfeld, Nil Sorskij u. seine Schriften, Berlin 1963, 174-190; P. de Meester, De Monachico Statu iuxta Disciplinam Byzantinam, Rom 1942, 72 f., 100 f. u. Reg.: L.; Th. Oltařzevskij, Palestinskoe Monašestvo s IV do VI veka, S. Peterburg 1896; I. Rezáč, De Monachismo secundum Recentiorum Legislationem Russicam, Rom 1952, Reg.: L.; S. Vaihlé, Les Laures de Saint Gérasime et de Calamon, EO 2, 1898-1899, 106 bis 109; LexMA 5, 1757. – S. auch Lit. zu Kloster, Mönchtum.

Lauraton (lat., n.), auf Holz in Enkaustik gemaltes u. leicht transportierbares Kaiserbild. Im Rahmen des Kaiserkults wurde es auch in der byz. Epoche in feierl. Weise aufgestellt u., von Lichtern flankiert, in die Provinzen geschickt. Die Laurata haben auf die Entstehung der Theologie u. Verehrung des Bildes in der Ostkirche stark eingewirkt, vor allem auf das Porträt als Bischofsinsignie.

Lit.: A. Alföldi, Die Ausgestaltung des monarch. Zeremoniells, Mitt. des DAI, röm. Abt. 49, München 1934, 1-118; H. Kruse, Studien zur offiziellen Geltung des Kaiserbildes im röm. Reich, Paderborn 1934; P. E. Schramm, Das Herrscherbild in der Kunst des frühen MA, Vorträge der Bibliothek Warburg 1922-1923, 1, Leipzig 1924, 145-224; O. Treitinger, Die oström. Kaiser- u. Reichsidee nach ihrer Gestaltung im höf. Zeremoniell, Bad Homburg v. d. Höhe 1969, 208 ff.; RBK 3, 722-853 (Kaiserbild [739-742]).

Lauros → unter Heiligenverehrung, → auch Heiligenbilder

Lautgebete, nach Anweisung der Rubriken laut (grch. *ekphonos;* russ. *vozglas*) zu sprechende Schlußformulierungen der Stillgebete, die der Priester während der Liturgie rezitiert. Näheres → Stillgebete. Außerdem gibt es selbständige, vor allem vom Diakon gesprochene L.

Lazarussamstag (grch. *sabbaton tu hagiu kai dikaiu Lazaru,* 'Sabbat des hl. u. gerechten Lazarus'; russ. *subbota svjatogo i pravednogo Lazaŕja,* ebenso), im byz. Ritus am Samstag vor Palmsonntag begangener Feiertag.

1. Die kath. Kirche gedenkt des Lazarus am 17. Dez., während im MA z. B. in Gallien mit seinen alten Verbindungen zum hl. Lande sein Gedächtnis am Palmsonntag begangen wurde od., wie in Spanien u. Mailand, am fünften Sonntag der Großen → Fastenzeit, an dem die Prüfung der Katechumenen stattfand. Literarische Grundlagen sind Joh. 11, 1-44 u. 2 Hinweise auf Lazarus im Nikodemusevangelium (→ unter Apokryphen). Falls das Johannesevangelium in Antiochien geschrieben sein sollte, dürfte der Festinhalt eine bis in die Zeit der Urgemeinde reichende syropalästinens. Tradition gehabt haben. Möglicherweise wurde der Stoff der Perikope Joh. 11, 1-44 mit dem Christusbekenntnis der Gemeinde in Vers 25 f. schon sehr früh für gottesdienstl. Zwecke bearbeitet, ohne daß man ein zyklisch sich wiederholendes Festdatum wird anzunehmen brauchen. Jedenfalls wurde die Perikope Ende des 4./Anfang des 5. Jh. als Vorverkündigung der Leiden u. der Auferstehung Christi verstanden, als man des Lazarus in einer eigenen Feier am Samstag vor Palmsonntag gedachte, die sich nun zyklisch wiederholte. Ihr stand mit der Grabeshöhle des Lazarus in Bethanien, einer der hl. Höhlen (→ Martyrion), auch eine Kultusstätte mit alter Tradition zur Verfügung, das Grab des Lazarus in Verbindung mit einer „Lazarion" genannten Kirche, die beide den Mittelpunkt ausgedehnter Feierlichkeiten bildeten. Sie begannen um 1 Uhr am Nachmittag am „Lazarion". Nach einem Stationsgottesdienst am Orte der Begegnung Jesu mit Maria unter Verlesung von Joh. 11, 29 ff. zog die Gemeinde in einer feierl. Prozession wiederum zum „Lazarion". Nach Absingen von Hymnen u. Verlesung der Perikope wurden die Feierlichkeiten mit der Vorankündigung von Ostern zunächst abgeschlossen. Die Gemeinde zog danach nach Jerusalem, um in der Auferstehungs-(Anastasis-)Kirche (→ auch Kirchenbau) den Abendgottesdienst zu halten. Mit dieser Vesper, in der die Liturgie der vorgeweihten Gaben mit den AT-Lesungen 1. Mose 49, 33-50, 26 u. Spr. 31, 8-31 gehalten wird, u. einem Nachtgottesdienst ist die Nachtfeier auch heute noch ausgestattet. Im letzteren wird ein Kanon des Andreas von Kreta (gest. 740) gesungen, in dem die beiden Themen der Joh.-Perikope, Licht u. Leben, poetisch behandelt werden. Im samstägl. Morgengottesdienst wird, wie schon im Nachtgottesdienst, ein in der Großen Fastenzeit sonst nicht übl. Vollkanon gesungen, der von Theophanes (gest. 845) u. Kosmas von Majum (8. Jh.) gedichtet wurde. Mit der sechsten Ode beginnt ein Vieroden-Kanon (Tetraodion, → unter Triodion) des Kosmas u. des Johannes von Damaskus (gest. um 740), damit wird die Zahl von 9 Oden erreicht. Diese Doppelkomposition macht die liturg. Reflexion auf die Große Fastenzeit deutlich. Immer wieder wird der Charakter des Festes als Vorverkündigung der Auferstehung Christi u. des Menschen betont, auch der nachösterl. sonntägl. Auferstehungshymnus (→ Troparion) „Die wir die Auferstehung gesehen haben..." wird gesungen. Zur Liturgie werden die bibl. Texte Hebr. 10, 19-31 u. Joh. 11, 1-45 verlesen.

In der Volksfrömmigkeit bes. Griechenlands u. seiner Inseln wird die Gestalt des Lazarus mit zahlreichen Parallelen aus vor- u. nebenchristl. Kulten verwoben. So werden ihm dort z. B. Adonis-Gärten, Töpfe mit schnell welkenden Blumen, aufgestellt. Damit hängt auch die Überführung seiner Reliquien aus Zypern nach Konstantinopel im 9. Jh. zusammen.

2. Zur Ikonographie des L. → Auferweckung des Lazarus.

Text: s. Anhang Nr. 16, 1.

Lit.: Aranca, „Christos Anesti". Osterbräuche im heutigen Griechenland, Zürich 1968, 81-98; Baumstark, 195 f.; ders., Festbrevier u. Kirchenjahr der syr. Jakobiten, Paderborn 1910, 208-211; Bludau, 116-119; W. H. Cadman, The Raising of Lazarus, Studia Patristica, Berlin 1959, 423-434; C. Kopp, Die hl. Stätten der Evangelien, Regensburg 1959, 332-338; Nilles 2, 195-196; H. Preisker, Wundermächte u. Wundermänner der hellenistisch-röm. Kultur u. die Auferweckung des Lazarus, Wiss. Zs. der Universität Halle 2, 1952, 519-523; H.-J. Schulz, Handbuch Ostk.kunde II,77. – Lit. zur Ikonographie s. Auferweckung des Lazarus.

Lectio continua, *lectio solemnis* (lat., 'fortlaufende Lesung', 'feierl. Lesung'), Bezeichnung für eine fortlaufende (fast) lückenlose Lesung einer bibl. Schrift, im Gegensatz zu Bahnlese u. Eklogadie; allerdings sind die Grenzen zwischen diesen 3 Textdarbietungen oft fließend. Die L. c. von 1. Mose in der Großen → Fastenzeit zeigt noch deutlich deren synagogalen Ursprung. Zu nennen sind ferner die L. c. aus Joh. von Ostern bis Pfingsten u. die Matth.- u. Luk.- Lesungen „in der Zeit" der Oktoechos. Zur Art des Vortrags → Ekphonese.

Lit.: Handbuch 1, 125, 371; 2, 225, 335; G. Kunze, Die gottesdienstl. Schriftlesung, Göttingen 1947; ders., Leiturgia 2, Kassel 1955, 103-138; Jungmann 1, 510 ff.; Werner, 62, 67 f.; A. Zwinggi, Die fortlaufende Schriftlesung im Gottesdienst bei Augustinus, ALW 12, 1970, 85-129.

Legende (lat., 'das zu Lesende'), Um- od. Beischrift auf Denkmälern der Ikonen- u. Monumentalmalerei sowie auf Münzen u. Siegeln. Innerhalb der Ikonographie der byz.-slav. Kunst werden dabei christl. → Kürzungen verwendet. In den grch. Malerbüchern heißen L.n auch Epigrammata (grch.; russ. *nadpisi*). Als Forschungsgegenstand gehören die L.n in den Bereich der Epigraphik.

Lektionarien → Lesebücher

Lektionen → Lesungen

Lektor (lat., 'Vorleser'; grch. *anagnostes,* m.; russ. *čtec,* m.), Vorleser bibl. Texte (→ Lesungen) während der Liturgie der Katechumenen od. nichtbibl. Texte (z. B. aus Hirmologion, Lesemenäen, Menologion) im Kloster bei den Mahlzeiten. Das Amt des L.s in der ersteren Funktion war wahrscheinlich schon im 2./3. Jh. bekannt u. wurde zunächst von gebildeten Laien versehen; im 3. Jh. erhielten sie die niedere Weihe als Kleriker u. bildeten vom 6. Jh. ab die Vorstufe zum Priester. Der Vortrag der hl. Texte in der feierl. Form der Ekphonese verlangte eine gewisse Ausbildung, die der L. in der L.en-Schule (lat. *schola lectorum*) am Hofe des Bischofs erhielt. Während die Evangelienlesung später vom Diakon übernommen wurde, hat sich im Osten das L.en-Amt erhalten, bis es im allgemeinen vom Hypodiakon (vor allem an Kathedralkirchen) bzw. vom Diakon ausgeübt wurde.

Lit.: Goar, 3, 47, 110 f., 200; Handbuch, Reg.; L.; A. v. Harnack, Die Quellen der sog. Apostol. Kirchenordnung nebst einer Untersuchung über den Ursprung des L.ates u. der anderen niederen Weihen, Leipzig 1886; Jungmann 1, 524 ff.; Milasch, § 127 u. Reg.: Anagnosten; Werner, 53, 121 f., 130.

Lesebücher (lat. *lectionaria,* n. plur., davon dt. Lektionar, im ostkirchl. Bereich fehlt ein entsprechender Sammelbegriff), im Unterschied zu den liturg. Büchern solche, die für die gottesdienstl. Lesungen bestimmt u. aus Texten des AT u. NT zusammengestellt sind. 1. Die L. haben folgende Bezeichnungen:

orthodoxe Kirche	katholische Kirche
(1) Prophetologion (für das AT)	s. unten
(2) Psalter	Psalterium
(3) Evangelium:	
Vier- od. Tetraevangelium	Evangeliar
Aprakos-evangelium	Evangelistar (→ aber Evangelistarion)
(4) Apostolos	Epistolarium

Die Bezeichnungen sind nicht immer einheitlich. Ein Lektionar kann sowohl Perikopen nur aus dem NT od. dem AT als auch aus beiden führen.

2. Die Geschichte der L. ist eng mit der der Lesungen verbunden; sie läßt sich in großen Zügen so darstellen: Schon die Zusammenstellung des Kanons, der Bücher des NT, erfolgte sehr wahrscheinlich unter gottesdienstl. Gesichtspunkten. Nach der Festlegung des Kanons um 200 wird der Bischof jeder Gemeinde vor der Liturgie dem Lektor Anweisungen über den zu lesenden Bibelabschnitt gegeben haben. Daraus haben sich bei den Bischofssitzen der großen Liturgieprovinzen schließlich traditionsreiche Lesevorschriften (→ Bahnlese, → Eklogadie, → Lectio continua, → Perikope) entwickelt. Mit der Entstehung des Kirchenjahres, der Märtyrer- u. Heiligenverehrung wuchs die Zahl der Lektionen so stark an, daß bestimmte Verweistechniken notwendig wurden. Das geschah zunächst wohl mit Hilfe von Randnotizen, die Anfang (grch. *arche;* russ. *načalo;* lat. *incipit*) u. Ende (grch. *telos;* russ. *konec;* lat. *explicit*) eines Leseabschnitts anzeigten. Dieses System

wurde im Laufe der Zeit ergänzt durch Querverweise mehrerer Festlegungen auf eine Perikope sowie durch die Notierung der Festtitel u. ihrer Daten. Die nächste Stufe mag die Aufstellung von Perikopenlisten gewesen sein, die nur die Randnotizen ohne den dazugehörenden Text od. nur die Anfangs- u. Schlußformeln der Abschnitte brachten (das kath. Capitulare, Capitularium, lat., von *capitula,* 'Perikopenüberschriften'). Indem diesen Listen die Perikopentexte hinzugefügt wurden, war der Urtyp der L. geschaffen, die im Westen Comes (lat., 'Führer', 'Begleiter') od. Liber comicus hießen. Der Comes enthielt den Lesestoff aus AT u. NT, aber auch Hymnen u. nicht selten Homilien. Im 5./6. Jh. erscheinen Perikopenliste u. Perikopenbuch selbständig nebeneinander, während im 7./8. Jh. der Übergang von der ersteren zum Comes angenommen wird. Einer Fülle von Mischtypen dieser Grundformen der L. machte endlich im Westen das Vollmissale ein Ende. Die Herausgabe von L.n in der kath. Kirche unterliegt der Genehmigung der Ritenkongregation (Sacra Congregatio Rituum) beim Hl. Stuhl.

3. Im Orient möchten manche Forscher schon im 3. Jh. in manchen Bibelhandschriften L. sehen. Die ältesten erhaltenen L. aus Armenien u. Georgien stammen aus dem 5./6. Jh. In der Folgezeit kam es im Osten zu einer aus der gottesdienstl. Praxis entstandenen, kaum noch zu übersehenden Variantenfülle in der Aufstellung von Listen u. L.n. Der Grund hierfür ist vor allem im Fehlen einer zentralen Oberleitung zu sehen, an deren Stelle der Bischof u. als letzte Autorität die Synode einer autokephalen Kirche tritt. Es wurde insofern eine gewisse Vereinfachung erreicht, als in spät- u. nachbyz. Zeit die Lesungen in die liturg. Bücher abwanderten (in das Menaion, Triodion, Pentekostarion u. Prophetologion), wo sie im allgemeinen heute noch zu finden sind, mit Ausnahme der Lektionen aus den Evangelien, für die es neben dem Vier- od. Tetraevangelium die beiden Formen des Aprakos (die Zusammenstellung der Sonntagsperikopen u. die aller Lektionen des Kirchenjahres) gibt.

4. Vor allem das Tetraevangelium erfuhr mit dem Lesetext schon im 5./6. Jh. eine zunehmende Sakralisierung, die sich in gleicher Weise auch bei anderen Verehrungsgegenständen (z. B. → Bild, → Kreuz, → Reliquien) feststellen läßt. Im Mittelpunkt des Kleinen → Einzuges stehend, wurde das Tetraevangelium mit Miniaturen (→ auch Bibelillustration) u. im Einbandschmuck besonders reich ausgestattet, nicht zuletzt auch deshalb, weil man in ihm das menschgewordene Wort Gottes gegenwärtig sah. Dieses Evangelium wurde immer schwerer u. unhandlicher, so daß man zum bequemer benutzbaren Aprakos überging, der aber nicht wie das Tetraevangelium ständig auf dem Altar liegt, also nicht dieselbe sakrale Würde besitzt. Vor allem war mit beiden L.n keinesfalls ein schwieriges Problem gelöst: Sowohl die auf Erlebnisemotion zielende Sakralisierung des Vierevangeliums wie die Auflösung der Bibel in Gestalt der L. verhinderte jahrhundertelang die Verbreitung von Vollbibeln, die wieder, wie in altkirchl. Zeit, der Erkenntnis u. der Unterweisung dienen konnten. Eine der bedenkl. Folgen war das Anwachsen eines ungebildeten Priesterstandes, der vielleicht noch die seltsam-feierl. Wortmusik des Lesevortrages (→ auch Ekphonese) beherrschte, aber, wie zeitgenöss. russ. Zeugnisse des 15. Jh. zeigen, kaum noch ihren Wortsinn. Es ist bezeichnend, daß sich die vorwiegend von Laien getragene Bildungs-Häresie der sog. „Judaisierenden" im 15. Jh. in Rußland um die Erarbeitung einer ersten Vollbibel bemühte, deren Textstudium sie einleitete. Nicht die kult. Verehrung, sondern der Bibeltext als Basis religiös-sittl. Erkenntnis war die Hauptabsicht dieser Unternehmungen. Zwar hat die Großkirche diese Bemühungen durch Vernichtung der Häresie unterdrückt, aber die Provokation durch diese war so stark, daß der Novgoroder Erzbischof Gennadij 1499 die erste, auf gründl. Textstudien gestützte Vollbibel herausgab. Sie wurde nach ihm benannt u. bildete die Grundlage aller späteren russ. Bibelausgaben.

5. Zur Textfrage der L. → Evangelium.

Lit.: Brightman, LXXXVI f.; Die ältesten Übersetzungen des NT, die Kirchenväterzitate u. Lektionare, Berlin 1972; Handbuch, Reg.: Lektionar; Jungmann, Reg.: Lektionar; G. Kunze, Die gottesdienstl. Schriftlesung, Göttingen 1947; Onasch, Weihnachtsfest, 89-140; A. Renoux, Liturgie de Jérusalem et Lectionnaires Arméniens, Lex Orandi 35, Paris 1963, 167-199; A. Smith Lewis, A Palestinian Syriac Lectionary, London 1897; M. Tarnišvili, Le Grand Lectionnaire de l'Église de Jérusalem, 2 Bde., Louvain 1959; Wellesz, 137-139; Werner, 56-71; LexMA 5, 1866-1867 (Lektionar). – S. auch Lit. zu Lesungen.

Lesemenäen (russ. *velikie čet'i minei,* 'große L.'), nach dem Vorbild der byz. Monatsbücher (Menologien) hergestellte Sammlungen, wie sie vor allem auf Anordnung des Metropoliten von Moskau Makarij 1552 in 12 Bänden verfaßt wurden. Neben der altruss. Hagiographie, der Heiligengeschichtsschreibung, waren auch andere Themen vertreten, wie z. B. die verschiedensten Texte aus den Apokryphen, den kurzgefaßten Heiligenviten (→ Prolog), den nichtruss. Väterbüchern (Paterika), Beispiele aus dem Bereich der Homilie u. Schriftauslegung, des Kirchenrechts, Urkunden der russ. Fürsten u. Großfürsten, Auszüge aus anderen Sammelwerken, wie der „Biene" (grch. *melissa;* russ. *pčela*), dem Buch des Indienfahrers (Indikopleustes) Kosmas, dem „Jüdischen Krieg" des Flavius Josephus, dem Pilgerbericht des russ. Abtes Daniil u. a. m. Die L. stellen eine Wissensenzyklopädie von erstaunl. Umfang dar, die als Grundlage auch des (von der Kirche erlaubten) nichtkirchl. Wissens bald weite Verbreitung erfuhr. Unter dem Einfluß der kath. Hagiographie (Bollandisten, Piotr Skarga), aber in der Tradition Makarijs stehend, schrieb der Metropolit Dmitrij von Rostov (gest. 1709) neue, dem Lesepublikum des 17. Jh. entsprechende L.

Lit.: D. Čiževskij, History of Russian Literature, 's-Gravenhage 1960, 301 f. u. Reg.: Minei; A. A. Deržavin, Četii-Minei Svjatitelja Dimitrija Mitropolita Rostovskogo, BoTr 15, 1975, 61-145; 16, 1976, 46-141; J. K. Gudzij, Gesch. der russ. Lit. ..., Halle (Saale) 1959, 390-392; Istorija Russkoj Literatury, 2. Bd., Moskau – Leningrad 1946, 433 bis 437; Istorija Russkoj Literatury, 1. Bd., Moskau – Leningrad 1958, 231-233; V. V. Latyšev, Vizantijskaja Carskaja Mineja, Petrograd 1915; D. S. Lichačev, Razvitie Russkoj Literatury X-XVII vekov, Leningrad 1973, Reg.: Čet'i minei. – S. auch Lit. zu Menologion.

Lesungen (lat. *lectiones,* f. plur., davon dt. Lektionen; grch. *anagnoseis,* f. plur., *anagnosmata,* n. plur., *graphai* f. plur.; russ. *čtenija,* n. plur.), Bezeichnung für ausgewählte Texte aus bibl. u. nichtbibl. Büchern zu gottesdienstl. Zwecken u. zur privaten Erbauung u. Information sowie für deren Vortrag während der Liturgie.

1. Die gottesdienstl. L. haben ihren Ort seit alters in der Liturgie der Katechumenen (→ unter Liturgie der Gläubigen). Wie die Synagoge kannte bereits die Gemeinde des NT L., vor allem der Paulusbriefe. Nachdem um die Mitte des 2. Jh. der Kanon der NT-Schriften erarbeitet worden war (Papias, Diatessaron des Tatian), berichtet gleichzeitig Justin von der Verlesung der „Apostelerinnerungen", (grch. *apomnemata ton apostolon*), einer Frühform der späteren Evangelien, u. der Propheten (grch. *syngrammata ton propheton*). Ob man in dieser Frühzeit die Lectio continua bevorzugte od. bereits Perikopen, ausgewählte Abschnitte, kannte, ist umstritten.

2. Die Entstehung neuer Feste neben Ostern u. die Ausbildung des Kirchenjahres führten zur Entwicklung der Festlektionen. Die Folge war die Ablösung der Lectio continua durch die Perikope, wobei die erstere mit den L. des Johannesevangeliums der Osterzeit u. den L. von Matthäus- u. Lukasevangelium im Wochenzyklus (→ Oktoechos) auch weiterhin bestehen blieb. Bezeichnend ist auch, daß die AT-L. zur Geburt Christi u. zu Epiphanie die der Nachtwache von Ostern zum Grundstock haben. Die L. des AT u. NT zogen bald auch in die Stundengottesdienste ein, sofern diese als Vorfeiern (→ Abendgottesdienst, → Nachtwache) Festcharakter trugen. Ebenso wurde das Stundengebet mit NT-L. ausgestattet. So entstanden 2 Typen des Lesegottesdienstes: ein mehr meditativer u. ein Wortgottesdienst in Verbindung mit der Feier der Eucharistie, eines Stationsgottesdienstes od. auch einer Prozession. An einer weiteren Differenzierung der Lesepraxis u. der Lesesysteme hatten folgende Faktoren entscheidenden Anteil: (a) „Welt"-Gemeinde u. Klostergemeinde forderten unterschiedl. Lektionspraktiken, wobei man heute geneigt ist, die Vermittlung von L. aus der Privatsphäre durch das Mönchtum anzunehmen. – (b) Die Rücksichtnahme auf die Welt- od. Kathedralgemeinde erforderte bei der immer größer werdenden Aufwendigkeit der Liturgie eine stärkere Straffung der alten Lesesysteme. Waren im Orient bis zu 5 L. u. noch mehr üblich, so reduzierte man

sie in Jerusalem z. B. auf zwei. In Konstantinopel kannte man im 4./5. Jh. eine Dreiergruppe von L. aus Propheten, Evangelium u. Apostolos (Epistellesungen u. Apostelgeschichte). Im Zusammenhang mit dem Verlust der oriental. Provinzen u. mit eigenen Reformen kam es im 7./8. Jh. zum Ausscheiden der AT-Lektionen, die nur noch den großen Feiertagen reserviert blieben, während die armen. Kirche die Dreierreihe bis heute beibehalten hat. Eine Viererreihe blieb für die mit Antiochien verbundenen Kirchen (Jakobiten u. Nestorianer) charakteristisch, ebenso die Bevorzugung des AT. Erweitert wurde dagegen im byz. Bereich die Zahl der AT-L. für die Nachtwache (von 12 der orientalischen auf 15 der byz. Lektionen); dem schloß sich auch Jerusalem an. Die AT-L. der Ostervigil gaben auch hier das Vorbild ab; wobei in Byzanz eine theolog. Neudeutung durch neue Perikopen, Kürzungen der alten od. Umstellungen festzustellen ist, die auf eine gedankl. Konzentration der Heilsereignisse hinausläuft (→ auch unter Ostern). Dieser Prozeß vollzog sich ungefähr parallel zu dem der Ablösung des Kontakions durch den Kanon. – (c) In der frühen Christenheit gab wohl der Bischof dem Lektor die Anweisungen für die L. Daraus entwickelten sich an den bedeutendsten Bischofssitzen, die später zu Patriarchen erhoben wurden, Lesetraditionen mit sehr konservativen Zügen. Vor allem Jerusalem u. Antiochien verfügten über die ältesten Überlieferungen, die tief in den Orient hinein wirksam waren. Sie wurden von Konstantinopel übernommen, theologisch verarbeitet u. den eigenen Bedürfnissen dienstbar gemacht. Die alten Lektionssysteme erhielten sich dagegen bei den Armeniern, Jakobiten u. Nestorianern, allerdings übernahmen sie im Laufe der Zeit auch gewisse Elemente aus Byzanz. Das byz. Leseschema wurde von den Balkanslaven u. Russen übernommen. An seinen Modifikationen hat das Mönchtum großen Anteil. Zur Emotionalisierung der L. in Verbindung mit ihrem feierl. Vortrag, der Ekphonese, → Lesebücher.

3. Neben den biblischen gibt es auch nichtbibl. L. In der Liturgie haben sie ihren Platz als feierl. Fest- od. Heiligen-Synaxarion nach der 6. Ode des Kanons. Das in den Menologien gesammelte Material diente sowohl der privaten Lektüre u. Erbauung (→ auch Lesemenäen) als auch den Gemeinschafts-L. im Kloster. Die Kirche hat ihre Glieder mit einem reich gegliederten u. systematisch durchdachten Lesestoff versorgt, der neben der Weitergabe von Lehrinformationen das Absinken der Liturgie vom ursprünglich „vernünftigen Gottesdienst" (Röm. 12, 1) zu einem reinen Kultusschauspiel (→ auch Kultusästhetik, → Kultusdrama) verhinderte.

4. Die L. innerhalb der Liturgie stellen ein eigenes, in der nichtorth. Forschung auch „Wortgottesdienst" genanntes Offizium dar, das sich bereits bei Justin (gest. um 165) von der eucharist. Feier deutlich unterscheidet (→ auch Synaxis). Es hat heute folgenden Aufbau:

Kleiner Einzug
Chor: Kurzhymnus (Troparion des Tages; grch. *eishodikon;* russ. *vchodnoe*)
Chor: Dreimalheilig (Trishagion)
Lektor: Psalmenvortrag (Prokeimenon)
Diakon: „Weisheit!"
Diakon: Apostel-Lesung (aus dem Apostolos, → Lesebücher)
Diakon: „Weisheit!"
Chor: Halleluja (dreimal)
Priester: Gebet vor dem Evangelium
Priester „Weisheit! aufrecht! Lasset uns hören das hl. Evangelium!"
Diakon: Evangelium-Lesung (→ auch Lesebücher)
Diakon: Inbrünstiges Gebet (Ektenie)
Predigt (→ Homilie)

5. Zur Art des Vortrages der L. → Ekphonese.

Lit.: W. Bauer, Der Wortgottesdienst der ältesten Christen, Tübingen 1930; Baumstark, Reg.: Lections; ders., Festbrevier u. Kirchenjahr der syr. Jakobiten, Paderborn 1910; ders., Nichtev. syr. Perikopenordnungen des ersten Jt., Münster (Westf.) 1921; ders., Nocturna Laus, Münster (Westf.) 1957; R. Berger, Ostern u. Weihnachten, ALW 8, 1964, 1-20; Handbuch, Reg.: L.; Hanssens, Reg.: Lectio, Jungmann 1, 565-583 u. Reg.; G. Kunze, Die gottesdienstl. Schriftlesung, Göttingen 1947; ders., Die L., Leiturgia 2, 87-180; Onasch, Weihnachtsfest, 89-140; I. Potapop, O Voskresnych Evangel'skich Čtenijach za Božestvennoj Liturgiej, ŽMP 1962, 2, 65-70; 3, 63-71; A. Rahlfs, Die alttestamentl. Lektionen der grch. Kirche, Mitt. des Septuaginta-Unternehmens 1, Berlin 1909-1915, 119-230; H. Urner, Die außerbibl. L. im christl. Gottesdienst, Berlin 1952; I. M. de Vries, The Epistles, Gospels and Tones of the Byzantine Liturgical Year, ECQ 10, 1953/54, 41-49, 85-95, 137 bis 149, 192-195; Werner, Reg.: Lectionaries; R. Zerfass, Die Schriftlesung im Kathedraloffizium Jerusalems, Münster (Westf.) 1968; LexMA 5, 1911-1912. – S. auch Lit. zu Lesebücher.

Levkas (russ., m., von grch. *leukos,* 'weiß'; der Begriff entstand im 17. Jh.), der aus Kreide u. Alabaster bestehende Malgrund der Ikone (→ Ikonenmalerei). Alabaster- od. Kreidepulver wurde in Wasser mit Leim vermischt u. aufgekocht. Um den L. geschmeidig zu machen, setzte man noch Leinöl od. Honig hinzu. Manche Maler mischten im 18. u. 19. Jh. auch Eigelb u. Bleiweiß bei. Das Auflegen des L. auf den Bildträger ist für die Haltbarkeit der verschiedenen Malschichten wie für die Wirksamkeit innerbildl. opt. Effekte von großer Wichtigkeit. Der L. wurde mit einem Pinsel so aufgetragen, daß er eine rauhe Oberfläche ergab, die dann mit einem Messer, mit Schachtelhalmen od. Bimssteinen, in jüngster Zeit auch mit Sandpapier geglättet wurde.

Licht (grch. *phos,* n.; russ. *svet,* m.; lat. *lumen,* n., *lux,* f.). 1. Unter den altoriental. Formen der Sonnenverehrung (Heliolatrie) erlangte die altpersische weitreichende Bedeutung, weil das Christentum schon früh mit zwei ihrer Ableitungen konfrontiert wurde: mit der Heliolatrie der röm. Kaiserideologie (lat. *sol invictus,* 'unbesiegbare Sonne') in Gestalt des pers. Mithraskultus, der in der Armee weitverbreitet war, u. mit einem spekulativen Dualismus, der Lehre von dem lichten guten u. dem bösen dunklen Prinzip der Schöpfung (→ auch Gnosis). Damit wird der situationsmilitante Charakter zahlreicher Aussagen bereits des NT einsichtig (Joh. 1, 4-9; 3, 19; 8, 12; 2. Kor. 4, 6; 6, 14; Eph. 5, 8 u. a.), den wir später als „aversive Adaption" (Aneignung mit innerer Ablehnung) bei der Ausgestaltung der großen Christusfeste (vor allem Geburt Christi, Epiphanie, Darstellung Jesu im Tempel, Ostern, Verklärung Christi) ebenso verfolgen können wie bei der Übernahme ideeller u. materieller Elemente aus dem Kaiserkult in den Gottesdienst u. die Kunst der Alten Kirche.
2. Bereits im 4. Jh. (vor allem bei Ephrem dem Syrer, gest. 373) verbindet sich die Botschaft von Joh. 8, 12 (Christus als das L. der Welt) mit der Inkarnationsparadoxie von Joh. 1, 5. Damit wurden nicht nur gnostisch-manichäische Spekulationen vom immateriellen L.- Leib Christi abgewehrt, sondern es wurde auch der Ansatz zu späteren Vorstellungen der Vergegenwärtigung des L.s Christus geschaffen, die wohl vor allem in der antiochen. Liturgieprovinz entwickelt wurden.
3. An Ausdrucksformen der L.-Symbolik seien hier folgende Beispiele erwähnt: (a) Zu den Rechten des Bischofs, die aus dem Kaiserkult übernommen wurden, gehörte das Vorantragen von Kerzen od. Leuchtern durch Leuchterträger (Akolythen, grch.). Auch der zwei- u. der dreiarmige Leuchter, Dikerion u. Trikerion, gehören zu den lichtsymbol. Bischofsinsignien, durch die Christus repräsentiert wird. Entsprechendes gilt für die Kerzenträger, die die beiden Einzüge begleiten. – (b) Auf die zahlreiche Verwendung von Kerzen od. Ampeln auf dem Altar, an der Bilderwand, im Hause vor der Ikonenecke, als Opferkerzen zum Verkauf am Eingang der Kirche u. a. m. sei nur hingewiesen. – (c) Eindringlich ist die Sinnbildlichkeit des L.s in der Taufe (→ auch Taufe Christi). – (d) Im gottesdienstl. Bereich ist der Abendgottesdienst in besonderer Weise mit L.-Themen erfüllt, für die das österl. L.-Wunder in Jerusalem vorbildlich gewesen sein mag. – (e) Mannigfach wird das Thema im Hymnenschatz der Ostkirche variiert. Zu erwähnen wären das sehr alte Abendlied, die „L.-Lieder" (grch. *photagogika;* russ. *svetil'ny*) der Auferstehungs- u. Morgenevangelien u. die große Zahl der Lieder des Wochenzyklus, der Oktoechos. – (f) In der spezifisch byz. Kultusästhetik spielt die L.-Symbolik eine beherrschende Rolle. So ist der byz.-slav. Kirchenbau gekennzeichnet durch das Prinzip des „Diaphanen" (von grch. *diaphaneia,* 'das Durchscheinen'), wofür die Vorstellungen der pseudoareopagit. Schriften des 5./6. Jh. (→ Mystagogie) grundlegend sind. Die materielle Vergegenwärtigung des immateriellen Ur-L.es konnte auch bereits in der Basilika mit Hilfe von Kerzen, Velen u. anderen Mitteln erreicht werden. Der L.-Illusionismus beschränkt sich nicht nur auf die Baukunst, er beherrscht auch die Gegenstände der Kleinkunst sowie die Technik u. die innerbildl. opt. Verhältnisse der Ikonenmalerei. Der

ausgesprochen imperiale Aspekt des L.s kommt vor allem in der Verwendung des Goldes auf Nimben u. Gewändern od. als Hintergrund zum Ausdruck, aber auch in der besonderen opt. Weise des vom Bild ausgehenden Sende-L.es, das sich dem Natur-L. gegenüber ablehnend verhält. In Verbindung mit dem Hesychasmus des spätbyz. Mönchtums gewann das L. nicht nur in der Ikonographie der Verklärung Christi, sondern auch in den ästhet. Überlegungen zum letztenmal im byz. Bereich erhöhte Bedeutung.

Lit.: S. S. Averincev, Zoloto v Sisteme Simvolov Rannevizantijskoj Kul'tury, Vizantija, Južnye Slavjane i Drevnjaja Ruś, Zapadnaja Evropa, Sbornik Statej v čest' V. N. Lazareva, Moskau 1973, 43-52; J. Beckwith, Byzantium. Gold and Light in Art, New York 1969; W. Beierwaltes, Lux Intelligibilis. Untersuchungen zur L.-Metaphysik der Griechen. Diss. München 1957; E. de Bruyne, Études d'Esthétique Médiévale, Bd. 1-3, Brügge 1946; V. V. Byčkov, Vizantijskaja Ėstetika, Moskau 1977, 93-107; R. Bultmann, Zur Gesch. der L.-Symbolik im Altertum, Philologus 97, Leipzig 1948, 1-36; C. Colpe, L.-Symbolik im Alten Iran u. Antiken Judentum, Studium Generale 18, Berlin 1965, 116-133; Fr. Cumont, Lux Perpetua, Paris 1949; D. R. Dendy, Use of Light in Christian Worship, London 1959; F. J. Dölger, Lumen Christi, AuC 6, 1, 1935, 1-43; ders., Die Sonne der Gerechtigkeit u. der Schwarze, Münster (Westf.) 1918; ders., Sol Salutis, Münster (Westf.) 1925²; Handbuch, Reg.: L.; Jungmann, Reg.; G. Mathew, Byzantine Aesthetics, London 1963, Reg.: Light; P. A. Michelis, Esthétique de l'Art Byzantine, Paris 1959, 126-130; Onasch, Das Problem des L.s in der Ikonenmalerei Andrej Rublevs, Berlin 1962; K. Rudolph, Die Gnosis, Leipzig 1980², Reg.: L.; Schiller 1, Reg.: L.; W. Schöne, Das L. in der Malerei, Berlin 1959; O. S. Popova, Svet v Vizantijskom i Russkom Iskusstve XII-XIV vekom, Sovetskoe Iskusstvoznanie 1977, 75-99; G. Galavaris, Some Aspects of Symbolic Use of Light in the Eastern Church, Byz. and Modern Greek Studies 4,1978, 69-78; K. Onasch, L.höhle u. Sternenhaus. L. u. Materie im spätantik.-christl. u. frühchristl. Sakralbau (Manuskript); M. Lurker (Hg.), Wörterbuch der Symbolik, Stuttgart 1983², 402-404; LChI 3, 95-99; LdK 3, 7 bis 10; LexMA 5, 1959-1962 (L., L.metapher). – S. auch Lit. zu Farben, Kultusästhetik, Ostern.

Lindere meinen Kummer → unter Gottesmutterbilder

Litanei (lat. *litania,* f., 'Flehgebet', heute nur plur. *litaniae* üblich; von grch. *litaneia,* f., *lite,* f.; russ. *litija, lit'ja,* f. [*litanija,* f., nur für die L. der kath. Kirche]), im Kultus aller Hochreligionen bekannte Flehgebete, durch Zwischenrufe u. Akklamationen unterbrochen. Die Grundstruktur der L. (Gebetsanliegen [lat. *intentiones, suffragia*] vom Vorbeter gesprochen, stereotype Antworten der Gemeinde, in der Synagoge Amen, Halleluja) wurde vom Christentum übernommen. Im Osten entwickelten sich die übl. Formen der Ektenie u. der Synapte. Im Westen verstand man seit etwa dem 6. Jh. unter Litaniae Bittumgänge z. B. beim Fest der Darstellung Jesu im Tempel, erst im MA wurde hier die Bezeichnung Processio (lat.) gebraucht. Die oriental. L. wurde in Rom von Papst Gelasius (gest. 496) eingeführt, von Papst Gregor dem Großen (gest. 604) aber stark eingeschränkt, um schließlich auf die Allerheiligen-L. reduziert zu werden (gebetet bei Weihehandlungen, Prozessionen [zu denen in der Ostkirche die Lite im Abendgottesdienst gehört] u. in der Nacht vor Ostern).

Lit.: Baumstark, Reg.: Litany; Dix, Reg.: Litany, Fendt, Reg.; Handbuch 1, 145 f. u. Reg.; Hanssens, Nr. 1047-1083; Jungmann, Reg.; Nilles, Reg.; Litania; Werner, 26, 123, 172 ff. u. Reg.: Diaconical Litanies; R. Taft, The litany following the anaphora in the byz. Liturgy, Simandron. Der Wachklopfer, Gedenkschr. für K. Gamber (1919-1989), hg. von W. Nyssen, Köln 1989, 233-256; LexMA 5, 2010-2011.

Liturgie (grch. *leiturgia,* f., 'Dienstleistung', 'Amt'; russ. *liturgija,* f.; lat. *officium,* n.). 1. Der Begriff der L., im NT (z. B. Luk. 1, 23; 2. Kor. 9, 12; Hebr. 8, 6; 10, 11), im frühchristl. Schrifttum (Didache, 1. Clem., → auch Kirchenrecht) u. bei den Kirchenvätern als Gemeindeamt verstanden, ist in der protestant. u. kath. Forschung erst seit dem 16. Jh. üblich; er bezeichnet nun die feierl. Ausgestaltung der Eucharistie. In der altkirchenslav. u. altruss. Literatur wird das Wort unübersetzt gebraucht. Seltener sind Služba (f.) od. Tajnodejstvie (n.; grch. *hierurgia,* f., *mystagogia,* f.).

2. Die Geschichte der Liturgie beginnt mit dem Bericht von der Einsetzung des Abendmahls im NT. Die Einsetzungsworte Christi selbst u. seine Aufforderung zur Erinnerung (Anamnese) an sein Opfer (Matth. 26, 26-29; Mark. 14, 22-25; Luk. 22, 15-20; Joh. 6, 51-59; 1. Kor. 11, 23-26) sollten sich als „Gleitkern" eines immer kom-

plizierter werdenden Gebäudes mit z. T. sehr unterschiedl. Strukturelementen erweisen. Ohne hier auf die Probleme der NT-Abendmahlsberichte eingehen zu können, sollen doch die wichtigsten Ansätze erwähnt werden, aus denen sich im Laufe von Jh. die byz. L. entwickelt hat. Diese Ansätze werden dort faßbar, wo sich das neue Verständnis der Eucharistie gegenüber der älteren Vorstellung von der tägl. Mahlgemeinschaft mit Christus durchsetzte. Dieses „Brotbrechen" (grch. *artoklasis*) – ohne Wein, der für die Armen der Gemeinde unerschwinglich war u. an dessen Stelle man Wasser benutzte – wurde nun als Bezeichnung für die eucharist. Feier in Anspruch genommen (vgl. Luk. 24, 30; Apg. 2, 42.46; 20, 7; 27, 35) u. zugleich von der Agape, dem Liebesmahl, getrennt (vgl. 1. Kor. 11, 17-34). War das ursprüngl. vorpaulin. „Brotbrechen" eine Art „Gedächtnisstütze" gewesen, die die Erinnerung an den irdischen mit dem Glauben an den gegenwärtigen, weil erhöhten Christus verband, so änderte sich sein Zeichencharakter durch die von den Synoptikern u. Paulus mitgeteilte Deutung Christi, daß das zerbrochene Brot sein im Tode zerbrochener Leib, der Wein sein im Tode vergossenes Blut sei u. daß dieses zur Erlösung aller geschehen sei. Das alte „Brotbrechen" wandelte sich vom schlichten Gestus zum vielschichtigen Ritus der endzeitlich-anamnet. Vergegenwärtigung Christi, der sich im Tode geopfert hat u. zugleich seine Wiederkunft durch die Gemeinde verkündigen läßt. Im Gegensatz zur vorpaulin. Tischgemeinschaft (deren Tradition sich vielleicht in der Liturgie der vorgeweihten Gaben fortsetzt) besitzt die eucharist. Feier bereits deutl. liturg. Züge: Textrezitationen mit feierl. Einleitung, Handlungen u. Gesten mit sakramentalem Charakter, Steigerung der – schon in der Tischgemeinschaft vorhandenen – Dialogsituation u. a.

Der Wandel vom Erinnerungs- zum Vergegenwärtigungsmahl des lukanisch-paulin. Typs, der Eucharistie im eigentl. Sinne, schuf noch andere liturg. Voraussetzungen. Joh. 6 (bes. Vers 51) eröffnet eine Generation nach Paulus mit der Ersetzung des Begriffs „Leib" (grch. *soma*) durch den des „Fleisches" (grch. *sarx,* vgl. Joh. 6, 51 mit Luk. 22, 19 u. 1. Kor. 11, 24) neue Aspekte, indem er die Sarx zur Stätte der Inkarnation erklärt (Joh. 1, 14) u. damit die eucharist. Vorstellung von der besonderen Würde (Dignität) des Fleisches u. Blutes Christi (vgl. auch Joh. 19, 34-35; 20, 24-29) begründet, wie sich denn auch bei ihm möglicherweise der erste vorsichtige Ansatz dessen findet (Joh. 2, 1-11), was später zur Wandlung der Elemente führen sollte. Joh. 19, 34 bis 35 schließlich verbindet bereits die Eucharistie mit dem Karfreitag auf eine Weise, die später in den Mystagogien u. in der von ihnen abhängigen Ikonographie der Kreuzigung Christi breit entfaltet werden sollte. Insbesondere die Sarx Christi, die sich bald zur eucharistisch-sakralen Würde steigert, erfuhr in der antiochen. L.-Provinz von Ignatius von Antiochien (gest. nach 110) bis zu den großen Theologen des 4./5. Jh. (unter ihnen vor allem Theodor von Mopsvestia, gest. 428) eine liturg. Ausgestaltung, die u. a. das Verhüllen der Elemente mit Velen u. das „Verschweigen" der Einsetzungsworte Christi zur Folge hatte (→ auch Bilderwand, → Einsetzungsbericht, → Kultusästhetik). Gleichzeitig mit der sakralen Verdinglichung setzt um 100 zunächst noch zurückhaltend im 1. Clemensbrief, dann mit aller Deutlichkeit bei Ignatius von Antiochien die Verrechtlichung der Eucharistie ein, die zu halten nun alleiniges Vorrecht des Bischofs ist. Schon vor Johannes u. 1. Clemens warnt der Verfasser des Hebräerbriefes vor den Wiederholungsmechanismen eines eucharist. Kultus, indem er die geschichtl. Einmaligkeit (grch. *ephapax*) des Opfers Christi stark betont (Hebr. 7, 27; 9, 12; 10, 10). Bald nach 100 hatte die frühe Christenheit damit theolog. Vorstellungen entwickelt, die, wenn auch nicht ohne Problematik, die Voraussetzungen bildeten für die feierl. Gestaltung der Eucharistie, eben die L. Bald erhält die L. starke Impulse durch die Märtyrerverehrung, deren jährl. Gedächtnisfeiern (→ Dies natalis) mit ihr verbunden waren, weil man das Leiden u. Sterben des Blutzeugen als Nachahmung (grch. *mimesis*) der Passion Christi verstand (so zuerst Ignatius von Antiochien). Der sakralen Würde des „Fleisches" Christi entsprach die Reliquie eines Märtyrers, die bald die Voraussetzung für die Kirchenweihe bildete.

3. Um 100 stoßen wir auf die ersten, wenn

auch nicht immer völlig eindeutigen Zeugnisse über die L. der Alten Kirche. Die Didache (→ Kirchenrecht) kennt sowohl die Agape unter der Bezeichnung „geistl. Speise" (grch. *pneumatike trophe*) als auch die mit „reinem Opfer" (grch. *kathara thysia*) bezeichnete eucharist. Feier, über die wir keine Einzelheiten erfahren. Sie findet am Herrntag (*kyriale [hemera]),* d. h. am Sonntag (→ Kirchenjahr, → Oktoechos), statt. Neben Bischof u. Diakon können auch Charismatiker beide Feiern leiten. Im 1. Clemensbrief findet sich möglicherweise ein erster Hinweis auf das Sanctus (Kap. 34), ein längeres Gebet (Kap. 59-61), das als Vorform des Eucharist. → Hochgebetes gelten kann, u. die Charakterisierung der L. als Darbringung der Opfergaben durch den Bischof (Kap. 44, 4), womit die Entfernung vom tägl. „Brotbrechen" im alten Jerusalem deutlich wird. (L. *[leiturgia, leiturgos]* wird vom 1. Clemensbrief als Dienstleistung verstanden, die sich an der Nähe bzw. Ferne von der eucharist. Dienstleistung mißt, so daß an ihrer Spitze Bischof u. Diakon, an ihrem Ende der Laie stehen.) Die erste klare Information über den Aufbau der altkirchl. L. erhalten wir von Justin (gest. um 165). Wir haben es mit einem um den „Gleitkern" von Einsetzungsbericht u. Anamnese des lukanisch-paulin. Typs angelegten Strukturmodell zu tun, das fortan bestimmend blieb. Deutlich lassen sich in diesem Modell bereits 3 Teile unterscheiden: A. der Gebets- u. Lesegottesdienst (→ auch Synaxis); B. die eigentl. eucharist. Feier, C. die Kommunion (Justin: grch. *metalepsis,* 'Teilhabe'). Im ganzen ergibt sich folgender Aufbau:

A	(1)	Gemeinsame Gebete (grch. *koinai euchai*)
	(2)	Lesungen aus NT u. AT
	(3)	Ermahnung (*nuthesia*) u. Aufforderung zu sittl. Leistung (*paraklesis*)
B	(4)	Gemeinsames Gebet (vom Bischof vorgesprochen?)
	(5)	Friedenskuß (*philema*)
	(6)	Darbringung von Brot, Wasser u. Mischwein dem „Vorsteher" durch die „Brüder"
	(7)	„Eucharistia", Danksagung durch den „Vorsteher"
	(8)	Amen der „Brüder" (*epeuphemein,* Akklamation?)
	(9)	Einsetzungsbericht mit knapper eucharist. Theologie („Brot" u. „Trank" werden im Leib u. Blut Christi durch dessen Fleischwerdung heilswirksam)
	(10)	(Vorepikletische Vorstellung vom Gebet des Wortes [*logos*] über der eucharisierten „Speise"?)
	(11)	(Vorstellung von einer Verwandlung [*metabole*] der Elemente in die Heilsspeise, die der Fleischwerdung entspricht?)
C	(12)	Austeilung (*diadosis*)
	(13)	„Teilhabe" (*metalepsis*), d. h. Vorform der späteren Kommunion

Die Kirchenordnung Hippolyts von Rom (gest. um 235, → auch Kirchenrecht), etwa ein Jh. später als die Justins, zeigt dasselbe Strukturmodell, nur mit weit deutlicheren Konturen der einzelnen Abschnitte, wie die Übersicht zeigt (unter Ju die Nr. des L.-Schemas Justins):

Ju		
	A	nicht beschrieben, darf vorausgesetzt werden
6	(1)	Darbringung der Gaben der Gemeinde durch Diakone vor den Bischof, der seine Hand auf die Gaben legt
	(2)	Dialog zwischen Bischof u. Gemeinde
7(?)	(3)	Eucharistisches Hochgebet
9	(4)	Einsetzungsbericht
	(5)	Anamnese
10 (?)	(6)	Epiklese

Was Hippolyt überliefert hat, ist eine voll ausgeführte Anaphora, der Canon missae, das Herzstück der L. Da die Gaben durch Diakone dem Bischof dargebracht werden, wird die Verbindung zwischen ihm u. der Gemeinde durch den Dialog (2) hergestellt, damit auch in ihrem Namen das Eucharist. → Hochgebet vom Bischof gesprochen werden kann. Dieses trägt altertümliche, über 1. Clemens auf die Didache zurückweisende Züge (3), geht aber mit dem Hinweis auf das freiwillige Leiden Christi nahtlos in den Einsetzungsbericht (4) über. Die Anamnese (5) erwähnt nur Tod u. Auferstehung, während in der Epiklese (6) Gott um Herabsendung des hl. Geistes „auf das Opfer (grch. *thysia*) der hl. Kirche" gebeten wird. Wandlungscharakter besaß sie sicherlich nicht. Mit überzeugender innerer Logik hat sich die altkirchl. L. bei allen lokalen Besonderheiten (wie sie sich in den großen Liturgiefamilien [→ unter Ritus] manifestierten) innerhalb dieses Rahmenwerkes weiterentwickelt. Ende des 4./Anfang des 5. Jh. wurde das Sanctus endgültig in das Eucharist. → Hochgebet aufgenommen. Ende des 5. Jh. wurde das Dreimalheilig, das Trishagion üblich. Auch die Kommunion hatte bereits feste Gestalt angenommen, ebenso wie der Aufbau u. die liturg. Formgebung der Lesungen. Damit war das schon bei Justin Mitte des 2. Jh. anzutreffende Grundschema durchgeführt u. aufgefüllt worden. Im Bereich der mit frühchristl. Tradition (s. Abs. 2) eng verbundenen antiochen. L.-Provinz (einschließlich Jerusalem) entfaltete sich im 4. u. 5. Jh., nicht zuletzt im Zusammenhang mit dem Aufbau der stadtjerusalem. Karfreitags-L., eine bestimmte Emotionalisierung des Gottesdienstes, die in dem unblutigen Opfer der Eucharistie ein „schauervolles Mysterium" sah u. deshalb die Bemazone durch Velen verhängte, gewisse hl. Texte, wie die Einsetzungsworte Christi, mit Hilfe von Stillgebeten kultisch „verschwieg" u. schließlich die schlichte Darbringung der Gaben zu einer weihevollen Prozession (Oblationsgang) der Diakone (die als Abbilder der Engel in der himml. L. verstanden wurden) weiterentwickelte (→ auch Prothesis). Damit war die L.-Geschichte der Alten Kirche abgeschlossen.

4. Die Entwicklung der byz. L. beginnt im Zeitalter Justinians (6. Jh.). Sie führt die vor allem antiochen. Ansätze fort u. baut sie in Verbindung mit einer eigenen Kultusästhetik weiter aus. Unverkennbar sind auch die Züge einer für dieses Zeitalter typ. „Reichschristologie", die im zunehmenden Bemühen um Repräsentation des sich in der Eucharistie darstellenden, gerade im Tode triumphierenden Christus zum Ausdruck kommt u. im gleichzeitigen Bild der Kreuzigung Christi eine genaue Entsprechung erhält. Der Einzug des Bischof mit seinem Klerus zu Beginn der L. kannte wohl schon den Hymnus „Eingeborner Sohn". Der Oblationsgang der Diakone wird nun allmählich zum feierl. Großen → Einzug umgestaltet. Der dabei gesungene Hymnus „König der Ehren" (Ps. 24, 7-10) wurde jetzt durch den Cherubimhymnus abgelöst (→ auch Liturgie der vorgeweihten Gaben). War das Vaterunser schon 386 von Kyrill von Jerusalem bezeugt worden, so fand nun das Glaubensbekenntnis ebenso Eingang in die L. wie die Diptychen-Gebete. Ende des 8./Anfng des 9. Jh. werden die beiden L.-Formulare der Chrysostomus- u. Basiliusliturgie in das älteste Euchologion aufgenommen, ebenso die Liturgie der vorgeweihten Gaben. In derselben Epoche ist wahrscheinlich die Jakobusliturgie entstanden u., wenn auch wohl etwas später u. vor einem kirchenpolitisch bedeutsamen Hintergrund, die Petrusliturgie. Damit setzt die zweite Phase der byz. L.-Geschichte ein. Sie ist vor allem durch den Ausbau einer Art Vormesse, der Prothesis, gekennzeichnet, die zunächst vor dem Großen Einzug ihre Stelle hatte, dann aber an den Anfang der L. gelegt wurde. Diese Entwicklung ist im 12./13. Jh. abgeschlossen. Im ganzen hat sich das L.-Schema, wie es der Patriarch von Konstantinopel, Philotheros Kokkinos (gest. 1379) fixiert hat, bis heute erhalten. Gedanklich ist es durch den Einfluß der byz. Mystagogie gekennzeichnet, die das liturg. Drama stark auf die Kreuzigung Christi konzentriert, wie sie in der Ausbildung u. Deutung der Prothesis deutlich wurde. Die Ausgrenzung der Bemazone mit dem Klerus vom Kirchenschiff mit den Laien erreicht durch den Ausbau des Templons zur Bilderwand in spätbyz. Zeit ihre Perfektion, wie denn auch ein bestimmter Funktionalismus im Ablauf der L. nicht zu leugnen ist (→ auch Kultusästhetik). Diese Entwicklung wird durch einen gewissen Manierismus der byz. Kirchenmusik (vgl. auch byz. → Notationen u. → Renaissancen in Byzanz) u. in der Kirchenmalerei bestätigt.

5. Mit der Annahme des byz. Ritus um 1000 übernahm das Kiever Rußland auch die byz. L., u. zwar in erster Linie die inzwischen vorherrschend gewordene Chrysostomusliturgie. Die Prothesis, vor allem die Schlachtung (Opferung) des Lammes u. die Mischung von Wein u. Wasser, zeigt altertüml. Züge. In den ältesten Zeugnissen der altruss. L. fehlt der Cherubimhymnus; auch Vaterunser u. Glaubensbekenntnis erscheinen erst im 13. Jh. endgültig in den Formularen. Die obenerwähnte Festlegung

u. Kodifizierung der byz. L. durch den Patriarchen Philotheos wurde von der russ. Kirche nicht überall mitvollzogen. Die weitere Entwicklung der Kathedral- (d. h. Gemeinde-) L. ist durch immer größere Aufwendigkeit gekennzeichnet, wogegen reformist. Kreise des Mönchtums Stellung nehmen. Die Anzahl der Hymnen, Gebete, Zeremonien, Prozessionen u. a. schwoll derart an, daß man im 17. Jh. zu Simultanlösungen im Ablauf der L. kam (→ Mnogoglasie), die allerdings bald wieder abgeschafft wurden. Die Geschichte der vor allem im 14./15. Jh. durch balkanslav. Einflüsse geprägten altruss. L. wird wesentlich ergänzt durch die Entwicklung einer ebenso eigenständigen wie den erwähnten Einflüssen offenen Kirchenmusik.

6. Im 4. Jh. galt es als Regel, die L. zur Terz, d. h. etwa um 9 Uhr zu halten. Bis heute wurde es Vorschrift, daß dabei der Morgengottesdienst, der im allgemeinen vor allem in Weltkirchen mit der Terz vereinigt wird, beendet sein muß (→ auch Stundengebet). In Verbindung mit der Nachtwache vor Weihnachten (→ Geburt Christi), → Epiphanie, → Gründonnerstag, → Ostern (bzw. Karsamstag) ist die L. auch am frühen Nachmittag möglich (→ auch Basiliusliturgie). Der Aufbau der heutigen L. kann in folgendem Übersichtsschema dargestellt werden (Ju = vgl. mit dem Schema Justins, Hi = vgl. mit dem Schema Hippolyts):

	A	(1) Prothesis
		(2) Enarxis (mit „Eingeborener Sohn“)
		(3) Kleiner Einzug
		(4) Dreimalheilig (Trishagion)
Ju: 2		(5) Lesungen
Ju: 3		(6) Homilie (Predigt)
		(7) Ektenien
		(8) Entlassung der Katechumenen
	B	(9) Entfaltung des Antimensiums (→ Altardecken)
		(10) Kleine Ektenie – erstes Stillgebet
		(11) Kleine Ektenie – zweites Stillgebet
Ju: 6		(12) Großer Einzug mit
Hi:1		(13) Cherubimhymnus – Stillgebet
		(14) Kleine Ektenie – Stillgebet
Ju:5		(15) Friedenskuß
		ANAPHORA
		(16) Glaubensbekenntnis
Hi:2		(17) Dialog
Ju:7 Hi: 3		(18) Eucharist. Hochgebet, erster Teil
		(19) Sanctus
		(18) Eucharist. Hochgebet, zweiter Teil
Ju:9		(20) Einsetzungsbericht
Hi: 4		
Hi:5		(21) Anamnese
Ju: 10		(22) Epiklese
Hi:6		
Ju:11		(23) Wandlung
		(24) Große Fürbitte
		(25) Segen
		(26) Bitt-Ektenie u. Vaterunser
		(27) Elevation
Ju: 12, 13	C	(28) Kommunion
	D	(29) Entlassung (mit Nunc dimittis u. Trishagion)

Dieses Übersichtsschema richtet sich nach den Rubriken u. vermeidet die moderne Hilfsorientierung der Einteilung der L. in Liturgie der Katechumenen (A) u. Liturgie der Gläubigen (B), weil für ostkirchl. Vorstellungen die L. in ihrem Ablauf eine Einheit bildet (→ auch Epiklese).

7. In der Ikonographie der altkirchl. u. byz.-slav. Kunst fand die L. vor allem im Abschnitt der Kommunion in Gestalt der Apostelkommunion ihre Darstellung (→ auch Abendmahl, → Agape). Die Themen der anderen L.-Abschnitte wurden sowohl im Bildprogramm (→ auch Kirchenbau) als auch in der Ikonenmalerei bildhaft wiedergegeben. Zu ihnen gehört vor allem die Vormesse, die Prothesis, deren spezielle Mystagogie vom 13. Jh. ab ikonographisch außerordentlich fruchtbar gewesen ist (→ auch Christusbilder [7]). In spät- u. nachbyz. Zeit (vor allem in Rußland im 16./18. Jh.) wurden die Darstellungen des Cherubimhymnus u. des Eingeborenen Sohnes, oft zusammen mit der Kreuzigung u. Auferstehung Christi, zu komplizierten bildhaften theolog. Traktaten. Christus als urbildhafter u. in seinem Bild zugleich vergegenwärtigter

Die Entwicklungsgeschichte der orthodoxen Liturgie

1. Jahrhundert

Etwa 30:
Einsetzungsworte Christi
(Matt. 26, 26-29, mit Parallelen)
und Erinnerungsauftag (Anamnese)
Vorpaulinisches „Brotbrechen“ mit Wasserbecher(?)
Anfang 55;
Paulus (1. Kor. 11, 23-26)
75-95;
Synoptiker (Matth. 26, 26-29 mit Parallelen)
← *Vor 100:*
Joh. 6, 51 ff.: Sarx (‘Fleisch’) statt Soma (‘Leib’) Christi bei den Synoptikern u. Paulus

2. Jahrhundert

Um 100:
Erster Clemensbrief
Didache
← Ignatius von Antiochien (gest. um 110)
Justin (gest. 165)
2 Teile der Eucharistiefeier: A Lesungen, B Einsetzungsbericht
Zeugnisspuren (vgl. Fendt, 20-28):
Aberkios-Inschrift
Brief des Jüngeren Plinius
Martyrium des Polykarp von Smyrna (gest. 155/156)
Apokryphe Paulusakten
↓ Irenäus von Lyon (gest. um 202)

Sarx (‘Fleisch’) Christi, Spendung alleiniges Recht (Reservat) des Bischofs

3. Jahrhundert

Formular Hippolyts von Rom (gest. um 235)
Syrische Didaskalia (vgl. Fendt, 39-58)
Apostolische Kirchenordnung (Anfang 4. Jh. ?)
Gnostische Schriften
Kirchenväter

4. Jahrhundert

Formular der Apostolischen Konstitutionen (Ende 4. Jahrhundert)
Aufnahme des Sanctus
Andere Schriften (vgl. Fendt 67-77):
Johannes Chrysostomus (gest. 397)
Kyrill von Jerusalem (gest. 386)
Serapion von Thmuis (gest. um 362)
Vaterunser
↓ Antiochenische Liturgieprovinz mit Jerusalem, Palästina:

„Schauervolles Mysterium“ Verhüllen „Verschweigen“ Abbild des himmlischen Gottesdienstes

5. Jahrhundert

Trishagion

6. Jahrhundert

Eingeborener Sohn
Cherubimhymnus
Großer Einzug
Einführung des Glaubensbekenntnisses
↓ Diptychengebete

Cancelli mit Architraven und Vorhängen (Hagia Sophia)

7. Jahrhundert

Liturgie der vorgeweihten Gaben

8.–9. Jahrhundert

Bilderstreit
Euchologion (Basilius-, Chrysostomusliturgie, Liturgie der vorgeweihten Gaben)
Ausbau der Prothesis

9.–10. Jahrhundert

Altslavische Liturgie (→ unter Sprachen) z. T. mit Verarbeitung der römischen Messe:
- Kiever Blätter
- Petrusliturgie

↓ 10.–14. Jahrhundert

Cancelli – Templon – Bilderwand

← Liturgieschema (Rubriken) des Philotheos Kokkinos (gest. 1379)

12. Jahrhundert

Rußland:
- Älteste Liturgieformulare mit altertümlichen Zügen:
- Formular des Varlaam Chutynskij (Ende des 12. Jahrhunderts)
- Formular des Antonij „des Römers“ in Novgorod (Mitte des 12. Jahrhunderts)

15./16. Jahrhundert

→ Allmähliche Übernahme des Schemas des Philotheos in der russischen Kirche

eucharist. Zelebrant erscheint als Bischof in liturg. → Gewändern unter den Typen der Christusbilder, wie auch Basilius u. Chrysostomus als „Chefliturgen“ der orth. Kirche sowohl in der Darstellung der himml. L. wie auf der mittleren Tür u. dem Deesis-Rang der Bilderwand. Kirchenbau u. Bildprogramm stellen auf direkte u. indirekte Weise variantenreiche Entfaltungen der L. als ganzer wie ihrer Einzelthemen dar, wobei alle drei eine sich gegenseitig auslegende (hermeneutische) Einheit bilden, die allerdings den problemat. Funktionalismus eines verwickelten u. beziehungsreichen Zeichensystems kaum verdecken kann. – Tab.; vgl. auch die Übersicht S. 255.

Lit.: Baumstark; J. Betz, Die Eucharistie in der Zeit der Grch. Väter, Bd. 1, 1; Freiburg/Br. 1955; ders., Die Eucharistie in der Didache ALW 11, 1969, 10-39; Beck, 233-241; B. Botte, H. Cazelles (Hg.), Eucharistie d'Orient et d'Occident. Paris 1970; L. Boyer, Eucharistie, Tournai 1966; E. Braniste, L.-Reform in der orth. Kirche: Ihre Notwendigkeit, ihre Grenzen u. ihre Aussichten, OstKSt 27, 1978, 128-142; O. Cullmann, Urchristentum u. Gottesdienst, Zürich 1956[3]; I.-H. Dalmais, Die L. der Ostkirchen, Aschaffenburg 1960; J. Daniélou, L. u. Bibel, München 1963; Dix; G. Delling, Der Gottesdienst im NT, Berlin 1952; I. I. Dmitrievskij, Istoričeskoe, Dogmatičeskoe i Tainstvenoe Izjasnenie na Liturgiju, Moskau 1856[4]; ders., Bogosluženie v Russkoj Cerkvi za pervye pjat vekov, Pravoslavnyj Sobesednik 1882, 1883 (s. auch BoTr 4, 1968, 95); ders., Bogosluženie v Russkoj Cerkvi v XVI veke, T. I, Kazań 1884 (weitere Arbeiten dess. in BoTr., 14, 95-107); L. Duchesne, Origine du Culte Chrétien, Paris 1925[5]; Eisenhofer 2; Fendt; K. Gamber, L. u. Kirchenbau, Regensburg 1976; Goar; Handbuch 1; Hanssens; Heiler, 189-227; Heyer, 109-117; Jungmann 1, 2; N. Krasnosel'cev, K Istorii Pravoslavnogo Bogosluženija ..., Kazań 1889; G. Kretschmar, Die frühe Gesch. der Jerusalemer L., JLH 2, 1956, 22-46; P. Lebedev, O Bogosluženii Pravoslavnoj Cerkvi, 1, 2, Moskau 1901[2]; Lietzmann; N. Maurice-Denis u. R. Boulet, Eucharistе ou la Messe dans ses Variétés, son Histoire et ses Origines, Paris 1953; E. Nesterovskij, Liturgika ili Nauka o Bogosluženii Pravoslavnoj Cerkvi, 2 Bde., St. Petersburg - Moskau 1905, 1909; K. Nikol'skij, Posobie k Izučeniju Ustava Bogosluženija Pravoslavnoj Cerkvi, S. Peterburg 1907[7]; Onasch, Konfessionskunde, 83-126; ders., Der Funktionalismus der orth. L. Grundzüge einer Kritik, JLH 6, 1961, 1-48; J. Pascher, Eucharistie. Gestalt u. Vollzug, Münster (Westf.) 1953[2]; E. Raitz v. Frentz, Der Weg des Wortes „L." in der Gesch., EphLit 55, 1941, 74-80; D. Trempelas, Der orth. christl. Gottesdienst, Orthodoxe Kirche 1, 157-168; J. Tyciak, Gegenwart des Heils in den östl.L.n, Freiburg/Br. 1968; Werner, Reg.: Liturgy; H.-J. Schulz, Handbuch Ostk.kunde II; ders., Die Byz.Liturgie; M. Lurker(Hg.), Wörterbuch der Symbolik, Stuttgart 1983[2], 408-409; A. Schmemann, Introduction to Liturgical Theology, New York 1966; M. Arranz, Les grands étapes de la liturgie byz.: Palestine-Byzance-Russie, Liturgie de l'Église particulière et liturgie de l'Église universelle, Rome 1976, 43-76; N. D. Uspenskij, Vizantijskaja Liturgija, BoTr 21, 1980, 5-53; 22, 1981, 63-115; K. Ch. Felmy, Heilsgesch. u. eschatologische Fülle im orth. Gottesdienst, JLH 24, 1980, 1-22; ders., Die Deutung der Göttl. L. in der russ. Theologie. Wege u. Wandlungen russ. L.-Auslegungen, Berlin, New York 1984; Th. J. Talley, Liturg. Zeit der Alten Kirche, LJb 32, 1982, 25-45; A. J. Chupungco, Cultural Adaption of the Liturgy, New York 1982; Liturgie, Spiritualité, Cultures, Conférence Saint Serge, 29e Semaine d'Études Liturgiques, Rome 1983; La Mère de Jésus-Christ et la Communion des Saints dans la Liturgie. 32e Semaine d'Études Liturgiques, Rome 1986; Eschatologie et Liturgie. 31e Semaine d'Études Liturgiques, Rome 1985; Ch. Walter, Art and Ritual of the Byz. Church, London 1982,Reg.; R. Taft, The Liturgy of the Great Church: an initial synthesis of structure and interpretation of the eye of iconoclasm, DOP 34/35, 1981, 45-75; H. A. J. Wegman, Gesch. der L. im Westen u. Osten, Regensburg 1979; LexMA 5, 2029-2032 (L.II).

Texte: Brightman; N. Edelby, Liturgikon, Recklinghausen 1967; F. v. Lilienfeld (Hg.), Die Göttl. L. des hl. Johannes Chrysostomus mit den bes. Gebeten der Basilius-L., Heft A: Grch.-Dt., Heft B: Russ.-Kirchenslav.-Dt., Heft C: Einführung in den Gottesdienst der orth. Kirche mit bes. Berücksichtigung des eucharist. Gottesdienstes (Göttl. L.), Erlangen 1979; Georgievskij; S. Heitz, Der Orth. Gottesdienst I. Göttl. L.n u. Sakramente, Mainz 1965; La Prière[1]; Maltzew[1]; J. Quasten, Monumenta Eucharistica et Liturgica Vetustissima, Bonn 1935-1937; Th. Schermann, Grch. L.n, Bibliothek der Kirchenväter, 5. Bd., Kempten u. München 1912[2]; C. A. Swainson, The Greek Liturgies, Cambridge 1884; Služebnik, Prag 1950, 70 bis 96 (Čin), 97-177 (Chrysostomus-L.), 195-258 (Basilius-L.); P. N. Trempelas, Hai Treis Leiturgiai, Athen 1935. – S. auch Lit. zu Basiliusliturgie, Chrysostomusliturgie.

Liturgie der Gläubigen (grch. *leiturgia ton piston;* russ. *liturgija vernych*), Bezeichnung für den Abschnitt B der Liturgie mit ihrem Kernstück, der Anaphora (dem Canon missae der kath. Kirche). Im Unterschied dazu wird mit der Liturgie der Katechumenen (grch. *leiturgia ton katechumenon;* russ. *liturgija oglašennych*) der Abschnitt A der Liturgie bezeichnet, in dessen Mittelpunkt die Lesungen und die Wortverkündigung (→ Homilie) stehen. (Der manchmal hierfür gebrauchte Ausdruck „Vormesse" sollte besser für die Prothesis reserviert bleiben). Beide Bezeichnungen sind sekundärer Art, weil aus den lat. Begriffen der kath. Kirche übernommen. Dort wurden im 9. Jh. unter Missa fidelium bzw. Missa catechumenorum die Entlassungen der jeweiligen Personengruppen verstanden; der zuletzt genannte Begriff war schon Ende des 4. Jh. in Nordafrika üblich. Erst nach dem 11. Jh. begann man im Westen unter beiden Bezeichnungen die erwähnten Liturgieabschnitte zu verstehen. Der für sie u. die orth. Lexik entsprechendere Begriff wäre die nichteucharist. bzw. eucharist. Synaxis.

Liturgie der Katechumenen → unter Liturgie der Gläubigen

Liturgie der vorgeweihten Gaben (grch. *lei-*

turgia ton prohagiasmenon doron; russ. *liturgija preždeosvjaščennych darov; lat. missa praesanctificatorum [donorum]),* auch verdeutscht „Praesanktifikatenmesse", Sonderform der Liturgie ohne Vormesse (→ Prothesis) u. ohne Wandlung der Elemente Brot u. Wein in Leib u. Blut Christi. Das letztere geschieht am Sonntag vorher in einer Voll-Liturgie, indem während der Prothesis die für die L. d. v. G. notwendigen Prosphoren vorbereitet werden. Bei der Erhebung der hl. Gaben (→ Elevation) wird während der Brotbrechung nur eines der Siegel gebrochen, während die anderen mit einem liturg. Löffel (→ unter Altargeräte) mit konsekriertem (verwandeltem) Wein befeuchtet u. in einem Brotbehälter (→ Altargeräte) verwahrt werden. Die L. d. v. G. ist also eine Kommunionsfeier in einem entsprechend reduzierten Rahmenwerk der Liturgie. Am Abend gefeiert, ist ihr Aufbau außerdem noch mit dem des Abendgottesdienstes (Vesper) verflochten (s. auch Übersichtsschema). Sie beginnt deshalb wie dieser u. folgt ihm unter Verlesung der 3 ersten Abschnitte (grch. *staseis*) des 18. Psalter-Kathismas (→ auch Gradualpsalmen) u. dem sehr alten Lichterpsalm (→ Kyrie ekekraxa) bis zum ebenfalls altüberlieferten feierl. Abendlied. Nach dem Kleinen → Einzug u. den AT-Lesungen (→ auch Paremejnik, → Prophetologion) an Festtagen mit anschließendem Apostolos u. Evangelium folgt die Entlassung der Katechumenen. Der Cherubimhymnus während des Großen Einzuges besitzt einen eigenen Text, in dem auf Ps. 24,7 hingewiesen wird, der wahrscheinlich der Vorläufer dieses feierl. Hymnus war. Es reiht sich die Feier der Kommunion an, das eigentl. Herzstück der L. d. v. G.

Die Entstehungsgeschichte der L. d. v. G. ist noch nicht völlig geklärt. Die Tradition, d. h. die Handschriften, schreiben sie verschiedenen Kirchenvätern zu (Gregorios Dialogos, d. i. Papst Gregor I. [gest. 604]; Epiphanios von Cypern [gest. 403]; Patriarch Germanos von Konstantinopel [gest. 733]; Basilius der Große [gest. 379] u. a.), ohne daß sich für einen von ihnen hinreichende Gründe beibringen ließen. Lediglich einzelne Gebete lassen sich für diesen od. jenen Kirchenvater nachweisen. Im übrigen ist kaum anzunehmen, daß überhaupt einer von ihnen allein „Verfasser" eines so komplizierten liturg. Gebildes sein könnte, wie es schon die Basilius- u. Chrysostomusliturgie sind. Wenn man die Entstehung der L. d. v. G. auch wohl kaum mit dem apostol. Zeitalter wird ansetzen können, so doch hinsichtlich des in ihr verborgenen Problems in dem unmittelbar folgenden nachapostolischen. Dieses Problem wurde bereits um 100 akut, als die Jerusalemer Gemeindeübung der tägl. u. abendl. Tischgemeinschaft des „Brotbrechens" (vgl. Luk. 24, 35; Apg. 2, 42, → auch Liturgie) abgelöst wurde durch die sonntäglich u. morgendlich gehaltene u. immer feierlicher ausgestaltete Eucharistie. Eine andere Frage stellte sich, als die Große → Fastenzeit immer stärkere Bedeutung für das Gemeindeleben gewann. Das Mönchtum mit seiner inneren Distanzierung von der ständig aufwendiger werdenden Liturgie u. seiner Forderung nach strenger Einhaltung der Großen Fastenzeit als einer Zeit der Buße verband das Wort Jesu von der Abwesenheit des Bräutigams (Matth. 9, 15) mit der Einschränkung der liturg. Feiern in diesem Abschnitt des Kirchenjahres. Als die Synode von Laodizäa (um 370) die „Darbringung des Brotes" (grch. *arton prospherein*) während der Großen Fastenzeit mit Ausnahme des Samstags u. Sonntags verbot, regelte sie nur etwas, was bereits seit längerem Sitte gewesen sein muß. Dem stand aber die Zusage Christi, täglich gegenwärtig zu sein (Matth. 28, 20) u. die durch Paulus überlieferte Aufforderung Christi, seiner in der Eucharistie zu gedenken (1. Kor. 11, 25-26), gegenüber. Der eher seelsorgerlich als liturgisch motivierte Kompromiß zwischen beiden Forderungen wird die Voraussetzung für die allmähl. Entstehung der späteren L. d. v. G. gewesen sein. Dabei dürfte die Altjerusalemer Tradition des abendl. „Brotbrechens", wie sie im Kern von der L. d. v. G. in ihrer endgültigen Gestalt immer noch erhalten wird, eine wichtige Rolle gespielt haben. Ein anderer Grundgedanke dieser Liturgie war im 4. Jh. bekannt u. dürfte schon vorher praktiziert worden sein: die Reservierung des konsekrierten Brotes für bestimmte Zwecke, etwa für Sterbende (nicht zu verwechseln mit den Eulogien, den nichtkonsekrierten Partikeln, die am Schluß der Liturgie verteilt werden.) Mit Hilfe dieser beiden wichtigsten Strukturelemente (abendl. Kommunion u. Reservierung des hl. Brotes) entstand eine eucharist. Feier, die es der Gemeinde erlaubte, Gemeinschaft (grch. *koinonia,* lat. *communio*) mit dem erhöhten Christus u. damit untereinander zu haben, auch dann, wenn, wie in der Großen Fastenzeit, die Feier der Liturgie nicht gestattet war. Der Weg für die L. d. v. G. wurde vor allem frei, als die Trullan. Synode von 692 das Liebesmahl, die Agape, in den Kirchen verbot. Zugleich bezeugt sie neben dem Chronikon Paschale (der „Osterchronik") aus der ersten Hälfte des 7. Jh. zum erstenmal die Existenz der ausgebildeten L. d. v. G. Mit der Basilius- u. Chrysostomusliturgie wird auch das Formular dieser Spezialliturgie im ältesten Euchologion vom 8./9. Jh. mitgeteilt. Etwa zur selben Zeit wird ein einfaches Sättigungsmahl ohne den Charakter eines Sakramentes bekannt, die Akoluthia der Typika, die in Kreisen des Mönchtums beliebt war (das Typikon des Studiosklosters in Konstantinopel bezeugt dieses Spezialoffizium zum erstenmal). Ihm gegenüber stellt die L. d. v. G. aber eine wirkl. Liturgie dar.

Rom übernahm im 7. Jh. die Missa praesanctificatorum aus Byzanz, beschränkte sie aber auf den in der Ostkirche absolut aliturg. Karfreitag. Nach immer komplizierteren Ausgestaltungen im MA wird diese Messe jetzt wieder in ihrer ursprüngl. Gestalt gefeiert. Die L. d. v. G. wird heute in der Ostkirche an folgenden Tagen bzw. zu folgenden Zeiten gehalten: am Mittwoch u. Freitag in den ersten 6 Wochen der Großen Fastenzeit, am Donnerstag der 4. Woche, am Montag, Dienstag u. Mittwoch der Karwoche sowie an Festtagen während der Großen Fastenzeit, wenn diese nicht auf einen Samstag od. Sonntag fallen. Zum Fest der Verkündigung der Gottesmutter während der Fastenzeit s. dieses. Aliturgische Tage, d. h. Tage, an denen keine Liturgie, auch nicht die L. d. v. G., gehalten wird, sind die Tage der Großen Fastenzeit, ausgenommen Samstag u. Sonntag sowie die obenerwähnten der L. d. v. G.; die Tage der Karwoche, ausgenommen die 3 ersten Tage und der Gründonnerstag; die Freitage vor dem Fest der Epiphanie u. der Geburt Christi, wenn diese Feste auf einen Sonntag od. Montag fallen.

Liturgie der vorgeweihten Gaben (Übersichtsschema)

Abendgottesdienst (Vesper), Chrysostomusliturgie
Eingangspsalm 104 mit Stillgebet 4-7
Große Kollekte (→ Synapte) mit Stillgebet 1
18. Psalter-Kathisma
Abendpsalm (→ Kyrie ekekraxa)
Einzug des Bischofs mit Klerus od. des Priesters mit Diakon
Abendlied
Vesper-Lesungen:
- Lectio continua während der Großen Fastenzeit
- (1) aus 1. Mose
- (2) aus den Sprüchen Salomonis
- (3) aus den Briefen (→ Apostolos)
- (4) aus dem Evangelium (→ auch Lesebücher)

Inbrünstige Ektenie
Entlassung der Katechumenen
Während der Großen Fastenzeit Gebet für die „Erleuchteten" (grch. *photizomenoi*), d. h. für diejenigen, die während der Osternacht die Taufe empfangen wollen
Erste u. zweite Kleine Ektenie der Gläubigen mit Stillgebeten des Priesters
Großer Einzug mit Cherubimhymnus
Kommunion
Ps. 34; 145 (aus der Akoluthia der Typika u. des Tisches)
Entlassung

Text: s. Anhang Nr. 5, 4.

Lit.: Baumstark, 29, 171, 235; Dix, 36, 440, 442, 529; H. Engberding, Zur Gesch. der L. d. v. G., OstKSt 13, 1964, 310-314; Fendt, 3, 141, 246, 252; Georgievskij, 145-185; Handbuch 1, 467 f.; Hanssens, Index materiarum: Praesanctificatorum missa; V. Janeras, La Partie Vespérale de la Liturgie Byzantine des Présanctifiés, OrChrPer 30, 1964, 193-222; Jungmann, Reg.: Missa praesanctificatorum; D. N. Moraitis, La Messe des Présanctifiés, Actes du XIe Congr. Intern. Études Byz. 2, Athènes 1956, 220-228; ders., He Leiturgia ton Prohegiasmenon, Thessalonich 1955; A. Raes, La Communion au Calice dans l'Office Byzantin des Présanctifiés, OrChrPer 20, 1954, 166-174; M. Tarchnišvili, Die Missa Praesanctificatorum u. ihre Feier am Karfreitag, ALW 2, 1952, 75-86; N. D. Uspenskij, Liturgija Preždeosvjaščennych Darov, BoTr 15, 1976, 146-184; G. Winkler, Der geschichtl. Hintergrund der Präsanktifikatenvesper, OrChr* 56, 1972, 184-206; ders., Über den Bußcharakter der byz. Missa Praesanctificatorum, EphLit 88, 1974, 117-123.

Liturgiefamilien → unter Ritus

Liturgiekommentare → unter Mystagogie

liturgische Bücher → Bücher, liturgische

liturgische Farben → unter Farben

liturgische Gewänder → Gewänder, liturgische

liturgische Körperhaltungen → unter Gestik, Gestus

M

Magnificat (lat., nach den Anfangsworten von Luk. 1, 46-55, *Magnificat anima mea dominum,* 'Meine Seele erhebet den Herrn'; grch. *Megalynei he psyche mu ton kyrion;* russ. *veličit duša moja gospoda*), Lobpreis der Gottesmutter. Aufbau u. Inhalt richten sich nach 1. Sam. 2, 1-10. Die Frage der Herkunft ist umstritten, ebenso die Frage, ob das M. analog 1. Sam. 2 nicht ursprünglich der Elisabeth zugesprochen wurde. Mit Benedictus u. Nunc dimittis findet sich das M. als eine der bibl. Oden bereits im Anhang des Codex Alexandrinus (5. Jh.). – Während es seit dieser Zeit in der kath. Kirche zum Abendgottesdienst gehört, wird es im byz. Morgengottesdienst vor der neunten Ode des Kanons, die seit alters marian. Charakter trägt, derart gesungen, daß nach jedem Vers als Antiphon eine Kurzhymne (→ Megalynaria) eingeschaltet wird.

Lit.: Baumstark, 26, 40, 99, 110; ders., Nocturna Laus, Münster (Westf.) 1957, 110 f., 185 ff.; Eisenhofer 1, 159, 582; 2, 478, 544 f.; Fendt, Reg.; J. T. Forestell, Background of the M., Marian Studies 12. Washington 1961, 205-244; Handbuch, Reg.; Wirtz, Das M. unter exeget., textkrit., dogmat. u. ästhet. Gesichtspunkten, Trierer Theolog. Zs. 29, Trier 1917, 289-301, 345-353. – S. auch Lit. zu Oden.

Majestas Domini (lat., 'Majestät des Herrn'), ikonograph. Bezeichnung für die Darstellung des erhöhten, von 4 Lebewesen umgebenen, oft über dem Himmelsbogen mit den Gestirnen thronenden Christus (Jes. 6, 1-14; 66, 1; Hes. 1, 4-28; Offb. 4, 2-9). Für die Interpetation ist Irenaeus von Lyon (gest. um 202) von Wichtigkeit; er deutete den Löwen als die Tatkraft u. das Königtum, den Stier als das Opferpriesteramt, das Wesen mit Menschenantlitz als die Erscheinung mit Fleisch u. den Adler als den Geist Christi (→ auch Evangelistensymbole; → Tetramorph). Auch das Sanctus mit seiner Vorstellung von den Engelmächten hat auf die Entstehung dieses Motivs eingewirkt. Die ältesten Zeugnisse der M. D. erscheinen auf Bildern der Apsis (→ auch Bildprogramm). Der zunächst noch bartlose Christus thront vor einem in Gestalt einer Mandorla (→ Aureole) wiedergegebenen Wolkenkranz, hinter dem die 4 Wesen (oft mit dem jeweiligen Evangelienbuch) hervorschauen. In der byz. Malerei erscheinen die Wesen wegen der Ablehnung der Apokalypse seltener, in spät- u. nachbyz. Zeit oft im Zusammenhang mit anderen Themen (z. B. der Dreieinigkeit). In der russ. Kunst entspricht der M. D. der Spas v silach. Nach orientalisch-byz. Vorbild u. unter dem Einfluß der Laudes regiae entwickelte sich zwischen 830-850 ein westl. Typ der M. D., der im 12. Jh. auch das Tympanon (das Halbrundbogenfeld des Portals) eroberte. Im Osten u. Westen blieb der Charakter der M. D. als liturg. Repräsentationsbild erhalten.

Lit.: A. Baumstark, Die karolingisch-roman. M. u. ihre oriental. Parallelen, OrChr* 23, 1927, 242 bis 260; A. Grabar, Images de la Théophanie et de la Majesté du Christ dans les Absides, Bulletin de la Société des Antiquaires de France, Paris 1943, 40, 44, 79 ff.; C. Ihm, Die Programme der christl. Apsismalerei..., Wiesbaden 1960, Reg.; E. H. Kantorowicz, Laudes regiae, Washington 1946, 48 ff. u. Reg.: M.; F. van der Meer, M. Théophanie de l'Apocalypse dans l'Art Chrétien, Rome 1938; P. van Moorsel, Une Théophanie Nubienne, RivAC 42, 1966 (1968, 297-316); V. A. Plugin, Mirovozzrenie Andreja Rubleva, Moskau 1974, 105-106; LChI 3, 136-142; LdK 3, 108-110; LexMA 6, 111 bis 113.

Makarismen → Seligpreisungen

makedonische Renaissance → unter Renaissancen, byzantinische

Malerbücher. 1. Aus byz. Zeit sind uns bisher keine Aufzeichnungen zusammenfassender Art über Techniken u. Bildschemata (→ Ikonographie) der kirchl. Malerei des MA erhalten geblieben. Wahrscheinlich sind über Giotto, Taddeo u. Agnolo Gaddi mündlich überlieferte Malpraktiken aus Byzanz in den *„Trattato della pittura“* des Cennini (zwischen 1390 u. 1400) gelangt. Das Aufkommen der Zwölferfestreihe (des → Dodekaortions) machte lehrbuchmäßige Anweisungen für die Ikonen- u. die Monumentalmalerie notwendig. Die ersten M. dieser Art dürften im 16. Jh. in Griechenland u. Rußland entstanden sein. In Griechenland haben nationales Kulturbewußtsein gegenüber dem Islam u. Abwehr kath. u. protestant. Einflüsse ein gesteigertes Interesse an der Malerei der byz. Epoche geweckt u. die Herausgabe von gedruckten M.n vom 17. bis zum 19. Jh. gefördert. Dabei schloß die Unterdrückung durch die Türken westl. Einwirkungen keineswegs aus, wie die auf Holbein u. Dürer zurückzuführende Apokalypse des Malerbuches vom Athos (→ Kloster; s. Abs. 2) zeigt. Zugleich erwachte auch im Osten die Individualtität des Künstlers; sie vermochte sich aber unter dem Zwang der Tradition nur im Kompilieren einzelner Einflüsse durchzusetzen. Nicht nur der Künstler, auch die einzelne Werkstatt trat immer mehr aus der Anonymität heraus, während gleichzeitig der Massenbedarf an Devotionalien stieg. Die M. hatten deshalb die Aufgabe, einen gewissen Qualitätsstandard der religiösen Malerei zu erhalten u. die alten Maltraditionen im obengenannten Sinne zu konservieren.

2. Das bekannteste der grch. M. ist das vom Berge Athos, die *„Hermeneia tes zographikes technes“* (‘Erklärung der Malkunst’, *hermeneia* bedeutet hier Auslegung [Hermeneutik] eines authentischen, auf bestimmte Urbilder zurückgehenden Bildes). Wenn sich auch eine Handschrift des 16. Jh. mit dem Text der gedruckten Hermeneia weithin deckt, handelt es sich bei der letzteren doch um die Kompilation eines unbekannten Verfassers aus der ersten Hälfte des 18. Jh. Wie damals üblich, wurde das Buch als Werk eines viel älteren Autors, eines gewissen Dionysios von Phurna, ausgegeben, der es 1468 im Anschluß an die Arbeiten des berühmten Malers Pansellinos fertiggestellt haben soll. Eine textkritische u. werkmäßige Überprüfung der „Hermeneia“ hat erst in jüngster Zeit begonnen. Das Buch besteht aus 4 Teilen: Teil 1 behandelt die Maltechniken einschließlich der des „Pausens“ authent. Vorbilder, die nach Ikonen- u. Monumentalmalerei getrennt behandelt werden; die Teile 2 u. 3 beschäftigen sich mit der Ikonographie der einzelnen Themen, Teil 4 mit dem Bildprogramm der Kirchen. Zuletzt wird auf die Legenden eingegangen (Ausgaben: grch. Athen 1853; frz. Paris 1845; dt. Trier 1855, München 1966; wissenschaftl. Ausgabe: Petersburg 1909 von Papadopulos-Kerameus). Ähnliche, z. T. von der „Hermeneia“ unabhängige M. hat es an mehreren Orten auf dem Balkan, im Orient u. in Rußland gegeben, bes. an den Zentren der Malerwerkstätten. Viele von ihnen, vor allem auf dem Balkan, in der Ukraine u. in Galizien, tragen volkstüml. Charakter. Manche liefen auch unter falschem Namen. Daß eine „Hermeneia“ des Serben Nektarios schon am Ende des 16. Jh. auf die Entstehung der russ. M. eingewirkt hat, wird von manchen Forschern bezweifelt.

3. Die älteste Handschrift eines russ. Malerbuches stammt aus dem Jahre 1523; sie befand sich in der Novgoroder Sophienkathedrale (Ausgabe Moskau 1873). Sie steht wohl im Zusammenhang mit den Bemühungen um eine Reform der Ikonenmalerei, wie sie in den Anweisungen der Hundertkapitel-Synode in Moskau 1551 zum Ausdruck kam. Solche M. wurden auch in Rußland zunehmend die Vermittler neuer ikonograph., techn. u. ästhet. Einflüsse u. Vorstellungen. Ihre Drucke gehen größtenteils auf Handschriften des 17. Jh. zurück (Stroganov-Handbuch [Taf.], Moskau 1869; Uvarov- u. Antoniev-Sijskij- Handbuch aus dem hohen Norden, Petersburg 1895-1899, sowie das obengenannte Novgoroder Handbuch). Die Altgläubigen, die sich von der Patriarchatskirche trennten, schrieben ihre eigenen M., die z. T. wertvolle Traditionen pflegten. Mittelpunkte dieser Produktion von M.n waren die zentralruss. Malerdörfer mit ihren Meistern, von denen Dolotov aus Palech im 17. Jh. als Verfasser eines solchen Handbuches bekannt ist. – Man unterscheidet 2 Grundtypen der altruss. M.: (a) den Licevoj podlinnik (der russ. Begriff *podlinnik* entspricht dem grch. *hermeneia*) mit Darstellungen hl. Personen, einzeln, in Gruppen od. Szenen u. nach dem orth. Kirchenjahr geordnet. Die bebilderten Menäen (→ Menaion) des Festzyklus sind wohl das Vorbild gewesen. – (b) Diesem Typ ging

zeitlich das „kommentierte Malerbuch" (russ. *tolkovyj podlinnik*) mit kurzgefaßten Bemerkungen zum Licevoj podlinnik voran, z. T. auch ohne Bilder. Die Handschrift von 1523 ist ein kommentierter Podlinnik gewesen, während die meisten späteren M., darunter der Stroganovskij podlinnik, dem ersten Typ angehören. Im erwähnten Malerbuch des Antoniev-Sijskij-Klosters sind interessante Einflüsse des russ. Malers Ušakov (→ auch Ikonenmalerei) festzustellen. – Taf. 46, 65-69.

Lit.: F. I. Buslaev, Sočinenija, 2. Bd., S. Peterburg 1910, 344-416 (Literatura russkich ikonopisnych podlinnikov); 435-455 (Podlinniki po redakcii XVIII veka; P. Hetherington (Hg.), The „Painters Manual" of Dionysius of Fourna, London 1974; Onasch, Ikonenmalerei, 113-128; A. Papadopulos – Kerameus, Dionisiu tu ek Phurnu: Hermeneia tes Zographikes Technes, S. Peterburg 1909; N. Pokrovskij, Sijskij Ikonopisnyj Podlinnik, 1, 2, S. Peterburg 1895-1899; M. Restle, Die Byz. Wandmalereien in Kleinasien, 1. Bd., Recklinghausen 1967, 193-230; Rothemund 55 ff.; G. Schäfer (Hg.), Das Handbuch der Malerie vom Berge Athos, Trier 1855 (Reprint München 1966); Stroganovskij Ikonopisnyj Licevoj Podlinnik, Moskau 1869; H.Torp, The Integration System of Proportion in Byz.Art. An Essay on the Method of the Painters of Holy Images, Roma 1984; A. J. Jakovleva, „Erminija" Dionisija iz Furny i technika ikon Feofana Greka, Drevnerusskoe Iskusstvo, Moskau 1984, 7-25; H. Skrobucha (Hg.), Die Ikonenmalerei-Technik u. Vorzeichnungen, Recklinghausen 1978; LdK 3, 118-119, 121-122.

Mandorla → unter Aureole

Mandyas (grch., m.; russ. *mantija,* f.), eines der dem Bischof zustehenden kirchl. Gewänder von pelerinenartiger Form u. bis zur Erde herunterreichend; es entspricht etwa der Cappa magna der kath. Kirche. Im byz. Ritus ist dieses Kleidungsstück weit geöffnet u. nur an den beiden unteren Enden befestigt. Der M. ist mit seidenen Querstreifen (grch. *potamoi;* russ. *reki,* 'Flüsse', vgl. Joh. 7, 38) u. an den beiden unteren Ecken der Öffnung manchmal mit quadratisch bis rechteckigen Zierstücken geschmückt, die den Gammadia (→ Gammadion) ähneln. Sie heißen auch Pomata (grch., 'Trank'; russ. *pitie;* vgl. 1. Kor. 10, 4; Hebr. 9, 10) od. in ihrer schlichten Form Tablia (grch.; russ. *skrižal,* f., 'Gesetzestafeln'). Der M. wird beim Einzug in die Kirche u. bei gottesdienstl. Verrichtungen geringeren Grades getragen. Er gehörte zu den kaiserl. Repräsentationsprivilegien, die Konstantin an den Episkopat delegierte, ehe ihn dieser, allerdings ohne die Ausschmückungen, an das Mönchtum weitergab. Lediglich ein Abt, der einem Stauropegial-Kloster (→ Kloster) vorsteht, darf die Tablia an seinem M. führen.

Lit.: Braun, Paramente, 178 f., 244 ff.; Eisenhofer 1, 435 f.; Goar, 99, 399. – S. auch Lit. zu Gewänder, kirchliche; Gewänder, liturgische.

Mandylion → unter Acheiropoietos

Maria → Gottesmutter

Maria von Ägypten → unter Heiligenverehrung

Marienbilder → Gottesmutterbilder

Marienfeste → Gottesmutterfeste

Marienlieder → Theotokion

Marientod → unter Entschlafen der Gottesmutter

Märtyrer (grch. *martys,* m.; russ. *mučenik,* von *muka,* f., 'Qual', 'Pein', *strastoterpec,* m., 'Leidensdulder', *strastonosec,* m., 'Leidensträger'; lat. *testis,* m., *martyr,* m., 'Zeuge') im NT der Zeuge in Rechtsangelegenheiten (Matth. 18, 16; Apg. 7, 57; 2. Kor. 13, 1; 1. Tit. 5, 19), der Augen- u. Ohrenzeuge (Erfahrungszeuge, oft mit rechtl. Charakter: 1. Thess. 2, 10; 1. Tim. 6, 12; 2. Tim. 2, 2; Hebr. 12, 1) u., mit zusätzlicher u. wechselnder Betonung beider Bedeutungen, vor allem der Zeuge des Leidens, Sterbens u. Auferstehens Christi (Luk. 24, 48; Apg. 1, 8.22; 3,15; 1. Kor. 11, 1; 1. Thess. 1, 6; 1. Petr. 5,1 [vgl. Joh. 3, 11.32-33; 5, 31.34; 8, 13.14.17; 19, 35; 21, 24]). Nachdem Christus selbst das Vorbild des Blutzeugnisses (Offb. 1, 5; 3, 14) gegeben hat, das das Gotteszeugnis einschließt (Joh. 5, 30-32), gilt Entsprechendes von dem, der über ihn Zeugnis ablegt (Apg. 22, 20; Offb. 2, 13; 17, 6). Damit war ein neuer Typ der Zeugenschaft entstanden, der neben die Apostel trat. Im 1. Clemensbrief (um 100) wird an Petrus u. Paulus die Einheit des Wahrheits- u. Leidenszeugnisses prototypisch demonstriert. Der Ansatz einer christl. Martyriologie wurde von Bischof Polykarp von Smyrna (gest. 156) dahingehend entwickelt, daß die M. „Schüler u. Nachahmer des Herrn" seien. Die Vorstellung von der Nachahmung (grch. *mimesis*) des Opfertodes Christi im Blutzeugnis in Verbindung mit liturg. Erinnerung, der Anamnese, übertrug in der frühen Christenheit dem M. die Rolle des sakramentalen Vermittlers, indem aus dem Martyrium als ideeller u. dinglich verstandener Fortsetzung der Eucharistie bzw. der Liturgie (so neben Polykarp schon Ignatius von Antiochien, gest. nach 110) u. als Ersatz der Taufe („Bluttaufe", vgl. Joh. 19, 34; Röm. 6) eine Vollmacht erwuchs, die dem Amt des Bischofs gleichkam u. auch die Vollmacht des Charismatikers übertraf. Auf Fürsprache eines M.s wurde z. B. der vom Glauben Abgefallene (lat. *lapsus*) wieder in die Gemeinde aufgenommen, nicht selten gegen den Willen des Bischofs. Häufig wurden die M. in den Klerus aufgenommen, um ihren Einfluß zu neutralisieren. Nach dem Aufhören der Verfogung durch den röm. Staat u. der Abnahme der Zahl der M. übernahm das Mönchtum mit dem asket. Ideal einer *„perpetua crucifixio"* (lat., 'immerwährende Kreuzigung') die Nachfolge der Blutzeugen. Noch einmal, im Zeitalter des Bilderstreits (→ unter Bild), konnte die orth. Kirche eine Reihe von M.n aufweisen, u. auf den weiten Missionsfeldern des byz. Patriarchats hörte ihre Zahl nie auf.

Die Anlage von Märtyrerakten bildete seit der Frühzeit des Christentums die Grundlage der späteren Märtyrerverehrung (dort auch M. in der Kunst). Die Klassifizierung der M. in Groß-M. (grch. *megalomartys;* russ. *velikomučenik*), Bischofs- od. Priester-M. (grch. *hieromartys;* russ. *svajaščennomučenik),* Mönchs-M. (grch. *hosiomartys;* russ. *iero-* od. *prepodobnomučenik*) u. schließlich Bekenner (grch. *homolegetes;* russ. *ispovednik*), der den Glauben unter Martern, aber ohne zu sterben, unter gesellschaftl. Ächtung, Güterkonfiszierung u. a. bezeugt (schon von Tertullian [gest. nach 220] als Titel gebraucht), ist erst später eingeführt worden; sie zeigt deutlich die Integrierung eines Frömmigkeitstyps, der im frühen Christentum selbständig war, in die Ständeordnung (→ Klerus, → Laien, → Hierarchie) der kirchl. Sozietät.

Lit.: N. Brox, Zeuge u. M. Untersuchungen zur frühchristl. Zeugnis-Terminologie, München 1961; H. v. Campenhausen, Die Idee des Martyriums in der Alten Kirche, Göttingen 1936; Dassmann, Reg.; Delehaye, Origines; ders., Martyr et Confesseur, AB 39, 1921, 20-49; E. Günther, Zeuge u. M., ZNW 47, 1956, 145-161; Kötting, Reg.; H. Kraft, Zur Entstehung des altchristl. M.-Titels, Ecclesia et Res Publica. Fs. für K. D. Schmidt, Göttingen 1961, 64-75; G. van der Leeuw, Phänomenologie der Religion, Tübingen 1956, Reg.: M.; M. Lods, Confesseurs et Martyrs, Neuchâtel 1958; J. Wach, Religionssoziologie, Tübingen 1951, 154, 408, 437; G. Widengren, Religionsphänomenologie; Berlin 1969, 172, 211, 420 f., 576 f.; W. C. Weinrich, Spirit and Martyrdom. A study of the works of the Holy Spirit in contexts of persecution and martyrdom in the New Testament and early Christian literature,Washington 1981; Th. Baumeister, Die Anfänge der Theologie des Martyriums, Münster 1980; Ch. Walter, Art and Ritual of the Byz. Church, London 1982, Reg.: martyrdom; martyrs. – S. auch Lit. zu Märtyrerakte, Märtyrerverehrung.

Märtyrerakte, *Märtyrervita.* 1. Wie der Begriff des Märtyrers hat auch der einer M. Rechtscharakter. Man unterscheidet 2 Formen der M.: (a) die von Gerichtspersonen angefertigten Protokolle der Christenprozesse (lat. *acta martyrum*). Zwei solcher Protokolle, u. zwar über das Verfahren gegen Cyprian, Bischof von Karthago, u. seine Hinrichtung am 14. Sept. 258 in der Registratur des Prokonsuls von Afrika, sind erhalten geblieben; (b) die von Augenzeugen od. Zeitgenossen angefertigten Aufzeichnungen (grch. *martyria;* lat. *passiones*). Als älteste Passio ist die des Polykarp von Smyrna (gest. 156) bekannt; sie wurde nach Aufbau u. Inhalt für die altkirchl. Martyriologie vorbildlich. Zu nennen sind aus der Frühzeit ferner: die Passiones der Perpetua u. Felicitas von 202, der „Brief der Gemeinden von Vienna u. Lyon an die Gemeinden in Asien u. Phrygien" vom Ende der 70er Jahre des 2. Jh., der Bericht über das Martyrium des Philosophen Apollonius zwischen 180 u. 185, der als Bericht eines Zeitgenossen auf den Protokollen der Praefectura praetorio in Rom basiert, u. die pers. M.n über die Verfolgungen in Persien im 4. u. 5. Jh. Für die Abfassung solcher Berichte u. Protokolle wurden die Mitteilungen des NT über die Passion Christi, als dessen „Nachahmer" die Märtyrer galten, vorbildlich. Zu den Apokryphen zählen die schon Justin dem Märtyrer (gest. um 165) bekannten Pilatusakten (im Nikodemusevangelium), in denen eine M. über den Prozeß Christi rekonstruiert wurde. Der Wert der M.n besteht in der Historizität der in ihnen geschilderten Persönlichkeiten, deren Bekenntnisse von großer Bedeutung für die Geschichte des Glaubensbekenntnisses sind. Eine Sammlung von M.n Eusebs von Cäsarea (gest. 339) ist verlorengegangen. Sie bildete den Kern seiner Kirchengeschichte, in die auch eine Kurzfassung der Schrift „Über die palästinens. Märtyrer" aufgenommen wurde. Das uferlose Material gelangte, vielfach bearbeitet, zusammen mit den Heiligenviten in die Menäen (→ Menaion), Menologien (Lesemenäen) u. Synaxarien; es gehört damit zu den ältesten Zeugnissen der Liturgie (→ auch Märtyrerverehrung). Nicht zu unterschätzen ist die Bedeutung der M.n wie der Passionsberichte Christi für ein selbständiges Geschichtsbewußtsein des Christentums (s. oben Euseb).

2. Schon in den ältesten M.n findet sich eine Stoffanreicherung (Wunder, Visionen, Auditionen), die über den reinen Protokollcharakter hinausgeht. Sie führte nicht selten zu phantast. Ausmalungen u. sogar reinen Fiktionen von Märtyrern. Das volkstüml. Element erreichte in bestimmten Abschnitten immer wieder die Oberhand u. mußte wiederholt ausgeschieden werden (→ auch Menologion). Das erreichbare od. bei fiktiven Blutzeugen konstruierte Material wurde nach literar. Regeln (→ Enkomion, → Panegyrikos, → Topik) bearbeitet u. zur „ep. Passion" (Delehaye), der M., gestaltet. Nicht selten, vor allem in bestimmten Phasen der byz. theologisch-asket. Literaturgeschichte, arteten die byz. Märtyrerviten in Schwarz-Weiß-Malerei aus u. scheuten billige Überraschungseffekte nicht; ebenso aber entstanden auch Werke von klass. Schönheit. Heute sind diese Viten nicht mehr Gegenstand der eigentl. Martyriologie, sondern der Hagiographie, der Heiligengeschichtsschreibung. – Wie die Heiligenvita hat auch die M. auf die christl. Ikonographie eingewirkt.

Lit.: H. Delehaye, Les Passions des Martyrs et les Genres Litteraires, Bruxelles 1966^2; A. Hamann, Das Heldentum der frühen Märtyrer, Aschaffenburg 1958; J. Quasten, Patrology, 1. Bd., Utrecht – Antwerpen 1950, 176-185; H. Rahner, Die M.n des zweiten Jh., Freiburg/Br. 1941; K. Gamber, Sie gaben Zeugnis. Authentische Berichte über Märtyrer der Frühkirche, Regensburg 1882. – S. auch Lit. zu Märtyrer, Märtyrerverehrung; altruss. M.n s. Lit. zu Hagiographie, Heiligenverehrung.

Märtyrergrab, *Märtyrerkirche* → Martyrion, → Memoria

Märtyrerverehrung. 1. Im Gegensatz zu den Helden-(Heroen-)Festen der Spätantike war der Ausgangspunkt der frühchristl. M. die jährl. nächtl. Erinnerungsfeier (lat. anniversaria) bei der man am Grabe des Märtyrers (→ Martyrion, → Memoria) seinen Todestag als in der Auferstehung Christi begründete Neugeburt (→ Dies natalis) beging. Diese grundsätzl. u. ausschließl. Orientierung an der Person Christi wurde dann auch auf die Heiligenverehrung übertragen. Drei Voraussetzungen waren für solche Feiern konstitutiv: (a) die Verlesung der Märtyrerakte, (b) das Gedächtnismahl od. Refrigerium (lat.), wie es uns von den Anfängen der Apostelfeste u. aus den Katakomben bekannt ist, u. schließlich (c) die Feier der Eucharistie (→ auch Liturgie). Im 3. Jh. waren solche Gedächtnisfeiern allgemein üblich. Noch im 4. u. 5. Jh. wurden sie oft von den Heroenfeiern mit ihrer lauten Musik u. ihren Tänzen gestört. Gegen diese richteten sich bestimmte Prozessionen u. „Umgänge" mit spezifisch christl. Gehalt u. Stil. Gleichzeitig mehrten sich aber auch Klagen über die Übernahme einer Reihe von nichtchristl. Sitten durch die Christen bei ihren Trauerfeiern, wie z. B. das Verzehren der Kolyba.

2. Die im 4. Jh. (auch unter den Arianern) stark zunehmende M. machte eine Kontrolle durch den Bischof dringend notwendig. Sie wurde durch Vorlage der erwähnten Märtyrerakte u. durch die Heiligsprechung erreicht. War sie erfolgt, wurde die Verehrung eines Märtyrers durch die Feier der Eucharistie als Ausdruck der Kirchengemeinschaft (grch. *koinonia*) u. die Errichtung einer Erinnerungsstätte an dem Grabe im Sinne des Kirchenrechts anerkannt. Zugleich wurde der Dies natalis in die Reihe zunächst der lokalen, später der gesamtkirchl. Feste aufgenommen. Die Gedächt-

nistage der M. u. später der Heiligenverehrung allgemein bildeten das erste Gerüst des unbewegl. Zyklus im Kirchenjahr. Im Laufe der Zeit wurde an jedem Tag mindestens ein Märtyrer od. Heiliger kommemoriert (lat. *commemoratio,* liturg. Form der Erinnerung im Gottesdienst); ihre Namen u. Viten gingen schließlich in die Menäen, Menologien u. Synaxarien ein. Ein wesentl. Faktor der M. bildete das den Märtyrern zugestandene Recht der Fürbitte (Interzession) vor Gott, begründet durch ihre Abbildhaftigkeit im Verhältnis zu Christus u. die Christusvisionen während des Martyriums. Die M. wurde zu allen Zeiten durch die Verbreitung ihrer Reliquien gefördert; letztere bildeten die Voraussetzung für die Kirchenweihe.
3. Das Recht zur Anfertigung eines Bildes, das in späterer Zeit bereits mit der bischöfl. Erlaubnis einer Gedächtnisfeier verbunden war, eröffnete, auch im Zusammenhang mit den kirchl. Patrozinien der Märtyrer, für die Kunst reiche Möglichkeiten. Das Bild des altkirchl. Märtyrers erscheint, lange vor der Anerkennung bildhafter Wiedergaben durch die Kirche, in den verschiedensten Formen der Kleinkunst u. Devotionalie; durch sie ist die schnelle Ausbreitung der M. nach dem Aufhören der Verfolgungen mit zu erklären. Neben der Monumentalwar es im MA vor allem die Ikonenmalerei, die durch ihre Randbilder die Möglichkeit zur Darstellung der Märtyrerviten u. die Schaffung einer bestimmten Frömmigkeits- u. Intimsphäre bot, während die erstere insbesondere im Bildprogramm der Kirchen das Leiden u. Sterben des jeweiligen Kirchenpatrons vielen Gläubigen nahebringen konnte. Zu den Symbolen der M. in der Kunst gehören die allgemeinen u. speziellen Attribute der Blutzeugenschaft u. die rote Farbe.

Lit.: B. de Gaiffier, Reflexions sur les Origines du Culte des Martyrs, Maison-Dieu 52, Paris 1957, 19 bis 43; G. Jouassard, Aux Origines du Culte des Martyrs dans le Christianisme, RSR 39, 1951, 362 bis 367; Th. Klauser, Christl. Märtyrerkult, heidn. Heroenkult u. spätjüd. Heiligenverehrung. Neue Einsichten u. Probleme, Köln u. Opladen 1960. – S. auch Lit. zu Heiligenverehrung, Märtyrer, Märtyrerakte.

Martyriologie, der Hagiographie entsprechende, heute durch sie vertretene Forschung über Eigenart u. Geschichte des Märtyrers, der Märtyrerakten, des Martyriologiums u. der Märtyrerverehrung.

Martyrion (grch., n., 'zum Beweis od. Zeugnis dienendes Objekt').
1. In der oben angeführten Bedeutung wird M. von Euseb von Cäsarea (gest. 339) für den im Mittelpunkt der Feierlichkeiten des Karfreitages stehenden Komplex der Bauten des hl. Grabes in Jerusalem (zum folgenden → auch Kirchenbau) als Zeugnisort des Leidens, Sterbens u. Auferstehens Christi gebraucht. Erst Ende des 4. Jh. wird mit M. die Konstantinische Basilika bezeichnet, während die Rotunde über der Grabeshöhle Anastasis (grch., 'Auferstehung') hieß.
2. In der Nachfolge E. Renans (Palästina mit seinen hl. Stätten als „fünftes Evangelium“) hat A. Grabar den Begriff des M.s in erster Linie auf alle Bauten angewendet, die mit den lokalen Traditionen der Erscheinung Christi („Theophanien“) in Jerusalem u. Palästina verbunden sind. Dazu gehören die hl. od. „myst. Höhlen“ der Geburt Christi, des Grabes u. der Auferstehung (s. oben), des Ölbergs (grch. *eleona,* Höhle, in der Christus seine Jünger gelehrt haben soll) u., ideell vor allem mit der Grabeshöhle zusammenhängend, das Grab des Lazarus (→ auch Lazarussamstag). Wie das Heldengrab (Heroon) der Antike u. Spätantike oft als kleinerer Zentralbau mit einem Tempel verbunden war, so auch in den erwähnten Fällen der hl. Höhlen der über ihnen errichtete Zentralbau mit einer Basilika.
3. Auch der Gedächtnisbau über dem Grab mit den Reliquien eines Märtyrers, für den im Lat. der Begriff Memoria üblich war, wurde nicht selten als M. bezeichnet, wie man denn auch die „myst. Höhlen“ als Stätten ideeller Reliquien auffassen kann. Für die Ikonographie der entsprechenden Feste (→ Geburt Christi, → Karfreitag, → Kreuzigung Christi, → Lazarussamstag) waren sie von entschiedener Bedeutung.

Lit.: J. Davis, Eusebius' Description of the Martyrium at Jerusalem, American Journal of Archaeology 61, Baltimore – Princeton 1957, 171 ff.; Grabar, Martyrium, 1. Bd.; Th. Klauser, Vom Heroon zur Märtyrerbasilika, Bonn 1942; Onasch, Weihnachtsfest, 178-194 (zur Mystagogie der hl. Höhlen); E. Wistrand, Konstantins Kirche am hl.

Grabe in Jerusalem nach den ältesten literar. Zeugnissen, Göteborg 1952; LdK 3, 186; RBK 3, 525-615 (Jerusalem). – S. auch Lit. zu Memoria.

Martyrologium, eine nach dem Kirchenjahr geordnete Namenliste der Märtyrer mit der Angabe des Todestages (→ Dies natalis) u. der Orte ihrer Verehrung, oft mit Hinweis auf die Gedenkstätte, die → Memoria. Das älteste M. ist die „Depositio martyrum" des stadtröm. Chronographen von 354 (→ auch Geburt Christi, → Zeitrechnung). Daneben ist eine syr. Liste von 411 aus Edessa zu nennen, deren verlorengegangene grch. Vorlage in das 4. Jh. zurückgereicht haben dürfte. Das fälschlich Hieronymus (gest. 419) zugeschriebene M. Hieronymianum harrt noch der genauen Untersuchung. Im byz. Ritus entsprechen dem M. etwa die Notizen des Synaxarions.

Lit.: H. Achelis, Die Martyrologien. Ihre Gesch. u. ihr Wert, Berlin 1900; Handbuch 2, 316-317 u. Reg.; H. Quentin, Les Martyrologes Historiques du Moyen Age, Paris 1908. – S. auch Lit. zu Märtyrer, Märtyrerverehrung.

Maßikone (russ. *razmernaja ikona*), eine Ikone, deren Bildträger unmittelbar nach der Geburt eines Kindes nach dessen Maßen zugeschnitten u. mit dem Bild seines Namensheiligen od. Patrons (→ auch Heiligsprechung) versehen wurde. Solche M.n waren vor allem in Rußland im 17./18. Jh. sehr beliebt. Technik u. Stil entsprachen der Miniaturmalerei.

Matroneum (lat., n.; grch. *gynekaion,* n.), Aufenthaltsraum für die Frauen, vorzugsweise auf der Empore. Nach den Apostol. Konstitutionen (→ Kirchenrecht) am Ende des 4. Jh. hatten die Frauen (in Jungfrauen, Verheiratete mit Kindern u. Witwen eingeteilt) im Kirchenraum (grch. *oikos*) ihren Platz hinter den Männern.

Matutin → Morgengottesdienst

Mausoleum → unter Memoria

Medaillon (frz./ital.), moderne Bezeichnung für bestimmte Gegenstände der spätantiken u. altkirchlich-byz. Kunst.
1. Bezeichnung für einen Schmuck od. ein Bildnis runden, ovalen od. vieleckigen Formats, größtenteils aus Email, aber auch aus Metall od. Glas, die an einem Kettchen getragen wurden, z. B. das Brust-M. (→ Enkolpion).
2. Bezeichnung für ein rundes od. ovales Bildnis, das weitgehend dem Clipeus (lat.; ital. *tondo*) entspricht. Solche M.s finden sich bei Christus- u. Gottesmutterbildern, auf dem frühen Templon (der Vorform der Bilderwand), auf frühen Darstellungen der Deesis u. a.
3. Mit M. werden auch Bilder auf Altargeräten, vor allem auf dem Kelch, bezeichnet.
4. Dasselbe gilt für entsprechende Darstellungen auf sakralen Textilien.

Megalynaria, *Megalynarien* (grch., n. plur., von *megalynein;* russ. *zadostojniki,* m. plur., von *dostojno est',* 'würdig ist es'; lat. *magnificare,* 'erheben', 'lobpreisen' [vgl. Luk. 1, 46]), Kurzstrophen, die an den Großen Festen anstelle des Magnificats in die Troparien der neunten Ode des Kanons eingeschaltet werden u. den jeweiligen Festgehalt mariologisch u. heilsgeschichtlich deuten (→ auch Kanon, Goldener). Von manchen werden auch die Gottesmutterhymnen, mit denen in der Liturgie die großen Fürbitten der Diptychen eingeleitet werden, zu den M. gezählt. Diese Entwicklung von der bibl. neunten Ode, dem Magnificat, zur poetischen, ebenfalls mariologisch bestimmten neunten Ode des Kanons u. zu den M. ist charakteristisch für die byz. Kultusästhetik. – Text: s. Anhang Nr. 24.

Lit.: Anthologia Graeca, LXVI, 84-86; Georgievskij, 11-12; Jungmann 2, 215, Anm. 13.

Melashippos → unter Heiligenverehrung, → auch Heiligenbilder

Melismos → unter Christusbilder

Melode (grch. *melodos,* m., 'Dichter', 'Sänger'; russ. *rospevščik,* m., *sladkopevec,* m.), Schöpfer der Texte u. Melodien byz. Hymnen (→ unter Kirchendichtung, → Kirchenmusik), im Gegensatz zu den spätbyz. Melurgoi (grch.), die in der Hauptsache die traditionellen Formen übernahmen, u. den Maistores (grch., von dt. Meister, ital. *maestro*), denen die prakt. Durchführung unterstand. Zu den bedeutendsten M.n gehören

u. a. Romanos (gest. 573), Andreas von Kreta (gest. 740), Johannes von Damaskus (gest. um 750), Kosmas von Majum (8. Jh.), Theodor Studites (gest. 826; → auch Kanon, → Kontakion). Zur Gruppe der Maistores gehören u. a. Johannes Glykys (gest. 1319), Manuel Chrysaphes (gest. um 1453), Theodulos Hieromonachos (14. Jh.) u. Johannes Kukuzeles (gest. nach 1355), der letzte bedeutende Theoretiker u. Kirchenliedschöpfer des dem Untergang geweihten Byzanz. Soweit kanonisiert (→ Heiligsprechung), sind die M.n auch in der Kunst dargestellt worden.

Lit.: E. Bouvy, Poètes et Mélodes, Nimes 1886; Filaret (Gumilevskij), Istoričeskij Obzor Pesnopevcev i Pesnopenij Grečeskoj Cerkvi, S. Peterburg 1902³; Palikarova - Verdeil, 26, 30; Wellesz, 145, 238, 329; Werner, 187; LChI 8, 1-3; s. dort auch Lit. zu den einzelnen M.n.

Memoria (lat., f., 'Erinnerung', 'Gedenken'), Lokalität zum Abhalten feierl. Totengedenkens (grch. *mneme;* lat. *commemoratio),* in der Antike als Heroon (grch., 'Heldengedenkstätte') od. auch Martyrion bekannt. Für die Geschichte der christl. M. waren die Memorien des Spätjudentums über den Gräbern von Propheten, Glaubenszeugen u. berühmten Lehrern in Gestalt einfacher kubusförmiger, mit Dach od. kleiner Kuppel bedeckter Bauten vorbildlich, in dieser Weise wurden sie allerdings auch von anderen Kultgemeinschaften errichtet. Schließlich sind Synagogen bekannt, die über solchen Gräbern erbaut wurden. Die Alte Kirche übernahm diese Prototypen für die Errichtung von Märtyrer-Gedenkstätten, an denen die liturg. Märtyrerverehrung gepflegt werden konnte. Mit deren Zunahme u. nach Aufhören der Verfolgungen hatte die Kirche großes Interesse an der baul. Gestaltung solcher Memorien; für sie wurde sowohl der Typus der Basilika als auch der des Zentralbaus mit seinen mannigfachen architekton. Möglichkeiten herangezogen (→ auch Kirchenbau). Im Orient waren alleinstehende Mausoleen üblich od. die M. als Nebenbau einer Kirche.
Dort wurden die Reliquien deponiert, während sich im Westen ihre Unterbringung unter dem Altar durchsetzte. Neben der Rotunde (z. B. Helena-Mausoleum, S. Costanza, S. Stefano Rotondo mit dem Martyrion in Jerusalem als Vorbild) wurde deshalb in Rom die großräumige Basilika der westl. Prototyp einer Memorialkirche (→ auch Coemeterialkirche), wie die alte Apostel-M. Petri et Pauli der Basilica Apostolorum an der Via Appia, Alt-S. Peter, S. Paolo fuori le mura (S. Paul vor den Mauern) u. a. (→ Kirchenbau). Schon mit Rücksicht auf die Pilgerscharen wurde in solchen Basiliken (auch in der Konstantinsbasilika in Jerusalem) täglich Liturgie gehalten, im Gegensatz zu den Mausoleen des Orients mit der jährl. Eucharistiefeier am Dies natalis, dem Todestag des Märtyrers. Um diesem Zweck zu genügen, wurde bei manchen Kirchen zwischen die Apsis u. das Haupthaus das Querhaus, das Transept, gezogen. In der Apsis befand sich die M. im engeren Sinne, d. h. eine oberird. Anlage mit Baldachin od. Ciborium über dem Altar u. der unterird. Confessio mit dem Grab. Damit war im Westen die Märtyrerverehrung der Liturgie völlig integriert u. der Zugang von Mitgliedern einer Häresie zu ihr sehr erschwert. Es sei noch darauf hingewiesen, daß es auch Memorien ohne Reliquien-Deponierung gab, wie die Apostelkirche in Konstantinopel u. die Johanneskirche in Ephesos, wo die Reliquien durch ein Kenotaph, ein leeres Grab als Repräsentationsmonument, ersetzt wurden.

Lit.: F. W. Deichmann – A. Tschira, Das Mausoleum der Kaiserin Helena u. die Basilika der hl. Marcellinus u. Petrus an der Via Labicana vor Rom, Jb. des DAI 72, Berlin 1957, 44-110; F. Dölger – A. M. Schneider, Byzanz, Bern 1952, 265 bis 268, 281 ff.; Grabar, Martyrium, 2. Bd.; J. Jeremias, Heiligengräber in Jesu Umwelt, Göttingen 1958; Th. Klauser, Vom Heroon zur Märtyrerbasilika, Bonn 1942. – S. auch Lit. zu Kirchenbau, Martyrion.

Menaion (grch. *biblion menaion,* 'Monatsbuch'), eines der für den unbewegl. Zyklus des Kirchenjahres notwendigen liturg. → Bücher des orth. Ritus. Während das handschriftl. M. in Aufbau u. Inhalt sich nur wenig vom Menologion unterschied u. mit ihm synonym gebraucht wurde, führt das gedruckte M. sowohl Kurzfassungen der Heiligenviten, das Synaxarion, als auch das nach den 8 Kirchentönen (→ Oktoechos) geordnete hymn. Material, neben bestimmten Gruppen der Stichera vor allem den Kanon, die anderen Gesänge des Morgengottesdienstes (bei Festtagen auch der Nachtwache) u. die Lesungen. Auch das liturg. Typikon, das Vorschriften für den Ablauf des Kirchenjahres enthält, ist in das M. aufgenommen worden. Wie die Bezeichnung „Monatsbuch" bereits sagt, handelt es sich um jeweils eines von 12 Monatsbüchern, das mit anderen auch zu Viertel- u. Halbjahresbänden vereinigt werden kann. Die Entwicklung des M.s scheint im 11. Jh. eingesetzt zu haben. Die Druckausgaben beginnen mit den venetianischen des 16. u. denen des Athosmönchs Kutlumusianos im 18. Jh. In der russ. orth. Kirche unterscheidet man die *Mineja mesjačnaja* ('Monats'-M.) mit dem Hymnenmaterial der Herrn-, Gottesmutter- u. Heiligenfeste (→ Heiligenverehrung) für jeden Tag von der *Mineja prazdničnaja* ('Fest'-M.) mit dem gesamten liturg. Material für die großen Fest- u. Heiligentage einschließlich der Stundengottesdienste, während schließlich die *Mineja obščaja* (Allgemeines M.) die allgemeinen Anweisungen für die Klassen u. Gruppen der Märtyrer u. Heiligen u. anderes Material der tägl. Offizien bringt. Von diesen Typen des russ. M.s sind die nichtliturg. Lesemenäen grundsätzlich zu unterscheiden. – S. auch die Tab. zu Kirchenjahr.

Lit.: Beck, 251-252, 555; Maltzew[5]; Onasch, Weihnachtsfest, 33-40, 48-69. – S. auch Lit. zu Bücher, liturgische; Menologion, Synaxarion.

Menologion (grch. *biblion menologion,* 'Monatsbuch'), im byz. Ritus ein Buch, in dem ausführl. Heiligenviten nach den Monatstagen u. dem Kirchenjahr geordnet u. im allgemeinen ohne das gottesdienstl. Material des Menaions gesammelt sind. Das gesamte M. besteht aus 12 Bänden; bereits die Handschriften kennen Sammlungen für 2, 3 u. 4 Monate sowie für ein halbes Jahr. Das M. ist also keines der liturg. → Bücher im strengen Sinne, sondern bietet neben den bibl. auch nichtbibl. Lesungen, oft auch Predigten (→ Homilie), Texte aus Apokryphen, Enkomien u. Panegyriken für bestimmte Feste, für den Gebrauch im Kloster u. als Privatlektüre. Dieser Typus wurde im 16. Jh. von den russ. Lesemenäen weiter ausgebaut. Die Kurzfassungen der Viten wurden im Menaion u. Synaxarion aufgenommen. Es gibt schließlich auch Sammlungen, die das Lesematerial für den bewegl. Zyklus des Kirchenjahres bieten. Sie sind aber relativ selten.

Historisch bilden die Märtyrerakten den Ausgang einer zum M. führenden Entwicklung. Die Ergänzung u. schließlich Ablösung der Märtyrer- durch die Heiligenverehrung brachte eine starke Vermehrung des Lesestoffes vor allem für den Bedarf der Klöster mit sich. Während wir vom 5.-7. Jh. nur aus Andeutungen auf das Vorhandensein solcher Sammlungen der altkirchl. u. frühbyz. Hagiographie schließen können, erhalten wir die ersten genaueren Informationen zur Zeit des Bilderstreites (→ unter Bild), nicht zuletzt wegen der Märtyrer in den Reihen der Bilderfreunde (Nachrichten auf der 7. Ökumen. Synode 787, ergänzt durch solche des Patriarchen Methodios [gest. 847]). Ihre Bezeichnung lautete wahrscheinlich Panegyrikomartyriologion od. M., womit ihr Aufbau u. Inhalt beschrieben ist. Dieser in der Folgezeit sehr zahlreich vertretene Typus wurde sowohl zur Lektüre in den Klöstern als auch in den Gottesdiensten benutzt. Aus ihm haben sich die anderen obenerwähnten Bücher entwickelt. Das Anwachsen der Texte, die Infiltration phantastisch-legendärer Vorstellungen auf der einen u. die intensive Beschäftigung mit der antiken Rhetorik im 10./11. Jh. (→ Renaissancen in Byzanz) auf der anderen Seite führten zu einer durchgreifenden Reform des M.s im 10./11. Jh. durch Symeon Metaphrastes. Traditionelle Texte wurden überarbeitet u. diejenigen der Herrn- u. Gottesmutterfeste in das Panegyrikon übernommen. Jeder Tag wurde im allgemeinen mit nur einem Heiligen bedacht u. schließlich die Viten des Sommerhalbjahres wegen der Kürzung des Morgengottesdienstes reduziert. Das M. des Metaphrastes wurde vorbildlich für alle entsprechenden Sammlungen im byz.-slav. Raum. Daneben hielten sich in den verschiedenen orth. Kirchen (→ auch Autokephalie, → Ritus) nichtmetaphrastische bis volkstüml. Texte. Im Hesychasmus des spätbyz. Mönchtums vollzog sich ein letzter Stilwandel von der klass. Strenge zur psychologisierenden Darstellung der Heiligen (→ auch Renaissancen in Byzanz); er konnte sich aber in Byzanz nicht mehr auswirken.

Das M. war Gegenstand der Miniaturmalerei. Zu den kostbarsten illuminierten Exemplaren gehört das M. des byz. Kaisers Basileios' II. (gest. 1025).

Lit.: Beck, 251-252, 272 ff., 572 ff.; H. Delehaye, Les Ménologes Grecs, AB 16, 1897, 311-329; ders., Le Ménologe de Métaphraste, AB 17, 1898, 448-452; A. Ehrhard, Überlieferung u. Bestand der hagiograph. u. homilet. Lit. der grch. Kirche, 3 Bde., Leipzig 1937-1952; P. Mijovič, Une Classification Iconographique de Ménologes Enluminés, Actes XIIe Congr. Intern. Études Byz. Ochride 10-16 Sept. 1961, 3. Bd., Beograd 1964, 271-279; S. der Nersessian, The Illustrations of the Metaphrastian Menologium, Late Classical and Medieval Studies. In Honor of A. M. Friend Jr., Princeton 1955, 222-231; Onasch, Weihnachtsfest, 36-39; K. Weitzmann, Greek Mythology in Byzantine Art, Princeton 1951, Reg.: M.; ders., Aus den Bibliotheken des Athos, Hamburg 1963, Nr. 17, 18, 19.

Metanien → unter Proskynese

Method → unter Heiligenverehrung, → auch unter Sprachen

Metropolit (grch. *metropolites,* m., von *metropolis,* f., Hauptstadt einer röm. Provinz od. Diözese; russ. *mitropolit,* m.), in der Alten Kirche u. in Byzanz leitender Bischof mit dem Sitz in der Hauptstadt eines größeren staatl. Verwaltungsgebietes, vor allem einer Provinz od. Diözese. Im Gegensatz zum Institut des Erzbischofs u. auch des Patriarchen, die sich aus den Vorstellungen der Gemeinde u. des Kirchenrechts über das Bischofsamt entwickelt haben, ist das des M.en charakteristisch für das Verhältnis von Kirche u. Staat im Zeitalter Kaiser Konstantins (gest. 337). Die Kanones 4-7 der 1. Ökumen. Synode von Nicäa (325) setzten die Metropolitanverfassung durch, nach der ein M. mit dem Sitz in der jeweiligen Provinzhauptstadt die Oberaufsicht über die Bischöfe seines Bereiches führen sollte. Dabei konnte man z. T. an die ältere u. bewährte Tradition der bedeutenden Erzbistümer, allen voran in Alexandrien, Rom u. Antiochien, anknüpfen. In der Institution eines Ober-M.en in den Diözesanhauptstädten des Reiches wurde eine Angleichung an die obersten staatl. Verwaltungsbehörden erreicht; außerdem war angesichts der mit den dogmat. Streitigkeiten verbundenen Kämpfe um Bischofssitze bzw. bei deren Vakanz eine bessere Kontrolle im Interesse der Reichskirche u. des Kaisers möglich. Ohne Zweifel machte die Situation der vom Staate anerkannten Kirche übergemeindl. Organisationsformen notwendig, wobei die parallelen Verwaltungsmechanismen beider keineswegs nur ihrem gegenseitigen Konsensus dienten, sondern auch Ausdruck eines grundsätzl. Konkurrenzverhältnisses waren.

Zu den Rechten des M.en gehörten die Aufsicht über die Wahl der Bischöfe, oft auch deren Weihe (→ auch Cheirotonie), sowie die Einberufung nicht nur der Metropolitansynode, sondern ebenso der Synoden der lokalen Bistümer; die ersteren dienten auch als Zwischeninstanzen zu den Reichssynoden (Ökumen. Synoden). Der M. selbst wurde von den Bischöfen seines Aufsichtsbereiches gewählt u. inthronisiert. Hatte er einen der obenerwähnten großen u. bedeutenden erzbischöfl. Throne inne, war er der unumschränkte, monarchisch regierende Herrscher über Klerus u. Laien seiner Diözese, wie auch die Metropolitanverfassung die ältere erzbischöfliche nur in seltenen Fällen zu erschüttern vermochte. Vielmehr erreichte die erzbischöfl. Verfassung in der Errichtung der Patriarchate (→ Patriarch) nicht nur die Obergewalt über die M.en, sondern wurde zugleich die einzige Autorität einer selbständigen, d. h. autokephalen Kirche. Trotzdem blieb im Osten die Metropolitanverfassung der Kirche angesichts der ständigen inneren u. äußeren Erschütterungen u. der im Verhältnis zu den westl. Diözesen größeren Zahl u. Dichte der Städte u. Provinzen ein Faktor, der Tradition u. Stabilität der Gemeinden garantierte. Mit der Unterordnung unter den jeweiligen Patriarchen wurde es in Byzanz üblich, daß die in Konstantinopel ständig tagende Bischofssynode (grch. *endemusa*) den M.en wählte, der vom Patriarchen geweiht wurde. Gleichzeitig verlor auch die Metropolitansynode Bedeutung u. Einfluß auf die Bischofssynoden. Der Umbau der alten Verwaltungsgebiete des Röm. Reiches, der Präfekturen und Diözesen, in die Themata, die Militärprovinzen, seit dem 7. Jh. u. der Verlust der oriental. Provinzen seit demselben Zeitraum ließen zwar die Metropolien ihrer ursprüngl. Basis verlustig gehen, machten aber auf der anderen Seite in mittelbyz. Zeit ihre Stärkung notwendig. Neben u. nicht selten in Konkurrenz zu den Erzbistümern

des Reiches waren sie das Rückgrat einer Kirche, die weit entfernte u. umfangreiche Gebiete umfaßte. Die Rangstellung eines M.en richtete sich in altkirchl. u. byz. Zeit nicht nach seinem Dienstalter, sondern nach der Stellung seiner Diözese innerhalb der Diözesanrangliste (grch. *taxis prokathedrias*) beim Patriarchat.
Sowohl die kirchenrechtl. Voraussetzungen der Metropolitanverfassung wie die geograph. Situation mancher Metropolien schlossen eine Art von potentieller Autokephalie ein. Das galt in besonderer Weise für die zunächst als Erzbistum, dann, seit etwa 1019, als Metropolie eingerichtete Kirchenprovinz der Kiever Ruś, wobei das erstere vom (weit entfernten) Patriarchat in Konstantinopel unabhängiger war als die letztere (→ auch Erzbischof). Der Rückgriff auf ältere kononist. Vorstellungen, nach denen der M. nicht von der erwähnten Endemusa, sondern von den Bischöfen seines Kirchengebietes gewählt, wenn auch vom Patriarchen geweiht wurde, ließ es zu Spannungen zwischen ihm u. dem Großfürsten von Kiev sowie dem russ. Episkopat über die Besetzung des Metropolitenstuhles durch Griechen od. Russen kommen. Es waren denn auch russ., von Bischöfen u. Laien beschickte Landessynoden, die 1051 u. 1147 ohne Befragung der Endemusa u. ohne Weihe durch den Patriarchen einen national-russ. M.en einsetzten u. damit die Autokephalie ihrer Kirche proklamierten. Die Errichtung des Patriarchates von Moskau 1589 durch den Ökumen. Patriarchen lag in der Konsequenz der Entwicklung einer von Anfang an geographisch, kirchenpolitisch u. kulturell auf Autokephalie angelegten Metropolie, in der wesentl. Strukturelemente ihrer altkirchl. Bedeutung mitwirkten. Eine ähnl. Entwicklung nahmen bereits in altkirchl. Zeit die mit dem Patriarchat von Antiochien verbundenen Metropolien, die vor allem in der nestorian. Kirche (vgl. die Übersicht zum Stw. Ritus) bis tief nach Persien u. später nach Asien reichten u. ein hohes Maß von Selbständigkeit besaßen.
Heute ist die Stellung des M.en in den verschiedenen Ostkirchen unterschiedlich. In der russ. orth. Kirche wird der Rang eines M.en auf Vorschlag des Patriarchen von der Bischofssynode an Bischöfe od. Erzbischöfe bedeutender u. traditionsreicher Bischofssitze verliehen; seinem Träger werden besondere Aufgaben übertragen. Zu den episkopalen Insignien (→ Bischofinsignien) des M.en gehört das Recht, ein weißes Epanokamelauchion zu tragen. – S. auch Lit. zum Stichwort Erzbischof; s. Karte I.

Lit.: Beck, Reg.; Feine, Reg.: M.; P. V. Gidul'janov, Mitropolity v pervye tri veka Christianstva, Moskau 1905; H. Grotz, Die Hauptkirchen des Ostens bis zum Konzil von Nikaia, Diss. Rom 1962; K. Lübeck, Reichseinteilung u. kirchl. Hierarchie des Orients bis zum Ausgang des 4. Jh. München 1901; Milasch, § 89, 92, 93.

Michael → Engel

Michail → unter Heiligenverehrung → auch Heiligenbilder

Mimik → unter Gestik

Miniatur, *Miniaturmalerei* (von lat. *minium,* n., 'Mennige'). 1. Ursprünglich handelte es sich bei der M. um rote Randleisten, Striche, Anlegung von Initialien u. ä., die später durch Darstellungen vermehrt wurden. Der Maler hieß Miniator, Illustrator (16. Jh.) od. Illuminator (18. Jh.). Miniator u. Scriptor (lat., 'Textschreiber') waren oft dieselbe Person. Mehrere solcher Handwerker waren im Kloster, aber wohl auch außerhalb in Scriptorien (lat.) zusammengefaßt. Als Illuminationsträger diente im Altertum der Papyrus, daneben auch das in Pergamon während eines ägypt. Papyrusembargos im 2. Jh. v. Chr. hergestellte Pergament, das für die Bibelillustrationen unentbehrlich wurde. Bei Prachtausgaben wurde das Pergament mit Purpur eingefärbt (Wiener Genesis, Rossanensis u. a.). Das vom 11./12. Jh. an von der byz. Kaiserkanzlei importierte teure arab. Bombyzinpapier (als weiches Lumpenpapier aus dem älteren China- od. Kàgidpapier entwickelt) wurde erst ab 14. Jh. u. auch nur selten zur Illumination verwendet (ersetzt durch das bessere italien. Papier). Bis in die Neuzeit blieb das Pergament Bildträger für den kirchl. Gebrauch. Die ersten Papierdrucke übernahmen Ausführung und Stil der M.
2. Ähnlich wie der Grund der Ikonenmalerei wurde auch der Illuminationsträger zunächst mit einer dünnen Gipsschicht bedeckt, auf die dann die Farben (in der

Spätantike in Enkaustik, im MA in Temperamalerei) u. der Goldgrund (→ Chrysographie) aufgetragen wurden.
3. Schon in der Antike u. Spätantike hatte sich ein bestimmtes System des Verhältnisses von Text u. M. entwickelt, das die Kirche vor allem für die Bibelillustration übernahm u. für diesen Zweck weiter ausbaute. Dabei handelt es sich um folgende Grundtypen: (a) die Rand-M., bei der die Figuren od. Szenen ohne eigenen Bildraum u. oft auch ohne eigene Standlinie neben den Text gesetzt wurden. Daneben gab es auch gerahmte Randbilder; – (b) Streifenbilder, die wie eine Art „Film" die entsprechenden Lesungen begleiteten, wenn es auch keineswegs immer zur völligen Entsprechung von M. u. Text kam. Solche Streifenbilder konnten unter den Text bzw. die Textkolummen od. zwischen die Zeilen gesetzt werden. – (c) Wenn ein Streifenbild einen Teil (bis zur Hälfte) der Seite einnimmt, spricht man vom Teilbild. Es konnte ebenfall den Text begleiten, als Titelbild einer Randschrift od. eines Kapitels dienen u. sowohl über als auch unter dem Text erscheinen.
4. Das Vollbild ist schon auf den ältesten Beispielen der altkirchlich-frühbyz. M. des 6. Jh. bekannt (Rabulaskodex, Rossanensis) u. hat die Geschichte der M. bis in die spät- u. nachbyz. Zeit bestimmt. Es gab gerahmte u. ungerahmte Vollbilder. Sie konnten das Porträt des Verfassers, d. h. die Evangelistenbilder (im Psalter die Darstellung Davids), aber auch Szenen in übereinanderliegenden Streifen zeigen. Dieser Typ u. die Rand-M. haben auf entsprechende Übertragungen von Texten in bildhafte Darstellungen auf der Ikone eingewirkt. Während bei Streifenbildern Szenen im zeitl. Ablauf gezeigt werden können, wurde beim Vollbild die komplexe → Übertragung angewendet. Neben der Bibelillustration ist die M. auch in liturg. → Büchern, Chroniken (→ unter Zeitrechnung) u. Menologien anzutreffen. – Zur Geschichte der kirchl. M. → unter Bibelillustration.

Lit.: H. Belting, Das illuminierte Buch in der spätbyz. Gesellschaft, Heidelberg 1970; D. Diringer, The Illuminated Books, its History and Production, London 1958; Drevnerusskoe Iskusstvo. Rukopiśnaja Kniga, 1. Bd., Moskau 1972; 2. Bd., Moskau 1974; O. Popova, Les Miniatures Russes du XIe au XVe Siècle, Leningrad 1975; O. I. Podobedova, Miniatjury Russkich Istoričeskich Rukopisej, Moskau 1965; Fr. Unterbucher, Die Buchmalerei, Entwicklung, Technik, Eigenart, Wien – München 1974; K. Weitzmann, Die byz. Buchmalerei des 9. u. 10. Jh., Berlin 1935; ders., Ancient Book Illumination, Cambridge (Mass.) 1959; ders., Studies in Classical and Byzantine Manuscript Illumination, Chicago – London 1971; LdK 1 (1987), 693-698; LexMA 2, 867-889 (Buchmalerei B,C); RBK 1, 757-784. – S. auch Lit. zu Bibelillustration, Psalter.

Mischung von Wasser u. Wein, ein spezieller, allen oriental. Kirchen mit Ausnahme der armenischen gemeinsamer Ritus im Anschluß an den am Abendmahlsbrot (→ Prosphore) vollzogenen Ritus der Schlachtung (Opferung) des Lammes innerhalb der Vormesse (→ Prothesis). Die M. v. W. u. W. bezieht sich auf den Hinweis von Joh. 19, 34.35 u. hat deshalb den Charakter einer Mystagogie, insofern sie in analoger Weise (→ Kultusästhetik) auf den Ritus des „Warmen Wassers" bei der Kommunion, das Zeon, hinführt. Die Bezeichnung der Rubrik für die M. v. W. u. W. lautet „Vereinigung" (grch. *henosis;* russ. *soedinenie).* Von einem Mischkelch (grch. *poterion hydatos kai kramatos),* der dem Vorsteher gebracht wird, berichten schon Justin (gest. um 165) u. andere Quellen des 2. Jh. (z. B. die Aberkiosinschrift: *kerasma).* Die Verwendung von Wasser bei der frühchristl. Abendmahlsfeier (→ unter Liturgie) ist ebenso bekannt wie sein Gebrauch in der Gnosis u. im frühen Mönchtum. Die Wasserbeimischung war bei Juden, Griechen u. Römern tägl. Sitte. – Die M. v. W. u. W. wird manchmal auf den Fresken der Prothesis durch eine Wasserkanne angedeutet, die ein himml. Diakon hinter einem Liturgen her trägt, der den Kelch in den Händen hält.

Lit.: E. S. Drower, Water into Wine. A Study of Ritual Idiom in the Middle East, London 1956; Eisenhofer 2, 128 f.; Hanssens, Nr. 403-440; Jungmann 2, 48 f; Schulz, Die byz. Liturgie, Reg.: Mischwein.

Missale → unter Euchologion

mittelbyzantinische Notation → unter Notationen, byzantinische

Mitternachtsgottesdienst (grch. *mesonyktikon,* n.; russ. *polunoščnica,* f.), einer der Stundengottesdienste, der zur Mitternacht

(Mark. 13, 35) gehalten wird. Bei einer 'Ganznachtfeier' (grch. *pannychis,* → Nachtwache) kommt er in Fortfall. Sein Ort ist nicht das Kirchenschiff (→ Naos), sondern die Vorhalle, der Narthex, womit sein Bußcharakter unterstrichen wird (→ auch Bußklassen). Die Sitte, in der Familie zur Mitternacht ein Gebet zu sprechen, läßt sich schon im frühen Christentum des 2./3. Jh., nicht zuletzt als Tradition des Judentums, feststellen. Das byz. Mesonyktikon, für das es in der kath. Kirche keine Entsprechung (auch nicht der Nocturnen) gibt, ist der Rest einer ursprünglich großen, den Abendgottesdienst des Vortages, den Nachtgottesdienst (bzw. die Nachtwache) u. den Morgengottesdienst umfassenden Komplexfeier. Die Grundstruktur des M.es besteht in der Psalmodie von Ps. 51 (er gehört zum alten Bestand des eben genannten Großgottesdienstes), 121 u. 134, um die sich Troparien (an Sonntagen ersetzt durch den Triadikos Kanon u. an Festtagen durch ein Festkontakion), das Glaubensbekenntnis, das Dreimalheilig (→ Trishagion) u. das Vaterunser ranken. Der Bußcharakter wird nochmal durch Gebete Basilius' des Großen (gest. 379) u. des Eustratius (gest. 582) unterstrichen. Der M. besteht aus 2 Teilen; der zweite, den Verstorbenen gewidmete Teil wird an Sonn- u. Feiertagen fortgelassen. Von Montag bis Freitag wird das 17. Kathisma, der Amomos (Ps. 119), gelesen. Aufs Ganze gesehen, wird im Aufbau u. im Sinngehalt des byz. M.es seine Herkunft aus dem Mönchtum einsichtig, seine Strenge wurde aber im Gemeindegottesdienst wesentlich gemildert.

Lit.: Daniel, 299-301; J. Mateos, Office de Minuit et du Matin chez S. Athanase, OrChrPer 28, 1962, 173-180; La Prière[1], 79-90; Onasch, Weihnachtsfest, 78-79; Wellesz, 125-129. – S. auch Lit. zu Abendgottesdienst, Morgengottesdienst, Nachtgottesdienst, Nachtwache.

Mnogoglasie (russ., n., 'Vieltönen'), Krisenerscheinung des russ. Chorgesanges im 17. Jh. (→ Kirchenmusik). Die einzelnen Teile der Liturgie wurden wegen deren Länge an verschiedenen Stellen der Kirche gleichzeitig gesungen. Das Ergebnis war ein groteskes Tonchaos. Wie die Chomonie, der Gesangsstil mit altertüml. Aussprache, wurde auch das M. auf der Synode von 1666/1667 verboten u. das Odnoglasie (russ., auch *edinoglasie*), das Nacheinander der Teile der Liturgie, wieder eingeführt.

Lit.: J. Keldysch, Gesch. der russ. Musik, Leipzig 1956, 109-110; V. M. Metallov, Očerk Istorii Pravoslavnogo Cerkovnogo Penija, Moskau 1914, 56 bis 59; Joh. v. Gardner, Gesang der russ.-orth. Kirche bis zur Mitte des 17. Jh., Wiesbaden 1983, Reg. – S. auch Lit. zu Kirchenmusik.

Monatsikonen → unter Festzyklus

Mönchtum (von grch. *monachos,* 'der abgesondert [od. auf besondere Weise] Lebende'), in fast allen Hochreligionen anzutreffende Form individueller od. kollektiver Separation innerhalb einer Sozietät auf Grund bestimmter sittlich-maximalist. Anschauungen.

1. Die Wurzel des christl. M.s ist in der frühchristl. Gemeinde zu suchen. Gewisse Formen der Askese (grch. *askesis,* 'Übung', 'Training') sind früh durch die Nachfolge Christi (Matth. 19, 16-30) motiviert worden, wie das Wandern u. die sich daraus ergebende Heimatlosigkeit (Mark. 6, 7; 1. Petr. 2, 11; Hebr. 11, 38), die bis in die altruss. Askese verfolgt werden kann (*russ. stranničestvo, bezrodstvo*), die Ehelosigkeit (grch. *agamia* [→ auch Zölibat], vgl. 1. Kor. 7, 8; 32, 33) u. die Keuschheit (grch. *hagneia,* vgl. 1. Tim. 4, 12; 5, 2). Bei Ignatius von Antiochien (gest. nach 110) vereinigten sich diese Ideale mit dem des Märtyrers. Besondere Auszeichnungen (Titel eines „Erwählten" [grch. *eklektos],* Platz beim Klerus während der Liturgie, Gleichstellung mit den Blutzeugen) begünstigten eine zunächst noch ideelle Separation innerhalb der Gemeinde, die bald auch zu einer äußeren Separation führte. Gültiges Vorbild eines in der Wüste Lebenden (grch. *eremites)* od. an einem einsamen Ort sich Aufhaltenden (grch. *anachoretes)* wurde die von Athanasius von Alexandrien (gest. 373) verfaßte Heiligenvita des Einsiedlers Antonius (gest. 356 im Alter von 105 Jahren). Gehen auf ihn die ägypt. Anachoretensiedlungen, die Vorstufe der späteren Lauren, zurück, so das gemeinsame Leben (grch. *koinobia)* in einem Kloster auf Pachomius (gest. 346). Damit waren die Grundformen des monast. Lebens, das eremitär-anachoretische (russ. *osobožitie)* u. das koinobitische (russ. *obščežitie)* gegeben,

die fortan Geschichte u. Problematik des M.s bestimmen sollten.
2. Erst mit der 4. Ökumen. Synode 451 kam es zur Integration des M.s in die kirchl. Sozietät, d. h. zu seiner Unterstellung unter die Jurisdiktion des zuständigen Bischofs. Vor allem das Kirchenrecht der Epoche Kaiser Justinians (gest. 565) hat diese Entwicklung entschieden vorangetrieben. Die Eremiten wurden der Kontrolle des Abts eines Koinobions (→ auch Laura) untergeordnet, das Betreten einer Stadt war ihnen wegen ihres ungepflegten Aussehens u. ihrer Nacktheit (→ Akt) verboten. Die Bedingungen für den Eintritt in ein Kloster (Mindestalter; 3 Jahre dauerndes Noviziat, zweimalige Tonsur, Einkleidung mit speziellen Gewändern u. a.) wurden ebenso geregelt wie dessen interne Leitungsstruktur (die Jurisdiktion des Hegumenos [grch. → Abt] auf das innerklösterl. Leben begrenzt) u. sein ökonom. Status (→ unter Kloster). Der Grund hierfür lag nicht nur in der religiös-gesellschaftl. Problematik des M.s, sondern auch in der Anfälligkeit vor allem der Anachoreten für eine Reihe enthusiastisch-maximalist. Häresien u. die Notwendigkeit der Kontrolle einiger eremitärer Sonderformen (z. B. der Styliten ['Säulensteher'], der Dendriten, ['Baumbewohner', von grch. *dendron,* 'Baum'], der 'Eingeschlossenen' [grch. *enkleistoi;* russ. *zatvorniki;* lat. *inclusi, reclusi*] u. der hl. Narren, → auch Heiligenverehrung). Schließlich wurden in der Justinian. Epoche die Voraussetzungen für die disziplinären u. gottesdienstl. Regeln des monast. Lebens geschaffen, die zur Ausbildung des Typikons (→ Typikon 3) führten. (Das byz.-slav. M. kennt keine Orden, sondern nur Einzelgründungen von Gemeinschaften auf der Basis eines Typikons). Gleichzeitig entstanden allmählich die Klosterämter, die der Verwaltung u. der disziplinären Kontrolle der Bruderschaft dienten; sie sollten im Laufe der Zeit oft zu einer immer stärkeren Reglementierung des geistl. Lebens führen. Bei der Verwaltung des Klosters stand dem Abt der Rat der Altmönche (grch. *gerontes;* russ. *starcy)* zur Seite. Zu diesem Rat gehörten der Vertreter des Hegumenos (grch. *deuteros,* 'der Zweite'), der Chef der Güterverwaltung (grch. *oikonomos*), der Schatzmeister (grch. *skeuophylax),* der Archivverwalter (grch. *chartophylax),* die Vorsteher der karitativen Einrichtungen (→ unter Kloster), u. a. Bei der Aufrechterhaltung der Disziplin halfen ihm z. B. ein Bruder, der die Mönche zum Stundengebet, zum Stundengottesdienst u. zur Liturgie weckte (grch. *aphynistes,* 'Wecker'), einer der die Einhaltung des Typikons kontrollierte (grch. *typikares),* ein für die sittl. Lebensführung Verantwortlicher (grch. *epistemonarches*) u. der Aufsichtführende bei den Mahlzeiten (grch. *epiteretes).* Für das eigentl. geistl. Leben stand den Brüdern der „geistl. Vater" (grch. *pater pneumatikos;* russ. *duchovnik)* zu Diensten; sein Amt konnte u. U. auch vom Abt wahrgenommen werden u. zeigt damit zugleich eine für das orth. M. charakterist. Problematik. Neben diesem Amt, das dem des „Spiritual" (lat. *magister spiritus,* 'Lehrer im geistl. Bereich') ähnlich ist, kennt das monast. Leben der Ostkirche noch den nichtinstitutionalisierten Altvater (grch. *geron;* russ. *starec),* dessen Vollmacht als Seelenführer aus einer nicht mehr ableitbaren geistl. Autorität erwächst; ihr unterwirft sich der Mönch aus freiem Willensentschluß, dann aber auch mit unbedingtem Gehorsam. Das altruss. Starzentrum (s. unten) ist aus dieser alten asketisch-spirituellen Tradition erwachsen, in der sich Widerspruch u. Konkurrenz zwischen Ämter- u. charismat. Autorität noch aus der Zeit der Alten Kirche erhalten hatten.
3. Die Geschichte des mittelbyz. M.s ist gekennzeichnet durch einen tiefen Dualismus zwischen wesenseigener Spiritualität des „engelgleichen Lebens" (grch. *bios angelikos,* → auch Engel) u. Entfremdung von den alten, vorwiegend eremitären Idealen der Frühzeit sowie durch ein latentes Spannungsverhältnis zum Staat. Während sich das geistl. Leben zu eindrucksvoller Höhe erhob (s. auch Abs. 4) verschärfte sich druch die Feudalisierung der byz. Klöster das Konkurrenzverhältnis zu den weltl. Feudalherren u. zum Staat, der sich durch den „toten" Landbesitz der Klöster in seinen Finanzen u. durch die demograph. Problematik des M.s nicht selten bedroht sah. Zugleich nahm der Einfluß maximalist. Häresien, vor allem der Messalianer u. Bogomilen, auf das M. zu, dessen innere Separation oft genug zum inneren u. äußeren Protest gegen die Kirche u. ihre Sozietät führte. Die

letzte große monast. Bewegung des byz. M.s, der Hesychasmus (s. Abs. 4), ist durch diese z. T. widersprüchl. Spannungsmomente gekennzeichnet. Diese religiös-sittl. u. gesellschaftl. Grundsituation bestimmte auch die Entwicklung des M.s in den anderen orth. Ländern. Sie beginnt im Kiever Rußland in den Personen der Gründer des Höhlenklosters, Antonij (gest. 1073) u. Feodosij (gest. 1074), sofort mit dem Gegensatz zwischen eremitärem u. koinobit. Leben der Klosterinsassen. Bis in das 15./16. Jh. hinein überwogen in Rußland die Anachoretensiedlungen (→ auch Laura); unter dem Druck des Episkopats wichen sie dann den Koinobien. Unter Sergij Radonežskij (gest. 1392), dem Gründer des berühmten Dreieinigkeits-Sergij-Klosters, erlebte das altruss. M. seine große Blüte, die auch die Kultur dieser Zeit prägte. Im 15. Jh. kam es zwischen dem Starzen Nil Sorskij (gest. 1508) u. dem Abt (Igumen) Josif Volokolamskij (gest. 1515) zu Streitigkeiten über die Frage nach dem Landbesitz der Klöster; schließlich siegte die Partei Josifs, gewann starken Einfluß auf die Kirche u. bestimmte deren keineswegs nur auf Anpassung orientiertes Verhältnis zum Staat. Charakteristisch für die Josiflian. Gemeinschaftsklöster ist deren starke Reglementierung, die allerdings schon in der byz. Tradition wurzelt. Das 18. Jh. ist, wie überall in der Orthodoxie, durch einen zunehmenden Zerfall des M.s gekennzeichnet; aus ihm führten es die Traditionen des Starzentrums (d. h. der Führung durch einen „geistl. Vater" u. Altmönch) wieder heraus (Paisij Veličkovskij [gest. 1794], Tichon Zadonskij [gest. 1783] u. a.). Diese Traditionen erreichten in der Optina-Einsiedelei im 19. Jh. ihre letzte Blüte. Ein besonderes Charakteristikum des russ. M.s im 19. Jh. ist das „Laien-M." u. das gelehrte M.

4. Das Sozialverhalten des M.s, das sowohl durch ein Distanzverhältnis zur Welt wie auch durch den Dienst an ihr bestimmt ist, brachte eine sowohl nach innen wie nach außen orientierte spezifisch monast. Kultur hervor. Zum erstgenannten Aspekt, dem Distanzverhältnis, gehört neben der Schaffung einer eigenen Sozialstruktur innerhalb der kirchl. Sozietät die damit verbundene eigene Kulturleistung, wie sie etwa auf literarisch. Gebiet in den altkirchl. u. byz.-slav. Väterbüchern (→ Paterika) zum Ausdruck kommt. Sie spiegelt sich vor allem in der asket. Mystik wider, die eine eigene Literatur hervorbrachte (die „Geistl. Wiese" [grch. *leimonarion;* lat. *pratum spirituale*] des Johannes Moschus, gest. 619; die „Paradiesesleiter" [grch. *klimax tu paradeisu*] des Johannes Klimakos, gest. um 649; die Schriften des Evagrius Pontikus [gest. 399] u. Basilius' des Großen [gest. 379]; die „Philokalie ['Liebe zur geistl. Schönheit'] aus Origenes" [grch. *Origenus philokalia*] des letzteren u. des Gregorios von Nazianz [gest. 374] sowie in mittelbyz. Zeit die myst. Hymnen Symeons des Theologen [gest. 1022]). Die Vorstellung von dem Weg, der über die „Praxis" (grch.) des Gebets zur „Schau" (grch. *theoria)* Gottes u. seiner wesenhaften Erkenntnis (grch. *gnosis usiodes*) führe u. innere Ruhe (grch. *hesychia)* schenke, erfuhr eine letzte Steigerung im spätbyz. Hesychasmus (Technik der „Nabelschau" [grch. *omphaloskopeia*], wilde Ekstasen, Nonkonformismus gegenüber Staat u. Kirche, Einfluß der Bogomilen), dessen negative Seiten durch die „Theologie der Verklärung u. Gnade" des Gregorios Palamas (gest. 1359) überwunden wurden. Der Hesychasmus in seinen Auswirkungen auf die Literatur u. Kunst dieser Epoche (→ auch Rennaissancen in Byzanz) zeigt exemplarisch die (wenn auch keineswegs problemfreie) Wechselwirkung zwischen innerer u. nach außen wirksamer monast. Spiritualität u. Kultur. Die Herausgabe der Schriften der asket. Väter in der sog. „Philokalia" 1782 mit ihren von Paisij Veličkovskij (s. Abs. 3) veranlaßten slav. Übersetzungen wirkte im 19. Jh. weit über die Grenzen des M.s hinaus u. schuf die bereits erwähnte Erscheinung des Laien- u. Gelehrten-M.s vor allem in Rußland.

5. Das M. hat nicht nur die Kunst des MA beeinflußt (die Monumental- u. Ikonenmalerei Andrej Rublevs z. B. ist ohne das monast. Leben seiner Epoche undenkbar), es ist auch selbst zum Gegenstand der Malerei geworden. Die ältesten Darstellungen der Styliten (s. Abs. 2) haben die Verehrung des Bildes, dessen konsequente Verteidiger die Mönche geblieben sind, vorbereiten helfen. Der Charakter der inneren Separation u. ein grundsätzlicher, oft genug militant sich äußernder Nonkonformismus des M.s nicht

nur gegenüber der Welt, sondern auch gegenüber der Hierarchie der Kirche hat sich in seiner Kleidung (→ Kamelauchion, → Mandyas), vor allem in dem mit Kreuzen übersäten u. mit einer Kapuze das Gesicht verhüllenden großen Schima Ausdruck verschafft, dessen Gegensatz zu den prunkvollen kirchl. u. liturg. → Gewändern des Klerus zur Darstellung reizte. In der Ikonenmalerei ist das Porträt der großen Mönchsväter auch für die Geschichte des M.s von Bedeutung geworden. Die Darstellung des „gekreuzigten Mönchs" u. der „Paradiesesleiter" (s. Abs. 4) gehören zu den wichtigsten Themen der Malerei des MA aus dem Bereich der Mönchsaskese. – → auch Kloster.

Lit.: A. Adam, Grundbegriffe des M.s in sprachl. Sicht, ZKG 65, 1953-1954, 209-239; H. Bacht, Das Vermächtnis des Ursprungs. Studien zum frühen M. I, Würzburg 1972; Beck, 120-140 u. Reg.; ders., Das Byz. Jahrtausend, München 1978, Kap. VI; H. v. Campenhausen, Die asket. Heimatlosigkeit im altkirchl. u. frühmittelalterl. M., Tübingen 1931; H.- D. Döpmann, Der Einfluß der Kirche auf die Moskowit. Staatsidee. Staats- u. Gesellschaftsdenken bei Josif Volockij u. Nil Sorskij, Berlin 1967; A. J. Festugière, Ursprünge christl. Frömmigkeit, Bildung oder Heiligkeit im M. des altchristl. Orients, Freiburg - Basel - Wien 1963 (Paris 1961); ders., Théologie de la Vie Monastique, Aubier 1961; S. Frank, AGGELIKOS BIOS, München 1964; I. Hausherr, Hésychasme et Prière, Roma 1966; K. Holl, Enthusiasmus u. Bußgewalt beim grch. M., Tübingen 1898; Heiler, 253 bis 275; K. Heussi, Der Ursprung des M.s, Tübingen 1936; Heyer, 94-105; P. Kazanskij, Istorija Russkogo Monašestva do Sergija, Moskau 1855; F. v. Lilienfeld, Nil Sorskij u. seine Schriften, Berlin 1963; E. Malone, The Monk as the Successor of the Martyr, Washington 1950; P. P. de Meester, De Monachico Statu iuxta Disciplinam Byzantinam, Città del Vaticano 1942; G. Mensching, Soziologie der Großen Religionen, Bonn 1966, Reg.: M.s-Gemeinde, M.s-Kolonie, M.s-Staat, M.; J. Meyendorff, Byzantine Hesychasm: historical, theological and social problems, London 1974 (Reprint); P. Nagel, Die Motivierung der Askese in der Alten Kirche u. der Ursprung des M.s, Berlin 1966; G. M. Prochorov, Isichazm i Obščestvennaja Mysl' v Vostočnoj Evrope, TODL 22, 1968, 86-108; I. Rezáč, De Monachismo secundum Recentiorem Legislationem Russicam, Rom 1952; D. Savramis, Zur Soziologie des byz. M.s, Leiden – Köln 1962; I. Smolitsch, Russ. M. Entstehung, Entwicklung u. Wesen 988-1917, Würzburg 1953; ders., Leben u. Lehre der Starzen, Köln u. Olten o. J. (2. Aufl.); ders., Gesch. der Russ. Kirche, 1700-1917, Leiden 1964, Reg.; I. Sokolov, Sostojanie Monašestva v Vizanitjskoj Cerkvi s Poloviny IX do Načala XIII Veka, Kazań 1894; Th. Spidlik, Joseph de Volokolamsk. Un Chapitre de la Spiritualité Russe, Roma 1956; S. Troickij, Pravovaja Istorija Monašestva, ŽMP 1973, 12, 61-68; T. G. Verdon u. J. Dalley, Monasticism and arts, Syracuse, N.Y. 1984; J. Leroy, Studitisches Mönchtum. Spiritualität u. Lebensform, Graz 1969; Ch. Walter, Art and Ritual of the Byz. Church, London 1982; Reg.: monks; G. Podskalsky, Christentum u. Theol. Literatur in der Kiever Ruś (988 – 1237), München 1982, Reg.; Evagrios Pontikos, Praktikos od. der Mönch. Hundert Kap. über das geistl. Leben. Mit einem Vorwort von A.M. Haas, hg. von G. Bunge, Köln 1989; LChI 5, 260-265 (Asketen, hl.) – S. auch Lit. zu Kloster.

Monophysitische Kirche s. Übersicht zum Stichwort Ritus

Monumentalmalerei, Malerei, die mit einem Monumentum (lat., n., '[Bau-]Denkmal') verbunden ist, hier mit dem Kirchenbau. Man unterscheidet nach der angewandten Technik die (allerdings in diesem Bereich bisher selten vorgefundene) → Enkaustik, das → Fresko u. das → Mosaik.

Die ältesten bisher bekannten Fresken stammen aus der Hauskirche von Dura Europos (um 230). Sie zeigen in ihrem Stil sowohl die skizzenhafte wie auch die feierl. Darstellungsweise (→ Stil, hieratischer), die für die byz. Kunst später so charakteristisch werden sollte. Die ikonograph. Motive finden sich ebenso in der frühen Kunst der Katakomben. Mit Kaiser Konstantin als kirchl. Bauherrn erscheint in den von ihm gestifteten Kirchen das kostspielige, aber repräsentationsintensive Mosaik in Verbindung mit Motiven der imperialen Kunst (→ Kaiserkult). Freskoarbeiten waren ebenfalls zahlriech verbreitet, aber nur weniges ist erhalten geblieben. Die Krise des Bildersturms (→ unter Bild) hat unschätzbare Denkmäler der M. untergehen lassen. Das erste Zeugnis der nachikonoklast. Kunst, die Mosaiken der Koimesiskirche in Nizäa (um 850), ist leider 1922 zerstört worden. Dafür geben die Mosaiken der Hagia Sophia in Konstantinopel einen Eindruck von der ständigen Höherentwicklung der musiv. Kunst, wie sie auch in den Arbeiten der Kirchen von Hosios Lukas (Anfang 11. Jh.), Daphni (um 1100) mit ihrem ausgeprägten liturgisch-dogmat. Repräsentationscharakter zum Ausdruck kommt u. außerhalb von Byzanz in der Sophienkathedrale von Kiev (11./12. Jh.), in S. Marko von Venedig, in Palermo u. Monreale (12./13. Jh.) sowie in Serres weiter gepflegt wurde, um schließlich in den Mosaiken der Chorakirche in Konstantinopel (nach 1307) ihr letztes u. schönstes Denkmal zu erhalten. In den Mosaik-Ikonen (→ Ikonenmalerei; s. auch Taf. 40) lebt ein letzter Rest dieser großen Kunst weiter.

In seiner Ausdruckskraft u. Bewegungsdynamik stand das Mosaik in keiner Weise dem durch seine Technik weniger begrenzten Fresko nach, das sich vor allem in den nahen u. fernen Provinzen zu höchster Blüte entfalten konnte. Vom Bilderstreit ungestört, hat sich die Freskomalerei in einem kaum unterbrochenen Überblick vom 9./10. bis zum 12./13. Jh. in den kappadoz. Höhlenklöstern erhalten u. Lücken geschlossen, die in Byzanz selbst durch den Ikonoklasmus entstanden waren. Auf dem Balkan u. in Rußland erfuhr die Freskokunst durch Aufnahme u. Verarbeitung der verschiedenen Renaissancen in Byzanz eine jeweils eigenständige Entwicklung, die besonders an den politischen u. kulturellen Zentren Meisterwerke aufweisen konnte. Vor allem in Rußland schufen Andrej Rublev, Feofan Grek u. Dionisij vom 14.-16. Jh. bedeutende Werke dieser Kunst, die im Einklang stehen mit denen der gleichzeitigen Ikonenmalerei. In die erste Hälfte des 14. Jh. gehören die Arbeiten des Griechen Panselinos u. die großartigen Fresken serb. Malerschulen. Dabei ist zu vermerken, daß die Maler für die gesamte Ausstattung der Kirchen einschließlich der Bilderwand verantwortlich waren; damit wurde der bis heute herrschende Eindruck einer großartigen, auch das Bildprogramm einbeziehenden symphon. Einheit des Kircheninneren erreicht. Neben den bedeutenden Fresken der Kremlkirchen seien hier noch die der Kirchen von Jaroslavl' aus dem 17. u. 18. Jh. mit ihren besonderen, z. T. von westl. Vorbildern übernommenen Themenkreisen u. ihrer vollendeten Technik erwähnt. – Die byz.-slav. M. ist als Kulturleistung nicht zu verstehen ohne die Kenntnis der durch die Liturgie bestimmten spezif. Kultusästhetik, die zugleich auch Einsichten in ihre gesellschaftl. Probleme eröffnet.

Lit.: P. Philippot, Die Wandmalerei. Entwicklung, Technik, Eigenart, Leipzig 1984; LdK 3, 398-399. - S. auch Lit. zu Fresko, Kirchenbau, Mosaik.

Morgengottesdienst (grch. *orthros,* m.; russ. *utrenica,* f.; lat. *matutinae,* f. plur., *laudes* f. plur.), einer der Stundengottesdienste; er wird in der Morgenfrühe gehalten. Im röm. Heer entsprach dem Orthros die letzte der 4 Nachtwachen, die mit dem „Hahnenschrei" (grch. *alektorophonia;* lat. *galli cantus,* vgl. Mark. 13, 35) begann. Obwohl in zahlreichen Religionen u. in der Synagoge ein selbständiger Gottesdienst, ist der M. in der Alten Kirche schon durch das Thema Licht, das ihn beherrscht, mit dem Abendgottesdienst gedanklich eng verbunden. Der orth. M. ist ursprünglich Teil eines Komplexoffiziums, das in der Nacht u. am Morgen zu Ostern seine Wurzel hatte, ehe es mit unterschiedl. Entwicklungen im Gottesdienst der Kathedralkirchen u. der Klöster sowie mit Ausbildung des Kirchenjahres zu einer stärkeren Differenzierung der tägl. Gebetsgottesdienste in Verbindung mit der Liturgie kam. Auf diese Beziehungen weisen einige Spezialelemente des Sonntags-M.s hin, wie die Auferstehungs- u. Morgenevangelien, die Hypakoe (ein Kurzhymnus) u. die Auferstehungsverse (→ Eulogetaria anastasima).

Schon Anfang des 2. Jh. berichtet Plinius von Morgenversammlungen der Christen mit einem Hymnus auf Christus wie Gott (lat. *carmen Christo quasi Deo*). Ihm folgen Zeugnisse der Kirchenväter von Tertullian (gest. nach 220) u. Hippolyt von Rom (gest. 235) bis in das 4. Jh., aus denen zu ersehen ist, daß eine ursprünglich private Feier durch den Bischof der Gemeinde allmählich zu einer Gemeindefeier umgestaltet wurde. Die Pilgerin Egeria u. die Apostol. Konstitutionen (→ Kirchenrecht) kennen bereits die 3 Strukturelemente Hymnus, Gebet (lat. *oratio*) u. Psalmenlesung. Für den inneren Zusammenhang von M. u.Nachtgottesdienst, der damals noch bekannt war, ist der ihnen gemeinsame Ps. 51 kennzeichnend. Auch die bibl. Ode war an der Wende von der Vigil zum M. beheimatet, ehe sie das Modell des byz. Kanons abgab. Nicht zuletzt unter dem Einfluß des Mönchtums u. seiner Stundengebete entwickelte sich das kunstvolle u. komplizierte Gebäude des byz. M.es. Wegen seiner Länge erfuhr er in mittelbyz. Zeit eine Kürzung.

Der M. hat heute folgenden Aufbau: (1) Eingangspsalmen 20; 21 mit nachfolgenden Kurzhymnen (→ Troparien); (2) Hexa-

psalm (nach Ps. 63 u. 143 Lobgesang [Kleine → Doxologie] u. Halleluja), begleitet von 12 Stillgebeten des Priesters, Synapte (Großes Kollektengebet); (3) Psalterlesung in 3 Stichologien mit ihren poet. Kathismata (bzw. den erwähnten Eulogetaria anastasima od. Hypakoe) u. den hymn. Paraphrasen der Gradualpsalmen; (4) Auferstehungs- u. Morgenevangelien; (5) Ps. 51; (6) Kanon (einschließlich des Heiligen- od. Festgedenkens im Synaxarion) mit dem Magnificat (bzw. an großen Feiertagen den Megalynarien); (7) die Laudes (Ps. 148-150); (8) Lobgesang (Große → Doxologie); (9) Dreimalheilig (→ Trishagion) u. Vaterunser; (10) Entlassung.
In der Großen Fastenzeit u. an Fastentagen wird das dreimalige, auf die Große Kollekte (→ Synapte) nach dem Hexapsalm einsetzende Halleluja mit feierl. Dreieinigkeitsstrophen (→ Triadikon) abgeschlossen. Falls ein Totengedenken stattfindet, wird anstelle der zweiten Stichologie ein spezielles Kleinoffizium gehalten, während am Sonntag die dritte Stichologie durch den Polyeleos (Ps. 135 u. 136) ersetzt wird. Auch an anderen Stellen zeigt sich deutlich, wie der feriale (wochentägl.) M. durch Ausnahmeregelungen zugunsten des Sonntages beherrscht wird u. damit selbst der in vielem überformte byz. Orthros sich in seinem alten Kern als an Ostern orientiert zeigt. – Es ist Vorschrift, daß der M. mit einer feierl. Entlassung abgeschlossen sein muß, ehe anschließend die Liturgie stattfindet.

Lit.: Baumstark, 35 ff.; ders., Nocturna Laus, Münster 1956, 167-209; Daniel, 302-308; Eisenhofer 2, 517-527; Goar, 39-47; I. M. Hanssens, Aux Origines de la Prière Liturgique. Nature et Genèse de l'Office des Matines, Analecta Gregoriana 57, Roma 1952; J. A. Jungmann, Die Entstehung der Matutin, ZKTh 72, 1950, 66-79; La Prière[1], 91 bis 148; J. Mateos, Quelques Problèmes de l'Orthros Byzantin, POC 11, 1961, 17-35, 201-220; R. Zerfass, Die Schriftlesung im Kathedraloffizium Jerusalems, Münster (Westf.) 1968, Reg.: Morgenoffizium; Schulz, Handbuch Ostk.kunde II, 57 bis 65. – S. auch Lit. zu Stundengottesdienst.

Mosaik (von arab. *muzauwaq,* 'verziert'), Technik der bildhaften od. ornamentalen Darstellung mit Hilfe von kleinen Würfeln aus Naturstein od. aus Glas bzw. Glaspasten seit etwa dem 2. Jh. v. Chr. Die Tesserae (lat., auch *tesselae, tesserulae*) genannten Steinwürfel wurden auf den noch feuchten Mörtel der Mauer bzw. des Estrichs aufgesetzt. Beim Wand-M. spricht man vom Opus musivum (lat.), bei dem des Fußbodens vom Opus pavimentum. Nach der Art u. Größe der Tesselae (dem Opus tesselatum) unterscheidet man das Opus vermiculatum (aus sehr kleinen Glasstäbchen) vom Opus sectile (aus größeren, oft plattenförmigen Einzelteilen). Der M.-Estrich hieß auch Lithostroton (grch.). Der Handwerker, dem die Anlage eines M.s übertragen wurde, führte die Bezeichnung Musivarius (lat.), heute Mosaizist. Mit dem 5. Jh. setzten sich, vor allem für den Hintergrund, Smalten (Glaspasten) durch, deren rote od. grüne Oberfläche mit Blattgold aufgetragen u. mit einer hauchdünnen farblosen Glasschicht abgedeckt wurde. Die einzelnen Tesselae wurden dabei nicht alle plan gelegt, sondern leicht gekantet. Der schon dem bunten M. eigentümliche, durch die Reflexion des Lichts hervorgerufene opt. Illusionismus, der der byz. Kultusästhetik entspricht, wurde durch die geschilderte Technik des Gold-M.s noch intensiviert. Die erwähnten Effekte finden sich auch bei einer Spezialgruppe der Ikonenmalerei, den M.-Ikonen. – Abb. 278.

Lit.: L. Budde, Antike M.en in Kilikien. 1.: Frühchristl. M.en in Misis-Mopsuhestia,, Recklinghausen 1969; E. Diez u. O. Demus, Byzantine Mosaics in Greece: Hosios Lucas & Daphni, Cambridge (Mass.) 1931; O. Demus, Byzantine Mosaic Decoration, London 1953[2]; E. Kitzinger, Mosaic Pavements in the Greek East and the Question of a „Renaissance" under Justinian, Actes VIe Congr. Intern. d'Études Byz. Paris 1948, 2. Bd., Paris 1951, 209-323; J. Kollwitz, M.en, Freiburg/ Br. 1953; A. Frolow, La Mosaique Murale Byzantine, BZS 12, 1951, 180-209; V. Lazarev, Mozaiki Sofii Kievskoj, Moskau 1960; ders., Michaijlovskie Mozaiki, Moskau 1966; G. N. Logvin, Sofija Kievskaja, Kiev 1971; C. Mango, Materials for the Study of the Mosaics of St. Sophia at Istanbul, Washington 1962; W. Oakshott, Die M. en von Rom, Leipzig 1967; H. P. L. l'Orange – P. J. Nordhagen, Mosaics, Chattam 1966 (dt. München 1960); W. Weidlé, Mosaiques Paléochretiennes et Byzantines, Mailand – Florenz 1954. – S. auch Lit. zu Kirchenbau.

Münze (von lat. *moneta,* f., Beiname der Göttin Juno, in deren Tempel auf dem Capitol in Rom sich die Prägestätte, die Moneta, befand), ein aus Edel- od. Mindermetall bestehendes handl. Stück von rundlichem,

Mosaik des Apostels Petrus

quadratischem od. anderem Format, das als Tauschobjekt sowohl dem Handel dient als auch (z. T. in dieser Eigenschaft od. als künstler. Schaustück, Gedenk-M.) materieller Träger gesellschaftlich-polit. Repräsentanz staatl. Hoheit ist (→ Numismatik). Insofern diese Repräsentanz in der Antike, im Hellenismus u. im MA fast immer religiösen Charakter trug, ist die M. auch in unserem Zusammenhang von Interesse. Die Ikonographie der M. seit Kaiser Konstantin (gest. 337) spiegelt mit ihren sich wandelnden christl. Motiven das auf Distanz beruhende Verhältnis der beiden Loyalitätsbereiche von Staat u. Kirche wider sowie dessen Krisen. Der „Bildkonkordat" zwischen Staat u. Kirche, der sich nach Anerkennung des Bildes durch die Kirche langsam entwickelte, hat gerade auf der byz. M. seinen Ausdruck gefunden, indem Themen des Kaiserkults sich mit christlichen vereinigten bzw. beide sich gegenseitig ergänzten. Imperiale Darstellungsmotive waren u. a. die röm. Siegesgöttin Victoria mit langem Kreuzstab u. Christusmonogramm od. Kreuz-Sphaira od. ein auf 4 Stufen stehendes Kreuz, das von den bilderfeindl. Kaisern (→ Bild) ausschließlich auf den M.n benutzt wurde. Christusbilder auf M.n waren nicht üblich u. beim Volk unbeliebt. (Nur unter Justinian

II. [gest. 695] sind zwei solche M.n geprägt worden). Daneben gab es M.n mit Apostel- u. Gottesmutterbildern, den Zeichen A u. O sowie Darstellungen der in der byz.-slav. Heiligenverehrung hochgeschätzten Reiterheiligen, die auch vom altruss. Münzsystem übernommen wurden. Nicht nur Herrscher u. Städte ließen Münzen herstellen, auch der kirchl. Hierarchie stand das Münzrecht zu.

Lit.: Grabar, Iconoclasme; H. Hunger, Das Reich der Neuen Mitte, Graz – Wien – Köln 1965, Reg.: Münzbild; M. Restle, Kunst u. byz. Münzprägung von Justinian bis zum Bilderstreit, Athen 1964; A. Suhle, Die M. Von den Anfängen bis zur europ. Neuzeit, Leipzig 1971[3]. – S. auch Lit. zu Numismatik.

Myron (grch., n., auch *chrisma,* n., kostbares Salböl; russ. *miro,* n.; *chrizma,* f.), ein aus den Früchten des Olivenbaumes durch Pressen od. Mahlen gewonnenes Öl, im kirchl. Gebrauch durch Ingredienzien (die bei der Myronweihe hinzugefügt werden) angereichert. Das M. war im gesamten Orient u. im westl. Mittelmeergebiet in der Antike als kosmet. u. medizin. Mittel allgemein im Gebrauch. Seit alters eine sakramentale Materie (der Ölbaum galt als Symbol des Friedens u. des Lebens, wie überhaupt des Heils), wurde es in zahlreichen vor- u. nebenchristl. Kulten u. a. für die Königssalbung benutzt. Kaum als Übernahme von diesen Vorbildern als vielmehr nach dem Vorbild des AT gebrauchte die frühe Christenheit das M. als materielles Zeichen eines Reservates, das unter der Souveränität Gottes steht, Leben u. Tod des Menschen umfaßt u. Heil spendet (bei der Taufe, der Myronsalbung, beim Exorzismus, der Wasserweihe wie bei der Weihe sakraler Gegenstände, letzteres erst im MA). Als hl. Materie steht das M. unter dem Schutz des Kirchenrechts, andererseits wird es kirchenrechtlich wirksam (→ Myronweihe). Vom M. wird das Öl (grch. *elaion;* russ. *elej*) unterschieden. Neben dem M. wird Öl bei der Taufe (bei der Krankenölung dagegen nur Öl) benutzt. Zu erwähnen ist das hl. Öl, das an den Stätten Christi in Jerusalem u. Palästina (→ auch Martyrion) den Pilgern in Ampullen (→ auch Eulogia) mitgegeben wurde. Das M., das nach Aussage der Heiligenviten von den Körpern mancher Heiliger (grch. *myroblytoi*) ausgeschieden wird, ist kein M. im kirchenrechtlich-sakramentalen Sinne, wenn es auch im Kanonisationsprozeß (→ Heiligsprechung) eine Rolle spielt. Die abergläub. Verwendung von M. u. Öl war Gegenstand wiederholter Verbote durch die Kirche.

Lit.: Daniel, Reg.: M. hagion; Eisenhofer 1, 308 bis 317, 520 ff.; Fendt, Reg.: M.-Salbung; Goar, Reg.: Chrisma, Handbuch 2, 86, 91; Ph. Hofmeister, Die hl. Öle der morgen- u. abendländ. Kirche. Eine kirchenrechtlich-liturg. Abh., Würzburg 1948; E. Kutsch, Salbung als Rechtsakt im AT u. im Alten Orient, Berlin 1963; P. Matzerath, Buße u. hl. Ölung in der byz. Kirche, Paderborn 1940; J. Neumann, Salbung u. Handauflegung als Heilszeichen u. Rechtsakt, Wahrheit u. Verkündung, M. Schmaus zum 70. Geburtstag, 2. Bd., Paderborn 1967, 1419-1444. – S. auch Lit. zu Myronsalbung.

Myronsalbung (grch. *hagion myron, myroma,* n.; russ. *miropomazanie,* n.; lat. *confirmatio,* f., 'Befestigung', 'Bestätigung' [der Taufe]. davon ahd. *firmon,* dt. 'Firmung'), eines der 7 Sakramente. Die M. wird im byz. Ritus heute im Anschluß an die Taufe gespendet, in einigen Fällen auch im Zusammenhang mit der Buße. (Erst im MA gab es eine M. als Bestandteil der Bischofsweihe, → Cheirotonie.) Das erste eindeutige Zeugnis über die M. findet sich in der Kirchenordnung Hippolyts von Rom um 220 (→ Kirchenrecht), nach deren Vorschrift der Bischof unter Gebet um den hl. Geist seine Hand auf den Getauften legt, das Myron auf dessen Haupt gießt, die Stirn mit dem Zeichen des Kreuzes zeichnet u. schließlich mit ihm den Kuß der Gemeinschaft tauscht. Während in der Ostkirche die M. durch den Priester vollzogen wird, ist sie in der kath. Kirche bis heute dem Bischof reserviert (Firmung). Seit etwa dem 9. Jh. begann man im Westen Taufe u. M. voneinander zu trennen u. den Empfang der Firmung auf das 4./5., seit dem 18. Jh. auf das 12. Lebensjahr zu verschieben. Hippolyts Kirchenordnung enthielt bereits die konstitutiven Elemente der M.: Gebet mit Handauflegung, Salbung des Hauptes mit dem Myron, Kreuzbesiegelung (grch. *sphragis*). Die Geschichte der M. im Orient ist kompliziert. Nicht alle Zeugnisse sprechen von einer Salbung nach der Taufe. Sie fehlt bei Johannes Chrysostomus (gest. 407) u. beim Patriarchen Proklos von Konstantinopel (gest. 446), während sie sich bei Kyrill von Jerusalem (gest. 387), in den Apostol. Konstitutionen (→ Kirchenrecht) bei Theodor von Mopsvestia (gest. 428) u. anderen findet. Wahrscheinlich hat man in der Alten Kirche die einzelnen Akte der Taufe als eine Einheit gesehen. Die Herausstellung der M. nach der Taufe dürfte (wie die Arbeit des Kirchenvaters an der Basiliusliturgie zeigt) entscheidend durch die Bemühungen Basilius' des Großen (gest. 379) um eine Pneumatologie (eine Lehre vom hl. Geist), die schließlich auch die Bedeutung der M. als Sakrament bestimmte, beeinflußt worden sein. Die apostol. Tradition der M. bleibt eine offene Frage, um so mehr, als die Hinweise des NT (2. Kor. 1, 21.22; Eph. 1, 13; 4, 30; 1. Joh. 2, 20.27 u. a.) wohl kaum ein Sakrament meinen können. Neben der Geistgabe besitzt der unter dem materiellen Zeichen des Öles gegebene Kuß ökumen. Bedeutung, indem er als die Voraussetzung zur Teilnahme an der anschließenden Liturgie u. damit der Aufnahme in die Gemeinschaft (grch. *koinonia;* lat. *communio*) der Gläubigen ist.

Der Aufbau der M. ist heute folgender: (1) nach Einkleidung des Getauften Vorbereitungsgebet, (2) kreuzförmige Salbung an Stirn, Augen, Nasenflügeln, Mund, Ohren, Brust, Händen u. Füßen mit der Formel „Siegel der Gabe des hl. Geistes" (grch. *sphragis doreas pneumatos hagiu;* russ. *pečat' dara ducha svjatago*), (3) Prozession des Priesters mit dem Getauften und seinen Paten durch das Baptisterium bzw. den Kirchenraum, (4) Lesungen (Röm. 6, 3-11; Matth. 28, 16-20), Gebete (→ Ektenie), (5) Kleine → Doxologie.

Lit.: A. Almazow, Istorija Činoposledovanii Kreščenija i Miropomazanija, Kazań 1884; Beck, 247, 282; G. Dix, The Theology of Confirmation in Relation to the Baptism, Westminster 1951; Eisenhofer 2, 280-297; Fendt, Reg.: Firmung; Th. Finn, The Liturgy of Baptism in the Baptismal Instructions of St. John Chrysostom, Washington 1967, Reg.: Anointing, post-baptismal; Goar, 290 f., 299-301, 697-700; Heiler, 158-161; G. Kretschmar, Die Gesch. des Taufgottesdienstes in der Alten Kirche, Leiturgia 5, Kassel 1970, 192-296; K. Lübeck, Die Firmung bei den Orthodoxen, Trierer Theolog. Zs. 33, Trier 1920-1921, 111-118, 176 bis 184, 219-226; G. W. H. Lampe, The Seal of Spirit, London 1951; Raes, 143-148; B. Welte, Die postbaptismale Salbung, Freiburg/Br. 1939; I.-H. Dalmais, Handbuch Ostk.kunde II, 153-155; E. Chr. Suttner (Hg.), Taufe u. Firmung, Regensburg 1971. – S. auch die Lit. zu den Stichwörtern Myron u. Taufe.

Myronweihe (grch. *hagiu myru telete;* russ. *osvjaščenie mira*). Die Notwendigkeit der M. ergibt sich aus der Verwendung des hl. Myrons beim Sakrament der Myronsalbung u. der Krankenölung sowie bei bestimmten Weihehandlungen, z. B. der Kirchenweihe. Das älteste Zeugnis einer Vorform der M. findet sich in einer kopt. Übersetzung der Didache (→ Kirchenrecht) aus dem 5. Jh., in der über dem hl. Öl nach dem Eucharist. → Hochgebet (bzw. dessen Vorstufe) ein Gebet gesprochen wird. Die Sitte, die M. während der Liturgie zu vollziehen, hat sich nach einer Reihe kanonist. u. patrist. Quellen noch lange erhalten. Nach manchen Forschern ist anzunehmen, daß die M. vor der Taufhandlung (→ Taufe) bzw. der Myronsalbung od. auch während der Krankenölung stattfand. Eine eigene Weihe des Krankenöls wird von Serapion von Thmuis (gest. um 362) bezeugt. Im 5./6. Jh. erfahren wir aus den pseudoareopagit. Schriften (→ Mystagogie) von einem Offizium aus Weihrauchspende, Psalmodie, Lesungen u. der Beimischung von Ingredienzien, das vor allem hinsichtlich der letzteren vorher unbekannt war (noch heute halten die Ostsyrer [Nestorianer] am reinen Myron fest). Im 4. Jh. wurde die M. ein Reservat des Erzbischofs, u. seit dem 7./8. Jh. wurde es üblich, sie am Gründonnerstag zu halten, an dem auch die Weihe des Katechumenen- u. Krankenöls stattfand. Aus der Reservierung entwickelte sich die Ordnung, daß nur das „Haupt" einer autokephalen Kirche, heute in der Regel der Patriarch, die Weihe eines so bedeutsamen materiellen Heilsmediums vollziehen darf.

Das Offizum der M. besteht heute aus 2 Akten: der Bereitung des Myrons (grch. *brasmos tu myru;* russ. *mirovarenie,* ‚Myronkochen') u. der eigentl. M. – (1) Die Zahl der für das Kochen des hl. Öles notwendigen Ingredienzien ist unterschiedlich (in der grch. Kirche 40, an der Hagia Sophia in Konstantinopel 31, in der russ. Kirche 20). Nach der Rezeptur der letzteren werden neben dem Grundstoff, dem Olivenöl, u. a. verwendet: weißer Traubenwein, Palmenharz, Rosenblüten, Majoran, Muskatöl,

Zimtöl, Nelkenöl, Lavendel- u. Rosmarinöl, venetian. Terpentin, weißer Mastix. Der „Myronkoch“ (grch. *myrepsos;* russ. *mirovarec, -var, -varnik*) muß über große Erfahrung verfügen. Die Mengen der einzelnen Ingredienzien müssen so abgewogen sein, daß das Ganze 3 Tage lang (vom Montag bis Mittwoch der Karwoche) kochen kann. – Der erste Teil der Weihehandlung beginnt am Karmontag-Morgen mit dem Einzug des Patriarchen u. seines Klerus. Das Offizum besteht aus der Rezitation von Ps. 143 u. 51, einer speziellen Wasserweihe u. der Entlassung. Danach erfolgt die Segnung der Ingredienzien u. das feierl. Anzünden des Herdes durch den Patriarchen. Während der folgenden Tage werden die vorgeschriebenen Lesungen gehalten u. die Zutaten dem Absud beigegeben. – (2) Die eigentl. M., der zweite Teil der Weihehandlung, erfolgt am Gründonnerstag. Die mit dem zubereiteten Myron gefüllten u. versiegelten Gefäße werden zuvor im Rüstraum, der Prothesis, deponiert. Unter Vorantragen eines mit geweihtem Öl gefüllten Alabastergefäßes werden die anderen Gefäße beim Großen → Einzug durch die Mitteltür der Bilderwand vor den Altar getragen, gefolgt von den hl. Gaben der Eucharistie (→ auch Liturgie). Nach Entsiegelung u. Aufdeckung der Gefäße wird die Weihe unter dreimaligem Kreuzeszeichen u. Rezitation der übl. trinitar. Formel sowie des großen Myrongebets vollzogen; wie schon beim feierl. Einzug werden dabei die Fächer über dem jeweiligen Gefäß bewegt.

Lit.: Eisenhofer 1, 313 f., 520-522; Fendt, Reg.: M.; Goar, 501-517; Handbuch, Reg.: Öl, Weihe des; E. Hermann, Wann ist die Chrysamweihe zum ausschließl. Vorrecht der Patriarchen geworden?, Izvestija na Bulgarskoto Istoričesko Družtvo. Sbornik v Pamjet Prof. Petr Nikov, Sofija 1939, 509 bis 515; P. Hofmeister, Die hl. Öle der morgen- u. abendländ. Kirche, Würzburg 1948, 25-78; Maltzew[3,2], 89-112. W. Strothmann (Hg.), Das Sakrament der M., Wiesbaden 1978; I.-H. Dalmais, Handbuch Ostk.kunde II, 154 f. – S. auch Lit. zu Myron, Myronsalbung.

Mystagogie (grch. *mystagogia,* f., Einführung in u. Erklärung von Mysterien, d. h. von Geheimnissen antiker u. spätantiker Kulte). 1. M. bezeichnet bei den Kirchenvätern allgemein die Einführung in ein Mysterium. Daneben sind 2 Bedeutungen zu unterscheiden: (a) M. als Vollzug einer hl. Handlung, vor allem der Taufe u. Eucharistie, (b) die Erklärung, Deutung eines in der hl. Schrift od. in der Liturgie verborgenen Geheimnisses (Mysterium). Indem wir diese zweite Bedeutung etwas erweitern, verstehen wir unter M. die Kunst der Erklärung (Hermeneutik) der Liturgie u. der Sakramente sowie der mit ihnen verbundenen Kunstwerke (Ikonen-, Miniatur- u. Monumentalmalerei, Kirchenbau, Kirchendichtung, Kirchenmusik). Eine der wichtigsten gedanklich-weltanschaul. Voraussetzungen für die christl. M. bilden die Schriften, die ein vermutlich syr. Kirchenschriftsteller im 5./6. Jh. unter dem Namen des Dionysius Areopagita (vgl. Apg. 17, 34) herausgab. In ihnen wird die sinnl. Welt (grch. *kosmos aisthetos*) auf die unsinnlich-intelligible Welt (grch. *kosmos noetos*) zurückgeführt, so daß jedes ird. Bild (im weitesten Sinne) nur in seinem Urbild existent sein kann. Zwischen beiden ist ein „nach oben“ orientiertes u. analoges, d. h. dem Bewußtseinsstatus des jeweiligen Empfängers entsprechendes Informationssystem aufgebaut, dessen Kontrolle der kirchl. Hierarchie obliegt. Dabei ist nach dem Analogiesatz die Ähnlichkeit zwischen den einzelnen hierarch. Stufen niemals so groß, daß ihre Unähnlichkeit nicht noch größer wäre. Auf diese Weise kann der einzelne nach dem Maß seiner Intelligenz von den dingl. Symbolen aller Sinnesbereiche zur Schau (grch. *theoria*) der unsinnl. Urbilder gelangen, von den Erscheinungen u. Veranstaltungen der ird. Kirche also zu denen der himml. Kirche. Die geschlossene Systemimmanenz des Pseudoareopagiten trägt weniger emotiv-mystische als vielmehr ausgesprochen kognitiv-rationale Züge, die in ihrer letzten Konsequenz allerdings in mystische umschlagen können. Die M. der Bilderwelt gehört zu den Gegenständen, an denen Methode u. Absicht am deutlichsten demonstriert werden können, weil sich hier der auf Analogie (u. nicht auf Identität) gründende Urbild-Abbild-Mechanismus am unmittelbarsten u. die Frage ihrer Schau (*theoria*) am intensivsten offenbart.

In ihrer rationalen Struktur, ihrem Stufenbau u. ihren Intentionen entspricht die moderne Ikonographie u. Ikonologie weithin dem hermeneut. Modell der M. als einem nach analogen Mustern aufgebauten Informationssystem, das mit Notwendigkeit überall dort zum Einsatz kommen muß, wo Realität mit Transrealität (nicht Irrealität) in wesensmäßige, auf einen nicht materiellen Archetyp orientierte Verbindung tritt. So erfolgt z. B. die stufenweise Sinnerschließung des Höhlenmotivs in der Darstellung der Geburt Christi von der „histor. Geburtshöhle" von Bethlehem über das Martyrion des Konstantin. u. Justinian. Zeitalters bis zum mariolog. Symbol des jungfräul. Leibes der Gottesmutter, das in seiner Zeitlosigkeit Gegenstand gedanklich-meditativer, aber auch emotiv-ekstatischer Schau sein kann. Bei der zentralen Bedeutung der Liturgie gibt es für die eucharist. M. keine Grenzen. Sie umfaßt den rituellen Bereich (z. B. Schlachtung [Opferung] des Lammes, Prothesis, Cherubimhymnus, Einzug, Zeon u.a.m.), mit ihm verbundene Gegenstände (z. B. Altar, Altargeräte, liturg. → Gewänder u. ihre Farben) sowie den gesamten Bereich der Kunst (→ auch Kultusästhetik). Als Verdinglichungen des christl. Glaubens haben vor allem die hl. Stätten der „Gotterscheinung" (Theophanie, → unter Epiphanie) in Jerusalem u. Palästina schon im Zusammenhang mit der Errichtung der Kirchenbauten Konstantins (→ Kirchenbau) mystagog. Vorstellungen angeregt; sie sind über die Theologen u. Liturgiker der antiochen. Kirchenprovinz nach Byzanz gelangt. Der Verlust der realen hl. Stätten an den Islam im 7. Jh. hat auf der anderen Seite die spezifisch byz. M. stark angeregt (→ auch Ostern).

2. Material, Methode, Problematik u. Entwicklungsgeschichte der M. können an einer speziellen Literaturgattung, den Liturgiekommentaren, aufgewiesen werden. Ihre Lexik u. Semiotik (Zeichenkunde) beziehen sich zwar auf die pseudo-aeropagit. Terminologie, reflektieren aber ständig über die Menschwerdung (Inkarnation) u. den Kreuzestod Christi, denen gegenüber jene Terminologie ein für diese Schriften kennzeichnendes Unvermögen zeigt. Die wichtigsten Denkmäler der byz. Mystagogie sind: (a) die mystagog. Katechesen (→ Katechumenat) des Kyrill von Jerusalem (gest. 387) od. von dessen Nachfolger Johannes (gest. 417); (b) die katechet. Homilien Theodors von Mopsvestia (gest. 428); (c) die Werke des Johannes Chrysostomus (gest. 407), die alle drei Palästina u. Syrien mit Aniochien als Entstehungsort wahrscheinlich machen; (d) die M.n des Maximus Confessor (gest. 662), der als erster die Bedeutung der pseudoareopagit. Schriften erkannte u. sie im orth. Sinne deutete. In seiner „M." gab er eine Erklärung der Liturgie, die alle Nachfolger auf diesem Gebiet beeinflußte; (e) die wichtige u. in ihrem Kern wohl echte „Kirchenkunde u. myst. Schau" (grch. *Historia ekklesiastike kai mystike theoria*) des Patriarchen Germanos (gest. 753) von Konstantinopel, (f) die „Zusammenfassende Schau der in der göttl. Liturgie vollzogenen Symbole u. Mysterien" (grch. *Protheoria kephalaiodes peri ton en te theia leiturgia ginomenon symbolon kai mysterion*) des Theodor von Andida (12. Jh.), die für die M. der mittelbyz. Epoche wichtig ist, (g) die „Erklärung der göttl. Liturgie" (grch. *Hermeneia tes theias leiturgias*), das reife Werk des Nikolaus Kabasilas (gest. zwischen 1363 u. 1391), das die gesamte byz. M. abschließt, u. schließlich (h) „Über die hl. Handlungen" (grch. *Peri ton hieron teleton*) des Metropoliten von Thessalonich Symeon (gest. 1429), ein eher kompilator. als systemat. Werk der M. Die Arbeiten der beiden zuletztgenannten Autoren fallen zusammen mit dem Abschluß des Aufbaus der byz. Liturgie u. der Systematisierung ihrer Rubriken durch den Patriarchen von Konstantinopel Philotheos Kokkinos (gest. 1379). Da diese Kommentare auf die literar. Gattung der Ekphrasis eingewirkt haben, ist auch dieser Typus der byz. M. heranzuziehen, vor allem, wenn es sich um die Deutung der Teile des Kirchengebäudes (→ Bema, → Naos, → Narthex) od. um das Bildprogramm handelt. Darüber hinaus bildete die Ekphrasis mit ihrer mehr am Gegenständlichen orientierten u. mehr deskriptiven Deutung eine wichtige Ergänzung der das Gegenständliche ständig „fortdeutenden" byz. M.

Lit.: H. U. v. Balthasar, Kosm. Liturgie. Das Weltbild Maximus' des Bekenners, Einsiedeln 1961; R. Bornert, Les Commentaires Byzantins de la Divine Liturgie, Paris 1966; E. v. Ivanka, Sakramentalmystik der Ostkirche, Klosterneuburg – München 1958; N. F. Krasnosel'cev, O Drevnich Liturgičeskich Kommentarijach, Odessa 1894; ders., Tolkovaja Služba, Moskau 1878; K. Onasch, Zur Deutung des Kirchengebäudes in den byz. Liturgiekommentaren, N. Nickel (Hg.), Byz. Kunstexport, Halle (Saale) 1978, 301-308; R. Roques, L'Univers Dionysien, Paris 1954; K.-Ch. Felmy, Die Deutung der Göttl. Liturgie in der russ. Theologie. Wege u. Wandlungen russ.Liturgie-Auslegung, Berlin/New York 1984; Schulz, Die byz.Liturgie; ders.,Handbuch Ostk.kunde II, 88; K. Onasch, Die „intellektuelle Mystik" der Ikone, Hermeneia 3, 1987, 126-130; J. Børtnes, Visions of Glory, Studies in Early Russian Hagiography, Oslo/New Jersey 1988, Reg. – S. auch Lit. zu Hierarchie, Kultusästhetik.

N

Nachtgottesdienst (grch. *apodeipnon,* n., wörtl. 'nach dem Abendessen'; russ. *povečerie,* n.; lat. *completorium,* n.), der im Kloster nach dem Abendgottesdienst gehaltene nächtl. Stundengottesdienst. Die grch. Bezeichnung zeigt deutlich seine Herkunft aus dem Mönchtum, das ihn ursprünglich als eine Ruhepause beging. Mit seinem Gebet um Gottes Schutz während der Nacht hatte Ps. 91 hier seinen eigentl. Ort. Als Offizium besitzt das Apodeipnon (diese Bezeichnung erst seit dem 11./12. Jh.) keine Selbständigkeit, weil es vor großen Feiertagen mit der Nachtwache vereinigt wird. Im palästinens. Mönchtum verwurzelt (Typikon des Sabasklosters aus dem 12./13. Jh.), stellt es, ähnlich wie der Mitternachtsgottesdienst, einen nicht mehr autonomen Teil eines sehr alten, aus dem Abendgottesdienst, dem N., dem Mitternachtsgottesdienst u. dem Morgengottesdienst bestehenden Komplexoffiziums dar. Auf monast. Herkunft verweist sein Bußcharakter u. schließlich auch die Tatsache, daß der Große N. (grch. *mega apodeipnon;* russ. *velikoe provečerie*) die Große → Fastenzeit hindurch bis zum Mittwoch der Karwoche an den ersten 4 Wochentagen gehalten wird. Der Kleine N. (grch. *mikron apodeipnon;* russ. *maloe provečerie*) stellt als gewöhnl. N. einen Reduktionstyp des Großen dar. Es entspricht dem Bußcharakter dieser nächtl. Veranstaltung, wenn sie von ständigen Kniefällen (→ Metanien, → Proskynese) begleitet wird.

Der Große N. hat folgenden Aufbau: (1) Psalmodie mit Ps. 4; 6; 13; 25; 31; 91, Lobgesang (Kleine → Doxologie), dreimaliges Halleluja, ein feierl., von 2 Chören mit lauter Stimme vorgetragenes Responsorium mit anschließendem Glaubensbekenntnis, Dreimalheilig (→ Trishagion), Vaterunser, einer Tagesstrophe (→ Troparion), einem Gottesmutterhymnus (→ Theotokion) u. einem Basilius dem Großen (gest. 379) zugeschriebenen Gebet als Beschluß. Nach demselben Modell folgen die Teile 2 u. 3 mit anderen Psalmodien, Hymnen u. Gebeten (darunter das Gebet Manasses, → auch Oden). Nach der Entlassung hat der Mönch beim Betreten seiner Zelle noch ein Gebet zu sprechen. Die Orationen werden mit einem 40mal zu sprechenden Kyrie eleison eingeleitet u. einem 12maligen beendet, die ihrerseits von mehrmaligen kleinen u. großen Metanien begleitet werden. Die Texte der Gebete entstammen der asket. Literatur des Orients. Die Psalmodie des ersten Teils wird in der ersten Woche der Großen Fastenzeit auf Ps. 70 des Kleinen N.s (s. unten) reduziert, auf den der Große Kanon des Andreas von Kreta folgt (→ auch Fastenzeiten).

Der Kleine N. hat folgenden Aufbau: (1) Psalmodie aus Ps. 51; 70; 143, Lobgesang (Große → Doxologie), (2) Glaubensbekenntnis, (3) Dreieinigkeitshymnus (→ Trishagion) u. Vaterunser, (4) Kurzhymnen (→ Troparien), (5) Orationen zur Nacht, (6) Absolutionen, (7) Ektenie, (8) Zellengebet. Kyrie eleison u. Metanien werden wie beim Großen N. gehalten, ebenso entspricht ihm die Herkunft der Orationen. Von allen Stundengottesdiensten hat der N. seinen alten u. strengen monast. Charakter durch alle byz. Überformungen wohl bis heute am reinsten erhalten.

Lit.: Daniel, 296-301; Eisenhofer 2, 545 f.; Handbuch, Reg.: Komplet; La Prière[1], 41-78; A. Raes, Les Complies dans les Rites Orientaux, OrChrPer 17, 1951, 133-145.

Nachtwache, Vigil (grch. *agrypnia,* f., *pannychis,* f., 'Ganznachtfeier'; russ. *[vsenoščnoe] bdenie,* n., 'Ganznachtwache'; lat. *[per]vigilium, n., vigilia,* f. 'Wache'), Stundengottesdienst an Samstagen und vor großen Festen. Außerhalb des Christentums gab es in der oriental. u. okzidentalen Welt zahlreiche die ganze Nacht andauernde Kultusfeiern häusl. u. öffentl. Art. Die häusl. Feier des Judentums in der Nacht vor dem Passa führt in unmittelbare Nachbarschaft ähnl. Gottesdienste im frühen Christentum. Von privaten N.n spricht bereits das NT (Mark. 13, 33; Luk. 6, 12; 21, 36; Apg. 12, 12; 16, 25; 2. Kor. 6, 5; 11, 27). Die bis tief in das christl. Altertum zurückreichende N. vor Ostern (u. vor Epiphanie), die „Mutter aller Vigilien", erhielt endgültig Mitte des 4. Jh. in Jerusalem nicht nur eine reiche Ausgestaltung, sondern auch eine neue Sinngebung, die sich vom synagogalen Passa grundsätzlich unterscheidet: Sie läßt sich um das zentrale Thema des Auferstehungslichtes ordnen. Danach erhielten auch die beiden ersten Feste des unbewegl. Zyklus im Kirchenjahr, das bereits erwähnte Fest der Epiphanie u. das Fest der Geburt Christi, beide wie Ostern „von Natur aus" Feiern nächtl. Heilsereignisse, ihre N.n. Zugleich wurde die Virgil dem häusl. Bereich entzogen u. dem Bischof bzw. dem Klerus unterstellt. Das palästinens. Mönchtum gab ihr dazu strenge Strukturen. Sowohl die Osterwache wie die N.n der Gemeinde u. der Mönche zum Gedenken der Märtyrer (→ auch Märtyrerverehrung) hießen wie zahlreiche nicht-christl. Entsprechungen (vor allem die Vigilien zu Ehren der Heroen) Pannychis, womit, wie die Bezeichnung sagt, eine Veranstaltung gemeint sein wird, die auch die abendliche, die mitternächtliche u. Teile der morgendl. Feier an sich zog. Noch heute werden Abend- u. Morgengottesdienst zur N. vereinigt, während der Mitternachtsgottesdienst entfällt. Folgt auf den Abendgottesdienst die Liturgie, beginnt die N. mit dem Nachtgottesdienst. Die ursprüngl. Naherwartung Christi durch die frühe Christenheit hat sich damit in der orth. N. bis heute erhalten. Zur Liturgie der Osterpannychis gehörten bereits die bibl. Oden 2. Mose 15; 5. Mose 32 u. Dan. 3 (→ auch Drei Jünglinge im Feuerofen). Noch heute findet sich im Nachtgottesdienst das Gebet Manasses, während die anderen Oden in den Morgengottesdienst abwanderten u. schließlich in den Kanon umgewandelt wurden. (Vom Kanonsingen in der nächtl. Vorfeier ist russ. *nakanune* u. *kanun,* ‚Vorabend', abgeleitet.) Die alte Komplexität einer nicht mehr erhaltenen ganznächtl. Erinnerungsfeier kommt noch heute zum Ausdruck, wenn der Abendgottesdienst vor den großen Festen zur Großen Vesper (grch. *paramone,* Militärsprache, ‘auf Wache stehen') erweitert u., wohl in der Tradition altkirchl. „Vigilmessen", mit einer Liturgie ausgestattet wird. Das Grundmodell der großen Blocks von Lesungen aus dem AT u. NT in der paramonialen Vesper ist wiederum in der jerusalem. Osternachtfeier zu suchen, ebenso ihre große, mit einer Prozession verbundene Litanei (grch. *lite*) u. die Akoluthia des Brotbrechens. Die N. schließt unmittelbar an die paramoniale Vesper an u. endet nicht mit der sonst übl. Entlassung, sondern leitet nach den erwähnten Lesungen sofort zum Hexapsalm des Morgengottesdienstes über. Die Tatsache, daß die N. das Überbleibsel einer sehr alten Nachtfeier ist, wird schließlich noch darin erkennbar, daß der Anfang der N. aus dem ersten Abschnitt des großen Nachtgottesdienstes besteht; dieser Abschnitt des Nachtgottesdienstes schließt mit einer speziellen Festentlassung, der zweite mit einem Fest-Kontakion.

Die Bedeutung der altkirchl. N. ließ nach, als mit Ende des 4. Jh. die beherrschende Stellung der Pannychis innerhalb des an Ostern orientierten uralten bewegl. Zyklus des entstehenden Kirchenjahres verlorenging u. das ebenso alte Modell von Psalmodie einschließlich bibl. Oden, Gebet u. Hymnus in Byzanz zugunsten des letzteren überformt wurde. Es darf allerdings nicht übersehen werden, daß die byz. Kirche durch ihre Hymnen u. Neugruppierungen der alten Vigillesungen wesentlich zu einem vertieften Verständnis des Festes, das der N. folgt, beigetragen hat.

Lit.: A. Baumstark, Nocturna Laus. Typen frühchristl. Vigilfeiern u. ihr Fortleben vor allem im röm. u. monast. Ritus, Münster (Westf.) 1956; Eisenhofer 2, 483 ff., 501 f.; Fendt, Reg.: Vigil; Handbuch, Reg.: N., Vigilien; J. M. Hanssens, Nature et Genèse de l'Office des Matines, Roma 1952; J. Mateos, La Vigile Cathédrale chez Égérie, OrChrPer 27, 1961, 281-312; N. D. Uspenskij, Čin Vsenoščnogo Bdenija na Pravoslavnom Vostoke i v Russkoj Cerkvi, BoTr 18, 1978, 5-117 (Kap. I-V); 19, 1979, 3-69; R. Zerfass, Die Schriftlesung im Kathedraloffizium Jerusalems, Münster (Westf.) 1968, Reg.: Vollvigil; T. M. Arranz u. N. D.Uspensky, The Office of the All-Night Vigil, St.Vladimir's Theol. Quarterly 24, 1986, 83-113, 169-195; M. Arranz, L'Office de la veillée nocturne dans l'Église grecque et dans l'Église russe, OrChrPer 42, 1976, 117-155, 402 bis 425. – S. auch Lit. zu Ostern.

Naos (grch., m., 'Wohnung einer Gottheit'; russ. *chram,* m., *srednjaja čast' chrama,* f., *nef,* m.; lat. *templum,* n., auch Bezeichnung für einen kleineren, lichtlosen Raum mit Standbild der Gottheit). 1. Die Übernahme des Begriffs N. durch den christl. Kirchenbau hatte Vorstellungen zur Voraussetzung, die denen des nicht christl. Tempels völlig entgegengesetzt waren. Durfte der Tempel nur von der Priesterschaft (u. von dieser auch nur zu bestimmten Zeiten) betreten werden u. war seine Menschenleere seinem Wesen entsprechend, so wurde das christl., gottesdienstl. Zwecken dienende „Haus" (grch. *oikos,* so um 400 in den Apostol. Konstitutionen [→ Kirchenrecht]; *oikos* u. *naos* wurden in der Antike synonym gebraucht) von der aus Klerus u. Laien bestehenden Gemeinde in geordneter Weise bevölkert. Der N. hieß deshalb auch Navis (lat. 'Schiff'), Ekklesia (grch., 'die Herausgerufene'), Oratorium populi (lat., 'Gebetsraum des Volkes'). Der Charakter des N. als bevölkerter Stätte der Liturgie blieb erhalten, als anstelle des schlichten Oikos der eigentl. Kirchenbau trat. Bei diesem unterscheidet man den N. als Haupt- od. Langhaus vom Querhaus (Transpet) sowie von der Apsis und der Vorhalle, dem Narthex. 2. Zur Bildausstattung → Bildprogramm.

Narthex (grch., m.; russ. *pritvor,* m., 'Vorhalle'; lat. *ferula,* f., 'Rute', 'Kaiserzepter', 'Kommandostab'), Vorhalle der Basilika u. der Kuppel. bzw. der Kreuzkuppelkirche (→ Kirchenbau). Der N. war im allgemeinen mit einem Pultdach bedeckt u. nur an seiner Längsseite durch Türen zu betreten. Zum Naos, dem Haupthaus, hin war er durch Säulenstellungen geöffnet, deren Zwischenräume mit Velen verhängt wurden. Wenn sich im ersten Stock des N. u. der Seitenschiffe Emporen befanden, wurde er in einen (mit Treppen zu den Emporen versehenen) inneren N. (grch. *endonarthex*) u. einen äußeren N. (grch. *exonarthex*) gegliedert: der letztere konnte mit Kuppeln u. mit einem Turm (so auf dem Balkan) ausgestattet sein. Im serb., bulg. u. rumän. Kirchenbau entwickelten sich Varianten des N.-Baus (mehrschiffiger N., geschlossener N., N. mit vorgelagerter offener Vorhalle [Pronaos], N. als westl. Flügel eines um den Naos laufenden Korridors u. a.). Daß der N. der Versammlungsraum für die Bußklassen war, wird neuerdings bezweifelt. Ähnlich wie die Empore diente er in großen Kathedralen als Repräsentationsraum für den Herrscher u. sein Gefolge vor Beginn der Liturgie. In der Hagia Sophia von Konstantinopel wurde in einem Annex des Exo-N., dem Metatorion (grch.), die Kaiserkrone deponiert, die der Herrscher vorher in einem feierl. Zeremoniell im Exo-N. selbst abgelegt hatte. Hier fanden auch die protokollarisch fixierten Begrüßungszeremonien zwischen Kaiser u. Patriarch statt (→ auch Kaiserkult), bevor beide durch die Mitteltür, die „schöne Pforte", in den Naos einzogen. Wahrscheinlich wurde schon in mittelbyz. Zeit der Mitternachtsgottesdienst im N. gehalten. Im Bildprogramm der Kirchen ist der Narthex vor allem Darstellungen des Jüngsten → Gerichts u. des Passionszyklus vorbehalten.

Lit.: J. G. Davies, The Origin and Development of Early Church Architecture, New York 1953, Reg.: N.; Chr. Strube, Die westl. Eingangsseite der Kirchen von Konstantinopel in justinian. Zeit, Wiesbaden 1973; Ch. Walter, Art and Ritual of the Byz. Church, London 1982, Reg. – S. auch Lit. zu Basilika, Kirchenbau.

Nestorianische Kirche → Übersicht zum Stw. Ritus

neubyzantinische Notation → unter Notationen, byzantinische

Neumen (grch. *neumata,* n. plur., 'Wink', 'Hand-', 'Kommandozeichen'; kaum abzuleiten von grch. *pneuma,* n., 'Geist', 'Hauch', 'Wind' od. hebr. *ne'ima*, 'Melodie', 'Süßigkeit'), System der graph. Aufzeichnung von Melodien der byz. Kirchenmusik durch Einzelzeichen (grch. *semata*), deren Bestand sowohl von der Cheironomie – den Hand- u. Fingerzeichen des Chorleiters – wie von den metr. u. rhythm. (prosod.) Zeichen der alexandrin. Grammatiker zur Zeit des Hellenismus abgeleitet werden kann. In der russ. Kirchenmusik werden die N. als Znamenija ('Zeichen'; grch. *sema*) od. als Krjuki bezeichnet. Die Aufgabe dieses über den Hymnentext gesetzten semat. Systems bestand in der Wiedergabe der Melodie, die sich nach der syntakt. Struktur des Textes richtete. Die graph. Reproduktion erfolgte aber nicht nach fixierten Tönen, sondern nach bestimmten Tongebilden u. -formeln. Damit entwickelte sich ein Vorrat an Melodiemodellen, die in ihrer graph. Darstellung in erster Linie eine Art Gedächtnishilfe für den Chorleiter darstellten. Im Unterschied zur (ekphonet.) → Notation konnten die N. im Verlauf der fast tausendjährigen Geschichte der byz. → Notationen Angaben über die Ein- u. Ausgangsformeln der Melodien u. der Intervalle (als Hauptaufgabe), aber auch über die annähernde Fixierung der letzteren, über Rhythmus u. Tempo, Dynamisierung des Ausdrucks u.a.m. vermitteln. An der Fixierung absoluter Tonwerte wurde in Rußland im 16.-17. Jh. gearbeitet u. das N.-System allmählich durch die Liniennotation ersetzt (→ auch Kirchenmusik).

Lit.: C. Floros, Universale N.-Kunde, 3 Bde., Kassel 1970 (vgl. E. Jammers, Die Musikforschung 28, Kassel 1975, 83-87); E. Jammers, Die materiellen u. geistigen Voraussetzungen für die Entstehung der N.-Schrift, Dt. Vierteljahresschr. für Lit.-Wiss. u. Geistesgesch. 32, Halle 1958, 554-575; E. Koschmieder – J. v. Gardner, Ein handschriftl. Lehrbuch der altruss. N.-Schrift, Bd. 1-3, München 1963-1973; Wellesz, 261-362; ders., Early Byzantine Neumes, The Musical Quarterly, New York 1952, 68-79; Werner, 110, 358, 414; Ch. Hannick, Antike Überlieferungen i. d. N.einteilung der byz. Musiktraktate, JÖB 26, 1977, 169-184; MGG 9, 1595-1667. – S. auch Lit. zu Kirchenmusik; Notationen, byzantinische.

Nichtschlafendes Auge → unter Christusbilder

Niello (ital., von lat. *nigellum,* n., 'das Schwärzliche'; russ. *černʹ,* f.), 1. Bezeichnung für eine Technik des Kunsthandwerks, bei der eine in einen metallenen Untergrund eingravierte Zeichnung mit einer aus Blei, Kupfer, Silber, Borax u. Schwefel bestehenden Schmelzmasse ausgefüllt u. schließlich mit der Metallfläche poliert wird. – 2. Bezeichnung für einen in der beschriebenen Technik bearbeiteten Gegenstand. Die Kenntnis des N. ist bereits in Ägypten nachweisbar. Es erlebte in röm. u. spätröm., hellenist. Zeit eine neue Blüte. Der Gegensatz zwischen dem jetzt bes. bevorzugten goldenen od. silbernern Untergrund u. der schwarzen Zeichnung erzielte einen starken ästhet. Reiz. Das machte das N. zu einem beliebten Objekt der luxuriösen Kleinkunst der Spätantike. Überdies erhielt der durch das N. bearbeitete Gegenstand infolge der Vereinigung von Gold (bzw. Silber) u. Schwarz, die beide im Grunde „Nichtfarben" sind u. vielmehr auf die Unendlichkeit bzw. das Nichts hinweisen (→ auch Farbe, → Kultusästhetik, → Licht), einen bestimmten Zug der Entmaterialisierung, der ihn gerade für religiöse Zwecke geeignet erscheinen ließ. Es fand deshalb bald Eingang in die Kleinkunst der Alten Kirche u. der frühbyz. Zeit. Aus einer Fülle von wertvollen Denkmälern dieser Kunst, die hohes Können u. lange Erfahrung voraussetzt, können hier nur wenige genannt werden: ein achteckiger Ehering (7. Jh.) mit der Inschrift „Herr, hilf deinen Dienern Petros u. Theodora" u. Darstellungen der Verkündigung der Gottesmutter, der Begegnung zwischen Maria u. Elisabeth, der Geburt Christi, der Darstellung im Tempel, der Taufe, Kreuzigung u. Auferstehung Christi (Myron tragende Frauen, Segnung durch Christus u. Maria, Inschrift: Joh. 14, 27), Dumbarton Oaks, Washington; ein Kelch, gehämmertes Silber u. vergoldet (527-565), mit der Inschrift „Das Deine von dem Deinen bringen wir Dir dar, o Herr" (→ unter Anamnese), mit Kontrollstempel der Regierung Justinians I. (gest. 565), ebendort; Innenseite des Deckels der „Staurothek Fieschi-Morgan" mit der Höllenfahrt Christi (um 700), New York; Rußland: ein Kupferkreuz mit altruss. Inschrift, Darstellung Christi, der Gottesmutter, Evangelisten u. Erzengel (12./13. Jh.); sowie aus der Blütezeit des russ. N. (16.-17. Jh.), zahlreiche goldene u. silberne Prunkschalen, Becher u. a. in der Oruženjaja Palata des Moskauer Kreml u. Kultusgeräte aus den Patriarchenwerkstätten.

Lit.: M. M. Postnikova – Loseva, N.T. Platonova, B.L. Ul'janova, Russkoe černovoe Iskusstvo, Moskau 1972; LdK 3, 562-563. – S. auch Lit. zu Email.

Nikolaus → unter Heiligenverehrung, → auch Heiligenbilder

Nikopoiia → unter Gottesmutterbilder

Nimbus (lat., m., 'Wolke', 'Nebel'), eine schon in der Darstellung antiker Götter,

Halbgötter, „göttl. Menschen", Heroen u. a. bekannte, größtenteils kreisrunde u. goldene (aber auch blaue od. grüne) Scheibe od. ein Heiligenschein hinter dem Haupt. Der N. galt in der Antike als ein Attribut der Göttlichkeit, das aus feinster Lichtsubstanz bestand. Der große N., die → Aureole, wurde schon im 4. Jh. bei Wiedergaben des erhöhten Christus verwendet; seit dem 5. Jh. wurden die Gottesmutter, Märtyrer u. andere hl. Personen mit dem kleinen N. als Attribut ihrer Heiligkeit dargestellt; bei lebenden Personen hatte er quadrat. Form. In der Kunst der Sarkophage u. Katakomben sowie auf Mosaiken wird der N. mit dem Christogramm verbunden od. erscheint als Kreuz-N. mit eingeschriebenem A u. O. Gegenüber Gelb, Blau u. Weiß als N.-Farbe setzte sich in bestimmten Phasen der Kunstgeschichte Gold (→ Chrysographie) durch, als großflächiger Hintergrund ersetzte es oft den individuellen N. mehrerer dargestellter Personen.

Lit.: M. Collinet – Guérin, Histoire du Nimbe des Origines aux Temps Modernes, Paris 1961; W. Braunfels, N. u. Goldgrund, Das Münster 3, München 1950, 321-334; Felicetti – Liebenfels, Geschichte[1], Reg.: N.; A. Krücke, Der N. u. verwandte Attribute in der frühchristl. Kunst, Straßburg 1905; ders., Randbemerkungen zum frühchristl. N., ZNW 30, 1931, 263-271; E. Weigand, Der Monogramm-N., ByZ 30, 1929-1930, 587-595; ders., Zum Denkmälerkreis des Christogramms, ByZ 32, 1932, 63-81; M. Lurker (Hg.), Wörterbuch der Symbolik, Stuttgart 1983[2], 487; LChI 3, 323-332; LdK 2, 241. – S. auch Lit. zu Aureole.

Notationen, byzantinische. Entstehung u. Geschichte der b.n N. haben die graph. Aufzeichnung von Melodien mit Hilfe von Neumen zur Voraussetzung. Die Erforschung der N. ist Aufgabe der byzantinist. bzw. slavist. Musikforschung (→ auch Kirchenmusik).

Man unterscheidet im allgemeinen folgende Phasen: 1. die paläobyz. Notation, auch Strichpunkt- od. Linear-N. genannt, findet sich in Handschriften vom 9.-12. Jh. Ihr sematischer Bestand (von grch. *sema,* 'Zeichen') ist noch gering u. orientiert sich an den prosod. Semata der alexandrin. Philologie. Einige Zeichen sind der ekphonet. → Notation entnommen. Die Intervalle sind noch nicht fixiert. Wie die Entwicklung der byz. Kirchendichtung wurde auch die der b.n N. durch den Bilderstreit (→ unter Bild) beeinträchtigt. Nach dem Bildersturm begann sich vor allem die Zahl der Leitstrophen, der Hirmoi, so stark zu vermehren, daß ein Anwachsen des semat. Bestandes die Folge sein mußte. Nachdem zunächst eine gewisse Zurückhaltung gegenüber der Vermehrung der Notations-Zeichen u. eine Konzentration durch Signaturen bestimmter Notationsgruppen festzustellen ist, nimmt gegen Ende dieser ersten Phase die Zahl der Semata wieder zu. Gleichzeitig steigt der Einfluß oriental. Musiktraditionen (vor allem des Sabasklosters bei Jerusalem, in dem Johannes Damascenus [gest. um 750], der Schöpfer des Goldenen Kanons u. einer der Reformatoren des Achttonbuches [→ Oktoechos], gelebt hatte) auf das Studioskloster in Konstantinopel, eines der wichtigsten religiösen Zentren im 9. Jh. überhaupt.

2. Nicht viel jünger als die paläobyz. Notation ist die → Kondakarien-Notation; dennoch nimmt sie eine Sonderstellung ein.

3. Die mittelbyz. N., auch hagiopolitische (grch. *hagiopolis,* 'hl. Stadt' [Jerusalem? Konstantinopel?]) od. Rund-N. genannt, vom 12.-14. Jh. übernahm den Zeichenbestand der ersten Phase – weshalb sie für deren Erforschung wichtig bleibt – u. entwickelte ihn (vielleicht unter dem Einfluß der erwähnten oriental. Überlieferungen) weiter. Die Intervalle wurden nun genauer u. differenzierter fixiert; Ausdruckskraft, Dynamik, Rhythmus u. Tempo konnten mit Hilfe dieses semat. Systems eine erstaunl. Perfektion erreichen. Zu dieser Entwicklung trug die Verfeinerung der Lehre von der Cheironomie, den Hand- u. Fingerzeichen des Chorleiters, in Theorie u. Praxis wesentlich bei. Diskutiert werden in der Forschung neben den orientalischen die islam. Einflüsse vor allem nach der Kirchentrennung von der Westkirche 1054. –

4. Die spätbyz. Notation, auch kukuzelische Notation genannt (nach dem Maistor [→ Melode] Johannes Kukuzeles, gest. etwa 1380), vom 14. – 19. Jh. ist charakterisiert durch eine geradezu manierist. Perfektion der Cheironomie u. durch starke Vermehrung des Semabestandes, vor allem hinsichtlich der Zeichen für Dauer u. Dynamik. Dieses System spiegelt einen melismat. Chorgesang wider, der sich bis zu Koloratu-

ren steigerte u. nur von hervorragenden Ensembles mit ebenso hervorragenden Solisten vorgetragen werden konnte. Er kam aber gerade noch zurecht, um dem von Philotheos Kokkinos, Patriarch von Konstantinopel (gest. 1379), veranlaßten Abschluß der Liturgie u. ihrer spätbyz. Mystagogie die musikal. Ergänzung zu geben. Der gleichzeitige, von Philotheos geförderte Hesychasmus (→ Mönchtum) mit seinem dynamisierten Ausdrucksstil in der Heiligengeschichtsschreibung (→ Hagiographie) u. in der Malerei (→ Renaissancen in Byzanz) hat auch dieser spät- u. nachbyz. Sakralmusik seine unverkennbaren Züge aufgeprägt. Der Untergang von Byzanz 1453 verhinderte die Weiterentwicklung der N.; ihr Bestand wurde in Form des kukuzelischen Systems wie eine verehrungswürdige Tradition gepflegt. – Zu Rußland → unter Neumen, → Kirchenmusik.

Lit.: M. Haar, Byz. u. slav. Notationen, Köln 1973; Palikarova-Verdeil; H. J. W. Tillyard, Handbook of the Middle Byzantine Notation, Copenhague 1935 (= MMB, Subs. I, 1); Wellesz; ders., Die Epochen der byz. Notenschrift, OrChr* 7, 1932, 277-288; ders., Die Hymnen des Sticherarium für September, Kopenhagen 1936, XIII-XXXVII (= MMB, Transcr. I); I. Wolf, Handbuch der Notationskunde, 2 Bde., Leipzig 1913, 1919; MGG 9, 1595-1606; M. Ph. Dragoumis, A Contribution to the Study of the Interpretation of Late Byz. Notation, 11th Congr. Intern. Music Society II, Copenhague 1972, 790-796; S. V. Smolensky, Paläograph. Atlas altruss. Gesangsnotationen, München 1976; Joh. v. Gardner, Gesang der russ.-orth. Kirche bis zur Mitte des 17. Jh., Wiesbaden 1983, Reg.: Notation; G. Th. Statis, He exegesis tes palaias byzantines semeiographias, Athen 1978. – S. auch Lit. zu Kirchenmusik, Neumen.

Notation, ekphonetische, ein spezielles Notationssystem der altkirchl. u. byz. Epoche, das die melod. Rezitation der Lesungen, die Ekphonese, graphisch reproduziert (→ Neumen, → Notationen, byzantinische). Es ist aus der Tradition oriental. u. grch. Akzente entstanden (die Frage der Abhängigkeit ist noch umstritten) u. hat sich langsam vom 4. bis 8. Jh. entwickelt. Nach dem Grundgesetz der byz. Kirchenmusik, der Deckung von syntakt. u. melod. Struktur, besaß die e. N. vom 10. Jh. an alle Merkmale einer ausgearbeiteten „Sprachmusik". Ihr semat. System führte Zeichen, mit denen Art u. Dauer einer Tonhöhe, ihre Hebung u. Senkung, der „Stil" des Vortrages (Gebetsstil, Erzählstil), Formeln für die Einleitung bzw. für den Schluß des Textes u.a.m. angegeben werden konnten. Nach Annahme des Christentums des byz. Ritus wurde, wie schon etwas früher in Bulgarien, auch in Rußland bald die e. N. übernommen, da man sie für den Stundengottesdienst u. die Liturgie dringend brauchte. Die feierlichgetragene Art der Rezitation hat die russ. Bezeichnung *„znamennoe penie", „znamennyj raspev"* (*znamja;* grch. *sema,* 'Zeichen'). Sie steht im Gegensatz zum Kirchengesang, der durch das System der → Kondakariennotation vermittelt wird. Die e.N. verlangte noch in byz. Zeit vom Lektor kirchenmusikal. Ausbildung. Wohl auch aus diesem Grunde gehörte der Lektor dem Klerus an. Da die Lesungen vom Diakon od. Priester gehalten wurden, nannte man ihren feierl. Vortrag auch „Diakon-" od. „Priestergesang". – Abb.

Lit.: G. Engberg, Greek Ekphonetic Neumes and Masoretic Accents, E. Wellesz – M. Velimirovič, Studies in Eastern Chant, London – New York 1966, 37-49; C. Høg, La Notation Ekphonétique, Copenhague 1935 (= MMB, Subs. I, 2); Wellesz, 246-260; Werner, Reg.: Ecphonetic notation; Joh. v. Gardner, Gesang der russ.-orth. Kirche, Wiesbaden 1983, Reg.: e. N.; Ch. Hannick, Eléments ekphonetiques dans le Stichérarion, Actes XIVe Congr. Intern. Études Byz., Bucarest 1976, 3, 537 bis 541; E. Koschmieder, Les Lectionnaires Grecs de l'Apostolos avec Notation Ekphonétique, Stud. East. Chant 4, 1979, 76-80; E. J. Revell, Hebrew Accents and Greek Ekphonétic Neumes, Stud. East. Chant 4, 1979, 140-170. – S. auch Lit. zu Kirchenmusik.

Numismatik (von grch. *nomisma,* n., 'gültige Münze'), Wissenschaft von der Entstehungsgeschichte, der Herstellung, dem Aussehen u. den Inschriften (→ auch Epigraphik) der Münzen. Deren Geschichte berührt sich eng mit der Wirtschaftsgeschichte. Wichtig sind aber die ideolog. Zusammenhänge, die sich aus dem gesellschaftspolit. Charakter der Münze ergeben. Dieser wiederum kommt in den Aufschriften (→ Legenden) wie in der Ikonographie der Münze gerade im byz.-slav. Bereich deutlich zum Ausdruck.

Lit.: K. Christ, Antike N., Darmstadt 1967[2]; F. Dölger – A. M. Schneider, Byzanz, Bern 1952, 48 bis 54; J. Sabatier, Description Générale des Monnaies Byzantines, 3 Bde., Graz 1955 (Paris 1862); LdK 3, 595. – S. auch Lit. zu Münze.

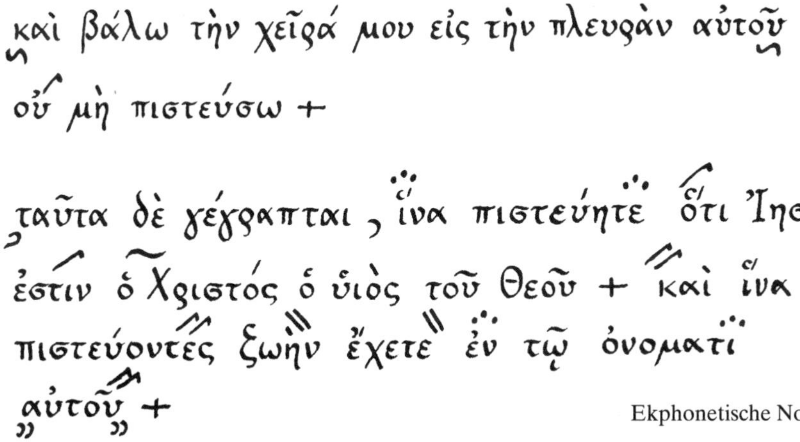

Ekphonetische Notation

Nunc dimittis (lat., nach den Anfangsworten *Nunc dimittis servum tuum, Domine,* 'Nun entlässet du deinen Diener, Herr'; grch. *Nyn apolyeis ton dulon su, despota*), Lobgesang des Symeon (Luk. 2,29-32), eine der bibl. Oden; sie ist zusammen mit dem Benedictus u. dem Magnificat im Anhang des Codes Alexandrinus (5. Jh.) enthalten. Schon vorher bezeugen die Apostol. Konstitutionen (→ Kirchenrecht) um 400 das N. d. als wohl seit längerem bekannten Gesang beim Abendgottesdienst. Für die Formeln der Entlassung bot es sich in zahlreichen gottesdienstl. Versammlungen, nicht nur in der Liturgie, als idealer Hymnus von selbst an. Die Herkunft (judenchristlich?, heidenchristlich?) bleibt umstritten.

Lit.: A. Baumstark, Nocturna Laus, Münster Westf. 1957, 110, 185, 187; Fendt, Reg.; Handbuch, Reg.; Jungmann, Reg. – S. auch Lit. zu Oden.

O

Oden (grch. *odai* od. *oidai,* f. plur.; russ. *pesni,* f. plur.; lat. *cantica,* n. plur.) od. *Cantica,* eine Reihe von hymnenartigen Texten aus dem AT, die vom frühen Christentum übernommen u. durch solche des NT ergänzt wurden.

1. Zu den O. der Synagoge gehörten bereits 5. Mose 32, 1-43; 2. Mose 15, 1-19; Dan. 3, 57-90; Habak. 3, 2-19 (nach dem Text der grch. Bibel, der Septuaginta). Wahrscheinlich kannte die Synagoge alle 10 im Codex Alexandrinus (s. u.) angeführten Oden, reduzierte sie aber, um einer christolog. Deutung zu entgehen. Die Hymnen wurden nach der Art des Responsoriums von einem Solisten u. der Gemeinde vorgetragen. Von der jüd. Gemeinschaft der Therapeuten wissen wir, daß sie solche Lieder während ihrer Nachtwachen gesungen haben. Schon im synagogalen Gottesdienst bildeten die O. neben dem Psalter eine selbständige Gruppe. Die Textstelle Offb. 15, 3 f. mit Anklängen u. Hinweisen auf 2. Mose 15 (auch von den Quartadezimanern in der Osternacht gelesen, → unter Karfreitag) u. 5. Mose 32 läßt (nicht zuletzt in Anbetracht der Gebetsgemeinschaft der frühen jerusalem. Christenmit der Tempelgemeinde, vgl. Apg. 3,1) mit hoher Wahrscheinlichkeit deren Benutzung im frühchristl. Gottesdienst bald nach 100, wenn nicht sogar bereits zur Zeit des Paulus (vgl. Eph. 5, 19; Kol. 3,16) annehmen; sie haben Paulus zu eigenen „geistl. O." (wie Phil. 2, 5-11; 1. Tim. 3,16; 2. Tim. 2, 11-13; Tit.2, 11-14) angeregt. Seit dem 3. Jh. wurde die freie O.-Dichtung allmählich zugunsten der bibl. verdrängt, nicht zuletzt, um der wuchernden Hymnenproduktion der Gnosis zu begegnen (→ auch Kirchendichtung). Gleichzeitig erfahren wir, daß 5. Mose 32; 2. Mose 15 u. Dan. 3 in der Nachtwache auf Ostern gesungen wurden. Wahrscheinlich sind noch im 3. Jh. Jona 2, 3-10 u. Habak. 3 hinzugekommen, beide als Vorbilder (Prototypen) der Auferstehung Christi. Nach den ersten Versuchen einer Zusammenfas-

sung der O. im 3. u. 4. Jh. kam es schließlich zu ihrer Kodifizierung, wie sie uns im Codex Alexandrinus des 5. Jh. vorliegt. Dort schließen sie sich unmittelbar an den Psalter an u. werden selbst von der Großen → Doxologie abgeschlossen. Fortan bezeichnete „Odai" eine eigene liturg. Hymnengattung, wie sie in dieser Weise erst vom Christentum geschaffen wurde. Durch Ausschaltungen, Hinzufügungen, Zusammenlegungen u. vor allem durch theol. Überlegungen, die an Ostern orientiert waren, erhielt man – wahrscheinlich schon im 5./6. Jh. in Jerusalem – das System von 9 Oden, wofür man wohl die Grundeinheit von 9 Psalmen im Kathisma des Psalters zum Vorbild nahm. Damit ergab sich im Vergleich zu den O. des Codex Alexandrinus im byz. Ritus folgende Abfolge:

Codex Alexandrinus	Byzanz	
(1) 2. Mose 15, 1-19	Ode 1:2. Mose 15, 1-19 (Siegeslied des Mose)	
(2) 5. Mose 32, 1-43	Ode 2:5. Mose 32, 1-43 (Lied des Mose vor seinem Tode)	
(3) 1. Sam. 2, 1-10	Ode 3:1. Sam. 2, 1-10 (Loblied der Hanna)	
(4) Jes.26, 9-20	Ode 4: Habak. 3, 2-19 (Das herrl. Kommen Jahwes)	
(5) Jon.2, 3-10	Ode 5: Jes. 26, 9-20 (Psalm des Jesaja)	
(6) Habak.3, 2-19	Ode 6: Jona 2, 3-10 (Jona im Bauch des Fisches)	
(7) Jes. 38, 10-20 (Danklied des Hiskia)		
(8) Gebet des Manasse (Apokryph, vgl. 2. Chron. 33, 18)	wurde in den Nachtgottesdienst übernommen	
(9) Dan. 3, 26-45	Ode 7 a: Dan. 3, 26-45	Drei Jünglinge im Feuerofen
(10)Dan. 3, 52-88	Ode 7 b: Dan. 3, 52-56 Ode 8: Dan. 3, 57-88	
(11)Luk. 1, 46-55	Ode 9 a: Luk. 1, 46-55 (Magnificat)	
(12)Luk. 2, 29-32	im Abendgottesdienst (Nunc dimittis)	
(13)Luk. 1, 68-79	Ode 9 b: Luk. 1, 68-79 (Benedictus)	
(14)Große Doxologie		

Die O. wurden, wie in der Synagoge, als Responsorium (→ Hypopsalma) vorgetragen. In der folgenden Entwicklung wurde zunächst jede Ode mit Kurzhymnen (Troparien), d. h. mit nichtbibl. Hymnentexten, ausgestattet; diesen wurde eine Leitstrophe, ein Hirmos, vorangestellt. Ode 1 z. B. erhielt somit folgenden Aufbau:

Hirmos
2. Mose 15,1
Troparion
2. Mose 15,2
Troparion
usw.

Damit war der Ansatz zur Entwicklung des Kanons gegeben, dessen Grundeinheit ebenfalls die (wenn auch nichtbibl.) Ode bildete. 5. Mose 32 entfiel wegen seines Trauercharakters, wurde aber mitgezählt. Während der Kanon endgültig in den bzy. Morgengottesdienst aufgenommen wurde, verblieben die bibl. Oden 1, 2, 9 u. 10 des Codex Alexandrinus im Gebrauch der Nachtwache.

2. Die Thematik einzelner Oden hat früh Einfluß auf die altkirchl. u. byz. Ikonographie genommen, nachdem sich ein solcher bereits im synagogalen Kunstbereich feststellen ließ (Synagoge von Dura Europos, um 250). Die Nummer 1 (→ Durchzug durch das Rote Meer) u. 9-10 (→ Drei Jünglinge im Feuerofen) wurden früh in der Kunst der Katakomben u. Sarkophage dargestellt. Der Septuagintatext von Habak. 3,2 („Inmitten zweier Lebewesen wirst du dich offenbaren") veranlaßte die Wiedergabe von Ochs u. Esel im frühen Bildschema der Geburt Christi. In Auswahl wurden die bibl. O. seit etwa dem 12. Jh. in der byz. Psalterillustration (→ Bibelillustration) dargestellt. Texte: s. Anhang Nr. 16; 17; 18.

Lit.: J. Mearns, The Canticles of the Christian Church Eastern and Western in Early and Medieval Times, Cambridge 1914; H. Schneider, Die bibl. O. im christl. Altertum, Biblica 30, Roma 1949, 28-65, 239-272, 433-500; ders., Die altlat. Bibl. Cantica, Beuron 1938; Wellesz, 36-40, 22 bis 28 u. Reg.: Canticles; Werner, 94, 139 f., 141; M. Arranz, L'Office de l'Asmatikos Orthros („matines chantées") de l'ancien Euchologe byz., OrChrPer 47, 1981, 122-157; Schulz, Handbuch Ostk.kunde II,63 f.; L.Bernhard, Der Ausfall der 2. Ode im byz. Neunodenkanon, Heuresis, Fs A. Rohracher, Salzburg 1969, 91-101; MGG², 770 ff.; LChI1, 347-348 (Cantica). – S. auch Lit. zu Kanon, Psalter.

Offizium (lat. *officium,* n.; grch. *leiturgia,* f.; russ. *služba,* f.), in seinem Inhalt durch Kirchenrecht und Liturgie bestimmter Begriff der kath. Kirche:

1. O. definiert jeden liturg. Dienst als in der Vollmacht durch und in der Bindung an ein kirchl. Amt (→ Bischof, → Hierarchie, → Klerus) vollzogen.
2. O. im weitesten Sinne bezeichnet jede liturg. Dienstleistung.
3. O. im engeren Sinne meint das für Klerus und Mönchtum verpflichtende Stundengebet und den Stundengottesdienst. In mancher Hinsicht entspricht dem O. die Akoluthia der Ostkirche, ohne allerdings seine begriffliche u. vor allem kirchenrechtl. Genauigkeit zu erreichen.

Lit.: Handbuch, Reg.: Stundengebet.

Oktav (lat. *dies octo;* grch. *hemerai okto* [vgl. Luk. 2,21]), schon in der Alten Kirche ein Zeitraum von 8 Tagen nach einem Großfest (dieses als erster Tag mitgezählt); der 8. Tag wurde u. wird als Festtag (grch. *oktaemeros heorte*)begangen. Die O. nach Ostern u. Epiphanie sowie die O.-Feiern zur Kirchweih der Konstantinsbauten in Jerusalem u. Palästina stellen bereits Endpunkte einer weit älteren Geschichte der O. dar. Ihre Wurzel ist die frühchristl. Woche, d. h. der älteste u. bewegliche, mit Ostern eng verbundene Zyklus des Kirchenjahres (→ auch Oktoechos). Die Woche u. Vorbilder des AT (3. Mose 23, 36; 1. Kön. 8, 66; 2. Chron. 29, 17) reflektieren ihrerseits auf noch ältere oriental. Vorstellungen von einer kosm. Achtheit, wie sie von der Gnosis propagiert, aber schon vom Barnabasbrief Anfang des 2. Jh. u. von Irenäus von Lyon (gest. um 202) unter Hinweis auf die Auferstehung abgelehnt wurden. (Näheres → Kirchenjahr, → Oktoechos).

Lit.: N. M. Denis – Boulet, Le Calendrier Chrétien, Paris 1959, 39 f.; Eisenhofer 1, 588 f.; Kellner, 10 f. – S. auch Lit. zu Kirchenjahr, Oktoechos.

Oktoechos (grch. *oktoechos biblos,* f. 'Achttonbuch' [von grch. *okto,* 'acht' u. *echos,* m., 'Ton']; russ. *oktoich,* m., *osmoglasnik,* m.). Die engen Beziehungen zwischen dem altchristl. Wochenzyklus u. dem bis tief ins Altertum reichenden Achttonzyklus sind die Voraussetzungen für das Verständnis des komplexen Begriffs der O. Folgende Aspekte müssen deshalb ins Blickfeld gerückt werden: (1) die Theorie der Achtheit (grch. *ogdoas*), (2) das Achttonsystem, (3) der Wochenzyklus der O., (4) die O. als liturg. Buch.

1. Die Achtzahl spielte in den spekulativen Theorien der grch. u. oriental. Antike eine wichtige Rolle. Sie symbolisierte die kosm. Harmonie u. Vollendung, die letztere sowohl im positiven wie auch im negativen Sinne als Gericht od. kosm. Katastrophe. In altbabylon. Spekulationen, bei Platon (gest. 347 v. Chr.) u. schließlich in der Gnosis steigen die Seelen durch die 7 Planetensphären (bei Platon weilen sie 7 Tage im Gericht), um schließlich in die achte Himmelssphäre aufgenommen zu werden. In allen diesen Systemen spielt die Acht die Rolle einer kosm. Chiffre od. „Schlüsselzahl", z. B. 5 Planeten + Sonne, Mond u. Sterne od. 7 Planeten u. die Ogdoas (→ auch Gestirne); 7 Noten + Oktav; 7 Wochentage + Oktav. Gegenüber der ebenfalls universalen Bedeutung der Sieben als kosm. Ordnungszahl in der Antike u. im Alten Orient, in AT u. NT sowie bei den Kirchenvätern eröffnet die Acht die Vorstellung vom Abschluß mit endzeitl. (eschatolog.) Charakter (der den Ausblick in eine neue Weltzeit einschließt) hinsichtlich der Zeit u. der Form. Was die Zeit anbetrifft, so stellen bereits der Barnabasbrief (1. Hälfte 2. Jh.) u. Justin (gest. 165) die „Ogdoas" der christl. Woche der „Hebdomas" (Siebenheit) der synagogalen gegenüber. Diese besteht nach 1. Mose 1 u. 2 aus 6 Schöpfungstagen u. dem siebenten, dem Ruhetag Gottes. Gott aber hat den Sabbat der Juden verworfen (Jes. 1, 13) u. ihn zugleich durch die Auferstehung Christi (→ Ostern) in eine „Oktav der Freude" (grch. *ten hermeran ten ogdoen eis euphrosynen*) umgewandelt, weil in ihr eine neue

Welt, ein neuer Kosmos beginnt. Die Acht als Formprinzip der Vollendung kommt vor allem im Achteck (Oktogon) des Kirchenbaus zum Ausdruck, u. hier mit besonderer Deutlichkeit bei den Baptisterien (Taufe als Eintritt in den neuen Aion, das neue Weltzeitalter). Dabei darf nicht übersehen werden, daß die Kirche auf der anderen Seite gegen die gnostischen, neuplatonischen u. neupythagoräischen Achtheitsspekulationen zu polemisieren hatte, weil diese in einer „Flucht in die Transzendenz" die wirkl. Menschwerdung Christi als zugleich kosm. „Ogdoas" ablehnten, da sie in jenen Spekulationen ein absolut transzendentes, in sich selbst ruhendes, ewig unveränderl. Wesen hat. Vor allem in der Gnosis war die Ogdoas, die über den von Dämonen bewohnten 7 Planetensphären herrschte, entweder Thronsitz des Demiurgen, des bösen Weltenherrschers, od. schon Übergangsreich in die absolute Lichttranszendenz, ohne jede Verbindung mit dem Materiellen. Beide Vorstellungen schlossen aber wiederum den christl. Glauben von der wahren Menschwerdung Christi aus.

2. Bei der Grundvorstellung der oriental. u. grch. Antike von der Musik als sowohl sinnlich erfahrbar wie theoretisch begründbarer Harmonie des Kosmos versteht es sich von selbst, daß hier die „Achtheit" ebenfalls eine beherrschende Rolle spielte. Es ist bekannt, daß Pythagoras (gest. etwa 496 v. Chr.) dem die oriental. Musiktraditionen geläufig waren, die kosm. Chiffre „7 + 1" (7 + Oktav) übernahm u. sie in die Lehre von der „Vierheit" (grch. *tetraktys*) transformierte, derart, daß die aus 2 Tetraden (Vierheiten) bestehende Ogdoas als Harmonie des Makrokosmos sich im Mikrokosmus in der menschl. Musik widerspiegelt, um durch sie die Harmonie der Gesellschaft zu begründen. Wie die Sieben u. Acht war auch die Vier seit alters eine bekannte kosm. Zahl; auch sie wurde von der Kirche im Sinne der christl. Heilsgeschichte übernommen u. entsprechend gedeutet (→ auch Tetramorph). – Als Beispiele der auf der Zahl Acht beruhenden kosmisch-heilsgeschichtlich-pädagog. Vorstellungen sei hier nur auf Ps. 119 (mit einer alphabet. Akrostichis, bei der jeder der 22 Buchstaben eine Gruppe von 8 Versen führt) u. die gnost. Johannesakten (Tanz der Gnade, Lobgesang der Achtheit, angeführt von Christus) hingewiesen. Neupythagoräische u. gnost. Spekulationen u. Musiktheorien auf der Grundlage der Ogdoas (= 7 + Oktav) zusammen mit entsprechenden oriental. Wochenzyklen (s. Abs. 3) bildeten die wahrscheinlich in Syrien u. Palästina gepflegten Voraussetzungen für das Achttonsystem, das schließlich bei den Byzantinern, Arabern (durch Vermittlung der westsyrisch-jakobitischen u. ostsyrisch-nestorian. Kirchen, → auch Ritus, Übersicht) u. in der Christenheit des Westens (als „Kirchentonarten" bekannt) praktiziert wurde – wobei die einzelnen Etappen der Geschichte dieses Systems, das in seinen Anfängen wohl im 6. Jh. anzusetzen sein dürfte, der musikwissenschaftl. Forschung immer noch Fragen aufgeben. Das Ordnungsprinzip, das dem liturg. Buch O. (s. Abs. 4) zugrunde liegt, bestimmt auch das überaus reiche Hymnenmaterial der Ostkirche, das außerhalb der O. (im Menaion, Pentekostarion u. Triodion) gesammelt wird. Es ist folgendes: Die Melodien der Hymnen sind in 8 Echoi (grch. 'Töne') od. Modi eingeteilt, die ihrerseits (nach dem alten Prinzip der „Vierheit") in 4 authentische (grch. *kyrioi*) u. 4 plagale (grch. *plagios,* 'neben') unterteilt sind. Jeder Echos entspricht einem der 8 Gregorian. Modi, so daß sich (nach Wellesz) folgende Gegenüberstellung ergibt:

Byzantinische Echoi		Gregorianische Modi
Echos 1 (1) authentisch	I.	dorisch
Echos 2 (2) authentisch	III.	phyrgisch
Echos 3 (3) authentisch	V.	lydisch
Echos 4 (4) authentisch	VII.	mixolydisch
Echos 5 (1) plagal	II.	hypodorisch
Echos 6 (2) plagal	IV.	hypophyrgisch
Echos 7 (3) plagal (od. barys)	VI.	hypolydisch
Echos 8 (4) plagal	VIII.	hypomixolydisch

Funktion u. Aufbau eines Tones (Echos, Modus) wird einsichtig, wenn man bedenkt, daß bestimmte Gruppen der Stichera u. die

Leitstrophen (→ Hirmos) der Oden eines Kanons eigene Melodien haben. Im Hirmologion u. Sticherarion wird deshalb am Anfang einer Melodie durch ein Informationszeichen (grch. *martyria,* 'Zeugnis', 'Information') der jeweilige Echos angegeben. Da die Mehrzahl der Melodien, vor allem der Stichera, sich an den vorhergehenden Psalmvers (grch. *stichos*) anschließen, geben die Martyria den Übergang von der Schlußformel (lat. *initium*) des folgenden Hymnus an. Dabei werden lediglich die wichtigsten Intervalle der Melodiestruktur des Echos angezeigt, eben sein „Modus". Ein byz. „Kirchenton" darf deshalb nicht als fixierte „Tonart" verstanden werden, sondern eher als ein Melodiemodell, bei dem die Intonationsformeln (grch. *echema, apechema, anechema,* etwa 'Echo') von besonderer Wichtigkeit waren. (Zur theoretisch-spekulativen Bedeutung des Begriffs *„apechema"* → Chor, → Kirchenmusik.)

3. Wie bereits angedeutet, ist das Achttonsystem eng mit einem entsprechenden Wochenzyklus verbunden. Seine Grundeinheit, die christl. Woche selbst, hat ihren Ursprung in der Woche nach Ostern plus der abschließenden Oktav (s. auch Abs. 1). Sehr wahrscheinlich durch den in Syrien bekannten altmesopotam. Kalender mit seinem Zyklus von 7 Wochen plus einem Tag beeinflußt, wurden sehr früh in der nachösterl. Freudenzeit 8 Sonntage (einschließlich der Oktav) zu einer sog. „Pentekontade" (grch. 'Zeitraum von etwa 50 Tagen') zusammengefaßt (→ auch unter Pfingsten), einem Zyklus, den man auch fortsetzen konnte. Im Laufe der Zeit entwickelte sich diese erste Pentekontade zu einem besonderen Zyklus innerhalb des Kirchenjahres, dem „freudevollen Pfingsten". Man setzte deshalb, wahrscheinlich im 7./8. Jh., die Fortsetzung des Achtwochenzyklus eine Woche nach Pfingsten an u. erweiterte ihn um 3 Pentekontaden. Gleichzeitig wurde u. wird in der ersten Woche mit dem ersten „Kirchenton", dem ersten Echos, zu singen begonnen, er wird in der zweiten Woche durch den zweiten abgelöst usw. Nachdem auf diese Weise in 8 Wochen alle 8 Echoi zum Vortrag gekommen sind, werden Wochen- u. „Kirchenton"zyklus von neuem angefangen. In der russ. Nomenklatur heißt der einzelne Achtwochen- u. Achttonzyklus *„stolp"* ('Säule'). Im Laufe des Kirchenjahres werden 6 solcher „Säulen" gesungen. Die erste „Säule" beginnt am ersten Sonntag nach Pfingsten (Beginn der Apostelfasten), die zweite nach dem Tage des Elias (20. Juli), die dritte nach dem Fest der Kreuzerhöhung am 14. Sept., die vierte in den Fasten auf die Geburt Christi hin (→ auch unter Advent), die fünfte nach Epiphanie u. schließlich die sechste in der Großen → Fastenzeit. Zugleich manifestierte sich in diesen Zyklen die altchristl. Tradition von der Woche als ältestem beweglichem, d. h. nach Ostern u. seiner Oktav sich richtendem „Festzyklus", der vor den ersten nichtbewegl. Festen, der Geburt Christi u. wohl auch vor Epiphanie, in den Gemeinden üblich war (→ auch Fastenzeit, → Kirchenjahr, → Ostern). Neben dem Menaion (zum folgenden s. Übersicht zum Artikel Kirchenjahr) mit seinen unbewegl. Festen läuft ein ebenfalls O. genannter Zyklus her, der sog. „festlose O." (grch. *oktoechos anheortatos*). Er beginnt mit dem ersten Sonntag nach Pfingsten u. endet mit dem Sonntag des Zöllners (Zachäus). Entsprechend seinen Lesungen ist er in Matth.- u. Luk.-Sonntage eingeteilt (→ auch Evangelistarion). Man darf diesen Zyklus der „festlosen O." nicht mit der sog. „festlosen" Zeit des Kirchenjahres vor allem nach protestant. Verständnis auffassen. Er ist vielmehr von hohem Alter u. stellt eine letzte Überlieferung der „Oktav der Freude" aus der Zeit des frühen Christentums dar.

4. Beherrscht das Achttonsystem, wie dargestellt, das gesamte Hymnenmaterial sowohl des bewegl. wie des unbewegl. Zyklus des Kirchenjahres, so ist die O. als liturg. Buch dadurch charakterisiert, daß es sich (1) nach dem Wochenzyklus (s. Abs. 3) orientiert u. (2) nur ein zwar umfangreiches, aber doch bestimmtes Hymnenmaterial für den Abendgottesdienst, die Nachtwache, den Morgengottesdienst u. die Liturgie nach den 8 Echoi geordnet zur Verfügung stellt. Bei den slav. Kirchen des byz. Ritus kommt noch der Mitternachts- u. Nachtgottesdienst hinzu. Man unterscheidet die Große O., die die Hymnen für jeden Tag der Zyklen bietet (grch. *megale oktoechos, parakletike biblos*), von der O. ohne Beinamen (gelegentlich Kleine O., grch. *mikra oktoechos,* genannt) nur für die Sonntage. Zum Hymnen-

material gehören die große Masse der Stichera, der Gottesmutterlieder (Theotokien), der Antiphone, der nichtbibl. Gradualpsalmen, der Leitstrophen (Hirmen) der Kanones (deren Troparien in der O. ohne Noten gesammelt sind), die zu den → Auferstehungs- u. Morgenevangelien gehörenden Gesänge, wie überhaupt prinzipiell in der Hauptsache die Hymnen, die auf die Auferstehung Christi thematisch reflektieren – entsprechend wiederum der frühchristl. Auffassung von der Woche. Es ist heute immer noch umstritten, wann die O. als Buch der Liturgie entstanden ist. Wenn man jetzt auch der Autorschaft des monophysit. Patriarchen von Antiochien, Severos (gest. 519), zurückhaltend gegenübersteht, so wird man ihm doch wohl die Koordinierung der Hymnen mit dem Achttonsystem, das damals ohne Zweifel in Syrien praktiziert wurde (s. Abs. 2) zuschreiben dürfen. Möglicherweise enthielt sein „Liederbuch" sowohl Hymnen des unbeweglichen (Geburt Christi) wie des bewegl. Zyklus sowie solche für den Abend- u. Morgengottesdienst. Ebenso wie hier macht das erst in mittelbyz. Zeit vorhandene handschriftl. Material es fraglich, ob Johannes Damascenus (gest. um 750) der Initiator der O. gewesen ist. Auf der anderen Seite ist nicht zu übersehen, daß eine Reihe von Hymnen, die das Osterthema aufnehmen, eine ungebrochene Tradition des hl. Landes (Syropalästinas einschließlich Jerusalem) zeigen. Auf ihr aufbauend, hat in mittelbyz. Zeit, wahrscheinlich unter Führung des Studiosklosters in Konstantinopel (das auch sonst „anatolische", d. h. syrisch-oriental. Überlieferungen pflegte) eine zunehmende Profilierung der O. stattgefunden; auch deren älteste Handschrift gehört dem 8./9. Jh. an. Nachdem sich der Aufbau des Achttonbuches in spät- u. nachbyz. Zeit gefestigt hatte, erschienen im 15. Jh. im Bereich der orth. Slaven die ersten Drucke: 1492 in Kraków u. 1494 in Cetinje (Montenegro), denen zahlreiche andere, an der Spitze die Ausgabe Venedig 1521, folgten. Einen guten Einblick in die slav. O. bieten die beiden von Maltzew herausgegebenen umfangreichen Bände (s. Literaturverzeichnis). – Sowohl im Achttonsystem wie im Achttonbuch, der O., haben wir es mit Vorstellungen u. Sachverhalten zu tun, deren Traditionen bis in frühchristl. Zeit u. noch tiefer vor allem in die oriental. Antike reichen. Von ihrer im einzelnen komplizierten Geschichte abgesehen, stellen sie ein Ordnungssystem von ausgesprochener Rationalität dar, die noch an seinen spekulativen Deutungen abzulesen ist. Mit seiner Hilfe ist es gelungen, ein kaum noch übersehbares Liedmaterial mit einer Reihe von Strukturtypen, die in Melodie u. Text selbständig sind, übergreifend zu ordnen u. der orth. Sozietät so darzubieten, daß weder ihre Lehrinformation noch ihr sittlich-pädagog. Effekt im Grenzenlosen verlorenging. Das Achttonsystem gehört neben den großen Leistungen der byz.-orth. Kirchendichtung u. Kirchenmusik zu den eindrucksvollsten Schöpfungen der Ostkirchen, nicht zuletzt auch deshalb, weil in ihm wie in einem Idealmodell die Zusammenhänge zwischen der Musikästhetik u. der sie schaffenden, tragenden u. deutenden kirchl. Sozietät studiert werden können. – Text: s. Anhang Nr. 30; s. auch Tab. zu Kirchenjahr.

Lit.: A. Baumstark, Festbrevier u. Kirchenjahr der syr. Jakobiten, Paderborn 1910, 26 f., 44 ff., 63; Beck, Reg.: O.; W. Bordorf, Sabbat et Dimanche dans l'Église Ancienne, Neuchâtel 1972; V. Jagič, Der erste Cetinjer Kirchendurck von 1494, Denkschr. der Wiener AdW 42, Wien 1893; La Prière[3]; Maltzew[6]; Nilles 2, XVIII-XXI, 434 f., 447; Palikarova – Verdeil, Reg.: O.; L. Richter, Antike Überlieferungen in der byz. Musiktheorie, Dt. Jb. der Musikwiss. für 1961, Leipzig 1962, 77 ff.; O. Strunk, Intonations and Signatures of the Byzantine Modes, Musical Quarterly 31, New York 1945, 339-355; H. J. W. Tillyard, The Hymns of the O. 2 Bde., Copenhague 1940, 1949 (= MMB, Transcr. III, V); K. Weber, O.-Forschungen I., Berlin 1937; Wellesz, 69 f., 139 f. u. Reg.; Werner, Reg.: O.; D. Wulstan, The Origin of the Modes, Stud. East. Chant 2, London 1971, 5-20; Oktoechos: Schulz, Handbuch Ostk.kunde II, 73f.; R. T. Beckwith, The Daily and Weekly Worship of the Primitive Church, Questions Liturgiques 62, Louvain 1981, 5-20; H.Husmann, Syrian u. byz. O. Kanones u. Qanune, OrChrPer 44, 1978, 65-73; S. Heitz (Hg.) u. S. Hausammann (Bearb.), Das Gebet der Orth.Kirche (Orologion u. O.), Köln 1981; Es preise alle Schöpfung den Herrn. Hymnen aus dem Wochenlob der byz. Kirche (O.), Münster (Westf.) 1979; MGG 9, 1918-1920. – S. auch Lit. zu Kirchenjahr.

Öl → unter Myron

Omophorion (grch. n.; russ. *omofor,* m.), ein zu den liturg. → Gewändern u. zu den Bischofsinsignien gehörendes Kleidungsstück. Es entspricht etwa dem röm. Pallium (lat.), mit dem Unterschied, daß es nicht – wie in der kath. Kirche – als Sondergewand verliehen wird, sondern dem Bischof rechtens zusteht. Das O. besteht aus einem etwa 350 cm langen u. 25 cm breiten Stoffstreifen aus reiner Seide, der mit großen Kreuzen geschmückt ist. Beim Anlegen wird er vom Diakon mehrmals derart gewendet, daß das eine Ende über die Brust, das andere über den Rücken fällt. Neben diesem Großen gibt es noch das Kleine O., das der Bischof bei weniger feierl. Handlungen u. während der Liturgie nach den Lesungen bis zum Gebet nach der Kommunion trägt. Das O. hat sich vielleicht in Ägypten im 4./5. Jh. aus dem Orarion des Diakons zum Symbol des bischöfl. Hirtenamtes entwickelt. Abb. → Gewänder, liturg.

Lit.: Braun, Gewandung, 664-674; Goar, 257 f.; Raes, 238-240; Paramente u. Liturgische Bücher, München/New York/London/Paris 1982 (Glossarium Artis, 4); LChI 5, 406-415. – S. auch Lit. zu Bischofsinsignien; Gewänder, liturgische.

Onuphrios → unter Heiligenverehrung, → auch Heiligenbilder

Orans (part. praes von lat. *orare,* 'beten'), davon auch *Orant* (m.), *Orante* (f.), Darstellung einer menschl. Gestalt mit erhobenen od. seitlich ausgestreckten Armen u. Händen, deren Innenflächen nach vorn bzw. oben gerichtet sind. Der Ursprung dieses Gestus ist vorchristlich, er galt von jeher als Zeichen der Frömmigkeit. Der O. erscheint deshalb schon früh in der Kunst der Katakomben, der Sarkophage sowie auf spätantiken Gläsern. Bei den frühesten Zeugnissen des Motivs aus dem 2. Jh. ist die christl. Bedeutung nicht immer klar. Die Themen, die mit ihm verbunden werden, sind zahlreich. Sie umfassen die reine Anbetung (lat. *adoratio,* daher auch Adorant), z. B. bei den Drei Jünglingen im Feuerofen, wie auch u. U. Haltungen der Akklamation u. schließlich kompliziertere Motivationen (z. B. bei Personen auf Darstellungen Christi, wie der Himmelfahrt Christi, der Verklärung Christi od. bei bestimmten Typen der Gottesmutterbilder, z. B. Gottesmutter Orans, Lebenspendende Quelle, Chalkoprateia). Bei einigen O.-Bildern aus der altkirchl. Zeit ist auch die Wiedergabe der Ekklesia (grch.

Orans

'Kirche') als Deutung möglich. Der spätantiken Vorstellung von der Pietas (lat., 'Frömmigkeit'; grch. *eusebeia,* f.) kommen jene Darstellungen am nächsten, auf denen ein Märtyrer Fürbitte für die Lebenden einlegt od. Verstorbene im Paradies den auferstandenen Christus anbeten. Schließlich soll auch der liturg. Bereich erwähnt werden, wo der Priester in altkirchl. Zeit nach der Elevation, der Erhebung des hl. Brotes, die Haltung des O. einnahm. Der O. erhielt sich in der byz.-slav. Kunst nur in den erwähnten Typen der Gottesmutterbilder. Das Verschwinden des Motivs aus der Kunst hängt wahrscheinlich mit der schon im 2./3. Jh. beginnenden u. in frühbyz. Zeit bereits perfekten Reservierung der O.-Haltung für die Liturgie (hier seit frühchristl. Zeit als Symbol des Gekreuzigten verstanden) u. ihrem Ersatz durch die gefalteten Hände zusammen. – Abb.

Lit.: E. Dinkler, Das Apsismosaik von S. Apollinare in Classe, Köln u. Opladen 1964, Reg.: O.; S. A. Gébélev, Orante. A propos de l'Origine du Type, SK 1, 1927; A. Herman, Die Bete-Stelen von Terenuthis in Ägypten. Zur Vorgesch. der christl. O.-Darst., Jb. für AuC 6, 1963, 112-128; Th. Klauser, Studien zur Entstehungsgesch. der christl. Kunst, Jb. für AuC 2, 1959, 115-131; 3, 1960, 112-133; W. Neuß, Die Oranten in der christl. Kunst, Fs. zum 60. Geburtstag von P. Clemen, Düsseldorf – Bonn 1926, 130-149; E. Sauser, Frühchristl. Kunst, Innsbruck – Wien – München 1966, 200-219; H.-G. Thümmel, Studien zur frühchristl. Grabeskunst, Habil.-Schr. Greifswald 1966; V. Vătăşianu, Considérations sur l'Origine et la Signification de L'Orant, Actes VIe Congr. Intern. Études Byz., Paris 1948, 2. Bd., Paris 1951, 397-401; Wellen, 165-176; K. Wessel, Ecclesia u. O., Archäolog. Anzeiger 70, Berlin 1955, 315-334; LChI 3, 352-354; LdK 3, 637.

Orarion (grch., n.; russ. *orar,* m.), unter den liturg. → Gewändern das des Diakons. Das O. besteht aus einem etwa 2 m langen u. 10 bis 15 cm breiten Streifen aus Seide od. Samt, in den 3 Kreuze od. auch das Wort „heilig" (grch. *hagios;* russ. *svjatoj*) eingestickt sind. Es hängt dem Diakon derart über die Schulter, daß der Rückenteil bis zur Erde reicht. Während des liturg. Gebets, der Ektenie, hält der Diakon den vorderen Teil zwischen den Fingern der rechten erhobenen Hand. Das O. ist unabdingbar für die liturg. Dienste des Diakons. Falls der Begriff O. von lat. *„os"* (m., 'Mund') abzuleiten ist, wird es sich ursprünglich im profanen Bereich um ein Mundtuch gehandelt haben. Die Herleitung von lat. *„orare"* ('beten') dagegen gehört in den Bereich der mittelalterl. Mystagogie. Das O. wird schon im 4. Jh. in kirchl. Gebrauch gekommen sein, als es bereits für priesterl. u. diakonale Dienste bekannt war. Die ihm entsprechende Stola (lat.) der kath. Kirche erhielt ihre Bezeichnung im 8./9. Jh. in Gallien. Ursprünglich waren O. u. das priesterl. Epitrachelion (→ Gewänder, liturgische) identisch. Deshalb wird noch heute bei der Priesterweihe das nach hinten hängende Ende des O.s über die rechte Schulter des Ordinanden gelegt u. so zum „Epitrachelion" gemacht.

Lit.: Braun, Gewandung, 601-608; ders., Paramente, 134-143; Goar, 97, 217; Raes, 236-238; Paramente u. Liturgische Bücher,München/New York/London/Paris 1982 (Glossarium Artis, 4); LChl 6, 49-53. – S. auch Lit. zu Gewänder, liturgische.

Ordination → Cheirotonie

Orgel (grch. *organon,* n., 'Werkzeug'; russ. *organ,* m.), mechanisch betriebenes, aus Holz- od. Metallpfeifen bestehendes Blasinstrument, bei dem die Töne mit Hilfe von Metallzungen in den Pfeifen erzeugt werden, indem durch sie Luft gepreßt wird. Die O. ist in Alexandrien durch Mechanisierung aus der „Mundorgel" (grch. *syrinx,* auch Pansflöte) entwickelt worden. Eine solche O. der hellenist. Zeit konnte bereits 4-8 Register besitzen. Man unterschied die Hydraulis (grch., von *hydor,* 'Wasser', u. *aulos,* 'Flöte'), bei der die Luft durch Wasserdruck in die Flöten gepreßt wurde, vom Pneumatikon (grch. 'Wind'), bei dem derselbe Effekt durch von Sklaven getretene Blasebälge erzeugt wurde (pneumatisches od. Balgorganon). Solche Groß-O.n gab es in der Spätantike in allen großen Vergnügungsstätten, vor allem im Zirkus. Hierin u. in der Tatsache, daß bei den Hinrichtungen der Märtyrer im Zirkus oft Organa gespielt wurden, darf die entschiedene Ablehnung der O. durch die Alte u. die byz.-slav. Kirche begründet gesehen werden. Als einzige Ausnahme galt die Verwendung dieses Instruments im byz. Kaiserkult, wo sie zur mehrstimmigen Begleitung der Hymnen u. Akklamationen zu Ehren des Kaisers (im Unterschied zur einstimmigen Kirchenmusik) auch in der Kirche erlaubt war. Daneben gab es noch kleine Hand-O.n, mit denen außerhalb der Kirche die Zirkusparteien ihre Zurufe an den Kaiser begleiteten. Eine Groß-O. als insigniales Instrument wurde 757 von einer byz. Gesandtschaft König Pippin in Compiègne übergeben, eine zweite (mit derselben polit. Absicht der Aufnahme der Frankenherrscher in die byz. „Familie der Könige") an Karl den Großen 812 in Aachen, während schließlich eine dritte Groß.-O. von einem Venezianer 826 für Ludwig den Frommen als Zeichen seiner Gleichstellung mit den byz. Kaisern gebaut wurde. Die O. fand im Westen zunächst vor allem Verwendung beim Singen der Laudes regiae. Durch Geschenke von O.n, vor allem an die mit Herrscherehrungen eng verbundenen Kathedralen, gelangte dieses alte oriental. Instrument durch byz. Vermittlung im Westen in den kirchl. Verwendungsbereich, um hier seine techn. u. künstler. Vollendung zu finden, während es im Osten von der Liturgie im allgemeinen ausgeschlossen blieb.

Lit.: W. Apel, Early History of the Organon, Speculum 23, Cambridge (Mass.) 1948, 191-216; E. Jammers, Musik in Byzanz, im päpstl. Rom u. im Frankenreich, Heidelberg 1962; D. Schuberth, Kaiserl. Liturgie. Die Einbeziehung von Musikinstrumenten, insbes. der O., in den frühmittelalterl.

Gottesdienst, Göttingen 1968; F. Williams, A New History of Organ from the Greek to the Present Day, London 1979; Wellesz, 101, 105 ff., 110; MGG 10, 228-331.

Ostern (von germ. *austara,* 'Morgenröte', 'Frühling', 'Ostern'; grch. *hagia kai megale kyriake tu pascha,* 'hl. u. großer Herrntag des Pascha'; russ. *svjataja i velikaja nedelja pascha,* wie grch., auch *voskresenie christovo,* 'Christi Auferstehung', volkstümlich: *voskres;* lat. *dominica resurrectionis,* 'Herrntag der Auferstehung'), Tag der Auferstehung Christi.

1. Die Festgeschichte von O. bleibt in ihren Anfängen ungeklärt. Es ist sicher, daß schon im 2. Jh. der Herrntag (Sonntag) als Auferstehungstag begangen wurde, dem die Woche mit ihren Fastentagen zugeordnet war. Diese Vorstellung hat sich bis heute in der Ostkirche in der beherrschenden Stellung der Woche im Rahmen des Kirchenjahres erhalten (→ auch Oktoechos). Ob der Herrntag (grch. *[hemera] kyriake*) in Offb. 1, 10; Didache 14, 1; Ignatius, Ad Magnesios 9, 1 mit der 1. Kor. 5, 6-8 erwähnten „Neuen Paschafeier" identisch ist, kann nicht klar entschieden werden, ebensowenig, ob es sich um eine jährlich wiederkehrende u. liturgisch ausgestaltete Feier gehandelt hat. Immerhin kannte das Christentum in dieser Frühzeit bereits einen nachösterl. charakterist. Zeitabschnitt. Vor 200 berichtet Tertullian von der Pentekoste, d. h. der 50tägigen „Freudenzeit" (lat. *laetissimum spatium*), ohne daß Pfingsten bereits ein Fest gewesen wäre. Aus der frühchristl. Literatur (Apokryph Epistola Apostolorum, Paschahomilie des Melito von Sardes, Justin u.a.) erfahren wir von zahlreichen Gemeinden in Palästina, Syrien u. Kleinasien, den sog. „Quartadezimanern", die der Kreuzigung Christi „am 14. Tage" (lat. *die quarta decima*) des jüd. Monats Nisan gedachten (Näheres → unter Karfreitag), um in der Nacht vom 14. auf den 15. Nisan (den späteren „Karfreitag") unter Verlesung u. Auslegung der alten jüd. Perikopen 2. Mose 12; Jes. 53 u. Jer. 11, 19 auf die „Verherrlichung des Menschensohnes" zu warten (vgl. Joh. 13, 31.32; 16, 16-32; 17). Zum Zeichen ihrer Erfüllung beendete man in der Morgenfrühe (um 3 Uhr) das Fasten u. hielt das „Brotbrechen" (Matth. 26, 26 mit Parallelen; vgl. Joh. 6, 23.26.32-33; 13; 18; Apg. 2, 42; 20, 7; 27, 35 u. a.; → auch Eucharistie, → Liturgie).

Die Quartadezimaner gerieten mit ihrem O.-Termin in Konflikt mit der röm. Gemeinde, die damals bereits das Auferstehungsfest am Sonntag nach dem ersten Frühlingsvollmond beging. Daraus erwuchs die Aufgabe, den O.-Termin unabhängig vom jüd. Passa zu berechnen. Das geschah in Gestalt von O.-Tabellen, deren früheste durch Hippolyt von Rom für die Jahre 222 bis 233 vorgelegt wurden. Etwas später wurde es zur Regel, daß der Bischof von Alexandrien in seinen „Osterfestbriefen" (grch. *epistolai heortikai*) den Beginn der Fastenzeit u. den O.-Termin mitteilte. Die ersten solcher Briefe sind uns von Bischof Dionysios (gest. 264/265) bekannt. Damit war allerdings das Problem der quartadeziman. O.-Feier nicht beseitigt. Die Quartadezimaner wurden schließlich auf der 1. Ökumen. Synode von 325 exkommuniziert. Durch die Praxis der christl. Gemeinden war der O.-Termin endgültig vom jüd. Passa gelöst (→ auch Zeitrechnung). Die quartadeziman. Zusammenschau von Tod u. Auferstehung Christi hat ihre Wurzel nicht nur bei Joh., sondern auch bei Paulus (→ Karfreitag) u. lebt als Botschaft des NT noch in Begriffen des 17. Jh. wie „Kreuzespascha" (grch. *pascha staurosimon*) u. „Auferstehungspascha" (grch. *pascha anastasimon*), wie in der Frömmigkeit u. Kunst der Ostkirche weiter.

Ostertermine nach dem Gregorianischen und dem Julianischen Kalender

Gregorianischer Kalender		Julianischer Kalender
1981	19. April	26. April
1982	11. April	18. April
1983	3. April	8. Mai
1984*	22. April	22. April
1985	7. April	14. April
1986	30. März	4. Mai
1987	19. April	19. April
1988*	3. April	10. April
1989	26. März	30. April
1990	15. April	15. April
1991	31. März	7. April
1992*	19. April	26. April
1993	11. April	18. April

1994	3. April	1. Mai
1995	16. April	23. April
1996*	7. April	14. April
1997	30. März	27. April
1998	12. April	19. April
1999	4. April	11. April
2000*	23. April	30. April

* Schaltjahr

Ausgangspunkt u. Nähe zur synagogalen abendl. Passa- u. Sabbatfeier zwang die Kirche, ihrer österl. Nachtwache spezifisch christl. Sinninhalte zu geben. Das geschah einmal durch den Aufbau einer Zwölferreihe von AT-Lesungen, die im 4./5. Jh. abgeschlossen vorlag u. eine ausgebildete Heilslehre (Soteriologie) der Auferstehung bot; einige der Lesungen nahmen auch auf die altkirchl. Kunst Einfluß (Jona, Hiob 38, Jes. 60: Höllenfahrt Christi [→ unter Auferstehung Christi]; Dan. 3: Drei Jünglinge im Feuerofen; 2. Mose 14-15: Durchzug durch das Rote Meer). Diese Lektionen wurden nach dem Anzünden der Kerzen (→ Licht) vorgelesen; dabei fand ursprünglich auch die Taufe der Katechumenen statt. Um Mitternacht mußten die AT-Lektionen beendet sein, um denen des NT Platz zu machen. Die Entwicklung des O.-Festes in der Alten Kirche ist wesentlich bestimmt durch die des Karfreitages u. die bewußt dem jüd. Tempel entgegengesetzte Errichtung der Konstantin. Bauten am hl. Grabe in Jerusalem, der Basilika mit der Anastasis-Rotunde (→ Kirchenbau, → Martyrion). Sie gaben den Veranstaltungen jenen Zug der Vergegenwärtigung, der für das jerusalemisch-antiochen. Gebiet so typisch ist und auch von Konstantinopel übernommen wurde.

Während an der Grenze von der Nachtwache zum „Hahnenschrei" in der Basilika die feierl. Liturgie (zugleich die erste der Neugetauften) stattfand, wurde schon zur Zeit der gall. Pilgerin Egeria um 400 im Abendgottesdienst der Ritus des „Herauswerfens" (lat. *ejicitur*) von Kerzen vollzogen, die an einer Lampe innerhalb der Grabeshöhle angezündet worden waren. Ein halbes Jh. später bezeugen oriental. Quellen dieselbe Handlung, ohne ihr den Charakter eines Wunders zu geben, für die österl. Vesper. Die Darstellung dieser Lichterscheinung auf der Wiedergabe der Auferstehung Christi im Rabulaskodex (→ Bibelillustrationen) macht mit den literar. Quellen des 6. u. 7. Jh. deutlich, wie stark inzwischen die frühbyz. Mystagogie sich der Sinndeutung von O. angenommen hat. In mittelbyz. Zeit, vom 10.-12. Jh., wird das alte „Herauswerfen" zu einem feierl. Lichtwunder hochstilisiert; bis heute wird dabei das hl. Grab nach Matth. 27, 64-66 verschlossen, u. eine dreimalige Prozession um das Grab versinnbildlicht die dreitägige Grabesruhe. Danach reicht der zelebrierende Patriarch aus der Grabeshöhle die „auf wunderbare Weise" entzündeten Kerzen heraus. Mystagogisch zu verstehen ist auch die Umdeutung des hebr. Passa (*pesach*, 'das Vorübergehen') in das grch. Pascha (von *paschein*, 'leiden'), die schon im 4. Jh. erfolgte; unter Pascha bzw. Paschalis werden die Karwoche (lat. *septimana paschalis*), die O.-Nachtwache, das O.-Fest selbst einschließlich seiner Oktav u. die Fastentage verstanden. Wie stark die Vigil im Mittelpunkt des altkirchl. O. stand, ersieht man aus der Tatsache, daß die in ihr sehr beanspruchte Gemeinde nach dem Bericht der Pilgerin Egeria den O.-Morgengottesdienst „schnell u. kurz" (lat. *totum ad momentum*) hielt: Prozession unter Hymnengesang zur Anastasis-Kirche, Verlesung von Joh. 20, 1-18, zweite Liturgie, wobei die enge Verbindung von Nacht- u. Morgenfeier im gottesdienstl. Grundmodell der O.-Vigil nochmals deutlich wird. Später wurde die Vigil auf den Karsamstag verlegt, wo sie sich an den zur 9. Stunde beginnenden Abendgottesdienst anschließt, wie es noch heute üblich ist. (Zum hl. Dreitag [lat. *triduum sacrum*] → unter Karwoche.)

Die O.-Oktav wurde schon im alten Jerusalem feierlich ausgestaltet mit zahlreichen Prozessionen zur Anastasis u. Basilika u. zu anderen hl. Orten, vor allem zum Ölberg. Dort fand an der Octavis paschae (lat.), d. h. dem Sonntags nach O., ein Gebets- u. Hymnengottesdienst statt. Dieser Sonntag hieß auch [Dominica] in albis (lat.), weil die Neugetauften bis zu diesem Sonntag in weißer Taufkleidung (lat. *albae*) erschienen (andere Bezeichnungen: *octava infantium*, lat., 'Oktav der Kinder'; *octo dies neophytorum*, lat., 'achter Tag der Neugetauften'; *nea kyriake*, grch., 'neuer Herrntag'; *kyriake tu antipascha*, grch., 'Herrntag des

Gegenpascha'; *kyriake tu Thoma,* grch., 'Herrntag des Thomas'). Dieser Thomassonntag wurde im alten Jerusalem ebenfalls sehr feierlich begangen; auch seine Ikonographie war bereits Ende des 4. Jh. bekannt. Mit dem sehr alten Kern der Nachtwache führt der Morgengottesdienst einen Kanon des Johannes Monachos (wahrscheinlich Johannes von Damaskus, gest. um 750), in dem die Glaubensüberzeugung des Thomas in zahlreichen Vergleichen u. Bildern vorgetragen wird. Zur Liturgie werden Apg. 5, 12-20 u. Joh. 20, 19-31 verlesen.

2. Die Weiterbildung der altkirchl. zur byz. O.-Feier erfolgte einmal auf dem Gebiet der AT-Lesungen, deren Zahl auf 15 erweitert wurde, die zugleich aber durch Kürzungen (z. B. 1. Mose 1-3 auf 1, 1-13: Erschaffung des Lichts als Vorbild des Osterlichtes), Erweiterungen u. Neuschöpfungen neue theolog. Aussagen erhielten. Eine nicht zu unterschätzende Rolle spielte der Verlust der hl. Stätten an den Islam im 7. u. in den folgenden Jh. Die realen Erinnerungsstätten des Lebens, Leidens, Sterbens u. Auferstehens Christi mußten durch das ersetzt werden, was man eine „liturgisch-anamnet. Topographie" (→ Anamnese) nennen könnte. Sie läßt sich in einer ersten Phase vor allem in den Hymnen der aus Palästina bzw. Syrien stammenden Meloden Andreas von Kreta (gest. 740), Johannes von Damaskus (gest. um 750) u. Kosmas (8. Jh.) in ihrer wohl noch persönl. Kenntnis der hl. Stätten feststellen; nach ihnen wich sie sehr bald in mittelbyz. Zeit einer mystagogisch-zeitlos-kult. Deutung dieser Stätten u. damit auch der mit ihnen verbundenen heilsgeschichtl. Aspekte des O.-Geschehens. Schon früher erfuhr der O.-Morgen eine feierl. Ausstattung durch die Übernahme der bibl. Oden aus der Nachtwache in den Morgengottesdienst. Der nächste Schritt war die Ersetzung der biblischen durch die poet. Oden des Kanons, zu dessen erster vollendeter Schöpfung vor allem der eigentl. O.-Hymnus der Ostkirche, der Goldene → Kanon des Johannes von Damaskus (gest. um 750), gehört. Dieses ist, mit einigen mittel- bis spätbyz. Zusätzen, der Kern der heutigen orth. O.-Feier. Abendgottesdienst u. Nachtwache (Vigil) sind zu einer großen Nachtfeier zusammengezogen, die das Warten der Gemeinde auf den auferstandenen Christus andeutet. Ihre wichtigsten Abschnitte sind: Nach einer „Eigenstrophe" (grch. *idiomelon,* → unter Stichera), in der die Klagen der Unterwelt über den siegreichen Christus erwähnt werden, u. einem Loblied auf die Gottesmutter (→ Theotokion) folgen die AT-Lesungen. In ihnen werden die Vor-Bilder (grch. *typoi*) der Auferstehung des Alten Bundes genannt:

(1)	1. Mose 1, 1-13	Erschaffung des Lichtes der Welt
(2)	Jes. 60, 1-16	Jerusalem, werde Licht
(3)	2. Mose 12, 1-11	Das Passalamm
(4)	Jona	Jona im Bauch des Fisches (→ Oden)
(5)	Josua 5, 10-16	Die Passafeier
(6)	2. Mose 13, 20-15, 19	Jahwes Wunder an seinem Volk durch Mose
(7)	Zeph. 3, 8-15	Die Freude Jerusalems
(8)	1. Kön. 17, 8-24	Auferweckung des Sohnes der Witwe von Zarepta durch Elija
(9)	Jes. 61, 10-62	Jerusalem, die Braut Jahwes
(10)	1. Mose 22, 1-18	Opferung Isaaks (→ auch Geburt Christi)
(11)	Jes. 61, 1-10	Die Frohbotschaft Jahwes
(12)	2. Kön. 4, 8-37	Auferweckung des Sohnes der Schunemitin durch Elischa
(13)	Jes. 63, 11-64, 5	Jahwe, der große Hirte seines Volkes
(14)	Jer. 31, 31-34	Der neue Bund Jahwes mit seinem Volk
(15)	Dan. 3, 1-56	Bewahrung der Drei Jünglinge im Feuerofen (→ auch Oden)

Mit der Ode der Drei Jünglinge im Feuerofen beginnt der Übergang zur Basiliusliturgie, deren Cherubimhymnus in dieser Nachtfeier wahrscheinlich der älteste Text seiner Art ist. Die NT-Lesungen sind Röm. 6, 3-11 u. Matth. 28, 1-20. Es schließt sich oft die Akoluthia des Brotbrechens an, die das Fasten noch nicht aufhebt. Nach Absingen des Vollkanons vom Karsamstag u. einer Osterpredigt (→ auch Homilie) des Johannes Chrysostomus (gest. 407) findet eine feierl. Prozession mit dem Epitaphios, der liturg. Decke mit der Darstellung von Grablegung u. Beweinung Christi (→ auch Karfreitag, → Karsamstag), zum Altar statt. Dort bleibt der Epitaphios bei geöffneten Türen der Bilderwand bis zur Nachtwache auf die Himmelfahrt Christi liegen.

An der Grenze zwischen der Nachtfeier u. dem „Hahnenschrei", d. h. zu Beginn des österl. Morgengottesdienstes, wird eine Zeremonie vollzogen, die wir in ihrer Urform bereits im alten Jerusalem kennenlernten, deren Vergegenwärtigung sich aber durch die Jh. erhalten hat: Die Gemeinde zieht mit brennenden Kerzen (→ auch Licht) dreimal um die dunkel bleibende Kirche, die das hl. Grab symbolisiert. Dieses von der Gemeinde u. dem Klerus gestaltete Kultusdrama, das die Höllenfahrt Christi nachahmt (→ unter Auferstehung Christi), wird nach Verlesung von Mark. 16, 1-8 beendet, indem der Priester dreimal an die verschlossene Kirchentür klopft. Sie öffnet sich, und die dunkle Kirche füllt sich mit dem Licht der Kerzen. Das O.-Troparion wird angestimmt, das auch in allen nachösterl. Gottesdiensten immer wieder erklingt: „Christus ist auferstanden von den Toten, er hat den Tod durch den Tod untergetreten und denen in den Gräbern des Lebens geschenkt" (grch. *Christos aneste ek nekron, thanato thanaton patesas kai tois en tois mnemasin zoen charisamenos;* russ. *Christos voskrese iz mertvych, smertiju smert' poprav i suščim v grobech život darovav*). Im Mittelpunkt des O.-Gottesdienstes steht der bereits erwähnte Goldene Kanon mit den Katabasia, dem Herabsteigen des Chores, u. den anderen Festeigentümlichkeiten (→ auch Kanon). Dazu gehört auch die Wiederholung des oben zitierten O.-Troparions nach den Katabasia des Chores. Der Text der neunten Ode ist kunstvoll verflochten mit den herrl. O.-Megalynarien, während das Synaxarion nach der sechsten Ode nochmals das Thema Licht mit der Höllenfahrt Christi verbindet. Unter den anderen Hymnen sind noch das Exaposteilarion (→ unter Auferstehungs- u. Morgenevangelien), ein Spezialhymnus, u. eine Reihe schöner Stichera zu erwähnen, die sich hinsichtlich ihrer Melodie bereits nach dem Achttonbuch, der Oktoechos, richten. Vor der Liturgie ertönt der akklamations-ähnl. Ruf „Christus ist auferstanden" mit der Antwort „Er ist wahrhaftig auferstanden" (grch. *Christos aneste, alethos aneste;* russ. *Christos voskrese, voistinu voskrese*). Auch er wird unzählige Male wiederholt, so z. B. während des Austausches des Friedenskusses nach Verlesung von Apg. 1, 1-8 u. Joh. 1, 1-17. Findet in der Liturgie die unmittelbare Vergegenwärtigung des Auferstandenen für seine Gemeinde statt, so ist in der auch während der Oktav gehaltenen Akoluthia des Tisches nach Luk. 24, 13-32 mehr ein Abbild der Gemeinschaft (grch. *koinonia*) mit ihm zu sehen.

3. Innerhalb des bewegl. Zyklus des Kirchenjahres beginnt mit dem O.-Sonntag der Abschnitt des Pentekostarions.

4. Zur Ikonographie des O.-Festes → Auferstehung Christi, → Pfingsten (Abs. 3). – Tab.; s. auch Tab. zu Karfreitag u. Kirchenjahr.

Texte: s. Anhang Nr. 6, 4; 14, 1; 18, 1; 21, 2.

Lit.: H. Auf der Mauer, Die O.-Homilie des Asterios Sophistes als Quelle für die Gesch. der O.-Feier, Trier 1967; Aranca, „Christos Anesti". O.-Bräuche im heutigen Griechenland, Zürich 1968; Baumstark, 133-135, 145-148, 164-174; ders., Nocturna Laus, Münster (Westf.) 1957; R. Berger, O. u. Weihnachten, ALW 8, 1964, 1-20; G. Bertonière, The Historical Development of the Eastern Vigil, Roma 1972; J. Blank, Vom Pascha. Die älteste O.-Predigt, Freiburg/Br. 1963; Bludau, 150 bis 154; B. Botte, Pascha, L'Orient Syrien 8, Paris 1963, 213-226; P. Bratsiotis, La Résurrection du Christ dans l'Église Orthodoxe, Irénikon 26, 1953, 6-16; O. Casel, Art u. Sinn der ältesten christl. O.-Feier, JLW 14, 1938, 1-78; G. Delling, Der Gottesdienst im NT, Berlin 1952, 146 f.; E. v. Dobschütz, O. u. Pfingsten, Leipzig 1903, Fendt, Reg.: O., Pascha; B. Fischer – J. Wagner, Paschatis Sollemnia. Studien zur O.-Feier u. O.-Frömmigkeit, Basel-Freiburg-Wien 1959; A. P. Golubcov, O Vychodach na Voskresnych Večerne i Utrene v Drevnej Rusi, BoV 1905, 2, 1-26; Handbuch 2, 230-264; W. Huber, Passa u. O. Untersuchungen zur O.-Feier der alten Kirche, Berlin 1969; K. Karčevskij, Svetlaja Zautrenija, ŽMP 1958, 4, 28-33; Kellner, 29-70; Kirchhoff-Schollmeyer[2]; Kötting, Reg.; G. Kretschmar, Neue Arbeiten zur Gesch. des O.-Gottesdienstes, JLH 5, 1960, 75-79; La Prière[2, 2]; B. Lohse, Das Passafest der Quartadecimaner, Gütersloh 1953; Maltzew[4]; G. A. Megas, Greek Calendar Customs, Athen 1963[3], 103 ff., 105 ff.; O. Meinardus, The Ceremony of the Holy Fire in the Middle Age and to-Day, Bulletin de la Société d'Archéologie Copte 16, Cairo 1962; H. Möbius, Passion u. Auferstehung, Berlin 1978; Nilles 2, 304-336; H. Pétré, Die Pilgerreise der Aetheria, Wien 1958; A. Složenikin, Prazdnovanie Svjatoj Paschi. Istoriko-liturgičeskaja spravka, ŽMP 1966, 4, 52-56; G. Schreiber, Die Wochentage im Erlebnis der Ostkirche u. des christl. Abendlandes, Köln u. Opladen 1959, Reg.: O.; V. K. Sokolova, Vesenne – Letnie Kalendarnye Obrjady Russkich, Ukraincev i Belorusov, Moskau 1970, 110-124; A. Strobel, Ursprung u. Gesch. des früh.-christl. O.-Kalenders, Berlin 1977; L. Voronov, Kalendarnaja Problema, Ee izučenie v svete rešenie Pervogo Vselenskogo Sobora o paschalii i izyskanie puti k sotrudničestvu meždu Cerkvami v ètom voprose, BoTr 7, 1971, 170-203; R. Zerfass, Die Schriftlesung im Kathedraloffizium Jerusalems, Münster (Westf.) 1968, Reg.: O; A. Strobel, Texte zur Gesch. des frühchristl. Osterkalenders, Münster (Westf.), 1984; R. Cantalamessa, O. in der Alten Kirche, Bern 1978; Schulz, Handbuch Ostk.kunde II, 82-87; M. Lurker (Hg.), Wörterbuch der Symbolik, Stuttgart 1983², 507-508; J. R. Campbell, The Paschalion. An Icon of Time, St.Vladimir Theol. Quarterly 28, 1984, 245-261. – S. auch Lit. zu Geburt Christi, Karfreitag, Karsamstag, Karwoche, Kirchenjahr, Oktoechos, Pfingsten, Zeitrechnung.

P

paläobyzantinische Notation → unter Notationen, byzantinische

Paleja (russ., f., von grch. *palaia diatheke,* 'alter Bund'), in der altruss. Literatur eine Auswahlsammlung aus dem AT, entweder historisch geordnet (*istoričeskaja p.*) od. mit Kommentar versehen (*tolkovaja p.*). Die handschriftl. Bezeugung der P. reicht nicht über das 14. Jh. hinaus, ihr Vorhandensein bereits in der Kiever Epoche gilt aber als gesichert. Sie stellt eine Sondererscheinung innerhalb der altruss. Literatur dar, ohne daß bekannt wäre, wo sie ursprünglich zusammengestellt worden ist (Kiev, Novgorod, Bulgarien?). Da es bis zum 15. Jh. in Rußland keine Vollbibel gab (→ auch Lesebücher), mußte die P. die Informationsnachfrage nach religiösem Bildungsgut befriedigen. Denselben Zweck erfüllten auch die Kommentare u. eine Reihe von Geschichten, die sich nicht im kanon. Text, sondern in den Apokryphen des AT finden. Verschiedentlich zeigen sich Einflüsse der Häresie der Bogomilen; andererseits wird auch gegen sie polemisiert. Als Erzählwerk war die P. oft mit Darstellungen zum Text ausgeschmückt. – → auch Paremejnik.

Lit.: V. P. Adrianova, K Literaturnoj Istorii Tolkovoj Palei, Kiev 1910; A. M. Ammann, Untersuchungen zur Gesch. der kirchl. Kultur u. des religiösen Lebens bei den Ostslaven, 1. Teil, Würzburg 1955, 159-160; D. Čiževskij, History of Russian Literature, 'S-Gravenhage 1960, 143, 253; N. K. Gudzij, Gesch. der russ. Lit., Halle (Saale) 1959, Reg.: P., tolkovaja p.; D. S. Lichačev, Tekstologija, Moskau – Leningrad 1962, Reg.: P., tolkovaja p.; A. Michailov, Zur Entstehungsgesch. der Tolkovaja P., Zs. für Slav. Philologie 4, Heidelberg 1927, 115-131; D. Obolensky, The Bogomils, Cambridge 1948, 273, 281-282; A. Popov, Kniga Bytija Nebesi i Zemli (p. istoričeskaja), Moskau 1881; T. N. Protaševa, Pskovskaja P. 1477 goda, Drevnerusskoe Iskusstvo. Chudožestvennaja Kul'tura Pskova, Moskau 1968, 97-108; N. Tichonravov, Sočinenija, 1. Bd., Moskau 1898, 156 ff.; V. Uspenskij, Tolkovaja P., Kazań 1876; A. Vasiliev, Anecdota Graeco-Byzantina, Moskau 1893, 188-292.

Palmeselritt → unter Einzug Christi in Jerusalem, → Palmsonntag

Palmsonntag (grch. *kyriake ton baion;* russ. *nedelja vaij;* lat. *Dominica in palmis*). Der frühen Christenheit unbekannt, wird der P., der Einzug Christi in Jerusalem, ebenso wie die ganze Karwoche erst von der gall. Pilgerin Egeria um 400 so beschrieben, wie er im alten Jerusalem gefeiert wurde. Die Feierlichkeiten begannen zur 7. Stunde (gegen 13 Uhr) mit Lesungen, Hymnen über der Ölberghöhle, der Eleona. Um die 9. Stunde zog man zur Himmelfahrtskirche auf dem Ölberg (zu diesen beiden und zu den im folgenden genannten Kirchen → Kirchenbau, → Martyrion). Während der Lesung von Matth. 21, 9 f. versammelten sich Volk u. Bischof auf einem über der Kirche gelegenen Ort, um sich bei den Worten „Gelobt sei, der da kommt im Namen des Herrn" zu einer Prozession zu formieren, die an den Fuß des Berges führte u. bei der alle Teilnehmer, einschließlich der Kinder, Palmwedel od. Ölbaumzweige trugen. Dabei galt der Bischof als das Abbild Christi (lat. *in eo typo, quo tunc Dominus*). In der Anastasiskirche wurde der Abendgottesdienst gehalten. Von einem Eselsritt des Bischofs nach dem Vorbild Christi ist noch nicht die Rede. Im 5./6. Jh. wurden die Matth.-Lektion u. die Palmprozession in die Liturgie des Morgengottesdienstes übernommen, während der Lazarussamstag (als „Ankündigung der Leiden u. der Auferstehung" [lat. *annuntiatio paschae*] bereits Egeria bekannt) ausgebaut wurde. Zu den Elementen der weiteren Entwicklung des P.s. gehörte u. a. Joh.

12, 12-25 mit der Leidensankündigung. Der Palmeselgang od. -zug des Bischofs breitete sich vom Orient im 6. Jh. auch nach dem Westen aus, während im byz. Kaiserkult erst viel später der Kaiser den Einzug Christi in Jerusalem (ohne Palmesel) nachvollzieht. Die Palmweihe, seit dem 8. Jh. bekannt, findet heute in der Ostkirche im Morgengottesdienst vor dem Kanon statt. Der letztere zeigt noch deutl. Erinnerungen an das von Egeria beschriebene Fest im alten Jerusalem. Der triumphale Charakter, vermischt mit antisynagogalen Polemiken, ist vorherrschend. Beide Züge finden sich noch heute im Kanon des Kosmas (8. Jh.), während in den Hymnen der Nachtwache das Thema des P.s mit dem des Lazarussamstags verbunden wird. Die NT-Lesung des Morgengottesdienstes erfolgt aus Matth. 21, 1-17, auf die die erwähnte Palmweihe folgt. Die Lektionen zur Liturgie sind Phil. 4, 4-9 u. Joh. 12, 1-18. Letztere besitzt zusammen mit Matth. 21, wie wir sahen, eine alte Tradition. – Zur Ikonographie des P.s. → Einzug Christi in Jerusalem.
Text: s. Anhang Nr. 16, 5; 20, 2.

Lit.: Aranca, „Christos Anesti". Osterbräuche im heutigen Griechenland, Zürich 1968, 99-122; Baumstark, 148-150 u. Reg.: Palm Sunday; ders., La Solennité des Palmes dans l'Ancienne et Nouvelle Rome, Irénikon 13, 1936, 3-24; Bludau, 119 bis 128; Eisenhofer 1, 504 ff.; Fendt, Reg.: P.; Handbuch 2, 249 f.; Kellner, Reg.: P.; Kirchhoff-Schollmeyer[1], 1, 329-349; La Prière[2], 62-92; Nilles 2, 198-209; V. K. Sokolova, Vecenne – Letnie Kalendarnye Obrjady Russkich, Ukraincev i Belorusov, Moskau 1979, 97-101; Schulz, Handbuch Ostk.kunde II, 78 f.; Joh. v. Gardner, Gesang der russ.-orth. Kirche bis zur Mitte des 17.Jh., Wiesbaden 1983, 267 f. (P.spiel); Werner, 85, 99; R. Zerfass, Die Schriftlesung im Kathedraloffizium Jerusalems, Münster (Westf.) 1968, 163-168 u. Reg.

Panegyrikon (grch. *biblion panegyrikon,* n. [→ Panegyrikos]; russ. *toržestvennik,* m.), eine Sammlung von Homilien der Kirchenväter u. berühmter Prediger vor allem über Christus u. die Gottesmutter, nach dem Kirchenjahr geordnet. Das P. entspricht dem Homiliar der kath. Kirche. Daneben enthält es oft auch allgemeine Ermahnungen, moral. Traktate u. ä. Ins Altkirchenslavische (→ Sprachen) wahrscheinlich schon im 9./10. Jh. übersetzt (Codex Clozianus, Codex Suprasliensis, Blätter von Chilandar), kamen Bücher dieses Typs bald nach der Christianisierung auch nach Kiev u. wurden dort ins Altrussische übertragen. Dabei fanden auch Apokryphen u. anderes nichtkanon. Material in sie Eingang.

Lit.: Beck, 273; F. Grivec, Konstantin u. Method. Lehrer der Slaven, Wiesbaden 1960, 194-197; G. Kunze, Die gottesdienstsl. Schriftlesung, Göttingen 1947, Reg.: Homiliar; D. S. Lichačev, Tekstologija, Moskau – Leningrad 1962, Reg.: Toržestvenniki; ders., Razvitja Russkoj Literatury, Leningrad 1973, Reg.: Toržestvenniki; A. S. Orlov, Sborniki Zlatoust i Toržestvenniki, S. Peterburg 1905; Pamjatniki Drevne-Russkoj Cerkovno-Učitel'noj Literatury, 4 Bde., S. Peterburg 1884-1898. – S. auch Lit. zu Homilie.

Panegyrikos (grch. *panegyrikos logos,* m., 'eine vor einer festl. Volksversammlung [grch. *panegyris,* f.] gehaltene feierl. Rede'), schriftl. od. mündl. Darstellung außergewöhnlicher, erhabener Persönlichkeiten, Ereignisse od. Gegenstände. Der P. ist weniger eine literar. Gattung (das ursprünglich auch, → z. B. Entschlafen der Gottesmutter) als vielmehr ein aus einer bestimmten Verhaltensweise (Unterwerfen, „Aufblicken", → auch Gestik) resultierender Lebens- u. literar. Stil, wie er sich in der Ekphrasis u. im Enkomion Ausdruck verschaffte. Damit erscheint der P. als eine spezif. Technik in der Anwendung bestimmter, der Verhaltensweise entsprechender Vorstellungsschemata (→ Topik). Deshalb war der P. vorzüglichstes Stilmittel in den zahlreichen Anwendungsbereichen des Herrscherlobes (→ Akklamation, → Laudes regiae, → Kaiserkult), um von dort auf die Heiligenverehrung (→ auch Hagiographie, → Heiligenvita, → Märtyrerakten, Märtyrervita) u. die byz. Kirchendichtung übertragen zu werden. Schließlich fand er seinen bildhaften Ausdruck in der Ikonen-, Miniatur- u. Monumentalmalerei.

Lit.: E. R. Curtius, Europ. Lit. u. lat. MA, Bern 1954[2], Reg.: P., Panegyrik; Delehaye, Légendes; D. S. Lichačev, Čelovek v Literature Drevnej Rusi, Moskau 1976[2], Reg.: Izobraženie literaturnogo geroja. Ideal čeloveku v srednevekov'e (dt. Dresden 1975); ders., Razvitie Russkoj Literatury X do XVII vekov, Leningrad 1973, Reg.: Literaturnaja sistema, žanrovaja sistema (žanr pochval); Onasch, Ikonenmalerei, 152-164; K. Smoluk, Zur Himmelfahrt Christi bei Synesios von Kyrene, JÖB 20, 1971, 7-30; J.-B. Thibaut, Le Panégyrique de l'Immaculée dans les Chants Hymnographiques de la Liturgie Grecque, Paris 1909. – S. auch Lit. zu Hagiographie.

Panhagia (grch., f., 'Allheilige'), Beiname (Epitheton) der Gottesmutter u. in diesem Zusammenhang Bezeichnung
1. für ein ihr Bild tragendes Enkolpion,
2. für das Maria geweihte Brot in der → Akoluthia des Tisches,
3. für einen besonderen Ritus der „Erhebung der P." (grch. *hypsosis tes panhagias*). Dieser Ritus geht auf eine unter die Apokryphen zu zählende Legende zurück, nach der die Apostel zunächst nach der Himmelfahrt Christi u. dann nach dem Entschlafen der Gottesmutter dieses Brot genossen haben. Die P., ursprünglich wohl eine tägl. Speisesitte der Klöster, fand Eingang in den Kaiserkult u. wird heute auch in Notsituationen (z. B. bei der Seefahrt) vollzogen.

Lit.: Daniel, 313, 323; Goar, 68-83; A. Maltzew, Andachtsbuch der Orth.-Kath. Kirche des Morgenlandes, Berlin 1895, 767-780; La Prière[1], 201 f.; Nilles 2, 327-331; O. Treitinger, Die oström. Kaiser- u. Reichsidee nach ihrer Gestaltung im höf. Zeremoniell, Bad Homburg v. d. Höhe 1969, 33, 101 f.; J. Ysannias, The Elevation of P., DOP 26, 1972, 227-236.

Panteleemon → unter Heiligenverehrung, → auch Heiligenbilder

Pantokrator → unter Christusbilder

Paraskeva → unter Heiligenverehrung, auch Heiligenbilder

Paremejnik (russ., m., auch *parimijnik,* von grch. *paroimia,* f. 'Spruch' [russ. *paremija,* f.]), eines der Lesebücher der russ.-orth. Kirche, das in der Hauptsache die nach dem Kirchenjahr geordneten Lesungen des AT führt, also dem Prophetologion entspricht u. z. T. noch in Gebrauch ist. Bereits im 12. Jh. begann man in Rußland aber auch andere Stücke aufzunehmen, die im Abendgottesdienst od. in der Nachtwache (vor allem in der Kloster-Pannychis mit Heiligen- u. Totengedenken) verlesen wurden. Solche Bücher wurden individuell nach den örtl. u. zeitl. Umständen u. Bedürfnissen zusammengestellt, wenn auch bestimmte Modelle die Anlage beeinflußten. Sowohl für die Erforschung des AT-Lesetextes als auch für die Heiligengeschichtsschreibung, die Hagiographie, sind die P.i sehr wichtig. In seinem strengeren liturg. Charakter unterscheidet sich der P. von der mehr zur Unterhaltung dienenden Paleja.

Lit.: D. S. Abramovič – L. Müller, Die altruss. hagiograph. Erzählungen u. liturg. Dichtungen über die Hl. Boris u. Gleb, München 1967, XVI, XXI; Th. Brandt, Grigorovičev Parimejnik v Slićenii s drugimi Parimejnikami, T. 1-3, Moskau 1894 bis 1901; I. Evseev, Kniga Proroka Isaii ve Drevneslavjanskom Perevode, S. Peterburg 1897; N.K. Gudzij, Gesch. der russ. Lit., Halle (Saale) 1959, Reg.: P.; A. V. Michajlov, Grečeskie i Drevnie Slavjanskie Parimejniki, Warschau 1908; Onasch, Weihnachtsfest, 106-108, 114-124.

Passionszyklus, bildl. Darstellung der Leiden Christi nach dem Ablauf der Karwoche. Bei seiner Entstehung haben die Traditionen der Stationsgottesdienste an den hl. Stätten in Jerusalem u. an den sie nachbildenden Kirchen Altroms mitgewirkt (→ auch Karfreitag). Die ältesten Zeugnisse eines gedanklich noch keineswegs geschlossenen P. finden sich auf röm. Sarkophagen (Lateran 55 [330/340], Handwaschung des Pilatus [ohne Chrisus], Opferung Isaaks [→ Abraham], Auferweckung des Lazarus). Mit den „Passions-Sarkophagen" werden ab 350 die Szenen erweitert: Einzug Christi in Jerusalem, Dornenkrönung, Christus im Garten Gethsemane, Selbstmord des Judas; auf anderen: Symon Kyrene trägt das Kreuz, Christus vor Pilatus, Christus vor den 3 Frauen am Grabe (→ auch Auferstehung Christi) u. vor den Jüngern, Gefangennahme Christi mit u. ohne Judaskuß. Noch wird die Kreuzigung Christi nicht dargestellt, dafür aber die Einheit von Karfreitag u. Ostern durch ein das Christusmonogramm tragendes Kreuz, unter dem 2 Grabeswächter schlafen, od. durch die Himmelfahrt Christi betont (Lateran 171 [um 350], Sarkophag von Servanne in Arles [378/395]). Das 5. Jh. bringt als wichtigsten Themenzuwachs die Kreuzigung Christi (S.-Sabina-Türen in Rom [um 431], „Londoner Passions-Täfelchen" in Werden [420/430] u. a.) mit variabler Zahl der Szenen, unter ihnen als weiterer Zuwachs der ungläubige Thomas. Die Mosaiken von S. Apollinare Nuovo in Ravenna (Anfang 6. Jh.) zeigen zum erstenmal einen auch gedanklich ausgereiften P. von 13 Bildern. Bezeichnenderweise steht am Anfang das Abendmahl, weil damit die für die Zeit charakterist. ideelle Verbindung von Passion u. Kreuzestod mit der Liturgie herausgestellt wird. An wesentlich neuen Motiven seien erwähnt: Christus vor Kaiphas u. dem Hohenrat, Voraussage u. Eintreffen der Verleugnung des Petrus, Rückgabe der 30 Silberlinge durch Judas, Christi Gang nach Emmaus. Die Darstellungen der Bibelillustrationen des 6. Jh. bieten wegen ihrer Orientierung an den Texten andere Abfolgen, zugleich aber auch jene theolog. Voraussetzungen, die für den autonomen P. grundlegend wurden. Damit u. mit der Ausbreitung auf die Monumentalmalerei geht der P. in die Diskussion des Bilderstreits ein (→ Bild). Nach ihm setzt eine Entwicklung ein, die auf Konservierung u. Straffung der alten Bildschemata sowie auf einige Ergänzungen zielt. Bemerkenswert ist der Abschluß des Zyklus mit der Höllenfahrt Christi (→ Auferstehung Christi), während vorher die Auferstehung nur indirekt durch die Erscheinungen des Auferstandenen dargestellt worden war. Zusammen mit dem voranstehenden Abendmahl (bzw. der Apostelkommunion) ist der P. damit in einen in Ansätzen auch schon vorher vorhandenen heilsgeschichtl. Rahmen eingespannt, der sich ebenso in der mittelbyz. Darstellung der Kreuzigung Christi wie im abschließenden Aufbau der Liturgie feststellen läßt. Neben der Grablegung Christi u. Beweinung erscheint nun sehr oft nach der Auferweckung des Lazarus der Einzug Christi in Jerusalem. Dabei wird die Formierung des Kirchenjahres von Einfluß gewesen sein. Reduktionstypen des P. finden sich im Dodekaortion (Zwölffestzyklus), während bei bestimmten Sammlungen des Festzyklus variable Erweiterungen festzustellen sind.

Wie in der Ikonen- u. Miniaturmalerei vermochte sich der P. natürlicherweise auch in der Monumentalmalerei zu entfalten. Neben der feierlichen (→ Stil, hieratischer) ist die erzählerische u. die dramat. Darstellungsweise vertreten, die vor allem in der letzten der byz. → Renaissancen gesteigerten Ausdruck erfährt. Innerhalb des mittel- bis spätbyz. Bildprogramms erhält der P. seinen festen Platz an der Westwand des Langhauses (→ Naos) od. in der Vorhalle, dem Narthex. Zugleich wird der starke Einfluß der byz. Mystagogie auf die Zusammenstellung der Dekorationsschemata spürbar. So ist der aus 15 Szenen (ohne Einzug Christi in Jerusalem, Auferstehung Christi u. Auferweckung des Lazarus; diese erscheinen auf der Festzone) bestehende P. in der Klemenskirche in Ochrid, 1294/1295, der sich in einer eigenen Zone von der Apsis bis zur Westwand des Naos hinzieht, eucharistisch thematisiert, indem Apostelkommunion u. Abendmahl im Bemaraum sich unmittelbar an das mystagog. Christusbild (grch. *melismos,* der „Zerteilte") in der Apsis anschließen. Die Beispiele ließen sich aus dem Bereich der Balkankunst vermehren. Die Dramatisierung u. Emotionalisierung der spät- u. nachbyz. Kunstepoche, vor allem in Rußland, in der Darstellung der Passionsszenen veränderte langsam die theolog. Zusammenschau von Leiden, Tod u. Auferstehung Christi, wie sie für den P. seit altkirchl. Zeit konstitutiv gewesen war. Nicht zuletzt in Abwehr gegen die Häresie der Bogomilen wurde dieser Prozeß durch die im 12.-14. Jh. in Byzanz u. auf dem Balkan blühende eucharistisch orientierte Leidensmystik noch intensiviert. Das Ergebnis war schließlich eine – wie russ. Kunsttheoretiker des 17. Jh. formulierten – „dem Leben entsprechende Darstellung" (*živopodobnoe izobraženie*) der Leiden Christi, die das Ende des streng dogmat. Gehaltes des P. und seiner Schemareglementierung bedeutete.

Lit.: H. M. Biedermann, Die Passion, Recklinghausen 1958; Felicetti – Liebenfels, Geschichte[1], 48, 55, 58, 91, 100; Lazarev, Reg.: Strasti Christovy; H. Möbius, Passion u. Auferstehung, Berlin 1978; E. L. Palli, Die Passions- u. Endszenen Christi auf der Cimboriumssäule in Venedig, Prag 1942; Pokrovskij, 250-427; E. Sauser, Frühchristl. Kunst, Innsbruck – Wien-München 1966. Reg.: Ouspensky – Lossky, 177 ff.; C.Andronikoff, Le Cycle Pascal, Lausanne 1985; H.Belting, Das Bild u. sein Publikum im MA. Form u. Funktion früher Bildtafeln der Passion, Berlin 1981; LChI 3, 39-57 (Leben Jesu); LdK 3, 757-758.

Pastophorien (grch. *pastophoria, -phoreia,* n. plur.), Gemach (grch. *pastas*) od. Nische für das Götterbild im oriental. Tempel, Levitenwohnung u. Schatzkammer am jüd. Tempel, Seitenkammer der vorchristl. Basilika, im syr. Kirchenbau als 2 od. auch mehrere dem Ostteil des Kirchengebäudes angefügte bzw. die Apsis flankierende Kammern erscheinend. Sie werden durch die christl. Archäologie ins Ende des 4. Jh. datiert u. durch die gleichzeitigen Apostol. Konstitutionen (→ unter Kirchenrecht) bestätigt. Sie sind fast immer zu den Seitenschiffen, sehr oft auch zur Apsis hin geöffnet. Die P. dienten zur Aufbewahrung der von der Gemeinde den Diakonen in einer Prozession dargebrachten Opfergaben für die Liturgie. Während im Orient (älteste P.-Kirche Fafertin 372) diese Kammern – nach der Ablösung der Darbringung von Naturalgaben durch die Diakone – zu Windfangräumen degenerierten u. ihre Funktion im 5. Jh. auf entsprechende Räume am Westeingang überging, wurden sie von Byzanz u. dem Westen übernommen. In Justinian. Zeit finden sie sich im byz. Ravenna (S. Apollinare in Classe, S. Vitale); mit dem seit dem 6. Jh. aufkommenden Großen → Einzug erhielten sie von neuem eine liturgisch wichtige Funktion. Das trifft vor allem für die nördliche der P. zu, die mit der immer aufwendigeren Ausgestaltung der Vormesse, der Prothesis, zu der gleichnamigen Räumlichkeit wurde, während die südl. als Diakonikon, „Schatz-" od. „Gerätekammer", diente. Durch Übernahme dieser P. durch den Typ der Kreuzkuppelkirche (→ Kirchenbau) wurde damit der für die byz.-slav. Kirchen charakteristische dreiabsidiale Ostabschluß geschaffen. Im Westen entwickelte sich auf der Grundlage des basilikalen Schemas aus den P. sowohl in der Nähe des Westeinganges als auch im Osten die Sakristei (von lat. *sacrarium, secretarium, sacristia,* ' Raum für geheim zu haltende Dinge'). Wie in einigen Fällen im Osten (Abhalten der Enarxis, der Eröffnung der Liturgie, in einer der P.) ist auch im Westen die Sakristei liturgiewürdig. – Abb.

Lit.: G. Bandmann, Über P. u. verwandte Nebenräume im mittelalterl. Kirchenbau, Kunstgeschichtl. Studien für H. Kauffmann, Berlin 1956, 19-58; ders., Mittelalterl. Architektur als Bedeutungsträger, Berlin 1951, 57, 190; J. G. Davies, The Origin and Development of Early Christian Church Architecture, New York 1953, Reg.: P.; Eisenhofer 1, 335; J. Lassus, Les Sanctuaires de Syrie, Paris 1947; A. M. Schneider, Liturgie u. Kirchenbau in Syrien, Nachrichten der AdW in Göttingen, phil.-hist. Klasse, Jg. 1949, Nr. 3, 45-68; G. Soteriu, He Prothesis kai to Diakonikon en te Archaia Ekklesia, Theologia 1, Athen 1941, 76 bis 100. – S. auch Lit. zu Kirchenbau.

Patene (lat. *patena,* f., von grch. *patane,* f., 'Schüssel'), neben dem Kelch das wichtigste, wie dieser für die Feier der Eucharistie (Liturgie) notwendiges Altargerät. Im byz. Ritus ist nur die Bezeichnung Diskos (grch., russ. *diskos*) gebräuchlich. Der Diskos ist rund wie die P., besitzt aber im Unterschied zu dieser einen Fuß u. hat einen größeren Durchmesser. Dies ist notwendig für die → Schlachtung (Opferung) des Lammes, bei der die Prosphore, das Abendmahlbrot, auf der P. in mehrere Teile zerlegt wird. Dieser Ritus ist der kath. Kirche unbekannt. Während hier die Hostie mit Ausnahme bestimmter Phasen der Messe auf dem Korporale (→ unter Altardecken) ruht, bleiben in der Ostkirche die Partikel des hl. Brotes während der ganzen Liturgie auf der P. deponiert. Sie steht damit in einer altkirchl. Tradition, nach der das Brot bis zur Kommunion auf der eucharist. Schüssel ruhen blieb. Ausgangspunkt von P. u. Diskos wa-

Pastophorien. Grundriß

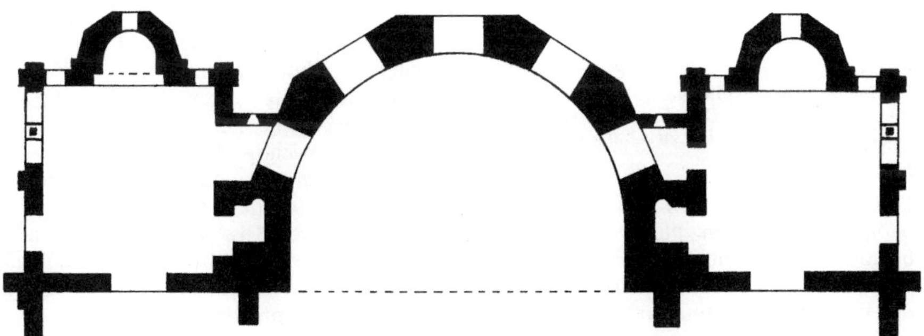

ren die profanen repräsentativen Schüsseln. Ihre liturg. Bedeutung wuchs in dem Maße, wie das hl. Brot besondere sakrale Würde erhielt (→ Liturgie).
Die ältesten P.n scheinen vorwiegend aus Glas hergestellt worden zu sein (Staatl. Ermitage, Leningrad, P. aus dem 4. Jh. mit bibl. Szenen: (Taf. 56) Opferung Isaaks [→ Abraham] im Zentrum, auf dem breiten Rand: Drei Jünglinge im Feuerofen, Sündenfall [→ Adam u. Eva], Jonaszenen, Daniel in der Löwengrube, Susanna im Bade, Auferweckung des Lazarus, Moses Quellwunder [zu den Themen → auch Katakomben]). Daneben erscheinen auch Holz, Kupfer u. Keramik als Material. Schon früh setzte sich Edelmetall als sakrales Material durch, das oft in Niello-Technik geschmückt wurde. Berühmt ist eine P. aus versilbertem Gold, mit Edelsteinen besetztem Rand u. Alabaster als Schale aus dem Domschatz von Venedig (11. Jh.). Für die Gravierung vor allem der Einsetzungsworte Christi (→ auch Einsetzungsbericht) bot der Schalenrand Platz. Die Vertiefung der P. wurde (u. wird) mit Arbeiten in Toreutik geschmückt: Apostelkommunion, Kreuz, Lamm Gottes, Christusbilder (vor allem Pantokrator) u. Gottesmutterbilder. In spät. u. nachbyz. Zeit häufen sich Motive aus der eucharist. Mystagogie. Dabei ist die bildhafte Ausstattung von Kelch u. P. vorzugsweise auf die Deutung des Großen → Einzuges des Klerus ausgerichtet. Von besonderer Schönheit sind Emailarbeiten, die noch ausgangs des MA mit Darstellungen geschmückt waren, während gleichzeitig im Westen solche P.n nicht mehr hergestellt wurden. – Seit dem 7. Jh. ist die Weihe der P. (→ auch Myron) bekannt. Damit kamen sie unter den Schutz des Kirchenrechts. – Abb. 55, 56.

Lit.: Braun, Altargerät, 197-246; Eisenhofer 1, 396 ff.; Fendt, Reg.; Handbuch, Reg.; Jungmann, Reg.; K. Wessel, Die Byz. Emailkunst, Recklinghausen 1967. – S. auch Lit. zu Altargeräte.

Paterika (grch., n. plur., sing. *paterikon biblion;* russ. *paterik,* m., plur. *pateriki,* 'Väterbücher'), Sammlungen mit Aussprüchen großer Väter des Mönchtums, vorwiegend des orientalischen. Innerhalb der altkirchl. u. byz. Literaturgeschichte stellen sie eine eigene, spezif. Gattung dar. Bei den Aussprüchen handelt es sich um geistl. Weisheitssprüche (grch. *apophthegmata*), histor. Aussprüche von Asketen, die, losgelöst von der ursprüngl. konkreten Situation, zur Sentenz stilisiert wurden. Neben der eigentl. Absicht geistl. Wegführung bieten die P. wertvolle Einblicke in Persönlichkeit u. Umwelt des Eremiten. Die wichtigsten altkirchl. P. sind die Apophthegmata Patrum (grch., 'Aussprüche der Väter'), auch Gerontikon (grch. 'Spruchbuch der Alten') od., nach der Anordnung der Sammlung, Alphabetikon (grch., russ. *azbuč'nyj paterik*) genannt, u. die Historia Monachorum in Aegypto (lat.; russ. *egipteskij paterik,* 'Geschichte der ägypt. Mönche'). Die Texte tragen oft anekdot. Charakter, bringen Gleichnisse (Parabeln) u. Kurzsprüche (Logien) der Väter, nicht selten mit Humor. Wundererzählungen fehlen fast ganz. Die Historia Lausiaca dagegen ist bereits theologisch bestimmt u. vertritt myst. Vorstellungen des Evagrius Pontikus (gest. 399) von der Gottesschau. Diese drei im 4./5. Jh. geschriebenen Bücher sind die Grundlagen der späteren P., an deren Spitze die „Geistliche Wiese" (grch. *leimon, leimonarion,* auch *neos paradeisos;* russ. *lug duchovnyj, sinajskij paterik;* lat. *pratum spirituale*), des Johannes Moschos (gest. 619) steht. Hier nehmen die Wundererzählungen schon einen breiten Raum ein. Der Stoff dieser Sammlungen wurde in der Weltliteratur häufig verwendet. Erwähnt sei noch das Röm. Paterikon. Die P. wurden sehr früh auch ins Altkirchenslavische (→ unter Sprachen) übersetzt (*pateriki* od. *ot'č'sky knigi*). Schon im 11. Jh. waren sie im Kiever Rußland bekannt. Sie wurden aber nicht nur aus den grch. u. oriental. Originalen übersetzt (ergänzt seien noch der *ierusalimskij* u. *svjatogorskij paterik*), sondern regten auch zu Eigenschöpfungen an. Unter diesen nimmt das Kiever od. Höhlenkloster-Väterbuch (russ. *pečerskij paterik*) eine hervorragende Stellung ein, weil es wichtige Einblicke in das Verhältnis zwischen eremitärem u. koinobit. Mönchtum vermittelt. Ein großer Teil des Spruchgutes der P. ist in die Spruchweisheit der verschiedenen dem orth. Kultus anhängenden Völker eingegangen, während die Erzählungen Aufnahme in die Synaxarien (→ auch Prolog) fanden.

Lit.: D. I. Abramovič, Paterik Kievo-Pečerskogo Monastyrja, S. Peterburg 1911 (Reprint München 1965); D. Čiževskij, History of Russian Literature, 'S-Gravenhage 1966, Reg.: P.; Fr. Grivec, Konstantin u. Method. Lehrer der Slaven, Wiesbaden 1960, 135 f.; N. K Gudzij, Gesch. der russ. Lit. ..., Halle (Saale) 1959, Reg.: P.; D. S. Lichačev, Čelovek v Literature Drevnej Rusi, Moskau 1970[2], Reg.: žitijnaja literatura (vgl. dt. Ausgabe Dresden 1975); ders., Razvitie Russkoj Literatury X-XVII vekov, Leningrad 1973, Reg.: P.; Mönche im frühchristl. Ägypten, hg. von S. Frank, Düsseldorf 1967; Sinajskij Paterik, hg. von V. S. Golyšenko u. V. F. Dubrovina, Moskau 1967; Weisung der Väter. Apophthegmata Patrum, auch Gerontikon oder Alphabeticum genannt, hg. von B. Miller, Leipzig 1967; D. Freydank u. G. Sturm (Hgg.), Das Väterbuch des Kiewer Höhlenklosters, Leipzig 1988 (Graz/Wien/Köln 1989). – S. auch Lit. zu Hagiographie, Heiligenvita.

Paternoster → Vaterunser

Patriarch (grch. *patriarches,* m., 'Stammvater', 'Erzvater' [→ auch Abraham]; russ. *patriarch,* m.), Titel des leitenden Bischofs einer selbständigen, d. h. autokephalen Kirche. Der P. als das „Haupt" seiner Kirche besitzt volle Jurisdiktionsgewalt über seinen Klerus, die nur durch die geistl. Souveränität des einzigen u. unteilbaren Hirtenamtes des Bischofs eingeschränkt wird, von dem auch der höchste Rang in der kirchl. Hierarchie, eben der des P.en, abgeleitet ist. Die Stellung des P.en zu seinem Episkopat (Bischöfe, Erzbischöfe, Metropoliten) ist in den einzelnen autokephalen Kirchen unterschiedlich. In der serb. Kirche z. B. besitzt er absolute monarch. Gewalt. In den meisten Fällen ist der P. *„primus inter pares"* (lat., 'der erste unter gleichen') unter den Bischöfen; mit ihnen leitet er in der Bischofssynode zwischen den Sitzungen der Landessynode (→ Synode) sein Kirchengebiet geistlich u. administrativ. Mit der Bischofssynode ist der P. der Landessynode rechenschaftspflichtig, weil sie den eigentl. Träger, das Subjekt der Autokephalie darstellt, die der P. mit seiner Hierarchie nach innen u. außen in einem umfassenden Sinne „repräsentiert". Die Landessynode wählt im allgemeinen den P.en, im MA u. in einigen Kirchen auch heute noch wird die Wahl durch die Bischofssynode vollzogen. P.en-Weihe u. feierl. Inthronisation geschehen durch die Bischöfe des Kirchengebietes. Im Falle einer neu eingerichteten → Autokephalie muß nach dem Kirchenrecht eine offizielle Urkunde (grch./russ. *tomos*) über die Entlassung der neuen Landeskirche aus ihrer bisherigen Jurisdiktion verlesen werden. Damit ist die geistliche u. administrative Selbständigkeit auch des P.en, der diese Landeskirche „repräsentiert", zum Ausdruck gebracht, die nach den Vorstellungen des orth. Kirchenrechts der Souveränität des episkopalen Hirtenamtes entspricht u. auch nicht durch den Ehrenvorrang (Ehrenprimat) des Ökumen. P.en in Konstantinopel eingeschränkt wird. (Nur in den mit Rom unierten Kirchen des Ostens untersteht der P. auf der einen Seite grundsätzlich der Jurisdiktionsgewalt des Papstes, während auf der anderen Seite die Stellung beider geistl. Gewalten zueinander durch ein kompliziertes System von Verweisen u. Vorbehalten geregelt wird.) Zu den Vorrechten (Reservaten) des P.en gehören u. a. das Recht, seinen Namen an erster Stelle der Fürbitten während der Liturgie (→ unter Diptychon) nennen zu lassen (ein nicht nur liturgischer, sondern auch kirchenrechtlich überaus relevanter Akt, durch den die Legitimität der Liturgie u. die Identität mit dem P.en proklamiert wird, der die Autokephalie u. den Ritus repräsentiert), ferner gehört dazu das Recht zur Ordination (→ Cheirotonie) der Bischöfe, Erzbischöfe u. Metropoliten seines Kirchengebietes, die Myronweihe u. das Vorrecht der sog. Stauropegie (→ unter Kloster) eines der sehr wenigen P.ats-Reservate, das in die geistl. u. materielle Souveränität des Bischofs eingreift.

Amt u. kirchenrechtl. Bedeutung des P.en werden aus der autokephalen, episkopalen u. synodalen Sozietäts- u. Leitungsstruktur der Ostkirche verständlich, im Gegensatz zum universal-papalist. Grundmodell der kath. Kirche. Jedoch scheint das in beiden Kirchen vorhandene episkopale Leitungselement die kirchenrechtl. Möglichkeiten ihrer Annäherung zu erhöhen u. die Epoche überaus problemat. Unionen zu beenden. Der orth. Gedanke der Autokephalie, der sich im Amt des P.en (u. in der Legitimität der apostol. Nachfolge [Sukzession] seiner Hierarchie) darstellt, wurzelt in dem Bewußtsein einer realen od. konstruierten apostol. Tradition, was in den einzelnen bedeutenden Bischofskirchen schon um 100 zum Ausdruck kommt. Zu ihnen gehörten zunächst Antiochien, Alexandrien, Rom u. Jerusalem. Neben sie traten Bischofssitze mit unterschiedl. Bedeutung innerhalb u. außerhalb der Reichsgrenzen (wie z. B. auf der Krim u. im Kaukasus). Der nächste Schritt war die Zusammenfassung mehrerer Bischofssitze unter einem Erzbischof od. Metropoliten. Die Entstehung einer P.ats-Verfassung aus der eines Erzbistums läßt sich in Alexandrien (der Hauptstadt der Dioecesis I Aegyptus mit Markustradition) möglicherweise schon vor Rom (das von Anfang an bis heute das einzige P.at des Westens geblieben ist) feststellen. Sie zeigt bereits deutl. Züge eines „autokephalen Papalismus" (Weihe- u. Jurisdiktionsgewalt des alexandrin. Erzbischofs über seinen Episkopat in Ägypten, der Thebais, Lybia inferior, Lybia superior, Kyrenaika, Pentapolis). Seit dem 3. Jh. den Titel „pappas" führend, war der Oberbischof von Alexandrien für die Aufstellung der Ostertafeln (→ unter Ostern, → Zeitrechnung) verantwortlich. Die jurisdiktionelle Stärkung des Bischofs von Rom seit dem 2. Jh. führte zu einer universalen Papalgewalt, die die Patriarchalgewalt weit überstieg. Zugleich aber ist bezeichnend, daß Cyprian von Karthago (gest. 259) zwar die Zuständigkeit des röm. Bischofs in Lehr- u. Disziplinarfragen anerkannte, aber auf der Autonomie der einzelnen Bischofssitze ausdrücklich bestand. Wie bereits erwähnt, erhielten die Oberbischöfe mit dem Sitz in bedeutenden Städten den Titel eines Erzbischofs (zuerst in Alexandrien), der hier allmählich durch den eines P.en ersetzt wurde (begleitet vom Spottnamen 'christl. Pharao'). Die 1. Ökumen. Synode von 325 bestätigte die Rangfolge der klass. „Dreiherrschaft" (Triarchie) von Rom, Alexandrien u. Antiochien; sie wurde durch die Ehrenstellung Jerusalems zur „Vierherrschaft" (Tetrarchie). Die 2. Ökumen. Synode von 381 proklamierte zunächst den Ehrenprimat von „Neu-Rom", d. h. von Konstantinopel; auf der 4. Ökumen. Synode von 451 wurde er zur vollen Weihe- u. Jurisdiktionsgewalt über die Metropoliten von Thrazien, Pontos u. Asien sowie die anschließenden Missionsgebiete erweitert. Nachdem auch Jerusalem gegenüber Cäsarea „am Meer" seine volle Jurisdiktion erhalten hatte, war das Modell der „Fünfherrschaft" (Pentarchie) der klass. P.ate perfekt geworden. Zugleich wurde der früher einflußreiche jüd. P.at durch Reichsgesetz aufgehoben. Zwischen ihm u. den christl. P.aten gibt es kaum Parallelen. Er besaß eher die Rechtsstellung eines Ethnarchen (des höchsten Vertreters einer Volksgruppe, wie der Ökumen. P. während der Türkenzeit). Im 9. Jh. vollzog sich die völlige Gleichstellung von Rom u. Konstantinopel, die schließlich auch wegen der unterschiedlichen, ja gegensätzl. Struktur ihrer kirchl. Oberleitung zum Schisma (zur Kirchentrennung) von 1054 führte. Ihre Überwindung könnte sich, wie oben angedeutet, in der Annäherung der episkopalen Leitungsebenen beider Kirchen durchsetzen u. damit auch kirchenrechtlich wirksam werden. Papalistische Führungstendenzen nach dem Schisma im Ökumen. Patriarchat konnten sich langfristig nicht gegen das Prinzip der Autokephalität durchsetzen. Dagegen ist es ihm gelungen, im MA am Prinzip der „Fünfherrschaft" festzuhalten u., wenn auch schließlich ohne Erfolg, mit ihm die Neuerrichtung autonomer od. autokephaler Kirchen als kanonist. Ketzerei des „Neoterismos" (grch., etwa 'Neuerungssucht') zu diffamieren. Anders als im Orient blieben die Bemühungen des Ökumen. P.en um direkte Einflußnahme auf die orth. Kirche in Rußland im 17. Jh. ohne Ergebnis. Neben einer Reihe anderer Gründe war auch dies ein Anlaß für Peter I., 1721 den 1589 errichteten Patriarchat von Moskau abzuschaffen u. durch einen „Heiligen Regierenden Sinod" (→ auch Synode) zu ersetzen, dem 1918 wiederum der durch eine Landessynode eingesetzte Patriarchat folgte. – → Autokephalie u. Karte I.

Lit.: G. Bardy, Alexandrie, Rome, Constantinople, L'.Église et les Églises 1054-1954, 1. Bd., Chevetogne 1954, 183-207; T. Barsov, Konstantinopol'skij P. i ego Vlast' nach Russkoj Cerkovju, S. Peterburg 1878; M. Christopulos, Le Patriarcat Oecuménique dans l'Église Orthodoxe, Paris 1975; E. Eid, La Figure Jurisdique du P., Rom 1962²; Feine, Reg.: Patriarchate; P. V. Gigul'janov, Vostočnye Patriarchi v Period četyrech Pervych Vselenskich Soborov, Jaroslavl' 1908; Heiler, 43-88; ders., Altkirchl. Autonomie u. päpstl. Zentralismus, München 1941; K. Lübeck, Reichseinteilung u. kirchl. Hierarchie des Orients bis zum Ausgang des vierten Jh., Münster (Westf.) 1901; Milasch, § 94-97; V. Pospischil, Der P. der Serb.-Orth. Kirche, Wien 1966; R. Potz, P. u. Synode,

Wien 1971; W. de Vries, Rom u. die P.ate des Ostens, Freiburg/Br. 1963; A. Wuyts, Le Patriarcat Russe au Concile de Moscou de 1917-1918, Rom 1941; Metropolit Maximos von Sardes, Das Ökumenische Patriarchat in der Orth. Kirche, Freiburg i. Br. 1980; Handbuch Ostk.kunde I. – S. auch Lit. zu Autokephalie, Bischof, Synode.

Pelagonitissa → unter Gottesmutterbilder

Pentekostarion (grch. *biblion pentekostarion,* 'Pfingstbuch'; russ. *pentikostarij,* auch *triod' cvetnaja,* 'Blumen-Triodion' [Triodion]), Bezeichnung für eines der liturg. → Bücher mit dem nach den 8 Kirchentönen (→ unter Oktoechos) geordneten Hymnenmaterial (→ Kanon, → Kontakion, → Stichera, Theotokion) und den Lesungen für die Zeit von Ostern bis zum Sonntag nach Pfingsten, zugleich Bezeichnung für den von ihm erfaßten Abschnitt des Kirchenjahres. Das P. schließt sich an das Triodion, das Buch für die Große → Fastenzeit, an u. mündet im Oktoechos, dem liturg. Buch für die übrige Zeit des Kirchenjahres (auch Übersichtsschema zum Stw. Kirchenjahr). Wahrscheinlich ist das P. im Studioskloster in Konstantinopel unter dem Verteidiger der Bilder u. Meloden Theodoros (gest. 826) entstanden.

Im P. werden folgende Sonn- u. Festtage erfaßt. (1) Ostern, (2) das Antipascha od. der Thomas-Sonntag (→ auch Ostern), (3) der Sonntag der Myron tragenden Frauen (grch. *kyriake ton myrophoron;* russ. *nedelja žen mironosic*), zugleich Gedenken (Kommemoration) an Joseph von Arimathia, (4) der Sonntag des Gelähmten (grch. *kyriake tu paralytu;* russ. *nedelja o razslabennom*), (5) der Mittwoch der Mitt-Pfingsten (grch. *tetarte tes mesopentekostes;* russ. *sreda prepolovenija pjatidesjatnicy*), das bis zum nächsten Mittwoch gefeiert wird, (6) der Sonntag der Samariterin (grch. *kyriake tes samareitidos;* russ. *nedelja samaritjanki*), (7) der Sonntag des Blindgeborenen (grch. *kyriake tu typhlu;* russ. *nedelja o slepom*), (8) die Himmelfahrt Christi, (9) der Sonntag der hl. 318 gotttragenden Väter von Nizäa (grch. *kyriake ton hagion 318 theophoron pateron en Nikaia;* russ. *nedelja svjatych i bogonosnych otec iže v Nikej*), (10) Pfingsten, (11) der erste Sonntag nach Pfingsten od. Allerheiligen (grch. *kyriake ton hagion panton;* russ. *nedelja po pjatidesjatnice ili vsech svjatych*), der erste Sonntag der Oktoechos.

Kennzeichnend für die Lesungen des P.s ist die Bahnlese aus Joh. (zu 2: Joh. 20, 19 bis 31; zu 3: Joh. 20, 1-18 [19, 38-42]; zu 4: Joh. 5, 1-15; zu 5: Joh. 7, 14-36; zu 6: Joh. 4, 5-42; zu 7: Joh. 9, 1-38). Die Themen dieser Lektionen wurden in der Malerei dargestellt (zu Nr. 9 → unter Synode). – S. auch Tab. zu Kirchenjahr.

Lit.: Beck, 251, 257 f., 266; Daniel, 228, 320; Maltzew[4]; Kirchhoff – Schollmeyer[2]; P. de Meester, Riti i Particolaritá Liturgiche del Triodio del Pentecostario, Padua 1943; Nilles, Reg.: P.; H. J. W. Tillyard, The Hymns of the Pentecostarium, Copenhague 1960 (= MMB, Transcr. VII); Schulz, Handbuch Ostk.kunde II, 72 f. – S. auch Lit. zu Triodion.

Peribleptos → unter Gottesmutterbilder

Perikope (grch., f., 'das ringsum Angeschnittene'), ausgewählter Abschnitt aus den bibl. Lesungen (→ Bahnlese, → Lectio continua), → auch Eklogadie.

Perspektive (von lat. *perspicere,* 'hindurchsehen', 'genau erkennen'), in der ostkirchl. Kunst Anordnung innerbildl. Objekte in einem auf der zweidimensionalen Fläche dargestellten Raum in der Weise, daß die Funktion dieser Objekte als Vermittler der Bildaussage u. damit des Informationsflusses erfüllt werden kann. Der hiermit eng verbundene ästhetisch-erkenntnistheoret. Aspekt der P. spielt in der Ikonen-, Miniatur- u. Monumentalmalerei der Ostkirche eine wichtige Rolle. Ihre Maler kannten zwar die Zentral-P., wie sie seit dem 5. Jh. v. Chr. in der antiken „Szenenmalerei" (grch. *skenographia*) angewandet wurde, übernahmen sie aber nur teilweise u. unter bestimmten, durch den religiös-kult. Charakter des Bildes (→ auch Kultusästhetik) festgelegten Bedingungen. Die sehr engen, dem Westen in dieser Weise unbekannt gebliebenen Zwischenbeziehungen zwischen der orth. Ikonographie u. den Texten aus Bibel, Kirchenlehre (Dogma), Heiligenvita u. Kirchendichtung (der semiot. Aspekt), die die Ikonographie bestimmen, erforderten einen ungestörten u. optimalen Informationsfluß, dem nicht die Zentral-P., sondern die (ebenfalls tief in die orientalisch-grch. Antike zurückreichende) sog. „umgekehrte P." nachzukommen in der Lage war. Ohne auf den durch die Zentral-P. in der „Skenographie" erzeugten Raumillusionismus Rücksicht zu nehmen, wurde das Objektarrangement so getroffen, daß die Komposition ein Maximum an Information, d. h. an Überblick u. Einsicht in die Einzelheiten ermöglichte, die der zugrunde gelegte Text (bzw. seine Auswahl) „beschrieb". Dieses Prinzip der Durchschaubarkeit („Perspikuität") beherrscht nicht nur den kompositionellen Bereich, sondern ebenso die Konstruktion der Bilderwand mit der Anwendung der Anamorphose, der Veränderung der natürl. Proportionen der Ikonen auf erhöhtem Standort. Man sollte in diesem Zusammenhang statt von der „umgekehrten" besser von der „episch-informativen P." sprechen. Sie besitzt für die byz. Kultusästhetik einen bedeutsamen ästhetisch-visuellen Doppeleffekt: Indem im Gegensatz zur zentralperspektiv. Konstruktion der (bei ihr fixierte) Fluchtpunkt auf der Horizontallinie sozusagen vom Bildhintergrund „weg" zum Beschauer hin verlegt u. damit beweglich wird, verschiebt sich auch dessen Standpunkt in die Komposition, deren „Text" er „von Angesicht zu Angesicht" lesen kann. Zugleich aber wird die so gewonnene innerbildl. „Intimität" des Beschauers durch seine Distanzierung vom Bild mit Hilfe der Bedeutungs-P. in Frage gestellt (u. umgekehrt). Dabei wird die Information auf diejenige Person konzentriert („kanalisiert"), die, wie die Bezeichnung dieser P. sagt, als Bedeutungsträger innerhalb einer gedanklich-ideellen (noetischen) od. sozietären Hierarchie den jeweils höchsten Rang einnimmt. Eine solche Person wird alle anderen „überragend" (d. h. in der P. „vorne") dargestellt; ebenso darf sie auch im Personenarrangement durch keine minder hierarchisierte Figur verdeckt („desavouiert") werden. Das trifft in besonderer Weise auf Christus u. die Gottesmutter zu. Vor allem das Repräsentationsbild fordert strenge Distanzierung des Betrachters von sich selbst; religionssoziolog. u. soziale Implikationen sind unverkennbar. Die Bedeutungs-P. ist Ausgangspunkt einer differenzierten semant. Analyse der byz.-slav. Sakralmalerei. Eine für sie entscheidend wichtige semant. Information würde bei der Zentral-P. insofern verlorengehen, als hierarchisierte Bedeutungsträger hinter der Horizontlinie verschwinden könnten. Das würde auch dem von der byz. Ästhetik angewendeten Prinzip der euklid. Optik widersprechen, nach der nur vom „Sehstrahl" getroffene Objekte vom menschl. Auge gesehen werden, so daß über ihre Gestalt (grch. *eidos*) auch ihre Idee erkannt werden kann. Eine Reihe von Erscheinungen dieses P.-Systems macht deutlich, daß es die sinnl. Welt existent nur als Ableitung aus der unsinnlich-gedanklichen erfahren läßt u. daß ihre Bedeutung sich in einem komplizierten (negativen u. zugleich positiven) Analogieverhältnis zur letzteren befindet (→ auch Bild). So z. B., wenn in diesem Sinne „bedeutende" Personen od. Gegenstände in strenger Frontalität, weniger „bedeutende" dagegen zentralperspektivisch wiedergeben werden.

Ein anderes Beispiel bietet die reservierte Anwendung der Farben-P., die der Behandlung der Zentral-P. entspricht. Sie kommt vor allem in der Ikonenmalerei kompositionell nur sektorenweise u. kunstgeschichtlich nur phasenweise zur Geltung. Die innerbildl. Licht- u. damit auch die Farbenverhältnisse sind gekennzeichnet durch starke Zurückhaltung gegenüber der Einbeziehung des Außenlichtes u. mit ihm der Schatten u. Reflexe sowie der Luft-P. An ihre Stelle tritt das von den Objekten ausgehende „Sendelicht", das eine transreale Quelle „hinter" den Dingen voraussetzt u. auf Distanzwirkung zielt. Dieser Effekt wird am stärksten durch den Goldgrund (→ auch Chrysographie) erreicht, da dieser jede Raumillusion auf ein Mindestmaß beschränkt. Natürliche P.n sind nur noch in semantisch minder hierarchisierten Feldern zugelassen. Dabei erhalten die Farben der letzteren natürl. Charakter, während die der Bedeutungsträger ihre Werte durch ihr jeweiliges transreal-gedanklich bestimmtes Symbol empfangen, so daß auch im Inneren der Komposition zugleich „Verinnerlichung" des Betrachters u. Abstandsforderung an ihn geschieht, nicht zuletzt durch die gleichzeitige Anwendung beider P.n.

Lit.: P. A. Florenskij, Obratnaja Perspektiva, Trudy po Znakovym Sistemam III, Tartu 1967, 381 bis 416; A. Grabar, Plotin et les Origines de l'Esthétique Médiévale, CAr 1, 1945, 15-34; P. A. Michelis, Esthétique de l'Art Byzantin, Paris 1959, 179-220; G. Mathew, Byzantine Aesthetics, London 1963, Reg.: P.; L. V. Močalov, Obratnaja Perspektiva. Mif i versija real'nosti, Sovetskoe Iskusstvoznanie '75, Moskau 1976, 255-273; Onasch, Ikonenmalerei, 59-73; E. Panofsky, Die P. als symbol. Form, Vorträge der Bibliothek Warburg 1924-1925, Berlin - Leipzig 1927, 258-330; A. A. Saltykov, Prostranstvennye Otnošenija v Vizantijskoj i Drevnerusskoj živopisi, Drevnerusskoe Iskusstvo. Zarubežnye Svjazi, Moskau 1975, 414 bis 440; L. F. Žegin - B. A. Uspenskij, Jazyk živopisnogo Proizvedenija (Uslovnost' drevnego iskusstva), Moskau 1970; B. V. Raušenbach, Sistemy perspektivy v izobrazitel'nom iskusstve (obščaja teorija perspektivy), Moskau 1986; E. Sendler, L'Icône, Image de l'invisible, Paris 1981, Reg.: P.; B.Uspensky, The Semiotics of the Russian Icon, Lisse 1976; St. Sinding-Larsen, Iconography and Ritual. A study of analytical P.s, Oslo-Bergen-Stavanger-Tromsø 1984.

Petrovskaja → unter Gottesmutterbilder

Petrusliturgie, eine in der altkirchenslav. Literatur (→ unter Sprachen) bezeugte u. in dieser Sprache geschriebene Liturgie, die in einem byz. Rahmenwerk (möglicherweise auch in dem der Jakobusliturgie) Elemente der röm. Messe benutzte. Die P. ist wohl sehr wahrscheinlich keine „Schreibtischarbeit" gewesen; ihre Entstehung hängt vielmehr engstens mit der Missionstätigkeit der Slavenlehrer Kirill u. Method in Mähren u. Böhmen im 9. Jh. zusammen. Im einzelnen ist die Geschichte dieses Formulars noch dunkel. Es war als Modell auch keineswegs auf den slav. Missionsraum beschränkt. Eine georg. P., ebenfalls aus dem 9. Jh., ist der einzige erhaltene Zeuge u. zeigt größere Nähe zur röm. Messe, als die altkirchenslav. Quellen vermuten lassen. Wie die Slavenlehrer ihre Arbeit dem Röm. Stuhl unterstellten, unterhielt auch Georgien im 9. Jh. zu diesem engere Beziehungen. Sehr wahrscheinlich kann die P. als Versuch einer „dritten Position" vor dem drohenden Schisma (der Kirchentrennung) zwischen West- u. Ostrom verstanden werden, vor allem im Hinblick auf die umstrittenen Missionsgebiete auf dem Balkan u. in Mitteleuropa.

Lit.: H. W. Codrington, The Liturgy of Saint Peter, Münster (Westf.) 1936; J. M. Hanssens, La Liturgie Romano-Byzantine de Saint Pierre, OrChrPer 4, 1938, 235-258; Fr. Grivec, Konstantin u. Method. Lehrer der Slaven, Wiesbaden 1960, Reg.: P.; K. Onasch, Der cyrillo-methodian. Gedanke in der Kirchengesch. des MA, Wiss. Zs. der Martin-Luther-Universität Halle-Wittenberg, Ges.-Sprachwiss. Reihe VI 1, 1956, 27-40; J. Vašica, Slovenská Liturgie Sv. Petra, BZS 8, 1936-1941, 1-54; ders., Slav. P., Anfänge der Slav. Musik, Bratislava 1966, 23-34; F. V. Mareš, Rukopisne duchováni slovanské liturgie sv. Petra, Zbornik VI. Mošina,Beograd 1975, 25-29.

Petrus vom Athos → unter Heiligenverehrung, → auch Heiligenbilder

Pfingsten (von grch. *pentekoste [hemera],* '50. [Tag nach Ostern]', *kyriake tes hagias pentekostes,* 'Herrntag des hl. Pf.'; russ. *nedelja svatoj pjatidesjatnicy;* lat. *Dominica pentecostes, quinquagesima laetitiae,* 'freudvolles Pf.'). 1. Die Frühgeschichte dieses christl. Hochfestes liegt wie die von Ostern im dunkeln. Zumindest für die judenchristl. Gemeinden wird das Weizenerntefest (hebr. *schabuot*) 7 Wochen (50 Tage) nach der Woche der „süßen Brote" (hebr. *mazzen*) vom 15. bis 21. Nisan (dem jüd. Frühlingsmonat März/April) vorbildlich gewesen sein (vgl. 2. Mose 23, 16; 34, 22; 3. Mose 23, 15 f.; 5. Mose 16, 9 f.). Das Erntethema dieses jüd. Festes wurde schon im 2. Jh. v. Chr. durch das der Erneuerung des Bundes (2. Mose 19) ersetzt. Diese Perikope gehört zu den ältesten Pfingstlesungen in der syr. Kirche mit ihrer alten jerusalem. Tradition. Das Zungenreden der heidenchristl. Gemeinden u. andere Geistesgaben (1. Kor. 15; Eph. 4 u.a.) ließen eine Auseinandersetzung mit der jüd. Auslegung von 2. Mose 19 notwendig erscheinen. Sie erfolgte durch den Bericht aus Apg. 2 (zwischen 80 u. 90 n. Chr.) u. Joh. 20 (um 100) sowie mit deutl. Hinweisen auf die AT-Lektion in Offb. 14, 15 u. Offb. 4 (Vergleich mit der in viele Stimmen gespaltenen Gottesstimme auf dem Sinai in der jüd. Überlieferung). Umstritten bleibt, ob es sich dabei schon um Pf. als ein von Ostern unabhängiges Fest handelt od. nicht; das letztere ist wahrscheinlicher. Bestimmte Aussagen der Kirchenväter, vor allem Tertullians (gest. nach 220), u. zweier Apokryphen (Epistola Apostolorum [um 180] u. Paulusakten [um 190]) lassen die Auffassung zu, daß die frühe Christenheit nach Joh. 20 u. 21 täglich die geistschenkende (Joh. 20, 22) Gegenwart Christi feierte, der jeden Tag gen Himmel fuhr mit dem Ausblick auf seine Wiederkunft (nach den Aussagen der Offb.). Noch heute heißt die Pf.-Zeit „freudvolles Pf." (grch. *pentekoste charmosynos*; russ. *svetlaja pjatidjesjatnica,* 'lichtes Pf.'). Aus diesen Gründen war die Pentekoste die geeignete Zeit für die Taufe außerhalb des Epiphanie- u. Ostertermins. Diese Freudenzeit wurde früh (vielleicht schon im 2./3. Jh.) mit ihren 8 Sonntagen (wie sie noch heute im Pentekostarion zu finden sind) zu einer „Pentekontade" zusammengefaßt, die Grundeinheit bildete die „Ogdoas", die „Achtheit", der Woche (→ auch Oktoechos). Die Pentekoste war also nichts anderes als die Grundeinheit mehrerer mit Ostern beginnender Pentekontadenzyklen, die mit ihrem 8. Sonntag feierlich abzuschließen geradezu herausforderte. Die dafür notwendigen Voraussetzungen, vor allem die Lokalisierung entsprechender Kultusstätten u. -traditionen, waren mit der Freigabe Jerusalems für die Christen u. die Errichtung der Konstantin. Gedächtnisbauten (→ Kirchenbau, → Martyrion) geschaffen, u. Ende des 4. Jh. erfahren wir von der gall. Pilgerin Egeria zum ersten Male Genaueres über das Pf.-Fest. Danach wurde am 50. Tage, der Pentekoste (lat. *quinquagesimarum die*), nach der Nachtwache in der Anastasis u. der Morgenliturgie im Martyrion (d. h. der Basilika am hl. Grabe) zur 3. Stunde (etwa 9 Uhr), auf dem Zionsberg unter Lesung von Apg. 2 eine zweite Liturgie gehalten. Am Nachmittag feierte man auf dem Gipfel des Ölberges (lat. *imbomon,* von grch. *en bomo,* 'auf dem Gipfel') mit Apg. 1, 4-12 (u. Luk. 24, 50 ff.; Mark. 16,19) die Himmelfahrt Christi. In einer bis tief in den Abend dauernden Prozession zog man über die Ölbergskirche („Eleona") in die Stadt zur Konstantinsbasilika, der Anastasis u. der Kapelle des hl. Kreuzes, zur Mitternacht wurde auf dem Zion der Schlußgottesdienst gehalten. Diese Feier läßt den Hauptton des Tages auf der Geistausgießung liegen. Die Gesamtveranstaltung mit ihren Stationsgottesdiensten macht die Zusammenschau des mit Pf. abgeschlossenen Heilsplanes Gottes deutlich. Egeria versteht unter *„pentekoste"* den Zeitraum von 50 Tagen, unter *„quinquagesimarum perpentecoste"* (lat.) den Pfingsttag selbst.

2. Die weitere Festgeschichte setzt mit der Trennung von Pf. u. Himmelfahrt im 5./6. Jh. ein. In Jerusalem wurde der Festgehalt auf die Geistausgießung konzentriert; Apg. 1, 4 ff. kam deshalb in Fortfall, ebenso die Prozessionen von u. nach dem Zion. Der Samstag vor Pf., d. h. die Nachtwache vor Pf., ist dem Gedächtnis der Verstorbenen gewidmet (grch. *psychosabbaton;* russ. *roditel'skaja subbota*); es werden die Kolyba gehalten. Ebenfalls bis in das alte Jerusalem (wahrscheinlich noch vor Egeria) hat sich die Gonyklisia, das kniend zu verrichtende Gebet, erhalten. Sie findet am Pf.-Sonntag im Abendgottesdienst nach der Liturgie statt. In der Nachtwache (mit den AT-Lesungen 4. Mose 11, 16-17, 24-29; Joel 2, 23 bis 32; Hes. 36, 24-28) wird in den Ideomela (→ Stichera) des Kaisers Leon (→ Dreieinigkeit) das trinitar. Thema entfaltet (Ansätze schon bei Romanos, gest. 572), während in den kunstvoll miteinander verflochtenen Kanones des Kosmas von Majum (8. Jh.) u. des Johannes Arklas im Morgengottesdienst (NT-Lesungen zur Liturgie Apg. 2, 1-11; Joh. 7, 37-52; 8, 12) Altjerusalemer Traditionen, wie die mehrfache Erwähnung des Zionberges u. Anspielungen auf 2. Mose 19, deutlich werden.

3. Der ursprüngl. Auffassung der nachösterl. Freudenzeit als der Zeit wiederholter Erscheinungen des auferstandenen Christus entspricht ein eigener Bilderkreis.

Literarische Vorbilder sind kaum Apokryphen, sondern Hymnen u. die Berichte aus dem NT, vor allem die Lectio continua aus Joh. 20 u. 21 (s. Abs. 1, → Ostern). Folgende Motive werden dargestellt: (1) die Begegnung des Auferstandenen mit Thomas nach Joh. 20, 24-29 (grch. *pselaphesis tu Foma,* 'Berühren [der Seitenwunde] durch Thomas'; russ. *uverenie Foma,* 'Glaubensbestärkung des Thomas') mit 2 Typen: (a) Christus zeigt dem Jünger die Seitenwunde, die dieser berührt, (b) Christus ergreift die Rechte des Thomas u. führt sie an die Wunde. Das Motiv ist um 400 erstmals bezeugt. Die verschlossene Tür (grch. *thyra kekleismena;* lat. *porta clausa,* vgl. Joh. 20, 19-23) ist als Einzelmotiv im Osten selten. (2) Die Begegnung Maria Magdalenas mit dem Auferstandenen (Joh. 20, 11-18), nach dem lat. Text *„noli me tangere"* ('Berühre mich nicht!') genannt, ist im Osten ebenfalls selten. (3) der Fischzug der Jünger u. ihre Speisung mit Fisch u. Brot durch den Auferstandenen (Joh. 21, 1-23). Der erstere entspricht oft Petri Fischzug (Luk. 5-11), die Speisung wird seltener wiedergegeben. (4) die nach der grch. Begrüßungsformel u. -gestik auch *„chairete"* genannte Szene der Begegnung des Auferstandenen mit den Frauen (Matth. 28, 9-10; Mark. 16, 9-10). Die Zahl der Frauen schwankt, Maria aber (mit Ausnahme sehr früher Denkmäler) wird mit Nimbus dargestellt. Im Rabulaskodex (→ unter Bibelillustration) sind 2 Frauen (Maria mit Nimbus) auf der einen Seite des Grabes gezeigt, während auf der anderen Seite die Myrophoren mit dem Engel zu sehen sind (→ Auferstehung Christi, Abs. 2; → Kreuzigung Christi, Abs. 2). (5) Die Ikonographie der Emmausjünger mit Christus (Luk. 24, 13-35) bringt (sowohl in Einzelbildern wie auch getrennt) die Unterhaltung auf dem Weg nach Emmaus u. das Mahl, das als Brotbrechen bzw. als Kommunion dargestellt wird.

Die eigentl. Ikonographie des Pfingstfestes nach Apg. 2, 1-13 setzt dann im 6. Jh. mit einer Miniatur des Rabulaskodex von 586 ein. Sie zeigt die Himmelfahrt Christi, die in älteren Darstellungen noch mit der Auferweckung Christi verbunden war, nun in der oberen Zone, während darunter das eigentliche Pf.-Bild erscheint: in der Mitte die Gottesmutter in Orantenstellung, die Kirche versinnbildlichend; an ihrer Seite 2 Engel, um sie herum die Apostel, die Hände zur oberen Zone erhebend (man erkennt deutlich links Paulus u. rechts Petrus). Nur wenig später bringen die Monzeser Ampullen dasselbe Schema, es bleibt fortan im Osten erhalten. Schon im Rabulaskodex werden die Apostel nach Apg. 2 mit Feuerzungen über den Häuptern dargestellt. Zu erwähnen ist das Motiv der auf Maria weisenden Hand Gottes. In der Miniatur- u. Monumentalmalerei der mittelbyz. Zeit ist es die Thronbereitung (→ Hetoimasia), von der oft Feuerstrahlen auf die Köpfe der Apostel herniedergehen. Das alte Motiv der eng mit der Gesetzesübergabe an Mose verbundenen Hand Gottes, im Pf.-Bild deutlich ersetzt durch den Hinweis auf die Kirche in der Gestalt der Gottesmutter, wird bereits in mittelbyz. Zeit durch eine spezielle Komposition ausgewechselt: Vor der größtenteils hufeisenförmigung Lagerstätte der Apostel erscheinen im 9. Jh. mehrere Personen, die in spät- u. nachbyz. Zeit die Völker der Mission versinnbildlichen; sie können auch durch einen greisenhaften u. gekrönten Mann, den altgewordenen Kosmos (vgl. die endzeitl. Aspekte Abs. 1), ersetzt werden, der in einem ausgebreiteten tuch die Schriftrollen der 12 missionierenden Apostel hält. Die Komposition ist aus der Ikonographie der ökumen. Synoden übernommen worden. Maria fehlt im allgemeinen auf diesem Bildschema. Das Pf.-Bild fand Eingang in das Dodekaortion, den Zwölferfestzyklus, seltener in das Bildprogramm der Kirchen (S. Marko, Venedig, nach 1145: Zentralkuppel mit Himmelfahrt Christi, Westkuppel mit Pf.-Darstellung). Vor allem in Rußland entwickelte sich die Wiedergabe der Dreieinigkeit zum zweiten Pf.-Bild. Ansätze dazu finden sich bereits in der byz. Hymnendichtung u. Ikonographie (s. Abs. 2); sie führten hier aber im 14. Jh. zur Ausbildung des Pf.-Sonntages zum besonderen „Dreieinigkeitstag" (russ. *troicyn deń*), während der Pf.-Montag dem Thema der Geistausgießung reserviert blieb (→ auch Dreieinigkeit). – Taf. 70; vgl. Abb. zu Himmelfahrt Christi. Text: s. Anhang Nr. 6, 2; 16, 4.

Lit.: Baumstark, 159 f. u. Reg.: Pentecost; Bludau, 162-167; R. Cabié, La Pentecôte, Tournai 1965; J. Boeckh, Die Entwicklung der altkirchl. Pentekoste, JLH 5, 1960, 1-145; E. v. Dobschütz, Ostern u. Pf., Leipzig 1903; Eisenhofer, Reg.: Pentekoste, Pf.; H. Engberding, Pf. in der byz. Liturgie, BenM 18, 1936, 161-170; Felicetti – Liebenfels, Geschichte[1], 53, 65, 85, 96, 103; Fendt, Reg.; Handbuch, Reg.: Pentekoste, Pf.-Ereignis, Pf.-Fest, Pf.-Vigil, Pf.-Woche; Kellner, 84-89; Kötting, passim; Kirchhoff – Schollmeyer[2], 523-539; G. Kretschmar, Himmelfahrt u. Pf., ZKG 66, 1954-1955, 209-253; La Prière[2,2], 361-395; Lazarev, Reg.: Sošestvie ducha, Troica Maltzew[4], 866-936; Nilles 2, 379 bis 406; ders., Mitte-Pf., ZKTh 19, 1895, 169-177; Pokrovskij, 448-466; A. Rose, Aspects de la Pentecôte, Questions Liturgiques et Paroissiales 39, Louvain 1958, 101-114; S. Seeliger, Pf., Düsseldorf 1958; L. Ouspensky, Quelques Considerations au Sujet de l'Iconographie de la Pentecôte, Messager 33-34, 1960, 45-92; Ouspensky – Lossky, 201-209; V. Vladimirov, Sošestvie Svjatogo Ducha, ŽMP 1976, 6, 14-15; N. Zabolockij, Deń Pjatidesjatnicy i Sobornost', ZMP 1968, 6, 66-70; Schulz, Handbuch Ostk.kunde II, 72 f., 86 f.; N. Ozoline, Quelques images relatives à la célébration primitive de la cinquantaine pascal, Église dans la Liturgie, Rome 1980; M. Arranz, Les Prières de la Gonyklisia ou de la Génuflexion du Jour de la Pentecôte dans l'Ancien Euchologe Byz., OrChrPer 48, 1982, 92-123; M. Lurker (Hg.), Wörterbuch der

Symbolik, Stuttgart 1983², 526-527; LChI 2, 665 bis 674 (Erscheinung des Auferstandenen); 3, 415 bis 423; LdK 3, 820; RBK 2, 371-387. – S. auch Lit. zu Ostern.

Phelonion (grch., n., von *phailones,* f., [2. Tim. 4, 13], 'Mantel'; russ. *feloń,* f.; lat. *paenula,* f., *planeta,* f.), unter den liturg. Gewändern das dem Priester zustehende Obergewand. Es besteht aus einem glockenförmigen, bis zu den Knöcheln reichenden Mantel. Das Ph. der russ.-orth. Kirche ist enger als das der grch., es ist vorn über der Brust für die Arme geöffnet. Auf der Rückseite ist ein großes Kreuz eingestickt. Das Ph. hat sich aus dem antiken Mantel entwickelt; es war vorn geöffnet und wurde im 2. Jh. in Rom als Obergewand außeramtl. Charakters auch von Senatoren getragen. In Afrika u. Gallien hieß es Casula (lat.). Die Kasel des röm. Ritus entspricht deshalb dem orth. Ph., das in Byzanz bis zu seinem Untergang 1453 u. in Rußland bis zu Peter I. auch vom Bischof getragen wurde. Abb. → Gewänder, liturgische.

Lit.: Braun, Gewandung, 149-247; ders., Paramente, 104-119; La Prière[1], XXX-XXXI; E. Trenkle, Liturg. Geräte u. Gewänder der Ostkirche, München 1962. – S. auch Lit. zu Gewänder, liturgische.

Pimenovskaja → unter Gottesmutterbilder

Plastik, Skulptur (grch. *plassein,* 'formen', 'bilden'; lat. *sculpere,* 'meißeln' 'schneiden', 'stechen'), Bezeichnung für darstellende Künste, die, im Gegensatz zur Malerei, im dreidimensionalen Raum arbeiten u. diesen für den Beschauer voraussetzen. Für die Alte Kirche wurde vor allem die Frei-P. problematisch, nicht nur, weil sie die häufigste Form der heidn. Götterdarstellung war, sondern weil das Erschaffen der menschl. Gestalt als alleiniges u. souveränes Reservat Gottes galt (1. Mose 2, 7, wiederholt 1. Mose 2, 15). Aus diesem Grunde war die P. schon im 6. Jh., in der Blütezeit des zweidimensionalen Bildes, verboten; dabei ist es in der orth. Kirche bis heute geblieben. Die byz. Sakralkunst ist deshalb arm an P.en, im Gegensatz zumRelief (→ auch unter Ikonenmalerei). Trotzdem konnten sie sich dort durchsetzen, wo sich eine alte Holzkunst mit einem ebenso langlebigen religiösen Synkretismus verband. Dies war etwa bei den Balkanslaven u. in Rußland der Fall. Vor allem nationale Heilige wurden Gegenstand einer hochentwickelten volkstümlichen Holz-P. Daneben finden sich aber auch andere plastisch gestaltete Themen der christl. Ikonographie, u. a. die Kreuzigung Christi (als Frei-P.), die Dreieinigkeit, Christus- u. Gottesmutterbilder (vorwiegend als Relief). – Taf. 54.

Lit.: S. Bettini, La Scultura Bizantina, 2 Bde., Florenz 1944, 1946; A. Bobrinskij, Narodnye Russkie Derevjannye Izdelija, Moskau 1911-1914; La Bréhier, La Sculture et les Arts Mineurs Byzantins, Paris 1936; ders., La Sculture Iconographique dans les Églises Byzantines, Bulletin de la Sect. hist. de l'Académie Roumaine 11, 1924; A. K. Čekalov, Narodnaja Derevjannaja Skul'ptura Russkogo Severa, Moskau 1974; A. Grabar, Sculptures Byzantines de Constantinople IVe – Xe Siècle, Paris 1963; J. Inan – E. Rosenbaum, Roman and Early Byzantine Portrait Sculpture in Asia Minor, London 1966; H. Keller, Zur Entstehung der sakralen Vollskulptur, Fs. für H. Jantzen, Berlin 1951; J. Kollwitz, Oström. P. en der theodosian. Zeit, Berlin 1941; G. Mendel, Catalogue des Sculptures Grecques Romaines et Byzantines, 3 Bde., Konstantinopel 1912-1914; N. Pomerancev, Russkaja Derevjannaja Skul'ptura, Moskau 1967; A. Vasiliev, O Nekotorych Obrazcach Starinoj Bolgarskoj Rezby, Bolgarskaja Srednevekovaja Kul'tura, Sofija 1964, 105-111; G. K. Vagner, Mastera Drevnerusskoj Skul'ptur, Moskau 1966; ders., Skul'ptura Vladimiro-Suzdal'skoj Rusi, Moskau 1964. – S. auch Lit. zu Relief.

Platytera → unter Gottesmutterbilder

Pokrov (russ., m., 'Mantel', 'Decke', 'Hülle'), 1. Fest des P. Bogomateri (des Schutzmantels der Gottesmutter) am 1. Okt. Das Fest ist in Rußland entstanden, besitzt aber eine weit ältere, bis in die Antike zu verfolgende ideelle u. ikonograph. Tradition. Diese ist semantisch aus dem Begriff der *„tutela“* (lat., 'Schutz', 'Vormundschaft', 'Vermögen eines Mündels', 'Patronat') mit seinen jurist. Bedeutungsbeziehungen zu erschließen. Die entsprechenden Rechtsakte waren wahrscheinlich, wie sich aus Münzen u. anderen archäolog. Funden sowie aus der röm. Literatur (Seneca, Cicero, Tacitus u.a.) ersehen läßt, mit dem Ritus des „Mantelschutzes“ (lat. *velamentum,* 'Decke', 'Schutz') verbunden: Der Schutzgewährende schlägt seinen Mantel um den Schutzsuchenden. Auch im AT sind ähnl. Vorstellungen bezeugt (Ruth 3, 9; Hes. 16, 8; 1.

Kön. 19, 19; 2. Kön. 2, 13). Damit waren die ideellen u. bildhaften Voraussetzungen gegeben, die die Vorstellung u. die Ikonographie vom Schutzmantel der Gottesmutter in Byzanz weiterentwickelten. Die letztere führte über das zwischen den ausgebreiteten Armen der Gottesmutter Orans (→ auch Gottesmutterbilder) ausgespannte Maphorion (das Kopf- u. Schultertuch) zur gedankl. u. bildhaften Anschauung von der Schutzherrschaft der Gottesmutter über Konstantinopel, wie sie im Hymnus des Akathist u. in der Verehrung der Gottesmutterikone in der Blachernenkirche im gleichnamigen Viertel der Hauptstadt (→ unter Gewandniederlegung der Gottesmutter) zum Ausdruck kamen. Die Entstehung des russ. P.-Festes hatte kirchenpolit. Gründe. Der Fürst Andrej Bogoljubskij (gest. 1174) hatte Kiev verlassen u. in Zentralrußland, d. h. in Vladimir an der Kljaźma, ein neues Machtzentrum errichtet, die Keimzelle des späteren Großfürstentums Moskau. Zugleich verfolgte er (allerdings vergeblich) den Plan, in seiner neuen Hauptstadt neben dem Kiever einen zweiten Metropoliten einzusetzen. Für die bildhafte Repräsentation seiner polit. u. kirchenpolit. Ziele hatte er nicht nur die Gottesmutter von Vladimir (→ unter Gottesmutterbilder) von Kiev nach Vladimir gebracht, sondern auch die Einführung des Festes des P. der Gottesmutter veranlaßt. Er selbst schrieb dafür 1165 einen Prolog, in dem die Marienvision des 936 verstorbenen Gottesnarren Andreas (der nach seiner Heiligenvita slav. Abstammung gewesen sein soll) in der Blachernenkirche auf seinen Schutzbefohlenen Andrej Bogoljubskij übertragen wird: Die Gottesmutter breitet ihr Maphorion über das betende Volk aus. Gleichzeitig ließ er in der Nähe von Vladimir u. Bogoljubovo am Flusse Nerl, einem damals handels- u. verkehrspolitisch wichtigen Punkt, eine der schönsten Kirchen Altrußlands errichten und dem Patronat des P. der Gottesmutter unterstellen (→ Kirchenbau, Abs. 5). Bezeichnend für die kirchenpolit. Absichten des Fürsten ist u. a. die Tatsache, daß er das neue Fest zuungunsten älterer nationaler Patronate (vor allem der ältesten nationalen Märtyrer Boris u. Gleb, → unter Heiligenverehrung) propagierte, wenngleich ihm die Kirche u. andere Teilfürsten nicht darin folgten. So wurde der P. über die zeitlich u. lokal begrenzte Bedeutung von Vladimir-Suzdal' hinaus ein allgemeinruss. Kirchenfest.

2. Die Ikonographie des P. läßt sich kaum aus den frühruss. Gottesmutter-Orans-Darstellungen ableiten, sondern stellt insofern eine Neuschöpfung dar, als nicht mehr das autonome Figurenbild Mariens, sondern vielmehr an seiner Stelle die liturgisch-erzähler. Übertragung der byz. Andreasvita im Mittelpunkt der bildhaften Darstellung steht. Die liturg. Feier (deren Legitimität fast immer durch die Anwesenheit der 3 „Chefliturgen" der Ostkirche, Basilius, Chrysostomus u. Gregorius, betont wird) vollzieht sich im Innern einer Kirche, die „historisch" die Blachernenkirche in Konstantinopel, abgeleitet die lokale russ. Kirche, insbesondere die dem P. geweihte, sein soll. Zum Personenbestand gehören weiter Andreas, der seinen Schüler Epiphanios mit den Worten: „Siehst du die Herrin u. Königin der Welt" auf die Marienvision hinweist; der berühmte byz. Hymnendichter Romanos (gest. 573, → auch Melode), der zum Klerus der Blachernenkirche gehörte u. dort sein Weihnachtslied (→ Geburt Christi → Kontakion) zusammen mit seinem Chor schuf; Ananias (vgl. Apg. 9, 10), dessen am 1. Okt. gedacht wird, u. schließlich als notwendige Assistenzfiguren Engel. Hinsichtlich des Schutzmantels der Gottesmutter unterscheidet man 2 Typen: den älteren u. ursprünglicheren, aus Vladimir-Suzdal' stammenden zentralrussischen, bei dem die Gottesmutter selbst den P. in ihren Händen hält u. den über Novgorod hinaus in Nordrußland verbreiteten, bei dem 2 Engel den von Christus gesegneten Schutzmantel über Maria ausspannen. Die ersten P.-Darstellungen finden sich auf den Bronzetüren der Kathedrale in Suzdal' (1227 bis 1233) – diese zeigt eine im Personenbestand stark reduzierte Szene mit dem von Christus gesegneten Schutzmantel über der Gottesmutter – u. auf etwas späteren Ikonen aus demselben Gebiet. Zu den Ikonen der Spätzeit gehört eine ukrain. Darstellung aus dem 18. Jh., auf der die politisch-nationale Motivation der Einführung dieses alten Festes, die nicht unterschätzt werden darf, noch einmal deutlich zum Ausdruck kommt: Peter I. steht mit Katharina I., Feo-

fan Prokopovič (der die Voraussetzungen für die Abschaffung des Patriarchats 1721 schuf) u. seinem Hofstaat in der ird. Sphäre unter dem von der Gottesmutter ausgebreiteten P. Die bekannte Szene der Marienvision des Andreas mit dem gesamten traditionellen Personenbestand ist in der himml. Sphäre gezeigt, die auf barocke Weise von Wolkenbänken getragen wird.

Lit.: Chr. Belting - Ihm, „Sub matris tutela". Untersuchungen zur Vorgesch. der Schutzmantelmadonna, Heidelberg 1976; Nilles 1, 294; 2, 532; Onasch, Ikonen, Taf. 5, 21, 117; Rothemund, 290 f.; L. Rydén, The Vision of the Virgin at Blachernae and the Feast of P., AB 94, 1976, 63-82; E. S. Smirnova, Živopiś Velikogo Novgoroda Seredina XIII - Načalo XV Veka, Moskau 1976, 222-227; N.N. Voronin, Iz Istorii Russko-Vizantijskoj Cerkovnoj Borby XII v. II: Prazdnik P.a, VV 26, 1965, 208-218; ders., Zodčestvo Severo-Vostočnoj Rusi XII-XV vekov, 1. Bd., Moskau 1961, 262 bis 301; M. Graborowicz, Mater Misericordiae-Pokrow-Pokrova, Wrocław 1986; E. A. Gordienko, „Pokrov" v Novgorodskom izobrazitel'nom iskusstve, Drevnij Novgorod, Moskau 1983, 314 bis 337; H. Schaeder, Die Gottesmutter „Schutzmantel" und „Entschlafen". Zur Gesch. der Deutung orth. Patrozinien, speziell der russ. Kirche, Forsch. zur Osteurop. Gesch. 25, 1978, 304-307; V. Pucko, „Bogorodica Desjatinnaja" i rannaja ikonografija P. va, Fs. F. v. Lilienfeld, Erlangen 1982, 355-373; LChI 4, 128-133 (Schutzmantelschaft, nur Westen, ohne P.); 5, 157-158 (Andreas der Narr); LdK 4, 409 (Schutzmantelmadonna, P. erwähnt).

Polychronion (grch., n., 'lange dauernd', auch *polychronisma,* n.; russ. *mnogoletie,* n.), ein zu den Akklamationen gehörender hymnenartiger Zuruf, in dem dem Adressaten langes Leben gewünscht wird. Das P. gehörte zum festen Bestand des byz. Kaiserkultes. Von einer der Zirkusparteien auf der Handorgel intoniert, wurde das P. vom Volk dreimal wiederholt. Bei der Delegation bestimmter Reservate des Kaisers an den hohen Klerus wurde das P. auch eines der insignialen Rechte des Bischofs. Es hieß, wie eine Spezialform des kaiserl. P.s, auch Euphemia od. Euphemesis (grch.). Das P. war auch üblich am Ende einer Synode, wo es - nach Akklamationen an die Adresse des Kaisers - an Christus gerichtet war. Heute wird es beim Einzug eines Hierarchen diesem vom Chor dargebracht. Im Westen fand das P. Eingang in die Laudes regiae. Text: s. Anhang Nr. 25.

Lit.: Hanssens, Nr. 1435; E. H. Kantorowicz, Laudes Regiae, Berkeley - Los Angeles 1946, Reg.: P.; O. Treitinger, Die oström. Kaiser- u. Reichsidee nach ihrer Gestaltung im höf. Zeremoniell, Bad Homburg v.d. Höhe 1969, Reg.: P., Wellesz, Reg.: Acclamations, Polychronisma, Euphemia.

Polyeleos (grch., m., 'Vielerbarmer'), eine auf Ps. 135, 1.2.21 u. Ps. 136, 1.6.26 bestehende Gruppe des Psalters, die üblicherweise im Sonntags-Morgengottesdienst anstelle eines Kathismas gesungen wird. Das Typikon untersagt den P. während des Triodions, verordnet ihn dagegen vom 22. Sept. bis zum 20. Dez. u. vom 14. Jan. bis zum Sonntag der Käseentsagung (→ Fastenzeiten).

Lit.: E. V. Williams, The Kalophonic Tradition of Chants for the P., Stud. East. Chant 4, 1979, 228 bis 241.

Pontifikale → unter Euchologion

Pope (russ. *pop,* m.; von ahd. *pfaffo;* got. *papa;* grch. *pappas?*), im Altkirchenslavischen (→Sprachen) Bezeichnung für den Priester, seit dem 17. Jh. in Rußland in despektierl. Sinne gebraucht. Diese Bedeutungsverschlechterung ergab sich aus der gesellschaftlich u. bildungsmäßig unterprivilegierten Stellung des Weltpriesters seit den Anfängen der kirchl. Organisation u. Sozietät in Rußland. - Zu Protopop → unter Archipresbyter.

Praesanctificatenliturgie → unter Liturgie der vorgeweihten Gaben

Präfation → unter Hochgebet, Eucharistisches

Predigt → unter Homilie

Presbyterium → unter Bema

Priester (von grch. *presbyteros,* m., 'Älterer', 'Ältester'; russ. *presviter,* m., → auch Pope). 1. Wie die Synagogengemeinde (Luk. 7, 3; 22, 52; Joh. 8, 9 u.a.) kannte auch die Jerusalemer Urgemeinde um 57 das Amt des Ältesten (Apg. 11, 30; 14, 23; 15, 2; 1. Tim. 5, 17; Tit. 1, 5; Jak. 5, 14; 1. Petr. 5, 1, in den echten Paulin. Briefen werden Presbyteroi nicht erwähnt). Da von ihnen immer in der Mehrzahl gesprochen wird, ist darunter sehr wahrscheinlich eine kollegialisch geordnete Institution zu verstehen. In den heidenchristl. Gemeinden des Paulus entwickelten sich dagegen die Ämter des Bischofs. u. des Diakons. Noch vor 100 werden die Ältesten hervorgehoben, die „im Wort u. in der Lehre arbeiten" (1. Tim. 5, 17), womit die Bischöfe gemeint sind (1. Tim. 3). Bald danach (Schriften des Ignatius von Antiochien) ist der Bischof der alleinige Leiter od. Vorsteher (grch. *prohestos*) der Gemeinde, dem das Kollegium der P. (grch. *presbyterion*) u. der Diakone untergeordnet sind. Diese doppelte Kollegienstruktur spiegelt sich noch heute in der → Bischofsverwaltung wider. Wegen des Widerstandes der Presbyter setzte sich diese Gemeindeverfassung in Rom u. im Orient nur langsam durch; Ende des 2. Jh. darf sie vorausgesetzt werden. Damit war die in der episkopalen Spitze endende Hierarchie in perfekter Weise aufgebaut worden. Von der Mitte des 4. Jh. an änderte sich die Amtsbezeichnung des P.s in Hiereus (grch.) od. Sacerdos secundi ordinis (lat., 'P. zweiter Ordnung'), d. h., der im NT noch mit umfassenden (nicht nur gottesdienstlichen) Vollmachten ausgestattete Presbyteros wurde nun zum ständigen Dienst der Liturgie u. der Sakramente berufen. Ihm gegenüber ist der Bischof der Archi-Hiereus (Erz-P.) od. Sacerdos ohne Beinamen; er delegiert den P. zu seinen Diensten.

2. Die Amtsübergabe (Ordination) geschieht im NT durch Handauflegung, Gebet u. Fasten (Apg. 14, 23; 1. Tim. 4, 14); die Handauflegung bleibt der konstitutive Akt auch der späteren Ordination (→ Cheirotonie). Sie auch Charismatikern zu gewähren, hat sich die Kirche stets geweigert (mit unterschiedl. Erfolg bei Märtyrern), womit sie zweifellos ihre Sozietät vor gesellschaftl. Gestaltlosigkeit u. Abfall in Gnosis u. Häresie bewahrt hat. Der Zölibat gilt in der Ostkirche seit dem Justinian. Kirchenrecht nur für P., die bei der Cheirotonie noch unverheiratet sind (→ auch Klerus). Als Mindestalter des Ordinanden ist das 30. Lebensjahr festgesetzt. Untadeliger Lebenswandel, phys. u. psych. Gesundheit u. die Aufgabe bestimmter Berufe waren für die Aufnahme in den Klerus Grundvoraussetzungen. Der Kandidat mußte vor dem Metropoliten bestimmte Kenntnisse der hl. Schrift, des Kirchenrechts, später auch der Kirchendichtung nachweisen, die er sich alle durch regelmäßigen Besuch der Liturgie erwerben konnte (die Existenz einer theolog. Akademie od. Fakultät in Konstantinopel hat sich als Legende erwiesen). Der Bischof, der den P. weihte, war mit seinem Episkopalvermögen für dessen materielle Sicherstellung verantwortlich. Zum Nachteil nicht nur für den P. entwickelten sich indessen ökonom. Abhängigkeiten des Welt-P.s vom Episkopat, die nicht selten bis zur Hörigkeit des ersteren führten, wie sie in der russ.-orth. Kirche noch im 19. Jh. anzutreffen war. Immer wieder mußten sich Synoden mit dem niedrigen Bildungsniveau, der sozialen Deklassierung u. dem nicht zuletzt daraus folgenden unsittl. Lebenswandel der P. in Byzanz u. Rußland beschäftigen. Nicht wenige von ihnen wanderten in die Häresien od. in nonkonformist. Bewegungen ab. Der schon im 12. Jh. in Byzanz u. in Rußland bis in die neueste Zeit hinein erhobenen Forderung der P. nach Teilnahme an der Gesamtleitung der autokephalen Kirche u. ihrer episkopalen Leitungsebenen ist die Kirche bis jetzt nicht nachgekommen. Trotz aller sozial bedingten negativen Erscheinungen kann der Presbyterat der Ostkirche auf vielen Gebieten auf hervorragende Kulturleistungen hinweisen; zahlreiche Synoden haben auch mit Erfolg die Anhebung des allgemeinen u. des Bildungsniveaus der P. betrieben. Unter ihnen nimmt die „Hundertkapitelsynode" der russ. Kirche von 1551 mit der Einrichtung des Amtes eines Protopopen (→ unter Archipresbyter) eine besonders wichtige Stellung ein.

Lit.: Beck, Reg.: Presbyter; ders., Bildung u. Theologie im frühmittelalterl. Byzanz, POLYCHRONION. Fs. Fr. Dölger zum 75. Geburtstag, Heidelberg 1966, 69-81; G. Delling, Der Gottesdienst im NT, Berlin 1952, Reg.: P., Presbyter; Dix, Reg.: Presbyters; N. V. Elagin, Beloe Duchovenstvo i ego Interesy, S. Peterburg 1881; E. O. James, The Nature and Function of Priesthood, London 1955; G. van der Leeuw, Phänomenologie der Religion, Tübingen 1956[2], § 26; 50.2; K. Lübeck, Die Organisation der orth. grch. Pfarreien, ThGl 6, 1914, 353-366; G. Mensching, Soziologie der Großen Religionen, Bonn 1966, Reg.; W. Michaelis, Das Ältestenamt der christl. Gemeinde im Lichte der hl. Schrift, 1953; D. Savramis, Die soziale Stellung des P.s in Griechenland, Leiden 1968; I. Smolitsch, Gesch. der russ. Kirche 1700 bis 1917, Leiden 1964, Reg.: Geistlichkeit, weiße Pfarrgeistlichkeit; J. Wach, Religionssoziologie, Tübingen 1951, Reg.: P.; Das P.tum in der Einen Kirche, Regensburg 1985; Ch. Walter, Art and Ritual of the Byz. Church, London 1982, Reg.: priests; M. Lurker (Hg.), Wörterbuch der Symbolik, Stuttgart 1983[2], 541-542. – S. auch Lit. zu Hierarchie, Klerus, Laien.

Priesterweihe → unter Cheirotonie

Prokeimenon (grch., n., 'das [der Lesung] Vorgelegte', 'Vorspruch'; russ. *prokimen,* m.), ein od. in der Regel 2 Psalmverse, die im Wechsel zwischen Lektor u. Chor vor der Epistellesung (→ Lesung) rezitiert bzw. gesungen werden. Das P. erscheint auch in den Stundengottesdiensten, z. B. im Abendgottesdienst vor der AT-Lesung, aber auch selbständig ohne Beziehung zu einer Lesung. Die Prokeimena sind nach den 8 Kirchentönen (→ unter Oktoechos) geordnet u. werden für jeden Tag im Epistelbuch (dem Apostolos) mit den Kommunionsliedern (→ Kommunion) geführt, mit denen sie am Montag u. Donnerstag gleichlauten. Das P. entspricht dem Graduale der kath. Kirche, das allerdings nach der Epistel gesungen wird. Ein frühes Modell des byz. P. liegt schon in den liturg. Anweisungen der Apostol. Konstitutionen vom Ende des 4. Jh. vor (→ auch Kirchenrecht). Danach wurden zwischen 2 Lesungen aus dem AT eine Gruppe David-Hymnen (Psalmen) gesungen, an deren Schlußformeln sich die Gemeinde beteiligte. Auch in den Schriften des Pseudodionysios vom Aeropag (5./6. Jh.) werden dem Leseblock in der Liturgie „hl. Psalmodien" (grch. *hierai psalmon melodiai, psaltike hierologia*) vorgeschaltet, die Maximos Konfessor (gest. 622) „göttl. Gesang" (grch. *theion asma*) nennt. In der Mystagogie des Patriarchen Germanos (gest. 733) findet sich schließlich der Begriff des P. Text: s. Anhang Nr. 26.

Lit.: Hanssens, Nr. 965-971, 986-994; G. Hintze, Das byz. P.-Repertoire, Hamburg 1973; Wellesz, 125, 138 f., 143.

Prokopij von Ustjug → unter Heiligenverehrung, → auch Heiligenbilder

Prolog (russ., m., von grch. *prologos,* m., 'Vorwort') innerhalb der russ. Heiligengeschichtsschreibung (→ Hagiographie) eine kurzgefaßte Heiligenvita im Gegensatz zum ausführl. Text im Menologion. Die Bezeichnung beruht wahrscheinlich auf einem Irrtum, der den Prologos zum Synaxarion, den Aufzeichnungen kurzer Heiligenviten, mit diesem für identisch hielt. Die ältesten russ. P.e haben die liturg. Texte der ersten nationalruss. Märtyrer Boris u. Gleb zum Inhalt. Ähnlich wie die Paleja, die Auswahlsammlung aus dem AT, wurde der altruss. P. auch mit anderen, nichtbibl. Erzählstoffen, Anekdoten, Gleichnissen u. ähnlichem angefüllt. In Monatsbüchern zusammengefaßt, bildeten die P.e im mittelalterl. Rußland über den primären gottesdienstl. Gebrauch hinaus eine allgemein beliebte Lektüre.

Lit.: D.I. Abromovič – L. Müller, Die altruss. hagiograph. Erzählungen u. liturg. Dichtungen über die Hl. Boris u. Gleb, München 1967, XVI, XX; D. Čiževskij, History of Russian Literature, 'S-Gravenhage 1960, 21, 47, 91, 100; H. Delehaye, Synaxarium Ecclesiae Constantinopolitanae, Bruxelles 1954[2], XIII-XIV; N. K. Gudzij, Gesch. der russ. Lit., Halle (Saale) 1959, Reg.; D. S. Lichačev, Tekstologija, Moskau – Leningrad 1962, Reg.: P.; Literaturnyj Sbornik XVII veka. Prolog, Moskau 1978; N. Petrov, O Proizchoždenii i Sostave Slavjano-Russkogo pečatnogo P.a, Kiev 1875; M. N. Speranskij, Istorija Drevnerusskoj Literatury, Moskau 1920[3], 205-213.

Propheten haben dich verkündigt → unter Gottesmutterbilder

Prophetologion (grch. *biblion prophetologion,* 'Prophetenbuch') russ. → Paremejnik; eines der liturg. Lesebücher mit den Lesungen aus dem AT (nicht nur den Propheten); sie werden heute im allgemeinen im Menaion bzw. auch im Triodion geführt. Diese Lesungen werden der in der Ostkirche gebrauchten grch. Bibel, der Septuaginta, entnommen. Als gedrucktes Buch führt das P. die Bezeichnung Anagnostikon (grch., von *anagnosis, anagnosma,* 'Vorlesung'); dieses führt auch die Lektionen zum Abendgottesdienst u. zur Nachtwache, außerdem die Prokeimena, d. h. die Psalmverse vor der Apostellesung. In jedem Fall sind die Texte nach dem Kirchenjahr geordnet. Die Handschriften des P.s bringen im allgemeinen in einem ersten Teil die Lektionen zum Fest der Geburt Christi u. zu Epiphanie, in einem zweiten für die Große → Fastenzeit, die Karwoche sowie den Osterkreis (→

Triodion). Der dritte Teil umfaßt die Lektionen des unbewegl. Zyklus. Die vorhandenen 160 Handschriften reichen vom 11. bis zum 15. Jh., während sie im 16. u. 17. Jh. sehr selten werden. Die besten mit Miniaturen (→ auch Bibelillustration) ausgestatteten Exemplare gehören dem 11.-13. Jh. an. Eine relativ kleine Anzahl enthält die (ekphonetische) → Notation. Die Handschriften des P.s sind schließlich für die Textkritik der Septuaginta von Bedeutung.

Lit.: C. Hoeg - G. Zuntz, Remarks on the P., Quantulacumque. Studies presented to Kirsopp Lake, London 1937; dies., Prophetologium, Fasc. 1 ff., Hauniae 1939 ff. (= MMB, Lect. 1 ff.); Onasch, Weihnachtsfest, 114-140; Wellesz, 137 f.; G. Zuntz. Das byz- Septuaginta-Lektionar (P.), Classica et Mediaevalia 17, Koebenhavn 1955, 183-198. - S. auch Lit. zu Lesebücher, Lesungen, Paremejnik.

Proportion (lat. *proportio,* f., 'Verhältnis'), in Malerei, Plastik u. Architektur Bezeichnung für das harmon. Verhältnis der einzelnen Teile sowohl zum Ganzen als auch zueinander. P.en werden mit Hilfe eines Kleinstmaßes (lat. *modulus*) konstruiert - wie die Faust od. das menschl. Haupt (bzw. die Nase) -, das in bestimmter Weise multipliziert wird. In einem ausgeprägten Stil sind Lehre u. Praxis der P.en von großer Wichtigkeit, wie z. B. in der altägypt. Kunst. Einen Sonderfall der P. stellt die Anamorphose, die Veränderung der natürl. P.en von Figuren an erhöhten Standorten, dar. Die Darstellung des frei bewegl. menschl. Körpers in der grch. Kunst stellte die ältere oriental. P.en-Lehre vor neue Aufgaben, deren Lösungen sich auf ein bis heute gültiges Idealmodell konzentrierten. Aber auch dieses ist von außerästhetischen, gesellschaftlich-kulturellen Faktoren abhängig u. ändert sich deshalb im Laufe der Jh. Im MA war die Suche nach dem Idealmodell mit mathematischen u. philosoph. Spekulationen verbunden. Sie fand ihre Krönung in der Lehre von der proportionalen Entsprechung von Makro- u. Mikrokosmos, → auch Kultusästhetik.

Lit.: E. de Bruyne, L'Esthétique du Moyen Âge, Louvain 1947; G. Mathew, Byzantine Aesthetics, London 1963; P. A. Michelis, Esthétique de l'Art Byzantin, Paris 1959; Onasch, Ikonenmalerei, 67 bis 71; Panofsky, The History of the Theory of Human P.s as a Reflection of the History of Styles, Ders., Meaning of the Visual Arts, Garden City, N. Y., 1955, 55-107; E. Wedepohl Eumetria, Das Glück der P.en, Essen 1970; L. F. Žegin - B. A. Uspenskij, Jazyk Živopisnogo Proizvedenija, Moskau 1970; LdK 3, 978-980; H. Torp, The Intergrating System of P. in Byz. Art. An Essay on the Method of Painters of Holy Images, Roma 1984. - S. auch Lit. zu Kultusästhetik, Perspektive.

Proskomidie → unter Prothesis

Proskynese (grch. *proskynesis,* f., 'Verehrung', 'Anbetung'), 1. eine anbetende, um Beistand u. Gnade flehende Körperhaltung (→ Gestik), zum pers., röm. u. byz. Kaiserkult gehörend, im Alten Orient auch als Begrüßung geübt. Als Ausdruck des Verhältnisses des Gläubigen zu Gott wurde die P. auch von der Alten Kirche übernommen. Man unterscheidet folgende Formen: (a) die eigentl. P. des alten oriental. Zeremoniells: kniefälliges Bitten, als Verehrungshaltung oft mit dem Kuß verbunden, vor hl. Gegenständen (Altar, Kreuz, Reliquien) od. Personen (Mitgliedern des hohen Klerus), (b) die Metanien (von grch. *metanoia,* 'Buße'; russ. *poklony*), und zwar die Kleine Metanie (russ. *malyj poklon*), ein weites Nach-vorn-Beugen des Körpers mit Berührung der Erde durch die rechte Hand, auch als Begrüßung geübt, u. die Große Metanie (russ. *zemnoj poklon*; lat. *prostratio,* 'Prostration'), die vor allem strenge Bußgesinnung zum Ausdruck bringen soll u. deshalb in der Großen → Fastenzeit geübt wird. Sie besteht im Hinwerfen des ganzen Körpers auf die Erde unter Abstützung durch die Arme u. Berührung der Erde mit der Stirn. Die Große Metanie ist eine Form der Bußstrafen (→ Epitimien); die Anzahl der auferlegten Metanien wird am Rosenkranz abgezählt; (c) die → Gonyklisia, ein kniend zu verrichtendes Gebet.

2. Die P. in ihren verschiedensten Formen ist in die kirchl. Kunst sehr früh aufgenommen worden. Sie entspricht nicht nur der Grundauffassung der Kirche von der Distanz fordernden anbetenden Haltung gegenüber Gott u. seinem mit Hoheitsprädikaten ausgestatteten Christus (→ auch Christusbilder), man wird in dieser Haltung auch eine Abwehr heidn. Kulte, vor allem des spätröm. Kaiserkults mit seinen P.-Ansprüchen, in Rechnung stellen dürfen, die mehr od. weniger situationsmilitant zum

Ausdruck gebracht wurde. Als Ergebnis einer von daher gesehenen komplizierten Entwicklung des byz. Kaiserkultes sind die Darstellungen zu verstehen, auf denen der Basileus (so die grch. Bezeichnung für den byz. Kaiser) allein od. auch mit seiner Familie in P.-Haltung wiedergegeben wird, ebenso aber auch Bilder, auf denen dem christl. Herrscher die P. gegeben wird. Überaus reich u. systematisch nur schwer zu ordnen ist das Bildmaterial, das die P. nicht nur in ihren wichtigsten, hier angeführten, sondern auch in einer Reihe von Zwischenformen (→ auch Gestik) zeigt. Hier können nur wenige Hinweise gegeben werden. Die P. wird fast immer Christus bei seinen Wundern gegeben. Ein klares Beispiel der Großen Metanie ist die Haltung von Maria u. Martha in der Ikonographie der Auferweckung des Lazarus. Wenn auch nicht immer die Große Metanie, so doch andere P.-Haltungen finden sich bei anderen Wunderdarstellungen. – Einen deutl. Hinweis auf die obenerwähnte Konkurrenzhaltung der Alten Kirche gegenüber den P.-Forderungen des Kaiserkultus bietet das Bildthema des Aurum coronarium, der Darbringung von Geschenken mit verhüllten Händen. Es entspricht der prinzipiell untergeordneten „Dienststellung" der Engel gegenüber Christus, wenn sie diesem die P. geben. Schließlich sei auf die unter Abs. 1 erwähnten u. in der christl. Kunst ebenfalls dargestellten P.n gegenüber hl. Personen od. Gegenständen hingewiesen.

Lit.: A. Alföldi, Die Ausgestaltung der monarch. Zeremoniells am röm. Kaiserhof, Mitt. des DAI, röm. Abt., 49, München 1934, 1-118; Daniel 374; Eisenhofer, Reg.: Prostration; Goar, 9 f. (Metanoia), 22 f., 29 (Proskynema); Grabar, Empereur, Reg.: P.; J. Horst, Proskynesis. Zur Anbetung im Urchristentum nach ihrer religionsgeschichtl. Eigenart, Gütersloh 1932; E. Kantorowicz, Laudes Regiae, Berkeley – Los Angeles 1946, Reg.: Prostration, Jungmann, Reg.: P., Prostration; La Prière[1], 6-7; O. Treitinger, Die oström. Kaiser- u. Reichsidee nach ihrer Entfaltung im höf. Zeremoniell, Bad Homburg v. d. Höhe 1969, Reg.: P.; LChI 3, 462-465.

Proskynetarion (grch., n., von *proskynesis,* 'Verehrung', 'Anbetung'), auch *Analogion* (grch., n., 'Lesepult'; russ. *analogij, analoj,* m.), Pult vor der Bilderwand, auf dem geweihte Gegenstände, wie Ikonen u. Evangelienbuch, zur Verehrung durch den Kuß ausliegen. Dort werden die Ikonen des entsprechenden Festes bzw. der Heiligen des Tages im Kirchenjahr deponiert. Das P. ist mit einem liturg. Tuch (→ Velum) bedeckt, das mit einem Kreuz der Thronbereitung (→ Hetoimasia) u. anderen Motiven geschmückt ist. In großen Kirchen finden 2 Analogien (für das Evangelium auf der rechten u. den Apostolos auf der linken Seite) auf dem Ambon Aufstellung, während weitere 2 auf der Balustrade vor der Bilderwand, der Solea (grch.), für die beiden Gruppen des Chores stehen.

Lit.: Daniel, 203; Goar, 25; LdK 3, 982.

Prosphore (grch. *prosphora,* f., 'Darbringung', 'Opfer', 'Opfergabe'; russ. *prosfora,* f.), das Abendmahlsbrot der Ostkirche, aus reinem Weizen u. Wasser gebacken u. gesäuert, im Gegensatz zum ungesäuerten Brot (grch. *azymon*) der kath. Kirche, der Hostie (lat. *hostia,* 'Opfer', 'Opferschaf'). Die P. besteht aus einem größeren unteren u. einem etwas kleineren oberen Teil, ein Symbol der göttl. u. menschl. Natur Christi. Dem oberen Teil wird mit einem Brotstempel das aus dem Kreuz mit den Buchstaben IC XC NI KA (grch., 'Jesus Christus siegt') bestehende → Siegel eingedrückt, das für den Akt der Schlachtung (Opferung) des Lammes von Bedeutung ist. Für den Gebrauch des gesäuerten Brotes beruft sich die Ostkirche auf das Brot (grch. *artos*) der Abendmahlsberichte (Matth. 26, 26; Mark. 14, 22; Luk. 22, 19; Joh. 6, 50 f.; 1. Kor. 10, 16 f.) u. auf die Gleichsetzung von Eucharistie u. Brot bei Justin (gest. um 165) sowie schon früher (um 100) in der Didache (→ Kirchenrecht). Indessen ist bekannt, daß Artos in der Septuaginta (dem griech. AT) u. in synagogalen Schriften auch „Mazzen", d. h. Azymen, bedeuten kann, worauf bereits Kardinal Humbert kurz vor der Kirchentrennung (dem Schisma) von 1054 die Griechen hinwies. Allerdings hat die kath. Kirche erst vom 9./10. Jh. an die Azymen in den Gebrauch der Messe eingeführt. Bis zu dieser Zeit hatte das Abendmahlsbrot in Ost u. West die Form des gewöhnlichen, mit Kerben versehenen Brotes, später auch die eines Kranzes (lat. *corona, rotula*). Im Westen kam erst mit den Azymen die flache Scheibe auf. Ihre Bevorzugung dort hatte

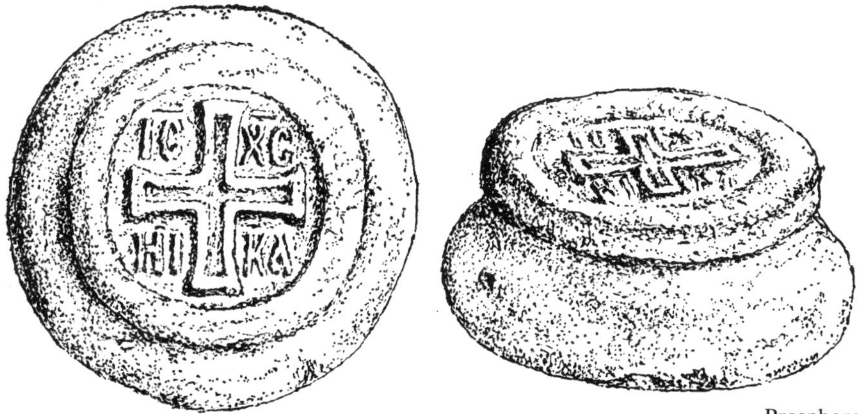

Prosphore

auch theologisch-symbol. Bedeutung (weiße Farbe als Symbol für die Reinheit des Opfers Christi). In einigen oriental. Kirchen sind Frauen vom Backen der P. ausgeschlossen. In diesem Falle wird sie von Mitgliedern des Klerus in einem feierl. Offizium hergestellt. In der russ.-orth. Kirche gab es von Anfang an die P.n-Bäckerinnen, für die, ähnlich wie für die Ikonenmaler (→ Ikone), strenge Vorschriften erlassen wurden. Wie im Westen die Hostien, werden die P.n heute im allgemeinen in Frauenklöstern gebacken. – Abb.

Lit.: Beck, Reg.: Azymen; Daniel, 383 f.; Goar, 101 f.; Hanssens, Nr. 198-399; K. Goetz, Kirchenrechtl. u. kulturgeschichtl. Denkmäler Altrußlands, Stuttgart 1905, 32 f., 333; J. Jeremias, Die Abendmahlsworte Jesu, Berlin 1963, 56-60; Jungmann 2, 40-51.

Prothesis (grch., f., Tisch der Schaubrote im jüd. Tempel [vgl. 2. Mose 40, 4.23; 3. Mose 24, 8; 1. Chron. 9, 32 u. öfter] nach der grch. Bibel, der Septuaginta).

1. in der Ostkirche der Rüstaltar u. der Raum, in dem dieser steht. Der P.-Raum geht auf den nördlichen der Seitenräume (→ Pastophorien) im syr. Kirchenbau zurück.

2. P. od. *Proskomide* (grch., 'das Hinzubringen'), *Proskomidie* heißt auch ein der Liturgie vorgesetzter Abschnitt, den man am besten „Vormesse“ nennen könnte. Er hat folgende Teile: (a) Gebetsvorbereitung, (b) Einkleidung der Liturgen mit den (liturg.) Gewändern, (c) die eigentl. Proskomidie mit dem rituellen Akt der → Schlachtung (Opferung) des Lammes u. der → Mischung von Wasser u. Wein, (d) Entlassung, (e) Weihrauchspende. Es schließt sich unmittelbar die Enarxis an, ein Offizium, das die Liturgie der Katechumenen eröffnet.

Die liturgiegeschichtl. Wurzel der P. ist in der Zubereitung der Naturalgaben durch die Diakone in der Alten Kirche zu sehen (→ auch Darbringung). Theodor von Mopsvestia (gest. 428) deutete die Diakone als „gewisses Abbild der Liturgie jener unsichtbaren Kräfte“. Damit war der Ansatz zur Entwicklung einer P.-Mystagogie gegeben, die vom 8. Jh. ab zu immer komplizierteren Ideenverbindungen ausgebaut wurde (P. als Geburts- u. Golgathahöhle, → auch Martyrion). Mit dieser mystagog. Auffassung der P. hängt eine Neuerung in ihrer Stellung innerhalb der Liturgie zusammen, die Anfang des 8. Jh. anzusetzen ist. Begann die Liturgie vorher seit altkirchl. Zeit mit der feierl. Einzugsprozession des Bischofs mit seinem Klerus (→ auch Einzug), so trat jetzt an dessen Stelle die liturg. Vorbereitung von Brot u. Wein. Dabei unterschied man zunächst die P. von der Proskomidie (beide Begriffe werden heute synonym gebraucht). Die erstere – wie gesagt, am Anfang der Liturgie stehend – besaß noch eine einfache Form: Einstich (Inzision, lat. *incisio*) der liturg. Lanze in das Brot (→ auch Prosphore) unter Rezitation von Jes. 53, 7 (eine Perikope von sehr alter Tradition, vgl. Karfreitag) u. Mischung von Wasser u. Wein. Aus diesem schlichten Ritus hat sich dann der aufwendigere der Schlachtung (Opferung) des Lammes entwickelt. Einen zweiten Ritus, nach der Entlassung der Katechumenen am Altar od. vor dem Großen Einzug im Skeuophylakion (→ Diakonikon) vollzogen, nannte man Proskomidie. Er bewahrte die altkirchl. Tradition der Darbietung der Gaben durch die Diakone (→ auch Darbringung). Auch in der mit der Proskomidie vereinigten P. blieb der Diakon der Vollzieher dieses spezifisch byz. Ritus, in Rußland noch bis ins 12. Jh. Im 14. Jh. wird die P. ihre heutige Gestalt erreicht haben. Zwei Gründe haben ihren Aufbau vorangetrieben: Während für die Bilderfeinde (→ unter Bild) die Eucharistie das einzige Abbild Christi war, verbanden die Bilderfreunde diese mit der Menschwerdung, der Inkarnation, u. der Kreuzigung Christi, die sie beide im Akt der P. gedanklich eng miteinander verbanden. Gleichzeitig richtete sich die mit der P. zusammenhängende gesteigerte eucharist. Frömmigkeit gegen die Häresien, vor allem die der Bogomilen, die Inkarnation, Kreuzestod u. Eucharistie ablehnten. Im Westen entsprach diesem die gesteigerte Hostienverehrung im Blick auf die Katharer.

Im Bildprogramm der Kirchen wurde in spätbyz. Zeit der Raum der P. oft für die Darstellung des „Zerteilten" (grch. *melismos,* nach dem Akt des Brotbrechens benannt, → unter Christusbilder, → Brotbrechen, → Schlachtung [Opferung] des Lammes) od. für die Darstellung des Cherubimhymnus reserviert; die Wiedergabe der engelähnl. Diakone schließt an die bis auf Theodor von Mopsvestia zurückgehende mystagog. Tradition an.

Lit.: G. Babič, Les Discussions Christologiques et le Décor des Églises Byzantines au XIIe Siècle, Frühmittelalterl. Studien, Berlin 1968, 368 bis 386; ders., Les Chapelles Annexes des Églises Byzantins de la Divine Liturgie, Paris 1966, 148; L'Offrande dans le Rite Byzantin, son Ècho sur la Communion, Acta Philosophica et Theologica 2, Rom 1964, 11-66; R. Bornert, Les Commentaires Byzantins de la Divine Liturgie, Paris 1966, 148 bis 149, 161-166; K. Ch. Felmy, Der Christusknabe auf dem Diskos. Die Proskomidie der orth. Liturgie als Darst. der „Schlachtung des Lammes" u. Geburt des Herrn, JLH 23, 1979, 95-101; Handbuch, Reg.: P.; Hanssens, Nr. 782-795; Jungmann 1, 55 f.; 2, 7; V. Laurent, Le Rituel de la Proscomidie et le Métropolite de Crète Elie, REByz. 16, 1958, 116-142;Raes, 62-75; R. F. Taft, The Great Entrance, Rom 1975; K. Gamber, Zeige uns, o Herr deine Barmherzigkeit. P.-Bild u. Erbärmde-Christus, Regensburg 1986; S. Dufrenne, Images du Décor de la Prothèse, REByz 26, 1968, 297 f.; Ch. Walter, Art and Ritual of the Byz. Church, London 1982, Reg.: P., liturgy; Schulz, Die byz. Liturgie, Reg. II B; LdK 3, 983-984. – S. auch Lit. zu Apsis, Mystagogie, Schlachtung (Opferung) des Lammes.

Prozession (lat. *processio,* f., 'Vorrücken'), 1. Umzüge od. „Umgänge" der Kultusteilnehmer innerhalb eines Heiligtums od. von einem Heiligtum zum andern, oft mit hierfür reservierten hl. Gegenständen. P.en gehören zu den ältesten Gruppenaktivitäten der Menschheit u. werden in allen Hochreligionen vollzogen.

2. Das frühe Christentum stand der P. zunächst ablehnend gegenüber, nicht zuletzt deshalb, weil viele Christen in Verfolgungszeiten in Umzügen dem Märtyrertod entgegengehen mußten. Begräbnisumzüge, die zunächst den Christen als einzige P.en gestattet waren (zur Rechtslage → Katakomben), wurden in der Gestaltung bewußt von den heidn. Pompae (lat.) unterschieden. Dasselbe gilt für die mit der Märtyrer- bzw. Reliquienverehrung verbundenen P.en. In Rom kam es aus der Ablehnung heidn. „Karnevalsumzüge" (→ unter Darstellung Jesu im Tempel) heraus zur Ausbildung der ersten Litanei-P.en. Wahrscheinlich ist eine gewisse Frontstellung der röm. Kirche gegen die P.en des Kaiserkultes in Rechnung zu stellen, die im christl. Gewande sowohl in Byzanz als auch im Westen in den Laudes regiae als eine Art Repräsentationskonkordat zwischen beiden weiterlebten. Der christl. Orient empfing nachhaltige Anregungen durch die P.en, die in Jerusalem in Verbindung mit den Stationsgottesdiensten an den hl. Stätten abgehalten wurden. Gegenüber dem antiken Tempel war die Veranstaltung von P.en unter Beteiligung der Gemeinde im Inneren der Kirche etwas Neues. Der Einzug des Bischofs mit seinem Klerus u. die damit verbundene Lichter-P. war wahrscheinlich die älteste Veranstaltung dieser Art. Die schon im 4. Jh. einsetzende Mystagogie der „hl. Höhlen" in Palästina (→ Martyrion) gab, vor allem nach dem Verlust der oriental. Kirchen, das ideelle Modell für die P.en der byz. Liturgie ab. So war der Große → Einzug ein Symbol

für den Gang der Gläubigen von der Geburts- zur Grabeshöhle (→ auch Prothesis). Noch heute weist die Lichter-P. am Ende der Nachtwache auf Ostern auf ihren Vorläufer in Jerusalem zurück, der dem 4. Jh. angehört. In zahlreichen Hymnen der Festtage wird auf diese P.en reflektiert. Vergegenwärtigung des Heilsgeschehens im hl. Lande stellt eines der wichtigsten Motive der P. dar, nicht nur in den Umzügen der Karwoche, zu Ostern u. Pfingsten, sondern auch im Palmeselritt am Palmsonntag. P.en waren im MA im Osten u. Westen in Notzeiten u. bei der Kirchenweihe üblich.

3. Die bildhaften Darstellungen von P.en erfüllten die wichtige Funktion der Selbstdarstellung der Kirche, vor allem ihrer Hierarchie, u. damit der Identifikationsmöglichkeiten auch der Laien mit ihr. Nicht wenige von solchen Darstellungen wurden als Analogie zu ihren himml. Urbildern aufgefaßt (→ auch Kultusästhetik). Die feierl. Ein- u. Umzüge während der Liturgie erhielten im Bildprogramm der Kirchen ihren bevorzugten Ort in der Apsis-Zone (Bema), so vor allem Apostelkommunion, Cherubimhymnus u. die eucharist. Themen der Prothesis. In der Ikonenmalerei sind solche Motive seltener anzutreffen; dies hängt mit den im Vergleich zur Monumentalmalerei beschränkten techn. Möglichkeiten dieser Kunst zusammen. Dagegen finden sich in beiden Bereichen Wiedergaben von P.en mit Christus- u. Gottesmutterbildern („Standartenikonen") von einer Kirche zur anderen, auf Stadtmauern (wobei der Akathist-Hymnus die literar. Anregung bot), ferner auf Heiligenbildern, Umzüge bei Begräbnissen der Heiligen od. bei Translationen (Übertragungen) ihrer Reliquien; solche Szenen wurden auf Ikonen in die Randbilder (russ. *klejma*) verwiesen bzw. mit Hilfe der komplexen → Übertragung dargestellt. Aus zahlreichen anderen Beispielen sei hier nur auf die endzeitl. P.en in der Ikonographie des Jüngsten → Gerichtes hingewiesen, diese standen mit dem Blick auf Christus als Triumphator über Tod u. Teufel in ihren altkirchl. Vorbildern in einem situationsmilitanten Verhältnis zu den Triumphumzügen der röm. Kaiser auf den verschiedensten Triumphbögen u. Siegessäulen. Der eschatolog. Charakter der Auf- u. Umzüge beim Weltgericht zeigt deutlich an, daß die Wiedergabe von P.en eng mit den Fragen von Raum u. Zeit verbunden ist, insofern P.en in beiden Kategorien vollzogen werden, mit ihnen zugleich aber auch einem Ende entgegengehen.

Lit.: Eisenhofer, Reg.: P.en; Fendt, Reg.; Handbuch, Reg.; H. Hunger, Reich der Neuen Mitte, Graz-Wien-Köln 1965, Reg.: P.en; Jungmann 1, 279, 352 f., 568-572; Kötting, 386 f.; G. van der Leeuw, Phänomenologie der Religion, Tübingen 1956, § 53.2; F. Louvel – L.-H. Dalmais, Les Processions, La Maison-Dieu 43, Paris 1955, 5-103; M. P. Nilsson, Die P.s-Typen im grch. Kult, Jb. des DAI 31, Berlin 1916, 309-339; G. Schreiber, Die Wochentage im Erlebnis der Ostkirche u. des christl. Abendlandes, Köln u. Opladen 1959, Reg.: P.en; O. Treitinger, Die oström. Kaiser- u. Reichsidee nach ihrer Gestaltung im höf. Zeremoniell, Bad Homburg v. d. Höhe 1969, 50, 151 f.; Joh. v. Gardner, Gesang der russ.-orth. Kirche bis zur Mitte des 17.Jh., Wiesbaden 1983, 265 f.; LChI 3, 465-466; LdK 3, 994-995.

Psalmodie, gesangsmäßiger Vortrag der Psalmen (→ Psalter) in der Liturgie, im Stundengebet sowie bei anderen gottesdienstl. Handlungen. Die P. ist ein Erbe der Synagoge, wo der Kantor sie vortrug, während die Psalmen selbst vom Chor gesungen wurden. Ob es Wechselgesänge u. Kehrverse gegeben hat, ist umstritten. Wahrscheinlich wurde die synagogale P. von Amen od. Halleluja der Versammlung in regelmäßigen Abständen unterbrochen. Hinsichtlich der Melodie unterschied man bereits P.n für die Wochen- u. für die Festtage. Es ist anzunehmen, daß sehr früh auch in christl. Häusern psalmodiert wurde, weil diese Sitte im palästinensich-syr. Christentum eine sehr alte Tradition besitzt. Etwa Ende des 4. Jh. schildert die gall. Pilgerin Egeria diesen Psalmenvortrag als eine alte u. ehrwürdige Sitte.

Durch 2 Besonderheiten unterschied sich die christl. von der synagogalen P.: durch ihre enge Bindung an die jeweilige Lesung (die später zur Bildung des Prokeimenons führte) u. die Einschaltung von Responsorien u., wohl etwas später, von Antiphonen. Damit war der Wechselgesang zwischen Solist u. Gemeinde bzw. zwischen 2 Chören eingeführt worden (→ auch Stichologie). Vor allem im byz. Bereich mit seiner seit dem 6. Jh. sich immer stärker entwickelnden Kultusästhetik hat die Auflösung kompletter Psalmrezitationen durch gleichbleibende Kehrverse u. a. die Entstehung ganzer Gattungen, wie des Hirmos, od. von Strophen (→ Troparien) mit eigenen Melodien (→ Stichera) beeinflußt. In musikal. Hinsicht unterscheidet sich die P. von der Ekphonese ganzer Psalmtexte durch eigene Melodiemodelle, die ihrerseits auf den Vortrag des Benedictus, Magnificat, Nunc dimittis u. der bibl. Oden einwirkten. Unterschiedlich ist in den einzelnen oriental. u. orth. Kirchen die Orientierung der Psalmtöne an den Kirchentönen (→ Oktoecheos).

Lit.: Baumstark 38, 45 u. Reg.: Psalms; ders., Nocturna Laus, Münster (Westf.) 1947, Reg.: P.; Dix, Reg.; Handbuch, Reg.; G. Murray, The Primitive Psalm-Tones, Liturgy 16, Elsberry, Mo. 1947, 115 bis 119; J.-B. Rebours, Traité de Psaltique Théorique et Practique du Chant dans l'Église Grecque, Paris 1906; Wellesz, 341-348; Werner, passim.

Psalter, *Psalmen* (grch. *psalterion,* n.; russ. *psaltiŕ,* f.; lat. *psalterium,* n.),

1. eines der wichtigsten Lesebücher für das Stundengebet, den Stundengottesdienst u. die Liturgie. Der P. der grch. Bibel, der Septuaginta (im folgenden Sept.), enthält die Psalmen 1-150, den Psalm 151 „außerhalb der Zählung" (= Nr. 1 der 5 apokryphen syr. Psalmen, die eine Kurzfassung des Lebens Davids bis hin zum Goliathkampf geben) u. die bibl. Oden mit der Großen → Doxologie. In dieser Gestalt liegt der P. bereits im Codex Alexandrinus aus dem 5. Jh. vor. Für gottesdienstl. Zwecke ist der P. als Lektionar in 20 Abschnitte (→ Kathismata) eingeteilt. Die Zählung der Psalmen in der Septuaginta weicht von der hebr. Bibel ab (Sept. 9 = Hebr. 9 + 10; Sept. 10 bis 112 = Hebr. 11 – 113; Sept. 113 gleich Hebr. 114 + 115; Sept. 114 + 115 = Hebr. 116; Sept. 116-145 = Hebr. 117-146; Sept. 146-147 = Hebr. 147 [In unserem Lexikon erfolgt die Zählung nach der Lutherbibel, d. h. der Zählung der hebr. Bibel. Die sog. Jerusalemer Bibel bringt beide Zählungen.]). Einige Psalmgruppen tragen bestimmte Bezeichnungen, die z. T. auf das hebr. Vorbild zurückgehen, so die „Lichter-Psalmen", das Kyrie ekekraxa, des Abendgottesdienstes (Ps. 141, 142, 130, 117), die Laudes (Ps. 148 bis 150) u. der Hexapsalm (Ps. 3; 38; 63; 88; 103; 143) sowie der Amomos (Ps. 119) u. der Polyeleos (Ps. 135; 136) des Morgengottesdienstes. Von hohem Alter ist schließlich die Gruppe der Gradualpsalmen (Ps. 120-134). – Der P. ist mit seinen beiden Typen – einfacher u. kommentierter P. – sehr früh, wahrscheinlich noch von den Slavenlehrern Kirill u. Method, ins Altkirchenslavische (→ unter Sprachen) übersetzt worden (älteste Handschrift der Sinai-P. aus dem 11. Jh.). Wie überall diente er auch bei den slav. Völkern nicht nur zu gottesdienstlichen, sondern auch zu Zwecken des Aberglaubens.

2. Sowohl der einfache wie der kommentierte P. gehören zu den frühesten u. am häufigsten illuminierten bibl. Büchern. Innerhalb der Bibelillustration nehmen seine Miniaturen hinsichtlich der Einteilung, ihres Verhältnisses zu den Textstellen sowie der dargestellten Textdeutung selbst (vor allem bei christologisch gedeuteten Szenen) eine Sonderstellung ein, wobei die Beziehungen des kommentierten P.s zu den Szenen sowohl des einfachen Typs wie zu den Bildthemen anderer Bücher des AT u. NT besondere Aufmerksamkeit verdienen. Im Verlaufe der verschiedenen Renaissancen in Byzanz auf dem Gebiete der Kunstgeschichte spielte der illuminierte Psalter eine wichtige Rolle. Man unterscheidet 2 große Gruppen: die der sog. höfischen od. aristokrat. Psalterien (z. B. den berühmten Gr. 139 in der Bibliothèque Nationale in Paris, 9. Jh.; den 1066 vollendeten P. Add 19 352 im Brit. Museum in London; den im Vatikan befindlichen V. Palat. Gr. 381 u. den Gr. 17 in der Bibliothek von S. Marcus in Venedig) u. die sog. mönch. Gruppe, von der am bekanntesten der Chludov-P. in Moskau ist. In die die byz. u. balkanslav. Traditionen verbindende Epoche des sog. „zweiten südslav. Einflusses" auf die Kultur Moskaus gehört der Kiever P. von 1397 (St. Petersburg).

Lit.: J. A. Lamb, The Psalms in the Christian Worship, London 1962; Lazarev, Reg.: Psalmy; K. Onasch, Der P. in der byz.-slav. Orthodoxie, Gottes ist der Orient. Fs. für Otto Eißfeldt, Berlin 1959, 106-128; M. Speranskij, Gadatel'naja Psaltyri, S. Peterburg 1899; ders., Ein Bruchstück des kommentierten P.s mit literatur-geschichtl. Einleitung, Archiv für Slav. Philologie 14, Berlin 1892, 45-72; ders., Leon's des Weisen Weissagungen nach dem Evangelium u. dem P., ebenda 25, Berlin 1903, 239-249; M. V. Sčepkina, Miniatjury Chludovskoj Psaltyri, Moskau 1977; J. J. Tikkanen, Die P.-Illustration des MA. Die byz. P.-Illustration, Helsingfors 1903; G. Vzdornov, Issledovanija o Kievskoj Psaltyri, Moskau 1978; ders., Kievskaja Psaltyŕ 1397 goda, Moskau 1978; K.

Weitzmann, Die Illustration der Septuaginta, Münchener Jb. der Bildenden Kunst 3, München 1952-1953, 108 ff.; ders., Aus den Bibliotheken des Athos, Hamburg 1963; A. Cutler, Liturgical strata in the Marginal P., DOP 34/35, 1980/81; Ch. Walter, Art and Ritual of the Byz. Church, London 1982, Reg.: Psalms, illustrated; LChI 3, 466 bis 481; LdK 3, 997-999. – S. auch Lit. zu Bibelillustration, Lesebücher, Lesungen, Miniatur, Prophetologion.

Psychosostria → unter Gottesmutterbilder

Pyxis (grch., f., von *pyxos,* f., 'Buchsbaum'), kasten- od. zylinderförmiges Behältnis unterschiedl. Formats aus Holz, Metall, Elfenbein, Email, Knochen u. a. Material, das in der Antike vorwiegend zum Aufbewahren von Schmuck u. Wertsachen sowie im Kaiserkult verwendet wurde. Im Christentum gelangte die P. schnell in den Bereich sakraler Gegenstände: (1) zum Aufbewahren des Abendmahlsbrotes (→ Prosphore) als Brotträger (grch. *artophorion,* → unter Abendmahlsgeräte) od. Theotheke (grch. 'Gottesbehältnis'). Zu den ältesten Denkmälern gehört eine zylinderförmige P. aus Elfenbein (Anfang des 4. Jh., Berlin, Staatl. Museen). Von mittelbyz. Zeit an entstanden Pyxiden dieser Art in Gestalt von kunstvollen Kuppelkirchen aus Silber od. Gold, in der russ. Kleinkunst u. Toreutik des 16.-18. Jh. als sog. „Zione" bekannt; – (2) als Behältnis für Reliquien (→ unter Reliquiar). Solche oft aus Holz gefertigten Pyxiden besaßen einen Schiebedeckel. Bei der Aufnahme von Kreuzpartikeln wurde die P. → Staurothek genannt. Wegen ihres Bildschmucks sind die altkirchl. Pyxiden für die Geschichte der christl. Ikonographie von Bedeutung.

Lit.: K. Wessel, Die großen Berliner P., RivAC 36, 1960, 263-307; LdK 3, 1017-1018. – S. auch Lit. zu Altargeräte, Elfenbein, Reliquiar.

R

Relief (ital. *relievo,* von lat. *relevare,* 'hervorheben'), zweidimensionale Plastik. Man unterscheidet das Hoch-R. (frz. *haut relief*), das Flach-R. (frz. *bas relief*) u. in der Kunstgeschichte schließlich das altägyptische versenkte R. (frz. *relief en creux*). Die zuletzt genannte R.-Art ist in der altkirchl. Kunst sehr selten. Als Material kommen Steine (vor allem Marmor), Holz u. Metall in Betracht. Im Gegensatz zur Vollplastik erlangte das R. weite Verbreitung. Es wurde u. a. verwendet zum Schmuck der Sarkophage, Chorschranken (→ Cancelli), der Bilderwand u. ihres Vorläufers, des Templons. Den „R.-Ikonen" (→ Ikonenmalerei) aus Stein od. Marmor, die nicht selten bunt bemalt waren, entsprechen solche aus Holz, wie sie in Zentral- u. Nordrußland im MA hergestellt wurden. R.-Schmuck findet sich auch an Außenmauern der Kirchen, z. B. in Vladimir-Suzdal', vor allem an der Georgskathedrale in Jurev Pol'skoj (→ auch Bildprogramm, → Kultusästhetik).

Lit.: R. Lange, Die byz. R.-Ikone, Recklinghausen 1964; LdK 4, 85-89. – S. auch Lit. zu Elfenbein, Plastik.

Reliquiar (grch. *lipsanotheke,* f. [von *leipsanon,* n., 'das Übriggebliebene']; russ. *moščechranilišče,* n.), Behältnis zum Aufbewahren von Reliquien. Es entwickelte sich ein reicher Formenschatz, der von den runden, ovalen, viereckigen, kreuzförmigen (→ Staurothek) R.en bis zu solchen reichte, die der Gestalt der Reliquie angepaßt waren (Hand-, Haupt- u. Glieder-R.e). Auch das Enkolpion u. die Pyxis konnten als Behältnisse für Reliquien dienen. Der seit dem 4. Jh. stark ansteigende Bedarf an R.en bei Kirchen (zur Kirchenweihe) u. Privatpersonen ließ das R. zur Massenware u. Devotionalie werden. Vor allem aus Edelmetall u. Email hat die byz.-slav. Kleinkunst Meisterwerke dieser Gattung geschaffen. Nicht wenige von ihnen dienten im MA als Geschenke der Kirchen- u. allgemeinen Politik. Seit mittelbyz. Zeit werden auch Brotträger (→ unter Altargeräte, → Pyxis) in Gestalt von Kuppelkirchen oft zu R.en umgestaltet. Groß-R.e erhielten die Form von Sarkophagen, deren silberne Wände kostbar verziert wurden. Solche Gegenstände dienten nicht nur der Frömmigkeit, sondern auch der gesellschaftl. Repräsentation. Von daher sind auch die engen Beziehungen zwischen der Ikonographie der R.e u. dem Kaiserkult verständlich. – In der Ostkirche sind geöffnete R.e, die den Blick auf die Reliquien freigeben, die Regel. Ähnlich, wie es Beziehungen zwischen der Verehrung der Reliquie u. der Ikone gibt, so auch zwischen R. u. Ikonenbeschlag. – Taf. 71, 72, 73.

Lit.: M. Andrieu, Aux Origines du Culte du Sainte Sacrement, Reliquiaires et Monstrances Eucharistiques, AB 68, 1950, 397-418; Braun, Reliquiare; R. Delbrück, Probleme der Lipsanothek in Brescia, Bonn 1952; Grabar, Martyrium, passim; J. Kollwitz, Die Lipsanothek von Brescia, Berlin-Leipzig 1933; R. Rückert, Zur Form der byz. R.e, Münchner Jb. der bildenden Kunst 8, München 1957, 7-36; K. Wessel, Die byz. Emailkunst vom 5. bis 13. Jh., Recklinghausen 1967; P. Plank, Das Kreuzesholz als Lebensbaum, Zur Deutung der Limburger Staurothek, Hermeneia 3, 1987, 66-76; Ch. Walter, Art and Ritual of the Byz. Church, London 1982, Reg.: reliquaries; LdK 4, 92-94. – S. auch Lit. zu Reliquien, Staurothek.

Reliquien (lat. *reliquiae,* f. plur., 'Überreste', 'Gebeine'; grch. *leipsanon,* n., wie lat.; russ. *mošči,* f. plur., von *mošč',* 'Macht').

1. Fast alle Hochreligionen, die Heilige verehren, kennen auch R. Sind jene personale Träger der „Macht", so diese dingliche, an denen der Tod keine Macht hat. Religionssoziologisch gesehen, besitzen R. einen intensiven kommunikativen Charakter (R.-Prozessionen, R.-Translationen [Übertragungen an oft weit voneinanderliegende Orte], R.-Handel, R.-Kriege).

2. Das Christentum bekam an diesen Vorstellungen u. an ihren negativen Erscheinungen insofern Anteil, als es mit der Märtyrerverehrung auch die Verehrung ihrer R. übernahm. Dabei ist zu beachten, daß das frühe Christentum in seinen Blutzeugen nicht außergewöhnl. Menschen, sondern Zeugen des den Tod überwindenden Christus sah u. diese Anschauung auf ihre R. übertrug. Die ablehnende Haltung der Gnosis gegenüber der körperl. (fleischl.) Auferstehung dürfte das Aufkommen der R.-Verehrung wesentlich provoziert haben. Als „Nachahmer des leidenden Gottes" (Ignatius von Antiochien, gest. nach 110) wurden nicht nur die Blutzeugen, sondern auch ihre *„leipsana"* als materielle Garanten der Auferstehungshoffnung miteinander in Verbindung gebracht (so schon Irenäus von Lyon, gest. um 202). Von diesen Vorstellungen bis zur Verehrung der *„reliquiae"* war es nur noch ein Schritt.

Eine stark anwachsende R.-Verehrung der Gemeinden (R. waren notwendig für die Kirchenweihe), privater Kreise u. der Häresien (die auch ihre Märtyrer hatten) nach der Verfolgungszeit machte seit dem 4. Jh. ihre Kontrolle durch den Bischof nötig. Bereits praktizierte u. bewährte Formen wurden bestätigt u. zur Regel erhoben. Dazu gehörten: die Deponierung der R. in einem Grabbau (→ Martyrion, → Memoria), die Abhaltung jährl. Gedächtnisfeiern am Dies natalis, dem Todestag des Märtyrers, mit der Feier der Eucharistie, die Sitte, „bei den Heiligen" (lat. *retro sanctos*), d. h. in den Katakomben od. in einem Coemeterium mit Gräbern von Blutzeugen, bestattet zu werden, das Verlangen, R. zum Schutz (grch. *phylakterion*) in einem Behältnis (→ Enkolpion, → Eulogia, → Pyxis) mit sich zu tragen (was zur Entstehung der Reliquiare, aber auch zur Zerstückelung hl. Leiber beitrug; diese wurde im Westen verboten). Ein weiterer Schritt der Bindung an die tägl. Liturgie wurde im 6. Jh. mit der Überführung (lat. *translatio*) der Gebeine in die Gemeindekirchen getan, wo sie unter dem Altar in einer speziellen Anlage, der Confessio, deponiert wurden, die zugleich den Pilgern zur Kontaktaufnahme mit den R. durch das Leichentuch (→ Brandeum) diente. Das Brandeum konnte dadurch in übertragenem Sinne mit den R. identifiziert werden. Die wichtigste der Altardecken, das Antimensium, muß bis heute eingenähte R. tragen. Wie zwischen dem Bild (der Ikone) u. dem dargestellten Heiligen wurden auch zwischen dem Heiligen u. seinen R. enge phys. u. gedankl. Beziehungen hergestellt. Sollte ein Märtyrer zur Heiligsprechung vorgeschlagen werden, so mußten zuvor bei seinen R. Wunder geschehen sein, die die ihnen innewohnende Macht (bei den Kirchenvätern: *dynamis, charis,* grch.) bewiesen. Neben einer R.-Verehrung, die im Rahmen altkirchl. Vorstellungen legitim war, kam es im Osten u. Westen im MA auch zu Verirrungen. R. wurden zu Handelsobjekten. Es gab einen „schwarzen Markt" für R., auf dem auch gefälschte od. gestohlene R. angeboten wurden. Beides wurde mit Exkommunikation bestraft.

3. Neben diesen eigentl. R. gibt es noch solche in einem übertragenen Sinne. Dazu gehören Gegenstände, die mit der Person Christi od. der Gottesmutter zusammenhängen. Zu nennen sind u. a. das Kreuz, die Acheiropoietos-Ikone, die Krippe (→ auch Geburt Christi) sowie Gewand u. Gürtel

Marias (→ Gewandniederlegung der Gottesmutter, → Gürtelniederlegung der Gottesmutter). Mit diesen u. anderen Gegenständen wurde im MA derselbe Mißbrauch wie mit R. getrieben. Nicht zu übersehen ist die Bedeutung der R. für das mittelalterl. Rechtswesen. R. wurden u. a. beim Eid, bei Vertragsabschlüssen, als Mittel des Rechtsschutzes, aber auch als Gegenstand von Politik u. Diplomatie (→ auch Reliquiar) verwendet. Sie vertraten die Heiligen als Patrone von Kirchen, Klöstern, Gilden u. anderen Institutionen. R.-Translationen waren Volksfeste; sie waren von nicht geringer polit. Bedeutung.

Lit.: Delehaye, Origines; H. Fichtenau, Zum R.-Wesen im frühen MA, Mitt. des Instituts für Österreich, Gesch.-Forschung 60, Innsbruck 1952, 60-89; Grabar, Martyrium, passim; J. Guiraud, Le Commerce des Reliques au Commencement du IXe Siècle, Mélanges d'Archéologie et Histoire 12, Paris 1892 (Suppl.), 73-95; Kötting, Der frühchristl. R.-Kult u. die Bestattung im Kirchengebäude, Köln u. Opladen 1965; ders., R.-Verehrung, ihre Entstehung u. ihre Formen, Trierer Theolog. Zs. 67, Tirer 1958, 321-334; ders., passim; G. van der Leeuw, Phänomenologie der Religion, Tübingen 1956², § 3. 5, 30.1; E. Meyer, R. u. Reliquiar im MA, Berlin 1950; P. E. Schramm (Hg.), Herrschaftszeichen u. Staatssymbolik, 3. Bd., Stuttgart 1956, Reg.: R.; G. Schreiber, Die Wochentage im Erlebnis der Ostkirche u. des christl. Abendlandes, Köln u. Opladen 1959, Reg.: R.; Ch. Walter, Art and Ritual of the Byz. Church, London 1982, 144-158; LChI 3, 538-546. – S. auch Lit. zu Heiligenverehrung, Märtyrer, Märtyrerverehrung, Reliquiar.

Renaissancen in Byzanz (Renaissance von ital. *rinascita,* 'Wiedergeburt'). Der Begriff der R., wie er für Italien u. Westeuropa als bekannt vorausgesetzt werden darf, kann auf Byzanz nicht od. nur mit wesentl. Einschränkungen angewendet werden. Die Kenntnis der klass. grch. Literatur u. Kunst, die Westeuropa erst in vollem Maße durch grch. Emigranten nach der Einnahme Konstantinopels durch die Türken (1453) vermittelt wurde, war für die Byzantiner eine Selbstverständlichkeit. Anders als im Westen ist es bei ihnen niemals zu einem neuen Lebensstil gekommen, mit Ausnahme vielleicht der letzten der R. Während vor allem das Mönchtum darüber wachte, daß die Beschäftigung mit den eigenen Traditionen immer nur eine „Klassik mit Maßen" blieb, waren nicht wenige Kirchenfürsten deren Anhänger, auch wenn sie oft genug gegen sie Stellung nehmen mußten. Was wir unter R. zu verstehen haben, sind also Auseinandersetzungen „im eigenen Hause", Stadien des jeweiligen krit. Neuverständnisses einer klass. Tradition, die Kultur u. Gesellschaft bis zu ihrem Untergang trug. Ebenso problematisch wie der Begriff der R. für Byzanz überhaupt ist die übl. Einteilung in eine makedonische, eine komnenische u. eine paläologische Renaissance, da deren einzelne Phasen sich keineswegs immer mit den Regierungszeiten der Herrscherhäuser decken.

1. Die „makedonische" od. besser nachikonoklast. Renaissance, benannt nach dem Ikonoklasmus, der Bilderfeindschaft (→ unter Bild), ist als Antwort auf die araberfreundl. Kulturpolitik der ikonoklast. Kaiser durch eine bewußte Hinwendung zur Klassik der eigenen Vergangenheit gekennzeichnet, wie sie sich am deutlichsten in den Aufzeichnungen des Patriarchen Photios (gest. 891 ?) über die Werke der grch. Literatur u. Philosophie in seinem *„myriobiblion"* dokumentiert. Die Wiederbesinnung auf die antike Philosophie ging, wie die kirchl. Prozesse gegen Psellos (gest. um 1078) u. Johannes Italos (gest. Ende 11. Jh.) zeigen, keineswegs ohne Krisen vor sich. Insbesondere eine Wiederbelebung Platons stieß auf den Widerstand der Kirchen, deren Dogma weitgehend die Denkschemata des Aristoteles zur Voraussetzung hatte. Dagegen vollzog sich in der Kunst der Anschluß an die Klassik nahezu problemlos. Nach dem für die Kirche siegreichen Bilderstreit (→ Bild) kam es sogar zu einer für diese Epoche typ. Verbindung von klass. u. spätantiker Kunst mit der Sakralmalerei, wie sie in späterer Zeit nicht wieder erreicht wurde; sie dokumentierte sich im hierat. → Stil u. im Repräsentationsbild, das für das orth. Selbstbewußtsein charakteristisch wurde. Aus dieser Einheit erwuchs auch das neue Bildprogramm der Kirchen, das die Traditionen selbständig u. z. T. kritisch verarbeitete. Aus dem Bereich des Kirchenbaus u. der Monumentalmalerei seien hier nur die Kirchen Hosios Lukas u. Daphni, aus der Bibelillustration die Josua-Rolle, der Chludov- (2. Hälfte 9. Jh.) u. der Basiliuspsalter (1017) erwähnt. In das Ende dieser Epoche fällt die Reform der byz. Hagiographie, die

an den Vorbildern der antiken wie der altkirchl. Literatur orientiert ist.
2. Die „komnenische" od. hochbyz. Renaissance entwickelte sich im 12. Jh., das durch äußere Schwierigkeiten (Normannen, Kreuzzüge, Einnahme Konstantinopels durch die Kreuzfahrer 1204) u. innere Erschütterungen (Häresie der Bogomilen, Schisma [Kirchentrennung] mit Rom 1054, Feudalkrisen) gekennzeichnet ist. Die Neubesinnung auf eigene Werte trägt jetzt andere Züge als vorher. Anstelle der selbstbewußten orth. statuar. Repräsentation bemerkt man eine gewisse „Weichheit" der Züge (zu Mimik → unter Gestik), vermischt mit einer leichten Resignation, geneigte Häupter, betonte Kurvierungen (z. B. in der Kreuzigung Christi) – ein Gestaltwandel klass. Schönheitsideale, in dem sich deren Aristokratismus mit der Sensibilität der hochbyz. Mystik zu einem unverwechselbaren Typus vereinigte. Als Antwort auf die Provokation der Bogomilen u. anderer nonkonformist. Gruppen entstehen neue Christus- u. Gottesmutterbilder, erhält aber auch die Vormesse, die Prothesis, ihre endgültige Gestalt; die Mystagogie der letzteren bestimmt nicht nur das Schema des Bildprogramms, sondern auch die Kultusästhetik dieser Epoche. An Denkmälern seien erwähnt die Mosaiken der Hagia Sophia in Konstantinopel (Anfang 12. Jh.), die Capella Palatina in Palermo (1129-1143), die Fresken bulg. Kirchen wie Panteleimon in Nerezi (1164) od. S. Georg, Kurbinovo (1191). Zu den vollendetsten Zeugen der hochbyz. R. gehört die Ikone der Vladimirskaja, → unter Gottesmutterbilder.
3. Die Grenzen zwischen der hochbyz. u. der „paläologischen" od. spätbyz. Renaissance sind fließend u. umstritten. In Georgios Gemistos Plethon (gest. 1452) erlebte das klass. Griechentum gegen den Widerstand der Kirche eine letzte u. echte Wiedergeburt, die sich wie eine ferne Utopie von dem durch soziale Kämpfe erschütterten u. vom Untergang (1453) bedrohten Reich abhebt. Die Mystik der hochbyz. Zeit wird abgelöst durch den ekstat. Hesychasmus (→ unter Mönchtum), der nicht nur die Auffassung von der Liturgie als einer in Symbolen erlebbaren Schau Gottes prägte, sondern auch deren psycholog. Auswirkungen auf die Kunst bestimmte. Die Fesseln enger kult. Repräsentanz werden gesprengt u. weichen einem Dynamismus der Ausdrucksformen, der sich an hellenist. Traditionen orientiert, trotzdem aber völlig selbständig ist. Plötzliche Gesten, erregte Gesichtszüge, flatternde Gewänder, grelle Farbgebung, den menschl. Bewegungen angepaßte Architekturkulissen u. Landschaften sind in der Malerei wie in der gleichzeitigen Heiligenvita der Schwanengesang einer großartig geschlossenen Kunst, deren klass. Traditionen in eine letzte Krise geraten waren. Die Impulse dieser spätbyz. Kunst lassen sich auf dem Balkan (nicht ganz zutreffend als „makedon. Schule" bezeichnet) ebenso wie bei Feofan Grek (gest. um 1415) in Rußland und El Greco (Theotokopuli von Kreta, gest. 1614) in Spanien (beide byz. Emigranten) feststellen, während Andrej Rublev (→ unter Ikonenmalerei) unter Abkehr von der ekstat. Psychologisierung u. unter Hinwendung zum klass. Schönheitsideal eines im altruss. Mönchtum verklärten Griechentums die nachbyz. Epoche dieses großen Erbes einleitete. Ähnlich wie in der spätbyz. Malerei lassen sich auch in der Kirchenmusik sowie in den byz. → Notationen Bemühungen um Erhaltung u. Verarbeitung klass. Traditionen nachweisen.

Lit.: Art et Société à Byzance sous les Paléologues, Venedig 1971; H.-G. Beck, Das Byz. Jt., München 1978; J. Beckwith, The Art of Constantinople, London 1961; O. Demus, Die Entstehung des Paläologenstils in der Malerei, Berichte zum XI. Intern. Byzantinisten-Kongreß München 1958, Nr. IV, 2, dazu die Korreferate von S. Radojčič u. A. Xyngopulos in VII (Korreferate); ders., Byzantine Art and the West, London 1970; ders., Two Palaeologean Mosaic Icons in Dumbarton Oaks Collection, DOP 14, 1960, 87-119; J. Geanakoplos, Byzantine East and Latin West: Two Worlds of Christendom in Middle Ages and Renaissance, Oxford 1956; ders., Interaction of the „Sibling" Byzantine and Western Cultures in the Middle Ages and Italian Renaissance (330 bis 1600), New Haven – London 1976; H. Hunger, Das Reich der Neuen Mitte, Graz-Wien-Köln 1965, Reg.: R., makedonische, Palaiologen-R.; A. Kashdan, Byzanz u. seine Kultur, Berlin 1973; G. Mathew, Byzantine Aesthetics, London 1963; P. A. Michelis, Esthétique de l'Art Byzantin, Paris 1959; A. Prokopiou, The Macedonian Question in Byzantine Painting, Athens 1962; Ph. Schweinfurth, Die Byz. Form. Ihr Wesen u. ihre Wirkung, Mainz 1954^{2}; P. A. Underwood (Hg.), The Kariye Djami, Vol. 4. Studies in the Art of the Kariye Djami and its Intellectual Background, Princeton,

IV. J. 1975; K. Weitzmann, Geistige Grundlagen u. Wesen der Makedon. Renaissance, Köln u. Opladen 1963; K. Wessel, Die Kultur von Byzanz, Frankfurt/M. 1970; E. Kitzinger, Byz. Kunst im Werden. Stilentwicklungen in der Mittelmeerkunst vom 3. bis zum 7. Jh., Köln 1984; E. Coche de la Ferté, Byz. Kunst, Freiburg/Basel/Wien 1982; P. Schreiner, Byzanz, München 1986; LdK 3, 113-114 (Makedon. Schule); LexMa 2, 1169-1327 (Byz. Kunst; Byz. Literatur; Byz. Musik; Byz. Recht; Byz. Reich). – S. auch Lit. zu Ikonenmalerei, Kirchenbau, Kirchenmusik.

Repräsentationsbild, in der Malerei Darstellung von Personen (als Porträt) od. Personengruppen mit starker Betonung der Frontalität u. des hierat. → Stils, durch die eine mit bewußtem Distanzierungseffekt (→ auch Kultusästhetik) arbeitende Vergegenwärtigung (lat. *repraesentatio*) erreicht wird. Zur weiteren Eigenart der R.es gehörten die Anwendung des „Sendelichts" (→ unter Perspektive), die das R. zum ausdrucksstarken „religiösen Plakat" macht, sowie eine streng formalisierte Gestik u. Mimik. Bereits in altoriental. Religionen u. im Kaiserkult bekannt, ist das R. in allen Epochen der von der Liturgie geprägten Sakralkunst des bzy.-slav. Bereichs anzutreffen. Seine lehrhaften bis spekulativen Inhalte, die mit den stilist. Charakteristika eng verbunden sind, lassen sich besonders an den Acheiropoietes, den autonomen Christus- u. Gottesmutterbildern u. den Apostelbildern studieren. Die dogmatisch bestimmten Strukturen des R.s können aufgelockert werden durch das Genrebild, das vor allem in den Bandbildern (russ. *klejma*) erscheint, die um das zentrale Idealbild eines Heiligen gruppiert sind.

Lit.: s. Stil, hieratischer, Kultusästhetik.

Responsorien, eine Form der Psalmodie, bei der nach jedem Vers od. jeder Versgruppe ein gleichbleibender bibl. Vers (grch. *stichos,* auch *hypopsalma*) von der Gemeinde respondiert wird (vgl. dagegen den Aufbau des Antiphons). Als Beispiel für die Struktur der R. mag hier die erste Ode dienen. Sie wird als „Ode des Auszugs" vom Chorleiter (grch. *psaltes*) angesagt. Danach folgen die R.:

Psaltes:	2. Mose 15, 1 b	„Ich will dem Herrn singen ..."
Gemeinde:	2. Mose 15, 1 b	„Ich will dem Herrn singen ..."
Psaltes:	2. Mose 15, 1 c	„Roß u. Mann hat er ..."
Gemeinde:	2. Mose 15, 1 b	„Ich will dem Herrn singen ..."
Psaltes:	2. Mose 15, 2 a	„Der Herr ist meine Stärke ..."
Gemeinde:	2. Mose 15, 1 b	„Ich will dem Herrn singen ..."
Schluß:	„Ehre sei dem Vater ..."	
Psaltes:	„Ehre sei dem Vater ..." (= Kleine → Doxologie)	
	2. Mose 15, 1 b	„Denn er hat eine herrliche Tat getan."
Gemeinde:	„Ich will dem Herrn singen ..."	
Psaltes:	„Jetzt u. von Ewigkeiten zu Ewigkeiten, Amen. Denn er hat eine herrliche Tat getan."	
Gemeinde:	„Ich will dem Herrn singen ..."	
Psaltes:	„Ich will dem Herrn singen ..."	
Gemeinde:	„Denn er hat eine herrliche Tat getan."	

Lit. s. Psalmodie.

Ritus (lat., m., 'Brauch', 'Satzung'; russ. *obrjad,* m.), 1. eine mit Hilfe von Zeichen u. Symbolen vollzogene Handlung, die für eine bestimmte Lebensphase bzw. deren Abschluß das Sozialverhalten bzw. die soziale Einordnung des Individuums bestimmt. Beim Übergang in eine neue Phase sind jeweils „Übergangs-Riten" (frz. *rites de passages*) erforderlich (z. B. Geburt, Hochzeit, Tod; Entlassungs- u. Aufnahmeriten aus einer bzw. in eine Phasengruppe [Kindheit, Jugend, Mannbarkeit, Alter], Berufs-, Amtsgruppe u.a.). Der R. trägt Zeichencharakter, insofern er durch materielle Symbole auf nichtmaterielles, ideelles Sein hinweist u. materielles Sein vor den Unwägbarkeiten des nichtmateriellen durch bestimmte mag. Abwehrhandlungen (vgl. auch → Exorzismus) schützt u. stabilisiert. Die enge Verbindung zwischen Lebensphase u. R. machte diesen zu einem natürl. Ordnungsfaktor u. zu einer für den Menschen unentbehrl. Lebens- bzw. Sterbehilfe. Daher unterliegt der R. dem Wandel des menschl. Bewußtseins. R. ist nicht mit Kultus identisch, stellt aber ein wichtiges Strukturelement des letzteren dar.
2. Auf den christl. Gottesdienst mit seiner Frömmigkeit angewendet, bedeutet das im

einzelnen: (a) Das Christentum besitzt eine Reihe von Phasen- u. Übergangsriten (→ Taufe, → Eheschließung, → Begräbnis) u. einige Amtsriten (Ordination [→ Cheirothesie], → Cheirotonie). Riten mit besonderem sozietärem Charakter sind außer der Taufe das → Anathema u. die → Exkommunikation, insofern sie die Einbeziehung (die Integration) bzw. den Ausschluß (die Desintegration) in die (aus der) kirchl. Sozietät anzeigen. Als Kontakt-Riten können jene Handlungen bezeichnet werden, die Objekte od. Personen durch Weihen od. Segnungen zu Kontaktträgern des nichtmateriellen Seins machen. Diese Riten im engeren Sinne sind in der Ostkirche in einem eigenen Buch, dem Euchologion, gesammelt. (b) Der R. ist ein wichtiges Strukturelement der Liturgie, die eine Funktionseinheit von Riten (z. B. Prozessionen, Einzügen, Handlungen u.a.m.) darstellt. Ihre Perfektion kann in liturg. Funktionalismus ausarten. Summieren sich nun eine Reihe von rituellen Eigentümlichkeiten, dann spricht man auch (c) von Riten im Sinne von Liturgiefamilien. Zur Charakterisierung eines R. in diesem Rahmen sind nicht nur rein liturg. Spezifika maßgebend, sondern auch solche des Gesellschafts- u. Kulturmilieus, der kirchengeschichtl. Entwicklung, des jeweiligen Volkstums, der Sprachen u.a.m. So unterscheidet man zunächst die Riten des Ostens von denen des Westens. Im Osten unterscheidet man 3 Ritengruppen od. liturg. „Großfamilien" (→ auch Autokephalie, → Patriarch, vgl. Übersicht): den antiochenischen R. mit den westsyr. (jakobit.) u. ostsyr. (nestorian.) Liturgien; sodann den byz.R., der mit dem erstgenannten eng verwandt ist; zu seinen wesentlichsten Eigentümlichkeiten gehört eine ausgeprägte Kultusästhetik. Zu ihm zählen die grch., russ., serb., bulg., rumän., tschech.-slovak. u. melkitisch-orth. Kirchen mit mehr od. weniger ausgeprägten rituellen Eigenarten. Die dritte Gruppe ist der alexandrin. R. mit der kopt. u. der äthiop. Liturgie. Im Westen unterscheidet man den röm., den ambrosian. (mailänd.), den mozarab. (westgot.) u. den gall. R.

3. Zu einer ausreichenden Bestimmung des Begriffes R. gehört schließlich der kanon. Aspekt, d. h. die Beachtung der Einheit von Liturgie u. Kirchenrecht (vgl. Basset: *liturgical and canonical rite*). Konstitutiv sind hierfür eine intakte Hierarchie (deren eigentl. Repräsentant, der Bischof, auch den gültigen Vollzug der Liturgie u. der Sakramenten-Spendung garantiert) u. deren Disziplinargewalt (Jurisdiktion) über Klerus u. Laien. Schließlich muß in der Ostkirche diese Hierarchie nach dem Prinzip der Autokephalie aufgebaut sein, im Gegensatz zur röm. Kirche, deren R. am papalistisch-universalen Leitungsprinzip orientiert ist. Sie besitzt deshalb für alle Fragen des R. u. der Rubriken eine zentrale Behörde, die Ritenkongregation (Sacra Congregatio Rituum) mit dem Sitz in Rom, während in den orth. Kirchen der jeweilige Patriarch mit der Bischofs- u. Landessynode zuständig ist. Unter diesen Voraussetzungen u. Abgrenzungen gegenüber dem röm. Verständnis bleibt der Begriff des R. im Sinne einer übergreifenden Liturgiefamilie durchaus praktikabel. Vgl. die Tab. u. die Erläuterungen dazu.

Lit.: W. W. Basset, The Determination of Rite, Rom 1967; P. Berger, The Social Construction of Reality, New York 1966; L. Boyer, Le Rite et l'Homme, Paris 1962; J. Cazeneuve, Les Rites et la Condition Humaine d'après les Documents Ethnographiques, Paris 1956; A. van Gennep, Rites de Passage, Paris 1909; Hanssens, Reg.: Ritus singuli; Heiler, Reg.; Ae. Herman, De „ritu" in Iure Canonico, OrChrPer 33, 1933, 96-158; Handbuch, Reg.: Riten, R.; R. Janin, Les Églises Orientales et les Rites Orientaux, Paris 1955; H. Kellner, Liturgie u. Kirchenrecht, Scholastik 17, Freiburg/Br. 1942, 342 bis 384; G. van der Leeuw, Phänomenologie der Religion, Tübingen 1956², Reg.; P. Sherwood, Le Sens du Rite, Orient Syrien 2, Paris 1957, 297-314; J. Wach, Religionssoziologie, Tübingen 1951, Reg.; G. Widengren, Religionsphänomenologie, Berlin 1969. – Zu den christolog. Streitigkeiten als Erstinformation: C. Andresen, Kirchen der alten Christenheit, Stuttgart, Berlin, Köln, Mainz 1971, 385-391 u. Reg.; Beck; W. Elert, Der Ausgang der Altkirchl. Christologie, Berlin 1957; A. Grillmeier u. H. Bacht (Hg.), Das Konzil von Chalkedon. Gesch. u. Gegenwart, Bd. 1-3, Würzburg 1951-1954; E. Hammerschmidt, Ursprung philosophisch-theolog. Termini u. deren Übernahme in die altkirchl. Theologie, OstKSt 8, 1959, 202-220; Quasten; M. Lurker, Wörterbuch der Symbolik, Stuttgart 1983², 575-576; J. P. Platvoet, Analysis and Interpretation of Rites, Nederlands Theol. Tijdschrift 37, 1983, 175-273; N. Luhmann, Funktion der Religion, Frankfurt a. M. 1982, Reg.: rites de passages; Rituale; Ch. Walter, Art and Ritual of the Byz. Church, London 1982; J. Bor-Borsai, Die musikhistor. Neudeutung der oriental.-christl. Riten, Studia Musicologica Acad. Scient. Hung. 16, 1974, 493-503; Handbuch Ostk.kunde I,II. – S. auch Lit. zu Akoluthia, Kirchenrecht, Kultus, Liturgie.

Liturgiefamilien (Riten) der Ostkirche

Antiochien

Vorchalzedonensische Liturgien[1]
Nachchalzedonensische Riten:
Westsyrischer (jakobitischer) Typus[2]:

Maronitischer Ritus[3]
Armenischer Ritus[4]

Ostsyrischer (nestorianischer Typus[5]:
Nestorianischer Ritus[6]

Konstaninopel

Byzantinischer Ritus[7]:

Melchiten[8]
Georgier[9]
Slaven:
Russen
Bulgaren
Serben
Albaner
Rumänien
Griechen

Alexandrien[10]

Koptischer Ritus[11]
Ätiopischer Ritus[12]

Anmerkungen zum Übersichtsschema: „Liturgiefamilien“ (Riten): (1) Über die göttl. u. menschl. Natur in Christus gab es in der Alten Kirche 2 verschiedene theolog. Auffassungen: Unter dem Einfluß des Neuplatonismus betonte die Schule von Alexandria „die Gottheit des Logos als das übergeordnete Prinzip des inkarnierten Christus“ (C. Andresen). In einem komplizierten Prozeß (kirchenpolit. Rivalitäten zwischen Alexandrien, Antiochien, Rom u. Konstantinopel; unterschiedl. Motivationen im theolog. Denken in Ost u. West; semiot. Veränderungen philosophisch-theolog. Begriffe; Einfluß der Volksfrömmigkeit u. des Mönchtums u. a.) entwickelten sich aus dieser „Einheitschristologie“ bestimmte Übertreibungen u. Einseitigkeiten, die auf eine „Ein-Natur-Lehre“ (Monophysitismus: „Christus in Menschheit verwandelte Gottheit od. in Gottheit verwandelte Menschheit“ [A. Grillmeier] tendierten u. die Bildung immer neuer Gruppierungen u. „Kirchen“ zur Folge hatten („Dogmenproliferation“). Das ursprünglich legitime Anliegen der alexandrin. Schule ging bei ihnen weithin verloren. Im Gegensatz zu ihr befand sich die Schule von Antiochien. Vorwiegend nach dem Denkmodell des Aristoteles u. auf der Grundlage einer seit alters gepflegten Schriftauslegung hatte sie eine „Trennungschristologie“ entwickelt, in der die Selbständigkeit der beiden Naturen Christi (sog. Dyophysitismus) u. seine hohe, zur Nachfolge auffordernde Sittlichkeit betont wurde. Die Schule von Antiochien blieb eine einheitl. Größe u. spaltete sich nicht in verschiedene Gruppierungen auf. Es kam nur bei Nestorios (Patriarch von Konstantinopel, gest. in der Verbannung um 451) zu Übertreibungen der antiochen. Christologie, die aber die orth. Absichten des Nestorios kaum in Frage stellen können (s. auch Anm. 5 u. 6). Während sowohl die römischen als auch die byz. Theologen schließlich über dem Problem der 2 Naturen Christi auf der 4. Ökumen. Synode von Chalzedon 451 zu einer Einigung u. zu bis heute noch gültigen Formulierungen kamen, haben die Monophysiten u. Nestorianer das Chalzedonense abgelehnt u. sich von der byz. u. röm. Kirche getrennt. Sie werden heute im allgemeinen als nicht-chalzedonens. Kirchen des Orients bezeichnet. – Die vorchalzedonens. Liturgien Antiochiens einschließlich Jerusalems u. Syropalästinas werden uns in den Homilien des Johannes Chrysostomus (gest. 407), den Mystagogien des Theodor von Mopsvestia (gest. 428), in den Apostol. Konstitutionen (→ auch Kirchenrecht), den Katechesen des Bischofs von Jerusalem Kyrillos (gest. 387), u. den Schriften des Pseudoareopagiten (5./6. Jh., → Mystagogie) faßbar. Auch der älteste, durch spätere Überarbeitungen im byz. Liturgiebereich nicht mehr klar erkennbare Kern der Jakobusliturgie gehörte noch hierher (→ auch unter Melchiten).

(2) Die nach ihrem Organisator Jakobus Baradaios (gest. 578) bezeichneten Jakobiten erhielten im Patriarchen Severos von Antiochien (gest. 538) einen der hervorragendsten Vertreter einer Theologie, die dem unter Anm. 1 erwähnten Monophysitismus nahe steht, aber in ihrern Überlegungen u. Definitionen weit differenzierter ist.

(3) Der Maronit. Ritus ist eine Liturgie- u. Ritusgemeinschaft von Gemeinden, vor allem im Libanon, die sich nach ihrem Begründer Maro (gest. vor 423) nennen. Eine ihrer liturg. Formulare

(Anaphoren) zeigt enge Verwandtschaft mit dem der Addai u. Mari (s. Anm. 6) u. wird deshalb von hohem Alter sein.
(4) Die armen. Liturgie, die sich nach dem Patriarchen von Alexandrien Athanasios dem Großen (gest. 373) nennt, zeigt Einflüsse nicht nur des antiochen. Ritus (einschließlich der Liturgie von Jerusalem), sondern auch des byz. u. der durchaus profilierten Liturgieprovinz des kappadoz. Kaisareiea (Cäsarea). Ähnlich wie der armen. Kirchenbau hat auch die Liturgie u. der Ritus Armeniens sehr alte Traditionen des oriental. Christentums erhalten, vgl. auch Anm. 9).
(5) Zur Bezeichnung „Nestorianer" s. Anm. 1. Andere Bezeichnungen für diese Gruppe sind „Assyrer", „Chaldäer". Sie nennen sich selbst „Apostol. Kirche des Orients". Ihr Ursprung liegt in den frühen Christengemeinden Ostsyriens u. Persiens. 424 lösten sie sich vom Patriarchat von Antiochien u. bildeten eine eigene Kirche mit einem Katholikos in Seleukeia-Ktesiphon. Die Mission der „Nestorianer", die größte u. weitreichendste des Christentums, hatte bereits im 8. Jh. China erreicht.
(6) Im Mittelpunkt des nestorian. Ritus steht die Liturgie der (wahrscheinlich legendären) Schüler des Apostels Thaddeios, Addai u. Mari, die der Liturgieforschung immer noch schwierige Fragen aufgibt (es fehlt in ihr der Einsetzungsbericht). Ihr syr. Kern bzw. eine syr. Redaktion wird im 5. Jh. angenommen. Die liturg. Terminologie zeigt große Nähe zu den Mystagogien Theodors von Mopsvestia (s. Anm. 1). Von dem letzteren ist noch ein Liturgieformular in Gebrauch sowie eines auf den Namen des Nestorios (Anm. 1). Aus dem Griechischen übersetzt, dürften sie kaum auf beide Kirchenväter zurückgehen. – Die Riten u. Liturgien der früheren weiten Missionsgebiete sind in ihren ursprüngl. Formen nicht mehr erhalten. Verschiedene Unionen mit Rom u. Völkerstürme haben sie verändert. Der nichtunierte malankar. (malabar., südind.) Ritus gehört zum westsyr. (monophysit.) Typus.
(7) Der byz. Ritus besitzt 3 Liturgien: die Basilius-, die Chrysostomus- u. die Liturgie der vorgeweihten Gaben (→ diese, → Liturgie). Eine Liturgie eigener Art stellt die Petrusliturgie dar.
(8) Die Melchiten (Melkiten, 'die Kaiserlichen', von syr. *malko,* 'Kaiser'), sind Christen der Patriarchate Alexandrien, Antiochien u. Jerusalem, die die Ökumen. Synode von Chalzedon anerkannten (s. Anm. 1) u. dem Ritus des byz. Kaisers treu blieben. Ihre Liturgie war ursprünglich die des vorchalzedonens. Antiochiens einschließlich Jerusalems, sie wurde aber im Laufe der Zeit immer stärker byzantinisiert, um schließlich im 12. Jh., den unter Anm. 7 genannten byz. Liturgien zu weichen. (S. auch Anm. 10)
(9) Die georg. Kirche stand durch grch. Missionierung im 4. Jh. von Anfang an unter dem Einfluß des byz. Ritus, an dessen Liturgiegeschichte sie vom 4.-11. Jh. teilnahm. In den theolog. Fragen um die Zweinaturenlehre (Anm. 1) ging sie zunächst mit der armen Kirche (Anm. 4) gemeinsam, trennte sich aber um 600 von ihr u. erkannte die Beschlüsse von Chalzedon an. Wie ihre Nachbarkirche hat auch die georgische außer byz. Einflüssen in Liturgie, Stundengebet, Kirchenjahr, Kirchenbau u. Kirchenmusik syro-palästinens. Traditionen übernommen u. selbständig verarbeitet.
(10) Die Liturgie des alten Patriarchats Alexandrien ist weithin unbekannt. Einige Grundzüge lassen sich aus den Schriften Athanasios' des Großen (Anm. 1) rekonstruieren, ebenso aus den in Anm. 11 genannten späteren Liturgien.
(11) Die Kopten (der Name kommt von der arab. Bezeichnung für grch. *aigyptioi,* 'Ägypter') sind jene monophysit. Gläubigen (s. Anm. 1), die sich nach der Synode von Chalzedon vom dem orth. Patriarchat Alexandrien trennten u. eine eigene Kirche bildeten, an deren Spitze ein eigener Patriarch mit dem Sitz in Alexandrien steht. Der kopt. Ritus benutzt eine Reihe von Liturgien (mit Ausnahme der der Melchiten, s. Anm. 8), die sowohl von den vor- u. nachchalzedonens. Vorbildern Antiochiens als auch später durch den byz. Ritus beeinflußt wurden, so daß mögl. Rekonstruktionen altalexandrin. Anaphoren aus ihnen sehr schwierig sind. Es handelt sich um folgende Formulare: Die in einer kurzen Redaktion bis auf das 4. Jh. zurückgehende grch. Markusliturgie mit starken Einflüssen der Jakobusliturgie (Anm. 1), von den Melchiten seit langem aufgegeben, ist nicht mehr in Gebrauch; ebenfalls griechisch sind die Basiliusliturgie (wohl älter als die gleichnamige des byz. Ritus) u. die Gregoriusliturgie; der eigentl. kopt. Ritus benutzt die Liturgie des Kyrillos, eine Überarbeitung u. Übersetzung der Markusliturgie, die Basilius- u. Gregoriusliturgie, alle 3 in kopt. u. arab. Sprache.
(12) In Äthiopien wurde im 4. Jh. unter Athanasios dem Großen ein Bistum errichtet. Im 6. Jh. begannen die „Neuen Heiligen", d. h. aus Syrien kommende Monophysiten, ihren Glauben zu verbreiten. Damit kamen auch die kopt. Liturgien nach Äthiopien u. wurden dort in die Landessprache übersetzt. Der kopt. Ritus kennt 20 Formulare für das Kernstück der Liturgie, die Anaphora, die zu einem großen Teil nichtalexandrin. Herkunft sind. Nicht unmittelbar, sondern durch spätere literar. Vermittlung, wurde die aus dem 3. Jh. stammende Kirchenordnung des Hippolyt (→ auch unter Kirchenrecht) zur Grundlage für die „Anaphora der Apostel" aus dem 13. Jh., das am häufigsten verwendete Formular. Die Liturgie der äthiop. Kirche zeichnet sich durch einen reichen Hymnenschatz aus, darunter vor allem Gottesmutterlieder.

Rosenkranz (lat. *rosarium,* n., *corona,* f., *psalterium Beatae Mariae Virginis;* grch. *kambologion,* n. ['Knotenleser'], *komboschoinion,* n. ['Knotenschnur']; russ. *vervica,* f., *čëtki,* f. plur., 'Zählschnur', auch *lestovka,* 'Leiterchen'), eine aus einer Vielzahl von Kugeln bestehende Schnur zum Abzählen bestimmter Gebete, vor allem zu Ehren Marias. Vorläufer des R.es sind im MA seit dem 13. Jh. die Paternoster-(Vaterunser-)Schnüre. Der orth. R. (besser vielleicht Zählschnur) besteht aus 100 kleinen

Knoten (auch Perlen) u. dürfte erst im 14. Jh. aufgekommen sein. Er wird benutzt beim immerwährenden Gebet (Jesusgebet, → unter Gebet), u., damit verbunden, zum Abzählen der Kniefälle (Metanien, → unter Proskynese). Hauptsächlich im Mönchtum in Gebrauch, wird die Zählschnur auch vom Klerus u. seltener von Laien gebraucht.

Lit.: Beck, 134; Heiler, Reg.: R.; W. Kirfel, Der R. Ursprung u. Ausbreitung, Walldorf 1949; A. Maltzew, Andachtsbuch der Orth.-Kath. Kirche des Morgenlandes, Berlin 1895, CIV-XII; P. de Meester, Rituale-Benedizionale Bizantino, Rom 1930, 20 f.; LChI 3, 568-572.

Rotulus (lat., m., auch *rotula,* f.), größtenteils einseitig beschriebene Schrift- od. Buchrolle, die bis zum Aufkommen des Kodex (→ Bibelillustration) sehr verbreitet war. Als Schriftträger dienten Papyrus u. Pergament. Das Christentum übernahm den antiken R. für Urkunden, Namenslisten u. Büchertexte (am bekanntesten die Exultetrolle). Das Schriftband wurde um einen hölzernen od. metallenen Stab gerollt u. mit Riemen zusammengehalten. Listenrotuli waren bis in das MA hinein in Gebrauch.

Rotunde (lat. *rotundus,* 'rund', 'gerundet'), ein Gebäude, dessen Mauermantel im Kreisrund um eine Achse gelegt ist. Die R. ist nicht nur die einfachste, sondern auch die vollkommenste Form des Zentralbaus. → auch Kirchenbau.

Lit.: LdK 4, 214, 234-236 (Rundkirchen). – S. auch Lit. zu Zentralbau.

Rubriken (lat. *rubricatus,* 'mit roter Tinte geschrieben'). Hinzufügungen in roter Tinte auf Kaiserurkunden u. Anweisungen in liturg. → Büchern zum Vollzug der Liturgie, zur Spendung der Sakramente u. bei einer Reihe von Riten, Gesten u. anderen liturg. Verhaltensweisen (z. B. Lautgebet u. Stillgebet). Im Kirchenrecht wird der verpflichtende Charakter der R. mit der göttl. Stiftung der genannten Veranstaltungen begründet. In der kath. Kirche entwickelte sich bereits im MA eine eigene Systematisierung u. Lehre von den R., die Rubrizistik. Die röm. Kardinalsbehörde der Ritenkongregation (Sacra Congregatio Rituum) ist die oberste Rechtsinstanz für alle die R. betreffenden Fragen. In den orth. Kirchen fehlt eine solche Zentralbehörde (→ auch Ritus). Die R. besitzen hier auch nicht den strengen Rechtscharakter wie in der kath. Kirche. Die wichtigsten R. sind im Euchologion enthalten. Eine abschließende Systematisierung der R. wurde unter dem Patriarchen von Konstantinopel Philotheos Kokkinos (gest. 1379) vorgenommen. Eine Darstellung der orth. Rubrizistik fehlt bisher.

Lit.: Fendt, Reg.; Georgievskij; K. Goetz, Kirchenrechtl. u. kulturgeschichtl. Denkmäler Altrußlands, Stuttgart 1905; V. Grumel, Les Regestes et Actes du Patriarcat de Constantinople, I., Fasc. 1-3, Chalzedon 1932-1947, Index Analyticus III, 1; Handbuch, Reg.: R.; B. Löwenberg, R. u. sinngerechter Vollzug der Liturgie, JLB 8, 1958, 238-242; I. Mansvetov, Mitropolit Kiprian v ego Liturgičeskoj Dejatel'nosti, Moskau 1882; P. de Meester, Rituale-Benedizionale Bizantino, Rom 1930; P. Radó, Enchiridion Liturgicum complectus Theologiae Sacramentalis et Dogmata et Leges iuxta novum Codicem Rubricarum concinnavit, 2 Bde., Rom-Freiburg-Barcelona 1961; F. J. Spasskij, Russkoe Liturgičeskoe Tvorčestvo, Paris 1951. – S. auch Lit. zu Euchologion, Typikon.

Rüstaltar → Prothesis (1)

S

Sakkos (grch., m.), sackartiges, aus grobem Gewebe bestehendes Gewand (vgl. Matth. 11, 21; Luk. 10, 13), in der Ostkirche ein der röm. Dalmatica (lat.) entsprechendes weites, an den Seiten offenes u. kurzärmeliges liturg. Kleidungsstück (vgl. liturg. → Gewänder) des Bischofs, das priesterl. Phelonion ersetzend. Seit je reich bestickt, gehört der S. zu den sakralen Textilien. Ursprünglich war er im Kaiserkult üblich, seit dem 11. Jh. trug ihn der Patriarch, seit dem 13. Jh. auch der Erzbischof. Der S. wurde vom byz. Kaiser verliehen. Nach dem Fall von Konstantionopel 1453 zeichnete der Sultan den Patriarchen als den Leiter (Ethnarchen) der christl. Volksgruppe mit dem S. aus. In der russ.-orth. Kirche wurde der bischöfl. S. erst im 18. Jh. üblich.

Lit.: A. V. Bank, Vizantijskoe Iskusstvo vo Sobranijach Sovetskogo Sojuza, Leningrad – Moskau 1965, Katalog Nr. 278-290; Braun, Paramente, 245; Daniel, 381; F. Dölger, Byz. Diplomatik, Ettal 1956, 374; Goar, 99; Raes, 236; O. Treitinger, Die oströn. Kaiser- u. Reichsidee in ihrer Gestaltung im höf. Zeremoniell, Bad Homburg v. d. Höhe 1969, 15, 26, 113, 126; LChI 5, 405-406. – S. auch Lit. zu Gewänder, liturgische; Textilien.

Sakrament (lat. *sacramentum,* n., 'Haftgeld', 'Prozeß', 'Fahneneid'; grch. *mysterion,* n., 'Geheimnis', 'Geheimhandlung'; entsprechend russ. *tajna,* f., *tainstvo,* n.), 1. im Christentum der mit materiellen Zeichen vollzogene Zuspruch der durch Christus dargebotenen Gnade Gottes, die zugleich Gemeinschaft (grch. *koinonia;* lat. *communio*) mit ihm u. den anderen Gläubigen stiftet. Religionsgeschichtliche Vergleiche mit dem Ritus befriedigen insofern nicht, als nicht das Vertrauen in den genauen Vollzug der rituellen Handlung, sondern der Glaube an seinen Stifter entscheidend ist. Hierin sind sich – trotz Unterschieden in der Zahl der S.e – alle christl. Konfessionen einig. Diese Auffassung kann auch nicht durch rituell-mag. Praktiken entwertet werden; diese werden ebenfalls von allen Konfessionen abgelehnt.
2. Das grch. NT gebraucht Mysterion in einem umfassenden Sinne, um den Heilsplan Gottes, vor allem die Menschwerdung Christi, zu umschreiben; das lat. NT, die Vulgata, benutzt hierfür das Wort *„sacramentum"* (Eph. 1, 9; 3, 3; 5, 32; Kol. 1, 27; 1. Tim. 3, 16; Offb. 1, 20; 17, 7). An S.en im engeren Sinne kennt das NT nur Eucharistie u. Taufe. Auch in der Folgezeit blieben die Begriffe Mysterion u. Sacramentum stets umfassender als unser heutiges Verständnis vom S. Tertullian (gest. nach 220) gab der lat. Bezeichnung eine erste Orientierung auf das Kirchenrecht. Um 100 (in den ersten Anklängen bereits in 1. u. 2. Tim., Tit.) erscheint als der eigentl. Spender (nicht Stifter!) der beiden genannten S.e der Bischof, dessen monarch. Gewalt (→ auch Hierarchie) eine Verrechtlichung des S.s einleitete, die, wie erwähnt, mit Tertullian zunächst abgeschlossen war. Vor allem die lat. Bedeutung von „Fahneneid" für Sacramentum, insbesondere im Hinblick auf den Erstempfang der Eucharistie durch die Neugetauften (→ Katechumenen) u. den neuordinierten Bischof (→ Cheirotonie) mit seiner Gemeinde, unterstützte diese Entwicklung. Im grch. Mysterion dagegen tritt der Rechtscharakter gegenüber dem des Geheimnisses des göttl. Heilsplanes zurück, wie er bereits 1. Kor. 11 u. in der Anamnese, dem erinnernden Gedenken daran während der Liturgie, zum Ausdruck kommt.
3. Die heutige Siebenzahl der S.e in der orth. (Taufe, Myronsalbung, Eucharistie, Buße, Cheirotonie [Ordination], Eheschließung, Krankenölung) u. kath. Kirche (Taufe, Myronsalbung [Firmung], Eucharistie, Buße, Krankenölung, Cheirotonie [Ordination], Eheschließung) hat eine lange u. z. T. komplizierte Geschichte. Im Westen schwankte die Zahl der S.e bis zum 12. Jh.; vorübergehend gab es 12 S.e, wobei u. a. auch die Fußwaschung mitgezählt wurde. Erst im 12. Jh. kam es im Zusammenhang mit der Ausbildung einer S.en-Lehre in der Scholastik zur Festlegung der Siebenzahl. Im byz. u. nichtbyz. christl. Orient blieb bis zum 9. Jh. die Sechszahl nach den Schriften des Dionysios vom Aeropag (→ Mystagogie), die in hohem Ansehen standen, vorbildlich (Taufe, Eucharistie, Myronsalbung, Cheirotonie, Mönchsweihe u. Begräbnisordnungen). Diese Mysteria wurden gelegentlich um die Myronweihe u. die Weihe des Altars vermehrt. Johannes Damascenus (gest. um 750) kannte nur die beiden S.e des NT, Eucharistie u. Taufe. Aber auch bei ihm wird der heilsuniversale Charakter des S.s-Begriffes einsichtig, insofern mit ihm etwa die Menschwerdwung u. mit dieser die Verehrung des Bildes verbunden wird. Auf der Unionssynode von Lyon 1274 übernahm die byz. Kirche die Siebenzahl der S.e von der kath. Kirche, wenn auch gegen die Widerstände von Volk u. Klerus. Noch im 15. Jh. wollte ein Metropolit unter Erweiterung der aeropagit. Sechszahl 10 S.e anerkannt wissen. Unter protestant. Einfluß nannte der Patriarch Kyrill Lukaris (gest. 1638) zwei (Taufe, Eucharistie), denen sein Freund, der Patriarch von Alexandrien Metrophanos Kritopulos (gest. 1641), als drittes S. noch die Buße hinzufügte. Die Synode von Jerusalem 1672 setzte schließlich die Siebenzahl endgültig fest, wie sie 1643 in den Bekenntnissen des Patriarchen von Jerusalem Dositheos (gest. 1707) u. des Petrus Mohila, Metropolit von Kiev (gest. 1647), proklamiert wurde. – Eine S.en-Theologie entstand in Byzanz erst spät; sie findet sich vor allem in den spätbyz. Mystagogien u. in der Schrift „Über die hl. S.e" des Metropoliten von Thessalonich Symeon (gest. 1429).

Vorher gab Nikolaus Kabasilas (gest. vor 1391) in seiner Schrift „Über das Leben in Christus" eine betont seelsorgerl. Betrachtung der Taufe, der Myronsalbung u. der Eucharistie.

Lit.: H. Afanaśev, Tainstva i Tainodejstvija, Pravoslavnaja Mysl', Paris 1951, 17-34; Beck 247 f., 282 f. u. Reg.; N. Clark, An Approach to the Theology of the Sacraments, London 1956; Fr. Dunkel, Die Spendung der hl. S.e in der oriental. Kirche, Theolog.-Prakt. Quartalsschr. 80, Linz 1927, 446 ff., 676 ff.; P. Hauptmann, Die Katechismen der russ.-orth. Kirche, Göttingen 1971, 185 bis 221; Heiler, 152-188 (492 f.); Heyer, 127-132; G. van der Leeuw, Sakramentales Denken, Kassel 1959; C. Mohrmann, Sacramentum dans le plus Anciens Textes Chrétiens, Harvard Theolog. Review 47, Cambridge (Mass.) 1954, 141-152; H. v. Soden, Mysterion u. Sacramentum in den ersten drei Jh. der Kirche, ZNW 12, 1911, 188-227; Th. Spačil, Doctrina Theologiae Orientalis. De Sacramentiis in Genere, Roma 1937; I.-H. Dalmais, Handbuch Ostk.kunde II, 141-181; R. Hotz, S.e im Wechselspiel zwischen Ost u. West, Zürich/Köln 1979; M. Lurker,Wörterbuch der Symbolik, Stuttgart 1983², 589-590.

Sakramentalien → unter Segen

Sakristei → unter Pastophorien

Sanctuarium → unter Bema

Sanctus (lat. 'heilig'), ein in seinem ersten Teil aus Jes. 6,3 (mit geringer Erweiterung) u. in seinem zweiten aus Matth. 21, 9 bestehender Hymnus der byz. Liturgie. Er unterteilt das Eucharist. → Hochgebet in 2 Abschnitte: das Antesanctus u. das Postsanctus. Der erste Abschnitt des Eucharist. Hochgebetes bietet an seinem Ende u. Übergang zum S. eine Paraphrase aus Hes. 3, 12.13 u. Dan. 7, 10 (vgl. Kol. 1,16) über die Engelmächte an Gottes Thron, während der zweite in log. Anschluß an das S. das Kommen Christi zum Golgathaopfer schildert. Während der zweite Teil des S. im 8. Jh. (wohl aus Syrien über Armenien kommend) in die byz. Liturgie aufgenommen wurde, hat der erste eine ältere, wenn auch noch nicht völlig geklärte Vorgeschichte. Weithin unbestritten ist die Herkunft aus dem synagogalen Gottesdienst, umstritten dagegen, ob 1. Clem. 34, 5.6 schon das gottesdienstl. S. meint. Ebenfalls ohne liturg. Beziehung haben wahrscheinlich Tertullian (gest. nach 220), frühe Märtyrerakten (Perpetua u. Felicitas) u. Origenes (gest. 253/254) das S. behandelt. Das erste Zeugnis für den liturg. Gebrauch findet sich jedoch in Ägypten in der Gebetssammlung des Bischofs von Thmuis, Serapion (gest. nach 362); dort setzt es allerdings eine ältere Tradition voraus. Es folgen, abgesehen von den Apostol. Konstitutionen (→ unter Kirchenrecht) mit einem ersten Ansatz zum zweiten Teil, die Mystagogien Kyrills von Jerusalem (gest. 386) u. Theodors von Mopsvestia (gest. 428). Der für diese Zeit charakterist. liturg. Einsatz des S. ist sehr wahrscheinlich auf die Auseinandersetzung mit den Arianern um die Dreieinigkeit zurückzuführen. Niceta von Remesiana (gest. um 420) bezeugt, daß das S. von Christen des Orients (wohin auch die pseudoareopagit. Schriften [→ Mystagogie] u. das Henochbuch weisen) nach dem Westen gebracht worden sei. In Afrika u. Spanien, wo die Kämpfe um die Trinität wegen der arian. Westgoten besonders hart waren, fand das S. Mitte des 5. Jh., in die moz-arab. Messe im 6./7. Jh. Eingang. – Die dem S. zugrunde liegende Vorstellung von den Engelmächten hat auf die Entstehung der Ikonographie der Majestas Domini eingewirkt.

Lit.: Dix, 165 f. u. Reg.; Eisenhofer 2, 159-163; Fendt, Reg.: S; K. Gamber, Missa Romensis, Regensburg 1970, 63-66; Handbuch, Reg.; Hanssens, Nr. 1250-1265; Jungmann 2, 161-173; E. Kähler, Te Deum Laudamus, Studien zur Gesch. des Te Deum u. zur Gesch. des 24. Psalms in der Alten Kirche, Berlin 1958; G. Kretschmar, Studien zur frühchristl. Trinitätstheologie, Tübingen 1956, 134-182; Lietzmann, 127-132; W. C. van Unnik, Clement and the S., ViChr 5, 1951, 204-248; Schulz, Byz. Liturgie, Reg.II B: Dreimalheilig.

Sarkophag (grch. *sarkophagos lithos,* 'fleischfressender Stein' [ein in Assos bei Troas gebrochener Kalkstein, der das Verwesen des Leichnams beschleunigte], kastenförmiger u. mit einem Deckel verschließbarer Sarg aus Stein (Marmor), Holz od. Ton (auch Metall). Sieht man von den z. T. schon künstlerisch gestalteten Frühformen bei Ägyptern, Babyloniern, Phöniziern u. Etruskern mit ihren mannigfachen haus-, körperähnlichen u. anderen Formen ab, so beginnt mit dem Hellenismus die bekannte Gestalt des Marmor-S.s. Das Material reizte zur Ausschmückung der Wände mit Malereien od. schließlich fast nur noch mit

Reliefs, um so mehr, als S.e nicht mit Erde verschüttet wurden, sondern in den Coemeterien u. Katakomben frei standen. Ihre Ausschmückung war sehr kostspielig u. nicht zuletzt deshalb auch in frühchristl. Zeit eine Angelegenheit sozialer Repräsentation. Die christl. Sepulkralkunst (von lat. *sepulcrum,* 'Grab', 'Grabmal') übernahm die Vorbilder der spätantiken S.-Kunst (s-förmige Riefelung, strigilierte Wände; zweizonig angelegte Szenenfriese; Einteilung der Szenen od. Figurengruppen durch Arkaden bzw. muschelförmige Konchen; polychrome Reliefs u.a.). Die ersten christl. S.e werden in die Zeit des christenfreundl. Kaisers Gallienus (gest. 268) datiert. Ihr Schmuck zeigt den Guten → Hirten, den Orans u. sehr bald auch Szenen der Katakombenkunst. Damit war der Anfang gemacht zu Darstellungen vom Leben, Sterben u. Auferstehen Christi, wie sie sich von selbst auf diesem Gegenstand anboten. Hervorzuheben sind neben Wunderszenen mit jugendl. Christus (→ auch Christusbilder) Apostelbilder, die frühen Darstellungen aus dem Passionszyklus auf den sog. „Passions-S.en" des 4. Jh., die Wiedergabe der Traditio legis (Gesetzesübergabe) u. des Kreuzes. Bald nach 400 erschöpfte sich diese Kunst, ihre Nachwirkungen blieben aber in bestimmten Gattungen der Kleinkunst, vor allem der Reliquiare, spürbar. Unter den repräsentativen S.en sind die allerdings bildlosen, aus Porphyr bestehenden Kaiser-S.e zu nennen. Neben den stadtröm. sind die ravennatischen, gallischen u. die S.e des Schwarzmeergebietes als selbständige Gruppen zu erwähnen. Die letzteren haben auf den berühmten S. Jaroslavs von Kiev (gest. 1054) eingewirkt. – Die Ausschmückungen der altkirchl. S.e bieten wertvolles Material zur Geschichte der christl. Ikonographie, aber auch zur Kulturgeschichte dieser Epoche, insofern sie uns über zahlreiche Einzelheiten des spätantiken Alltags und der Feste unterrichten.

Lit.: Dassmann, 25-39; F. W. Deichmann, Repertorium der christlich-antiken S.e, 1. Bd. (mit Tafelbd.), Wiesbaden 1967; F. Gerke, Die christl. S.e der vorkonstantin. Zeit, Berlin 1940; Th. Klauser, F. W. Deichmann, J. Märki-Boehringer, Frühchristl. S.e in Wort u. Bild, Olten 1966; J. Kollwitz, Die S.e von Ravenna, Freiburg/Br. 1956; G. Rodenwaldt, S.-Probleme, Mitt. des DAI, Röm. Abt., 58, München 1966, 1-26; E. Sauser, Frühchristl. Kunst, Innsbruck-Wien-München 1966, Reg.; ders., Das Paschamysterium in den sog. Passions-S.en, Kyrikon. Fs. für J. Quasten, Münster (Westf.) 1970, 654-662; A. Stuiber, Refrigerium interim, Bonn 1957; H.-G. Thümmel, Studien zur frühchristl. Grabeskunst, Habil.-Schrift Greifswald 1966; LdK 4, 302-306.

Schallbrett → Semantron

Schisma → unter Häresie

Schlachtung (Opferung) des Lammes (grch. *thysia tu amnu;* russ. *žertvoprinošenie agnca*), eine nur in der Ostkirche anzutreffende, von der byz. Mystagogie geprägte feierl. Handlung während der Vormesse, der Prothesis, die auf dem Rüstaltar (→ Altar) vollzogen wird. Dazu werden 5 Abendmahlsbrote (Prosphoren) auf die Abendmahlsschüssel, die Patene, gelegt. Die eigentl. Schlachtung od. Opferung wird folgendermaßen vollzogen (s. auch Abb.): Der Priester nimmt die erste Prosphore in die Hände u. macht über dem Siegel – dem aus Kreuz und Christusmonogramm bestehenden Brotstempel – mit der hl. Lanze dreimal das Kreuzeszeichen. Damit ist das Siegel zum „Lamm" (grch. *amnos;* russ. *agnec*) geworden (I), das allein in der → Wandlung zum Leib Christi wird. Danach wird die Lanze in bestimmter Reihenfolge u. unter Rezitation von Jes. 53, 7.8 derart in das „Lamm" gestoßen, daß es – unter Rezitation von Joh. 1, 2 – aus der Prosphore herausgelöst werden kann. Das „Lamm" wird nun mit dem Siegel nach oben auf die Patene zurückgelegt u. mit der Lanze unter Rezitation von Joh. 19, 34.35 in die rechte Seite (vom Priester gesehen die linke Seite) gestoßen. Danach erfolgt die → Mischung von Wasser u. Wein. Aus den übrigen Prosphoren werden eine Reihe von Partikeln (grch. *merides;* russ. *časticy)* gelöst u. in folgender „Wohlordnung" (grch. *eutaktos;* russ. *blagočinno)* auf die Patene gelegt: Aus der zweiten wird unter Rezitation von Ps. 45, 10 eine größere Partikel für die Gottesmutter rechts neben das „Lamm" gelegt (II), aus der dritten werden 9 Partikel zu jeweils 3 „Dreiheiten" (Triaden) untereinandergeordnet (III): (1) Vorläufer Johannes; (2) Moses, Aaron, Elija, Elischa, David, Jesse, Drei Jünglinge im Feuerofen, Daniel u. alle

Propheten; (3) Petrus, Paulus u. alle Apostel; (4) Basilius der Große, Gregorios der Theologe, Johannes Chrysostomus, Athanasios, Kyrillos, Nikolaus von Myra u. nationale Heilige (die russ. orth. Kirche: Metropolit Peter [gest. 1326], Metropolit Aleksij [gest. 1378], die Metropoliten Iona [gest. 1461] u. Filipp [gest. 1569], Patriarch Jermogen [gest. 1612] von Moskau, die Bischöfe Nikita von Novgorod [gest. 1108] u. Leontij von Rostov [gest. 1073]); (5) die Märtyrer (namentlich genannt: Stephanos, der Protomärtyrer; Demetrios, Georgios, Theodoros Tiron, Theodoros Stratilates, Thekla, Barbara, Kyriake, Euphemia, Paraskeue, Katharina); (6) die hl. Väter Antonios, Euthymios, Sabbas, Onuphrios, Athanasios vom Athos u. nationale Heilige (in der russ.-orth. Kirche: Antonij vom Kiever Höhlenkloster [gest. 1073], Feodosij vom Kiever Höhlenkloster [gest. 1074], Sergij Radonežskij [gest. 1392], Serafim von Sarov [gest. 1833]; (7) Kosmas u. Damian, Kyros u. Johannes, Panteleemon u. Hermolaos u. andere, kein Honorar nehmende Arztheilige *(anargyroi,* → auch Heiligenverehrung, → Heiligenbilder); (8) Joachim u. Anna, der Namenspatron der Kirche (→ Kirchenweihe) u. der jeweilige Tagesheilige, die Slavenlehrer Kirillos u. Method (→ Sprachen), der Großfürst von Kiev Vladimir (gest. 1015); (9) zum zweitenmal Johannes Chrysostomus bzw. Basilius, hier als Schöpfer der nach ihnen genannten Liturgien (→ Chrysostomus-, → Basiliusliturgie). – Aus der vierten Prosphore werden Partikel zum Gedenken der Hierarchie gelöst (IV), an ihrer Spitze des Patriarchen (→ auch Diptychon), des jeweiligen Landes u. Volkes, der Lebenden. Alle diese Partikel werden unter das „Lamm" gelegt. Die Partikel aus der fünften Prosphore (V) gelten dem Gedächtnis u. der Fürbitte für die Verstorbenen, ebenfalls soviel wie gewünscht, wobei wiederum die verstorbenen Hierarchen zuerst genannt werden. Schließlich entnimmt der Priester der vierten Prosphore ein Teilchen für sich selbst.

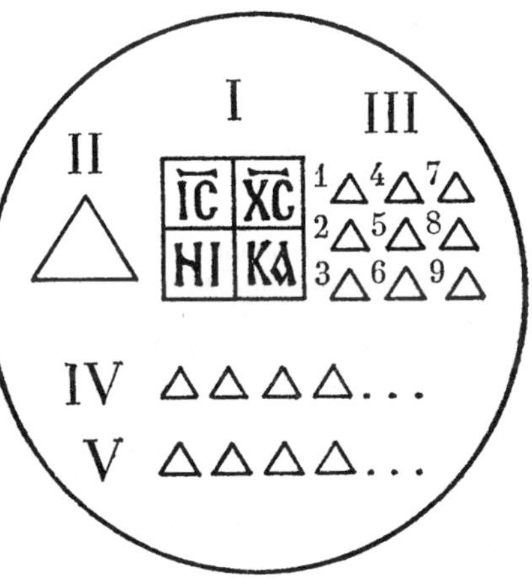

Schlachtung (Opferung) des Lammes

In der Sch. (O.) d. L. wird in gedanklich sehr konzentrierter Weise ihr Kommemorations-(Erinnerungs-)Charakter (→ auch Anamnese) mit der allgemeinen u. Großen → Fürbitte u. mit der Vorstellung von der sichtbaren u. unsichtbaren Kirche verbunden, wie sie sich in der Eucharistie als analogem Abbild des Golgathaopfers darstellt (→ Eucharistie). In dieser feierl. Abbildhaftigkeit der gesamten (hinter den verhängten Türen der Bilderwand vollzogenen) Handlung manifestiert sich in eindrucksvoller Weise eine ideelle Zusammenschau (Synopse) der eucharistischen Theologie mit der Theologie der Erlösung (Soteriologie) u. der Theologie von der Kirche (Ekklesiologie); problematisch bleibt allerdings, daß die Gemeinde davon ausgeschlossen ist (→ auch Bilderwand). Die Sch. (O.) d. L. besitzt außerdem eine betont anagogische, d. h. auf den Höhepunkt der Liturgie hinführende Funktion, insofern in der Wandlung der Elemente Brot u. Wein in Leib u. Blut Christi sowie den anschließenden Diptychen-Gebeten das Golgathaopfer Christi vergegenwärtigt wird, mit dem der Gläubige schließlich in der Kommunion Gemeinschaft (grch. *koinonia*) haben darf.

Zusammen mit der Brotbrechung hat die Sch. (O.) d. L. auf den Typus des „Zerteilten" (grch. *melismos,* der 'Zerteilte') unter den Christusbildern eingewirkt, wie er in das Bildprogramm des Prothesis-Raumes in der spät- bis nachbyz. Zeit eingegangen ist. Mit anderen Faktoren hat sehr wahrscheinlich die Mystagogie dieser liturg. Handlung auf die Entstehung der Gralslegende Einfluß gehabt. Dabei kam es zu bedeutsamen Abweichungen von den oben dargelegten dreifachen theolog. Grundvorstellungen. – Abb.

Lit.: H. Folger, Eucharisti u. Gral, ALW 5, 1957, 96-102; Hanssens, Nr. 782-795; S. Salaville, Le Coup de Lance et la Plaie du Coté dans la Liturgie Orientale, L'Unité de l'Église 8, 1929, 77-86; Ch. Walter, Art and Ritual of the Byz. Church, London 1982, 235-238; Schulz, Handbuch Ostk.kunde II, 38-40; ders. Die byz. Liturgie, Reg.II B: Proskomidie, Gabenbereitung; LChI 2, 196-198 (Gral). – S. auch Lit. zu Lanze, Prothesis.

Segen, *Segnungen,* auch *Benediktionen* (von lat. *signare,* '[mit dem Kreuz] bezeichnen'; grch. *eulogein, eulogia,* f.; russ. *blagoslovit', blagoslovenie,* n; lat. *benedicere, benedictio,* f.), in allen vor- u. außerchristl. Religionen mit einem bestimmten Gestus, Zeichen u. (nicht selten) Wort verbundene Haltung, entweder, vor allem in Frühreligionen u. ihren Überresten, als mag. Vermittlung bestimmter Qualitäten an Personen u. Objekte, od. – in Hochreligionen – als Wunsch u. Zuspruch an Personen u. Objekte im Vertrauen auf den göttl. Spender. In fast allen Religionen einschließlich des Christentums ist die S.s-Spendung das Reservat von in der Hierarchie Höherstehenden an Geringere (vor allem des Klerus an die Laien, s. unten). Das Unterscheidungsmerkmal christl. Segnungen von denen anderer Religionen besteht in der vollen Souveränität Gottes bzw. Christi in der S.s-Spendung. S.s-Formeln des AT verwendete bereits Jesus (Matth. 14, 19; 15, 36; Mark. 5, 34; 10, 16; Luk. 7,50; 24, 30; Joh. 20, 19). Gottesdienstlichen Charakter tragen 2. Kor. 13, 13 – ein Text, der in die Liturgie als Dialog eingegangen ist – u. eine Reihe von Stellen, die bei der Amtsübergabe (→ Cheirotonie) unter Handauflegen verwendet wurden (Apg. 8, 18; 14, 23; 2. Kor. 8, 19; 1. Tim. 4, 14; 2. Tim. 1, 6; Hebr. 6, 2). Die Liturgie u. die Sakramente, aber auch Stundengebet u. Stundengottesdienst kennen eine Reihe von Segnungen über Personen (vor allem in Verbindung mit den Entlassungen) u. Sachen (z. B. der Kronen und Ringe bei der Eheschließung, der liturg. → Gewänder, des Evangeliums u. des Apostolos), die weiterhin eine Fülle von Benediktionen umfassen (→ auch Eulogien), z. B. von Weihrauch, Weihwasser, Lampen u. Kerzen (→ unter Licht), von Speisen zu Ostern, der Kolyba, von Devotionalien u.a.m. Von diesen in der Regel wiederholbaren Segnungen od. Benediktionen sind die in der Regel einmaligen Weihen od. Konsekrationen zu unterscheiden. – Gesegnete Objekte, Orte od. Materien gehören nach dem Kirchenrecht zu den hl. Sachen (grch. *pragmata hiera*) bzw. hl. Orten (grch. *hieroi topoi*), nach kath. Verständnis zu den Sakramentalien, wobei im Osten die Grenze zwischen ihnen u. den Sakramenten aus einem mehr heilsuniversalen als (vor allem kirchenrechtlich) eng begrenzten Verständnis der letzteren nicht so scharf wie im Westen gezogen wird; dies trifft auch auf die Unterscheidung zwischen Benediktionen u. Konsekrationen zu. – Zur gestaltikonograph. Darstellung → unter Gestik.

Lit.: J. P. Audet, Esquisse Histoire de Genre Littéraire de la „Bénédiction" Juive et de L'„Eucharistie" Chrétienne, Revue Biblique 65, Paris 1958, 371-399; Fendt, Reg.: S.; A. Franz, Die kirchl. Benediktionen im MA, 2 Bde., Freiburg/Br. 1900; J. Hempel, Die israelit. Anschauung von S. u. Fluch im Lichte altoriental. Parallelen, Zs. Dt. Morgenländ. Gesellschaft 79, Wiesbaden 1925, 20-110; P. de Meester, La Bénédiction et la Consécration par Contact dans le Droit des Rites Orientaux, Angelicum 20, Roma 1943, 254-260; ders., De Precibus et Caeremoniis in Ecclesiis Ritus Bizantini Personae, Loca ac Res Benedicantur atque Sanctificantur, Acta Conventus Pragensis 1930, 103 bis 116; Milasch, § 174-176; W. Schenk, Der S. im NT. Eine begriffsanalyt. Studie, Berlin 1967; R. Wonneberger,Der S. als liturg. Sprechakt. Ein Beitrag zur Institution Gottesdienst, Zeichen u. Realität, Bd. III, 1069-1079; M. Lurker, Wörterbuch der Symbolik, Stuttgart 1983², 615 (Segnung).

Sekte → unter Häresie

Seligpreisungen (grch. *makarismoi,* nach dem ersten Wort der S. [Makarismen], *makarioi,* in Matth. 5, 3-12; russ. *blaženny,* m. plur.; lat. *beatitudines,* f. plur.). Die S. aus Matth. 5 werden an Sonn- u. Feiertagen anstelle des dritten Antiphons in der Eröffnung der Liturgie, der Enarxis, außerdem in einem Spezialoffizium, der Akoluthia der Typika, vorgetragen. Außerdem werden sie rezitiert am Karfreitag in der Akoluthia der hl. Leiden nach den 15 poet. Antiphonen, umrankt von den speziellen nichtbibl. Stichera. Solche S. u. Glücklichpreisungen waren in der bibl. u. außerbibl. Literatur der Antike sehr verbreitet. Götter wurden seliggepriesen, während hervorragenden Men-

schen nur die Glücklichpreisung zukam. Bereits Aristoteles (gest. um 322/321 v. Chr.) kannte die Formel Makarismos in diesem Zusammenhang. Im AT finden sich S. im Psalter u. in der Weisheitsliteratur. Da sich Matth. 5 in ähnl. Weise in den Liedern von Qumran findet, dürfte die gottesdienstl. Verwendung der S. bereits in der Urgemeinde üblich gewesen sein, wie auch Jerusalem als Heimat der Makarismen angesehen wird. Mit Sicherheit ist ihr liturg. Gebrauch in Offb. 1, 3; 14, 13; 16, 15 bezeugt. In der frühchristl. Literatur galten die S. den Märtyrern.
Text: s. Anhang Nr. 27.

Lit.: C. C. McCown, The Beatitudes in the Light of Ancient Ideals, Journal of Biblical Literature 46, Philadelphia (Pa.) 1927, 50-61; Daniel, 313, 354; J. Dupont, Les Béatitudes, 2 Bde., Louvain 1954; Goar, 108, 435; W. Grundmann, Die Bergpredigt nach der Lukasfassung, Studia Evangelica 1, Berlin 1959, 180-189.

Semantron (von grch. *sema,* n. 'Zeichen'), 'Signal', auch *semanterion,* n.; russ. *bilo,* n.), ein gußeiserner Stab, der im Kloster zum Signalisieren der Stundengebete, Stundengottesdienste u. der Mahlzeiten verwendet wird. Das hölzerne Schallbrett heißt Talanton (grch.; russ. ebenfalls *bilo*). Es wird mit einem Holzhammer geschlagen. Für jede Zeitansage gibt es eine Reihe von Schlägen u. Wirbeln. Während in Rußland die Glocke als vorherrschendes Signalinstrument entwickelt wurde, blieb auf dem Balkan wegen des Glockenverbots durch den Islam das S. bzw. Talanton in den Klöstern, aber auch in Dorfgemeinden in Gebrauch. Beide Instrumente gehen bis in die Frühzeit des Mönchtums zurück; sie waren bereits in vorchristl., vor allem in ägypt. Asketensiedlungen bekannt. – Abb.

Lit.: Aranca, „Christos Anesti". Osterbräuche im heutigen Griechenland, Zürich 1968, 245-247; Daniel, 199 f.; Th. Dombart, Das Semanterium, die frühchristl. Holzglocke, Die Christl. Kunst 20, München 1924, 51-63; 77-78; D. Schuberth, Kaiserl. Liturgie. Die Einbeziehung von Musikinstrumenten, insbes. der Orgel, in den früh-ma. Gottesdienst, Göttingen 1968, 106-107; R. Stichel, Jüd. Tradition in christl. Liturgie: Zur Gesch. des S., CAr 21, 1971, 213-228; G. Stuhlfauth, Glocke u. Schallbrett, Repertorium für Kunstwiss. 41, Berlin 1918, 162.

Sepulkralkunst → unter Katakomben, → Sarkophag

Sergij Radonežskij → unter Heiligenverehrung, → auch Heiligenbilder

Siegel. 1. (grch. *sphragis,* f.; russ. *pečat,* f.), der obere, kubusförmige Teil des Abendmahlsbrotes, der Prosphore, dessen Stempelabdruck in den 4 Winkeln der gleich langen Kreuzarme die grch. Buchstaben IC XC NI KA ('Jesus Christus siegt') zeigt. Das S. wird bei

Semantron

dem Ritus der Schlachtung (Opferung) des Lammes aus der Prosphore herausgelöst u. vor der Kommunion beim Brotbrechen geteilt. Die Form des S.s u. sein Stempel sind in den nationalen Liturgien (→ auch Ritus) des Orients unterschiedlich. Bei den russ. Altgläubigen hat das S. keine quadratische, sondern eine runde Gestalt, u. um das Kreuz sind die Worte gestempelt: *„Se agnec Božij vzemljaj grechi mira"* („Siehe, das ist Gottes Lamm, welches der Welt Sünden trägt", Joh. 1, 29). Brotstempel, mit denen das S. geprägt wird, sind seit dem 7. Jh. bekannt; sie bestehen aus verschiedenstem Material (Keramik [Terrakotta], Bronze, Holz). Da auch die Eulogien, die gesegneten Gegenstände, gestempelt waren u. Form u. Legenden der eucharist. S. lange Zeit nicht fixiert wurden, ist es schwierig, die ersteren von den letzteren zu unterscheiden. Die ersten S. trugen jedenfalls christl. Symbole, vor allem das Kreuz, aber auch den Pfau (als Sinnbild des Paradieses), den Fisch, die Palme u. das Dreieck; sie wurden aber sehr bald durch die obengenannte Buchstabengruppe ersetzt. Schon der Antike waren Brotstempel als Fabrikationszeichen od. für Zwecke des Kultus bekannt. Vgl. die Abb. zu Prosphore.

2. (grch. *sphragis,* f.; lat. *sigillum,* n.), Abdruck eines Stempelträgers (Gemme, Petschaft) in einer prägefähigen Masse (Edelmetall, Blei, Ton, Wachs, Brot [→ Siegel 1] u.a.). Solche S., mit Bild od. Symbol ausgestattet, dienten schon in der Antike zur Beurkundung u. als Zeichen der Identität u. Anwesenheit seines Trägers (bzw. seines Bevollmächtigten). Seit Beginn des Handels u. eines mit ihm verbundenen Rechtsverkehrs bekannt, spielt das S. auch in den Gemeinschaften der Hochreligionen eine wichtige Rolle. Der Rechtscharakter des S.s hat in übertragenem Sinne bestimmte Vorstellungen schon des NT beeinflußt (vgl. Röm. 4, 11; 1. Kor. 9, 2; Eph. 1, 13; 4, 30; Offb. 5, 1; 7, 2 f.; 9, 4), vor allem die der Taufe. Ähnlich wie die Münze war das Kaiser-S. Ausdruck der Oberherrschaft gegenüber den von ihr abgeleiteten u. abgestuften Teilherrschaften anderer Herrscher. Das Gold-S. od. Chrysobull im Längsformat mit entsprechender Legende u. mit Christusbild sowie dem Kaisernamen galt zugleich auch als Zeichen der Oberherrschaft Christi (→ auch Kaiserkult). Die Kirche als eigenständige Sozietät besaß ebenfalls das S.-Recht. In frühchristl. Zeit war das S. Ausdruck des persönl. Glaubens seines Trägers (→ auch Bild, → Gemme, → Kleinkunst). – Die Wissenschaft, die sich mit dem S., seiner Geschichte, Herstellung u. Ausschmückung beschäftigt, ist die → Sphragistik.

Lit. zu Siegel 1: F. J. Dölger, Heidn. u. christl. Brotstempel. Zur Gesch. des Hostienstempels, AuC 1, 1929, 1-46; G. Galavaris, Bread and the Liturgy. The Symbolism of early Christian and Byzantine Bread Stamps, Madison, Milwaukee, London 1970; Hanssens, Nr. 310-325; G. Stuhlfauth, Sphragis des griechisch-kathol. Abendmahlbrotes u. das Dreieck, ByZ 40, 1940, 76 ff.; Schulz, Die byz. Liturgie, Reg. II B: Lamm, hl.; RBK 1, 747-752 (Brotstempel).

Lit. zu Siegel 2: E. Dinkler, Signum Crucis, Tübingen 1967, Reg.: Versiegelung; F. J. Dölger, Sphragis, Paderborn 1911; W. Ewald, S.-Kunde, München 1914; R. Klauser – O. Meyer, Clavis Mediaevalis, Wiesbaden 1962, 229-237; A. Lilliebjörn, Über religiöse Signierung in der Antike, Uppsala 1933; P. Maser, Zur Entstehung des Kreuzigungsbildes, Diss. Halle 1970; W. Michaelis, Zeichen, S., Kreuz, Theolog. Zs. 12, Basel 1956, 505-525; LCHI 4, 156-158; LdK 4, 493-494. – S. auch Lit. zu Sphragistik, Taufe.

Skulptur → Plastik

Skuphos (grch., m., auch *skuphia,* f. [von *skyphos,* m., 'Becher']; russ. *skuf'ja,* f.), Kopfbedeckung des Mönchtums u. des Weltklerus, in den einzelnen Riten des Ostens von unterschiedl. Form. Während in der russ.-orth. Kirche der S. ein kleines Käppchen in der Gestalt eines umgekehrten Bechers ist, ähnelt der S. der grch. u. anderer orth. Kirchen eher dem Kamelauchion, dessen oberer Durchmesser größer als der untere ist. Auch seine Verwendung innerhalb u. außerhalb der Liturgie ist sehr unterschiedlich. In mittelbyz. Zeit wird das Tragen des S. zu Beginn der Liturgie bezeugt. Die Farbe ist schwarz bei Mönchen u. im allgemeinen violett bei der Weltgeistlichkeit, für die er eine ehrenvolle Auszeichnung bedeutet.

Lit.: Goar, 134; P. de Meester, De Monachico Statu iuxta, Disciplinam Byzantinam, Città del Vaticano 1942, 254, 362; La Prière[1], XVI. – S. auch Lit. zu Kamelauchion; Gewänder, kirchl. u. liturg.

Smolenskaja → unter Gottesmutterbilder

Sonntag → unter Kirchenjahr, → Oktoechos

Sonntag der Kreuzverehrung (grch. *kyriake tes stauroproskyneseos;* russ. *nedelja krestopoklonnaja*), Bezeichnung des 3. Sonntags der Großen → Fastenzeit; er wird nur in der Ostkirche gefeiert. Während Jerusalem u. Rom die Kreuzverehrung ursprünglich im Zusammenhang mit der Kreuzauffindung durch die Kaiserinmutter Helena (→ auch Kreuzerhöhung) am Karfreitag als speziellen Ritus vollzogen, verlegte die byz. Kirche nach dem endgültigen Verlust des hl. Landes an die Araber diese feierl. Handlung im 8./9. Jh. auf den Dienstag bis Freitag der 4. Fastenwoche, schließlich auf den vorangehenden Sonntag. Da im Morgengottesdienst ein Kanon Theodors vom Studioskloster (gest. 826) gesungen wird, nimmt man an, daß das Fest zuerst dort begangen wurde, nicht zuletzt deshalb, weil die ausschließl. Verehrung des Kreuzes durch die bilderfeindl. Kaiser (→ unter Bild) von Theodor zugunsten einer Vorstellung bekämpft wurde, die Menschwerdung (Inkarnation) u. Kreuzestod Christi umfaßte (→ auch unter Prothesis). Nach dem Bildersturm wurde das Fest vom Kaiserhof, der im Besitz einer Reliquie des hl. Holzes war, mit noch höherem Glanz ausgestattet, was durch das schöne Idiomelon (→ Stichera) des Kaisers Leon (gest. 912) noch unterstrichen wird. Bemerkenswert ist auch die im genannten Kanon durchgehende trinitar. Motivierung des Festes. Seine Hymnen haben auf die Ikonographie der Kreuzanbetung eingewirkt.

Lit.: Baumstark, 86, 101, 142-145; Kirchhoff – Schollmeyer[1], [1], 12, 29-49; Maltzew[4], 135-144; Maximilian v. Sachsen, Praelectiones de Liturgiis Orientalibus, Freiburg/Br. 1908, 101-103; Nilles 2, 127-139; G. Römer, Die Liturgie des Karfreitages; ZKTh 77, 1955, 70-86; Schulz, Handbuch Ostk.kunde II, 69 f. – S. auch Lit. zu Karfreitag, Kreuz.

Sonntag der Orthodoxie (grch. *kyriake tes orthodoxias;* russ. *nedelja pravoslavija*), ein nur im byz. Ritus vorhandenes Großfest am ersten Sonntag der Großen → Fastenzeit zur Erinnerung an den Sieg der Bilderfreunde über die Bilderfeinde im 9. Jh. (→ unter Bild). Am 11. März 843 (od. kurz danach) hatte ein gemeinsames Dekret von Kaiser u. Patriarch sowie der Synode von Konstantinopel die Wiedereinsetzung der Bilderverehrung u. ihre jährl. Feier am ersten Fastensonntag bestimmt, nachdem wahrscheinlich am 19. Febr. die erste Feier stattgefunden hatte. Am 2. März 844 wurde ein Synodalschreiben des Patriarchen Methodios (gest. 847), das sog. „Synodikon", veröffentlicht. Es bestätigte nicht nur nochmals den Festtermin, sondern enthielt auch eine Liste des „ewigen Gedenkens" (grch. *aionia mneme*) der Bekenner (→ auch Märtyrer) u. eine zweite, längere Aufstellung aller vorangegangenen u. gegenwärtigen Häresien u. ihrer Anathematisierten. Dieses Synodikon wurde später in den autokephalen Kirchen des Balkans u. in Rußland um weitere Namen vermehrt. Die liturg. Relevanz des Rechtscharakters dieser Listen wird durch den im 11. Jh. bezeugten Titel „Synodikon der Erinnerung u. der Eucharistie" bekräftigt. Bis heute wird es am S. d. O. nach dem Morgengottesdienst vor der Liturgie in feierl. Weise, verbunden mit einer Prozession der Ikonen, ihrer Deponierung auf dem Pult (→ Proskynetarion) u. unter Lesung von Apg. 16, 17-20; Matth. 18, 10-18 gehalten. Man hat die Bedeutung dieses Festes mit der des Fronleichnamsfestes der kath. Kirche im 12. Jh. verglichen. Ursprünglich wurde der S. d. O. nach den Vorschriften des ersten Fastensonntages gehalten, sehr bald aber mit eigenem Festcharakter ausgestattet. Er enthielt eine Nachtwache. Bei der obenerwähnten Prozession wird ein Kanon Theodors vom Studioskloster (gest. 826) gesungen, des bedeutenden Verteidigers der Bilder u. der Kirchenmusik.
Text: s. Anhang Nr. 28, 3.

Lit.: Beck, Reg.: Orthodoxie, Sonntag; V. Grumel, Les Regestes des Actes du Patriarcat de Constantinople, Paris 1932-1947, Nr. 414-425; Heiler, Reg.: S.; Kirchhoff – Schollmeyer[1], 131-153; Maltzew[3] (2. Teil), 283-323; Maltzew[4], 77-82; Maximilian v. Sachsen, Praelectiones de Liturgiis Orientalibus, Freiburg/Br. 1908, 91-100; A. Michel, Die jährl. Eucharistie nach dem Bildersturm, OrChr* 12, 1925, 151-160; Nilles 2, 101-121; J. E. Th. Perridou, De Zondag der Orthodoxie in de Byzentijnse Kerk, Het Christl. Osten 9, 1957, 182 bis 200; M. G. Propruženko, Sinodik Carja Borila, Bol'garski Starini 13, Sofia 1928; F. Uspenskij, Sinodik v Nedelja Pravoslavija, Odessa 1893. – S. auch Lit. zu Bild.

Sonntag der Väter → unter Advent

Sonntag der Vorväter → unter Advent

Sophia → unter Weisheit Gottes

Speckstein → unter Steatit

Speuhippos → unter Heiligenverehrung, → auch Heiligenbilder

Sphaira (grch., f., '[Welt-]Kugel'; lat. *sphaera,* f.), Symbol der den Himmel einschließenden Weltkugel, als Attribut göttl. u. von ihr abgeleiteter ird. Herrschaft in der oriental. Antike bekannt, aber nicht vom byz. Kaiserkult übernommen. Im byz. Bereich ist die S., von wenigen u. frühen Beispielen abgesehen (als Sitz Christi auf dem Mosaik der Apsis in S. Vitale, Ravenna, 6. Jh.), den Erzengeln (→ Engel) reserviert. Von ihnen meistens in der linken Hand gehalten, zeigt sie oft das Kreuz od. auch den segnenden Pantokrator (→ unter Christusbilder). Später wird die Weltkugel (lat. *globus*) durchscheinend dargestellt u. zeigt Umrisse von Wolken u. Wasser.

Lit.: J. Deér, Der Globus der spätröm. u. byz. Kaiser, ByZ 54, 1961, 55-85; 291-318; P. E. Schramm, S., Globus, Reichsapfel, Stuttgart 1958; O. Wulff, Ein byz. Ikonentypus, L'Art Byzantin chez les Slaves, 2. Bd., Paris 1934, 224-234; LChI 2, 645 bis 700 (Kugel).

Sphragistik (von grch. *sphragis,* f., 'Siegel'), Wissenschaft vom Siegel (→ Siegel 2), seiner Herstellung u. seines Materials, seiner Zwecksetzung u. seiner spezif. Ikonographie. Die S. ist wichtig vor allem zur Kenntnis der byz. Verwaltungsgeschichte in Staat u. Kirche einschließlich der slav. Gebiete. Unter Heranziehung der Epigraphik (in der S. auch Sigillographie genannt) erbringt diese Wissenschaft wertvolles Material zum Studium der Politik, der Diplomatie u. des Protokolls. Auch für die Kirchengeschichte ist sie von Bedeutung. Patriarch u. Bischof, aber auch der Weltklerus, sofern er sich zu Körperschaften zusammenschloß, besaßen die Siegelhoheit. Nach dem Schisma, der Kirchentrennung, von 1054 ließ Michael Kerullarios auf dem Patriarchatssiegel die Legende *„oikomenikos patriarches"* („ökomen. Patriarch") anbringen.

Lit.: F. Dölger, Byz. Diplomatik, Ettal 1956; ders. u. A. M. Schneider, Byzanz, Bern 1952, 54-57; W. Ewald, Siegelkunde, Münzen, Berlin 1924², Grabar, Iconoclasme; V. L. Janin, Aktovye Pečati Drevnej Rusi X-XV vv., 2 Bde., Moskau 1970; P. Laurent, Le Corpus des Sceaux de l'Empire Byzantin, Bd. 1 ff., Paris 1964 ff.,; N. P. Lichačev, Nekotorye Starejšie Tipy Pečati Vizantijskich Imperatorov, Moskau 1911; G. Schlumberger, Sillographie de l'Empire Byzantin, Paris 1884; LdK 4, 494. – S. auch Lit. zu Siegel (2).

Spiridon → unter Heiligenverehrung, → auch Heiligenbilder

Sprachen. 1. Im Gegensatz zur „lautlosen" Körpersprache (→ Gestik) ist die eigentl. Sprache ein System von artikulierten u. schriftl. fixierten (physikal.) Zeichen, die der Information, Kommunikation u. Kooperation des Individuums innerhalb der Gesellschaft (die ohne Sprache nicht vorstellbar bleibt) dienen. Die S. spiegeln nicht nur eine materielle od. im Bewußtsein vorhandene gedankl. Wirklichkeit wider, sondern vermögen diese auch zu erfassen u. zu gestalten.
2. Da das religiöse Bewußtsein die materielle durch eine idelle Wirklichkeit interpretiert, ist einsichtig, daß seine Sprache vorzugsweise mit spezif. Bedeutungszeichen, Symbolen, arbeitet. Innerhalb der Lehre von den sprachl. Zeichen (Semiotik) besitzt deshalb die Sprache der Religion für den semantischen (die Beziehung zwischen Zeichen u. Bedeutung erhellenden) Bereich exklusives Interesse. Als Kommunikationsmittel religiöser Gemeinschaften od. Sozietäten ist aber auch der pragmat. Aspekt, d. h. die Beziehung zwischen Mensch u. Sprache wichtig, insofern er die spezielle Terminologie des Kultus, der Liturgie u. des Ritus erklären hilft, was sich natürlich auf die anderen semiot. Bereiche (die Syntaktik, die Lehre von den Beziehungen der Zeichen untereinander, u. die Sigmatik, die Lehre von den Beziehungen zwischen Zeichen u. Bezeichnetem) auswirkt. Beim Aufbau einer das Verhalten (die Ethik) u. das ideelle Bewußtsein (den Glauben) widerspiegelnden u. regelnden religiösen Sprache ist der kreative Faktor der pragmat. Beziehungen nicht zu übersehen. Dies zeigen nicht nur die Übernahme von Begriffen u. Vorstellungsschemata aus Bereichen, die nicht zur konkreten Sozietät gehören, sondern vor al-

lem die Initiativen zu deren Neudeutung, wobei die Bewältigung situationsmilitanter Zusammenhänge wichtig ist (z. B. → Epiphanie, → Geburt Christi, → Geburt der Gottesmutter, → Darstellung Jesu im Tempel). Nicht nur die S. des Dogmas, auch die sozialkulturellen Leistungen der religiösen S. auf dem Gebiet der Kirchendichtung mit ihren schöpfer. Zwischenbeziehungen zur Kunst sind hier zu erwähnen. Neben diesem positiven darf ein negativer Aspekt des religiösen „Sprachereignisses" nicht übersehen werden. Während die Umgangs-S. ihrem natürl. Verschleiß durch Um- u. Neuschöpfungen entgegenwirken, bedingt der intensive Stabilitätscharakter der Religion die Konservierung ihrer Sprache, die sich in ihrer Sakralisierung äußert. Ähnlich wie beim religiösen Repräsentationsbild kann das Individuum sie nicht mehr aktiv beeinflussen, es kann sie nur noch respektieren. Der kreative Aspekt des pragmat. Bereiches ist damit in einer bestimmten Phase der Entwicklung einer Sakralsprache stark eingeschränkt. Dieser Vorgang ist bezeichnend für bes. hl. u. kultisch hervorgehobene Texte (vgl. z. B. den → Einsetzungsbericht), deren spezif. Sakralcharakter durch das Verbot der Übersetzung in „Säkular"-S. noch betont wird. Zugleich sind nichtrationale, psychisch bedingte Einflüsse der kult. Emotion festzustellen, wie etwa durch „Verschweigen" der S. (z. B. → Stillgebete) od. das Verhüllen u. Ausgrenzen bestimmter, durch die Sakral-S. aktualisierter „Ereignis"-Zonen (→ Bema, → Bilderwand).

3. Unter diesen Gesichtspunkten sind der Sakralcharakter der Einsetzungsworte Jesu u. ihre im Osten u. Westen verschiedene liturg. Praxis zu betrachten. Im Osten wurde das NT früh in die grch. u. syr. u. aus diesen in die anderen Volks-S. des Orients übersetzt (darunter als älteste in das Koptische, vor dem 8./9. Jh. auch in das Arabische). Die Autorität der altkirchl. Bischofskirche u. das sich daraus entwickelnde Prinzip der Autokephalie im Verein mit der Entstehung von großen „Liturgiefamilien" (→ auch Ritus) gaben solchen Übersetzungen einen amtl. Charakter. Deshalb besitzen die orth. Kirchen keine einheit. liturg. Sprache, vor allem für die Anaphora, das Kernstück der Liturgie, sondern eine Reihe von im obigen Sinne sakralisierten Volks-S. Demgegenüber kannte die kath. Kirche nur eine Bibelübersetzung, die lat. Vulgata, deren Sprache das papalistisch-universale Leistungsprinzip als die herrschende liturg. Sprache durchzusetzen verstand. Diese strenge Exklusivität des Lateinischen galt als spezielles Reservat des Canon missae (lat. *sacratissima missa,* 'heiligste Messe'), der der östl. Anaphora entspricht; die anderen Teile der Messe konnten, vor allem in Missionsgebieten, auch in der jeweiligen Volkssprache gehalten werden. Der ökumen. Patriarch versuchte verschiedentlich, dem Griechischen im Osten einen ähnl. Anspruch zu sichern, ist aber damit aus den erwähnten Gründen nicht durchgedrungen. Im Gegenteil: Die aus Thessalonich (slav. *Solun*) stammenden Slavenlehrer Kirill u. Method durchbrachen die Monopolisierung der hebr., grch. u. lat. Liturgie-S. (sog. Dreisprachentheorie), indem Konstantin-Kirill (gest. 869) ein der damaligen Phonetik des Altslavischen entsprechendes Alphabet (ältere Bezeichnung Altkirchenslavisch), die „Glagolica", „erfand", die erst im 10. Jh. in Bulgarien durch die bis heute bekannte „Kirillica" ersetzt wurde. Durch Übersetzung der liturg. → Bücher, vor allem des Euchologions, waren sie in der Lage, die gesamte Liturgie in slav. Sprache zu halten. Vom Röm. Stuhl zunächst bestätigt, wurde der „slav. Ritus" nach dem Tode Methods (885) verboten.

Die Schaffung des altslav. Alphabets kann als ein S.-Ereignis ersten Ranges, als „Sternstunde des Slaventums" (R. Trautmann) bezeichnet werden. Sie wurde nicht nur für den kirchl. Bereich von Bedeutung, sondern eröffnete die Geschichte selbständiger Literaturen der slav. Völker. Noch Jh. hindurch trug dieses „Altkirchenslavische" die Züge einer dynam. Pragmatik, die auch die anderen, eingangs genannten 4 semiot. Bereiche in einem ständigen Austausch u. gegenseitiger Befruchtung erscheinen ließ. Diese Dynamik mußte aber in demselben Maße abnehmen, wie die Reservierung des „Kirchenslavischen" für Gottesdienst u. Kirchenrecht zunahm u. ihre Regeneration durch Interpretationsinitiativen des Volkssprachlichen ausfiel. Dieser im einzelnen sehr komplizierte Prozeß läßt sich für die russ. Sprache etwa so beschreiben: „Der 'kirchenslav.' Stil als Kommunikationssystem wird an die Peripherie gedrängt, er verliert einen erweiterten Funktionsbereich u. wird immer mehr auf die Rolle einer kirchl. Kultsprache spezialisert" (Freydank). Die Isolierung der kirchenslav. Sakralsprache führte im 17. Jh. zu einer tiefen Krise, die nicht nur die Sprache (→ Chomonie), sondern auch die Kirchenmusik. u. die Ikonenmalerei einschloß. Eine „defekte Semiotik", d. h. die Lähmung des Austausches mit der Umgangssprache, war die Folge. Das „Kirchenslavische" war nicht mehr interpretationsaktiv, sondern wurde interpretationsbedürftig. Bei den Altgläubigen, die sich im 17. Jh. von der Patriarchatskirche getrennt hatten, blieb es rein konservierend, ohne neue Kulturimpulse weitergeben zu können. Nur für die slavist. Forschung ist diese ehemals dynam. Sprache heute noch von wissenschaftl. Wert.

4. Diese Problematik des „Kirchenslavischen" hat sich auch den anderen balkanslav. Liturgie-S. (Bulgarien, Serbien) mitgeteilt. Zu den ältesten Liturgie-S. des byz. Ritus gehört das Georgische (Iberische) in seiner im Gottesdienst gepflegten Gestalt. Die klass. altgeorg. Sprache entstand im 5. Jh. u. entwickelte sich bis zum 13. Jh. zu ihrer Hochform, um danach allmählich in das Neugeorgische überzugehen. Während das georg. Sakralsprache im vergangenen Jh. durch die Konfessionspolitik des Zarenstaates unterdrückt wurde, ist sie seit 1918 wieder zu Ehren gekommen. In den orth. Kirchen des Orients, vor allem des Patriarchates von Antiochien, blieb auch nach der arab. Eroberung zunächst noch das Griechische in Gebrauch; in den Städten setzte sich das Syrische durch. Etwa zur gleichen Zeit drang das Arabische allmählich in bestimmte Teile der Liturgie (nicht in die Anaphora) ein; schließlich wurde es auch im Patriarchat von Alexandrien als Kultsprache anerkannt. Die jüngste Liturgiesprache – sieht man von den modernen S. Ost- u. Mitteleuropas, Asiens u. Amerikas ab – ist das Rumänische. Wie die anderen nichtgrch. Volks-S. in der Vergangenheit konnte sich auch das Rumänische nur unter großen Schwierigkeiten gegen das Ökumen. Patriarchat durchsetzen. Im MA bildete das „Kirchenslavische" die Liturgiesprache der Rumänen. Nach der Eroberung von Konstantinopel durch die Türken 1453 geriet die rumän. Kirche durch grch. Emigranten unter deren Einfluß, so daß das „Kirchenslavische" an Bedeutung verlor. Unter dem Einfluß der Reformation kam es zu den ersten Übersetzungen der Bibel ins Rumänische. Vom 17. Jh. ab vermochte sich das Rumänische als Liturgiesprache durchzusetzen, wobei der Übergang von kyrillischen zu lat. Buchstaben ohne Schwierigkeiten vor sich ging. Die rumän. Kirche erkennt Probleme des Überganges von konservierten Sakral-S. zu den lebendigen Volks-S. in der Liturgie nicht an.

Lit.: G. Bardy, La Question des Langues dans l'Église Ancienne, Paris 1948; A. Borst, Der Turmbau zu Babel, 2 Bde., Stuttgart 1957; F. Grivec, Konstantin u. Method. Lehrer der Slaven, Wiesbaden 1960; Heiler, Reg.: Liturg. S.; Heyer, Reg.: Liturgie-S.; Ph. Hofmeister, Die Kult-S. der Ostkirchen, OstKSt 11, 1962, 196-203; D. Kniewald, Das Kroatische als liturg. Sakralsprache, Gesch. der Ost- u. Westkirche in ihren wechselseitigen Beziehungen, Wiesbaden 1967, 55-66; K. Korolevskij, Liturgie in lebendiger Sprache, Klosterneuburg bei Wien 1958; Ch. Mohrmann, Sakralsprache u. Umgangssprache, ALW 10, 1968, 343-354; Raes, 207-227; D. O. Rousseau, Les Langues Liturgiques de l'Orient et de l'Occident, Irénikon 29, 1956, 47-60; F. Scholz, Erstarrung u. Entwicklung in der altslav. Kirchensprache Rußlands, Orbis, Louvain 1957, 427-436; B. A. Uspenskij, Archaičeskaja Sistema Cerkovnoslavjanskogo Proiznošenija (iz istorii liturgičeskogo proiznošenija v Rossii), Moskau 1968; J. Wilson, Language and Christian Belief, London 1958; B. Čifljanov, Kirillo-mefodievskaja problematika v svete liturgičeskoj nauki, ŽMP 1981,5,43-46; Lex MA 5, 1178-1180 (Kirchenslav. Sp. u. Literatur).

Stationsgottesdienste (von lat. *statio,* f., 'Aufenthalt', 'Ankerplatz', 'Wachposten'; grch. *kathisma,* n., *stasis,* f.). Bereits die Didache um 100 (→ unter Kirchenrecht) nennt die wöchentl. Fastentage „Stationes Christi" (Mittwoch Statio des Verrates, Freitag Statio der Kreuzigung Christi). Ein sehr altes Kathisma (grch. 'Rast', 'Ruhepunkt') befand sich am dritten Meilenstein von Jerusalem nach Bethlehem zu Ehren der Gottesmutter (→ auch Entschlafen der Gottesmutter, → Synaxis der Gottesmutter). Als im 4. Jh. die hl. Orte in Jerusalem u. Palästina durch kaiserl. Bauten ausgezeichnet (→ unter Kirchenbau, → Martyrion) u. von Pilgerscharen aus der christl. Ökumene besucht wurden, entwickelten sich an ihnen S., vor allem am Karfreitag (mit der Karwoche), zu Ostern u. zu Pfingsten, die sehr feierlich ausgestaltet wurden u. bei denen sich die Gemeinde mit den Pilgern unter Führung des Bischofs in Prozessionen von Statio zu Statio bewegte. – Zur Ikonographie → unter Passionszyklus.

Lit.: Baumstark, Reg.: Stations; Bludau, Reg.: Statio; Dix, Reg.: Stational liturgy; Fendt, Reg.: S.; Jungmann, Reg.: I. P. Kirsch, Die Stationskirchen der Missale Romanum, Freiburg/Br. 1926; Chr. Mohrmann, Statio, ViChr 7, 1953, 221-245; R. Zerfass, Die Schriftlesung im Kathedraloffizium Jerusalems, Münster (Westf.) 1968, 9, 20-25, 32, 64.

Staurothek (grch. *staurotheke,* f., 'Kreuzbehältnis'), Reliquiar zur Aufnahme einer Kreuzreliquie. Im allgemeinen handelt es sich um kleine Holzkästchen (→ auch Pyxis), die mit Silberblech verkleidet u. mit Edelsteinen geschmückt sind. In der Mitte befindet sich eine Vertiefung in Gestalt des byz. od. russ. Kreuzes, in welche die Partikel gelegt wird. Daneben gibt es kreuzförmige S.en aus Email. Beide Formen sind mit Christus- u. Gottesmutterbildern, Darstellungen der Kreuzigung Christi sowie mit Heiligenbildern geschmückt. Kunsthistorisch gehört die S. in die Kleinkunst, frömmigkeitsgeschichtlich zu den Devotionalien. Die S. hat ihr Vorbild im *„loculus argenteus, in quo est lignum sanctae crucis"* (lat., 'Silberbüchse, in der das Holz des hl. Kreuzes liegt'), dessen feierl. Verehrung in Jerusalem am Karfreitag schon der gall. Pilgerin Egeria um 400 bekannt war. Der Kreuzhüter (grch. *staurophylax*) war der Patriarch von Jerusalem. Eine berühmte, von den Kreuzfahrern 1204 aus der Sophienkathedrale in Konstantinopel geraubte S. befindet sich im Domschatz von Limburg. – Taf. 74.

Lit.: A. Frolow, La Relique de la Vraie Croix, Paris 1961; H. Ludat, Das Jerusalemer Kreuz. Ein russ. Reliquiar im Hildesheimer Domschatz, Köln-Graz 1956; J. Rauch, Schenk zu Schweinsberg, J. M. Wilm, Die S. von Limburg, Das Münster 7, München 1955, 201-240; K. Wessel, Die byz. Emailkunst, Recklinghausen 1967, 22, 77-78. – S. auch Lit. zu Reliquiar.

Staurotheotokion (grch., n.; russ. *krestobogorodičen,* m.), ein spezieller Gottesmutterhymnus (→ Theotokion), der die Gedanken der Gottesmutter unter dem Kreuz (grch. *stauros*) beschreibt. Es entspricht etwa dem *„stabat mater dolorosa"* (lat. 'Stand die Mutter schmerzerfüllt') des Westens, auf das es sehr wahrscheinlich Einfluß genommen hat. Das S. wird an den wöchentl. Fastentagen, Mittwoch u. Freitag, gesungen. Die Theotokien des Karfreitages sind praktisch Staurotheotokien, von denen etliche von Kaiser Leon (gest. 912) verfaßt wurden. In spätbyz. Zeit (auch Kirchenmusik) gab es eine Fülle dieser Lieder, die über fast alle liturg. → Bücher verstreut sind.
Text: s. Anhang Nr. 30.

Lit.: Anthologia Graeca, LXI; Nilles 2, 192-195; H. J. W. Tillyard, The Hymns of the Octoechus II, Copenhague 1949, XIV-XVI; 165-208 (= MMB, Transcr., V); Wellesz, 239, 243.

Steatit (von grch. *stear,* n., 'Talg', 'Speck'), Speckstein, eine Form des Talgs mit dichter Konsistenz. Das weiche Material ist für alle Arten der Kleinkunst, vor allem für Plastik u. Relief, sehr geeignet. Es wurde deshalb zur Herstellung von Enkolpien, Siegeln, Reliefikonen (→ Ikonenmalerei) u. anderen Gegenständen des religiösen u. kult. Bereiches gebraucht. Unter ihnen finden sich Gegenstände von hoher künstler. Qualität. Hier kann nur eine sehr kleine Auswahl erwähnt werden: Ikone des hl. Georg, S., Silber u. Vergoldung (11 u. 14. Jh.), Kreml-Museum, Moskau; Ikone mit Kreuzigung Christi (oben) u. Grablegung (unten), vergoldet (11.-12. Jh.), Eremitage, Leningrad; Ikone des hl. Theodor, Georg u. Demetrius (12. Jh.), Museum in Cherson; Ikone des hl. Michael, grüner S., vergoldet (um 1100), Museum Brandini, Fiesole; Dodekaortion (12. Jh.), Kathedralmuseum, Toledo.

Lit.: A. Bank, Les S.es. Essai de Classification, Méthodes et Recherches, Corsi Ravenna 17, Ravenna 1970, 355-380; LdK 4, 594.

Sticharion (grch., n., auch *anterion,* n., *zostikon,* n., *esorazon,* n:, russ. *stichar,* m.), das allen Weihegraden gemeinsame Untergewand der liturg. → Gewänder im byz. Ritus. Es handelt sich um ein langes, bis zur Erde reichendes u. aus Linnen bestehendes Kleidungsstück. Beim Diakon ist es reicher verziert, weil er darüber keine weiteren Gewänder trägt. Das S. des Priesters (in der russ.-orth. Kirche der Prodriznik) hat engere Ärmel als das des Diakons. Das S. geht auf das antike Festgewand, die Tunica (lat.), bzw. den Chiton (grch.) zurück, das wegen seiner weißen Farbe auch Alba (lat.) genannt wurde. – Abb. → Gewänder, liturgische.

Lit.: Braun, Gewandung, 92 ff., 101 ff.; La Prière[1], XXV; E. Trenkle, Liturg. Geräte u. Gewänder der Ostkirche, München 1962; LChI 6, 50 f. – S. auch Lit. zu Gewänder, liturgische.

Stichera (grch., n. plur. von sing. *sticheron,* auch *syntoma,* n. plur.; russ. *stichiri,* f. plur.), 1. ursprünglich Bezeichnung für die Psalmverse, dann für Strophen (→ auch Troparien), die in die jeweils letzten Verse von Ps. 141; 142; 130 u. 117 (→ Kyrie ekekraxa) im Abendgottesdienst eingeschoben werden. Schließlich entwickelten sich die S. zu einer umfangreichen u. selbständigen Hymnengruppe mit unterschiedl. Strophenzahl, deren Lieder an den verschiedensten Stellen im Abend- u. Morgengottesdienst zum Vortrag kommen. Man unterscheidet hinsichtlich der Struktur zwischen den S. idiomela (grch.; sing. *idiomelon;* russ. *samoglasen*) od. S. automela, d. h. Hymnen mit eigener Text- u. Melodiestruktur (→ auch Kirchenmusik), u. den S. proshomoia (grch., sing *proshomoion;* russ. *podoben*), die sich nach dem Prinzip der Kontrafaktur nach einer Modellstrophe richten (→ auch Hirmos). Thematisch gesehen, gehören zu den S. folgende Gruppen: (a) die 24 S. alphabetika, Preishymnen auf Christus für den Samstag-Abendgottesdienst mit je einer Akrostichis, die sich nach dem grch. Alphabet richtet; – (b) die S. anastasima anatolika, Auferstehungshymnen, deren Bezeichnung „anatolika" entweder auf grch. Anatole (Osten, Syrien?) of. auf einen Mönch Anatolios aus dem Studioskloster in Konstantinopel im 8./9. Jh. zurückgeführt werden kann. Andere möchten den Patriarchen Anatolios (5. Jh.) als Autor namhaft machen; – (c) die S. dogmatika, Marienlieder (→ auch Theotokion), in denen die Menschwerdung Christi (die Inkarnation) mariologisch besungen wird. Sie werden Johannes von Damaskus (gest. um 750) zugeschrieben; – (d) die 11 Auferstehungslieder (grch. *heothina anastasima,* auch *idiomela heothina*), → auch Auferstehungs- u. Morgenevangelien; – (e) die poet., nichtbibl. Strophen der Gradualpsalmen (Ps. 120-134).

Zu den S. gehören noch eine große Zahl anderer kurz- od. mehrstrophiger Hymnen, so etwa die an Sonn- u. Festtagen zwischen die Verse der Laudes (Ps. 148-150) geschalteten S., die Improperien des Karfreitages, Spezial-S. für lokale Feste u. Kirchenweihen; auch die Marienlieder (→ Theotokien) u. ihre Untergruppen gehören strukturmäßig zur großen Masse der S., die sich anders als die Troparien der Kontakien u. Kanones, einem übergreifenden Ordnungssystem entzogen haben. Ihre Verselbständigung gegenüber den bibl. Psalmtexten zu eigenständigen musikalisch-poet. Einheiten ist eine für die byz. Kultusästhetik charakterist. Erscheinung. Alle diese Besonderheiten der S. machen es verständlich, daß ihre über das Kontakion u. den Kanon hinausgehenden poetischen (zugespitzte Dialoge, auch mit dem Zuhörer, überraschende Wendungen, dramat. Effekte, Einführung eines Erzählers u. eines Rezitators bzw. Solisten für die Worte Christi u. a.) u. musikalischen (Emotionalisierung des Zuhöreres durch stark melismat. Figuren) Darbietungesmöglichkeiten sie beim Kirchenvolk sehr beliebt machten.

2. In älterer Zeit wurden die S. in einem eigenen Buch, dem Sticherarion gesammelt, das aber wegen des immer stärkeren Anwachsens der Hymnen für den liturg. Gebrauch zu unhandlich wurde. Die S. fanden schließlich Aufnahme in das Menaion (S. idiomela), in das Triodion (S. prosphomoia für den Abendgottesdienst der Großen → Fastenzeit), in Triodion u. Pentekostarion (S.idiomela); in die Oktoechos (S. anastasima anatolika, S. alphabetika, die S. zu den Gradualpsalmen u.a.).

3. Wie andere Hochformen der byz. Kirchendichtung, vor allem das Kontakion u. der Kanon, haben auch die S. der großen Christus- u. Gottesmutterfeste auf die Ikonographie der ostkirchl. Malerei vorbildhaft gewirkt. – Text: s. Anhang Nr. 28.

Lit.: Anthologia Graeca, XLI, LXI f., LXVII bis LXIX, 113-117; Goar, 29, 46, 176; J. D. Petresco, Les Idiomèles et le Canon de l'Office de Noël, Paris 1932; G. Schirò, Lineamenti Storici sulla Genesi e lo Sviluppo del Sintomo. Cipriano il Melode, Bolletiono della Badia Greca di Grottaferrata 3, Grottaferato 1949, 132-152, 195-217; J. Raasted, Some Observations of the Structure of the S. in Byzantine Rite, Byzantion 28, Bruxelles 1958, 529 bis 541; M. Velimirovič, Unknown S. for the Feast of St. Athanasios of Mount Athos, E. Wellesz u. M. Velimirovič, Studies in Eastern Chant, London, New York, Toronto 1966, 108-129; H. J. W. Tillyard, The Hymns of the Octoechus, 2 Bde., Copenhague 1940, 1949 (= MMB, Transcr. III, V); Wellesz, Reg.: S. – S. auch Lit. zu Kirchenmusik, Sticherarion.

Sticherarion (grch. *biblion sticherarion;* russ. *sticherar,* m., auch *prazdnik,* m.), neben dem Hirmologion eines der umfangreichsten liturg. → Bücher, das die Stichera nach der Ordnung des orth. Kirchenjahres enthält. Das S. kam im 15. Jh. außer Gebrauch, wahrscheinlich weil es für die kompliziert gewordene Liturgie zu unhandlich geworden war. Das Material wanderte in Menaion, Triodion, Pentekostarion u. die Oktoechos ab. Die ältesten Handschriften des S.s stammen aus dem 13. Jh.

Lit.: St. Lazarevič, S. An Early Byzantine Hymn Collection with Music, BZS 29, 1958, 290-318; Wellesz, 142 f., 244, 271 f. u. Reg.: S.; ders., Die Hymnen des S. für September, Kopenhagen 1936 (= MMB, Transcr. I); H. J. W. Tillyard, The Hymns of the S. for November, Copenhague 1938 (= MMB, Transcr. II). – S. auch Lit. zu Stichera.

Stichologie (grch. *stichologia,* f., von grch. *stichos,* 'Vers', Vers-für-Vers-Vortragen; russ. *stichoslovenie,* n.), Vorlesung des Psalters Vers für Vers im Abendgottesdienst nach dem jeweiligen im liturg. Typikon vorgeschriebenen Psalterabschnitt (→ Kathisma), wobei nichtbibl. Verse (→ Antiphon) zwischengeschaltet werden. Eine S. ist so aufgebaut, daß jeder Unterabschnitt (grch. *stasis*) des Kathismas mit der Kleinen → Doxologie, dem Halleluja u. dem Kyrie eleison abgeschlossen wird, die dreimal zu wiederholen sind. Im Morgengottesdienst gibt es 2-3 solcher mit einem poet. Kathisma abschließenden S.n; die zweite kann dem Gedächtnis der Verstorbenen gewidmet sein. In diesem Falle besitzt die zweite S., ähnlich wie die dritte an Sonn- u. Festtagen, einen etwas anderen Aufbau (→ Eulogetaria, → Polyeleos). In gewisser Weise stellt die S. die spezifisch byz. Form der Psalmodie dar.

Lit.: A. Baumstark, Nocturna Laus, 106-108; La Prière[1], 14 f., 112-115; Onasch, Weihnachtsfest, 223-267; C. Höeg – G. Zuntz, Prophetologium, 1 ff., Hauniae 1939 ff. (= MMB, Lect. I ff.).

Stil, hieratischer (von grch. *hieratikos,* 'priesterlich', 'hl.'), besonders feierliche u. auf Distanz zum Beschauer bedachte Darstellungsweise von Personen, die sich durch ihre Heiligkeit od. ihren gesellschaftl. Rang auszeichnen. Die wichtigsten Stilmittel sind: Frontalität, Symmetrie u. Bedeutungsperspektive. Der h. S. findet vorzugsweise Anwendung beim Repräsentationsbild.

Lit.: E. Diez, Origin and Evolution of the Hieratic Style, E. Diez – O. Demus, Byzantine Mosaics in Greece, Hosios Lucas & Daphni, Cambridge (Mass.) 1931, 24-36; G. Mathew, Byzantine Aesthetics, London 1963; P. A. Michelis, L'Esthétique de l'Art Byzantin, Paris 1959. – S. auch Lit. zu Frontalität.

Stillgebete, Gebete der Liturgie, die mit der Rubrik *„mystikos"* (grch.; russ. *tajno,* 'auf geheimnisvolle, schweigende Weise') versehen sind. Im Gegensatz zum Lautgebet werden S. mit leiser (nicht mit unhörbarer) Stimme gesprochen. Der Wechsel vom S. zum Lautgebet findet sich an zahlreichen Stellen der Liturgie. Bei S.n des Priesters, die die Gebete (→ Ektenien) des Diakons od. den Hexapsalm begleiten, dient die Anhebung der Stimme am Ende zur gegenseitigen Orientierung, auch des Chores. Von besonderer Bedeutung sind aber die S. im Kernstück der Liturgie, der Anaphora. Am Aufkommen dieser Sitte, die in der frühen Christenheit unbekannt war, haben mehrere Faktoren mitgewirkt. Die schweigende Teilnahme der Gemeinde bei bestimmten Hymnen, wie vor allem beim Cherubimhymnus, zeigt deutl. Parallelen zu ähnl. Erscheinungen im Kaiserkult. Entscheidend waren aber Vorstellungen, die im palästinensisch-syr. Gebiet mit Antiochien als Liturgiezentrum im 4./5. Jh. entwickelt wurden, möglicherweise aber eine viel ältere, bis auf das Johannesevangelium u. die Didache (→ Kirchenrecht) sowie Ignatius von Antiochien (gest. nach 110) zurückführende Tradition besitzen, die schließlich vom Verfasser der pseudoareopagit. Schriften (5./6. Jh.; → auch Mystagogie) in ein System gebracht wurden. Danach durfte das im Einsetzungsbericht des Abendmahls zum Ausdruck kommende „furchtbare Geheimnis" (grch. *phrikton mysterion*) nur schweigend (grch. *sige*) angebetet werden, so wie der Altar u. die Bemazone mit Velen verhängt u. schließlich durch die Bilderwand vom

Naos, dem Langhaus, abgegrenzt wurden. Die S. gehören zu den Reservaten des Klerus, die von der kirchl. Hierarchie seit dem 4./5. Jh. zunehmend geschaffen wurden. Das „Verschweigen“ des Einsetzungsberichtes vor der Gemeinde ist noch von Kaiser Justinian (get. 565), wenn auch ohne Erfolg, bekämpft worden. Heute wird im byz. Ritus der Bericht leise, die Worte Jesu („ipsissima vox“) werden laut gesprochen. Die S. entsprechen zwar der byz. Kultusästhetik, degradieren aber die Gemeinde zum inaktiven Zuschauer eines geheimnisvollen Kultusdramas (→ auch Liturgie). In den Mystagogien des Patriarchen Germanos (gest. 733) wird vorausgesetzt, daß die anaphoralen (d. h. zum Kernstück der Liturgie gehörenden) S. von der Gemeinde, d. h. den Laien, nicht mehr verstanden u. ihnen deshalb erklärt werden mußten.

Die in Rom u. im Westen ursprünglich unbekannte Sitte der S. fand vielleicht über Gallien Eingang, das seit alters über direkte Beziehungen zu Jerusalem u. Syrien verfügte (Missale von Bobbio, 7. Jh.), gewann über die fränk. Kirche auch Rom (ob die „secreta“, [lat. ‘Geheimnisse’] des Canon missae liturgiesemantisch dem grch. „mystikos“ entsprechen, ist umstritten). Die Übernahme der S. aus dem Orient durch Rom geschah nicht ohne deutl. Zurückhaltung, da sie der Struktur u. dem Öffentlichkeitscharakter der Messe fremd waren.

Lit.: Hanssens, Nr. 1358-1360; Jungmann 2, 112 bis 121 u. Reg.: Secreta; G. Kretschmar, Die frühe Gesch. der Jerusalemer Liturgie; JLH 2, 1956, 24 bis 46; J. Mateos, Le Célébration de la Parole dans la Liturgie Byzantine, Rom 1971 (= OrChrAnal, 191); P. Trembelas, L'Audition de l'Anaphore Eucharistique par le Peuple, L'Église et les Églises 1054-1954, 2. Bd., Chevetogne 1955, 207-220; L. Voronov, K Voprosu v tak nazyvaemom „Tajnom“ Čtenii Svjaščenoslužitelem Evchurističeskich Molitv v Vremja Božestvennoj Liturgii, BoTr 4, 1968, 169-180.

Stufenpsalmen → Gradualpsalmen

Stundengebet (lat. *hora,* f.; grch. *hora,* f.; russ. *čas,* m., ‘Stunde’, ‘Zeit’) od. – im Unterschied zum Stundengottesdienst – *(Kleine) Horen,* zu bestimmten Zeiten des Tages gehaltene, mit Gebet, Gesang u. Lesungen des Psalters ausgestattete Offizien. Zusammen mit den Stundengottesdiensten bilden sie die kanon. Horen. (Zum Spezialoffizium der Großen od. Königlichen → Horen s. dort.) Die Eucharistie ist nicht Bestandteil des S.s. Auf der anderen Seite wird in der russ.-orth. Kirche während der Vormesse, der Prothesis, Terz u. Sext gelesen (s. a. unten). Drei bes. gekennzeichnete Abschnitte des Tages kannten sowohl das bürgerl. Leben des Römers wie das Militär u. die Synagoge (vgl. Ps. 54, 18; Dan. 6, 11), schließlich auch die Gemeinschaft von Qumran. Die dritte (Terz), sechste (Sext) u. neunte Stunde (Non) erscheinen bereits im NT als bedeutsame Abschnitte des tägl. Betens (vgl. Apg. 2, 15; 10, 9; 3, 1), u. die Didache (→ Kirchenrecht) überliefert, ohne die 3 Tageszeiten zu nennen, ein dreimal täglich zu betendes Vaterunser, Clemens von Alexandrien (gest. vor 215), Tertullian (gest. nach 220) u. Kyprian von Karthago (gest. 258) kannten Terz, Sext u. Non, wobei nach röm. Stundenzählung unter Beachtung der jahreszeitlich unterschiedl. Lichtverhältnisse die Terz etwa zwischen 8 u. 10 Uhr, die Sext zur Mittagszeit u. die Non um od. ab 15 Uhr gehalten wurde. Während sich unter Laien u. in Asketenkreisen das private S. noch lange hielt, machte Justinian (gest. 565) die Kleinen und Großen Horen auch dem Klerus zur Pflicht. Das S. wurde das Reservat des letzteren, nicht zuletzt auch deshalb, um verdächtige Gebetskonventikel unter kirchl. Kontrolle zu bringen. Vorbild für den Weltklerus war das Mönchtum. Dieses knüpfte an die Gemeinde- u. Familien-S.e an u. baute die Kleinen Horen mit dem Rahmenwerk der schon in frühchristl. Zeit bekannten Abendhore, der Nachtwache u. des Morgenlobes zu einem an der röm. Tageseinteilung orientierten (bei extremer Askese) [Akoimeten] auch zu einem pausen- u. schlaflosen) System von S.en u. Stundengottesdiensten aus; dabei setzte sich bis zum 9. Jh. die Prim (etwa 6 Uhr) in den Klöstern ebenso durch wie etwa 2. Jh. später der Nachtgottesdienst. Mit Glocken od. dem Semantron erzeugte Stundensignale (→ auch Symbol) informierten die Bruderschaften über den Stand der Horen u. schufen gleichzeitig durch die Zeiteinteilung ein wesentl. Element der Arbeitsdisziplin. Hauptanliegen schon der vormonast. Asketenkreise war es, die immer komplizierter werdende Liturgie durch schlichte u. ursprünglich auch von Laien gehaltene Psalmodien mit Hymnengesang einfachster Art u. Gebeten zu ergänzen. So entstand neben der kultisch aufwendigen (→ auch Kultusästhetik) eucharist. Feier im S. der Typus des weniger durch Emotionen als durch Meditationen charakterisierten Offiziums. Um 400 waren in Jerusalem die Kleinen Horen noch ohne Eigenständigkeit gegenüber dem feststehenden Abend- u. Morgenlob. Prim u. Nachtgottesdienst waren noch unbekannt. In Ägypten war das S. bis zum 5. Jh. nicht in Übung, während in Kappadozien die Klöster mit ihren Gemeinden die Kleinen Horen beteten. Ihre Position wurde wohl gefestigt durch die Einführung bibl. Lesungen in die Stundengottesdienste u., jedenfalls während der Karwoche in Jerusalem, auch in das S. Als sie schließlich in der byz. Kirche aus dem letzteren gelöst wurden, hatten die Tageshoren bereits einen unangefochtenen Platz. Sie haben heute folgenden Aufbau:

(1) Eingangsgebete
(2) Dreierpsalm:
Prim: 5, 90, 101; Terz: 17, 25, 51; Sext: 54, 55, 91; Non: 84, 85, 86
(3) Troparion mit
Metanien (→ Proskynese) u.
Theotokion (Gottesmutterhymnus)
(4) Trishagion (Dreimalheilig), Vaterunser
(5) Tageskontakion, am Sonntag die Hypakoe od. die Tages-Troparien
(6) Horengebet mit Kyrie eleison (40 vor dem Gebet u. 3 danach)
(7) Entlassung.

Zu bestimmten Fastenzeiten (Fasten zur Geburt Christi u. Apostelfasten) wird zwischen die einzelnen S.e noch eine Zwischenhore (grch. *meshorion,* n.; russ. *meždučasie,* n.) geschaltet. Sie hat folgende Psalmenlesungen: Prim: 46, 92, 93; Terz: 30, 32, 61; Sext: 56, 57, 70; Non: 113, 138, 140. Als Horengebete sind Texte von Basilius dem Großen (gest. 379) vorgeschrieben. Im Laufe der Zeit erhielten die einzelnen S.e – von der Prim als Beginn des Arbeitstages abgesehen – bestimmte, mit Christus erinnerungsmäßig (anamnetisch) verbundene Inhalte: die Terz – Verurteilung Christi u. Ausgießung des hl. Geistes; die Sext – Kreuzigung Christi; die Non – Tod Christi. Die Abfolge von S. u. Stundengottesdienst ist Morgengottesdienst, Prim, Terz, Sext, Non u. (bei Einbruch der Dunkelheit) der Abendgottesdienst (→ auch Stundengottesdienst). In der russ.-orth. Kirche folgt die Liturgie auf die Terz u. die Sext, in der grch. unmittelbar auf den Morgengottesdienst unter Fortfall der Prim, Terz u. Sext.

Lit.: Msrg. Cassien u. B. Botte (Hg.), La Prière des Heurs, Paris 1963; E. P. Diakovskij, Posledovanie Časov i Izobrazitel'nych, Kiev 1913[3]; Eisenhofer 2, 482-492; Fendt, Reg.; Handbuch 2, 326 ff.; Heiler, 202 f.; J. A. Lamb, The Psalms in the Christian Worship, London 1962; J. Puyade, Les Heurs Canoniales Syriennes et leur Composition, Orient Syrien 3, Paris 1958, 401-428; La Prière[1], 149-188; V. Raffa, La Liturgia del Ore, Brescia 1959; J. Stadlhuber, Das S. des Laien im christl. Altertum, ZKTh 71, 1949, 129-183; O. Strunk, The Byzantine Office at Hagia Sophia, DOP 9-10, 1956, 175-202; R. Zerfass, Die Schriftlesung im Kathedraloffizium Jerusalems, Münster (Westf.) 1968, 50-55, 147 f. u. ö.; R.Taft, The Liturgy of Hours in East and West, Collegeville, Minn., 1986; Schulz, Handbuch Ostk.kunde II, 48-65, 94-96 (Lit.). – S. auch Lit. zu Stundengottesdienst.

Stundengottesdienst, im Unterschied zum → Stundengebet (mit dem er die Einheit der kanon. Horen bildet) ein liturgisch aufwendigerer Gottesdienst, in dessen Mittelpunkt neben der Vorlesung des Psalters bzw. neben der Psalmodie z. T. umfangreiche Lesungen aus AT u. NT stehen, die umrankt sind von einer größeren Anzahl von Gebeten u. Hymnen u. denen oft spezielle Akoluthien angeschlossen werden. Im Gegensatz zum Stundengebet, den Kleinen → Horen, kann ein S. mit einer Liturgie ausgestattet sein. Zu den S.en zählen Abendgottesdienst, Nachtgottesdienst, Mitternachtsgottesdienst, Nachtwache, Morgengottesdienst. Sehr wahrscheinlich sind diese S.e der letzte Rest einer ursprünglich vom Abend bis zur Morgenfrühe reichenden gottesdienstl. Versammlung. Das antike Griechenland u. der Orient kannten das nächtl. Durchwachen (grch. *pannychis;* lat. *pervigilium*) an den Kultusorten der verschiedensten Gottheiten. Nicht nur das oriental. Klima, auch religiöse Vorstellungen von Licht u. Finsternis haben diese Abend- u. Nachtfeiern äußerlich u. thematisch geformt. Dabei gehörte die Begrüßung der Sonne bei Tagesanbruch zu einem wesentl. Bestandteil dieser Komplexfeier. In einem durchaus situationsmilitanten Selbstverständnis übernahm die Alte Kirche diesen natürl. u. sachl. Rahmen der antiken u. hellenist. Pervigilien, um ihn zugleich nach dem Modell der Nachtwache auf Ostern (etwas später auf Epiphanie) mit neuen Festinhalten zu füllen. Aber schon vorher, bald nach 100, war die Einheit der Pervigilien dadurch aufgelöst worden, daß die frühchristl. Abendmahlsfeiern mit Ausbau der Feier der Eucharistie zur Liturgie vom Abend auf den Morgen verlegt u. auf den Sonntag (→ Oktoechos) fixiert wurden. Zusammen mit dem Ausbau des Kirchenjahres u. den Tagesfeiern an den hl. Orten Jerusalems u. Palästinas (→ auch Kirchenbau, → Martyrion) wurde der Ausbau des Stundengebetes notwendig, das sich jedoch nur langsam gegen die S.e mit ihren alten Traditionen durchzusetzen vermochte. Wie die Stundengebete ist aber auch der S. für Klerus u. Mönche verpflichtend. Aber schon in der Phase des 7.-9. Jh., die diese Entwicklung abschließt, u. noch in der heutigen Gestalt der S.e ist jener Komplex der Pervigilien unschwer zu erkennen.

Lit.: A. Baumstark, Nocturna Laus. Typen frühchristl. Vigilienfeiern ..., Münster (Westf.) 1957; ders., Festbrevier u. Kirchenjahr der syr. Jakobiten, Paderborn 1910; L. H. Dalmais, Origine et Constitution de l'Office, Maison-Dieu 21, Paris 1950, 21-39; Ph. Hofmeister, Die Brevierverpflichtung der oriental. Geistlichen, OstKSt 1, 1952, 249 bis 263; J. Müller-Bahrdorf, Nächtl. Gottesdienst im apostol. Zeitalter, ThLZ 81, 1956, 347-352; K. Richter – R. Freitag, Zur liturg. Struktur des Wortgottesdienstes, Münster (Westf.) 1965; O. Strunk, The Byzantine Office at Hagia Sophia, DOP 9-10, 1955-1956, 175-202; R. Zerfass, Die Schriftlesung im Kathedraloffizium Jerusalems, Münster (Westf.) 1968. – S. auch Lit. zu Stundengebet.

Subsellien (lat. *subsellium,* n. sing., 'Bank in der Nähe eines erhöhten Sitzes'; grch. *synthronos*), in der röm. Basilika Sitzbänke zu beiden Seiten eines erhöhten Platzes für den Vorsitzenden eines Gerichts od. für den Befehlshaber. Die S. wurden auch durch die christl. Basilika übernommen u. an der halbrunden Wand der Apsis zu beiden Seiten des Bischofsthrones als Sitzgelegenheiten für den Klerus angelegt. Dessen Mitglieder erhielten deshalb auch die Ehrenbezeichnung „Mitthronende" (grch. *synthronoi*). Die S. gaben das Vorbild für die Darstellung Christi mit den Aposteln auf Apostelbildern u. im Jüngsten → Gericht. Zugleich sind sie sinnfälliger Ausdruck der kirchl. Hierarchie. Eine den S. entsprechende Sitzordnung läßt sich sehr früh aus liturg. Quellen, vor allem der Beschreibung der Liturgie durch Justin (gest. um 165), erschließen u. dürfte hier mit den S. der Synagoge im Zusammenhang stehen.

Lit.: s. Apsis, Basilika.

Symbol (grch. *symbolon,* n., 'Kennzeichen', 'Zeichen', 'Signal'), **1.** ein wegen seiner Verwendung in den verschiedensten Lebens- u. Forschungsgebieten vieldeutiger Begriff. Für unseren Bereich ist davon auszugehen, daß das religiöse Bewußtsein ständig dinglich-konkrete Wirklichkeit mit ideell-abstrakter koordiniert. Aus einer Reihe von daraus entstehenden Beziehungssystemen sind für uns von besonderer Wichtigkeit das Signal u. das S.

1. Signale sind: (a) durch Konvention einer Sozietät festgelegte optische (→ Farben) od. akust. Kurzzeichen, die (b) durch einen materiellen Zeichenträger (liturg. → Gewänder, → Glocken, Semantron) erzeugt u. (c) unmittelbar, d. h. über den kurzgeschlossenen Kreis der Reizvermittlung, auf den Empfänger einwirken. (d) Zeitlichen Wiederholungsmechanismen dienend, synchronisiert das Signal, die konkrete, „irdische" mit der „hl. Zeit" (→ Kirchenjahr, → Stundengebet, → Stundengottesdienst) u. macht dadurch die erstere zum S. der letzteren.

2. Aus der Komplexität des S.s ergeben sich eine Reihe von spezif. Kennzeichen: (a) Das S. ist kein Kurzzeichenträger wie das Signal, sondern umfassender Bedeutungsträger u. damit (b) – weil es zugleich über den mittelbaren, langgeschlossenen Kreis der gedankl. Reflexion erschlossen werden muß – ein Erkenntnisobjekt ersten Ranges. Zugleich erhält es die Funktion einer Identitätsvermittlung: Indem sich die Mitglieder einer Gruppe, Gesellschaft od. kirchl. Sozietät auf die Bedeutung eines S.s verständigen, identifizieren sie sich mit diesem. Es sei hier nur an das Kreuz erinnert (vgl. auch Abs. 3) od. auch an die Tonsur. Dadurch wird die Stabilität der Gruppe od. Gemeinschaft gesichert. In diesem Zusammenhang erfüllt das S. die wichtige Aufgabe sittlich-sozialer Kontrolle, die nicht selten mit seinem Wesen als Erkenntnisobjekt eine Einheit bildet

(→ auch Ikonenecke, → Ikonenmalerei). (c) Von der Allegorie unterscheidet sich das S. durch größere „Ernsthaftigkeit", Konkretheit, Unvertauschbarkeit u. Allgemeinverständlichkeit seiner ebenfalls durch Übereinkunft geschaffenen Zeichen u. Bilder. (d) Für das christl. S. ist die Paradoxie der Menschwerdung Christi (Inkarnationsparadoxie) von grundlegender Bedeutung, weil durch sie der sinnl. Kosmos in Analogie (nicht in Identität) zum unsinnlichen, gedankl. Kosmos gebracht wird (→ auch Bild, → Kultusästhetik, → Ikone). Daraus folgt (e) die bereits für die Kirchenväter charakterist. Deutungsarbeit (Hermeneutik), die im Analogieverfahren besteht u. irdische mit göttl. Wirklichkeit in Beziehung zu setzen vermag. Als Folge aller Faktoren ergibt sich schließlich die soziale u. zeitliche Ubiquität des S.s, d. h., es muß innerhalb seiner Sozietät zu jeder Zeit u. überall verstanden werden.

3. Die Fülle des christl. u. speziell des orth. S.-Schatzes kann hier weder dargestellt noch systematisiert werden. Wir müssen uns auf einige Hinweise beschränken. Eine hervorragende Quelle zum Studium der S.-Welt der Ostkirche, ihrer Liturgie u. ihrer Kunst stellen die Mystagogien dar, ebenso auch der Kirchenbau u. das Bildprogramm. Sie zu erforschen ist Aufgabe der Ikonographie u. der Ikonologie. Alle obengenannten Kennzeichen des S.s sind in bes. intensiver Weise im Kreuz vereinigt. An ihm wird u. a. auch der im Gegensatz zur Allegorie ausgeprägte, in der Inkarnationsparadoxie wurzelnde geschichtl. Aspekt christl. S.e deutlich, deren kognitiver Charakter durch emotive Frömmigkeitsformen ergänzt, u. U. auch verdeckt werden, aber niemals verlorengehen kann. Aus dem Reichtum der S.-Figuren seien hier erwähnt der Fisch, der Frosch, das Lamm (→ Lamm Gottes) u. die Taube, denen als Personen-S. der Gute → Hirte hinzuzufügen wäre. Von besonderer Bedeutung für die Entstehung der S.e wurden die hl. Stätten in Jerusalem u. Palästina, unter ihnen wiederum der Typus des Martyrions. Sie gaben bis zu ihrem Verlust an die Araber dem Christentum ein neues Geschichts- u. Zeitbewußtsein, das auch danach im Zuge einer allmähl. Vergeistigung erhalten blieb. So, wenn z. B. in der hl. „Doppelhöhle" von Geburt u. Begräbnis, d. h. in der Prothesis, der Vormesse, die Handlung der Schlachtung (Opferung) des Lammes an der Prosphore, dem Abendmahlsbrot, vollzogen wird. Gerade in diesem Zusammenhang aber ist ein in mittelbyz. Zeit beginnender u. in spätbyz. voll entfalteter „Pansymbolismus" in der Liturgie festzustellen, dem ein bestimmter, alle Bereiche der Kunst u. des Kirchenbaus erfassender kultischer Funktionalismus entsprach.

2. → Glaubensbekenntnis

Lit.: S. S. Averincev, Poètika Rannevizantijskoj Literatury, Moskau 1977, 109-128; Bibliographie zur Symbolik, Ikonographie u. Mythologie, hg. von M. Lurker, 1. Bd. ff., Baden-Baden 1968 ff.; E. Cassirer, Philosophie der symbol. Formen, 4 Bde., Darmstadt 1962 (Reprint); J. Chevannier (Hg.), Dictionnaire des S.s, Paris 1969; J. Daniėlou, Les S.s Chrétiens Primitifs, Paris 1961; M. Éliade, Images et S.s, Paris 1952; G. Ferguson, Signs and S.s in Christian Art, New York 1961; P. Florenskij, Simvoličeskoe Opisanie, Feniks, Moskau 1922; W. Jettner, S. u. Ritual. Anthropolog. Elemente im Gottesdienst, Göttingen 1978; A. Kirchgässner, Welt als S., Würzburg 1968; G. van der Leeuw, Das Heilige in der Kunst, Gütersloh 1957; D. S. Lichačev, Poètika Drevnerusskoj Literatury, Leningrad 1971[1], 175-184; A. F. Losev, Problema Simvola i Realističeskoe Iskusstvo, Moskau 1976; W. Müri, SYMBOLON, Bern 1931; H. Ott, S. u. Wirklichkeit, ThLZ 99, 1974, 561-576; H. Rahner, S.e der Kirche, Salzburg 1964; Chr. Rietschel, Sinnzeichen des Glaubens, Berlin 1965[2]; Wirklichkeit der Mitte. Festgabe für August Vetter zum 80. Geburtstag, Freiburg-München 1968; St. Wisse, Das religiöse S., Essen 1963; A. Zimmermann (Hg.), Der Begriff der repraesentatio im MA. Stellvertretung, S., Zeichen, Bild, Berlin 1972; M. Lurker (Hg.), Wörterbuch der S.ik, Stuttgart 1983[2]; H. u. M. Schmidt, Die vergessene Bildersprache christl. Kunst. Ein Führer zum Verständnis der Tier-, Engel- u. Mariens.ik, München 1981; S. K. Langer, Philosophie auf neuem Wege. Das S. im Denken, im Ritus u. in der Kunst, Frankfurt a. M. 1984; D. de Chapeaurouge, Einführung in die Gesch. der christl. S.e, Darmstadt 1985; G. de Champeaux u. Dom S. Sterckx, Einführung in die Welt der S.e, Würzburg 1990. – S. auch Lit. zu Allegorie, Emblem, Ikonographie, Ikonologie.

Symeon der Ältere → unter Heiligenverehrung, → auch Heiligenbilder

Symeon der Jüngere → unter Heiligenverehrung, → auch Heiligenbilder

Symeon von Edessa → unter Heiligenverehrung, → auch Heiligenbilder

Synapte (grch. *euche synapte,* 'ein mit seinen Teilen verbundenes Gebet'; russ. *velikaja ektenija*), als Großes Kollektengebet eine Sonderform des liturg. Gebetes (→ Ektenie), die mit dem Ruf des Diakons: „In Frieden lasset uns zum Herrn beten" (grch. *en eirene tu Kyriu deethomen;* russ. *mirom Gospodu pomolimsja*) beginnt – sie wird deshalb auch Eirenika genannt. Die einzelnen Gebetsanliegen sind durch das „Lasset uns zum Herrn beten" des Diakons u. durch ein Kyrie eleison des Chors miteinander verbunden. Die S. findet ihre Fortsetzung in der Kleinen Ektenie. Mit der S. wird die Enarxis, die Eröffnung der Liturgie eingeleitet. Sie findet sich aber auch im Stundengottesdienst u. in den Spendeformeln der Sakramente.
Text: s. Anhang Nr. 29

Lit.: Goar, 24, 37, 38; A. Strittmatter, Notes on the Byzantine S., Traditio 10, New York 1954, 51-108. – S. auch Lit. zu Ektenie.

Synaxarion (grch. *[biblion] synaxarion,* n.; russ. *sinaksar, sinaksarij,* m.), auch Prolog, 1. kurze Einführungsnotizen zu einer im Morgengottesdienst nach der 6. Ode des Kanons verlesenen Heiligenvita bzw. kurze theolog. Auslegung des jeweiligen Festes. Dieses S. hat folgenden Aufbau: (a) Monatsdatum, (b) Name des Heiligen bzw. des Festes, (c) ein Epigramm in jamb. Versen auf den Heiligen, oft in Form eines Wortspiels, (d) ein Hexameter auf Datum u. Namen, (e) kurze histor. Notizen, (f) Angabe der Memoria, der Gedächtnisstätte, in der seine Reliquien deponiert sind u. der Gedächtnistag, der Dies natalis, gefeiert wird, sowie Reliquientranslationen (Übertragungen an andere Orte), (g) die eigentl. Vita in Kurzfassung mit Wunderberichten u.a.;
2. S. heißt auch eines der liturg. → Bücher, in denen sich solche Angaben nach der Ordnung des orth. Kirchenjahres befinden. Im allgemeinen sind die synaxarist. Angaben heute im Menaion u. Triodion gesammelt;
3. Unter S. versteht man schließlich eine Art Kalendarium mit Angaben zu den Lesungen neben den Kurzviten.

Lit.: Beck, 250 f., 607, 705; H. Delehaye, Synaxarium Ecclesiae Constantinopolitanae, Bruxelles 1954 (Reprint); A. S. Morelli, Kalendarium Ecclesiae Constantinopolitanae, 2 Bde., Romae 1782; Nilles, Reg.: Synaxaria; Onasch, Weihnachtsfest, 36-40. – S. auch Lit. zu Menaion, Menologion, Prolog.

Synaxis (grch., f., auch *synagoge,* f., *syneleusis,* f., 'Versammlung'; russ. *sobor,* m., wie grch.), in frühchristl. Zeit Bezeichnung für den aus der Synagoge hervorgegangenen Wortgottesdienst (bzw. die Vorstellung von ihm), in dessen Mittelpunkt die Lesungen aus AT u. NT stehen, d. h. für Teil A der Liturgie (→ auch Liturgie der Katechumenen) im Gegensatz zum eucharist. Teil B (Liturgie der Gläubigen). Diese doppelte S. wird bereits im Formular Justins (gest. 165) deutlich, ebenso, daß die Homilie in der ersteren wie die Eucharistie in der zweiten S. in der Hand des Bischofs („Vorstehers") liegt. Auch in den lat. sprechenden Liturgieprovinzen unterscheidet man die Collecta od. Collectio (f., 'Synaxis') vom Sacrificium dominicum ('Herrnopfer', 'Eucharistie'). Im Osten u. im Westen konnten beide Gottesdienste auch in verschiedenen Kirchengebäuden stattfinden (→ Kirchenbau, → Martyrion, → Memoria). Die homilet. S. war öffentlich u. den Katechumenen, Bußklassen, Energumenen, Juden u. Heiden aus missionar. Gründen zugänglich; mit Nachlassen der Arkandisziplin seit dem 4. Jh. wurde sie mit der eucharist. S. als eine Einheit empfunden. Man bezeichnete sie seit dem 5. Jh. als Liturgie, der Begriff S. geriet allmählich in Vergessenheit. Für eine Reihe von nichteucharist. Gottesdiensten, z. B. für aliturg. Feiern während der Fastenzeit (→ Liturgie der vorgeweihten Gaben) u. Begleitfeste (→ Synaxis der Gottesmutter), blieb aber bis tief in das MA die Bezeichnung S. bzw. Collectio üblich.

Lit.: Dix, 36 f. u. Reg.: S.; K. Gamber, Missa Romensis, Regensburg 1970, 187-194; Hanssens, Nr. 45-141 u. Reg.: S.; Jungmann 1, 230.

Synaxis der Gottesmutter (grch. *synaxis tes theotoku;* russ. *sobor bogorodicy*), 1. Fest zu Ehren der Gottesmutter am 26. Dez., ein Begleitfest zum Fest der Geburt Christi am 25. Dez. Es geht auf einen alten, im Orient noch im 6./7. Jh. begangenen Stationsgottesdienst zu Ehren der Gottesmutter am dritten Meilenstein von Jerusalem nach Bethlehem um den 25. Dez. herum zurück, in Erinnerung an die Rast (grch. *kathisma,* 'Ruhepunkt') der Gottesmutter auf dem Wege nach Bethlehem (→ auch Entschlafen der Gottesmutter). Im byz.-slav. Bereich wird an diesem Tage der Flucht nach Ägypten gedacht. Das liturg. Material des heutigen Festes ist weitgehend dem des 25. Dez. entnommen. Es war wohl ursprünglich ein lokales Fest der Blachernenkirche in Konstantinopel (→ auch Gewandniederlegung der Gottesmutter).

2. Die Ikonographie der S. d. G. hat sich vom 11./12. Jh. an entwickelt; sie zeigt in ihrem Aufbau 3 Zonen: Auf der oberen schreiten anbetende Engel heran, denen in der mittleren die Könige (Magier) u. Hirten zu beiden Seiten der mit dem Kinde auf dem Schoße thronenden Gottesmutter entsprechen, während zu ihren Füßen in der unteren Zone ein Chor gezeigt wird. Er wird oft flankiert vom Patriarchen Germanos (gest. 733) u. dem Meloden Kosmas von Majum (7. Jh.), deren Weihnachtshymnen auch zur S. d. G. gesungen werden. Besonders charakteristisch sind die Allegoriefiguren der Erde u. der Wüste an der Grenze der unteren zur mittleren Zone, die Höhle u. Krippe als ihre Gaben dem Christuskinde darbringen. Wie das Fest der S. d. G. als Ergänzung der Geburt Christi sinnvoll erscheint, so auch ihre Darstellung im Verhältnis zum orth. Weihnachtsbild. – Taf. 75.

Lit.: D. B. Capelle, La Fête de la Vierge à Jerusalem, Muséon 56, Louvain 1943, 1-33; M. Jugie, La premier Fête Mariale en Orient et Occident, EO 22, 1923, 153-181; Maximilian v. Sachsen, Praelectiones de Liturgiis Orientalibus, 1. Bd., Freiburg/Br. 1908, 163; Nilles 1, 366-368; Onasch, Ikonen, 361, 374 f.; Pokrovskij, 82, 88-89, 125; Rothemund, 284. – S. auch Lit. zu Entschlafen der Gottesmutter.

Synode (grch. *synhodos,* f., 'Versammlung'; russ. *sobor,* m.; lat. *concilium,* n. [dt. Konzil]. Im Sinne des orth. Kirchenrechts werden unter S. mehrere Institutionen der Kirche verstanden:

1. die Landes-S. (grch. *synhodos topike;* russ. *sobor pomestnyj*), das oberste gesetzgebende u. richterl. Organ einer autokephalen Kirche, deren leitendes Mitglied der Hierarchie der S. rechenschaftspflichtig ist. In den meisten orth. Kirchen ist die Landes-S. die oberste Instanz in allen Fragen der Lehre, der Frömmigkeit, der Liturgie u. des Ritus (→ auch Rubriken). Sie hat das Recht der Wahl eines Patriarchen od. des in einem anderen hierarch. Rang stehenden „Hauptes" ihrer autokephalen Kirche. Sie repräsentiert diese Kirche nach außen, auch in den Rechten u. Pflichten, die sie an den Patriarchen u. durch ihn an die Bischöfe delegiert, da diese ihr rechenschaftspflichtig bleiben. Nach Auffassung bedeutender Kirchenrechtler u. Ekklesiologen ist die Landessynode das eigentl. Subjekt, der Träger einer autokephalen Kirche. Es gibt 2 Strukturmodelle einer orth. Landes-S., das episkopale u. das dem Aufbau der kirchl. Sozietät entsprechende ständische Modell, dessen Tradition bis in altkirchl. Zeit reicht. Die reine Bischofs-Landes-S., der alle Bischöfe der Landeskirche angehören, wird einberufen u. präsidiert vom Patriarchen, dessen Stimme allerdings denen der anderen Mitglieder gleichgeordnet ist (lat. *primus inter pares*). Die Partikular-S.n z. B. der serb. u. der russ.-orth. Kirche nach 1945 sind Versammlungen solchen Typs. Dem ständischen Aufbau der Hierarchie u. der Sozietät folgt das zweite, heute allgemein praktizierte Synodalmodell (→ Übersicht Seite 45), in dem neben dem Episkopat der Klerus, das Mönchtum u. die Laien vertreten sind, wie es auf der Moskauer S. von 1917/1918 der Fall war. Indessen wird auch hier das Gleichgewicht zwischen episkopaler u. synodaler Leitungsstruktur dadurch garantiert, daß alle Beschlüsse ihre rechtskräftige Formulierung im Redaktionsausschuß erhalten, der von Bischöfen besetzt ist. – Schon im 2. Jh. kamen die Bischöfe größerer Gebiete zur Beratung wichtiger Fragen zusammen. Den Kern der altkirchl. Synodalverfassung bildete aber die S. der Diözese eines Bischofs. Da keine S. in die Angelegenheiten einer anderen sich einmischen durfte, war vor allem die Annahme der synodalen Beschlüsse od. Kanones (→ Kirchenrecht) durch andere Diözesen od. gar Kirchengebiete ein komplizierter, z. T. kirchenpolitisch bestimmter Vorgang, zeigt aber zugleich die Wurzel des altkirchl. Verständnisses von Autokephalie, der mit dem synodalen eng verbunden war. Dieses Verständnis manifestierte sich zunächst schon in der Alten Kirche in der Bedeutung der S.n am Sitze wichtiger u. mit den Reichsdiö-

zesen sich deckender Metropolien (→ auch Metropolit) derart, daß sie konstitutive Rechte der lokalen Bischofs-S. an sich zogen. Die Metropolitan-S. entschied über die Wahl der Bischöfe, wie nicht selten der Metropolit ihre Weihe vollzog (→ auch Cheirotonie), bestimmte die Sitzungen der lokalen Bischofs-S.n zu Ostern u. im Herbst, deren Einberufung ebenfalls durch den Metropoliten geschehen mußte, um ihren Beschlüssen Rechtsgültigkeit zu geben. Bereits im 5. Jh. geriet diese Ordnung allmählich in Vergessenheit. In der Folgezeit nahm mit der Unterordnung der Metropoliten unter die Patriarchen als Repräsentanten u. Autoritäten der Autokephalie auch die Bedeutung ihrer S.n ab.

2. Dies geschah nicht zuletzt durch die Einrichtung der Synhodos endemusa, die nicht völlig mit dem orth. Synodalrecht konform ging. Sie bestand aus den jeweils am Sitz des Patriarchen weilenden (grch. *endemuntes*) Hierarchen u. war vor allem für den Patriarchat von Konstantinopel mit seinen riesigen Verwaltungs- u. Missionsgebieten sehr wichtig. Die Endemusa kam täglich zusammen u. war deshalb beweglicher als die lokalen u. überregionalen S.n, die sie praktisch beherrschte. Nach dem Schisma (der Kirchentrennung) von 1054 nahm sie an Macht u. Einfluß zu, weil nach orth. Auffassung danach keine ökumen. S.n (s.u.) mehr einberufen werden konnten.

3. Zwischen den Sitzungen der Landes-S. leitet der Patriarch seine Kirche mit der ständigen „hl. S." (grch. *hiera synhodos;* russ. *svjaščennyj sinod*), die aus ständigen u. zeitweiligen Mitgliedern des Episkopats besteht u. eine Sommer- (März bis August) u. eine Wintersession (September bis Februar) umfaßt.

4. Schon im 4. Jh. erhielt eine S. den Rang einer ökumen. S. (grch. *synhodos oikumenike* [von *oikumene,* 'Erdkreis']; russ. *vselenskij sobor*), wenn sie vom Kaiser einberufen wurde u. ihre Verhandlungsgegenstände u. die beisitzenden Hierarchen ihren gesamtkirchl. ökumen. Charakter bestätigten. An der Arbeit dieser S.n waren neben den Bischöfen, die den Beschlüssen durch ihre Unterschriften (Subskriptionen) alleinige Gültigkeit gaben, auch Priester, Diakone, Vertreter des Mönchtums u. Laien beteiligt, deren Einfluß im byz. Bereich durch die Person des Kaisers sowie seiner zur S. delegierten Beamten erheblich war. Erst in spät- u. nachbyz. Zeit wird der Subskriptionsreservat des Episkopats durch Unterschriften des Weltklerus u. der Laien ergänzt. Die in den Kanones fixierten Beschlüsse der ökumen. S. sind für alle autokephalen Kirchen bindend. Geschichtlich gewachsene Dissensen partikularer Synodalbeschlüsse mit ihnen werden unter Verwendung des Vorbehalts (grch. *oikonomia,* etwa 'Dispensation', Kotsonis) von allen Partikularkirchen anerkannt u. in ihrem Bereich in das → Kirchenrecht aufgenommen. Mit demselben Rechtsinstrument der Oikonomia erhalten nach der erwähnten Sistierung (der vorläufigen Einstellung) der Einberufung ökumen. S.n nach 1054 Entscheidungen der Partikular-S.n den Charakter als „exaktes Recht", sofern sie nicht den Kanones der 7 Ökumen. S.n widersprechen. Diese Ökumen. S.n sind: (1) Nizäa 325 (Nicaenum I), (2) Konstantinopel 381 (Constantinopolitanum I), (3) Ephesus 431, (4) Chalzedon 451, (5) Konstantinopel 553 (Constantinopolitanum II), (6) Konstantinopel 680 (Constantinopolitanum III). Diese beiden letzteren S.n wurden ergänzt durch die Kanones der die 5. u. 6. S. zusammenfassenden sog. Penthekte (grch., die 'Fünfsechste S.'; lat. *quinisextum,* nach dem kaiserl. Versammlungsraum auch Trullanum genannt) von 692; (7) Nizäa 787 (Nicaenum II).

5. Eine dem orth. Kirchenrecht nicht entsprechende Institution war der nach Auflösung des Patriarchats 1721 durch Peter I. gegründete „Heiligste Regierende Sinod" (russ. *svjatejšij pravitel'stvujuščij sinod*), dessen Vorbild in den kirchenleitenden Kollegien u. Konsistorien evangel. Landesherren in Westeuropa u. Schweden zu suchen ist. Da dieser Sinod die Wirksamkeit der kirchl. Weihen u. Sakramente u. ihre Verwurzelung im Bischofsamt trotz der Beherrschung der Kirchenverwaltung durch den Zarenstaat in keiner Weise berührte, konnte die Wiedereinführung des Patriarchats durch die Landes-S. von 1917 ohne kirchenrechtl. Schwierigkeiten durchgeführt werden.

6. Die große Bedeutung der 7 ökumen. S.n für die kirchl. Sozietät u. Hierarchie macht ihre Darstellung in der bildenden Kunst verständlich. Im Kaiserpalast in Konstantinopel waren die S.n 1-5 im 8. Jh. mit den

Porträts der Kaiser u. Patriarchen angebracht; die Darstellung der 7. S. ergänzte diese, aber alle Wiedergaben gingen 764 im Bildersturm (→ unter Bild) verloren. Auch Alt-S.-Peter in Rom besaß im 8. Jh. einen Bilderzyklus der ökumen. S.n 1-6, ebenso Kirchen in Neapel u. Bethlehem. Auch Partikular-S.n des 3. u. 4. Jh. wurden manchmal in solche Zyklen aufgenommen. Nach dem Schema des Repräsentationsbildes aufgebaut, zeigt es im Hintergrund die Thronbereitung für Christus (→ Hetoimasia) mit der Taube als Symbol des hl. Geistes u. dem Evangelium, um sie herum im Halbkreis die Synodalväter, vor ihnen ein Tisch mit den dem Anathema verfallenen Schriften der Häresien; im Vordergrund stehen oft die Verurteilten, nicht selten in der Büßerhaltung der großen Metanie (→ Proskynese). In mittel- u. spätbyz. Zeit wird oft der Kaiser in der Mitte der Bischöfe als Präses der S. wiedergegeben. Die Ikonographie der ökumen. S.n hat auf die der Pfingstdarstellungen eingewirkt; dabei ist die Vorstellung von der Leitung der S.n durch den hl. Geist mitbestimmend gewesen. – Taf. 76.

Lit.: N. Afanaśev, Das Konzil in der russ.-orth. Theologie, Kirche im Osten 7, 1964, 33-52; T. Barsov, Sinodal'nye Učreždenija prežnogo Vremeni, S. Peterburg 1897; Beck, 38-60; H. Biedermann, Zur Frage der S. in der orth. Theologie, OstKSt 16, 1967, 113-131; B. Botte, Y. Congar, H. S. Alivisatos u.a., Le Concile et les Conciles, Chevetogne – Paris 1960; F. Dvornik, The Ecumenical Councils, New York 1961; A. Grabar, Iconoclasme, 48-61; A. Grillmeier – H. Bacht, Das Konzil von Chalkedon, 3 Bde., Würzburg 1951 bis 1954; J. Hajjar, Les Origines du S. permanent et son Institution Conciliaire POC 5, 1955, 113-138, 216-239; Heiler, Reg.: S.; ders., Altkirchl. Autonomie u. päpstl. Zentralismus, München 1941; C. J. v. Hefele, Conciliengesch., 9 Bde., Freiburg/Br. 1855-1890; Ae. Herman, De Fontibus Iuris Ecclesiastici Russorum, Città del Vaticano 1936, 42-65 u.ö.; H. Jedin, Kleine Konziliengesch., Freiburg/Br. 1961^{3}; Fr. Jockwig, Der Weg der Laien auf das Landeskonzil der Russ. Orth. Kirche Moskau 1917/18, Würzburg 1971; N. Kapterev, Caŕ i Cerkovnye Moskovskie Sobory XVI i XVII Stoletii, BoV 1906, 3, 326-360; P. Labin, Sobor kak Vysšij Organ Cerkovnoj Vlasti, Kazań 1909; A. P. Lebedev, Istorija Vselenskich Soborov, S. Peterburg 1904; D. Malinovskij, Osvjaščennyj Sobor v Moskve v XVI-XVII vv., S. Peterburg 1906; H.-J. Margull (Hg.), Die Ökumen. Konzilien der Christenheit, Stuttgart 1961; Milasch, § 88-99; Onasch, Konfessionskunde, 157-181; R. Potz, Patriarch u. S., Wien 1971; A. M. Ritter, Das Konzil von Konstantinopel u. sein Symbol, Göttingen 1962; S. Salaville, L'Iconographie des „Sept Conciles Oecuméniques", EO 25, 1926, 144-176; I. Smolitsch, Gesch. der russ. Kirche 1700-1917, Leiden 1964; S. V. Troickij, Cerkovnij Sobor i Mirjane, S. Peterburg 1905; P. V. Verchovskoj, Učreždenie Duchovnoj Kollegii i Duchovnoj Reglament, 2 Bde., Rostov 1916; Ch. Walter, Iconographie des Conciles dans la Tradition Byzantin, Paris 1970; J. Zhishman, Die S.n u. die Episkopalämter der morgenländ. Kirche, Wien 1867; Ch. Walter, Art and Ritual of the Byz. Church, London 1982, Reg.: councils, church; V. Krivošein, The Authority and Infallibility of the Ecumenical Councils, ECR 7, 1975, 2-8; P. Plank, Die Eucharistieversammlung als Kirche, Würzburg 1980; B. Plank, Katholizität u. Sobornost, Würzburg 1960; LChI 2, 551-556 (Konzil); LdK 2, 688 (Konzil); LexMA 5, 1429-1431 (Konzil). – S. auch Lit. zu Kirchenrecht, Patriarch.

Synthronos → Subsellien

T

Tabletki (russ., f. plur., 'Täfelchen'), Kleinikonen (Format etwa 25 x 20 cm), bei denen als Bildträger nicht eine Holzplatte, sondern nur eine mit Öl getränkte Leinwand (russ. *povoloka,* → auch Ikonenmalerei [1]) verwendet wurde, auf die man beidseitig den Malgrund auftrug. In Rußland sind T. seit Ende des 15. Jh. bekannt. Einzelne Stücke befinden sich in Suzdal'; die T. der Sophienkathedrale in Novgorod stellen einen vollständigen Festkalender mit Heiligenbildern (russ. *svjatcy,* → auch Festzyklus) dar. Innerhalb der Ikonenmalerei bilden die T. nicht nur liturgiegeschichtlich, sondern auch kunsthistorisch u. ästhetisch eine interessante Sondergruppe. Solche Kleinikonen wurden an den jeweiligen Fest- od. Heiligentagen von der Bilderwand genommen u. auf das Pult, das Proskynetarion, zur Anbetung u. zur Meditation gelegt. Das intime religiöse Verhältnis der Gläubigen zu den T. beeinflußte die künstler. Darstellungen.

Lit.: V. N. Lazarev, Dvustoronnie T. iz Sobora Sv. Sofii v Novgorode, Moskau 1977 (russ. u. engl.); Ė. S. Smirnova, Dvustoronnaja Ikona – XV v. s Afona, Iskusstvo Zapadnoj Evropy i Vizantii, Moskau 1978, 276-285; Sokrovišča Suzdalja, Moskau 1970, 71, 86.

Tambour → unter Kuppel

Taube

Taube (grch. *peristera,* f.; russ. *golub',* m.; lat. *columba,* f.), in AT u. NT ein Vogel mit mannigfachem Symbolgehalt: Künderin des Endes der Sintflut (1. Mose 8, schon im babylon. Bericht); Sinnbild der Klage (Jes. 38, 14); Tugendträgerin, weil sie keine Galle habe (Hohesl. 2, 14; Matth. 10, 16); Sinnbild des hl. Geistes bei der Taufe Christi; dieser in ihrer Gestalt in Apokryphen herabgefleht auf die Eucharistie (→ Epiklese); identisch mit Christus über Chaos u. Flut (Oden Salom., nach 1. Mose 1, 2; 8, 8?); Flügel des Geistes (ebd.); Opfertier vor allem der Armen (Luk. 2, 24). Auch in der Symbolwelt der Gnosis (→ Häresie) spielte die Taube eine wichtige Rolle.

In der Ikonographie der Alten Kirche wurde die T. neben den Sinnzeichen als Friedensbringer, Tugendvorbild u. Seelenvogel (in der Kunst der Katakomben u. Sarkophage sowie der Gemmen) in der Darstellung der Taufe u. von daher als Geistzeichen für alle Themen benutzt, bei denen zugleich zeichenhaft die Menschwerdung Christi (wie bei der Verkündigung der Gottesmutter od. der Dreieinigkeit) od. ikonograph. Formeln, die auf sie Bezug nehmen, z. B. die Thronvorbereitung (→ Hetoimasia), angedeutet werden sollten. Pneumatologischen (auf den hl. Geist hinweisenden) Sinn hat die T. auch in den Bildschemata der Himmelfahrt Christi u. von Pfingsten sowie in Verbindung mit der Hetoimasia, der 7 Ökumen. Synoden. Die 12 T.n, die das Triumphkreuz od. das Christusmonogramm flankieren, versinnbildlichen die von den 12 Aposteln (→ auch Apostelbilder) in alle Welt getragene Taufe. Auf den Evangelistenbildern kann die T. als Wiedergabe der göttl. Inspiration erscheinen. – Abb.

Lit.: E. Dinkler, Das Apsismosaik von S. Apollinare in Classe, Köln u. Opladen 1964, Reg.: T.; A. Feuillet, Le Symbolisme de la Colombe, RSR 46, 1958, 524-544; F. Sühling, Die T. als religiöses Symbol im christl. Altertum, Freiburg/Br. 1930; M. Lurker (Hg.), Wörterbuch der Symbolik, Stuttgart 1983², 683; LChI 4, 241-244; LdK 5, 39. – S. auch Lit. zu Pfingsten.

Taufe (grch. *baptisma,* n.; russ. *kreščenie,* n.; lat. *baptismus,* m., *baptisma,* n.), ein mit Hilfe von Wasser vollzogener Ritus, durch den der Täufling ideell u. rechtlich in eine religiöse Gemeinschaft aufgenommen wird.

1. Die frühchristl. T. gehört zwar religionsgeschichtlich zu einer Reihe spätantiker Initiationsriten (lat. *initiatio, initium,* 'Einweihung'), von denen sie auch einige Elemente in der äußeren Gestaltung übernommen hat. Sie unterscheidet sich von ihnen aber zugleich durch folgende charakterist. Züge: durch die Schlichtheit der Aufnahmefeier, die aus einer Einweihung eher eine lehrmäßige Einweisung macht, durch die betont personale Bindung an Christus, ihre damit verbundene ideelle u. sozietäre Exklusivität (Verbot der Zugehörigkeit zu anderen durch Initiationsriten manifestierten Gemeinschaften, Absicherung gegenüber Nichtgläubigen durch Arkandisziplin) u. durch die gegen bestimmte Widerstände doch durchgesetzte Nichtwiederholbarkeit. Trotz mancher Parallelen zur Taufpraxis der Qumransekte od. der Täufersekte der Mandäer hebt sich die christl. Taufe durch eine bestimmte Art „ritueller Gleichgültigkeit" hervor. Unbestritten ist die Nähe zum Täufer Johannes, dem Zeitgenossen Jesu, obwohl es unwahrscheinlich ist, daß Jesus die T. des Johannes übernommen od. eine eigene entwickelt hat (vgl. Joh. 3, 22; 4, 1.2; Mark. 16, 16 u. Matth. 28, 19 reflektieren auf die T. vor bzw. um 100). Ebenso bleibt die Frage offen, ob sich Jesus als der von Johannes angekündigte Täufer-Messias verstanden hat. Auch die apostol. Tradition kann nicht zwingend bemüht werden, da die T. durch die Apostel keineswegs die Regel war. In der Eucharistie – dem einzigen zwei-

felsfrei von Jesus selbst eingesetzten Sakrament – besaß die Urgemeinde bereits eine Feier, die sie mit ihrem erhöhten Herrn verband u. Gemeinschaft (grch. *koinonia*) stiftete, in ihrem Schatten mußte sich die T. als liturgisch-sakramentales Handeln erst durchsetzen. Die Entwicklung begann sehr wahrscheinlich bald nach einer der ersten jährl. Feiern der Erinnerung an Ostern (→ auch Oktoechos), woran die schon zum Jüngerkreis gehörenden Johannesschüler entscheidend mitgewirkt haben werden. Durch die Verbindung mit dem Leidens- u. Auferstehungspascha von Karfreitag u. Ostern erhielt der strenge Bußcharakter der Johannes-T. neue Horizonte, die Paulus in der bereits vorgefundenen Formel von Röm. 10,9 (Bekenntnis u. Glaube an Christus) zu den Vorstellungen von Röm. 6, 3-11 (T. auf den Tod Christi, vgl. Kol. 2, 12) ausweitete u. die der Schluß des Matth.- u. des Markus-Evangeliums in ihrer missionar. Bedeutung sowie kurz vor 100 Joh. 19, 34.35 (Blut u. Wasser aus der Seite Christi) in der Zusammenschau von T. u. Eucharistie hervorhoben.

Zur Vorbereitung auf die T. dienten die wöchentl. Fastentage. Bald nach 100 kam es zur Entwicklung des Katechumenats. Konstitutive Elemente der T. waren das Vorhandensein von Wasser (Apg. 8, 37), die Frage nach mögl. Hinderungsgründen (Apg. 8, 36) u. das persönl. Bekenntnis des Täuflings zu Jesus (vgl. Röm. 6, 8-11; 10, 9; Apg. 8, 37), das erst später durch das offizielle Glaubensbekenntnis ersetzt wurde (zur Stellung des Vaterunsers in der T. s. dieses). Die T.-Spendung geschah unter Anrufung des Namens Christi (vgl. Apg. 8, 16; 19, 5; 1. Kor. 1, 13; Gal. 3, 22, daher auch die Bezeichnung der T. als *onama,* grch., 'Name'). Die Didache (→ unter Kirchenrecht) kannte neben der Immersions-T. (lat. *immersio,* 'eintauchen') das einfache Begießen (grch. *ekchein*) des Hauptes mit Wasser (Infusions- od. Perfusions-T.), so wie es die Umstände geboten (letzteres wahrscheinlich im Taufraum von Dura Europos, um 230). Neben dem Onoma hat sich die trinitar. Formel – die T. „auf den Namen des Vaters u. des Sohnes u. des hl. Geistes" – aus Matth. 28, 19 durchgesetzt. Durch Handauflegung des Taufenden auf das Haupt des Täuflings wird diesem der hl. Geist mitgeteilt (Apg. 8, 17; 19, 6). In schlichter Weise war so aus dem „Wasserbad im Wort" (Eph. 5, 26) ein Sakrament entstanden, das die Aufnahme des Täuflings in die Gemeinschaft durch den Erstempfang der Eucharistie (oft im vom Taufraum getrennten Versammlungsraum der Gemeinde, wie in Dura Europos) rechtsgültig machte, d. h. den Getauften in alle Rechte u. Pflichten der Gemeinde einsetzte. Schon das NT kennt eine Reihe von Bezeichnungen für die T. (grch. *lutron;* lat. *lavacrum,* 'Wasserbad' [Eph. 5, 22; Tit. 3, 5]; *chrisma; unctio,* 'Salbung' [2. Kor. 1, 21; 1. Joh. 2, 20.27; Hebr. 1,9]; *bebaiosis; confirmatio,* 'Befestigung', 'Bestätigung' [2. Kor. 1, 21; Kol. 2, 7-13]; *sphragis; sigillum, signum,* 'Siegel', → auch Siegel [1]. Justin (gest. um 160) nennt die T. auch Photismos (grch., ' Erleuchtung').

2. Die weitere Geschichte der T. in nachapostol. Zeit beginnt bei Ignatius von Antiochien (gest. um 117), der ihre Spendung, wie auch die der Eucharistie, als alleiniges Reservat des Bischofs proklamiert. In der Kirchenordnung Hippolyts von Rom um 220 (→ unter Kirchenrecht) findet sich das erste vollständige Taufformular der Alten Kirche, das sich mit den Nachrichten Tertullians (gest. nach 220) weitgehend deckt. Sein Aufbau war folgender:

A Praebaptismale Riten:
- (1) Gebet über dem Taufwasser
- (2) Entkleidung des Täuflings
- (3) Danksagung (grch. *eucharistia*) über dem Myron
- (4) Teufelsabsage (Abrenuntiation, lat. *abrenuntiatio diaboli*)
- (5) Körpersalbung mit dem Exorzismus-Öl (praebaptismale Salbung)

B Das Baptisma (die eigentl. Taufhandlung):
- (6) Dreimalige Immersion entsprechend dem dreigeteilten Abfragen des röm. Glaubensbekenntnisses („Apostolicum")

C Postbaptismale Riten:
- (7) Körpersalbung mit dem „Myron der Danksagung" (grch. *myron tes eucharistias*), nachdem der Täufling das Taufbecken (→ auch Baptisterium) verlassen hat (postbaptismale Salbung)
- (8) Einkleidung des Getauften u. Einzug in die Versammlung
- (9) Handauflegung durch den Bischof

(10) Kreuz-Signierung (lat. *consignatio crucis;* grch. *sphragis,* s. oben) auf der Stirn mit gleichzeitiger Handauflegung
(11) Kuß des Bischofs
(12) Gebet der Gemeinde u. Austausch des Kusses zwischen dem Getauften u. der Gemeinde
(13) Erste Feier der Eucharistie des Getauften mit Bischof u. Gemeinde.

Im Verhältnis zu den älteren Formularen der Didache u. Justins ist die Häufung vor allem der Salbriten u. ein arbeitsteiliger Aufwand an Taufpersonal (Bischof für die Handlungen 1, 3, 9, 10, 11; Priester für 4, 5, 6, 7; Diakon für 2 u. 8 [bei Frauen im Orient Assistenz durch Diakonissen] u. Halten der Salbgefäße bei 5, 7, 10 auffallend). In Nr. 1 u. 3 sind die ersten Ansätze zur späteren Wasserweihe bzw. Myronweihe erkennbar. Die T. Neugeborener tritt zwar zur Zeit Tertullians u. Hippolyts in das Gesichtsfeld der Theologen u. Kirchenrechtler, bildete aber noch kein spezielles Problem, da nach antiker Rechtsauffassung mit der T. „des Hauses" auch die der Säuglinge, Kinder u. Unfreien eingeschlossen war (vgl. Apg. 10, 2; 11, 14; 16, 31; 18, 8).

Die T. konnte zu jeder Zeit u. an jedem Ort, an dem Wasser zur Verfügung stand, gespendet werden. Bevorzugt wurde wahrscheinlich schon der Ostertermin, weil während der vorangehenden Großen → Fastenzeit ein gründl. Katechumenat gewährleistet war. Daneben war mancherorts die nachösterl. Zeit (→ Pfingsten), Epiphanie od. auch der Karfreitag üblich. Die paulinisch-johanneische Auffassung von dem in T. u. Eucharistie vergegenwärtigten leidenden, sterbenden u. auferstehenden Christus in Verbindung mit dem Erlebnis der hl. Stätten in Jerusalem machte im 4. Jh. die Taufe in der Nacht vor Ostern allmählich zur festen Übung. Gleichzeitig entwickelte sich in ihren Grundzügen neben der eucharistischen auch eine Tauf-Mystagogie; ihr frühester Ansatz lag bereits in Joh. 19, 34.35 vor. Ende des 4. Jh. wird die T. in den Apostol. Konstitutionen (→ Kirchenrecht) mit dem Vaterunser abgeschlossen.

4. Als die Verfolgungszeiten vorüber waren, stand die Alte Kirche vor der Aufgabe der Massen- u. der Kinder- bzw. Säuglings-T., die zunehmend häufiger u. schließlich die Regel wurde. Die z. T. komplexen Anlagen der Baptisterien machen diese Situation deutlich. Die Säuglings-T. ließ allmählich die individuelle Teufelsabsage, aber auch den Katechumenat u. die Arkandisziplin überflüssig werden, ebenso den Bau aufwendiger T.-Gebäude. Diese neue Situation machte den Ausbau des Instituts des Paten notwendig (grch. *anadochos;* russ. *vospriemnik, krestnyj otec;* Patenkind: grch. *anadektos;* russ. *krestnik*), das im 3. Jh. von der Kirche noch mit einigem Mißtrauen beobachtet worden war, vor allem, nachdem die Justinian. Gesetzgebung die Eltern zur T. Neugeborener verpflichtet hatte. Die typisch byz. Auffassung vom Patenamt als „geistl. Verwandtschaft" zwischen Täufling u. Pate konnte ehehindernd sein. (→ unter Eheschließung). Im 8./9. Jh. erscheinen zum erstenmal die vorbaptismalen Gebete über der Mutter u. dem Neugeborenen. Zur gleichen Zeit begann auch die Zusammenstellung der Taufformulare im Euchologion; sie war im 14. Jh. abgeschlossen.

Ein weiterer bedeutsamer Abschnitt der Geschichte der T. war die endgültige Herauslösung der postbaptismalen Salbung u. die sakramentale Eigenständigkeit der Myronsalbung (Firmung). Die christolog. u. kosmolog. Aussagen des NT erfuhren eine Steigerung im Bereich der Taufsymbole u. -Mystagogien, deren Objekte vor allem das Licht u. die Wasserquelle (als jungfräul. Quelle alles Lebens mariologisch [→ auch Gottesmutterbilder, → Gewandniederlegung der Gottesmutter] u. ekklesiologisch gedeutet) waren. In diesen Zusammenhang gehört schließlich auch die zeichenhafte Handlung des kreuzweisen „Eingießens des Myrons" in das T.-Wasser (lat. *infusio olei*). Damit sollen Menschwerdung, Leiden, Sterben u. Auferstehen Christi, aber auch die Allwirksamkeit des hl. Geistes versinnbildlicht werden. Schon im 4. Jh. wurde nach der Teufelsabsage u. vor dem Bekenntnis (grch. *homologia*) die Syntaxis od. Syntage (grch.) vollzogen, d. h. die Anerkennung der Herrschaft Christi (grch. *homologia tes despoteias Christu*), der die Apotaxis od. Apotage (grch.), d. h. die förml. Absage an das Dienstverhältnis zum Teufel, voranging. Der Begriff *syntaxis, syntage* beinhaltet aber auch die Rechtsvorstellung der durch Christus übernommenen Sorgepflicht für den Getauften. Aus der schlichten Aufnahmehandlung der frühchristl. Zeit war somit ein im weitesten Sinne zu verstehendes „gesellschaftl. Ereignis" der kirchl. Sozietät geworden, durch das nicht nur die Rechtsfähigkeit seiner Mitglieder, sondern auch die Gleichheit von Laien u. Klerus vor jedem Sakrament u. damit der Nachwuchs der Hierarchie sichergestellt wurde. Trotz aller rituellen Aufwendigkeit der orth. T. hat sich jedoch ein gewisser Zug der alten rituellen „Gleichgültigkeit" erhalten, insofern die T.-Spendung in der orth. u. kath. Kirche ordnungshalber beim Klerus liegt, aber auch unter der Bedingung der Verwendung von Wasser u. zumindest unter Anrufung des Namens Christi (grch. *onoma,* vgl. Abs. 2) als Immersions-, Infusions- od. Aspersions-T. von jedem Gläubigen, gleich welcher Konfession (in der kath. Kirche in Notsituationen auch von Nichtchristen), vollzogen werden kann, wie sie auch von allen Konfessionen als gemeinsames Sakrament anerkannt wird, wenn sie auch die Rechtsfähigkeit des Getauften, die sich aus der Taufe ergibt, unterschiedlich beurteilen.

5. Die T. der Ostkirche hat heute folgenden Aufbau (die Zahlen in eckigen Klammern meinen die Nummern des T.-Formulars Hippolyts):

A. Praebaptismale Riten:
(1a) Gebet des Priesters über der Mutter kurz nach der Entbindung.
(b) Namensgebung des Kindes in der Kirche u. „Versiegelung" der Stirn.
(c) Die Mutter trägt das Kind am 40. Tage nach der Geburt (vgl. Luk. 2, 22) in die Kirche, begleitet von einem Paten.
(2) Der Katechumenat
[2] (a) Entkleidung des Täuflings bis auf das Hemd, Hinwendung nach Osten.
(b) Dreimaliges Anhauchen (grch. *emphysema;* lat. *insufflatio*) durch den Priester, Versiegelung (von grch. *katasphragizein*) der Brust unter Handauflegung.
[5] (c) 4 Exorzismen (→ Exorzismus)
[4] (d) Teufelsabsage (grch. *apotage tu Satana;* russ. *otricanie Satany;* lat. *abrenuntiatio diaboli*) bei Hinwendung nach Westen.
(e) Syntage (s. oben Abs. 4) bei Hinwendung nach Osten, Glaubensbekenntnis, bei Säuglingen durch einen Paten.

B. Das Baptisma, die Taufhandlung:
(1) Liturg. Gebete (Synapte) durch den Diakon; Stillgebet des Priesters.
[1?] (2) Wasserweihe.
[3?] (3) Ölweihe mit anschließendem kreuzweisem Eingießen des Öls in das Taufwasser.
[5?] (4) Praebaptismale Salbung mit dem „Freudenöl" (grch. *elaion tes agalliaseos*) an der Brust, zwischen den Schultern, an Ohren, Händen u. Füßen.
[6] (5) T. mit trinitar. Formel u. dreimaliger Immersion.
[7?] C. Die Myronsalbung (Firmung)

D. Postbaptismale Riten:
(1) Abwaschung des Täuflings (grch. *apolusis;* russ. *omovenie;* lat. *ablutio*), heute nach C, in der Alten Kirche am 8. Tage Abwaschung auch des Salböls vom weißen Linnen, daher die lat. Bezeichnung des Sonntages nach Ostern als Dominica in albis.
(2) Tonsur unter Hinweis auf Apg. 18, 18; 21, 24, im byz. Kirchenrecht seit dem 12. Jh. bekannt.

6. In Verbindung mit der Auslegung des AT durch die frühchristl. Literatur u. später durch die Kirchenväter wurde die Darstellung der T. vor allem in der Kunst der Katakomben durch sinnbildl. Szenen aus dem AT (Arche Noahs, Durchzug durch das Rote Meer; Jona; Quellwunder des Mose) u. NT (Samariterin am Brunnen nach Joh. 4 u. Petri Meerwandel, beide im Taufraum von Dura Europos; Auferweckung des Lazarus) od. durch den Guten → Hirten (ebenfalls schon in Dura Europos), das Kreuz bzw. das Christusmonogramm in der Kuppel der Baptisterien wiedergegeben bzw. ergänzt. Diese Motive erscheinen auch auf altkirchl. Sarkophagen. Die Wiedergabe der T. eines Katechumenen scheint selten gewesen zu sein, mögliche Beispiele (wie z. B. Kapelle A der Kallist-Katakombe) sind umstritten, weil es sich bei ihnen auch um die Taufe Christi handeln kann, die alle anderen T.-Bilder bald verdrängte, zugleich aber auch zeitgenöss. Taufpraxis u. -vorstellungen widerspiegelt. Davon abzuheben sind die wenigen autonomen Taufdarstellungen durch die kindl. Figur des Täuflings (vgl. Joh. 3,

Taufe

4), das Fehlen des Täufers Johannes u. die dienenden Engel, obwohl auch hier das Fehlen des Nimbus in der frühchristl. Kunst die Unterscheidung schwierig macht. Ikonographisch bildete der klein dargestellte, durch kaiserl. Handauflegung freigesprochene Sklave das Vorbild für die kindl. Gestalt des Täuflings, die auf der theolog. Ebene durch die Vorstellung von der Syntage (s. oben), der Unterordnung unter die Herrschaft Christi, wesentlich ergänzt wird. In mittelbzy. Zeit erscheint Christus als Täufer in der Monumental- u. Miniaturmalerei. In der letzteren finden sich auch Darstellungen der Taufe histor. Persönlichkeiten. – Abb.

Lit.: D. Askew (Hg.), Baptism in the New Testament. A Symposium, Baltimore 1960; K. Aland, Die Stellung der Kinder in den frühen christl. Gemeinden u. ihre T., München 1967; A. Almazov, Istorija Činoposledovanii Kreščenija i Miropomazanija, Kazań 1884; Beck, Reg.; E. Braniște, Le Déroulement de l'Office de l'Initiation dans les Églises de Rite Byzantin et son Interprétation, OstKSt 20, 1971, 115-129; A. Croegaert, Baptême, Confirmation, Eucharistie, Sacrements de l'Initiation Chrétienne, Brugge 1946[4]; Daniel, 485 bis 513; Dassmann, passim; G. Delling, Die Zueignung des Heils in der T., Berlin 1961; ders., Die T. im NT, Berlin 1963; J. C. Didier, Le Baptême des Enfants dans la Tradition de l'Église, Tournai – Paris-Rom-New York 1960; F. J. Dölger, Sphragis, Paderborn 1911; ders., Die Sonne der Gerechtigkeit u. der Schwarze, Münster (Westf.) 1918; Eisenhofer 2, 228-280; Fendt, Reg.; Th. M. Finn, The Liturgy of Baptism in the Baptismal Instructions of St. John Chrysostom, Washington 1967; Goar, 261-309; Heiler, 155-158; Kötting, passim; G. Kretschmar, Die Gesch. des Taufgottesdienstes, Kassel 1970 (= LEITURGIA, 5. Bd.); G. van der Leeuw, Phänomenologie der Religionen, Tübingen 1956[2], Reg.; Milasch, § 170-171; Onasch, Konfessionskunde, 193-197; A. Raes, 115-154; ders., Die Taufriten im Orient, LJb 9, 1959, 46-52; A. Staerk, Der Taufritus der grch.-russ. Kirche, Freiburg/Br. 1903; E. Stommel, Christl. Taufriten u. antike Badesitten, Jb. für AuC 2, 1959, 5-14; P. Underwood, The Fountain of Life, DOP 5, 1950, 43-138; G. Widengren, Religionsphänomenologie, Berlin 1969, Reg.: T.; J. Ysebaert, Greek Baptismal Terminology: Its origin and early development, Nijmwegen 1962; I.-H. Dalmais, Handbuch Ostk.kunde II, 145-155, 174 f. (Lit.); B. Neunheuser, T. u. Firmung, Freiburg/Basel/Wien 1983; A. Backhaus, T. u. Myronsalbung als Weg zum Empfang des hl. Abendmahles. Begegnung mit der Orthodoxie, München 1986, 135-152; M. Lurker (Hg.), Wörterbuch der Symbolik, Stuttgart

1983[2], 683-684; K.B. Osborne, The Christian Sacraments of Initiation - Baptism, Confirmation, Eucharist, New York 1987; LChI 4, 244-247. – S. auch Lit. zu Wasserweihe.

Taufe Christi (grch. *baptisis tu Christu;* russ. *kreščenie Christa*). 1. Literarische Vorlagen für die Darstellung der T. Ch. in der altkirchl. u. byz. Ikonographie sind neben Ps. 74, 13-16 die Evangelien (Matth. 3, 13 bis 17; Mark. 1, 9-11; Luk. 3, 21-22; Joh. 1, 19 bis 34), Apokryphen (Ebionäerevangelium), Kirchenväterauslegungen u. die Hymnen von Epiphanie, dessen Festbild sie ist. Die ältesten Zeugnisse finden sich in der Kallist-Katakombe in Rom vom Anfang des 3. Jh. In Kapelle A 3 streckt ein Täufer einem (aus einem Taufbecken?) emporsteigenden Täufling die Hand entgegen. Auf die Szene fliegt eine Taube zu. Ob es sich bei den Personen um Christus u. den Täufer Johannes handelt, ist allerdings umstritten. In der Kapelle A 2 legt der Täufer dem wesentlich kleineren Täufling die Hand auf das Haupt. Erst Ende des 3. Jh. erhält der Täufer neben dem rauhen Obergewand (lat. *tunica exomis*), das die rechte Brust freiläßt, die für den Täufer Johannes charakterist. Haupthaar- u. Barttracht. Christus wird vorläufig noch als Kind dargestellt, womit seine „Entäußerung“ (grch. *kenosis,* vgl. Phil. 2), d. h. der Verzicht auf seine Göttlichkeit, angedeutet werden soll – ein Thema, das dann in den Hymnen zu Epiphanie eine große Rolle spielt. Ikonographisch wird das Grundschema (Christus, Täufer Johannes, Taube) im 4. Jh. schnell erweitert, woran der Ausbau des Taufformulars u. des Epiphaniefestes entscheidend beteiligt gewesen sind, ebenso die baptismalen Mystagogien, die den eucharistischen entsprechen (z. B. Taube im Licht-Strahl, aus deren Schnabel auf einigen Denkmälern das Myron fließt; Quellwunder des Mose nach 1. Kor. 10 u., vom Beginn des 5. Jh. an, Personifizierung des Jordan als antiker Flußgott). Im Baptisterium der Arianer (→ unter Häresie) u. der Orthodoxen in Ravenna (um 500 bzw. 430-458) wird das Thema im Sinne der Epiphanie voll entfaltet: Anbetung Christi durch den Flußgott Jordan, Apostelumzüge mit dem Aurum coronarium (→ auch Apostelbilder), Erscheinung der Thronbereitung Christi (→ Hetoimasia) u. zum erstenmal Christus als Erwachsener aufrecht im Jordan stehend u., wie der Täufer Johannes, mit Nimbus ausgezeichnet. Im 6. Jh. werden die mit verhüllten Händen (→ unter Gestik) assistierenden Engel am Flußufer stehend dargestellt.

2. In dem Maße, wie im Osten die Taufe immer aufwendiger, ihre mystagog. Vergleiche immer komplizierter u. die Festhymnen des 6. Jan., des Festes der Epiphanie, immer gedankenreicher werden (Kontakien des Romanos [gest. um 560] u. Festkanon des Johannes Damascenus [gest. um 750], vermehrt sich auch das ikonograph. Inventar der T. Ch. Die aus dem Himmelssegment herabreichende Hand Gottes versinnbildlicht nach Matth. 3, 17 die Stimme Gottes u. ist zugleich Symbol für die Dreieinigkeit, in deren Namen die Taufe gespendet wird. Selten sind die Personifikationen von Sonne u. Mond bzw. die Darstellung der Gestirne im Himmelssegment. Besonders komplex ist die mystagog. Vorstellungswelt über den Jordan u. das Jordanwasser. Im Anschluß an spätantike Vorbilder wird oft die Uferlandschaft als „Lustort“ (lat. *locus amoenus*) wiedergegeben, der auf das Leben im Paradies hinweist. Das Motiv der mit Licht erfüllten Jordanhöhle findet sich in dem Abs. 1 genannten Apokryph u. hat zugleich eine gedankl. Parallele im Höhlenmotiv der Geburt Christi u. der Kreuzigung Christi, während das Lichtwunder in den Osterfeierlichkeiten Altjerusalems ebenso beheimatet ist wie im oriental. Epiphaniefest. Im Anschluß an Ps. 74, 13-16; 77, 17; 114,5 kann die Personifikation des Jordans Christus sowohl anbeten als auch vor der Paradoxie seiner Menschwerdung u. der Unterwerfung unter seinen Herrschaftsanspruch (grch. *syntage,* → unter Taufe) fliehen. Für beides finden sich in den literar. Vorlagen Belege. Das Niedertreten der Wasserdämonen (vgl. auch die genannten Ps.-Stellen) in Verbindung mit dem Lichtwunder erinnert an die Höllenfahrt Christi (→ unter Auferstehung Christi). Wahrscheinlich liegt hier eine bildhafte Rationalisierung der Wasserweihe vor. Das Motiv wird besonders gern in den Miniaturen der Psalterhandschriften ausgeführt, wobei eine Gestalt oft einem Gefäß geweihtes Wasser entnimmt. Das Zurückweichen des Jordans hat auch noch Vorbilder in der Teilung des Flusses durch den

Mantel des Elia (2. Kön. 2, 11 f.) u. im Durchzug der Israeliten durch das Rote Meer. Neben diesem Austausch von Festideen u. mystagog. Vorstellungen hat sich in der Ikonographie der T. Ch. noch ein histor. Faktum erhalten: ein auf einer Säule, einem Pylon, im Jordan od. an seinem Ufer stehendes Kreuz (vielleicht vom Anfang des 5. Jh.), das bei Überschwemmungen im Wasser verschwand; es war Ziel der Pilger im alten Palästina. Zu diesem „histor. Inventar" gehört auch der Stein im Jordan, auf dem stehend der Täufer Johannes Christus getauft haben soll.

3. Nach dem Bilderstreit (→ unter Bild) bleibt dieses Gesamtschema erhalten, wird aber je nach den Bedürfnissen der Frömmigkeit od. den Provokationen durch mittel- bis spätbyz. Häresien modifiziert. Christus wird nun fast ausnahmslos in der Immersionstaufe dargestellt. Inventar u. ikonograph. Personal werden zunächst – nicht zum Schaden des Verkündigungsgehaltes – reduziert, vom 11./12. Jh. an aber wieder multipliziert u. unter Verwendung z. T. alter Motive zu komplizierten baptismalsoteriolog. Mystagogien ausgeweitet. Ähnlich wie bei der Geburt Christi erscheint in spätbyz. Zeit der ganze Zyklus des Täufers Johannes, auch seine vordem nicht gerade oft dargestellte Bußpredigt, sowohl als Einzelbild als auch in mehreren Erzählzonen mit Hilfe der komplexen → Übertragung. Dabei wird die antike Tragikermaske des Täufers immer eindrucksvoller gestaltet. Die verschiedenen Renaissancen in Byzanz haben das dankbare Thema der T. Ch. mit ihren spezif. Stilmitteln homiletisch, idyllisch u. dramatisch wiederzugeben verstanden. Ihre Nachwirkungen lassen sich noch an dem großartigen, problemreichen Gemälde „Epiphanie des Messias" (Javlenie Messii) von Alexander Ivanov (gest. 1857) studieren. – Taf. 65; Texte → Epiphanie.

Lit.: G. de Jerphanion, Le Baptême de Jésus dans la Liturgie et dans l'Art Chrétien, La Voix des Monuments, Paris-Bruxelles 1930, 165-188; E. H. Kantorowicz, The Baptism of the Apostles, DOP 9-10, 1956, 302-351; Kötting 106 f.; Lazarev, Reg.: Kreščenie Christa; K. Onasch, König des Alls, Berlin 1952, 40-47; G. Ristow, Die T. im Jordan, Diss. Berlin 1958; ders., Die T., Recklinghausen 1965; Schiller 1, 137-152; J. Squilbeck, Le Jourdain dans l'Iconographie Médiévale du Baptême du Christ, Bulletin des Musées Royaux d'Art et d'Histoire 38/39, Bruxelles 1966-1967, 69-152; J. Strzygowski, Ikonographie der T., München 1885; Ouspensky – Lossky, 167-168; LChI 4, 247-255; LdK 5, 39-40. – S. auch Lit. zu Epiphanie.

Taufkirche → Baptisterium

Tempelgang der Gottesmutter (grch. *eis ton naon eishodia tes theotuku;* russ. *vvedenie v chram bogorodicy*), Fest der Gottesmutter am 21. Nov.

1. Der Festinhalt, die Einführung der noch kindl. Gottesmutter in den Tempel, war zwar durch das Apokryph des Protevangeliums des Jakobus (2. Jh.) bekannt, wurde aber als Feier erst im 8./9. Jh. eingeführt (Festhomilien der Patriarchen Germanos [gest. 733] u. Tarosios [gest. 806]). Wahrscheinlich knüpfte man an die Tradition einer neuen Marienkirche in Jerusalem an, die von Kaiser Justinian (gest. 565) am 20. Nov. 543 gestiftet worden war. Wie die gesamte Marienverehrung erfuhr auch das Fest des 21. Nov. nach dem Bilderstreit (→ unter Bild) eine Wiederbelebung. Dem 9. Jh. gehören die Verfasser der Festidiomela (→ unter Stichera) u. des Festkanons, Leo Magister, Georg von Nikomedien u. Basilius von Philippoi, an. Im offiziellen byz. Kirchenjahr wird der T. d. G. allerdings erst um 1166 notiert. Im Advent der Ostkirche nimmt der 21. Nov. eine wichtige Stellung ein. Im Westen hat er sich noch später, im 14. Jh., von Avignon aus allmählich durchgesetzt.

2. Der Heortologie, der Festgeschichte, des T.s d. G. entspricht die Geschichte ihrer Ikonographie. Die ältesten Darstellungen (ein Grabstein aus Arles aus dem 6. Jh., das Elfenbeinkästchen in Werden, ein Diptychon in Mailand, 5. Jh.) sind umstritten, weil sie wahrscheinlich die Verkündigung der Gottesmutter wiedergeben. Im 9. Jh. tritt das Bildschema in den kappadoz. Höhlenklöstern zum erstenmal deutlich hervor u. erscheint dann zunehmend innerhalb mariolog. Zyklen (→ Festzyklus). Nicht zuletzt als Abwehr antimariolog. Häresien breitete sich das Thema in spät- u. nachbyz. Zeit sowohl in der Ikonen- als auch in der Monumentalmalerei aus u. fand innerhalb der Marienzyklen Eingang in das Bildprogramm der Kirchen sowie auf Architravausmalungen des Templons (→ Bilderwand).

Außer als Festikone (→ auch Tabletki) für das Proskynetarion, das Verehrungspult, tritt die Darstellung als Einzelbild relativ selten auf. In der russ. Malerei des 16/17. Jh. wird das Festthema mit dem der Verkündigung der Gottesmutter u. anderen bildhaft verbunden u. präludiert damit die Geburt Christi. – Taf. 69.

Lit.: Beck, Reg.: Eishodos; H. Chirat, Les Origines de la fête du 21 Novembre, Mélanges E. Podechard, Lyon 1945, 127-134; Handbuch 2, 299 f.; Kellner, 200 f.; J. Lafontaine – Dosogne, Iconographie de l'Enfance de la Vierge dans l'Empire Byzantin et en Occident 1, 2, Bruxelles 1964 bis 1965; Lazarev, Reg.: Vvedenie vo chram; La Prière[1, 2], 142-177; Maltzew[5], 409 f.; Max. v. Sachsen, Praelectiones de Liturgiis Orientalibus, Freiburg/Br. 1908, 148 f.; Nilles 1, 332-333; M. Skaballanovič, Christianskie Prazdniki, Vvedenie vo Chram presvjatoj Bogorodicy, Kiev 1916; Ė S. Smirnova, Živopiś Velikogo Novgoroda seredina XIII-načalo XV veka, Moskau 1976, 208-213; G. u. M. Soteriou, Icônes du Mont Sinai, 2 Bde., Athènes, Reg.: Eishodos; S. Vailhé, La Fête de la Présentation de Marie au Temple, EO 5, 1902, 221-224; V. Talin, Vvediene vo Chram Presvjatoj Bogorodicy, ego bogosluženie i religioznyj smysl, ŽMP 1967, 12, 48-53; Wellen, Reg.: Darst. Mariä im Tempel, Tempelmagd; V.V. Ivanov, Ikona „Vvedenie vo Chram Presvjatoj Bogorodicy" iz Sobranija Cerkovnoarcheologičeskogo Kabineta Moskovskoj Duchovnoj Akademii, Fs. Onasch, Halle 1981, 129-139; LChI 3, 212-216 (Marienleben); LdK 3, 165-166 (Marienleben).

Temperamalerei (von lat. *temperare,* 'mischen'), Bezeichnung für die Maltechnik mit gebundenen anorgan. Farbstoffen od. Pigmenten (Mineralfarben). Sowohl in der Ikonen- wie in der Freskomalerei hat sich als Bindemittel vor allem das Eigelb bewährt, das wegen seiner hochmolekularen Koexistenz für die Herstellung von Emulsionen bestens geeignet ist. Für die Lösung des Eigelbs werden seit alters organ. Säuren (z. B. Feigenmilch im Orient od. Kvas in Rußland) verwendet. Nicht alle Farbstoffe eignen sich hierfür. Außerdem müssen die opt. Reaktionen der Lichtresorption u. -reflexion der Bindemittel beachtet werden. Schnelles Erhärten, klare Farbgebung (Polychromie) u. Wasserunlöslichkeit zeichnen die T. aus u. prägen zugleich, vor allem im Verhältnis zur Enkaustik (die von der T. vor dem Bilderstreit [→ Bild] abgelöst wurde), ihren spezif. Stil. Er ist gekennzeichnet durch ein bestimmtes Verhältnis der Farben zum innerbildl. Liniensystem, wie es in dieser Weise der Ölmalerei unbekannt ist. In der Ikonenmalerei erfordert das Anlegen des Inkarnats, der Hautpartien, innerhalb der Malschicht (russ. *plav,* von *plavat',* 'schmelzen', 'aufschwemmen') besondere Beherrschung u. Erfahrung in der T. Die Rezepte für die T. finden sich z. T. in den Malerbüchern, z. T. wurden sie mündlich überliefert.

Lit.: E. Berger, Maler, Quellen u. Techniken der Fresko-, Öl- u. T. des MA, München 1912[2]; A. Eibner, Entwicklung u. Werkstoffe der Tafelmalerei, München 1928; Onasch, Ikonenmalerei, 84 bis 102; K. Wehlte, Werkstoffe u. Techniken der Malerei, Ravensburg 1967; Ju. G. Bobrov, Istorija Restavracii Drevnerusskoj Živopisi, Leningrad 1987; LdK 5, 66. – S. auch Lit. zu Ikonenmalerei.

Templon → unter Bilderwand

Tersanctus → unter Sanctus

Tetramorph (grch. *tetramorphon zoon,* 'viergestaltiges Wesen'), in der christl. Ikonographie seit dem 4./5. Jh. aus den 4 Evangelistensymbolen (vgl. Hes. 1, 5-10 u. Offb. 4, 6-8) zusammengefügtes numinoses Wesen mit 4 menschen- u. tierähnl. Köpfen u. 4 mit Augen besetzten Flügeln, das im pseudoareopagit. Schrifttum (→ Mystagogie) unter die Engelmächte gerechnet wird. Die Vierzahl der Lebewesen spielt neben der Sieben- u. Achtzahl (→ unter Oktoechos) in der oriental. Antike, im AT u. NT eine wichtige Rolle (4 Tierkreiszeichen [→ auch Gestirne], 4 Jahreszeiten, 4 Himmelsrichtungen, 4 Evangelien u.a.m.). Der T. wird stets in Verbindung mit Herrlichkeitsdarstellungen Christi wiedergegeben, wie der Himmelfahrt Christi u. der Majestas Domini. Im Bildprogramm der Kirchen ist der bevorzugte Ort des T.s der Unterbau (Tambour) der Kuppel. Beliebt war auch seine Darstellung auf dem liturg. Fächer.

Lit.: R. Crozet, Les Premières Représentations Anthropozoomorphiques des Evangélistes, Études Mérovingiennes, Paris 1953, 53-63 (s. auch Cahiers de Civilisation Médiévale Xe-XIIe siècles 1, Poitiers 1958, 182-187); S. Landersdorf, Der Baal tetramorphos u. die Kerube des Ezechiel, Paderborn 1918; V. N. Lazarev, Russkaja Srednevekovaja Živopiś, Moskau 1972, 262 f.; W. Neuß, Das Buch Ezechiel in Theologie u. Kunst, Münster (Westf.) 1912; LChI 4, 292-295. – S. auch Lit. zu Engel, Evangelistensymbole.

Textilien, *Textilkunst* (von lat. *textilis,* 'gewebt'), aus verschiedenen Materialien (Wolle, Leinen, Baumwolle, Seide) u. mit Hilfe verschiedener Techniken (Flechten, Weben, Wirken) hergestellte sowie durch Ornamente, Figuren od. Szenen geschmückte (gestickte) Stoffe, die in unserem Berichtsbereich für kirchl. u. liturg. → Gewänder, alle Arten von liturg. Tüchern (Velen, das Brandeum, das Grabtuch für den Bischof, den Epitaphios u.a.m.) gebraucht werden. Das erwähnte Schmuckwerk macht die T. zu Gegenständen u. Trägern von Symbolen. Diese wiederum geben der Textilkunst den Charakter kostbarer u. oft durch eine raffinierte Technik hergestellter Wertobjekte. Damit wurden die T. u. die Erzeugnisse der Textilkunst überhaupt, wie andere Gegenstände der Kleinkunst, Objekte, an denen sich die spezif. byz. Kultusästhetik Ausdruck verschaffen konnte. Sie sind auch wichtig für die Geschichte der christl. Ikonographie. Eine Geschichte der Textilkunst steht wegen der Materialverderblichkeiten u. der dadurch verursachten Verluste vor einigen Schwierigkeiten. Die byz. Textilkunst, in Konstantinopel durch hervorragende Werkstätten vertreten, lehnte sich an pers., syr. u. ägypt.-kopt. Werktraditionen an. Die Verwendung der chines. Seide seit dem 6. Jh. erschloß neue techn. u. ästhet. Möglichkeiten der Textilkunst, deren mannigfache Effekte, denen des Elfenbeins nicht unähnlich, auf dem Distanzcharakter dieses „kühlen" Werkstoffes beruhen. Die Werktraditionen der byz. Epoche wurden von den balkanischen einschließlich den rumän. Werkstätten übernommen u. weiterentwickelt, während sich in Rußland, nicht zuletzt wegen seiner direkten Kultur- u. Handelsverbindungen zum Orient u. Asien, eine eigene Textilkunst entwickelte, die im 14.-17. Jh. ihre höchste Blüte erreichte. Wie die Ikonenmalerei verlor die Textilkunst im 17. Jh. ihre klass. u. einfache Schönheit; unter üppigem Beigabenwerk (Edelsteine, Perlen) u. schwerer Gold- u. Silberstickerei büßte sie auch ihre religiöse Aussagekraft ein.

Aus der Zahl künstlerisch wertvoller u. ikonographisch interessanter Denkmäler dieser Kunstgattung seien einige Beispiele genannt: Byz. Epoche: Seidenstoff mit der Verkündigung der Gottesmutter, etwa 7./8. Jh. (Vatikan, Capella, S. Sanctorum); Epitaphios von 1407 in London (Victoria and Albert Museum); Epitaphios von 1649 (Athen, Benaki-Museum); „kleiner" Sakkos des Photij, Metropolit von Moskau 1408 bis 1431, aus dem 14./15. Jh. (Moskau, Kreml-Museum), mit Kreuzigung Christi, Niederfahrt zur Hölle (→ unter Auferstehung Christi), Verklärung Christi, Himmelfahrt, Einzug in Jerusalem, Herabkunft des hl. Geistes, Auferweckung des Lazarus, Konstantin u. Helena mit dem Christusknaben, arab. Inschriften mit Koran-Zitaten. – Rumänien: Epitaphios von Cozia, 1396; Epitaphios von Neamţ, 1437; Porträt-Textil der Maria von Mangop, 1477 (Putna.) – Rußland: Epitaphios (russ. *plaščanica*), Anfang 15. Jh. (Zagorsk, Museum); Tuch mit Vollfigur Sergijs von Radonež, gest. 1392, von 1420 (Zagorsk, Museum); Bilderwand-Stickerei mit Deesis-Rang, Mitte 15. Jh. (Moskau, Tretjakov-Galerie); Nikita, Bischof von Novgorod, Mitte 16. Jh. (Novgorod, Museum).

Lit.: C. G. E. Brunt, Byzantine Fabrics, Leigh-on-Sea 1967; F. Dölger, Die zwei byz. „Fahnen" im Halberstädter Domschatz, Ders., Byzanz u. die Europ. Staatenwelt, Ettal 1953, 116-127; O. v. Falke, Kunstgesch. der Seidenweberei, Berlin 1921; J. Flemming, Byz. Schatzkunst, Berlin 1979; N. A. Majasova, Drevnerusskie Šit'e, Moskau 1971; G. Millet, La Dalmatique du Vaticane, Paris 1945; ders., Broderies Religieuses de Style Byzantin, Paris 1947; N. Šabel'skaja, Materialy i Techničeskie Priemy v Drevnerusskom Šit'e, Voprosy Restavracii 1, Moskau 1926, 113-125; A. N. Svirin, Drevnerusskoe Šit'e, Moskau 1963; W. F. Volbach, Spätantike u. frühmittelalterl. Stoffe, Mainz 1932; Volbach-Lafontaine-Dosogne; LdK 5, 88.

Theodoros Stratilates → unter Heiligenverehrung, → auch Heiligenbilder

Theophanie → unter Epiphanie

Theotokaria (grch., n. plur., von *theotokos,* f., 'Gottesgebärerin'), **1.** die 56 Kanones marian. Inhaltes, die, nach den 8 Kirchentönen (→ Oktoechos) geordnet, im Theotokarion gesammelt sind;

2. Gottesmutterhymnen (Theotokien), die den Exaposteilaria der Auferstehungs- u. Morgenevangelien entsprechen u. ihnen zugeordnet sind.

Lit.: Beck, 551; S. Eustratiades, Theotokarion, Paris 1931.

Theotokion (grch. *theotokion troparion;* russ. *bogorodičen,* m.), ein Hymnus (→ Troparion) unterschiedl. Umfanges zu Ehren der Gottesgebärerin (grch. *theotokos,* → unter Gottesmutter), in dem die Paradoxie der Menschwerdung Christi unter mariolog. Gesichtspunkt gedanklich entfaltet wird. Marienlieder hat es schon früh gegeben. Vor allem Ephrem der Syrer (gest. 373) verlieh dieser Poesie frühzeitig theolog. Gehalt u. beeinflußte damit das spätere Th. Die Frage nach dem zeitl. Ansatz dieser Gattung der byz. Kirchendichtung ist noch nicht völlig geklärt. Die kirchl. Tradition schreibt ihre Entstehung Johannes Damascenus (gest. um 750) zu. Die Oktoechos war wahrscheinlich das erste der liturg. → Bücher, das das Th.-Material sammelte. In ihnen finden sich Kanones des Johannes Damascenus u. des Theophanes (gest. 845) auf die Gottesmutter. Im Zusammenhang mit einer neuen Welle der Marienverehrung im 8./9. Jh. im Orient erhielt die neunte Ode des Kanons mariolog. Charakter. Sie wurde außerdem durch das Magnificat bzw. die Megalynaria in Form von Zwischenschaltungen ausgeschmückt. Bald folgte jeder Ode des Kanons ein Th., was ein starkes Anschwellen dieser Poesiegattung zur Folge hatte. Nach dem Bilderstreit (→ unter Bild) übernahm Byzanz die Marienverehrung des Orients u. die gesteigerte Produktion ihrer Lieder; Parallelen aus dem Bereich der Gottesmutterbilder ließen sich beibringen. Die Bilderfreunde konnten mit Hilfe des Th.s ihre Inkarnationstheologie vortragen, die sich gerade in ihrem mariolog. Aspekt von der ihrer Gegner unterschied. Auch die antimariolog. wie doket. Lehre balkan. Häresien (Bogomilen) forderten kirchl. Dichtung u. Kunst zur Entfaltung dieses Themas heraus. Theotokien finden sich außer in der Oktoechos noch im Horologion, dem Stundenbuch. Die Masse dieser Lieder wird in 2 Hauptgruppen eingeteilt, in die Staurotheotokien u. in die Theotokia dogmatika (→ unter Stichera). Eine Zusammenstellung der Theotokien stellen die Theotokaria dar. – Das byz. Marienlied hat auch auf das westliche eingewirkt, u. a. auf den altpoln. Hymnus *„Bogurotzica Dziewica“* (→ auch Kirchenmusik). – Text: s. Anhang Nr. 30; s. auch Anhang Nr. 24.

Lit.: Anthologia Graeca, LXI; S. Eustradiades, He Theotokos en te Hymnographia, Paris 1930; Goar, 132, 352; Kirchhoff – Schollmeyer[3]; R. P. A. Kniazeff, La Theotokos dans les Offices Byzantins du Temps Pascal, Irénikon 34, 1961, 21-44; D. L. O'Leary, The Coptic Theotokia, London 1925; Nilles, LXIII; 2, 153, 244-245 u. Reg.: Troparia theotokia; P. Salaville, Marie dans la Liturgie Byzantine, H. du Manoir, Maria, 1. Bd., Paris 1949, 249 ff.; A. Stender-Petersen, Die Kyrillo-Methodian. Tradition bei den Polen, Cyrillo-Methodiana, Köln-Graz 1964, 440-469; Wellesz, Reg.: T; L. Heiser, Maria in der Christus-Verkündigung des orth. Kirchenjahres, Trier 1981.

Thronbereitung → Hetoimasia

Tichvinskaja → unter Gottesmutterbilder

Tolgskaja → unter Gottesmutterbilder

Tonsur (lat. *tonsura,* f. ‘Abscheren’, ‘Schur’; grch. *kura,* f.; russ. *postriženie,* n.). Die T. ist ein Symbol für das aufgebrachte Opfer an Lebensvitalität u. – schönheit, weshalb in manchen Hochreligionen (Buddhismus, Islam, ägypt. Religionen u.a.) die Voll-T. des Haupt- u. oft auch des Barthaares üblich ist.
1. Tonsurierung ist sowohl innerhalb als auch außerhalb der christl. Religion als Zeichen der Buße, der Trauer u. ähnlicher das Lebensgefühl beeinflussender Ereignisse nicht selten; im Christentum ist allerdings der Bart wegen seines auf Christus u. die Apostel hinweisenden (typischen, abbildhaften) Charakters von ihr ausgenommen. Das aufgebrachte Opfer läßt den Tonsurierten zugleich als Gott u. der kirchl. Sozietät reserviert erscheinen.
2. Im Mönchtum wird die erste T. vor Antritt des Noviziates vollzogen; bei Ablegung des Gelübdes wird sie wiederholt (grch. *kura, apokura, apobole* u.a.) Ob das alte Mönchtum die Totalrasur des Haupthaares (nach dem Vorbild der ägypt. Serapispriester) kannte, ist umstritten. Dagegen scheint eine Totalschur (sog. Paulus-T.) üblich gewesen zu sein. Schon lange vorher praktiziert, wird seit dem 10. Jh. die T. nach Ablegung des Gelübdes u. Anlegung der Mönchsgewänder einschließlich der Kopfbedeckung (→ Kamelauchion) allgemein verpflichtend.
3. Die klerikale T. wurde auf dem Quinisextum von 692 (→ unter Synode) nach dem Vorbild der monast. T. für die Aufnahme in

den Klerus vorgeschrieben (grch. *epikuris,* auch *sphragis epikuridos*). So erhielt der Weihegrad des Lektors durch den Bischof dieses „Siegel der T.", das noch keine hierarch. Gewalt verlieh, aber den Aufstieg in die Hierarchie ermöglichte. Der Tonsurierte wurde in das Register der Kleriker aufgenommen. Der etwas ambivalente Charakter der heute kaum noch praktizierten klerikalen T. erklärt sich durch ihre Herkunft aus dem Mönchtum, dem der Episkopat weitgehend entstammt.

4. Eine Eigenart der Ostkirche ist die T. als ein postbaptismaler Taufritus (grch. *trichokuria*). Sie wird als Erstlingsopfer des Getauften an Gott verstanden. Bei ihr werden an 4 Stellen des Haupthaares leichte Tonsurierungen vorgenommen.

Lit.: Beck, Reg.; C. Bock, Tonsure Monastique et Tonsure Cléricale, Revue de Droit Canonique 2, Strasbourg 1952, 373-406; F. I. Buslaev, Drevnerusskaja Boroda, Ders., Sočinenija, 2. Bd., S. Peterburg 1910, 218-239; Eisenhofer 2, 371, 387; Ph. Gobillot, Sur la Tonsure Chrétienne et ses Prétendues Origines Paiennes, Revue d'Histoire Ecclésiastique 21, Louvain 1925, 399-454; Handbuch, Reg.; Ph. Hofmeister, Der Streit um des Priesters Bart, ZKG 62, 1943-1944, 72-94; Archimandrit Innokentij, Postriženie v Monašestve, Vilnius 1899; Milasch, § 73, 108, 211; N. Palmov, Postriženie v Monašestve, Kiev 1914.

Topik (grch. *topike techne*), Lehre u. Praxis von der Anwendung des Topos (grch., 'Ort', 'Gelegenheit', 'Allgemeinplatz') in der antiken Rhetorik. Die T. wurde von der Alten Kirche für die Märtyrerakte (Märtyrervita) benutzt; in der Heiligenvita (→ auch Enkomion, → Panegyrikos) u. in der Homilie erfuhr sie eine literaturgeschichtlich bedeutsame Weiterentwicklung. Bei der engen Bindung von Literatur u. Kunst beeinflußte die T. auch die Ikonographie. T. bedeutet die Anwendung von bestimmten überlieferten u. geprägten, deshalb in gewissem zeitl. Umfang auch allgemeinverständl. Vorstellungsschemata. Die Kunst des Verfassers besteht darin, wie er die tradierten Topoi einsetzt bzw. neue zu schaffen versteht. Aus der Fülle von Beispielen sei hier nur auf den Topos des „Kindgreises" verwiesen, der in den Apokryphen u. bei bestimmten Christusbildern (Emmanuel, Alter der Tage) eine große Rolle spielt – ihm entspricht der Topos der Mädchengreisin bei der Darstellung der hl. Anna mit der kindlich-erwachsenen Gottesmutter (→ auch Empfängnis der hl. Anna) – od. auf den Demutstopos in der Hagiographie, das Vorstellungsschema, daß der Heilige bereits als Säugling Wunder tut; die verschiedensten, wiederum in der Kunst dargestellten Landschaftstopoi („Schreckensort" [lat. *locus horridus]* bei der Wiedergabe von Asketen, „Lustort" [lat. *locus amoenus*], → auch Genrebild, als Paradies z. B. in der Ikonographie der Taufe). Umwertung u. Bedeutungswandel der T. sind Gegenstand ihrer wissenschaftl. Erforschung; sie lassen auf wichtige Wandlungen im Bewußtsein der Autoren, Leser u. Beschauer schließen.

Lit.: E. R. Curtius, Europ. Lit. u. Lat. MA, Bern 1954[2]; D. S. Lichačev, Razvitie Russkoj Literatury X-XVIII vekov, Leningrad 1973, Reg.: Literaturnyj ėtitek; ders., Der Mensch in der altruss. Lit., Dresden 1975; Onasch, Ikonenmalerei, 152-164.

Topographie, liturgische → unter Bildprogramm

Toreutik (grch. *toreutike techne*), Treibarbeit, Verzierung von Metallen auf kaltem Wege. Seit der Kunst der Vorzeit bekannt, entwickelte sich die T. an den Zentren der byz.-slav. Kirchenkunst zu hoher Blüte. Zu ihren Objekten gehören Gegenstände der Kleinkunst, wie Altargeräte, aber auch Ikonenbeschläge, Beschläge der altkirchl. Altarschranken (→ Cancelli) u. der späteren Bilderwand. Bei Edelmetallen wurde von der Rückseite mit Punzen (Stahlstiften) gearbeitet (gepunzt, punziert). Aus spät.- u. nachbyz. Zeit, vor allem in Rußland, sind technisch ebenso wertvolle wie ihrem ursprüngl. Charakter entfremdete Treibarbeiten der Ikonenmalerei in Form von Schutzhüllen (russ. *basma, oklad,* → Ikonenbeschlag) entstanden, die mit Edelsteinen, Perlen u. anderem Zierat überreich geschmückt waren.

Lit.: L. Matzulewitsch, Byz. Antike, Berlin – Leipzig 1929; W. F. Volbach, Metallarbeiten des christl. Kultus in der Spätantike u. im frühen MA, Mainz 1921; K. Wessel, Lo Sviluppio Stilistico della Toreutica in Epoca Paleobizantina, Corsi Ravenna 16, 1966, 353-389; LdK 5, 181-182; 211-212 (Treibarbeiten). – S. auch Lit. zu Ampullen, Keramik, Kleinkunst.

Traditio legis (lat., 'Gesetzesübergabe'), Motiv der altchristl. Ikonographie, das die Übergabe des „christl. Gesetzes“ (lat. *lex christiana*) als Glaubens- u. Lebensnorm durch Christus an Petrus darstellt. Dabei wird der Rechtscharakter als Amtseinsetzung des Petrus herausgestellt (→ auch Apostelbilder). Der Urtyp hat sich wahrscheinlich in der Apsis von Alt-S.-Peter in Rom (→ Kirchenbau) befunden. Das Motiv kehrt aber auch auf Sarkophagen, Ampullen, Reliquiaren u. anderen Gegenständen der Kleinkunst wieder. Die älteste erhaltene Darstellung der T.l. befindet sich in S. Costanza in Rom um 380: Christus, auf der Sphaira thronend, gibt sowohl dem jugendl. Mose als auch Petrus je eine Schriftrolle (→ Rotulus) mit der Legende *„Dominus legem dat“* (lat., 'Der Herr übergibt das Gesetz'), während zu seiner Rechten Paulus steht. Das Thema wird immer im Stil des Repräsentationsbildes wiedergegeben. Eine wenn auch verhüllte Situationsmilitanz gegen kaiserl. Ansprüche ist kaum zu verkennen. In frühbyz. Zeit wurde die T. l. durch den Typus des Pantokrators unter den Christusbildern ersetzt. Damit wurde zugleich der Hinweis auf den Primat Roms, der Ostrom mißliebig war, aus der Ikonographie der Ostkirche ausgeschieden. Zu den tyisch byz. Nachfolgevorstellungen der T. l. gehört die → Weisheit Gottes.

Lit.: Y. M-J. Congar, Le Thème du „Don de la Loi“ dans l'Art Paléochrétien, Nouvelle Revue Théologique 94, Louvain 1962, 915-933; C. Davis-Weyer, Das T.-Bild u. seine Nachfolger, Münchner Jb. der Bildenden Kunst 12, München 1961, 7 bis 45; J. Kollwitz, Christus als Lehrer u. die Gesetzesübergabe an Petrus in der konstantin. Kunst Roms, RQ 44, 1936, 45-66; F. Nikolasch, Zur Deutung der „Dominus-legem-dat“-Szene, RQ 64, 1969, 35-73; Schiller 3, 202 ff.; W. N. Schuhmacher, „Dominus legem dat“, RQ 54, 1959, 1-39; M. Sotomayor, Über die Herkunft der „T.“, RQ 56, 1961, 215-320; K. Wessel, Das Haupt der Kirche, Archäolog. Anzeiger, Berlin 1950 bis 1951, 298-323; LChI 4, 347-351; LdK 3, 810-812; RBK 1, 232 (Apostel); 1003 (Christusbild).

Transept (lat. *transeptum,* n.), Querhaus (Querschiff) der altkirchl. Basilika, das zwischen der Apsis u. dem Naos, dem Langhaus, angelegt wurde. Zu den Schiffen des letzteren öffnete sich das T. durch Bogengänge, zum Mittelschiff durch einen Triumphbogen. Es konnte mit den Außenwänden des Haupthauses fluchten, aber auch über sie hinausführen. Nicht selten näherte sich die Form des T.es der eines Trikonchos. Die Querhausanlage, zur Zeit Konstantins in Italien, Griechenland u. Kleinasien verbreitet, wurde in nachkonstantin. Epoche ungebräuchlich. Ihre Notwendigkeit wurde allerdings nur bei den großen kaiserl. Stiftungen des röm. Kirchenbaus, wie S. Peter u. S. Paul vor den Mauern (Anlage bei S. Giovanni in Laterano jetzt bestritten), einleuchtend, ebenso die durchgehende, kreuzförmige od. dreiteilige Raumgliederung des Baues. Das T. diente der Ordnung großer Pilgerströme in den Memorien wie auch der Durchführung der Liturgie durch eine große Zahl von Mitgliedern des Klerus. Bei der Beantwortung der Frage nach den Vorläufern des T.s hat die Auffassung viel für sich, daß hier oriental. Tempelanlagen mit einem T. u. einer diesem angefügten Kultusnische mit dem Götterbild im Anschluß an ein mehrgliedriges Tempelhaus sowie entsprechende Bauteile der nichtchristl. Basilika vorbildhaft gewesen sind.

Lit.: G. Bandmann, Mittelalter. Architektur als Bedeutungsträger, Berlin 1951, Reg.: Querhaus; G. H. Fortyth Jr., The T. of Old St. Peter at Rome, Studies in Honor of A. M. Friend Jr., Princeton 1955, 51-70; Th. Klauser, Das Querschiff der röm. Prachtbasiliken, Forschungen u. Fortschritte 13. Berlin 1937; R. Krautheimer, Il Transetto nella Basilica Paleocristiana, Actes Ve Congr. Intern. d'Archéologie Chrétienne, Città del Vaticano 1954, Paris 1957, 283-290; R. Krautheimer – S. Corbett, La Basilica Constantiniana al Laterano. Un Tentativo di Ricostruzione, RivAC 43, 1967, 125-154; A. M. Schneider, Die Brotvermehrungskirche von et-Tâbga am Genesarethsee u. ihre Mosaiken, Paderborn 1934; Fr. Wachsmuth, Der Ursprung des Querschiffs, Zs. für Bauwesen 80, 3, 1930; LdK 4, 12-13 (Querschiff). – S. auch Lit. zu Basilika, Kirchenbau.

Trauung → Eheschließung, kirchliche

Triadikon (grch. *triadikon troparion;* russ. *troïčen,* m.), eine aus mehreren Strophen (→ auch Troparion) bestehende Kurzhymne zu Ehren der Dreieinigkeit. Sie kommt im Morgengottesdienst während der Großen → Fastenzeit u. an Fastentagen zum Abschluß des dreimaligen Halleluja zum Vortrag, das auf das Große Kollektengebet (→ Synapte) folgt. Die Triadika sind nach den 8 Kirchentönen (→ unter Oktoechos) geordnet u. besitzen für jeden Wochentag festgelegte Schlußformulierungen. Ebenso werden sie dem Triadikos Kanon angehängt.

Lit.: Daniel, 301; La Prière[1], 80 f., 137.

Triadikos Kanon (grch.; russ. *troičnyj kanon*), Spezialkanon zu Ehren der Dreieinigkeit, in der Form eines Panegyrikos aufgebaut. Am bekanntesten ist das aus 8 solchen Kanones bestehende Werk des Metrophanes von Smyrna (gest. um 910), eines der bedeutendsten Meloden der mittelbyz. Kirchendichtung. Es ist auf die 8 Kirchentöne (→ unter Oktoechos) verteilt u. hat, jeweils gefolgt von einer Triadikon-Gruppe, einer Gruppe von Kurzhymnen zu Ehren der Dreieinigkeit, seinen Platz im sonntägl. Mitternachtsgottesdienst.
Text: s. Anhang Nr. 17.

Lit.: Beck, 544; Kirchhoff-Schollmeyer[3], 27-74; C. G. Mercati, Byz 30, 1929-1930, 54-60; G. Valentini, Metrofane. I Canoni Trinitari, Florence 1957.

Trikerion (grch., n.; russ. *trikirij,* m.; lat. *cereus triplex*), dreiarmiger Leuchter, bei dem die Kerzenhalter oft schräg nach oben gestellt sind, damit die Kerzen eine Überkreuzstellung erhalten. Das T. versinnbildlicht die Dreieinigkeit u. gehört mit dem Dikerion, dem zweiarmigen Leuchter, zu den Bischofsinsignien. Seine liturg. Handhabung entspricht der des Dikerions.

Lit.: Daniel, 382, 392; Goar, 108-110; E. Trenkle, Liturg. Geräte u. Gewänder der Ostkirche, München 1962.

Trikonchos, Dreikonchenbau (grch. *konche,* 'Muschelschale'), im orientalisch-byz. Kirchenbau eine bestimmte Form des Ostabschlusses des Gebäudes, bei dem 3 (im allgemeinen) gleichgroße Apsiden (→ Apsis) nicht nebeneinander, sondern kleeblattartig angeordnet sind. Die beiden gegenüberliegenden Apsiden der Schmalseiten schließen oft ein Transept ab u. beleuchten dieses zugleich, wodurch ein mehrgliedriger, tiefgestaffelter Ostabschluß entsteht. Im Orient war der T. sehr formenreich, verlor aber im byz. Bereich seine Bedeutung, während er im Westen den Chorabschluß der Basilika reich auszugestalten vermochte. – Neben dem basilikalen Bauschema fand der T. in der Alten Kirche Anwendung bei Bauten mit spezif. Bestimmungen, wie beim Baptisterium, dem Martyrion bzw. bei der Memoria (lat. *cella trichora*). In spät- u. nachbyz. Zeit wurde der trikonchale Ostabschluß der Kirchen kennzeichnend für die Sakralbauten des Athos (→ unter Kloster); in Serbien u. Rumänien erhielt er, nicht zuletzt unter Verarbeitung westl. Einflüsse, seine Vollendung (→ Kirchenbau). Trikonchal konnte auch der Nartex, die Vorhalle, ausgestaltet werden. Aufs Ganze gesehen, stellt der T. in der byz. Baukunst weniger ein konstruktives als ein architektonisch-ästhet. Element dar.

Lit.: s. Apsis, Basilika, Kirchenbau.

Trinität → Dreieinigkeit

Triodion (grch. *biblion triodion,* n., 'Dreiodenbuch'; russ. *triod',* f.), Bezeichnung für eines der wichtigsten liturg. → Bücher der Ostkirche, zugleich Bezeichnung für den durch dieses Buch erfaßten Abschnitt des Kirchenjahres, nämlich die Große → Fastenzeit einschließlich der Karwoche. Das liturg. Buch T. enthält neben bestimmten Gruppen von Stichera den nach den 8 Kirchentönen (→ Oktoechos) geordneten Kanon, der während der Großen Fastenzeit von 9 auf 3 Oden („Triodion"), am Dienstag der Karwoche auf 2 Oden („Diodion") reduziert ist. Das T. führt im Grch. auch die Bezeichnung *„t. katanyktikon"* ('Trauer-T.'), im Russ. *„triod' postnaja"* ('Fasten-T.'). In Struktur u. Inhalt findet es seine Fortsetzung im Pentekostarion, das im Russ. auch *„triod' cvetnaja"*, 'Blumen-T.', heißt. Schon Andreas von Kreta (gest. 740) hat Stücke des Dreioden-Kanons gedichtet; er dürfte demnach nicht viel jünger als der Neunoden-Kanon sein (Näheres → Kanon, → Oden). Die Praktizierung des T.s, d. h. die Reduzierung der bibl. Oden von neun auf drei während der Großen Fastenzeit, ist sicher noch früher zu datieren. Im Unterschied zum poet. Neunoden-Komplex haben sich im T. die bibl. Oden erhalten, und zwar dergestalt, daß die Cantica 1-5 (Montag-Freitag) im Volltext rezitiert, ihnen jeweils aber die erste, achte u. neunte poet.

Ode hinzugefügt werden. Am Samstag werden die bibl. Cantica 6 u. 7 mit den poetischen 6-9 verbunden (das Tetraodion, Vieroden-Schema), während am Sonntag der ganze Neunoden-Kanon zum Vortrag kommt. Ursprünglich wurden die Kurzhymnen (Troparien) der poet. Cantica zwischen die letzten Verse (grch. *stichoi*) der biblischen geschaltet, ehe sie sich selbständig machten, ohne jene zunächst zu verdrängen. Die Troparien, 12-14 an der Zahl, wurden von Theodoros vom Studioskloster (gest. 826) u. seinem Bruder Joseph (gest. 832) beigesteuert, die an der Revision des T.s wie an der Verteidigung der Bilder gleichermaßen entscheidend beteiligt waren. Damit war, wenigstens für die Große Fastenzeit, ein Kompromiß zwischen der völligen Poetisierung u. der Beibehaltung der bibl. Oden erreicht worden, der bis heute Geltung hat. – Zur Darstellung kommt das T. in bestimmten Typen des Festzyklus. – S. die Tab. zu Kirchenjahr.

Lit.: Anthologia Graeca, LXVIII, LXXI; 187-196; Baumstark, 26 f.; Beck, Reg.: T.; Daniel, 213, 224; A. A. Dmitrievskij, Triod' Postnaja, Trudy Kievskoj Duchovnoj Akademii, Kiev 1904, 5, 1-49; 1905, 3, 428-444; ders., Triod' Cvetnaja Cerkovnye Vedomosti, S. Peterburg 1913, 14, 658-670; 15/16, 702-712; I. A. Karabinov, Triod' Postnaja, S. Peterburg 1913; Kirchhoff-Schollmeyer[1/1] u. [2]; Maltzew[4]; P. de Meester, Riti i Particolarità Liturgiche del Triodio e del Pentecostario, Padua 1943; Nilles, Reg.: T.; The Lenten Triodion, London-Boston 1978; Wellesz, 140 f; G. Bonnet, La Mystagogie du Temps Liturgiques dans le T., Annuaire de l'École Practique des Hautes Études, 5e sect., 87, 1978-1979, 463-465; C. Andronikoff, La Doctrine Trinitaire du T., Trinité et Liturgie,Rome 1980, 1 bis 18.

Triptychon → unter Diptychon

Trishagion (grch., n.; russ *trisvjatoe,* n.; lat. *tersanctus,* m.), **1.** Dreimalheilig, ein mehrgliedriger Hymnus auf den dreieinigen Gott im Stil einer Akklamation: „Hl. Gott, hl. starker, hl. unsterblicher, erbarme dich unser" (grch. *hagios ho theos, hagios ischyros, hagios athanatos, eleison hemas;* russ. *svjatyj bože, svatyj krepkij, svatyj bezsmertnyj pomiluj nas*). Er wird nach dem Kleinen → Einzug u. vor den Lesungen gesungen, begleitet von einem Stillgebet des Priesters, u. ist als Akklamation auf den liturgisch-sinnbildlich auf Erden kommenden Christus zu verstehen (→ auch Liturgie, → Lesungen). Außerdem wird es bei der Entlassung nach dem Nunc dimittis am Ende der Liturgie dreimal angestimmt. Die Melodie des T.s richtet sich nach den 8 Kirchentönen (→ unter Oktoechos). Es erinnert an einen ähnl. Hymnus, der schon Ende des 4. Jh. in Syrien während der Elevation, dem Emporheben des hl. Brotes, gesungen wurde. Wahrscheinlich in diesem Zusammenhang kam es dort auch zur Ausbildung des T.s zunächst als trinitarische, dann als inkarnationstheolog. Formel. Auf der 4. ökumen. Synode von Chalzedon (451) zum erstenmal öffentlich akklamiert, wurde das T. bald darauf allgemein üblich. 468 führte Petrus Fullo, Patriarch von Antiochien, die sog. theopaschitische (d. h. auf den in Christus am Kreuz leidenden Gott Bezug nehmende) Formel „der für uns gekreuzigt" (grch. *ho staurotheis di' hemas*) ein, die an „hl. unsterblicher" angefügt wurde. In dieser einseitig monophysitischen, d. h. die Göttlichkeit des Leibes Christi überbetonenden Bedeutung wurde der Zusatz von den Orthodoxen abgelehnt. Der Hymnus Eingeborener Sohn versuchte den Grundgedanken der theopaschit. Formel, der an sich als theolog. Problem anerkannt wurde, orth. zu deuten. Dieser Zusatz wird noch heute von allen oriental. Kirchen, die die 4. ökumen. Synode von Chalzedon ablehnen (Armenier, Syrer, Kopten, Äthiopier; die sog. Nonchalcedonens. Kirchen, → auch Beilage zum Stw. Ritus) in den verschiedensten Formen gebraucht. Die neuere Forschung hat gezeigt, daß die theopaschit. Formel keine Häresie darstellt, sondern theologisch legitim ist. Im byz. Ritus finden sich an den großen Feiertagen Einschübe, die auf sie Bezug nehmen; diejenigen des Festes der Kreuzerhöhung u. des Sonntags der Kreuzverehrung bringen in besonderer Weise den Gedanken des Leidens Christi zum Ausdruck.

2. Die Bezeichnung des Sanctus als T., die man manchmal noch antrifft, sollte vermieden werden.

Lit.: Baumstark, 48-51, 85 f., 89 f.; Beck, Reg.; D. Conomos, Byzantine Trishagia and Cherubika. A Study of the late Byzantine liturgical chant, Thessalonich 1974; H. Engberding, Das Gebete zum T. während der Vormesse der ostkirchl. Liturgie, OstKSt 15, 1966, 130-142; ders., Zum formgeschichtl. Verständnis des hagios ho theos, JLW 10, 1930, 168-174; Hanssens, Nr. 869-931; V. S. Janeras, Les Byzantins et le T. Christologique, Miscellanea Liturgica in Honorem G. Lercaro, 2. Bd., 1967, 469-499; Jungmann, Reg.: hagios ho theos; G. Kretschmar, Studien zur frühchristl. Trinitätstheologie, Tübingen 1956, 175 f.; Werner, Reg.: T. (z. T. Sanctus!); Schulz, Die byz. Liturgie, Reg. II B:T.; Th. Egloff, Das T., Cath. Unio 43, 1980, 53 bis 58.

Troparion (grch., n., von *tropos,* m., 'Richtung', 'Tonart', 'rhetor. Wendung'; russ. *tropař,* m.), Strophe od. Kurzhymnus, Grundeinheit der byz. Kirchendichtung u. Kirchenmusik. Schon im 4. Jh. benutzten Arianer u. Orthodoxe kurzgefaßte, dogmatisch einprägsame Hymnen, eine Praxis, die das 5. Jh. übernahm. Als erste Tropariendichter werden Anthimos, ein orth. byz. Hofbeamter, u. der Monophysit Timokles namhaft gemacht. Der erstere versammelte mit seinem Freund Auxentios, einem berühmten kleinasiat. Asketen, die zu ihm strömenden Pilger, um mit ihnen Troparien zu singen. Nach dem Vorbild der synagogalen Poesie wurden diese Kurzhymnen zwischen die Verse (grch. *stichoi*) der bibl. Oden bzw. der Psalmen geschaltet; nach dem byz. Modell der Psalmodie gingen diese Troparien schließlich in die weite Gattung der Stichera ein. Seit dem 6. Jh. entwickelte sich daneben auch die Tradition des hymn. Lehrstückes weiter, dessen bekanntestes Beispiel der einstrophige Hymnus Eingeborener Sohn ist. Lehrmäßigen Charakter trugen auch die Troparien mariolog. Inhaltes, die Theotokien. Die zunehmend poet. Durchgestaltung des T.s machte es schließlich fähig, Grundelement der byz. Hochformen der Kirchendichtung, des Kontakions u. des Kanons, zu werden, die als Strukturmodelle zugleich eine immer größer u. unübersichtlicher werdende Masse dieser Verse ordneten u. vereinigten. Auch in die Akklamationen des Kaiserkultes fand das T. Eingang.

Lit.: Baumstark, Reg.: T.; Beck, 262 ff.; Goar, 25, 351; J. Kunz, Die Struktur der drei ältesten Epiphanie-T., ByZ 41, 1941, 40-44; P. Maas, S. G. Mercati, S. Gassisi, Gleichzeilige Hymnen der byz. Liturgie, ByZ 18, 1909, 309-356; P. Maas, Gleichzeilige Hymnen in der Liturgie der grch. Kirche. Studia Patristica, 2. Bd., Berlin 1957, 47 bis 48; Wellesz, 171-197; Werner, Reg.

Türhüter (grch. *ostiarios,* m., *thyroros,* m.; russ. *privratnik,* m.; lat. *ianitor,* m.), ein Amt in der Alten Kirche, im 3. Jh. zuerst in Rom bezeugt. Der T. gehörte zum Personal der Bischofsverwaltung u. zählte zum letzten der unteren Weihegrade. Seine Aufgabe bestand vor allem darin, Nichtgläubige od. solche, die noch nicht die Taufe empfangen hatten, von der Liturgie der Gläubigen fernzuhalten sowie auf die ordnungsgemäße Entlassung der Katechumenen, der Energumenen (der Gemütskranken) u. der verschiedensten Bußklassen vor diesem Abschnitt zu achten. Gelegentlich assistierte er auch bei der Taufe. Noch im 4. Jh. galt der T. als Durchgangsstufe zu höheren Weihegraden. Er wurde aber sehr bald vom Küster abgelöst, als die Auflösung der Arkandisziplin in der Massenkirche sein Amt unnötig machte. Der T. des Klosters, im allgemeinen Thyroros genannt, hatte darauf zu achten, daß die Brüder nicht ohne Erlaubnis des Abtes den Klosterbezirk verließen od. unerlaubten Besuch, vor allem den von Frauen, erhielten.

Lit.: Beck, 113-114, 118, 133; Feine, 44, 345; P. de Meester, De Monachico Statu iuxta Disciplinam Byzantinam, Città del Vaticano 1942, 22, 163, 275; Milasch § 127. – S. auch Lit. zu Weihegrade.

Typikon (grch. *biblion typikon,* 'Buch der Vorschriften'; russ. *tipik,* m. *ustav,* m.). Man unterscheidet im byz. Ritus 3 Gruppen des T.s: (1) das liturg. T., (2) das disziplinäre u. (3) das Kloster-T. – 1. Das liturg. T., das heute im allgemeinen im Menaion zu finden ist, enthält detaillierte Vorschriften zum Ablauf des Kirchenjahres u. regelt vor allem die Rubriken bei Festkoinzidenzen (dem Zusammenfall von Festen, z. B. des Karfreitages mit der Verkündigung der Gottesmutter). Die wichtigsten Typika entstammen den berühmten Klöstern der Ostkirche, vorab das T. des Sabasklosters bei Jerusalem u. des Studiosklosters in Konstantinopel. Bis zum 11. Jh. fanden zahlreiche Überarbeitungen statt, in deren Verlauf es zu einem Ausgleich der jerusalem. u. konstantinopolitan. Typika kam. Daneben entstanden Typika berühmter Kirchen, so vor allem der „Großen Kirche", d. h. der Hagia Sophia in Konstantinopel. Das Studium dieser Literatur ist nicht nur wichtig für die Heortologie, die Festgeschichte, son-

dern auch für die Frömmigkeits- u. Kulturgeschichte der einzelnen orth. Kirchen.
2. Das disziplinäre T. enthält genaue Vorschriften für den Lebenswandel von Klerus, Laien u. Mönchtum u. bestimmt die Erfüllung sittl., kirchl. u. gottesdienstl. Pflichten dieser Stände der kirchl. Sozietät. Hier finden sich nicht selten ganze Kataloge von Bußstrafen (→ Epitimien). Das disziplinäre T. war im MA eines der wichtigsten Instrumente der sozialen Kontrolle der Kirche, es spiegelt in seinen verschiedensten Überarbeitungen aber auch den Wandel im sittl. Bewußtsein der Adressaten wider.
3. Das klösterl. T. (russ. *monastyrskij ustav*) vereinigt die Charakteristika der beiden erstgenannten Typen in sich, geht aber über sie hinaus, insofern es stets für ein bestimmtes Kloster verfaßt wurde. Dabei können 2 Großgruppen unterschieden werden: (a) Das Stifter-T. (grch. *ktitorikon typikon;* russ. *ktitorskij ustav*). Die Stifterrechte wurden in einem eigenen Akt, dem *„ktitorikon dikaion"* festgelegt. Der Stifter (grch. *ktitor*), der sowohl dem Klerus als auch dem Laienstand angehören konnte, kam für den Unterhalt des von ihm gestifteten Klosters auf. Sein Name wurde während der Liturgie im Diptychon genannt, u. ihm wurde das Recht der Bestattung im Kloster reserviert. Allerdings haben nicht wenige Stifter in das ökonom. u. geistl. Leben der Klöster eingegriffen, wie sie andererseits auch deren kulturelle Leistungen z. B. in der Kunst u. der Chronistik förderten. – (b) Von dem Stifter-T. unterscheidet man Typika solcher Stiftungen, die auf persönl. Initiative von Asketen od. Mitgliedern des oriental. Mönchtums gegründet wurden, deren Gemeinschaft in vielen Fällen zunächst ohne ein T. auskam, bis sie durch ihren zuständigen Bischof zur Annahme eines T.s aufgefordert wurde. Die Entwicklungsgeschichte des monast. T.s spiegelt bestimmte Schwierigkeiten des orth. Kirchenrechts wider, das Mönchtum als gesellschaftl. Gruppe innerhalb der kirchl. Sozietät seinem Wirkungsbereich zu integrieren. Im Unterschied zu den zentralen, der päpstl. Autorität subordinierten Ordensgründungen des Westens blieb das individuelle T. für das monast. Leben der Ostkirche charakteristisch, wie es auch die kulturgeschichtl. Auswirkungen der Klöster wesentlich bestimmte. Ist z. B. für den Westen das Vorhandensein großer theolog. Ordensschulen nicht zuletzt auch für das geistige Leben der Universitäten des MA kennzeichnend, so für den Osten eine nicht minder fruchtbare, aber mit der geistigen Individualität des jeweiligen Klosters u. seines T.s eng verbundene Tätigkeit auf allen Gebieten der Theologie, Literatur u. Kunst.

Lit.: A. Baumstark, Denkmäler zur Entstehungsgesch. des byz. Ritus, OrChr* 28, 1928, 1-32; Beck, 252 f. u. Reg.: Ktitor; A. A. Dmitrievskij, Drevnejšie Patriaršie Tipikoni Svjatogrobskoj, Ierusalimskoj i Velikoj Konstantinopol'skoj Cerkvi, Kiev 1907; ders., Opisanie Liturgičeskich Rukopisej Chranjaščichsja v Bibliotekach Pravoslavnogo Vostoka, 1. Bd.: TYPIKA, Kiev 1895; Ė. Golubinskij, Istorija Russkoj Cerkvi, 1. Bd., 2, 603-645, 776-790; E. Herman, Richerche sulle Istituzioni Monastiche Bizantine: Typika ktetorika, caristicari e monasteri „liberi", OrChrPer 6, 1940, 293-475; F. v. Lilienfeld, Nil Sorskij u. seine Schriften, Berlin 1963, 99-123; M. Lisicyn, Pervonačal'nyj Slavjano-Russkij T., S. Peterburg 1911[2]; I. D. Mansvetov, Cerkovnyj Ustav (tipik), ego obrazovanie i sud'ba v grečeskoj i russkoj cerkvi, Moskau 1885; J. Matéos, Le T. de la Grande Église, 1. Bd., Rom 1962; 2. Bd., Rom 1963 (= OrChrAnal 165-166); P. de Meester, Les Typiques de Fondation, Atti V. Congr. Intern. Studi Byz. Rom 1936, 2. Bd., Rom 1940, 489-508; Nilles, Reg.: T.; K. Nikol'skij, Posobie k Izučeniju Ustava Bogosluženija Pravoslavnoj Cerkvi, S. Peterburg 1907[7]; M. Skabalanovič, Tolkovyj T. Objasnitel'noe izloženie Tipika s istoričeskim vydeniem, Kiev 1910; J. Zhishman, Das Stifterrecht in der morgenländ. Kirche, Wien 1898; M. Arranz, Istorija T.a, Roma 1978. – S. auch Lit. zu Kloster, Mönchtum.

Typologie → unter Allegorie

U

Übertragung, komplexe (russ. *složnyj perevod*), in der Bildkunst Bezeichnung für die Lösung der Aufgabe, zeitlich aufeinanderfolgende od. weiter auseinanderliegende Szenen (Ereignisse) od. Figurenpositionen innerhalb einer Bildeinheit wiederzugeben. Die k. Ü. besitzt in der antiken oriental. u. nichtoriental. Kunst eine alte Tradition, an die die altkirchl. u. mittelalterl. Kunst in Ost u. West anknüpfen konnte. Weithin sich mit Wickhoffs „kontinuierender Darstellung" deckend, besteht die Lösung dieser Aufgabe darin, daß man die Szenen entweder in übereinanderliegenden Streifen mit stark „kinomatograph. Effekt" folgen läßt (→ auch Miniatur) od. sie in komplexer, vom Beschauer nach dem jeweiligen zugrunde liegenden Text „abzulesender" Weise zu einer Kompositionssynopse vereinigt. Eine andere Lösung bieten die Randbilder (russ. *klejma*) der Heiligenbilder (→ auch Ikone) an, auf denen die ep. Zeit in Form diskreter Erzähleinheiten vorgetragen wird. Der Ablauf von Figurenpositionen wird durch „Zeitsummation" (*summation in time,* B. Uspenskij) mit „Zeitraffer"effekt dargestellt (z. B. bei dreiarmigen Gottesmutterbildern). Die verschiedensten Formen der k.Ü. werden bei der bildhaften Wiedergabe bibl. u. hagiograph. Erzählstoffe angewendet (vgl. z. B. Entschlafen der Gottesmutter).

Lit.: E. Bielefeld, Zum Problem der kontinuierenden Darstellungsweise, Archäolog. Anzeiger 1956; W. v. Hartel - F. Wickhoff, Die Wiener Genesis, Wien-Prag-Leipzig 1895; Onasch, Ikonenmalerei, 164-169; B. Uspensky, The Semiotics of the Russian Icon, Lisse 1976, 51 f.; LK 2, 685-686.

Uriel → Engel

V

Vasilij blažennyj → unter Heiligenverehrung; → auch Heiligenbilder

Vaterunser (grch. *pater hemon;* russ. *otče naš;* lat. *pater noster*), ein nach Matth. 6, 9 bis 13 (Luk. 11, 2-4) von Jesus seinen Jüngern empfohlenes Gebet. Vieles spricht dafür, daß es sich um ein „Modellgebet" handelt, das individuelle Anliegen zuläßt, wie bereits die beiden Fassungen bei Matthäus u. Lukas zeigen. Sein log. Aufbau u. sein (nicht zuletzt auch am AT orientierter) theolog. Gehalt zeigen bei schlichter Formulierung eine Klarheit, die ohne Zweifel auf Jesus selbst zurückgeht. Die einsichtige Struktur macht es sowohl für den einzelnen wie für die Gemeinde brauchbar. Alle diese Vorzüge befähigten das V., zum Gegenstand des Unterrichts zu werden. Bald nach 100 wurde es über den privaten Gebrauch hinaus (die Didache [→ unter Kirchenrecht] empfiehlt, es dreimal täglich zu beten) im Katechumenat behandelt, zugleich aber auch unter Arkandisziplin gestellt. Anders ist es nicht zu erklären, daß das V. erst Ende des 4. Jh. in den mystagog. Katechesen (→ auch unter Mystagogie) Kyrills von Jerusalem erscheint, u. zwar vor der Kommunion, wozu die eucharist. Auffassung einiger Kirchenväter über die Brotbitte Veranlassung gab (was sehr wahrscheinlich auf eine viel ältere, durch Arkanverpflichtung abgesicherte Übung des V.s bei der Eucharistie schließen läßt). Zwar wird erst in den Apostol. Konstitutionen (→ Kirchenrecht) Ende des 4. Jh. die Taufe mit dem Vaterunser abgeschlossen (ebenso bezeugt von Johannes Chrysostomus [gest. 407], der betont, daß erst der Getaufte Gott Vater nennen könne), aber es ist nicht ausgeschlossen, daß es schon früher u. wiederum unter Arkandisziplin dem Taufbewerber mitgeteilt wurde, damit er es auch zu Hause beten u. bei seiner ersten Liturgie mitsprechen konnte. (Die Rezitation des V.s bei der Taufe wurde in den einzelnen Kirchenprovinzen unterschiedlich gehandhabt. Sie war in Antiochien nicht üblich, wohl aber, nach dem Zeugnis des Johannes Chrysostomus, in Konstantinopel, während das V. in Jerusalem nach Kyrill [gest. 386] zwar Gegenstand der Katechesen gewesen ist, aber nur in der Liturgie gesprochen wurde. Auch heute fehlt das V. in der Taufliturgie der Ostkirche.) Für diese Zusammenhänge ist es bezeichnend, daß mit dem Aufkommen der Massenkirche u. dem Aufhören der Arkandisziplin, wie Kyrill von Jerusalem bezeugt, das V. in der Liturgie sofort einen festen Platz erhält, den es in Verbindung mit der Elevation, dem Erheben des hl. Brotes, u. der Kommunion bis heute innehat. Zugleich zog es in Stundengebet u. Stundengottesdienst ein. Vielleicht unter dem Einfluß der Liturgie der vorgeweihten Gaben wurde das V. zu einem Offizium eigener Art ausgestaltet. Während sich damit die strenge, schon von Jesus mitgegebene Struktur des „Herrngebets" verfestigte, wurde es auf der anderen Seite Ausgangspunkt einer vielschichtigen Vertiefung des Gebets in der Frömmigkeit. Bereits in den Homilien der Kirchenväter vorgetragene Gedanken steigern sich bei den großen

Kappadoziern u. bei Maximus Confessor (gest. 662) zur Qualität der Mystik. Gleichzeitig gaben die Euchiten (grch., ‚Beter') od. auch Messalianer dem V.-Beten ekstatisch-exorzist. Züge. Bei ihnen u. bei der Häresie der Bogomilen im MA durften nur die „Erwählten" als wahre Gotteskinder das V. beten. Sie bezogen damit eine Position, die schon von der Alten Kirche im Hinblick darauf eingenommen worden war, daß nur die Getauften Gott Vater nennen könnten. Ähnliches wiederholte sich bei den Nonkonformisten u. Ketzergemeinschaften des russ. MA, die das V. durchaus in einem antiliturg. Sinne verstanden u. es mit dem schlichten „Brotbrechen" (anstatt der aufwendigen Liturgie) verbanden. – Im 17. Jh. fand das V. unter dem Einfluß westlicher, nicht zuletzt auch protestant. moraltheolog. Auffassungen Eingang in die russ. Ikonen- u. Monumentalmalerei. Ihre szenenreichen Darstellungen schließen sich an die Homiletik eines Johannes Chrysostomus ebenso an wie an die zeitgenössische des 17.-18. Jh.

Lit.: J. P. Bock, Die Brotbitte, Paderborn 1911; A. Borst, Die Katharer, Stuttgart 1953, Reg.: V.; H. van den Bussche, Das V., Mainz 1963; Eisenhofer 1, 172-176; Fendt, Reg.; Handbuch Reg.: Pater Noster; Hanssens, Nr. 1366-1373; Fr. Heiler, Das Gebet, München – Basel 1969[6], Reg.: V.; Jungmann 2, 343-363; E. Lohmeyer, Das V., Göttingen 1960[4]; Onasch, Ikonen, 396 f.; H. Schürmann, Das Gebet des Herrn, Freiburg/Br. 1958; C. Steuernagel, Die ursprüngl. Zweckbestimmung des V.s, Wiss. Zs. der Karl-Marx-Universität Leipzig 3, 1953-1954, 217-220; Schulz, Die byz. Liturgie,Reg. II B; V.-Bibliographie, hg. von M. Dorneich, Freiburg (Br.) 1982; LChl 4, 412-415.

Velum (lat., n., ‘Segel', ‘Tuch', ‘Hülle'), ein in den meisten Fällen mit kostbaren Stickereien geschmücktes Textil, das sehr früh zum Verhängen der Bemazone, der Interkolumnien (der Zwischenräume zwischen den Säulenreihen in der Basilika), später der Säulen des Templons, des Vorgängers der Bilderwand, sowie endlich bei dieser an den Türen angebracht wurde. In altkirchl. Zeit waren auch die Eingangstüren von der Vorhalle (des Narthex) zum Langhaus (dem Naos) mit Velen verhängt, deren Gesamteindruck vor allem während der Abend- u. Nachtgottesdienste durch die Lichteffekte der Kerzen u. Leuchter sowie durch Auf- u. Zuziehen bei den verschiedensten Prozessionen erhöht wurde. Zu den Velen werden auch die liturg. → Decken gezählt, die Kopfbedeckung der Frauen in der Antike heißt ebenfalls V. Als Sonnensegel, zwischen Gebäuden ausgespannt, erscheint das V. in der byz. Malerei, mit besonderer Vorliebe für effektvolle Drapierungen einer entsprechenden Architekturkulisse in der letzten der Renaissancen in Byzanz.

Verklärung Christi (grch. *metamorphosis tu Christu;* russ. *preobraženie Christa;* lat. *transfiguratio Christi*), 1. Herrnfest (nach Matth. 17, 2-9; Mark. 9, 2-9; Luk. 9, 28 bis 36), am 6. Aug. gefeiert. Die grch., russ. u. lat. Festbezeichnungen bedeuten „Gestaltwandel Christi" in den Leib der Herrlichkeit, d. h. wir haben es bei der V. Ch. mit einer der Theophanien (Gotterscheinungen, → auch Epiphanie) zu tun, die noch über das Heilsereignis der Taufe Christi hinausgehen: Kurz vor dem Leiden seines Sohnes bezeugt Gott in Anwesenheit der Zeugen aus dem AT, Mose u. Elia, vor den Jüngern dessen kommende Herrlichkeit. Die V. Ch. ist ein ausgesprochenes „Ideenfest" (Baumstark), weil die Vorstellung der „Gestaltwandlung" sowohl hinsichtlich der beiden Naturen Christi, der göttlichen u. der menschlichen, wie hinsichtlich der Teilhabe des Menschengeschlechts an dieser Metamorphosis für den oriental. Frommen u. Theologen von großer Wichtigkeit war. Der Berg Tabor, auf dem nach Kyrill von Jerusalem (gest. 386) die V. Ch. stattfand, wurde im 4. Jh. der Mittelpunkt zahlreicher Pilgerfahrten aus aller Welt (ob schon Origenes [gest. 253/254] die Metamorphosis auf dem Tabor lokalisierte, ist umstritten). Um 570 erhalten wir Nachricht von einer Basilika auf diesem Berg mit 2 Kapellen für Mose u. Elia, worauf auch alte oriental. (georg.) Traditionen von einer dort gehaltenen Festfeier (Synaxis) zu Ehren der V. Ch. hinweisen. Wahrscheinlich wird man die Entstehung des Festes noch früher, Anfang des 6. Jh., ansetzen dürfen. Seine volle Entfaltung gehört aber in die Epoche des Kaisers Justinian I. (gest. 565), dessen theolog. Vorstellungen von der imperialen Herrlichkeit Christi (→ auch Eingeborener Sohn, → Cherubimhymnus) der Idee der *metamorphosis tu Christu* entgegenkamen. Im 7. Jh. wird das Fest auch von der ostsyr. (nestorian.) u. westsyr. (monophysit.) Kirche aufgenommen, um schließlich auch Georgien u. Armenien zu erobern. Während die V. Ch. so im Osten zu den höchsten Christusfesten gehört, wurde sie im Westen erst 1457 von Papst Kalixt III. in Erinnerung an einen Sieg über die Türken eingeführt.

In der byz. Kirche wurde der 6. Aug. früh mit einem Abendgottesdienst u. anschließender Nachtwache ausgestattet. Die Lesungen aus dem AT sind deutl. Vorbilder (grch. *typoi*) der zur Liturgie hinführenden Berichte des NT über die Gestaltwandlung Christi auf dem Berge: 2. Mose 24, 12-18; 2. Mose 33, 11-23; 34, 4.5-6.8; 1. Kön. 19, 3 bis 9.11-13.15-17. Der Morgengottesdienst wird nach Verlesung von Luk. 9, 28-36 wieder beherrscht durch die glanzvolle Hymnenkunst der orth. Kirche (Lesungen zur Liturgie: 2. Petr. 1, 10-19; Matth. 17, 1-9). Ein kunstvoll ausgebauter Doppelkanon des Johannes Damascenus (gest. vor 754) u. des Kosmas von Majum (8. Jh.) entfaltet das Festthema zu voller gedankl. Tiefe u. Breite. Vor allem das Lichtthema ist für die gesamte Orthodoxie von erhebl. Relevanz geworden, weil es im Hesychasmus des Athos (→ Kloster, → Mönchtum) im 14./15. Jh. theologie- u. frömmigkeitsgeschichtlich wirksam wurde. Es entspricht dem kosm. Aspekt des Metamorphosis-Gedankens, wenn die russ.-orth. Kirche am 6. Aug. Weintrauben u. andere Erstlingsfrüchte des Feldes durch Segnungen auszeichnet.

2. Sieht man von der jetzt wieder umstrittenen These über ein Bild in der erwähnten Basilika auf dem Tabor ab, dann setzt die Ikonographie der V. Ch. wie ihre Festgeschichte (Heortologie) im Justinian. Zeitalter ein, wobei die sofort vorgetragene, dem Festinhalt durchaus entsprechende Komplexität des Schemas auffällig ist. Die ersten Zeugnisse sind die Mosaiken in der Apsis von S. Appolinare in Classe bei Ravenna (um 549) u. im ebenfalls von Justinian erbauten Katharinenkloster auf dem Sinai (565-566). In beiden Fällen wird die Idee der Metamorphosis verbunden mit der von der imperialen u. kosm. Herrschaft Christi, d. h., die Darstellung des bibl. Berichts wird angereichert durch Motive der Majestas Domini, der Hand Gottes, des Triumphkreuzes u. a. In S. Apollinare überwuchert dieser Motivschatz die Aussage des NT derart, daß manche Forscher Zweifel an der Identität der Darstellung mit der V. Ch. hegen. Auf jeden Fall bietet das Mosaik von S. Apollinare in Classe ein gutes Beispiel für die Justinian. „polit. Christologie", variiert am Thema der V. Ch., während das des Katharinenklosters bereits das ikonograph. Personal u. Inventar des Festgedankens bringt. In der Folgezeit, vor allem nach dem Bilderstreit (→ unter Bild), breitet sich das Thema neben der Miniatur- u. Monumentalmalerei auch auf die Ikonenmalerei aus. Im Bildprogramm der Kirchen verliert es seine raumbeherrschende Position in der Apsis, zieht dafür aber in das Zwölferfestschema (→ Dodekaortion) ein. Das Lichtthema wird zunehmend auf die verschiedensten Formen u. Farbgebungen der Aureole Christi u. ihre psycholog. Wirkung auf die Jünger konzentriert, was in der Variierung der Position, der Gestik u. der Mimik der Jünger zum Ausdruck kommt. Im Gegensatz zum hieratischen → Stil der mittelbyz. Zeit zeigt die Körpersprache der Jünger in der spätbyz. Epoche (→ auch Renaissancen in Byzanz) unter dem Einfluß des erwähnten Hesychasmus visionär-ekstat. Impulse, die ihrerseits mit den entsprechenden Praktiken des Mönchtums vom Athos, aber auch mit ihrer theolog. Deutung durch Gregorios Palamas (gest. 1358) in engstem Zusammenhang stehen. Die Auffassung des letzteren von den im „Taborlicht" sich manifestierenden „Energien Gottes" wird in den Ikonendenkmälern des 14./15. Jh. im byz. Bereich, aber auch in Rußland, mittels der Aureole in mannigfacher Weise zum Ausdruck gebracht. Damit deckt sich die Ikonologie des Festbildes mit der Bedeutung des Festes im Rahmen des orth. Kichenjahres. – Taf. 78.

Lit.: Beck, Reg.: Metamorphosis; E. Dinkler, Das Apsismosaik von S. Apollinare in Classe, Köln u. Opladen 1964, 87-110; A. A. Dmitrievskij, Prazdnik Preobraženija Christa na Favorskoj Gore, S. Peterburg 1913; M. Eichinger, Die V. bei Origenes, Wien 1969; Eisenhofer 1, 591; V.Grumel, Sur l'Ancienneté de la Fête de la Transfiguration, REByz 14, 1956, 209 f.; Felicetti – Liebenfels[1,2]; Reg.: Christus-Leben; Ch. Ihm, Die Programme der christl. Apsismalerei vom 4. Jh. bis zur Mitte des 8. Jh., Wien 1960, 69-75; V. Ivanov, Ikona „Preobraženie Christa", ŽMP 1977, 7, 14-16; Kellner, 81; C. Kopp, Die hl. Stätten der Evangelien, Regensburg 1959, 299-306; W. Krönig, Zur Transfiguration der Capella Palatina in Palermo, ZKG

19, 1956, 162-179; La Prière2,1, 380-411; Lazarev, Reg.: Preobraženie; Maltzew5; Nilles 1, 235-238; K. Onasch, König des Alls, Berlin 1952, 48-54; ders., Ikonen, Reg.: V.; Pokrovskij, 195-204; Rothemund, 304; G. Soteriu, Das Verklärungsmosaik in der Kirche des Sinaiklosters, Atti VII Congr. Intern. Byz. Palermo 1951, Rom 1953, 246-252; Ouspensky – Lossky, 210 f.; A. de Waal, Ikonographie der Transfiguration in der älteren Kunst, RQ 16, 1902, 25-40; G. Walter, Ikonographie der V., Diss. Berlin 1970; Weitzmann, Reg.: Metamorphosis; LChI 4, 416-421; LdK 5, 404-405.

Verkündigung der Gottesmutter (grch. *euangelismos tes theotoku;* russ. *blagoveščenie bogorodicy;* lat. *annuntiatio beatae Mariae virginis,* 'V. der seligsten Jungfrau Maria'), hohes Fest der Gottesmutter am 25. März, wobei die Frohbotschaft (grch. *euangelismos;* russ. *blagoveščenie*) durch den Erzengel Gabriel nach Luk. 1, 26-28 sowohl an Maria gerichtet wie in besonderer Weise ihr zugehörig vorgestellt wird.
1. Das Fest wird zum ersten Mal offiziell auf der Ökumen. Synode des Quinisextum von 692 erwähnt, wo es ausdrücklich als statthaft auch während der Großen → Fastenzeit erklärt wird (→ auch Typikon). Daraus geht aber ein höheres Alter des Festes hervor. Die Entstehung einer eigenen Festgeschichte (→ Heortologie) der V. d. G. verlief auf 2 Wegen: Über Luk. hinaus hat das Apokryph des Protevangeliums des Jakobus bereits in der 2. Hälfte des 2. Jh. den Festgedanken vorbereitet. Nicht viel ältere Spekulationen verbanden im Sinne einer übergreifenden Heilsgeschichte das Datum des 25. März sowohl mit der Kreuzigung Christi als auch mit seiner Empfängnis (lat. *conceptio Christi, annuntiatio Christi*) u. schließlich mit der Weltschöpfung. Eine zweite Methode arbeitete „historischer“, indem sie die V. d. G. zunächst mit dem Festgedanken von Epiphanie u. später mit dem der Geburt Christi verband. Dabei ergab sich im ersteren Fall (6. Jan.) als Termin der 7. April, wie ihn vom 5. Jh. an bis heute die Armenier feiern, im letzteren (25. Dez.) der 25. März, wie er im Osten u. Westen üblich wurde (zu dem alten mariolog. Ideenfest in der Weihnachts- bzw. Epiphanienzeit → Entschlafen der Gottesmutter, → Synaxis der Gottesmutter). Mit der weiteren Ausbildung des Kirchenjahres, vor allem aber der strengen Pflichten für die Große Fastenzeit, erhielt der 25. März, wohl auch in Erinnerung an die eben skizzierten heilsgeschichtl. Vorstellungen, in dieser Zeit seinen festen Platz. Der zeitl. Ansatz des armen. Festes im 5. Jh. u. die inkarnationstheolog. Kontroversen dieser Zeit machen es wahrscheinlich, daß die Homilien des Patriarchen Proklos (gest. 466) von Konstantinopel das Fest selbst im Blick hatten. Sicheren Boden haben wir allerdings erst unter den Füßen mit einer Homilie des Bischofs von Ephesus Abraham aus der Mitte des 6. Jh., die dieser zweifelsfrei am 25. März gehalten hat. In der Tat paßt das Fest mit seiner theolog. Auffassung ganz in das Justinian. Zeitalter (6. Jh.), das nicht nur eine „polit. Christologie“, sondern auch eine „polit. Mariologie“ entwickelte, die im 7. Jh. im Kampf gegen die Perser noch deutlicher hervortrat. In dieselbe Zeit sind auch 2 Kontakien des berühmten Meloden Romanos auf die V. d. G. zu datieren (→ auch Akathist). Der aus dem Orient stammende Papst Sergius (gest. 701) führte wie andere Marienfeste auch das des 25. März in Rom ein, indem er es mit einer Prozession zu der Kirche S. Maria Maggiore, die mit dem Dogma von der Gottesmutter eng verbunden war, ausstattete. Wie die oben erwähnte Verfügung der Synode von 692 andeutet, scheint es im Orient gegen den Termin des 25. März wegen der Fastenzeit noch einige Bedenken gegeben zu haben, die aber behoben werden konnten.
Die byz. Kirche stattete das Fest der V. d. G. mit einem großen Abendgottesdienst aus, der in die feierl. Nachtwache übergeht. Bei den AT-Lesungen dieses großen nächtl. Gottesdienstes entsprechen die ersten 3 denen der Geburt der Gottesmutter u. des Entschlafens der Gottesmutter: 1. Mose 18, 10-17; Hes. 43, 27-44,4; Sprüche 9,1-11. Ihnen werden hinzugefügt: 2. Mose 3, 1-8 (brennender Dornbusch) u. Spr. 8, 22-30 (Weisheit Gottes) mit den deutl. Vor-Bildern (grch. *typoi*) des Alten Bundes auf die V. d. G. Der Kanon des berühmten Verteidigers der Bilder Theophanes Graptos (gest. 845) im Morgengottesdienst entfaltet nach Luk. 1, 39-56 das Thema der Inkarnationsparadoxie, der Paradoxie der Menschwerdung Christi, im mariolog. Sinne mit allen Mitteln dramat. Effekte, insbesondere durch den Dialog zwischen Maria u. Gabriel. Dies weist über das genannte Kon-

takion des Romanos auf die besten antiochen. homilet. Traditionen (vor allem die Homilien des Johannes Chrysostomus über Luk. 1, 26-38) hin. Dem Thema der Befreiung des Menschengeschlechtes im kosm. Sinne kommt die russ.-orth. Kirche nach, indem ihre Gläubigen am 25. März gefangenen Vögeln die Freiheit schenken. Während der Liturgie kommen Hebr. 2, 11-18 u. Luk. 1, 26-38 zur Verlesung. Unter Beachtung einer Reihe komplizierter Regelungen des Typikons (s. oben) klingt dieses große u. glanzvolle Fest aus mit einer Vesper (→ Abendgottesdienst), in der auch Liturgie gehalten wird (auch am Karfreitag Chrysostomusliturgie, am Gründonnerstag u. Karsamstag Basiliusliturgie). Zur Lesung aus dem AT kommen dabei die beiden letzten Texte der Nachtwache, aus dem NT die der Tagesliturgie.

Die Konkurrenzen zwischen der Großen Fastenzeit, der Karwoche u. dem Fest der V. d. G., die durch das Typikon zu regeln waren, haben die Vertreter des orth. Kirchenrechts u. der Rubriken seit alters stark beschäftigt. Die damit zusammenhängenden Probleme sind nicht zuletzt auch deshalb so schwierig, weil es sich dabei um das Zusammenfallen des unbewegl. mit dem bewegl. Zyklus des Kirchenjahres handelt, hinter denen die noch älteren Gegensätze zwischen Mond- u. Sonnenjahr stehen (vgl. auch → Geburt Christi, → Oktoechos, → Ostern).

2. Die Ikonographie der V. d. G. läßt von Anfang an den inkarnationstheolog. Grundgedanken deutlich werden. Die ältesten Darstellungen in den röm. Katakomben (Priscilla, Petrus u. Marcellinus, an der Via Latina) nach 300 zeigen eine junge Frau, auf einem Sessel sitzend, wie sie den mit Anredegestus verbundenen Gruß eines jungen Mannes entgegennimmt. Im Coemeterium von Petrus u. Marcellinus steht die V. d. G. zusammen mit den Königen (Magiern) aus dem Epiphanie-Fest u. der ihm zugehörenden Taufe Christi, zeigt also deutlich den in Abs. 1 dargelegten Entwicklungsgang des Festes in seinem Frühstadium. Der Motivschatz der Komposition wird nach der mariolog. Ökumen. Synode von 431 auf Grund viel älterer Apokryphen (neben dem Protevangelium des Jakobus noch Pseudomatthäus) erheblich vermehrt, der Darstellung der Gottesmutter werden die Züge des imperialen Repräsentationsbildes gegeben. Ein komplizierteres Schema löste die schlichte Darstellung der Annuntiatio Christi der Katakomben-Malerei ab. Die V. d. G. auf dem Triumphbogen von S. Maria Maggiore (432-440, s. auch oben Abs. 1) macht diesen Wechsel sehr deutlich: Maria in königl. Haltung, gekleidet u. geschmückt wie eine Kaiserin (→ auch Gottesmutterbilder) u. flankiert von Engeltrabanten, während über ihr, wie die Nike (grch.; lat. *victoria,* 'Siegesgöttin') aus dem Kaiserkult, Gabriel mit der Taube schwebt. Zugleich steht neben ihr der Korb mit Purpurwolle, aus der sie nach den erwähnten Apokryphen als Tempelmagd den Tempelvorhang spann. Sowohl die Taube als auch der schwebende Erzengel sind später nur selten wiederholt worden, während das Motiv der Tempelmagd niemals aufgegeben wurde. Nach dem Bilderstreit (→ unter Bild) mit seiner Vernichtung der Marienbilder kam es zum Aufbau eines das MA hindurch gültigen Schemas, das sich streng nach der in der klass. Homiletik u. den liturg. Hymnen vorgetragenen Dialogsituation richtete. Die zunächst starre (→ Stil, hieratischer) Kontraposition von Gottesmutter u. Gabriel wird im Westen nicht selten zugunsten einer Begegnungsidylle aufgelockert, ohne jedoch die theolog. Aussagen zu verdecken, wobei alte Motive der Annuntiatio wie Quelle od. Brunnen gern wieder aufgenommen wurden. Der Osten blieb in mittelbyz. Zeit beim strengen Repräsentationsbild. Nachhaltigen Eindruck vermittelt das Denkmal der altruss. Ikonenmalerei aus dem 12. Jh., die V. d. G. von Ustjug aus Novgorod, die auch „Gottesmutter der Inkarnation" (*Bogomater voploščenija*) gennant wird. In der oberen, himml. Hemisphäre erscheint der „Alte der Tage" (→ unter Christusbilder). Nach den Worten des Synaxarions vom 25. März empfängt Maria beim Euangelismos Gabriels das ewige Wort Gottes, den Sohn, die Weisheit Gottes, die zweite Person der Dreieinigkeit. Das Christuskind (nach dem Typ des kindl. Pantokrators, → Christusbilder) wird im Leibe der Gottesmutter dargestellt. Die Verarbeitung spezif. Motive deutet Kenntis der oriental. Festtradition durch den Ikonenmaler an. Die rationale Auffassung der Inkarnation in Gestalt des Kindes

Verkündigung der Gottesmutter

im Leibe Marias u. der „Alte der Tage" werden sehr selten dargestellt (Aufzählung bei Prokrovskij). An ihre Stelle tritt die Taube od., wohl als Symbol der Dreieinigkeit, manchmal die Hand Gottes. Zahlreiche Panegyriken auf das Fest u. die erwähnten dramat. Elemente der Hymnen haben das Kompositionsschema in spätbyz. Zeit (→ auch Renaissancen in Byzanz) dynamisiert u. mit allen stilist. u. ästhet. Mitteln (vielleicht auch unter dem Einfluß frühital. Mysterienspiele der Annuntiatio Christi?) eine V. d. G. geschaffen, die weniger das mariolog. Dogma als vielmehr das persönl. Dogma der Gottesmutter u. ihres Sohnes zum Ausdruck bringen möchte. Das nachbyz. Verkündigungsbild auf dem Balkan u. in Rußland brachte neben neuen Elementen (Genreszenen, Schloßinterieurs, Garten- u. Landschaftsbildern) manchmal auch klass. Motive („Alter der Tage", bekrönt von ihm ein Lichtstrahl mit der Taube auf Maria ausgehend).

Die V. d. G. erhielt wegen ihrer Bedeutung in mittelbyz. Zeit einen festen Platz im Zwölferfestschema (Dodekaortion) u. in den entsprechenden Formen des Festzyklus, während sie im Bildprogramm der Kirchen im allgemeinen innerhalb der Marienzyklen erscheint. Schon beim Templon u. dann bei seinem Nachfolger, der Bilderwand, gehört die V. d. G. zur Ausschmückung der mittleren, zum Altar sich öffnenden Tür. Hier bildet sie ein Doppelsymbol für die Jungfräulichkeit der Maria (geschlossene Tür, so vielleicht schon bei dem geschlossenen Tor auf dem Triumphbogen von S. Maria Maggiore?) u. für den durch sie in der Menschwerdung Christi geschaffenen Zugang der Gläubigen zur Gemeinschaft der Eucharistie bei geöffneter Tür. So erweist sich das Schema der V. d. G. als legitime Darstellung der inkarnationstheolog. u. mariolog. Festgedanken des 25. März, aus dem sich gedanklich die Fülle der Gottesmutterbilder mit dem Christuskind entwickeln konnte. – Taf. 77; Abb.

Lit.: Th. Ardans, L'Annonciation à Maria dans la Liturgie Syrienne, Orient Syrien 4, Paris 1959, 459 bis 470; Beck, Reg.: Euaggelismos; St. Beissel, Die bildl. Darst. der V. Mariä, Zs. für Christl. Kunst 4, Düsseldorf 1891, 191-196, 207-214; W. Braunfels, Die V., Düsseldorf 1949; Felicetti - Liebenfels[1,2], Reg.: Gottesmutter; R.A. Fletcher, Celebrations at Jerusalem on March 25th in the Sixth Century, Studia Patristica, 5. Bd., Berlin 1957, 30-34; Grabar, Iconoclasme, Reg.: Annonciation; M. E. Gößmann, Die V. an Maria im dogmat. Verständnis des MA, München 1957; E. Guldan, „Et Verbum Caro Factum Est". Die Darst. der Inkarnation Christi im Verkündigungsbild, RQ 63, 1968, 145-169; Handbuch 2, 291 f.; 312 f.; Kellner, 175 f.; N. P. Kondakov, Ikonografija Bogomateri, 2 Bde., S. Peterburg 1914, 1915, Reg.: Blagovoščenie; La Prière[2,1], 341-379; Lazarev, Reg.: Blagoveščenie; ders., Russkaja Srednevekovaja živopiś, Moskau 1970, Reg.; Maltzew[5], 93-106; A. Mayer - Pfannholz, Mariä V. im Wandel der Kunstgesch., Das Münster 1, 1948, 257-272; Nilles 1, 126-127; 2, 251 bis 253; K. Onasch, König des Alls, Berlin 1952, 21-28; ders., Der Verkündigungsgehalt der Ikonen, Vom Worte Gottes u. den Künsten, Berlin 1953, 85-104; Pokrovskij, 1-40; Schiller 1, 44-65; Ė Smirnova, Živopiś Velikogo Novgoroda, Moskau 1976, 215-218; Ouspensky – Lossky, 173 f.; S. Vailhé, Origine de la Fête de l'Annonciation, EO 9, 1906, 138-145; V. Vladimirov, Obraz Blagoveščenija Presvjatoj Bogorodicy ŽMP 1976, 3, 27 bis 30; Wellen, 37-44 u. Reg.: V. Mariä; Weitzmann, Reg.: Annunciation; LChI 4, 442-430; LdK 5, 405-406.

Vesper → unter Abendgottesdienst

Vigil → Nachtwache

Vladimirskaja → unter Gottesmutterbilder

Vlasij → unter Heiligenverehrung; → auch Heiligenbilder

W

Wachsfarbenmalerei → unter Enkaustik

Wandlung (grch. *metusiosis,* f.; russ. *preloženie,* n., *presuščestvlenie,* n.), der Augenblick in der Liturgie nach dem Gebet um den hl. Geist, der Epiklese, wo der Priester nach Aufforderung durch den Diakon mit den Worten „verwandelnd mit deinem hl. Geist" (grch. *metabalon to pneumati su to hagio;* russ. *preloživ duchom tvoim svjatym*) das Brot (d. h. das im Ritus der Schlachtung [Opferung] des Lammes aus der Prosphore herausgeschnittene u. in Partikel aufgeteilte Siegel) u. den Wein in Leib u. Blut Christi verwandelt. Die W. wird durch ein dreimaliges Amen des Diakons bestätigt u. durch ein weiteres Stillgebet des Priesters abgeschlossen. Mit der W. ist die volle Vergegenwärtigung Christi u. die Gemeinschaft (grch. *koinonia*) der Gläubigen mit ihm u. untereinander vollzogen (→ auch Eucharistie). Zu den mit der W. verbundenen eucharistisch-theolog. Problemen vgl. die Ausführungen unter Epiklese. → auch Weihe.

Lit.: Hanssens, Nr. 1326-1335; Jungmann, Reg.: W; G. Podskalsky, Griech. Theologie in der Zeit der Türkenherrschaft 1453-1821, München 1988, Reg.: Eucharistie(streit), Transsubstantiation.

Wandmalerei → unter Monumentalmalerei

Warmwasser → unter Zeon

Wasserweihe (grch. *hagiasma hydatos;* russ. *osvjaščenie vody;* lat. *benedictio aquae*). Formal gesehen gehört die W. zu den Konsekrationen (→ Weihe) von Elementen u. Objekten; die Weihe trägt aber in diesem Falle einen speziellen christologischen u. sakramentalen Charakter. Man unterscheidet mehrere W.n:

1. Die am Fest der Epiphanie vollzogene große W. (grch. *hagiosmos megas [hydatos];* russ. *velikoe osvjaščenie vody*) stellt ein eigenes Offizium vor der feierl. Nachtwache dar, dessen Lesungen (Jes. 35, 1-10; 55, 1-13; 12, 3-6; 1. Kor. 10, 1-4; Mark. 1, 9-11), Gebete u. Hymnen 2 Themen behandeln, die sich gegenseitig ergänzen: die Taufe Christi im Jordan u. das durch ihn in die Welt gebrachte Licht. Im Mittelpunkt der W. steht der Ritus der Versenkung eines Handkreuzes ins Wasser. Er deutet, in Verbindung mit dem gleichen Motiv in der Ikonographie der Taufe Christi, auf ein am od. im Jordan (vielleicht Anfang des 5. Jh.) errichtetes Kreuz hin, zu dem hin sich feierl. Pilgerprozessionen bewegten (der gall. Pilgerin Egeria Ende des 4. Jh. noch unbekannt), so wie sich heute in der Kirche die Gemeinde in einem Umzug zum Wasserbecken bewegt, in dem die geschilderte W. stattfindet. Wie Epiphanie selbst hat auch die W. ihren Ursprung in Ägypten, wo das Schöpfen des Nilwassers bei Kerzenlicht u. das Nach-Hause-Bringen in besonderen Gefäßen auch von Christen geübt wurden. Noch heute ist es Sitte, von dem durch die Kreuzeinsenkung geweihten Wasser etwas in einem Gefäß nach Hause zu nehmen. Befindet sich in der Nähe ein Fluß, so wird die W. dort mit einer Prozession begangen. Auf die Unterwerfung des Satans durch Christi Jordantaufe (→ Taufe Christi) nimmt ein vom Diakon gesprochenes eigenes großes Kollektengebet (Synapte) Bezug, während ein umfangreiches, dem Patriarchen von Jerusalem Sophronios (gest. 638) zugeschriebenes Gebet des Priesters die ganze Gedankenfülle der W. entfaltet. – Über Unteritalien mit seinen alten Beziehungen zu Byzanz fand die W. Anfang des 16. Jh. auch in die kath. Kirche Eingang.

2. Die W. bei der Taufe nimmt ebenfalls auf Christi Jordantaufe Bezug. Der Priester macht das Zeichen des Kreuzes über dem Wasser, haucht es an u. spricht eine Exorzismusformel gegen die im Wasser wohnenden „feindl. Kräfte" (grch. *enantiai dynamai*). In einem anschließenden Gebet wird auf die Wiedergeburt durch Wasser u. Geist hingewiesen (Joh. 3, 5). Eine Zurüstung des Taufwassers, erwachsen aus volkstüml. u. philosoph. (stoischen) Überlegungen der Spätantike in Verbindung mit Christi Jordantaufe, findet sich bereits bei Ignatius von Antiochien (gest. um 110), Tertullian (gest. nach 220) u. anderen Kirchenvä-

tern, ohne daß in dieser Frühzeit schon von einer Konsekration des Wassers gesprochen werden könnte. Ähnlich verhält es sich bei den Vorformen der Epiklese in der Taufe u. in der Liturgie. Aus der Vorstellung von der „In-Dienst-Stellung des Wassers für die Taufe“ (Kretschmar) mußte in demselben Maße eine eigentl. W. werden, in dem die letztere selbst ein Sakrament wurde. Es ist bezeichnend, daß Firmicus Maternus (4 Jh.) das von der Sonne erwärmte Nilwasser dem vom hl. Geist erwärmten Taufwasser entgegenstellt. Bei Kyrill von Jerusalem (gest. 386) findet sich eine ausdrückl. Geist-Epiklese sowohl bei der W. wie bei der Myronweihe sowie der Hinweis, daß Christus durch seine Jordantaufe dem Wasser von seiner Göttlichkeit mitteilte. Johannes Chrysostomus (gest. 407) u. Theodor von Mopsvestia (gest. 428) lassen keinen Zweifel daran, daß durch die Herabberufung des hl. Geistes das Wasser geheiligt wurde. Basilius der Große (gest. 379) hielt die W. sogar für eine apostol. Stiftung. Die Ausbildung einer profilierten Pneumatologie (Lehre vom hl. Geist) in dieser Epoche der altkirchl. Theologie (→ auch Basiliusliturgie) brachte einen gedankl. Austausch zwischen ihr u. der mit dem Festgedanken des 6. Jan. eng verbundenen Inkarnationstheologie mit sich, wie er in der W. zum Ausdruck kommt. Damit war einem nicht ungefährl. „Pankosmismus“ gewehrt u. die W. als konstitutives Element der Taufe in diese sinnvoll eingebaut.

3. Eine spezielle W. findet bei der Myronweihe statt. – → auch Weihwasser. – Zur Ikonographie der W. → unter Taufe, → Taufe Christi.

Lit.: E. G. C. F. Atchley, On the Epiklesis of Eucharistic Liturgy and in the Consecration of the Font, Oxford 1935; Daniel, 653-658; H. Engberding, Der Nil in der liturg. Frömmigkeit des christ. Ostens, OrChr* 37, 1953, 56-88; J. D. C. Fisher, The Consecration of Water in the Early Rite of Baptism, Studia Patristica, 2. Bd., Berlin 1957, 41 bis 46; Goar, 366-378; G. Khouri u. A. du Bullay, La Bénédiction de l'Eau dans la Nuit de l'Épiphanie dans le Rite Syrien d'Antioche, Orient Syrien 4, Paris 1959, 211-232; J. Lemarié, Le Baptème du Seigneur dans le Jourdain d'après les Textes Scriptuaires en usage dans les Églises d'Orient et d'Occident, Maison-Dieu 59, Paris 1959, 85-104; La Prière[2,1], 273-285; Maltzew[2], 516-553; J. Quasten, The Blessing of the Baptismal Font in the Syrien Rite of the IVth Century, Theological Studies, Woodstock (Md.) 7, 1946, 309-313; J. M. Sauget, Bénédiction de l'Eau dans la Nuit de l'Épiphanie selon l'Ancienne Tradition de l'Église Maronite, Orient Syrien 4, Paris 1959, 319-378; H. Scheidt, Die Tauf-W. im Sinne vergleichender Liturgieforschung untersucht, Münster (Westf.) 1935; S. J. Smirnov, Vodokrešči (Materialy dlja Istorii Kreščenskich Obrjadov v Drevnej Rusi), BoV 1900, 1, 1-18; E. Stommel, Zur Epiklese der röm. Tauf-W., Bonn 1950. – S. auch Lit. zu Epiphanie, Taufe.

Wechselgesang → unter Antiphon, → Psalmodie, → Responsorien

Weihe, Konsekration (grch. *hagiasmos,* m., 'Heiligung', 'Ausgrenzung'; russ. *svjaščenie,* n.; lat. *consecratio,* f., 'Weihe', 'Bann'). Im Unterschied zum (größtenteils mehrmals erteilbaren) Segen stellt die W. einen (größtenteils einmaligen) Akt dar, durch den eine Person od. ein Gegenstand für einen Kult (in Hochreligionen), od. für den in Christus persönl. Gott reserviert wird. Das ausschließliche u. nicht rückgängig zu machende Reservat (der Bann) ist das eigentl. Kennzeichen der W. Die W. hat, ebenfalls im Unterschied zum Segen (obwohl die Grenzen nicht immer scharf sind), eine Wesens- u. Qualitätsveränderung des Geweihten zur Folge. Der für die Konsekration kennzeichnende Reservatgedanke wird gesellschaftlich insofern relevant, als durch sie das Individuum u. ganze Gruppen sich zu einer in sich gegliederten Sozietät formieren (durch die Cheirotonie separiert sich z. B. der Klerus von den Laien u. bildet eine eigene [durch den Zölibat ausgegrenzte] Hierarchie). W.-Handlungen zu vollziehen ist deshalb das Reservat des Klerus [→ auch Weihegrade], eigentl. W.-Träger der Bischof. Daraus ergibt sich schließlich der enge Zusammenhang zwischen W. u. Kirchenrecht, da die von diesem geschützte u. garantierte Sozietät die verschiedensten W.n zur Voraussetzung hat.

Spezifisch konsekrator. Charakter haben jene W.-Handlungen, die eine Gestaltwandlung des Geweihten zur Folge haben. In diesem Sinne bildete schon für Johannes Chrysostomus (gest. 407) das Konsekrieren (grch. *hagiazein*) u. das Gestaltwandeln (grch. *metaskeuazein, metarrhythmizein*) von Brot u. Wein eine Einheit (→ auch Epiklese, Wandlung). Zu solchen Akten gehören auch die Myronweihe u. die Wasser-

weihe, obwohl sie wiederholt werden. Unwiederholbare W.-Handlungen an Personen sind Cheirotonie (Ordination), Myronsalbung (Firmung) u. Taufe u. nach einigen orth. Kanonisten die kirchl. → Eheschließung, ein im orth. Kirchenrecht strittiger Gegenstand; an Gegenständen Konsekrationen des Altars, des Kelchs u. der Patene, die W. von Friedhöfen (→ Coemeterium), die Kirchenweihe u. die Ikonenweihe (wiederholbar z. T. nur bei Profanationen, d. h. Entweihungen). Konstitutiv für solche, zu besonderen Offizien ausgestaltete Konsekrationen sind der Gestus der Handauflegung (→ Cheirothesie) u. des Kreuzeszeichens über den zu weihenden Personen od. Gegenständen.
Obwohl im gedankl. Ansatz vorhanden, ist es in der Ostkirche doch niemals zu einer systemat. Ausbildung der Lehre vom „sakramentalen Charakter“ (lat. *character sacramentalis*) vor allem der 3 erwähnten Sakramente gekommen, wie sie die kath. Kirche in der Scholastik u. im Konzil von Trient (1545-1552) durchgeführt hat.

Lit.: Beck, Reg.: W.n; Fendt, Reg.: Konsekration; Handbuch Reg.: W.; Milasch, § 172-176; I.-H. Dalmais, Die Weiheriten, Handbuch Ostk.kunde II, 160-168. – S. auch Lit. zu Segen.

Weihegrade, durch das Amt des Bischofs als des eigentl. Weiheträgers bestimmte u. von diesem absteigende (deszendente) Stufenfolge der Mitglieder des Klerus. Die Entstehung der W., Anfang des 2. Jh. bereits voll im Gange, setzt in Parallele zur Verdinglichung u. Verrechtlichung der Eucharistie zur selben Zeit eine ebensolche Verdinglichung u. Verrechtlichung der Weihe voraus, deren nicht nur qualitative, sondern auch „quantitative“ Mitteilung (wie sie am Beispiel des vom Bischof dem Priester zu garantierenden Lebensunterhaltes [lat. *beneficium;* in manchem der Entstehung des *feudums* vergleichbar] deutlich wurde) ein System innerer u. äußerer Abhängigkeiten zur Folge hatte. Diese „interne Feudalisierung“ der ma. Kirche wirft eine Fülle von Fragen auf. Sie machte die Kirche vor allem anfällig für die Feudalisierung des gesellschaftl. Lebens, die sich außerhalb ihrer Sozialstruktur vollzog.
Man unterscheidet in deszendenter Folge die Inhaber höherer W. (grch. *hieromenoi;* lat. *ordines maiores vel sacri*) von denen niederer W. (*hyperetai; ordines minores*). Zu den ersteren, „innerhalb“ des Bemas Ordinierten (→ unter Cheirotonie) gehören Bischof, Priester u. Diakon (in der Alten Kirche auch Diakonisse, diese aber ohne Leitungsfunktionen), die die Leitungshierarchie der Kirche bilden. Die niederen W. werden „außerhalb“ des Bemas, d. h. in der Vorhalle (dem Narthex) in ihre Ämter eingesetzt (→ auch Cheirothesie). Wiederum in deszendenter Linie sind dies Hypodiakon, Lektor (der in der Alten u. der byz. Kirche die Tonsur erhielt), Chorleiter u. Torhüter, früher auch die Exorzisten (→ unter Exorzismus). Die Inhaber der verschiedenen Weihegrade unterscheiden sich äußerlich durch ihre verschiedenen kirchl. u. liturg. → Gewänder.

Lit.: Beck, 79-83 u. Reg.: Weihen; W. Croce, Die niederen Weihen u. ihre hierarch. Wertung, ZKTh 70, 1948, 257-314; A. v. Harnack, Die Quellen der sog. Apostol. Kirchenordnung nebst einer Untersuchung über den Ursprung des Lektorates u. der anderen niederen Weihen, Leipzig 1886; Milasch, § 60; E. Wieland, Die genet. Entwicklung der sog. Ordines minores in den drei ersten Jh., Freiburg/Br. 1897. – S. auch Lit. zu Cheirotonie.

Weihnachten → Geburt Christi

Weihrauch (grch. *thymiama,* n., ‘Räucherwerk’, *libanos,* m., der Baum u. das aus ihm gewonnene Harz; russ. *ladan,* m., *fimiam,* m.; lat. *incensum,* n.), Rauch, der beim Verbrennen (lat. *incensio*) verschiedener in Südarabien u. Indien wachsender Boswelliasträucher entsteht. Der W. wurde u. wird in fast allen Hochreligionen benutzt, auch im altjüd. Tempel, nicht aber in der Synagoge. Im Kultus, einschließlich des antiken u. spätantiken Kaiserkultes, diente er bei der Gabendarbringung der Verehrung u. der Verhüllung des Götterbildes od. des Kaisers. Der W. wurde auch als Abwehr (grch. *apotropaion*) von Dämonen u. Unglück u. deshalb auch beim Begräbnis verwendet. Zusammen mit Kerzen od. Fackeln (→ unter Licht) gehörte der W. zu den insignialen Reservaten auch des christl. Kaisers in Byzanz, die er frühzeitig an den Bischof (→ auch Bischofsinsignien) delegierte. In der Frühzeit stand das Christentum wegen der Inzensierungen beim röm. Kaiserkult dem

W. ablehnend gegenüber (vgl. Offb. 18, 13), verglich ihn aber mit den Gebeten der Heiligen (Offb. 5, 8; 8, 3.4). Vielleicht benutzte die Gnosis den W. Ohne Beanstandung wurde er früh bei christl. Begräbnissen verwendet. Vom 4. Jh. ab (Apostol. Konstitutionen [→ unter Kirchenrecht]) breitet sich der W. von Palästina u. Syrien aus. An den hl. Stätten in Jerusalem u. Palästina wurde das Inzensieren in Verbindung mit den Prozessionen zu den Orten der Erscheinung Christi üblich, im Zusammenhang mit den erwähnten episkopalen Ehrenrechten beim Einzug des Bischofs in die Kirche zu Beginn der Liturgie; später erhielt es innerhalb der Vormesse, der Prothesis, einen festen Platz. Im Westen fanden Inzensierungen während der Messe erst vom 9. Jh. ab Eingang. Da der W. dem Segen unterliegt, erhält er (mit seinem Gefäß, s. unten) sakramentalen Charakter und wird sowohl für Personen (als Reservat des Klerus, später nur des Bischofs) als auch für Gegenstände (z. B. Ikonen), bei denen Segen od. Weihe vorgeschrieben sind, in Anspruch genommen.
Das W.-Gefäß gibt es in einer größeren Gestalt (grch. *thymiaterion;* russ. *kadilo*) od. als kleines Handgefäß (grch. *katzion;* russ. *kacija, kaceja*). Dieses hängt an einer mit einem Griff versehenen Kette, an der sich ein hochziehbarer Deckel zum Öffnen u. Einlegen des W.s befindet. Die Gefäße sind meist einfach u. schmucklos. – Taf. 79.

Lit.: E. G. C. F. Atchley, A History of the Use of Incense, London 1909; Dix, Reg.: Incense; Eisenhofer, Reg.: W., W.-Behälter, W.-Körner; Fendt, Reg.; Goar, Reg.: Turrificatio; Hanssens, Nr. 832 bis 864; Jungmann, Reg.; Handbuch, Reg.; K. Schneider, Studien zum Ursprung liturg. Einzelheiten östl. Liturgien, 2: Thymiamata; Kyrios 3, Berlin 1938, 149-190, 293-311; ders., Die Welt des Hellenismus, München 1975, 150-152; R. Sigismund, Die Aromata in ihrer Bedeutung für Religion, Riten, Gebräuche, Handel u. Geographie des Altertums bis zu den ersten Jh. unserer Zeitrechnung, Leipzig 1884; E. Trenkle, Liturg. Geräte u. Gewänder der Ostkirche, München 1962.

Weihwasser (grch. *hagiasma,* n.; russ. *svjataja voda;* lat. *aqua benedicta*). Das Wasser spielt bei allen Völkern u. zu allen Zeiten in seiner elementaren Erscheinung als sowohl positives, lebenerhaltendes, wie auch als negatives Numen (religiöse Macht) eine große Rolle; es hat dadurch auch Bedeutung für den Kultus. Als Lustrations-(Reinigungs-) Wasser wird es 4. Mose 8,7; 19 erwähnt. Der Bischof Serapion von Thmuis (gest. nach 362) kennt ein Gebet beim Segen über dem Wasser, die Apostol. Konstitutionen (→ unter Kirchenrecht) schreiben diese Handlung dem Apostel Matthäus zu. Kyrill von Jerusalem (gest. 444) bzw. sein Nachfolger Johannes redet in seinen mystagog. Katechesen (→ Mystagogie) im Hinblick auf 2. Mose 14 vom „Heilswasser" (grch. *soterion hydor*), womit wahrscheinlich das W. gemeint, auf jeden Fall aber die Gedankenverbindung zur Wasserweihe gegeben ist. Nach alter Vorschrift wird dem W. Salz beigemischt. Es wird als Lustration beim Eingang in die Kirche sowie bei bestimmten Weihen, z. B. der Kirchenweihe, benutzt.

Lit.: Jungmann 2, 97, 561; M. Ninck, Die Bedeutung des Wassers im Kult u. im Leben der Alten, Leipzig 1921 (Darmstadt 1967 Reprint); R. Wolf, Aqua Religiosa. Die religiöse Verwendung von Wasser im frühen Christentum u. in seiner Umwelt I, Diss. Leipzig 1956. – S. auch Lit. zu Wasserweihe.

Weisheit! aufrecht! (grch. *sophia! orthoi!;* russ. *premudrost'! prosti!*), admonitive (zur Aufmerksamkeit ermahnende) Exklamation des Diakons nach dem Kleinen → Einzug vor dem Dreimalheilig (→ Trishagion) während der Liturgie. „Weisheit" ruft auch der Diakon vor der Apostellesung, „Weisheit! aufrecht!" der Priester bei den Lesungen vor dem Evangelium, der Ruf „Weisheit" ertönt noch mehrmals vor dem Großen → Einzug. Der Sinn dieses Rufes liegt in der theol. Lehre von der Weisheit Gottes, die sich in der zweiten Person der Dreieinigkeit, dem präexistenten (ewigen) Logos Christus, manifestiert (vgl. u. a. 1. Kor. 1, 17-25; Eph. 3, 10); dieser wird beim Kleinen Einzug als zu Erdenwandel u. Predigt, beim Großen Einzug als zu seinem Opfertod kommend vergegenwärtigt. Das Euchologion des 8./9. Jh. kennt diesen Zuruf noch nicht. In den Liturgieformularen erscheint er erst im 11. Jh. Patriarch Philotheos Kokkinos (gest. 1379), der die spätbyz. Liturgiereform zum Abschluß brachte (→ auch Liturgie) u. selbst 3 Homilien über Spr. 9, 1 f. schrieb, nahm diese Exklamation endgültig in die Liturgie auf.

Lit.: Hanssens, Nr. 1028.

Weisheit Gottes (grch. *sophia tu theu;* russ. *sofija, premudrost' božija;* lat. *sapientia dei*), theolog. Begriff mit dazugehörender komplexer Vorstellungswelt.

1. Der Ursprung dieser Vorstellung geht bis in altoriental. Zeiten zurück u. läßt sich präzis kaum fassen. Die W. G. fand vor allem in Israel nach dem babylon. Exil (6./5. Jh. v. Chr.) als Ideenmodell für eine von der Vernunft geleitete Lebensführung auch in das AT Eingang (Sprüche Salomos, Prediger Salomo, Hoheslied; die nur griechisch überlieferten u. in die lat. Bibel [Vulgata] übersetzten Apokryphen Weisheit Salomos, Sprüche Sirachs). Dabei wurde die W. G. nicht nur als abstrakte didakt. Idee vorgestellt, sondern als Person verstanden, die in manchem als der hebr. *ruah,* dem Geist Gottes, verwandt aufgefaßt wurde. Diese Weisheitsliteratur beeinflußte die mittelalterl. Literaturgattung des Fürstenspiegels (vgl. auch Spr. Salom. 8). Die oriental. Vorstellung von der W. G. war aber ebensowenig eine geschlossene Einheit wie die der Gnosis von einer oberen u. unteren Sophia. Nachdem Sophia u. Eirene (grch., ‚Frieden') nach der Stoa auch in die neuplaton. Philosophie (die noch auf die Erbauung der gleichnamigen Kirchen in Konstantinopel [→ unter Kirchenbau] eingewirkt hat) Eingang fanden, erhielten die Sophia-Spekulationen durch die Kirchenväter im Kampf gegen die Gnosis neue u. für die Zukunft bedeutsame Impulse. Für die Kirchenväter bildete die W. G. nicht nur die gemeinsame göttl. Substanz von Gott-Vater u. Gott-Sohn (so schon Origenes, gest. 353/354), sie offenbarte sich auch in den großen Asketen, wie etwa Antonius (→ unter Mönchtum), u. überwindet nach 1. Kor. 1, 17 f. die Weisheit der Heiden durch das Kreuz, wie sie andererseits unter dem Einfluß der Stoa als Voraussetzung des in Christus begründeten vernünftigen Denkens angesehen wurde. In der Häresie des Arius (gest. 335) ist die Sophia wie der Sohn nicht ewig beim Vater, sondern zum Zwecke der Weltschöpfung von diesem erst geschaffen worden. Unter diesem Einfluß lassen die Apostol. Konstitutionen (→ auch unter Kirchenrecht) im Eucharist. → Hochgebet, aber auch an anderen Stellen ihrer Liturgie die Sophia bei der Schöpfung des Menschen anwesend sein. Im System der pseudoareopagit. Schriften (5./6. Jh., → unter Mystagogie) wird die Sophia den einzelnen himml. u. kirchl. Hierarchien analog ihrem jeweiligen Intelligenzstatus mitgeteilt u. gehört zur Grundtugend der Leitenden. Indem die W. G. mit Christus als der zweiten Person der Dreieinigkeit identifiziert wurde, eröffneten sich für die Byzantiner in Verbindung mit dem Weltherrschaftsanspruch Christi u. dem christl. Kaiserkult weite Horizonte. Es entstand in der Nachfolge der Vorstellung von der Traditio legis, der Gesetzesübergabe, die byz. Herrschaftsideologie von der Sophia, insofern der Kaiser, unter der Vorsehung Gottes (grch. *pronoia tu theu;* lat. *providentia dei*) stehend, als „Vikar Christi" auch dessen imperiale Ansprüche auf alle unterworfenen u. noch nicht unterworfenen Völker übernahm. Die W. G. als „kulturpolit. Programm" äußert sich u. a. im Bau von Sophienkirchen im byz. Kulturbereich (Hagia Sophia in Konstantinopel, Sophienkirchen in Jerusalem, Thessalonich, Ochrid, Kiev, Novgorod, Polock, → auch oben Kirchenbau). Der Sieg der Bilderfreunde im Bilderstreit (→ unter Bild) wurde als Sieg der W. G. propagiert. Es kam zu einer Neubelebung dieser Vorstellungen, wie sie uns in der Heiligenvita des Slavenlehrers Konstantin-Kirill (→ unter Sprachen) entgegentritt (Verbindung der Vision der Sophia mit der Idee von der Wiederherstellung der ‚Ehren des Urvaters' Adam [→ Adam u. Eva]). Auf spekulativem Gebiet ergaben sich Gedankenverbindungen zur Gottesmutter u. dem hl. Geist – ein Nachklang an die erwähnte *ruah* des AT –, die sich besonders in der altruss. Malerei Ausdruck verschaffen sollten (s. Abs. 2). Auf der anderen Seite ist in Rußland eine gewisse Zurückhaltung gegenüber dem imperialen Anspruch der von grch. Metropoliten gegründeten Sophienkirchen zu beobachten. Man ersetze sie durch den nationalen Patronat des Entschlafens der Gottesmutter am 15. Aug. od. des Pokrov, des Festes des Schutzmantels der Gottesmutter, am 1. Okt. Erst im 17. Jh. u. unter einem neuerl. Erstarken des grch. Einflusses kam es wieder zu Sophiengründungen, deren Kirchweih aber auf den 15. Aug. gelegt wurde. Wiederbelebungen der Vorstellungen von der W. G. im 18. Jh. fanden keinen großen Widerhall; sie standen überdies unter kirchl. Zensur. Bemerkens-

wert ist dagegen, daß die Stadtrepublik Novgorod nicht nur eine berühmte Ikone der W. G. (s. Abs. 2) besaß, sondern diese auch bis zu ihrem Untergang in ihrem Staatssiegel führte.

2. In der byz. Reichsikonographie hat das Thema der W. G. keine besondere Ausgestaltung gefunden. Wie aus einer Homilie des Kaisers Leon VI. (gest. 912) auf die Verkündigung der Gottesmutter hervorgeht, ist seine Darstellung auf einem Mosaik der Hagia Sophia in Konstantinopel vor dem thronenden Christus, der von den Medaillons (→ Clipeus) der Gottesmutter u. des Erzengels Gabriel flankiert ist, im Sinne der oben geschilderten Herrschaftsideologie „sophianisch" zu verstehen. Die in der homilet. Literatur der Kirchenväter häufige Verbindung von Luk. 15, 8 ff. mit der W. G. findet sich auf einer Miniatur zu den Predigten des Johannes Chrysostomus aus dem 9./10. Jh. Dagegen wurde die Thematik der W. G. im Anschluß an die obenerwähnte Tradition der Slavenlehrer in der bulg. u. serb. Kunst seit dem 14. Jh. sehr beliebt. Zugleich fand im selben Jh. der Ruf „Weisheit!" aufrecht!" endgültig Aufnahme in die Liturgie. Das Darstellungsschema konzentriert sich, wie schon die Bibelilustrationen der Weisheitsbücher aus frühmittelbyz. Zeit (Salomo mit der Gottesmutter, die das Christuskind im Clipeus hält [→ unter Gottesmutterbilder], oft auch von der W. G. – wie auf Evangelistenbildern – inspiriert), auf die absteigende Gedankenreihe von der ewigen Sophia über die zweite Person der Dreieinigkeit u. den Logos-Christus bis zur Menschwerdung (Inkarnation) Christi. Dabei wird die W. G. sowohl männlich als Christus dargestellt (Bildlegenden weisen auf seine Identität mit der W. G. hin) als auch weiblich als Sophia, oft im rhombenförmigen Nimbus, der eine Allegorie signalisiert. Zum ikonograph. Inventar gehören der Tisch der Eucharistie (Spr. 9, 5) u. die siebensäulige Architektur (Spr. 9, 1), vor der od. in der die Sophia thront u. ihre Gäste zu den eucharist. Tischen lädt. Einzelheiten bleiben variabel (Christus vom Typ des Pantokrators od. auch als Engel des Großen Rats [→ Christusbilder], Sophia über der Sphaira u.a.). Eine russ. Ikone des 16. Jh. zeigt die W. G. als jugendl. gekrönten Engel, die Füße auf der Weltkugel, hinter ihr Christus, beide flankiert von den 3 Personen der Deesis, wobei die Gottesmutter des Zeichens auf die Inkarnation hindeutet (→ auch Gottesmutterbilder). In der oberen Sphäre befindet sich über Christus-Sophia die von Engelchören (→ auch Chor) umgebene Thronbereitung (→ Hetoimasia). Die Bildlegende lautet SOFIJA PREMUDROST' BOŽIJA TOLKOVANIE SVJATOJ I APOSTOL'SKOJ CERKVI ('Sophia die W. G., Auslegung der hl. u. apostol. Kirche'). Die verstärkte Verehrung der Sophia im 16. Jh. in Rußland hängt wahrscheinlich mit dem Interesse Ivan Groznyjs (gest. 1584) an der byz. Reichsideologie zusammen (s. auch oben Abs. 1). Es bleibt noch zu untersuchen, welche Rolle die W. G. bei den Bogomilen u. den russ. Nonkonformisten (→ auch Häresien) gespielt hat u. welche Einflüsse des westl. Humanismus bei den letzteren wirksam gewesen sind. – Taf. 80.

Lit.: A. M. Ammann, Darst. u. Deutung der Sophia im vorpetrin. Rußland, OrChrPer 4, Rom 1938, 120-156; S. S. Averincev, K Ujasneniju Smysla Nadpisi nad Konchoj Central'noj Apsidy Sofii Kievskoj, Drevnerusskoe Iskusstvo. Chudožestvennaja kul'tura domongol'skoj Rusi, Moskau 1972, 25-49; L. Boyer, Le Thrône de la Sagesse, Paris 1957; J. Daniélou, Trinité et Angélologie dans la Théologie Judéochrétienne, RSR 45, 1957, 5-41; P. A. Florenskij, Stolp i Utverždenie Istiny, Moskau 1914 (Dt. im Auszug: Östl. Christentum. Dokumente, 2. Bd., München 1925, 131-150); G. Florovskij, Christ, the Wisdom of God, in Byzantine Theology and Art, Actes VIe Congr. Intern. Études Byz. Paris 1948, 1. Bd., Paris 1950, 229 ff.; A. Grabar, Études Critiques, 2. Iconographie de la Sagesse Divine et de la Vierge, CAr 8, 1956, 254-261; ders., Iconoclasme, 240, 253; E. v. Ivanka, Plato Christianus, Einsiedeln 1964, 235-242; H. Jaeger, The Patristic Conception of Wisdom in the Light of Biblical and Rabbinnical Research, Studia Patristica 4, Berlin 1961, 90-106; O. Keel, Die Weisheit spielt vor Gott, Göttingen 1974; B. Lang, Frau Weisheit, Düsseldorf 1975; Lazarev, Reg.: Premudrost' Božija; J. Meyendorff, L'Iconographie de la Sagesse Divine dans la Tradition Byzantine, Ders., Byzantine Hesychasm, historical, theological and social problems, London 1974, XVI, 259-277; F. Spasskij, L'Office Liturgique Slave de la „Sagesse de Dieu", Irénikon 30, 1957, 164-188; ders., Russkoe Liturgičeskoe Tvorčestvo, Paris 1951, 254-273; C. Andronikoff, L'Office de la Sophie Sagesse de Dieu, Liturgie, Spiritualité, Culture, Rome 1983, 17-40; LChI 4, 39-43 (Sapientia); 8, 382-384 (Sophia mit ihren drei Töchtern).

Wohltäter → unter Christusbilder

Z

Zeitrechnung, bestimmte Methode(n), geschichtl. Ereignisse u. in regelmäßigen Abständen wiederkehrende Feste des Kultus, Geschäfts-, Verwaltungs- u. andere Termine systematisch zu erfassen, zu errechnen u. zu fixieren.

1. Man unterscheidet natürliche u. rationale Einheiten der Z. Zu den ersten gehören der Tag (im Wechsel mit der Nacht, die ihrerseits zum vorangehenden Tag gezählt wurde, → auch Abendgottesdienst, → Nachtwache), der nach dem Mondwechsel orientierte Monat u. das Jahr, das sich nach dem Sonnenumlauf richtet. Dabei mußte der Mondkalender mit dem Sonnenzyklus in Einklang gebracht werden. Das Ergebnis war das sog. lunisolare Jahr (von lat. *luna,* 'Mond', u. *sol,* 'Sonne'), das durch Einschaltungen (Interkalationen) von Schaltmonaten zustande kam. Zu den natürl. Einheiten der Z. wurden ferner u. a. die Nilüberschwemmungen gezählt, die mit den Mondphasen u. bestimmten Sternkonstellationen in Zusammenhang gebracht wurden, um sowohl den Anforderungen des Kultus (→ auch Epiphanie) als auch den Abgabe- u. Steuerterminen gerecht zu werden. Alle diese Versuche stellen bereist Rationalisierungen natürl. Zeitrhythmen dar. Da sie aber mit Mängeln behaftet waren, führte Julius Caesar am 1. Jan. 45 v. Chr. das Solarjahr mit den uns bekannten 12 Monaten ein, das schließlich auch vom Orient übernommen wurde.

2. Damit war die Grundlage eines Kalenders geschaffen, der mit seinen Kultus-Daten u. fixierten Verwaltungsterminen die Voraussetzung für ein geregeltes religiöses u. „bürgerliches" Leben schuf, an dem schließlich auch die Christen teilhatten. Ein solcher Kalender liegt uns vor im sog. Chronographen von 354. Er enthält (a) die Senats- u. Zirkusspieltage sowie die Cäsarengeburtstage (lat. *natales caesarum*), (b) die Verzeichnisse hoher Beamter (lat. *fasti consulares*) von 245 v. bis 354 n. Chr., in denen u. a. auch die Geburt Christi notiert wird, (c) eine Ostertafel, (d) eine Liste der stadtröm. Präfekten, (e) Todestag (→ Dies natalis) u. Ruhestätten (→ Memoria) der röm. Bischöfe von Lucius (255) bis Julius (352), (f) eine Liste des jeweiligen Dies natalis u. der Ruhestätte der röm. Märtyrer (lat. *depositio martyrum*). (g) ein zweites Verzeichnis der röm. Bischöfe, (h) eine Überarbeitung der Chronik Hippolyts (s. unten), (i) eine Chronik der Stadt Rom, (k) eine Topographie der 14 stadtröm. Regionen. – Das Julian. Jahr mit seinen 365 Tagen war aber um 11 Minuten 14 Sekunden länger als das astronom. Solarjahr u. eilte damit diesem in 128 Jahren um einen Tag voraus. Papst Gregor XIII. führte deshalb 1582 einen neuen Kalender ein, der nach ihm benannt wurde. Gregor strich 10 Tage (den 5.-14. Okt. 1582) u. fügte alle 4 Jahre einen Schalttag (den 29. Febr.) ein; alle 400 Jahre werden 3 dieser Schalttage ausgelassen. Die Sowjetunion übernahm diesen Kalender 1918, 1923 folgte die russ.-orth. Kirche für den zivilen Bereich, sie behielt jedoch für die Berechnung des Ostertermins u. die immobilen Feste (→ Kirchenjahr) den Julian. Kalender bei. Bis zum Jahre 2100 beträgt die Differenz zwischen dem „alten" u. dem „neuen Stil" 13 Tage. Für das Festhalten am Julian. Kalender beruft sich die Kirche auf die 1. Ökumen. Synode von Nizäa 325, die ihn übernahm u. durch das Kirchenrecht schützen ließ. Bis heute entzieht sich das Osterfest mit seinen komplizierten religiongsgeschichtl., frömmigkeitsgeschichtl., theolog. u. festgeschichtl. Zwischenbeziehungen jeder chronolog. Rationalisierung Dabei ist u. a. auf folgendes hinzuweisen: Neben den beiden Aequinoktial-Punkten (Tag-u.-Nacht-Gleichen) am 21. März u. am 23. Sept. sind für die Ausbildung des Kirchenjahres noch die Solstitien (Sonnenwenden) am 21. Juni u. am 21. Dez. wichtig geworden, insofern die ersten Feste des unbewegl. Zyklus, Epiphanie u. Geburt Christi, sich am Wintersolstitium orientierten. Im Hinblick auf Christus als der „Sonne der Gerechtigkeit" war der christl. Festkalender damit auf dem Sonnenjahr aufgebaut. Überdies war durch die erwähnte Entscheidung der Synode von 325 auch die Bindung an das jüd. Passa, das sich nach dem Mondmonat richtet, aufgegeben, weil der Synodalbeschluß vorschrieb, das Osterfest am ersten Sonntag nach dem Frühlingsaequinoktium am 21. März zu feiern (nur im Gregorian. Kalender ist ein Zusammenfallen beider

Feste möglich). Trotz nicht weniger emotionaler Elemente u. Hinweise auf das Naturjahr stellt der christl. Festkalender eine spezif. Rationalisierung der Z. dar, weil in ihm die altoriental. Vorstellung von unendlich ablaufenden Zyklen, dem „Rad der Geburten", durch eine (end)zeitl. Auffassung überwunden wird.

3. Das Kirchenjahr stellt damit in Verbindung mit einer weiteren Rationalisierungsform der Z. in Gestalt der Ära, die charakteristischerweise nicht zyklisch, sondern epochal abläuft. Die Ära beginnt die Jahreszählung mit einem geschichtl. Ereignis politischer od. religiöser Art, z. B. mit der Schlacht bei Actium am 2. Sep. 31 v. Chr.; Mohammeds Flucht aus Mekka nach Medina am 24. Sept. (?) 622 (die Hedschra); dem Auftreten od. der Geburt einer bedeutenden Persönlichkeit, wie Christus (in einem solchen Falle kann sie „sakrale Ära" heißen) od. des röm. Kaisers Diokletian (in der kopt. Kirche als Märtyrer-Ära bezeichnet); dem Erscheinen von Dynastien bzw. der Befreiung von ihnen (Freiheits-Ära); letzteres ist oft mit dem Beginn einer neuen dynast. Ära verbunden (bei den Juden z. B. die der Makkabäer), für spätere Generationen mit deren Ende. Andere Ären, vor allem im sakralen Bereich z. B. die im 7. Jh. eingeführte byz. Ära nach der angebl. Weltschöpfung am 1. Sept. 5509 v. Chr.; die jüd. am 7. Okt. 3761 v. Chr., laufen erst mit dem Weltende ab, tragen also grundsätzlich endzeitl. Charakter. Im röm. Imperium wurde eine Ära auch mit Terminen der Reichsverwaltung koordiniert, wie z. B. mit der → Indiktion am 1. Sept.

4. Unter Chronologie (von grch. *chronos,* 'Zeit', u. *logos,* 'Lehre') versteht man die Lehre von der Z. u. ihre prakt. Anwendung. Die Chronographie (grch. *graphe,* ‚Niederschrift') schließlich ist der literar. Niederschlag aller hier aufgeführten Bereiche der Z. Chronologie u. Chronographie beschäftigen sich aber nicht (od. nur sehr wenig) mit den natürlichen, rationalisierten od. linear-epochalen Z.en, sondern vielmehr mit dem zeitl. Abstand der Ereignisse eines bestimmten Zeitraumes mit mehr od. weniger lokaler Begrenzung, wobei Ablauf u. Auswahl der Ereignisse einer ideologisch-weltanschaulichen od. religiösen Wertung unterliegen. Die Bestimmungen des zeitl. Abstands zweier od. mehrerer Ereignisse unterscheidet man als „relative" von der „absoluten Chronologie", die dasselbe hinsichtlich des zeitl. Verhältnisses zur Gegenwart erarbeitet. Material u. Methoden der Chronographie sind außerordentlich unterschiedlich. Sie fanden ihren Niederschlag in der literar. Gattung der Chronik, deren wesentl. Merkmal der annalistische (von lat. *annus,* ‚Jahr') Aufbau ist. Solche Chroniken zählen deshalb auch die ereignisfreien Jahre mit u. notieren sie. Im Christentum erscheinen Chroniken erst mit dem Aufhören der Naherwartung Christi u. der Entwicklung von fern-endzeitl. Vorstellungen. So berechnete der aus Jerusalem stammende Julius Africanus (gest. nach 240) in seiner fünfbändigen Weltchronik (grch. *chronographiai)* die Geburt Christi auf das Jahr 5500 u. die Wiederkunft Christi (→ unter Gericht, Jüngstes) auf das Jahr 6000 (= 500 n. Chr.). Ihm folgte Hippolyt von Rom (gest. 235), der überdies die ersten Ostertafeln aufstellte. Seine Weltchronik (grch. *chronika biblia*) umfaßte einen universalen Zeitraum von Adam (→ auch Adam u. Eva) bis zum Jahre 234. Sie enthält außerdem geograph. Angaben sowie ein Segelhandbuch. Die erwähnten 6000 Jahre wurden in frühchristl. Zeit als Weltendauer von 6 Schöpfungstagen verstanden (vgl. Ps. 90, 4; 2. Petr. 3, 8). Wie diese beiden Chroniken ist auch die des Euseb (gest. 338 od. 339) verlorengegangen. Euseb entfernte alle endzeitl. Spekulationen u. solche über den Anfang der Welt als fixes Datum. Er begann vielmehr seine weltgeschichtl. Übersichten (grch. *chronikoi kanones*) mit Abraham. Die 10 Bücher seiner Kirchengeschichte (grch. *ekklesiastike historia*) sind bis heute in der Methode, exakte Daten auf Grund der Quellenforschung festzustellen, vorbildlich. Unter den byz.-slav. Chroniken seien hier nur noch erwähnt die des Antiocheners Johannes Malalas (gest. um 577), die „Osterchronik" (grch. *chronikon paschale*), die sich gründlich mit der christl. Z. (Beginn am 21. März 5507, → auch Verkündigung der Gottesmutter, → Geburt Christi) u. mit den Ostertafeln beschäftigt u. bis 629 reicht, sowie die altruss. Nestorchronik. Viele dieser Chroniken sind mit Miniaturen ausgestattet, die ihren künstler. Wert u. ihren Informationswert erhöhen.

Lit.: E. Bickermann, Chronologie, Leipzig 1963[2]; N. M. Denis - Boulet, Le Calendrier Chrétien, Paris 1959 (dt. Aschaffenburg 1960); A. J. Gurjewitsch, Das Weltbild des ma. Menschen, Dresden 1978; Ideler, Lehrbuch der Chronologie, Berlin 1931; H. Lietzmann (Hg. K. Aland), Z. der röm. Kaiserzeit des MA und der Neuzeit, Berlin 1956[3]; Th. Mommsen, Röm. Chronologie, Berlin 1959; D. P. Ognickij, Kanoničeskie Normy Pravoslavnoj Paschalii i Problema Datirovki Paschi v Uslovijach našego Vremeni, BoTr 7, 1971, 204-211; L. Voronov, Kalendarnaja Problema ..., BoTr 7, 1971, 170-203; A. N. Zelinskij, Konstruktivnye Principy Drevnerusskogo Kalendarja, Kontekst, Moskau 1978, 62-135; P. Plank,Z. u. Festdatierung als ökumen. Problem, Handbuch Ostk.kunde II, 182-191. – S. auch Lit. zu Geburt Christi, Kirchenjahr, Ostern.

Zentralbau, ein Bauwerk, dessen Achse im Unterschied zu der der Basilika in der Senkrechten liegt. Während sich bei der letzteren die Raumeinheiten entlang (longitudinal) der waagerechten Raumachse anordnen, verhalten sie sich beim Z. „gleichzeitig" zur Mitte und zueinander. Der Grundriß des Z.s kann mehreckig (polygonal), u. a. achteckig (oktogonal), bis rund sein. Im letzteren Fall haben wir es mit dem perfekten Z., der Rotunde, zu tun. Die Herkunft des Z.s ist sehr wahrscheinlich im Orient zu suchen, wo er in ältester Zeit den Hausbau bestimmte. In der Spätantike erscheint er mit seinen mannigfachen Formen als „neutraler Typ" (A.-M. Schneider), der für Bäder, Kioske, Nymphäen ebenso wie für Memorien u. Baptisterien gebraucht wurde (→ auch Kirchenbau). Er ist für eine Bedachung mit einer Kuppel angelegt und führt aus liturg. Gründen im Osten oft eine Apsis. Architektonisch u. konstruktiv wurde der Z. produktiv in seiner Verbindung mit der Basilika im Kirchenbau, als Idealfall in der Hagia Sophia in Konstantinopel, u. im Typus der Kreuzkuppelkirche. – Abb.

Lit.: G. Bandmann, Mittelalterl. Architektur als Bedeutungsträger, Berlin 1951, 200-207; J. Hubert, Les Églises à Rotunde Orientale, Frühmittelalterl. Kunst in den Alpenländern, Olten 1954, 309-320; M. Stettler, Vom röm. zum christl. Rundbau, A. v. Salis – Fs., Basel 1951, 260-270; G. R. H. Wright, The Habitat of the Byzantine Cross-in-Square-Church, BZS 31, 1970, 216 bis 228; G. Stanzl, Längsbau u. Z. als Grundthemen der frühchristl. Architektur, Wien 1979; LdK 5, 701-703. – S. auch Lit. zu Kirchenbau, Kuppel.

Zeon (grch., n., auch *thermon,* n. ‘das Warme’; russ. *teplota,* f.), ein spezieller Ritus der orth. Liturgie vor der Kommunion. Auf die Aufforderung des Diakons „Segne, Herr, das Warme" (grch. *eulogeson despota to zeon;* russ. *blagoslovi, vladyko, teplotu*) gießt der Priester kreuzförmig warmes Wasser in den Kelch mit den Worten „Wärme des Glaubens, voll des hl. Geistes" (grch. *zesis*

Zentralbau:
Sta. Costanza in Rom

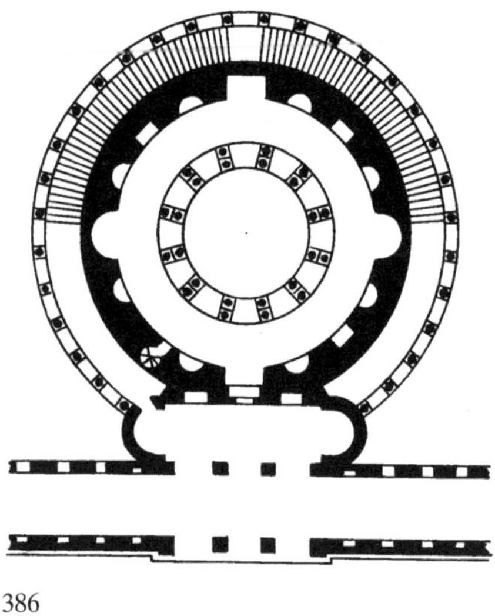

S. Vitale in Ravenna

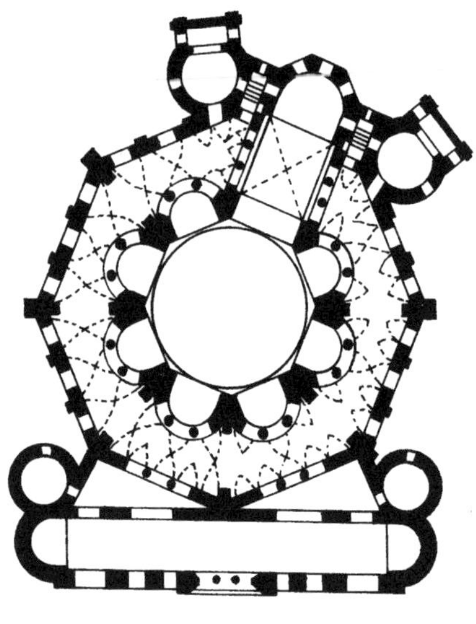

pisteos pleres pneumatos hagiu; russ. *teplota very ispolń svjatogo ducha*). Während in der Prothesis, der Vormesse, noch auf den toten Christus (aber schon im Hinblick auf das Z.) reflektiert wird, soll dieser jetzt nach der Epiklese, der Anrufung des hl. Geistes, als derjenige verstanden werden, der durch den hl. Geist auferstanden ist u. mit den Gläubigen Gemeinschaft (grch. *koinonia;* lat. *communio*) hält. Das älteste Euchologion aus dem 8./9. Jh. kannte nur die Formel „zur Fülle des hl. Geistes" (grch. *eis pleroma pneumatos hagiu*). Die obenerwähnte Aufforderung des Diakons wird zum ersten Mal in einem lat. Bericht des 12. Jh. bekannt (*benedicite, domine, hoc fervidum*). Die gleichzeitige Polemik gegen jene, die das Z. nicht halten, macht deutlich, daß seine Aufnahme in die Rubriken auf gewisse Widerstände stieß. Die Ausführungen des Niketas Stethatos aus dem 11. Jh. über das Z. in Verbindung mit der Kreuzigung Christi beschäftigten sich mit der Mystagogie von Joh. 19, 34.35, weniger mit dem Z. als ritueller Handlung. Ebenso bleibt die Frage offen, ob das Z. schon im 6. Jh. gehalten wurde, weil das entsprechende Zeugnis des armen. Katholikos Moses II. auch eine byz. Fälschung sein kann. Die altruss. Liturgie hat noch im 14. Jh. das Z. nicht allgemein angenommen. Im 12. Jh. war es ihr noch unbekannt. Das Aufkommen des Z.s ist charakteristisch für die mystagog. Deutungen der Liturgie in mittelbyz. Zeit. – Im Gegensatz zur Mischung von Wasser und Wein ist das Z. kaum in der Kunst dargestellt worden.

Lit.: Beck, Reg.; R. Bornert, Les Commentaires Byzantins de la Divine Liturgie du VIIe au XVe Siècle, Paris 1966, 195, 201 f.; L. H. Grondijs, L'Iconographie Byzantine du Crucifié Mort sur la Croix, Bruxelles – Leyde 1947, Reg.: Z.; Handbuch 1, 393, 448; Hanssens, Nr. 410-412, 1406 bis 1407; Jungmann 1, 56; 2, 372, 510; Schulz, Die byz. Liturgie, Reg.II B:Z. – S. Lit. zu Kreuzigung Christi, Liturgie.

Ziborium → unter Ciborium

Znamenie → unter Gottesmutterbilder

Zölibat (von lat. *coelebs, celebs,* m., 'der Unverheiratete'), eine nicht nur im Christentum, sondern in vielen Hochreligionen anzutreffende, größtenteils mit dem Keuschheitsgelübde verbundene individuelle od. institutionalisierte Form der Ehelosigkeit. Für den Z. gibt es eine Reihe z. T. unterschiedl. Grundmotive, von denen hier nur einige genannt sein sollen. Der Weihe verwandt, gehört der Z. zu den intensivsten Reservatvorstellungen (für eine Gottheit, einen Kultus od. eine religiöse Idee reserviert), weshalb er oft nicht nur für das Mönchtum, sondern auch für den Klerus verpflichtend gemacht wurde. Damit verbindet sich nicht selten die Anschauung vom Z. als einer besonderen Leistung, die ihrerseits ein im gesellschaftl. Sinne elitäres Selbstbewußtsein erzeugt. Ebenso dürfte aber auch eine aus negativen ökonom. u. persönl. Verhältnissen erwachsende resignator. Motivierung bestimmend gewesen sein. Die Sublimierung beider Bewußtseins- u. Verhaltensweisen schließen indessen eine schöpfer. Entfaltung des Z.-Trägers keineswegs aus, wie die Kulturleistungen des mittelalterl. Mönchtums zeigen. Zölibatäre Gruppen od. Vereinigungen sind für eine Großgesellschaft (Kirche, Staat) nicht ohne Gefahren (demographische, ökonomische u. andere Krisen des Staates durch Ausfall dieser Gruppen; Konkurrenz des elitären Status der Zölibatären mit anderen „Leistungsgruppen" innerhalb u. außerhalb der kirchl. Sozietät; „soziale Unverträglichkeit" der ersteren mit den an Zahl überwiegenden Nichtzölibatären u.a.). Auf der anderen Seite bilden solche Gruppen wichtige Regulativ- u. Stabilitätsfaktoren. Da die Z.-Träger durch das Reservatsprinzip in ihrer Rechtsfähigkeit stark od. völlig eingeschränkt sind, kann es nicht zur Ämter- u. Besitzaneignung (-appropriation) od. deren Erblichkeit unter ihnen kommen. Dadurch wurde die Vermögensmasse (als Beneficium für den Unterhalt des Klerus u. damit für die Abhaltung der Liturgie u. die Spendung der Sakramente notwendig) der Kirche vor Verlust abgesichert. Der Z. verhindert aber auch Einflußnahme nicht-sozietätsgebundener Mächte (Kaisertum, Staat) auf die Kirche. Z.-Träger eigneten sich deshalb als Geheimnisträger für im weitesten Sinne „subalterne" Aufgaben im Dienste der mittelalterl. kirchl. (u. staatl.) Hierarchie. Aus diesen Aspekten ergibt sich die Kompliziertheit des Z.s, die kaum auf einen einzigen

positiven od. negativen Nenner gebracht werden kann.
Aus dem für den Z. grundlegenden Reservatsgedanken (wozu auch die Aussonderung von Personen gehört, die am Altar u. im Bema, d. h. in „Reservatzonen“ dienen) u. unter dem Einfluß des Mönchtums strebte die Alte u. die frühbyz. Kirche früh das zolibatäre Leben des Klerus an (Synode von Ankyra 314, von Nizäa 325), konnte sich aber damit nicht durchsetzen. In den Synodalakten erscheinen die Ehefrauen der Bischöfe (lat. *episcopa)* neben denen der Priester (lat. *presbytera*). Die Justinian. Gesetzgebung des 6. Jh. forderte den strengen Z. für den Episkopat. Die Synode des Quinisextums von 692 bestimmte, daß vorher verheiratete Bischöfe sich im gegenseitigen Einvernehmen von ihren Ehefrauen zu trennen u. sie in ein vom Bischofssitz weit entferntes Kloster zu schicken hätten. Diese Regelung ist bis heute ebenso in Kraft wie für den Klerus. Schon das erwähnte Konzil von Ankyra beließ den Diakon im Amt, wenn er sich bei der Cheirotonie die kirchl. → Eheschließung vorbehielt. Schließlich lief die Regelung darauf hinaus, daß vor der Cheirotonie geschlossene Ehen von Diakon, Hypodiakon u. Priester auch danach ihre Gültigkeit behalten, d. h. zölibatbehindernd sind. Im Gegensatz dazu hat Papst Innozenz III. den Z. für alle höheren Weihegrade verpflichtend u. damit zum absoluten Ehehindernis gemacht. In der kath. u. in der Ostkirche wird der Z. also nicht einheitlich durchgeführt u. ist eher gewohnheitsrechtlich charakterisiert denn als göttl. Satzung im Kirchenrecht verankert. Ob Aussagen des NT (Matth. 19, 12; Luk. 18, 29; 1. Kor. 7, 7.32) auf den institutionellen Z. anzuwenden sind, ist umstritten, während sie für die individuelle Entscheidung von Fall zu Fall von Bedeutung bleiben dürfte.

Lit.: Beck, Reg.: Z.; M. Boelens, Die Klerikerkirche in der Gesetzgebung der Kirche, Paderborn 1968; G. Denzler, Das Papsttum u. der Amts-Z., 2 Bde., Stuttgart 1973, 1976; Feine, Reg.: Z.; R. Gryson, Les Origines du Célibat Ecclésiastique du Premier au Septième Siècle, Gembloux 1970; B. Kötting, Der Z. in der Alten Kirche, Münster (Westf.) 1968; R. Kottje, Das Aufkommen der tägl. Eucharistiefeier in der Weltkirche u. die Z.s-Forderung, ZKG 82, 1971, 218-228, Archimandrit Pierre (L'Huillier), Sacerdoce et Mariage dans l'Église Orthodoxe, Messager 52, 1965, 210-222; Milasch, § 71; S. V. Troickij, Vtorobračie Klirokov, S. Peterburg 1912; ders., Cerkov i Brak, Put', Paris 1928, 31-59; C. Maas, Affektivität u. Z., St. Augustin 1979; H. Heimerl, Der Z., Recht u. Gerechtigkeit, Wien/New York 1985. – S. auch Lit. zu Cheirotonie; Eheschließung, kirchliche; Hierarchie, Klerus.

ANHANG

LITURGISCHE TEXTE

1 ABENDLIED

Mildes Licht des heiligen Glanzes
des unsterblichen Vaters, des himmlischen,
heiligen, seligen,
Jesu Christe,
Gelangt bis an der Sonne Untergang,
schauend das abendliche Licht,
lobsingen wir Vater und Sohn
und Gottes heiligem Geist.
Würdig bist du zu jeglicher Zeit,
gepriesen zu werden mit heiligen Stimmen,
Sohn Gottes, der das Leben du gabst!
Darum preist dich der Kosmos.

2 AKATHIST

Kontakion und Oikos I

Der für uns kämpfenden Herzogin als Siegespreis, aus Wehe erlöst, weihe das Dankeslied ich, deine Stadt, dir, Gottesgebärerin. Dein ist die Kraft, die nichts bekämpft. So befreie mich aus jeder Gefahr, auf daß ich dir rufe: Gegrüßet du, jungfräuliche Braut.

Der Engel Fürst ward vom Himmel gesandt, der Gottesmutter zu bringen den Gruß. Und da er sah, Herr, wie bei der Stimme des Engels du Fleisch annahmest, da erschauerte er und erstarrte und sprach also zu ihr:

Gegrüßet du, durch die aufstrahlt die Wonne.
Gegrüßet du, durch die fliehet der Fluch.
Gegrüßet du, die zurückrief den gefallenen Adam.
Gegrüßet du, die von ihren Tränen Eva erlöst.
Gegrüßet du, Gipfel, schwer ersteigbar dem Sinne der Menschen.
Gegrüßet du, Tiefe, schwer erschaubar selbst den Augen der Engel.
Gegrüßet du, du bist der Thronsitz des Königs.
Gegrüßet du, weil du den trägst, der das All trägt.
Gegrüßet du, Gestirn, spiegelnd die Sonne.
Gegrüßet du, Schoß der Fleischwerdung Gottes.
Gegrüßet du, durch die erneut wird die Schöpfung.
Gegrüßet du, durch die ein Kind wird der Schöpfer.
Gegrüßet du, jungfräuliche Braut.

3 AKKLAMATIONEN

3,1 Aus den byzantinischen Kaiser-Akklamationen

Dies ist der Tag des Herrn, der große Tag.
Dies ist der Tag des Lebens für die Romäer.
Dies ist der Tag der Freude und der Ruhm des Alls,
an dem dir der Kranz der Herrschaft,
würdig deines Hauptes, angelegt ward . . .
Viele, viele, viele, (Volk:) viele Jahre für viele.
Lang möge eure Lebenszeit sein, N. N. und N. N., Selbstherrscher der Romäer.
(Volk:) Lang möge eure Lebenszeit sein
Lang möge eure Lebenszeit sein, ihr Diener des Herrn.
(Volk:) Lang möge eure Lebenszeit sein.

3,2 *Bischofsakklamation*

Unseren Gebieter und Erzpriester, Herr, nimm unter deinen Schirm.
Auf viele Jahre, Gebieter.

4 ANAMNESE DER CHRYSOSTOMUSLITURGIE

Gedenkend also dieses heilbringenden Gebotes und alles für uns Vollzogenen: des Kreuzes, des Grabes, der Auferstehung am dritten Tage, der Auffahrt gen Himmel, des (Sitzens) zur Rechten des Thrones, der zweiten und ruhmvollen Wiederkunft.

5 CHERUBIMHYMNUS

5,1

Die wir die Cherubim
auf mystische Weise abbilden
und der lebenspendenden Dreiheit
den dreimalheiligen Hymnus
singen,
alle Lebenssorge lasset uns ablegen,
damit wir den König des Alls
aufnehmen,
den von Engelsordnungen
unsichtbar mit Speeren Begleiteten:
Halleluja, Halleluja, Halleluja.

5,2 *Cherubimhymnus am Gründonnerstag*

Als deines mystischen Mahles Teilnehmer nimm heute mich an, Sohn Gottes; denn nicht deinen Feinden sage ich das Geheimnis und nicht einen Kuß will ich dir geben wie Judas, sondern wie der Räuber bekenne ich dir: Gedenke meiner in deinem Reiche, Herr.

(Nach Wiederholung folgt das dreimalige Halleluja)

5,3 *Cherubimhymnus am Karsamstag*

Stillschweige alles sterbliche Fleisch, und stehe mit Furcht und Zittern, und an nichts Irdisches denke es bei sich, denn der König der Könige und der Herrscher der Herrschenden kommt hervor, um geschlachtet zu werden und sich als Nahrung hinzugeben den Gläubigen.

Ihm gehen voran die Chöre der Engel mit allen Herrschaften und Gewalten, die vieläugigen Cherubim und die sechsflügeligen Seraphim, die ihr Angesicht verhüllen und den Lobgesang rufen: Halleluja, Halleluja, Halleluja.

5,4 *Cherubimhymnus der Liturgie der vorgeweihten Gaben*

Nun dienen mit uns die himmlischen Mächte unsichtbar: denn siehe, einzieht der König der Ehren! Siehe: Das mystische Opfer wird vollzogen, von Speerträgern begleitet.

Mit Glauben
und Furcht laßt uns hinzukommen, auf daß wir Teilhaber werden des ewigen Lebens. Halleluja, Halleluja, Halleluja.

6 AUFERSTEHUNGS- UND MORGENEVANGELIEN

6,1 *Exaposteilarion I und II zu den Auferstehungs- und Morgenevangelien am 1. Sonntag nach Ostern (Thomas-Sonntag)*

Meiner Glieder Wunden hast du mit deiner Hand erforscht. Nicht sei mir ungläubig, Thomas, der ich um deinetwillen Wunden empfing. Eines Sinnes sei mit den Jüngern und verkündige den lebendigen Gott.

Heute verbreitet Wohlgerüche der Frühling. Und die neue Schöpfung tanzet im Chor. Heute tuen sich auf die Riegel selbst von des Unglaubens Toren, da Thomas, der Freund, ruft: Mein Herr und mein Gott.

6,2 *Exaposteilaria zu den Auferstehungs- und Morgenevangelien des Pfingstsonntages*

Du allheiliger Geist, der aus dem Vater hervorgeht und durch den Sohn den ungelehrten Jüngern erschien, rette, die als Gott dich bekennen, und heilige alle.

Licht ist der Vater. Licht ist das Wort. Licht ist auch der heilige Geist, der ja in Feuerzungen den Aposteln gesandt ward. Und durch ihn wird alle Welt erhellt, zu verehren die Heilige Dreiheit.

6,3 *Erstes Sonntags-Exaposteilarion des Kaisers Konstantin Porphyrogennetos*

Wie die Jünger lasset uns versammelt sein
im Gebirge Galiläas,
im Glauben Christus erblicken,
wenn er spricht:
Vollmacht habe ich empfangen
über das Obere und das Untere.
Lasset uns lernen, wie zur
Taufe zu lehren sind die Völker
im Namen des Vaters und des Sohnes
und des heiligen Geistes,
und wie den mystischen Lehrern
eins zu sein bis ans Ende der Welt
er verheißen hat.

6,4 *Erster Auferstehungshymnus des Kaisers Leon*

Zu den eilenden Jüngern auf den Berg
trat hin wegen seiner Auffahrt von
der Erde der Herr,

und sie warfen zu Boden sich vor ihm,
und über die ihnen geschenkte Vollmacht
an allen Orten belehrt,
wurden sie ausgesandt unter
dem Himmel,
zu verkünden die Auferstehung von
den Toten
und die Rückführung in die Himmel.
Und lebenslang bei ihnen zu sein verhieß
der truglose Christus, Gott und Erlöser
unserer Seelen.

7 GROSSE DOXOLOGIE NACH DEM CODEX SINAITICUS

Morgenhymnus

Ehre in der Höhe sei Gott
und auf Erden Friede,
unter den Menschen Wohlgefallen.
Wir loben dich,
wir preisen dich,
wir beten dich an,
wir rühmen dich,
wir danken dir
um deiner großen Herrlichkeit willen,
Herr König,
himmlischer,
Gott Vater Allerhalter,
Herr eingeborner Sohn
Jesu Christe
und heiliger Geist.
Herr Gott.
Lamm Gottes,
Sohn des Vaters,
der trägt die Sünden der Welt,
erbarme dich unser!
Der trägt die Sünden der Welt,
nimm an unser Gebet!
Der sitzt zur Rechten des Vaters,
erbarme dich unser.
Denn du bist allein heilig,
du bist allein Herr,
Jesus Christus,
zur Ehre Gottes des Vaters. Amen.
An jedem Tage will ich dich preisen
und will deinen Namen loben in
Ewigkeit
und in die Ewigkeit der Ewigkeit.
Habe die Güte, Herr, auch diesen Tag
uns sündlos zu bewahren.
Gepriesen seist du, Herr Gott
unser Vater,
und gelobt und verherrlicht dein Name
in die Ewigkeiten. Amen.
Gepriesen seist du, Herr, lehre mich
deine Gebote!
Gepriesen seist du, Herr, lehre mich
deine Gebote!
Gepriesen seist du Herr, lehre mich
deine Gebote.
Herr, Zuflucht bist du uns
von Geschlecht zu Geschlecht.
Ich sprach: Herr, erbarme dich meiner,
heile meine Seele, denn ich habe
gesündigt vor dir.
Herr, zu dir nehme ich meine Zuflucht!
Lehre mich deinen Willen tun, denn
du bist mein Gott!
Denn bei dir ist die Quelle des Lebens.
In deinem Licht sehen wir das Licht!
Breite aus dein Erbarmen über die, die
dich kennen.

8 HYMNUS EINGEBORENER SOHN

Eingeborener Sohn und Wort Gottes,
der du unsterblich bist
und geruht hast um unsrer Erlösung
willen
Fleisch zu werden aus der heiligen
Gottesgebärerin und Immerjung-
frau Maria,
ohne Veränderung bist Mensch du gewor-
den, gekreuzigt,
Christe Gott, hast den Tod du durch den
Tod untergetreten,
der du einer bist der
heiligen Dreiheit
und zusammen mit dem Vater und dem
heiligen Geiste verherrlicht wirst,
errette uns.

9 EINSETZUNGSBERICHT DER CHRYSOSTOMUSLITURGIE

In der Nacht, in der er verraten war,
vielmehr noch: da er sich hingab für das Leben der Welt, nahm er das Brot in seine heiligen und allreinen und unbefleckten Hände, dankte, segnete, heiligte, brach es, gab es seinen heiligen Jüngern und Aposteln und sprach:
Nehmet, esset, das ist mein Leib, der für euch gebrochen wird zur Vergebung der Sünden. Desgleichen nahm er auch den Kelch nach dem Mahl, indem er sprach: Trinket alle davon, das ist mein Blut des Neuen

Testamentes, das für euch und für viele vergossen wird zur Vergebung der Sünden.

10 EKTENIE

10,1 *Kleine Ektenie*

Wieder und wieder lasset uns in Frieden zum Herrn beten:

Herr, erbarme dich.

Um den Frieden von oben und das Heil unserer Seelen, lasset uns zum Herrn beten:

Herr, erbarme dich.

Um den Frieden der ganzen Welt, um den Bestand der heiligen Kirche Gottes und die Einigung aller, lasset uns zum Herrn beten:

Herr, erbarme dich.

Für dieses heilige Haus und die, so in Glauben, Andacht und der Furcht Gottes in dasselbe eingehen, lasset uns zum Herrn beten:

Herr, erbarme dich.

Auf daß wir errettet werden aus aller Trübsal, Zorn, Gefahr und Not, lasset uns zum Herrn beten:

Herr, erbarme dich.

Hilf, errette, erbarme dich und bewahre uns, Gott, durch deine Gnade.

10,2 *Inbrünstige Ektenie*

Alle lasset uns sagen mit ganzer Seele, und mit vollem Bedacht lasset uns sagen:

Herr, erbarme dich.

Herr, Allherrscher, Gott unser Vater, wir bitten dich, erhöre uns und erbarme dich.

Herr, erbarme dich.

Erbarme dich, unser Gott, nach deiner großen Barmherzigkeit, wir bitten dich, erhöre uns und erbarme dich.

Herr, erbarme dich. (dreimal)

(Es folgen Gebete für den Patriarchen und den Bischof.)

Herr, erbarme dich. (dreimal)

Weiterhin beten wir für unser von Gott beschütztes Land, für seine Regierung und sein Heer, auf daß wir ein ruhiges und stilles Leben führen mögen in aller Frömmigkeit und Reinheit.

Herr, erbarme dich. (dreimal)

Weiterhin beten wir für die eines seligen Andenkens würdigen heiligsten rechtgläubigen Patriarchen und die frommen Stifter dieser heiligen Kirche und für alle rechtgläubigen Väter und Brüder, die uns vorangegangen, und die hier und überall ruhen.

Herr, erbarme dich. (dreimal)

Weiterhin beten wir für die Fruchttragenden und Guteswirkenden in diesem heiligen und ehrwürdigen Tempel, für die Mühewaltenden, für die Singenden und das (vor dir) stehende Volk, das deiner großen und reichen Erbarmung wartet.

Herr, erbarme dich.

(Stillgebet des Priesters:)

Herr, unser Gott, nimm dieses inbrünstige Gebet von deinen Knechten an und erbarme dich unser nach dem Reichtum deiner Barmherzigkeit und sende herab deine Erbarmungen auf uns und dein ganzes Volk, das deiner reichen Erbarmung wartet.

(laut:)

Denn ein barmherziger und menschenliebender Gott bist du, und dir senden wir Rühmung empor, dem Vater und dem Sohne und dem heiligen Geiste, jetzt und immerdar und in die Ewigkeiten der Ewigkeiten.

11 EPIKLESE DER CHRYSOSTOMUSLITURGIE

Noch bringen wir dir dar diesen vernünftigen und unblutigen Gottesdienst und rufen und bitten und flehen zu dir: Sende herab deinen heiligen Geist auf uns und diese vorgelegten Gaben.

12 GLAUBENSBEKENNTNIS

Nicaeno-Constantinopolitanum

Ich glaube an den einen Gott, den Vater, den Allherrscher, den Schöpfer Himmels und der Erden, alles Sichtbaren und Unsichtbaren.

Und an den einen Herrn Jesus Christus, Gottes eingeborenen Sohn, aus dem Vater geboren vor allen Ewigkeiten, Licht vom Licht, wahrer Gott vom wahren Gott,

gezeugt, nicht geschaffen, eines Wesens mit dem Vater, durch den alles geschaffen ist, der um uns Menschen willen und wegen unserer Erlösung

herabgestiegen ist aus den Himmeln und Fleisch geworden ist aus dem heiligen Geist und Maria der Jungfrau und Mensch geworden, gekreuzigt für uns unter Pontius Pilatus und gelitten und begraben und auferstanden am dritten Tage nach den Schriften und heraufgekommen in die Himmel und sitzend zur Rechten des Vaters und wiederkommen wird in Herrlichkeit, zu richten die Lebendigen und die Toten! Dessen Herrschaft kein Ende hat.
Und an den heiligen Geist, den Herrn, den Lebendigmacher, der vom Vater ausgeht, der mit dem Vater und dem Sohn zugleich angebetet und verherrlicht wird, der durch die Propheten geredet hat. An eine heilige, katholische und apostolische Kirche. Ich bekenne eine Taufe zur Vergebung der Sünden, warte auf die Auferstehung der Toten und das Leben der zukünftigen Welt. Amen.

13 EUCHARISTISCHES HOCHGEBET DER CHRYSOSTOMUSLITURGIE

Würdig und recht ist es, dir zu singen, dich zu preisen, dich zu loben, dir Dank zu sagen, dich anzubeten an allen Orten deiner Herrschaft. Denn du bist Gott, der Unaussprechliche, Unerforschliche, der Unsichtbare, Unfaßbare, der immer Seiende, der immer Gleichbleibende, du und dein einzig gezeugter Sohn und dein heiliger Geist. Du hast uns aus dem Nichtsein ins Sein herübergeführt und die Gefallenen wieder aufgehoben und hast nicht aufgehört, alles zu tun, uns in den Himmel emporzuführen und dein zukünftiges Reich zu schenken. Für dieses alles danken wir dir und deinem eingeborenen Sohn und deinem heiligen Geist für alle uns erwiesenen Wohltaten, von denen wir wissen und nicht wissen, von den offenbaren und nicht offenbaren. Wir danken dir auch für diese Liturgie, die du aus unseren Händen anzunehmen für würdig gefunden hast, obwohl vor dir stehen Tausende von Engeln und Myriaden von Engeln, die Cherubim und die Seraphim, die Sechsflügeligen, Vieläugigen, in der Höhe schwebenden, gefiederten;
(laut:)
das Siegeslied singend, rufend, schreiend und sprechend:
(Sanctus).
(Stillgebet:) Mit diesen seligen Mächten rufen auch wir, menschenliebender Gebieter, und sprechen: heilig bist du, und allheilig, du und dein eingeborener Sohn und dein heiliger Geist. Heilig bist du und allheilig, und erhaben ist deine Herrlichkeit, der du deine Welt so geliebt hast, daß du deinen eingebornen Sohn gabst, damit jeder, der an ihn glaubt, nicht verloren gehe, sondern das ewige Leben habe. Dieser, als er gekommen war und die ganze Heilsveranstaltung um unsretwillen erfüllt hatte, in der Nacht, da er verraten ward . . .
(Einsetzungsbericht, Nr. 9)

14 HYPAKOE

14,1 *Hypakoe der myrontragenden Frauen am Ostersonntag*

Dem Morgengrauen eilten die Frauen um Maria voraus, durften den Stein schauen, der vom Grabe weggewälzt war. Aus Engelsmund durften sie hören die Kunde: Ihn, der im ewigen Lichte wohnt, was suchet als Menschen ihr ihn unter den Toten? Die Grabtücher schauet. Laufet und kündet der Welt, daß erstanden der Herr, nachdem er getötet den Tod. Denn der Sohn Gottes ist er, der errettet der Menschen Geschlecht.

14,2 *Hypakoe zum dritten Sonntag nach Ostern*

Erschreckend durch seine Erscheinung, tauend in Worten, sprach der blitzstrahlende Engel zu den salbentragenden Frauen: Was suchet ihr in der Gruft den Lebenden? Er hat entvölkert die Grüfte und wurde erweckt. Ihn, der die Verwesung verwandelt, den Unwandelbaren, erkennet. Sprechet zu Gott: Wie furchterregend sind deine Werke. Denn du hast errettet der Menschen Geschlecht.

14,3 *Hypakoe zum Fest der Geburt Christi*

Die Erstlingsgabe der Völker bringt dir, dem in der Krippe liegenden Kind, der Himmel, der durch die Sterne die Magier rief. Was sie erstaunte, waren nicht Zepter, nicht Thron, sondern äußerste Armut. Denn, was ist verächtlicher als eine Höhle, was niedriger als Windeln? In ihnen aber leuchtet auf der Reichtum deiner Gottheit.

15 KARFREITAGS-ANTIPHONE

15,1 *Erstes Antiphon des Karfreitages*

Die Fürsten der Völker verbünden sich wider den Herrn und wider seinen Gesalbten.

Rein laßt uns unsere Sinne Christus weihen, als seine Freunde um seinetwillen unser Leben zu opfern. Von des Lebens Sorgen wollen wir uns nicht ersticken lassen wie Judas. Nein, in unseren Kammern laßt uns rufen: Vater unser, der du bist in den Himmeln, erlöse uns von dem Bösen.

Als Jungfrau hast du geboren, Unverehelichte und Jungfrau bliebst du, jungfräuliche Mutter, Maria, Gebärerin Gottes. Christus, unsern Gott, flehe an, unser Retter zu sein.

15,2 *Aus dem vierten Antiphon des Karfreitages*

Heute verläßt Judas den Meister und verbindet sich mit dem Teufel. Es erblindet in der Leidenschaft der Geldgier, und dem Lichte entwindet sich, der die Finsternis findet. Denn wie konnte der noch sehen, der um dreißig Silberlinge das Licht verkaufte? Doch uns strahlte auf, der da litt für die Welt. Der du littest und Mitleid trugst mit den Menschen, Ehre sei dir.

Heute verfälscht Judas die Gottesfurcht und entfremdet sich der Gnade. Der ein Jünger ist, wird zum Verräter. In des Freundes Brauch birgt er List. Töricht zieht er dreißig Silberlinge der Liebe des Herrn vor und wird des gesetzlosen Synedrions Führer. Wir aber haben in Christus das Heil, drum laßt uns ihn preisen.

15,3 *Zehntes Antiphon des Karfreitages*

Der mit Licht wie mit einem Gewande sich umkleidet, nackt trat er hin zum Gericht. Schläge erhielt er ins Antlitz von Händen, die er gebildet. Und das gesetzlose Volk schlug den Herrn der Herrlichkeit ans Kreuz. Da zerriß des Tempels Vorhang. Dunkel war die Sonne: Sie konnte es nicht ertragen, Gott geschändet zu schauen, vor dem das All erzittert. Ihn laßt uns verehren. Der Jünger verleugnete dich, der Räuber rief: In deinem Reich gedenke meiner, o Herr.
Befriede die Welt, der du aus der Jungfrau, o Herr, das Fleisch empfangen, es für die Knechte zu tragen, damit wir in Eintracht dich preisen.

15,4 *Aus dem zwölften Antiphon des Karfreitages*

So spricht zu den Juden der Herr: Mein Volk, was tat ich dir? Oder wie war ich dir zur Last? Deinen Blinden schenkte ich Licht. Den Mann auf der Bahre weckte ich auf. Mein Volk, was tat ich dir? Und wie vergaltest du mir? Statt des Manna gabst du mir Galle, Essig statt Wasser. Statt mich zu lieben, habt ihr mit Nägeln ans Kreuz mich geheftet. Ich kann nicht mehr schweigen. Meine Völker werde ich rufen, und sie werden mich preisen mit dem Vater und Geist. Und ich werde ihnen schenken das ewige Leben.

15,5 *Aus der Passa-Homilie des Melito von Sardes*

Dieser wurde getötet.
Und wo wurde er getötet?
Mitten in Jerusalem.
Warum?
Weil er ihre Gelähmten geheilt,
ihre Aussätzigen rein gemacht,
ihre Blinden wieder ans Licht
geführt,
und ihre Toten auferweckt
hatte.
...
Undankbares Israel,
komm und rechte mit mir
ob deiner Undankbarkeit ...

16 KANON

16,1 *Aus der dritten Ode des Kanons des Kosmas am Lazarussamstag*

Du tratest wundertätiger Herr, in Bethanien ans Grab des Lazarus, hast ihn beweint nach dem Gesetz der Natur, deinen Leib bezeugend, Jesus, mein Gott, den du dir zugesellt . . .

Den Freund, o Herr, umhüllt von Tüchern, hast du entrissen des Hades Leichenhaufen im Schattenreiche. Du hast in deinem Allmachtswort des Todes Tor und Reich zersprengt.

16,2 *Hirmos zur ersten Ode des Kanons des Kosmas zur Geburt Christi*

Christus ist geboren, gebt ihm die Ehre; Christus ist aus den Himmeln herabgestiegen, machet euch auf, ihm zu begegnen. Christus auf der Erde, erhöht ihn. Die ganze Erde singe dem Herrn, und mit Freude feiert ihn, Völker, denn er ist voll des Ruhmes.

16,3 *Aus der sechsten Ode zum Fest der Geburt Christi*

Im Fleische ist er gekommen, Christus unser Gott, den der Vater erzeugt in seinem Schoß vor dem Morgenstern. Er, der hält die Herrschaft über die unbefleckten Mächte, gelegt wird er in die Krippe der vernunftlosen Tiere und wird gewickelt in Windeln; er löset die Bande, durch die wir gebunden durch Sünden.

16,4 *Sechste Ode des Kosmas zum Pfingstfest*

Wankend von dem Gewoge der Sorgen des Lebens, von den mich auf der Fahrt begleitenden Sünden versenkt und preisgegeben dem seelentötenden Tier, rufe wie Jonas ich, Christus, zu dir: Aus der todbringenden Tiefe führ mich empor. Wie du gesagt hast, gossest du von deinem Geiste reichlich aus über alles Fleisch. Und das All wurde erfüllt von deiner Erkenntnis, Herr. Weil du, Sohn, aus dem Vater ohne Wandel hervortratst und ungeteilt aus dem Vater hervorgeht der Geist.

16,5 *Aus der neunten Ode des Kosmas zum Psalmsonntag*

Gott der Herr ist auch uns erschienen. Wohlan, bereitet ein Fest, und jauchzend laßt uns Christus loben mit Palmen und Zweigen, ihm singen ein Lied: Gepriesen sei, der da kommt im Namen des Herrn, unsres Retters. Völker, was tobt ihr? Schriftgelehrte und Pharisäer, was sinnet ihr Eitles? Wer ist dieser, sagt ihr, dem die Kinder mit Palmen und Zweigen singen ein Lied: Gepriesen sei, der da kommt im Namen des Herrn, unsres Retters.

16,6 *Aus der siebenten Ode des Kosmas zum Fest der Theophanie*

Dem Jordan nahe wie dem Himmel zitterten die Engelmächte, in Anbetung betrachtend die äußerste Erniedrigung Gottes, wie der, der in Händen hält die Wasser des Firmamentes, mit seinem Leibe sich tauchet in die Welle, Er, der Gott unserer Väter.

16,7 *Aus der achten Ode des Johannes von Damaskus zum Fest der Theophanie*

Die Schöpfung ist frei, die Menschen, früher in der Finsternis, werden Söhne des Lichtes. Es stöhnt allein der Fürst der Finsternis. Mit einer Stimme jetzt lobet Ihr Erben der früher so elenden Völker euren Urheber.

16,8 *Aus der ersten Ode des Johannes Monachos zur Himmelfahrt Christi*

Da Christus, den Mittler zwischen Gott und den Menschen, die Chöre der Engel im Fleisch in den Höhen erschauten, erschauerten sie und sangen einstimmig eine Hymne des Sieges.

Gott, der sich auf dem Berge Sinai schauen ließ und dem gottschauenden Mose ein Gesetz gab, ihm, der vom Ölberg auffuhr im Fleisch, ihm laßt alle uns singen. Denn herrlich tat er sich kund.

16,9 *Aus der vierten Ode des Andreas von Kreta auf die Geburt der Gottesmutter*

In unseren Psalmen und Hymnen lasset uns, Gläubige, verherrlichen die verehrungswürdige Geburt der Gottesmutter und anbeten im Glauben Gott, der nicht lügt und der David versprach, ihm eine Frucht seiner Lenden zu geben. Du hast, Herr, Sara geöffnet den Schoß und hast ihr geschenkt Isaak als Frucht ihres Alters; Du bist es auch, Erlöser, der Du an diesem Tage der frommen Anna gegeben deine Mutter ohne Tadel als eine Frucht, geboren aus ihrem Schoße.

16,10 *Aus der fünften Ode des Kosmas zum Gründonnerstag*

Gottes Weisheit, die das unbändige, überschäumende Wasser in den Lüften beherrschet und zäumt die Tiefen und zähmt das Meer, schüttet Wasser ins Becken, und der Herr wäscht die Füße der Knechte.

Den Jüngern stellt der Herr ein Bild der Demut dar. Der mit Gewölk das Himmelsgewölbe umhüllt, umgürtet mit Linnen sich und beugt das Knie, die Füße der Knechte zu waschen. In seiner Hand ist aller Seienden Odem.

16,11 *Vierte Ode des Kanons auf die Entschlafenen des Theophanes Graptos*

Du hast den Hades getötet durch deine unüberwindliche Macht. Du, unter die Toten Gezählter, einzig Freier, befreie die Seelen der Frommen vor der Verdammnis in ihm auf der heiligen Märtyrer Bitten.

Du bist als Gebieter preiswerter als alle, du hast die Adamskinder als Lösegeld und Preis deines Todes empfangen. Drum flehen wir zu deiner Erbarmung: Die hinübergegangen, erquicke und schenke ihnen Vergebung der Fehler. Du hast erduldet, mein Retter, die Bestattung im Grab. Und die erdgeborenen Toten, verurteit, in den Grüften zu wohnen, hast du erweckt. So würdige jetzt, die hinübergegangen, des ewigen Lebens, da du menschenfreundlich allein.

17 KANON

17,1 *Aus der dritten Ode aus dem ersten Kanon des Metrophanes von Smyrna auf die Dreieinigkeit*

Du hast deutlich dem Abraham einst, da du dreipersönlich erschienest, doch als Einer im göttlichen Wesen, die reine Gotteserkenntnis im Bilde gezeigt. Und gläubig besingen in Hymnen wir dich, den unbeschränkt gebietenden, dreisonnigen Gott.

Aus dir gezeuget, leuchtete göttlich ohne Ausfluß, o Vater, als Licht vom Licht hervor der unveränderliche Sohn, aus dir geht hervor auch der Geist, das göttliche Licht. Und der einzigen Gottheit dreipersönlichen Glanz verehren wir gläubig, ihm sagen wir Preis.

17,2 *Fünfte Ode aus dem vierten Kanon des Metrophanes von Smyrna auf die Dreieinigkeit*

Durch Glauben verständig geworden, verehren wir der allwirkenden Gottheit einzige, unnahbare Natur, doch drei Personen, lebenschaffende, wesensgleiche: Vater und Sohn und den heiligen Geist, das gleichewige Wesen. Das Licht deines wesenhaften Glanzes lasse mir leuchten, Dreisonniger, einfache Gottheit, ungeschaffne Natur und allen lichtgebenden Strahls lichtspendende Quelle, daß deine unsagbare Schönheit ich schaue im Spiegel. Als den einzigen Schöpfer des Alls, als in Wahrheit seinen allweisen Erhalter und Lenker, als den Fürsten des Lebens erkennen wir dich. So laßt denn gläubig uns rufen: Dreisonniger Herr, schirme, die Hymnen dir singen.

18 GOLDENER KANON DES JOHANNES VON DAMASKUS

Erste Ode

Tag der Auferstehung,
lasset uns Licht werden, ihr Völker!
Pascha des Herrn, Pascha!
Denn aus dem Tode zum Leben
und von der Erde zum Himmel
Christus Gott
hat uns hindurchgeführt,
die wir das Siegeslied singen.
Lasset uns reinigen die Sinne,
und wir werden schauen,
wie aus unzugänglichem Licht
der Auferstehung Christus
hervorblitzt, und
das „Freuet euch" sprechend,
werden deutlich wir hören,
die wir das Siegeslied singen.
Würdig die Himmel
sollen jubeln,
die Erde jauchzen!
Feiern soll der Kosmos,
der sichtbare und ganz
der unsichtbare!
Denn auferweckt ist Christus,
die ewige Freude.

19 DOXASTIKON

19,1 *Zum Fest der Kreuzerhöhung am 14. September*

Herbei, alle Völker! Das hochgerühmte Holz laßt uns verehren,
Durch dieses ist die ewige Gerechtigkeit gefestigt worden. Der einst Adam auf dem Holze getäuscht – wurde mit dem Kreuz überlistet.
Und es fällt – herabgestürzt – einen gewaltigen Fall Er, der mit Tyrannei sich bemächtigt des Geschöpfes des Königs.
Durch das Blut Gottes wird der Schlange Gift abgespült, und der Fluch der gerecht gesprochenen Verurteilung wird aufgehoben,
Durch ungerechten Gerichtsspruch über den verurteilten Gerechten.
Ja, durch das Holz mußte entsühnt werden das Holz, und durch die Leiden dessen, dem Leidenschaft fremd,
Mußten die vom Holze stammenden Leidenschaften des Bestraften gelöst werden.
Aber, Lob sei Dir, Christus, König!
Um Deiner aus Liebe zu uns geplanten Heilsordnung willen, durch die Du erlöst alle, Du, der Gute, der Menschenfreund.

19,2 *Doxastikon der Kasia auf die Geburt Christi*

Als Augustus Alleinherrscher auf Erden war,
Hörte auf die Vielherrschaft der Menschen.
Und da du Mensch wurdest in der Reinen,
Wurde vernichtet die Vielgötterei der Idole.
Unter die eine Weltherrschaft
Wurden getan der Völker Städte.
An die eine Herrschaft der Gottheit
Glaubten die Heidenvölker.
Zählen ließen sich die Menschen
Auf das Gebot des Kaisers.
Einschreiben ließen wir Gläubigen uns
Auf den Namen der Gottheit,
Der du unser menschgewordener Gott bist.
Groß ist dein Erbarmen, Ehre sei dir.

20 KATHISMA

20,1 *Kathisma nach dem zwölften Antiphon am Karfreitag*

Als du, o Gott, vor Kaiphas standest und als Verurteilter dem Pilatus übergeben wardst, da wurden vor Furcht die himmlischen Mächte erschüttert. Dann wardst du sogar inmitten zweier Räuber am Kreuze erhöht und Sündern beigezählt, Sündenloser, um den Menschen zu erretten. Geduldiger Herr, Ehre sei dir.

20,2 *Kathisma der Psalmodie am Palmsonntag*

Der auf dem Thron der Cherubim thront,
auf ein Füllen hat er sich gesetzt um unsretwillen;
der da eilt zum freiwilligen Leiden,
heute hört er das „Hosianna" der jubelnden Kinder,
das „Sohn Davids" der schreienden Menge.
Eile zu retten, die du gebildet, gepriesener Jesus!
Denn dazu bist du gekommen,
daß wir erkennten deine Herrlichkeit.

21 KONTAKION

21,1 Prooimion, Oikos I und II mit den Ephymnia des Weihnachts-Kontakions des Romanos

Die Jungfrau heute den Überseienden gebiert,
und die Erde die Höhle dem Unnahbaren darbringt.
Die Engel mit den Hirten lobpreisen,
die Magier dem Sterne nach machen sich auf die Reise,
denn um unsretwillen wurde geboren
|: ein Kindlein klein, der vorewigliche Gott :|
Eden Bethlehem öffnete wieder, lasset uns schauen.
Das Zarte im Verborgenen, wir finden's, lasset uns nehmen das Paradiesische inmitten der Höhle.
Hier erscheint das nichtbegossene Reis, das sprießen läßt die Vergebung,
hier wird gefunden der nichtgegrabene Brunnen,
aus dem zu trinken einst David begehrte.
Hier hat die Jungfrau, das Kindlein gebärend,
sogleich den Durst gestillt des Adam und David.
Deshalb lasset uns eilen dahin, wo geboren
|: ein Kindlein klein, der vorewigliche Gott :|

Der Vater der Mutter, als Sohn wird er erkannt.
Der Heiland der Kinder, als Kind ruht er in der Krippe.
Ihn erkennend, spricht, die ihn gebar:
Sage mir, Kind, wie kam der Same in mich,
oder wie wurde ich schwanger mit dir?
Ich sehe dich, der du in meinem Leibe warst, und ich
erschrecke, daß ich dich nähre, ich die nie Vermählte.
Und ich sehe dich, in Windeln gewickelt,
mich, die immer noch Jungfrau und versiegelt, erschaue
Du aber, sie bewahrend, hast geboren zu werden geruht
|: ein Kindlein klein, der vorewigliche Gott :|

21,2 *Kontakion des Romanos zum Ostersonntag*

Wenn du auch herniederstiegest zum Grabe, Unsterblicher,
zerstörtest du doch des Hades Macht,
und als Sieger auferstanden du, Christus Gott,
sprechend zu den salbentragenden Frauen das „Freuet euch"!
und den Frieden deinen Aposteln gebend,
Auferstehung den Gefallenen schenkend.

21,3 *Aus Kontakion und Oikos zum vierten Vorfastensonntag*

Wegweiser der Weisheit, Mehrer der Einsicht, der Unverständigen Lehrer, Schirm der Bettler, gib meinem Herzen Halt, gibt ihm Klugheit, o Herr. Leih mir dein Wort, du Wort des Vaters. Denn schau meine Lippen. Hemme sie nicht zu rufen zu dir: Erbarmer, erbarme dich meiner, des Verirrten.

Adam saß einst vor der Wonne des Paradieses und weinte, mit den Händen das Antlitz verwundend, und rief: Erbarmer, erbarme dich meiner, des Verirrten.

Da Adam den Engel erblickte, der ihn vertrieb und das Tor des göttlichen Gartens verschloß, wehklagte er laut und rief: Erbarmer, erbarme dich mein, des Verirrten.

Paradies, hab Mitleid mit mir, dem Herrn, der in Armut versank, und durch das Rauschen deiner Blätter flehe ich zum Bildner, daß er dich nicht verschließe. Erbarmer, erbarme dich mein, des Verirrten.

21,4 *Kontakion und Oikos am sechsten Sonntag nach Ostern der heiligen Väter von Nizäa*

Der Apostel Botschaft und die Lehren der Väter bekräftigten der Kirche den Glauben, den einen. Sie, die auch trägt der Wahrheit Gewand, das aus der himmlischen Gotteslehre gewebte, legt recht auseinander und verherrlicht des Glaubens großes Geheimnis.

Auf erhabnen Befehl laßt auf die Kirche Gottes uns hören, die ruft: Wen dürstet, der komme und trinke. Der Mischkrug, welchen ich trage, ist der Mischkrug der Weisheit. Seinen Trank hab ich im Worte der Wahrheit gemischt, da ich nicht spende das Wasser des Wortes, nein, das Wasser der Einstimmigkeit. Wenn von ihm das neue Israel trinkt, sieht es Gott, der da spricht: Schaut, schaut, ich bin es selbst, und nicht habe ich mich gewandelt. Ich, Gott, bin der Erste, ich auch nach diesem, und außer mir ist überhaupt kein andrer. Die daran teilhaben, werden gesättigt werden und preisen des Glaubens großes Geheimnis.

21,5 *Aus dem Kontakion auf die ersten Menschen*

Mit den Händen hast du geformt den Menschen,
Über die ganze Schöpfung hast du ihn geehrt, Herr,
zum Ebenbild deiner Ewigkeit hast du ihn gemacht.
Daher, deine Menschenliebe bewundernd, sprechen wir:
|: O, welche Ehre besitzt der Mensch. :|
Anfangslos ist der, der das All geschaffen,
der einen Anfang geben wollte den Geschöpfen,
ein Ziel zu setzen den Grenzen,
gedachte er der Erde zu geben den Herrscher:
|: O, welche Ehre besitzt der Mensch. :|
Während Gott hierüber seinen Beschluß faßte,
waren die englischen Heerscharen im Zweifel,

wer von ihnen die Macht bekäme,
König des Erdkreises zu werden:
|: O, welche Ehre besitzt der Mensch. :|
. . .
Als Sünder vor Gott der Unglückliche,
sah er sich nackt unverhüllt.
Und der Wurzelschoß aller Menschen,
wie ein Baum hielt er das Feigenblatt.
. . .
Fremd des Lebens Drangsal,
ein Dasein, dem fremd jegliche Ruhe,
und unfähig zu tragen seinen Zwang,
hielt er aus beständig den Schmerz.
|: O, welche Ehre besitzt der Mensch. :|
Nicht fand er einen Ort der Erquickung,
nicht ertrug, schutzlos, der Sonne Glut,
und als Feindin betrachtete er Eva,
sah in ihr die Freundin der Schlange.
|: O, welche Ehre besitzt der Mensch. :|
. . .
O, schrecklich, Gott den Gehorsam
aufzusagen!
Aus dem Himmel schickt er hinab
in den Hades.
Durch den Fall des Vorvaters nun
wurde befestigt die ganze Erde.
|: O, welche Ehre besitzt der Mensch. :|

22 DER GROSSE KANON DES ANDREAS VON KRETA

Aus der ersten, zweiten, siebenten und neunten Ode

Als Helfer, Beschützer ward mir zum Heile dieser mein Gott– drum will ich ihn preisen –, der Gott meines Vaters – ich will ihn erheben –. Denn herrlich ist er verherrlicht.

Womit soll ich beginnen, wenn ich meines armen Lebens Werke beweine? Welchen Anfang, Christus, soll ich dem gegenwärtigen Klagegesang geben? Wohlan, so schenk mir in deinem Erbarmen Verzeihung der Sünden.

Wohlan, arme Seele, samt deinem Fleische preise den Bildner aller, und enthalte dich in Zukunft der früheren Verachtung und bringe Gott in Reue Tränen dar.

. . .

Himmel, merke auf, und reden will ich und Christus in Hymnen besingen, der als Sohn der Jungfrau im Fleische gewohnt hat.

Himmel, merke auf, und reden will ich, Erde, lausche der Stimme, die zu Gott sich bekehrt und ihn in Hymnen erhebt.

. . .

Verschüttet habe ich dein Bild und dein Gebot verletzt. Verdunkelt ward alle Schönheit, und durch die Lüste, Heiland, ward ausgelöscht die Lampe. Doch erbarmend gib mir, wie David singt, die Wonne wieder.

Kehr um, bereue, enthülle, was verborgen. Und sag es Gott, der alles weiß. Du weißt um meine Heimlichkeiten. Du kannst allein mich retten. Du selber erbarme dich meiner, wie David singt, nach deinem Erbarmen.

. . .

Das Gesetz erwies sich kraftlos. Ohne Wirkung bleibt das Evangelium. Die ganze Schrift ist in dir unbeachtet geblieben. Schwach erwiesen sich die Propheten und jedes Wort aus des Gerechten Munde. Deine Wunden, Seele, mehren sich, kein Arzt ist da, der dich gesunden ließ.

Als Mensch kam Christus, rief zur Umkehr Räuber, Huren. Kehr um, o Seele. Schon steht offen das Tor zum Reich. Es reißen's an sich Pharisäer, Zöllner und Buhlen, die ihr Leben ändern.

. . .

Mein Richter du, mein Bürge. Wiederkommen wirst du mit den Engeln, über alle Welt Gericht zu halten. Schau mich dann an mit deinem erbarmenden Blick und schon dann meiner und hab Mitleid, Jesus, mit mir, der mehr als jedes Menschenwesen gesündigt hat.

23 KOMMUNIONSLIED (KOINONIKON)

Lobpreiset den Herrn aus den Himmeln,
Lobpreiset ihn in den höchsten Höhen.
Alleluja!
Nehmt den Leib Christi.
Kostet aus der unsterblichen Quelle!
Wir sahen das Licht, das wahrhafte.
Wir empfingen den himmlischen Geist.
Wir fanden den wahren Glauben,
Wir, die wir die unteilbare Dreiheit [anbeten,
Denn diese rettete uns.
Gebenedeit sei der Name des Herrn,
Von nun an bis in Ewigkeit.

24 MEGALYNARIEN

24,1 *Megalynarion auf die Gottesmutter in der Chrysostomusliturgie*

Wahrhaft würdig ist es, dich
seligzupreisen,
Gottesgebärerin,
Ewigselige und ganz Unbefleckte
und Mutter Unseres Gottes.
Dich, die du geehrter bist
als die Cherubim,
und unvergleichlich herrlicher
als die Seraphim,
die du unversehrt
das Wort Gottes geboren,
dich, die Gottesgebärerin,
lobpreisen wir.

24,2 *Megalynarion auf die Gottesmutter in der Basiliusliturgie*

Über dich, Gesegnete, freuet sich
die ganze Schöpfung,
der Engel Versammlung und
der Menschen Geschlecht!
Geweihter Tempel und
des Wortes Paradies,
jungfräulicher Ruhm,
aus welchem Gott Fleisch ward
und ein Kind wurde,
er, unser vor Ewigkeiten seiender Gott;
zum Thron hat er deinen Schoß
geschaffen und deinen Mutterleib
weiter gemacht als die Himmel.
Über dich, Gesegnete, freuet sich
die ganze Schöpfung,
Ehre sei dir!

24,3 *Die Megalynarien zum Fest der Geburt Christi*

Erhebe, meine Seele, die da ist
verehrungswürdiger
und ruhmvoller als die himmlischen
Herrscharen.
(zweimal)
Erhebe, meine Seele, den aus der Jungfrau
Fleisch gewordenen Gott.
Erhebe, meine Seele, den in der Höhle
geborenen Gott.
Erhebe, meine Seele, den von den Magiern
angebeteten Gott.
Erhebe, meine Seele, den durch den Stern
den Magiern Kundgemachten.
Erhebe, meine Seele, die makellose
Jungfrau,
die geboren Christus, den König.
Magier und Hirten kommen anzubeten
Christus, den in der Stadt Bethlehem
Geborenen.
Heute, die Jungfrau gebiert den Herrscher
im Innern der Höhle.
Heute, der Herrscher wird geboren
als Kindlein
von der jungfräulichen Mutter.
Heute, die Hirten schauen den Heiland,
eingewickelt in Windeln und in
der Krippe liegend.
Heute, der Herrscher, in ein Tuch
gewickelt
ist der Unfaßbare als Kind.
Heute, die ganze Schöpfung jubelt
und freuet sich,
denn geboren ist Christus aus dem
jungfräulichen Mädchen.

24,4 *Die Megalynarien zum Fest der Theophanie*

Erhebe, meine Seele, die da ist
verehrungswürdiger
als die himmlischen Heerscharen.
Erhebe, meine Seele, den, der da kommt
zum Jordan,
um sich taufen zu lassen.
Erhebe, meine Seele, den, der da empfängt
die Taufe
aus den Händen des Vorläufers.
Erhebe, meine Seele, den, der empfängt
das Zeugnis
der Stimme des Vaters.
Erhebe, meine Seele, den aus der Dreiheit,
der beugt das
Haupt und empfanget die Taufe.
Heute, der Meister beuget das Haupt
unter die Hand des Vorläufers.
Heute, Johannes tauft den Meister
in den Fluten des Jordans.
Heute, der Meister hüllt ein in den Fluten
die Sünden der Sterblichen.
Heute, der Meister empfängt vom Himmel
das Zeugnis,
daß er der geliebte Sohn sei.
Heute, der Meister ist gekommen
zu heiligen
die Natur der Wasser.
Heute, der Meister empfängt die Taufe
von der Hand des Vorläufers.
Erhebe, meine Seele, die Macht der
unteilbaren Gottheit
in drei Personen.
Erhebe, meine Seele, die uns befreit hat
von der Verfluchung.

25 POLYCHRONION

Lange Zeit möge Gott deine heilige und machtvolle Herrschaft ausdehnen auf viele Jahre.

Lange Zeit möge Gott deine gottbestimmte, gottbekränzte und gottbewachte machtvolle und heilige Herrschaft ausdehnen auf viele Jahre.

26 PROKEIMENON

Sonntagsprokeimenon des ersten Tones aus Psalm 33, 22; 33, 1.

(Lektor:)
Deine Gnade, Herr, sei über uns,
denn wir haben auf dich gehofft.
(Chor:)
Deine Gnade, Herr, sei über uns,
denn wir haben auf dich gehofft.
(Lektor:)
Frohlockt, Gerechte, im Herrn!
Redlichen ziemet Lobpreis.
(Chor:)
Deine Gnade, Herr, sei über uns,
denn wir haben auf dich gehofft.
(Lektor:)
Deine Gnade, Herr, sei über uns,
(Chor:)
Denn wir haben auf dich gehofft.

27 AUS DEN VERSEN ZU DEN SELIGPREISUNGEN AM KARFREITAG

Durch einen Baum ward Adam aus dem Paradiese verbannt. Durch den Kreuzesbaum durfte der Räuber das Paradies bewohnen. Durch Speise hat jener den Auftrag dessen versehrt, der ihn geschaffen. Doch dieser bekannte den, mit dem er gekreuzigt, den verborgenen Gott. Gedenke meiner, rief er, in deinem Reich . . .

Deine lebensspendende Seite, aufquellend wie der Born aus Eden, tränkt deine Kirche, o Christus, wie ein geistig Paradies und ergießet von hier sich wie seit Urbeginn, in vier Evangelien die Welt bewässernd, die Schöpfung erfreuend und zuverlässig die Völker belehrend, deinem Reich sich zu beugen . . .

Der du am Kreuze erhöht wardst und die Macht des Todes brachst und als Gott die Schuldschrift auslöschtest, die wider uns zeugte, Herr, verleihe die Reue des Räubers auch uns, du einziger Menschenfreund, uns, die dich gläubig verehren, Christus, o unser Gott, und zu dir rufen: Gedenke in deinem Reiche auch unser . . .

Deine Mutter, o Christus, die im Fleische dich als Jungfrau gebar, die Jungfrau fürwahr, die selbst nach der Geburt noch Jungfrau blieb, sie führen wir dir als Mittlerin vor, Herr, reich an Erbarmen, der Sünden Vergebung ewig denen zu schenken, die zu dir rufen: Gedenke meiner, o Heiland, in deinem Reich.

28 STICHERA

28,1 *Stichera idiomela des Patriarchen Sophronios zur Geburt Christi*

Bethlehem, gerüstet sei! Vorbereitet werde die Krippe!
Der Ankunft harre die Grotte! Gekommen ist die Wahrheit.
Versunken ist das Schattenreich - und Gott selbst,
Aus einer Jungfrau geboren, ist erschienen den Menschen;
Verwandelt, an Gestalt wie wir,
Doch die angenommene Gestalt vergottend.
Wieder und neu wird gestaltet der Adam mit Eva gemeinsam,
Da beide ausrufen:
„Auf der Erde erschien das Wohlgefallen, zu retten unser Geschlecht."
Jetzt beeilt sich die prophetische Verheißung, erfüllt zu werden
Auf mystische Weise - die Botschaft, die da lautet:
„Du aber Bethlehem, Landschaft in Juda, nicht bist du die geringste
Unter den Fürsten, da du die Grotte hast ausgestattet.
Aus dir wird Fleisch werdend hervorgehen der Lenker der Völker;
Aus einer Jungfrau, einer zarten, wird geboren werden Christus,
der Gott, der auf die Weide führen wird sein Volk, das neue Israel."
Bringen wir alle ihm unsere Verehrung dar!
Dies aber sagt Joseph zur Jungfrau:

„Maria, welch ein Drama ist es, was ich
an dir erschaue?
Ich begreife es nicht und bin
erschreckt,
Und mein Verstand ist völlig
niedergedrückt.
Sofort weiche von mir, daß dich
kein Mensch sehe! –
Maria, welch ein Drama ist es, was ich
an dir erschaue?
Statt Ansehen – Schmach; statt
Freude – Betrübnis;
Statt Lob mir einzusammeln, hast du mir
Schimpf eingebracht.
Nimmer kann ich, was darauf folgen
wird, ertragen:
Das Gespött der Leute.
Habe ich dich denn nicht von
den Priestern
Als die Makellose des Herrn aus dem
Tempel entgegengenommen?
Und nun – was muß ich sehen!"

28,2 *Aus den Stichera proshomoia zur Geburt der Gottesmutter am 8. September*

O, welch Wunder im Widerspruch!
Die Quelle des Lebens gebiert aus
der Unfruchtbaren;
Strahlend beginnt die Gnade ihre Frucht
zu bringen.
Freue dich, Joachim,
Der Gottesmutter Vater wurdest du;
Und da ist kein anderer,
der dir vergleichbar wäre
unter den Vätern des Menschen-
geschlechts, Gottesbegeisterter!
Die Jungfrau, Bleibe der Gottheit,
Wohnung Gottes, allheiliger Berg,
sie ist durch die uns gegeben!
O, welch Wunder im Widerspruch!
Die Frucht aus der Unfruchtbaren
ist aufgeleuchtet als Zeichen
des Allerschaffers
und Allmächtigen,
der gesetzt hat ausdrücklich ein Ende
der universalen Unfruchtbarkeit
guter Werke.
Mütter, mit der Mutter
der Gottesmutter bildet Chöre und ruft:
Freue dich, Gnadenvolle!
Mit dir ist der Herr,
der schenket dem All
durch dich große Gnade . . .

28,3 *Aus den Stichera proshomoia zum Sonntag der Orthodoxie*

Dich Unbegreiflichen, der vor dem Morgenstern, vor allem Anfang aus des stofflosen, körperlosen Vaters Schoße erstrahlte, kündeten, vom Hauche des Geistes erfüllt, die Propheten voraus an, o Herr, du werdest kommen als Kind, aus einer Jungfrau geboren, im Gewande des Fleisches, zu Menschen gesellt, von den Erdbewohnern geschaut. Durch sie, Erbarmender, würdige deines Lichtes, die deine unsagbare, heilige Auferstehung
in Hymnen besingen . . .

Durch deine göttliche Natur bist du zwar unbegrenzt. Doch wolltest du in der Zeiten Fülle, o Herr, mit Fleischeshülle dich umgrenzen. Denn durch Annahme des Fleisches nahmest du auch all seine Eigenarten an. Darum prägen wir uns das Bild der Ähnlichkeit ein, halten es fest, verehren es und erheben uns so zu deiner Liebe. Des Heiles Gnade schöpfen wir aus ihm und folgen
der Apostel heiligem
Vermächtnis.

Herrlichen Schmuck erhielt die Kirche Christi durch die hehren, heiligen Bilder des Erlösers Christus und der Gottesmutter und aller Heiligen, Denkmale wunderbaren Glanzes. Durch ihre Gnade wird sie hell und herrlich, verscheucht, vertreibt das Heer der Irrlehrer. Frohlockend preist sie Gott, den Menschenfreund, ihn,
der um ihretwillen die Leiden
willig ertrug.

Aufgeleuchtet ist der Wahrheit Gnade. Was einst in Schattenrissen vorgebildet war, ist jetzt vor aller Welt erfüllt. Denn schau: Es bekleidet sich die Kirche mit Christi körperlichem Bild wie mit einem Schmuck, der jeden Schmuck überragt. Sie stellt im Bild des Martyriums Zelt dar, hält fest am rechten Glauben, damit wir auch das Bild dessen festhalten, den wir verehren, und nicht in die Irre gehen. Hüllen sollen sich in Schande, die nicht also glauben. Denn uns ist Ruhm des fleischgewordenen Bildes, das gläubig wir verehren, jedoch nicht zu Gott erheben.

Dies, Gläubige, laßt uns verehren
und rufen:
Gott, rette dein Volk, deine Erben errette.

29 SYNAPTE (GROSSE FÜRBITTE) DER CHRYSOSTOMUSLITURGIE

Lasset uns in Frieden zum Herrn beten:
Herr, erbarme dich.
Um den Frieden von oben und das Heil unserer Seelen lasset uns zum Herrn beten:
Herr, erbarme dich.
Um den Frieden der ganzen Welt, um den Wohlstand der heiligen Kirchen Gottes und die Einigung aller, lasset uns zum Herrn beten:
Herr, erbarme dich.
Für dieses heilige Haus und für die, die mit Glauben, Ehrerbietung und der Furcht Gottes in dasselbe eintreten, lasset uns zum Herrn beten:
Herr, erbarme dich.
Für unseren Großen Herrn und Vater, den Heiligsten Patriarchen N., für unseren hochgeweihten Bischof N., für die ehrwürdige Priesterschaft, für den Diakonat in Christo, für den gesamten Klerus und das Volk, lasset uns zum Herrn beten:
Herr, erbarme dich.
Für unser, von Gott bewahrtes Land, für seine Regierung und sein Heer, lasset uns zum Herrn beten:
Herr, erbarme dich.
Für diese Stadt (Dorf, hl. Kloster), für jede Stadt, jedes Land und für die im Glauben dort wohnen, lasset uns zum Herrn beten:
Herr, erbarme dich.
Um die Wohlmischung der Lüfte, um den Reichtum der Früchte der Erde und um friedliche Zeiten, lasset uns zum Herrn beten:
Herr, erbarme dich.
Für die Reisenden zu Wasser und zu Lande, für die Kranken und Leidenden, für die Gefangenen und um ihre Errettung, lasset uns zum Herrn beten:
Herr, erbarme dich.
Auf daß wir errettet werden von jeglicher Trübsal, Zorn und Not, lasset uns zum Herrn beten:
Herr, erbarme dich.
Hilf, errette, erbarme dich und bewahre uns, o Gott, durch deine Gnade.
Herr, erbarme dich.
Unserer allheiligen, reinsten, hochgelobten und ruhmreichen Herrscherin, der Gottesgebärerin und Immerjungfrau Maria, zusammen mit allen Heiligen gedenkend, lasset uns selbst und einander und unser ganzes Leben Christus, unserem Gott, hingeben.
Dir, o Herr.

30 AUS DEN THEOTOKIEN UND STAUROTHEOTOKIEN DES RUSSISCHEN OKTOICHS

30,1 *Theotokion am Montagabend im ersten Ton*

Allbesungene Jungfrau, das Mysterium, das Mose in dir mit prophetischem Blick erschaut, den brennenden und nichtverbrannten Dornbusch, ist erfüllt: denn der Gottheit Feuer verbrannte, o Reine, nicht deinen Schoß, deswegen bitten wir dich, die Mutter unseres Gottes, Frieden zu erflehen und große Gnade für die Welt.

30,2 *Staurotheotokion am Mittwoch zum Morgengottesdienst im ersten Ton*

Deine Kreuzigung erblickend, rief die Hochheilige: O Sohn, welch fremdartigen Anblick sehe ich, der du die Leiden der Kranken heiltest, wie erduldest du das noch nie dagewesene Leiden, wie haben dir, dem Wohltäter, vergolten die Feinde für die Wohltat, die du ihnen erwiesest.

30,3 *Theotokion am Sonntag zum Morgengottesdienst im dritten Ton*

Dem Unfaßbaren und Grenzenlosen, der mit dem Vater und dem Geiste eines Wesens ist, hast du in deinem Leibe, Gottesgebärerin, geheimnisvoll Raum gegeben. Wir haben erkannt, daß die eine und unvermischte Dreifaltigkeit der Gottheit durch dein Gebären in der Welt verherrlicht wird, deswegen rufen wir dankbar zu dir: Freue dich, Gesegnete.

30,4 *Theotokion zum Morgengottesdienst am Montag im sechsten Ton*

Es wird der Fluch gelöst der Urmutter um deinetwillen, fehlerlose Gottesgebärerin, denn du Allreine, hast uns des Segens immerfließende Quelle geboren.

30,5 *Staurotheotokion zum Morgengottesdienst am Freitag im siebenten Ton*

Gottesgebärerin, reine Immerjungfrau, als du deinen Sohn erblicktest am Kreuze hangen, hast du als Mutter klagend, seine furchtbare Herabkunft, du der Ehe unkundige Herrscherin.

30,6 *Theotokion zum Morgengottesdienst am Freitag im siebenten Ton*

Es beten, o Jungfrau, die Ordnungen der Heiligen zu dem aus deinem Leib gekommenen Herrscher, der am Kreuze ihnen wies den Weg des Leidens, Reine, und sie verherrlichen dich als die Königin aller.

30,7 *Theotokion zum Morgengottesdienst am Dienstag im achten Ton*

Durch die strahlenden Blitze, Allunbefleckte, des aus deinem Leibe hervorgegangenen Gottessohnes erleuchte die im Glauben dich besingen und entreiße uns der lichtlosen Finsternis und der ewigen Qual durch deine Fürsprache.

30,8 *Staurotheotokion zum Morgengottesdienst am Mittwoch im achten Ton*

Als dich am Kreuze hangend nahe dabeistehend die Reine, die dich, o Herr, geboren hatte, sah, rief sie weinend: O Kind, warum leidest du dieses dem Fleische nach und eilest mich ohne Kind zu lassen. Eile, damit du verherrlicht und ich durch deine Leiden gepriesen werde.

30,9 *Staurotheotokion zum Morgengottesdienst am Freitag im achten Ton*

Als das unbefleckte Lamm das Lamm und den Hirten am Kreuze hangend sah, rief sie aus: Mein Kind, was ist das für ein fremdartiger und hoffnungsloser Anblick? Wie ist das Leben Aller ähnlich dem der Irdischen zum Tode veurteilt? Doch, stehe auf nach drei Tagen von den Toten, o Wort, wie du gesagt hast, damit ich in Freude dich rühme.

30,10 *Theotokion dogmatikon im Abendgottesdienst des Samstages im siebenten Ton*

Furchtbar und unaussprechlich ist das an dir getane Geheimnis, Unbefleckte; denn das Wort, die Ursache des Alls, welches weit über Ursache und Wort verkörperlicht wurde durch den heiligen Geist, dieses Wort hast du geboren, da es aus dir das Fleisch nahm, während seine eigene Natur unverändert blieb. Denn so geht es hervor: Indem beide Naturen zusammenkamen selbständig zu einer Person, aber zwiefach der Natur nach: Ein Ganzer als Gott und ein Ganzer als Mensch, vollständig in beiden und sich offenbarend durch die seinem Wesen entsprechenden Taten: Denn, obwohl leidend am Kreuz vermittels des Fleisches, blieb derselbe doch leidenslos vermittels der Gottheit; als Mensch gestorben, lebte er doch auf als Gott am dritten Tage, die Gewalt des Todes auflösend, die Menschheit von der Verwesung befreiend, Ihn, den Befreier und Erlöser unseres Geschlechts, bitte, o Gottesmutter, uns herabzusenden die große Milde seiner Erbarmung.

QUELLENNACHWEIS ZU DEN LITURGISCHEN TEXTEN

1 Anthologia Graeca, 40; Velikij Sbornik, Praha 1950, 78 (= Sbornik).

2 Kirchhoff-Schollmeyer[1,2], 217-218; MMB, Transcr. IX, 1957, LXVIII-LXIX; Anthologia Graeca, 140; Sbornik, 715 f.

3,1 Wellesz, 109. – 3,2 Hanssens, Nr. 1435.

4 Brightman, 386; Georgievskij, 105.

5,1 Brightman, 377, 379; Georgievskij, 79., 84. – **5,2** Brightman, 396; Sbornik, 757. – **5,3** Brightman, 41; Sbornik, 841. – **5,4** Bright-

man, 348; Služebnik, Praha 1950, 292; Georgievskij, 174.
6,1 Kirchhoff-Schollmeyer[2], 68-69; Sbornik, 871. – **6,2** Kirchhoff-Schollmeyer[2],537; Sbornik, 930. – **6,3** Anthologia Graeca, 110, Sbornik, 139. – **6,4** Anthologia Graeca, 105; Sbornik, 139; MMB, Transcr. V, 1949, 61.
7 Psalmi cum Odis, Göttingen 1931, 364 bis 365; Anthologia Graeca, 38-39; Sbornik, 41 f.
8 Anthologia Graeca, 52; Georgievskij, 50.
9 Brightman, 385-386; Georgievskij, 100 bis 105.
10,1 Brightman, 364, 366, 376; Georgievskij, 45 ff. – **10,2** Brightman, 373; Georgievskij 67.
11 Brightman, 386; Georgievskij, 107.
12 Brightman, 383; Georgievskij, 93.
13 Brightman, 384-385; Georgievskij, 96 bis 100.
14,1 Kirchhoff-Schollmeyer[2], 10; Sbornik, 845. – **14,2** Kirchhoff-Schollmeyer[2], 193. – **14,3** Onasch, Weihnachtsfest, 256; Sbornik, 379.
15,1 Kirchhoff-Schollmeyer[1,2], 399; Sbornik, 759. – **15,2** Kirchhoff-Schollmeyer[1,2], 401; Sbornik, 761. – **15,3** Kirchhoff-Schollmeyer[1,2], 405-406; Sbornik, 764. – **15,4** Kirchhoff-Schollmeyer[1,2], 406; Sbornik, 765. – **15,5** Meliton von Sardes, Vom Passa. Die älteste christliche Osterpredigt. Übersetzt u. kommentiert von J. Blank, Freiburg/Br. 1963, 120, 125; Méliton de Sardes, Sur la Pâque, hg. von O. Parler, Paris 1966, 100, 110.
16,1 Kirchhoff-Schollmeyer[1,2], 317 – 318. – **16,2** Onasch, Weihnachtsfest, 253; Sbornik, 379. – **16,3** Onasch, Weihnachtsfest, 258. – **16,4** Kirchhoff-Schollmeyer[2], 532; Sbornik, 929. – **16,5** Kirchhoff-Schollmeyer[1,2], 341; Sbornik, 741. – **16,6** La Prière[2,1], 297. – **16,7** La Prière[2,1], 299. – **16,8** Kirchhoff-Schollmeyer[2], 421. – **16,9** La Prière[2,1], 93. – **16,10** Kirchhoff-Schollmeyer[1,2], 388. – **16,11** Kirchhoff-Schollmeyer[3], 216.
17,1 Kirchhoff-Schollmeyer[3], 27-28. – **17,2** Kirchhoff-Schollmeyer[3], 47.
18 Wellesz, 207, 216 f., 264 f.; Sbornik, 844.
19,1 Heilige Gesänge, 66; Sbornik 253 bis 254; MMB, Transcr. I, 1936, 60-62. – **19,2** Anthologia Graeca, 103; Onasch, Weihnachtsfest, 243-244; Sbornik, 364.
20,1 Kirchhoff-Schollmeyer[1,2], 407: Sbornik, 765. – **20,2** Anthologia Graeca, 61; Sbornik 739.
21,1 P. Maas, C. A. Trypanis, Sancti Romani Melodi Cantica, Oxford 1963, 1; Onasch, Weihnachtsfest, 259; Wellesz, 188, 401; Sbornik, 380. – **21,2** Maas/Trypanis, 223; Anthologia Graeca, 90; Sbornik, 847. – **21,3** Kirchhoff-Schollmeyer[1,1], 158-159; P. Maas, Frühbyzantinische Kirchenpoesie I, Bonn 1910 (= Kl. Texte 52-53), 16-17. – **21,4** Maas, 24-25; Kirchhoff-Schollmeyer[2], 470 bis 471. – **21,5** Maas, 13-16.
22 Kirchhoff-Schollmeyer[1,2], 163, vgl. Wellesz, 204, 233 f.; Anthologia Graeca, 150 f.
23 Heilige Gesänge, 139.
24,1 Georgievskij, 111; Sbornik, 184; Služebnik, 149; Goar, 62. – **24,2** Georgievskij, 111 bis 112; Služebnik, 238; Goar, 145, 681. – **24,3** Onasch, Weihnachtsfest, 263-264; Anthologia Graeca, 85-86; Sbornik, 380-382. – **24,4** La Prière[2,1], 300-302; Sbornik, 437-439.
25 Wellesz, 101.
26 Die göttliche Liturgie unseres heiligen Vaters Johannes Chrysostomus, Leipzig 1976, 111.
27 Kirchhoff-Schollmeyer[1,2], 409; La Prière[2,2], 182-184; Sbornik, 767-769.
28,1 Onasch, Weihnachtsfest, 225-226; Sbornik, 352-353; Wellesz, 386-388. – **28,2** Anthologia Graeca, 66; Sbornik, 248. – **28,3** Kirchhoff-Schollmeyer[1,1], 283-284; Anthologia Graeca, 78-79; Sbornik, 655-656.
29 Brightman, 362-363; Georgievskij, 45 bis 46.
30,1 Maltzew[6,1], 147. – **30,2** Maltzew[6,1], 220. – **30,3** Maltzew[6,1], 688-689. – **30,4** Maltzew[6,2], 384. – **30,5** Maltzew[6,2], 784. – **30,6** Maltzew[6,2], 802. – **30,7** Maltzew[6,2], 973. – **30,8** Maltzew[6,2], 1018. – **30,9** Maltzew[6,2], 1065. – **30,10** Maltzew[6,2], 580-581.

VERZEICHNISSE FREMDSPRACHIGER TERMINI

GRIECHISCHE TERMINI

(Diphthonge tragen das Betonungszeichen auf dem zweiten Buchstaben.)

abbás, m. → Abt
ábyssos, m. → Gnosis
acharaktéristos → Bild
acheiropoíetos [eikón], f. → Acheiropoietos, Christusporträt, Heiligenverehrung, Reliquien, Repräsentationsbild
aér, m. → Decken, liturgische
aetós, m. → Bischofsinsignien
agamía, f. → Mönchtum
agápe, f. → Abendgottesdienst, Agape, Diakon, Eucharistie, Eulogion, Katakomben, Liturgie der vorgeweihten Gaben
agrypnía, f. → Nachtwache
aigýptioi, m. plur. → Ritus
aínigma, n. → Emblem
aínoi, m. plur. → Laudes
aión, m. → Epiphanie, Gnosis, Oktoechos
aionía mnéme → Sonntag der Orthodoxie
aiónios chrónos → Kultusästhetik
aísthesis, f. → Kultusästhetik
akáthistos hýmnos→ Akathist, Akoluthia, Fastenzeiten, Gewandniederlegung der Gottesmutter, Gottesmutterbilder, Gottesmutterfeste, Halleluja, Horologion, Kathisma, Kirchendichtung, Kirchenmusik, Kontakion, Pokrov, Prozession
akoimétoi, m. plur. → Gebet, Heiligenverehrung, Stundengebet
akoinonesía, f. → Anathema, Epitimien, Exkommunikation
akoluthía, f. → Akathist, Akoluthia, Entschlafen der Gottesmutter, Evangelium, Gottesmutterfeste; Horen, Große od. Königl.; Karfreitag, Karwoche, Liturgie der vorgeweihten Gaben, Nachtwache, Ostern, Seligpreisungen, Stundengottesdienst
akoluthía exodiastiké → Begräbnis
akoluthía nekrósimos → Begräbnis
akoluthía tes trapézes → Akoluthia
akoluthía ton hagíon páthon → Akoluthia
akoluthía ton typikón → Akoluthia
akoluthía tu nymphíu → Karwoche
ákra tapeínosis → Christusbilder
akribeía, f. → Kirchenrecht
akroómenoi, m. plur. → Bußklassen, Katechumenat
akrostichís, f., *akróstichon,* n. → Akathist, Akrostichis, Fisch, Kanon, Kontakion, Oktoechos, Stichera
alektorophonía, f. → Morgengottesdienst
allé agoreúein, allegoreúein → Allegorie
allelúia → Halleluja
állos sotér → Heiligenverehrung
alphabetikón, n. → Paterika
álpha, oméga → A und O
ámbon, m. → Ambon, Basilika, Bema, Chor, Drei Jünglinge im Feuerofen, Ekphrasis, Gradualpsalmen
amnós, m. → Christusbilder, Lamm, Schlachtung (Opferung) des Lammes
amnós tu theú → Lamm Gottes
ámomos, m. sing., *ámomoi,* m. plur. → Amomoi, Psalter
amýetoi, m. plur. → Katechumenat
anabathmós, m., *anabathmoí* [*psalmoí*], → Gradualpsalmen
anachoretés, m. → Mönchtum
anadéixai → Epiklese
anadektós, m., *anádochos,* m. → Taufe
anágnosis, f., *anagnóseis,* f. plur., *anágnosma,* n., *anagnósmata,* n. plur. → Lesungen, Prophetologion
anagnóstes, m. → Lektor
anagnostikón, n. → Prophetologion
anakéryxis, f. → Heiligsprechung
análabos, m. → Gewänder, kirchliche
análepsis tu Christú → Himmelfahrt Christi
analógion, n. → Analogion, Proskynetarion
anámnesis, f. → Anamnese, Bilderwand, Märtyrer, Sakramente
anamórphosis, f. → Anamorphose
anánke, f. → Gnosis
anápeson, n. → Christusbilder
anaphorá, f., *anaphérein* → Anaphora, Basiliusliturgie, Darbringung; Hochgebet, Eucharistisches; Konzelebrieren, Lamm Gottes, Liturgie, Liturgie der Gläubigen, Ritus, Sprachen, Stillgebete

anárgyroi, m. plur. → Heiligenverehrung, Schlachtung (Opferung) des Lammes
anastásima anatoliká → Auferstehungs- und Morgenevangelien, Stichera
anastasimatárion, n. → Anastasimatarion
anástasis, f. → Auferstehung Christi, Dodekaortion, Gründonnerstag, Karwoche, Kirchenbau, Kirchenweihe, Kreuzigung Christi, Martyrion, Ostern, Palmsonntag, Pfingsten
anáthema, n. → Anathema, Bild, Cheirotonie, Häresie, Symbol
anatolé, f., *anatoliká* → Stichera
anéchema, n. → Oktoechos
ángelos, m. → Engel
ángelos ho phýlax → Engel
anótaton péplon, n. → Decken, liturgische
antárion, n. → Gewänder, kirchliche; Sticharion
anthológion, n. → Anthologion
antídoron, n. → Eulogion
antiménsion, n. → Altardecken
antíphonon, n., *antiphonía,* f. → Abendgottesdienst, Akrostichis, Anaphora, Antiphon, Antiphonarion, Doxologie, Eingeborener Sohn, Enarxis, Horologion, Improperien, Karfreitag, Karwoche, Kathisma, Magnificat, Oktoechos, Palmsonntag, Psalmodie, Responsorien, Seligpreisungen
antiphonárion, n. → Antiphonarion; Bücher, liturgische
apéchema, n. → Chor, Engel, Kirchenmusik, Kultusästhetik, Oktoechos
aperígraphon, n. → Bild
aphorismós, m. → Exkommunikation
aphypnístes, m. → Mönchtum
apobolé, f. → Epitimien, Tonsur
apódeipnon, n. → Nachtgottesdienst
apokálypsis, f. → Apokalypse
apokathélosis, f. → Kreuzabnahme
apokrisiárioi, m. plur. → Bischofsverwaltung
apókryphon, n. → Apokryphen
apokúra, f. → Tonsur
apólysis, f. → Entlassung, Taufe
apomnémata ton apostólon → Lesungen
apophóreton, n. → Eulogien
apophthégmata [patrum], n. plur. → Paterika
apórreta, n. plur. → Apokryphen
apóstolos, m. → Ambon, Apostelbilder, Apostolos, Bibelillustration, Diakon, Evangelium, Halleluja; Horen, Große oder Königliche; Lesebücher, Lesungen, Liturgie der vorgeweihten Gaben, Prokeimenon, Proskynetarion, Segen
apotagé [tu satanä] → Taufe
apótaxis, f. → Taufe
apothéosis, f. → Kaiserkult
apotrópaion, n. → Weihrauch
áprakos, m. → Apostolos, Bibelillustration, Evangelium, Lesebücher
apraktéo → Evangelium
archaí, f. plur. *archángeloi,* m. plur. → Engel
arché, f. → Apostolos, Evangelium, Lesebücher
archidiákonos, m. → Archidiakon, Bischofsverwaltung
archiepískopos, m. → Erzbischof
archieratikón, n. → Euchologion
archiereús, m. → Bischof, Priester
arníon, n. → Lamm
arrabón, m. → Eheschließung, kirchliche
artoklásis, f. → Brotbrechen, Liturgie
árton prosphérein → Liturgie der vorgeweihten Gaben
artophórion, n. → Altargeräte, Pyxis
ártos, m. → Prosphore
áskesis, f. → Mönchtum
asketérion, n. → Kloster
asmatikón hesperinón → Abendgottesdienst
asómatoi, m. plur. → Engel, Kultusästhetik
aspasmós, m. → Friedenskuß
asterískos, m. → Altardecke; Decken, liturgische
aulé, f. → Ambitus, Atrium
aulós, m. → Orgel
autérion, n. → Gewänder, kirchliche
autexusía, f. → Kloster
autómelon, n. → Hirmos
áxion kai díkaion → Dialog
ázymon, n. → Prosphore

[ana-]baínein → Bema
baiphóros, m. → Einzug Christi in Jerusalem
baktería, f. → Bischofsstab
báptisis tu Christú → Taufe Christi
báptisma, n. → Taufe
baptismatos oíkos, baptistérion, n. → Baptisterium
barýs → Oktoechos
basileía, f. → Kaiserkult
basíleios, m. → Basilika
basileús, m. → Kamelauchion, Proskynese
basileús tes dóxes → Cherubimhymnus, Christusbilder

basiliké [stoá], f. → Basilika
basilikós oíkos, m. → Basilika
basilíssa despoína → Gottesmutterbilder
bátos, f. → Gottesmutterbilder
batrachítai, m. plur. → Frosch
bátrachos, m. → Frosch
bebaíosis, f. → Taufe
béma, n. → Altar, Ambon, Bema, Bilderwand, Bildprogramm, Bischofsthron, Cancelli, Kirchenbau, Kirchenweihe, Kultusästhetik, Kultusdrama, Liturgie, Passionszyklus, Prozession, Stillgebete, Velum
biblíon hirmológion → Bücher, liturgische; Hirmologion, Hirmos, Kirchenjahr, Lektor, Oktoechos, Sticharion
biblíon menaíon → Menaion
biblíon menológion → Beschneidung Christi, Lektor, Lesemenäen, Märtyrerakte, Märtyrerverehrung, Menaion, Menologion, Miniatur, Prolog
biblíon panegyrikón, n. → Panegyrikon
biblíon pentekostárion → Bücher, liturgische; Pentekostarion
biblíon prophetológion → Lesebücher, Paremejnik, Prophetologion
bilblíon sticherárion → Sticherarion
biblíon synaxárion → Synaxarion
biblíon triódion → Triodion
biblíon typikón → Typikon
bíos angelikós → Gericht, Jüngstes; Mönchtum
bíos (m.) *hagíon* → Heiligenvita
blacherniótissa, f. → Gottesmutterbilder
brasmós tu mýru → Myronweihe

chaíre → Gestik
chaíre, kecharitoméne → Kirchendichtung
chaírete → Pfingsten
chairetismoí, m. plur. → Akathist
chalkopráteia, f. → Gottesmutterbilder, Gürtelniederlegung der Gottesmutter, Orans
cháris, f. → Reliquien
chárisma, n. → charisma
(*Charistikariat* → Kloster)
chártai, f. plur., *chartophýlax,* m. → Bischofsverwaltung, Mönchtum
cheimazómenoi, m. plur. → Energumenen
cheir, f. → Cheironomie
cheirotoneín, cheirotonía, f., cheirótonis, f. → Cheirotonie, Dialog, Hierarchie, Klerus, Priester, Sakrament, Zölibat
cherubikón, n., *cherubikós hýmnos* → Cherubimhymnus
cherubím → Bildprogramm, Engel, Epanokamelauchion
chitón, m. → Gewänder, kirchl.; Sticharion
chorós, m. → Chor
chrísma, n. → Krankenölung, Myron, Taufe
chrísmon, n. → Christusmonogramm
Christé eleíson → Kyrie eleison
Christós → Kreuz; Kürzungen, christliche
Christós anéste, alethós anéste → Ostern
Christós páschon → Kreuzigung Christi
christotókos, f. → Gottesmutter
chroniká biblía → Zeitrechnung
chronikoí kánones → Zeitrechnung
chronikón paschále → Liturgie der vorgeweihten Gaben, Zeitrechnung
chronographíai, f. plur. → Zeitrechnung
chrónos, m. → Zeitrechnung
chronoskopía, f. → Kalendarium
(Chrysmarien, n. → Ampullen)
(Chrysobull, f. → Kaiserkult, Siegel)
chrysographía, f. → Chrysographie
chýmeusis, f. → Email

déesis, f. → Adam und Eva, Bilderwand, Buße, Christusbilder, Deesis, Engeldeesis, Fürbitte, Gemmen; Gericht, Jüngstes; Gestik, Gottesmutterbilder, Ikone, Ikonologie, Liturgie, Medaillon, Textilien
déndron, n. (*Dendriten*) → Mönchtum
despótes, m. → Bischof, Bischofsinsignien
deutéra parusía tu Christú → Gericht, Jüngstes
deúteron parusía tu Christú → Gericht, Jüngstes
deúteron kálymma, n. → Decken, liturgische
deúteros, m. → Abt, Mönchtum
diádosis, f. → Liturgie
diakonía, f., *diákonos,* m. → Diakon, Laie
diakonikón, n. → Apsis, Bilderwand, Diakonikon, Kirchenbau, Pastophorien
diakoníssa, f. → Diakonisse, Gottesmutterbilder
diákrisis, f. → Buße, Kultus
diálogos, m. → Dialog
diapháneia, f. → Licht
didaskalía, f. → Kirchenrecht
diipetés → Acheiropoietos
(*Dikanikia* → Bischofsstab)
dikérion, n. → Dikerion, Licht, Trikerion
diódion, n. → Diodion, Triodion
diplá monastéria, n. plur. → Kloster
díptycha ton kekeiménon, d. ton zónton, díptychon, n. → Diptychon; Eheschließung, kirchliche; Elfenbein, Email, Für-

bitte, Geburt der Gottesmutter, Kleinkunst, Liturgie, Megalynaria, Schlachtung (Opferung) des Lammes, Tempelgang der Gottesmutter, Typikon

diskokálymma, n. → Decken, liturgische

diskopotérion, n. → Kelch

dískos, m. → Patene

dodekaórtion, n. → Auferweckung des Lazarus, Bibelillustration, Bilderwand, Dodekaortion, Einzug Christi in Jerusalem, Ikonenmalerei, Majestas Domini, Passionszyklus, Pfingsten

dóxai, f. plur. → Kathisma

doxastárion, n. → Bücher, liturgische; Doxastarion

doxástikon, n. → Doxastikon, Doxologie, Geburt Christi

doxología, f. → Doxologie

dráma, n. → Kultusdrama

dromikós, m., → Basilika

dynámeis, f. plur. → Engel, Reliquien

echéma, n. → Oktoechos

échos, m., *échoi,* m. plur. → Oktoechos

égersis tu Lázaru → Auferweckung des Lazarus

eídolon, n. → Auferweckung des Lazarus

eídos, n. → Perspektive

eidýllion, n. → Genrebild

eikón, f., *eikóna,* f. → Bild, Emblem, Ikone, Ikonographie, Ikonologie

eikonostásion, n., *eikonóstasis,* f. → Bilderwand

eíleton, n. → Altardecken

eípomen pántes ex hóles psychés → Ektenie

eiréne, f. → Weisheit Gottes

eireniká, n. plur. → Eirenika, Synapte

eírgein → Exkommunikation

eishodikón, n. → Lesungen

eíshodes, f., e. tu *euangelíu* → Einzug

eis pléroma pneúmatos hagíu → Zeon

eis ton naón eishodia tes theotóku → Tempelgang der Gottesmutter

ekcheín → Taufe

ekklesía, f. → Kreuzigung Christi, Naos, Orans

ekklesiastiké historía → Zeitrechnung

eklektós, m. → Mönchtum

eklogadé, f. → Eklogadie, Lectio continua

ekphónesis, f. → Ekphonese

ekphónos, m. → Lautgebet

ékphrasis, f. → Bilderwand, Bildprogramm, Ekphrasis, Enkomion, Mystagogie, Panegyrikos

ektené, f., *ekténeia,* f. → Ektenie, Enarxis, Palmsonntag

élaion, n., e. *tes agalliáseos* → Myron, Taufe

eleóna, f. → Karwoche, Martyrion, Pfingsten

eleúsa, f. → Gottesmutterbilder, Ikonenmalerei

émblema, n. sing. → Emblem

emphýsema, n. → Taufe

enantíai dýnamai, f. plur. → Wasserweihe

énarxis, f. → Anaphora, Eingeborener Sohn, Enarxis, Liturgie, Pastophorien, Prothesis, Seligpreisungen, Synapte

en bomó → Pfingsten

énchronos aión → Kultusästhetik

endemúntes, f. → Synode

endemúsa, f. → Metropolit, Synode

endonárthex → Narthex

éndyma, n. → Altardecken

endyté, f. → Altardecken

en eiréne [tu Kyriu deethómen] → Eirenika, Synapte

energúmenoi, m. plur. → Energumenen, Exorzismus, Türhüter

engraphoméne hypóstasis → Bild

enkainía, f. → Kirchenweihe

énkauma, n., *énkausis,* f., *enkaustiké téchne* → Enkaustik

énkleistoi, m. plur. → Mönchtum

enkólpion, n. → Bischofsinsignien, Email, Enkolpion, Eulogien, Kleinkunst, Kruzifixus, Panhagia, Reliquiar

enkómion, n. → Allegorie, Enkomion, Heiligenvita, Karsamstag, Kathisma, Menologion

epanokamelaúchion, n. → Bischofsinsignien, Epanokamelauchion, Erzbischof; Gewänder, kirchliche; Kamelauchion, Metropolit

epeuphemeín → Liturgie

ephápax, m. → Liturgie

ephemerídes, f. plur. → Kalendarium

éphoros, m. → Kloster

ephýmnion, n. → Hypopsalma

epidemía, f. → Advent

epigonátion, n. → Hypogonation

epigrámmata, n. plur. → Legende

epigraphé, f. → Epigraphik

epikalýmmauchon, n. →Epanokamelauchion

epíklesis, f. → Epiklese

epikurís, f. → Tonsur

epimaníkia, n. plur. → Gewänder, liturgische

epiníkios hýmnos → Durchzug durch das Rote Meer
epipháneia, f. sing. oder n. plur. → Epiphanie
epirrhiptárion, n. → Epiphanie
epískepsis, f. → Gottesmutterbilder
episkópion, n. → Bischofsverwaltung
epískopos, m. → Bischof
epistemonárches, m. → Mönchtum
epistolaí heortikaí → Ostern
epitáphion, n., *epitáphios [thrénos],* m. → Decken, liturgische; Epitaphios, Evangelistensymbole, Fächer, Grablegung Christi und Beweinung; Karsamstag, Ostern, Textilien
epitáphium, n. → Katakomben
epiteretés, m. → Mönchtum
epitimíai, f. plur., *epitímion,* n. sing. → Epitimien, Exkommunikation, Ikone
epitrachélion, n. → Gewänder, liturgische; Orarion
erotapokríseis, f. plur. → Kirchenrecht
eremítes, m. → Mönchtum
escháte eíshodos → Einzug
esórazon, n. → Sticharion
éthos, n. → Kirchenmusik
éti kai éti en eiréne tu kyríu deethómen → Ektenie
euangélia anastásima heotiná → Auferstehungs- und Morgenevangelien
euangélion, n. → Evangelium
euangelismós tes theotóku → Verkündigung der Gottesmutter
euangelistárion, n. → Evangelistarion, Lesebücher
eucharistía, f. → Eucharistie, Evangelium, Gebet; Hochgebet, Eucharistisches; Liturgie, Taufe
euché, f. → Gebet, Vaterunser
euché apolytiké → Entlassung
euché synápte → Synapte
euché tes proskomidés → Ektenie
euchológion, n., *e. sinaíticum, e. to méga, e. to mikrón* → Basiliusliturgie; Bücher, liturgische; Chrysostomusliturgie, Euchologion; Hochgebet, Eucharistisches; Kirchenjahr, Liturgie, Liturgie der vorgeweihten Gaben, Ritus, Rubriken, Sprachen, Taufe, Zeon
eulogeín, eulogía, f. → Ampullen, Coemeterialkirchen, Doxologie, Enkolpion, Eulogien, Liturgie der vorgeweihten Gaben, Segen, Siegel
eulógeson déspota to zéon → Zeon
eulogetária n. plur., *e. anastásima, e. nekrósima* → Eulogetaria, Morgengottesdienst
eulogetós [ei, Kýrie] → Benedictus, Eulogetaria
euphemía, f., *euphémesis,* f. → Akklamation, Polychronion
eusébeia, f. → Kaiserkult, Orans
eútaktos → Schlachtung (Opferung) des Lammes
eutaxía, f. → Kultusästhetik
exaposteilárion, n., *exaposteilária,* n. plur. → Auferstehungs- und Morgenevangelien, Ostern, Theotokaria
éxhodos ton israelíton → Durchzug durch das Rote Meer
exhomológesis, f. → Buße
exonárthex, m. → Narthex
exorkízein, exorkismós, m., *exorkistés* → Exorzismus
exusía, f., *exusíai,* f. plur., *exusía didaktiké, e. dioiketiké, e. hieratiké* → Bischof, Engel

galaktotrophúsa, f. → Gottesmutterbilder
gámma → Gammadia
gazophylákion, n. → Diakonikon
gémma anaglýphika, g. diaglýphika → Gemme
genésion (genéthlion) tes theotóku → Geburt der Gottesmutter
génesis tu Christú → Geburt Christi
genéthlion, n. → Dies natalis
genéthlion tu Christú → Geburt Christi
genéthlion tu prodrómu kai baptístu Ioánnu → Geburt Johannes des Täufers
géron, m., *gérontes,* m. plur. → Buße, Mönchtum
gerontikón, n. → Paterika
gerontokomeíon, n. → Kloster
(*Glykasmos* → Inkarnat)
glykophilúsa, f. → Gottesmutterbilder
gnósis (f.) *usiodés* → Mönchtum
gonyklisía, f. → Gonyklisia, Pfingsten, Proskynese
graphé, f., *graphaí,* f. plur. → Lesungen, Hagiographie, Ikonographie, Zeitrechnung
gynekaíon, n. → Empore, Matroneum

hagía kai megále hebdomás → Karwoche
hagía kai megále kyriaké tu páscha → Ostern
hagía kai megále paraskeué → Karfreitag
hagía kai megále pempté → Gründonnerstag
hagía kai megále sábbaton → Karsamstag

hagíasis tu hagíu elaíu → Krankenölung
hagíasma, n. → Weihwasser
hagíasma hýdatos → Wasserweihe
hagiásmata, n. plur. → Gottesmutterbilder
hagiasmatárion, n. → Euchologion
hagiasmós, m., *hagiázein* → Weihe
hagiasmós mégas (hýdatos) → Wasserweihe
Hagía Sophía → Kirchenbau
hagiastér, m. → Hagiaster
hagiológion → Kalendarium
hágioi euchélaion → Krankenölung
hágion éleion, n., *h. mýron* → Myron, Myronsalbung
hágion óros → Kloster
hagiópolis, f. → Notation, byzantinische
hágios, m. → Hagiographie, Heiligenverehrung, Orarion
hágios to theós, hágios ischyrós, hágios athánatos, eleison hemás → Trishagion
hagiosorítissa, f. → Gottesmutterbilder
hagíu mýru teleté → Myronweihe
hagneía, f. → Mönchtum
haíresis, f. → Häresie
háploma, n. → Altardecken
hebdomás, f. → Oktoechos
hebdomás tes tyrinés → Butterwoche
hegúmenos, m. → Abt, Mönchtum
heirmológion, n. → Hirmologion
heirmós, m. → Hirmos
hektágonos, m. → Baptisterium
heliolatría, f. → Geburt Christi, Gestirn, Licht
helíu heméra → Kirchenjahr
heméra genéthlios → Dies natalis
hemérai ókto → Oktav
heméra kyriaké → Ostern
hénosis, f. → Mischung v. Wasser u. Wein
heorté, f. → Heortologion
heorté ton phóton, ta photá → Epiphanie
heortológion, n. → Kalendarium
heothiná anastásima, n. plur. → Auferstehungs- und Morgenevangelien, Stichera
hermeneía, f. → Malerbücher
hermeneía tes theías leiturgías → Mystagogie
hermeneía tes zographikés téchnes → Malerbücher
heróon, n. → Martyrion, Memoria, Kirchenbau
hesperinón, n. → Abendgottesdienst
(*Hesychasmus* → Gebet, Hagiographie, Heiligenbilder, Ikonenmalerei, Kirchenmusik, Kirchenrecht, Licht, Menologion, Mönchtum; Notation, byzantinische; Renaissancen in Byzanz)
hesychía, f. → Apokalypse, Mönchtum
hetoimasía, f. → Adam und Eva, Apokalypse, Apostelbilder, Bischofsthron, Cancelli; Gericht, Jüngstes; Ikone, Ikonenmalerei, Ikonologie, Kreuz, Pfingsten, Taufe, Taufe Christi
hetoimasía tu thrónu → Hetoimasia
hexápsalmos, m. → Hexapsalm
hieraí psalmón melodíai → Prokeimenon
hierá prágmata (→ auch *prágmata hierá*) → Ikonenweihe
hierárches, m. → Heiligenverehrung
hierarchía dioiketiké, h. hieratiké → Hierarchie
hierá sýnhodos → Synode
hierateíon, n. → Bema
hieratikón, n. → Euchologion
hieratikós, m. → Stil, hieratischer
hiereús, m. → Bischof, Priester
hieromártys, m. → Märtyrer
hierómenoi, m. plur. → Weihegrade
hierós tópos, hieroí tópoi → Coemeterium, Kirchenbau, Kirchenweihe, Segen
hierosýne, f. → Kaiserkult
hierurgía, f. → Liturgie
hirmós, m., *hirmoí,* m. plur. → Hirmologion, Hirmos, Kanon, Karsamstag, Kirchenmusik, Kondakariennotation; Notation, byzantinische; Ode, Psalmodie
historíai, f. plur. → Bild
hodegétria, f. → Empfängnis der heiligen Anna, Gottesmutterbilder, Kloster
homilía, f. → Homilie
homoíoma, n. → Bild
homolegetés, m. → Märtyrer
homología, f. → Glaubensbekenntnis, Taufe
homoúsios → Bild
hóra, f. → Stundengebet
hórai megálai étoi basilikaí → Horen, Große oder Königliche
horológion to méga → Horologion
horologópulon, n. → Horologion
hósioi, m. plur. → Heiligenverehrung
hosiomártys, m. → Märtyrer
ho staurotheís di hemás → Trishagion
hýdor, n. → Orgel
hydraúlis, f. → Orgel
hýmnos heothinós → Doxologie
(*hypaethral-* → Basilika)
hypakoé, f. → Hypakoe, Kanon, Stundengebet
hypapanté, f. → Darstellung Jesu im Tempel
hyperétai, m. plur. → Weihegrade

hyperhágios, m. → Heiligenverehrung
hypodiákonos, m. → Hypodiakon
hypogonátion, n. → Hypogonation
hypokeímenon, n. → Bild
hypóphonon, n. → Doxologie, Hypopsalma
hypópsalma, n. → Hypopsalma, Kommunion, Responsorien
hypselón ti → Ambon
hypselotéra, f. → Gottesmutterbilder
hýpsosis, f., *h. tes panhagiás, h. tu staurú* → Kreuzerhöhung, Panhagia

ichthýs, m. → Akrostichis, Fisch
idiómelon, n., *i. proheórtion, idiómela,* n. plur., *i. heothiná* → Advent, Auferstehungs- und Morgenevangelien; Horen, Große oder Königliche; Ostern, Pfingsten, Sonntag der Kreuzverehrung, Stichera, Tempelgang der Gottesmutter
Iesús, m. → Kreuz
imbomon → *en bomo*
isapóstolos, m. → Akklamation, Kaiserkult

kaísar, m. → Kamelauchion
kalophón, n. → Kirchenmusik
kalymmaúchion, n. → Kamelauchion
kamelaúchion, n. → Bischofsinsignien, Epanokamelauchion; Gewänder, kirchliche; Kaiserkult, Kamelauchion, Skuphos
kanón, m., *kanónes,* m. plur. → Akrostichis, Dialog, Diodion, Empfängnis der hl. Anna, Engel, Entschlafen der Gottesmutter, Epiphanie, Farben, Fastenzeiten, Geburt Christi, Geburt der Gottesmutter; Gewänder, liturgische; Gründonnerstag, Himmelfahrt Christi, Hirmologion, Hirmos, Hypakoe, Ikone, Ikonenmalerei, Kanon; Kanon, Goldener; Kanon, Großer; Kanontafeln, Karsamstag, Karwoche, Kathisma, Kirchendichtung, Kirchenrecht, Kontakion, Kreuzerhöhung, Kreuzigung Christi, Lazarussamstag, Lesebücher, Lesungen, Magnificat, Megalynaria, Menaion, Metropolit, Morgengottesdienst, Nachtgottesdienst, Nachtwache; Notation, byzantinische; Ode, Oktoechos, Ostern, Palmsonntag, Pfingsten, Sonntag der Kreuzverehrung, Sonntag der Orthodoxie, Stichera, Synaxarion, Synode, Taufe Christi, Tempelgang der Gottesmutter, Theotokaria, Theotokion, Triadikos Kanon, Triodion, Troparion
kanónes nekrósimoi → Begräbnis
kanoniké apostolé → Hierarchie
(*Kanónion tu hagíu páscha* → Evangelistarion)
kántharos, m. → Cantharus
katabasía, f., *katabasíai,* f. plur. → Hirmos, Kanon, Ostern
katá kýmbas → Katakomben, Kirchenbau
katá pistin ... latreía → Bild
katá sárka peritomé tu Iesú Christú → Beschneidung Christi
katasárkion, n. → Altardecken
katasphragízein → Taufe
katáthesis tes esthétos tu theotóku → Gewandniederlegung der Gottesmutter
katáthesis tes zónes tes theotóku → Gürtelniederlegung der Gottesmutter
katá to eídos → Bild
katecheín, katechúmenoi, m. plur. → Katechumenat
kathaíresis, f. → Epitimien
kathará thysía, f. → Liturgie
kathegúmenos, m. → Abt
kathédra, f. → Bischofsthron
kathiérosis naú → Kirchenweihe
káthisma, n. → Amomoi, Antiphon, Bischofsthron, Entschlafen der Gottesmutter, Gradualpsalmen, Kanon, Kathisma, Mitternachtsgottesdienst, Morgengottesdienst, Oden, Polyeleos, Stationsgottesdienst, Stichologie, Synaxis der Gottesmutter
káthodos eis hádu → Auferstehung Christi
katholiké homología → Glaubensbekenntnis
katholikón, n. → Kloster
katholikós, m. → Epanokamelauchion, Kamelauchion, Katholikos, Ritus
kathólu ánthropos, m. → Bild
kat' usían → Bild
kátzion, n. → Weihrauch
kekraménon potérion → Kelch
kellíon, n., *kellía,* n. plur. → Laura
kénosis, f. → Taufe Christi
kenotáphion, n. → Kenotaph, Memoria
kephalé, f. → Autokephalie
kerameía, f. → Keramik
keramídion, n. → Acheiropoietos
kérasma, n. → Mischung von Wasser u. Wein
keróchytos, graphé, keróchyta, → Enkaustik
kerographía, f. → Enkaustik
kerós, m. → Enkaustik
kerostasía, f. → Gericht, Jüngstes
kérygma, n. → Ekphonese, Homilie
késtron, n. → Enkaustik
kibórion, n. → Ciborium

kibotós, f. → Altargeräte, Arche Noahs
klásis, f. → Brotbrechen
kléros, m., *k. tes diakonías* → Klerus
klímax tu paradeísu → Mönchtum
klíne, f. → Abendmahl, Geburt Christi
kódon, m., f. → Glocke
koímesis tes theotóku → Entschlafen der Gottesmutter
koimetérion, n. → Coemeterium
koinaí euchaí → Liturgie
koiné euché, f. → Fürbitte
koinobía, f., *koinóbion,* n. → Kloster, Laura, Mönchtum
koinonía, f. → Cheirotonie, Diptychon, Epiklese, Eucharistie, Eulogion, Exkommunikation, Friedenskuß, Häresie, Ikone, Katechumenat, Kirchenrecht, Kommunion, Liturgie der vorgeweihten Gaben, Märtyrerverehrung, Myronsalbung, Ostern, Sakrament, Schlachtung (Opferung) des Lammes, Taufe, Wandlung, Zeon
koinonikón, n., *koinoniká,* n. plur. → Kommunion
kolóbion, n. → Kolobion, Kreuzabnahme, Kreuzigung Christi
kólpos, m. → Enkolpion
kólyba, n. plur. → Fastenzeiten, Kolyba, Märtyrerverehrung, Pfingsten, Segen
kolýmata, n. plur. → Eheschließung, kirchliche
kolymbéthra, f. → Baptisterium
kombológion, n. → Rosenkranz
komboschoiníon, n. → Rosenkranz
kónche, f. → Apsis, Trikonchos
kondakárion, n. → Bücher, liturgische; Kondakariennotation, Kondakarion; Notation, ekphonetische
kontákion (kondákion), n. → Akathist, Geburt Christi, Geburt der Gottesmutter; Gericht, Jüngstes; Himmelfahrt Christi, Hirmos, Homilie, Horologion, Hypopsalma, Kanon, Kirchendichtung, Kirchenmusik, Kondakariennotation, Kondakarion, Kontakion, Kreuzigung Christi, Lesungen, Mitternachtsgottesdienst, Nachtwache, Stichera, Stundengebet, Taufe Christi, Troparien, Verkündigung der Gottesmutter
kóntax, m. → Kontakion
kóre, f. → Epiphanie
kosmokrátor, m. → Christusbilder, Gestirne
kósmos aisthetós, k. noetós → Kultusästhetik, Mystagogie
kratér, m. → Kelch
ktítor, m., *ktitorikón díkaion, k. typikón* → Typikon
kukúlion, n. → Gewänder, kirchliche; Kontakion
kurá, f. → Tonsur
kykkótissa, f. → Gottesmutterbilder
kýpellon, n. → Kelch
kýpton, n. → Kommunion
kyriaké [heméra] → Kirchenjahr, Liturgie
kyriaké tes apókreo étoi tes deutéras parusías tu kyríu → Fastenzeiten
kyriaké tes hagías pentekostés → Pfingsten
kyriaké tes orthodoxias → Sonntag der Orthodoxie
kyriaké tes samaréitidos → Pentekostarion
kyriaké tes stauroproskynéseos → Sonntag der Kreuzverehrung
kyriaké tes tyrophágu → Fastenzeiten
kyriaké ton baíon → Palmsonntag
kyriaké ton hagion pánton → Heiligenverehrung
kyriaké ton hagion 318 theophóron patéron en Nikaía → Pentekostarion
kyriaké ton myrophóron → Pentekostarion
kyriaké ton patéron → Advent
kyriaké ton propatéron → Advent
kyriaké tu antípascha → Ostern
kyriaké tu asótu → Fastenzeiten
kyriaké tu paralýtu → Pentekostarion
kyriaké tu telónu kai pharisaíu → Fastenzeiten
kyriaké tu Thomá → Ostern
kyriaké tu typhlú → Pentekostarion
kýrie ekékraxa → Kyrie ekekraxa, Psalter
kýrie eleíson → Ektenie, Kirchenmusik, Kreuzerhöhung, Kultusästhetik, Kyrie eleison, Nachtgottesdienst, Stichologie, Stundengebet, Synapte
kýrioi, n. plur. → Oktoechos
kýrios, m. → Akklamation, Kyrie eleison
kyriótetes, m. → Engel
kyriótissa, f. → Gottesmutterbilder

lábis, f. → Altargeräte
laós, m. → Laie
laúra, f. → Kloster, Laura
laúraton, n. → Bild, Kaiserkult, Lauraton
lazárion, n. → Lazarussamstag
leimón, m., *leimonárion* → Mönchtum, Paterika
leípsana, n. plur., *leípsanon,* n. → Reliquiar, Reliquien
leiturgía, f. → Liturgie, Offizium

leiturgía ton katechuménon → Liturgie der Gläubigen
leiturgía ton pistón → Liturgie der Gläubigen
leiturgía ton prohagiasménon dóron → Liturgie der vorgeweihten Gaben
leiturgós, m. → Liturgie
leiturgikón, n. → Euchologion
lémma, n. sing, *lémmata,* n. plur. → Emblem
leukós, m. → Levkas
líbanos, m. → Weihrauch
lipsanothéke, f. → Reliquiar
litaneía, f. → Litanei
lité, f. → Abendgottesdienst, Kreuzerhöhung, Litanei, Nachtwache
lithóstroton, n. → Mosaik
lithóstrotos, m. → Bema, Kreuzanbetung
logikós → Mystagogie
lógos, m. → Bild, Christusbilder, Eingeborener Sohn, Engeldeesis, Epiklese, Heortologie, Ikonologie, Liturgie, Paterika, Ritus, Zeitrechnung
logothétes, m. → Kaiserkult
lónche, f. → Altargeräte, Lanze
lútron, n. → Taufe
lychnikón, n. → Abendgottesdienst
lytérion, n. → Buße

maístores, m. → Melode
makarismós, m., *makarismoí,* m. plur., *makárioi,* m. plur. → Seligpreisungen
mandyás, m. → Gammadia; Gewänder, kirchliche; Mandyas
mandýlion, n. → Acheiropoietos, Hetoimasia
maphórion, n. → Gewandniederlegung der Gottesmutter, Gottesmutterbilder, Pokrov
martýrion, n., *martýria,* n. plur., *mártys,* m. → Gründonnerstag, Gürtelniederlegung der Gottesmutter, Kirchenbau, Märtyrer, Märtyrerakte, Martyrion, Memoria, Mystagogie, Oktoechos, Pfingsten, Symbol, Trikonchos
méga apódeipnon → Nachtgottesdienst
mega eilimménon → Decken, liturgische
megále eíshodos → Einzug
megále oktoéchos → Oktoechos
megáles bulés ángelos → Christusbilder
megále tessarakosté → Fastenzeiten
megalomártys → Märtyrer
megalynária, n. plur., *megalyneín* → Magnificat, Megalynaria, Morgengottesdienst, Ostern, Theotokion
megalyneí he psyché mu ton kýrion → Magnificat
mégas archiereús → Christusbilder
méga schíma → Gewänder, kirchliche
mégas kanón → Kanon, Großer
melísmata, n. plur. → Kirchenmusik
melismós, m. → Brotbrechen, Christusbilder, Passionszyklus, Prothesis, Schlachtung (Opferung) des Lammes
mélissa, f. → Lesemenäen
melízo → Kirchenmusik
melodós, m. → Melode
melurgoí, m. plur. → Melode
menaíon, n. → Akoluthia, Apostolos, Auferstehungs- und Morgenevangelien; Bücher, liturgische; Dies natalis, Kalendarium, Kirchenjahr, Lesebücher, Menaion, Menologion, Oktoechos, Prophetologion, Stichera, Sticherarion, Synaxarion, Typikon
merídes, f. plur. → Schlachtung (Opferung) des Lammes
meshórion, n. → Stundengebet
mesonyktikón, n. → Mitternachtsgottesdienst
metabálon to pneúmati su to hagío → Wandlung
metabolé, f. → Liturgie
metálepsis, f. → Kommunion, Liturgie
metamórphosis tu Christú → Verklärung Christi
metánoia, f. → Buße, Proskynese
metarrhythmízein → Weihe
metaskenázein → Weihe
metatórion, n. → Narthex
méter theú → Gottesmutter; Kürzungen, christliche
méthaxis, f. → Kommunion
metrópolis, f., *metropolítes,* m. → Metropolit
metusíosis, f. → Wandlung
mikrá eíshodos → Einzug
mikrá ektené → Ektenie
mikrá oktoéchos → Oktoechos
mikrón apódeipnon → Nachtgottesdienst
mímesis, f. → Bild, Einsetzungsbericht, Epiklese, Gestik, Liturgie, Märtyrer
mímesis tes basileías tu theú → Kaiserkult
mimikós, m. → Gestik
mnéme, f. → Geburt Johannes des Täufers, Memoria
mnesteía, f. → Eheschließung, kirchliche
monachós, m. → Mönchtum
monastérion, n., *monastéria autodéspota,* m. *stauropegíaka* → Kloster

moné, f. → Kloster
monogenés kýrios → Eingeborener Sohn
myrepsós → Myronweihe
myriobíblion, n. → Renaissancen in Byzanz
myroblýtoi, m. plur. → Myron
mýron, n. → Exorzismus, Krankenölung, Myron, Myronsalbung, Myronweihe, Patriarch, Pentekostarion, Sakrament, Taufe, Wasserweihe
mýron tes eucharistías → Taufe
mýrophórai, f. plur. → Auferstehung Christi, Eulogetaria, Hypakoe, Karsamstag
mystagogía, f. → Liturgie, Mystagogie
mysteriaké exhomológesis → Buße
mystérion, n., *mystéria,* n. plur. → Sakrament
mystikós → Stillgebete

naós, m. → Basilika, Bildprogramm, Bußklassen, Kultusästhetik, Naos, Narthex, Passionszyklus, Stillgebete, Transept, Velum
nárthex, m. → Basilika, Bildprogramm, Bußklassen, Empore, Entschlafen der Gottesmutter, Fußwaschung; Gericht, Jüngstes; Kirchenbau, Kreuzerhöhung, Mitternachtsgottesdienst, Naos, Narthex, Passionszyklus, Trikonchos
Néa [Ekklesía] → Ekphrasis, Kirchenbau, Kirchenweihe
néa kyriaké → Ostern
néos parádeisos → Paterika
neoterismós → Patriarch
nephéle, f. → Decken, liturgische
nesteía, f., *n. ton apostólon* → Fasten, Fastenzeiten
neúmata, n. plur. → Cheironomie, Kirchenmusik,Neumen
níke, f. → Gottesmutterbilder, Verkündigung der Gottesmutter
niketéria, f . → Kreuzanbetung
nikopoiía, f. → Clipeus, Gottesmutterbilder
niptér, m. → Fußwaschung
nómisma, n. → Numismatik
nómos, m., *nómoi,* m. plur., *nomokánones* → Cheironomie, Kirchenrecht
nosokomeíon, n. → Kloster
nuthesía, f. → Homilie, Liturgie
nyn apolýeis ton dúlon su, déspota → Nunc dimittis

odaí, oidaí, f. plur. → Oden
ogdoás, f. → Kirchenjahr, Oktoechos, Pfingsten
oidaí pneumatikaí → Kirchendichtung
oidé kainé → Kirchendichtung
oikonomía, f., *oikonomíai,* f. plur. → Eheschließung, kirchliche; Gericht, Jüngstes; Kaiserkult, Kirchenrecht, Synode
oikonómos, m. → Bischofsverwaltung, Buße, Mönchtum
oíkos, m. → Basilika, Kontakion, Matroneum, Naos
oikumenikós patriárches → Sphragistik
oikuméne, f. → Synode
oktaémeros heorté → Oktav
oktáteuchos bíblos → Bibelillustration
októ → Oktoechos
októechos bíblos, o. anheórtatos, f. → Bücher, liturgische; Doxologie, Drei Jünglinge im Feuerofen, Grablegung Christi und Beweinung, Kirchenjahr, Kirchenmusik, Kommunion, Kreuzanbetung, Lectio continua, Licht, Oktoechos, Ostern, Pentekostarion, Stichera, Sticherarion, Theotokion
oktogónos → Baptisterium, Kirchenbau
omophórion, n. → Gewänder, liturgische; Omophorion
omphaloskopeía, f. → Mönchtum
ónoma, n. → Taufe
opaíon, n. → Kuppel
orárion, n. → Gewänder, liturgische; Omophorion, Orarion
orchéstra, f. → Bema
órganon, n., *órgana,* n. plur. → Orgel
orphanotropheíon → Kloster
orphanotróphos, m. →Bischofsverwaltung
órthros, m. → Morgengottesdienst

paidariogéron, n. → Christusbilder
paleiá diathéke → Paleja
paleiós ton hemerón → Christusbilder
panegyrikomartyriológion → Menologion
panegyrikós, p. lógos, m. → Allegorie, Heiligenvita, Homilie, Kaiserkult, Kanon, Laudes regiae, Menologion, Panegyrikos, Triadikos Kanon, Verkündigung der Gottesmutter
panégyris, f. → Panegyrikos
panhagía, f. → Akoluthia, Enkolpion, Entschlafen der Gottesmutter; Gemme, Panhagia
pannychís, f. → Begräbnis, Darstellung Jesu im Tempel, Mitternachtsgottesdienst, Nachtwache, Paremejnik, Stundengottesdienst
panspérmia, n. plur. → Kolyba

pantokrátor, m. → Bildprogramm, Christusbilder, Christusmonogramm, Hetoimasia, Himmelfahrt Christi, Kloster, Kuppel, Patene, Sphaira, Traditio legis
páppas, m. → Erzbischof, Patriarchat, Pope
paráklesis, f. → Gottesmutterbilder, Krankenölung
parakletiké bíblos → Oktoechos
paramonários, m. → Küster
paramoné, f. → Nachtwache
parástasis, f. → Deesis
parakklesíai, f. plur. → Kloster
paroimía, f. → Paremejnik
parusía, f. → Advent, Himmelfahrt Christi
páscha, n., *anastásimon, p. staurósimon, páschein* → Karfreitag, Ostern
pastás, m. → Pastophorien
pastophóreia, n. plur. → Bildprogramm, Diakonikon, Kirchenbau, Pastophorien
paténe, f. → Altardecken, Altargeräte, Apostelkommunion, Christusbilder; Decken, liturgische; Einzug, Glas, Kelch, Kreuzanbetung, Patene, Schlachtung (Opferung) des Lammes, Weihe
patér, m. → Bischofsstab
paterikón, n., p. *biblíon,* n. sing., *pateriká,* n. plur. → Lesemenäen, Paterika
patér pneumatikós → Mönchtum
patér hemón → Vaterunser
pateríssa, f. → Bischofsstab
patriárches, m. → Patriarch
pauéstho → Epitimien
pedálion, n. → Kirchenrecht
pelagonítissa, f. → Gottesmutterbilder
pentarchía, f. → autokephal, Erzbischof, Patriarch
pentekontudé, f. → Oktoechos, Pfingsten
pentekosté (heméra), p. *charmósynos* → Ostern, Pfingsten
penthékte, f. → Synode
pénthos, m. → Gestik
períbleptos, f. → Gottesmutterbilder
peribólaion, n., *períbolos,* m. → Ambitus
perígraptos, m. → Bild
perikopé, f. → Lesungen, Perikope
peristerá, f. → Taube
perí ton hierón teletón → Mystagogie
perízoma, n. → Kreuzigung Christi
péxis tu themelíu → Kirchenweihe
phailónes, f., *phelónion,* n. → Gewänder, liturgische; Phelonion, Sakkos
phiále, f. → Cantharus
philanthropía, f., *philánthropos,* m. → Christusbilder; Hirte, Guter; Kaiserkult
phílema, n. → Friedenskuß
philokalía, f. → Gebet, Mönchtum
philóponoi, m. plur. → Kloster
philoxenía, f. → Abraham, Dreieinigkeit
phos, n. → Licht
phos hilarón → Abendlied
photagogiká, n. plur. → Auferstehungs- und Morgenevangelien, Licht
photismós, m. → Taufe
photisteríon, n. → Baptisterium
photizómenoi, m. plur. → Katechumenat, Liturgie der vorgeweihten Gaben
phriktón mystérion → Einsetzungsbericht, Stillgebete
phrontís, f. → Gestik
phylaké, f., *phylakaí,* f. plur. → Enkolpion, Kloster
phylaktérion, n., *phylaktería,* n. plur. → Enkolpion, Reliquien
plágios, m. → Oktoechos
plássein → Plastik
platytéra, f. → Christusbilder, Clipeus, Gottesmutterbilder
pneúma, n. → Neumen
pneumatiké trophé → Liturgie
pneumatikón, n. → Orgel
pneumatikós patér → Buße
poíema, n. → Geburt Christi, Kreuzerhöhung
poimén kalós → Hirte, Guter
polychrónion, n., *polychrónisma,* n. → Akklamation, Laudes regiae, Polychronion
polýptychon → Diptychon
pómata, n. plur. → Mandyas
pompé, f. → Begräbnis
potamoí, m. plur. → Mandyas
potérion, n., *p. hýdatos kai krámatos* → Kelch, Mischung von Wasser und Wein
prágma hierón, prágmata hierá → Altargeräte, Kelch, Glocke, Segen
práxis, f. → Buße, Mönchtum
presbýtera, f. → Zölibat
presbytérion, n. → Bema, Priester
presbýteros, m., *presbýteroi* → Bischof, Krankenölung, Priester
presbýteros epí tes metanoías → Buße
probolé, f. → Cheirothesie
proheórtion, n. → Advent, Empfängnis der hl. Anna
prohestós, m. → Abt, Priester
prokeímena, n. plur. → Kommunion, Prokeimenon, Prophetologion
prokeímenon, n. → Anaphora, Gradualpsalmen, Lesungen, Prokeimenon, Psalmodie

próklesis, f. → Homilie, Liturgie
prólogos, m. → Prolog
prónaos → Narthex
prónoia tu theú → Weisheit Gottes
prooimiakós psalmós → Abendgottesdienst
prooímion, n. → Kontakion
proshómoion, n. → Hirmos, Stichera
prosklaíontes, m. plur. → Bußklassen
proskomidé, f. → Prothesis
proskýnesis, f. → Proskynese
proskynetárion, n. → Heiligenverehrung, Proskynetarion, Tabletki, Tempelgang der Gottesmutter
prosmonários, m. → Küster
prosphónesis, f. → Ektenie
prosphorá, f. → Darbringung, Kinderkommunion, Liturgie der vorgeweihten Gaben, Patene, Prosphore, Schlachtung (Opferung) des Lammes, Siegel, Symbol, Wandlung
próthesis, f. → Altar, Altargeräte, Apsis, Begräbnis, Bilderwand, Bildprogramm, Brotbrechen, Cancelli, Christusbilder; Decken, liturgische; Einsetzungsbericht, Enarxis, Eulogien, Fürbitte; Gewänder, liturgische; Kirchenbau, Kreuzerhöhung, Kreuzigung Christi, Lamm, Liturgie, Liturgie der Gläubigen, Liturgie der vorgeweihten Gaben, Mischung von Wasser und Wein, Myronweihe, Mystagogie, Pastophorien, Prothesis, Prozession, Renaissancen in Byzanz, Schlachtung (Opferung) des Lammes, Stundengebet, Symbol, Zeon
próton kálymma → Decken, liturgische
protóplastos, m. → Adam und Eva
protopsáltes, m. → Chor
psaltérion, n. → Psalter
psáltes, m. → Responsorien
psaltiké hierología → Prokeimenon
pseláphesis tu Fomá → Pfingsten
psilós ánthropos → Bild
psychopómpos, m. → Gericht, Jüngstes
psychosábbaton, n. → Pfingsten
psychosostría, n. → Gottesmutterbilder
psychosotér, m. → Christusbilder
psychostasía, f. → Gericht, Jüngstes
ptochotropheíon, ptochotróphos → Bischofsverwaltung, Kloster
pýrgos, m. → Ambon
pýxis, f. → Elfenbein, Email, Heiligenverehrung, Pyxis, Reliquiar
pýxos, f. → Pyxis

ráson, m. → Gewänder, kirchliche
rhabdíon, n. → Enkaustik
rhábdos, m. → Bischofsstab
rhipídion, n. → Fächer

sábbaton tu hagíu kai dikaíu Lazáru → Lazarussamstag
sákkos, m. → Gewänder, liturgische; Sakkos, Textilien
salós, m. → Heiligenverehrung
sarkophágos líthos → Sarkophag
sarx, f. → Liturgie
schísma, n. → Diptychon, Häresie, Ikonenmalerei, Mönchtum
séma, n., *sémata* → Kirchenmusik, Neumen; Notation, byzantinische; Notation, ekphonetische; Semantron
semantérion, n., *sémantron,* n. → Glocke, Kloster, Semantron, Stundengebet
sigé, f. → Kultusästhetik, Stillgebet
siléntion, n. → Kaiserkult
sindón, m. → Epitaphion
skenographía, f. → Perspektive
skéte, f. → Laura
skeuophylákion, n. → Diakonikon, Prothesis
skeuophýlax, m. → Bischofsverwaltung, Mönchtum
skuphia, f., *skúphos,* m. → Gewänder, kirchliche; Kamelauchion, Kelch, Skuphos
sólea, f. → Ambon, Kanon, Proskynetarion
sóma, n. → Liturgie
sophía! orthoí → Weisheit! aufrecht!
sophía tu theú → Weisheit Gottes
sotér, m. → Christusbilder; Kürzungen, christliche
soteríkia, n. plur. → Enkolpion
sotérion hýdor → Weihwasser
sphaíra, f. → Attribut, Engel, Kreuzanbetung, Münze, Sphaira, Traditio legis
sphragís, f. → Cheirothesie, Kreuz, Myronsalbung, Siegel, Sphragistik, Taufe
sphragís doreás pneúmatos hagíu → Myronsalbung
sphragís epikurídos → Tonsur
spudaíoi, m. plur. → Kloster
stásis, f., *stáseis,* f. plur. → Karsamstag, Kathisma, Liturgie der vorgeweihten Gaben, Stationsgottesdienst, Stichologie
stauropegía, n. plur. → Kloster, Mandyas, Patriarch
staurophýlax, m. → Staurothek
stauroproskýnesis, f. → Kreuzanbetung
staurós, m. → Kreuz, Staurotheotokion

staúrosis tu Christú → Kreuzigung Christi
staurothéke, f. → Kleinkunst, Kruzifix, Pyxis, Staurothek
staurotheotókion, n. → Kirchendichtung, Staurotheotokion, Theotokion
stéar, n. → Steatit
stémma, n. → Kamelauchion
stephánoma, n. → Eheschließung, kirchliche
stéphanos, m. → Kamelauchion
sticharion, n. → Sticharion
sticherón, n. sing., *sticherá,* n. plur., *s. alphabetiká, s. anastásima anatoliká, s. autómela, s. dogmatiká, s. idiómela, s. proshómoia* → Doxastarion; Horen, Große od. Königliche; Gradualpsalmen, Kirchendichtung, Kirchenmusik, Kondakariennotation, Kreuzabnahme, Menaion, Ostern, Seligpreisungen, Stichera, Sticherarion, Triodion, Troparion
stichología, f. → Morgengottesdienst,Stichologie
stíchos, m., *stíchoi,* m. plur. → Antiphon, Apostichos, Hypopsalma, Oktoechos, Responsorien, Stichologie, Triodion, Troparion
stratelátes, m. → Heiligenverehrung
(Styliten → Bild, Heiligenverehrung, Mönchtum)
sýllepsis tes hagías kai theoprométoros Ánnes → Empfängnis der hl. Anna
sýmbolon, n. → Glaubensbekenntnis, Symbol
symphonía, f. → Kaiserkult
synagogé, f. → Synaxis
synáxarion, n., *s. biblíon* → Akoluthia, Apokryphen, Apostelbilder; Bücher, liturgische; Dies natalis, Heiligenvita, Karfreitag, Märtyrerakte, Märtyrerverehrung, Martyrologium, Menaion, Menologion, Morgengottesdienst, Ostern, Paterika, Prolog, Synaxarion
syngrámmata ton prophetón → Lesungen
sýnaxis, f. → Apostelbilder, Engel, Entschlafen der Gottesmutter, Glaubensbekenntnis, Gottesmutterfeste, Kirchenjahr, Liturgie der Gläubigen, Synaxis, Verklärung Christi
sýnaxis tes theotóku → Begleitfeste, Synaxis der Gottesmutter
synéleusis, f. → Synaxis
synhistámenoi, m. plur. → Bußklassen
sýnhodos, f., *s. endemúsa, s. oikumeniké, s. topiké* → Synode
sýnkellos, m. → Bischofsverwaltung
táblia, n. plur. → Mandyas
tachygraphía, f. → Kürzungen, christliche
tálanton, n. → Semantron
táphos, m. → Epitaphios
táxis prokathedrías → Metropolit
teleutaíos aspasmós → Begräbnis
télos, n. → Apostolos, Evangelium, Lesebücher
témplon, n. → Bilderwand, Ikonenmalerei, Kirchenbau, Liturgie, Medaillon, Tempelgang der Gottesmutter, Velum, Verkündigung der Gottesmutter
ten heméran ten ogdoén eis euphrosýnen → Oktoechos
terón, m. → Heiligenverehrung
tes ektenés hikesía → Ektenie
tessarakosté, f. → Fastenzeiten
tetárte tes mesopentekostés → Pentekostarion
(Tetraden → Oktoechos)
tetraktýs, f. → Oktoechos
tetrámorphon zóon → Tetramorph
tetráptychon, n. → Diptychon
tetrarchía, f. → Patriarch
theíon ásma → Prokeimenon
theíos anér → Enkomion, Kaiserkult
theodóchos, m. → Darstellung Jesu im Tempel
theokybérnetos, m. → Kaiserkult
theométer, f. → Gottesmutter
(Theopaschitismus → Eingeborener Sohn)
theopháneia, n. plur. → Epiphanie
theopróbletos, m. → Kaiserkult
theoría, f. → Mönchtum, Mystagogie
theothéke, f. → Pyxis
theotókia dogmatiká → Theotokion
theotókion, n., *th. tropárion* → Entschlafen der Gottesmutter, Gottesmutterbilder, Horologion, Kirchenjahr, Kirchenmusik, Oktoechos, Staurotheotokion, Stundengebet, Theotokaria, Theotokion, Troparion
theotókos, f. → Gottesmutter, Theotokaria, Theotokion
theotokós tu páthus → Gottesmutterbilder
therápon theú → Kaiserkult
thermón, n. → Zeon
thrénos → Epitaphios, Gestik, Grablegung Christi und Beweinung
thrónos, m., *thrónoi,* m. plur. → Bischofsthron, Engel
thyméle, f. → Bema
thymíama, n., *thymiatérion,* n. → Weihrauch

thýra kekleísmena → Pfingsten
thyrorós, m. → Türhüter
thysía (tu amnú), f. → Liturgie, Schlachtung (Opferung) des Lammes
thysiastérion, n. → Altar, Bema
timetiké proskýnesis → Bild
timoríai, f. plur. → Epitimien
tómos, m. → Patriarch
topophýlax, m. → Coemeterium
tópos, m., *tópoi,* m. plur. → Topik
toreutiké téchne → Toreutik
trápeza, f. → Altar, Kloster
treis paídes en kamíno → Drei Jünglinge im Feuerofen
triadikón tropárion → Triadikon, Triadikos Kanon
triadikós kanón → Mitternachtsgottesdienst, Triadikon, Triadikos Kanon
triarchía, f. → Patriarch
triás, f. → Dreieinigkeit
trichokuría, f. → Tonsur
trikérion, n. → Dikerion, Licht, Trikerion
trímorphon, n. → Deesis
triódion, n. → Bücher, liturgische; Fastenzeiten, Festzyklus, Gründonnerstag, Kalendarium, Karfreitag, Karsamstag, Karwoche, Kirchenjahr, Lesebücher, Oktoechos, Pentekostarion, Polyeleos, Prophetologion, Stichera, Sticherarion, Triodion
triódion katanyktikón → Triodion
triprósopos, m. → Deesis
tríptychon, n. → Diptychon, Email, Ikonenecke
tríton kálymma → Decken, liturgische
tropaíon, n. → Auferstehung Christi, Christusmonogramm
tropaiophóros, m. → Heiligenverehrung
tropárion, n. → Aposticha, Enarxis, Gradualpsalmen, Hirmologion, Hirmos, Improperien; Kanon, Großer; Kirchendichtung, Krankenölung, Lesungen, Megalynaria, Mitternachtsgottesdienst, Ode, Oktoechos, Ostern, Stichera, Stundengebet, Triodion, Troparion
trópos, m. → Troparion
týmpanon, n. → Kirchenbau, Majestas Domini
typikáres, m. → Mönchtum
typikón, n., *typiká,* m. plur. → Amomoi, Darstellung Jesu im Tempel, Kirchenjahr, Kloster, Kommunion, Liturgie der vorgeweihten Gaben, Menaion, Mönchtum, Nachtgottesdienst, Polyeleos, Seligpreisungen, Stichologie, Typikon
týpos, m. *týpoi,* m. plur. → Abraham, Arche Noahs, Allegorie, Darstellung Jesu im Tempel, Geburt Christi, Geburt der Gottesmutter, Kreuzerhöhung, Ostern, Verklärung Christi, Verkündigung der Gottesmutter

xenodocheíon, n., *xenodochía, xenodóchos* → Bischofsverwaltung, Coemeterialkirchen, Heiligenverehrung, Kloster
xerophagía, f. → Karwoche
xýlon, n., *x. tu hagíu staurú* → Karfreitag, Kreuz

zéon, n. → Altargeräte, Brotbrechen, Chrysostomusliturgie, Kommunion, Mischung von Wasser und Wein, Mystagogie, Zeon
zésis písteos pléres pneúmatos hagíu → Zeon
zodiakós, m. → Gestirne
zográphos, n. → Ikonenmalerei
zóne, f. → Gewänder, liturgische
zoodóchos pegé → Gottesmutterbilder
zoodótes, m. → Christusbilder
zostikón, n. → Gewänder, kirchliche; Sticharion

RUSSISCHE TERMINI

ágnec, m. → Lamm, Lamm Gottes, Schlachtung (Opferung) des Lammes
akáfist, m., *Akáfist Iisúsu Sladšajšemu* → Akathist
allilúja, f. → Halleluja
altář, m. → Altar, Bema
altárnaja pregráda, f. sing. → Cancelli
amvón, m. → Ambon
anáfema, f. → Anathema
analáv, m. → Gewänder, kirchliche
analógij, analój, m. → Proskynetarion
ángel, m. → Engel

Russische Termini

ángel chranitel' → Engel
ángel velíkogo sovéta → Christusbilder
antidór, m. → Eulogion
antifón, m. → Antiphon, Kathisma
antifonáŕ, m. → Antiphonarion
antimíns, m. → Altardecken
apokálipsis, m. → Apokalypse
apokríf, m. → Apokryphen
apokrisiárij, m. Bischofsverwaltung
archángeli, m. plur. → Engel
archiepískop, m. → Erzbischof
archieréjskij dom → Bischofsverwaltung
avreol', m. → Aureole
ázbuč'nyj paterík → Paterika

barabán, m. → Kuppel
basmá, basmánnaja úlica, basmánnoje délo, basmánščiki → Ikonenbeschlag
bdénie s. *vsenóščnoe bdénie*
bedró, n. → Hypogonation
béloe duchovénstvo → Gewänder, kirchliche
besédy pastúšeskie → Kirchendichtung
besplótnye, m. plur. → Engel
bezródstvo, n. → Mönchtum
bezsrébreniki, m. plur. → Heiligenverehrung
bílo, n. → Semantron
blagočínno, adv. → Schlachtung (Opferung) des Lammes
blagoslovénie, n., *blagoslovít'* → Segen
blagosloví, vladýko, teplotú → Zeon
blagovérnye, m. plur. → Heiligenverehrung
blagovéščenie (bogoródicy) → Verkündigung der Gottesmutter
blažénny, m. plur. → Seligpreisungen
bogomáteŕ, f., *b. strastnája, b. voploščénija* → Gottesmutter, Gottesmutterbilder, Verkündigung der Gottesmutter
bogopriímec, m. → Darstellung Jesu im Tempel
bogoródica, f. → Gottesmutter
bogoródičen, m. → Theotokion
bogoródičnye prázdniki → Festzyklus
bol'šája schíma → Gewänder, kirchliche
bol'šój vózduch → Decken, liturgische

caŕ cárem, c. slávy → Christusbilder
cárskie časý → Horen, Große oder Königliche
čas, m. → Stundengebet
čáša, f. → Kelch
časoslóv, m. → Horologion

častícy → Schlachtung (Opferung) des Lammes
celovánie, n. → Friedenskuß
čelovekoljúbec → Christusbilder
cemjanka, f. → Fresko
čerń, f. → Niello
čérnoe duchovénstvo → Gewänder, kirchliche
čétki, f. plur. → Rosenkranz
četveroevángelie, n. → Evangelium
četyredesjátnica, f. → Fastenzeiten
chaldéjskaja pešč' → Drei Jünglinge im Feuerofen
chartofilák(s), m. → Bischofsverwaltung
cheruvími, m. plur. → Engel
cheruvímskaja pesń, f. Cherubimhymnus
chironomíja, f. → Cheironomie
chirotónija, f. sing., *chirotonisánie,* n. sing. → Cheirotonie
chlebopoklónnaja éreś → Epiklese
chomoníja, f. → Chomonie
chomóvoe pénie → Chomonie
choždénie Daniíla → Ekphrasis
chram, m. → Naos
chramavój prázdnik → Kirchenweihe
christós voskrése, voistínu voskrése → Ostern
chrízma, f. → Myron
chvalíte, imp. → Laudes
čin, m. → Akoluthia
čin déjstva strášnogo sudá → Fastenzeiten
čin izobrazítel'nych → Akoluthia
čtec, m. → Lektor
čténija, n. plur. → Lesungen

darochranítel'nica, f. → Altargeräte
daronósica, f. → Altargeräte
déisus, m., *d. opléčnyj* → Deesis, Engeldeesis
delánie, n. → Buße
deméstik, m. → Chor
desjatínnaja, f. → Kirchenbau
diákon, m. → Diakon
diakonník, m. → Diakonikon
dikírij, m. → Dikerion
díptich, m., *díptichi umérších, díptichi živých* → Diptychon
dískos, m. → Patene
d'jákon, m., *d'jáki,* m. plur. → Diakon
dobročádie, n. → Festzyklus
dobrodétel', m. → Christusbilder
dobrotoljúbie, n. → Gebet
domóvaja archieréjskaja kontóra → Bischofsverwaltung

Donskája, f. → Gottesmutterbilder
dostójno est' → Megalynaria
(Duchobórzen → Häresie)
duchóvnik, m. → Buße, Mönchtum
duchóvnye koncérty → Kirchenmusik
duchóvnye pravlénija → Bischofsverwaltung
duchóvnye stichi → Kontakion
duchóvnyj otéc → Buße
duchóvnyj prikáz → Bischofsverwaltung
dušespasítel', m. → Christusbilder
dvenádcat' prázdnikov → Dodekaortion
dvoepésnec, m., *dvupésnec,* m. → Diodion

edinoglásie, n. → Mnogoglasie
edinoródnyj sýne → Eingeborener Sohn
edínstvo, n. → Dreieinigkeit
egipétskij paterík → Paterika
eksapostilárii, m. plur. → Auferstehungs- und Morgenevangelien
ektenijá, f. → Ektenie
eléj, m. → Myron
eleosvjaščénie, n. → Krankenölung
enditíja, f. → Altardecken
epískop, m. → Bischof
episkopl' d'jak → Bischofsverwaltung
epitimíi, f. plur. → Epitimien
epitrachíl', f. → Gewänder, liturgische
érés, f. → Häresie
étimasia, f. → Hetoimasia
evángelie, n. → Evangelium
evángelija útrennye voskrésnye → Auferstehungs- und Morgenevangelien
evángel'skie prázdniki → Festzyklus
evcharistíčeskaja molítva → Hochgebet, Eucharistisches
evcharístija, f. → Eucharistie

felón', f. → Phelonion
fimiám, m. → Weihrauch

gólub', m. → Taube
góspodi, pomíluj → Kyrie eleison
gospódstvija, n. plur. → Engel
gostepriímec, m. → Bischofsverwaltung
gosudárevi pévčie d'jáki → Chor
grob, m. → Epitaphios

ierárchija, f. → Hierarchie
ieromúčenik, prepodobnomúčenik, m. → Märtyrer
ierusalímskij paterík → Paterika
igúmen, m. → Abt
Iisús, m. → Kreuz
ikóna, f. → Ikone
ikonostás, m. → Bilderwand
ikónnyj prikáz → Ikonenmalerei
íliton, m. → Altardecken
ipakój, m. → Hypakoe
ipodiákon, m. Hypodiakon
irmológij, m., *irmolój,* m. → Hirmologion
irmós, m. → Hirmos
ischód evréev → Durchzug durch das Rote Meer
íspoved', f. → Buße
ispovédnik, m. → Märtyrer
istoríčeskaja palejá → Paleja

járusy, m. plur. → Bilderwand
javlénie Messíi → Taufe Christi
Jerusalímskaja, f. → Gottesmutterbilder
juródivyj, m. → Heiligenverehrung

kacéja, f., *kácija,* f. → Weihrauch
kadílo, n. → Weihrauch
káfizma, f. → Kathisma
kamilávka, f. → Kamelauchion
kanón, m. → Kanon
kanonizácija, f. → Heiligsprechung
kanún, m. → Nachtwache
katásarka, f. → Altardecken
katavásija, f. → Kanon
Kazánskaja, f. → Gottesmutterbilder
kinoník → Kommunion
kládbišče, n. → Coemeterium
kléjma, n. plur. → Exorzismus, Heiligenbilder, Ikone, Ikonenmalerei, Prozession, Repräsentationsbild
klir, m. → Klerus
klíros, m. → Chor
klobúk, m. → Epanokamelauchion, Kamelauchion
kokóšniki, m. plur. → Kirchenbau
kolenopreklonénie, n. → Gonyklisia
kólivo, n. → Kolyba
kólokol, m. → Glocke
komédija prítči o blúdnem sýne → Kirchendichtung
kondák, m. → Kondakarion
kondakář, m. → Kondakarion
kondakářnoe pénie → Kirchenmusik
konéc, m. Apostolos, Evangelium, Lesebücher
kop'é, n., *kopié* → Altargeräte, Lanze
kórmčaja kníga → Kirchenrecht
kovčég, m. → Arche Noahs, Ikonenmalerei
kraestróčie → Akrostichis
krásnyj úgol → Ikonenecke

kreščénie, n., *k. Christá* → Taufe, Taufe Christi
krest, m. → Kreuz
kréstnik, m., *kréstnyj otéc* → Taufe
krestobogoródičen, m. → Staurotheotokion
krjukí, m. plur. → Kirchenmusik, Neumen
ktítorskij ustáv → Typikon
kupél', f. → Baptisterium
kúpol, m. → Kuppel
kut'já, f. → Kolyba

ládan, n. → Weihrauch
lávra, f. → Laura
léstovka, f. → Rosenkranz
levkás, m. → Levkas
licevój pódlinnik → Malerbücher
líčnik, m., *licó,* n. → Inkarnat
lik, m. → Chor
litaníja, f., *litijá,* f., *lit'já,* f. → Litanei
liturgíja, f. → Liturgie
liturgíja oglašénnych → Liturgie der Gläubigen
liturgíja preždeosvjaščénnych dárov → Liturgie der vorgeweihten Gaben
liturgíja vérnych → Liturgie der Gläubigen
ljagúcha, f. → Frosch
lug duchóvnyj → Paterika
lžíca, f. → Altargeräte

málaja ektenijá, f. → Ektenie
máloe povečérie → Nachtgottesdienst
mályj poklón → Proskynese
mályj vchod → Einzug
mályj vózduch → Decken, liturgische
mántija, f. → Mandyas
máslenica, f. → Butterwoche
méstnaja ikóna → Bilderwand
meždučásie, n. → Stundengebet
minéja mésjačnaja, m. *óbščaja, m. prázdničnaja* → Menaion
mirjanín, m. → Laie
mirnája, n. plur. → Eirenika
míro, n. → Myron
mírom Góspodu pomólimsja → Synapte
mironósicy, f. plur. → Auferstehung Christi
miropomázanie, n. → Myronsalbung
mirovárec, m., *mirovár,* m., *mirovárnik,* m., *mirovarénie,* n. → Myronweihe
mitropolít, m. → Metropolit
mnogoglásie, n. → Mnogoglasie
mnogolétie, n. → Polychronion
mokrája borodá → Christusbilder
molében, m., *molítva,* f. → Gebet, Krankenölung
(Molokánen → Häresie)
monastýŕ, m. → Kloster
monoastýrskij ustáv → Typikon
moščechranílišče, n. → Reliquiar
móšči, f. plur. → Reliquien
múčenik, m. → Märtyrer
múka, f. → Märtyrer

nabédrennik, m. → Hypogonation
načála → Engel
načálo, n. → Apostolos, Enarxis, Evangelium, Lesebücher
nádpisi → Legende
nakanúne, f. → Nachtwache
narukávnicy, m. plur. → Gewänder, liturgische
nastojátel' → Abt
navrátnaja cérkoví → Kloster
nedélja, f. → Kirchenjahr
nedélja blúdnogo sýna → Fastenzeiten
nedélja krestopoklónnaja → Sonntag der Kreuzverehrung
nedélja mjasopústnaja íli o vtoróm prišéstvii góspoda → Fastenzeiten
nedélja mytárja i fariséja → Fastenzeiten
nedélja o razslábennom → Pentekostarion
nedélja o slepóm → Pentekostarion
nedélja otcóv → Advent
nedélja po pjatidesjátnica íli vsech svjatých → Pentekostarion
nedélja praotcóv → Advent
nedélja pravoslávija → Sonntag der Orthodoxie
nedélja samaritjánki → Pentekostarion
nedélja splošnája → Fastenzeiten
nedélja svjatój pjatidesjátnicy → Pfingsten
nedélja svjatých i bogonósnych otcóv íže v Nikéi → Pentekostarion
nedélja syropústnaja → Fastenzeiten
nedélja váij → Palmsonntag
nedélja vsech svjatých → Heiligenverehrung
nedélja žen mironósic → Pentekostarion
nef, m. → Naos
neopalímaja kupína → Gottesmutterbilder
neporóčny, m. plur. → Amomoi
nerušímaja stená → Gottesmutterbilder
ne rydáj mené máti → Christusbilder
nóvyj istinnoréčnyj raspév → Chomonie

óbraz, m. → Ikone
obrjád, m. → Ritus
obručénie, n. → Eheschließung, kirchliche
obščežitie, n. → Mönchtum
odigítrija, f. → Gottesmutterbilder

odnoglásie, n. → Mnogoglasie
oglašénnye, n. plur. → Katechumenat
oklád → Ikonenbeschlag, Toreutik
oktoích, m. → Oktoechos
olífa, f. → Ikonenmalerei
oltář, m. → Altar
omofór, m. → Omophorion
omovénie, n. → Taufe
o Navuchodonósore, o telé zlaté i o trijéch ótrocech, v péči ne sožžénnych → Kirchendichtung
orář, m. → Oration
órgan, m. → Orgel
orléc, m. → Bischofsinsignien
oružéjnaja paláta → Ikonenmalerei
osmoglásnik, m. → Oktoechos
osobožítie, n. → Mönchtum
osvjaščénie chráma → Kirchenweihe
osvjaščénie míra → Myronweihe
osvjaščénie vodý → Wasserweihe
osvoboždénie → Kirchenrecht
ótče naš → Vaterunser
otéčestvo, n. → Dreieinigkeit
otlučénie, n. → Exkommunikation
otmétki, n. plur. → Inkarnat
ótpust, m. → Entlassung
otricánie Satalný → Taufe

páki i páki mírom góspodu pomólimsja → Ektenie
palejá, f. → Apokryphen, Paleja, Paremejnik, Prolog
pálica, f. → Hypogonation
pantokrátor, m. → Christusbilder
paramonář, m., *paramonáry* → Küster
pareméjnik, m. *parimíjnik,* m. *paremijá,* f. → Paremejnik
parsúnnoe pis'mó → Heiligenbilder
partésnoe pénie → Kirchenmusik
paterík, m., *paterikí,* m. plur. → Paterika
patriárch, m. → Patriarch
patriáršie pévčie d'jáki → Chor
pčelá, f. → Lesemenäen
pečát', f. → Siegel
pečát' dára dúcha svjatágo → Myronsalbung
pečérskij paterík → Paterika
pečérskaja lávra → Kloster
péčnoe délo → Drei Jünglinge im Feuerofen
pentikostárij → Pentekostarion
pesnénnaja véčernja → Abendgottesdienst
pésni, f. plur. → Oden
Peterbúrgskaja pridvórnaja pévčeskaja kapélla → Chor
Petróvskaja, f. → Gottesmutterbilder
petróvskij post, m. → Fastenzeiten
Pimenóvskaja, f. → Gottesmutterbilder
pitié, n. sing. → Mandyas
plákat' → Epitaphios
plaščaníca, f. → Epitaphios
plav, f. → Temperamalerei
plávat' → Temperamalerei
pobedonósec, m. → Heiligenverehrung
pochvalá, f., *p. Krestú* → Enkomion, Kreuzanbetung
pódlinnik, m. → Malerbücher
podóben, m. → Stichera
podríznik, m. → Sticharion
podrjásnik, m. → Gewänder, kirchliche
podrumjánka, f. → Inkarnat
podubórnoe pis'mó → Ikonenbeschlag
pójas, m. → Gewänder, liturgische
pokajál'nye semíi, pokajánie, n. → Buße
pokazát' → Epiklese
poklóny, n. plur. → Proskynese
pokróv (bogomáteri), m. → Gewandniederlegung der Gottesmutter, Pokrov
pokróvcy, m. plur. → Decken, liturgische
póle, n. → Ikonenmalerei
položénie pójasa bogoródicy → Gürtelniederlegung der Gottesmutter
položénie rízy (rizpoložénie) bogoródicy → Gewandniederlegung der Gottesmutter
položénie vo grob → Grablegung Christi und Beweinung
polunóščnica, f. → Mitternachtsgottesdienst
pop, m. → Pope
po plóti obrézanie Iisúsa Christá → Beschneidung Christi
póruči, m. plur. → Gewänder, liturgische
poslédovanie, n., *p. ártosa, p. svjatých strástej* → Akoluthia
poslédovanie pogrebénija → Begräbnis
pósoch, m. → Bischofsstab
post, m. → Fasten
postriženie, n., *p. monášeskoe* → Tonsur
potír, m. → Kelch
povečérie, n. → Nachtgottesdienst
povolóka, f. → Ikonenmalerei, Tabletki
pozolóta, f. → Chrysographie
prázdnik, m., *prázdniki,* m. plur. → Festzyklus, Sticherarion
predložénie, n. → Altar, Wandlung
predprázdnstvo, n. → Advent
preložív dúchom tvoím svjatým → Wandlung
premúdrost' bóžija → Weisheit Gottes
premúdrost' prósti → Weisheit! aufrecht!
preobražénie Christá → Verklärung Christi

prepodóbnye, m. plur. → Heiligenverehrung
prestól, m. → Altar, Bischofsthron
prestól ugotovánnyj → Hetoimasia
prestóly, m. plur. → Engel
presuščestvlénie, n. → Wandlung
presvíter, m. → Priester
pričaščénie, n., *pričásten,* m. → Kommunion
príčet, n. → Klerus
pričétnik, m. → Küster
pridéli, m. plur. → Kloster
prinošénie, n. → Darbietung
pritvór, m. → Narthex
privrátnik, m. → Türhüter
priplótie, n. → Altardecken
prizyvánie, n. → Epiklese
prokímen, m. → Prokeimenon
prokljátie, n. → Anathema
prólog, m. → Prolog
própoved', f. → Homilie
prosforá, f. → Prosphore
prosítel'naja ektenijá → Ektenie
proslávenie krestá → Kreuzanbetung
psaltir̕, f., *psaltýr̕,* f. → Psalter
pustýn̕, f. → Laura

raskól, m. → Apokalypse, Archipresbyter, Buße, Häresie, Ikonenmalerei, Kirchenrecht, Kreuz
raspjátie Christá → Kreuzigung Christi
razdroblénie chléba → Brotbrechen
razmérnaja ikóna → Maßikone
razrešénie, n. → Buße
rcem vsi ot vséja duší → Ektenie
reč, f. → Homilie
réki, f. plur. → Mandyas
rifmotvórnaja psaltýr̕ → Kirchendichtung
ripída, f. → Fächer
ríza, f. → Ikonenbeschlag
ríznica, f. → Diakonikon
rjása, f. → Gewänder, kirchliche
rod, m. → Ikonenecke
rodítel'skaja subbóta → Pfingsten
rospévščik, m. → Melode
rožaníce, n. → Ikonenecke
roždestvó bogoródicy → Geburt der Gottesmutter
roždestvó Christóvo → Geburt Christi
roždestvó predtéči i krestítel'ja Joánna → Geburt Johannes des Täufers
rukopoložénie, n. → Cheirothesie, Cheirotonie
rýba, f. → Fisch
samoglásen, m. → Stichera

Se ágnec Bóžij vcemljáj grechí míra → Siegel
sedálen, m. → Kathisma
sedát → Kathisma
serafímy, m. plur. → Engel
šestopsálmie, n. → Hexapsalm
síly, f. plur. → Engel
simvól véry → Glaubensbekenntnis
sinájskij paterík → Paterika
sinaksár, m. *sinaksárij,* m. → Synaxarion
sínkel', m. → Bischofsverwaltung
siropitátel', m. → Bischofsverwaltung
skevofílaks, m. → Bischofsverwaltung
skit, m. → Laura
skrižál', f. → Mandyas
skuf'já, f. → Skuphos
sladkopévec, m. → Melode
sláve krestá → Kreuzanbetung
slávnik, m. → Doxastikon
slavoslóvie, n. → Doxologie
slávy, f. plur. → Kathisma
slóvo, n. → Homilie
slóžnyj perevód → Übertragung, komplexe
slúžba, f., *služébnik* → Euchologion, Liturgie, Offizium
s mírom → Eirenika
Smolénskaja → Gottesmutterbilder
snjátie so krésta → Kreuzabnahme
sobór, m., *s. bogoródicy, s. poméstnyj* → Kloster, Synaxis, Synaxis der Gottesmutter, Synode
sobórovanie, n. → Krankenölung
soedinénie, n. → Mischung von Wasser und Wein
sofíja → Weisheit Gottes
sofíja premúdrost' bóžija tolkovánie → Weisheit Gottes
spas, spasítel' → Christusbilder
spas jároe óko → Christusbilder
spas v sílach → Majestas Domini
sredá prepolovénija pjatidesjátnicy → Pentekostarion
srédnaja časť chráma → Naos
srétenie, n. → Darstellung Jesu im Tempel
stárec, m., *stárcy,* m. plur. → Buße, Mönchtum
stasíja, f. → Kathisma
stépén, f., *stépennye (psálmy)* → Gradualpsalmen
stichár̕, m. → Gewänder, liturgische; Sticharion
sticherár̕, m. → Sticherarion
stichirý, f. plur. → Stichera

stichirý evángelskija → Auferstehungs- und Morgenevangelien
stichoslovénie, n. → Stichologie
stolóvaja cérkov' → Kloster
stolp, m. → Oktoechos
stránničestvo, n. → Mönchtum
stránniki → Heiligenverehrung
strášnyj sud → Gericht, Jüngstes
strastnája pjátnica → Karfreitag
strástnik, m. → Akoluthia
strastonósec, m., *strastotérpec*, m., *strastotérpcy*, m. plur. → Heiligenverehrung, Märtyrer
strigól'niki, m. plur. → Häresie
subbóta svjatógo i právednogo Lazárja → Lazarussamstag
sugúbaja ektenijá → Ektenie
svet, m. → Licht
svetíl'ny, m. plur. → Auferstehungs- und Morgenevangelien, Licht
svetil'ny voskrésnye, m. plur. → Auferstehungs- und Morgenevangelien
svetílo nočnóe → Abendgottesdienst
svetlája pjatidesjátnica → Pfingsten
svetovój barabán → Kuppel
svet tíchij → Abendlied
svjaščénie, n. → Weihe
svjaščénie svatógo eléja → Krankenölung
svjaščénnoe načálie → Hierarchie
svjaščennomúčenik, m. → Märtyrer
svjaščénnyj sinód → Synode
svjatája gorá → Kloster
svjatája i velíkaja nedélja páschi → Ostern
svjatája i velíkaja sedmíca → Karwoche
svatája i velíkaja subbóta → Karsamstag
svjatája vodá → Weihwasser
svjátcy, m. plur. → Festzyklus, Tabletki
svjatéjšij pravitel'stvújuščij sinód → Synode
svjatíteli, m. plur. → Heiligenverehrung
svjatóe bogojavlénie → Epiphanie
svjatogórskij paterík → Paterika
svjatój, m. → Orarion
svjatój eléj → Myron
svatýj bóže, svatýj krépkij, svjatýj bezsmértnyj pomíluj nas → Trishagion
svjatýj i velíkij četvertók → Gründonnerstag

tablétki, f. plur. → Festzyklus, Ikonenmalerei, Tabletki
tájna, f., *táinstvo*, n. → Sakrament
tájno, n. → Stillgebete
tajnodéjstvie, n. → Liturgie
teplotá, f., *t. véry íspolń svjatógo dúcha* → Zeon
Tichvínskaja, f. → Gottesmutterbilder
típik, m. → Typikon
Tolgskája, f. → Gottesmutterbilder
tolkóvaja palejá → Paleja
tolkóvyj pódlinnik → Malerbücher
toržéstvennik, m. → Panegyrikon
trapéza, f. → Altar, Kloster
tréba, f., *trébnik*, m. → Euchologion
trikírij, m. → Trikerion
trióď', f., *t. cvetnája*, *t. póstnaja* → Pentekostarion, Triodion
tri ótroka péči ógnennoj → Drei Jünglinge im Feuerofen
trisvjatóe, n. → Trishagion
troestróčnoe pénie → Kirchenmusik
tróica, f. → Dreieinigkeit, Ikonenmalerei
tróïčen, m. → Triadikon
Tróice-Sergíeva Lávra → Kloster
tróičnyj deń, tróicyn deń → Dreieinigkeit, Pfingsten
tróičnyj kanón → Triadikos Kanon
tróny, m. plur. → Engel
tropáŕ, m. → Troparion
tropári usópšie, t. voskrésnye → Eulogetaria
tščátel'nost', m. → Kirchenrecht

ubrús, m. → Acheiropoietos
umilénie, n. → Gottesmutterbilder
umovénie nog → Fußwaschung
uslóvnost', f. → Ikonographie
uspénie bogoródicy → Entschlafen der Gottesmutter
ustáv, m. → Typikon
ustávy, m. plur. → Kirchenrecht
utolí mojá pečáli → Gottesmutterbilder
útrenica, f. → Morgengottesdienst
útrennye samoglásnye → Auferstehungs- und Morgenevangelien
uverénie Fomá → Pfingsten

vchod, m., *evángelija* → Einzug
vchódnoe, n. → Lesungen
vchod v Jerusalím → Einzug Christi in Jerusalem
véče, n. → Glocke
véčernja, f. → Abendgottesdienst
veličánie, n. → Entschlafen der Gottesmutter
velíčit dušá mojá góspoda → Magnificat
velíkaja ektenijá → Synapte
velíkij archieréj → Christusbilder
velíkij časoslóv → Horologion
velíkij kanón → Kanon, Großer
velíkij post → Fastenzeiten

velíkij vchod → Einzug
velíkoe osvjaščénie vodý → Wasserweihe
velíkoe povečérie → Nachtgottesdienst
velikomúčenik, m. → Märtyrer
venčánie, n. → Eheschließung, kirchliche
verotérpcy, m. plur. → Heiligenverehrung
vérvicy, f. → Rosenkranz
vétchij denmí → Christusbilder
Vladímirskaja, f. → Gottesmutterbilder, Ikonenmalerei, Renaissancen in Byzanz
vladýka, f. → Bischof, Bischofsinsignien
vlásti, f. plur. → Engel
vlast' svjaščénija, v. učénija, v. upravlénija → Bischof
vosglašénie, n. → Akklamation
voskresénie, n. → Auferstehung Christi, Kirchenjahr
voskresénie christóvo → Ostern
voskresénie Lazárja → Auferweckung des Lazarus
vospominánie, n. → Anamnese
vospriémnik, m. → Taufe
vozdviženie krestá → Kreuzerhöhung
vózglas, m., *vozglašénie*, n. → Ekphonese, Lautgebet
vosnesénie christóvo → Himmelfahrt Christi
voznošénie, n. → Elevation
vsenaródno → Glaubensbekenntnis
vsech skorbjáščich rádost' → Gottesmutterbilder
vsederzítel', m. → Christusbilder
vsednévnaja véčernja → Abendgottesdienst
vselénskij sobor → Synode
vsenarodno → Glaubensbekenntnis
vsenóščnoe bdénie, n. → Nachtwache
vvedénie v chram bogoródicy → Tempelgang der Gottesmutter
Vzygránnaja, f. → Gottesmutterbilder

začátie právednoj Ánny → Empfängnis der hl. Anna
zadostójniki, m. plur. → Megalynaria
zakládka cérkvi → Kirchenweihe
zaklinánie, n. → Exorzismus
zakón súdnyj ljúdem → Kirchenrecht
zatvórniki, m. plur. → Mönchtum
zemnój poklón → Proskynese
žértvennik, m. → Altar
žertvoprinošénie ágnca → Schlachtung (Opferung) des Lammes
žezl, m. → Bischofsstab
židovstvújuščie → Häresie
žitié (n.) *svjatých* → Heiligenvita
živopodóbnoe izobražénie → Passionszyklus
žiznopodátel', m. → Christusbilder
zlatýe vlása → Christusbilder
Známenie, n. → Gottesmutterbilder, Kirchenmusik
známennoe pénie → Notation, ekphonetische
známennyj raspév → Notation, ekphonetische
známenija, n. plur. → Neumen
zvezdá, f., zvezdíca, f. → Altargeräte
zvonéc, m., *zvonók*, m. → Glocke
zvonníca, f. → Glocke

LATEINISCHE TERMINI

ablutio, f. → Taufe
abrenuntiatio [diaboli], f. → Exorzismus, Taufe
absolutio, f. → Buße
acclamatio, f. → Akklamation
acta martyrum → Märtyrerakte
actus, m. → Akt
ad catacumbas → Katakomben
admonitio, f. → Elevation
adoratio, f. → Orans
adoratio crucis → Karfreitag, Kreuzanbetung
ad praesepem → Geburt Christi
ad sanctos → Katakomben
adventus, m. → Advent
aedicula, f. → Kreuzanbetung
aeditus, m. → Coemeterium
aequinoctium, n. → Geburt Christi
aetas, f. → Epiphanie
agnus Dei → Lamm Gottes
ala, f. → Clipeus, Ikonenecke
alba, f. → Ostern, Sticharion
alleluja, a. clausum, a. jubilus → Halleluja
altare, n., *altaria*, n. plur. → Altar
ambitus, m. → Ambitus, Asyl, Basilika
ambo, m. → Ambon

amburbium, n. → Darstellung Jesu im Tempel
ampulla, f. → Ampullen, Coemeterialkirche, Devotionalie, Kleinkunst
ampullae sanguinolentiae → Ampullen
angelus, m. → Engel
angelus interpres → Engel
anniversaria, n. plur. → Märtyrerverehrung
annex(us), m. → Narthex
annuntiatio beatae Mariae virginis → Verkündigung der Gottesmutter
annuntiatio Christi → Verkündigung der Gottesmutter
annuntiatio paschae → Palmsonntag
annus, m. → Zeitrechnung
annus discretionis → Kinderkommunion
antesanctus, m. → Hochgebet, Eucharistisches; Sanctus
antimensium, n. → Altar, Altardecken, Confessio, Kirchenweihe, Liturgie, Reliquien
Apostolicum, n. → Glaubensbekenntnis, Taufe
aqua benedicta → Weihwasser
ara, f. → Altar
architectus ecclesiae → Katakomben
arcosolium, n. → Katakomben
area, f. → Coemeterium, Katakomben
arenaria, f. → Katakomben
ascia [fossaria], f. → Katakomben
assumptio animae, a. corporis → Entschlafen der Gottesmutter
atrium, n. → Basilika
aureolus, m. → Aureole, Clipeus, Himmelfahrt Christi, Verklärung Christi
aurum coronarium → Apostelbilder, Aurum coronarium, Geburt Christi, Gestik, Proskynese, Taufe Christi

baculus pastoralis → Bischofsstab
baptisma, n., *baptismus,* m. → Taufe
baptisterii basilica, baptisterium, n. → Apostelbilder, Baptisterium, Bildprogramm, Ciborium, Myronsalbung, Taufe, Taufe Christi, Trikonchos, Zentralbau
basilica, f. → Basilika
basilica Apostolorum → Kirchenbau
basilica discoperta, b. dominica → Basilika
beatitudines, f. plur. → Seligpreisungen
benedicere, benedictio, f., *benedictus* → Benedictus, Epiphanie, Magnificat, Nunc dimittis, Psalmodie; Segen
benedicite, domine, hoc fervidum → Zeon
benedictio aquae, f. → Wasserweihe
benedictus dominus → Benedictus
beneficium, n. → Weihegrade, Zölibat
brandeum, n. → Altar, Brandeum, Confessio, Kuß, Reliquie, Textilien

calendae, f. plur. → Kalendarium
calix, m., *c. communicalis, c. ministerialis, c. offerendarius, c. ad offerendum faciendum, c. sanctus* → Kelch
camelaucum, n. → Kamelauchion
campagi, m. plur → Kaiserkult
campana, f. → Glocke
cancelli, m. plur. → Altar, Ambon, Basilika, Bema, Bilderwand, Cancelli, Toreutik
canon, m. → Heiligsprechung
canon missae → Anaphora, Liturgie, Liturgie der Gläubigen, Sprachen, Stillgebete
cantica, n. plur. → Kanon, Oden, Triodion
capitula, n. plur., *capitulare, capitularium,* n. → Lesebücher
cappa magna → Mandyas
carmen Christo quasi Deo → Morgengottesdienst
caro, f. → Inkarnat
casula, f. → Phelonion
cauterium, n. → Enkaustik
celebs, m. → Zölibat
cella trichora → Trikonchos
cereus bisulcus, m. → Dikerion
cereus triplex, m. → Trikerion
cestrum, n. → Enkaustik
character sacramentalis → Weihe
Christus patiens → Kreuzigung Christi
Christus vincit, Ch. regnat, Ch. imperat → Laudes regiae
ciborium, n. → Altar, Ambon, Apostelkommunion, Baldachin, Baptisterium, Cantharus, Ciborium, Hetoimasia, Katakomben, Memoria
cingulum, n. → Gewänder, liturgische
cives romanus → Kuß
claustrum, n. → Kloster
clavi, m. plur. → Clavi
clipeus, m. → Apostelbilder, Auferstehung Christi, Christusbilder, Clipeus, Gottesmutterbilder, Ikonenecke, Medaillon
clocca, f. → Glocke
codex, m. → Bibelillustration
Codex Juris Canonici → Kirchenrecht
coelebs s. *celebs*
coemeterium, n. → Coemeterialkirche, Coemeterium, Katakomben, Kirchenbau, Reliquien, Sarkophag, Verkündigung der Gottesmutter, Weihe

coenobium, n. → Kloster
colere → Kultus
collecta, f., *collectio,* f. → Synaxis
collegium funerale → Coemeterium, Katakomben
colobium, n. → Colobium, Kolobion, Kreuzigung Christi
columba, f. → Taube
comes, m. → Lesebücher
commemoratio, f. → Märtyrerverehrung, Memoria
commune sepulcrum → Coemeterium, Katakomben
communio, f., *c. omnium* → Exkommunikation, Gründonnerstag, Kirchenrecht, Kommunion, Liturgie der vorgeweihten Gaben, Myronsalbung, Sakrament, Zeon
competentes, m. plur. → Katechumenat
completorium, n. → Nachtgottesdienst
conceptio Christi → Verkündigung der Gottesmutter
conceptio immaculata; c. S. Annae, matris Deigenitricis → Empfängnis der hl. Anna
concilium, n. → Synode
confessio, f. → Coemeterialkirche, Confessio, Memoria, Reliquien
confessio sacramentalis → Buße
confirmatio, f. → Myronsalbung, Taufe
confractorium, n. → Lamm Gottes
consecratio, f. → Weihe
consensus, m. → Eheschließung, kirchliche
conservator urbis → Darstellung Jesu im Tempel
consignatio crucis → Brotbrechen, Taufe
consignatorium, n. → Baptisterium
consuetudo graecorum → Brandeum
corona, f. → Prosphore, Rosenkranz
corporale, n. → Altardecken
corpus, n. → Kruzifix
corredemptorix, f. → Entschlafen der Gottesmutter
crater, m. → Kelch
crepido, f. → Altar
crucifixio Christi → Kreuzigung Christi
crucifixus, m. → Kruzifix
crux, f., *c. ansata, c. commissa, c. decussata, c. gammata, c. gemina, c. immissa, c. immissa oblonga, c. immissa quadrata* → Kreuz, Kreuzigung Christi
cubicula, n. plur., *cubiculum duplex, cubiculum triplex* → Katakomben
cubicularius, m. → Coemeterium
cultus, m. → Kultus
cum summa laetitia ac si per pascha → Darstellung Jesu im Tempel
cupa, f. → Kuppel
cuppa, f. → Kelch
custodia, f. → Coemeterium
custos, m., *c. martyrum, c. sepulcri* → Coemeterium, Küster

dalmatica, f. → Kolobion, Sakkos
de catechizandis rudibis → Katechumenat
dedicatio probaticae ecclesiae Deiparae → Geburt der Gottesmutter
de facto → Häresie
deigenetrix, f. → Gottesmutter
deipara, f. → Gottesmutter
demissio, f. → Entlassung
depositio martyrum → Geburt Christi, Martyrologium, Zeitrechnung
depositio zonae deiparae → Gürtelniederlegung der Gottesmutter
descensus ad inferos → Auferstehung Christi
descriptio, f. → Ekphrasis
devotio, f. → Devotionalie
dextera dei → Hand Gottes
dextrum iunctio → Eheschließung, kirchliche
die quarta decima → Ostern
dies anniversarius → Dies natalis
dies dominica → Kirchenjahr
dies natalis → Dies natalis, Geburt Christi, Kirchenjahr, Märtyrerverehrung, Memoria, Oktav, Reliquien, Synaxarion, Zeitrechnung
dies octo → Oktav
dies viridis, d. viridium → Gründonnerstag
diipetes, f. plur. → Acheiropoietos
directorium, n. → Horologion, Typikon
dispensatio, f. → Kirchenrat
dissensio, f. → Häresie
dolabra fossaria → Katakomben
domesticus, m. → Chor
domina, f. → Gottesmutterbilder
domine, miserere → Kyrie eleison
dominica in albis → Ostern, Taufe
dominica in palmis → Palmsonntag
dominica pentekostes, quinquagesima laetitiae → Pfingsten
dominica resurrectionis → Ostern
dominus legem dat → Traditio legis
donatio [Constantini], f. → Kamelauchion
dormitio beatae Mariae virginis → Entschlafen der Gottesmutter

ejicitus, f. → Ostern
electi, m. plur. → Katechumenat

eleona, f. → Palmsonntag, Pfingsten
elevatio, f. → Elevation, Kommunion
episcopa, f. → Zölibat
episcopalis audentia → Bischof
epistolarium, n. → Lesebücher
epitaphium, n. → Katakomben
exaltatio [crucis] → Kreuzerhöhung
exclamatio, f. → Exklamationen
excommunicatio, f., *e. major, e. minor* → Exkommunikation
epistolarium, n. → Lesebücher
extra muros → Coemeterium

familia monasterii → Abt
fasti consulares → Zeitrechnung
fenestella, f. → Altar, Brandeum, Confessio
feria V. in Coena Domini → Gründonnerstag
feria VI in parasceve → Karfreitag
feria VI in Passione et Morte Domini → Karfreitag
feriae IV mediae pentecostes → Pentekostarion
ferula, f. → Narthex
feudum, n. → Weihegrade
finalis, f. → Kirchenmusik, Oktoechos
fistula, f. → Kelch
flabellum, n. → Fächer
fons, m. → Kelch
fossor, m. → Coemeterium, Katakomben
fractio panis → Brotbrechen
frons, f. → Frontalität
frontale, n. → Antependium
furca, f. → Kreuz

gammadium, n. sing., *gammadia,* n. plur. → Gammadia
gemma, f. → Gemme, Kreuz, Kreuzanbetung, Kreuzigung Christi, Kultusästhetik
genuflexio, f. → Gonyklisia
genus sacramenti → Krankenölung
gestus, m. → Cheirothesie, Gestik, Kaiserkult, Orans, Segen
globus, m. → Sphaira
gloria, f., *g. major, g. minor* → Aureole, Doxologie
graduale, n. → Gradualpsalmen, Prokeimenon
gradus, m. → Gradualpsalmen
gremium basilicae → Basilika

haeresis, f. → Häresie
harmonia, f. → Kaiserkult
hebdomada sancta → Karwoche
hierarchia jurisdictionis, h. ordinis → Hierarchie
historia lausiaca → Paterika
historia Monachorum in Aegypto → Paterika
hora, f. → Stundengebet
horae regiae → Horen, Große oder Königliche
hostia, f. → Prosphore
humanitas, f. → Hirte, Guter
hymnus angelicus → Doxologie
hypogaeum, n. → Katakomben

ianitor, m. → Türhüter
ieiunium, n. → Fasten
imago clipeata → Clipeus, Gottesmutterbilder, Himmelfahrt Christi
imbomon → grch. Termini
imitatio, f. → Epiklese
immersio, f. → Taufe
immissio, f. → Brotbrechen
impedimentum matrimonii → Eheschließung, kirchliche
imperium → Kaiserkult
impositio manus → Gestik
improperium, n. → Horen, Große oder Königliche; Improperien, Stichera
incipit → Evangelium, Lesebücher
incensio, f., *incensum,* n. → Weihrauch
incisio, f. → Prothesis
inclinatio, f. → Anamorphose, Kommunion
inclusi, m. plur. → Mönchtum
indictio graeca, i. romana seu pontificia; indictus, m. → Indiktion
in eo type, quo tunc Dominus → Palmsonntag
infusio olei → Taufe
ingressus, m. → Einzug
initiatio, f. → Taufe
initium, n. sing., *initia,* n. plur. → Kirchenmusik, Oktoechos, Taufe
inscriptio, f. → Emblem
insigne, n. → Bischofsinsignien
insufflatio, f. → Taufe
intangibilitas, f. → Brandeum
intentiones, f. plur. → Litanei
intercessio, f., *intercessores,* m. plur. → Deesis, Fürbitte, Märtyrerverehrung
interdictum, n. → Exkommunikation
intra muros → Coemeterium
introitus, m. → Karfreitag
inventio [crucis], f. → Kreuzerhöhung
ipsissima vox → Einsetzungsbericht, Stillgebete

Iesus Christus rex regnantium → Münze
iunctio, f. → Eheschließung, kirchliche

jus divinum → Hierarchie

kamulianum, n. → Acheiropoietos

laetissimum spatium → Ostern
lapsus, m. → Märtyrer
laudatio funeralis → Märtyrer
laudes [*regiae*], f. plur. → Akklamation, Laudes regiae, Majestas Domini, Morgengottesdienst, Orgel, Polychronion, Prozession, Psalter, Stichera
laus, f. → Laudes
lavacrum, n. → Taufe
lectio, f., *lectiones,* f. plur. → Ekphonese, Lesungen
lectio continua → Bahnlese, Eklogadie, Lectio continua, Lesungen, Liturgie der vorgeweihten Gaben
lectionaria, n. plur. → Lesebücher
lectio solemnis → Ekphonese, Lectio continua
legendum, n. → Legende
lector, m. → Lektor
lex christiana → Traditio legis
liber comicus → Lesebücher
lignum sanctae crucis → Karfreitag
limbus, m. → Apokryphen, Auferstehung Christi
litania, f., *litaniae,* f. plur. → Darstellung im Tempel, Litanei
loculus, m., *loculi,* m. plur. → Altar, Katakomben
loculus argenteus, in quo est lignum sanctae crucis → Staurothek
loculus bisomus, l. trisomus → Katakomben
locus amoenus → Genrebild, Taufe Christi, Topik
locus horridus → Genrebild, Topik
locus religiosus → Katakomben
lucernarium, n., *lucernaria,* n. plur. → Abendgottesdienst, Katakomben, Kyrie ekekraxa
lumen, n., *l. hilare* → Abendlied, Licht
luminaria, n. plur. → Katakomben
luna, f. → Zeitrechnung
lupercalia, n. plur. → Darstellung Jesu im Tempel
lustrum, n. → Indiktion
lux, f. → Licht

magister spiritus → Mönchtum
magnificare → Megalynaria
Magnificat - Benedictus, Magnificat, Megalynaria, Morgengottesdienst, Nunc dimittis, Psalmodie
Majestas Domini → Apokalypse, Apostelbilder, Aureole, Bildprogramm, Evangelistenbilder, Gestirne, Himmelfahrt Christi, Lanze, Majestas Domini, Tetramorph, Verklärung Christi
mandatum fratrum, m. *pauperum* → Fußwaschung
manibus caput tangere → Cheirotonie
mansio, f. *mansionarius,* m. → Küster
manus dei → Hand Gottes
mappa, f., *mappula,* f. → Hypogonation
martyr, m. → Märtyrer
martyrium, n. → Karwoche, Märtyrer, Märtyrerakte, Märtyrerverehrung
martyrologium, n. → Martyrologie, Martyrologium
mater dei → Gottesmutter
matroneum, n. → Empore, Matroneum
matutinus, m., *matutinae,* f. plur. → Morgengottesdienst
mausoleum, n. → Coemeterium
mediae, f. plur. → Kirchenmusik
memoria, f. → Apostelfeste, Apsis, Ciborium, Coemeterialkirche, Dies natalis, Kirchenbau, Martyrion, Memoria, Synaxarion, Transept, Trikonchos
mensa, f. → Altar
micatio, f. → Kreuzigung Christi
minium, n. → Miniatur
missa, f. → Entlassung
missa catechumenorum → Liturgie der Gläubigen
missa fidelium → Liturgie der Gläubigen
missa praesanctificatorum donorum → Liturgie der vorgeweihten Gaben
missio canonica → Hierarchie
modus, m. *modi,* m. plur., *modulus,* m. → Oktoechos, Proportion
modus vivendi → Kaiserkult
monasterium, n. → Kloster
moneta, f. → Münze
monumentum, n. → Monumentalmalerei
morra → Kreuzigung Christi
musca, f., *muscarium,* n., *muscatorium,* n. → Fächer
musivarius, m. → Mosaik
mutatorium, n. → Diakonikon

natales caesarum → Zeitrechnung
natalis Christi, NATALIS SOLIS INVICTI → Geburt Christi

navis, f. → Naos
Nicaenum, n., *Nicaeno-Constantinopolitanum* → Glaubensbekenntnis
nigellum, n. → Niello
nimbus, m. → Abraham, A und O, Aureole, Chrysographie, Heiligenbilder, Kreuzigung Christi, Lamm Gottes, Nimbus, Taufe, Taufe Christi
nodus, m. → Kelch
nola, f. → Glocke
noli me tangere → Pfingsten
nomendatio, f. → Katechumenat
nomina sacra Kürzungen, christliche
non (a hora), f. → Stundengebet
notitiae episcopatuum → Bischofsthron
numen, n. → Weihwasser
nunc dimittis → Benedictus, Entlassung, Liturgie, Magnificat, Nunc dimittis, Psalmodie, Trishagion

oblatio, f. → Darbringung
octava infantium → Ostern
octavis paschae → Ostern
octo dies neophytorum → Ostern
officinae, f. plur. → Coemeterium
officium, n. → Akoluthia, Eingeborener Sohn, Ikonenweihe, Kreuzanbetung, Liturgie, Offizium, Vaterunser, Wasserweihe, Weihe
(Oktav → Akoluthia, Apostelfeste, Begleitfeste, Beschneidung Christi, Darstellung Jesu im Tempel, Epiphanie, Geburt Christi, Kirchenjahr, Kirchenweihe, Oktav, Oktoechos, Ostern)
omnium ecclesiarum Orbis et Urbis mater et caput → Kirchenbau
opus musivum, o. pavimentum, o. sectile, o. tesselatum, o. universum, o. vermiculatum → Mosaik
orans, orant, m. *orante,* f. → Arche Noahs, Bild, Gestik, Gottesmutterbilder; Hirte, Guter; Katakomben, Orans, Orarion, Pfingsten, Pokrov, Sarkophag
oratio, f. → Gebet, Morgengottesdienst, Nachtgottesdienst
oratio plebis → Fürbitte
oratorium populi → Naos
ordinarium, n. → Horologion
ordines maiores vel sacri, o. minores → Weihegrade
os, n. → Orarion
ostiarius, m. → Türhüter

paenula, f. → Phelonion
palliolum, n. → Brandeum
pallium, n. → Antependium, Omophorion
papa, m. → Erzbischof, Patriarchat
passio, f. sing., *passiones,* f. plur. → Märtyrerakte
pastor bonus → Hirte, Guter
patena, f. → Patene
pater familias → Bischofsthron
paternitas, f. → Dreieinigkeit
pater noster → Rosenkranz, Vaterunser
patibulum, n. → Kreuzigung Christi
patria potestas → Abt
perpetua crucifixio → Märtyrer
perspicere → Perspektive
pervigilium, n. → Nachtwache, Stundengottesdienst
pes, m. → Kelch
phiolae cruentiae, ph. rubricatae → Ampullen
piacula, n. plur. → Coemeterium
pictura, f. sing. → Emblem
pietas, f. → Orans
pilleum, f. → Kamelauchion
piscina, f. → Baptisterium
piscina probatica → Geburt der Gottesmutter
piscis, m. → Fisch
planeta, f. → Phelonion
poculum, n. → Kelch
pompa, f. → Begräbnis, Prozession
pompa diaboli → Gestik
pomum, n. → Kelch
porta clausa → Pfingsten
postsanctus, m. → Hochgebet, Eucharistisches; Sanctus
postulator, m. → Heiligsprechung
potestas jurisdictionis, p. magisterii, p. ordinis → Bischof
praefatio, f. → Hochgebet, Eucharistisches
praefectura praetorio → Märtyrerakte
praepositus, m. → Priester
pratum spirituale → Mönchtum, Paterika
predicatio, f. → Homilie
presbyterium, m. → Bema, Bischof
prex, f. → Gebet
prim(a hora), f. → Stundengebet
primus inter pares → Patriarch, Synode
processio [*imperialis culminis*], f. → Kaiserkult, Litanei, Prozession
proclamatio, f. → Ekphonese
profanatio, f. → Kirchenrecht
promotio, f. → Cheirothesie
proportio, f. → Proportion
propria, n. plur. → Anaphora

proprium de sanctis, p. de tempore → Kirchenjahr
prostratio, f. → Proskynese
providentia dei → Weisheit Gottes
psalmi lucernares → Abendgottesdienst
psalterium, n. → Lesebücher, Psalter
psalterium Beatae Mariae Virginis → Rosenkranz
publica et communis oratio → Fürbitte
pulpitum, n. → Ambon
purificatio, f. → Darstellung Jesu im Tempel

quadragesima, f. → Fastenzeiten
quarta decima → Karfreitag, Ostern
quinisextum, n. → Synode, Tonsur
quinquagesima laetitia, quinquagesimarum die, qu. perpentecoste → Pfingsten

rana, f. → Frosch
receptorium, n. → Diakonikon
reclusi, m. plur. → Mönchtum
reconciliatio, f., *reconciliati,* m. plur. → Buße, Gründonnerstag
refectorium, n. → Kloster
refrigerium [*celeste, interim*], n., *refrigeria,* n. plur. → Apostelfeste, Begräbnis, Coemeterium, Katakomben, Märtyrerverehrung
regina, f. → Gottesmutterbilder
regiones urbis → Diakon
regulae fidei → Glaubensbekenntnis
relevare → Relief
reliquiae, f. plur. → Reliquien
repraesentatio, f. → Repräsentationsbild
responsorium, n. → Antiphonon, Doxologie, Hypopsalma, Nachtgottesdienst, Oden, Psalmodie, Responsorien
resupinatio, f. → Anamorphose
retro sanctos → Katakomben, Reliquien
rosarium, n. → Rosenkranz
rostra, n. plur. → Bema
rotula, f., *rotulus,* m. → Bibelillustration, Prosphora, Rotulus
rotundus, m., *rotunda,* f. → Rotunde
rubricatus → Rubriken

sabbatum sanctum → Karsamstag
sacerdos, m. → Bischof, Priester
sacerdos secundi ordinis → Priester
sacerdos vocat ex alto Spiritum → Epiklese
sacerdotium, n. → Kaiserkult
Sacra Congregatio Rituum → Lesebücher, Ritus, Rubriken
sacramentum, n. → Sakrament
sacrarium, n., *sacristia,* f. → Pastophorien
sacratissima missa → Sprachen
sacrificium dominicum → Synaxis
sacrum principium → Hierarchie
saeculum novum → Darstellung Jesu im Tempel
salutarium, n. → Diakonikon
salutatio, f., *salutationes,* f. plur. → Akathist, Dialog
sanctuarium, n. → Brandeum
sanctus, m. → Dialog, Engel, Heiligenverehrung; Hochgebet, Eucharistisches; Liturgie, Majestas Domini, Sanctus, Trishagion
sane quadragesimae de epiphania → Darstellung Jesu im Tempel
sapientia dei → Weisheit Gottes
scapulare → Gewänder, kirchliche
scarabaeus, m. → Gemme
scholae cantorum → Chor
schola lectorum → Lektor
scribi → Katechumenat
scriptor, m. → Miniatur
scriptorium, n. → Bibelillustration, Kloster, Miniatur
scrutinia, n. plur. → Katechumenat
sculpere → Plastik, Skulptur
scyphus, m. → Kelch
secreta, n. plur. → Stillgebete
secretarium, n. → Pastophorien
secta, f. → Häresie
securis, f. → Katakomben
septimana maior, s. paschalis → Karwoche, Ostern
sepulcri campana → Coemeterium
sepulcrum, n. → Katakomben, Sarkophag
sext(a hora), f. → Stundengebet
sigillum, n. → Siegel, Taufe
signare → Segen
signum, n. → Glocke, Taufe
silentium, n., *silentiarii,* m. plur. → Kaiserkult
societas Jesu → Hagiographie
sol, m. → Zeitrechnung
SOL INVICTUS *S. justitiae* → Geburt Christi, Licht
solstitium, n. → Geburt Christi
sphaera, f. → Sphaira
sponsalia, n. plur. → Eheschließung, kirchliche
stabat mater dolorosa → Kirchendichtung, Staurotheotokion
statio, f., *stationes* [*Christi*], f. plur. → Stationsgottesdienste

stilus, m. → Kelch
stipes, m. → Altar
stola, f. → Orarion
subdiaconus, m. → Hypodiakon
sub divo → Coemeterium
subligaculum, n. → Kreuzigung Christi
subscriptio, f. → Emblem
subsellium, n. → Apsis, Basilika, Bischofsthron, Subsellien
successio apostolica → Epiklese, Klerus
sudarium, n. → Altardecken
suffragia, n. plur. → Ektenie, Litanei
summa de ecclesiasticis officiis → Mystagogie
suppedaneum, n. → Kreuz, Kreuzabnahme
symbolum, n., *s. apostolorum* → Glaubensbekenntnis

tabula, f. → Katakomben
temperare → Temperamalerei
templum [*baptisterii*], n. → Baptisterium, Naos
tersanctus, m. → Trishagion
tertia (hora), f. → Stundengebet
tertium comparationis → Emblem
(*Terz* → Stundengebet)
tessalae, tesserulae, tesserae, f. plur. → Mosaik
testis, m. → Märtyrer
tetramorphi, m. plur. → Himmelfahrt Christi
textilis, m., f., *textile,* n. → Textilien
thesaurarium → Diakonikon
titulus, m. → Kreuz
tonsura [*sacerdotalis*], f. → Symbol, Tonsur
totum ad momentum → Ostern
traditio legis → Apokalypse, Apostelbilder, Sarkophag, Traditio legis, Weisheit Gottes
transeptum, n. → Kirchenbau, Memoria, Naos, Transept, Trikonchos
transfiguratio Christi → Verklärung Christi
transitus [*Mariae*], m. → Entschlafen der Gottesmutter
translatio, f. → Brandeum, Reliquien
tribunal, n. → Apsis, Bema
triclia [*apostolorum*], f. → Apostelfeste, Coemeterium, Katakomben, Kirchenbau
triduum sacrum → Karfreitag, Karsamstag, Karwoche, Ostern
trinitas, f. → Dreieinigkeit
trullanum, n. → Synode
tugurium, n. → Geburt Christi
tunica, f., *t. cincta, t. exomis* → Clavi; Gewänder, kirchliche; Kolobion, Sticharion, Taufe Christi
tutela, f. → Pokrov

unctio, f., *u. extrema, u. infirmorum* → Krankenölung, Taufe

vas, n. → Kelch
velamen, n. → Antependium
velamentum, n. → Pokrov
velum, n. → Anaphora, Hetoimasia, Kultusästhetik, Kuß, Licht, Liturgie, Narthex, Stillgebete, Textilien, Velum
vera icon → Acheiropoietos
vesper, m., *vespera,* f. → Abendgottesdienst, Acheiropoietos, Kreuzerhöhung, Lazarussamstag, Liturgie der vorgeweihten Gaben, Nachtwache
vestiarium, n. → Diakonikon
vestimentum, n. → Antependium
viaticum, n. → Krankenölung
victoria, f. → Verkünd. der Gottesmutter
vigil, m., *vigilis,* f., *vigilia,* f., *(per)vigilium,* n. → Abendgottesdienst, Antiphonon, Cherubimhymnus, Geburt Johannes des Täufers, Kreuzerhöhung, Lesungen, Morgengottesdienst, Nachtwache, Ostern
virgo, f. → Gestirne
virgo cum spica → Entschlafen der Gottesmutter
virgula, f. → Kürzungen, christliche
virides, m. plur. → Gründonnerstag
vita, f., *v. sanctorum* → Heiligenvita, Märtyrerakte, Märtyrerverehrung, Menologion, Mönchtum, Myron, Perspektive, Pokrov, Prolog, Renaissencen in Byzanz, Synaxarion, Topik
volto santo → Christusporträt

VERZEICHNIS DER ABBILDUNGEN AUF DEN TEXTSEITEN

16 Abendmahl. Miniatur aus dem Codex Purpureus von Rossano, 6. Jahrhundert. Rossano, Erzbischöfliches Museum
Nach: Bildatlas, Abb. 426
25. Altar. Kuppelmosaik der Taufkirche der Orthodoxen, Ravenna, um 450
Nach: Bildatlas, Abb. 443
25 Der Rüstaltar und seine Geräte
Nach: Liturgikon. „Meßbuch" der byzantinischen Kirche von N. Edelby, Recklinghausen 1967, S. 35
28 Ambon aus Castel S. Elia bei Nepi, 6. Jahrhundert. Rekonstruktion
Nach Bildatlas, Abb. 438
30 Ampulle aus dem Domschatz von Monza, um 600
Nach: Volbach, Kunst, S. 254
35 Apostelbild. Malerei aus der Domitilla-Katakombe, Mitte des 4. Jahrhunderts
Nach: Volbach, Kunst, Abb. 7
37 Apostelkommunion. Miniatur aus dem Codex Purpureus von Rossano, 6. Jahrhundert. Rossano, Erzbischöfliches Museum
Nach: Rice, Byzanz, Taf. III
44 Auferweckung des Lazarus. Griechische Ikone, 12./13.Jahrhundert. Athen, Byzantinisches Museum
Nach: Onasch, Ikonenmalerei, Taf. 15
48 Basilika. Grundriß der Kirche S. Paolo fuori le mura in Rom
Nach: Volbach, Kunst, S. 15
51 Bema aus der Kirche St. Peter und Paul in Gerasa, 6. Jahrhundert. Rekonstruktion
Nach: J. G. Davis, The Origin and Development of Early Christian Architecture, New York 1953, S. 90
57 Rekonstruktion eines Templons
Nach: VV XXVII, 1967, S. 15, Abb. 168
58 Rekonstruktion einer Bilderwand
Nach: Drevnerusskoe Iskusstvo, 1970, S. 31
59 Übersichtsschema einer russischen Bilderwand
Nach: Onasch, Ikonenmalerei, S. 37
61 Bildprogramm des Katholikons in Daphni, 11. Jahrhundert
Nach: E. Dietz und O. Demus, Byzantine Mosaics in Greece: Daphni and Hosios Lucas, Cambridge/Mass. 1931
65 Bischofsthron: Kathedra und Presbyterbank in der Kirche S. Clemente in Rom, 5. Jahrhundert
Nach Bildatlas, Abb. 431
76 Christusbilder: Der Zerteilte
Nach: Le Millénaire du Mont Athos II, Chevetogne [1964], S. 208, Taf. VII
76 Christusbilder: Engel des Großen Rates. Fresko aus der Kirche Sv. Kliment in Ochrid, Ende des 13. Jahrhunderts
Nach: R. Hamann-MacLean, Die Monumentalmalerei in Serbien und Makedonien, Bd. 3, Gießen 1963, Abb. 179
77 Christusbilder:
(1) Erlöser. Ikone von Andrej Rublev, um 1409
Nach. Onasch, Ikonen, Taf. 94
(2) Erlöser mit dem nassen Bart. Russische Ikone der Novgoroder Schule, 15. Jahrhundert.
Moskau, Staatliche Tretjakov-Galerie
Nach: Onasch, Ikonen, Taf. 36
(3) Christus der Seelenretter. Ikone aus Ochrid, Anfang des 14. Jahrhunderts
Nach: Felicetti-Liebenfels, Geschichte[1], Taf. 92
(4) „Alter der Tage". Byzantinische Ikone vom Sinai, 6. Jahrhundert. Katharinenkloster, Sinai
Nach: Weitzmann, Tafel XVIII
(5) Erlöser mit dem zornigen Auge. Russische Ikone, 15. Jahrhundert, Novgorod, Staatliches Kunsthistorisches Museum
Nach: Onasch, Ikonen, Taf. 22
(6) Erlöser, Byzantinische Ikone, 14. Jahrhundert. Leningrad, Staatliches Russisches Museum
Nach: Felicetti-Liebenfels, Geschichte[1], Taf. 94 B
(7) Christus der Lebensspender. Ikone des Zograf Makarje, 1394. Skopje, Archäologisches Museum
Nach: Felicetti-Liebenfels, Geschichte[1], Taf. 95 A

81 Confessio. Ringkrypta von St. Peter in Rom, Rekonstruktion
Nach: E. Kirschbaum, Die Gräber der Apostelfürsten, Leipzig 1974, Abb 41
95 Einzug Christi in Jerusalem. Sarkophag der Adelphia, um 340. Syrakus, Nationalmuseum
Nach: Volbach, Kunst, Abb. 38
104 Enkolpion aus dem Museum in Tbilissi, 8./9. Jahrhundert
Nach: K. Wessel, Die byzantinische Emailkunst vom 5. bis 13. Jahrhundert, Recklinghausen 1967, Abb. 17
109 Epiphanie. Fresko aus der Priscilla-Katakombe, Rom
Nach: Wellen, Taf. 1 b
114 Evangelistenbilder: Evangelist Markus. Malerei aus einem Lektionar des 11./12. Jahrhunderts. Athos, Panteleimon-Kloster
Nach: K. Weitzmann, Aus den Bibliotheken des Athos, Hamburg 1963, S. 51
128 Geburt Christi. Sarkophagdeckel-Fragment, Ende des 4. Jahrhunderts. Rom, Lateran-Museum
Nach: G. Ristow, Die Geburt Christi, Recklinghausen 1963, S. 7
134 Jüngstes Gericht. Übersichtsschema zu Taf. 44. Nach einer Skizze des Autors
138 Kirchliche und liturgische Gewänder. Nach: Liturgikon. „Meßbuch" der byzantinischen Kirche von N. Edelby, Recklinghausen 1967, S. 35
146, 147 Gottesmutterbilder:
(1) Episkepsis. Griechische Mosaik-Ikone, 14. Jahrhundert. Athen, Byzantinisches Museum
Nach: Onasch, Ikonenmalerei, Taf. 31
(2) Stehende Gottesmutter mit Kind. Griechische Ikone, 16. Jahrhundert, Leningrad, Staatliche Ermitage
Nach: Felicetti-Liebenfels, Geschichte[1], Taf. 117 B
(3) Pelagonitissa. Jugoslawische Ikone von Makarios Zographos, 1421/1422. Skoplje, Kunstgalerie
Nach: Onasch, Ikonenmalerei, Taf. 41
(4) Platytera. Ikone aus dem 16./17. Jahrhundert. Pittsburgh, Sammlung Hann
Nach: Felicetti-Liebenfels, Geschichte[1], Taf. 115
(5) Gottesmutter des Erbarmens. Jugoslawische Ikone, um 1350. Kloster Dečani, Bilderwand
Nach: Onasch, Ikonenmalerei, Taf. 23
(6) Donskaja. Russische Ikone von Feofan Grek, 1392. Moskau, Staatliche Tretjakov-Galerie
Nach: Onasch, Ikonenmalerei, Taf. 34
(7) Gottesmutter von Kykkos. Russische Ikone von Simon Ušakov, 1668. Moskau, Staatliche Tretjakov-Galerie
Nach: Onasch, Ikonenmalerei, Taf. 61
(8) Gottesmutter des Metropoliten Peter. Schule von Tver, 14. Jahrhundert. Moskau, Staatliche Tretjakov-Galerie
Nach: Onasch, Ikonen, Taf. 115
(9) Chalkoprateia. Ikone aus der Kirche Sta. Maria in Aracoeli, 10. Jahrhundert. Rom
Nach: Felicetti-Liebenfels, Geschichte[1], Taf. 35 A
(10) Gottesmutter Orans. Russische Ikone, Anfang des 12. Jahrhunderts. Moskau, Staatliche Tretjakov-Galerie
Nach: Onasch, Ikonenmalerei, Taf. 10
(11) Gottesmutter der Passion. Ikone von A. Ritzo, 15.Jahrhundert. Fiesole, Museo Bandini
Nach: Felicetti-Liebenfels, Geschichte[1], Taf. 110 B
(12) Hodigitria. Ikone byzantinischer Herkunft, 14. Jahrhundert. Moskau, Staatliche Tretjakov-Galerie
Nach: Onasch, Ikonen, Taf. 80
150 Grablegung Christi. Miniatur aus dem Kodex des Gregor von Nazianz, 867/886. Paris, Nationalbibliothek
Nach: Pokrovskij, S. 388
156 Heiligenbilder: Der heilige Nikolaus, 16. Jahrhundert.
Archangelsk, Kunstmuseum des Gebietes Archangelsk
Nach: N. J. Pomeranzev, Russkaja Derevjannaja Skulp'tura, Moskau 1967
165 Frauen am Grabe und Himmelfahrt Christi. Elfenbein, um 400. München, Bayerische Nationalbibliothek
Nach: Volbach, Kunst, S. 93
192 Fossor (Totengräber) aus den Katakomben
Nach: J. G. Davies, La Vie Quotidienne des Premiers Chrétiens, Neuchâtel-Paris, 1956, S. 120
193 Anlage einer römischen Katakombe
Nach: Volbach, Kunst, S. 45
199 Kirchenbau: Hagia Sophia. Aufriß
Nach: Rice, Byzanz, S. 49

200 Johanneskirche in Ephesus. Rekonstruktion des vorjustinianischen Baus
Nach: RBK 2, Sp. 183, Abb. 8
201 Johanneskirche in Ephesus. Rekonstruktion des justinianischen Baus
Nach RBK 2, Sp. 190, Abb. 12
202 Mariä-Schutz-Kathedrale „am Graben“ (Vassilij Blažennyj) in Moskau, 1555 bis 1560/1588/17. Jahrhundert. Grundriß
Nach: Faensen/Iwanow/Beyer, S. 441
203 Innenansicht und Fassade der Kirche von Kalb-Lauzeh (Rekonstruktion)
Nach: W. Sas Zaločiecky, Die altchristliche Kunst, Frankfurt/Main - Berlin 1963, S. 51 und 53
218 Das Katharinenkloster auf dem Sinai
Nach: H. Skrobucha/G. W. Allan, Sinai. Olten - Lausanne 1959, S. 70
219 Kloster Simonos Petra auf dem Athos
Nach: Ph. Sherrad, Athos. Olten - Lausanne - Freiburg/Breisgau 1959, S. 49
222 Kondakariennotation
Nach: Wellesz, S. 256
226 Kreuzformen
Nach: LChI, Bd. 2 1970, Spalte 259
226 Fünffinger- und Dreifingerkreuz, letzteres polemische Handzeichnung des Popen Avakum, 17. Jahrhundert
Nach: Beiträge zur Kunst des christlichen Ostens, 1. Studiensammlung, Recklinghausen 1965, S. 10
231 Kreuzigung. Sinai-Ikone, 8. Jahrhundert. Katharinenkloster Sinai
Nach: Weitzmann, Taf. XXV
232 Kreuzigung und Auferstehung Jesu. Buchmalerei des Rabbulakodex aus dem Kloster Zagba in Mesopotamien, 586. Florenz, Biblioteca Laurentiana
Nach: W. Nyssen, Frühchristliches Byzanz, Leipzig 1972
238 Kuppelkonstruktionen
Nach: J. Fink, Die Kuppel über dem Viereck, München 1958, S. 6
278 Mosaik des Apostels Petrus aus der Kirche Sta. Pudentiana in Rom, um 400
Nach: W. Oakeshott, Die Mosaiken von Rom, Leipzig 1967, Taf. 42
289 Ekphonetische Notation
Nach: Palikarova-Verdeil, S. 114
295 Orans. Fresko aus der Priscilla-Katakombe, Rom, Ende 3. Jahrhundert
Nach: Volbach, Kunst, Abb. 8
305 Pastophorien der Kirche S. Apollinare in Classe in Ravenna. Grundriß
Nach: RBK 1, Sp. 249, Abb. 6
321 Prosphore
Nach: Zakon Božy, Paris o. J., S. 189
337 Schlachtung (Opferung) des Lammes
Nach: Die göttliche Liturgie unseres heiligen Vaters Johannes Chrysostomus, Leipzig 1976, S. 15
339 Semantron
Nach einem Foto des Autors und nach: H. Skrobucha / G. W. Allan, Sinai. Olten - Lausanne 1959, S. 101
356 Taube. Mosaik in der Taufkirche von Albenga in Ligurien (Seelentauben umgeben das Christusmonogramm), Ende 5./Anfang 6. Jahrhunderts
Nach: Bildatlas, Abb 414
360 Taufe. Grabstein eines ungenannten Kindes, um 400. Aquileja, Museum
Nach: Bildatlas, Abb. 397
377 Verkündigung der Gottesmutter. Relief an der elfenbeinernen Kathedra des Bischofs Maximian in Ravenna, Mitte des 6. Jahrhunderts
Nach: Wellesz, S. 51
386 Zentralbau:
(1) Sta. Costanza in Rom, Mitte des 4. Jahrhunderts
(2) S. Vitale in Ravenna, 526 - 547
Nach: Volbach, Kunst, S. 52 und S. 76

Karten (Vor- und Nachsatz):
I Die Präfekturen und Diözesen des spätrömischen Reiches
Karte und Legende wurden erarbeitet unter Benutzung folgender Literatur: Bildatlas; Beck; Lexikon für Theologie und Kirche, 2. Auflage, Freiburg/Br. 1957 ff.; J. Zeiller, Les origines chrétiennes dans la province de Dalmatie, Paris 1906; ders., Les origines chrétiennes dans les provinces danubiennes de l'empire romain, Paris 1918; C. Andresen, Die Kirchen der alten Christenheit, Stuttgart - Berlin - Köln - Mainz 1971
Zeichnung der Karte nach: Bildatlas, Vorsatz und S. 1: Einteilung des Römischen Reiches in Präfekturen, Diözesen und Provinzen
II Ausgewählte Orte mit den wichtigsten Kirchenbauten von der altkirchlichen bis zur mittelbyzantinischen Zeit
Zeichnung nach: Bildatlas, S. 13/14: Frühchristliche Denkmäler 300 - 600

VERZEICHNIS DER ABBILDUNGEN AUF TAFELN

1 Adam und Eva: Verfluchung der Schlange und Vertreibung aus dem Paradies. Wiener Genesis, Purpurhandschrift aus Kleinasien oder Konstantinopel, Mitte des 6. Jahrhunderts. Wien, Nationalbibliothek

2 Abendmahl. Ikone der Novgoroder Schule, 15. Jahrhundert. Kiev, Staatliches Museum für russische Kunst

3 Apostelbilder: Petrus und Paulus mit dem Emmanuel. Ikone, Anfang 17. Jahrhundert. Moskau, Staatliche Tretjakov-Galerie

4 a, b Apostelkommunion: Mosaik in der Hauptapsis der Sophienkathedrale in Kiev (1037 - 1061)

5 Apokalypse. Ende des 15. Jahrhunderts. Moskau, Uspenie-Kathedrale

6, 7 Auferstehung Christi:

(6) Höllenfahrt Christi. Byzantinische Ikone, 12. Jahrhundert. St. Petersburg, Staatliche Ermitage

(7) Die drei Myrophoren. Ikone von Andrej Rublev, um 1427. Zagorsk, Dreieinigkeits-Sergius-Kloster

8 Auferweckung des Lazarus. Marmorsarkophag, 4./5. Jahrhundert. St. Petersburg, Staatliche Ermitage

9 Arche Noah. Russische Miniatur, 17. Jahrhundert

10 Bilderwand im Neuen Jungfrauenkloster in Moskau, 1683 - 1685, mit Ikonen aus dem 16./17. Jahrhundert

11 Acheiropoietos („ohne Hand gemalter Erlöser"). Rückseite einer doppelseitigen Ikone aus Novgorod, 17. Jahrhundert. Moskau, Staatliche Tretjakov-Galerie

12 - 16 Christusbilder:

(12) Erlöser mit dem nassen Bart. Novgoroder Schule, 15. Jahrhundert. Moskau, Staatliche Tretjakov-Galerie

(13) Der Erlöser. Ikone von Andrej Rublev, um 1409. Moskau, Staatliche Tretjakov-Galerie

(14) Erlöser mit dem zornigen Auge. Ikone aus Novgorod, 14. Jahrhundert. Novgorod, Staatliches Kunsthistorisches Museum

(15) Christus als Pantokrator. Russische Ikone, 15. Jahrhundert

(16) Christus Emmanuel. Ikone aus dem Sinai-Kloster, 6. Jahrhundert. Athen, Byzantinisches Museum

17 Darstellung Jesu im Tempel. Ikone der Novgoroder Schule, 15. Jahrhundert. Novgorod, Staatliches Kunsthistorisches Museum

18 - 20 Dreieinigkeit:

(18) Dreieinigkeit. Ikone von Andrej Rublev, 1420. Moskau, Staatliche Tretjakov-Galerie

(19) „Vaterschaft". Ikone der Novgoroder Schule, 14. Jahrhundert. Moskau, Staatliche Tretjakov-Galerie

(20) „Philoxenia" ('Gastfreundschaft'). Byzantinische Ikone, Ende des 14. Jahrhunderts. St. Petersburg, Staatliche Ermitage

21 Drei Jünglinge im Feuerofen. Pyxis aus dem 6. Jahrhundert. St. Petersburg, Staatliche Ermitage

22 Dodekaortion. Byzantinisches Elfenbein, 10./11. Jahrhundert. St. Petersburg, Staatliche Ermitage

23 Eingeborener Sohn. Russische Ikone, Mitte des 7. Jahrhunderts. Moskau, Staatliche Tretjakov-Galerie

24 Einzug Christi in Jerusalem. Ikone der Moskauer Schule, 14. Jahrhundert. Moskau, Staatliche Tretjakov-Galerie

25 Entschlafen der Grottesmutter. Ikone von Andrej Rublev (?), erstes Viertel des 15. Jahrhunderts. Moskau, Staatliche Tretjakov-Galerie

26 Engeldeesis. Russische Ikone. 12. Jahrhundert, Moskau, Staatliche Tretjakov-Galerie

27, 28 Engel:

(27) Ikone aus Novgorod, 12. Jahrhundert. Leningrad, Staatliches Russisches Museum

(28) Erzengel Michael. Russische Ikone, 15. Jahrhundert. Aus Gostinopole bei Novgorod

29 Epitaphios. Russische Stickerei, 17. Jahrhundert

30 Ephiphanie: Anbetung der Könige. Aus dem Menologion Kaiser Basileios' II., byzantinische Handschrift, 10. Jahrhundert. Rom, Vatikanische Bibliothek
31 Festzyklus: Triodion. Russische Ikone, zweite Hälfte des 16. Jahrhunderts. Moskau, Staatliche Tretjakov-Galerie
32 Geburt der Gottesmutter. Russische Ikone, 14. Jahrhundert.
33 Geburt Christi. Russische Ikone, 15. Jahrhundert.
34 - 43 Gottesmutterbilder:
(34) Gottesmutter Unverbrannter Dornbusch. Russische Ikone, 18. Jahrhundert. Martin-Luther-Universität Halle-Wittenberg
(35) Gottesmutter Orans. Russische Ikone aus der Schule von Jaroslavl, 12./13. Jahrhundert. Moskau, Staatliche Tretjakov-Galerie
(36) Gottesmutter von Kykkos. Russische Ikone von Simon Uschakov, 1668. Moskau, Staatliche Tretjakov-Galerie
(37) Gottesmutter vom Don. Russische Ikone von Feofan Grek, 1392. Moskau, Staatliche Tretjakov-Galerie
(38) Gottesmutter Hodigitria. Russische Ikone, 15. Jahrhundert.
(39) Gottesmutter des Metropoliten Peter. Schule von Twer̓, 14. Jahrhundert. Moskau, Staatliche Tretjakov-Galerie
(40) Gottesmutter Episkepsis. Griechische Mosaik-Ikone, 14. Jahrhundert. Athen, Byzantinisches Museum
(41) Gottesmutter des Erbarmens („Vladimirskaja"). Byzantinische Ikone, 11./12. Jahrhundert. Mokau, Staatliche Tretjakov-Galerie
(42) Gottesmutter Pelagonitissa. Jugoslavische Ikone von Makarios Zographos, 1421/1422. Skoplje, Kunstgalerie
(43) Thronende Gottesmutter mit Engeln und Heiligen. Ikone aus dem Sinai-Kloster, 6. Jahrhundert. Athen, Byzantinisches Museum
44 Jüngstes Gericht: Schreckliches Gericht. Russische Ikone, erste Hälfte des 15. Jh. Moskau, Staatliche Tretjakov-Galerie
45 Gestirne. Miniatur aus einer russischen Handschrift des Kosmas Indikopleustes, 17. Jahrhundert
46 Gewandniederlegung der Gottesmutter. Aus dem russischen Stroganov-Malerbuch, 16./17. Jahrhundert
47, 48 Glocken:
(47) Glockenturm „Ivan der Große" im Moskauer Kreml, 1505 - 1624
(48) Glockenwand im Kreml von Novgorod. 1439, 16./17. und 18. Jahrhundert
49, 50 Heiligenbilder:
(49) Der heilige Nikolaus mit Vita. Ikone aus Nordrußland (?), 14./15. Jahrhundert. Moskau, Staatliche Tretjakov-Galerie
(50) die Heiligen Ivan, Georg und Vlasij. Ikone der Novgoroder Schule, zweite Hälfte des 13. Jahrhunderts. St. Petersburg, Staatliches Russisches Museum
(51) Hetoimasia: Thronbereitung. Ikone aus der Schule Andrej Rublevs, 15. Jahrhundert. Moskau, Staatliche Tretjakov-Galerie
52 Himmelfahrt Christi. Ikone der Novgoroder Schule, 16. Jahrhundert. Novgorod, Staatliches Kunsthistorisches Museum
53 Guter Hirte. Marmorstatue, 5. Jahrhundert. St. Petersburg, Staatliche Ermitage
54 Plastik: Gottesmutter Hodigitria. Holzrelief, Mitte des 15. Jahrhunderts. Moskau, Rublev-Museum
55, 56 Patene:
(55) Silberpatene, 6. Jahrhundert. St. Petersburg, Staatliche Ermitage
(56) Patene aus Glas mit alttestamentlichen Szenen, 4. Jahrhundert (?). St. Petersburg, Staatliche Ermitage
57 Kelch: Abendmahlskelch. Russische Arbeit, 15. Jahrhundert. Zagorsk, Staatliche Schatzkammer des Dreieinigkeits-Sergius-Klosters
58 - 60 Kirchenbau:
(58) die Hagia Sophia in Konstantinopel, 6. Jahrhundert
(49) Die Sophienkathedrale in Kiev, 1017 bis 1037, Ostseite mit freigelegtem ursprünglichem Mauerwerk
(60) Maria-Schutz-Kathedrale „am Graben" (Vasilij Blažennyj) in Moskau, 1555 bis 1560, Anbau und Dekoration aus dem 16./17. Jahrhundert. Ansicht von Südwesten
61 Kloster: Dreieinigkeits-Sergius-Kloster in Zagorsk, 1340 gegründet. Ansicht von Südosten
62, 63 Kreuzigung Christi:
(62) Russische Ikone, zweite Hälfte des 17. Jahrhunderts. Moskau, Staatliche Tretjakov-Galerie
(63) Kreuzigung und Auferstehung Jesu.

Rabbulakodex, Handschrift aus dem Kloster Zagba in Mesopotamien, 586. Florenz, Bibliotheca Laurenciana
64 Miniatur: Abraham opfert Isaak. Aus einer byzantinischen Handschrift des Cosmas Indicopleustes, 9. Jahrhundert. Rom, Vatikanische Bibliothek
65–69 Aus dem russischen Stroganov-Malerbuch, 16./17. Jahrhundert:
(65) Taufe Christi
(66) Beschneidung Christi
(67) Drei Jünglinge im Feuerofen
(68) Darstellung Jesu im Tempel
(69) Tempelgang der Gottesmutter
70 Pfingsten: Ausgießung des heiligen Geistes. Byzantinische Ikone, 12. Jahrhundert. St. Petersburg, Staatliche Ermitage
71–73 Reliquiare:
(71) Reliquienschrein aus Palästina mit einer Darstellung der Kreuzigung Jesu inmitten der Geheimnisse des Heils, 6. Jahrhundert. Aus der Capella Sancta Sanctorum des Lateran. Rom, Vatikanisches Museum
(72) Email-Reliquiar aus dem Tresor der Liebfrauenkirche in Maastricht, 12. Jahrhundert.
(73) Silberreliquiar, um 550. St. Petersburg, Staatliche Ermitage
74 a, b Staurothek. Russische Arbeit, 1456, Zagorsk, Staatliche Schatzkammer des Dreieinigkeits-Sergius-Klosters
75 Synaxis der Gottesmutter. Russische Ikone, 14. Jahrhundert. Moskau, Staatliche Tretjakov-Galerie
76 Synode: Das zweite Konzil von Nicäa. Aus dem Menologion Kaiser Basileios' II., byzantinische Handschrift, 10. Jahrhundert. Rom, Vatikanische Bibliothek
77 Verkündigung der Gottesmutter. Ikone der Novgoroder Schule, Ende 15. Jahrhundert. Moskau, Staatliche Tretjakov-Galerie
78 Verklärung Christi. Ikone des Feofan Grek, Ende des 14. Jahrhunderts. Moskau, Staatliche Tretjakov-Galerie
79 Weihrauchgefäß. Russische Arbeit, 1405. Zagorsk, Staatliche Schatzkammer des Dreieinigkeits-Sergius-Klosters
80 Weisheit Gottes. Russische Ikone, 2. Hälfte des 16. Jahrhunderts.

FOTONACHWEIS

M. V. Alpatov, Moskau: 5
Archiv des Autors: 6 - 9, 15, 16, 18, 20 - 23, 26, 28, 29 - 33, 38, 40 - 43, 45, 53 - 57, 62, 64, 70 - 76, 79, 80
Klaus G. Beyer, Weimar: 4 (a,b), 10, 47, 48, 60, 61, 63
V. J. Djurič, Beograd: 42
Hellmut Hell, Reutlingen: 58
Volkmar Herre, Leipzig (Reproduktionsfotos): 9, 15, 45, 46, 65 - 69
Lichtbildwerkstätte „Alpenland“ (Viktor Harrandt und Günther Leipelt), Wien: 1
Martin-Luther-Universität Halle-Wittenberg, Wissenschaftsbereich für Konfessionskunde der Orthodoxie an der Sektion Theologie: 34
Byzantinisches Museum Athen: 16, 40, 43
Sächsische Landesbibliothek Dresden, Abt. Deutsche Fotothek: 2, 3, 11 - 14, 17, 19, 24, 25, 27, 35 - 37, 39, 44, 49, 50 - 52, 59, 77, 78

ERLÄUTERUNGEN ZU DEN KARTEN

KARTE I (Vorsatz)
DIE PRÄFEKTUREN UND DIÖZESEN DES SPÄTRÖMISCHEN REICHES

Praefectura Orientis
Sitz d. Praefectus Praetorio: Konstantinopel
Dioecesis I Aegyptus, Hauptstadt Alexandreia
Dioecesis II Oriens, Hauptstadt Antiocheia
Dioecesis III Pontus, Hauptstadt Kaisareia (Caesarea) in Kappadokien
Dioecesis IV Asiana, Hauptstadt Ephesos (heute Seldschuk)
Dioecesis V Thraciae, Hauptstadt Philippupolis (heute Plovdiv)

Praefectura Illyrici
Sitz des Praefectus Praetorio: Sirmium (heute Sremska Mitrovica)
Dioecesis VI Makedonia, Hauptstadt Thessalonike
Dioecesis VII Dakia, Hauptstadt Sardica (heute Sofia)
Dioecesis VIII Illyrici, Hauptstadt Sirmium

Praefectura Italiae
Sitz des Praefectus Praetorio: Mediolanum (heute Mailand)
Dioecesis IX annonaria, Hauptstadt Mediolanum
Dioecesis X suburbicaria, Hauptstadt Roma, Hauptstadt des Imperium Romanum
Dioecesis XI Africa, Hauptstadt Carthago

Praefectura Galliarum
Sitz des Praefectus Praetorio: Treveri (heute Trier)
Dioecesis XII Britannia, Hauptstadt Eburacum (heute York)
Dioecesis XIII Gallia, Hauptstadt Treveri
Dioecesis XIV Septem Provinciarum, Hauptstadt Vienna (heute Vienne)
Dioecesis XV Hispania, Hauptstadt Hispalis (heute Sevilla)

DIE „FÜNFHERRSCHAFT“ (PENTARCHIE) DER ALTKIRCHLICHEN PATRIARCHATE

I Alexandreia
II Roma
III Antiocheia
IV Aelia-Hierosolyma (heute Jerusalem)
V Konstantinupolis (Konstantinopel, heute Istanbul)

DIE WICHTISGSTEN BISCHOFS-, ERZBISCHOFS- UND METROPOLITENSITZE DER ALTEN KIRCHE UND DER FRÜHBYZANTINISCHEN ZEIT

B = Bistum, EB = Erzbistum, M = Metropolitensitz; Suffragane sind einem Erzbistum oder einem Metropolitensitz unterstellte Bistümer

I Patriarchat Alexandreia:
- Leontopolis, M von Augustamnica secunda
- Pelusion, M von Augustamnica prima
- Oxyrrhynchos, M von Arcadia
- Antinoe (Antinupolis), M von Thebais prima
- Ptolemais, M von Lybia superior
- Darnis, M von Lybia inferior

II Patriarchat Antiocheia:
- Kaisareia „am Meer“, alter M von Palaestina prima
- Aelia - Hierosolyma, zunächst Suffragan von Kaisareia, im 4. Jh. Ehrenrang eines Ober-M, auf Beschluß der Synode von Chalzedon 451 Patriarchat
- Maiuma, Suffragan von Kaisareia

Skythopolis, M von Palaestina secunda
Bosra, M von Arabia
Damaskos, M von Phoenice libanensis
Pharan, Suffragan von Petra
Petra, M von Palaestina tertia
Aila, Suffragan von Petra
Tyros, M von Phoenice prima
Edessa, M von Osrhoëne
Hierapolis, M von Euphratensis
Apameia, M von Syria secunda
Tarsos, M von Cilicia prima
Anazarbos, M von Cilicia secunda
Amida, M von Mesopotamia
Salamis, EB von Cyprus, autokephal seit 451
Samosata, Suffragan von Hierapolis
Mopsuestia, Suffragan von Anazarbos
Seleukia, M von Isauria

III Kaisareia, M von Cappadocia prima:
Amasia, M von Helespontus
Neokaisareia, M von Pontus Polemoniacus
Trapezunt, Suffragan von Neokaisareia, später M
Phasis (Sebastopulis, heute Poti), M aus der Zeit Justinians I., später zu Königreich Georgien
Sebaste, M von Armenia prima
Sinope, B im 2. Jh.
Gangra, M von Paphlagonia
Ankyra (heute Ankara), M von Galatia prima
Pessinos, M von Galatia secunda
Klaudiupolis (Claudiopolis), M von Honorias
Nikomedaia, Nicomedia (heute Izmet), M von Bithynia
Nikaia (Nicaea, heute Iznik), seit 451 M ehrenhalber
Melitene, M von Armenia secunda
Tyana, M von Cappadocia secunda
Mokissos (Justianupolis), M von Cappadocia tertia
Nyssa, Suffragan von Kaisareia in Cappadocien
Nazianz, Suffragan von Mokissos
Chalkedon (heute Kadi-Köy), seit 451 M ehrenhalber

Außerhalb des Metropolitanverbandes:
Tomoi (heute Constanţa), EB der Scythia minor
Noviodunum (heute Braila), B in der Scythia minor
Cherson (altruss. Korsuń), beim heutigen Sevastopol, EB, M in spätbyz. Zeit
Bosporos (altruss. Kerčev, neuruss. Kerč'), B, M in spätbyz. Zeit
Tmutorokań (altruss., grch. Phanagoreia, heute Tamań) B
Doros, EB od. M von Gothia (?)
Nikopsis (heute Tuapse), EB, M von Zichia
Pityos (heute Pitzunda), B von Lazike, später zu Königreich Georgien

Unabhängige Kirchengebiete (kleine Karte rechts oben):
Königreich Armenien (ursprünglich Kaisareia unterstellt)
Ashtishat, ältestes B.
Achthamar
Ani
Awan
Dwin
Zwartnotz
Königreich Georgien (Iberien; ursprünglich Antiocheia unterstellt)
Alawerdi
Ateni
Bolnisi
Gelati
Kutaissi
Mzcheta EB
Zromi

IV Ephesos, M von Asia:
Ikonion (Iconium, heute Konya), M von Lycaonia:
Antiocheia, M von Pisidia
Perge, M von Pamphylia
Myra, M von Lycia
Laodikeia, M von Phrygia pacatiana
Synada, M von Phrygia salutaris
Miletos, Suffragan von Aphrodisias (M von Caria)
Sardeis (Sardes), M von Lydia
Kyzikos (Cycicus), M von Hellespontos
Smyrna (heute Izmir), Suffragan von Ephesos
Kolossai (Colossae), Suffragan von Laodikeia
Rhodos, M „der Inseln“ (d. h. der Kykladen)

Erläuterungen zu Karte I

V Patriarchat Konstantinopel (ursprünglich Suffragan von Herakleia):
Herakleia, M von Europa
Traianupolis, M von Rhodope
Adrianupolis, M von Haemimontus
Philippupolis, M von Thracia
Markianupolis (heute Devna), M von Moesia secunda
Durostorum (heute Silistria), Suffragan von Markianupolis
Odessos (heute Varna), B, EB, Suffragan von Markianupolis
Nikopolis, B, EB, Suffragan von Markianupolis
Beroë (Beroea, heute Stara Zagora), B, EB, Suffragan von Philippupolis
Prista (heute Ruse), B, Suffragan von Markianupolis

VI Thessalonike, M von Macedonia prima:
Korinthos, M von Acheia
Gortyne, M von Creta seit 5. Jh.
Larissa, M von Thessalia
Athen, Suffragan von Korinthos (?), M Ende 8./Anfang 9. Jh.
Philippoi (Philippi), Suffragan von Thessalonike
Stobi, M von Macedonia secunda
Dyrrhachion (heute Durrës), M von Epirus nova
Nikopolis, M von Epirus vetus

VII Sardica, M von Dacia mediterranea:
Iustiniana prima (heute Ruinen von Caričin Grad), von Justinian I. (gest. 565) 535 als autokephales EB für die Praetectura Illyrici gegründet, verschwindet Anfang des 7. Jh.
Skodra (heute Shkodër, Skutari), M von Praevalitana
Skopia (Scupia, heute Skoplje), B im 4. Jh., später M von Dardania
Ratiaria (heute Arčar), M von Dacia ripensis
Viminacium (heute Kostolač), B in Moesia prima
Singidunum (heute Beograd), B in Moesia prima

VIII Sirmium (heute Sremska Mitrovica), M von Pannonia secunda:
Salona (heute Solin bei Split), M (?) von Dalmatia, B im 3. Jh.
Siscia (heute Sisak), B in Savia im 3. Jh.
Scarbantia (heute Sopron), B in Pannonia prima
Aquincum (heute Buda), B (?) in Pannonia prima
Carnuntum (heute Petronell), B in Pannonia prima
Iuvavum (heute Salzburg), B (?) in Noricum ripense, EB ab 700

IX Mediolanum (heute Mailand), M von Italia annonaria:
Aquileia, B, M, Patriarchat von Venetia und Histria seit 558
Ravenna, B, EB von Flaminia und Picenum
Augusta Vindelicorum (heute Augsburg), B in Raetia secunda
Regina Castra (heute Regensburg), B in Raetia secunda
Batava (später Patavia, heute Passau), B seit 739 in Raetia secunda
Roma, M von Italia suburbicaria, Patriarchat, Sitz des Papstes, der zugleich Bischof von Rom ist; Vatikanstadt
Syracusae, B, EB, 535 byz. M von Sicilia seit 8. Jh.

X Carthago, M von Africa proconsularis:
Hippo regius (heute Bône), B in Numidia

XI Eburacum (heute Yorkshire) B, EB von Valentia:
Londinum (Londonium, heute London), B in Britannia secunda

XII Treveri (Augusta Treverorum, heute Trier), B seit 3. Jh., EB von Germania prima:
Colonia Agrippina (heute Köln), B, EB in Germania secunda
Rotomagus (heute Rouen), M von Lugdunensis secunda
Remi (heute Reims), M von Belgia prima
Vesontio (heute Besançon), M von Maxima sequanarum
Lugdunum (heute Lyon), M von Lugdunensis prima
Senones (heute Sens), M von Senonia (Lugdunensis quarta)
Turones (heute Tours), M von Lugdunensis tertia

XIII Vienna (heute Vienne), M von Viennensis:
- Massilia (heute Marseille), B (M kurzfristig) in Viennensis
- Arelate (heute Arles), B, EB in Viennensis
- Narbo (heute Narbonne), M von Narbonensis prima
- Aquae Sextiae (heute Aix-en-Provence), M von Narbonensis secunda
- Burdigala (heute Bordeaux), M von Aquitania secunda
- Bituricae (heute Bourges), M von Aquitania prima

XIV Hispalis (heute Sevilla), M von Baetica:
- Caesaraugusta (heute Zaragossa), M von Tarracinensis
- Bracara (heute Braga), M von Gallaecia
- Carthago nova (heute Cartagena), M von Carthaginensis
- Tarraco (heute Tarragona), M von Tarracinensis
- Toletum (heute Toledo?), im Westgotenreich Ersatz-M für Carthago nova, später M von Carthaginensis

KARTE II (Nachsatz)
AUSGEWÄHLTE ORTE MIT DEN WICHTIGSTEN KIRCHENBAUTEN VON DER ALTKIRCHLICHEN BIS ZUR MITTELBYZANTINISCHEN ZEIT

Alexandrien: Katakomben. – Kirchenbauten aus der altkirchl. Literatur bekannt, z. B. Markuskirche, Marienkirche, Kosmas- u. -Damian-Kirche

Antiochien: Aus altkirchl. Quellen Kirchenbauten bekannt. Ausgegraben: Kirche des hl. Babylas (begonnen 379/380); Große Kirche Konstantins, Oktogon, größte Kirche der Stadt; nach den Quellen zahlreiche Marienkirchen.

Aquileia: „Domus ecclesiae" (Ende 3. Jh. mit Umbauten bis in das 6. Jh.); Basilica Tullio (4. Jh.); Basilika (2. Hälfte 5. Jh.); Rotunde des hl. Grabes (11. Jh.).

Armenien (außerhalb der Karte): Basiliken: Dwin (4./5. Jh., zweite Bauphase Mitte 5. Jh.); Ereruk (5. Jh.). - Zentralbauten u. Kreuzkuppelkirchen: Edschmiadzin: Kathedrale (480, umgebaut Ende 5. u. 7. Jh.); Zwartnotz bei Wagarshapat (Mitte 7. Jh.). – Wagarshapat: Hl. Hrispime (618); Awan (596/611); Achthamar (915–921). – Ani: Kathedrale (989 - 1001); Warzahan (10. Jh.); Hormos (1038).

Athen: In altkirchl. Zeit wahrscheinlich eine Hauskirche, Umbauten klass. Tempel ab 5./6. Jh., ab 9. Jh. Bau neuer Kirchen (Kuppelkirchen, z. B. Apostelkirche, Kirche der Körperlosen, Johannes' des Theologen).

Athos (östl. Halbinsel der Chalkidike, „Mönchsrepublik", genannt „Heiliger Berg"); Protaton in Karyäs (Anfang 10. Jh., danach bis zum 14. Jh. erweitert); Katholikon der Großen Lawra (963 erster Bau, um 1000 Neubau); Watopedi (11. Jh.); Iwiron (11./12. Jh.); übrige Kirchen nicht mehr in ursprüngl. Gestalt erhalten.

Batschkovo (heute bei Assenovgrad): 1083 gegründetes Kloster, Grabkapelle mit berühmten Fresken.

Bethlehem: Geburtskirche mit hl. Höhle (zwischen 325 u. 333, Ostabschluß 5. Jh.). - Katakomben.

Binbirkilisse („Tausendundeinkirchen"): eine Reihe von Kirchen (Basiliken, später Zentralbauten [Oktogone] aus den verschiedensten Jh.

Bosra: Sergios-u.-Bakchos-Kirche (Kathedrale, beendet 511/512)

Celeiu (heute Sucidava): einschiffige Kirche (5. Jh.).

Černigov (außerhalb der Karte): Erlöserkirche (beendet nach 1036); Kirche der Verkündigung der Gottesmutter (1186); Kirche des Entschlafens der Gottesmutter im Jeleckij-Kloster (12. Jh.); Pjatnica-Kirche (Ende 12. zum 13. Jh.).

Cherson: seit 6./7. Jh. christl. Basiliken,

vorher (oft vierabsidiale) Rundbauten u. Umbauten antiker Basiliken, ab 8. Jh. auch (bis zu fünfabsidiale) Kreuzkuppelkirchen; Blüte des Kirchenbaues im 10./11. Jh.; in altruss. Quellen werden in dieser Zeit eine Kirche des hl. Basilius („Vasiliska", vielleicht Basilika), eine Sophienkirche, eine Gottesmutterkirche u. eine Jakobuskirche erwähnt, ohne daß sie archäologisch eindeutig hätten identifiziert werden können.

Curtea de Argeş: Nikolauskirche (Mitte 14. Jh.).

Daphni: Kloster, gegründet im 6. Jh., Kirche (Katholikon; Ende 11. Jh.).

Drobretae (heute Drobeta-Turnu Severin am Eisernen Tor): einschiffige Kirche (5./6. Jh.).

Dura Europos (am Westufer des Euphrat; außerhalb der Karte): christl. Hauskirche (2. Drittel 2. Jh.).

Ephesos: Marienkirche (vor 431 [3. Ökumenische Synode]); Coemeterium der Siebenschläfer (4./5. Jh.); Kirche Johannes' des Theologen (5./6. Jh.).

Esra: Eliaskirche (542); Georgskirche (um 515)

Fafertin: Basilika (372)

Georgien (außerhalb der Karte): Basiliken: Bolnisi (478–494); Urbnisi (2. Hälfte 6. Jh.). – Zentral- u. Kreuzkuppelkirchen: Kirche in Bana (7. Jh. ?). – Mzcheta: Dshwari-Kirche (Ende 6. Jh.); Zromi (626–634); Ateni (1. Hälfte 7. Jh.); Nikorzminda (um 1014). – Alawerdi: Georgskathedrale (Anfang 11. Jh.). – Kazchi: Georgskirche (11. Jh.) – Kutaissi: Kathedrale (1003 beendet). – Mokwi: Kathedrale (Mitte 10. Jh.). – Gelati: Kathedrale des Klosters (1106 bis 1125).

Gerasa: Kathedrale (3. Viertel 4. Jh.); Kirche der Propheten, Apostel u. Märtyrer (464 - 465); Theodorkirche (zwischen 494 u. 496); Peter-u.-Paul-Kirche (um 540).

Gortyna: Titoskirche (6. - 8. Jh.).

Hierapolis: Martyrium des Philippus, kompliziertes Oktogon (Ende 4./Anf. 5. Jh.).

Histria: Zahlreiche christl. Basiliken aus dem 4. - 7. Jh.

Hosios Lukas: Kloster mit Katholikon u. Kirche der Gottesgebärerin (Anfang 11. u. Ende 10. Jh.).

Jerusalem: Grabeskirche (Gesamtanlage → auch Martyrion), Baubeginn 326, Um- u. Neubauten im 6., 11. u. 12. Jh.: Atrium; Basilika; Hof; Rotunde („Anastasis"-[Auferstehungs-]Kirche) mit hl. Grabeshöhle u. einer Reihe Nebenanlagen (z. B. Adamskapelle, Baptisterium, Goldenes Kreuz, Golgathakirche). – Siloa-Basilika (Mitte 5. Jh.); Ölberg-(Eleona-)Kirche mit hl. Höhle (4. Jh.); Himmelfahrtskirche (Zentralbau) auf dem Ölberg (um 380); Marienkirche am Teich Bethesda (Anfang 5. Jh.). – Katakomben.

Justiniana Prima (heute Ruinen von Caričin Grad): eine Reihe von Basiliken, darunter die sogenannte Transeptbasilika sowie die Bauten des erzbischöfl. Viertels.

Kalat Simân (Klosterkirche des hl. Symeon (Ende 5. Jh.).

Kalb Lozeh: Basilika (vor Kalat Simân erbaut?).

Kanawat: Umbau einer Tempelanlage seit dem 4. Jh.

Kasr-ibn-Wardan: Kuppelbasilika (564)

Kastoria: Panhagia Kubelitissa (10./11. Jh.); Hagioi Anargyroi (um 1000).

Katharinenkloster auf dem Sinai (um 565): älteste Ikonensammlung vom 6. – 19. Jh.

Kerč: Kirche Johannes' des Vorläufers (Ende 8./Anfang 9. Jh.). – Katakomben.

Kiev (außerhalb der Karte): Sophienkathedrale (zwischen 1037 u. 1046); Desjatinnaja-(Zehnt-)Kirche (989–996); Uspenie-(Entschlafen-der-Gottesmutter-)Kirche im Höhlenkloster (1073–1078); Michaelkirche „mit den golden Kuppeln" (um 1060); Irenenkirche; Georgskirche (beide 1. Hälfte 11. Jh.).

Konstantinopel: Hagia Sophia (als Basilika 360 geweiht, 532 abgebrannt u. Neubau als Kuppelbasilika, Weihe 537); Kirche Johannes' des Vorläufers im Studiokloster (463); Apostelkirche (gegründet vor 337, 536/546 neu erbaut, 1462 abgerissen); Hagia Eirene (in konstantin. Zeit erbaut, unter Justinian I. Neubau, heutige Form nach 740); Sergios-u.-Bakchos-Kirche (527–536); Chorakirche (in vorjustinian. Zeit entstanden, 558 Neubau; vom 11. - 14. Jh. ständig erneuert); Chalkoprateia-Kirche (um 540 erbaut, in den folgenden Jh. mehrfach umgebaut); Kirche in den Blachernen (erbaut 447/451, danach mehrfach umgebaut); Hodigitria-Kirche (Mitte 5. Jh., nach 1453 zerstört);

Nea Ekklesia (Neue Kirche; 881 errichtet, nicht mehr erhalten).

Mailand: „Domus Philippi“ (3. Jh.); Coemeterium (Mitte 3. Jh.); im 4. Jh.: Basilika des Erlösers (Basilica Salvatoris); Apostel-Basilika; S. Ambrosio; S. Lorenzo (355–372).

Mesembria (heute Nessebar): Kirche Johannes' des Vorläufers (10./11. Jh.).

Nerezi: Panteleimonkirche (1164).

Nikaia: Kirche des Entschlafens der Gottesmutter (7./8. Jh.).

Niš: Panteleimonkirche (Ende 12. Jh.).

Novi Pazar (im MA Ras): Petersrotunde (10. Jh.); Georgskirche (1183/1186).

Novgorod (außerhalb der Karte): Sophienkathedrale (ursprünglich aus Eichenholz erbaut, nach dem Brand 1045–1050 aus Stein neu errichtet); Nikola-Kirche (1113 Grundsteinlegung); Georgskathedrale im Jurjev-Kloster (Georgskloster; Grundsteinlegung 1119); Kirche im Antonij-Kloster (1117–1119); Erlöserkirche auf Neredica (1198)

Ochrid: Achilleskirche (9./10. Jh.); Sophienkirche (Altbau 10. Jh., Neubau bald nach 1037); zwei Rotunden (9. Jh. Taufkirchen?).

Philippi: Basilika B (vor 540).

Pitzunda: Marienkirche (Ende 10. Jh.).

Pliska (heute bei Aboba): Große Basilika (9. Jh.); Palastkirche (9. Jh.).

Preslav: Rotunde der „Goldenen Kirche“ (9./10. Jh.) u. eine Reihe anderer Kirchen in der Umgebung.

Pskov (außerhalb der Karte): Erlöserkirche im Mirožkloster (vor 1156); Dmitrij-Kirche (1144); Kirche des Johannes-Klosters (vor 1243); Dreieinigkeitskirche (Ende 12. Jh., Neubau 1365–1367).

Ravenna: Mausoleum der Galla Placidia (um 425); S. Vitale (547 geweiht); Baptisterium der Orthodoxen (Mitte 5. Jh.); Baptisterium der Arianer (Ende 5. Jh.); S. Apollinare Nuovo (begonnen Anfang 6. Jh.); S. Apollinare in Classe, der Hafenstadt von Ravenna (549 geweiht).

Rom: Katakomben: - S. Petro in Vaticano (Alt-Sankt-Peter; Baubeginn bald nach 320); S. Giovanni in Laterano (begonnen nach 312); SS. Marcelino e Pietro (um 330); S. Sebastiano (ursprünglich Basilica Apostolorum, gestiftet vor 365); S. Paolo fuori le mura (386 - 395); S. Maria Maggiore (366 - 440); S. Stefano Rotondo (468 - 483); S. Giovanni in fonte (erste Hälfte 4. Jh.); S. Costanza (erste Hälfte 4. Jh.); S. Agnese (frühes 4. Jh., Kultstätte mit Katakombe, 7. Jh. Basilika); S. Lorenzo fuori le mura (Ende 6. Jh.); SS. Cosma e Damiano (6. Jh.); S. Pietro in Vincoli (5. Jh); S. Sabina (vor 432); S. Maria Antiqua Rotonda (od. früher das Pantheon, 609 geweiht).

Salona (heute Solin bei Split): Basilika (4. Jh., Neubau 5. Jh.); erzbischöfl. Viertel; 21 Stadtkirchen in u. bei Salona; Benediktiner-Kloster (852 gegründet).

Marusinac bei Salona: über 10 Coemeterialbasiliken aus dem 4. Jh. u. später.

Sofija: Sophienkirche (5. Jh., Vorgängerbauten von etwa 313 bis um 400); Georgsrotunde (4. Jh.).

Stara Pavlica: Gottesmutterkirche (11. Jh.).

Studenica: Gottesmutterkirche (um 1190).

Thessalonich: Demetriosbasilika (5. u. 7. Jh.); Georgsrotunde (um 400); Hagia Sophia (1. Hälfte 8. Jh.).

Torcello: S. Maria Assunta (639 geweiht, mit berühmten Mosaiken aus dem 12. Jh.).

Trnovo: Demetriuskirche (1186); Kirche der Vierzig Märtyrer (1230).

Umm-idj-Djemal: Julianoskirche (344/345).

Ürgüp: Göreme u. a. kappadok. Höhlenkirchen ab 9./10. Jh.

Venedig: S. Marco (1043 - 1095).

Vladimir an der Kljaźma (außerhalb der Karte): Kathedrale des Entschlafens der Gottesmutter (1158 - 1161, Umbau 1185 bis 1189); Pokrovkirche an der Nerl (1165); Dmitrij-Kathedrale (1193 bis 1197); Kathedrale des Klosters der Geburt der Gottesmutter (1192 - 1195).

1 Adam und Eva

2 Abendmahl

3 Apostelbilder: Petrus und Paulus

4 a, b Apostelkommunion

5 Apokalypse

6, 7 Auferstehung Christi:
7 Die drei Myrophoren

6 Höllenfahrt Christi

8 Auferweckung des Lazarus

9 Arche Noah

10 Bilderwand

11 Acheiropoietos

12 - 16 Christusbilder:
12 Erlöser mit dem nassen Bart

13 Der Erlöser

14 Erlöser mit dem zornigen Auge

15 Pantokrator

16 Christus Emmanuel

18 - 20 Dreieinigkeit:
18 Dreieinigkeit

17 Darstellung Jesu im Tempel

19 »Vaterschaft«

20 Philoxenia (‚Gastfreundschaft')

21 Drei Jünglinge im Feuerofen

22 Dodekaortion

23 Eingeborener Sohn

24 Einzug Christi in Jerusalem

25 Entschlafen der Gottesmutter

26 Engeldeesis

27 Engel

28 Erzengel Michael

29 Epitaphios

30 Epiphanie

31 Festzyklus: Triodion

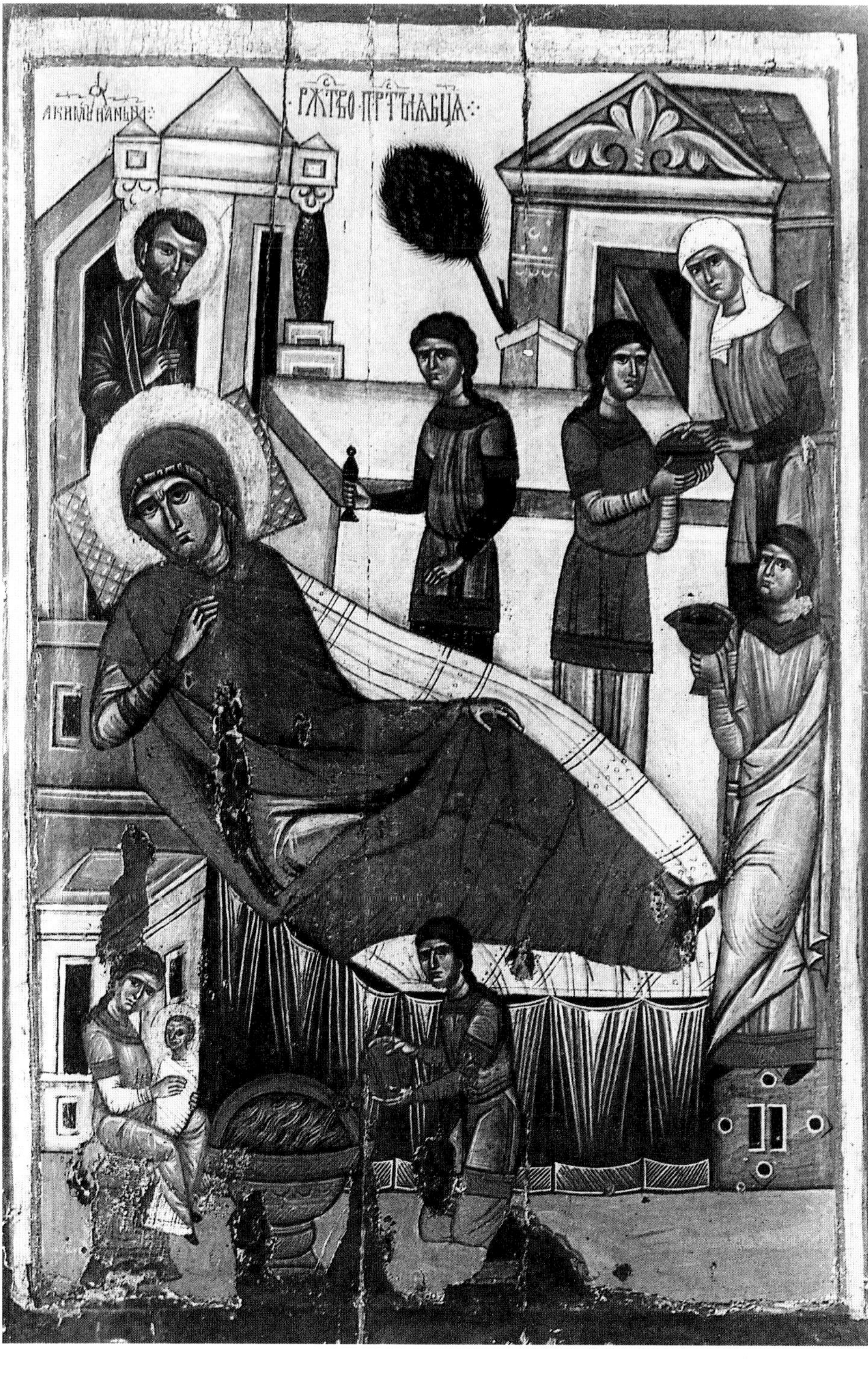

33 Geburt Christi

32 Geburt der Gottesmutter

34-43 Gottesmutterbilder:
34 Gottesmutter Unverbrannter Dornbusch

35 Gottesmutter Orans
37 Gottesmutter vom Don

36 Gottesmutter von Kykkos
38 Gottesmutter Hodigitria

39 Gottesmutter des Metropoliten Peter

40 Gottesmutter Episkepsis

41 Gottesmutter des Erbarmens

42 Gottesmutter Pelagonitissa

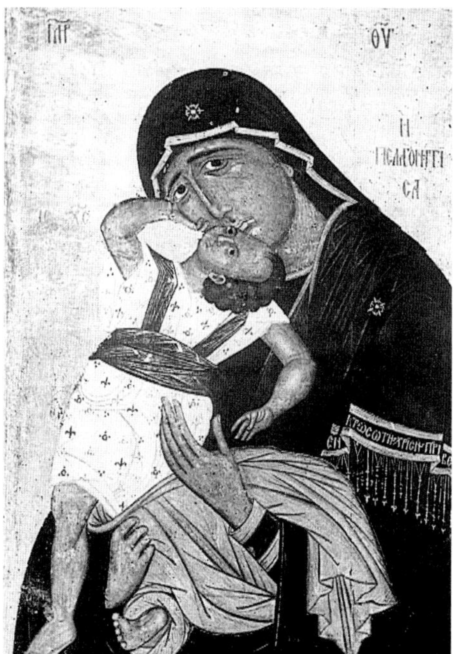

43 Thronende Gottesmutter mit Engeln und Heiligen

44 Jüngstes Gericht

45 Gestirne

46 Gewandniederlegung
der Gottesmutter

47 Glockenturm im Moskauer Kreml

48 Glockenwand im Kreml von Novgorod

49, 50 Heiligenbilder:
49 Der heilige Nikolaus mit Vita
50 Die Heiligen Ivan, Georg und Vlasij

51 Hetoimasia
52 Himmelfahrt Christi

53 Guter Hirte
54 Plastik:
Gottesmutter Hodigitria

55 Patene aus Silber

56 Patene aus Glas
und
57 Kelch

58 - 60 Kirchenbau:
58 Die Hagia Sophia in Konstantinopel
59 Die Sophienkathedrale in Kiev
60 Maria-Schutz-Kathedrale "am Graben" in Moskau

61 Dreieinigkeits-Sergius-Kloster in Sagorsk

62 Kreuzigung Christi

63 Kreuzigung und Auferstehung Jesu

64 Miniatur: Abraham opfert Isaak

65 - 69 Malerbücher:
65 Taufe Christi

66 Beschneidung

67 Drei Jünglinge im Feuerofen

68 Darstellung Jesu im Tempel

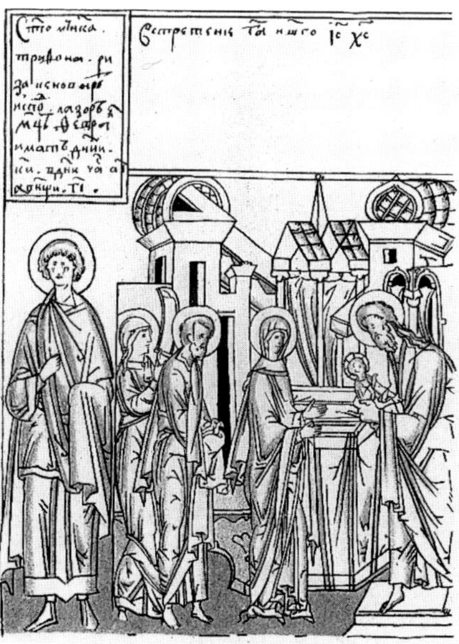

69 Tempelgang der Gottesmutter

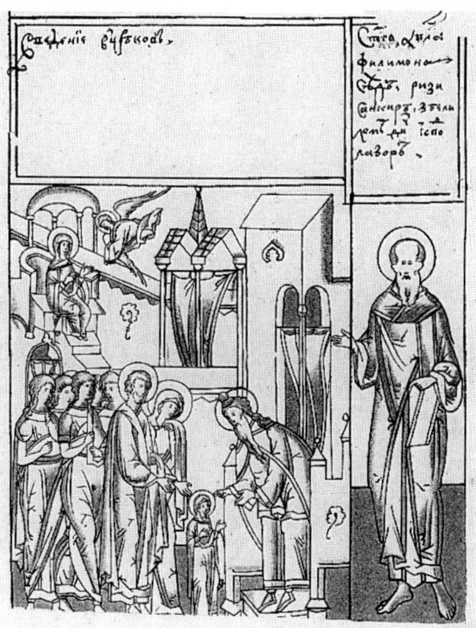

71 Reliquienschrein

70 Pfingsten

72 Emailreliquiar

73 Silberreliquiar

74 a, b Staurothek, geschlossen und geöffnet

75 Synaxis der Gottesmutter

76 Synode: das zweite Konzil von Nizäa

77 Verkündigung der Gottesmutter

78 Verklärung Christi

79 Weihrauchgefäß

80 Weisheit Gottes

Karte II

Ausgewählte Orte mit den wichtigsten Kirchenbauten von der altkirchlichen bis zur mittelbyzantinischen Zeit
(Erläuterungen s. S. 445 ff.)